SAP®-Berechtigungswesen

 **PRESS**

SAP PRESS ist eine gemeinschaftliche Initiative von SAP SE und der Rheinwerk Verlag GmbH. Ziel ist es, Anwendern qualifiziertes SAP-Wissen zur Verfügung zu stellen. SAP PRESS vereint das fachliche Know-how der SAP und die verlegerische Kompetenz von Rheinwerk. Die Bücher bieten Expertenwissen zu technischen wie auch zu betriebswirtschaftlichen SAP-Themen.

Holger Stumm, Daniel Berlin
SAP-Systeme schützen
426 Seiten, 2016, gebunden
ISBN 978-3-8362-3851-9

Anna Otto, Katharina Stelzner
Berechtigungen in SAP – 100 Tipps & Tricks
460 Seiten, 2014, broschiert
ISBN 978-3-8362-2615-8

Ulf Koglin
SAP S/4HANA
Voraussetzungen – Nutzen – Erfolgsfaktoren
300 Seiten, 2016, gebunden
ISBN 978-3-8362-3891-5

André Faustmann, Anna Geringer, Hendrik Müller,
André Siegling, Benjamin Wegener
SAP HANA – Administration
890 Seiten, 2016, gebunden
ISBN 978-3-8362-3641-6

Sigrid Hagemann, Liane Will, Roland Mayr
SAP NetWeaver AS ABAP – Systemadministration
2016, 810 S., geb.
ISBN 978-3-8362-3707-9

Aktuelle Angaben zum gesamten SAP PRESS-Programm finden Sie unter
www.sap-press.de.

Volker Lehnert, Katharina Stelzner, Anna Otto, Peter John

SAP®-Berechtigungswesen

Konzeption und Realisierung

Rheinwerk
Publishing

Liebe Leserin, lieber Leser,

time flies when you're having fun! Seit die 2. Auflage dieses Buches erschienen ist, sind wieder einige Jahre vergangen. Höchste Zeit, unseren Berechtigungsbestseller auf Herz und Nieren zu prüfen und aktuellen Entwicklungen Rechnung zu tragen. Die 3. Auflage erfreut das Herz des Berechtigungsexperten mit einer Reihe von Erweiterungen: Die neue, verbesserte Berechtigungspflege von SAP wird en détail beschrieben. Sie lernen den Einsatz des Benutzertraces bei der Pflege von Rollen und Vorschlagswerten kennen. Sie erfahren, wie Sie personenbezogene Daten in der SAP Business Suite sperren und löschen können. Des Weiteren wird die neue zeitabhängige Berechtigungsprüfung in der Personalwirtschaft behandelt. Neu hinzugekommen ist außerdem ein eigenes Kapitel über die RFC-Sicherheit mithilfe von Unified Connectivity (UCON). Last but not least gibt es ein komplett neues Kapitel zur Berechtigungsverwaltung in der Business-Suite der Zukunft: SAP S/4HANA.

Volker Lehnert, Katharina Stelzner, Anna Otto und Dr. Peter John haben ihr Buch akribisch durchgearbeitet und sind alle Schritte am SAP-System noch einmal durchgegangen. Vor allem standen sie im ständigen Kontakt mit den Kollegen der SAP-Entwicklung, um Ihnen auch wirklich aktuellste Informationen geben zu können. So sind Sie für Entwurf und Umsetzung Ihres Berechtigungskonzepts sowie alle weiteren Compliance-Aufgaben gewappnet!

Wir freuen uns stets über Lob, aber auch über kritische Anmerkungen, die uns helfen, unsere Bücher zu verbessern. Scheuen Sie sich nicht, mich zu kontaktieren. Ihre Fragen und Anmerkungen sind jederzeit willkommen.

Ihre Eva Tripp
Lektorat SAP PRESS

Rheinwerk Verlag
Rheinwerkallee 4
53227 Bonn

eva.tripp@rheinwerk-verlag.de
www.sap-press.de

Auf einen Blick

Lektorat Eva Tripp
Korrektorat Annette Lennartz
Herstellung Denis Schaal
Typografie und Layout Vera Brauner
Einbandgestaltung Nadine Kohl
Titelbild Fotolia_76232488 © Africa Studio.jpg
Satz Typographie & Computer, Krefeld
Druck und Bindung C. H. Beck, Nördlingen

Gerne stehen wir Ihnen mit Rat und Tat zur Seite:
eva.tripp@rheinwerk-verlag.de bei Fragen und Anmerkungen zum Inhalt des Buches
service@rheinwerk-verlag.de für versandkostenfreie Bestellungen und Reklamationen
hauke.drefke@rheinwerk-verlag.de für Rezensionsexemplare

Bibliografische Information der Deutschen Nationalbibliothek
Die Deutsche Nationalbibliothek verzeichnet diese Publikation in der Deutschen National-
bibliografie; detaillierte bibliografische Daten sind im Internet über *http://dnb.d-nb.de*
abrufbar.

ISBN 978-3-8362-3768-0

© Rheinwerk Verlag GmbH, Bonn 2016
3., aktualisierte und erweiterte Auflage 2016

Inhalt

TEIL II Werkzeuge und Berechtigungspflege im SAP-System

TEIL III   Berechtigungen in spezifischen SAP-Lösungen

13   Berechtigungen in SAP ERP HCM 461

14   Berechtigungen in SAP CRM 487

17   Berechtigungen in der SAP-BusinessObjects-Business-Intelligence-Plattform 4.x 615

18   RFC-Sicherheit mittels Unified Connectivity 631

19   Berechtigungen in SAP HANA 649

20   Berechtigungen in SAP S/4HANA 669

21   SAP Business Suite: Prozesse und Einstellungen ... 679

22 Konzepte und Vorgehen im Projekt 759

Anhang 793

Vorwort

Das Vorwort zur 3. Auflage des Buches »SAP-Berechtigungswesen« zu schreiben, bringt mich dazu, mir zu vergegenwärtigen, was wir in den vergangenen Jahren erreicht haben, um die Sicherheit in SAP-Systemen stetig zu verbessern. Ich freue mich immer, wenn Kollegen mich bitten, ein Vorwort für ein Buch in dem weiten Feld IT-Sicherheit zu schreiben. Dieses Buch ist für mich tatsächlich etwas Besonderes: Einerseits, weil ich die Autorinnen und Autoren aus meiner Arbeit kenne, andererseits, weil wir in den letzten Jahren sowohl im Hinblick auf die Sicherheit von SAP-Systemen als auch im Hinblick auf das SAP-Berechtigungswesen große Schritte gemacht haben.

Die folgenden Neuerungen und Verbesserungen sind auch in dieses Buch eingeflossen:

▶ Wir haben die Rollenpflege weiter vereinfacht und die Analysewerkzeuge noch besser integriert.

▶ Wir haben die Berechtigungspflege für ein- und ausgehende Verbindungen signifikant vereinfacht.

▶ Wir haben die Qualität der Berechtigungsvorschlagswerte weiter verbessert.

▶ Wir haben viel unternommen, um die SAP-Referenzrollen von Funktionstrennungskonflikten zu befreien.

▶ Es ist uns gelungen, den Aufwand für die Berechtigungspflege für Kunden, die die neue SAP S/4HANA Cloud Edition nutzen, auf das betriebswirtschaftliche Minimum zu reduzieren.

▶ Für den Schutz personenbezogener Daten haben wir zahlreiche Verbesserungen und Vereinfachungen eingeführt, die, soweit sie das Berechtigungswesen betreffen, in diesem Buch dargestellt werden.

All das soll natürlich nicht heißen, dass die Umsetzung eines rechtskonformen Berechtigungskonzepts nun eine Trivialität geworden ist. In der SAP S/4HANA Cloud Edition müssen Berechtigungen auch weiterhin mit dem notwendigen betriebswirtschaftlichen Sachverstand vergeben werden.

Bereits in der 1. Auflage hatte dieses Buch den Anspruch, sowohl die betriebswirtschaftlichen und rechtlichen als auch die technischen Aspekte in ihrem Zusammenhang darzustellen, sodass mit angemessenem Aufwand ein rechtskonformes Konzept erstellt werden kann. Ich danke den Autorinnen und Autoren dafür, dass sie diesem Anspruch treu geblieben und ihn in dieser 3. Auflage weiterentwickelt haben.

Es ist ein guter Zeitpunkt, diese 3. Auflage zu veröffentlichen: Sie ist das erste Werk zur Sicherheit und Rechtskonformität von SAP-Systemen, das bereits die neue Europäische Datenschutzgrundverordnung berücksichtigt. Die in diesem Buch dargestellten Lösungen sollen es unseren Kunden so einfach wie möglich machen, die Anforderungen der neuen Grundverordnung im SAP-Berechtigungswesen umzusetzen.

Sowohl Ihnen als SAP-Kunden als auch dem Autorenteam wünsche ich viel Erfolg mit diesem Buch, das inzwischen als bewährtes Standardwerk zur rechtskonformen Konfiguration von SAP-Systemen gelten kann.

Gerold Hübner
Chief Product Security Officer, SAP SE

Danksagung

Unser Buch entstand nicht aus einer abstrakten Auseinandersetzung mit dem Thema Berechtigungen an einem »sicheren«, kundenfernen Schreibtisch. Unser Buch, oder doch zumindest weite Teile davon, ist vielmehr Ergebnis unserer Auseinandersetzung mit den immer sehr speziellen Anforderungen und Vorstellungen unserer Kunden.

Aus diesem Grund dürfen, wollen und müssen wir zunächst unseren Kunden danken, die dieses Buch erst ermöglicht haben. Ermöglicht nicht nur in dem oben beschriebenen Sinne, sondern auch durch ihre Geduld und ihre Beiträge. Beraterin und Berater wurden wir erst beim und durch den Kunden.

Namentlich wollen wir Barbara Post-Argomand (Gebäudewirtschaft der Stadt Köln), Jürg Kasper (Kanton Zürich), Guido Volberg (StEB Köln), Marc Fischer (Siemens), Braam Pelser (BHP Billiton), Tanja Petz (seinerzeit Siemens, jetzt HSE24) und Jürgen Scherp (E.ON IS) danken.

Den konkreten Anstoß, das Buch »endlich« zu schreiben, gaben uns (in zeitlicher Reihung) Mario Linkies (seinerzeit SAP Consulting, jetzt LINKIES. Unternehmensberatung GmbH), Barbara Mayer (SAP Consulting) und Guido Volberg (StEB Köln). Als Beraterin oder Berater hofft man, etwas zu sagen zu haben. Es war für uns wichtig, dass die Genannten uns aufgefordert haben, es nicht nur zu sagen, sondern es auch in einem Buch zusammenzufassen.

Unser besonderer Dank für Korrekturen, Hinweise, Unterstützung und Geduld gilt:

Eva Tripp (SAP PRESS), Dr. Monika Dittrich, Michael Stelzner, Joachim Scheerer, Alexander Lingg (SAP AG), Frank Köhntopp (SAP Consulting), Stefan Eggler (SAP Consulting), Margit Eichhorn (SAP Consulting), Dr. Bernhard Escherich (SAP Consulting), Barbara Mayer (SAP Consulting), Dr. Cornelia Martin (SAP (Schweiz) AG), Rüdiger Engel (SAP Consulting), Anna Otto (SAP Consulting), Thomas Swiderski (SAP Consulting), Holger Steffens (SAP AG), Peter

Vache (SAP Consulting), Marko Hamel (SAP Consulting) und Evelyne Salie (SAP (Schweiz) AG).

Volker Lehnert und **Katharina Stelzner**

Danksagung für die 2. Auflage

Für die 2. Auflage haben wir wesentlich stärker auf die Unterstützung unserer Kollegen und Freunde der SAP Installed Base Maintenance (IMS), des SAP Active Global Supports (AGS) sowie der Beratung bei SAP Deutschland gebaut.

Deshalb möchten wir diese Personen in unserer Danksagung auch besonders hervorheben: Marie-Luise Wagener, die so freundlich war, uns Material aus ihrem eigenen Buch zur Verfügung zu stellen, und die sich in Nachtarbeit durch unsere 1. Auflage quälte, um viele Verbesserungsvorschläge einzubringen. Holger Biber, Roland Hoyss, Dieter Goedel und vor allem Dr. Andreas Leitheußer waren unsere Unterstützer aus der IMS. Dr. Leitheußer trug dabei wesentliche Teile des 6. Kapitels bei, und alle genannten IMS-Kollegen haben auch promptes und umfassendes Feedback zur 1. Auflage geliefert: Sorry, Jungs, wenn wir nicht alles aufgenommen haben.

Fritz Bauspieß hat einen Abschnitt zu den Services der AGS in Kapitel 10 beigesteuert. Für weiteren Input und Korrekturen von Kapitel 15 danken wir Kerstin Jumpertz (SAP Consulting) sowie Dennis Bruder (SAP AG). Darüber hinaus möchten wir Holger Mack (SAP AG) für seine Informationen zu Kapitel 18 zu SAP HANA danken.

Unser besonderer Dank für Korrekturen und Hinweise, Unterstützung und Geduld gilt: Eva Tripp (SAP PRESS), Dr. Monika Dittrich, Sara Dittrich, Michael Stelzner sowie Alexander Flock.

Volker Lehnert, **Katharina Stelzner**, **Dr. Peter John** und **Anna Otto**

Danksagung für die 3. Auflage

An erster Stelle wollen wir dieses Mal den Leserinnen und Lesern danken: Es ist schon ein besonderes Gefühl, eine 3. Auflage zu schreiben. Viele von Ihnen haben uns durch ihr konstruktives Feedback geholfen, Passagen zu schärfen, die noch nicht wirklich gut waren.

Ferner müssen wir der größer werdenden Zahl von Kolleginnen und Kollegen danken, die uns mit Rat und Tat zur Seite standen:

Iris Dopfer Hirth (SAP SE), Roland Hoyss (SAP SE), Dr. Andreas Leitheußer (SAP SE), Dr. Roland Lucius (SAP SE), Martin Schmid (SAP SE), Gernot Sachs (SAP SE), Carsten Pluder (SAP SE), Marco Valentin (SAP SE), Christian Weide (SAP Deutschland SE & Co. KG), Dr. Thomas Weiss (SAP SE), Marc Noe (SAP SE), Christian Wippermann (SAP SE), René Wohllebe (SAP Deutschland SE & Co. KG).

Sara ist jetzt so alt, dass sie fragt ob sie wieder in der Danksagung vorkommt. Als Sara zur Welt kam, waren wir bereits an der ersten Auflage zu Gange. Mittlerweile sind da auch noch Karla und Paul. Ja, Karla, Paul und Sara, ja liebe Leserin, lieber Leser, natürlich kommen unsere Lieben (die uns mal den Raum geben und manchmal auch den Raum nur lassen) in der Danksagung vor: Dr. Monika Dittrich, Sara Dittrich, Karla Stelzner, Paul Stelzner, Michael Stelzner sowie Alexander Flock.

Ein letztes Wort des Dankes: Es ist beachtlich, wie sehr unsere Telefonate mit unserer wundervollen und geduldigen Lektorin gerade zum Ende hin durch unser schlechtes Gewissen überschattet wurden: Eine ernsthafte Entschuldigung, aber ein noch viel größeres Danke gilt Eva Tripp (SAP PRESS).

Volker Lehnert, **Katharina Stelzner**, **Anna Otto** und
Dr. Peter John

Das Berechtigungswesen ist ein originär betriebswirtschaftliches Aufgabengebiet, das nicht allein der Systemadministration überlassen werden kann. In diesem Buch zeigen wir Ihnen, wie Sie Berechtigungen auf Basis von Geschäftsprozessen umsetzen können.

1   Einleitung

Was heißt Compliance?

Dem Thema Berechtigungen in SAP-Systemen wird seit einigen Jahren verstärkt Aufmerksamkeit geschenkt. Dieser Umstand ist dem Bemühen von Organisationen geschuldet, *Compliance* nachzuweisen. Compliance wird in diesem Buch mit dem Ziel *grundsätzlicher Regelkonformität* gleichgesetzt und dem Aufbau bzw. der Nutzung geeigneter Strukturen und Instrumente, um dieses Ziel zu erreichen. Die Unternehmensführung ist gesetzlich dazu verpflichtet, ein angemessenes Kontrollsystem aufzubauen. Angemessen bedeutet im Sinne grundsätzlicher Regelkonformität, dass Weisungen und Kontrollen effizient die Werte des Unternehmens sichern.

Die faktisch übliche Fokussierung des Compliance-Begriffs auf die Rechnungslegung ist verständlich, da diese erst ein Bewusstsein für das Thema geschaffen hat. In weiten Teilen ist sie auch durch die relativ klare Normierung der Anforderungen und der etwaigen Konsequenzen fassbar. Trotzdem ist diese Fokussierung irreführend. Organisationen haben – abhängig von ihrer Rechtsform und von den Märkten, in denen sie tätig sind – eine manchmal unüberschaubare Vielzahl weiterer gesetzlicher Normen zu erfüllen. Beispiele sind die umfassenden Regeln der US-amerikanischen Food and Drug Administration (FDA) oder die europäischen Regeln des Datenschutzes. Dass z. B. dem Schutz von Kundendaten nicht immer angemessen Aufmerksamkeit geschenkt wird, ist durch den mittlerweile vielfachen Verkauf von Schweizer (Bank-)Kundendaten an deutsche Ermittlungsbehörden in den Jahren 2012–2015 oder von Kreditkartendaten an kriminelle Dritte ebenfalls in diesem Zeitraum öffentlichkeitswirksam dokumentiert worden. Neben dem wahrscheinlichen Verstoß gegen datenschutzrechtliche Regularien ist der Reputationsverlust für die Beteiligten erheblich.

Die verabschiedete EU-Datenschutzgrundverordnung wird den Druck, Systeme datenschutzkonform zu betreiben, erheblich erhöhen. Sie sieht Strafzahlungen für Verstöße gegen den Datenschutz von bis zu 20.000.000 € oder bis zu 4 % des jährlichen weltweiten Umsatzes vor. Es gilt der jeweils höhere Wert.

Benutzer-
berechtigungen
in ERP-Systemen

Der Übergang vom abstrakten und weitreichenden Begriff Compliance zu einem vergleichsweise konkreten Gegenstand wie Benutzerberechtigungen mag überraschend wirken. In ERP-Systemen werden zumeist erhebliche Teile der Geschäftsvorfälle einer Organisation abgebildet. In der Systemlandschaft finden die Erfassung, Buchung und Auswertung der relevanten Geschäftsvorfälle statt. Meistens stellt die SAP Business Suite dabei das Herzstück dar, d. h., dass zumindest die buchhalterisch relevanten Daten in diesem System verarbeitet werden. Damit sind die Aktivitäten im System nichts anderes als Aufgaben bei der Bearbeitung eines Geschäftsvorfalls. Mithin ist jedes Risiko, das in der Bearbeitung eines einzelnen oder in der Summe der Bearbeitung aller Geschäftsvorfälle auftritt, ein Risiko im System. Die Aufgabenverteilung, die bei der Bearbeitung von Geschäftsvorfällen u. a. besteht, um kriminelles oder fehlerhaftes Handeln zu vermeiden, muss im System nachvollzogen werden. Die organisatorisch erforderliche Aufgabenverteilung muss über Berechtigungen, die erforderlichen detektivischen Kontrollen müssen durch eine sinnvolle Berichterstattung (Reporting) im System nachvollzogen werden.

Thema
dieses Buches

Berechtigungen sind in diesem Sinne kein technisches Thema, sondern ein originär betriebswirtschaftliches. Dementsprechend erhalten Sie in diesem Buch auch Hinweise auf Inhalte der Organisationslehre, des Geschäftsprozessmanagements und weiterer betriebswirtschaftlicher Themen. Der Schwerpunkt dieses Buches liegt in der Abbildung von Berechtigungen entlang der betriebswirtschaftlichen Prozesse in der Organisation. Um Berechtigungen abbilden zu können, müssen Sie einerseits die Prozesse und die Organisation verstehen. Anderseits bedarf es selbstverständlich auch des technischen Wissens darüber, wie Berechtigungen funktionieren, wie sie angelegt werden und wie sie durch komponentenbezogene Einstellungen differenziert werden können. Dieses Buch hat das Ziel, Berechtigungen im Rahmen durchgreifender Konzepte technischer Regelkonformität aus dem technischen in das betriebswirtschaftliche Blickfeld zu rücken.

Nach dem großen Erfolg der 1. und 2. Auflage dieses Buches, die in den Jahren 2010 bzw. 2012 erschienen sind, halten Sie nun die 3., aktualisierte und erweiterte Auflage in Händen. Wir haben das Buch komplett überarbeitet und auf den neuesten Wissensstand gebracht. Nicht nur im SAP-Berechtigungswesen sind bedeutende Neuerungen zu verzeichnen; es sind zudem neue SAP-Lösungen auf den Markt gekommen (z. B. SAP S/4HANA), die nun in das Blickfeld gerückt sind. Im Einzelnen finden Sie in der 3. Auflage nun Informationen zu den folgenden neuen Themen:

Neuerungen in der 3. Auflage

- ▶ Die neue und verbesserte Berechtigungspflege in der SAP Business Suite und in SAP S/4HANA wird ausführlich beschrieben. Dort steht insbesondere die vollständige Integration des Berechtigungstraces bei der Pflege von Rollen und Vorschlagswerten im Vordergrund (Kapitel 6, »Technische Grundlagen der Berechtigungspflege«, und Kapitel 7, »Systemeinstellungen und Customizing«).

- ▶ die Darstellung der zeitabhängigen Berechtigungsprüfung in der Personalwirtschaft (SAP ERP HCM, in Kapitel 13)

- ▶ die Möglichkeiten der erheblich verbesserten RFC-Sicherheit mittels Unified Connectivity (Kapitel 18)

- ▶ eine überblickshafte Einführung in Berechtigungen in SAP S/4HANA (Kapitel 20)

- ▶ eine Darstellung des Sperrens und Löschens personenbezogener Daten in der SAP Business Suite, soweit verbunden mit dem Berechtigungskonzept (Kapitel 21)

Der bewährte Aufbau dieses Buches ändert sich nicht. Das Buch ist in drei Teile gegliedert. Es ist im Einzelnen folgendermaßen aufgebaut und folgt damit auch unserem Beratungsansatz:

Aufbau dieses Buches

Teil I des Buches rüstet Sie mit den notwendigen Grundlagen aus, die Sie brauchen, um ein betriebswirtschaftliches Berechtigungskonzept zu erstellen. Kapitel 2 bietet eine allgemeine Einführung und klärt zentrale Begriffe. In Kapitel 3, »Organisation und Berechtigungen«, setzen wir uns dann mit der Organisation, ihrem Aufbau und ihren Abläufen auseinander. Kapitel 4, »Rechtlicher Rahmen – normativer Rahmen«, wendet sich den legalen und internen Regeln zu, die die

Teil I: Betriebswirtschaftliche Konzeption

Grundlage für ein betriebswirtschaftliches Berechtigungskonzept bilden. Schließlich stellen wir in Kapitel 5, »Berechtigungen in der Prozesssicht«, einen End-to-End-Prozess dar, der Ihnen an vielen Stellen im Buch wiederbegegnen wird.

Teil II:
Werkzeuge und
Berechtigungs-
pflege im SAP-
System

Die Kapitel 6 bis Kapitel 12 in Teil II behandeln die verschiedenen Werkzeuge, die Ihnen rund um die Berechtigungspflege im SAP-System zur Verfügung stehen. In Kapitel 6, »Technische Grundlagen der Berechtigungspflege«, und Kapitel 7, »Systemeinstellungen und Customizing«, stellen wir Ihnen die wesentlichen technischen Grundlagen der Berechtigungspflege vor. In Kapitel 8, »Rollenzuordnung über das Organisationsmanagement«, folgt eine Einführung in die Methode der indirekten Rollenvergabe, die auf der Organisationsstruktur beruht. Kapitel 9, »Zentrales Management von Benutzern und Berechtigungen«, widmet sich dann der zentralen Verwaltung von Benutzern mithilfe der Zentralen Benutzerverwaltung (ZBV), SAP Identity Management und SAP Access Control.

Kapitel 10, »Berechtigungen: Standards und Analyse«, beschreibt notwendige technische Minimalstandards, die wir gerne in einer so komprimierten Form am Anfang unserer Laufbahn vermittelt bekommen hätten. Kapitel 11 wendet sich dann ganz der GRC-Lösung SAP Access Control zu. Kapitel 12 stellt die User Management Engine dar.

Teil III:
Berechtigungen in
spezifischen
SAP-Lösungen

Die Kapitel 13 bis Kapitel 21 in Teil III gehen auf Berechtigungen in den einzelnen SAP-Lösungen ein: Kapitel 13 behandelt die Berechtigungen in SAP ERP HCM. Kapitel 14 widmet sich SAP CRM und Kapitel 15 SAP SRM. In Kapitel 16, »Berechtigungen in SAP BW«, und Kapitel 17, »Berechtigungen in der SAP-BusinessObjects-Business-Intelligence-Plattform 4.x«, geht es schließlich um BI-Lösungen von SAP. Kapitel 18 beschäftigt sich dem schwierigen Thema der RFC-Verbindungen und wie sie mit einer neuen SAP-Lösung sehr einfach in den Griff zu bekommen sind. Kapitel 19 befasst sich mit den Berechtigungen in SAP HANA. Das neue Kapitel 20 enthält eine Übersicht über Berechtigungen in SAP S/4HANA, und Kapitel 21 umfasst schließlich die Berechtigungen in Bezug auf Prozesse in der SAP Business Suite.

Wir schließen dieses Buch mit einem Kapitel zum Vorgehen beim Erstellen eines betriebswirtschaftlichen Berechtigungskonzepts (Kapitel 22, »Konzepte und Vorgehen im Projekt«).

Im **Anhang** finden Sie ein Glossar, Hinweise auf weiterführende und verwendete Literatur, Erläuterungen der in den Abbildungen verwendeten Symbole sowie ein Abkürzungsverzeichnis.

Auf der Website des Verlags unter *https://www.rheinwerk-verlag.de/ sap-berechtigungswesen_3849/* finden Sie im Bereich MATERIALIEN ZUM BUCH weitere Informationen, z. B. das Kapitel zum Rollenmanager, das in der 1. Auflage dieses Buches enthalten war, sowie eine Beschreibung der Berechtigungsdatenpflege über das Baumdiagramm aus der 2. Auflage dieses Buches.

Download-Angebot auf der Verlagswebsite

Aus der Inhaltsübersicht für dieses Buch lässt sich bereits sein Umfang erahnen: Wir bieten Ihnen eine umfassende Darstellung des SAP-Berechtigungswesens. Auch wenn dieses Buch nicht alle Aspekte vollständig behandeln kann, versuchen wir, Ihnen ein Handbuch mit vielen konkreten Hinweisen zu bieten.

TEIL I
Betriebswirtschaftliche Konzeption

*Unscharfe Begriffe und Definitionen sind häufig Kostentrei-
ber in Berechtigungsprojekten. In diesem Kapitel möchten
wir eine Verständnisgrundlage für die in diesem Buch behan-
delten Themen und Begriffe schaffen.*

2   Einführung und Begriffsdefinition

Das Berechtigungswesen ist durch die Notwendigkeit geprägt,
betriebswirtschaftliche, rechtliche und technische Anforderungen
miteinander in Einklang zu bringen, um Benutzer und Berechtigungen regelkonform und effizient verwalten zu können. Um dies leisten zu können, brauchen Sie klare Begriffe. Während die technischen Begriffe meist scharf umrissen sind, werden insbesondere die
betriebswirtschaftlichen Begriffe unpräzise oder gar widersprüchlich
genutzt.

Interessanterweise haben wir bei unseren Recherchen keine Definition des Begriffs *Berechtigungskonzept* gefunden, die übliche Standards wie das Schriftformprinzip oder notwendige Inhalte beschreibt.
Es gibt offensichtlich ein »technisches« Berechtigungskonzept und ein
»betriebswirtschaftliches« Konzept, das die Umsetzung des technischen Berechtigungskonzepts in einer Organisation beschreibt. Während wir für das technische Berechtigungskonzept noch eine klare be-
griffliche Bestimmung fanden, trafen wir im Hinblick auf das
betriebswirtschaftliche Konzept lediglich auf den Hinweis, dass es
eines geben müsse. Damit stellt sich die Frage, was der Begriff Berechtigungskonzept bedeutet und ob es sinnvoll ist, zwischen einem
technischen und einem betriebswirtschaftlichen Konzept zu unterscheiden. Weitere Fragen sind: Was bedeutet *Compliance*, was ist ein
Internes Kontrollsystem (IKS)? Die Relevanz dieser Fragen wird an einem Beispiel klar: Ein Unternehmen, das geltende Gesetze missach-
tet, um Korruptionsprävention unter Missachtung der Datenschutzgesetze zu praktizieren, ist eben nicht compliant.

In diesem Kapitel werden wir Sie zunächst in die Erstellung von
Berechtigungskonzepten mit ihren Methoden und Begriffen einfüh-

ren. Danach erklären wir zentrale Begriffe, die in diesem Buch verwendet werden. Dabei gehen wir auch auf die Verwendung und Definition dieser Begriffe in der theoretischen Diskussion ein. Weitere Begriffsdefinitionen finden Sie im Glossar im Anhang des Buches. Dort haben wir auch Hinweise auf weiterführende Literatur für Sie zusammengestellt.

2.1 Methodische Überlegungen

Das betriebswirtschaftliche Berechtigungskonzept einer Organisation basiert auf den Normen, die diese Organisation hat. Das Berechtigungskonzept für die Systemlandschaft des Unternehmens ist gleichzeitig ein Abbild der Organisation.

In unserer Beratungstätigkeit begegnen uns Kunden, die regelkonform arbeiten; Abweichungen von der Umsetzung der Regeln bleiben die Ausnahme. Auf der anderen Seite treffen wir aber auch auf Kunden, deren Beschäftigung mit Berechtigungen rein auditgetrieben ist: Man hangelt sich von Prüfvermerk zu Prüfvermerk. Manchmal fehlt sogar ein schriftliches Berechtigungskonzept. Dieser zweite Fall ist nicht nur mit erheblichen Risiken verbunden, sondern führt auch zu einem beständigen hohen Aufwand und somit zu hohen Kosten für die Pflege von Berechtigungen.

Berechtigungen und Corporate Governance

Die Erstellung und Überwachung der unternehmensweit notwendigen Regeln für die Benutzerberechtigungen in der Systemlandschaft sind Bestandteil der *Corporate Governance*, die wiederum integraler Bestandteil der unternehmerischen Führungsaufgaben ist. Corporate Governance kann nicht erreicht werden, ohne dass es ein angemessenes Berechtigungskonzept gibt. Das Ziel im Berechtigungswesen ist es, regelkonform, also compliant, zu werden. Wird dieses Ziel erreicht, sind bekannte Risiken ausgeschlossen oder minimiert. Um dieses Ziel zu erreichen, muss das Berechtigungskonzept den Ansprüchen der Funktionstrennung und der Überwachung kritischer Aktionen und Berechtigungen genügen. Die Definition dieser Aktionen und Berechtigungen ist logischer Bestandteil des Regelwerks.

Zunächst werden wir mögliche Ansätze für die Erstellung und Bewertung eines Konzepts darstellen.

2.1.1 Ansätze für das betriebswirtschaftliche Berechtigungskonzept

Es gibt verschiedene Ansätze für die Erstellung eines Berechtigungskonzepts. Unser Ansatz, den wir Ihnen in Kapitel 22, »Konzepte und Vorgehen im Projekt«, vorstellen werden, ist kein »Kochrezept«, sondern basiert auf Erfahrung und Abstraktion. Grundsätzlich müssen betriebswirtschaftliche Berechtigungskonzepte folgende Merkmale aufweisen:

▸ Sie können deduktiv (normbasiert) oder induktiv (istbasiert) erstellt werden.

▸ Sie müssen dem Aufbau der Organisation und dem Ablauf der Prozesse folgen.

▸ Sie müssen die gesamte ERP-Systemlandschaft abdecken.

▸ Sie basieren auf schlüssigen Risikodefinitionen.

▸ Sie müssen bestimmten Prinzipien genügen (siehe auch Kapitel 4, »Rechtlicher Rahmen – normativer Rahmen«).

Wir möchten Ihnen mit diesem Buch anstelle einer allgemeingültigen Anleitung eine Systematik für die Verknüpfung von betriebswirtschaftlichen Anforderungen, rechtlichen Auflagen und technischen Möglichkeiten vermitteln.

Systematik statt Kochrezept

Bei der üblichen Vorgehensweise bei der Erstellung eines Berechtigungskonzepts wird in Workshops für jede SAP-Komponente – z. B. Materialwirtschaft (MM), Finanzbuchhaltung (FI) oder Controlling (CO) der funktionale Umfang von betriebswirtschaftlichen Rollen ermittelt. Dieser wird für einzelne Anwendungen (z. B. Transaktionen/Web Dynpros) detailliert und schließlich technisch im System ausgeprägt. Diese Vorgehensweise fußt auf der ASAP-Methode.

Übliche Modelle

Diese durchaus angemessene Vorgehensweise kann fallweise zu erheblichen Problemen führen. Die Aufgaben, die ein Benutzer wahrzunehmen hat, ergeben sich aus der Position, die er in der Organisation einnimmt. Eine komponentenbezogene Definition von Rollen sollte also immer auf Basis der formalen Funktionen innerhalb der Organisation und immer reflektiert gegen bekannte Funktionstrennungskonflikte erfolgen. Darüber hinaus ist eine isolierte, rein auf Komponenten bezogene Sichtweise in integrierten Systemen und Systemlandschaften riskant. Wir werden in Kapitel 5, »Berechtigungen in der Prozesssicht«, zeigen, dass z. B. im Beschaffungspro-

Risiken

zess u. U. ein weiteres System, nämlich SAP Customer Relationship Management (SAP CRM), zu betrachten sein kann. In diesem Fall würde eine komponentenbasierte Sicht – insbesondere im Hinblick auf die Prozessrisiken – unvollständig bleiben.

Die zu realisierenden Rollen und damit auch die Methode, die für die Erstellung des Konzepts gewählt wird, sind stark abhängig von Ihrem technischen Realisierungsansatz. Wenn Sie die indirekte Rollenzuweisung und somit eine Lösung auf Basis des Organisationsmanagements von SAP ERP HCM (Human Capital Management – SAP-Personalwirtschaft) wählen, ergeben sich andere logische Gruppierungen von Funktionen und gegebenenfalls auch logisch andere Ansätze zur Definition von Rollen und zur Ermittlung von Rolleninhalten.

Tatsächlich prozessbasierte Ansätze – z. B. eine vollständige Abbildung der Prozesse in ARIS bis auf die Ebene der Transaktion oder im SAP Solution Manager – erfordern wiederum eine andere Methode. Die Einschränkung »tatsächlich prozessbasiert« fußt auf unserer Erfahrung, dass der Begriff *Prozess* in vielen Organisationen so unscharf definiert ist, dass ein Zusammenhang zwischen einem Prozessmodell und den ausgeprägten Berechtigungen nicht mehr nachvollziehbar ist. Wenn die Methode prozessbasiert ist, dann muss auch klar sein, wie Prozesse so analysiert werden, dass am Ende sinnvolle Berechtigungen dabei herauskommen.

Teilprojekt »Berechtigungen« Methodenunabhängig gilt folgender Grundsatz: In jedem SAP-Projekt sind Berechtigungen ein wesentliches, eigenständiges Teilprojekt. Aufgrund der Abhängigkeiten, die das applikations- und systemübergreifende betriebswirtschaftliche Berechtigungskonzept zwingend hat, muss dieses Teilprojekt von Anfang an bei Entscheidungen über Stammdaten, Organisationsebenenstrukturen und fallweise auch an der Entscheidung über Customizing-Einstellungen berücksichtigt werden.

10 bis 15 % des Gesamtprojektumfangs Der Aufwand für das Teilprojekt Berechtigungen liegt in jedem Projekt zwischen 10 und 15 % des Gesamtumfangs. Die Kosten für nachträgliche Bereinigungen und die Wartungskosten liegen andernfalls erheblich über diesen Kosten. Ein schlecht aufgesetztes Berechtigungskonzept kann erhebliche zusätzliche Kosten in einem Upgrade-Projekt verursachen.

Eine sinnvolle Herangehensweise an die Erstellung eines betriebswirtschaftlichen Berechtigungskonzepts basiert auf Überlegungen zur Organisation (das ist die betriebswirtschaftliche Sicht), Anwendung des Regelungsrahmens (das ist die Sicht der Regelkonformität) und der Beachtung technischer Möglichkeiten und Standards.

Ein Benutzer führt eine Aufgabe, eine Teilaufgabe oder eine Verrichtung durch, wenn er eine Funktion im SAP-System nutzt. In Bezug auf diese Begriffe müssen Konflikte definiert werden. Alle Funktionstrennungskonflikte und kritischen Aktionen ergeben sich einerseits aus dem funktionalen Umfang der Systemlandschaft und somit den Aufgaben, Teilaufgaben und Verrichtungen, die ein Benutzer ausführt, und andererseits aus dem Regelwerk der Organisation. Das Regelwerk der Organisation setzt sich immer aus externen und internen Regeln zusammen (siehe Kapitel 4, »Rechtlicher Rahmen – normativer Rahmen«). Die externen Regeln sind branchen- und länderspezifisch.

Aufgabe – Teilaufgabe – Verrichtung

Für ein betriebswirtschaftliches Berechtigungskonzept müssen also die folgenden Voraussetzungen erfüllt sein:

Definition des Umfangs und der Aufgaben

▶ Der funktionale Umfang der Systemlandschaft ist definiert.

▶ Die Funktionen sind so gegliedert, dass sie den Aufgaben, Teilaufgaben und Verrichtungen entsprechen.

▶ Funktionstrennungskonflikte und kritische Aktionen sind (werden) definiert.

▶ Funktionstrennungskonflikte und kritische Aktionen stehen so aufbereitet in einer Risikomatrix zur Verfügung, dass Rollen und Benutzer gegen diese Regeln überprüft werden können.

2.1.2 Beteiligte am Berechtigungskonzept

Eine methodische Frage, die sich vor dem Beginn des Projekts stellt, ist die Auswahl der Beteiligten an der Erstellung eines Berechtigungskonzepts.

Normativ könnte ein Stakeholder-Ansatz definiert werden. In einem solchen Anspruchsgruppenansatz werden die Personenkreise beteiligt, die Einfluss auf die Entscheidungen der Organisation haben, Ansprüche an die Organisation stellen können oder von den Regelungen betroffen sind. Anspruchsgruppen sind in jedem Fall alle, die gesetzlich, vertraglich oder durch interne Regelung ein Mitsprache-

Stakeholder-Ansatz

oder Kontrollrecht in Bezug auf den Umgang mit den Daten im System haben.

Dieser Ansatz ist jedoch nicht für jede Organisation in jeder Situation zielführend. Die Erfahrung zeigt, dass z. B. die internen Auditoren es in einigen Unternehmen nicht als ihre Aufgabe betrachten, die Systemregeln zu definieren. Die Art der Beteiligung des Betriebsrats an der Konzepterstellung ist häufig umstritten.

Partizipation | Wir tendieren jedoch grundsätzlich zu einem möglichst partizipativen Modell, einerseits weil unterschiedliche Anspruchsgruppen durchaus relevante und unterschiedliche Regeln herleiten und darstellen können und Partizipation somit zu deutlich verlässlicheren Ergebnissen führen kann, andererseits weil Partizipation einen Austausch schafft, der dabei hilft, den Mitarbeitern Ängste zu nehmen und Widersprüche zu minimieren.

2.2   Compliance ist Regelkonformität

Definition von Compliance | Der Begriff *Compliance* kann mit dem Streben nach Regelkonformität gleichgesetzt werden. Dazu gehören auch der Aufbau und die Nutzung geeigneter Strukturen und Instrumente, um dieses Ziel zu erreichen. Zur weiteren Einordnung des Begriffs verweisen wir auf Menzies, 2006, Seite 2. Daraus einleitend ein Zitat:

> *Compliance steht [...] für die Einhaltung von gesetzlichen Bestimmungen, regulatorischen Standards und die Erfüllung weiterer wesentlicher Standards der Stakeholder. Compliance trägt dazu bei, die Beständigkeit des Geschäftsmodells, das Ansehen in der Öffentlichkeit und die finanzielle Situation des Unternehmens zu verbessern. Compliance umfasst die Einrichtung geeigneter Organisationsstrukturen, Prozesse und Systeme im Unternehmen.*

Aspekte von Compliance | Compliance hat also erstens einen *normativen Aspekt*, eben den der Regelkonformität. Zweitens hat sie auch einen *organisatorischen Aspekt*, nämlich den Aufbau geeigneter Strukturen und Instrumente. Drittens hat Compliance einen *operativen Aspekt*, und zwar die angemessenen Kontrollen.

Bei der Betrachtung der Compliance muss vom grundsätzlichen Ziel der Regelkonformität ausgegangen werden. Eine Absolutsetzung im Sinne unbedingter Einhaltung aller gesetzlichen und organisationsspezifischen Normen entspricht weder unserer Erfahrung (u. a. im Bereich des Datenschutzes), noch dürfte diese Absolutsetzung mit angemessenen Mitteln technisch erreichbar sein. Deshalb verwenden wir in diesem Buch für den normativen Aspekt den Begriff *Regelkonformität*.

Regelkonformität gilt es nicht nur zu erreichen, um externen Bedingungen gerecht zu werden. Sie hat vor allem das Ziel, einen Schaden von der Organisation abzuwenden. Regeln werden aufgestellt, um *Risiken* zu vermeiden. Um Compliance zu erreichen (oder sie nachzuweisen), sind interne Kontroll- und Risikomanagementsysteme erforderlich, die die Organisation in die Lage versetzen, diesen Risiken angemessen zu begegnen.

Regelkonformität ist kein Selbstzweck

2.3 Risiko

Ein *Risiko* ist ein mögliches, bestimmbares und qualifizierbares Ereignis, das das Erreichen der Organisationsziele teilweise oder vollständig behindert. Zu den Organisationszielen gehören monetäre Ziele (Erhalt des Organisationsvermögens, Liquidität), legale Ziele (Einhaltung der geltenden Rechtsnormen – Regelkonformität) und interne Ziele (Einhaltung eigener Normen, Organisationsleitbild, Betriebsvereinbarungen – Regelkonformität).

Definition von Risiko

Aus dieser allgemeinen Risikodefinition lässt sich die Unterscheidung in strategische, prozessuale und verrichtungsbezogene Risiken ableiten. Gegenstand dieses Buches sind vor allem die verrichtungsbezogenen Risiken, soweit sie in SAP-Lösungen auftreten.

Die in Abbildung 2.1 dargestellte Unterscheidung ist sehr abstrakt: Verrichtungsbezogene Risiken, also Risiken, die sich durch einzelne Aktionen ergeben, finden sich aggregiert im Prozess wieder, da ein Prozess sich als eine Reihe von abhängigen Verrichtungen verstehen lässt. Die Verrichtung, z. B. das Anlegen einer Bestellung, ist zusammen mit der Verrichtung der Kreditorenpflege ein Risiko, das eine Funktionstrennung erfordert. Diese Verrichtungen sind Teil des Beschaffungsprozesses. Das Funktionstrennungsrisiko, das verrichtungsorientiert betrachtet wird, ist also auch ein Risiko im Prozess. Ebenso können Risiken im Prozess oder verrichtungsbezogene Risiken strategische Risiken sein. Zum Beispiel können Verstöße gegen

Ausfuhrbestimmungen, die ja zunächst auf Verrichtungen beruhen, zu staatlichen Sanktionen oder Sanktionen durch den Markt führen.

Uns sind in unserer Praxis mehrere Fälle begegnet, in denen eine vorher sichergestellte Einschränkung von Benutzerberechtigungen – also ein angemessener Umgang mit verrichtungsbezogenen Risiken – Millionenverluste vermieden hätte. Die meisten Unternehmen werden einen Millionenverlust durchaus auch als Prozessrisiko und als strategisches Risiko darstellen.

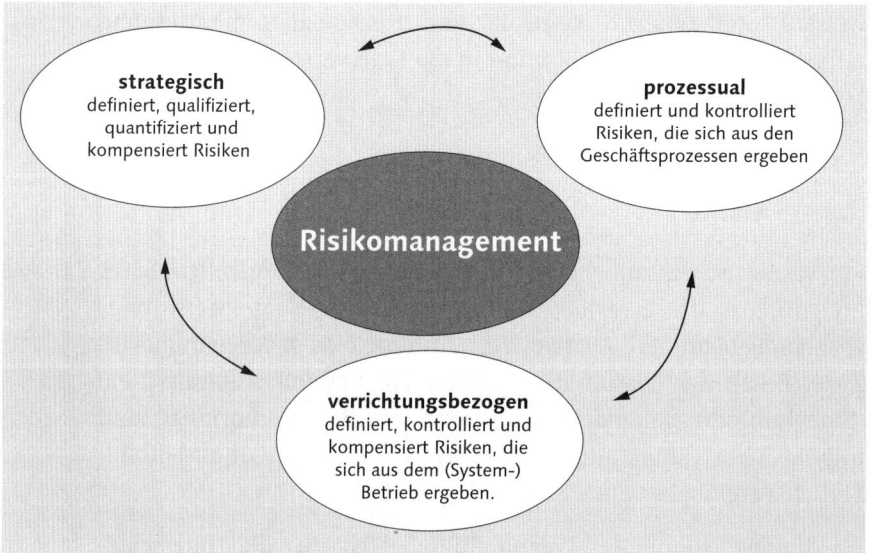

Abbildung 2.1 Übersicht über das Risikomanagement

Beispiel: Umgehen der Liefersperre

Die Liefersperre eines Kunden, der bereits insolvent war, wurde manuell übergangen: Die Lieferung im Wert von mehreren Millionen Euro verschwand dadurch in der Insolvenzmasse dieses Unternehmens. Das potenzielle Risiko *Umgehen der Liefersperre* wurde zu einem Verlust, der bei angemessener verrichtungsorientierter Vermeidung nicht eingetreten wäre.

Verluste vermeiden | In jedem Fall lassen sich Verluste durch kriminelle Handlungen deutlich erschweren und Verluste durch Benutzerfehler vermeiden, wenn aktivitätsbezogenen (oder verrichtungsbezogenen) Risiken unmittelbar durch Zugriffskontrollen begegnet wird.

Eine sinnvolle aktivitätsbezogene Einschränkung reduziert außerdem den Aufwand, der in den Prozesskontrollen liegt (siehe Abbildung 2.2). Wenn ausgeschlossen werden kann, dass Benutzer zu viele Aktivitäten ausführen können, werden die Anforderungen an die Funktionstrennung gewahrt. Somit können Prozesskontrollen generischer angelegt werden. Aktivitätsbezogene Maßnahmen, im Kontext dieses Buches zuallererst die Einschränkung von Berechtigungen, gehören zu den präventiven Maßnahmen. Die Kosten für diese sind in den meisten Fällen um ein Vielfaches geringer als sämtliche kurativen (oder detektivischen) Maßnahmen. In plakativen Worten: Es ist einfacher und günstiger, das Kind vor dem Fall in den Brunnen zu bewahren, als später mühsam und aufwendig zu ermitteln, wie tief es im Brunnen steckt und wie man es wieder herausholen kann.

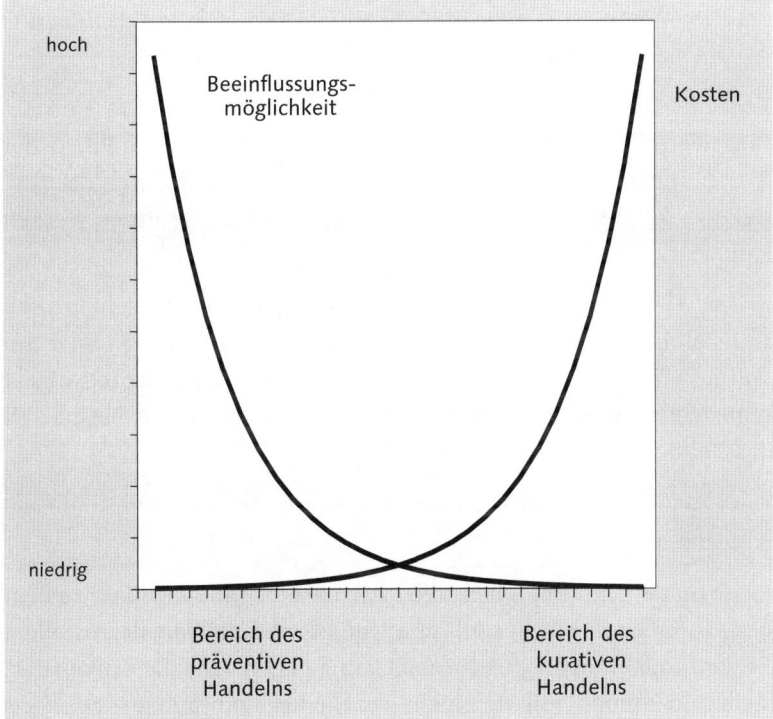

Abbildung 2.2 Präventive und kurative Maßnahmen

Für dieses Buch möchten wir die Risikodefinition weiter präzisieren. Aus Sicht der Benutzerberechtigungen lassen sich aktivitätsbezogene Risiken in drei unterschiedliche Arten von kritischen Zugriffen im System unterteilen:

Definition von Risiko: Benutzerberechtigungen

- ▸ Funktionstrennungskonflikte

- ▸ kritische Aktionen

- ▸ kritische Berechtigungen

Funktionstren-
nungskonflikte

Funktionstrennungskonflikte ergeben sich durch die Kombination von zwei Aktivitäten. So ist z. B. die Kombination von Lieferantenpflege und Bestellbearbeitung kritisch. Abhängig von Regeln, Verfahren und Customizing-Einstellungen kann ein Funktionstrennungskonflikt allerdings auch innerhalb einer Transaktion darstellbar sein, wenn das Regelwerk zwischen dem Erfassen und dem Freigeben einer Buchung eine Funktionstrennung vorsieht. Die technische Aussteuerung dieser unterschiedlichen Aktivitäten erlaubt eine Funktionstrennung, die verrichtungsorientiert ist: Das Erfassen wird getrennt vom Freigeben. In Kapitel 4, »Rechtlicher Rahmen – normativer Rahmen«, finden Sie eine detailliertere Definition des Begriffs *Funktionstrennung* auf der Basis rechtlicher Anforderungen.

Kritische Aktionen

Kritische Aktionen sind Aktionen, die eine einzelne Aktivität (Verrichtung) betreffen, die zu einem Risiko führt. So ist z. B. die Pflege der Mandanteneinstellungen eine kritische Aktion, da dadurch das produktive System für nicht legitime Änderungen geöffnet werden kann.

Kritische
Berechtigungen

Kritische Berechtigungen sind Berechtigungen, die in sich kritisch sind, ohne dass die Art des Zugriffs auf diese Berechtigung schon definiert sein muss (technische Definition: Berechtigungsobjekt ohne Verbindung zu einer konkreten Transaktion). Ein Beispiel ist das Debugging im Änderungsmodus.

Dem Ziel, alle aktivitätsbezogenen Risiken auszuschließen, sind zwei Grenzen gesetzt:

Kenntnis als
Grenze der Risiko-
vermeidung

Es ist zum einen unmöglich, alle aktivitätsbezogenen Risiken zu kennen, zu erfassen und technisch angemessen detailliert darzustellen. Es wird immer einen Unsicherheitsraum geben. Um alle Risiken darstellen zu können, müssten nicht nur alle Regeln bekannt sein (schon das ist in Bezug auf das Berechtigungskonzept selten anzutreffen), es müsste darüber hinaus auch noch der Wille da sein, alle Regeln umzusetzen, und es müsste absolute Transparenz über Prozesse/Organisation und Technik geben. Die Schwierigkeit absoluter Transparenz von Prozessen und Organisation wird in Kapitel 3, »Organisation und Berechtigungen«, deutlich.

Fast jedes Unternehmen nutzt kundeneigene Programme, deren Programmabläufe und betriebswirtschaftliche Wirkung nicht detailliert beschrieben sind. In diesen Fällen ist unklar, was technisch und wirtschaftlich durch die Programmausführung erreicht wird: Initiiert das Programm eine gewollte Datenänderung von Kundenstammdaten oder eine (durch die Organisation) ungewollte Zahlung sämtlicher Gehälter an den Programmierer? Doch selbst wenn es nicht an einer Dokumentation mangelt, fehlt meist die integrative Sicht, die für eine vollständige Risikobewertung erforderlich wäre. Diese integrative Sicht wäre überhaupt nur möglich, wenn die Verantwortlichen für Prozesse, Compliance und Technik ständig eng zusammenarbeiteten und darüber hinaus auch noch eine einheitliche Begriffswelt teilten. Es gibt zahlreiche Unternehmen, die sehr integrativ genau diese Abstimmung leisten. Wir möchten jedoch auf die immer vorhandenen Grenzen hinweisen, um darzustellen, warum es immer nur um das Ziel grundsätzlicher Regelkonformität gehen kann.

Die zweite Grenze ist eine wirtschaftliche Grenze. Einerseits bedeutet der erforderliche Abstimmungsaufwand zwischen Technik/Prozess und Regelkonformität erhebliche Kosten, die bei immer komplexer werdenden Systemen und immer größerer notwendiger Detaillierung unangemessen wachsen. Andererseits bedeutet Funktionstrennung genau das: Funktionstrennung. Eine Aufgabe muss von mehreren wahrgenommen werden, auch wenn eine Person allein diese Aufgabe zügiger erfüllen könnte. Auch hier soll kein Missverständnis aufkommen: Das bedeutet nicht, dass auf Funktionstrennung verzichtet werden darf, allerdings muss diese insofern wirtschaftlich gestaltet werden, als dass nur die aus wirtschaftlicher oder gesetzlicher Sicht erforderlichen Maßgaben einzuhalten sind.

Effizienz als Grenze der Risikovermeidung

2.4 Corporate Governance

Wenn man sich dem Begriff *Governance* nähert, erkennt man seinen Ursprung im sozial- und politikwissenschaftlichen Umfeld. Im Kontext dieses Buches geht es um Corporate Governance:

Corporate Governance bezeichnet den rechtlichen und faktischen Orientierungsrahmen für die Leitung und Überwachung eines Unternehmens. Im Unterschied zur [...] Unternehmensverfassung, die primär die Binnenordnung des Unternehmens betrifft, werden unter dem Stichwort

Corporate Governance auch Fragen der (rechtlichen und faktischen) Einbindung des Unternehmens in sein Umfeld (wie namentlich) den Kapitalmarkt adressiert. [...] Corporate Governance ist keineswegs eine neues Thema [...] In den letzten Jahren hat die Diskussion über zweckmäßige Formen der Überwachung und Leitung von Unternehmen [...] einen bislang noch nicht da gewesenen Stellenwert erlangt. Treiber dieser Entwicklung sind [...][u. a. – die Verf.] die bekannten zahlreichen Fälle von Missmanagement und Unternehmensschieflagen im In- und Ausland. (von Werder, 2005, Seite 624).

Konkreter wird das *Gabler Lexikon Unternehmensberatung*:

Corporate Governance [ist][...] die Gesamtheit der Grundsätze zur Leitung und Überwachung eines Unternehmens. (Reineke/Bock, 2007, Seite 78)

Versteht man unter Leitung eines Unternehmens das Management einer Organisation, liegt der Schluss auf der Hand, dass Corporate Governance integraler Bestandteil der Unternehmensleitung oder des Managements einer Organisation ist. Schreyögg/Koch stellen fünf zentrale Managementfunktionen in den Mittelpunkt ihrer Betrachtung: Planung, Organisation, Personaleinsatz, Führung, Kontrolle (2013). Die Begriffe *Führung* und *Kontrolle* stehen synonym für Leitung und Überwachung.

Für dieses Buch soll für Corporate Governance die folgende Definition gelten:

Definition von Corporate Governance

Corporate Governance im weiteren Sinn ist die Gesamtheit der Grundsätze und Strukturen zur Leitung und Überwachung einer Organisation. Corporate Governance wird durch die Definition des normativen Orientierungsrahmens der (institutionellen) Organisation, die Schaffung geeigneter Strukturen und Kontrollmechanismen, die Zuweisung geeigneter Ressourcen und regelmäßige Kontrollen erreicht. Corporate Governance ist integrierter Bestandteil des Managements von Organisationen.

Corporate Governance ist die Quelle von Regeln und Strukturen zum Erreichen von Regelkonformität. Hier wird der Rahmen gesteckt, dem das operative Geschäft zu folgen hat. Operativ ist es eine dauerhafte Herausforderung, technische Details und abstrakte Normen so zu kommunizieren, dass sowohl die für Regelkonformität Verantwortlichen als auch die Administratoren in der Berechtigungspflege den Zusammenhang der Regeln und ihrer konkreten Umsetzung nachvollziehen können.

Corporate Governance ist damit für dieses Buch die Gesamtheit der Grundsätze und Strukturen zur Leitung und Überwachung einer Organisation. Corporate Governance ist in diesem Sinne Risikoprävention und Unternehmensführung. Compliance ist dementsprechend das Ziel der grundsätzlichen Regelkonformität im Rahmen der Corporate Governance.

Risikoprävention – Regelkonformität

Die für unseren Zweck sinnvollste Einbindung der Corporate Governance in die Organisation und in die Unternehmensverfassung leistet Frese in seinem empfehlenswerten Werk »Grundlagen der Organisation« (2012). Wir verweisen explizit auf dieses Standardwerk, da Frese dort Corporate Governance als Bestandteil der Führungsaufgaben betrachtet.

2.5 Technische vs. betriebswirtschaftliche Bedeutung des Berechtigungskonzepts

Ein zentraler Begriff dieses Buches ist naturgemäß der Begriff *Berechtigungskonzept*. Im Glossar der SAP-Onlinehilfe (*http://help.sap.com*) finden Sie folgende Definition:

> *Konzept, das den Aufbau und die Funktionsweise der Berechtigungsvergabe und der Berechtigungsprüfung in SAP-Systemen umfasst.*

Frick/Gadatsch/Schäffer-Külz (2008, Seite 330) definieren ein Berechtigungskonzept folgendermaßen:

> *Das SAP-Berechtigungskonzept schützt Transaktionen, Programme und Services in SAP-Systemen vor unberechtigtem Zugriff. Auf der Grundlage des Berechtigungskonzepts vergibt der Administrator den Benutzern Berechtigungen (positives Berechtigungskonzept), die festlegen, welche Aktionen ein Benutzer im SAP-System ausführen darf, nachdem er sich am System angemeldet hat und authentifiziert wurde.*

Das sogenannte positive Berechtigungskonzept ist die Regel in SAP ERP Central Component (ECC). Es gibt aber Ausnahmen: So kann in SAP ERP HCM explizit die Pflege eigener Daten unterdrückt werden, eben durch die negative Berechtigungsdefinition »Darf nicht«.

Diese Definitionen betonen einen technischen Aspekt: Bevor Berechtigungen vergeben werden können, muss ihre Funktionsweise festgelegt werden. In Bezug auf das SAP-System ist sie die präziseste Definition, die wir kennen, deshalb werden wir in diesem Buch mit dieser Definition eines technischen Berechtigungskonzepts arbeiten.

Definition des technischen Berechtigungskonzepts

Das technische Berechtigungskonzept legt fest, wie in einem Programm eine Berechtigungsprüfung ausgeführt wird, wie zusätzlich die Prüfung auf Transaktionsebene erfolgt und welche Verfahren bei der Berechtigungsvergabe an den Benutzer zur Anwendung kommen können. Das technische Berechtigungskonzept ist die Summe aller möglichen Berechtigungsprüfungen und Verfahren zur Berechtigungsvergabe.

Das technische Berechtigungskonzept bedarf einer Konkretisierung im System. Rediger/Hohnhorst (2003, Seite 62) schreiben dazu:

Daher ist es erforderlich, mithilfe des SAP-Berechtigungskonzepts eine minimale Aussteuerung pro Benutzer zu definieren. Die Sicherheit und Ordnungsmäßigkeit des SAP-Systems hängen u. a. wesentlich von den zugeordneten Berechtigungen ab.

Bei Hornberger/Schneider (2000, Seite 59) findet sich folgende Definition:

Mit den im SAP-System zur Verfügung stehenden Mitteln können Kunden ein Berechtigungskonzept aufbauen, das den individuellen Gegebenheiten im Unternehmen entspricht.

Beide betonen den Ausprägungsaspekt. In diesem Buch werden wir zeigen, dass die technischen Möglichkeiten in Verbindung mit der gewählten organisatorischen und der vorzunehmenden funktionalen Differenzierung zu nahezu unendlich vielen möglichen Berechtigungszuordnungen führen. Es bedarf also eines Konzepts dafür, wie das technische Berechtigungskonzept so implementiert wird, dass es dem Bedarf an organisatorischer und funktionaler Differenzierung einer Organisation entspricht und die Einhaltung nachhaltig mit angemessenen Mitteln sicherstellen kann. Bei diesem Implementierungskonzept handelt es sich um ein primär betriebswirtschaftliches Konzept. In diesem Buch unterscheiden wir deshalb zwischen dem technischen und dem betriebswirtschaftlichen Berechtigungskonzept.

Das betriebswirtschaftliche Berechtigungskonzept definiert auf Basis des funktionalen und organisatorischen Differenzierungsbedarfs die Regeln, wie das technische Berechtigungskonzept im konkreten System (oder den konkreten Systemen) umgesetzt und kontrolliert wird. Das betriebswirtschaftliche Berechtigungskonzept folgt der formalen Organisation und ist faktisch Ausdruck einer Aufgabenanalyse (siehe Abschnitt 3.4.2, »Aufgabenanalyse«). Das betriebswirtschaftliche Berechtigungskonzept ist so ausformuliert, dass es dem sachkundigen Dritten in angemessener Zeit einen Überblick über die tatsächliche Berechtigungslogik und -vergabe verschafft.[1] Da das Berechtigungskonzept u. a. die Richtigkeit der Bilanz gewährleistet, ist diese Übertragung notwendig. Wähner (2002, Seite 506 ff.) stellt aus Sicht der DV-Revision Anforderungen an ein Berechtigungskonzept, die sich mit der von uns eingeführten Definition insoweit decken, als die Schriftform erforderlich ist und sich das Konzept aus der »Ablauf- und Aufbauorganisation (Geschäftsverteilung)« ableitet. Weitere Informationen zu den Inhalten eines Berechtigungskonzepts finden Sie in Kapitel 22, »Konzepte und Vorgehen im Projekt«.

Definition des betriebswirtschaftlichen Berechtigungskonzepts

Das betriebswirtschaftliche Berechtigungskonzept ist die systembezogene Ausformulierung der Grundsätze der Corporate Governance. Berechtigungen müssen regelkonform definiert und ausgeprägt werden, um (aktivitätsbezogene) Risiken zu vermeiden oder zu reduzieren. Ist das Berechtigungskonzept nicht tatsächlich regelkonform, wird Risikoprävention erheblich teurer und der Nachweis der Regelkonformität (Compliance) problematisch.

Regelkonformität – Berechtigungskonzept

2.6   Technische vs. betriebswirtschaftliche Rolle

Der Begriff *Rolle* wird in unterschiedlichen Kontexten unterschiedlich verwendet. In Kapitel 3, »Organisation und Berechtigungen«, werden wir in diesem Zusammenhang den Begriff *Aufgabe* einführen. Ein Mitarbeiter hat eine Stelle, und diese Stelle ist durch eine Aufgabe gekennzeichnet. Wir gehen davon aus, dass betriebswirtschaftliche Rollen

---

1 Die sprachliche Bezugnahme auf die Grundsätze ordnungsgemäßer Buchführung (die Buchführung gilt als »ordnungsgemäß«, wenn sie einem sachkundigen Dritten in angemessener Zeit einen Überblick über die Geschäftsfälle und die Lage des Unternehmens vermittelt – oder auch True-and-Fair-View-Prinzip) ist gewollt, denn das Berechtigungskonzept ist Prüfungsgegenstand der Wirtschaftsprüfung.

von einer Person in Prozessen oder Projekten, aber auch in der Linienorganisation wahrgenommen werden können. Die Summe der betriebswirtschaftlichen Rollen einer Person ist Ausdruck der Aufgabe, die eine Person in der Organisation hat. Eine Rolle könnte z. B. der Freigeber oder der Analyst sein (siehe Abbildung 2.3).

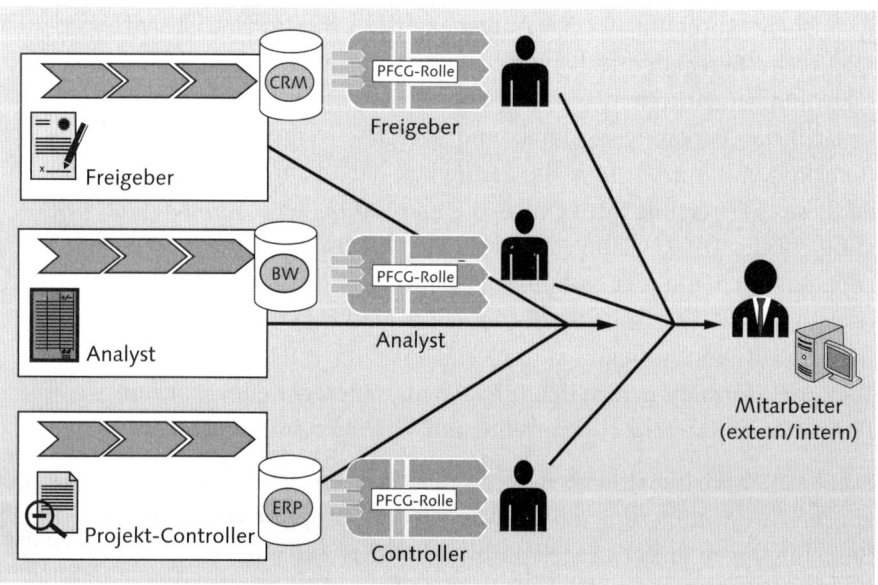

Abbildung 2.3 Betriebswirtschaftliche Rolle – Aufgabe – technische Rolle

Betriebswirtschaftliche Rollen   Betriebswirtschaftliche Rollen sind einer Aufgabe zugeordnet, die durch eine Person in der Organisation wahrgenommen wird. Um betriebswirtschaftliche Rollen wahrnehmen zu können, sind technische Berechtigungen erforderlich, die (überwiegend) durch technische Rollen bereitgestellt werden. Auch die technische Rolle muss zunächst losgelöst von der Person betrachtet und einer Aufgabe zugeordnet werden.

Vorteile der Abstraktion   Diese Abstraktion hat folgende Vorteile:

▸ Jedes normative Berechtigungsdesign muss sich von der Person lösen. Nur ein normatives Berechtigungsdesign kann regelkonform sein.

▸ Bei der Prozessmodellierung werden meistens Prozessrollen und damit betriebswirtschaftliche Rollen definiert. Dabei ist eine Rolle meistens nicht gleich einer Stelle in einer Organisation. Die Aufgabe entspricht aber einer Stelle in der Organisation.

▶ Durch diese Abstraktion sind sowohl betriebswirtschaftliche Rollen als auch technische Rollen wiederverwendbar.

Das bedeutet Folgendes:

▶ Eine betriebswirtschaftliche Rolle kann mehreren Aufgaben zugeordnet werden.

▶ Jede technische Rolle kann mehreren betriebswirtschaftlichen Rollen zugeordnet werden.

▶ Jede technische Rolle kann mehreren Aufgaben zugeordnet werden.

Weitere betriebswirtschaftliche Begriffe werden wir in den beiden folgenden Kapiteln definieren, technische Begriffe und Konzepte hingegen in den Kapiteln, in denen es konkret um Systeme und die technische Umsetzung von Berechtigungen geht.

2.7   Beschreibung von Berechtigungskonzepten

In diesem Abschnitt zeigen wir Ihnen, wie technische Berechtigungskonzepte formal beschrieben werden können. Diese Beschreibung werden wir im weiteren Verlauf dieses Buches nutzen, um eine höhere Vergleichbarkeit der mittlerweile sehr unterschiedlichen technischen Berechtigungskonzepte in SAP-Lösungen zu erreichen. Wir werden dazu den US-amerikanischen ANSI-Standard (American National Standards Institute) zur Role Based Access Control (RBAC) verwenden. Viele Begriffe, die wir hier notwendigerweise verwenden, werden erst in Kapitel 6, »Technische Grundlagen der Berechtigungspflege«, und in Kapitel 7, »Systemeinstellungen und Customizing«, erläutert.

2.7.1   Role Based Access Control

Da die Vergabe von Berechtigungen an den Benutzer (hier User) mit durchaus unterschiedlichen Modellen möglich ist, ist es erforderlich, eine gemeinsame Darstellungsmethode zu nutzen, um unterschiedliche technische Berechtigungskonzepte vergleichen und kombinieren zu können (zum Begriff *technisches Berechtigungskonzept* siehe auch Abschnitt 2.5, »Technische vs. betriebswirtschaftliche Bedeutung des Berechtigungskonzepts«). Die in SAP-Lösungen am weitesten verbreitete Lösung ist ein rollenbasiertes Konzept. Allerdings sind auch diese rollenbasierten Konzepte teilweise nur noch schwierig zu vergleichen. Im Folgenden soll auf der Grundlage des US-amerikanischen Standards *ANSI INCITS 359–2004: Role Based Access Control (RBAC)* überprüft werden, inwieweit dieser Standard geeignet ist, SAP-Berechtigungskonzepte darzustellen.

Im Vorwort (das nicht zum Standard gehört) wird festgestellt, dass es in der Softwareentwicklung an einer allgemein anerkannten Übereinkunft über RBAC-Features fehle. Aus den dort genannten Gründen soll dieser Standard ein Referenzmodell bereitstellen. Folgendes wird angeführt:

> *This lack of a widely accepted model results in uncertainty and confusion about RBAC's utility and meaning. This standard seeks to resolve this situation by using a reference model to define RBAC features and then describing the functional specifications for those features.*

Tabelle 2.1 stellt die wichtigsten Grundbegriffe von ANSI INCITS 359–2004, also die Kernelemente von RBAC, dar.

Begriff	Bedeutung (laut Norm)
Component	*Components* im Sinne des Standards sind: ▸ Core RBAC ▸ Hierarchical RBAC ▸ Static Separation of Duty ▸ Dynamic Separation of Duty
Object	*Objects* sind alle Systemressourcen, die Gegenstand einer Zugriffskontrolle sind, wie z. B.: ▸ Zugriff auf Dateien ▸ Zugriff auf Drucker ▸ Zugriff auf ein Terminal ▸ Zugriff auf einen Datenbankeintrag ▸ Zugriff auf Tabellen ▸ Zugriff auf Spalten oder Zeilen ▸ Zugriff auf Views
Operation	Eine *Operation* ist ein ausführbares Element eines Programms, das beim Aufruf durch den User Funktionen für diesen ausführt.

Tabelle 2.1 Kernelemente von RBAC

Begriff	Bedeutung (laut Norm)
Permission	Eine *Permission* ist eine Genehmigung, eine Operation auf einem oder mehreren RBAC-geschützten Objekten durchzuführen.
Role	Eine *Role* ist eine Jobfunktion im Rahmen einer Organisation mit zugehöriger Semantik in Bezug auf die Befugnisse und die Verantwortung, die der User durch Zuweisung dieser Rolle erhält.
User	Ein *User* ist im Sinne des Standards immer eine natürliche Person, auch wenn das Konzept *User* auch auf technische Ressourcen erweitert werden kann.
Session	Eine *Session* ist eine etablierte, eingabebereite Verbindung eines Users mit einem System. Damit es zu einer Session kommt, muss ein User mit einer Rolle am System angemeldet sein.

Tabelle 2.1 Kernelemente von RBAC (Forts.)

Aus Gründen der Eindeutigkeit behalten wir im Folgenden die englische Terminologie bei und setzen – sofern es sich um den Standard handelt – jeweils »RBAC« voran.

Core RBAC

Das Core RBAC, also der Kern des Modells, ist die Grundlage für weitere Überlegungen und Definitionen. Das Core-RBAC-Modell ist in Abbildung 2.4 dargestellt. Die RBAC Permissions setzen sich zusammen aus RBAC Objects und RBAC Operations. Dabei definiert das RBAC Object das/die Objekte, auf die zugegriffen werden kann, und RBAC Operations die Aktionen, mit denen zugegriffen werden kann.

▶ RBAC Permissions werden in einer n:n-Beziehung RBAC Roles zugeordnet (Permission Assignment).

▶ RBAC Roles werden in einer n:n-Beziehung RBAC Users zugeordnet (User Assignment).

▶ Die User_Sessions sind die aktiven RBAC Sessions eines RBAC Users.

▶ Die Session_Roles sind die aus der Gesamtmenge zur RBAC Session selektierte Teilmenge der dem RBAC User zugeordneten RBAC Roles.

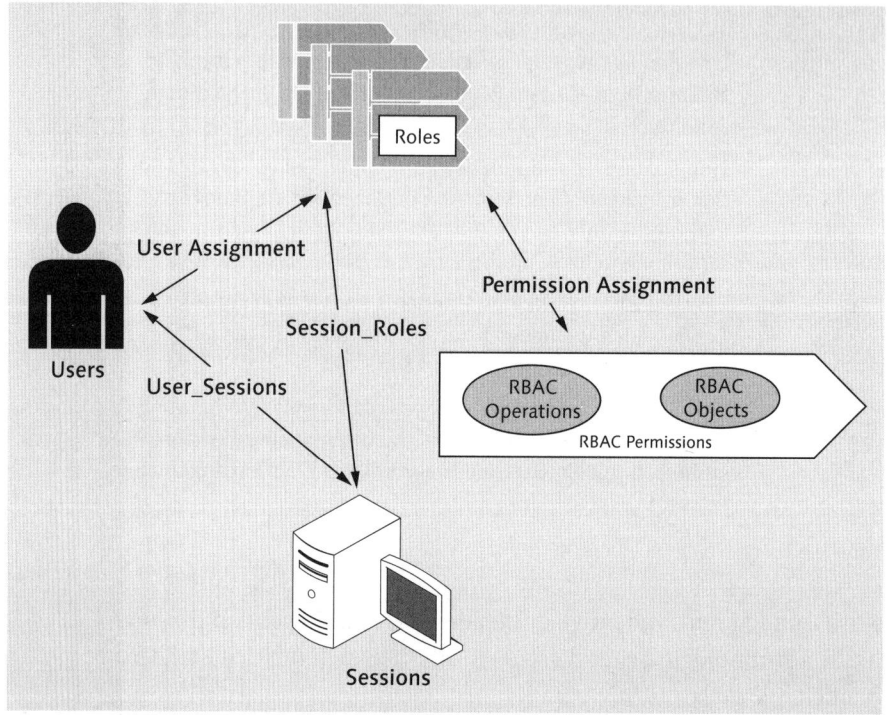

Abbildung 2.4 Core RBAC (nach: ANSI INCITS 359–2004, Abbildung 1, Seite 4)

2.7.2 Core RBAC und SAP ERP

Zunächst lassen sich einige Begriffe des Core RBAC unmittelbar auf die rollenbasierte Berechtigungsverwaltung in SAP ERP übertragen. Dies stellen wir in Tabelle 2.2 dar. Aus Gründen der Vereinfachung gehen wir an dieser Stelle zunächst nicht auf andere Berechtigungskonzepte in SAP-Lösungen ein.

Weniger eindeutig als die Begriffe in der Tabelle ist die Übertragung des Begriffs *RBAC Permission*: Eine Berechtigung in SAP ERP bezieht sich auf ein Berechtigungsobjekt (siehe Abschnitt 6.2.1, »Berechtigungsfelder und Berechtigungsobjekte«). Ein Berechtigungsobjekt bezieht sich häufig auf ein Attribut zu n Objekten und eine Operation (meist Activity). Eine RBAC Permission bezieht sich hingegen auf ein RBAC Object und eine RBAC Operation.

RBAC-Begriff	Bedeutung (laut Norm)	SAP-Entsprechung	SAP-Beschreibung
Role	Eine *Role* ist eine Jobfunktion im Rahmen einer Organisation mit zugehöriger Semantik in Bezug auf die Befugnisse und die Verantwortung, die der User durch Zuweisung dieser Rolle erhält.	PFCG*-Rolle, wäre auch übertragbar auf das Profil, sie sollte allerdings nicht mehr verwendet werden.**	Eine Rolle ist ein Container von Berechtigungen, Menüinformationen und etwaigen weiteren Attributen. Aus der Rolle wird ein Profil generiert, aus dem die Berechtigungen für den Anwender in den Benutzerkontext bei Systemanmeldung geladen werden.
User	Ein *User* ist im Sinne des Standards immer eine natürliche Person, wissentlich, dass das Konzept *User* auch auf technische Ressourcen erweitert werden kann.	User	Anwender (Person oder anderes System), der an einem SAP-System angemeldet ist
Session	Eine *Session* ist eine etablierte, eingabebereite Verbindung eines Users mit einem System.	Session	in diesem Kontext etablierte, eingabebereite Verbindung eines Users mit einem System

* Mittels der Transaktion PFCG (Profilgenerator) werden in der SAP Business Suite die meisten Rollen gepflegt. Um diese von anderen Rollentypen abgrenzen zu können, wird vielfach von einer *PFCG-Rolle* gesprochen. Die Funktionsweise des Profilgenerators wird in Kapitel 6, »Technische Grundlagen der Berechtigungspflege«, ausführlich dargestellt.

** Profile sind eine veraltete Methode, um Berechtigungen zu bündeln und einem User zuzuordnen; auch diese werden kurz in Kapitel 6 beschrieben.

Tabelle 2.2 Unmittelbar auf SAP ERP übertragbare RBAC-Kernelemente

In aller Regel schützt also ein SAP-Berechtigungsobjekt mehrere (teilweise sehr viele) Objekte. Ebenso sind die Objekte meistens nicht nur durch ein einziges SAP-Berechtigungsobjekt geschützt, sondern durch mehrere Berechtigungsobjekte, die eine generelle feingranulare Steuerung nach unterschiedlichen Attributen zu den Objekten ermöglichen. Darüber hinaus gibt es Berechtigungsobjekte, die sich ausschließlich auf Attribute beziehen. Daneben existieren Berechtigungsobjekte, die sich nur auf Operations beziehen.

Abbildung 2.5 soll diesen Zusammenhang verdeutlichen: Links ❶ ist eine RBAC Permission dargestellt, die sich aus dem RBAC Object und der RBAC Operation zusammensetzt. Mit diesen beiden Elementen wird Zugriff auf ein Objekt eingeräumt. Rechts ❷ sehen Sie, dass in einem SAP-ERP-System in aller Regel mehrere Berechtigungen zusammenkommen müssen, die sich meistens aus Aktionen und Objektmerkmalen, wie z. B. Zugehörigkeit zu einer Kostenstelle, zu einem Lagerort etc., zusammensetzen. Erst dann ist die Berechtigung für einen Programmschritt möglich.

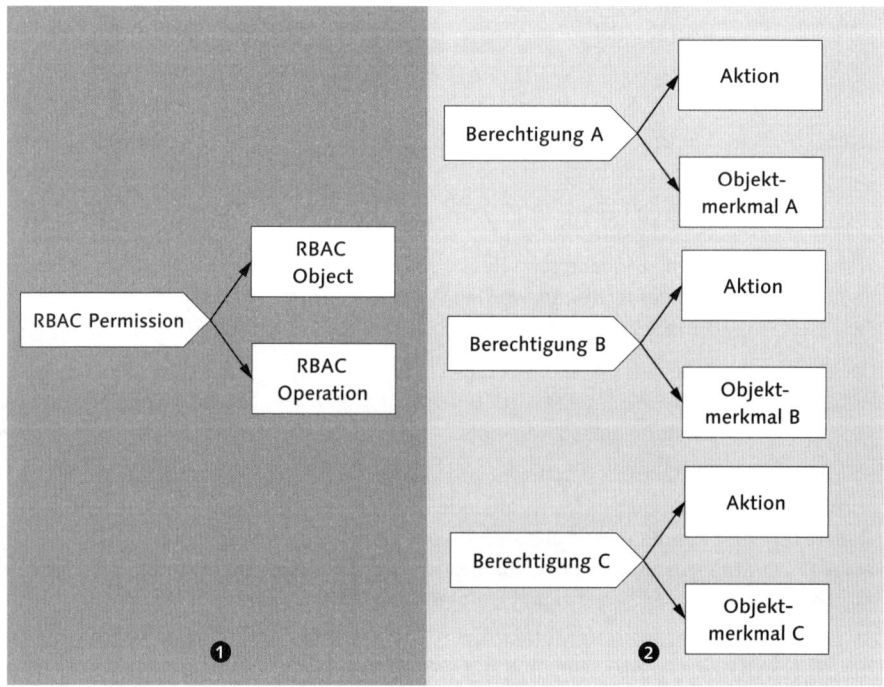

Abbildung 2.5 RBAC Permission und SAP-ERP-Berechtigungen

Dies beeinflusst ebenfalls den Zugriff von Usern auf Objekte bzw. die Tätigkeiten auf Objekte. In Abbildung 2.6 ist unter ❶ der Zugriff von Anwendern über Rollen, die RBAC Permissions enthalten, beschrieben. In einem SAP-ERP-System enthält der User ❷ Berechtigungen ebenfalls über Rollen. Da der Zugriff auf Daten jedoch von mehreren Berechtigungen abhängen kann, ist es möglich, dass erst nach Durchführung einer Prüfkette die Berechtigung für den Datenzugriff vorhanden ist.

Einen Sonderfall stellen dabei in SAP ERP die Berechtigungen dar, die einen Programmaufruf schützen, wie z. B. Transaktionen, Web Dynpros oder Webservices. In diesem Fall ist das RBAC Object das

Programm und die RBAC Operation immer `start`. Tatsächlich schützt dieser Mechanismus aber nur den Aufruf eines Programms bzw. einer ausführbaren Ressource.

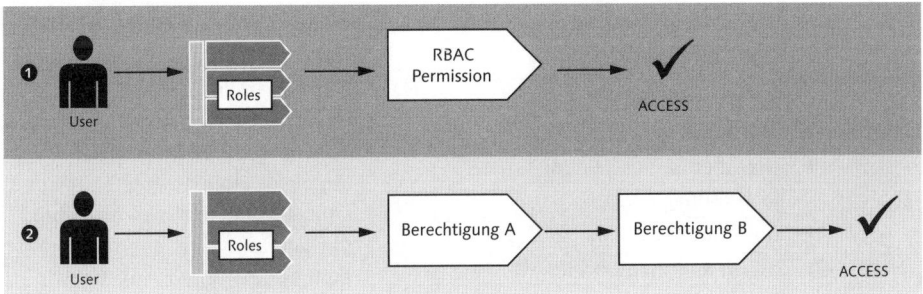

Abbildung 2.6 Zugriffskette von RBAC und SAP

In Tabelle 2.3 setzen wir die RBAC-Begriffe und ihre Bedeutung in Bezug zum SAP-System. Ein wesentlicher Unterschied besteht darin, dass in einem SAP-System alle einem User zugeordneten Rollen die Summe seiner Berechtigungen bilden. Das heißt, alle zugeordneten Rollen sind seine Session Roles, die in allen Sessions die gleiche Menge an Berechtigungen bereitstellen. Eine Unterscheidung, wie sie später bei der Dynamic Separation of Duty (siehe Abschnitt 2.7.5, »Constrained RBAC«) diskutiert wird, ist in einem SAP-System nicht über die Rollen eines Users darstellbar.

Im RBAC-Modell gibt es außerdem die Möglichkeit, Rollen in Hierarchien zu strukturieren: das Hierarchical RBAC. Damit soll es möglich sein, die organisatorische Realität im Unternehmen in Bezug auf Verantwortung und Zuständigkeiten zu reflektieren (ANSI INCITS 359–2004, Seite 5). Vereinfacht ausgedrückt: Ein Hauptbuchhalter hat auch die Berechtigungen eines untergeordneten Buchhalters, dieser wiederum auch die Berechtigungen eines Erfassers etc. Dieses Argument werden wir in Abschnitt 2.7.7, »Restriktionen des RBAC-Standards«, in Frage stellen.

Rollen in Hierarchien strukturieren: Hierarchical RBAC

Rollenhierarchien werden durch Vererbung gebildet, wobei die erbende Rolle alle Permissions der vererbenden Rolle (Subordinate) erhält. Die Vererbung bezieht sich nicht nur auf die Permissions, sondern auch auf die User (Mitgliedschaft in einer Rolle/Zuordnung zu einer Rolle).

RBAC-Begriff	Bedeutung (laut Norm)	SAP-Entsprechung	SAP-Beschreibung
Object	Jede Systemressource, die Gegenstand einer Zugriffskontrolle ist, wie z. B.: ▸ Zugriff auf Dateien ▸ Zugriff auf Drucker ▸ Zugriff auf ein Terminal ▸ Zugriff auf einen Datenbankeintrag ▸ Zugriff auf Tabellen ▸ Zugriff auf Spalten oder Zeilen ▸ Zugriff auf Views	Object	Jede Art von zusammengehöriger Information, die eindeutig unter einem identifizierenden Schlüssel anzusprechen ist. Der wesentliche Teil dieser Information ist in der Regel in einer Tabelle des ABAP Dictionarys abgelegt. Objekte entstehen zur Laufzeit und sind die konkreten, mit Werten versehenen Ausprägungen (Instanzen) eines zuvor definierten Objekttyps.
Operation	Eine *Operation* ist ein ausführbares Element eines Programms, das beim Aufruf durch den User Funktionen für diesen ausführt.	Action/Activity	Eine Action/Activity (und weitere) berechtigt innerhalb eines Programms dazu, einen vordefinierten Ablauf auszuführen, z. B. Buchen oder Anzeigen. Meistens müssen weitere Elemente, z. B. organisatorischer Art, berechtigt sein.
Permission	Eine *Permission* ist eine Genehmigung, eine Operation auf einem oder mehreren RBAC-geschützten Objekten durchzuführen.	Berechtigung	Ermächtigung, eine bestimmte Aktion im SAP-System durchzuführen. Eine Berechtigung besteht aus ausgeprägten Werten für die Berechtigungsfelder eines Berechtigungsobjekts. Die Kombination beschreibt, mit welchen Aktivitäten ein User auf welche Daten zugreifen kann. Berechtigungen können Zugriffe auch ohne Aktivitätsbeschreibungen erlauben.

Tabelle 2.3 Anwendung weiterer RBAC-Kernelemente auf SAP ERP

Im Folgenden wollen wir neben dem Begriff *Subordinate Role* (im RBAC-Standard Subordinate) den Begriff *Superior Role* einführen, um eine Rolle zu beschreiben, der eine oder mehrere Subordinate Roles zugeordnet sind. Die Menge an Vererbungsbeziehungen ist dabei zunächst unbegrenzt, d. h., eine Superior Role kann die Permissions mehrerer Subordinate Roles erben, und eine Superior Role kann eine Rolle enthalten, die bereits Subordinate Roles hat. Dies ist in Abbildung 2.7 dargestellt. Subordinate Role ❶ ist der Superior Role ❷ zugeordnet, diese wiederum ist als Subordinate Role der Superior Role ❸ zugeordnet. Der Superior Role ❸ ist außerdem die Subordinate Role ❹ zugeordnet, die selbst keine weiteren Subordinate Roles hat. Subordinate Role ❶ ist neben Superior Role ❷ auch der Superior Role ❺ zugeordnet.

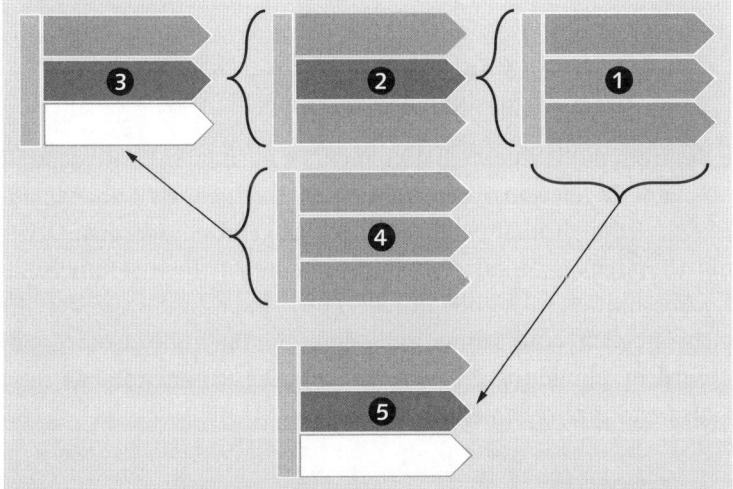

Abbildung 2.7 Rollenhierarchien im Hierarchical RBAC

Die Norm unterscheidet allgemeine Rollenhierarchien und limitierte Rollenhierarchien. Allgemeine Rollenhierarchien ermöglichen prinzipiell beliebige Zuordnungen:

> Allgemeine und limitierte Rollenhierarchien

▸ Eine Subordinate Role kann unterschiedlichen Superior Roles zugeordnet sein (❶ → ❷ und ❶ → ❺).

▸ Eine Subordinate Role kann »eigene« Subordinate Roles haben und wird dadurch diesen gegenüber zur Superior Role ❷.

▸ Beziehungen über mehrere (beliebig viele) Stufen sind möglich (❶ → ❷ → ❸).

Limitierte Rollenhierarchien hingegen sind dadurch gekennzeichnet, dass eine Subordinate Role genau einer Superior Role zugeordnet sein kann. Dabei kann die Superior Role beliebig viele Subordinate Roles enthalten. Limitierte Rollenhierarchien sind also definiert als eine Einschränkung der möglichen Vererbungstiefe, sodass z. B. eine Superior Role nur eine Subordinate Role enthalten kann, die selbst keine weitere Subordinate Role enthält.

Als Vorteil allgemeiner Rollenhierarchien wird angeführt, dass diese es ermöglichen, die Organisations- und Geschäftsstrukturen wiederzugeben. Laut ANSI INCITS 359–2004 erlaubt dieses Modell außerdem einen einheitlichen Umgang mit Rollen und Benutzern. Beide Argumente werden wir in Abschnitt 2.7.7, »Restriktionen des RBAC-Standards«, kritisch reflektieren (siehe auch Eckert, 2011, Seite 116; Tsolkas/Schmidt, 2010, Seite 76).

2.7.3 Hierarchical RBAC und SAP ERP – limitierte Rollenhierarchien

Eine limitierte Rollenhierarchie können Sie auch in SAP ERP darstellen. Rollen (in diesem Fall Einzelrollen) können als Subordinate Roles den Sammelrollen (Superior Roles) zugeordnet werden. Dabei ist die Hierarchietiefe auf zwei Stufen begrenzt: Eine Sammelrolle (siehe Abschnitt 6.3.2, »Rollenpflege«) besteht aus n Einzelrollen. Es ist nicht möglich, eine Sammelrolle einer Sammelrolle zuzuordnen. Dies wird in Abbildung 2.8 verdeutlicht. Die Sammelrolle ❶ setzt sich aus den Einzelrollen ❷–❹ zusammen.

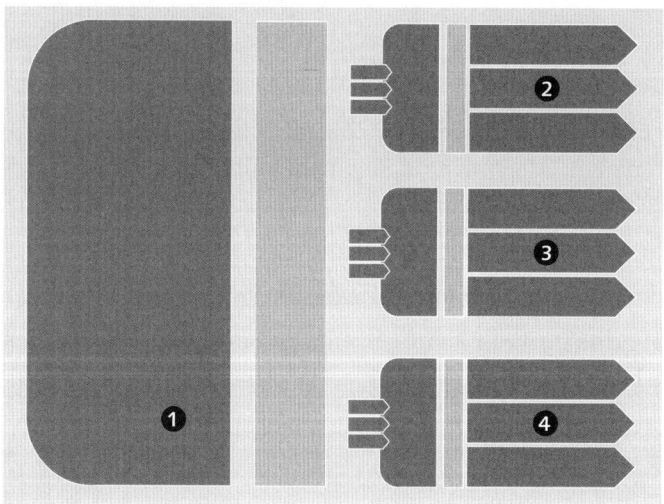

Abbildung 2.8 Rolle und Sammelrolle in SAP ERP

2.7.4 Hierarchical RBAC und SAP – allgemeine Rollenhierarchien

Die durch Produkte wie SAP Identity Management und/oder SAP Access Control bereitgestellten Möglichkeiten, Rollen im Sinne eines umfassenden, systemübergreifenden Managements von Privilegien und Benutzern managen zu können, sollen hier nicht behandelt werden.

Für unsere Betrachtung ist hingegen die Constrained RBAC von wesentlichem Interesse, da diese die Funktionstrennung in das Rollenmodell einführt.

2.7.5 Constrained RBAC

Der »beschränkende« RBAC-Standard ergänzt das Modell um Funktionstrennungslogiken. Das heißt, der Standard soll z. B. auch eine Trennung zwischen administrativen und betriebswirtschaftlichen Funktionen erlauben. In der betrieblichen Praxis ist es erforderlich, Funktionen in einem Prozess zu trennen (zur Erläuterung siehe Abschnitt 2.3, »Risiko«, sowie Abschnitt 4.5.6, »Funktionstrennungsprinzip«). Bei RBAC werden zwei unterschiedliche Methoden angeboten, um eine Funktionstrennung über Berechtigungen zu realisieren:

▸ Static Separation of Duty (statische Funktionstrennung)

▸ Dynamic Separation of Duty (dynamische Funktionstrennung)

Static Separation of Duty erzwingt eine Funktionstrennung vorab, indem sichergestellt wird, dass funktional zu trennende Berechtigungen nicht an einen User vergeben werden. Das ebenfalls in Abschnitt 4.5.6 genannte Beispiel (Rechnungsprüfung/Zahlung) würde also durch Berechtigungen so getrennt werden, dass der Rechnungsprüfer erst gar nicht die Berechtigung zum Zahlen und die Kasse erst gar nicht die Berechtigung zum Prüfen der Rechnung bekommt.

Static
Separation of Duty

Abbildung 2.9 illustriert dieses Prinzip. Das in Abbildung 2.4 dargestellte Grundmodell wird hier um eine Bewertung (Static Separation of Duty) ergänzt, die verhindert, dass ein User im Sinne einer Funktionstrennung konfliktäre Berechtigungen erhält. An dieser Lösung wird kritisiert, dass sie zu starr sei (u. a. von Tsolkas/Schmidt, 2010, Seite 78).

Die Dynamic Separation of Duty unterscheidet in Bezug auf eine Session konfliktäre Berechtigungen. Das heißt, es wird unterbunden, dass ein User gleichzeitig zwei konfliktäre Rollen nutzt. Dies wird in Abbildung 2.10 verdeutlicht. Die Prüfung findet in Bezug auf diese Sessions statt (Dynamic Separation of Duty). Die Funktionstrennung verhindert, dass die konfliktären Rollen gleichzeitig genutzt werden können.

Dynamic
Separation of Duty

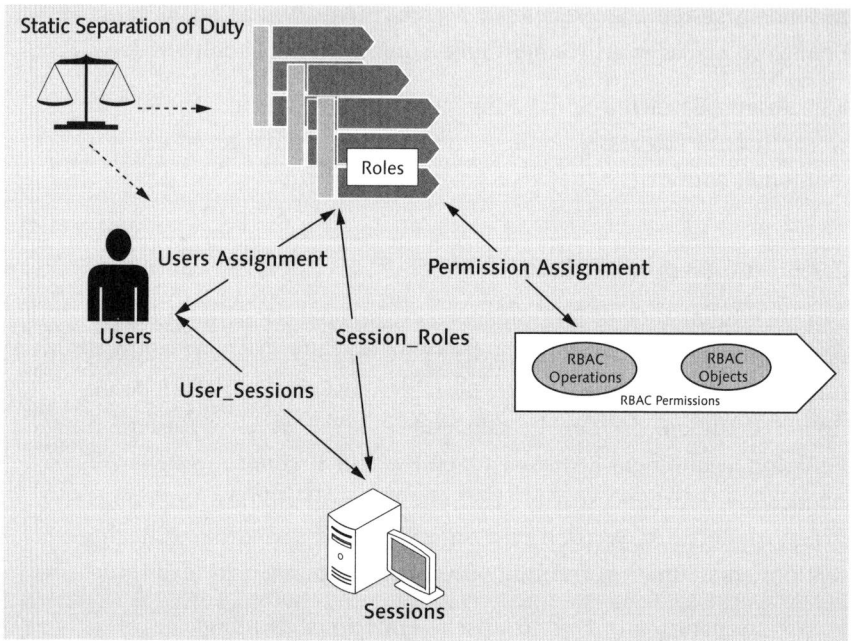

Abbildung 2.9 Static Separation of Duty
(nach: ANSI INCITS 359–2004, Abbildung 1, Seite 9)

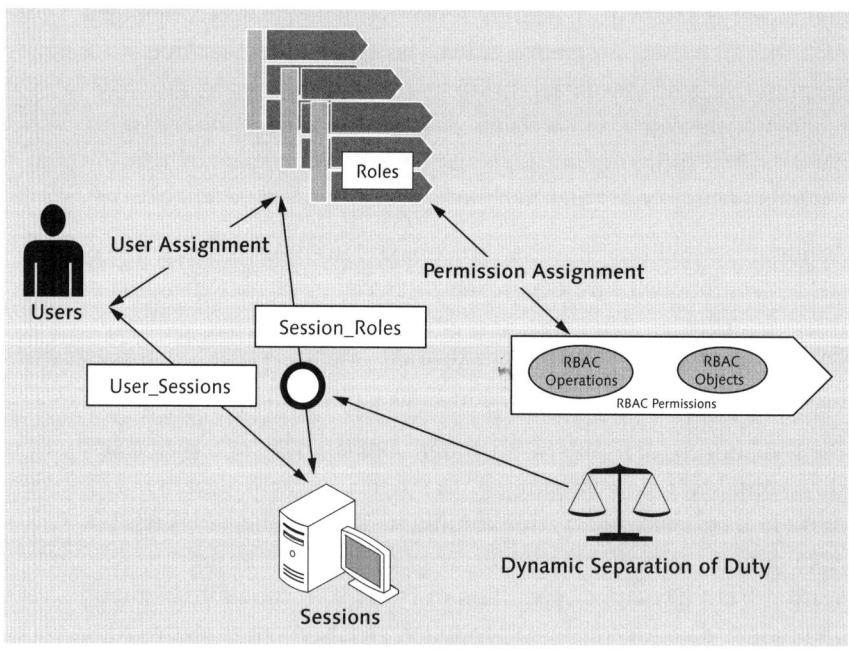

Abbildung 2.10 Dynamic Separation of Duty
(nach: ANSI INCITS 359–2004, Abbildung 1, Seite 10)

2.7.6   Constrained RBAC und SAP ERP

Die Static Separation of Duty ist für das SAP-ERP-System die Lösung der Wahl, um Funktionstrennungskonflikte zu vermeiden. Das heißt, dass in den meisten Fällen eine statische Funktionstrennung implementiert werden muss. Die im RBAC-Standard beschriebene Dynamic Separation of Duty ist in einem SAP-ERP-System nicht möglich, da alle Roles des Users immer die Session Roles bilden und somit in allen Sessions eines Systems die Berechtigungen bereitstellen (siehe auch Abschnitt 2.7.2, »Core RBAC und SAP ERP«).

In SAP ERP gibt es allerdings zwei andere Möglichkeiten für eine dynamische Funktionstrennung:

► Notfall- oder Superuser-Management-Lösungen wie das Superuser Privilege Management in SAP Access Control

► daten- und verlaufsbasierte Modelle

Notfalluser-Management-Lösungen besprechen wir am Beispiel von SAP Access Control umfassender in Kapitel 11. Das Prinzip in Bezug auf dynamische Funktionstrennung ist im Wesentlichen das folgende: Ein User hat die Berechtigung, zusätzliche, vordefinierte Berechtigungen im Bedarfsfall zu nutzen. Dazu greift er in einer Session auf ein zusätzliches, vordefiniertes Benutzerkonto zu und erhält die zusätzlichen Berechtigungen – aber eben unter der zusätzlichen Userkennung.

Notfalluser-Management-Lösungen

In SAP ERP gibt es unterschiedliche Daten- und verlaufsbasierte Modelle. Ein in diesem Buch weiter erläutertes Verfahren ist das Vieraugenprinzip des Finanzwesens (FI) in SAP ERP, das in Abschnitt 21.2, »Berechtigungen im Finanzwesen«, detailliert behandelt wird. Das zugrunde liegende Prinzip ist ein sehr einfaches: Ein neu erfasstes oder verändertes Datum ist von der Weiterverarbeitung so lange ausgeschlossen, bis ein zweiter User die Änderungen freigegeben hat. Dabei ist es unerheblich, ob die Berechtigungen der beiden am Vorgang beteiligten User identisch sind. Das heißt, die dynamische Funktionstrennung wird nicht über die Rolle gewährleistet, sondern über Informationen, die auf dem Datum »mitgegeben« werden: »Erfasser« oder »Änderer«.

Daten- und verlaufsbasierte Modelle

2.7.7 Restriktionen des RBAC-Standards

Nach unserer Erfahrung ist organisatorische Differenzierung eine der wesentlichen Voraussetzungen, um ein regelkonformes Berechtigungskonzept einrichten zu können (siehe Kapitel 4, »Rechtlicher Rahmen – normativer Rahmen«). Der RBAC-Standard enthält keine explizite Sicht der Organisation, d. h., er reflektiert nicht ausdrücklich den Organisationsaufbau oder den Unterschied zwischen verschiedenen juristischen Personen. Zwar kann eine Differenzierung per RBAC Object vorgenommen werden, diese betrifft aber eben ein einzelnes Objekt. Eine Gruppierung ähnlicher Objekte, z. B. Rechnungen, die einer juristischen Person zugeordnet sind, ist nicht vorgesehen. Das SAP-ERP-Berechtigungskonzept geht hier also weiter und erlaubt genau diese Gruppierung und damit eine explizite Sicht der Organisation.

Das Konzept der Hierarchical RBAC im Besonderen in seiner allgemeinen, nicht limitierten Form enthält die Grundannahme, dass Berechtigungen in einer hierarchischen Struktur aufgebaut werden können. Dies beinhaltet zumindest die Gefahr, dass eine technische Struktur übernommen wird, die der Aufbauorganisation folgt. Tatsächlich wird im RBAC-Standard die folgende Annahme aufgestellt:

> *Hierarchies are a natural means of structuring roles to reflect an organization's lines of authority and responsibility. (ANSI INCITS 359–2004: Role Based Access Control, 2000, Seite 5)*

Dieses Konzept mag in der Verwaltung von Zugriffen auf Laufwerke oder für Zugangsberechtigungen für Gebäude sinnvoll sein; für ein ERP-System ist es allerdings problematisch. Es ist eben nicht so, dass der Leiter der Buchhaltung alle untergeordneten Rechte qua Amt erhalten muss. Im Gegenteil wird dieser Zustand sowohl einer sinnvollen Funktionstrennung als auch dem Minimalprinzip zuwiderlaufen.

Schließlich ist anzumerken, dass ein Constrained RBAC natürlich erforderlich ist, dass aber die meisten Anwendungsfälle in einer ERP-Lösung zwingend auf der Static Separation of Duty, also auf einer vordefinierten Funktionstrennung, beruhen müssen. Diese muss um daten- und verlaufsbasierte Modelle ergänzt werden, weil sonst der Nachweisaufwand in Bezug auf die unterschiedlichen Rechtsquellen (z. B. buchhalterischer oder datenschutzrechtlicher Natur) in inadäquatem Maße steigen würde.

2.7.8 Beschreibung technischer Berechtigungskonzepte

Die Beschreibung technischer Berechtigungskonzepte muss in Bezug auf SAP-Lösungen mit einer Beschreibung der zu schützenden Daten beginnen. Es liegt auf der Hand, dass es dabei immer nur um exemplarische Beschreibungen gehen kann, da eine vollständige Abbildung aller Daten den Rahmen bei Weitem sprengen würde.

Mithilfe einer beispielhaften Datenmenge muss beschrieben werden, durch welche Objektattribute die Objekte in Bezug auf Berechtigungen geschützt werden können. Dies ist in Abbildung 2.11 die mit ❶ gekennzeichnete Beschreibung eines Lieferantenstammsatzes.

Im Folgenden muss dargestellt werden, wie Objektattribute und Aktionen zu Berechtigungen kombiniert werden ❷, um schließlich Rollen ❸ und etwaigen Sammelrollen zugeordnet werden zu können. Sofern eine allgemeine (also mehrstufige) Rollenhierarchie möglich ist, muss dies hervorgehoben werden (dies ist in ABAP-basierten Systemen eben nicht möglich).

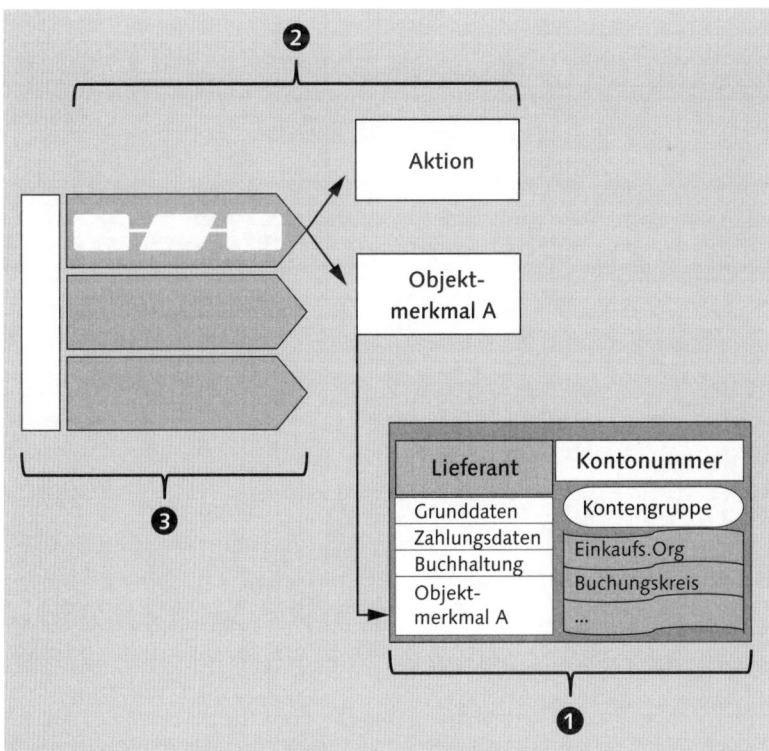

Abbildung 2.11 Beschreibungsmodell in diesem Buch

Darüber hinaus muss hervorgehoben werden, dass, wenn Superior Roles verwendet werden – wie im RBAC-Standard möglich –, auch die User ihre Subordinate Roles erben.

Schließlich müssen ergänzende Konzepte, wie z. B. die strukturellen Berechtigungen von SAP ERP HCM, als solche in ihrer Auswirkung auf das Rollenkonzept dargestellt werden.

Ein systematisches und regelkonformes Berechtigungs-
konzept basiert immer auf dem Aufbau der Organisation
und ihren Abläufen. Dieses Kapitel gibt Ihnen eine Ein-
führung in die notwendigen organisationstheoretischen
Zusammenhänge sowie in organisatorische Grundmerk-
male von SAP ERP

3   Organisation und Berechtigungen

Viele Kunden, die SAP-Systeme einsetzen, sind Konzerne oder
zumindest Unternehmen mit rechtlich eigenständigen Töchtern im
In- und Ausland. Damit sind sie – rechtlich – nicht *eine* Organisation,
sondern ein Verbund von Organisationen. Für das Berechtigungswesen hat ein solcher Verbund unmittelbare Auswirkungen: Das
betriebswirtschaftliche Berechtigungskonzept muss unterschiedliche
Organisationen (im Sinne juristischer Personen) berücksichtigen
können. Dafür gibt es viele rechtlich zwingende Gründe, seien es
bilanzrechtliche, arbeitsrechtliche, datenschutzrechtliche und andere
mehr. Bitte bedenken Sie, dass für unterschiedliche juristische Personen je nach Geschäftsfeld und/oder Land unterschiedliche Rechtsquellen gelten können. Ein Unternehmen, das ätherische Öle für die
Pharmaindustrie aufbereitet, wird anderen rechtlichen Pflichten
unterfallen, als die Schwesterfirma im gleichen Konzern und im gleichen Land, die ein schlichtes Pfefferminzgetränk produziert. Die
Aufgabe, ein Berechtigungswesen für einen Verbund aufzubauen, ist
ein Problem der Organisation, genauer der Organisation im institutionellen Sinne, wie wir später darstellen werden.

Lassen Sie uns diese Problemstellung an einem Beispiel verdeutlichen: In Abbildung 3.1 ist die Unternehmensstruktur im Bereich ❶
dargestellt. Die in Deutschland beheimatete IDES AG hat jeweils in
Deutschland (IDES GmbH) und in den Vereinigten Staaten (IDES
USA) ein Tochterunternehmen. Hat ein Unternehmen Töchter, werden bestimmte Dienste, wie z. B. die Personalverwaltung (Human
Resources, kurz HR), zentral erbracht. In unserem Beispiel übernimmt die IDES GmbH Teile der Personalverwaltung sowohl für die

AG als auch für die IDES US. Dazu benötigt die IDES GmbH Zugriffe auf Daten anderer juristischer Personen – nämlich der IDES AG und der IDES US. Da es um Personaldaten geht und das Datenschutzrecht (siehe Lehnert/Otto/Stelzner, 2011, Seite 47–48) kein Konzernprivileg kennt, muss eine sehr genaue und detaillierte organisatorische Unterscheidung der Zugriffsrechte möglich sein.

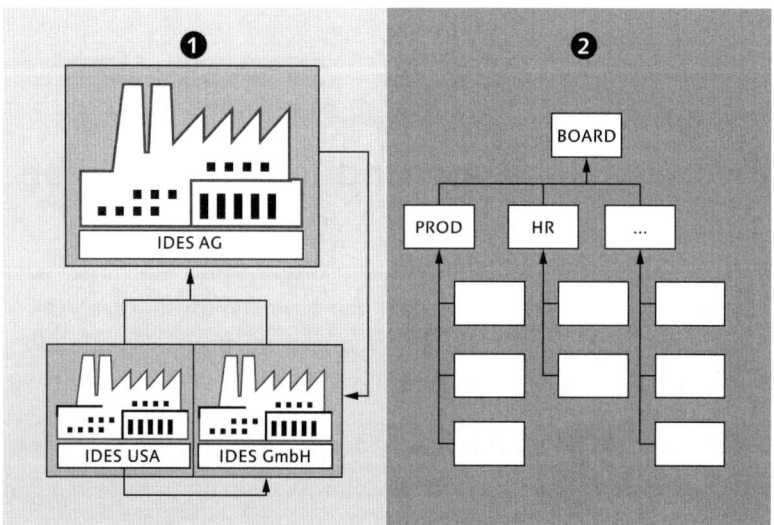

Abbildung 3.1 Organisation als Institution – Aufbauorganisation

Neben der eindeutigen Notwendigkeit, unterschiedliche juristische Personen in einem Berechtigungskonzept berücksichtigen zu können, ist es auch erforderlich, bestimmte Bereiche innerhalb ein und derselben juristischen Person unterschiedlich behandeln zu können. Dies wird in Abbildung 3.1 im Bereich ❷ dargestellt. Unmittelbar dürfte einleuchten, dass z. B. die Manager in der Produktion (PROD) Zugriff auf die HR-Daten ihrer jeweiligen Mitarbeiter haben, aber eben nur auf diese. Meistens wird es keinen Grund geben, auf andere Bereiche der Organisation zuzugreifen. Das heißt, der Manager muss organisatorisch auf PROD eingeschränkt werden. In der Personalabteilung stellt sich die Frage anders: Dort ist zu prüfen, welcher Mitarbeiter auf die HR-Daten welcher Unternehmensbereiche zugreifen darf. Offensichtlich muss es auch für diesen Fall möglich sein, organisatorisch zu differenzieren.

Neben der Unterscheidung zwischen unterschiedlichen Organisationen ist ein weiterer Grund, sich in diesem Buch mit Organisation auseinanderzusetzen, die Erstellung des betriebswirtschaftlichen Berechtigungskonzepts selbst: Wie gelingt es im Rahmen der vorhandenen Aufbauorganisation (siehe Abschnitt 3.4.1, »Aufbauorganisation«), von der Stelle eines Mitarbeiters auf die Berechtigungen, die er im Rahmen dieser Stelle benötigt, zu schließen?

3.1 Organisatorische Differenzierung am Beispiel

Die Herausforderung der organisatorischen Differenzierung soll zunächst anhand eines Beispiels vorgestellt werden: Der Berater Viktor soll im ERP-System des Unternehmens, bei dem er angestellt ist, verschiedene Rechte eingeräumt bekommen. Bestimmte Berechtigungen ergeben sich aus seiner formalen Stellung in der Organisation (siehe Abschnitt 3.3, »Institutioneller Organisationsbegriff«): Er ist Berater in der Abteilung für Governance, Risk and Compliance (GRC), die zur Hauptabteilung Beratung gehört. Er braucht Berechtigungen, um bestimmte Employee Self-Services wie Urlaubsbeantragung oder Kontendatenpflege nutzen zu können. Diese Berechtigungen ergeben sich aus einer detaillierten Betrachtung der Organisation, zunächst der Aufbauorganisation (siehe Abschnitt 3.4.1, »Aufbauorganisation«).

Da er auf der Planstelle eines Beraters beschäftigt ist, muss er darüber hinaus Berechtigungen für die Erfassung seiner Arbeitszeiten haben. Viktor wird beim Kunden nicht nur als Berater, sondern auch als Projektmanager eingesetzt. Für das Unternehmen, bei dem er angestellt ist, bedeutet das, dass er bestimmte Berechtigungen in Bezug auf das Kundenprojekt benötigt. So soll er z. B. das Angebot einsehen können, und er muss die Zeiterfassung seiner Projektmitarbeiter kontrollieren und freigeben. Diese Berechtigungen wären systematisch durchaus aus seiner formalen Stellung in der Organisation abzuleiten: Ein Kundenprojekt ist in diesem Sinne eine Auftragsabwicklung für ein Beratungshaus (siehe Abschnitt 3.4.2, »Aufgabenanalyse«).

In Viktors Beratungshaus ist es üblich, dass die Projektmanager an der Erarbeitung eines Angebots mitwirken. Um die Angebotsbearbeitung so effizient wie möglich zu gestalten, ist dieser Prozess detailliert als Angebotsprozess erfasst worden. Dabei sind auch die erforderlichen Aktivitäten der Mitwirkenden für jeden Prozessschritt dargestellt worden. Entsprechend erhält Viktor für jedes Angebot Berechtigungen des Prozesses *Angebotserstellung*, um Inhalte und Schätzung in

Bezug auf das Angebot pflegen zu können (siehe Unterabschnitt »Organisation und Prozess« in Abschnitt 3.4.1).

Viktor wird über seine Beratungstätigkeit hinaus in einem internen Projekt in der Konzernzentrale (andere juristische Person) eingesetzt. Es handelt sich dabei um ein globales Projekt, in dem es u. a. um die Verarbeitung von HR-Daten geht. Fallweise muss er deshalb auf personenbezogene Daten anderer Organisationseinheiten[1] (anderer juristischer Personen) zugreifen können, um deren Qualität zu prüfen. Diese Berechtigungen beziehen sich auf bestimmte Projektabschnitte (z. B. die Datenmigration). Diese Berechtigungen entsprechen nicht Viktors formaler Stellung in der Organisation, sondern seiner Stellung in einem Projekt. Trotzdem müssen sich diese Berechtigungen gleichzeitig an der formalen Organisation anderer Organisationseinheiten orientieren (siehe Unterabschnitt »Projektorganisation« in Abschnitt 3.4.1).

Im Beispiel benötigte Berechtigungen
Die Berechtigungen, die Viktor benötigt, lassen sich also folgendermaßen unterscheiden:

▸ **Aufbauorganisatorische Berechtigungen**
Dies betrifft die Berechtigungen, die aus der formalen Stellung in der Organisation stammen.

▸ **Projektorganisatorische Berechtigungen**
Dies bezieht sich auf die Berechtigungen, die sich aus einem internen Projekt ergeben.

▸ **Prozessorganisatorische Berechtigungen**
Dies betrifft die Berechtigungen, die sich aus dem Angebotsprozess ergeben.

Die projektorganisatorischen und die prozessorganisatorischen Berechtigungen wiederum enthalten (immer) sowohl Bezüge zur Aufbau- als auch zur Ablauforganisation. Alle Berechtigungen, die Viktor erhält, ergeben seine Gesamtberechtigung.

Funktionstrennungskonflikte im Beispiel
Daraus können sich zum einen Funktionstrennungskonflikte und ungewollte Zugriffe ergeben, z. B. wenn Viktor in einem Teil seiner Berechtigungen Bestellungen anlegen und in einem anderen Teil Kreditoren pflegen darf.

---

1 Der Begriff *Organisationseinheit* wird genutzt, um einen definierten, statischen Anteil der Organisation zu beschreiben. Er muss vom Begriff *Organisationsebene* unterschieden werden, der ein technisches Merkmal in SAP-Systemen bezeichnet und in Abschnitt 3.8, »Organisationsebenen und -strukturen in der SAP Business Suite«, im Detail erläutert wird.

Zum anderen können sich Schnittmengen ergeben, die in der Summe zu mehr Berechtigungen führen, als gewollt. So kann die Bestellabwicklung zwar zu seinen Berechtigungen im Projekt gehören, vielleicht soll aber gleichzeitig ein Mitarbeiter, der seiner Kostenstelle angehört (Aufbauorganisation), keine Bestellungen anlegen dürfen.

Um Funktionstrennungskonflikte und Schnittmengen möglichst gering zu halten, müssen Berechtigungen technisch präzise ausgeprägt werden. Dies ist jedoch nur möglich, wenn die verschiedenen organisatorischen Modelle unternehmenseinheitlich konkret definiert sind. Zumindest muss bei der technischen Anlage klar sein, worin sich Projektorganisation, Linienorganisation und Prozessmodelle im Unternehmen unterscheiden und welche Schnittmengen sie haben.

3.2   Begriff der Organisation

Der Begriff *Organisation* wird in der Betriebswirtschaftslehre[2] institutionell und instrumentell verwendet (siehe Abbildung 3.2). Der institutionelle Organisationsbegriff kann übersetzt werden mit »etwas ist eine Organisation«. Der instrumentelle Organisationsbegriff kann übersetzt werden mit »etwas hat eine Organisation«. Die juristische Person ist in diesem Sinne die Institution, innerhalb derer bestimmte Instrumente genutzt werden.

Instrumentelle und institutionelle Sicht

Der instrumentelle Organisationsbegriff wird unterschieden in die Aufbauorganisation und die Ablauforganisation.

Einerseits ist ein bestimmtes soziales Gebilde – z. B. ein Unternehmen – eine Organisation, definiert durch Strukturen und Regeln (institutionelle Sicht). Andererseits hat etwas eine bestimmte Organisation bzw. Organisationsform (instrumentelle Sicht). Ein Unternehmen kann Organisationsformen wie die Linienorganisation, die Projektorganisation oder auch eine Matrixorganisation in Bezug auf die Erfüllung bestimmter Aufgaben wählen. Die Linienorganisation ist aber in allen uns bekannten Unternehmen für die Darstellung der Unterstellungsverhältnisse die primäre Form. Darüber hinaus kann es eine

---

2 An dieser Stelle möchten wir auf weiterführende Literatur verweisen, die uns in vielen Abschnitten dieses Kapitels Stütze und Ideengeber war. Zur weiteren Vertiefung empfehlen wir: Frese, 2012; Kieser/Kubicek, 1992; Schreyögg, Organisation, 2008; Steinmann/Schreyögg/Koch, Management, 2013.

Organisationsform auf Basis eines Prozessmodells nutzen. Beide Perspektiven, sowohl die institutionelle als auch die instrumentelle, sind für das Berechtigungskonzept relevant.

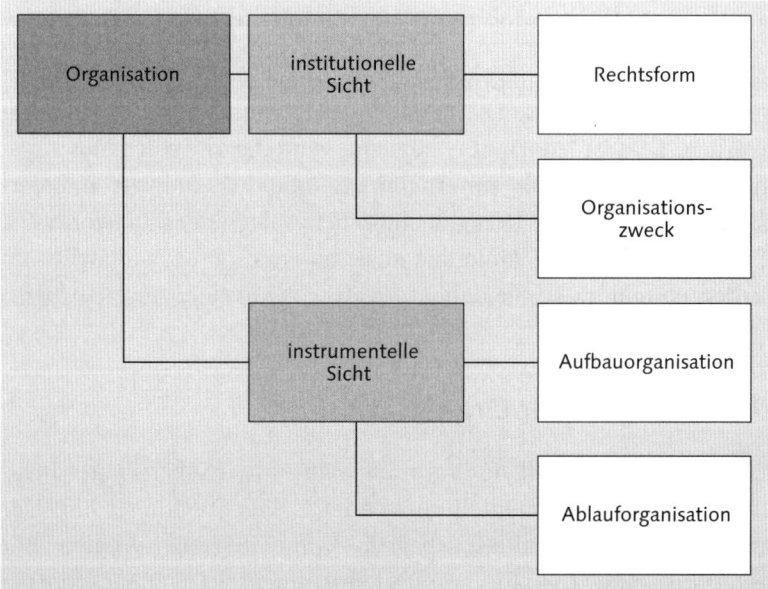

Abbildung 3.2 Bedeutung der Organisation

Relevanz der Organisation Der institutionelle Organisationsbegriff ist vor allem dann von Interesse, wenn es um die legalen Normen, aber auch um die internen Regeln und deren Abhängigkeiten von Erwartungen der Umwelt geht. Der instrumentelle Organisationsbegriff blickt auf das – zumindest formale – Organisationsgeschehen. Dieser ist notwendig, um die in Kapitel 2, »Einführung und Begriffsdefinition«, angesprochene Differenzierung von Aufgaben, Teilaufgaben und Verrichtungen zur Entwicklung eines Berechtigungskonzepts vollziehen zu können.

Im Folgenden werden wir die Organisationsbegriffe in Bezug auf das betriebswirtschaftliche Berechtigungskonzept weiter untersuchen.

3.3 Institutioneller Organisationsbegriff

Für das betriebswirtschaftliche Berechtigungskonzept ist es eine wesentliche Fragestellung, für welche Art von Organisation es gelten soll. Ein Berechtigungskonzept in einem Pharmaunternehmen mit seinen vielen Dokumentationspflichten stellt andere Anforderungen als ein Berechtigungskonzept bei einem Nachrichtendienst mit seinen vielen Geheimhaltungspflichten. Ebenso ist es ein Unterschied, ob die Organisation sich auf bestimmte ethische Ziele verpflichtet (Leitbild, Sachziel) oder sich rein auf erwerbswirtschaftliche Ziele (Formalziele) konzentriert.

Der institutionelle Organisationsbegriff (Kieser/Kubicek, 1992, Seite 4) betrachtet eine Organisation als ein auf Dauer angelegtes soziales Gebilde mit:

Zweck und Rechtsform

▶ einem definierten Organisationszweck

▶ einer definierten Rechtsform

▶ mit definierten Grenzen zur Umwelt

Die Relevanz des institutionellen Organisationsbegriffs für Berechtigungen ergibt sich aus folgenden Aspekten:

▶ **Organisationszweck**
Während in klassischen Industriebetrieben die Risiken primär im Rechnungswesen gesehen werden, kann in nicht erwerbswirtschaftlich orientierten Organisationen (z. B. Nachrichtendienst) das Risiko stärker in anderen Bereichen, wie z. B. der Geheimhaltung, nachgewiesen werden.

▶ **Rechtsnormen für eine gegebene Organisationsform**
Eine öffentliche Verwaltung folgt zwingend anderen Funktionstrennungsauflagen als ein Pharmakonzern und der wiederum anderen als ein Rüstungsbetrieb.

▶ **Definierte Organisationsgrenzen zur Umwelt**
Die Mitglieder der Institution werden durch ihre Mitgliedschaft (Arbeitsvertrag, Inhaberschaft) von anderen Personen, die zeitweilig mit der Organisation zusammenarbeiten (Partner, Lieferanten, Kunden), unterschieden.

Aus der Rechtsform ergeben sich zwingende Ableitungen für die Konfiguration und das Funktionieren der Organisation. In Abbildung 3.3 sehen Sie eine Übersicht über Rechtsformen des privaten und des öffentlichen Rechts in der Bundesrepublik Deutschland.

Rechtsformen der Organisation

Zu jeder Rechtsform gehört eine durch Gesetz oder in Ausführung von Gesetzen durch Satzung definierte Verfassung der Organisation. Dort sind minimal das Organ der Führung, die Rechnungslegungsgrundsätze und die Vertretung der Organisation nach außen geregelt.

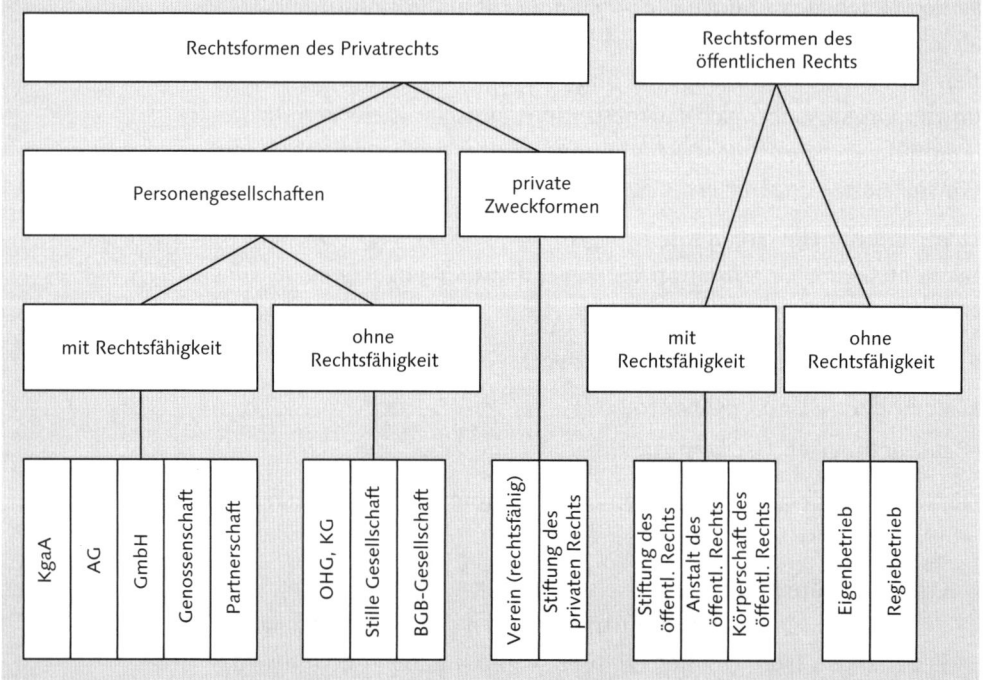

Abbildung 3.3 Übersicht über Rechtsformen des privaten und des öffentlichen Rechts (Deutschland)

Mitbestimmungs-
rechte des
Betriebsrats

Von der Rechtsform der Organisation ist auch die Betriebsverfassung abhängig, also (ob und) welches Mitbestimmungsmodell in der Organisation gilt. Die Mitwirkungs- und Mitbestimmungsrechte des Betriebsrats oder Personalrats dürfen vor allem im Bereich des Mitarbeiterdatenschutzes nicht unterschätzt werden.

> **Beispiel: Einflussnahme des Betriebsrats**
>
> In einem Projekt haben wir erlebt, dass der Betriebsrat ein komplettes Redesign des Berechtigungskonzepts erzwang, bevor er dem Roll-out in weitere Unternehmensteile zustimmte. Die angeführten Gründe waren leider überzeugend: Es gab kein schriftliches Berechtigungskonzept. Regelungen zum Datenschutz waren nicht spezifiziert. Die Mitbestimmung war nicht eingehalten worden.

Organisation
und Umwelt

Der institutionelle Begriff ermöglicht die Grenzziehung zwischen der Organisation und ihrer Umwelt. Es stellt sich die Frage, wie mit Geschäftspartnern umzugehen ist, die in den Systemen Zugriffsberechtigungen bekommen sollen. Klassische Beispiele, die für das

Berechtigungskonzept relevant sind, sind der Hostingpartner, die Beratung und der Support. Es ist nicht selten, dass selbst Organisationen mit belastbaren Berechtigungskonzepten innerhalb der eigenen Organisation Funktionstrennungskonflikte und kritische Aktionen kontrollieren, aber eben diesen genannten Geschäftspartnern umfangreiche, nicht kontrollierte Zugriffe ermöglichen. Konkret: Auch der teuerste Berater darf in keinem SAP-System ein unkontrolliertes SAP_ALL bekommen – das Profil, das alle SAP-Berechtigungen enthält, sodass der Benutzer alle Aufgaben durchführen kann.

Durch die organisationsübergreifende Integration von Prozessen, die sich in der organisationsübergreifenden Systemarchitektur widerspiegelt, sind Zugriffe auf die Systemlandschaft der Organisation durch Mitarbeiter und/oder Systeme von Geschäftspartnern mittlerweile eher die Regel als die Ausnahme. Diese Integration wird weiter zunehmen. Das Beratungshaus Roland Berger geht in seiner Studie »Die digitale Transformation der Industrie« (Roland Berger, 2015) von einer möglichen Wertschöpfung durch stärkere Vernetzung und neue Geschäftsmodelle von bis zu 1,25 Billionen Euro allein in Europa aus. Vernetzung und neue Geschäftsmodelle beinhalten aber oft eine noch stärkere Öffnung der Systeme für Zugriffe auf unterschiedlichen Zugriffswegen, durch unterschiedliche Geräte, die nicht der Kontrolle des Unternehmens unterliegen. Anmeldeverfahren und Berechtigungen sind dabei zu berücksichtigen.

Beispiel: Zugriff auf iTunes-Daten

Betrachten wir die Herausforderung an einem privaten Beispiel. Einer der Verfasser dieses Buches nutzt iTunes zur Verwaltung der familiären Audiosammlung sowie eines Teils der Fotos und der E-Books. Zu der Audiosammlung gehört auch die Harry-Potter-Sammlung seiner Tochter. Bei den Geräten, auf denen diese Sammlung gespeichert ist, handelt es sich um drei Notebooks, vier iPods und ein iPhone für drei Personen. Eigentlich würde der Verfasser seiner Tochter gerne Zugriff auf die Kinder- und Jugendbücher und die Familienfotos geben, allerdings nicht auf Musikvideos von Lady Gaga und Eminem oder auf die Shades-of-Grey-E-Books. Bereits bei den Familienfotos würde er den Zugriff auf Anzeigeberechtigungen beschränken wollen, ein Hochladen auf Facebook gilt es ja zu vermeiden. Ein entsprechendes Berechtigungskonzept kann der Verfasser zurzeit aber nur durchsetzen, indem er seiner Tochter die gewünschten Dateien auf den iPod lädt und ihr ansonsten keine Rechte auf dem – letztlich familiär genutzten – iTunes-Account einräumt.

Beispiel: Automobilzulieferer

Ein Automobilzulieferer muss im Rahmen seiner Lieferverträge in einem extrem engen Zeitrahmen kurzfristig bestellte Teile produzieren und liefern. Durch die hohe Differenzierung der Gestaltung eines einzigen Modells kann es Hunderte von verschiedenen Türverkleidungen geben. Welche Türverkleidung zu welchem Zeitpunkt an welchem Platz in der Produktion des Automobilherstellers sein muss, wird genau spezifiziert. Die Abwicklung erfolgt dabei meist über integrierte Systeme zwischen Zulieferern und Automobilhersteller. Die Zugriffe auf das Zulieferersystem müssen einen absolut reibungslosen Ablauf ermöglichen. Liefert der Zulieferer nicht so, wie bestellt, kann dies zu einer Statusänderung des Lieferanten führen, er kann herabqualifiziert werden. Dies hat weitreichende und mittelfristig dauerhafte ökonomische Auswirkungen. Entsprechend definierte der Automobilzulieferer als höchstes Berechtigungsrisiko das Fehlen von Berechtigungen für den Automobilhersteller.

Zusammenfassung Zusammenfassend lässt sich sagen: Aus den geltenden Rechtsnormen, dem Organisationszweck und der Stellung der Organisation in der Umwelt ergeben sich teilweise sehr unterschiedliche Rechenschaftspflichten gegenüber den Stakeholdern. Aus der Stellung in der Umwelt ergibt sich darüber hinaus die Notwendigkeit konzeptioneller Festlegungen für die Berechtigungen von Geschäftspartnern. Entsprechend unterschiedlich sind die Schwerpunkte im betriebswirtschaftlichen Berechtigungskonzept.

Zweck der institutionellen Sicht der Organisation

Die institutionelle Sicht der Organisation ist somit relevant, um einerseits geltende Rechtsnormen und/oder Erwartungshaltungen erkennen und andererseits die Organisationsziele einordnen zu können. Beide stellen relevante Quellen für die Corporate Governance und somit für das Regelwerk dar, das es im betriebswirtschaftlichen Berechtigungskonzept umzusetzen gilt. Die juristische Person ist als zwingendes minimales Differenzierungskriterium für das Berechtigungskonzept zu betrachten.

3.4   Instrumenteller Organisationsbegriff

Beim instrumentellen Organisationsbegriff liegt der Schwerpunkt auf dem Festlegen des Aufbaus und der Abläufe in der Organisation. Berechtigungen legen fest, welche Zugriffe in Bezug auf Aufbau und Ablauf gestattet sind.

Die Berechtigungen einer natürlichen Person müssen ihrer Aufgabe in der Organisation entsprechen.

3.4.1 Aufbauorganisation

Die organisatorische Differenzierung in SAP ERP erfolgt in großen Teilen entlang der Aufbauorganisation. Aus diesem Grund sollen einige für diesen Kontext relevante Typen kurz dargestellt werden. Diese Typen charakterisieren unterschiedliche Formen der Aufbauorganisation:

▸ Einlinienorganisation

▸ Mehrlinienorganisation

Zusätzlich zu den eindeutig aufbauorganisatorischen Typen sollen die Projektorganisation und die eindeutig ablauforganisatorische Prozessorganisation dargestellt werden. Es ist notwendig, sich ein klares Bild von der Art der Organisation und ihrer Abläufe zu machen. Eine traditionelle Einlinienorganisation (wie sie meist mit der öffentlichen Verwaltung verbunden wird) benötigt andere Berechtigungen als eine Projektorganisation (wie sie meist in IT-Projekten verwendet wird).

Einlinienorganisation

Jede Organisationseinheit in der Einlinienorganisation hat unmittelbar nur eine vorgesetzte Organisationseinheit, die weisungsbefugt ist. Den Organisationeinheiten können jeweils eine oder mehrere Stellen zugeordnet sein. Einer Stelle ist ein Mitarbeiter zugeordnet. Dadurch entsteht eine klare übersichtliche Hierarchie, die sich in den Organigrammen der Unternehmen wiederfindet. In Abbildung 3.4 ist eine Einlinienorganisation dargestellt.

Ein bekanntes Beispiel für diese Art der Organisation ist die »klassische« öffentliche Verwaltung. Die Organisationsform ist hierarchisch und starr. Der Vorgesetzte ist für die gesamte Aufgabenbearbeitung der untergeordneten Organisationseinheiten verantwortlich.

In der Benutzeradministration werden unserer Erfahrung nach Rollen und Verantwortlichkeiten meist als einfache Linienorganisation dargestellt. Ein Berechtigungskonzept wäre einfach abzubilden, wenn es sich in Unternehmen lediglich um Einlinienorganisationen handeln würde. Faktisch stellen diese in größeren Unternehmen jedoch die Ausnahme dar, zumindest in den Bereichen, in denen die Nutzung des ERP-Systems über einfache erfassende Tätigkeiten hinausgeht (wie z. B. die Zeitwirtschaft oder operative Teile der Lagerwirtschaft).

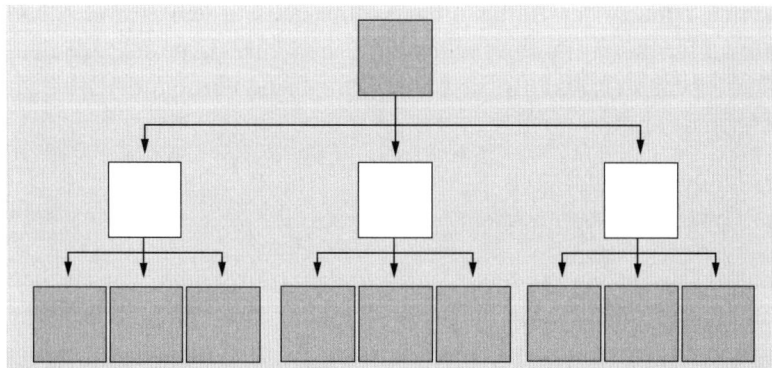

Abbildung 3.4 Einlinienorganisation

Mehrlinienorganisation

Die Mehrlinienorganisation ist im Prinzip ein System der aufgeteilten Ressourcennutzung. Die Ressource *spezialisierte Arbeitskraft* wird von unterschiedlichen Abteilungen im Bedarfsfall genutzt. Auch hier (wie im Weiteren) können den Organisationseinheiten eine oder mehrere von Mitarbeitern besetzte Stellen zugeordnet sein. In Abbildung 3.5 ist eine Mehrlinienorganisation dargestellt.

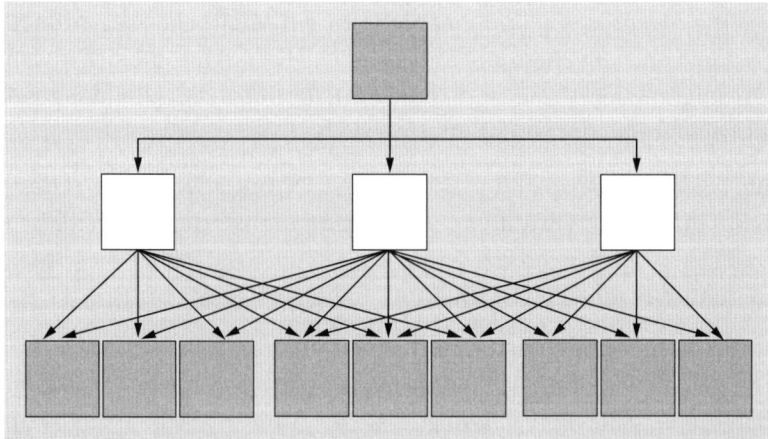

Abbildung 3.5 Mehrlinienorganisation

An das betriebswirtschaftliche Berechtigungskonzept stellt die Mehrlinienorganisation die Anforderung, dass die Berechtigungen entsprechend differenziert sind. Ist das Unterstellungsverhältnis überwiegend fachlich, muss eine starke Verrichtungsorientierung gewählt werden. Ist es hingegen eher in Bezug auf Organisationseinheiten definiert, ist eine Objektorientierung erforderlich. Objekt- und verrichtungsorientierte Mischformen führen zu einer deutlichen Steigerung der notwendigen Berechtigungsdifferenzierungen (und somit im ERP-System zu einer erheblichen Rollenvielfalt).

Zur Herausforderung der Differenzierung kommt die Herausforderung des Genehmigungsverfahrens für Berechtigungen. Ist diese Herausforderung noch einfach, solange es um konfliktfreie Berechtigungen geht, wird sie komplexer bei der Fragestellung, wie mit entstehenden objekt- oder verrichtungsorientierten Funktionstrennungskonflikten umzugehen ist und wie Konflikte angemessen kompensiert (kontrolliert) werden können.

An das betriebswirtschaftliche Berechtigungskonzept stellt die Mehrlinienorganisation die Anforderung, dass die Berechtigungen entsprechend differenziert sind. Es kann vom Problem der multiplen Unterstellungsverhältnisse gesprochen werden.

Projektorganisation

Es ist üblich, besondere Aufgaben durch eine Projektorganisation wahrnehmen zu lassen. So werden z. B. große Bauvorhaben wie ein Kraftwerksbau projektmäßig abgewickelt. Aber auch interne Projekte sind durchaus üblich, z. B. werden ERP-Einführungen häufig als Projekt abgewickelt. Projekte werden auch gerne dort als Organisationsform eingesetzt, wo es sinnvoll scheint, die »starren« Grenzen der Linienorganisation zeitweilig zu verlassen. Gerade Letzteres bedeutet für das betriebswirtschaftliche Berechtigungskonzept unter Umständen eine erhebliche Herausforderung.

Aus Sicht der Aufbauorganisation ist die Projektorganisation eine befristete Zusammenstellung bestehender Organisationseinheiten und -regelungen, die natürlich fallweise ergänzt oder angepasst werden müssen. Auch hier tritt wieder das Problem der multiplen Unterstellung auf, wie dies schon in der Mehrlinienorganisation deutlich wurde. Mit der Einrichtung eines Projekts ist die Schaffung einer spezifischen Projektorganisation verbunden. Die DIN 69901 definiert die Projektorganisation als:

Gesamtheit der Organisationseinheiten und der aufbau- und ablauforganisatorischen Regelungen zur Abwicklung eines bestimmten Projektes. [...] Die PO [Projektorganisation] besteht in der Regel aus Bestandteilen der vorhandenen Betriebsorganisation und ergänzenden projektspezifischen Regelungen. (DIN 69901, Seite 3)

Abbildung 3.6 stellt die in der DIN 69901 verwendete Differenzierung in Aufgabe, Teilaufgabe und Arbeitspaket dar.

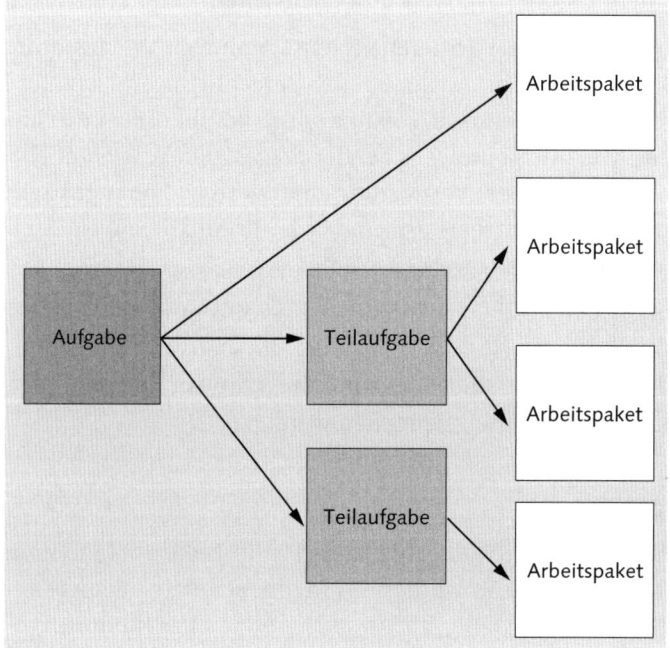

Abbildung 3.6 Aufgabenanalyse im Projekt nach DIN 69901

In Abschnitt 3.4.2, »Aufgabenanalyse«, wird eine Darstellung entwickelt, wie die unterschiedlichen Begriffe der Projektorganisation, der Prozesssicht und des Analyse-Synthese-Konzepts in Bezug auf das Berechtigungskonzept verbunden werden können. In diesem Kontext werden auch die Begriffe *Aufgabe, Teilaufgabe, Arbeitspaket* und *Verrichtung* dargestellt.

Organisation und Prozess

Funktions-
trennung und
Prozessdefinition

Angeblich prozessorientierte Darstellungen tauchen auch im Bereich *Berechtigungen und IT-Security* immer wieder auf. Häufig wird dabei der Begriff *Prozess* nicht definiert, sodass faktisch alles als Prozess betrachtet werden kann. Das ist eher verwirrend als nützlich. Da darüber hinaus die Anforderung der Funktionstrennung immer eine prozesshafte Betrachtung nahelegt, benötigen wir eine etwas klarere Vorstellung davon, was im Sinne dieses Buches ein Prozess ist.

Definition von Geschäftsprozess

Ein Geschäftsprozess ist eine zielgerichtete, zeitlich logische, in sich abgeschlossene Abfolge von Aufgaben, die arbeitsteilig von mehreren Organisationseinheiten oder Organisationen ausgeführt werden kann. Im Kontext der Konfiguration kann die Prozesssicht als eine abfolgeorientierte Sicht über die Aufbauorganisation hinweg angesehen werden. Im Gegensatz zur Projektorganisation ist die Prozesssicht eine Sicht auf die bestehende Struktur und keine neue Struktur.

Geschäftsprozesse sind zu unterscheiden in Steuerungs-, Kerngeschäfts- und Unterstützungsprozesse. Das Modellierungsmodell von SAP differenziert zwischen Hauptprozessen, Kerngeschäftsprozessen, Geschäftsprozessen, Teilprozessen, Prozessschritten und Aktivitäten (wir werden an dieser Stelle den Begriff *Verrichtung* verwenden), wie dies in Abbildung 3.7 dargestellt ist.

Modellierungsmodell von SAP

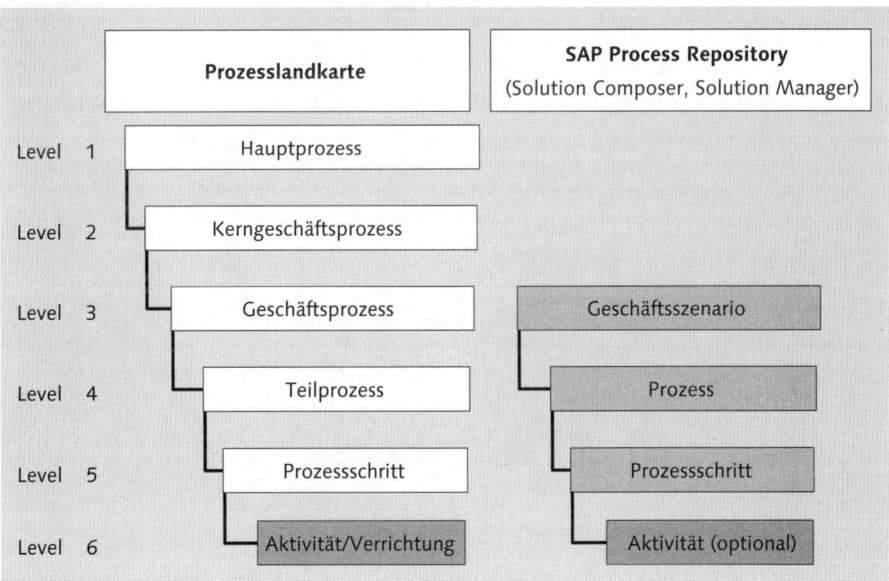

Abbildung 3.7 SAP Business Process Modeling: Aufgabendifferenzierung

Im SAP Solution Composer und im SAP Solution Manager kann im SAP Process Repository zwischen Geschäftsszenario, Prozess und

Prozessschritt unterschieden werden, konkrete Transaktionen können hinterlegt werden.

Zentrale Dienste in der Aufbauorganisation

Die Stellung einer Person in der Aufbauorganisation reflektiert nicht notwendigerweise den Umfang des aufbauorganisatorischen Zugriffs und noch weniger den objektbezogenen Zugriff.

Ein Mitarbeiter einer zentralen Controllingstelle wird zwar aufbauorganisatorisch (und damit einer Kostenstelle) eindeutig zugeordnet sein, er wird jedoch aufbauorganisatorischen Zugriff auf weite Teile – wenn nicht die gesamte Kostenstellenhierarchie – benötigen.

Dies soll Abbildung 3.8 verdeutlichen: Der Mitarbeiter ist einer untergeordneten Organisationseinheit zugeordnet ❶, erhält aber Zugriff auf alle Kostenstellen ❷ inklusive der Unternehmensleitung ❸, um über alle Ebenen ❹ berichten und auf allen Ebenen Daten aggregieren zu können.

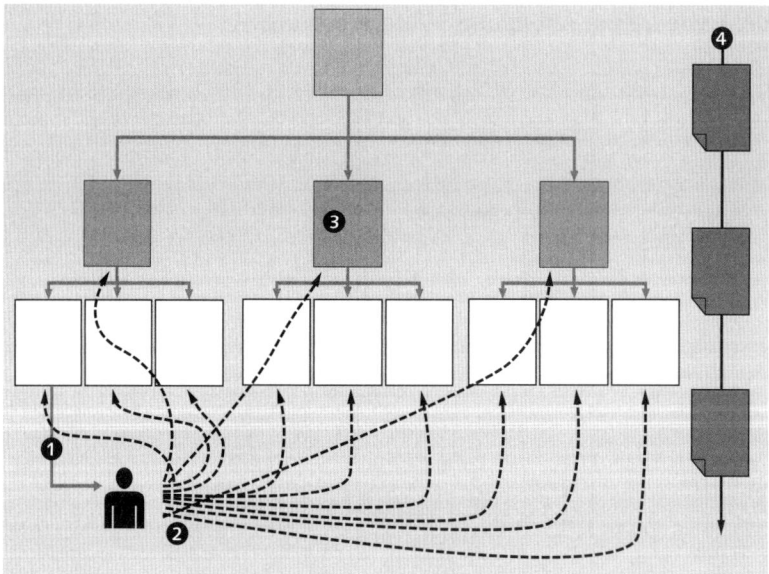

Abbildung 3.8 Zugriffssicht zentraler Dienste in der Einlinienorganisation

Beispiel: Kosten-stellenhierarchie   Die Kostenstellenhierarchie kann als ein Beispiel für einen aufbauorganisatorischen Zugriff dienen, da sie meistens der Aufbauorganisation im Wesentlichen entspricht. Da das zentrale Controlling sowohl Buchungen als auch Reporting über die gesamte Kostenstellenhierarchie durchführt, müssen die Berechtigungen des Mitarbeiters dies reflektieren.

Zuordnung einer Person in der Aufbauorganisation

Die Zuordnung einer Person in der Aufbauorganisation entspricht nicht zwingend dem aufbauorganisatorischen Zugriff. Insbesondere bei zentralen Funktionen ist der aufbauorganisatorische Zugriff notwendigerweise umfassend.

Aufbauorganisation und Berechtigungskonzept

In Abschnitt 3.7, »Sichten der Aufbauorganisation in SAP-Systemen«, werden die verschiedenen aufbauorganisatorischen Sichten von SAP ERP dargestellt. Diese verschiedenen aufbauorganisatorischen Sichten sind teilweise integrierbar. Ob sie jedoch tatsächlich umfassend integriert sind, muss in jedem Unternehmen separat geprüft werden. Die verschiedenen aufbauorganisatorischen Sichten korrespondieren mit den unterschiedlichen und ebenfalls integrierbaren Organisationsebenen, die in Abschnitt 3.8, »Organisationsebenen und -strukturen in der SAP Business Suite«, dargestellt werden.

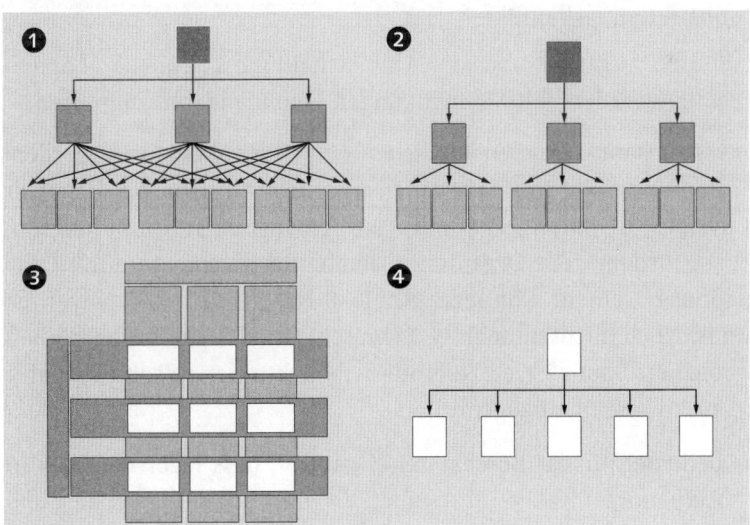

Abbildung 3.9 Unterschiedliche Formen der Aufbauorganisation

Im Quadranten ❹ in Abbildung 3.9 könnte sich z. B. die Aufbauorganisation im externen Rechnungswesen (Buchungskreis – Geschäftsbereich) widerspiegeln, im Quadranten ❶ die Einkaufssicht, im Quadranten ❷ die Kostenstellen- oder Profit-Center-Sicht und im Quadranten ❸ die Sicht des Organisationsmanagements. Zunächst sind die unterschiedlichen Abbildungen formal unterschiedlich.

Integrations-voraussetzung

Zum Problem werden sie, wenn die Integration, die gegenseitigen Abhängigkeiten und Abgrenzungen nicht präzise definiert sind. In der betriebswirtschaftlichen Rolle oder den technischen Rollen einer Person laufen diese Sichten zusammen.

Für jedes Berechtigungsprojekt muss Folgendes geklärt werden:

▸ Besteht ein einheitliches Verständnis der Aufbauorganisation des Unternehmens, das sich genau so im System wiederfindet?

▸ Folgen die Berechtigungen grundsätzlich der Zuordnung einer Person in der Aufbauorganisation?

▸ Welche aufbauorganisatorische Sicht ist die für Berechtigungen maßgebliche?

▸ Welche ablauforganisatorischen Berechtigungen können systematisch bestimmten Teilen der Aufbauorganisation zugeordnet werden?

▸ Ergeben sich aus dem Problem der multiplen Unterstellung Funktionstrennungskonflikte?

▸ Welche organisatorischen Unterscheidungsmerkmale können genutzt werden, um Berechtigungen voneinander abzugrenzen?

Attribut: Kontierungsobjekt

Konkreter kann in vielen Bereichen Folgendes untersucht werden: Der Benutzer (hier im Sinne einer natürlichen Person mit Benutzer im System) ist immer, zumindest mittelbar, einem Kontierungsobjekt zugeordnet. Jede Organisationseinheit muss eine grundsätzliche Relation zu einem Kontierungsobjekt haben. Jeder Benutzer ist grundsätzlich (nicht unbedingt technisch) einer Organisationseinheit zugeordnet. Somit ist er zumindest dem Kontierungsobjekt dieser Organisationseinheit zugeordnet.

Das bedeutet für das Berechtigungskonzept, dass jeder Benutzer in der Aufbauorganisation Bestandteil ist und somit regelmäßig ein Linienvorgesetzter nachgewiesen werden kann, der Aufgaben und Rollen festlegt.

Der Benutzer erbringt Leistungen und verursacht Kosten. Diese werden auf Kontierungsobjekten erfasst. Für das betriebswirtschaftliche Berechtigungskonzept stellt sich die Frage, ob diese Kontierungsobjekte gleich der Organisationseinheit sind, zur Organisationseinheit gehören oder lediglich für eine Buchung zu kontieren sind, aber in einen anderen organisatorischen Kontext, wie z. B. ein Projekt, gehören. Die Leistungen, die der Benutzer erbringt, muss er z. B. in SAP CATS (Cross-Application Time Sheet, einem Werkzeug zur Arbeitszeiterfassung) erfassen und Kontierungsobjekte wie Kostenstelle, Innenauftrag oder Projektstrukturplanelement angeben. Selbst in dem Fall, in dem es sich bei dem Benutzer um einen Mitarbeiter der Logistik in einem Projekt handelt, benötigt der Mitarbeiter Berechtigungen, die einen aufbauorganisatorischen Kontext haben. Für seine primäre Aufgabenerfüllung mag der Benutzer ausschließlich ablauforganisatorische Berechtigungen benötigen.

3.4.2 Aufgabenanalyse

An verschiedenen Stellen ist der Begriff *Aufgabe* verwendet worden. Im Kontext der Projektsicht und der Prozesssicht haben wir auch den Begriff *Aufgabenanalyse* bereits eingeführt. Ausgehend davon, dass Berechtigungen den Aufgaben eines Mitarbeiters in der Organisation zu folgen haben, ist es sinnvoll, sich etwas detaillierter mit der klassischen Aufgabenanalyse auseinanderzusetzen.

Im Unterabschnitt »Projektorganisation« in Abschnitt 3.4.1 haben wir bereits aufgabenanalytische Aspekte diskutiert: Einerseits wurde die Unterscheidung von Verrichtungs- und Objektorientierung eingeführt, andererseits wurden in Bezug auf Projekte die Differenzierung von Aufgabe/Teilaufgabe und Arbeitspaket sowie im Prozess die Differenzierung zwischen Hauptprozessen, Kerngeschäftsprozessen, Teilprozessen, Prozessschritten und Verrichtungen dargestellt.

Klassische Aufgabenanalyse

Die Aufgabenanalyse ist ein Verfahren, das eine Aufgabe so weit in Teilaufgaben gliedert, dass eine stellenbezogene Synthese möglich wird. Die Analyse kann nach Olfert/Rahn (1997, Nr. 863) wie folgt aussehen:

▸ **Verrichtungsanalyse**
Welche Tätigkeiten werden ausgeübt?

▸ **Objektanalyse**
Worauf beziehen sich die Verrichtungen (Produkte, Sachmittel, immateriellen Objekte)?

▸ **Ranganalyse**
Vor der Ausführungsaufgabe liegt die über- und vorgeordnete Entscheidungsaufgabe.

▸ **Phasenanalyse**
Drei-Phasen-Schema: Die Auftragserledigung erfolgt in den Phasen Planung – Realisation – Kontrolle.

▸ **Zweckbeziehung**
Differenzierung, inwieweit ein direkter (unmittelbarer) »Kernprozess« oder eine indirekte (mittelbare, z. B. Verwaltung) Beziehung zur Gesamtaufgabe besteht

Für das Berechtigungskonzept sind vor allem die Objektanalyse und die Verrichtungsanalyse von Interesse.

Aufgabenanalyse: Berechtigungskonzept

Dabei werden Aufgaben und Teilaufgaben differenziert. Die Begriffe *Aufgabe* und *Teilaufgabe* sind bereits im Unterabschnitt »Projektorganisation« in Abschnitt 3.4.1 eingeführt worden. Abbildung 3.10 zeigt, dass Aufgaben im Rahmen der Aufgabenanalyse in Teilaufgaben zerlegt werden, diese werden im Rahmen der Aufgabensynthese zu Stellen gebündelt. Die Stellen wiederum werden zur Bildung von Abteilungen und diese schließlich zur Bildung von Hauptabteilungen herangezogen.

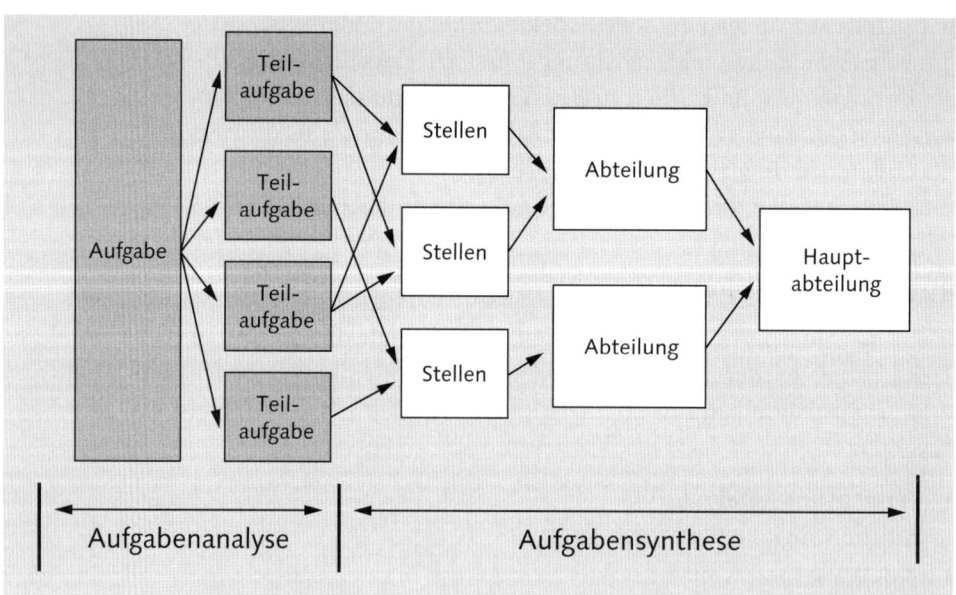

Abbildung 3.10 Analyse-Synthese-Konzept nach Kosiol (u. a. in Schreyögg, Organisation, 2008)

Nach der Aufgabenanalyse erfolgen die Aufgabensynthese sowie die Stellen- und Abteilungsbildung. Dabei ist zu entscheiden, welche Stellen mit welcher Kompetenz ausgestattet welche Aufgaben ausführen sollen und welche Anforderungen an den Stelleninhaber gestellt werden.

Eine Stelle ist:

Stellenbildung

► ein Bündel von Aktivitäten/Teilaufgaben (eigentlich Verhaltens- und Leistungserwartungen),

► die dauerhafte Zusammenfassung von Aktivitäten/Teilaufgaben,

► angepasst an das durchschnittliche Leistungspotenzial eines Mitarbeiters.

Aufgabenanalyse und betriebswirtschaftliches Berechtigungskonzept

Wie in Abschnitt 3.4.1, »Aufbauorganisation«, dargestellt, lassen sich sowohl in der Projekt-, der Prozess- als auch der allgemeinen Organisationslehre Konzepte zur Differenzierung von Tätigkeiten nachweisen. Die Differenzierung von Tätigkeiten ist Kernaufgabe eines Berechtigungskonzepts oder – genauer – die Differenzierung von Zugriffsrechten, um Tätigkeiten in bestimmbaren Teilen der Organisation ausführen zu können.

Entsprechend muss sich ein betriebswirtschaftliches Berechtigungskonzept an dem Differenzierungsschema orientieren, das für die Organisation maßgeblich ist. Für die verschiedenen aufgabenanalytischen Begriffe kann Abbildung 3.11 als Übersicht herangezogen werden. Diese Darstellung verbindet Begriffe, die systematisch in Modelle der Organisation eingebunden sind.

Differenzierungs-schema

In Abbildung 3.11 werden in den vier Säulen *Konzept, Projekt, Analyse* und *Prozess* übliche Begriffe der Aufgabenanalyse dargestellt. Die Begriffe der Säulen *Projekt, Analyse* und *Prozess* sind in den entsprechenden Abschnitten eingeführt worden. Die Begriffe in der Säule *Konzept* sind die Definitionen, die sich davon unabhängig für das betriebswirtschaftliche Berechtigungskonzept anbieten. Dabei entsprechen sich die Begriffe, die in einer Zeile stehen, eben nur teilweise.

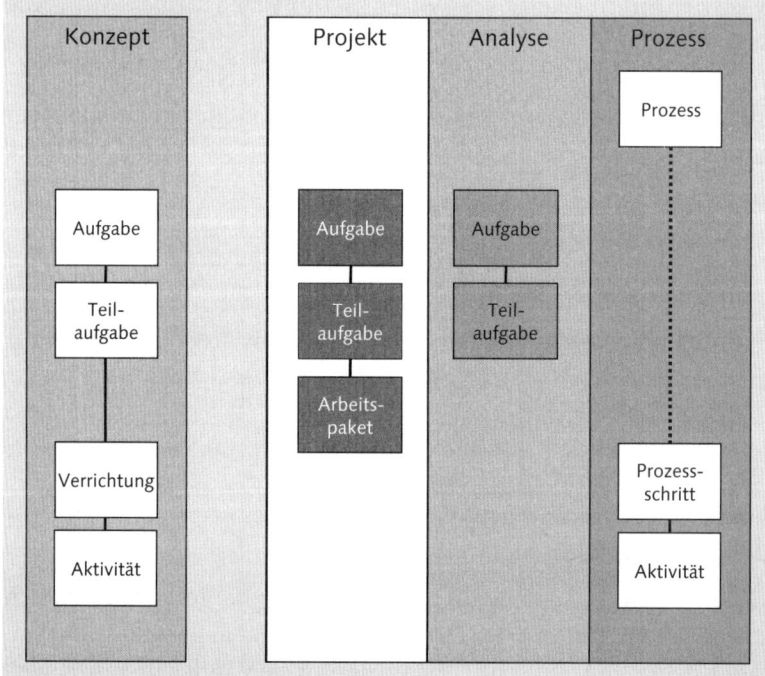

Abbildung 3.11 Begriffe der Aufgabenanalyse

Die Begriffe aus der Prozessdarstellung lassen sich nur auf den untersten Ebenen unmittelbar zueinander in Beziehung setzen. Tatsächlich kann aber das Aufgabenanalysekonzept auch hier mit der Aufgabensynthese sinnvoll sein. Die Prozessschritte, die sinnvoll von einer Stelle wahrzunehmen sind, ergeben die Teilaufgaben und werden zur Aufgabe der Stelle zusammengefasst.

Für die Differenzierung im Berechtigungskonzept gilt:

▶ **Aufgabe**
  Eine Aufgabe ist die Menge aller durch eine Stelle (in SAP ERP HCM: Planstelle) durchzuführenden Tätigkeiten. Der Begriff entspricht den unterschiedlichen Aufgabenbegriffen in den SAP-Lösungen (z. B. im SAP-ERP-Workflow-Management).

▶ **Teilaufgabe**
  Der Begriff Teilaufgabe ist eine logische, abgrenzbare Menge an sachlich zusammenhängenden Tätigkeiten. Eine Teilaufgabe kann zu unterschiedlichen Aufgaben gehören.

▶ **Verrichtung**
  Eine Verrichtung ist eine Tätigkeit, wie z. B. die Bestellbearbeitung.

▶ **Aktivität**

Eine Aktivität ist ein Arbeitsschritt in einer Verrichtung und kann entweder einer Transaktion oder einem Teilschritt in einer Transaktion zugeordnet sein. In letzterem Fall wäre eine Unterscheidung über das Feld AKTIVITÄT[3] in einer Berechtigung erforderlich.

Die Berechtigungen einer natürlichen Person müssen ihrer Aufgabe in der Organisation entsprechen. Aus diesem Grund gibt es eine zwingende Verbindung zwischen der Aufgabenbeschreibung einer Person und dem Rollenkonzept. Abbildung 3.12 zeigt, dass die Aktivität den technischen Aktivitäten im Berechtigungsobjekt entspricht (siehe Kapitel 6, »Technische Grundlagen der Berechtigungspflege«). Die Verrichtung entspricht einer Gruppe von Transaktionen oder einer einzelnen Transaktion. Diese werden in einer Rolle gebündelt. Mehrere Rollen können in einer Sammelrolle gebündelt werden. Dadurch entsteht ein direkter Zusammenhang von Aufgabe und Sammelrolle, Teilaufgabe und Rolle.

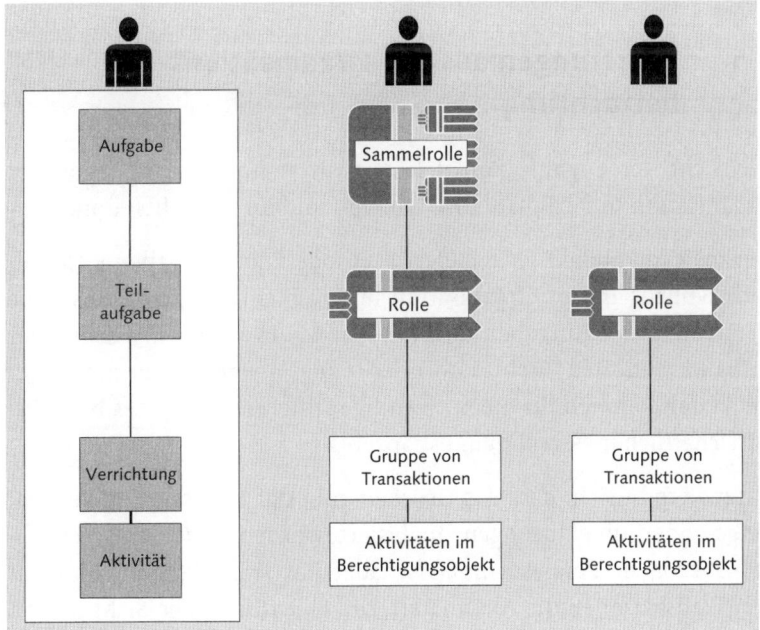

Abbildung 3.12 Aufgabenanalyse und Berechtigung

---

3 Berechtigungen werden in SAP ERP in Berechtigungsobjekten zusammengefasst. Diese enthalten Felder, u. a. das Feld AKTIVITÄT. Weitere Informationen zum Umgang mit Berechtigungsobjekten folgen in Kapitel 6, »Technische Grundlagen der Berechtigungspflege«, und in Kapitel 7, »Systemeinstellungen und Customizing«.

Sammelrolle Ob eine Sammelrolle (siehe Abschnitt 6.3.2, »Rollenpflege«) gebildet wird, ist im betriebswirtschaftlichen Berechtigungskonzept festgelegt. In Kapitel 8, »Rollenzuordnung über das Organisationsmanagement«, stellen wir die Zuordnung von Rollen über das Organisationsmanagement (OM) in der SAP-Personalwirtschaft (SAP ERP HCM – Human Capital Management) dar, das die Entscheidung, ob Sammelrollen eine stellenbezogene Bündelungsfunktion haben können, um die Möglichkeit einer stellenbezogenen Vergabe von Rollen ergänzt.

Die Verbindung der Begriffe der verschiedenen Sichten der Organisation soll helfen, ein einheitliches Verständnis von Berechtigungen in der Organisation so herzustellen, dass Rollen unabhängig von der jeweiligen Sicht genutzt werden können. In jeder möglichen Sicht wird es z. B. eine Bestellbearbeitung geben. Das betriebswirtschaftliche Berechtigungskonzept sollte dies so berücksichtigen, dass eine entsprechende Bündelung von Tätigkeiten so in einer Rolle erfolgt, dass diese »sichtneutral« verwendet werden kann.

3.5 Folgerungen aus der Organisationsbetrachtung

Die Sicht der Organisation definiert die Rahmenbedingungen der Organisation in Bezug auf ihre Umwelt und ihren Rechtsrahmen.

Der instrumentelle Ansatz liefert Methoden, um Aufgaben und Aufgabenvollzug in der Organisation unterschiedlich darzustellen. Die Darstellung der Aufgaben und des Aufgabenvollzugs in Form einer aufbauorientierten Sicht und/oder einer ablauforientierten Sicht steckt den Rahmen für die notwendige Differenzierung des betriebswirtschaftlichen Berechtigungskonzepts.

Daraus ergibt sich, dass das Geschehen in der Organisation verrichtungs- oder objektbezogen analysiert werden kann. Die verrichtungsbezogene Analyse umfasst dabei die Transaktionen und mit den Transaktionen die Aktivitäten. Die objektbezogene Sicht betrifft alle weiteren Merkmale einer bestimmten Aktivität.

Für die verrichtungsorientierte Differenzierung ist es erforderlich, zwischen Verrichtungen und Aktivitäten zu unterscheiden. Dabei ist die Aktivität weitestgehend gleichzusetzen mit den Berechtigungsfeldern, die die Transaktionen steuern. So sind die Vorerfassung und

Erfassung eines Belegs unter Umständen in einer Transaktion möglich. Sofern die Tätigkeiten im Sinne der Funktionstrennung jedoch zu trennen sind, wäre die Vorerfassung eines Belegs definiert durch die Transaktion in Verbindung mit der Aktivität des Vorerfassens.

Die objektbezogene Analyse betrifft dabei im Sinne des Berechtigungskonzepts Berechtigungen, die einem Objekt oder einer Gruppierung von Objekten (Marktsegment, Kundenkreis, Produkt) zuzuordnen sind. In SAP-Systemen gibt es die sogenannte Organisationsebene, diese entspricht den objektbezogenen Merkmalen, allerdings sind nicht alle objektbezogenen Merkmale als Organisationsebene definiert.

Der Objektbezug ergibt sich aus der Sicht der Organisation, dabei ist die Linienorganisation nur eine Sicht neben anderen.

3.6 Die Grenzen der Organisation und das Internet der Dinge

Die Konzepte, die unter den Schlagwörtern *Industrie 4.0*, *Internet der Dinge* und *digitale Transformation der Industrie* diskutiert werden, haben einen Einfluss auf die Sicht der institutionellen Organisation. Diese Konzepte gehen in Summe von einer wesentlich stärker werdenden Vernetzung über Unternehmensgrenzen hinweg aus. Hier hilft zunächst die institutionelle Sicht auf die Organisation. Die »eigene« Organisation besteht aus ein oder mehreren juristischen Personen. Die von außen zugreifende Entität ist zunächst einmal technischer oder natürlicher Repräsentant einer juristischen Person oder natürlichen Person, die in allen Fällen nicht zur »eigenen« Organisation gehört. Diese muss sich einerseits am System authentifizieren, andererseits muss genau berechtigt werden, welche Aktionen ausgeführt werden dürfen.

Betrachten wir das an einem Beispiel. Ein Eishersteller stattet Kioske mit Kühlschränken aus, die über eine eigene Bestandsführung verfügen. Die Daten dieser Bestandsführung werden auf einem Server des Eisherstellers ausgewertet. Dabei werden wetterabhängige Verbrauchsprofile für die einzelnen Sorten erstellt. Auf diesen Profilen basierend wird die Produktion nach erwartetem Verbrauch und prognostiziertem Wetter geplant. Die Lieferung an die Kühlschränke erfolgt ebenso basierend auf der Wetterprognose, dem tatsächlichen aktuellen Verbrauch und dem erwarteten Verbrauch. Es stellen sich u. a. die folgenden Fragen:

- Wer verfügt rechtlich über den Kühlschrank?
- Werden aus dem Kühlschrank nur Daten abgerufen?
- Hat der Kioskbesitzer eine Freigabemöglichkeit für eine Bestellung?
- Welche Berechtigungen bekommt der technische Benutzer »Kühlschrank« im Backend?

3.7 Sichten der Aufbauorganisation in SAP-Systemen

Im ersten Teil dieses Kapitels haben wir gezeigt, dass die Aufbauorganisation und ihre Darstellung für jedes Berechtigungskonzept von zentraler Bedeutung sind. Das Problem unterschiedlicher Sichten wurde dargestellt, ebenso wie die Notwendigkeit, eine integrierende Sichtweise im betriebswirtschaftlichen Berechtigungskonzept zugrunde zu legen. Diese zunächst sehzr allgemeine Überlegung konkretisiert sich spätestens bei der Umsetzung in SAP-Lösungen.

Aufbauorgani-sation in der SAP Business Suite
Dort werden verschiedene Sichten der Aufbauorganisation bereitgestellt, die zumindest teilweise integrierbar sind. Laufen diese Sichten auseinander, wird vom betriebswirtschaftlichen Berechtigungskonzept indirekt erwartet, dass es diesen Mangel behebt. Diese implizite Erwartungshaltung kann nicht mehr effizient befriedigt werden: Wenn es in jeder Lösung eine eigene Hierarchie gibt, diese mehr oder minder unabhängig von anderen Hierarchien steht und zu berechtigen ist, wächst die Zahl möglicher Differenzierungen exponentiell im Verhältnis zu den Hierarchieobjekten. Außerdem wird es definitiv zu unerwünschten Übersteuerungen kommen: Wenn ein Benutzer die Buchung nicht im SAP-Controlling (CO) sehen darf, schaut er sich eben die entsprechende Buchung im Public Sector Management (PSM) an.

> **Beispiel: Herausforderungen komplexer Hierarchien**
>
> In einem SAP-ERP-Einführungsprojekt wurden sehr viele Lösungen eingeführt, dadurch standen an aufbauorganisatorischen Sichten die Kostenstellenhierarchie, die Finanzstellenhierarchie, die Profit-Center-Hierarchie, das Organisationsmanagement (in zwei Sichten, davon eine als Matrix aus-

geprägt), eine aufbauorganisatorisch getriebene Sicht des Projektsystems, unabhängig definierte Einkäufergruppen und weitere Merkmale zur Verfügung. Grundsätzlich sollte die Sicht aufbauorganisatorisch eingeschränkt sein. Es gab aber keine eindeutigen Verbindungen zwischen den Hierarchien. Es gab noch nicht einmal eine Festlegung, welche Sicht als führend für das betriebswirtschaftliche Berechtigungskonzept anzusehen sei. Darüber hinaus sollten die Rechte auch noch lösungsbezogen unterschiedlich sein.

Diese Anforderung ist mit einem gewissen Aufwand darstellbar. Allerdings ist das an die Voraussetzung geknüpft, dass die verschiedenen Hierarchien eine logische Integration haben. Tatsächlich erfolgte die für das Berechtigungskonzept elementare Festlegung, welche Kontierungsobjekte genutzt werden, erst im letzten Viertel des Projekts. Bis dahin blieben alle Ausprägungen hypothetisch.

Im Folgenden werden wir einige organisatorische Konzepte in SAP-Lösungen so weit darstellen, wie es für Berechtigungen erforderlich ist.

3.7.1 Organisationsmanagement

Die Aufbauorganisation des Unternehmens kann im Organisationsmanagement (OM) von SAP ERP HCM abgebildet werden. Ausgehend von einer Wurzelorganisationseinheit werden dabei die Organisationseinheiten von der Spitze bis zur Basis abgebildet (siehe Abbildung 3.13). Den Organisationseinheiten sind regelmäßig Planstellen zugeordnet, den Planstellen wiederum Personen. Die Planstelle kann beschrieben sein durch eine Stelle (siehe auch Kapitel 8, »Rollenzuordnung über das Organisationsmanagement«).

Struktur von OM

Die Beschreibung einer Planstelle durch eine Stelle ermöglicht es, vergleichbare Planstellen durch eine gegebenenfalls organisationseinheitliche Bündelung von Attributen zu definieren. Dabei können zahlreiche signifikante technische, vertragsrechtliche und personaladministrative Attribute hinterlegt werden. Zu den technischen Attributen können Berechtigungen gehören.

Im Rahmen des Geschäftspartnermanagements ist die Integration des Organisationsmanagements mit SAP Customer Relationship Management (CRM), SAP Supplier Relationship Management (SRM) und dem SAP Solution Manager besonders hervorzuheben. Durch diese Integration wird es möglich, die Stellung der Mitglieder der Organisation ebenso darzustellen wie die der Geschäftspartner, Kunden und Lieferanten.

OM in der Systemlandschaft

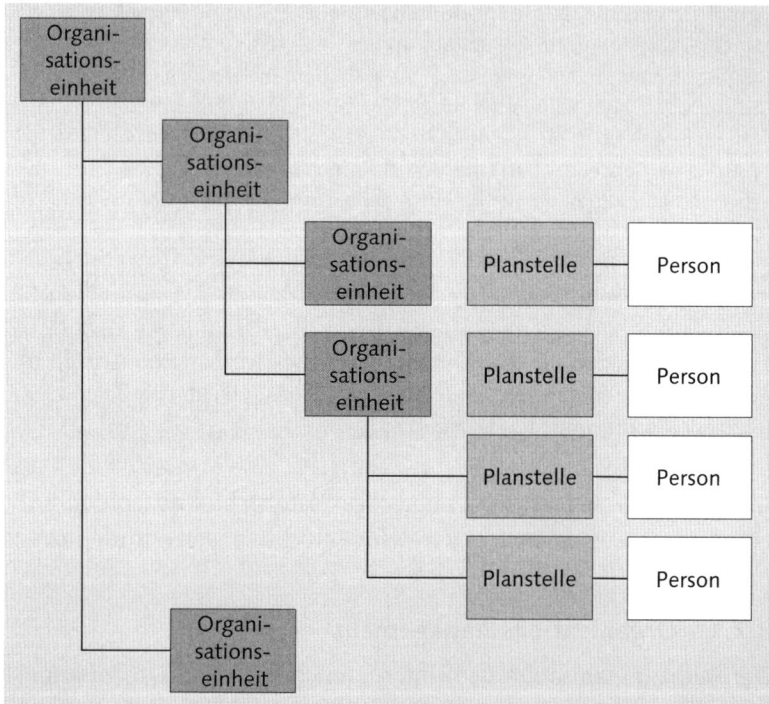

Abbildung 3.13 Aufbauorganisation in SAP ERP HCM-OM

Die Integration in SAP Business Warehouse (BW) ermöglicht die Gliederung und Berechtigung entsprechend den Zuordnungen im OM. Die Integration in den Solution Manager erlaubt die Organisation des Supports und der Support-Beziehungen entsprechend der Aufbauorganisation.

Aus Sicht des SAP Identity Managements und des Berechtigungskonzepts ergibt sich in dieser Sicht die Möglichkeit einer umfassenden Darstellung aller Rechtsbeziehungen der Organisation, die zu Benutzern im System führen. Jede Person, die über einen Benutzer im System verfügt, steht in einem definierten Rechtsverhältnis zur Organisation: entweder als Lieferant, Kunde oder Mitarbeiter. Dies gilt auch für juristische Personen, die gegebenenfalls über Systembenutzer Zugriffe von System zu System benötigen.

Unterschiedliche Sichten im OM — Grundsätzlich können im OM unterschiedliche Sichten auf die Organisation hinterlegt werden, auch die Darstellung einer Matrixorganisation ist möglich. Die Potenziale von OM für das Berechtigungskonzept und für das Identity Management werden in Kapitel 8,

»Rollenzuordnung über das Organisationsmanagement«, und Kapitel 9, »Zentrales Management von Benutzern und Berechtigungen«, erläutert.

3.7.2 Organisationssicht des externen Rechnungswesens

Die aufbauorganisatorischen Sichten des externen Rechnungswesens beziehen sich im Wesentlichen auf Abbildungen der legalen Einheiten. Dementsprechend ist der Buchungskreis die zentrale organisatorische Einheit des Rechnungswesens, die das Unternehmen aus Sicht der Finanzbuchhaltung gliedert, und steht als Organisationsebene zur Verfügung.

Darüber hinaus können Gesellschaften eingerichtet werden, die das Unternehmen gemäß den Anforderungen der Handelsgesetzgebung gliedern können. Die Einrichtung von Gesellschaften ist optional und spielt vor allem in der Konsolidierung eine Rolle. Im SAP-System werden die Konsolidierungsfunktionen der Finanzbuchhaltung auf Basis von Gesellschaften durchgeführt. Eine Gesellschaft kann einen oder mehrere Buchungskreise umfassen.

Es können darüber hinaus Funktionsbereiche eingerichtet werden, die die Funktion haben, betriebliche Aufwendungen nach aufbauorganisatorischen Gesichtspunkten zu gliedern, z. B. Vertrieb oder Einkauf. Funktionsbereiche können als Organisationsebenen für Berechtigungen angelegt werden.

Schließlich ist es möglich, Geschäftsbereiche einzurichten, die ebenfalls eine aufbauorganisatorische Gliederung ermöglichen.

Lediglich der Buchungskreis ist obligatorisch, Gesellschaft, Funktions- und Geschäftsbereich sind optional. Sie unterscheiden sich in der Verwendung innerhalb der SAP-Finanzbuchhaltung (FI). Aus Sicht des Berechtigungswesens ist der Geschäftsbereich das Merkmal, das am stärksten eine technische Differenzierung erlaubt, da der Geschäftsbereich in nahezu allen Aktivitäten des Rechnungswesens abgeprüft wird und wesentlich feiner als der Buchungskreis differenziert.

Obligatorisches Attribut »Buchungskreis«

Die Sicht der Organisationsebenen soll in Abschnitt 3.8.2, »Relevante Organisationsebenen des Rechnungswesens«, entwickelt werden, dort wird auch der Funktionsbereich mit dargestellt.

3.7.3 Organisationssicht des Haushaltsmanagements

Das Haushaltsmanagement kann, vor allem im öffentlichen Sektor, als Bestandteil des externen Rechnungswesens aufgefasst werden. Im Haushaltsmanagement stehen mehrere Sichten zur Verfügung, um die Planung und Kontierung von Einnahmen und Ausgaben entsprechend der teilweise komplexen Logik öffentlicher Haushalte abbilden zu können. Die Kontierung ist immer ein Hinweis auf die Aufbauorganisation.

Zusätzliche Attribute Im Haushaltsmanagement stehen zunächst der Finanzkreis, die Finanzstellenhierarchie und die Finanzpositionenhierarchie zur Verfügung. Üblich, aber nicht zwingend, ist eine Gleichsetzung von Finanzstellen mit Kostenstellen und Finanzpositionen mit Kostenarten. Weitere Gliederungsmerkmale, wie der Fonds und das Haushaltsprogramm, kommen hinzu. Ihre Relation ist definierbar. Die in Abbildung 3.14 dargestellte Sicht ist eine einfache Darstellung unter Annahme der eingangs erwähnten Gleichsetzung. Die Finanzpositionenhierarchie stünde zur Budgetierung und Kontierung für jede Finanzstelle der Finanzstellenhierarchie im Rahmen eines gegebenen Fonds zur Verfügung.

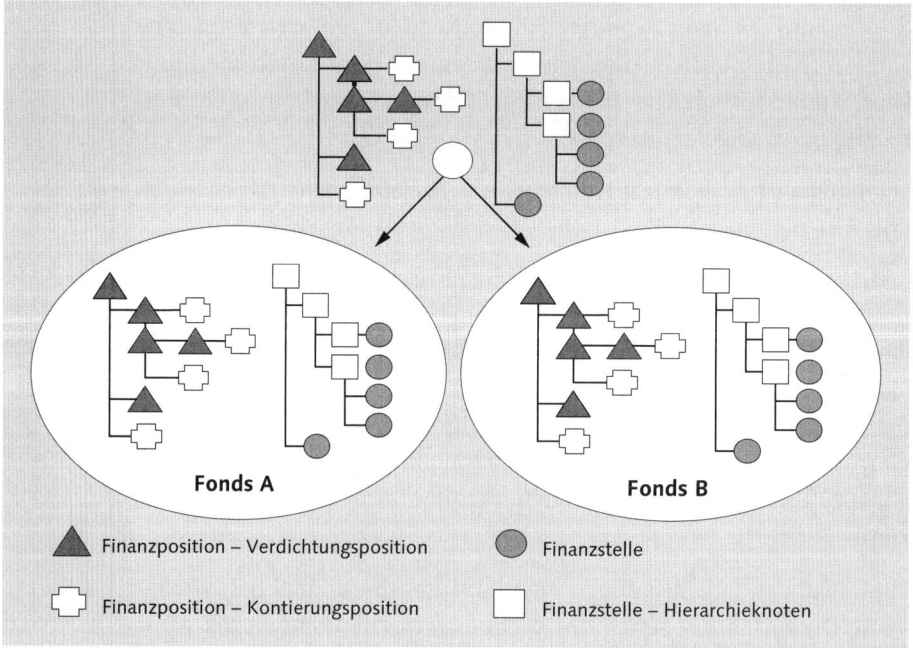

Abbildung 3.14 Mögliche Organisationssichten im Haushaltsmanagement: Finanzpositionen und Finanzstellensicht in Verbindung mit dem Fonds

3.7.4 Organisationssicht der Kostenstellenstandardhierarchie

Die Kostenstellenrechnung ist wesentlicher Bestandteil des Controllings und gehört damit zum internen Rechnungswesen. Die aufbauorganisatorische Sicht der Kostenstellenrechnung ist die Kostenstellenstandardhierarchie. Ihr Aufbau entspricht der Einlinienorganisation (siehe Abschnitt 3.4.1, »Aufbauorganisation«). Eine Kostenstelle ist ein Kontierungsobjekt, die Kostenstellengruppe (und der Standardhierarchieknoten) ist kein Kontierungsobjekt. Kostenstellen werden häufig als »Ort der Kostenentstehung« definiert. Dass die Gruppe oder der Knoten kein Kontierungsobjekt ist, bedeutet für die Nutzung, dass im Falle der gewünschten Kontierung auf eine Hierarchieebene eine zusätzliche Kostenstelle entsprechend der Hierarchieebene eingerichtet werden muss, die dann nichts anderes als eine zusätzliche Kostenstelle im gegebenen Hierarchieknoten ist. Für die Integration z. B. mit OM bedeutet dies eine wahrscheinliche Abweichung zwischen den beiden Hierarchien.

Wie bereits in Abschnitt 3.4.1 ausgeführt, entspricht die Kostenstellengliederung häufig dem Organigramm der Organisation und damit meist der Aufbauorganisation. Dies ist allerdings nicht zwingend.

Kostenstellenhierarchie: tatsächliche Aufbauorganisation

Neben der Kostenstellenstandardhierarchie kann es alternative Hierarchien geben, wie z. B. Kostenstellengruppen, die hierarchisch für bestimmte Zwecke gegliedert wurden. Für das Berechtigungskonzept wird die Verwendung alternativer Hierarchien durch entsprechendes Customizing ermöglicht (dies wird in Kapitel 21, »SAP Business Suite: Prozesse und Einstellungen«, detailliert behandelt).

3.7.5 Organisationssicht der Profit-Center-Hierarchie

Die Profit-Center-Hierarchie ist die zweite wesentliche Darstellung der Organisation im internen Rechnungswesen. Ebenso wie die Kostenstellenstandardhierarchie entspricht der formale Aufbau zunächst der definierten Sicht auf die Einlinienorganisation (siehe Abbildung 3.4). Das Profit-Center ist eine aufbauorganisatorische Definition von Leitungs- und Verantwortungsbereichen.

Ebenso wie die Kostenstellenstandardhierarchie folgt die Profit-Center-Hierarchie häufig der im Organigramm beschriebenen Linienorganisation, wird dabei aber regelmäßig nicht die gleiche Detaillie-

Aufbauorganisation und Profit-Center

rung abbilden. Dem Profit-Center sind häufig mehrere Kostenstellen (und weitere Objekte, wie z. B. Anlagen) zugeordnet. Im einfachsten Fall entspricht das Profit-Center einem Hierarchieknoten der Kostenstellenhierarchie.

Abbildung 3.15 stellt eine (vereinfachte) logische Integrationssicht dar. Dass die Gruppe oder der Knoten kein Kontierungsobjekt ist, bedeutet für die Nutzung, dass im Falle der gewünschten Kontierung auf eine Hierarchieebene ein zusätzliches Profit-Center entsprechend der Hierarchieebene eingerichtet werden muss, die dann nichts anderes als ein zusätzliches Profit-Center im vorhandenen Hierarchieknoten ist. Für die Integration z. B. mit OM bedeutet dies eine wahrscheinliche Abweichung zwischen den beiden Hierarchien.

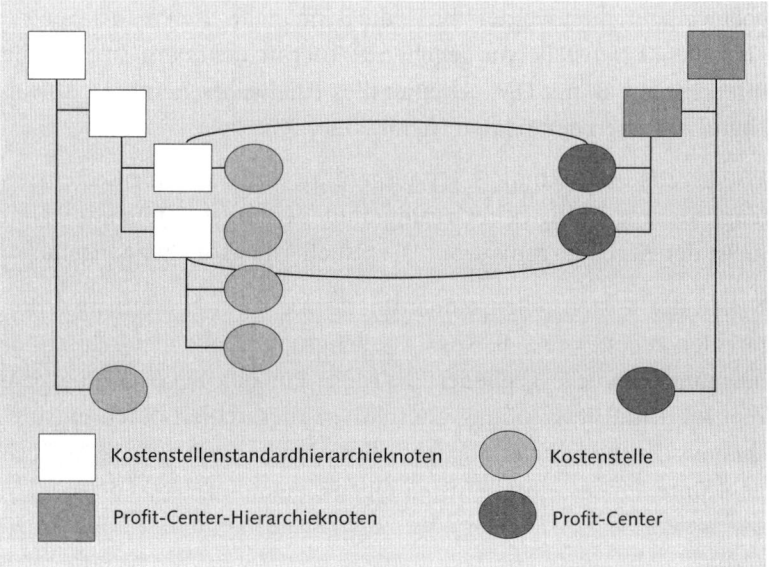

Abbildung 3.15 Einfache Integrationssicht Profit-Center-Hierarchie und Kostenstellenstandardhierarchie

3.7.6 Unternehmensorganisation

Die Unternehmensorganisation ist die Integration von Kostenstellenstandardhierarchie, Profit-Center-Hierarchie und der OM-Aufbauorganisation. Sie ermöglicht die Vereinheitlichung der Darstellung. Die technische Möglichkeit der Integration erfordert aber einschlägige Festlegungen, wie sie aus Sicht des betriebswirtschaftlichen Berechtigungskonzepts auch wünschenswert sind. Zumindest im Bereich der Integration entsteht eine konsistente, widerspruchsarme Abbildung der Linienorganisation.

Diese integrative Sicht ist insbesondere für OM-basierte Szenarien der indirekten Rollenzuweisung (siehe Kapitel 8, »Rollenzuordnung über das Organisationsmanagement«) bemerkenswert, da durch diese Integration in einer Komponente verschiedene Organisationsattribute unterschiedlicher Komponenten automatisch zusammengebracht werden.

3.7.7 Organisationssicht im Projektsystem

Wie im Unterabschnitt »Projektorganisation« in Abschnitt 3.4.1 gezeigt wurde, ist die Projektstruktur selbst eine Organisationsform bzw. Organisationsstruktur. Mit anderen Worten ist die Gliederung eines Projekts eine Struktur. Sowohl systematisch als auch technisch ist eine hierarchische Darstellung innerhalb des Projekts bzw. Projektsystems üblich. Im Projektstrukturplan (PSP) im SAP-ERP-Projektsystem (PS) werden Projektstrukturplanelemente zur Gliederung genutzt. In Abbildung 3.16 werden den Projektstrukturplanelementen die Begriffe der DIN 69901 zugeordnet.

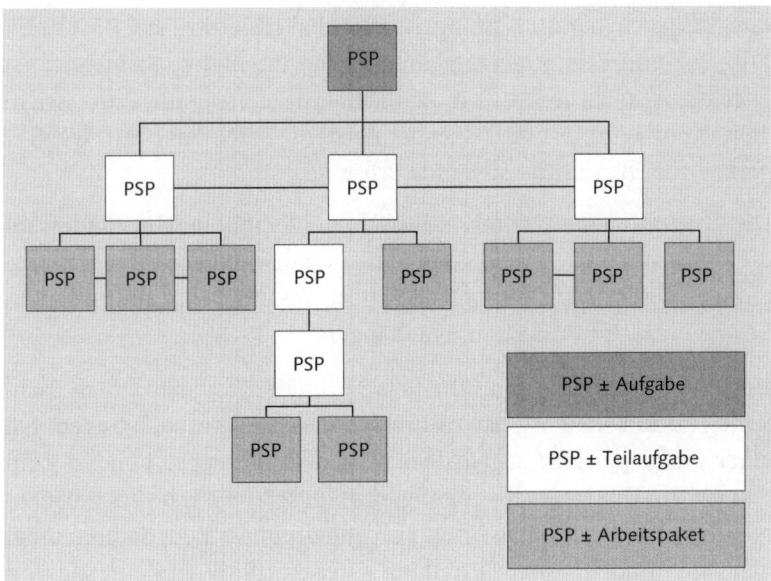

Abbildung 3.16 Projektstruktur

Im Überblick gilt:

▶ Der Projektstruktur werden weitere organisatorische Struktur-merkmale anderer Komponenten zugeordnet.

▶ Diese Zuordnung ist möglich und (zumindest teilweise) erforder-lich. Sie führt erneut zur Fragestellung der einheitlichen Organisa-tionssicht.

3.7.8 Logistische Organisationssicht

Ähnlich wie im externen Rechnungswesen reicht es aus, bei der Organisationssicht der Logistik auf die Organisationsebenen einzu-gehen (siehe Abschnitt 3.8.3, »Relevante Organisationsebenen in der Materialwirtschaft«, Abschnitt 3.8.4, »Relevante Organisations-ebenen im Vertrieb«, und Abschnitt 3.8.5, »Relevante Organisati-onsebenen in der Lagerverwaltung«).

3.7.9 Integration der Organisationssichten im Berechtigungskonzept

Die verschiedenen Organisationssichten in SAP ERP sind notwendig, um den jeweils zu lösenden Aufgaben zu entsprechen. Sowohl kun-den- als auch beratungsseitig ist eine Fokussierung auf Lösungen, Prozesse und Komponenten üblich. Eine integrative Sichtweise ist eher die Ausnahme. Auch in den Fällen, in denen eine Prozesssicht angestrebt wird, ist diese Sicht meistens beschränkt auf wenige, gerade zur Disposition stehende Prozesse.

Unvollständige Integration von Prozessen
Die Integration der Organisationssichten bleibt unter Umständen auf die offensichtlichen und unmittelbar notwendigen Integrations-punkte beschränkt, die mit den Organisationsebenen und dem Bewegungsdatenfluss zusammenhängen.

Um dies zu verdeutlichen: Dass eine primäre Kostenart einem Sach-konto zuzuordnen ist, ist unstrittig. Dass die Kostenart eventuell einer Finanzposition zugeordnet wird, ist im entsprechenden Kon-text üblich. Unklar ist aber häufig, dass diese Integration auch bedeu-tet, dass auf ein und denselben Vorgang drei und mehr Sichten mög-lich sind: Sind zu einer Bestellung einer Anlage Wareneingang und Zahlung erfolgt, sind Belege in Materialwirtschaft (MM), Finanz-buchhaltung (FI), Controlling (CO), Public Sector Management (PSM), Profit-Center-Rechnung (EC-PCA) und Anlagenbuchhaltung

(FI-AA) entstanden. Dieses Beispiel wird gemeinhin als unkritisch betrachtet, obwohl hier bereits zu schützende Informationen eingegangen sein können: Informationen über Lieferanten, Konditionen, Beschaffungsverhalten etc. Dieses Schutzinteresse ist Teil einer integrierten Organisationssicht. Erst dann ist die Integration abgeschlossen, wenn sachlogisch zusammenhängende Daten auch auf definierte Schutzinteressen reflektiert werden können.

> **Gliederung der Organisation: Keine Aufgabe für die Berechtigungsadministration**
>
> Üblicherweise war es zunächst Aufgabe der Berechtigungsadministratoren, Licht in dieses Dunkel zu bringen. Diese Aufgabe wurde zwar häufig wahrgenommen, fällt aber im eigentlichen Sinne den Prozesseignern zu. Durch die Funktionstrennungsbemühungen ist zumindest teilweise etwas mehr Transparenz entstanden. In weiten Bereichen liegt es aber noch immer bei den Berechtigungsadministratoren zu definieren, welche Sichten zu welchen Einschränkungen führen müssen.

3.8 Organisationsebenen und -strukturen in der SAP Business Suite

Organisationsebenen bilden in der SAP Business Suite die Unternehmensstruktur ab. Im Folgenden sollen Organisationsebenen mehrerer Bereiche abgebildet werden. Es werden nicht alle Organisationsebenen des Standards dargestellt.

Organisationsebenen sind grundsätzlich komponentenspezifisch der betrieblichen Notwendigkeit folgend definiert. Die Organisationsebenen werden einander zugeordnet, dabei sind – je nach Organisationsebene – unterschiedliche Relationen (n zu n, 1 zu n) möglich. Einstellungen und Grunddaten der jeweiligen Komponenten können sowohl spezifisch für bestimmte Organisationsebenen sein als auch organisationsebenenübergreifend. Belege werden in Bezug auf die betroffenen Organisationsebenen erfasst.

In Berechtigungen sind Organisationsebenen Felder, die entsprechend gekennzeichnet sind und eine besondere Pflege ermöglichen. Diese Felder sind nachweisbar in der Tabelle USORG (Organisationsebenen für den Profilgenerator). Dabei ist zu unterscheiden zwischen Standardorganisationsebenen (die im Auslieferungszustand definiert sind) und kundeneigenen Organisationsebenen. Für die

Organisationsebenen sind Berechtigungsfelder

Berechtigungspflege kann somit die Organisationsebene technisch als Eintrag in diese Tabelle betrachtet werden.

Während einige Standardorganisationsebenen tatsächlich die Aufbauorganisation abbilden (können) – wie z. B. der Buchungskreis –, sind andere eher der Ablauforganisation – wie z. B. der Kontenplan – und schließlich einige organisatorisch-technisch zu verstehen – wie z. B. die Tabellenberechtigungsgruppen.

> **Organisationsebenen aus Sicht der Berechtigungspflege**
>
> Organisationsebenen sind aufbauorganisatorische, ablauforganisatorische oder technisch-organisatorische Unterscheidungsmerkmale, die komponentenspezifisch ausgeprägt werden und regelmäßig die Pflege von Stammdaten und die Belegerfassung steuern. Organisationsebenen stehen regelmäßig in Relation zueinander. Diese Relation steuert den tatsächlichen Zugriff in der Organisation. Sie können in der Tabelle USORG (Organisationsebenen für den Profilgenerator) nachgewiesen werden.

Notwendigkeit kundeneigener Organisationsebenen

Einige wesentliche Bestandteile der Aufbauorganisation sind nicht als Standardorganisationsebene eingerichtet. Das prominenteste Beispiel dafür ist die Kostenstelle. Es besteht die Möglichkeit, Berechtigungsfelder zu Organisationsebenen anzuheben (das Vorgehen wird in Abschnitt 7.8, »Anhebung eines Berechtigungsfeldes zur Organisationsebene«, beschrieben).

In den folgenden Abschnitten werden die zentralen Organisationsebenen für die SAP-Module FI, CO und MM dargestellt.

3.8.1 Organisationsebene »Mandant«

Der Mandant ist die oberste Organisationebene in ABAP-basierten SAP-Lösungen. Er entspricht häufig dem Unternehmen oder dem Konzern. Ein Mandant stellt in der Regel eine betriebswirtschaftlich eigenständige Einheit innerhalb des SAP-Systems dar. Alle benutzerspezifischen Daten werden innerhalb einer Tabelle über den Schlüssel des Mandanten getrennt. Verwaltungstechnische Daten des SAP-Systems, wie z. B. Programme, sind mandantenunabhängig. Mehrere Mandanten können mithilfe eines übergeordneten Konsolidierungsmandanten abgeschlossen werden.

Im SAP-Standard sind bereits die Mandanten 000, 001 und 066 enthalten: Der Mandant 000 wird insbesondere bei Releasewechseln der SAP-Software, beim Einspielen von Support Packages und bei der Übernahme von bestimmten SAP-Voreinstellungen verwendet. Einstellungen, die in diesem Mandanten vorgenommen werden, sind meist für das gesamte SAP-System gültig. Einfache Teststrukturen für alle Anwendungen sind in diesem Mandanten bereits enthalten. Der Mandant 001 ist eine Kopie des Mandanten 000. Alle in diesem Mandanten vorgenommenen Einstellungen sind allerdings nur auf diesen Mandanten bezogen. Der Mandant 066 ist für den SAP EarlyWatch Alert reserviert und vorkonfiguriert. Beim SAP Early-Watch Alert handelt es sich um einen SAP-Systemcheck zur Vermeidung von Engpässen, die sich insbesondere aus einer zu geringen Performance ergeben können (siehe Wagener, 2004).

Der Mandant spielt für Berechtigungen nur insoweit eine Rolle, als dass alle Berechtigungen mandantenspezifisch eingerichtet werden. Entsprechend steht keine Organisationsebene *Mandant* für Berechtigungen zur Verfügung.

3.8.2 Relevante Organisationsebenen des Rechnungswesens

Im Folgenden werden die wichtigsten Organisationsebenen des Rechnungswesens (Finanzbuchhaltung und Controlling) dargestellt.

Relevante Organisationsebenen in FI

Die grundlegende Organisationsebene der Finanzbuchhaltung (FI) ist der Buchungskreis. Er stellt für das externe Rechnungswesen die kleinste bilanzfähige Einheit dar. Alle buchungspflichtigen Ereignisse und Abschlüsse (Bilanz und GuV) werden in Bezug auf den Buchungskreis erfasst und ausgeführt. `Buchungskreis`

Geschäftsbereiche können als weitere Organisationsebene genutzt werden. Diese sind betriebswirtschaftlich als Verantwortungsbereiche konzipiert, die die Möglichkeit bieten, für das interne Rechnungswesen eine Querschnitts- oder Teilbilanz zu erstellen – je nachdem, ob der Geschäftsbereich buchungskreisübergreifend oder als Separierung im Buchungskreis genutzt wird. Über dem Buchungskreis kann optional eine Gesellschaft als Organisationsebene ausgeprägt werden. Diese hat die Funktion, eine Konzernbilanz zu ermöglichen. `Geschäftsbereich`

Der Kontenplan ist ein systematisch gegliedertes Verzeichnis aller Sachkontenstammsätze, die in einem oder mehreren Buchungskrei- `Kontenplan` sen benötigt werden. Der Kontenplan enthält zu jedem Sachkontenstammsatz die Kontonummer, die Kontenbezeichnung sowie steuernde Informationen. Sie können innerhalb eines Mandanten beliebig viele Kontenpläne verwenden.

Funktionsbereich Der Funktionsbereich ist eine weitere Möglichkeit, Aktivitäten und Zuständigkeiten im Rechnungswesen aufbauorganisatorisch zu gliedern.

Mögliche Strukturen in FI Wie in Abbildung 3.17 dargestellt, kann ein Mandant beliebig viele Kontenpläne enthalten. Ein Buchungskreis ist einem Kontenplan zugeordnet, der Kontenplan kann beliebig vielen Buchungskreisen zugeordnet sein.

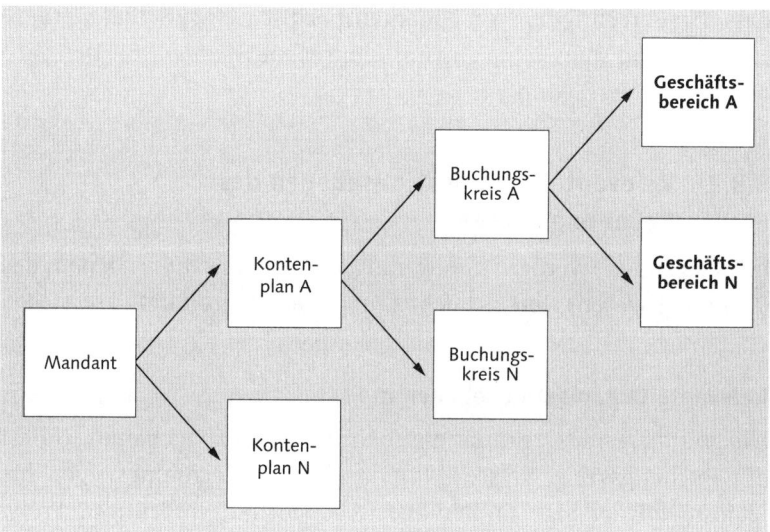

Abbildung 3.17 Mandant – Kontenplan – Buchungskreis – Geschäftsbereich

Ein Mandant kann beliebig viele Buchungskreise und Geschäftsbereiche enthalten. Die Zuordnung des Buchungskreises zum Geschäftsbereich ist beliebig. Ein Geschäftsbereich kann somit auch Anteile in mehreren Buchungskreisen haben.

Relevante Organisationsebenen in CO

Kostenrechnungskreis Im Controlling (CO) ist die Ebene des Kostenrechnungskreises von zentraler Bedeutung. Dieser ist die Organisationsstruktur, für die im internen Rechnungswesen eine vollständige, in sich abgeschlossene Kostenrechnung betrieben wird.

Ein Kostenrechnungskreis kann einem Ergebnisbereich zugeordnet sein, in dem eine kostenrechnerische Marktsegmentbetrachtung abbildbar ist. Der Ergebnisbereich ist nur relevant, wenn die Ergebnis- und Marktsegmentrechnung (CO-PA) genutzt wird. Unterhalb des Kostenrechnungskreises kann das Unternehmen aufbauorganisatorisch in der Kostenstellenstandardhierarchie (siehe Abschnitt 3.7.4, »Organisationssicht der Kostenstellenstandardhierarchie«) und der Profit-Center-Hierarchie (siehe Abschnitt 3.7.5, »Organisationssicht der Profit-Center-Hierarchie«) abgebildet werden. Kostenstellen sind keine Standardorganisationsebenen, Profit-Center hingegen schon. | **Ergebnisbereich**

Das Profit-Center ermöglicht eine detaillierte aufbauorganisatorische Differenzierung | **Profit-Center**

Wie in Abbildung 3.18 dargestellt, werden Kostenstellen, sofern die Profit-Center-Rechnung genutzt wird, Profit-Centern zugeordnet. Dabei können mehrere Kostenstellen einem Profit-Center zugeordnet werden. Beide werden in Bezug auf einen Kostenrechnungskreis angelegt. Sie können einem Geschäftsbereich zugeordnet sein. Das Profit-Center kann mehreren Buchungskreisen zugeordnet sein. | **Mögliche Strukturen in CO**

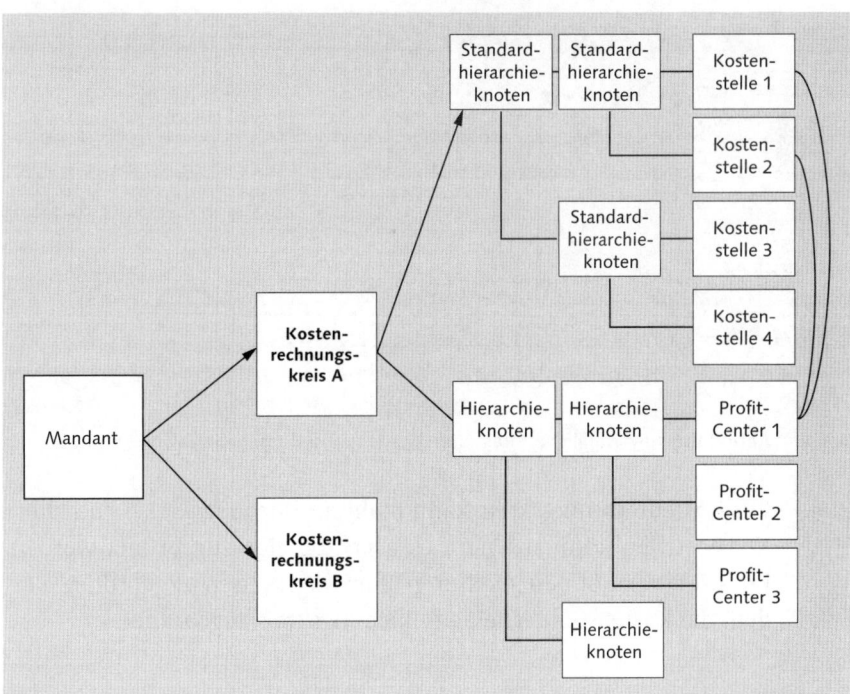

Abbildung 3.18 Kostenrechnungskreis – Profit-Center – Kostenstellenstandardhierarchie

Auftragsart Die Auftragsart kennzeichnet die Nutzung des grundsätzlich temporären Kontierungsobjekts *Innenauftrag*. Sie kann aufbauorganisatorisch genutzt werden, gehört aber systematisch eher in die Ablauforganisation. Die Auftragsart ist im Auslieferungszustand keine Organisationsebene.

Integration der Organisationsebenen von FI und CO

Eine mögliche Integration von FI und CO ist in Abbildung 3.19 dargestellt. Dadurch, dass einem Kostenrechnungskreis mehrere Buchungskreise zugeordnet werden können, ergibt sich die dargestellte Möglichkeit, dass zwei Kostenstellen oder zwei Profit-Center in der jeweiligen Hierarchie unterschiedlichen Buchungskreisen zugeordnet sein können.

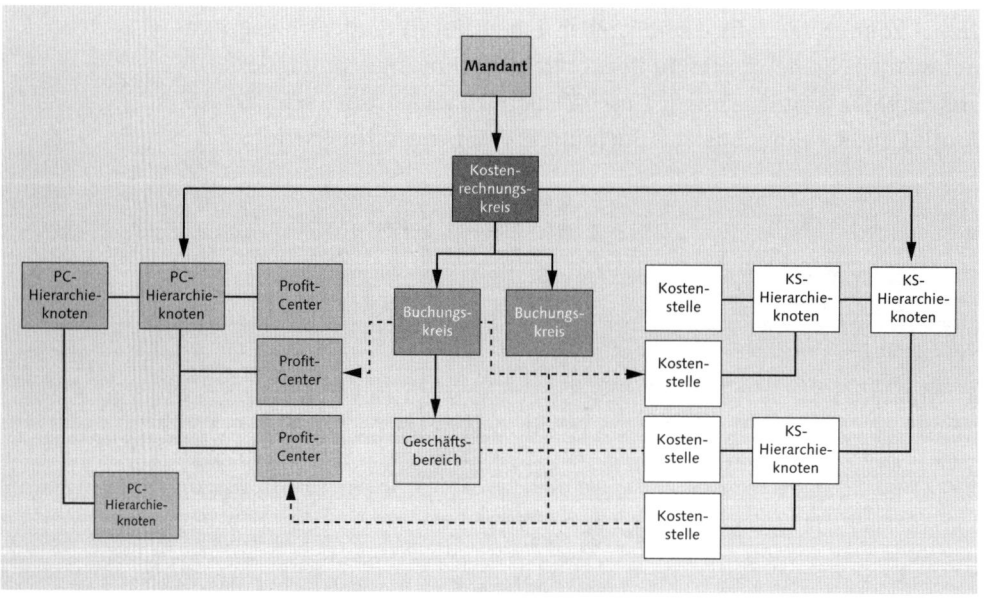

Abbildung 3.19 Mögliche Integration der Organisationsebenen von FI und CO

Mögliche Ein Kostenrechnungskreis kann mehrere Buchungskreise enthalten.
Relationen Kostenstellen können einem Geschäftsbereich zugeordnet werden. Profit-Center können mehreren Buchungskreisen zugeordnet werden, die Kostenstelle ist einem Buchungskreis zugeordnet.

3.8.3 Relevante Organisationsebenen in der Materialwirtschaft

Die Einkaufsorganisation ist die buchungskreisbezogene Organisationsebene der Materialwirtschaft (MM), die für die Abwicklung des Einkaufs verantwortlich ist. Ein Buchungskreis kann mehrere Einkaufsorganisationen umfassen (siehe Abbildung 3.20).

Einkaufs-organisation

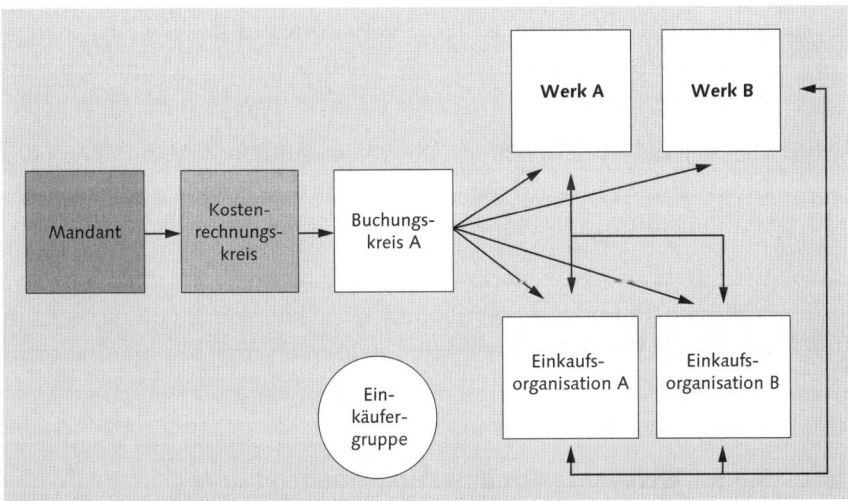

Abbildung 3.20 Mögliche Integration der Organisationsebenen des Rechnungswesens und der Materialwirtschaft

Die Einkäufergruppe ist eine zuordnungsfreie Organisationsebene. Sie dient der einkaufsinternen Differenzierung von Verantwortlichkeiten. Da sie zuordnungsfrei ist, kann die Zuordnung einkaufsorganisations-, buchungskreis-, werks- und kostenrechnungskreisübergreifend genutzt werden.

Einkäufergruppe

Das Werk ist in der Logistik sicherlich die bedeutendste Organisationsebene. In Bezug auf das Werk werden diverse logistische Stammdaten, wie z. B. das Material, angelegt. Werke können für Teile der logistischen Struktur eingerichtet werden, die aufbauorganisatorisch von anderen Teilen unterschieden werden. Da das Werk auch in anderen Komponenten genutzt wird, muss berechtigungstechnisch z. B. zwischen dem »normalen« Werk und dem Werk in der SAP-Instandhaltung (PM) unterschieden werden. Beliebig viele Werke können einem Buchungskreis zugeordnet werden. Die Relation von Werk zu Einkaufsorganisation ist eine beliebige.

Werk

3.8.4 Relevante Organisationsebenen im Vertrieb

Verkaufs-
organisation
Der Vertrieb wird durch die Organisationsebenen *Verkaufsorganisa-tion*, *Vertriebsweg* und *Sparte* gegliedert. Dabei ist die Verkaufsorga-nisation die grundlegende Organisationsebene des Vertriebs. Sie definiert die Organisationseinheit im rechtlichen Sinne. Geschäfts-vorfälle werden jeweils innerhalb einer Verkaufsorganisation abge-wickelt. Die so definierte Organisationseinheit schließt Verträge mit Dritten. Entsprechend ist eine Verkaufsorganisation genau einem Buchungskreis zugeordnet. Der Verkaufsorganisation können in n:n-Beziehung sowohl Sparten als auch Vertriebswege zugeordnet sein.

Vertriebsweg
Der Vertriebsweg beschreibt die Wege, auf denen Materialien oder Dienstleistungen vertrieben werden. Ein Vertriebsweg kann mehre-ren Verkaufsorganisationen zugeordnet sein.

Sparte
Die Sparte ist ein weiteres Gliederungsmerkmal, um z. B. den Ver-trieb von Produktgruppen abbilden zu können. Eine Sparte kann mehreren Vertriebswegen und mehreren Verkaufsorganisationen zugeordnet sein.

3.8.5 Relevante Organisationsebenen in der Lagerverwaltung

Lagerort
Der Lagerort ist innerhalb eines Werks ein – oft physischer – Ort, dem aus ablauf-, aufbauorganisatorischen oder sonstigen Gründen Materialbestände zugeordnet sind. Entsprechend kann ein Werk über mehrere Lagerorte verfügen, jeder Lagerort ist aber nur einem Werk zugeordnet.

3.8.6 Integration der Organisationsebenen im Berechtigungskonzept

In Abschnitt 3.4, »Instrumenteller Organisationsbegriff«, wurde dis-kutiert, wie über die Unterscheidung von Verrichtung und Objekt Organisationen analysiert und Berechtigungen differenziert werden können. Dabei wurde dargestellt, dass die Organisationsebenen den Objektbezug bilden können.

Der Objektbezug unterscheidet systematisch, welche gegebene Ver-richtung in welchem Bereich der Organisation ausgeführt werden kann. Den Ausführungen zu den Organisationsebenen ist zu entneh-men, dass es komponentenbezogen eine Vielzahl von Organisationsebenen gibt, die ganz oder teilweise miteinander in eine technische Integration gebracht werden können. Durch die Integration werden Belege zu Bewegungsdaten regelmäßig in mehrere Komponenten erfasst.

Diese mehrfache Erfassung erzwingt aus Sicht des Berechtigungskonzepts genaue Entscheidungen, welche Objekte in Verbindung mit welcher Verrichtung für welchen Personenkreis zugänglich sein müssen.

Neben der Schwierigkeit, die unterschiedlichen Sichten auf die Organisation und die unterschiedlichen Organisationsebenen adäquat integriert darzustellen, besteht häufig das Problem, dass es einfach nicht genügend Ausprägungen relevanter Organisationsebenen gibt, um Berechtigungen differenzieren zu können. Am konkreten Beispiel: Wenn nur ein Buchungskreis vorhanden ist und der Geschäftsbereich sowie der Funktionsbereich nicht genutzt werden, dann ist der aufbauorganisatorische Bezug der Berechtigungen im externen Rechnungswesen nur noch mit erheblichen Anstrengungen darzustellen. Das mag im externen Rechnungswesen, dessen relevante Verrichtungen regelmäßig von wenigen Personen ausgeführt werden, noch möglich sein. In der Logistik kann dies jedoch sehr schnell ein nicht mehr lösbares Problem werden.

Dazu ein Beispiel: In der SAP-Branchenlösung SAP for Defence and Security (DFPS) fragte eine Verteidigungsorganisation nach, wie der Zugriff auf die Personen, Zahlungen und Ausrüstungen von geheimhaltungspflichtigen Einheiten entsprechend eingeschränkt werden könne. Die Organisation hatte sich unter der Maßgabe größtmöglicher Vereinfachung entschieden, nur ein Werk, eine Vertriebsorganisation, einen Buchungskreis etc. zu nutzen. Da die zentrale Organisationsebene (fast alle Programme einer Komponente enthalten eine Prüfung auf die zentrale Organisationsebene der Komponente) auch gleichzeitig technisch umfassende Kontrolle bietet, war der Schutzbedarf nicht mehr effizient realisierbar.

Zentrale Unterscheidungsmerkmale

Wenn in einer Komponente die zentralen Unterscheidungsmerkmale nicht genutzt werden, besteht das Risiko, dass eine übergreifende Differenzierung in der Komponente nicht mehr möglich ist.

3.9   Hinweise zur Methodik im Projekt

Abhängig von den normativen Rahmenbedingungen einer Organisation, die sich aus der institutionellen Sichtweise der Organisation ergeben, muss das betriebswirtschaftliche Berechtigungskonzept die Umsetzung dieses Rahmens nachweisen können. Um dies zu erreichen, muss das Berechtigungskonzept die Aufbauorganisation ebenso berücksichtigen wie die Ablauforganisation. Die Aufbau- und die Ablauforganisation sind – teilweise – in den Organisationsebenen reflektiert.

Sowohl Ablauf- als auch Aufbauorganisation können sehr unterschiedlich dargestellt werden, die Praxis zeigt, dass es häufig in einer Organisation koexistierende (nicht integrierte) Sichten gibt.

Aus diesem Grund muss das Berechtigungskonzept detaillierte Angaben zu allen genutzten objektbezogenen Unterscheidungsmerkmalen enthalten. Im Berechtigungskonzept kann – in Rücksprache mit den Modulverantwortlichen – eine Ergänzung der Organisationsebenen, z. B. die Nutzung der Kostenstelle als Organisationsebene, eingeführt werden. Die objektbezogene Differenzierung wird häufig als organisatorische Differenzierung bezeichnet (dass diese Vereinfachung sehr unpräzise ist, sollte deutlich geworden sein). Unsere Erfahrung zeigt, dass die objektbezogene Differenzierung erheblich mehr Aufwand erfordert als die verrichtungsorientierte. Häufig ist es erforderlich, eine Regelbildung im Sinne der Aufbauorganisation zu ermitteln und darzustellen. So kann es sinnvoll sein, im Berechtigungskonzept festzuschreiben, welche Sicht der Aufbauorganisation für das Berechtigungskonzept führend ist. Die Festlegung einer führenden Sicht impliziert auch, dass es genauer Festlegungen bedarf, wie mit den anderen Sichten umzugehen ist. Dabei stellt sich häufig heraus, dass es minimal eine Form der Linienorganisation und unterschiedliche Ausprägungen der Projektorganisation gibt (Projekte müssen nicht zwingend über das Projektsystem abgebildet werden, in einigen Bereichen werden dafür auch die Innenaufträge von CO genutzt).

Unabhängig von den erfolgten Festlegungen in Bezug auf die Organisationssicht muss diese um konkrete Sichten auf einzelne Objekte ergänzt werden. So muss z. B. festgehalten werden, wie mit bestimmten Kreditorengruppen, Tabellenzugriffen o. Ä. umgegangen wird.

Die Analyse der Verrichtungen erfolgt über ein Analyseraster: Dabei gilt der Grundsatz, dass nur dort Aktivitäten zu differenzieren sind, wo dies sachlogisch geboten ist. Eine Angabe dazu, was jeweils sachlogisch geboten ist, findet sich in einer eventuell definierten Funktionstrennungsmatrix, sofern diese detailliert genug ist, gegebenenfalls in Prozessbeschreibungen, und selbstverständlich ist dies ableitbar aus den Funktionstrennungsanforderungen und den Funktionstrennungsmöglichkeiten in der SAP Business Suite.

Analyseraster

Aus pragmatischen Gründen sollte zunächst verrichtungsbezogen differenziert werden, da die objektbezogene Differenzierung abstrakt ist.

Das Vorgehen in einer gewachsenen Systemlandschaft unterscheidet sich fundamental von einem Implementierungsprojekt. Im Implementierungsprojekt ist es erforderlich, frühzeitig in die Prozessgestaltung involviert zu werden und die Integration der Stammdatenstrukturen zu beeinflussen. In einer bestehenden Systemlandschaft ist sehr vieles über technische Analysen (Transaktionsverwendung, Rollenausprägung, Abweichungsanalysen) möglich.

Im Wesentlichen bleiben zwei Möglichkeiten, um ein angemessenes differenziertes betriebswirtschaftliches Berechtigungskonzept aufzubauen, dies ist zunächst der deduktive Ansatz (Top-down-Ansatz), der sich für Implementierungsprojekte und umfassende Redesignprojekte anbietet.

Praktisches
Vorgehen

Deduktiver Ansatz (basierend auf Vorgaben)

Für den deduktiven Ansatz sind folgende Schritte erforderlich:

1. Klärung der institutionellen Rahmenbedingungen der Organisation
2. Klärung der grundsätzlichen Konfiguration der Organisation
3. Abklärung, inwieweit die Konfiguration der Organisation in die möglichen Organisationsdarstellungen des ERP-Systems übernommen wurde; Klärung der Integration und der Abweichung vom grundsätzlichen Modell; Klärung der Organisationsebenennutzung
4. funktionale Ausprägung von Rollen, wie in Abbildung 3.12 dargestellt
5. Festlegung der zentralen organisatorischen Unterscheidungsmerkmale
6. organisatorische Differenzierung von Rollen mithilfe der zentralen organisatorischen Unterscheidungsmerkmale

Der induktive Ansatz (Bottom-up-Ansatz) bedient sich der Differenzierungen, die bereits im System hinterlegt sind, dazu sind einschlägige quantitative und qualitative Analysen notwendig.

Induktiver Ansatz (basierend auf dem Ist-Zustand)

Für den induktiven Ansatz beantworten Sie folgende Fragen bzw. führen die notwendigen Schritte aus:

1. Welche funktionalen Differenzierungen sind im System angelegt?
2. Welche organisatorischen Differenzierungen sind im System angelegt?
3. Welcher darüber hinausgehende Bedarf ist bekannt?
4. Gibt es bekannte Bereiche, in denen die Differenzierung nicht erfolgreich ist?
5. Untersuchung, welche organisatorischen Darstellungen und welche Organisationsebenen genutzt werden
6. Ermittlung der grundsätzlichen Konfiguration der Organisation
7. funktionale Ausprägung von Rollen, wie in Abbildung 3.12 dargestellt
8. Festlegung der zentralen organisatorischen Unterscheidungsmerkmale
9. organisatorische Differenzierung von Rollen mithilfe der zentralen organisatorischen Unterscheidungsmerkmale

---

3.10 Fazit

In diesem Kapitel ist der Zusammenhang zwischen Organisation im Sinne von Aufbau- und Ablauforganisation, Organisationsmerkmalen in SAP ERP und Berechtigungen entwickelt worden.

Um diesen Zusammenhang erfassen und dementsprechend Berechtigungen modellieren zu können, hielten wir es für unverzichtbar, verschiedene theoretische Sichten auf die Organisation darzustellen. Dieser theoretische Zugang ist gleichwohl das Ergebnis unserer praktischen Erfahrung, oft konnten wir unsere Kunden nur noch verstehen, wenn wir sozusagen drei Schritte Abstand nahmen und zunächst einen abstrakten Zugang suchten.

Erst durch diesen abstrakten Zugang gelingt es, die immer vorhandenen Ordnungsmerkmale zu erkennen, um sie dann im System zu modellieren.

Die Forderung nach Regelkonformität rückt die Frage nach Herkunft und Auswirkung der geltenden Regeln in die Auseinandersetzung mit dem betriebswirtschaftlichen Berechtigungskonzept. In diesem Kapitel möchten wir Ihnen den Zusammenhang zwischen dem rechtlichen und normativen Rahmen und dem Berechtigungskonzept vorstellen.

4 Rechtlicher Rahmen – normativer Rahmen

In unserer Beratungstätigkeit hören wir immer wieder Forderungen wie »SOX-Compliance erreichen«, abstrakte Fachwörter wie *CobiT Cube* oder auch diffuse »Angst- oder Kampfbegriffe« wie *Datenschutz* oder *Betriebsrat*. Ausgesprochen selten wird das Berechtigungskonzept aus einer Systematik oder Rechtsgrundlage abgeleitet.

Dieses Kapitel bietet Ihnen deshalb eine Orientierung im Hinblick auf die Zusammenhänge zwischen den geltenden Regeln und dem betriebswirtschaftlichem Berechtigungskonzept. Ein betriebswirtschaftliches Berechtigungskonzept muss sicherlich keine Rechtsquellen nennen – solange es sich eindeutig und im Einzelfall nachvollziehbar auf den Regelungsrahmen der Organisation bezieht.

In Kapitel 2, »Einführung und Begriffsdefinition«, wurden die Begriffe *Compliance* und *Corporate Governance* eingeführt. In diesem Buch setzen wir den Begriff Compliance mit *Regelkonformität* gleich. Die geltenden Regeln der Organisation fußen auf einem weitgehend extern bestimmten Rahmen von Gesetzen, Verträgen und sonstigen Normen. Das betriebswirtschaftliche Berechtigungskonzept bestimmt, wie die Regelkonformität der Benutzerberechtigungen erreicht werden soll. Dazu muss auf diesen externen Rahmen eingegangen werden.

Zunächst erläutern wir in Abschnitt 4.1 den Unterschied zwischen externen und internen Normen, um in Abschnitt 4.2 zu klären, was ein Internes Kontrollsystem (IKS) tatsächlich abdecken muss. Da erfahrungsgemäß den Normen des externen Rechnungswesens eine besondere Bedeutung beigemessen wird, werden diese in Abschnitt 4.3 behandelt. In Abschnitt 4.4 wenden wir uns dem Thema Datenschutz zu, auch weil hier der Unterschied zwischen rechtlicher Fiktion und tatsächlicher Umsetzung bemerkenswert ist. Wir werden allgemeingültige Aussagen darüber treffen, welche Ansprüche im Hinblick auf das externe Rechnungswesen und den Datenschutz in jedem Fall umgesetzt werden müssen. In Abschnitt 4.5, »Allgemeine Anforderungen an ein Berechtigungskonzept«, fassen wir zusammen, welche Prinzipien in jedem Fall einzuhalten sind, weil sie aus unterschiedlichen Rechtsquellen hergeleitet werden.

4.1   Interne und externe Regelungsgrundlagen

Es ist für den Begriff *Regelkonformität* wichtig, zwischen legalen und weiteren Normen zu unterscheiden. Die in Abbildung 4.1 eingeführte Unterscheidung zwischen legalen Normen, Standards/internationalen Normen, vertraglichen Normen, Stakeholder-Normen und sozialen Normen ist nicht immer eindeutig voneinander abzugrenzen, und sie ist sicherlich auch nicht umfassend.

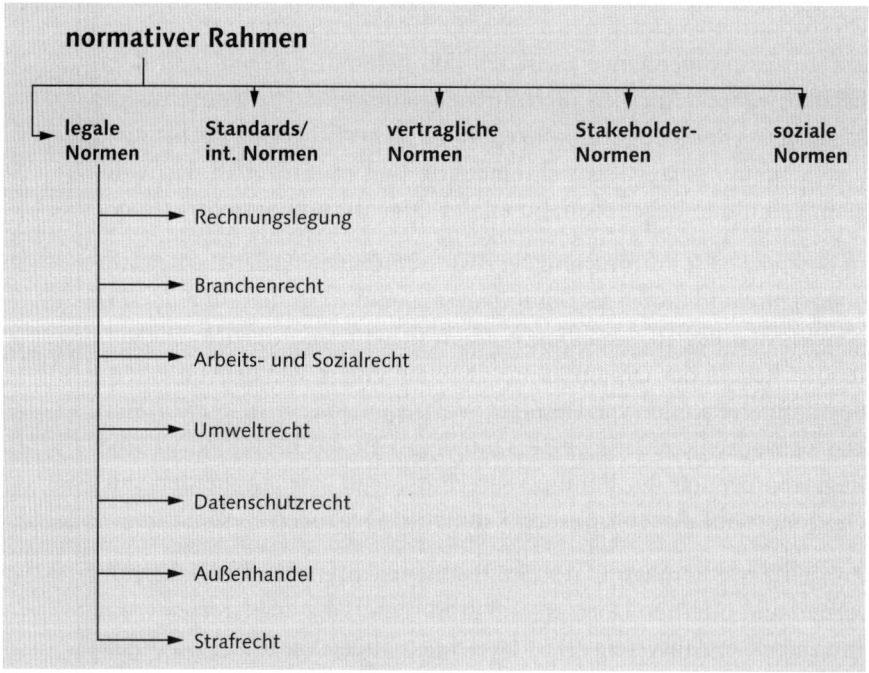

Abbildung 4.1 Schema des normativen Rahmens einer Organisation

Legale Normen sind alle rechtlichen oder rechtsgleichen Normen, die für eine *konkrete* Organisation gelten. Sie sind im eigentlichen Sinne nicht unternehmensindividuell. Sie sind vielmehr spezifisch für ein bestimmtes Unternehmen, das

Legale Normen

- in einer bestimmten Branche tätig ist,
- eine spezifische Rechtsform hat (in einem Konzern können Unternehmen unterschiedlicher Rechtsformen vereint sein),
- in einem oder mehreren Staaten den Unternehmenssitz und/oder Niederlassungen unterhält oder
- mit Geschäftspartnern eines oder mehrerer Staaten Geschäftsbeziehungen unterhält.

Abbildung 4.1 zeigt einige exemplarische Beispiele für Rechtsquellen. Diese definieren den Rahmen regelkonformen Handelns sowohl negativ (oder: »Darf nicht«; auch Verbot) als auch positiv (oder: »Muss«; auch Gebot). Aus Sicht des betriebswirtschaftlichen Berechtigungskonzepts enthalten die Rechtsquellen nicht nur Verbote und Gebote für Mitglieder der Organisation, sie definieren darüber hinaus auch, welche Daten in welcher Form staatlichen Organen zugänglich gemacht werden müssen. Damit definieren sie gegebenenfalls auch Datenzugriffe und die Art des Zugriffs staatlicher Organe.

In Abschnitt 4.2, »Internes Kontrollsystem«, und Abschnitt 4.3, »Rechtsquellen des externen Rechnungswesens«, sollen exemplarisch zwei Rechtsgebiete in Deutschland in Bezug auf ihre Relevanz für das betriebliche Berechtigungskonzept dargestellt werden:

- **Ausgewählte Normen zur externen Rechnungslegung**
  Dieser Bereich ist in allen Organisationen relevant und ist auch Gegenstand detaillierter Prüfung.
- **Ausgewählte Normen des Datenschutzes**
  In diesem Bereich sind die umfassendsten Festlegungen in Bezug auf die Datenverarbeitung getroffen worden.

Standards und internationale Normen sind Rahmenwerke, die ihre Geltung meist entfalten:

Standards/ internationale Normen

- durch Bezugnahme in Ausführungsvorschriften zu Gesetzen
- durch Bezugnahme in der Rechtsprechung als üblicher Standard
- durch vertragliche Verpflichtung
- durch Selbstverpflichtung

Da wir in diesem Kapitel Standards und Normen nicht detailliert betrachten, führen wir nur die wichtigsten kurz an.

COSO-Rahmenkonzept

An erster Stelle ist das COSO-Rahmenkonzept zu nennen, das 1992 vom Committee of Sponsoring Organizations of the Treadway Commission (COSO) veröffentlich wurde (siehe Schöler/Will/Schäfer, 2007). Das COSO-Rahmenkonzept definiert folgende Bestandteile eines Internen Kontrollsystems (IKS):

- Kontrollumfeld

- Risikobeurteilung

- Kontrollaktivitäten

- Information und Kommunikation

- Überwachung

CobiT

Als international weitgehend anerkanntes Regelwerk der IT-Governance ist zweitens CobiT (= Control Objectives for Information and Related Technology) zu nennen. CobiT ist ein Rahmenwerk zur regelkonformen Steuerung der IT in der Organisation. CobiT kann als Verbindung zwischen den unternehmensweiten Steuerungs-Frameworks (COSO) und den IT-spezifischen Normen (z. B. ITIL – IT Infrastructure Library, ISO 17799/27002) gesehen werden (siehe Schöler/Will/Schäfer, 2007).

In der Bundesrepublik sind als wesentlicher und im öffentlichen Sektor oft verbindlicher Standard die IT-Grundschutzkataloge des Bundesamtes für Sicherheit in der Informationstechnik zu nennen (*www.bsi.bund.de*).

Für sämtliche SAP-Systeme müssen darüber hinaus zwingend die Sicherheitsleitfäden von SAP beachtet werden (*http://service.sap.com/securityguide*). Außerdem können die einschlägigen Leitfäden der Deutschsprachigen SAP-Anwendergruppe (DSAG), wie z. B. der Prüfleitfaden SAP ERP 6.0 oder der Datenschutzleitfaden für SAP ERP 6.0, als Standards angesehen werden.

Vertragliche Normen

Vertragliche Normen bewegen sich grundsätzlich erst einmal im gesetzlichen Rahmen, allerdings dem Grundsatz der Vertragsfreiheit folgend. Im Rahmen der Vertragserfüllung werden sie jedoch durch die Vertragspartner regelmäßig gründlicher überprüft, als dies manchmal bei rechtlichen Normen der Fall ist.

Vertragliche Normen können u. a. den Umgang mit Daten im Rahmen der Abwicklung eines Geschäftsvorfalls detailliert regeln. Dies kann die Überlassung von Daten (auch Spezifikationen, Rezepte, personenbezogene Daten) betreffen, kann aber auch die Regelung von konkreten Systemzugriffen bedeuten. Letzteres ist insbesondere in den logistischen Ketten und Systemwartungsverträgen oder bei Outsourcing anzutreffen. Das heißt, gegebenenfalls verpflichten sich die Vertragsparteien, Systemzugriffe über Netzwerke einzuräumen.

Stakeholder-Normen betreffen die Erwartungshaltungen von Stakeholdern, also Anspruchsgruppen (siehe Steinmann/Schreyögg/Koch, 2013, Seite 75 ff.), und sind in ihrer Bedeutung so relevant für die Organisation, dass sie normativen Charakter erhalten. Ein einfaches Beispiel sind unternehmensinterne Antikorruptionsverhaltensrichtlinien, die das Mitarbeiterverhalten im Geschäftsverkehr über das strafrechtlich Erforderliche hinaus bestimmen. `Stakeholder-Normen`

Als soziale Normen können alle gesellschaftlichen Normen betrachtet werden, die im Zusammenhang mit den Zielen und Aktivitäten der Organisation stehen. `Soziale Normen`

Stakeholder- und soziale Normen haben eher selten einen direkten Bezug zum betriebswirtschaftlichen Berechtigungskonzept im Sinne eines Ausdrucks von Verrichtungseinschränkungen. Damit sind vor allem legale und vertragliche Normen gegebenenfalls an Einschränkungen durch das betriebswirtschaftliche Berechtigungskonzept gebunden.

In Kapitel 3, »Organisation und Berechtigungen«, wurde der institutionelle Organisationsbegriff eingeführt. Dort haben wir in Abbildung 3.3 dargestellt, welche unterschiedlichen Rechtsformen im deutschen Recht eine Organisation (im institutionellen Sinne) haben kann. Die Rechtsform und der Organisationszweck bestimmen den normativen Rahmen der Organisation. `Rechtsform und Organisationszweck`

Im Besonderen haben die Rechtsnormen, die sich aus der institutionellen Organisation ergeben, Einfluss auf die Art der Rechnungslegung und die Rechenschaftspflichten. Auch die Organisationsziele haben relevanten Einfluss auf den normativen Rahmen des betriebswirtschaftlichen Berechtigungskonzepts, wie ebenfalls in Kapitel 3 diskutiert wird.

Der unternehmensindividuell festzulegende normative Rahmen und somit auch das IKS basieren auf der Grundlage gesetzlicher, vertraglicher Normen. In diesen Rahmen gehen neben den externen Normen auch Haltungen und Ideen in Bezug auf den Organisationszweck ein:

▸ Rechtsform, Branche, Sitz, Niederlassung und (internationale) Handelspartner definieren den für die Organisation anzuwendenden rechtlichen Rahmen.

▸ Verträge definieren die Normen (Bedingungen), die in Bezug auf die Geschäftspartner verbindlich sind.

▸ Stakeholder und der gesellschaftliche Rahmen bestimmen die Normen, denen eine Organisation aus Opportunitätsgründen folgen sollte.

▸ Die drei genannten Aspekte und der Organisationszweck bestimmen schließlich den normativen Rahmen, den die Organisation einhalten möchte.

▸ Das Interne Kontrollsystem stellt die Einhaltung des gesetzten Rahmens sicher und wird im folgenden Abschnitt dargestellt.

4.2 Internes Kontrollsystem

IKS-Definition Das Interne Kontrollsystem (IKS) dient der Abwehr von Schäden für das und der Vermeidung von Rechtsverstößen durch das Unternehmen. Es besteht aus Maßnahmen und Kontrollen, die geeignet sind, diese Schäden zu vermeiden oder etwaige Schäden zu minimieren.

Häufig wird das IKS auf das Rechnungswesen beschränkt. Diese Beschränkung ist aber nicht nur irreführend, sie ist sogar falsch und kontraproduktiv. Ein IKS soll über präventive und detektivische Kontrollen – also vorsorgende Kontrollen und Kontrollen, die im Nachhinein geeignet sind, etwaige Verstöße aufzudecken – dazu beitragen, dass die Unternehmensziele erreicht werden (siehe Hauschka, 2010, § 5 RN14). Deutlich wird dies auch im COSO-Rahmenkonzept (siehe Schöler/Will/Schäfer, 2007) von 1992. Dort wird eindeutig dargelegt, dass alle für das Unternehmen maßgeblichen gesetzlichen Regelungen Bestandteil des IKS sein müssen. Damit muss, natürlich branchenabhängig, mindestens der in Abbildung 4.2 dargestellte Bereich der legalen Normen erfüllt werden.

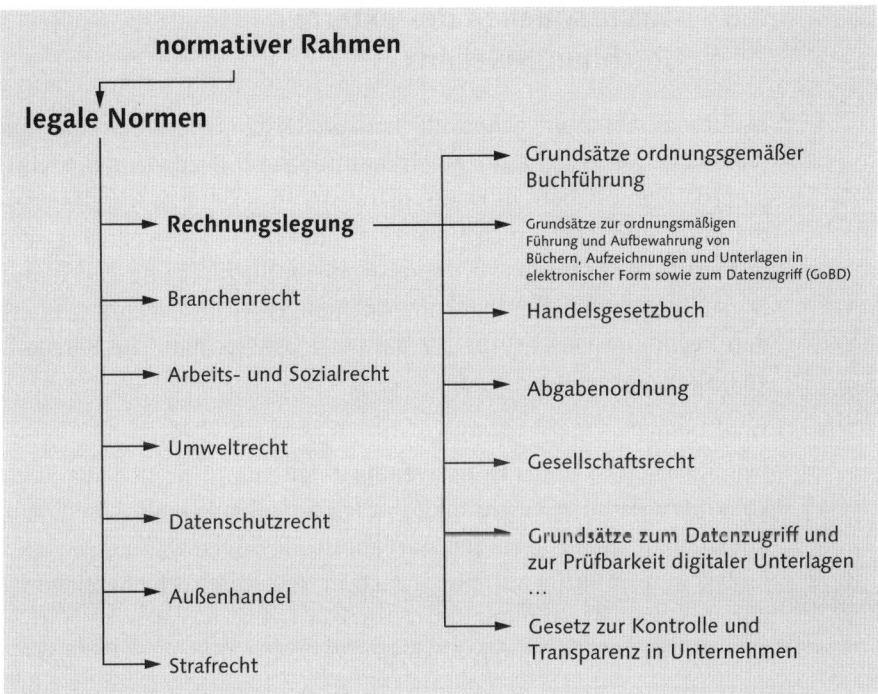

Abbildung 4.2 Normen der Rechnungslegung

Zwingender Bestandteil des IKS sind stets eindeutige Regelungen zu Zugriffsrechten. Dies gilt besonders für kritische Aktionen (bereits einfache lesende Zugriffe) und für Funktionstrennungsdefinitionen, wie sie im Rechnungswesen, aber auch z. B. in Erfüllung der Außenhandelsauflagen erforderlich sind.

IKS: Berechtigungskonzept

> **IKS und das Berechtigungskonzept**
>
> Ein IKS deckt u. a. präventive und detektivische Kontrollen ab, die in Anwendung der geltenden externen und internen Normen definiert sind. Zu den zwingend einzuhaltenden präventiven Kontrollen gehören in Bezug auf die IT detaillierte Regelungen zu den Zugriffsrechten in der Systemlandschaft. Daraus leitet sich der Zwang zu einem schriftlichen betriebswirtschaftlichen Berechtigungskonzept unmittelbar ab.

Da den Rechtsquellen des externen Rechnungswesens häufig die größte Bedeutung zugemessen wird, werden auch wir mit diesen beginnen.

4.3 Rechtsquellen des externen Rechnungswesens

In diesem Abschnitt gehen wir auf die Rechtsquellen des externen Rechnungswesens ein, die einen unmittelbaren Bezug zum Berechtigungskonzept haben. In Deutschland sind das Gesetze wie das Handelsgesetzbuch, aber auch Normen auf der Grundlage von Gesetzen, wie etwa die Grundsätze ordnungsgemäßer Buchführung. Ziel dieser Darstellung ist ein Überblick über diejenigen Grundlagen des externen Rechnungswesens, die für das betriebswirtschaftliche Berechtigungskonzept relevant sind.

Diese oberflächliche Einführung in einige Rechtsquellen des externen Rechnungswesens ist notwendigerweise eine, die sich auf einen konkreten Rahmen beschränkt, in diesem Fall auf Deutschland. Wir möchten Sie in Bezug auf den Sarbanes-Oxley Act (SOX) auf Menzies (2006) und in Bezug auf eine – auch in weiteren Rechtsbereichen – übergreifende Darstellung auf Hauschka (2010) verweisen. Unsere Darstellung erhebt keinen Anspruch auf Vollständigkeit: Für detaillierte Informationen zu den in Deutschland geltenden Normen empfehlen wir Wähner (2002). Trotz der Fokussierung auf einen konkreten nationalen Rechtsrahmen können unsere Schlussfolgerungen in Bezug auf das Berechtigungswesen jedoch durchaus verallgemeinert werden.

> **Ziele für das betriebswirtschaftliche Berechtigungskonzept**
>
> Für das betriebswirtschaftliche Berechtigungskonzept geht es um die Notwendigkeit der Datensicherheit, also der Bestimmbarkeit des Zugriffs und der Kontrolle der Erzeugung oder Manipulation von Daten. Die Methoden, die aus Sicht des Berechtigungskonzepts zur Verfügung stehen, sind Zugriffsbeschränkungen, Funktionstrennung und Kontrollen.

Es muss zwischen den Rechtsquellen für privatwirtschaftliche Organisationen und den Rechtsquellen der Kameralistik für Organisationen des öffentlichen Bereichs unterschieden werden. Letztere wollen wir als an Relevanz verlierenden Sonderfall nicht darstellen – dies vor allem auch deswegen, weil die Unterschiede für das Berechtigungskonzept vor allem in einem strikteren Rahmen und höheren Anforderungen bestehen, also letztlich zusätzlich zu beachten sind.

4.3.1 Rechtsquellen und Auswirkungen für den privaten Sektor

Im Wesentlichen stützen wir uns in den folgenden Ausführungen auf Wähner (2002), ergänzt um die Neuerungen der GoBD. Wähner bezeichnet die Rechtsquellen des externen Rechnungswesens für den privaten Sektor als die primäre gesetzliche Grundlage der Prüfung. Diese Definition ist praxisnah, da der Schwerpunkt der DV-Prüfung auf den rechnungslegungsrelevanten Vorgängen liegt.

Die primären gesetzlichen Grundlagen sind laut Wähner folgende:

▸ Grundsätze ordnungsgemäßer Buchführung (GoB)
▸ Grundsätze zur ordnungsmäßigen Führung und Aufbewahrung von Büchern, Aufzeichnungen und Unterlagen in elektronischer Form sowie zum Datenzugriff (GoBD)[1]
▸ Handelsgesetzbuch (HGB)
▸ Abgabeordnung und Grundsätze zum Datenzugriff und zur Prüfbarkeit digitaler Unterlagen (GDPdU)
▸ Gesetz zur Kontrolle und Transparenz in Unternehmen (KonTraG)

Wegen der unmittelbaren Relevanz für das betriebswirtschaftliche Berechtigungskonzept werden wir uns auf die beiden erstgenannten Grundlagen beschränken.

Grundsätze ordnungsgemäßer Buchführung

Die Grundsätze ordnungsgemäßer Buchführung (GoB) sind eine Ableitung aus § 238 Absatz 1 Handelsgesetzbuch (HGB). In der Einkommensteuer-Richtlinie werden zu den GoB folgende Anforderungen definiert:

▸ Vollständigkeit
▸ Richtigkeit
▸ Zeitgerechtheit
▸ Klarheit
▸ Belegbarkeit

---

1 Bei Wähner (2002) noch »Grundsätze ordnungsgemäßer DV-gestützter Buchführungssysteme (GoBS)«, die GoBD sind mit Rundschreiben des Bundesministeriums für Finanzen 2014 veröffentlich worden

▶ Sicherheit

▶ Prüfbarkeit

Grundsätze zur ordnungsmäßigen Führung und Aufbewahrung von Büchern, Aufzeichnungen und Unterlagen in elektronischer Form sowie zum Datenzugriff (GoBD)

Die GoB bedürfen einer Präzisierung durch die »Grundsätze zur ordnungsmäßigen Führung und Aufbewahrung von Büchern, Aufzeichnungen und Unterlagen in elektronischer Form sowie zum Datenzugriff (GoBD)« des Bundesministeriums für Finanzen (Bundesministerium der Finanzen, 2014). Sie beinhalten Festlegungen in Bezug auf:

▶ Anwendungsbereich

▶ Beleg-, Journal- und Kontenfunktion

▶ Buchung

▶ Internes Kontrollsystem

▶ Datensicherheit

▶ Dokumentation und Prüfbarkeit

▶ Aufbewahrungsfristen

▶ Wiedergabe der auf Datenträger geführten Unterlagen

▶ Verantwortlichkeit

GoBD und Berechtigungskonzept

Randnummer (RN) 151 GoBD führt aus, dass eine Verfahrensdokumentation erforderlich ist, »aus der Inhalt, Aufbau, Ablauf und Ergebnisse des DV-Verfahrens vollständig und schlüssig ersichtlich sind«.

RN 152 GoBD führt weiterhin aus, dass die Verfahrensdokumentation den »organisatorisch und technisch gewollten Prozess« darstellen muss.

Die unter der RN 100 GoBD beispielhaft angeführten Kontrollen machen unmittelbar deutlich, dass es sowohl »Zugangs- und Zugriffsberechtigungskontrollen auf Basis entsprechender Zugangs- und Zugriffsberechtigungskonzepte« als auch »Funktionstrennungen« geben muss. Ferner werden »Abstimmungskontrollen bei der Dateneingabe, Verarbeitungskontrollen, Schutzmaßnahmen gegen die beabsichtigte und unbeabsichtigte Verfälschung von Programmen, Daten und Dokumenten« gefordert. Daraus ergeben sich folgende Bestandteile eines GoBD konformen Berechtigungskonzepts:

▸ Schriftformprinzip

▸ zwingende Angaben zur Funktionstrennung

▸ zwingende Angaben zum Umgang mit kritischen Berechtigungen

▸ das strikte Minimalprinzip bei der Vergabe von Berechtigungen

Wähner stellt sehr deutlich klar, dass sich Berechtigungen aus der Aufbau- und Ablauforganisation ableiten. In seinen Ausführungen zur Sicherung der Belegfunktion stellt er detailliert dar, dass, nach Maßgabe der Geschäftsverteilung und der Möglichkeiten, eine Funktionstrennung zwischen Stammdatenpflege, Buchung und Zahlung anzustreben ist (Wähner, 2002, Seite 110). Somit wäre der betriebswirtschaftliche Minimalrahmen klar abgesteckt. Ergänzend ergibt sich aus der Belegfunktion, dass diese Belege vor nicht nachvollziehbarer Manipulation geschützt sein müssen.

Definition von Funktionstrennung

Funktionstrennung ist die Trennung von Funktionen, die im betrieblichen Ablauf durch verschiedene Personen im Rahmen der ihnen zugewiesenen Aufgaben wahrzunehmen sind (Geschäftsverteilung). Im betriebswirtschaftlichen Berechtigungskonzept wird die Abbildung dieser Trennung im IT-System vorgegeben. Sie bewirkt, dass jeder Geschäftsvorfall, der eine Verbindlichkeit Dritten gegenüber oder gegenüber Mitgliedern der Organisation[2] schafft oder Pflichten Dritten gegenüber berührt[3], nicht durch einen Funktionsträger allein durchgeführt werden kann. Darüber hinaus müssen Funktionen getrennt werden, die dies durch die Art der Aufgabe erforderlich machen, wie z. B. die Berechtigungsadministration von der Benutzeradministration zu trennen ist.

Erforderlich ist Funktionstrennung in weiteren Bereichen, in denen sie der Erfüllung weiterer rechtlicher Anforderungen oder der Qualität der Aufgabenerfüllung oder der Genauigkeit von Datenerfassung dient.

---

2 Verbindlichkeiten gegenüber Dritten und Mitgliedern der Organisation sind alle Verträge und etwaige vorvertragliche Pflichten.

3 Pflichten Dritten gegenüber sind alle nicht vertraglich gebundenen Pflichten beliebigen Dritten gegenüber, etwa das Auskunftsrecht staatlicher Organe (Steuerbehörden, Sozialversicherer) und Pflichten, die sich aus der Richtigkeit der Bilanz und aller Anlagen zur Bilanz ergeben.

> Auch in Bezug auf das IKS weist Wähner auf die Notwendigkeit der Einbettung des IKS in die Aufbau- und Ablauforganisation hin (2002, Seite 119). Dies deckt sich mit der Definition von Corporate Governance in Abschnitt 2.4.

Sowohl aus den GoB als auch den GoBD lässt sich unmittelbar eine Definition kritischer Aktionen ableiten.

Definition einer kritischen Aktion

Eine kritische Aktion ist eine Aktion, die die Vollständigkeit, Richtigkeit, Belegbarkeit, Sicherheit oder Prüfbarkeit des Buchungsstoffes gefährden kann. Diese Definition ist über das Rechnungswesen hinausgehend gültig, wenn anstelle des Buchungsstoffes allgemein von Daten gesprochen wird.

4.3.2 Konkrete Anforderungen an das Berechtigungskonzept

Aus den Ausführungen zu den Rechtsquellen des externen Rechnungswesens ergeben sich folgende konkreten Anforderungen:

▶ Das betriebswirtschaftliche Berechtigungskonzept bedarf der Schriftform.

▶ Berechtigungen sind Ausdruck der Ablauf- und Aufbauorganisation und somit der Geschäftsverteilung. Sie folgen ausschließlich der betriebswirtschaftlichen Funktion eines Mitarbeiters. Dies muss im Einzelfall belegbar sein.

▶ Funktionstrennungen müssen – nach Maßgabe der Möglichkeiten – mindestens zwischen Stammdatenpflege, Buchung und Zahlung vorgenommen werden. Sind diese nicht wirtschaftlich vertretbar, müssen geeignete Kontrollen aufgesetzt werden, die detektivisch Missbrauch oder Fehler ausschließen.

▶ Berechtigungen für kritische Aktionen müssen grundsätzlich vermieden und im begründbaren Ausnahmefall der Berechtigung und Ausführung detailliert kontrolliert werden.

4.4 Datenschutzrecht

In diesem Abschnitt werden wir die datenschutzrechtlichen Bestimmungen betrachten, die für das betriebswirtschaftliche Berechtigungskonzept von unmittelbarem Interesse sind.

Das Verhältnis vieler Organisationen zum Datenschutz ist ange-
spannt: Der Grund dafür ist sicherlich, dass ein Datenschutz, der den
rechtlichen Auflagen genügt, mit einem erheblichen Aufwand verbunden ist. Die meisten Organisationen, die wir beraten haben, konzentrieren sich wohl aus diesem Grund sehr stark auf die Mitarbeiterdaten. In Deutschland ist diese Fokussierung auch dadurch zu
erklären, dass der Betriebsrat oder Personalrat an Datenschutz interessiert ist und an der Erstellung der Datenschutzrichtlinien beteiligt
sein muss.

In der letzten Zeit hat es eine Reihe von Skandalen gegeben, die verdeutlichen, wie niedrig Datenschutz priorisiert ist und welche wirtschaftlichen Folgen eine Nichtbeachtung haben kann. Ein Beispiel ist
der Verkauf von sensiblen personenbezogenen Daten Liechtenstei-
ner Bankhäuser an die deutschen Ermittlungsbehörden. Dies dürfte
für die Banken, die die entsprechenden Konten führen, deutlich
spürbare ökonomische Folgen haben, ganz zu schweigen von den
Folgen für die überführten Bankkunden.

Zurzeit sind im europäischen Wirtschaftsraum die nationalen Datenschutzgesetze auf Basis der Richtlinie 95/46/EG (Datenschutzricht-
linie) maßgeblich. Im Dezember 2015 ist eine Einigung über die
neue Datenschutzgrundverordnung erzielt worden. Diese wird (aller
Voraussicht nach) im März oder April vom EU-Parlament verabschiedet werden. Als Grundverordnung muss sie nicht mehr in nationale
Gesetze umgesetzt werden, sondern gilt unmittelbar. Die Regelungen werden nach einer Übergangzeit von zwei Jahren in Kraft treten. Somit ist davon auszugehen, dass spätestens im Mai 2018 die
neuen Regelungen gelten. Im Wesentlichen entsprechen sie einer
Verschärfung der technischen Schutznotwendigkeiten. Qualitativ
neu sind:

▸ Verfahren, in denen personenbezogene Daten verarbeitet werden,
müssen *by default* und *by design* datenschutzkonform sein.

▸ Der Bußgeldrahmen sieht Strafen bis zu 4 % des weltweiten Jah-
resumsatzes vor.

Die geltende Richtlinie 95/46/EG und die neue Grundverordnung
haben unmittelbare Auswirkungen auf Nicht-EU-Mitglieder: Vereinfacht ausgedrückt müssen Geschäftspartner, die personenbezogene
Daten aus einem EU-Land verarbeiten, den Regeln des eigenen Landes in Bezug auf die Verarbeitung folgen, solange dieses Land eine

entsprechende Vereinbarung mit der EU hat. Es gilt also das Recht des Landes, in dem die Daten verarbeitet werden. Alternativ gibt es andere Rechtsinstrumente, mit denen das Schutznivea der EU erzwungen werden soll.

Safe Harbor

Die USA haben eine etwas andere Vereinbarung mit der EU – basierend auf den *Safe Harbor Privacy Principles* – geschlossen. Diese bedeuten letztlich (und stark vereinfacht) eine partielle, »freiwillige« Übernahme von EU-Standards durch das sich selbst verpflichtende Unternehmen (Tinnefeld/Ehmann/Gerling, 2005, Seite 125). Im Oktober 2015 hat der Europäische Gerichtshof (EuGH) die Safe-Harbor-Entscheidung der Europäischen Kommission aus dem Jahr 2000 für ungültig erklärt. Die Datenschutzkonferenz des Bundes und der Länder hat in einem Positionspapier (Datenschutzkonferenz des Bundes und der Länder, 2015) deutlich gemacht, dass eine Datenübermittlung in die USA auf Grundlage von Safe Harbor nicht zulässig ist und dass auch die anderen vertraglichen Möglichkeiten sowie Corporate Binding Rules zumindest in Frage gestellt sind. Derzeit wird jedes Unternehmen, das Daten in die USA übertragen will, sehr genau prüfen müssen, wie das rechtskonform geschehen soll. Die EU-Kommission und die amerikanischen Behörden arbeiten an einer Neufassung, wie diese das grundsätzliche Dilemma menschrechtskonform lösen soll, ist aber nicht absehbar.

Im Folgenden stellen wir die derzeit auf der alten EU-Richtlinie basierenden deutschen Normen dar. Das Datenschutzrecht ist ein »modernes« Recht, das in einer Vielzahl unterschiedlicher Rechtsgebiete (z. B. Telekommunikationsrecht, Sozialrecht, Arbeitsrecht) Tatbestände regelt. Einen Überblick finden Sie in Abbildung 4.3. Nach Gola/Klug entfalten dabei das Bundesdatenschutzgesetz (BDSG) und die Datenschutzgesetze der Länder »eine Auffangfunktion, die darin besteht, den Datenschutz dort sicherzustellen, wo keine speziellen Schutzbestimmungen greifen« (2003, Seite 9). Das Datenschutzrecht hat einen sehr praktischen Vorteil: Die Rechtsbegriffe sind ungewöhnlich präzise bestimmt und bereits auf die elektronische Datenverarbeitung bezogen (siehe Abbildung 4.3).

Der betriebliche Datenschutz hat die Erfüllung aller geltenden Bestimmungen zum Datenschutz zur Aufgabe. Ihm unterliegen auch die datenschutzrechtlichen Tatbestände, die durch Weisung, Vertrag oder sonstige betriebliche Regelungen festgelegt sind.

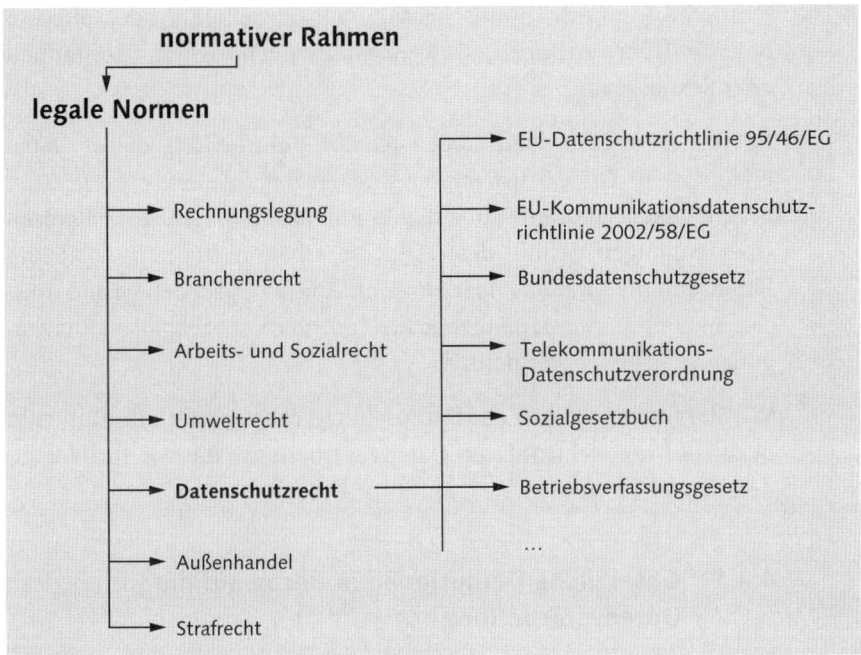

Abbildung 4.3 Rechtsnormen des Datenschutzes

Der Datenschutz bezieht sich im deutschen Recht auf die natürliche Person. Entsprechend muss ein personenbezogenes Datum wie folgt definiert werden. In der Schweiz unterliegen auch juristische Personen dem Datenschutz.

> **Definition von personenbezogenen Daten**
>
> Ein personenbezogenes Datum ist jede Einzelangabe zu einer Person (z. B. Wohnsitz einer Person) oder solche Angaben, die einer Person zugeordnet werden können (z. B. die Bestellung eines Medikaments). Auch die Gestaltung von Stammdatenstrukturen in einem Unternehmen kann dazu führen, dass personenbezogene Daten entstehen: Hat eine Kostenstelle nur einen Mitarbeiter, bedeutet das, dass jede Buchung auf diese Kostenstelle ein personenbezogenes Datum ist. Jeder Kreditorenstammsatz und jeder Debitorenstammsatz, jeder Geschäftspartner ist ein personenbezogenes Datum, sofern die Beteiligten natürliche Personen sind.

Sensitive Daten stehen unter besonderem Datenschutz; ihre Verarbeitung ist deshalb in den meisten Fällen nicht erlaubt. Sensitive Daten sind laut § 3 Abs. 9 BDSG Angaben über »die rassische und

Sensitive Daten

ethnische Herkunft, politische Meinungen, religiöse oder philosophische Überzeugungen, Gewerkschaftszugehörigkeit, Gesundheit oder Sexualleben«.

In Ausnahmefällen kann aber auch die Verarbeitung dieser Daten erlaubt sein. Diese Ausnahmen sind einzelfallweise geregelt. Zum Beispiel muss in Deutschland das Finanzamt Daten zu religiösen Überzeugungen schon deswegen verarbeiten können, weil das Finanzamt die Kirchensteuer einzieht. Aus dem gleichen Grund müssen auch deutsche Arbeitgeber die Information »religiöse Überzeugung« verarbeiten können.

Wie dargestellt, enthält das Datenschutzrecht präzise Definitionen in Bezug auf die elektronische Datenverarbeitung, die wir im Folgenden darstellen werden.

4.4.1 Gesetzliche Definitionen in Bezug auf die Datenverarbeitung

Verarbeitung personen-bezogener Daten

Das Verarbeiten personenbezogener Daten umfasst das Speichern, Verändern, Übermitteln, Sperren und Löschen dieser Daten. Diese Begriffe werden folgendermaßen definiert (siehe § 3 Abs. 9 BDSG):

- ▸ Speichern ist die Erfassung und Aufbewahrung auf einem Datenträger.

- ▸ Verändern ist die inhaltliche Umgestaltung gespeicherter Daten.

- ▸ Übermitteln meint die Weitergabe an Dritte oder den Abruf der Daten durch Dritte.

Beachten Sie, dass die Verarbeitung von personenbezogenen Daten gegebenenfalls neue personenbezogene Daten schafft. Wertet man das Bestellverhalten eines Kunden (natürliche Person) aus, entsteht ein neuer personenbezogener Datensatz.

- ▸ **Verantwortliche Stelle**
  Als verantwortliche Stelle ist jede Stelle anzusehen, die personenbezogene Daten verarbeitet oder nutzt oder Dritte (Auftragsdatenverarbeitung) damit beauftragt.

- ▸ **Auftragsdatenverarbeitung**
  Werden personenbezogene Daten durch Dritte verarbeitet, verbleibt die Verantwortung beim Auftraggeber.

- **Datenübermittlung**
  Die Übermittlung von Daten umfasst sämtliche Datenüberlassungen an Dritte. Die Datenübermittlung ist für nichtöffentliche und öffentliche Stellen unterschiedlich geregelt (öffentliche Stellen: §§ 15 und 16 BDSG, nichtöffentliche Stellen: §§ 29 und 30 BDSG).

- **Mitbestimmung**
  Die Einführung eines Verfahrens, das geeignet ist, Leistungsdaten zur Person zu verarbeiten, unterliegt der Mitbestimmung des Betriebsrats (§ 87 Abs. 1 Nr. 6 BetrVG) sowie – im öffentlichen Dienst – des Personalrats (§ 75 Abs. 3 Nr. 17 BPersVG).

4.4.2 Rechte des Betroffenen

Nur zulässige personenbezogene Daten dürfen gespeichert werden. Das bedeutet, dass es einer rechtlichen und/oder vertraglichen Grundlage für die Speicherung bedarf. Eine vertragliche Grundlage setzt regelmäßig nicht den Schutz sensitiver Daten außer Kraft.

Es dürfen nur sachlich richtige Daten gespeichert werden. Das schließt das Recht ein, die Daten bereinigen zu lassen.

Grundsätzlich muss der Betroffene über die Speicherung und die geplante Datenverwendung informiert werden. Dieser Punkt ist vor allem dann von dringendem Interesse, wenn die Daten einer anderen Verwendung zugeführt werden sollen als der ursprünglich angekündigten. Darunter fällt u. a. das verdachtsunabhängige Mapping von Mitarbeiterdaten auf Lieferantendaten zur Korruptionsbekämpfung, sofern die Betroffenen dazu ihr Einverständnis nicht erklärt haben. Auch wenn man sich darüber streiten mag, wie sinnvoll diese Form der Korruptionsbekämpfung ist – nach unserem Dafürhalten kann man das weit preiswerter, effizienter und absolut datenschutzkonform über systematische Prozesskontrollen erreichen. Sofern ein Unternehmen Personendaten einschlägig nutzen will, muss es die Beteiligten darüber aufklären, dies kann bereits im Arbeitsvertrag oder bei einer Bestellung/in einem Vertrag geschehen.

Grundsätzlich hat der Betroffene das Recht, in die über ihn erhobenen Daten Einsicht zu nehmen und über die Art der Datenverarbeitung informiert zu werden. Dazu gibt es u. a. das Verfahrensverzeichnis, in dem die eingesetzten IT-Systeme, die Datenqualitäten und die Sicherheitsmaßnahmen dargestellt sind.

4.4.3 Pflichten in Bezug auf das IKS

Das deutsche Datenschutzgesetz subsumiert die festgelegten Kontrollen nicht unter dem Begriff Kontrollsystem oder IKS. Allerdings müssen diese Kontrollen systematisch in das IKS einbezogen werden. Dafür sprechen folgende Gründe:

▸ Ein Auseinanderfallen unterschiedlicher Kontrollsysteme führt zu höheren Kosten bei sinkender Transparenz.

▸ Datenschutz ist immer auch Schutz eines wichtigen Vermögens: Details zu, Konditionen mit und Absichten in Bezug auf alle Geschäftspartner (Lieferanten, Mitarbeiter, Kunden).

Das deutsche Datenschutzgesetz definiert Berichtspflichten gegenüber staatlichen Stellen oder einem (internen) Datenschutzbeauftragten. Diese Berichtspflichten kann man in Anlehnung an die Datenschutzgesetze einiger Bundesländer auch unter dem Begriff *Verfahrensverzeichnis* zusammenfassen.

In Bezug auf die Sicherheit der Daten definiert das Datenschutzgesetz Grundsätze, die nahezu komplett verallgemeinerbar für den sicheren Betrieb von ERP-Systemen gelten können. All diese Angaben gehören immer auch in das Verfahrensverzeichnis.

General IT Controls
Systematisch gehören die folgenden Elemente des Verfahrensverzeichnisses in die General IT Controls:

▸ **Zutrittskontrolle**
Der Zutritt (physikalisch) zu den Datenverarbeitungsanlagen muss Unbefugten verwehrt werden.

▸ **Weitergabekontrolle**
Es muss sichergestellt sein, dass Datenweitergaben (technische Interfaces) ohne Zugriffe Unbefugter erfolgen. Dies muss jederzeit beweisbar sein.

Betriebsführungs-konzept
Systematisch gehören die folgenden Elemente des Verfahrensverzeichnisses in das Betriebsführungskonzept:

▸ **Eingabekontrolle**
Nachträglich muss ermittelbar sein, wer welche Eingaben, Änderungen oder Löschungen vorgenommen hat.

▸ **Verfügbarkeitskontrolle**
Personenbezogene Daten müssen gegen zufällige Zerstörung oder Verlust geschützt sein.

Systematisch gehören die folgenden Elemente des Verfahrensverzeichnisses in das Berechtigungskonzept:

▸ **Zugangskontrolle**
Der Zugang zu den eingesetzten Systemen muss auf den berechtigten Personenkreis eingeschränkt werden.

▸ **Zugriffskontrolle**
Es muss sichergestellt werden, dass nur die Personen Zugriff erhalten, die dazu formal (organisatorisch) berechtigt sind. Darüber hinaus muss sichergestellt werden, dass auch diese nur auf die Daten zugreifen können, die in ihren Verantwortungsbereich fallen.

4.4.4 Vereinfachtes Sperren und Löschen personenbezogener Daten – Auswirkungen auf das Berechtigungskonzept

Das Sperren und Löschen personenbezogener Daten in der SAP Business Suite ist in den letzten Jahren erheblich vereinfacht worden. Das Sperren und Löschen ist eine Anforderung des Bundesdatenschutzgesetzes (BDSG): Demnach sind Daten zu löschen, die nicht mehr im Rahmen ihres ursprünglichen Verwendungszwecks genutzt werden, es sei denn, einer Löschung stehen andere Aufbewahrungsfristen entgegen, in diesem Fall sind sie aber wirksam für den Zugriff zu sperren. Diese Abfolge soll in Tabelle 4.1 verdeutlicht werden.

Verarbeitungsphase	Zweck	Zugriff
Speichern, Verändern, Übermitteln (siehe § 3 Abs. 4 BDSG)	ursprünglicher Verwendungszweck oder durch Benachrichtigung oder Einverständnis bestätigter neuer Verwendungszweck	Zugriff nur im Rahmen der Zweckbestimmung: Die »Berechtigten [können] ausschließlich auf die ihrer Zugriffsberechtigung unterliegenden Daten zugreifen« (siehe Nr. 3 Anlage zu § 9 Satz 1 BDSG).
Sperren (siehe § 3 Abs. 4 Nr. 4 BDSG)	andere gesetzliche, satzungsmäßige oder vertragliche Aufbewahrungsfristen (siehe § 35 Abs. 3 Nr. 1 BDSG)	Zugriff ausschließlich im Rahmen anderer gesetzlicher, satzungsmäßiger oder vertraglicher Zwecke (siehe § 35 Abs. 3 Nr. 1 BDSG)
Löschen (siehe § 3 Abs. 4 Nr. 4 BDSG)	kein Zweck, keine andere Aufbewahrungsfrist	kein Zugriff, da unkenntlich für das System

Tabelle 4.1 Verarbeitungsphasen: Sperren und Löschen

SAP Information
Lifecycle
Management

Die von SAP angebotene Lösung zum vereinfachten Sperren und Löschen von personenbezogenen Daten basiert auf dem SAP Information Lifecycle Management (SAP ILM). In diesem werden Fristen hinterlegt, sodass das System ermitteln kann, welche Daten gesperrt und welche Daten gelöscht werden müssen.

End of Purpose
Check

Das System ermittelt im End of Purpose Check (EoP) applikationsweise, aber ausgehend vom zentralen Geschäftspartner, dem Kunden, dem Lieferanten, inwieweit die transaktionalen Daten noch innerhalb des primären Verwendungszwecks verarbeitet werden (bspw. offener Beleg). Wenn alle Applikationen im EoP zurückmelden, dass eine Verwendung im Rahmen des primären Zwecks nicht mehr erfolgt, wird im zentralen Geschäftspartner, dem Kunden oder dem Lieferanten, ein Sperrkennzeichen gesetzt. Das Sperrkennzeichen wirkt sich wie folgt aus:

▸ Ein neues Geschäft (in Bezug auf die gesperrten Stammdaten) ist nicht mehr möglich.

▸ Änderungen (in Bezug auf die gesperrten Stammdaten) sind nicht mehr möglich.

▸ Die Anzeige der benannten Stammdaten ist nur noch mit besonderer Berechtigung möglich.

▸ Die Anzeige der abhängigen Geschäftsvorfälle ist nicht mehr oder nur noch erheblich eingeschränkt möglich, sofern nicht zusätzliche Berechtigungen vergeben wurden.

▸ Die Suche gesperrter Stammdaten ist ebenfalls nur noch mit zusätzlichen Berechtigungen möglich

Technisch unabhängig von der EoP-Ermittlung für Stammdaten können die abhängigen Geschäftsvorfälle archiviert werden. Sofern Sie aber die Archivierung für das Sperren von Bewegungsdaten nutzen wollen, müssen die Daten spätestens zu dem Zeitpunkt archiviert werden, zu dem sie selbst nicht mehr dem primären Verwendungszeck unterfallen. Sie können in SAP ILM mittlerweile einstellen, dass der lesende Zugriff auf archivierte Dateien ebenfalls einem gesonderten Berechtigungskonzept unterliegt, das den datenschutzrechtlichen Anforderungen Genüge tut.

Aus dem Kundenfeedback wurde in wenigen Applikationen deutlich, dass an einigen (wenigen) Stellen weitere Sperrmöglichkeiten erforderlich sind. Unter anderem wurden im SAP-Vertragskontokorrent (FI-CA) zusätzliche Berechtigungsgruppen eingeführt, um Verträge bereits vor einer Archivierung einer wirksamen Sperre zu unterwerfen.

Somit stehen drei Wege des vereinfachten Sperrens von personenbezogenen Daten zur Verfügung, die allesamt im Berechtigungskonzept zu berücksichtigen sind:

▶ die stammdatenbasierte Sperre

▶ die archivdateibasierte Sperre

▶ fakultativ ergänzende, applikationsspezifische Sperren

Eine konkretere Beschreibung finden Sie in Kapitel 21, »SAP Business Suite: Prozesse und Einstellungen«.

4.4.5 Konkrete Anforderungen an das Berechtigungskonzept

Aus den Ausführungen zum Datenschutz ergeben sich die folgenden konkreten Anforderungen:

▶ In Deutschland muss für die Datenverarbeitung für jedes eingesetzte Verfahren ein Verfahrensverzeichnis geführt werden.

▶ Das Verfahrensverzeichnis muss Angaben zu Zugriffsrechten enthalten.

▶ In Bezug auf alle personenbezogenen Daten ist das Risiko meistens ein Risiko im Sinne einer kritischen Aktion und seltener ein Funktionstrennungsrisiko.

▶ Funktionstrennungsrisiken bestehen überwiegend in Bezug auf die Richtigkeit der Eingaben (Freigaben) und die Kombination mit weiteren personenbezogenen Daten.

▶ Das (schriftliche) betriebswirtschaftliche Berechtigungskonzept ist Teil des oder Anlage zum Verfahrensverzeichnis.

▶ Berechtigungen sind Ausdruck der Ablauf- und Aufbauorganisation und somit der Geschäftsverteilung. Sie folgen ausschließlich der betriebswirtschaftlichen Funktion eines Mitarbeiters. Dies muss im Einzelfall belegbar sein.

Bevor wir allgemeine Anforderungen aus unseren Ausführungen zum Rechnungswesen und zum Datenschutz ableiten, wollen wir noch zu einer immer wieder auftauchenden Diskussion beitragen, nämlich inwieweit Regelkonformität und Datenschutz vereinbar sind.

4.4.6 Regelkonformität vs. Datenschutz

Auch aus der aktuellen Debatte stammt die Frage, inwieweit Regelkonformität und Datenschutz zusammenpassen. Viele deutsche Kunden stellen die Frage, ob bestimmte technisch verfügbare Instrumente (Monitoring, Logging, SQL-Trace), die die Transaktions- und Programmnutzung protokollieren, nicht faktisch Maßnahmen der Mitarbeiterüberwachung und Leistungskontrolle darstellen.

Regelkonformität im Sinne dieses Buches ist immer die Einhaltung aller Normen, also auch des Datenschutzes. Gesetzt den Fall, dass die Gerichte befinden, dass das Vorgehen des Beispielunternehmens im Sinne des Datenschutzgesetzes rechtswidrig gewesen sei, wäre dies ein Nachweis, dass das Unternehmen nicht regelkonform gehandelt hätte, also nicht dem Ziel der Compliance gefolgt wäre. Im Sinne dieses Buches wäre das auch ein Versagen des IKS.

> **Aus dem echten Leben**
>
> Um diese Bedenken an einem Beispiel zu verdeutlichen: Ein Unternehmen gleicht aus Compliance-Gründen sämtliche Mitarbeiterdaten gegen die Daten externer Geschäftspartner ab, um so mögliche Korruptionsfälle aufzudecken. Unserer Ansicht nach sind derartige Rasterfahndungen nicht wirklich effizient, sondern vielmehr fehlenden validen Prozesskontrollen geschuldet.

Unverzichtbare Instrumente des IKS

Die oben angeführten technischen Instrumente (Monitoring, Logging, SQL-Trace) sind aus Sicht des Berechtigungskonzepts und aus Sicht diverser Rechtsquellen unverzichtbare Instrumente. Wir haben das Minimalprinzip dargestellt. Zum Minimalprinzip gehört immer auch, dass regelmäßig ausgewertet wird, welche Transaktionen/Programme/Webservices von wem genutzt wurden, um überflüssige Berechtigungen entfernen zu können. Überflüssige Berechtigungen, die bei erstmaliger Nutzung dieser Auswertungen entfernt werden können, machen nach unserer Erfahrung bis zu 80 % aller vergebenen Berechtigungen aus.

Es dürfte klar sein, dass der Entzug derartiger Mengen an Berechtigungen immer einen signifikanten Zugewinn an Regelkonformität auch und gerade in Bezug auf den Datenschutz darstellt.

Um unnötige Berechtigungen, z. B. für die Anzeige von Mitarbeiterdaten, entfernen zu können, ist die Auswertung des Monitorings eine zwingende technische Voraussetzung. Ebenso ist die Auswertung der Änderungsprotokolle ein Hilfsmittel, um die Minimalanforderungen zu erfüllen.

Abschließend sei darauf hingewiesen, dass in einigen Rechtsquellen diese Nachweise zwingend sind. Insbesondere das Datenschutzgesetz selbst (respektive die Anlage zu § 9 Satz 1 BDSG) definiert dies eindeutig: Es ist »zu gewährleisten, dass nachträglich überprüft und festgestellt werden kann, ob und von wem personenbezogene Daten in Datenverarbeitungssystemen eingegeben, verändert oder entfernt worden sind«.

Datenschutz fordert Protokollierung

Da für diesen Nachweis die reine Änderungshistorie fallweise zu der Frage führt, ob die Zugriffskontrolle angemessen ausgeübt wurde, benötigt ein System, das regelkonform ist, immer den Nachweis der Verwendung von Programmen (Transaktionen, Webservices) neben der Änderungshistorie.

Im Folgenden werden wir die Anforderungen, die sich aus diesem Abschnitt zum Datenschutz, und jene, die sich aus Abschnitt 4.3 zum Rechnungswesen ergeben, so weit generalisieren, dass sich allgemeine Anforderungen an ein Berechtigungskonzept darstellen lassen.

Detailliertere Informationen zum Thema *Datenschutz in SAP-Systemen* finden Sie in Lehnert/Otto/Stelzner (2011).

4.5 Allgemeine Anforderungen an ein Berechtigungskonzept

Ziel dieses Abschnitts ist es, Ihnen die allgemeinen Anforderungen an ein Berechtigungskonzept darzustellen, die sich zum überwiegenden Teil bereits aus Abschnitt 4.2, »Internes Kontrollsystem«, Abschnitt 4.3, »Rechtsquellen des externen Rechnungswesens«, und Abschnitt 4.4, »Datenschutzrecht«, ergeben.

Es gibt keine unkritischen Berechtigungen, da es per se keine unkritischen erfassten Daten gibt. Jedes Datum im System ist zu einem bestimmten Zweck erfasst worden und dient der Abwicklung, Vorbereitung oder Dokumentation von Geschäftsvorfällen. Da jedes erfasste Datum eine Funktion hat, stellt zumindest der Verlust des Datums ein Risiko dar.

Jedes erfasste Datum in einem Datenverarbeitungssystem muss deshalb angemessen geschützt werden. Der Schutzbedarf von Daten ist darüber hinaus abhängig von Normen unterschiedlicher Verbindlichkeit. Dies kann man am Datenschutzrecht sehr einfach nachvollziehen: Obwohl alle personenbezogenen Daten zu schützen sind, ist eine Adresse weniger schutzbedürftig als eine sensitive Angabe zur Sexualität oder Weltanschauung. In Ergänzung zur Aussage, dass jedes erfasste Datum zu schützen ist, muss also in Bezug auf die geltenden Normen dargestellt werden, wie groß der Schutzbedarf jeweils ist.

Üblicherweise wird dabei den Daten, die das Rechnungswesen betreffen, eine besondere Bedeutung eingeräumt, da bei diesen einerseits ein signifikantes Betrugsrisiko besteht, andererseits die Nachweis- und Aufbewahrungspflichten des Rechnungswesens berührt sind. Wir möchten aber nochmals darauf hinweisen, dass es neben den Regeln des externen Rechnungswesens auch noch sehr viele andere Gesetze gibt, die den Schutzbedarf von Daten qualifizieren.

Wegen unserer dogmatischen Aussage, dass jedes erfasste Datum zu schützen ist, wollen wir deutlich auf das Prinzip der Angemessenheit verweisen, um die ursprüngliche Aussage in einen realistischen Kontext zu rücken. Der Aufwand für den Schutz eines Datensatzes muss in einem vertretbaren Verhältnis zum Schutzbedarf bleiben.

Grundprinzipien Aus den genannten Rechtsnormen lassen sich unmittelbar oder mittelbar Prinzipien für die Anforderungen eines IKS an Berechtigungen und somit für das betriebswirtschaftliche Berechtigungskonzept ableiten. Diese Prinzipien gelten unabhängig von der eingesetzten Software:

- Identitätsprinzip
- Minimalprinzip
- Stellenprinzip
- Belegprinzip der Buchhaltung
- Belegprinzip der Berechtigungsverwaltung
- Funktionstrennungsprinzip
- Genehmigungsprinzip
- Standardprinzip
- Schriftformprinzip
- Kontrollprinzip

Diese Prinzipien werden im Folgenden dargestellt.

4.5.1 Identitätsprinzip

Dieses Prinzip ist die logische Grundlage aller Berechtigungskonzepte. Die Identität eines Benutzers, sofern es sich um eine natürliche Person handelt, muss jederzeit zugeordnet werden können. Für technische Benutzer muss jederzeit der Nachweis möglich sein, welche natürliche Person ihn zu welchem Zweck verwendet hat. Diese Nachweise müssen für den gesamten Zeitraum der gesetzlichen Aufbewahrungsfristen möglich sein.

Häufig hat eine natürliche Person in unterschiedlichen IT-Lösungen unterschiedliche Benutzernamen. Dies kann durch ein Identity Management vermieden werden. In jedem Fall stellt die Verwendung unterschiedlicher Benutzernamen signifikante Herausforderungen an die Revision, insbesondere in Verfahren, die über mehrere Systeme hinweg definiert sind. Für diese Verfahren gilt, dass Zugriffsrisiken systemübergreifend auftreten können und somit auch systemübergreifend definiert werden müssen. Sofern es auch noch multiple Benutzer für eine natürliche Person gibt, können diese Risiken nur erkannt werden, wenn es neben der systemübergreifenden Risikodefinition auch ein systemübergreifendes Benutzer-Mapping gibt.

Die Nachweise, welcher Person welcher Benutzer zugeordnet ist (oder war), sind erforderlich insbesondere in allen Funktionen, die das Belegprinzip der Buchhaltung in irgendeiner Form berühren. Hier müssen zwingend die einschlägigen Aufbewahrungsfristen eingehalten werden.

4.5.2 Minimalprinzip

Berechtigungen müssen ausnahmslos so vergeben werden, dass nur auf die zur Aufgabenerfüllung notwendigen Daten zugegriffen werden kann. Diese Notwendigkeit hat einen qualitativen Bezug (welche Datenqualitäten), einen organisatorischen Bezug (in welchem Teil der Organisation) und einen zeitlichen Bezug (in welchem Zeitraum sind die Daten relevant).

Das soll am Beispiel eines Onlinebuchversands verdeutlicht werden. In diesem Beispiel sind die folgenden Daten relevant:

▸ **Datenqualitäten**
Name, Wohnsitz, E-Mail-Adresse, gegebenenfalls Lieferadresse, Konto, Kreditkartendaten, Zahlungsverhalten, bestellte Waren

▸ **Organisatorischer Bezug**
  zuständige Landesorganisation

▸ **Zeitlicher Bezug**
  Bestellzeitpunkt, Jahr der Bestellung, historische Daten

Nach dem Minimalprinzip benötigt der Mitarbeiter im Versand nur die Informationen zur aktuellen Bestellung und zur Lieferadresse. Historische Belege, Kontonummer oder Kreditkartendaten sind nicht notwendig.

Ein möglicher Datenmissbrauch könnte sich auf der einen Seite gegen den Kunden über die Auswertung der Bestelldaten, der Kontoinformationen oder der Kreditkartendaten richten. Auf der anderen Seite könnte er sich auch gegen den Onlinebuchversand selbst richten: Möglicherweise sind andere Anbieter an Kundendaten oder einfach an einem Datensatz verlässlicher E-Mail-Adressen interessiert. Schon mit einzelnen dieser Daten kann Missbrauch getrieben werden. Wenn auf alle Daten zugegriffen werden kann, sind komplexe Auswertungen möglich, die weiteres Missbrauchspotenzial enthalten.

4.5.3 Stellenprinzip

Eng mit dem Minimalprinzip ist das Stellenprinzip verknüpft. Das bedeutet, dass sich sämtliche Datenzugriffsrechte eines Benutzers aus der Funktion des Benutzerinhabers in der Organisation ergeben müssen. Jede natürliche Person, die überhaupt einen Benutzer erhält, hat eine genau definierbare Funktion in der Organisation, sei es als Mitarbeiter oder als Geschäftspartner. Es ist für dieses Prinzip irrelevant, ob es eine Stellendefinition gibt. Systematisch lassen sich alle Aufgaben in Stellen bündeln, so entsteht eine Aufbauorganisation. Auch wenn die Aufbauorganisation keine einschlägigen Beschreibungen in Form von Stellen für Aufgabenbündelungen Externer aufweist, hat jeder Geschäftspartner – auf der Basis von Verträgen – genau spezifizierte Aufgaben.

Es ist also entweder ein Nachweis darüber erforderlich, aufgrund welcher Stelle eine bestimmte Berechtigung vergeben wurde, oder ein Nachweis darüber, aufgrund welcher Aufgaben dies geschah. Der stellenbezogene Ausweis ist natürlich systematischer und einfacher. Diese Möglichkeit soll in Kapitel 8, »Rollenzuordnung über das Organisationsmanagement«, vertieft werden, in dem die Rollenzuordnung über das SAP-ERP-HCM-Organisationsmanagement dargestellt wird.

4.5.4 Belegprinzip der Buchhaltung

Das Belegprinzip der Buchhaltung (in Deutschland: GoB) bedeutet, dass sämtliche zahlungsrelevanten oder bilanzwirksamen Vorgänge belegbar sein müssen. Für jedes Berechtigungskonzept muss die Einhaltung des Belegprinzips sichergestellt sein.

Zum Beleg gehören im System auch Angaben zum Erfasser oder Änderer des Belegs. Da das ein Benutzer ist, müssen für diesen Benutzer die Angaben zur Person zu ermitteln sein.

Das Belegprinzip umfasst auch alle automatisierten Verfahren und Zugriffe auf die Datenbanken, also jede Aktion, die einen Beleg erfassen, ändern oder löschen kann. Dazu gehören auch alle Daten, die den Beleg eindeutig identifizieren und z. B. wie Daten zu Geschäftspartnern in separaten Tabellenstrukturen vorgehalten sein können.

4.5.5 Belegprinzip der Berechtigungsverwaltung

Die logische Fortführung des Belegprinzips in der Buchhaltung ist das Belegprinzip in der Berechtigungsverwaltung. Bereits aus dem buchhalterischen Belegprinzip ist unmittelbar abzuleiten, dass die relevanten Daten von Benutzern im Rahmen der definierten Aufbewahrungsfristen aufbewahrt werden müssen.

Unabhängig vom buchhalterischen Belegprinzip sind in weiteren Rechtsquellen Aufbewahrungs- und Dokumentationspflichten definiert, die es zu beachten gilt. In jedem Fall müssen die Zuordnung des Benutzers zu einer natürlichen Person, die Zuweisung von Berechtigungen zu dieser Person, Art, Umfang, Änderungen und Änderer der Berechtigung dokumentiert werden.

4.5.6 Funktionstrennungsprinzip

Das Funktionstrennungsprinzip besagt, dass in bestimmten Prozessen die Aufgaben so zu trennen sind, dass nicht ein Mitarbeiter allein den gesamten Prozess bearbeitet und damit unkontrolliert bleibt.

Das Funktionstrennungsprinzip muss grundsätzlich zwingend in Prozessen eingehalten werden, die die Buchführung und die Richtigkeit der Bilanz betreffen, sowie in allen Prozessen, die auf diese einen mittelbaren Einfluss haben können, wie die Benutzer- und Berechtigungsverwaltung selbst. In Prozessen, die gesetzlichen Funktionstrennungsprinzipien zu folgen haben, z. B. bei Betäubungsmitteln, muss entsprechend vorgegangen werden.

Sofern gesetzlich nichts anderes geregelt ist, kann anstelle einer Funktionstrennung auch eine kompensierende Kontrolle eingeplant werden. Deren Häufigkeit und Tiefe richten sich nach dem Schadenspotenzial. Generell sind kompensierende Kontrollen aufwendiger und damit teurer als die Einhaltung der Funktionstrennung.

4.5.7 Genehmigungsprinzip

Das Genehmigungsprinzip sieht vor, dass sämtliche Berechtigungen genehmigt werden müssen. Dies sollte minimal durch eine disziplinarisch oder fallweise fachlich vorgesetzte Stelle geschehen.

Zu unterscheiden sind die implizite und die explizite Genehmigung. Sofern Berechtigungen ausschließlich über ein technisch definiertes Stellenkonzept vergeben werden (indirekte Zuordnung), ist die Besetzung einer Stelle gleichzeitig auch die implizite Genehmigung, dass die dort zugeordneten Berechtigungen vergeben werden. In einem derartig stellenbezogenen Konzept wären explizite Genehmigungen nur für die Zuordnung von Berechtigungen zu Stellen erforderlich.

Jede direkte Vergabe einer Berechtigung an einen Benutzer muss explizit genehmigt werden.

4.5.8 Standardprinzip

Das Standardprinzip ist eine wesentliche technisch-konzeptionelle Vereinfachung, da Ausnahmen die Komplexität steigern und das Verständnis sowie die Wartung erschweren. Der Einhaltung technischer Standards kommt aus technischen Gründen eine erhebliche Bedeutung zu; in einigen Systemen kann nur so ein effizientes Upgrade garantiert werden. Die Einhaltung von Standards ist jedoch auch funktional aus Compliance-Sicht wünschenswert. Aussagen über Sicherheit und Risiken jeder Lösung beziehen sich primär auf den Standard, insbesondere auf eine standardkonforme Nutzung des jeweiligen technischen Berechtigungskonzepts. Abweichungen von diesem Standard können entsprechend weitreichende Folgen für die Sicherheit des Berechtigungskonzepts an sich haben. Aus diesem Grund müssen Abweichungen vom Standard in der Berechtigungs- und Benutzerpflege detailliert dokumentiert werden.

4.5.9 Schriftformprinzip

Das betriebswirtschaftliche Berechtigungskonzept muss in einer schriftlichen, genehmigten Fassung vorliegen und der Art nach geeignet sein, einem sachkundigen Dritten in angemessener Zeit Auskunft über die betriebswirtschaftliche Nutzung der Berechtigungen, der Umsetzung der normativen Grundlagen und der technischen Realisierung zu geben.

4.5.10 Kontrollprinzip

Die Vergabe und das Vergabeverfahren von Berechtigungen stellen in jedem System einen neuralgischen Punkt dar. Entsprechend müssen Kontrollen unterschiedlicher Art sein und durch unterschiedliche Prüfer aufgesetzt werden.

Die Prüfung durch die Berechtigungsadministration selbst kann mithilfe folgender Fragen erfolgen:

▶ Entspricht das jeweilige betriebswirtschaftliche Berechtigungskonzept den aktuellen technischen Standards im System?

▶ Entsprechen die Ausprägungen von Berechtigungen dem betriebswirtschaftlichen Berechtigungskonzept?

▶ Entsprechen die Zuordnungen zu Benutzern den Vorgaben des Konzepts?

▶ Entsprechen die Passwortregeln den Vorgaben des Konzepts?

▶ Gibt es inaktive Benutzer?

▶ Gibt es gesperrte Benutzer?

▶ Gibt es nicht bekannte Sperrungen aufgrund von Falschanmeldungen?

In Ergänzung zu diesen Kontrollen sollten Sie diskutieren, ob nach einem strikten Zufallsprinzip Anmeldungen von bekannt abwesenden Mitarbeitern ermittelt werden sollen. Dies ist die sicherste Methode, um Passwortmissbrauch zu entdecken. Ein derartiges Vorgehen könnte allerdings mit der Datenschutzauslegung der Organisation in Konflikt stehen.

4.6   Fazit

In diesem Kapitel wollten wir Ihnen insbesondere mit Abschnitt 4.5, »Allgemeine Anforderungen an ein Berechtigungskonzept«, die Prinzipien der Berechtigungsverwaltung für die Erstellung von betriebswirtschaftlichen Berechtigungskonzepten, aber auch für deren Beurteilung an die Hand geben. Dabei ist von zentraler Bedeutung, dass sich diese aus Rechtsquellen und der Anwendung ableiten lassen.

Die in Abschnitt 4.5 dargestellten Prinzipien stellen in jedem uns bekannten Fall Anforderungen dar, die für die Regelkonformität eines Berechtigungskonzepts unerlässlich sind.

*Der Prozess, in dem ein Unternehmen Leistungen erbringt,
beginnt und endet beim Kunden. Entsprechend folgen die
Schritte im Prozess von der Beschaffung bis hin zum Verkauf
aufeinander. Die Berechtigungen im Unternehmen müssen so
gegliedert werden, dass sie den Funktionen in diesen Schritten entsprechen. In diesem Kapitel erfahren Sie, was Sie
dabei beachten müssen.*

5 Berechtigungen in der Prozesssicht

In Kapitel 3, »Organisation und Berechtigungen«, haben wir gezeigt, dass eine Unterscheidung zwischen Aufbau- und Ablauforganisation sinnvoll ist und dass die Prozesssicht den Ablauf in Bezug auf die Linienorganisation verdeutlicht. Dort haben wir auch vorgeschlagen, Prozesse »vom Kunden zum Kunden« abzubilden. Entsprechend betrachten wir in den folgenden Darstellungen diesen Kernprozess. Dass wir dabei stark vereinfachen müssen, ergibt sich aus der Komplexität, die eine detaillierte Prozessabbildung nach sich zöge, und aus dem Grund, dass eine in die Tiefe gehende Darstellung den Applikationsspezialisten der unterschiedlichen Komponenten vorbehalten bleiben muss.

Zunächst werden wir in der Prozessübersicht den Kernprozess und die Unterstützungsprozesse einführen, um dann in Abschnitt 5.2 den Verkaufsprozess, in Abschnitt 5.3 den Beschaffungsprozess und schließlich in Abschnitt 5.4 die Unterstützungsprozesse differenzierter darzustellen. In Abschnitt 5.5 werden wir dann Maßgaben zur Funktionstrennung im Prozess darstellen.

5.1 Prozessübersicht

Unser vereinfachter Beispielprozess in Abbildung 5.1 stellt dar, dass ein Kunde eine Ware bestellt, die Ware geliefert wird und der Kunde die

Rechnung bezahlt. Die Darstellung zeigt den Kernprozess, der sich aus den Prozessen Beschaffung, Fertigung und Vertrieb zusammensetzt. Diese Prozesse werden durch verschiedene Unterstützungsprozesse ermöglicht und koordiniert. Die wichtigsten sind die Buchhaltung, die Personalwirtschaft (Human Resources, kurz HR) und das Controlling.

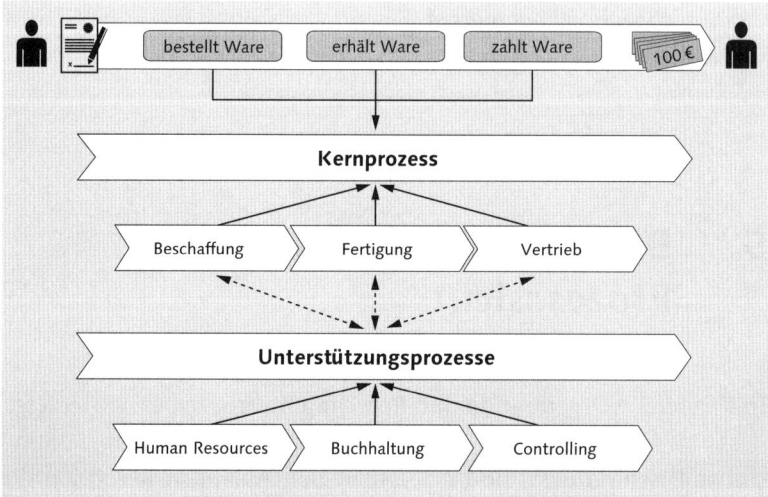

Abbildung 5.1 Prozessübersicht

In diesem Kapitel betrachten wir vor allem den Kernprozess, der sich aus dem Verkaufsprozess (Order to Cash, O2C) und dem Beschaffungsprozess (Purchase to Pay, P2P) zusammensetzt (siehe Abbildung 5.2).

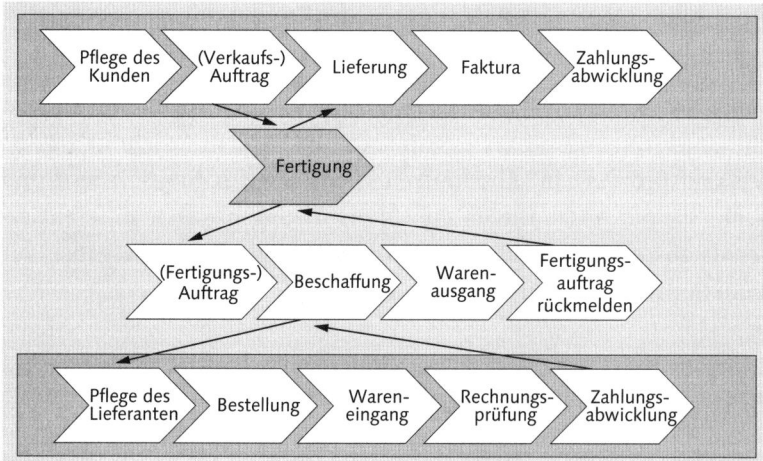

Abbildung 5.2 Darstellung des Kernprozesses

5.2   Der Verkaufsprozess

Der Verkaufsprozess beginnt mit der Pflege des Kunden. In Bezug auf den Kunden wird ein Verkaufsauftrag angelegt. Nach Fertigstellung der bestellten Ware wird die Lieferung angelegt, die Faktura vorgenommen, und schließlich wird der Zahlungseingang verbucht.

In der Kundenpflege werden Daten zum Kunden (= Debitor) erfasst: **Kundenpflege/Debitorenpflege**

▸ Daten zur Person (juristische Person, natürliche Person)

▸ Daten zum Zahlungsverkehr

▸ Daten zur Steuer

▸ Kontodaten/Abstimmkonto/Kontensteuerungsdaten

Die Debitorenbuchhaltung ist eine Nebenbuchhaltung. Die Debitorenkonten werden auch als Personenkonten bezeichnet. Eine Buchung auf ein Debitorenkonto (Nebenbuch) wird sofort in das Hauptbuchkonto Forderungen fortgeschrieben.

Die Pflege des Kunden ist im ERP-System auch gleichzeitig die Pflege eines Debitors und – abhängig von der Nutzung des Geschäftspartnermanagements – auch die Pflege eines Geschäftspartners (siehe Abbildung 5.3).

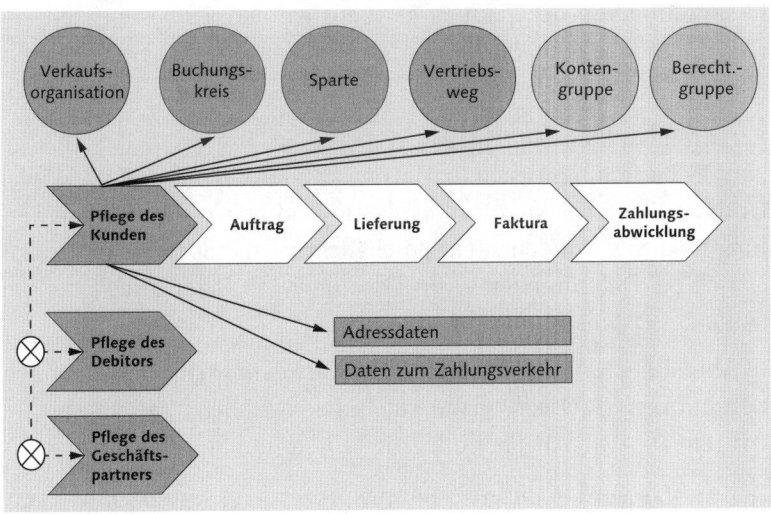

Abbildung 5.3 Verkaufsprozess: Kundenpflege

Die Debitorenpflege unterscheidet zwischen der logistischen Sicht, der buchhalterischen Sicht und der zentralen Sicht (Kombination beider Sichten in den Transaktionen der Debitorenpflege). Aus diesem Grund werden verschiedene Organisationsebenen verschiedener Komponenten berührt, wie die Verkaufsorganisation, der Buchungskreis, die Sparte oder der Vertriebsweg. Debitoren sind immer einer Kontengruppe zugeordnet und können ergänzend einer Berechtigungsgruppe (siehe Abschnitt 7.6, »Berechtigungsgruppen«) zugeordnet werden. Diese Merkmale (Organisationsebenen, Gruppierungen) sind die organisatorisch differenzierenden Merkmale, die im Berechtigungskonzept genutzt werden können.

Funktional können die verschiedenen Sichten in unterschiedlichen Transaktionen ausgesteuert werden. Zusätzlich kann ein Vieraugenprinzip eingestellt werden, um bei sensiblen Änderungen eines Debitors die Freigabe der Änderung durch eine zweite Person zu erzwingen. Das Vieraugenprinzip wirkt sich so aus, dass der Debitor für den Zahllauf gesperrt bleibt, bis die Änderung bestätigt wurde (siehe Kapitel 21, »SAP Business Suite: Prozesse und Einstellungen«).

Der Debitor ist in jedem Fall ein Datum, dessen Bearbeitung im Rahmen der Funktionstrennung betrachtet werden muss. Sofern kein Verfahren definiert ist, das sämtliche sensiblen Änderungen einer gesonderten Freigabe zuführt, oder sofern keine Freigabe über einen Workflow erfolgt, muss die Pflege des Debitors von der Auftragserfassung und von der Zahlung getrennt werden. Es besteht andernfalls die Möglichkeit, Debitorendaten inadäquat und gegebenenfalls zum eigenen Vorteil zu ändern.

Ergänzend sollten Sie in jedem Fall prüfen, inwieweit die Anzeige von Debitoren eingeschränkt werden sollte. Dafür gibt es zwei Gründe: Einerseits sind Kundendaten (und erst recht eine Auswertung über alle Kundendaten) geschäftskritisch, andererseits handelt es sich bei Debitorendaten gegebenenfalls um Daten zur Person im Sinne des Datenschutzes.

Auftragserfassung In Abbildung 5.4 ist die Auftragserfassung dargestellt. Dabei können Konditionen (Preise, Rabatte, Lieferbedingungen, Zahlungsbedingungen) aus dem Angebot oder direkt übernommen werden.

Der Auftrag wird in unserem Beispielprozess angelegt, nachdem eine Bestellung eingegangen ist. Der Auftrag kann mehrere zu liefernde Positionen enthalten. Regelmäßig wird eine Auftragsposition einem Material entsprechen. Auf dem Material können weitere Attribute, wie z. B. Gewicht, Konditionsfindung, Verpackung etc., vorhanden sein.

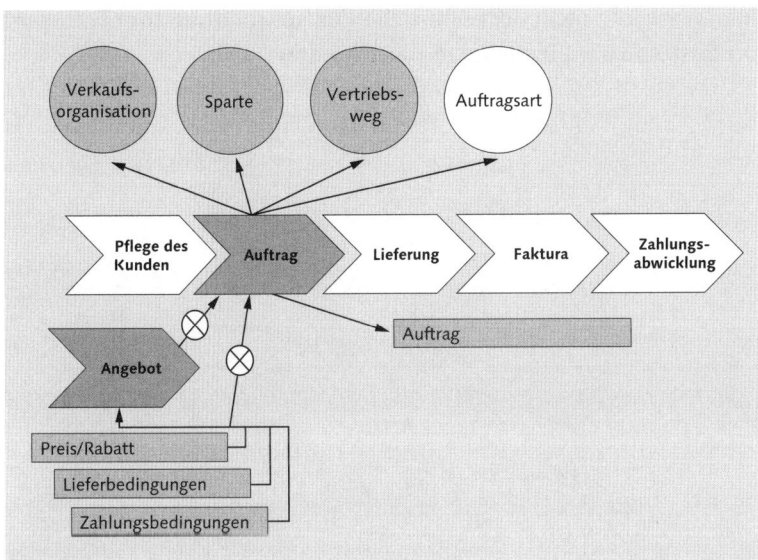

Abbildung 5.4 Verkaufsprozess: Auftragserfassung

Die Auftragserfassung kann auf der Grundlage eines Angebots erfolgen, sie kann aber auch freihändig erfolgen. In beiden Fällen können Preise, Rabatte und Zahlungsbedingungen automatisch und teilweise sogar verbindlich vorgeschlagen werden (d. h., eine Änderung ist nicht erlaubt). Der Auftrag wird in Bezug auf die Organisationsebenen Verkaufsorganisation, Sparte und Vertriebsweg angelegt und ist immer einer Verkaufsbelegart (keine Organisationsebene im Standard) zugeordnet.

Die Verkaufsbelegart steuert die Preis- und Konditionsfindung, das Kreditmanagement und weitere Merkmale des Auftrags. Es muss also zur konkreten Abschätzung etwaiger Risiken überprüft werden, welche Konditionen, Preisfindungen, Rabatte, Kredite und welche manuellen Eingriffe möglich sind. Je mehr Manipulationspotenzial besteht, desto gewissenhafter muss die Anlage eines Auftrags in Bezug auf eine Verkaufsbelegart auseinandergesteuert werden. Technisch sind Konditionen möglich, die zu einer Zahlung führen (Rabatt von mehr als 100 %). Die Berechtigungen für Kreditgrößenordnungen können über das Kreditmanagement ausgesteuert werden. In Abschnitt 21.6.2 »Verkaufsabwicklung«, gehen wir detaillierter auf die Verkaufsbelegart ein.

Die Lieferung ist in Abbildung 5.5 dargestellt, sie kann mit einem Transportauftrag (in diesem Fall also dem Auftrag zum Transport

Lieferung

einer Ware und nicht der technische Transportauftrag zum Transport von Customizing-Einstellungen) verbunden sein.

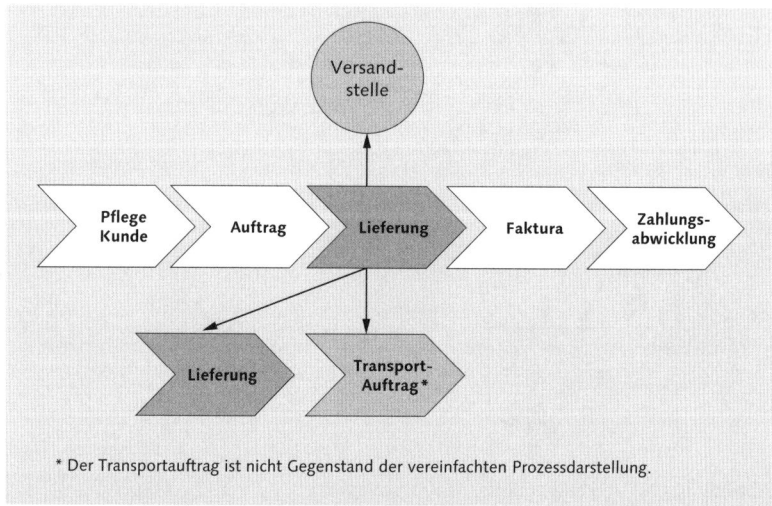

* Der Transportauftrag ist nicht Gegenstand der vereinfachten Prozessdarstellung.

Abbildung 5.5 Verkaufsprozess: Lieferung

Wenn die in Bezug auf den Auftrag erstellte Ware fertig (oder teilweise fertig) ist, kann die Lieferung erfasst werden. In der Lieferung wird in Bezug auf eine Versandstelle erfasst, welche Waren wann und wohin ausgeliefert werden sollen. Abhängig von einer etwaigen Liefersperre (z. B. Kreditlimit des Kunden überzogen) kann es sein, dass die Lieferung nicht wie gewünscht oder vereinbart erfolgen kann.

> **Beispiel: Übergehen der Liefersperre**
>
> Bei einem Rohstoffhändler haben wir erlebt, dass das Übergehen einer Liefersperre zur Auslieferung einer ganzen Kohlefracht führte, die dann Bestandteil der Konkursmasse wurde. Die Lieferung bietet also auch einige Möglichkeiten zur Manipulation, gegebenenfalls auch durch die Änderung der Lieferadresse.

Faktura   Im Vertriebsprozess bezeichnet der Begriff *Faktura* die Rechnung, die an den Kunden geht. Im Beispielprozess werden die Daten aus dem Auftrag/der Lieferung ermittelt. Der Faktura-Beleg wird angelegt in Bezug auf die Organisationsebenen *Sparte*, *Verkaufsorganisation*, *Vertriebsweg* (siehe Abbildung 5.6). In der Fakturierung wird, diese abschließend, ein Rechnungswesenbeleg erzeugt. Manipulationen sind u. a. in Bezug auf das Preisdatum möglich, darüber wird die Preisfindung ermöglicht.

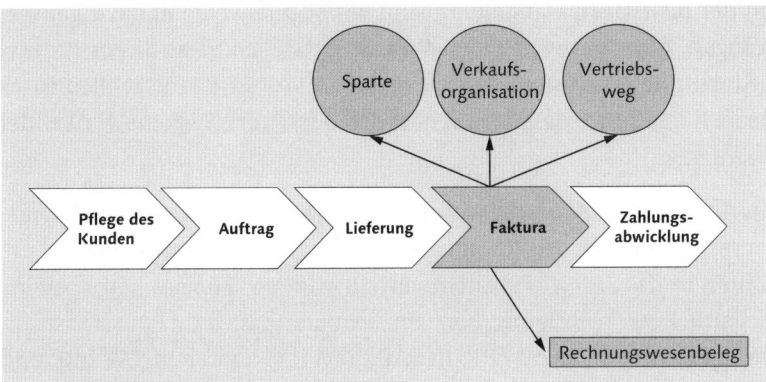

Abbildung 5.6 Verkaufsprozess: Faktura

In der Faktura ist, abhängig von den Einstellungen, eine Manipulation der Konditionen ebenfalls möglich, d. h., es könnte ein Rabatt in einer nicht gewollten Höhe eingeräumt werden. Am Ende des Prozesses kann der Zahlungseingang entweder manuell oder über das Zahlprogramm/den Zahllauf (siehe Abbildung 5.7) verbucht werden.

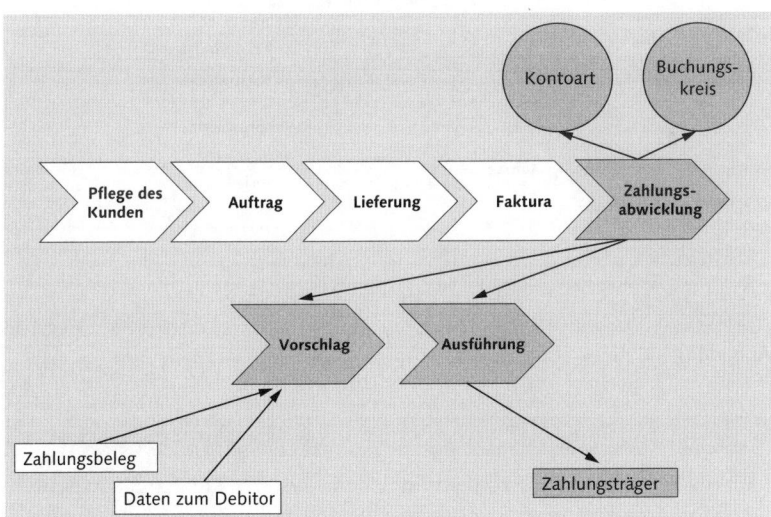

Abbildung 5.7 Verkaufsprozess: Zahlungsabwicklung

Für den Zahllauf stehen umfangreiche Differenzierungsmöglichkeiten zur Verfügung, die in Abschnitt 21.2.4, »Zahllauf«, behandelt werden. Der Zahllauf wird in Bezug auf die Organisationsebenen *Kontoart* und *Buchungskreis* vorgenommen.

Zahlungs-
abwicklung

SAP ERP und
SAP CRM

In der bisherigen Darstellung sind wir stillschweigend davon ausgegangen, dass wir zwar einen Prozess darstellen, dass dieser Prozess jedoch nur ein System betrifft, nämlich SAP ERP. Tatsächlich ist es jedoch häufig so, dass in einem Prozess mehrere Systeme verwendet werden.

In Abbildung 5.8 zeigen wir ein Szenario, in dem die Geschäftspartnerpflege und die Auftragsbearbeitung in SAP CRM erfolgen und die Daten in das SAP-ERP-System verteilt werden. Für das betriebswirtschaftliche Berechtigungskonzept bedeutet das, dass Funktionstrennungskonflikte in SAP ERP, in SAP CRM und zwischen SAP ERP und SAP CRM vorhanden sind.

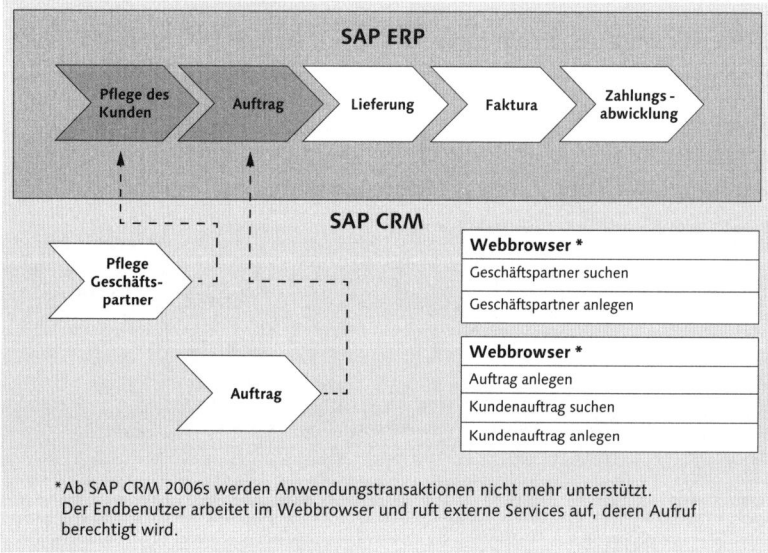

Abbildung 5.8 Integration im Vertriebsprozess: SAP ERP und SAP CRM

Intrasystemkonflikt – Intersystemkonflikt

Ein Funktionstrennungskonflikt in einem System kann z. B. zwischen Debitorenpflege und Auftragsbearbeitung bestehen (Intrasystemkonflikt). Wenn diese beiden Funktionen in zwei unterschiedlichen Systemen ausgeführt werden, dann ist es ein Funktionstrennungskonflikt zwischen zwei Funktionen in zwei Systemen (Intersystemkonflikt).

Im nächsten Abschnitt stellen wir den Beschaffungsprozess dar.

5.3   Der Beschaffungsprozess

Für eine Bestellung wird ein Lieferant benötigt. Die Bestellung spezifiziert Waren, Mengen und Preise, die durch den ausgewählten Lieferanten zu einem definierten Lieferzeitpunkt an einen definierten Ort geliefert werden sollen. Im Wareneingang werden Bestellung und tatsächliche Lieferung abgeglichen.

In der Rechnungsprüfung erfolgen die Prüfung der sachlichen und rechnerischen Richtigkeit und die finale Buchung für das Rechnungswesen. Im Rechnungswesen wird im Zahllauf die tatsächliche Zahlung ausgelöst.

In der Lieferantenpflege werden Daten zum Lieferanten (= Kreditor) erfasst, dies ist in Abbildung 5.9 dargestellt:

▶ Daten zur Person (juristische Person, natürliche Person)

▶ Daten zum Zahlungsverkehr

▶ Daten zur Steuer

▶ Kontodaten/Abstimmkonto/Kontensteuerungsdaten

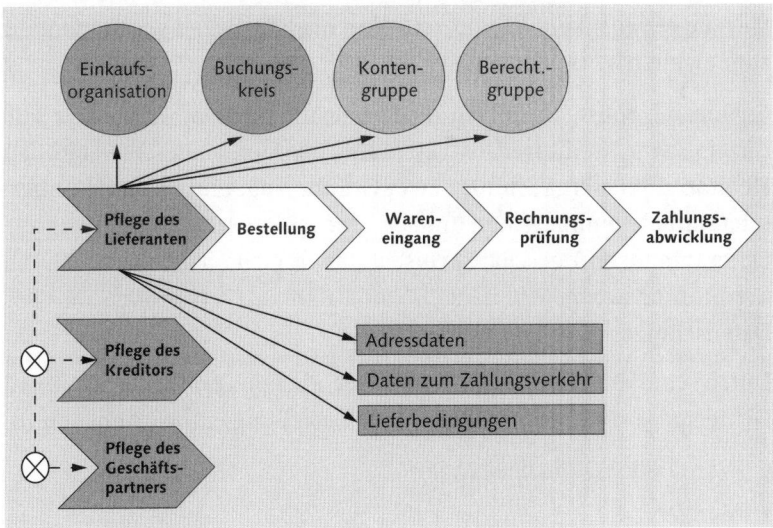

Abbildung 5.9 Beschaffungsprozess: Pflege des Lieferanten

Die Kreditorenbuchhaltung ist eine Nebenbuchhaltung. Die Kreditorenkonten werden auch als Personenkonten bezeichnet. Eine Buchung auf ein Kreditorenkonto (Nebenbuch) wird sofort in das Hauptbuchkonto Verbindlichkeiten fortgeschrieben.

Lieferantenpflege

Die Pflege von Kreditorenkonten kann im Customizing einem Vieraugenprinzip unterworfen werden. Die Eingabemöglichkeiten in der logistischen, buchhalterischen und zentralen Sicht können im Customizing unterschiedlich ausgesteuert werden. Dies ist in Abschnitt 21.2.2, »Stammdaten«, detailliert beschrieben.

In Abbildung 5.9 sehen Sie, dass Lieferanten in Bezug auf die Organisationsebenen *Einkaufsorganisation* und *Buchungskreis* angelegt werden. Sie werden einer Kontengruppe zugeordnet und können über eine Berechtigungsgruppe weiter unterschieden werden (siehe auch Abschnitt 7.6, »Berechtigungsgruppen«). Diese Merkmale (Organisationsebenen und Gruppierungen) sind die organisatorisch differenzierenden Merkmale, die im Berechtigungskonzept genutzt werden können.

Der Kreditor ist in jedem Fall ein Datum, dessen Bearbeitung im Rahmen der Funktionstrennung betrachtet werden muss. Sofern kein Verfahren definiert ist, das sämtliche sensiblen Änderungen einer gesonderten Freigabe zuführt, oder sofern keine Freigabe über einen Workflow erfolgt, muss die Pflege des Kreditors von der Auftragserfassung und von der Zahlung getrennt werden. Es besteht andernfalls die Möglichkeit, Kreditorendaten inadäquat und gegebenenfalls zum eigenen Vorteil zu ändern.

Ergänzend muss in jedem Fall geprüft werden, inwieweit die Anzeige von Kreditoren eingeschränkt werden sollte. Wie bei den Debitoren müssen auch hier zwei Gründe angeführt werden, einerseits sind Lieferantendaten (und erst recht eine Auswertung über alle Lieferantendaten) geschäftskritisch, andererseits handelt es sich bei Kreditorendaten gegebenenfalls um Daten zur Person im Sinne des Datenschutzes.

Bestellung Durch eine Bestellung wird eine rechtliche Verpflichtung einem Dritten gegenüber eingegangen. Eine Bestellung enthält Angaben zu:

- Waren oder Dienstleistungen
- Mengen
- Preisen
- Zahlungs- und Lieferbedingungen
- Lieferanten

Der Bestellung kann eine Bestellanforderung (BANF) vorgelagert sein. Sowohl die Bestellanforderung als auch die Bestellung kann aus vorgelagerten Komponenten (z. B. Produktion, Instandhaltung) generiert werden. Die Bestellung wird über eine Belegart gesteuert. Für Bestellungen können Freigabeverfahren und Prüfverfahren im Customizing eingestellt werden (siehe Abschnitt 21.5.2, »Beschaffungsabwicklung«).

Die Analyse, welche Freigabeschritte im Beschaffungsprozess greifen (es sind auch Freigaben auf der BANF und der Anfrage möglich), ist abhängig von den Einstellungen auf der Belegart und von zentraler Bedeutung für die Funktionstrennung im Einkaufsprozess. BANF, Anfrage und Bestellung können über Freigaben in sechs getrennte Funktionen gegliedert werden.

Freigabeverfahren in der Beschaffungsabwicklung

Die Bestellung (siehe Abbildung 5.10) wird in Bezug auf die Organisationsebenen *Einkaufsorganisation*, *Einkäufergruppe*, *Werk* und gegebenenfalls *Buchungskreis* angelegt. Der Buchungskreis wird dabei regelmäßig nicht zur Berechtigungsprüfung herangezogen. Jede Bestellung (und jede Bestellanforderung – BANF) ist einer Belegart zugeordnet (zur Belegart siehe Abschnitt 21.5.2, »Beschaffungsabwicklung«).

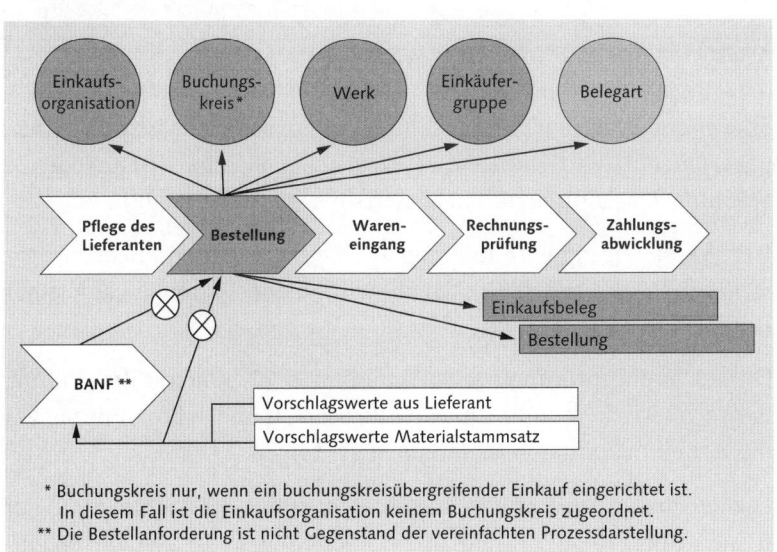

* Buchungskreis nur, wenn ein buchungskreisübergreifender Einkauf eingerichtet ist.
  In diesem Fall ist die Einkaufsorganisation keinem Buchungskreis zugeordnet.
** Die Bestellanforderung ist nicht Gegenstand der vereinfachten Prozessdarstellung.

Abbildung 5.10 Beschaffungsprozess: Bestellung

In der Bestellung werden die Belegnummer, die Zahlungsbedingungen, das Bestelldatum, der Lieferant und weitere Angaben im Belegkopf erfasst. Die Belegpositionsdaten umfassen u. a. Materialnummer, Kurztext, Bestellmenge, Lieferdatum und Preis.

Wareneingang Die Wareneingangsbuchung (siehe Abbildung 5.11) dient der Überprüfung, ob die Waren entsprechend der Bestellung geliefert worden sind. Sie sollte auf der Grundlage der Bestellung vorgenommen werden. Dies bereitet die Prüfung der sachlichen Richtigkeit der späteren Rechnungsprüfung vor.

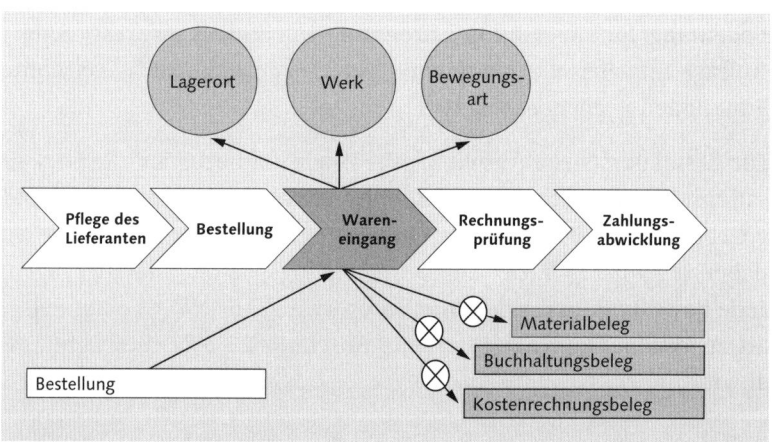

Abbildung 5.11 Beschaffungsprozess: Wareneingang

Sofern der Wareneingang rechnungslegungsrelevant ist (z. B. Anlagevermögen), wird durch den Wareneingang eine entsprechende Buchung vorgenommen. Ein Materialbeleg wird erzeugt.

Der Wareneingang wird in Bezug auf die Organisationsebenen *Lagerort* und *Werk* erfasst. Zusätzlich wird jeder Wareneingang einer *Bewegungsart* zugeordnet.

Rechnungsprüfung Die Rechnungsprüfung (siehe Abbildung 5.12) umfasst die Prüfung der rechnerischen und sachlichen Richtigkeit und sollte in Bezug auf die Bestellung und den Materialbeleg erfolgen.

Die Rechnungsprüfung wird abgeschlossen mit der Buchung und der finalen Übergabe der Daten an das Rechnungswesen, wo die eigentliche Zahlung erfolgt.

Der in der Rechnungsprüfung erzeugte Buchhaltungsbeleg ist einem Buchungskreis, einer Kontoart (Debitoren, Kreditoren, Sachkonten, Anlagen) und gegebenenfalls einem Geschäftsbereich zugeordnet. Für die logistische Seite der Rechnungsprüfung ist das Werk maßgeblich.

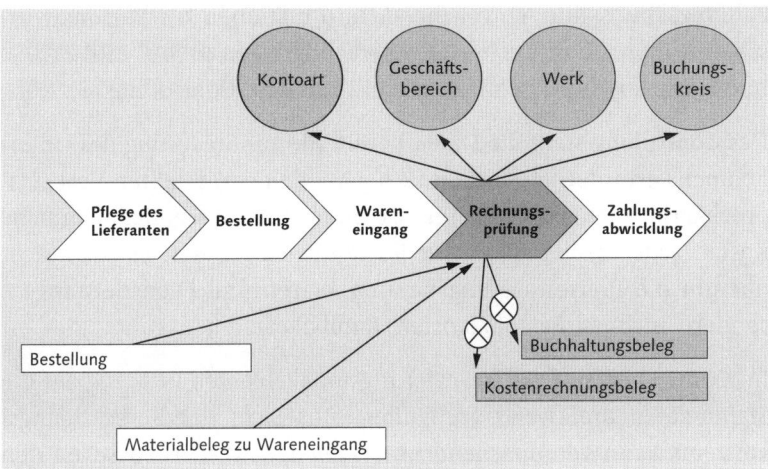

Abbildung 5.12 Beschaffungsprozess: Rechnungsprüfung

Ob die Rechnungsprüfung eine Aufgabe der Logistik oder der Buchhaltung ist, wird von jeder Organisation anders beantwortet. Aus Sicht des betriebswirtschaftlichen Berechtigungskonzepts ist von zentraler Bedeutung, dass die Rechnungsprüfung Gegenstand der Funktionstrennung im Beschaffungsprozess ist.

Der Beschaffungsprozess endet mit der Zahlungsabwicklung, die wir bereits in Abschnitt 5.2, »Der Verkaufsprozess«, erläutert haben. Der signifikante Unterschied zwischen der dort angeführten Verbuchung von Zahlungseingängen ist, dass es sich hier um einen Zahlungsausgang handelt und prozessual sichergestellt werden muss, dass die möglichen Skonti realisiert werden.

Den Beschaffungsprozess haben wir als Teil des Kernprozesses *Verkauf* dargestellt, beide benötigen Leistungen aus Unterstützungsprozessen, auf die wir im Folgenden eingehen werden.

5.4   Unterstützungsprozesse

Zu Beginn dieses Kapitels haben wir herausgestellt, dass die Kernprozesse im Unternehmen Unterstützungsprozesse benötigen (siehe Abbildung 5.1). Zu den Unterstützungsprozessen zählen die Buchhaltung, das Controlling und der Personalbereich (Human Resources). In den Abschnitten zu den Kernprozessen sind wir auf die Buchhaltung schon im Rahmen der Geschäftspartnerpflege und der

Zahlungsabwicklung eingegangen. Informationen zur Personalwirtschaft finden Sie in Kapitel 13, »Berechtigungen in SAP ERP HCM«. In diesem Abschnitt befassen wir uns mit dem Controlling.

Das Controlling stellt die Daten bereit, die zur Steuerung des Unternehmens erforderlich sind. In Bezug auf den dargestellten Verkaufsprozess ist es erforderlich, Preise so bilden zu können, dass sämtliche Kosten gedeckt sind. Sämtliche Kosten bedeutet, dass es eben nicht nur um die Preise der eingekauften Waren und Dienstleistungen, sondern auch um Personalkosten, Kapitalkosten u. a. geht.

Im Controlling sind Differenzierungsmöglichkeiten in Bezug auf die Stammdaten umfassend vorhanden. Aus Sicht des Berechtigungskonzepts kann vereinfachend unterschieden werden zwischen den Orten der Kosten- oder Leistungsentstehung, den Kontierungsobjekten, der Ursache der Kostenentstehung primärer oder sekundärer Buchungen, basierend auf z. B. Leistungsarten, statistischen Kennzahlen oder Schlüsseln sowie der sachlichen Bezugsgröße (Kostenart/Konto).

In Abbildung 5.13 stellen wir einen stark vereinfachten Zusammenhang dar, der im Wesentlichen der Erfassung von Kosten und Leistungen dient. Um überhaupt Kosten darstellen zu können, wird ein Kontierungsobjekt benötigt, auf dem die Kosten erfasst werden können. In unserem Beispiel ist das eine Kostenstelle. Auf der Kostenstelle können die Kosten aus der Finanzbuchhaltung (Primärkosten = Sachkonto) und die Sekundärkosten erfasst werden. Sekundärkosten entstehen z. B. durch Umlagen von Kosten anderer Kostenstellen. IT-Kosten werden häufig immer noch im Umlageverfahren verrechnet. Auf der Kostenstelle werden also die Kosten gesammelt. Die Kostenstelle gibt aber auch Leistungen ab, indem z. B. die zur Kostenstelle gehörenden Mitarbeiter an der Produktion der vom Kunden bestellten Waren arbeiten. Um dies darzustellen, können die erbrachten Leistungen der Mitarbeiter auf den Kundenauftrag verrechnet werden. Das ist u. a. über eine Leistungsart im Rahmen der direkten Leistungsverrechnung möglich.

Aus Sicht des betriebswirtschaftlichen Berechtigungskonzepts sind Berechtigungen im Controlling aus unterschiedlichen Perspektiven wichtig. Einerseits müssen die im Controlling ermittelten Kosten und Leistungen korrekt sein, damit überhaupt ein angemessener Preis gebildet werden kann.

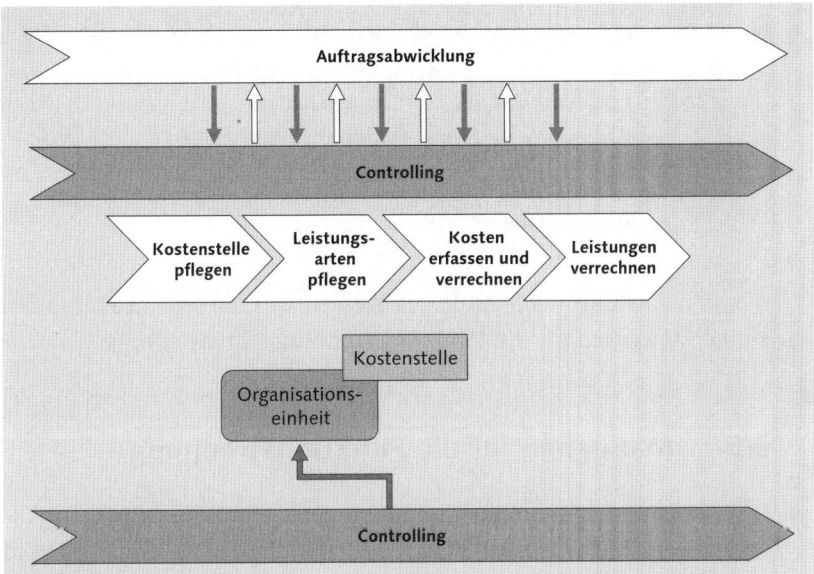

Abbildung 5.13 Unterstützungsprozesse: Controlling

Anderseits sind die Daten des Controllings sogar im Rahmen der Wirtschaftsprüfung relevant, wenn das Controlling Anlagen zur Bilanz anfertigt. Schließlich sind die Daten, die auf Kontierungsobjekten erfasst werden, häufig sensible Daten, wie z. B.:

▸ Daten über die erbrachten Leistungen eines Mitarbeiters

▸ Daten über Zahlungen, die ein Mitarbeiter erhielt (regelmäßig nicht das Gehalt, aber z. B. Reisekosten)

▸ Daten über die Kostenstrukturen, Ist-Kosten und Plankosten

Diese Daten sind, je nach funktionaler und organisatorischer Berechtigung, sehr umfassend und detailliert.

Im Folgenden möchten wir Ihnen einige Beispiele für sensible Daten geben: Die einfache Auswertung der Kostenstellenhierarchie kann unter Umständen bereits Informationen über die innere Organisation wiedergeben, die sensibel sind. So sind z. B. Sondereinheiten bei Polizei und Militär Bereiche, deren Aufbauorganisation sensibel sein könnte. Die Auswertung der Plankosten für die Entwicklungsabteilung eines forschenden Unternehmens dürfte nicht weniger sensibel sein. Detaillierte Auswertungen über die Reisekosten des Vorstands sind sicherlich auch keine Informationen, die unternehmensöffentlich auszuwerten sein sollten.

Beispiele für sensible Daten im Controlling

> **Konkrete Anforderung im Controlling (CO)**
>
> Im betriebswirtschaftlichen Berechtigungskonzept muss eine Differenzierung basierend auf der Art des Kontierungsobjekts (z. B. Kostenstelle oder Auftrag), dem organisatorischen Zugriff (Kostenstelle A, B und F), der betriebswirtschaftlichen Ursache (z. B. Umbuchung, Leistungsverrechnung in Kombination mit z. B. statistischen Kennzahlen) und den sachlichen Bezugsgrößen möglich sein.

Aus den Ausführungen zu den Prozessen werden wir im Folgenden einige Maßgaben für die Funktionstrennung entwickeln.

5.5 Maßgaben für die Funktionstrennung

Funktionstrennung ist ein Prinzip, um Fehler oder kriminelle Manipulationen im Prozess möglichst auszuschließen, sodass der Organisation kein Schaden entsteht. In dem von uns dargestellten Beschaffungsprozess können ohne jede Schwierigkeit zwölf unterschiedliche Funktionen definiert werden (siehe Abbildung 5.14). Generell sollen Kontrollen – und Funktionstrennung ist eine Kontrolle – sinnvoll, d. h. auch maßvoll, sein.

In Bezug auf unseren Prozess muss sichergestellt werden, dass zum einen keine Rechtsverbindlichkeit einem Dritten gegenüber eingegangen wird, ohne dass diese Rechtsverbindlichkeit zuvor durch eine zweite Person geprüft wurde. Eine Rechtsverbindlichkeit wird erst durch die Bestellung erzeugt. Zum anderen muss sichergestellt werden, dass vor einer Zahlung die sachliche und rechnerische Richtigkeit, u. a. die Richtigkeit des Zahlungsempfängers und seiner zahlungsrelevanten Daten, festgestellt wird.

Damit wollen wir nicht behaupten, dass im gesamten Prozess nur zwei Funktionstrennungen erforderlich sind. Bevor die Funktionstrennung definiert wird, sollten zunächst einmal die Möglichkeiten ausgeschöpft werden, die das Customizing bietet. Unsere Erfahrung bei vielen unserer Kunden ist, dass hier noch deutliche Optimierungspotenziale liegen.

Optimiert werden kann u. a. durch die Nutzung des Vieraugenprinzips in der Debitoren- und Kreditorenpflege sowie einer konsistenten Strategie im Bestellprozess, der die BANF, die Bestellung und einschlägige Freigabeverfahren nutzt.

Erst wenn die Optimierungspotenziale genutzt wurden, kann sinnvoll über Funktionstrennung nachgedacht werden. Es gilt das Prinzip, dass Funktionen dann sinnvoll getrennt sind, wenn eine tatsächliche gegenseitige Kontrolle mengenmäßig und fachlich möglich ist. Das bedeutet auch, dass die Mitarbeiter entsprechend qualifiziert sein und die Manipulationspotenziale kennen müssen.

In Abbildung 5.14 werden mögliche Funktionstrennungen (❶–⑫) definiert, die in den Bereich der präventiven Kontrolle durch Konfiguration fallen. Ergänzend sind die möglichen Freigabeverfahren durch das Piktogramm »Stift auf Dokument« gekennzeichnet.

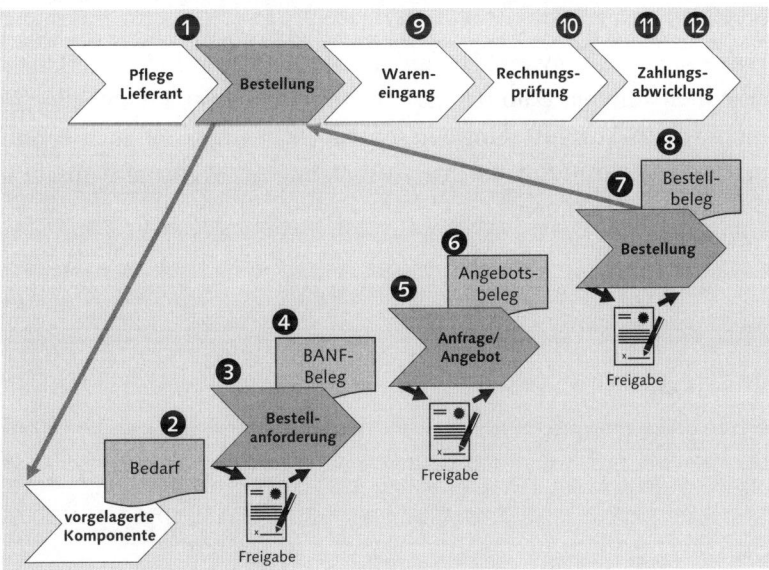

Abbildung 5.14 Funktionstrennung im Beschaffungsprozess

Unter diesen Maßgaben haben Mengen eine erhebliche Bedeutung. Eine Funktionstrennung, die erst im Zahllauf beginnt, ist in einer Organisation, die SAP-Systeme im Einsatz hat, definitiv nicht mehr sinnvoll. Niemand kann die Mengen an Belegen, die in einem Zahllauf enthalten sind, noch sinnvoll auf ihre Richtigkeit überprüfen.

Empfehlung zur Funktionstrennung

Mitunter ergibt sich die Empfehlung, Funktionen so zu trennen, dass eine Kontrolle möglich ist, und vor der Funktionstrennung die Konfiguration so zu nutzen, dass möglichst wenig Funktionstrennungsbedarf besteht.

5.6 Fazit

Die Darstellung des Kernprozesses Verkauf, des darin enthaltenen Prozesses Beschaffung und einiger Unterstützungsprozesse soll Ihnen helfen,

▶ Berechtigungen in Bezug auf den Prozess zu gestalten,

▶ diese Berechtigungen in Bezug auf aufbauorganisatorische Attribute (z. B. Werk, Kostenstelle) zu differenzieren und

▶ im Prozess mögliche Funktionstrennungskonflikte zu erkennen.

Es ist unerheblich, ob die von uns gewählte Prozessdarstellung der in Ihrem Unternehmen üblichen entspricht, da Sie in jedem Fall durch Prozessanalyse notwendige funktionale Differenzierungsmerkmale erkennen können. Dadurch, dass wir immer wieder auf aufbauorganisatorische Attribute hingewiesen haben, werden Sie auch erkennen, wie Sie in Bezug auf Ihre Ausprägung der Aufbauorganisation differenzieren können.

TEIL II

Werkzeuge und Berechtigungspflege im SAP-System

In diesem Kapitel erfahren Sie, wie Sie Benutzer und Rollen anlegen können. Darüber hinaus soll ein grundlegendes Verständnis der Wirkung von Berechtigungen geschaffen werden.

6 Technische Grundlagen der Berechtigungspflege

Das zentrale Instrument zur Verwaltung von Berechtigungen in SAP ERP sind Rollen. Die wichtigsten Attribute einer Rolle sind das Menü und die Berechtigungen. Berechtigungen bestehen dabei aus Berechtigungsobjekten mit Berechtigungsfeldern, in die die gewünschten Werte eingetragen werden. Aus den Berechtigungen der Rolle wird das Berechtigungsprofil automatisch generiert. Ohne das generierte Berechtigungsprofil bleiben die in einer Rolle enthaltenen Berechtigungen unwirksam. Die Pflege von Berechtigungsdaten über Rollen mit anschließender Profilgenerierung ist die Nachfolgemethode zur manuellen Pflege von Profilen und Berechtigungen (siehe Abschnitt 6.3.1).

In diesem Kapitel werden die zentralen Definitionen und Instrumente zur Pflege von Benutzern und Berechtigungen im SAP-ERP-System vorgestellt. Nach der Benutzerpflege (Abschnitt 6.1, »Benutzer«) beschreiben wir in Abschnitt 6.2, »Berechtigungen«, die Struktur von Berechtigungen und deren Prüfung in ABAP-Programmen. Die Rollenpflege ist Gegenstand des Abschnitt 6.3, »Rollen und Profile«, gefolgt von Informationen zum Transfer von Rollen in andere Systeme in Abschnitt 6.4 und zum Benutzerabgleich in Abschnitt 6.5. Die Auswertung von Berechtigungsprüfungen in Abschnitt 6.6, »Vom Trace zur Rolle«, und Abschnitt 6.7, »Weitere Auswertungen von Berechtigungsprüfungen«, schließen das Kapitel ab.

6.1 Benutzer

Damit eine (natürliche) Person im SAP-System Aktionen ausführen kann, benötigt sie einen Benutzer, dem Berechtigungen zugeordnet

Unterschiedliche Benutzertypen

sind. Dies ist in Abbildung 6.1 dargestellt. Eine Person ❶ verfügt ❷ über einen Benutzer ❸. Dem Benutzer sind eine (oder mehrere) Rollen ❹ zugeordnet. Eine Rolle ❺ verfügt über ein Menü ❻, das Anwendungen ❼ enthält. In Bezug auf diese Anwendungen gehören zur Rolle Berechtigungen ❽. Die einzelnen Berechtigungen sind Berechtigungen zu einem Berechtigungsobjekt ❾.

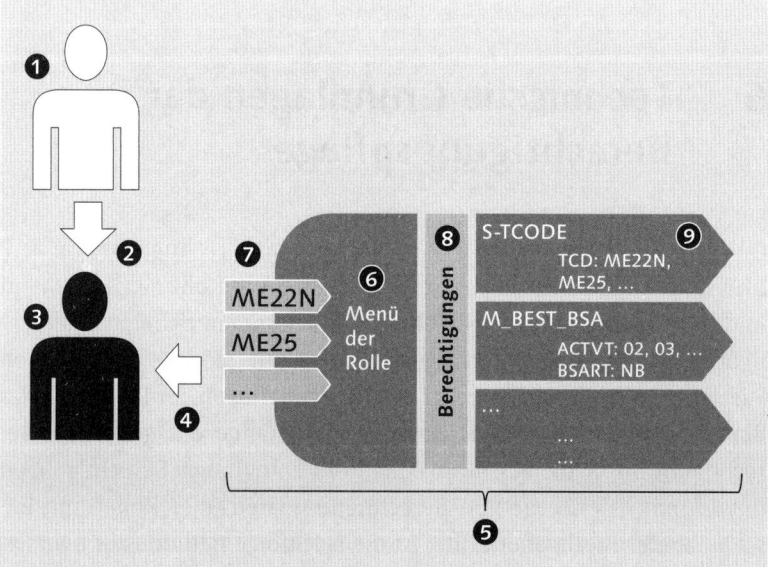

Abbildung 6.1 Person – Benutzer – Rolle – Berechtigungen

Alle Aktionen im SAP-System werden durch Benutzer ausgeführt. Es gibt unterschiedliche Benutzertypen für unterschiedliche Arten von Aktionen.

- Dialogbenutzer
- Servicebenutzer
- Kommunikationsbenutzer
- Systembenutzer
- Referenzbenutzer

Dialogbenutzer Dialogbenutzer sind für natürliche Personen personalisierte Benutzer, die sich über eine Benutzeroberfläche (z. B. SAP GUI, SAP Fiori, SAP NetWeaver Business Client) am SAP-System anmelden. Der Dialogbenutzer ist der zentrale Benutzertyp, er steht deshalb in diesem Buch im Vordergrund.

Servicebenutzer dienen z. B. in Webservices dem anonymen Zugriff mehrerer Benutzer. Aus diesem Grund sollten die Berechtigungen für diesen Benutzertyp stark eingeschränkt werden. Servicebenutzer ermöglichen die Dialoganmeldung über die gängigen Benutzeroberflächen; dabei sind Mehrfachanmeldungen möglich. Der Status des Kennwortes eines Servicebenutzers ist immer produktiv. Das bedeutet auch, dass nur ein Benutzeradministrator das Kennwort ändern kann.

Servicebenutzer

Kommunikationsbenutzer sind personenbezogene Benutzer, die sich allerdings nicht über eine Benutzeroberfläche, sondern per RFC-Aufruf (*Remote Function Call*) anmelden. Es ist dem Benutzer möglich, das Kennwort zu ändern. Es erfolgt eine Prüfung, ob das Kennwort abgelaufen oder initial ist. Je nachdem, ob sich der Nutzer interaktiv angemeldet hat oder nicht, muss das Kennwort geändert werden.

Kommunikationsbenutzer

Systembenutzer sind Benutzer, die in technischen Abläufen, wie z. B. Batchläufen oder RFC-Verbindungen, Verwendung finden. Der Benutzer erlaubt keine Dialoganmeldung. Beim Einsatz von Systembenutzern sind Mehrfachanmeldungen möglich. Der Status des Kennwortes ist immer produktiv, daher gibt es für Kennwörter keine Änderungspflicht.

Systembenutzer

Der Referenzbenutzer ist ein Mittel, um die Berechtigungsadministration zu vereinfachen. Es ist nicht möglich, sich über einen solchen Benutzer am SAP-System anzumelden. Der Referenzbenutzer dient dazu, Berechtigungen zu vererben.

Referenzbenutzer

Das betriebswirtschaftliche Berechtigungskonzept muss auch Aussagen zu den dargestellten Benutzern enthalten. Aus Gründen der Regelkonformität dürfen auch für technische Benutzer nur die Berechtigungen vergeben werden, die erforderlich sind. Umso mehr gilt dieses Prinzip für alle Benutzer, die Personen Zugriffe auf das System ermöglichen.

In der Benutzerpflege wird für einen Benutzer jeweils in einem (oder mehreren) Mandanten ein Benutzerstammsatz angelegt. Der Benutzerstammsatz ist mandantenspezifisch. Er wird über einen Benutzernamen identifiziert und enthält:

Benutzerstammsatz

- Anmeldeinformationen wie Authentifizierungs- und Gruppierungsmerkmale, Gültigkeiten des Benutzers sowie den Sperrstatus des Benutzers
- Angaben zur natürlichen Person, Firmenzuordnung und Verantwortlichkeit des Benutzer

> ▸ persönliche Einstellungen zum Benutzerstamm, wie z. B. Parameter, Datumsdarstellung oder Drucker

> ▸ Zuordnungen zu Berechtigungen in Form von Rollen- und/oder Profilzuordnungen

Der Benutzerstammsatz hat eine erhebliche Bedeutung für die Sicherheit und Ordnungsmäßigkeit des Systems. Sämtliche Protokollierungen von Systemzugriffen und in den Belegen beziehen sich auf den Benutzernamen. Diese Protokolle müssen je nach definierter Aufbewahrungsfrist aufbewahrt werden. In Bezug auf die Buchführungspflichten kann von einer Aufbewahrungsfrist von zehn Jahren nach Abschluss des Geschäftsjahres der letzten Aktivität des Benutzers ausgegangen werden. In anderen Bereichen (z. B. Pharmaunternehmen, die der Kontrolle der Food and Drug Administration, FDA, unterliegen) kann auch die Notwendigkeit einer Aufbewahrung von bis zu 30 Jahren erforderlich sein.

Die Protokolle müssen darüber hinaus lesbar bleiben, und das bedeutet in diesem Kontext, dass der Benutzer, der eine bestimmte Charge freigab oder einen Beleg buchte, gegebenenfalls auch nach zehn Jahren ermittelbar sein muss. Daraus ergibt sich zwingend und ausnahmslos, dass ein Benutzer nur einmalig einer Person zugeordnet werden darf. Benutzer zu »vererben« (über dienstposten-, arbeitsplatz- oder stellenbezogene Benutzer-IDs), also sie im Laufe der Zeit unterschiedlichen Mitarbeitern zur Verfügung zu stellen, ist in jedem Fall eine substanzielle Gefährdung der Sicherheit und Ordnungsmäßigkeit der EDV-Buchführung.

Eine Person – ein Benutzer Auch die Praxis, eine Person im System mit mehreren Benutzern auszustatten, ist eine ähnlich erhebliche Gefährdung. Allerdings kann hier eine logische Ausnahme geltend gemacht werden, wie sie z. B. im Emergency Access Management (EAM) von SAP Access Control möglich ist. Dort wird in einem definierten und protokollierten Verfahren aus dem »normalen« Benutzer heraus ein Notfallbenutzer gestartet, der entsprechend umfangreiche Berechtigungen hat. Generell gilt, wenn eine Person in einem System mehrere Benutzer hat, ist ein Nachweis etwaiger Funktionstrennungskonflikte und ebenso von Vorgängen unter Umgehung der Funktionstrennung konzeptionell nur mit erheblichem Aufwand, praktisch hingegen nicht mehr darstellbar. Auch in Bezug auf diese Praxis ist zumindest der Verdacht naheliegend, dass es sich um eine substanzielle Gefährdung der Sicherheit und Ordnungsmäßigkeit handelt. Die Eindeutigkeit der Zuordnung des Benutzers zur Person bezeichnen wir als *Identitätsprinzip*.

In den meisten Organisationen werden nach wie vor fast täglich Benutzer und Kennwörter weitergegeben. Der einzig regelkonforme Umgang mit diesem Missbrauch ist, diesen dauerhaft zu unterbinden. Den Missbrauch können Sie einfach auswerten: Benutzer und Rechner können ohne Schwierigkeit ermittelt werden, ebenso kann ohne Schwierigkeiten festgestellt werden, welche Personen an einem bestimmten Tag nicht arbeiten. Bringt man diese Informationen zusammen, gelingt der verdachtsbegründende Nachweis über eine mutmaßlich missbräuchliche Nutzung von Benutzern. Dies reicht aus, um eine weitere Klärung, wie z. B. die Ansprache der Person, vorzunehmen. Datenschutzrechtliche Bedenken gegen dieses Verfahren können nicht geltend gemacht werden, da eine missbräuchliche Nutzung von Benutzern gegebenenfalls den Zugriff auf sensible Daten (und damit einen Verstoß gegen den Datenschutz) ebenso ermöglicht wie deutliche Gefährdungen des Belegprinzips. Neben einer einschlägigen Auswertung sollten immer auch arbeitsrechtliche Schritte erwogen werden. Die Kennwortregeln werden in Abschnitt 7.4, »Parameter für Kennwortregeln«, dargestellt.

Kennwortregeln

Das Verfahren der Benutzeranlage kann über SAP Access Control, SAP Identity Management, die Zentrale Benutzerverwaltung (siehe für alle drei Lösungen Kapitel 9, »Zentrales Management von Benutzern und Berechtigungen«) vereinheitlicht und signifikant vereinfacht werden.

Benutzerpflege vereinheitlichen

Zum Anlegen oder Ändern eines Benutzers verwenden Sie die Transaktion SU01 (Benutzerpflege). Beim Anlegen tragen Sie den gewünschten Benutzernamen im Feld BENUTZER ein und klicken auf den Button (ANLEGEN, siehe Abbildung 6.2). In den folgenden Bildern werden die Attribute des Benutzers gepflegt.

Vorgehen in der Benutzerpflege

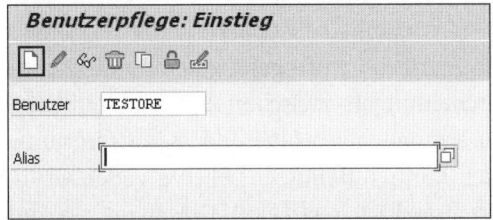

Abbildung 6.2 Einstieg in die Benutzerpflege

Registerkarte
»Adresse«

Auf der Registerkarte ADRESSE (siehe Abbildung 6.3) müssen Sie innerhalb der Angaben zur Person mindestens den Nachnamen pflegen. Beachten Sie, dass Sie den Benutzer erst speichern können, nachdem Sie auf der nächsten Registerkarte LOGONDATEN ein Initialkennwort vergeben haben.

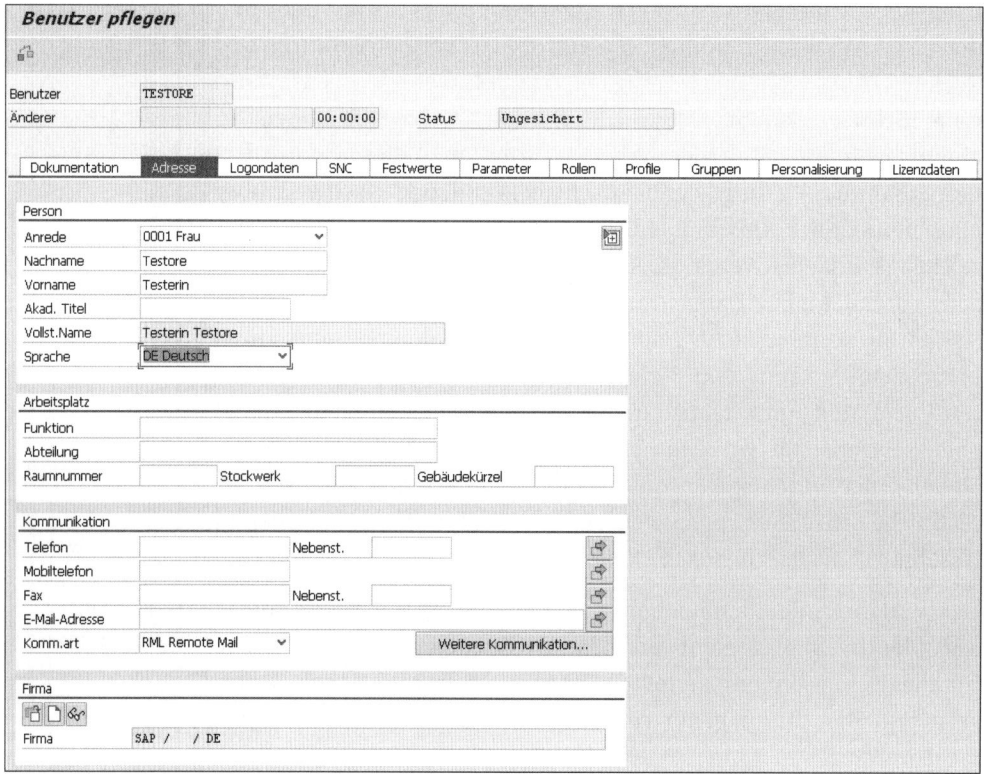

Abbildung 6.3 Registerkarte »Adresse« der Benutzerpflege

Registerkarte
»Logondaten«

Danach pflegen Sie auf der Registerkarte LOGONDATEN den BENUTZERTYP und abhängig vom Benutzertyp das Kennwort. In der Regel werden Sie den Dialogbenutzer pflegen.

Das Kennwort können Sie automatisch generieren (über einen Klick auf den Button WIZARD) oder manuell festlegen. Die Pflege einer Benutzergruppe für Berechtigungen ist dringend zu empfehlen, u. a. um grundlegende Unterscheidungen zwischen Systemadministration und Endbenutzern zu ermöglichen. Neben der Benutzergruppe für Berechtigungsprüfungen können Benutzer beliebig vielen Gruppen zugeordnet werden (Registerkarte GRUPPEN). Dies dient u. a. der vereinfachten Pflege und Auswertung. Auf der Registerkarte LOGON-DATEN pflegen Sie im Feld SICH.-RICHTLINIE die Zuordnung zu einer Sicherheitsrichtlinie (siehe Abbildung 6.4).

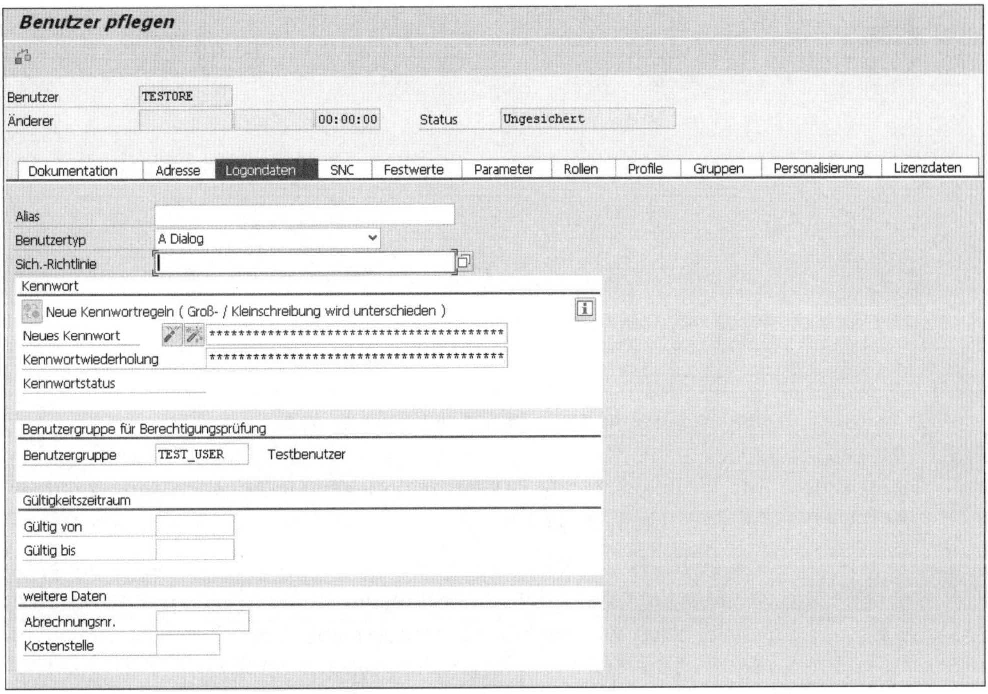

Abbildung 6.4 Registerkarte »Logondaten«

Auf der Registerkarte SNC (*Secure Network Communications*) werden Angaben in Bezug auf ein (existierendes) Single-Sign-on-Verfahren (SSO) gepflegt. SNC ist für die Benutzerauthentifizierung verfügbar und stellt bei Verwendung des SAP GUI for Windows oder RFC eine SSO-Umgebung bereit.

Registerkarte »SNC«

Auf der neuen Registerkarte DOKUMENTATION, die ab SAP NetWeaver 7.31 verfügbar ist (siehe SAP-Hinweis 2062885), können Sie nun auch ausführliche Dokumentationen zu dem Benutzer pflegen und einen anderen Benutzer als Verantwortlichen hinterlegen. Dies ist insbesondere für technische Benutzer hilfreich (siehe Abbildung 6.5).

Registerkarte »Dokumentation«

Auf der Registerkarte FESTWERTE pflegen Sie Benutzerfestwerte wie Startmenü, Drucker (Ausgabegerät), Dezimaldarstellung und Zeitzone.

Registerkarte »Festwerte«

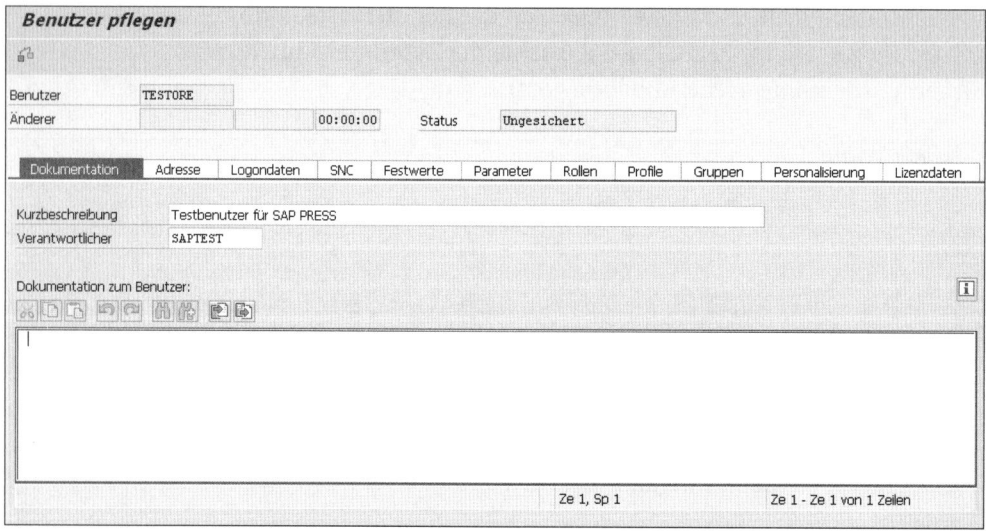

Abbildung 6.5 Registerkarte »Dokumentation«

Registerkarte »Parameter«

Auf der Registerkarte PARAMETER pflegen Sie Angaben zum Benutzer, die ursprünglich dazu eingerichtet wurden, entsprechende Werte, wie z. B. den Buchungskreis, automatisch in die Selektion entsprechender Reports in der SAP-Finanzbuchhaltung (FI) zu übernehmen. Mittlerweile werden über Parameter aber auch Zugriffsmöglichkeiten u. a. für den Employee Self-Service (ESS) gesteuert. Damit können Parameter fallweise auch Zugriffsberechtigungen einschränken. Für die Parameter steht eine Wertehilfe zur Verfügung (siehe Abbildung 6.6). Die einheitliche Betrachtung von Berechtigungen wird durch die Verwendung von Benutzerparametern erschwert. Um die Berechtigungen zu pflegen und zu prüfen, ist es erforderlich, neben den Rollen und etwaigen Profilen auch die Benutzerparameter zu betrachten: Statt einer Betrachtungsebene sind es somit mindestens zwei.

Registerkarte »Rollen«

Auf der Registerkarte ROLLEN (siehe Abbildung 6.7) können Sie direkte Rollenzuordnungen pflegen. Neben direkten Zuordnungen ❶ sind auch indirekte Rollenzuordnungen sichtbar, können aber nicht geändert werden. Indirekte Zuordnungen sind die Konsequenz anderer Zuordnungen. Man unterscheidet zwischen indirekten Zuordnungen aus Sammelrollen ❷ (zur Definition der Sammelrolle siehe Abschnitt 6.3.2, »Rollenpflege«) aus dem HCM-Organisationsmanagement (siehe Kapitel 8, »Rollenzuordnung über das Organisationsmanagement«) und Referenzbenutzern ❸.

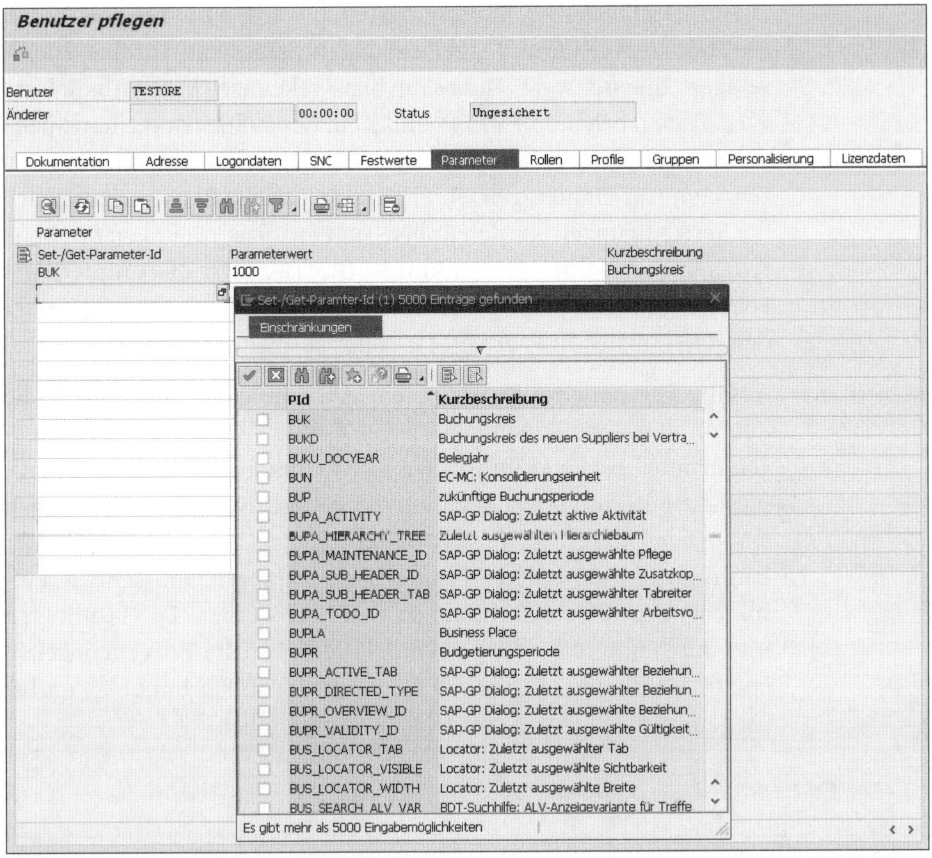

Benutzer pflegen
Benutzer TESTORE
Änderer 00:00:00 Status Ungesichert
Dokumentation Adresse Logondaten SNC Festwerte Parameter Rollen Profile Gruppen Personalisierung Lizenzdaten
Parameter
Set-/Get-Parameter-Id Parameterwert Kurzbeschreibung
BUK 1000 Buchungskreis
Set-/Get-Paramter-Id (1) 5000 Einträge gefunden
Einschränkungen
PId Kurzbeschreibung
BUK Buchungskreis
BUKD Buchungskreis des neuen Suppliers bei Vertra...
BUKU_DOCYEAR Belegjahr
BUN EC-MC: Konsolidierungseinheit
BUP zukünftige Buchungsperiode
BUPA_ACTIVITY SAP-GP Dialog: Zuletzt aktive Aktivität
BUPA_HIERARCHY_TREE Zuletzt ausgewählten Hierarchiebaum
BUPA_MAINTENANCE_ID SAP-GP Dialog: Zuletzt ausgewählte Pflege
BUPA_SUB_HEADER_ID SAP-GP Dialog: Zuletzt ausgewählte Zusatzkop...
BUPA_SUB_HEADER_TAB SAP-GP Dialog: Zuletzt ausgewählter Tabreiter
BUPA_TODO_ID SAP-GP Dialog: Zuletzt ausgewählter Arbeitsvo...
BUPLA Business Place
BUPR Budgetierungsperiode
BUPR_ACTIVE_TAB SAP-GP Dialog: Zuletzt ausgewählter Beziehun...
BUPR_DIRECTED_TYPE SAP-GP Dialog: Zuletzt ausgewählter Beziehun...
BUPR_OVERVIEW_ID SAP-GP Dialog: Zuletzt ausgewählte Beziehun...
BUPR_VALIDITY_ID SAP-GP Dialog: Zuletzt ausgewählte Gültigkeit...
BUS_LOCATOR_TAB Locator: Zuletzt ausgewählter Tab
BUS_LOCATOR_VISIBLE Locator: Zuletzt ausgewählte Sichtbarkeit
BUS_LOCATOR_WIDTH Locator: Zuletzt ausgewählte Breite
BUS_SEARCH_ALV_VAR BDT-Suchhilfe: ALV-Anzeigevariante für Treffe
Es gibt mehr als 5000 Eingabemöglichkeiten

Abbildung 6.6 Registerkarte »Parameter«

Benutzer pflegen
Benutzer TESTORE
Änderer 00:00:00 Status Ungesichert
Dokumentation Adresse Logondaten SNC Festwerte Parameter Rollen Profile Gruppen Personalisierung Lizenzdaten
Referenzbenutzer REFERENZ
Rolle Benutzerstamm
Rollenzuordnungen
Status Rolle T... Beginndatum Enddatum Kurzbeschreibung der Rolle Indir...
FH_DEMO_ROLE 06.02.2016 31.12.9999 Demo Role
FH_DEMO_ROLE2 06.02.2016 31.12.9999 Demo Role
Z:SAMMEL 06.02.2016 31.12.9999 Z:SAMMEL
Z:EINZELMITZIELSYSTEMATTR 06.02.2016 31.12.9999 zielsystem clnt323
Z:TESTBE 06.02.2016 31.12.9999 Z:TESTBE
Z:TESTBE2 06.02.2016 31.12.9999 Z:TESTBE2
Z:TESTBE 31.03.2015 31.12.9999 Z:TESTBE
1
2
3

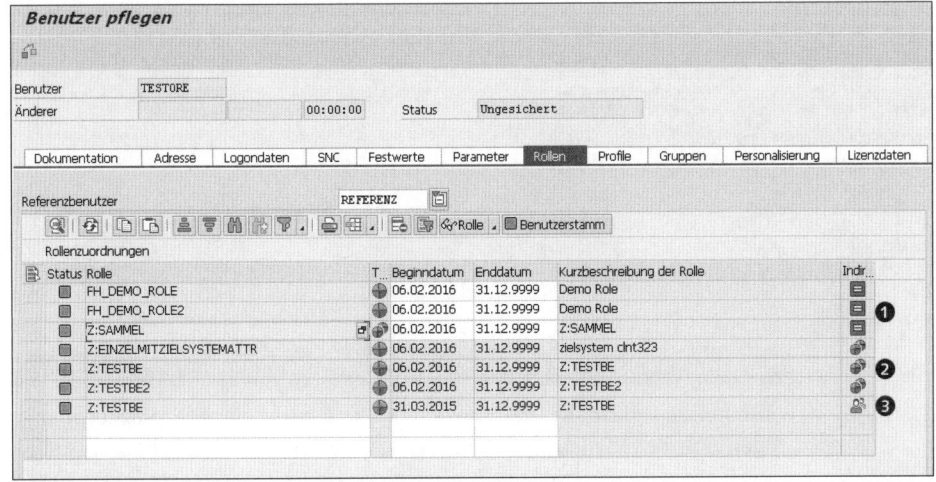

Abbildung 6.7 Registerkarte »Rollen«

Die unterschiedlichen Zuordnungstypen werden bis Release 7.02 in SAP NetWeaver durch Farbcodierungen dargestellt. Direkte Zuordnungen sind schwarz, indirekte blau gekennzeichnet. Ab Release 7.10 lösen die Symbole ▣, ◉ und ▨ in der äußersten rechten Spalte die Farbcodierungen ab. Wenn im Feld REFERENZBENUTZER ein Referenzbenutzer eingetragen ist, erhält der aktuelle Benutzer zusätzlich die Berechtigungen aus den Rollen- und Profilzuordnungen des Referenzbenutzers. Über den Button ▦ (ROLLEN ANZEIGEN) hinter dem Feld REFERENZBENUTZER können Sie die Rollen, die der Benutzer über den Referenzbenutzer erhält, ein- oder ausblenden.

Registerkarte »Profile« — Auf der Registerkarte PROFILE (siehe Abbildung 6.8) sind sowohl die Zuordnungen aus Rollen generierter Profile als auch die Zuordnungen manuell erzeugter Profile (siehe Abschnitt 6.3.1, »Manuelle Profile und Berechtigungen«) zusammengefasst. Nur die Zuordnungen manueller Profile lassen sich direkt ändern. Um Änderungen der Zuordnungen generierter Profile herbeizuführen, müssen die entsprechenden Rollenzuordnungen geändert werden. Die Profiltypen sind durch unterschiedliche Symbole in der Spalte TYP gekennzeichnet, in Abbildung 6.8 durch ❶ für Sammelprofile (Symbol ▭) und ❷ für generierte Profile (Symbol ◉) hervorgehoben.

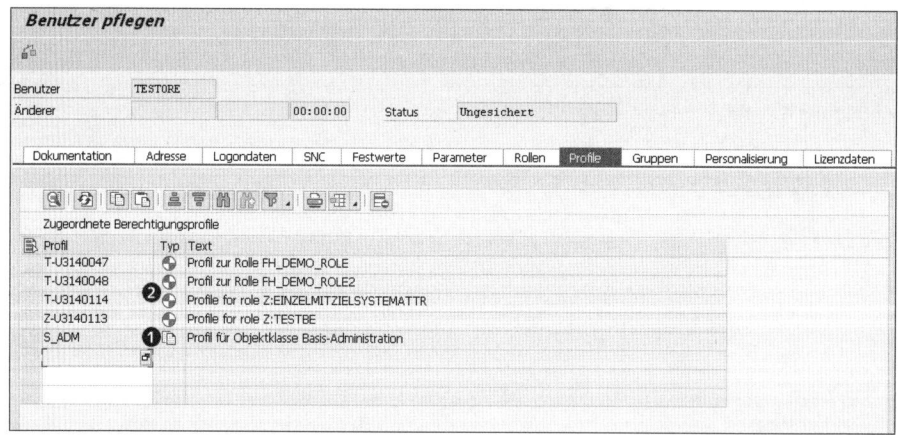

Abbildung 6.8 Registerkarte »Profile«

Maximale Anzahl der Profilzuordnungen aufgehoben

Bis einschließlich SAP NetWeaver 7.40 ist die Anzahl der Profilzuordnungen (Profiltyp beliebig) pro Benutzer auf maximal 312 beschränkt (siehe SAP-Hinweis 410993). Mit Auslieferung von SAP NetWeaver 7.50 wurde diese Grenze aufgehoben.

Achten Sie dennoch auf eine möglichst kleine Anzahl von Profilzuordnungen pro Benutzer, da jede zusätzliche Profilzuordnung die Durchführung von ABAP-Berechtigungsprüfungen (siehe Abschnitt 6.2.2) verlangsamt.

Nachdem wir die Benutzerpflege und auch die Zuordnung von Berechtigungen dargestellt haben, wenden wir uns im folgenden Abschnitt den eigentlichen Berechtigungen zu.

6.2 Berechtigungen

Berechtigungen werden benötigt, um Anwendungen im ERP-System starten und deren Funktionen ausführen zu können. In den folgenden Abschnitten beschreiben wir die strukturellen Eigenschaften und die Verwendung von Berechtigungen in ABAP-Programmen.

6.2.1 Berechtigungsfelder und Berechtigungsobjekte

Um die Ausführung einer betriebswirtschaftlichen Funktion vor Unbefugten zu schützen, enthalten ABAP-Programme Berechtigungsprüfungen. Bei der Ausführung der Programme wird festgestellt, ob der ausführende Benutzer die anwendungsspezifischen Daten in der gewünschten Weise bearbeiten darf.

Um einen betriebswirtschaftlichen Prozess berechtigungstechnisch abzubilden, müssen Sie für jede am Prozess beteiligte Kenngröße einen Parameter definieren, der als Berechtigungsfeld bezeichnet wird. Da an einem betriebswirtschaftlichen Vorgang meistens mehrere Kenngrößen beteiligt sind, benötigt man geeignete Kombinationen von Berechtigungsfeldern. **Berechtigungsfeld**

Solche Kombinationen heißen Berechtigungsobjekte. Ein Berechtigungsobjekt besteht aus maximal zehn Berechtigungsfeldern und ist einer Berechtigungsobjektklasse zugeordnet. Das Anlegen von Berechtigungsfeldern und -objekten beschreiben wir in Abschnitt 7.9, »Berechtigungsfelder und -objekte anlegen«. Aus einem Berechtigungsobjekt entsteht eine Berechtigung, sobald Sie den im Objekt enthaltenen Feldern Werte zuordnen. **Berechtigungsobjekt**

In Abbildung 6.9 ist mit `M_BEST_EKO` (Einkaufsorganisation in der Bestellung) ein einfaches Beispiel für ein Berechtigungsobjekt dargestellt. Es enthält die Berechtigungsfelder `ACTVT` (Aktivität) und `EKORG` (Einkaufsorganisation). Mit Berechtigungen zu diesem Objekt legen

Sie fest, welche Bearbeitungsarten (z. B. Bestellung anlegen) Angehörige bestimmter Einkaufsorganisationen innerhalb einer Anwendung (z. B. Bestellung) durchführen dürfen.

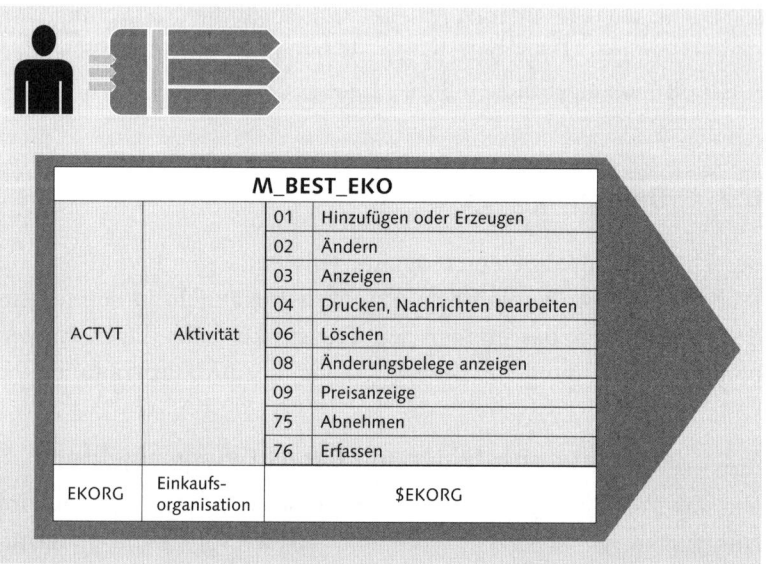

Abbildung 6.9 Berechtigungsobjekt M_BEST_EKO (Einkaufsorganisation in der Bestellung)

ACTVT ist eines der am häufigsten verwendeten Berechtigungsfelder, das in Objekten sehr unterschiedlicher Anwendungsbereiche vorkommt. Die in Abbildung 6.9 dargestellten Werte sind speziell für das Objekt M_BEST_EKO zugelassen und gelten nicht unbedingt für andere Objekte. Die Pflege der zulässigen Aktivitäten findet beim Anlegen der Definition des Berechtigungsobjekts statt (siehe Abschnitt 7.9.2, »Berechtigungsobjekte anlegen«).

Das Feld EKORG (Einkaufsorganisation) wurde bereits in Abschnitt 3.8.3, »Relevante Organisationsebenen in der Materialwirtschaft«, als Organisationsebene vorgestellt. Diese strukturelle Eigenschaft führt im Kontext von Rollen zu technischen Besonderheiten, auf die wir in Abschnitt 6.3.2, »Rollenpflege«, eingehen.

6.2.2 Berechtigungsprüfungen für ABAP-Programme

Um Aktionen in einem System berechtigen zu können, muss eine Berechtigungsprüfung in den Programmen enthalten sein. Zur Durchführung von Berechtigungsprüfungen innerhalb eines ABAP-

Programms steht die Anweisung AUTHORITY-CHECK zur Verfügung. Durch sie wird festgelegt, welche Berechtigungsfeldwerte zu welchen Berechtigungsobjekten dem ausführenden Benutzer zugeordnet sein müssen, um einen Programmschritt ausführen zu können. Abbildung 6.10 zeigt einige Beispiele.

Programm / Erweiterung	Fundstellen/Kurzbeschreibung

☐ LPRGN_TREEIOI	146 AUTHORITY-CHECK OBJECT 'S_USER_PRO'
	    ID 'PROFILE' FIELD ld_prof_torso
	    ID 'ACTVT' FIELD '06'.

☐ LPRGN_TREEIOO	31 AUTHORITY-CHECK OBJECT 'S_USER_TCD'
	        ID 'TCD' FIELD I_TCODES-TCODE.
	171 AUTHORITY-CHECK OBJECT 'S_USER_AGR'
	        ID 'ACT_GROUP' FIELD i_actgroups-agr_name
	        ID 'ACTVT' FIELD '79'.

☐ LPRGN_TREEIOQ	17 AUTHORITY-CHECK OBJECT 'S_USER_TCD'
	        ID 'TCD' FIELD I_TCODES-TCODE.
	38 AUTHORITY-CHECK OBJECT 'S_USER_TCD'
	        ID 'TCD' FIELD I_TCODES-TCODE.

☐ LPRGN_TREEIOY	341 * authority-check, ob Einzelrolle aus Sammelrolle gelöscht werden darf 395 * authority-check, ob Einzelrolle zugeordnet werden darf

☐ LPRGN_TREEOOA	27 authority-check object 'S_USER_PRO'
	        id 'PROFILE' dummy
	        id 'ACTVT' field '01'.
	54 authority-check object 'S_USER_PRO'
	        id 'PROFILE' field g_profile
	        id 'ACTVT' field '01'.
	68 authority-check object 'S_USER_PRO'
	        id 'PROFILE' field g_profile
	        id 'ACTVT' field '06'.
	94 authority-check object 'S_USER_PRO'
	        id 'PROFILE' field g_profile
	        id 'ACTVT' field '06'.

☐ LPRGN_TREEU18	63 AUTHORITY-CHECK OBJECT 'S_USER_TCD' ID 'TCD' FIELD I_TCODES-TCODE.
☐ LPRGN_TREEU51	21 * AUTHORITY-CHECK OBJECT 'S_TRANSPRT'

Abbildung 6.10 Authority-Check in einem Programm

Prüfungen mittels AUTHORITY-CHECK sind erst dann relevant, wenn das Programm gestartet werden konnte. Bereits der Programmaufruf löst Berechtigungsprüfungen aus, die jedoch außerhalb des aufgerufenen Programms erfolgen und von diesem nicht beeinflusst werden können.

Welches Berechtigungsobjekt zum Programmstart geprüft wird, hängt von der Art des Aufrufs ab. Bis Release R/3 4.6C fanden Startberechtigungsprüfungen nur für ausführbare Programme (Reports) statt, die entweder durch Wahl eines Transaktionscodes oder durch Eingabe des technischen Programmnamens z. B. in der Transaktion

SA38 (ABAP/4 Reporting) gestartet wurden. Um sichere Programmaufrufe auch aus verbundenen Systemen (Systemverbünde, wie z. B. eine SAP-ERP-Instanz, die mit einer SAP-CRM-Instanz verbunden ist) und unabhängig vom SAP GUI zu gewährleisten, wurden ab Release R/3 Enterprise 4.7 weitere Startberechtigungsprüfungen ergänzt. Tabelle 6.1 zeigt die Übersicht der möglichen Aufrufmethoden und der zugehörigen Berechtigungsobjekte, auf die vor dem Start geprüft wird.

Aufrufmethode	Geprüftes Berechtigungsobjekt
direkt (Transaktion SA38 – ABAP/4 Reporting)	S_PROGRAM oder S_PROGNAM (seit SAP NetWeaver 7.00 über SAP-Hinweis 1946079)
Transaktion	S_TCODE
RFC-Funktionsbaustein	S_RFC (seit R/3 Enterprise 4.7)
externer Service	S_SERVICE (seit R/3 Enterprise 4.7)
Service mit Objektkatalogeintrag	S_SERVICE (seit R/3 Enterprise 4.7)
OData-Services zum Starten von SAP-Fiori-Apps	S_SERVICE (seit SAP NetWeaver 7.30)
Web-Dynpro-Anwendung	S_START (seit SAP NetWeaver 7.30)
Web-Dynpro-Konfiguration	S_START (seit SAP NetWeaver 7.30)

Tabelle 6.1 Aufrufmethoden und deren Startberechtigungsobjekte

6.3   Rollen und Profile

Obwohl sich die Pflege von Rollen mit anschließender Profilgenerierung (bis Release R/3 4.6B hießen Rollen noch Aktivitätsgruppen) als Standardmethode der Berechtigungsdatenpflege durchgesetzt hat, besteht noch immer die Möglichkeit der Pflege manueller Berechtigungen und Profile. Auf diese veraltete Methodik gehen wir zu Beginn dieses Abschnitts kurz ein, bevor eine ausführliche Darstellung der Rollenpflege folgt.

6.3.1 Manuelle Profile und Berechtigungen

Bis zur Einführung des Profilgenerators mit Release R/3 3.0F konnten Profile und Berechtigungen nur manuell gepflegt werden. Das Konzept sieht vor, zunächst über die Transaktion SU03 (Pflege Berechtigungen) Berechtigungen anzulegen und diese dann über die Transaktion SU02 (Pflege Berechtigungsprofile) in Profilen miteinander zu kombinieren.

Zur Pflege der manuellen Berechtigungen stellt die Transaktion SU03 (Pflege Berechtigungen) die Liste aller im System existierenden Berechtigungsobjekte zur Verfügung, aus der die gewünschten Objekte ausgewählt und mit Berechtigungsfeldwerten gefüllt werden.

Was in der Kurzbeschreibung recht einfach klingt, erwies sich in der Praxis regelmäßig als sehr mühselig und aufwendig. Weil die manuelle Profilpflege keinerlei Unterstützung bei der Auswahl anwendungsgerechter Berechtigungsdaten liefert, war die Überarbeitung der Profile und Berechtigungen nach Releasewechseln stets eine zeitintensive Aufgabe.

Man musste für alle verwendeten Programme einen Berechtigungstrace (Transaktion ST01 – Systemtrace) anfertigen, um neue und veränderte Berechtigungsprüfungen im Vergleich zum alten Release zu identifizieren. Anschließend musste man – natürlich ebenfalls manuell – die Änderungen in bereits existierende Berechtigungen übertragen oder neue Profile und Berechtigungen anlegen.

Mit der Einführung des Rollenkonzepts auf Basis anwendungsspezifischer Customizing-Daten, sogenannter Berechtigungsvorschlagswerte (siehe Kapitel 7, »Systemeinstellungen und Customizing«), konnte ein großer Teil der Profilpflege automatisiert und damit der Pflegeaufwand für Kunden drastisch reduziert werden. Daher wird die manuelle Pflege von Berechtigungen und Profilen heutzutage kaum noch eingesetzt. Wir verzichten deshalb auf eine detaillierte Beschreibung der Transaktionen SU03 (Pflege Berechtigungen) und SU02 (Pflege Berechtigungsprofile).

Etwas häufiger genutzt wird lediglich noch die Funktion zur Bildung von Sammelprofilen in der Transaktion SU02 (Pflege Berechtigungsprofile). Sammelprofile können sowohl Einzelprofile (sie enthalten die Berechtigungen) als auch andere Sammelprofile enthalten.

Hinweis aus der Beratung: Ausschließlich Rollen

Pflege und Zuordnung manuell gepflegter Profile führen immer zu viel zu hohem Pflegeaufwand und aus Audit-Sicht zu einem nur schwer kontrollierbaren Berechtigungskonzept. Implementieren Sie immer ein rollenbasiertes Berechtigungskonzept.

6.3.2 Rollenpflege

Eine Rolle ist nichts anderes als ein technisches Konstrukt zur Datenablage. Rollen dienen nicht als Ersatz, sondern als Vorstufe von Profilen, die notwendig bleiben, um Berechtigungen für Benutzer wirksam werden zu lassen. Mittels des Profilgenerators (Transaktion PFCG – Pflege von Rollen) werden Profile und die darin enthaltenen Berechtigungen automatisch aus Rollen erzeugt.

Bis einschließlich SAP NetWeaver 7.40 können sowohl manuell gepflegte als auch automatisch erzeugte Berechtigungen nur eine begrenzte Anzahl von Berechtigungswerten aufnehmen. Der Maximalwert ist umso kleiner, je länger die Berechtigungswerte sind (siehe SAP-Hinweis 410993). Sobald die maximale Anzahl während der Profilgenerierung für eine Berechtigung überschritten wird, erzeugt der Profilgenerator kein neues Profil. Ab Auslieferung von SAP NetWeaver 7.50 entfällt diese Grenze für generierte Berechtigungen. Für manuell gepflegte Berechtigungen besteht sie fort.

Im Vergleich zur manuellen Profil- und Berechtigungspflege bietet der Profilgenerator mehrere Vorteile:

▶ Die Verwendung von Berechtigungsvorschlagswerten (siehe oben) erspart die Ermittlung und die manuelle Aufnahme der für eine ausführbare Anwendung erforderlichen Berechtigungen.

▶ Berechtigungsfelder für Organisationsmerkmale (Organisationsebenen) lassen sich berechtigungsübergreifend pflegen.

▶ Der Profilgenerator ermöglicht die sofortige Zuordnung der aus der Rolle generierten Berechtigungen zu Benutzern. Der Wechsel zu den Transaktionen der Benutzerpflege (SU01 – Benutzerpflege/ SU10 – Massenpflege Benutzer) ist nicht mehr erforderlich.

Die weiteren Erläuterungen dieses Abschnitts werden die weiter vorne dargestellten Grundaussagen verdeutlichen. Neben Funktionsbeschreibungen finden Sie auch einige Hinweise aus der Beratung.

Aus Platzgründen wird auf die Darstellung weniger wichtiger Teil-
funktionen verzichtet.

Wir beginnen im Einstiegsbild der Transaktion PFCG (Pflege von
Rollen) mit dem Anlegen einer ROLLE durch Eingabe eines technischen Namens (❶ in Abbildung 6.11). Die Wahl dieses Namens
unterliegt folgenden Einschränkungen:

Einstieg in den
Profilgenerator

▸ Der Name muss im aktuellen Mandanten eindeutig sein, darf also
  nicht für eine bereits existierende Rolle verwendet werden.

▸ Die Länge ist auf 30 Zeichen begrenzt.

▸ Es dürfen nur lateinische Großbuchstaben, die Ziffern 0 bis 9
  sowie die Sonderzeichen & ( ) + , - _ . : ; < > = ? verwendet werden.
  Die Eingabe von Kleinbuchstaben löst keinen Fehler aus, denn sie
  werden automatisch zu Großbuchstaben konvertiert.

▸ In Kundensystemen darf der Name nicht mit »SAP« beginnen.

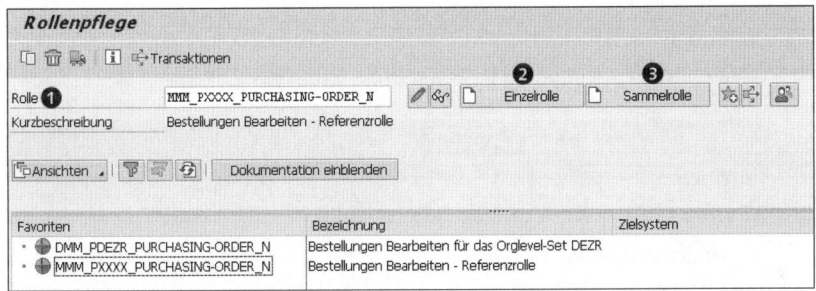

Abbildung 6.11 Einstiegsbild des Profilgenerators

Weitere verbindliche Namenskonventionen gibt es nicht, es ist
jedoch nützlich, wichtige technische und inhaltliche Merkmale der
Rolle im Namen anzudeuten. Solche Merkmale sind z. B.:

▸ Rollentyp

▸ Anwendungsbereich (FI, CO, MM etc.)

▸ organisatorische Zuordnungen (Buchungskreis, Werk etc.)

Im Rahmen des kundenspezifischen Berechtigungskonzepts können
weitere Kennzeichner sinnvoll sein.

Sie sollten entscheiden, in welcher Sprache Sie Rollen grundsätzlich
pflegen. Der Rollenname ist im Gegensatz zur Rollenbeschreibung
und dem Rollenlangtext nicht sprachabhängig. Legen Sie daher eine
Sprache für die beschreibenden Elemente im Rollennamen fest, und
erstellen Sie Rollen und deren beschreibenden Texte in dieser Spra-

che. Wenn Sie die Beschreibungen in weiteren Sprachen benötigen, können Sie die Texte übersetzen.

Hinweis aus der Beratung: Namenskonventionen

Die richtige Namenskonvention gibt es weder für Berechtigungskonzepte noch für irgendein anderes Merkmal. Eine Namenskonvention kann nur in Bezug auf das implementierte Konzept geeignet sein. Als Beispiel möchten wir eine Namenskonvention anbieten, die mittlerweile in einigen Varianten realisiert wurde. Diese Namenskonvention beinhaltet Informationen zur Funktion der Rolle (z. B. Referenzrolle), zum Anwendungsbereich, organisatorische Merkmale und eine erklärende Beschreibung.

Organisationen, die in mehreren Ländern Systeme betreiben, unterscheiden häufig zwischen globalen Rollen (also Rollen, die überall genutzt werden) und lokalen Rollen (also Rollen, die in einem Land oder einem System Verwendung finden).

Dementsprechend können Rollen sehr unterschiedliche Funktionen in einem umfassenden Rollenkonzept haben. Darüber hinaus gibt es Organisationen, die eine beispielhafte Rolle als Kopiervorlage verwenden, dies kann z. B. durch den Begriff *Template* verdeutlicht werden. Einige Beispiele finden Sie in der Zeile *Funktion* in Tabelle 6.2.

Bedeutung	Ausprägung
Rollentyp: M = Master, D = Derived (abgeleitete) Rolle, S = Single (Einzelrolle), C = Composite (Sammelrolle), G = globale Rolle, L = lokale Rolle, T = Template-Rolle etc.	D
Modul (z. B. CO, FI, MM)	MM
Unterstrich	_
Art des Zugriffs: D = Display (Anzeigen), P = Posting (Buchen), M = Maintenance (Pflege) etc.	P
vierstellige Identifikation des Orglevel-Sets	DEZR
Unterstrich	_
Beschreibung (18 Zeichen)	PURCHASING-ORDER
Unterstrich	_

Tabelle 6.2 Beispiel für eine Namenskonvention

Bedeutung	Ausprägung
Kritikalität: C = Critical (kritisch), N = None (nicht kritisch) etc.	N

Tabelle 6.2 Beispiel für eine Namenskonvention (Forts.)

Nach Wahl des Rollennamens muss mittels einen der beiden Buttons EINZELROLLE (❷ in Abbildung 6.11) oder SAMMELROLLE ❸ der Typ der anzulegenden Rolle bestimmt werden. Einzel- bzw. Sammelrollen entsprechen Einzel- bzw. Sammelprofilen, allerdings mit der wichtigen Einschränkung, dass Sammelrollen nur Einzelrollen, aber keine anderen Sammelrollen enthalten dürfen. Ebenso wie Sammelprofile haben Sammelrollen keine eigenen Berechtigungen.

Indem Sie einen Rollentyp festlegen, gelangen Sie auf die Registerkarte BESCHREIBUNG (siehe Abbildung 6.12). Dort haben Sie die Möglichkeit, im Bereich LANGTEXT ❶ eine Inhaltsangabe, Verwendungserklärungen, besondere Merkmale u. Ä. einzutragen. Die Bearbeitungsfunktionen oberhalb der Textfläche erlauben auch die Übernahme von Texten aus der Zwischenablage ❷ oder aus externen Dateien ❸.

Registerkarte »Beschreibung«

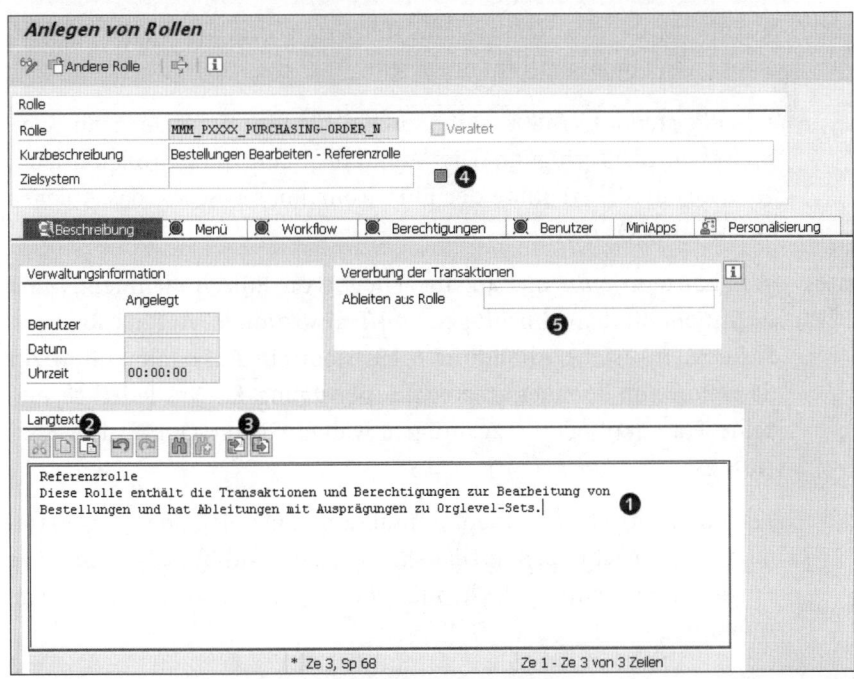

Abbildung 6.12 Profilgenerator: Registerkarte »Beschreibung«

Neben dem Langtext können Sie im Feld KURZBESCHREIBUNG oberhalb der Registerkarten einen Kurztext ❹ pflegen. Kurz- und Langtext sind freiwillige Angaben, werden aber von SAP empfohlen. Aufgrund seiner Lage im Kopfbereich des Bildes kann der Kurztext unabhängig von der Wahl der Registerkarte bearbeitet werden.

Nur für Einzelrollen wird rechts oberhalb des Langtextes das Eingabefeld ABLEITEN AUS ROLLE ❺ zur Definition einer Vererbungsbeziehung angeboten. Wir kommen auf die Bedeutung dieser Funktion noch mehrfach zurück. Um weitere Registerkarten zu erreichen, müssen Sie beim Anlegen der Rolle an dieser Stelle sichern.

Registerkarte »Menü«
Die Registerkarte MENÜ hat aus mehreren Gründen eine zentrale Bedeutung für die weitere Pflege und die Verwendung der Rolle:

▸ Nur für Applikationen im Menü können Berechtigungsvorschlagswerte zum automatischen Anlegen von Berechtigungen genutzt werden.

▸ Ein Benutzer kann sich die Menüs der ihm zugeordneten Rollen in seinem individuellen Benutzermenü (Easy-Access-Menü) anzeigen lassen, um von dort aus die gewünschten Anwendungen zu starten (siehe auch Abschnitt 7.5, »Menükonzept«).

▸ Die Angabe eines Zielsystems führt zum Start der Menüapplikationen in einem entfernten System.

Die Registerkarte MENÜ steht sowohl für Einzel- als auch für Sammelrollen zur Verfügung. Die Menüpflege für Sammelrollen erlaubt aber nur die Übernahme der Einzelrollenmenüs sowie das Anlegen zusätzlicher Ordner.

Transaktionen ins Menü einbinden
Wir konzentrieren uns auf die Pflege von Einzelrollenmenüs und beginnen mit dem Hinzufügen von Transaktionen. Auf der Registerkarte MENÜ (siehe Abbildung 6.13) steht ein Auswahlmenü ❶ zur Selektion von Menüeinträgen zur Verfügung ❷. Um lediglich einzelne Transaktionen hinzuzufügen, wählen Sie die Option TRANSAKTION ❸.

Tragen Sie die gewünschten Transaktionen manuell oder per Wertehilfe in das nachfolgende Dialogfenster ein, und bestätigen Sie Ihre Eingaben mit einem Klick auf TRANSAKTIONEN ZUORDNEN (siehe Abbildung 6.14).

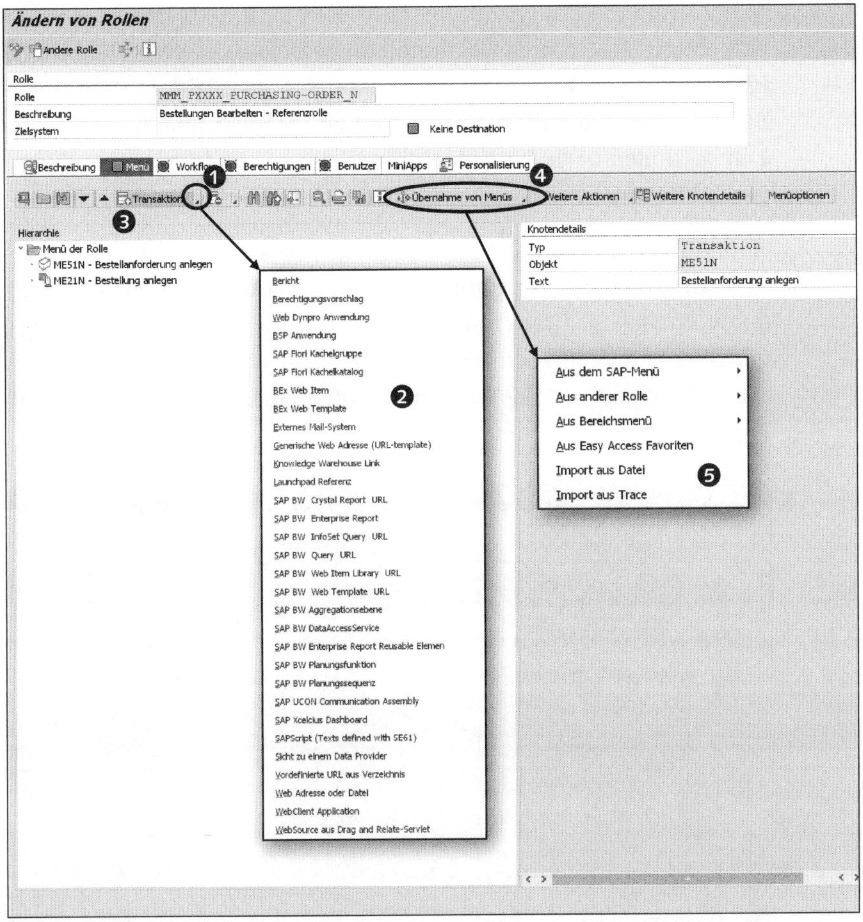

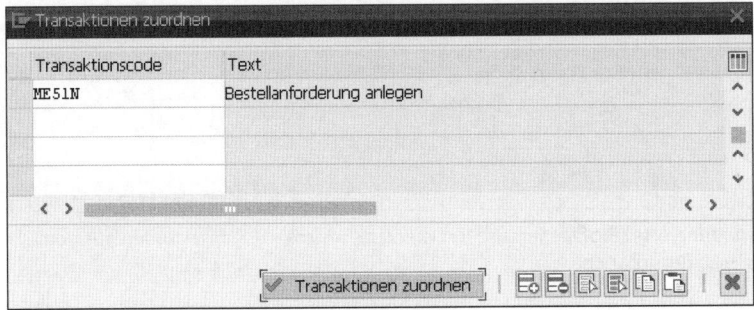

Abbildung 6.13 Profilgenerator: Registerkarte »Menü«

Abbildung 6.14 Profilgenerator: Registerkarte »Menü« – Transaktionen zuordnen

Meistens wünscht man allerdings keine primitive Transaktionsliste, sondern ein nach bestimmten Kriterien in Ordnern strukturiertes

Übernahme von Menüs

Menü. Um dem Rollenadministrator die Pflege der Menüstruktur zu erleichtern, gibt es die Funktionen unter ÜBERNAHME VON MENÜS (❹ in Abbildung 6.13). Die Optionen AUS DEM SAP-MENÜ und AUS BEREICHSMENÜ ❺ bieten die Auswahl von Standardmenüs an, die die Transaktionen nach Tätigkeiten innerhalb bestimmter Anwendungsbereiche ordnen.

Abbildung 6.15 zeigt die Übernahme der bereits bekannten Transaktion ME21N (Bestellung anlegen) aus dem SAP-Menü. Beachten Sie den vom Standardtransaktionstext abweichenden Text des Eintrags, der dem aktuellen Menükontext angepasst wurde. Häufig genutzte Transaktionen wie ME21N kommen oft mehrfach im SAP-Menü vor. Für ME21N allein findet man vier Treffer.

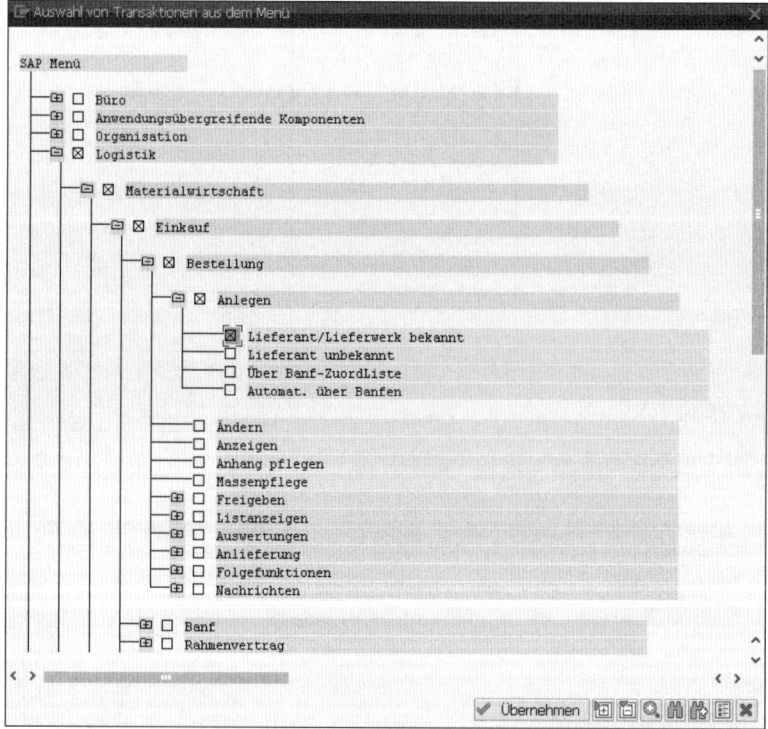

Abbildung 6.15 Profilgenerator: Registerkarte »Menü« – Transaktionen aus dem SAP-Menü zuordnen

Meistens benötigt man für die Rollenpflege nur die Transaktionsauswahl aus einem einzigen Anwendungsbereich, nicht aber aus dem gesamten SAP-Menü. In diesem Fall ist die Übernahme aus einem Bereichsmenü als Teilmenge des SAP-Menüs die beste Option. Wenn bereits eine Rolle existiert, in deren Menü sich eine geeignete Menü-struktur befindet, können Sie diese mit der Funktion Aus anderer Rolle übernehmen.

Mit den Optionen Aus dem SAP-Menü, Aus Bereichsmenü und Aus anderer Rolle können Menüs sowohl aus dem lokalen System als auch aus entfernten Systemen eingefügt werden. Die aus entfernten Systemen übernommenen Transaktionen werden auch dann akzeptiert, wenn sie im lokalen System nicht existieren, also nicht in der Transaktion SE93 (Pflege Transaktionscodes) definiert sind.

Die Option Import aus Datei ermöglicht das Einlesen eines Menüs aus einer externen Datei, die ein bestimmtes Datenformat aufweisen muss. Für weitere Details verweisen wir Sie auf SAP-Hinweis 389675[1].

Die Option Import aus Trace beschreiben wir detailliert in Abschnitt 6.6, »Vom Trace zur Rolle«, daher gehen wir an dieser Stelle nicht näher auf diese Funktion ein.

Um die automatische Erzeugung von Startberechtigungen für die in Tabelle 6.1 genannten Aufrufmethoden (außer Transaktionen und direkten Programmaufrufen) zu ermöglichen, wurde die Funktion Berechtigungsvorschlag entwickelt. Abbildung 6.16 zeigt den neuen Pflegedialog (ab SAP NetWeaver 7.02, siehe SAP-Hinweis 1782086), der im Gegensatz zur alten Oberfläche die Auswahl mehrerer Berechtigungsvorschläge des gleichen Typs anbietet. Diese unterschiedlichen Vorschlagstypen können Sie nun über eine Dropdown-Box auswählen. Auf diese Weise ist es möglich, Vorschläge aus der Zwischenablage massenhaft zu übernehmen.

Berechtigungs-vorschlag

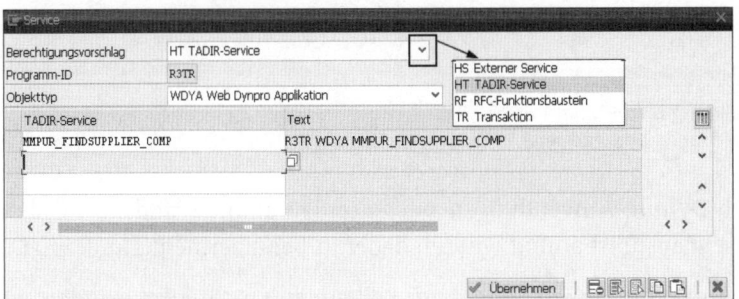

Abbildung 6.16 Profilgenerator: Registerkarte »Menü« – Berechtigungsvorschlag

---

1 SAP-Hinweise finden Sie im SAP Support Portal mithilfe der Hinweissuche. Dazu müssen Sie über einen Benutzer für das Portal verfügen.

Berechtigungsvorschläge im Menü haben die gleichen Auswirkungen auf die Berechtigungen der Rolle wie klassische Transaktionen: Neben der automatischen Erzeugung von Startberechtigungen werden auch Berechtigungsvorschlagswerte berücksichtigt, sofern diese zuvor gepflegt wurden. Anders als klassische Transaktionen sind Berechtigungsvorschläge jedoch nicht in Benutzermenüs sichtbar.

Für RFC-Funktionen und Services wäre die Sichtbarkeit nicht nur überflüssig, sondern sogar störend, weil mit diesen Methoden keine Starts von Anwendungen im lokalen System möglich sind.

Gelegentlich ist auch die Unsichtbarkeit von Transaktionen im Benutzermenü erwünscht. Deshalb wird das Anlegen eines Berechtigungsvorschlags im Menü ebenfalls für Transaktionen angeboten. Berechtigungstechnisch besteht kein Unterschied zu normalen Transaktionen. Berechtigungsvorschläge werden im Menü durch das Symbol ▨ (siehe Markierung in Abbildung 6.17) hervorgehoben und sind daher deutlich von Transaktionen zu unterscheiden.

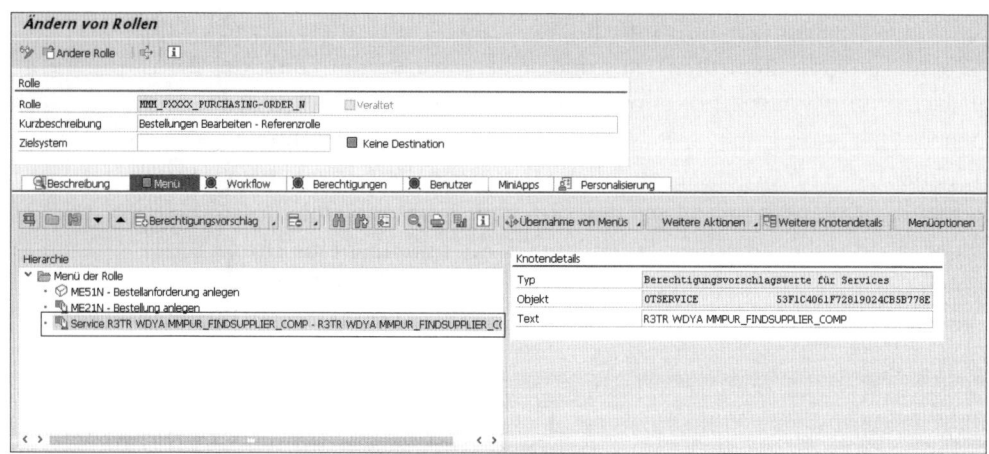

Abbildung 6.17 Profilgenerator: Registerkarte »Menü« – Berechtigungsvorschläge einer Transaktion im Menü

Web-Dynpro-Anwendungen

Web-Dynpro-Anwendungen und -Konfigurationen sind im lokalen System ausführbar und werden daher in Benutzermenüs angezeigt.

Anwendungen in verbundenen Systemen

Wenn Sie die Anwendungen im Rollenmenü nicht lokal, sondern in einem entfernten System starten möchten, tragen Sie eine geeignete RFC-Destination, die die »Trusted«-Anforderungen erfüllt, in das Feld ZIELSYSTEM im oberen Bildbereich ein. In diesem Fall benötigt der in der Definition der RFC-Destination (Transaktion SM59 – RFC-Destinations [Anzeige u. Pflege]) eingetragene Benutzer im Zielsystem ausreichende Berechtigungen. Wie diese Berechtigungen erzeugt und zugewiesen werden, ist nicht vorgeschrieben. Die Nutzung der Funktion VERTEILEN erleichtert jedoch das Verfahren. Diese Funktion legt die Rolle unter gleichem Namen im Zielsystem an und kopiert die Kurz- und Langtexte und das Menü dorthin. Falls die Rolle im Zielsystem bereits existiert, werden Texte und Menü aktualisiert. Anschließend müssen nur noch die Berechtigungen gepflegt, das Profil generiert und die Rolle dem RFC-Benutzer zugeordnet werden. Der Aufruf von Anwendungen in einem Zielsystem hat eine besondere Bedeutung in Szenarien, die den SAP NetWeaver Business Client (NWBC) nutzen. Ein konkretes Beispiel finden Sie in Kapitel 15, »Berechtigungen in SAP SRM«.

Ab Release SAP NetWeaver 7.00 haben Sie die Wahl zwischen dem soeben vorgestellten (globalen) Zielsystem und knotenspezifischen Zielsystemen, die Sie für jede ausführbare Menüanwendung individuell pflegen können (siehe Abbildung 6.18). Knotenspezifische Zielsysteme ermöglichen den Start von Anwendungen in mehreren entfernten Systemen, ohne dem ausführenden Benutzer für jedes System eine weitere Rolle zuweisen zu müssen. Allerdings schließen sich globale und knotenspezifische Zielsysteme gegenseitig aus. Falls bereits mindestens ein Menüeintrag ein Zielsystem besitzt, kann kein globales Zielsystem eingetragen werden und umgekehrt.

Bei Übernahme von Menüs aus entfernten Systemen mithilfe der oben erläuterten Funktionen AUS DEM SAP-MENÜ, AUS BEREICHSMENÜ und AUS ANDERER ROLLE wird für alle Anwendungen das System, aus dem die Übernahme erfolgte, automatisch als Zielsystem eingetragen.

In SAP NetWeaver 7.02 und ab SAP NetWeaver 7.30 blenden Sie knotenspezifische Zielsysteme auf der Registerkarte MENÜ ein, indem Sie den Cursor auf den gewünschten Menüknoten stellen und die Funktion WEITERE KNOTENDETAILS wählen. Für nicht ausführbare Menüknoten wie Ordner und Berechtigungsvorschläge ist das Feld ZIELSYSTEM leer und kann nicht gepflegt werden. Das Feld für das globale Zielsystem sowie der Button zum Verteilen wurden in den Bildkopf unterhalb des Beschreibungsfeldes verlagert.

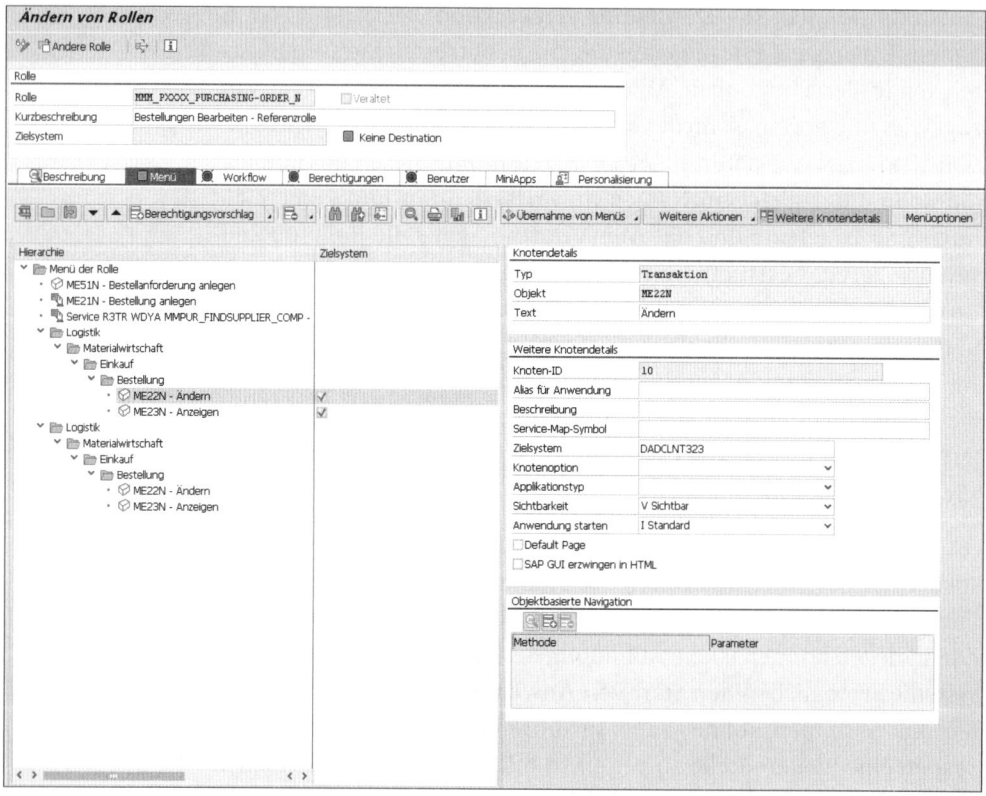

Abbildung 6.18 Profilgenerator: Registerkarte »Menü« – Anwendungen aus anderen Systemen einbinden

Das gezeigte Rollenmenü ermöglicht die Ausführung der Transaktionen ME22N und ME23N sowohl in einem Zielsystem als auch lokal. Ob ein Zielsystem gepflegt wurde oder nicht, erkennen Sie in der Spalte ZIELSYSTEM rechts neben der Menüstruktur. Der Name des Zielsystems für die Transaktion ME22N ist DADCLNT323.

Hinweis aus der Beratung: Funktionstrennung in verteilten Systemen

In den betriebswirtschaftlichen Prozessen muss in vielen Fällen eine Funktionstrennung realisiert werden (Abschnitt 5.5, »Maßgaben für die Funktionstrennung«). In einer Rolle, die sowohl lokale Anwendungen als auch Anwendungen in einem Zielsystem hat, ist das eine erhebliche logische Herausforderung. Es muss also geprüft werden, ob ein Funktionstrennungskonflikt im lokalen System, im Zielsystem oder zwischen den beiden Systemen eintritt.

Nach Abschluss der Menüpflege und dem Sichern der Eingaben wechseln Sie auf die Registerkarte BERECHTIGUNGEN. Bereits an dieser Stelle können Sie im Bereich INFORMATION ZUM BERECHTIGUNGS-PROFIL der Rolle einen maximal zehnstelligen Profilnamen (❶ in Abbildung 6.19) und einen PROFILTEXT ❷ mit maximal 60 Zeichen zuordnen. Die für Profilnamen erlaubten Zeichen sind die gleichen wie für Rollennamen. Als weitere Randbedingung auf Kundensystemen gilt das Verbot eines Unterstrichs an zweiter Stelle.

Registerkarte
»Berechtigungen«

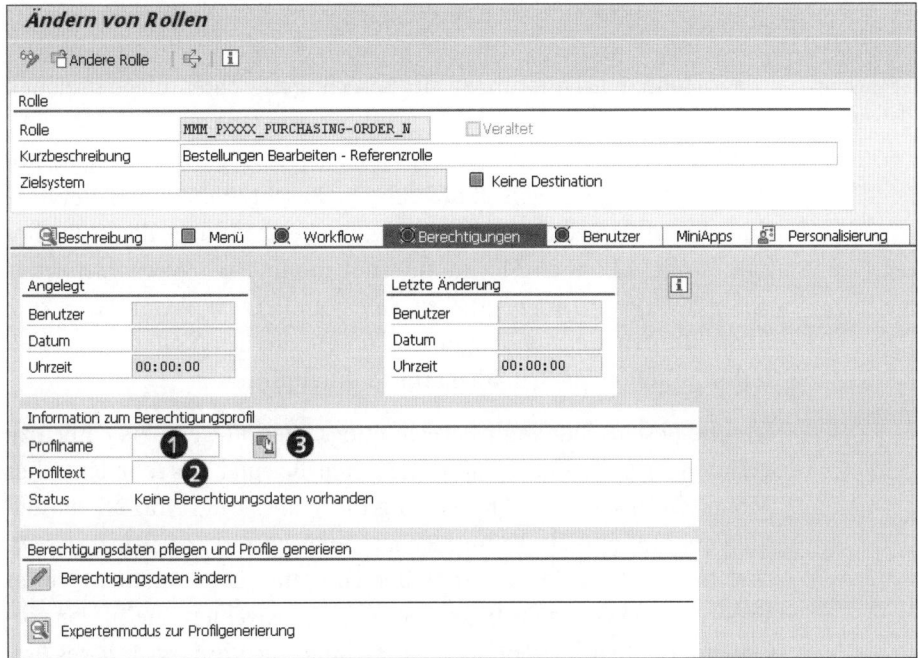

Abbildung 6.19 Profilgenerator: Registerkarte »Berechtigungen«

Falls der gewählte Profilname Leerzeichen enthält, werden diese durch Unterstriche ersetzt, wobei wiederum kein Unterstrich an der zweiten Stelle auftreten darf.

Als Alternative zur manuellen Eingabe können ein Profilname und -text über die Vorschlagsfunktion ❸ rechts neben dem Profilnamenfeld generiert werden. Generierte Profilnamen beginnen in Kundensystemen stets mit »T-«.

Es ist an dieser Stelle noch erlaubt, auf die Zuordnung eines Profilnamens und -textes zu verzichten. Obligatorisch ist es erst beim erstmaligen Sichern der Berechtigungsdaten der Rolle (siehe unten). Wenn Sie jedoch Eingaben vornehmen möchten, darf keines der beiden Felder leer bleiben.

Hinweis aus der Beratung: Kundenspezifische Profilnamen vermeiden

Die Pflege kundenspezifischer Profilnamen und Profilbeschreibungen bedeutet einen Zusatzaufwand, den die meisten Kunden nicht investieren. Vorteile einer kundenspezifischen Pflege sind uns bisher nicht deutlich geworden. Wir empfehlen darum, Namen und Beschreibung automatisch beim Sichern der Berechtigungsdaten vergeben zu lassen.

Berechtigungs-datenpflege

Die folgenden Erläuterungen zur Berechtigungsdatenpflege beziehen sich ausschließlich auf die neue ALV-basierte Oberfläche (ALV = SAP List Viewer), die ab SAP NetWeaver 7.31 verfügbar ist (Details finden Sie im SAP-Hinweis 2086293). Die Beschreibung unter Verwendung des alten Baumdiagramms – wie in der 2. Auflage dieses Buches dargestellt – können Sie im Internet unter *https://www.rheinwerk-verlag.de/sap-berechtigungswesen_3849/* im Bereich MATERIALIEN ZUM BUCH abrufen. Selbstverständlich können Sie Ihre Rollenpflege weiterhin mithilfe des Baumdiagramms durchführen.

Um die Beschreibung der Berechtigungsdatenpflege übersichtlich zu gestalten, verwenden wir im folgenden Beispiel ein sehr einfaches Menü, das als einzige Anwendung die Transaktion ME22N (Bestellung ändern) enthält. Fahren Sie auf der Registerkarte BERECHTIGUNGEN fort, indem Sie entweder Berechtigungsdaten ändern 🖉 oder Expertenmodus zur Profilgenerierung 🔍 auswählen, die in der vorliegenden Situation gleichbedeutend sind. Im Vordergrund des Folgebildes erscheint ein Dialogfenster zur Pflege der Organisationsebenenfelder (Organisationsebenen oder Orgebene). Dieses verlassen Sie mit F12 .

Aktivieren Sie anschließend die ALV-Sicht über die Menüfunktion HILFSMITTEL • EINSTELLUNGEN…, und setzen Sie das Kennzeichen ALV-TREE VERWENDEN (BERECHTIGUNGPFLEGE NEU AUFRUFEN). Wir empfehlen Ihnen, die technischen Bezeichnungen einzublenden, indem Sie zudem das Kennzeichen TECHNISCHE BEZEICHNUNGEN EINBLENDEN markieren. Sichern Sie Ihre Einstellungen mit einem Klick auf den Button EINSTELLUNGEN (siehe Abbildung 6.20), und verlassen Sie die Berechtigungsdatenpflege.

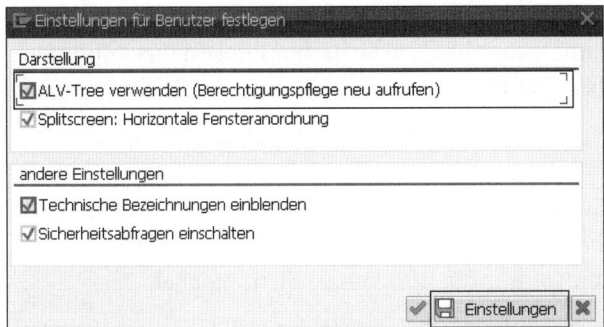

Abbildung 6.20 ALV-Sicht in der Berechtigungsdatenpflege aktivieren

Wenn Sie die Berechtigungsdatenpflege erneut aufrufen, sehen Sie die neue ALV-Sicht (siehe Abbildung 6.21).

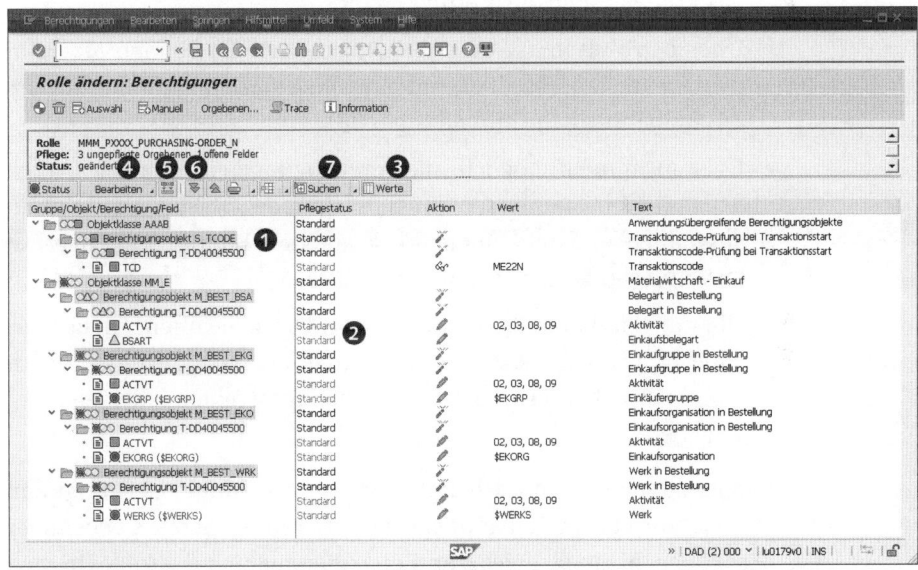

Abbildung 6.21 Profilgenerator: Rolle ändern – Berechtigungen – neue ALV-Sicht

Die hierarchische Darstellung der Berechtigungsliste in der ALV-Sicht unterscheidet sich nicht von der Darstellung im Baumdiagramm. Es kommen jedoch wichtige Informationen und Änderungen hinzu:

▶ Unabhängig von der Benutzereinstellung, die Sie unter Hilfsmittel • Einstellungen… vorgenommen haben, werden immer die technischen Bezeichnungen (❶ in Abbildung 6.21) für Objektklasse, Berechtigungsobjekt und Berechtigungsfeld angezeigt. Auch der technische Berechtigungsname ist immer sichtbar.

▸ Um deutlich zu machen, wie der Pflegestatus einer Berechtigung zustande kommt, zeigt die ALV-Sicht den Pflegestatus auf Berechtigungsfeldebene an ❷.

▸ Für die Anzeige der Berechtigungsfeldwerte können Sie zwischen der horizontalen (alle Werte in einer Zeile) und der vertikalen Sicht (eine Zeile pro Werteintervall) wählen. Sie wechseln die Ansichten über einen Klick auf den Button ⊞ Werte ❸. Im alten Baumdiagramm ist nur die horizontale Sicht möglich.

▸ Die Funktionssymbole in der Baumstruktur, die Sie über HILFSMITTEL • EINSTELLUNGEN... ein- und ausblenden können, werden durch das Auswahlmenü der Funktion BEARBEITEN ❹ ersetzt. Die angebotenen Aktionen sind abhängig von der Hierarchieebene (Objektklasse, Objekt, Berechtigung, Feld) und stehen auch über das Kontextmenü zur Verfügung.

▸ Über den Button ▦ (MASSENÄNDERUNGEN ❺) können Sie Feldwerte berechtigungsübergreifend pflegen (Details finden Sie im Zusammenhang mit Abbildung 6.28).

▸ Es ist nicht mehr möglich, alle Berechtigungen in einem Schritt zu expandieren. Stattdessen müssen Sie jede Objektklasse einzeln auswählen und mit einem Klick auf den Button ▿ (TEILBAUM EXPANDIEREN ❻) die Funktion ausführen.

▸ Über die Funktion ⊞Suchen ◢ ❼ expandieren Sie offene, neue, veränderte, gepflegte, aktive und inaktive Berechtigungen. Sie können hier außerdem nach Berechtigungsobjekten oder -feldern selektieren.

Bereits diese noch unbearbeitete Liste (in Abbildung 6.21) zeigt den großen Vorteil der Rollenpflege mittels Profilgenerator gegenüber der Pflege manuell erzeugter Berechtigungen und Profile in den Transaktionen SU03 (Pflege Berechtigungen) und SU02 (Pflege Berechtigungsprofile): Ohne eine einzige manuelle Tätigkeit erhalten Sie eine Berechtigungsliste der in den Menüapplikationen geprüften Objekte. Für die Transaktion ME22N (Bestellung ändern) zählen neben unserem Beispielobjekt M_BEST_EKO aus Abschnitt 6.2.1, »Berechtigungsfelder und Berechtigungsobjekte«, die Objekte M_BEST_BSA, M_BEST_EKG und M_BEST_WRK dazu. Alle vier Objekte enthalten das Berechtigungsfeld ACTVT, dessen Einträge die oben erwähnten Berechtigungsvorschlagswerte widerspiegeln. Diese können für Berechtigungsfelder wie ACTVT definiert werden, weil die in

Anwendungen geprüften Werte unabhängig von kundenspezifischen Situationen und damit konstant sind. Im Gegensatz dazu hängen die in den Feldern BSART (M_BEST_BSA), EKGRP (M_BEST_EKG), EKORG (M_BEST_EKO) und WERKS (M_BEST_WRK) erforderlichen Einträge stark von den betriebswirtschaftlichen Anforderungen und der Organisationsstruktur jedes einzelnen Unternehmens ab, wodurch Vorabfestlegungen unmöglich gemacht werden.

Mit den Feldern EKGRP (Einkäufergruppe), EKORG (Einkaufsorganisation) und WERKS (Werk) tauchen hier die drei in Abschnitt 3.7.3, »Organisationssicht des Haushaltsmanagements«, vorgestellten Organisationsebenen wieder auf. Die besondere Bedeutung von Organisationsebenen lässt sich in der Berechtigungspflege einer Rolle in doppelter Hinsicht erkennen:

Organisationsebenen der Berechtigungspflege

▸ Die Pflege von Organisationsebenen erfolgt in einem separaten Dialogfenster, das Sie bereits beim Einstieg in die Berechtigungspflege gesehen haben.

▸ Offene Organisationsebenen werden rot gekennzeichnet. Im Gegensatz dazu sind gewöhnliche Berechtigungsfelder ohne Werte gelb markiert.

Aus dem zweiten Merkmal ergibt sich die Bedeutung der Ampelfarben von Berechtigungen:

▸ Rot: Die Berechtigung enthält mindestens eine offene Organisationsebene.

▸ Gelb: Die Berechtigung enthält mindestens ein gewöhnliches Feld ohne Werte.

▸ Grün: Alle Felder der Berechtigung enthalten Werte.

Die Ampelstatus werden auf die übergeordneten Strukturelemente der Berechtigung (Objekt, Objektklasse) übertragen. Ist mindestens ein Objekt im Status Rot, werden die übergeordneten Elemente ebenfalls rot ausgewiesen. Sind keine roten Status vorhanden, wirkt ein Objekt mit gelbem Status vergleichbar: Ist mindestens ein Objekt im Status Gelb, werden die übergeordneten Elemente gelb ausgewiesen.

Sie stellen für alle Berechtigungen den Status Grün her, indem Sie zunächst über die Funktion ORGEBENEN [Strg] + [F8] in der Buttonleiste das Dialogfenster zur Organisationsebenenpflege aufrufen (siehe Abbildung 6.22), dort Werte für die drei genannten Felder, EINKÄUFERGRUPPE, EINKAUFSORGANISATION und WERK, eintragen und sichern. Die Organisationsebenenwerte werden sofort in den entsprechenden Berechtigungen angezeigt.

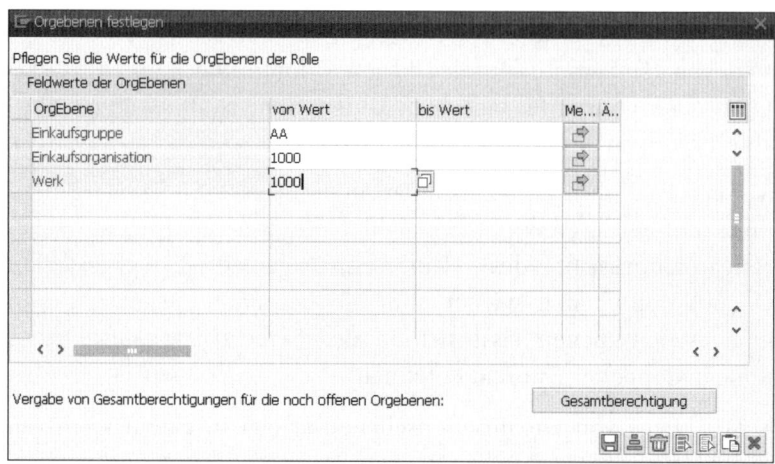

Abbildung 6.22 Profilgenerator: Rolle ändern – Berechtigungen; Orgebenen festlegen

Berechtigungs-
pflege: weitere
Feld

Anschließend füllen Sie das gewöhnliche Feld BSART in der Berechtigung zum Objekt M_BEST_BSA (siehe Abbildung 6.23) mit dem Wert NB für Normalbestellung. Zum Pflegedialog eines Berechtigungsfeldes gelangen Sie über den Button ✎ (ÄNDERN) in der dritten Spalte AKTION ❶ zu dem jeweiligen Berechtigungsfeld. Die Pflege erfolgt dann im Fenster FELDWERTE ❷.

Technische Regeln
der Berechtigungs-
pflege

Die Pflege von Organisationsebenen und gewöhnlichen Berechtigungsfeldern ist minimal reglementiert. Sie müssen lediglich zwei technische Eigenschaften beachten, diese sind allerdings sehr wichtig:

▶ Ein Berechtigungswert darf maximal 40 Zeichen lang sein. Das gilt auch dann, wenn der Bezugstyp des Berechtigungsfeldes im ABAP Dictionary länger als 40 Zeichen ist.

▶ Außer dem Stern (*) gibt es keine Sonderzeichen.

An dieser Stelle muss ausdrücklich klargestellt werden, dass der Stern genau genommen kein Platzhalter, sondern ein Markierungssymbol für Berechtigungsprüfungen ist. Während einer Prüfung werden für jedes Feld eines Objekts die geforderten Werte zeichenweise mit den Werten im Benutzerstamm verglichen. Ein Stern im Wert des Benutzerstamms signalisiert dem Prüfalgorithmus, dass ab dieser Position alle Zeichen erlaubt sind. Der Zeichenvergleich kann daher beendet werden, das Prüfergebnis ist positiv (andernfalls wäre die Prüfung nicht bis zur Position des Sterns gekommen). Deshalb sind alle einem Stern folgenden Zeichen sinnlos und werden vom Pflegedialog automatisch abgeschnitten (siehe SAP-Hinweis 1106948).

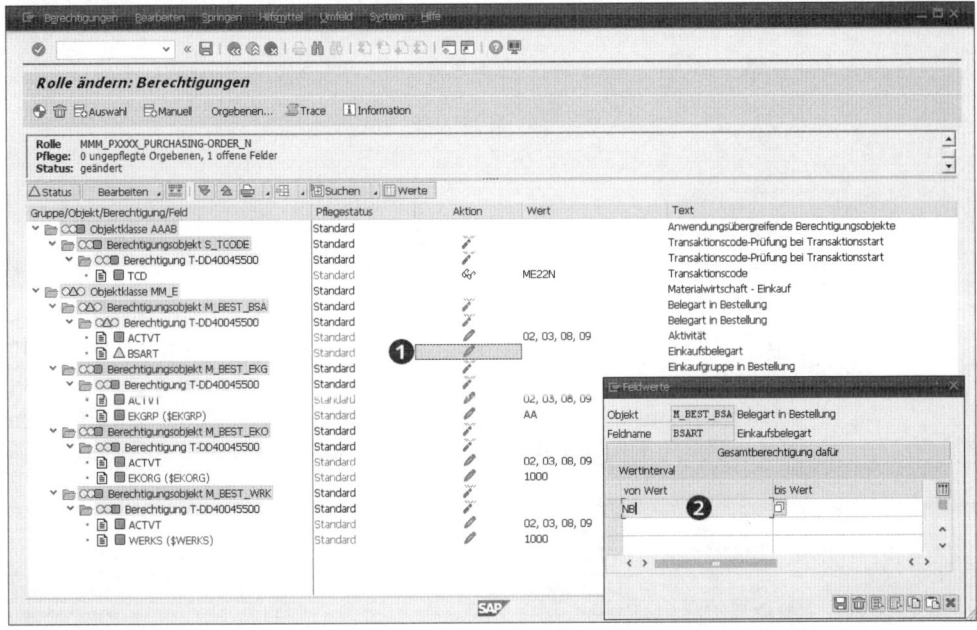

Abbildung 6.23 Profilgenerator: Rolle ändern – Berechtigungen; Pflege gewöhnlicher Felder

Durch Einfügen eines einzelnen Sterns in ein Berechtigungsfeld vergibt man den maximalen Berechtigungsumfang, die Gesamtberechtigung. Sie umfasst nicht nur alle aktuell möglichen Berechtigungswerte, sondern geht darüber hinaus. Besonders einleuchtend ist diese Definition für Berechtigungsfelder, die sich auf Domänen mit Festwerten beziehen. Mit der Gesamtberechtigung verfügt man nicht nur über alle momentan existierenden Festwerte, sondern hat automatisch auch die Berechtigung für weitere Festwerte, die zukünftig ergänzt werden.

Berechtigungspflege: generische Pflege

> **Hinweis aus der Beratung: Gesamtberechtigungen auf Feldern vermeiden**
>
> Die Vergabe der Gesamtberechtigungen ist viel zu häufig anzutreffen. Auch hier gilt immer das Minimalprinzip: Es sollten immer nur die notwendigen Berechtigungen vergeben werden. Alle Werte, also auch – wie dargelegt – hypothetische, werden meistens nicht dem strikten Minimalprinzip entsprechen.

Tabelle 6.3 fasst die unterschiedlichen Arten von Berechtigungswerten und ihre Bedeutung zusammen.

Feldwert	Art	Bedeutung
*	generisch	alle Werte
A*	teilgenerisch	alle mit A beginnenden Werte
AAA	konkret	nur Einzelwert AAA
*A		wie *
A*A		wie A*

Tabelle 6.3 Generische und konkrete Feldwerte

Status bei der Berechtigungspflege

Nach Pflege des Feldes BSART in der Berechtigung zum Objekt M_BEST_BSA fällt der Statuswechsel von STANDARD nach GEPFLEGT (❶ in Abbildung 6.24) auf. Im Gegensatz dazu bleibt nach der Pflege der drei Organisationsebenen der Status STANDARD ❷ der zugehörigen Berechtigungen erhalten.

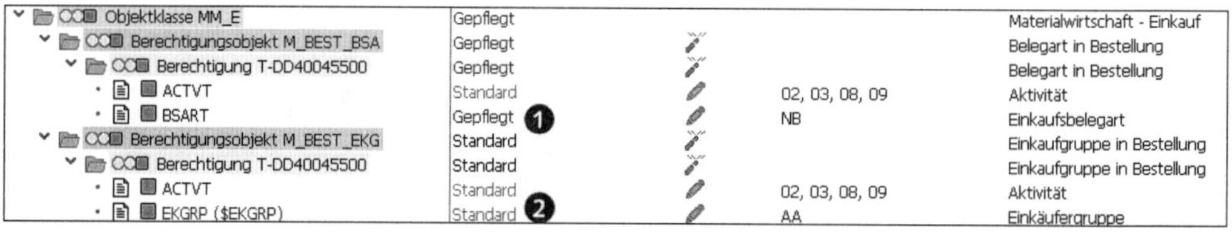

Abbildung 6.24 Profilgenerator: Rolle ändern – Berechtigungen – Status der Berechtigung

Bereits an diesem Unterschied erkennt man die berechtigungsübergreifende Gültigkeit von Organisationsebenen, die im weiteren Verlauf dieses Abschnitts noch deutlicher werden wird.

Die Kennzeichnungen STANDARD und GEPFLEGT heißen Pflegestatus. Ihre Definitionen lauten wie folgt:

▸ **Standard**
Die Berechtigung enthält nur Berechtigungsvorschlagswerte. Mit Ausnahme der Pflege von Organisationsebenen im dafür vorgesehenen Dialogfenster fanden keine Änderungen statt.

▶ **Gepflegt**

Die Berechtigung ist aus einer Standardberechtigung hervorgegangen, indem mindestens ein leeres Berechtigungsfeld gefüllt wurde, das keine Organisationsebene ist. Der Pflegestatus GEPFLEGT ist farblich hervorgehoben.

Es gibt noch die beiden weiteren Pflegestatus VERÄNDERT und MANUELL, auf die wir im weiteren Verlauf dieses Abschnitts sowie in Abschnitt 7.1, »Pflege und Nutzung der Vorschläge für den Profilgenerator«, eingehen werden.

Die Standardberechtigung zu S_TCODE wurde ebenfalls automatisch erzeugt, ist aber anders als alle Berechtigungen in der Objektklasse MM_E unabhängig von der Existenz von Berechtigungsvorschlagswerten. Die Berechtigungen zu S_TCODE und allen anderen in Tabelle 6.1 aufgeführten Startberechtigungsobjekten spiegeln exakt die im Menü enthaltenen Anwendungen wider. Sie sind nicht direkt änderbar, um Diskrepanzen zwischen Menüinhalt und Startberechtigungen zu vermeiden.

Berechtigungs-
pflege: Start-
berechtigungs-
objekte

Weil mehrere Berechtigungen pro Objekt möglich sind, muss jede Berechtigung mit einer Nummer eindeutig identifiziert werden. In unserer Beispielrolle haben alle Berechtigungen die Nummer T-DD40045500. Sie ist in Abbildung 6.25 jeweils unterhalb der Berechtigungsobjektnamen markiert.

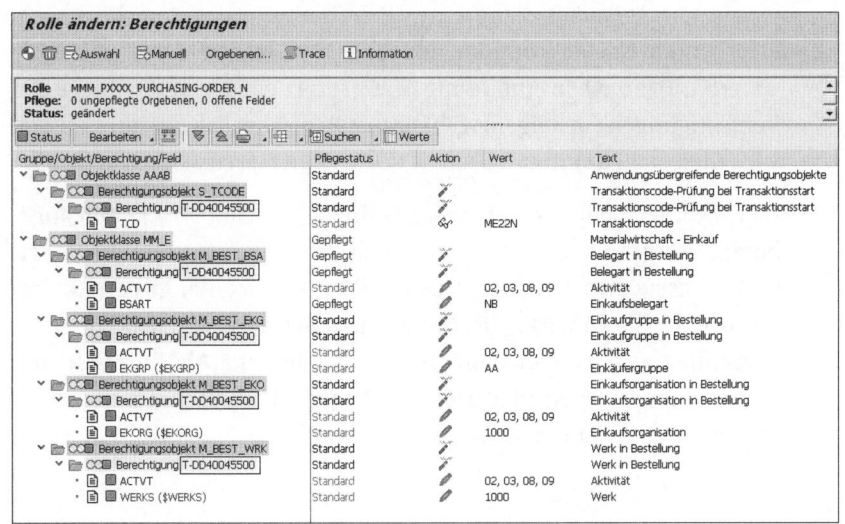

Abbildung 6.25 Profilgenerator: Rolle ändern – Berechtigungen – Nummerierung von Berechtigungen

Der Nummer vorangestellt wird immer der Profilname. Wenn Sie diesen zuvor auf der Registerkarte BERECHTIGUNGEN noch nicht festgelegt haben, erscheint ein vorläufiger, automatisch generierter Profilname.

Schließen Sie diesen ersten Schritt der Berechtigungsdatenpflege mit dem Sichern ab. Sofern noch der Profilname festgelegt werden muss, erscheint an dieser Stelle ein Dialogfenster, das den vorläufigen Namen zusammen mit einem generierten Profiltext zum Sichern vorschlägt. Beide Vorschläge können geändert werden.

Sie kehren anschließend mit F3 auf die Registerkarte BERECHTIGUN-GEN zurück, indem Sie das folgende Dialogfenster mit der ⏎-Taste bestätigen. Aufgrund des Sicherns der Berechtigungsdaten hat sich der Status der Registerkarte von Rot zu Gelb geändert.

Änderung der Berechtigungs-daten durch neue Anwendung

Im nächsten Schritt zeigen wir, dass der Profilgenerator nicht nur Berechtigungen auf der Grundlage von Berechtigungsvorschlagswerten anlegt, sondern darüber hinaus auch in der Lage ist, bereits existierende Berechtigungen unter Verwendung neu hinzukommender Vorschlagswerte anzupassen. Dazu wechseln Sie wieder auf die Registerkarte MENÜ, fügen die Transaktion ME25 (Best. mit Bezugs-quellenfind. anlegen) hinzu, sichern und kehren erneut zur Register-karte BERECHTIGUNGEN zurück.

Die Ampelfarbe ist wieder rot geworden, um zu signalisieren, dass wegen der Menüänderung eine Überarbeitung der Berechtigungen erforderlich ist. Sie könnten nun über den Button BERECHTIGUNGS-DATEN ÄNDERN (❶ in Abbildung 6.26) sofort wieder in die Pflege der Berechtigungen einsteigen, wählen aber in diesem Fall den alternativen Weg über die Funktion EXPERTENMODUS ZUR PROFILGENERIERUNG ❷.

Im folgenden Dialogfenster werden drei Aktionsmöglichkeiten angeboten. Aufgrund der Menüänderung ist die dritte Option ALTEN STAND LESEN UND MIT DEN NEUEN DATEN ABGLEICHEN ❸ bereits voreingestellt. Sie bewirkt die bereits angedeutete Aktualisierung der Berechtigungen gemäß dem neuen Menüinhalt. Als Kurzbeschreibung dieses Vorgangs hat sich der Begriff *Abmischen* durchgesetzt, den wir ab jetzt ebenfalls verwenden werden.

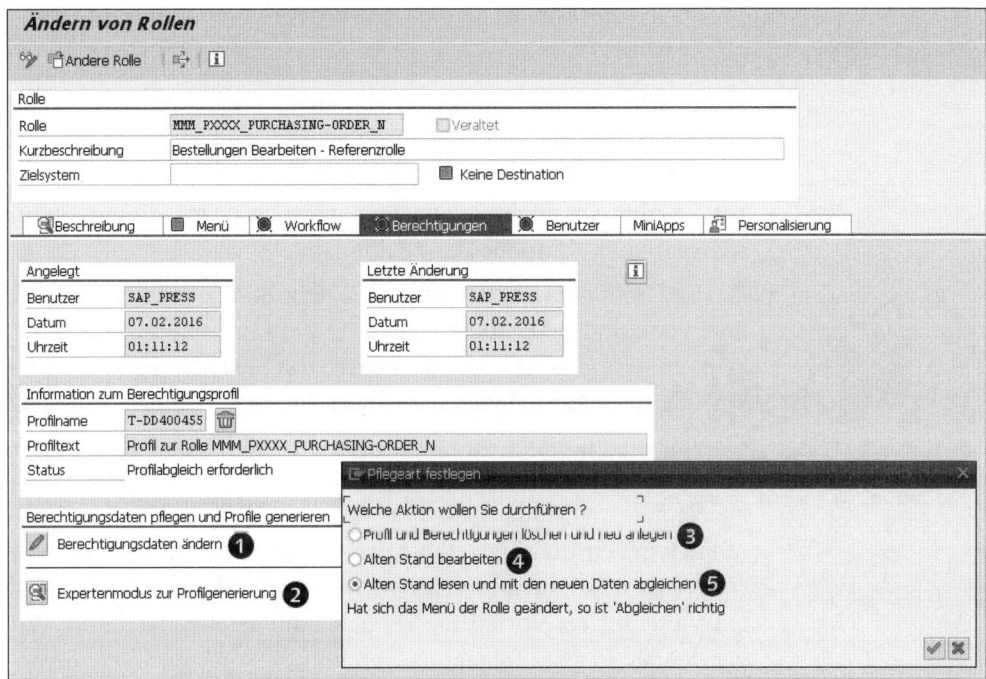

Abbildung 6.26 Profilgenerator: Registerkarte »Berechtigungen« Pflegeart festlegen

Nach Änderung von Menüapplikationen sollte der voreingestellte dritte Modus unbedingt beibehalten werden. Sehr gefährlich ist der Wechsel zu Alten Stand bearbeiten ➍, denn in diesem Modus findet keine automatische Anpassung der Berechtigungen statt, sodass der Menüinhalt nicht mehr korrekt in den Berechtigungen abgebildet wird.

Wenn der Zustand der Berechtigungen so schlecht und unübersichtlich sein sollte, dass eine Überarbeitung zu aufwendig wäre, können die Berechtigungen im Modus Profil und Berechtigungen löschen und neu anlegen ➌ aus den Vorschlagswerten der Menüanwendungen neu aufgebaut werden. Dabei werden sämtliche alten Berechtigungen gelöscht, von der Löschung ausgenommen sind lediglich die Organisationsebenenwerte. Erhalten bleibt auch der der Rolle zugeordnete Profilname.

Sie behalten also den Abmischmodus bei, bestätigen das Dialogfenster mit der ⏎-Taste und gelangen wieder zur Berechtigungsliste (siehe Abbildung 6.27).

Im Vergleich zur Abbildung 6.21 fallen zwei Veränderungen auf:

- Rechts neben der Spalte PFLEGESTATUS sehen Sie die zusätzliche Spalte AKTUALISIERUNGSSTATUS mit den Werten ALT, NEU oder AKTUALISIERT. Der Aktualisierungsstatus signalisiert, ob und in welcher Form der Abmischvorgang die Berechtigungen geändert hat. Änderungssymbole auf Feldebene machen diesen Status transparenter als in der alten Baumdarstellung.

- Das Bild ist in zwei Hälften geteilt: Die neue Bildhälfte zeigt gelöschte Feldwerte und Berechtigungen an. In dem in Abbildung 6.27 gezeigten Beispiel ist sie leer, weil durch das bloße Hinzufügen einer Transaktion keine Feldwerte und Berechtigungen gelöscht werden. Im Standard erscheint das Fenster auf der rechten Bildseite. Sie können sich diese Informationen jedoch auch in der unteren Bildhälfte anzeigen lassen, indem Sie über den Button 🔲 (VOLLBILD EIN/AUS) zwischen den Einstellungen ANORDNUNG VERTIKAL und ANORDNUNG HORIZONTAL wechseln. Diese neue Anzeigefunktion ist ein wesentlicher Vorteil im Vergleich zur Baumdarstellung. Wir verwenden in allen folgenden Abbildungen ausschließlich die horizontale Anordnung.

Für eine detaillierte Analyse klappen Sie alle Berechtigungen wieder auf.

In Abbildung 6.27 sehen Sie zunächst die hinzugefügte Transaktion ME25 ❷ in der S_TCODE-Berechtigung, sodass unmittelbar verständlich wird, warum das Berechtigungsobjekt ❶ den Status AKTUALISIERT hat. Die vier folgenden Berechtigungen gehören zu den Berechtigungsobjekten M_BANF_BSA, M_BANF_EKG, M_BANF_EKO und M_BANF_WRK (in der Abbildung markiert), die zu den Berechtigungsvorschlagswerten der neuen Transaktion ME25 zählen und vor dem Abmischen nicht in der Rolle vertreten waren. Folglich erhalten diese Berechtigungen den Aktualisierungsstatus NEU und deren Feldwerte das Symbol 🔁 NEU ❸.

Wegen der identischen Berechtigungsfeldzusammensetzung von M_BANF_BSA und M_BEST_BSA, M_BANF_EKG und M_BEST_EKG, M_BANF_EKO und M_BEST_EKO sowie M_BANF_WRK und M_BEST_WRK treten die drei Organisationsebenen EKGRP, EKORG und WERKS erneut auf. Sie erkennen nun den berechtigungsübergreifenden Charakter von Organisationsebenen besonders gut, weil die für EKGRP, EKORG und WERKS bereits gepflegten Werte automatisch in die neuen Berechtigungen übernommen wurden **❹**. Im Falle dieser drei Berechtigungen sind damit weitere manuelle Pflegearbeiten unnötig.

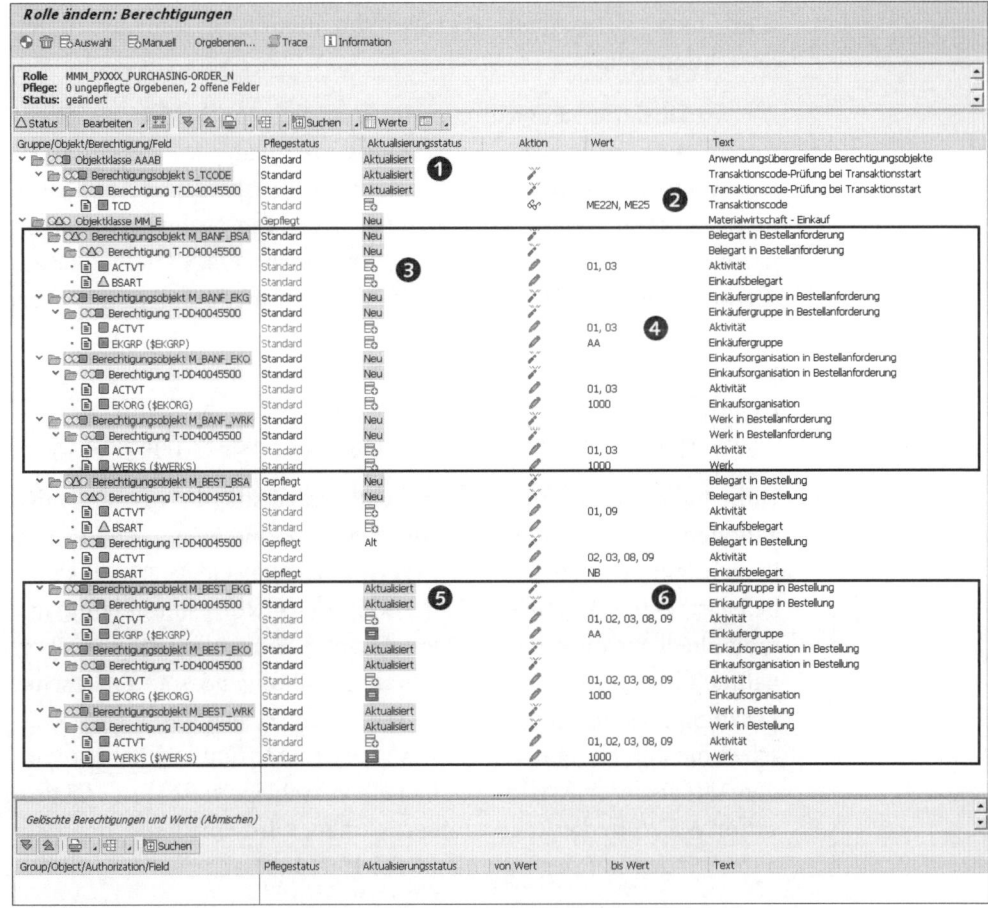

Abbildung 6.27 Berechtigungsdaten durch die neu hinzugefügte Transaktion ME25

Die automatische Übernahme der Organisationsebenenwerte ist auch verantwortlich für den Status AKTUALISIERT **❺**, den die Berechtigungen zu den drei bereits vorhandenen Objekten M_BEST_EKG, M_BEST_EKO und M_BEST_WRK durch das Abmischen erhalten haben. Dabei findet intern ein zweistufiger Prozess statt: Zunächst erzeugt der Profilgenerator zu jedem der drei Objekte aus den Berechtigungsvorschlagswerten der Transaktion ME25 eine neue Standardberechtigung mit der Aktivität 01 sowie den bereits vorhandenen Werten in den Organisationsebenenfeldern. Wegen der identischen Organisationsebenenwerte werden die alte und die neue Berechtigung automatisch zusammengefasst. Diese Komprimierung ist grundsätzlich erlaubt für alle Berechtigungen, deren Werte sich nur in einem Feld unterscheiden, denn die komprimierte Berechtigung führt nicht zu anderen Wertekombinationen als die getrennten Berechtigungen.

Die aktualisierten Berechtigungen beinhalten im Feld ACTVT ❻ die Vereinigungsmenge der Vorschlagswerte beider Menütransaktionen. Welche Berechtigungsvorschlagswerte aus welchen Applikationen stammen, bleibt über den Verwendungsnachweis jederzeit nachvollziehbar. Dieser kann für jedes Berechtigungsobjekt über das Auswahlmenü BEARBEITEN oder das Kontextmenü aufgerufen werden. Die Berechtigung zu M_BEST_WRK erhält Aktivität 01 aus ME25 und 02, 03, 08 und 09 aus ME22N. In den Berechtigungen zu M_BEST_EKG und M_BEST_EKO kommen die Werte 02, 03 und 08 aus ME22N, der Wert 01 aus ME25 und der Wert 09 aus beiden Transaktionen.

Ohne Verwendungsnachweis nachvollziehbar sind die aus den Transaktionen ME22N und ME25 stammenden Aktivitäten in den beiden Berechtigungen zu M_BEST_BSA. Weil das zweite Feld BSART (Einkaufsbelegart) keine Orgebene ist, gilt der Wert NB (Normalbestellung) nur individuell für die gepflegte Berechtigung. Eine automatische Übernahme in weitere Berechtigungen und nachfolgendes automatisches Zusammenfassen erfolgen nicht. Daher ändert sich durch das Abmischen die Berechtigung im Pflegestatus GEPFLEGT nicht und bekommt den Aktualisierungsstatus ALT. Um die Vorschlagswerte aus der Transaktion ME25 in die Rolle zu übernehmen, wird eine neue Standardberechtigung mit der Nummer T-DD40045501 angelegt.

Anhand der vorangegangenen Erläuterungen lassen sich folgende Definitionen für die drei Aktualisierungsstatus der Berechtigungen formulieren:

- ALT: Die Berechtigung existierte bereits vor dem Abmischen. Änderungen der Feldwerte fanden nicht statt.

- AKTUALISIERT: Die Berechtigung existierte bereits vor dem Abmischen. Der Abmischvorgang führte jedoch zu Änderungen der Feldwerte.

- NEU: Die Berechtigung ist beim letzten Abmischen hinzugekommen.

Die beiden folgenden Zusatzfunktionen, die mit der ALV-Sicht (ab SAP NetWeaver 7.31 verfügbar, SAP-Hinweis 2086293) neu hinzugekommen sind, helfen Ihnen dabei, Änderungen schneller vorzunehmen:

Sofern ein Berechtigungsfeld über den Standarddialog (siehe Abbildung 6.23) geändert werden kann, können Sie dessen Werte in einer beliebigen Berechtigung markieren und durch Hinüberziehen mit dem Mauszeiger in das gleiche Feld einer anderen Berechtigung kopieren (Drag & Drop). Mit Ausnahme des Feldes ACTVT ist dies auch zwischen Berechtigungen zu verschiedenen Objekten möglich. Weil die zulässigen Aktivitätswerte vom Berechtigungsobjekt abhängig sind, darf für das Feld ACTVT nur die Kopie zwischen Berechtigungen des gleichen Objekts erlaubt werden.

Drag & Drop

Wir demonstrieren die neue Funktion anhand der beiden neuen Standardberechtigungen, die das Feld BSART enthalten. Zunächst tragen wir in die Berechtigung zum Objekt M_BANF_BSA für BSART den Wert FO ein. Anschließend markieren wir diesen und übernehmen ihn per Drag & Drop in das gleichnamige Feld der Berechtigung T-DD40045501 zum Objekt M_BEST_BSA.

Mit der Funktion MASSENÄNDERUNG, die Sie in Abbildung 6.20 bereits kennengelernt haben, können Sie identische Feldwerte berechtigungsübergreifend ändern. Rufen Sie die Massenänderung über einen Klick auf den Button ⬚ auf. Es erscheint ein Dialogfenster (siehe Abbildung 6.28), in das Sie den Objekt- und Feldnamen der Berechtigungen eintragen, für die Sie eine Massenänderung durchführen möchten. Für unser Beispiel wählen wir das Objekt M_BEST_BSA und das Feld BSART. Von den Optionen im Bereich ÄNDERUNGEN wählen wir die erste ❶, um auch Berechtigungen zu anderen Objekten, die das Feld BSART enthalten, in die Pflege einzubeziehen. Als Nächstes löschen wir den Wert FO, den wir soeben per Drag & Drop in zwei Berechtigungen eingetragen haben, dort wieder. Wir klicken auf den Button WERTE DEFINIEREN ❷, und es erscheint der gewohnte Pflegedialog für Feldwerte. Dort tragen wir den Wert FO ein und verlassen das Fenster durch Bestätigung mit ⏎. Anschließend führen wir die Löschfunktion ❸ aus. In der Statuszeile sehen wir, dass zwei Berechtigungen geändert wurden.

Massenänderung

Der Aufruf der Löschfunktion mit Werten, die nicht in allen Berechtigungen existieren, ist unproblematisch. Solche Werte werden einfach ignoriert. Die Funktion ERSETZEN ❹ tauscht alle vorhandenen Werte durch die im Pflegedialog eingetragenen aus, während HINZU-FÜGEN ❺ diese Werte an die vorhandenen anhängt.

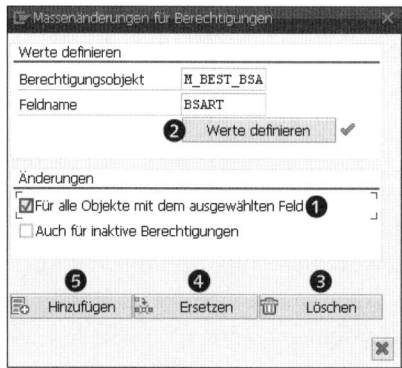

Abbildung 6.28 Selektion für die Massenänderung von Berechtigungsfeldwerten in einer Rolle

Anzeige der gelöschten Berechtigungen und Werte

Selbstverständlich findet die automatische Anpassung der Berechtigungen auch nach Löschung von Applikationen aus dem Rollenmenü statt. In diesem Fall sehen Sie gelöschte Berechtigungen und Werte in der unteren Bildhälfte. Wir verdeutlichen diesen Effekt, indem wir die aktuelle Berechtigungsliste sichern, auf die Registerkarte MENÜ zurücknavigieren, dort die Transaktionen ME25 löschen und durch eine Rückkehr in die Berechtigungsdatenpflege automatisch abmischen. Das Ergebnis ist wieder der Zustand vor dem Einfügen der Transaktion ME25 (siehe Abbildung 6.29).

Da die Berechtigungsobjekte M_BANF_BSA, M_BANF_EKG, M_BANF_EKO und M_BANF_WRK ausschließlich Berechtigungsvorschläge zu ME25 sind, wurden sie beim Abmischen vollständig entfernt (❶ in Abbildung 6.29). Gleiches gilt für die Berechtigung T-DD40045501 zum Objekt M_BEST_BSA ❷. Die Berechtigung T-DD40045500 zum selben Objekt gehört ausschließlich zur Transaktion ME22N und bleibt daher vom Abmischen unberührt. Die Berechtigungen zu den Objekten M_BEST_EKG, M_BEST_EKO und M_BEST_WRK bleiben erhalten, werden jedoch um den Wert 01 im Feld ACTVT reduziert, da dieser ein Vorschlagswert nur für ME25 ist. Deshalb wird er mit dem Symbol 🗐 (GELÖSCHT) versehen ❸, während alle verbleibenden Aktivitätswerte das Symbol 🗐 (IDENTISCH) erhalten ❹. Weil grundsätzlich vollständige Berechtigungen angezeigt werden, sieht man verbleibende Feldwerte immer in beiden Bildhälften.

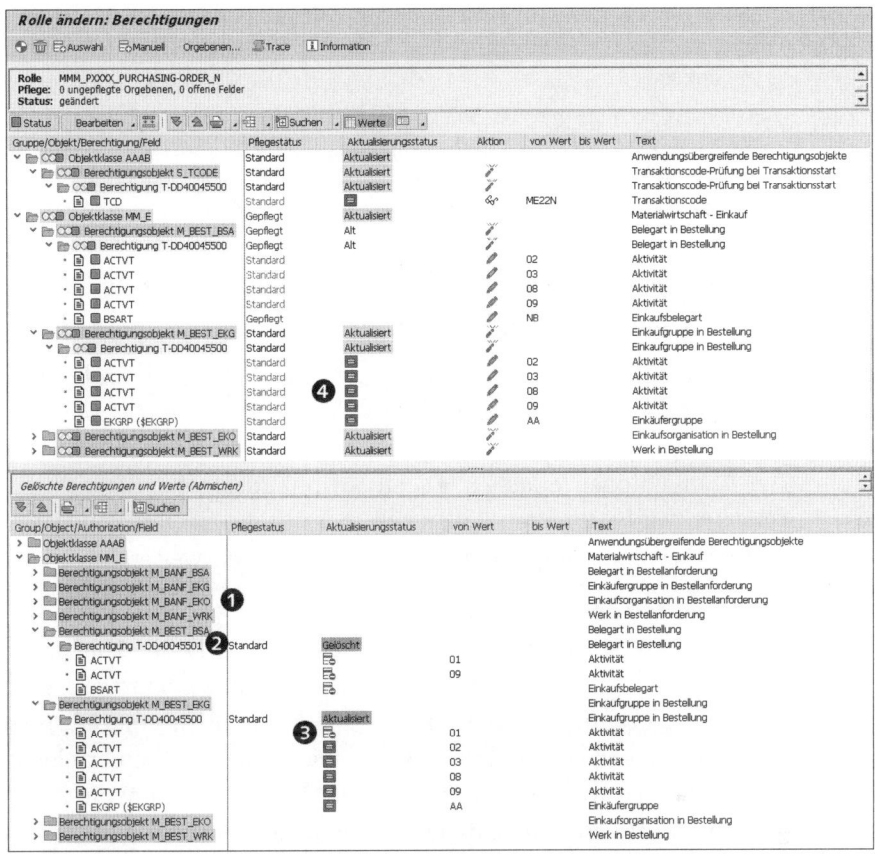

Abbildung 6.29 Berechtigungsdaten durch Entfernen der Transaktion ME25

Abschließend fassen wir die Bedeutung der mit der ALV-Sicht hinzugekommenen Änderungssymbole auf Feldebene zusammen:

- ▶ 🔄 NEU: Diese Werte wurden beim Abmischen ergänzt.
- ▶ ▤ IDENTISCH: Diese Werte sind während des Abmischens erhalten geblieben.
- ▶ 🔄 GELÖSCHT: Durch das Abmischen wurden diese Feldwerte entfernt.

Eine vollständige Beschreibung der Abmischfunktion mit Fallbeispielen finden Sie in SAP-Hinweis 113290.

Hinweis aus der Beratung: Transaktion unterschiedlich aussteuern

Die Möglichkeit, unterschiedliche Belegarten zu pflegen (siehe Abbildung 6.30), erlaubt es, für die Transaktionen ME22N (Bestellung ändern) und ME25 (Best. mit Bezugsquellenfind. anlegen) die Berechtigungen zu differenzieren. Sie haben für Transaktion ME22N den Wert NB für Normalbe-

stellung mitgegeben. Für Transaktion ME25 können Sie wie in unserem Beispiel gezeigt, auf die Belegart FO zur Anlage von Rahmenbestellungen einschränken.

Möchten Sie hingegen das Anlegen einer Bestellung über die Transaktion
ME25 von der Änderung einer Bestellung über die Transaktion ME22N
mithilfe der Einkaufsorganisation trennen, sollten Sie – aufgrund der
Organisationsebene EKORG – eine weitere Rolle anlegen.

Weitere Funktionen der Berechtigungs-datenpflege

Im restlichen Abschnitt möchten wir Ihnen noch weitere Funktionen
der Berechtigungsdatenpflege von Rollen vorstellen.

Bei Prüfung der beim Abmischvorgang eingefügten Standardberechtigungen kann es vorkommen, dass der Funktionsumfang aus den
Vorschlagswerten größer ist als erwünscht. Die Vorschlagswerte vieler Transaktionen erlauben, Daten sowohl anzuzeigen als auch zu
ändern. Mit bestimmten Rollen soll aber nur die Anzeige von Daten
erlaubt werden. Möglich sind hier zwei Vorgehensweisen:

▸ **Änderung der Vorschlagswerte**
Dieses Vorgehen hat den Nachteil, dass systemweit alle Rollen, die
den gleichen Berechtigungsvorschlag enthalten, betroffen sind
und nachgepflegt werden müssen. Der Vorteil ist eine Präzisierung der Vorschlagswerte – wenn eine Transaktion unterschiedlich genutzt werden kann, ist es unter Umständen sinnvoll, keine
Vorschlagswerte für Aktivitäten anzubieten.

▸ **Eingriff in die Rolle über das Kopieren von Berechtigungen**
Dieses Vorgehen hat den Nachteil, dass es fallweise reproduziert
werden muss: Wenn die gleiche Transaktion in einer neuen Rolle
eingesetzt wird, stimmen die Vorschlagswerte erneut nicht mit
der gewünschten Verwendung überein. Der Vorteil besteht darin,
dass es keine Auswirkungen auf andere Rollen gibt.

Um über das Kopieren von Berechtigungen in die Rolle einzugreifen,
gehen Sie wie folgt vor:

1. Markieren Sie die Berechtigung, deren Vorschlagswerte Sie
ändern möchten (hier Berechtigung T-DD40045500 ❷). Unter der
in Abbildung 6.30 markierten Funktion BEARBEITEN ❶ wählen Sie
KOPIEREN der Berechtigung. Es wird daraufhin eine zweite, identische Standardberechtigung erzeugt. Alternativ können Sie die
Berechtigung kopieren, indem Sie sie markieren, über einen
Rechtsklick das Kontextmenü öffnen und dort KOPIEREN wählen.

2. In der kopierten Berechtigung ändern Sie nun die Vorschlagswerte und füllen offene oder ändern gepflegte Felder ❸. Die Berechtigung, die Sie als Vorlage verwendet haben, deaktivieren Sie mit der Funktion ✗ in der Spalte AKTION ❹.

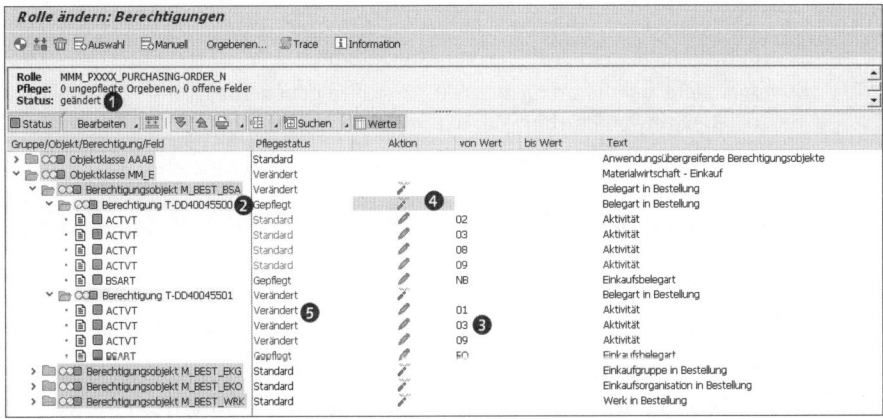

Abbildung 6.30 Berechtigungen kopieren

Die deaktivierte Berechtigung ist sehr wichtig, weil durch sie der Bezug zu den ursprünglichen Vorschlagswerten aufrechterhalten wird. Wenn sie fehlt, fügt der Profilgenerator beim nächsten Abmischen erneut eine Standardberechtigung hinzu. Mithilfe der ALV-Sicht können Sie auch alle Berechtigungen zu einer Objektklasse inaktiv setzen, indem Sie auf Ebene der Objektklasse das Auswahlmenü BEARBEITEN oder das Kontextmenü nutzen. Analog können Sie bei einer Selektion von mehreren Berechtigungen oder Objektklassen vorgehen. Über das Kontextmenü können Sie Berechtigungen nun außerdem direkt löschen, ohne dass diese vorher inaktiv gewesen sein mussten.

Inaktive Berechtigungen

Die Modifikationen in der zweiten Berechtigung unseres Beispiels führen zum dritten von vier möglichen Pflegestatus: VERÄNDERT. Eine Berechtigung erhält den Status VERÄNDERT, wenn in mindestens einem gewöhnlichen Feld die Berechtigungsvorschlagswerte geändert wurden ❺ oder mindestens ein Organisationsebenenfeld individuell gepflegt wurde.

Pflegestatus »Verändert«

Ein Organisationsebenenfeld ist dann individuell gepflegt, wenn Sie die Feldwerte direkt in einer bestimmten Berechtigung ändern und dadurch für diese Berechtigung die im Pflegedialog für Organisationsebenen eingetragenen globalen Werte außer Kraft setzen.

> **Hinweis aus der Beratung: Keine »individuelle« Pflege von Organisationsebenen**
>
> Von der dargestellten individuellen Pflege eines Organisationsebenenfeldes ist dringend abzuraten. In jedem Fall erschwert ein derartiges Vorgehen die Kontrolle von Berechtigungskonzepten erheblich. Sofern Sie ein Ableitungskonzept nutzen, kann dieses Vorgehen zu erheblichem Zusatzaufwand auch in der Pflege von Rollen führen.
>
> Aus Sicht der Beratung handelt es sich gegebenenfalls um eine Abweichung vom Standardprinzip, wie wir es in Abschnitt 4.5.8, »Standardprinzip«, definiert haben.

Sie können den Statuswechsel leicht nachvollziehen, indem Sie in der eben bearbeiteten Beispielrolle etwa in der Berechtigung zum Objekt M_BEST_EKG für das Feld EKGRP die Pflegefunktion aufrufen. Es erscheint ein Dialogfenster, das ausdrücklich auf die Konsequenzen dieser Aktion hinweist. Bestätigen Sie dieses Fenster, ändern Sie die Werte, und sichern Sie sie. Mithilfe der Löschfunktion können Sie jederzeit die in dieser Berechtigung individuell gepflegten Werte für das Feld EKGRP wieder löschen und damit automatisch zu den globalen Werten zurückkehren. Selektieren Sie dazu FELDWERTE LÖSCHEN unter der Funktion BEARBEITEN, die wir im Zusammenhang mit Abbildung 6.30 bereits erläutert haben. In diesem Fall wird der Pflegestatus VERÄNDERT rückgängig gemacht, und die globalen Werte werden wieder angezeigt.

Pflegestatus »Manuell« Nur der Vollständigkeit halber soll hier der vierte Pflegestatus MANUELL erwähnt werden. Berechtigungen dieses Status stammen nicht aus Berechtigungsvorschlägen, sondern wurden entweder über die Menüfunktion BEARBEITEN • EINFÜGEN BERECHT. (fünf Optionen) oder durch Migration eines manuell angelegten Profils (Transaktion SU25 – Upgrade-Tool für den Profilgenerator, Schritt 6) erzeugt. Da Berechtigungen, die keinen Bezug zu den Berechtigungsvorschlägen der Menüapplikationen haben, eine potenzielle Gefahr für die Regelkonformität einer Rolle darstellen, rät SAP von der Verwendung manueller Berechtigungen grundsätzlich ab. Aus diesem Grund gehen wir auf die genannte Menüfunktion nicht weiter ein.

Zusammenfassend sollen hier alle vier Status noch einmal dargestellt werden:

▸ STANDARD: Die Berechtigung enthält nur Berechtigungsvorschlagswerte. Mit Ausnahme der Pflege von Organisationsebenen im dafür vorgesehenen Dialogfenster fanden keine Änderungen statt.

▸ GEPFLEGT: Die Berechtigung ist aus einer Standardberechtigung hervorgegangen, indem mindestens ein leeres Berechtigungsfeld gefüllt wurde, das keine Organisationsebene ist. Der Pflegestatus GEPFLEGT ist farblich hervorgehoben.

▸ VERÄNDERT: Eine Berechtigung erhält den Status VERÄNDERT, wenn in mindestens einem gewöhnlichen Feld die Berechtigungsvorschlagswerte geändert wurden oder mindestens ein Organisationsebenenfeld individuell gepflegt wurde.

▸ MANUELL: Berechtigungen dieses Status stammen nicht aus Berechtigungsvorschlägen, sondern wurden manuell erzeugt.

Hinweis aus der Beratung: Manuelle Pflege vermeiden

Manuell hinzugefügte Berechtigungsobjekte sind ein deutliches Indiz für eine unzureichende Berechtigungspflege. Das Ziel muss sein, sämtliche Objekte über die Vorschlagswerte einzufügen und so den Status MANUELL ganz zu vermeiden.

Für die Startberechtigungsobjekte gilt dies in besonderem Maße. Manuell hinzugefügte Startberechtigungsobjekte sind ein Beleg dafür, dass die Berechtigungspflege unter Missachtung grundlegender technischer Standards erfolgt und somit grundsätzlich nicht regelkonform sein kann.

An dieser Stelle kommen wir zum Feld ABLEITEN AUS ROLLE auf der Registerkarte BESCHREIBUNG zurück. Wenn dort eine Einzelrolle mit Menü eingetragen ist, liegt eine Vererbungsbeziehung oder Ableitung vor. Die Einzelrolle mit Menü fungiert dann als Referenz- oder Masterrolle. Damit wird angedeutet, dass nur der Bezug zum Menü einer anderen Rolle hergestellt, aber keine Kopie der Menüdaten erstellt wurde. Folglich wird für die abgeleitete Rolle auf der Registerkarte MENÜ das Menü der Referenzrolle ohne Änderungsmöglichkeit angezeigt. Für die Pflege der Berechtigungen steht der abgeleiteten Rolle das Menü der Referenzrolle in vollem Umfang zur Verfügung, es wird also wie ein eigenes Menü behandelt. Eine Einzelrolle kann abgeleitet werden, solange sie noch keinen eigenen Menüknoten beliebigen Typs besitzt.

Rollen ableiten

Der große Vorteil der Ableitung besteht in der Möglichkeit der automatischen Übertragung von Berechtigungsdaten von der Referenzrolle auf die abgeleiteten Rollen.

Die Ableitung erläutern wir im Folgenden anhand eines Beispiels: Navigieren Sie im Änderungsmodus in die Berechtigungsdaten unse-

Referenzrolle

rer Beispielrolle MMM_PXXXX_PURCHASING-ORDER_N. Diese Rolle definieren Sie nun als Referenzrolle. Löschen Sie im Dialogfenster zur Organisationsebenenpflege den Wert für EINKAUFS-GRUPPE, und ersetzen Sie in den beiden anderen Organisationsebenen den Wert 1000 durch XXXX. Nach dem Sichern der Änderungen kehren Sie zum Einstiegsbild der Transaktion PFCG zurück.

Rolle aus Referenzrolle ableiten
Legen Sie eine neue Einzelrolle DMM_PDEZR_PURCHASING-ORDER_N an, tragen Sie auf der Registerkarte BESCHREIBUNG im Feld ABLEITEN AUS ROLLE die Rolle MMM_PXXXX_PURCHASING-ORDER_N (Markierung in Abbildung 6.31) ein, und sichern Sie, indem Sie das folgende Dialogfenster bestätigen. Damit haben Sie DMM_PDEZR_PURCHASING-ORDER_N als Ableitung der Referenzrolle MMM_PXXXX_PURCHASING-ORDER_N definiert.

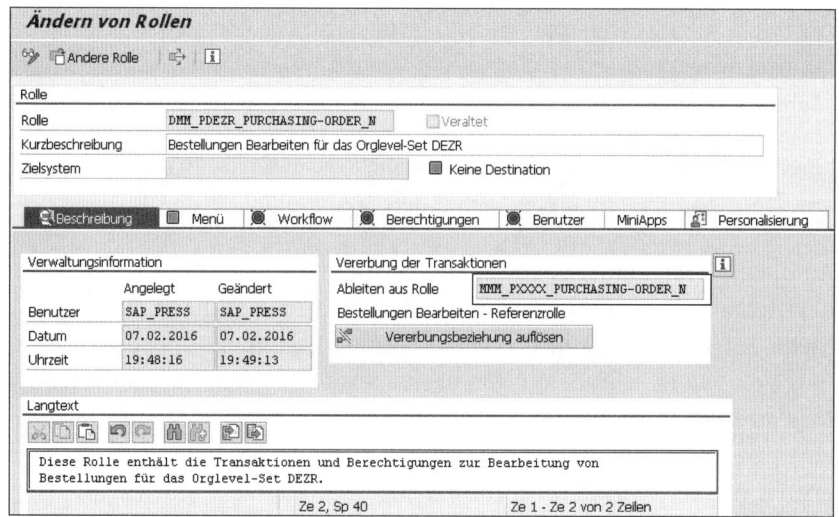

Abbildung 6.31 Ableitung erstellen

Wechseln Sie zur Registerkarte BERECHTIGUNGEN, und wählen Sie einen der beiden Modi zum Abmischen der Berechtigungsdaten. Die folgende Berechtigungsliste zeigt erwartungsgemäß den gleichen Inhalt wie für die erste Beispielrolle (siehe Abbildung 6.32). Sie tragen im Feld BSART ❶ der Berechtigung zum Objekt M_BEST_BSA den Wert B* und im Dialogfenster zur Organisationsebenenpflege für WERKS den Wert 1000 ❷ ein. Die beiden anderen Organisationsebenen lassen Sie offen ❸. Nach Verlassen der Organisationsebenenpflege sichern Sie die Rolle. Nun führen Sie die Funktion DATEN ÜBERNEHMEN ❹ in der Buttonleiste aus.

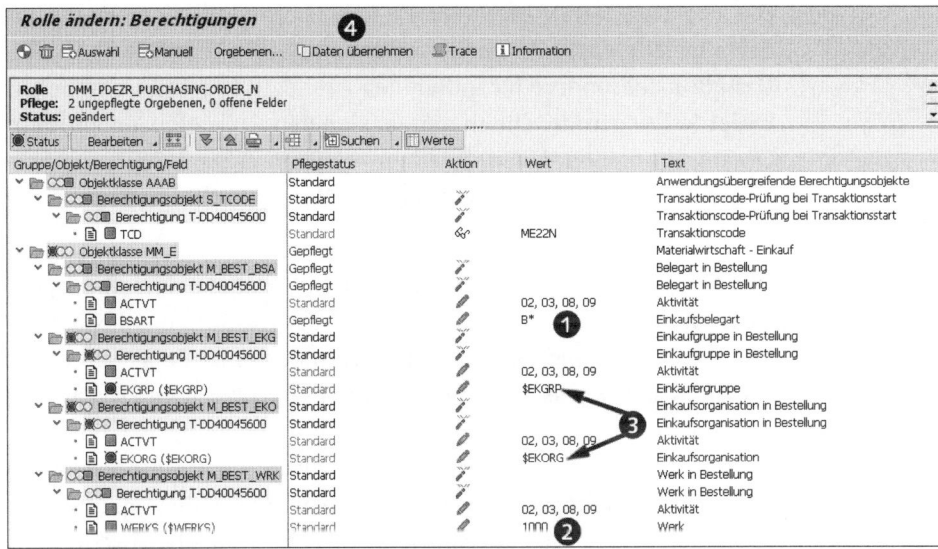

Abbildung 6.32 Abgeleitete Rolle vor Datenübernahme

Nach Bestätigung des folgenden Dialogfensters sehen Sie, dass im Feld BSART zum Objekt M_BEST_BSA nun der Wert NB eingetragen ist (siehe Abbildung 6.33 ❶). Darüber hinaus bleibt die Organisationsebene EKGRP leer ❷, während EKORG nun XXXX ❸ enthält. Der Wert 1000 ❹ in WERKS hat sich nicht geändert.

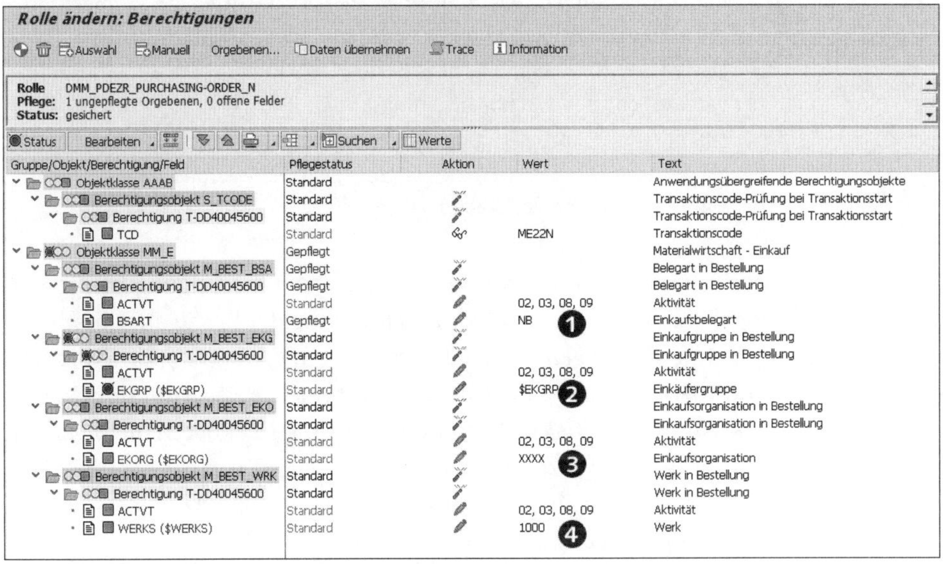

Abbildung 6.33 Abgeleitete Rolle nach Datenübernahme

Die Funktion DATEN ÜBERNEHMEN überschreibt alle Berechtigungen der abgeleiteten Rolle mit den Berechtigungen der Referenzrolle. Das gilt insbesondere für individuell gepflegte Organisationsebenen in der Referenzrolle. Die in der abgeleiteten Rolle global gepflegten Organisationsebenenwerte bleiben erhalten. Offene Organisationsebenen werden mit den Werten der Referenzrolle gefüllt, soweit diese existieren.

Vorteile der Ableitung

Die Ableitung von Rollen ist also der Rollenkopie weit überlegen, wenn Sie für den gleichen Funktionsumfang unterschiedliche organisatorische Zuständigkeiten definieren möchten. Weil Sie die Werte gewöhnlicher Felder aus der Referenzrolle übernehmen können, müssen Sie nur die Organisationsebenen in jeder abgeleiteten Rolle pflegen. Dieser Vorteil bleibt so lange erhalten, wie die Vererbungsbeziehung besteht: Sie brauchen nur geänderte Berechtigungsdaten der Referenzrolle auf die abgeleiteten Rollen zu übertragen. Dies kann auch aus der Referenzrolle heraus erfolgen.

Hinweis aus der Beratung: Referenzrolle nicht zuordnen

Unsere Empfehlung in der Beratung lautet, Referenzrollen nicht an Benutzer zu vergeben und die Organisationsebenen der Referenzrollen mit fiktiven Werten (z. B. XXXX) auszuprägen.

Das hat folgende Vorteile:

▶ Bei Auswertungen, wie z. B. über die Tabelle AGR_1252, sind Referenzrollen auf Anhieb von abgeleiteten Rollen zu unterscheiden.

▶ Die Übernahme »fiktiver« Werte, wie in Abbildung 6.33 dargestellt, verdeutlicht den Nachbearbeitungsbedarf.

▶ Die Referenzrolle wird nicht als Rolle mit umfassenden Berechtigungen (leider viel zu oft Praxis) verwendet. Dadurch werden Fehler bei der Datenübernahme vermieden.

Wir schließen die Ausführungen über die Berechtigungspflege von abgeleiteten Rollen mit einer Beschreibung der Profilgenerierung ab. Um ein Profil zu generieren, kehren Sie auf die Registerkarte BERECHTIGUNGEN zurück, wählen in der Buttonleiste die Funktion VERERBUNGSHIERARCHIE (❶ in Abbildung 6.34) und selektieren im folgenden Fenster die Referenzrolle MMM_PXXXX_PURCHASING-ORDER_N ❷. Danach können Sie über BERECHTIGUNGSDATEN ÄNDERN sofort in deren Berechtigungsdaten navigieren.

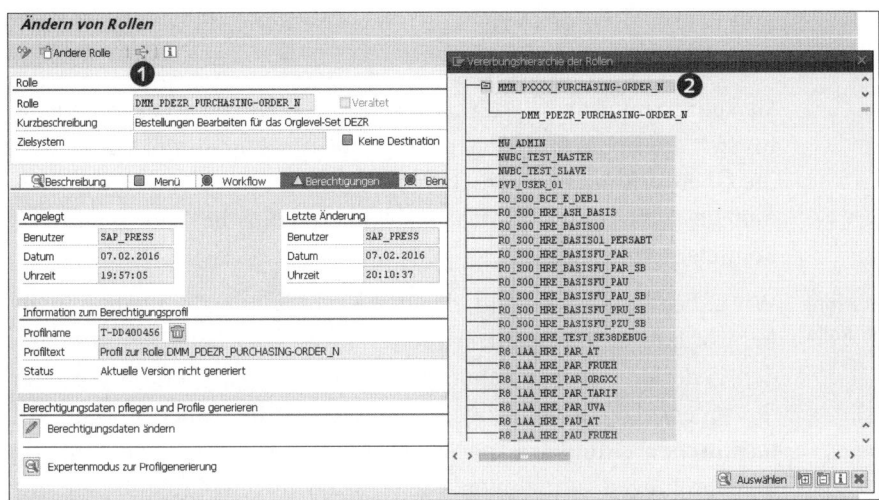

Abbildung 6.34 Wechsel in Referenzrolle über Vererbungshierarchie

Sie haben nun zwei Alternativen: Sie können mit der Funktion GENE-RIEREN in der Buttonleiste (❶ in Abbildung 6.35) nur das Profil der Referenzrolle generieren oder mittels ABGELEITETE ROLLEN GENERIE-REN ❷ das Profil der Referenzrolle sowie aller abgeleiteten Rollen generieren. Dabei werden zuvor die Berechtigungsdaten der Referenzrolle auf die abgeleiteten Rollen übertragen.

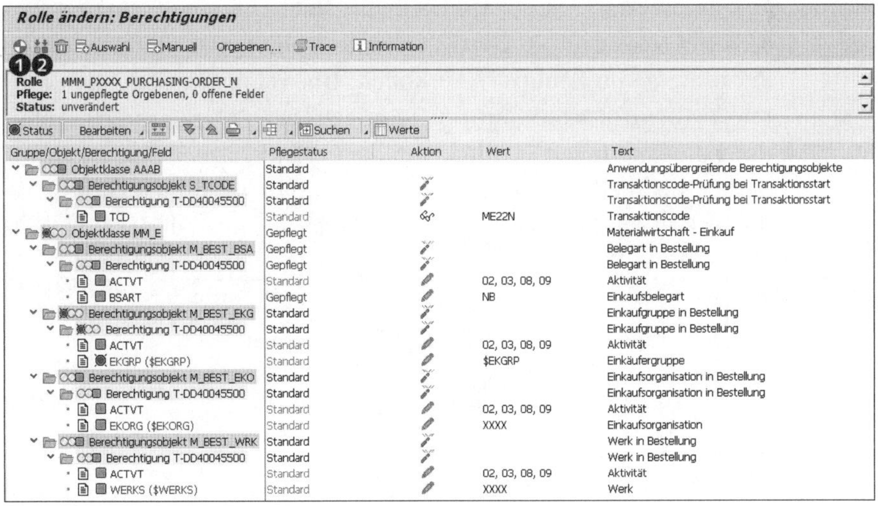

Abbildung 6.35 Funktionen »Generieren« oder »Abgeleitete Rollen generieren«

Wenn Sie die Übertragung der Berechtigungsdaten getrennt von der Profilgenerierung vornehmen möchten, können Sie die Menüfunktion BERECHTIGUNGEN • ABGELEITETE ANPASSEN • ABGELEITETE ROLLEN SICHERN verwenden.

Sie kehren nun zur Registerkarte BERECHTIGUNGEN zurück, deren Status sich durch die Profilgenerierung in Grün geändert hat. Dies zeigt die Übereinstimmung zwischen den Berechtigungswerten der Rolle und des generierten Profils. Sie können nun die Zuordnung von Benutzern vornehmen.

Hinweis zum Profil der Rolle

Wir haben bereits erwähnt, dass das Profil notwendig bleibt, um die Berechtigungen für Benutzer verwendbar zu machen. Dennoch werden generierte Profile Benutzern niemals direkt, sondern nur über die zugehörigen Rollen zugeordnet. Das hat folgenden Vorteil: Aus technischen Gründen kann ein Profil nur eine begrenzte Zahl von Berechtigungen aufnehmen (siehe SAP-Hinweis 410993). Für die Profilgenerierung ist das kein Problem, denn bei Überschreitung des Maximalwertes der Berechtigungen pro Profil wird automatisch ein neues Profil angelegt. Es können also pro Rolle mehrere Profile existieren, die alle zugeordnet werden müssen, damit Benutzer den vollen Berechtigungsumfang der Rolle nutzen können. Bei direkter Zuordnung der Profile müssten die Administratoren selbst sicherstellen, dass keine Profile fehlen. Bei Zuordnung der Rolle wird die Vollständigkeit vom System gewährleistet.

Registerkarte »Benutzer«

Die Transaktion PFCG hat im Einstiegsbild eine neue Funktion (ab SAP NetWeaver 7.00, Details siehe SAP-Hinweis 1723881) für die Zuordnung von Benutzern zu Rollen: Über einen Klick auf den Button 🔲 (BENUTZERZUORDNUNGEN ÄNDERN, siehe Markierung in Abbildung 6.36) springen Sie direkt auf die Registerkarte BENUTZER. Erforderlich sind in diesem Fall nur die Berechtigungen für die Zuordnung dieser Rolle zu Benutzern, nicht für Änderungen an dieser Rolle.

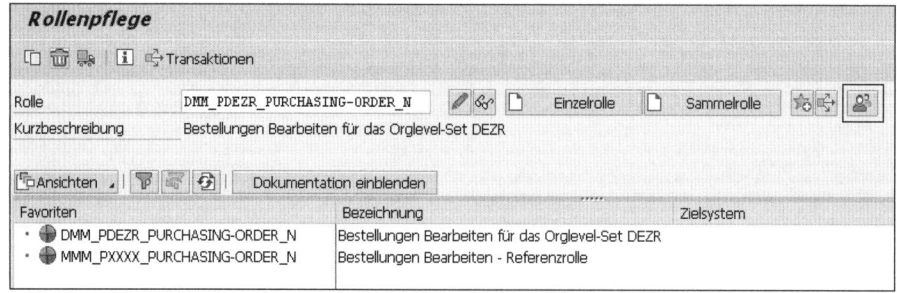

Abbildung 6.36 Direkter Absprung aus dem Einstiegsbild auf die Registerkarte »Benutzer«

Auf der Registerkarte BENUTZER der Rolle DMM_PDEZR_PURCHA-SING-ORDER_N können Sie neue Benutzerzuordnungen im Feld BENUTZERKENNUNG (❶ in Abbildung 6.37) hinzufügen, bereits existierende löschen oder deren Gültigkeitszeitraum in den Feldern VON und BIS ändern (❷ bzw. ❸). So vermeiden Sie auch die Bearbeitungssperre für die Rolle. Die Bearbeitungssperre wird nur noch für die Benutzer gesetzt, denen Sie die Rolle zuordnen.

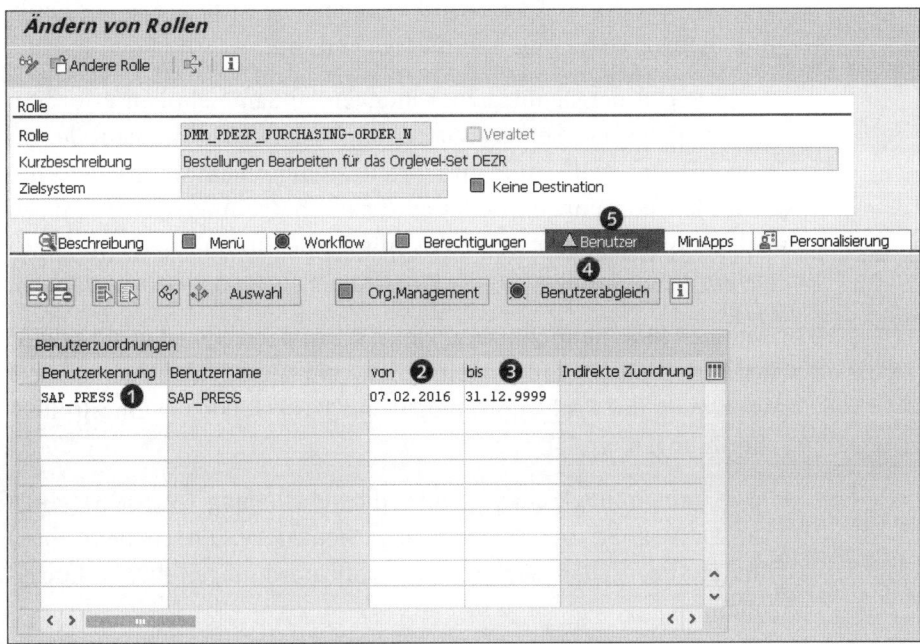

Abbildung 6.37 Benutzer über die Transaktion PFCG zuordnen

Sie fügen nun Ihrer abgeleiteten Rolle eine Benutzerzuordnung hinzu und sichern. Danach finden Sie eine gelbe Ampel ❺ auf der Registerkarte BENUTZER und eine rote Ampel auf dem Button BENUT-ZERABGLEICH ❹.

Diese Farbkombination signalisiert, dass die Berechtigungen der Rolle für die zugeordneten Benutzer nicht wirksam sind, weil die Profilzuordnungen fehlen. Um die notwendige Anpassung vorzunehmen, genügt die Ausführung der Funktion BENUTZERABGLEICH. Im folgenden Dialogfenster wählen Sie VOLLSTÄNDIGER ABGLEICH. Danach sind beide Ampeln grün, da nun Rollen- und Profilzuordnungen übereinstimmen.

Die Ampelkombination Gelb/Rot kommt am häufigsten vor, ist aber nicht die einzig mögliche. Unter welchen Umständen welche Ampelstatus auftreten, beschreibt ausführlich SAP-Hinweis 1272331.

Automatischer Benutzerabgleich

Sie können die Anpassung der Profilzuordnungen nach der Änderung von Benutzerzuordnungen zur Rolle auch automatisch durchführen lassen. Dazu aktivieren Sie unter HILFSMITTEL • BENUTZEREINSTELLUNGEN die Option AUTOMATISCHER ABGLEICH DES BENUTZERSTAMMS BEIM SICHERN DER ROLLE. Damit wird die manuelle Ausführung der Funktion BENUTZERABGLEICH überflüssig gemacht.

Änderungen der Benutzerzuordnungen zu Sammelrollen erfordern die Anpassung der Benutzerzuordnungen der in der Sammelrolle enthaltenen Einzelrollen und ihrer Profile. Bereits beim Sichern der Sammelrollenzuordnungen findet automatisch der Abgleich der Einzelrollenzuordnungen statt, sodass mittels Benutzerabgleich nur noch die Profilzuordnungen für die Einzelrollen angepasst werden müssen.

Dennoch führt der Benutzerabgleich selbst noch einmal den Abgleich der Einzelrollenzuordnungen durch, um auszuschließen, dass die Anpassung der Profilzuordnungen auf Basis veralteter Einzelrollenzuordnungen erfolgt.

Im Sammelrollenkontext führt die Einstellung AUTOMATISCHER ABGLEICH DES BENUTZERSTAMMS BEIM SICHERN DER ROLLE (siehe oben) zum automatischen Abgleich der Profilzuordnungen für die Einzelrollen.

Abschließend weisen wir darauf hin, dass auf der Registerkarte BENUTZER der Transaktion PFCG ebenso wenig wie in den Transaktionen SU01 oder SU10 Benutzerzuordnungen geändert werden können, sofern der aktuelle Mandant ein Tochtersystem einer Zentralen Benutzerverwaltung (ZBV) ist und eine globale Rollenzuordnung eingestellt wurde (siehe Kapitel 9, »Zentrales Management von Benutzern und Berechtigungen«).

Sammelrollen

Der automatische Abgleich indirekter Einzelrollenzuordnungen aus Sammelrollen findet ebenfalls statt, wenn man die Zusammensetzung der Einzelrollen auf der Registerkarte ROLLEN (❶ in Abbildung 6.38) in einer Sammelrolle ändert. Eine relevante Änderung ist neben dem Löschen und Hinzufügen von Einzelrollen auch die Selektion oder Deselektion des AKTIV-Kennzeichens ❷. Notwendig bleibt immer die Anpassung der Profilzuordnungen der Einzelrollen mittels Benutzerabgleich auf der Registerkarte BENUTZER ❸, es sei denn, der automatische Abgleich ist, wie oben beschrieben, aktiv.

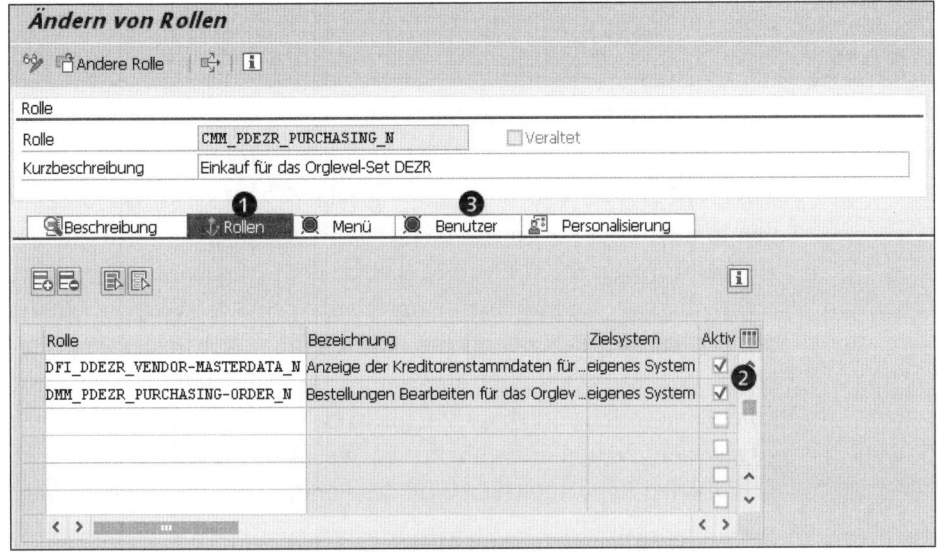

Abbildung 6.38 Rollenzuordnung in einer Sammelrolle

Über die Registerkarte WORKFLOW können Sie einer Rolle Workflow-Aufgaben zuordnen. Durch diese Zuordnung werden allerdings nicht die Berechtigungen zugeordnet, die für die Erfüllung der Aufgabe notwendig sind, sondern die in der Rolle definierten. Stellen Sie im Einstiegsbild der Transaktion PFCG sicher, dass die Option GESAMTSICHT unter MENÜ • SPRINGEN • EINSTELLUNGEN • GESAMTSICHT ausgewählt ist, damit die Registerkarte WORKFLOW angezeigt wird. Da die Zuordnung einer Workflow-Aufgabe Teil des Workflow-Konzepts ist, soll diese Möglichkeit in diesem Buch nicht vertieft werden.

Registerkarte »Workflow«

MiniApps sind über den Web Application Builder erstellte Applikationen, die über einen Webbrowser zur Verfügung gestellt werden und z. B. Reports über den Webbrowser zugänglich machen. Diese können auf der Registerkarte MINIAPPS zugeordnet werden. In einigen SAP-Standardrollen, u. a. in den Rollen des Employee Self-Services (ESS), werden MiniApps verwendet. Die Nutzung von MiniApps, die über Rollen bereitgestellt werden, erübrigt sich, sofern ein Portal im Einsatz ist.

Registerkarte »MiniApps«

Die Funktion der Personalisierung dient dazu, der Anwendungsentwicklung ein Werkzeug zur »einfachen« Steuerung benutzerabhängi-

Registerkarte »Personalisierung«

ger Daten zur Verfügung zu stellen. Einige Kunden nutzen diese Funktion zur Abbildung der Lizenzdaten auf Ebene der Rolle. Allerdings gibt es bisher keine Funktion im Standard, die diese Informationen auf Ebene des Benutzers sinnvoll aggregiert.

6.3.3 Massenpflege von Rollen

Ab SAP NetWeaver 7.02 können Sie mithilfe der Transaktion PFCG-MASSVAL Werte von Berechtigungsfeldern und Organisationsebenen in mehreren Rollen auf die gleiche Weise pflegen. Dazu müssen Sie SAP-Hinweis 2177996 (PFCGMASSVAL: Massenpflege von Berechtigungswerten in Rollen) einspielen. Ab SAP NetWeaver 7.50 ist die Transaktion Bestandteil der Auslieferung. Neben der gewöhnlichen Rollenauswahl über den Namen (❶ in Abbildung 6.39) steht Ihnen eine weitere Selektionsmöglichkeit nach bestimmten Berechtigungseigenschaften und -inhalten zur Verfügung ❷. Dabei handelt es sich um den Report RSUSRAUTH des Benutzerinformationssystems.

Die Massenpflege kann nur Werte in existierenden Berechtigungen oder Organisationsebenen bearbeiten. Es ist nicht möglich, in den selektierten Rollen neue Berechtigungen hinzuzufügen oder komplette Berechtigungen zu löschen.

Im Bereich ART DER FELDÄNDERUNG ❸ können Sie zwischen drei Methoden zur Feldwertänderung wählen: ORGANISATIONSEBENEN ÄNDERN, FELDWERTE VON BERECHTIGUNGEN ZU EINEM OBJEKT ÄNDERN sowie FELDWERTE VON BERECHTIGUNGEN ZU EINEM FELD ÄNDERN (OBJEKT-ÜBERGREIFEND). Abhängig von Ihrer Auswahl variieren die Eingabemöglichkeiten im Selektionsbild, wie wir Ihnen im Folgenden zeigen.

Organisations-
ebenen ändern

Voreingestellt ist die Änderung von Organisationsebenenwerten (ORGANISATIONSEBENEN ÄNDERN). Sie entspricht der Funktion ORG-EBENEN… in der Berechtigungsdatenpflege der Transaktion PFCG, bezieht sich aber auf alle selektierten Rollen. Sie hat keine Auswirkungen auf Werte individuell gepflegter Organisationsebenen (siehe Kasten »Hinweis aus der Beratung: Keine »individuelle« Pflege von Organisationsebenen« nach Abbildung 6.30 in Abschnitt 6.3.2).

Aus Gründen der Übersichtlichkeit erlaubt die Massenpflege die Auswahl von nur einer Organisationsebene pro Transaktionsausführung. Zur Bearbeitung jeder weiteren Organisationsebene ist eine erneute Ausführung erforderlich.

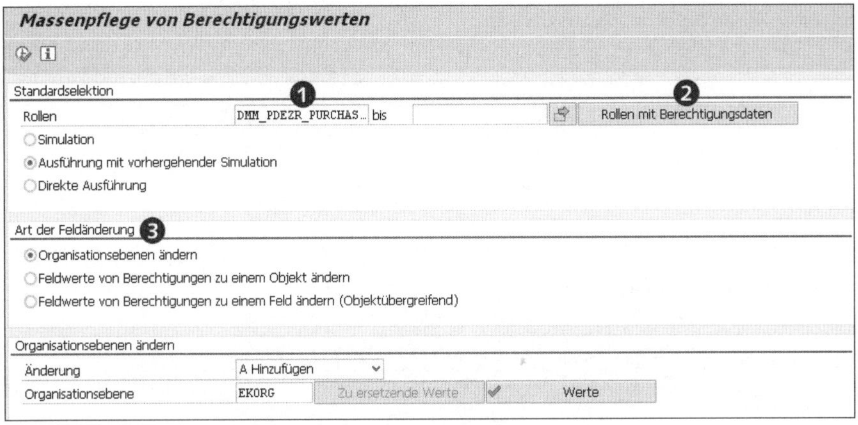

Abbildung 6.39 Massenpflege von Organisationsebenen

Bei Wahl der zweiten Option FELDWERTE VON BERECHTIGUNGEN ZU EINEM OBJEKT ÄNDERN ändert sich das Eingabebild erheblich. Sie müssen nun das Berechtigungsobjekt eingeben, dessen Feldwerte Sie ändern möchten. Bestätigen Sie Ihre Eingabe mit ⏎. Danach erscheinen automatisch die im Objekt enthaltenen Berechtigungsfelder. Organisationsebenenfelder werden dabei am Ende der Zeile mit einem Warnsymbol ▣ gekennzeichnet (❶ in Abbildung 6.40), um das Risiko unbeabsichtigter individueller Pflege zu minimieren.

Feldwerte in einem Objekt ändern

Über die Kennzeichen AKTIVE und INAKTIVE im Bereich ❷ sowie STANDARD, GEPFLEGT, VERÄNDERT, MANUELL im Bereich ❸ können Sie Berechtigungen mit bestimmten Aktualisierungs- oder Pflegestatus von der Bearbeitung ausschließen. In der Voreinstellung werden alle existierenden Status berücksichtigt.

Im Bereich OPTIONEN ist das Kennzeichen KEIN WECHSEL ZUM STATUS ‹VERÄNDERT› ❹ von besonderer Bedeutung: Solange die Option aktiv ist, verhindert sie die Änderung von Berechtigungsvorschlagswerten und damit einen Wechsel zum Pflegestatus VERÄNDERT.

Das Kennzeichen ABGELEITETE ROLLEN AUSSCHLIESSEN ❺ verwenden Sie, wenn Sie die Überarbeitung vererbender Rollen und ihrer Ableitung in getrennten Arbeitsschritten durchführen möchten. Rufen Sie dazu im Anschluss an die Massenpflege jeder vererbenden Rolle den Profilgenerator auf, und passen Sie die Daten der abgeleiteten Rollen über den folgenden Pfad an: BERECHTIGUNGEN • ABGELEITETE ANPASSEN • ABGELEITETE ROLLEN GENERIEREN oder BERECHTIGUNGEN • ABGELEITETE ANPASSEN • ABGELEITETE ROLLEN SICHERN.

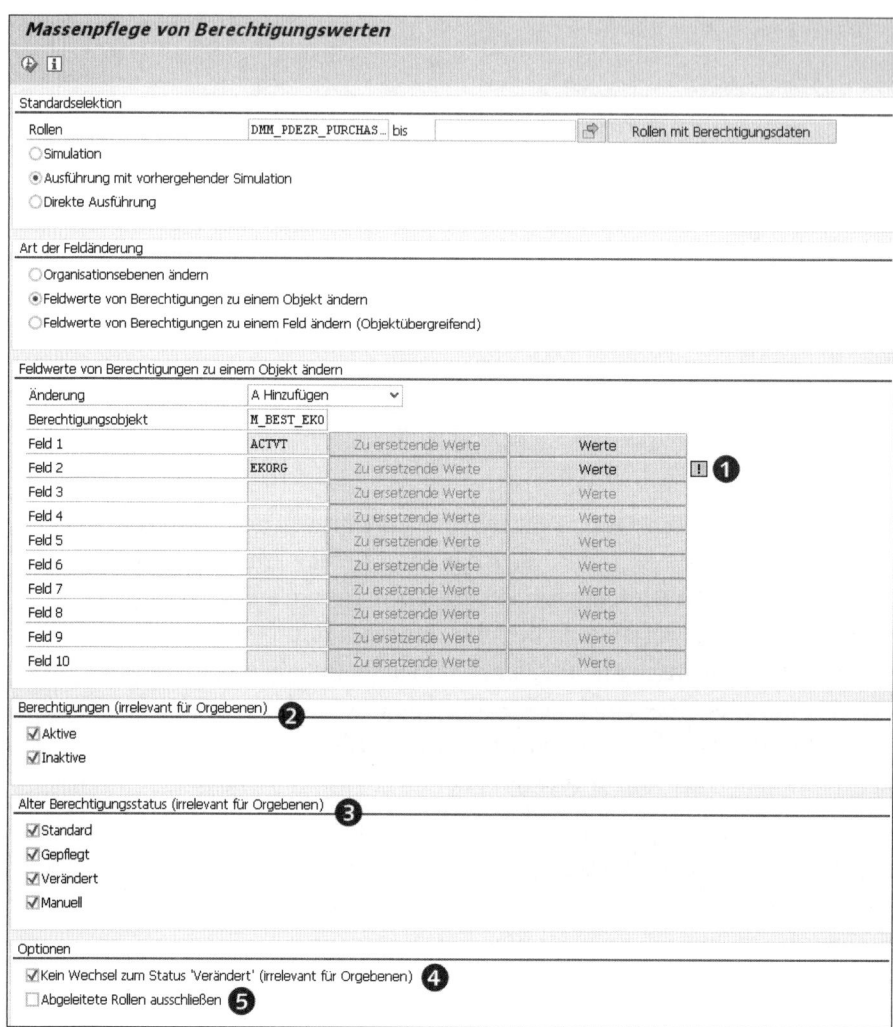

Abbildung 6.40 Massenpflege von Feldwerten zu einem Objekt

Feldwerte objekt-
übergreifend
ändern

Die dritte Methode für die Feldänderung FELDWERTE VON BERECHTI-GUNGEN ZU EINEM FELD ÄNDERN (OBJEKTÜBERGREIFEND) (siehe Abbildung 6.41) erfordert die Eingabe eines Berechtigungsfeldes. Unabhängig vom Berechtigungsobjekt ändert sie alle Berechtigungen, in denen das angegebene Feld vorkommt. Das Eintragen eines Berechtigungsobjekts hat keine Bedeutung für die Massenpflege. Es dient lediglich der Einschränkung auf die Felder des selektierten Objekts in der Wertehilfe zum Berechtigungsfeld. Ebenso wie in der zweiten Methode erscheint bei Auswahl eines Organisationsebenenfeldes ein Warnsymbol.

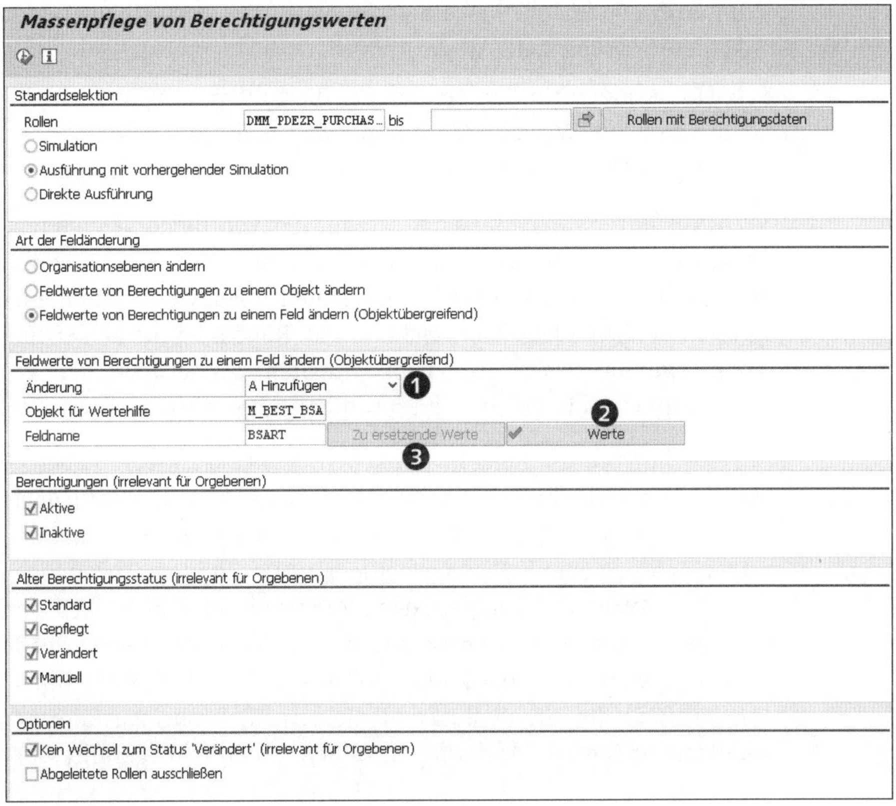

Abbildung 6.41 Massenpflege von objektübergreifenden Feldwerten

Alle Kennzeichen unterhalb der Feldauswahl sind identisch mit den Kennzeichen der oben beschriebenen zweiten Methode FELDWERTE VON BERECHTIGUNGEN ZU EINEM OBJEKT ÄNDERN.

Zu allen drei Änderungsmethoden gibt es vier Bearbeitungsarten, von denen eine im Feld ÄNDERUNG ❶ mittels Wertehilfe selektiert werden muss:

▶ HINZUFÜGEN: Die in ❷ gepflegten Werte werden in allen gefundenen Berechtigungen ergänzt, bestehende Werte werden nicht verändert.

▶ LÖSCHEN: Die in ❷ gepflegten Werte werden aus allen gefundenen Berechtigungen entfernt, andere Werte werden nicht verändert.

▶ ERSETZEN: Die in ❷ gepflegten Werte ersetzen in allen gefundenen Berechtigungen die über den Button ZU ERSETZENDE WERTE ❸ eingetragenen Werte. Alle anderen Werte bleiben erhalten. Alle unter ❷ gepflegten Werte müssen existieren. Andernfalls findet keine Änderung statt.

▸ ALLES ERSETZEN: In den gefundenen Berechtigungen werden alle vorhandenen Werte gelöscht und durch die über den Button WERTE in ❷ gepflegten Werte ersetzt.

Nach Ausführung der Massenpflege mit der von Ihnen getroffenen Rollen- und Werteauswahl erhalten Sie eine detaillierte Ergebnisliste, in der gleich gebliebene und geänderte Feldwerte durch entsprechende Symbole gekennzeichnet sind. Rollen, für die Fehler auftraten, sind in dieser Liste nicht enthalten, sondern werden am unteren Bildrand in einem Fehlerprotokoll aufgeführt.

Falls Sie die Voreinstellung im Bereich STANDARDSELEKTION beibehalten haben, wurde die Massenpflege lediglich simuliert, nicht jedoch auf der Datenbank gesichert. Sichern können Sie nur bei Wahl der beiden anderen Durchführungsmethoden AUSFÜHRUNG MIT VORHERGEHENDER SIMULATION und DIREKTE AUSFÜHRUNG. Der Vorteil der Ausführung mit Simulation ist das Halten der Rollensperren während der gesamten Transaktionsausführung. Das ermöglicht Ihnen eine Prüfung der Ergebnisse und die anschließende Ausführung, ohne dass unbemerkt Änderungen an den Rollen durchgeführt werden können.

In der Buttonleiste der Ergebnisliste stehen Ihnen Funktionen zur Weiterbearbeitung der angezeigten Rollen zur Verfügung, wie z. B. der Absprung in Transaktion PFCG, die Profilgenerierung sowie der Download und Transport der Rollen. Beachten Sie, dass Sie den SAP-Hinweis 2230927 einspielen müssen, um die Rollenselektion mittels Report RSUSRAUTH, die Option ABGELEITETE AUSSCHLIESSEN sowie den Download und Transport von Rollen nutzen zu können. Die Profilgenerierung wurde mit SAP-Hinweis 2223524 ergänzt.

6.4 Transfer von Rollen

Um Rollen in andere Mandanten zu übertragen, bietet SAP zwei Funktionen an, deren Verwendung in unterschiedlichen Situationen empfohlen wird: den Rollentransport sowie den Down-/Upload von Rollen. Die beiden folgenden Abschnitte liefern Ihnen die wichtigsten Informationen dazu.

6.4.1   Rollentransport

Wie für viele andere Elemente in einem SAP-System gibt es auch für Rollen eine Transportfunktion. Damit können sowohl die Daten der Rolle als auch der dazugehörigen Berechtigungsprofile vom Entwicklungssystem in die Test- und Produktivsysteme bewegt werden, sodass in den Zielsystemen mit Ausnahme der Benutzerzuordnungen keine Pflegeaufgaben mehr erforderlich sind.

An dieser Stelle möchten wir ausdrücklich die SAP-Empfehlung unterstreichen, auch für Rollen ausnahmslos den regulären Transportweg einzuhalten. Eine Rolle wird im Entwicklungssystem angelegt und gepflegt, in das Testsystem transportiert, dort getestet und nach bestandenem Test in das Produktivsystem weitertransportiert.

Die Transportfunktion steht sowohl für eine einzelne Rolle über den Button ROLLE TRANSPORTIEREN 🖼 als auch für mehrere Rollen über HILFSMITTEL • MASSENTRANSPORT jeweils im Einstiegsbild der Transaktion PFCG zur Verfügung.

Die Wahl optionaler Transportbestandteile finden Sie direkt unter der Rollenselektion, sofern diese nicht systemweit über die Customizing-Schalter der Tabelle PRGN_CUST deaktiviert wurden:

> Transport ohne Profile

▸ EINZELROLLEN IN SAMMELROLLEN – deaktiviert über Customizing-Schalter `SGL_ROLES_TRANSPORT` (ersetzt den alten Schalter `ADD_COM-POSITE_ROLES` in der Tabelle SSM_CUST)

▸ GENERIERTE PROFILE DER EINZELROLLEN – deaktiviert über Customizing-Schalter `PROFILE_TRANSPORT`

▸ PERSONALISIERUNGSDATEN – deaktiviert über Customizing-Schalter `PERSDAT_TRANSPORT`

▸ DIREKTE BENUTZERZUORDNUNGEN – deaktiviert über Customizing-Schalter `US_ASGM_TRANSPORT`

Falls Sie den Transport der generierten Profile abwählen, müssen Sie daran denken, nach dem Import die Profilgenerierung im Zielsystem vorzunehmen. Beim Transport von Sammelrollen ohne darin enthaltene Einzelrollen müssen die Einzelrollen separat transportiert werden, andernfalls ist die Sammelrolle zur Vergabe von Berechtigungen im Zielsystem unbrauchbar. Darüber hinaus ist zu beachten, dass der Transport von Benutzerzuordnungen indirekte Zuordnungen ausschließt.

Beim Import von Rollenzuordnungen werden alle alten direkten Zuordnungen überschrieben. Grundsätzlich findet kein Import statt, wenn der Zielmandant Bestandteil (Zentral- oder Tochtersystem) einer ZBV ist.

Nach Einspielen des SAP-Hinweises 1614407 werden Profildaten nicht mehr zum Zeitpunkt der Rollenaufzeichnung, sondern erst bei Freigabe des Transportauftrags der Stückliste hinzugefügt. Auf diese Weise ist die Übereinstimmung zwischen den Berechtigungsdaten der Rolle und den zugehörigen Profildaten gewährleistet. Der freigegebene Transportauftrag enthält ebenfalls die komplette Änderungshistorie der Profile und Berechtigungen, sodass auch die Löschung obsoleter Daten in den Zielsystemen möglich ist. Daher müssen Sie nun nicht mehr für jede Änderung einen neuen Transportauftrag anlegen.

Eine weitere gründliche Überarbeitung der Transportfunktion erzielen Sie durch das Einspielen von SAP-Hinweis 1723881. Danach haben Sie die Möglichkeit, durch Setzen des Customizing-Schalters `CLIENT_SET_FOR_ROLES` auf den Wert `YES` in Tabelle PRGN_CUST die Einstellung in Transaktion SCC4 für Änderung und Aufzeichnung mandantenspezifischer Customizing-Objekte auf Rollen anzuwenden. Dafür stehen vier Optionen zur Verfügung:

▸ ÄNDERUNGEN OHNE AUTOMATISCHE AUFZEICHNUNG: Die Änderung einer Rolle setzt keine Aufzeichnung auf einem Transportauftrag voraus. Die Aufzeichnung ist aber möglich.

▸ AUTOMATISCHE AUFZEICHNUNG VON ÄNDERUNGEN: Die Änderung einer Rolle setzt deren Aufzeichnung voraus.

▸ KEINE ÄNDERUNGEN ERLAUBT: Blockiert jegliche Änderung an Rollen.

▸ ÄNDERUNGEN OHNE AUTOMATISCHE AUFZEICHNUNG, KEINE TRANSPORTE ERLAUBT: Die Aufzeichnung von Rollen wird blockiert, Änderungen bleiben jedoch möglich.

Die ersten drei Optionen unterliegen der wichtigen Einschränkung, dass nur noch ein einziger änderbarer Transportauftrag pro Rolle erlaubt ist. Es besteht jedoch die Möglichkeit, innerhalb jedes Auftrags dieselbe Rolle in mehrere Aufgaben unterschiedlicher Bearbeiter aufzunehmen. Bevor Sie die Verwendung der Einstellung aus Transaktion SCC4 für die Rollenpflege aktivieren, sollten Sie bestehende Rollentransporte freigeben, um Aufzeichnungskonflikte zu vermeiden.

In der Regel werden Sie die Einstellung nicht abhängig von Ihren Rollenpflegeprozessen wählen. Sie müssen sich also gut überlegen, wie sich die Aktivierung auswirkt. Ausführliche Information finden Sie im Text des SAP-Hinweises 1723881.

6.4.2 Down-/Upload von Rollen

Gelegentlich ist es notwendig, Rollen in Systeme außerhalb der regulären Transportlandschaft zu transferieren. Für diesen Fall steht die Down-/Uploadfunktion zur Verfügung. Mit ihr werden die Rollendaten zunächst in einer Textdatei auf einem lokalen Verzeichnis abgelegt. Im zweiten Schritt laden Sie den Inhalt der Datei in das gewünschte ABAP-System.

Um eine einzelne Rolle herunterzuladen, wählen Sie im Einstiegsbild der Transaktion PFCG in der Menüliste die Funktion ROLLE • DOWNLOAD. Mehrere Rollen laden Sie über HILFSMITTEL • MASSENDOWNLOAD in der Menüleiste herunter. Für das Hochladen der Datei verwenden Sie im Zielmandanten die Menüfunktion ROLLE • UPLOAD.

Im Gegensatz zum Rollentransport gibt es beim Download hinsichtlich der zu berücksichtigenden Daten keinerlei Optionen. Alle Bestandteile der selektierten Rollen werden einbezogen. Davon grundsätzlich ausgenommen sind Benutzerzuordnungen und die generierten Profile von Einzelrollen. Aus diesem Grund müssen nach einem Upload im Zielmandanten immer die Profile generiert werden.

SAP rät grundsätzlich davon ab, die beim Herunterladen erzeugte Textdatei zu manipulieren. In Kundensystemen sind bereits mehrere Fälle aufgetreten, in denen das Hochladen manipulierter Textdateien zu fehlerhaftem Verhalten des SAP-Systems geführt hat.

6.5 Benutzerabgleich

Nach Änderung der Benutzerzuordnung zu Einzel- und Sammelrollen ist ein Benutzerabgleich zur Anpassung indirekter Rollenzuordnungen und der zugehörigen Profilzuordnungen erforderlich (siehe Abschnitt 6.3.2, »Rollenpflege«). Indirekte Rollenzuordnungen entstehen durch Zuordnung von Sammelrollen oder über Zuordnungen von Benutzern zu Elementen des Organisationsmanagements (OM) von SAP ERP HCM (siehe Kapitel 8, »Rollenzuordnung über das Organisationsmanagement«).

Besonders wichtig ist der Benutzerabgleich, wenn Änderungen von Benutzerzuordnungen nicht manuell durchgeführt werden oder nicht sofort wirksam sind. Damit ist Folgendes gemeint:

- Die Zahl der Profile einiger Einzelrollen kann sich durch einen Rollentransport geändert haben.

- Ein Sammelrollentransport ändert die Zusammensetzung der Einzelrollen.

- Die Gültigkeit von Rollenzuordnungen liegt in der Zukunft. Dieser Fall tritt regelmäßig bei Verwendung des Organisationsmanagements auf: Ein neuer Mitarbeiter ist einer Planstelle bereits zugeordnet, wirksam wird die Zuordnung jedoch erst bei Arbeitsantritt.

Die Funktion zum Benutzerabgleich einer Rolle finden Sie auf der Registerkarte BENUTZER der Transaktion PFCG. Für Massenanwendungen stehen die Transaktion PFUD sowie der zugehörige Report RHAUTUPD_NEW zur Verfügung. SAP empfiehlt, größere Rollenselektionen nicht im Dialogbetrieb abzugleichen, sondern eine Variante des Reports RHAUTUPD_NEW einmal pro Tag per Hintergrundjob auszuführen. Es empfiehlt sich, den Job jeweils kurz nach Mitternacht zu starten, um die Profilzuordnungen für die am neuen Tag gültig gewordenen oder abgelaufenen Rollenzuordnungen schnellstmöglich zu aktualisieren.

Einzelheiten zu den Abgleichsarten und Optionen im Selektionsbild der Transaktion PFUD entnehmen Sie der Programmdokumentation ⓘ (siehe Abbildung 6.42).

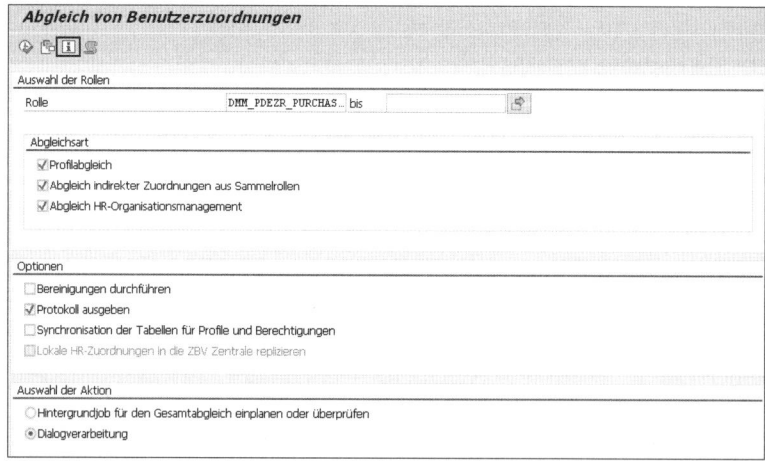

Abbildung 6.42 Abgleich des Benutzerstamms

6.6   Vom Trace zur Rolle

Das Tracen von Berechtigungen wird durch die Beratung seit Jahren empfohlen, da diese Methode die umfassendste und genaueste Methode ist. Sie kombiniert technische Befunde (welches Berechtigungsobjekt mit welchen Aktivitäten) mit betriebswirtschaftlich/prozessualen Befunden. Zwar wird technisch ermittelt, dass für das Feld BSART (in den Beispielrollen) ein bestimmter Wert eingetragen werden muss – diese Ermittlung erfolgt aber eben beim »Durchspielen« des Prozesses und kann somit genau für die gewünschten Prozesse und damit für die gewünschten Belegarten ausgeführt werden. Bis zum Basisrelease 7.02 war das Übertragen der Werte in eine Rolle ein mühsamer manueller Prozess. Dies hat sich gründlich geändert. Wir beschreiben im Folgenden nur die neuen Funktionen. Die Beschreibung des alten Vorgehens – wie in der 1. Auflage dieses Buches dargestellt – können Sie auf der Website des Verlags unter *https://www.rheinwerk-verlag.de/sap-berechtigungswesen_3849/* im Bereich MATERIALIEN ZUM BUCH abrufen.

Um die Funktionsweise der neuen Tracefunktionen darzustellen, beginnen wir mit den Vorarbeiten zum Anlegen einer Rolle: Zunächst schalten Sie den Berechtigungstrace (Transaktion STAUTHTRACE – Berechtigungstrace) ein. Dieser ist in Abbildung 6.43 zu sehen. Unter ❶ wird der Status angezeigt (hier BERECHTIGUNGSTRACE IST ANGESCHALTET). Im Feld TRACE NUR FÜR BENUTZER ❷ können Sie festlegen, für welchen Benutzer der Trace ausgeführt werden soll, und mit dem Button TRACE EINSCHALTEN ❸ können Sie den Trace aktivieren. Ab SAP NetWeaver 7.00 (siehe SAP-Hinweis 1707841) ist die Möglichkeit zur Auswertung der Traceeinstellungen auf anderen Anwendungsservern über den Button SYSTEMWEITER TRACE ❹ neu hinzugekommen. Sie können nicht nur die Einstellungen auswerten, sondern auch für alle Anwendungsserver den Trace über einen Klick auf TRACE EINSCHALTEN aktivieren.

Führen Sie nun unter dem gewünschten Benutzer alle Arbeiten aus, die in die Rolle Eingang finden sollen. In unserem Beispiel soll eine bestehende Rolle analysiert und geändert werden dürfen. Nun steigen Sie in die konkrete Rollenpflege ein, rufen die Transaktion PFCG auf, wechseln zur Registerkarte MENÜ, klicken auf den Button ÜBERNAHME VON MENÜS und selektieren die Option IMPORT AUS TRACE.

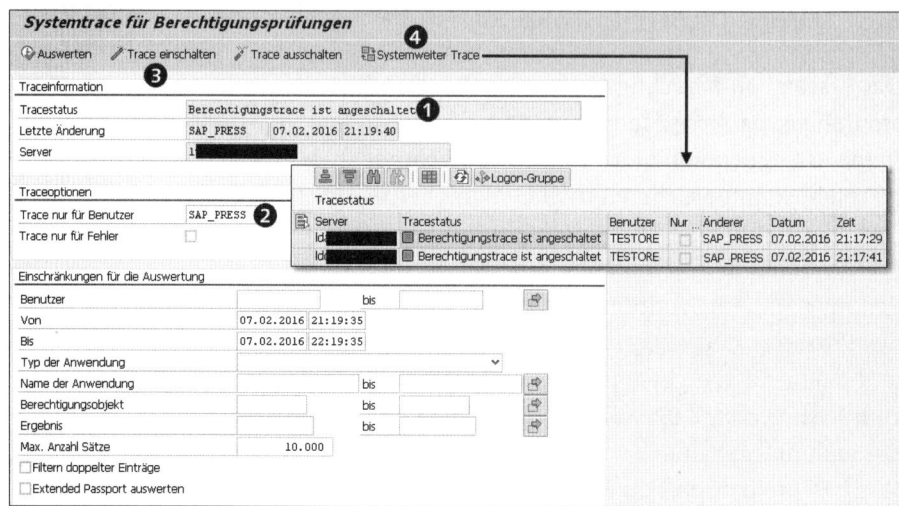

Abbildung 6.43 Transaktion STAUTHTRACE (Berechtigungstrace)

Sie gelangen in das Fenster TRACEDATEN AUSWERTEN (siehe Abbildung 6.44). Durch einen Klick auf den Button TRACE AUSWERTEN ❶ und die anschließende Auswahl von SYSTEMTRACE (ST01) • LOKAL ❷ gelangen Sie in das Fenster SYSTEMTRACE ❸. Dort starten Sie die Auswertung mit einem Klick auf AUSWERTEN ❹. Wenn Sie den Trace noch nicht aktiviert haben, können Sie ihn über einen Klick auf TRACE EINSCHALTEN ❺ an dieser Stelle aktivieren. Wenn Sie ALLE SERVER ❻ wählen, werden bei der Auswertung die Daten aller Anwendungsserver berücksichtigt (diese Funktion erhalten Sie über den SAP-Hinweis 2130393).

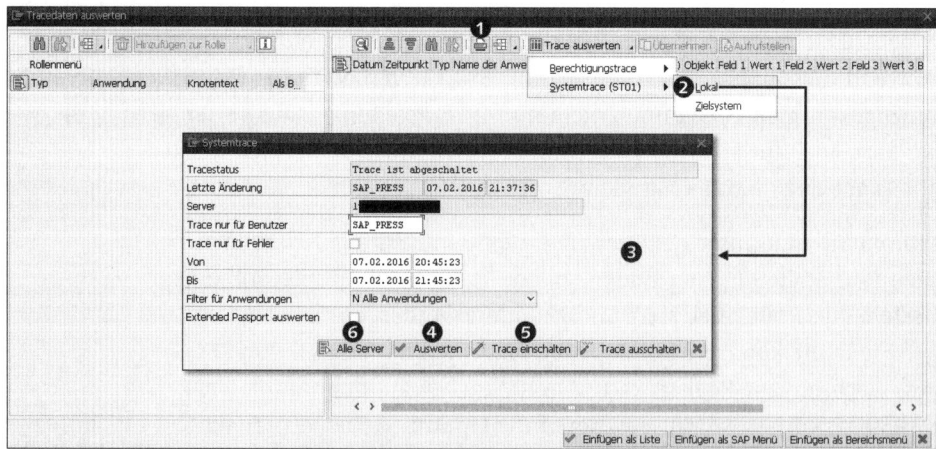

Abbildung 6.44 Tracedaten für Menü auswerten

Wenn Sie den Trace auswerten, erscheinen die Anwendungen im angegebenen Zeitrahmen (❶ in Abbildung 6.45). Sie können die Daten zeilen- oder blockweise übernehmen, indem Sie die Zeile oder den Block zunächst markieren und anschließend auf ÜBERNEHMEN ❷ klicken. Die übernommenen Anwendungen erscheinen nun im linken Bildbereich ❸.

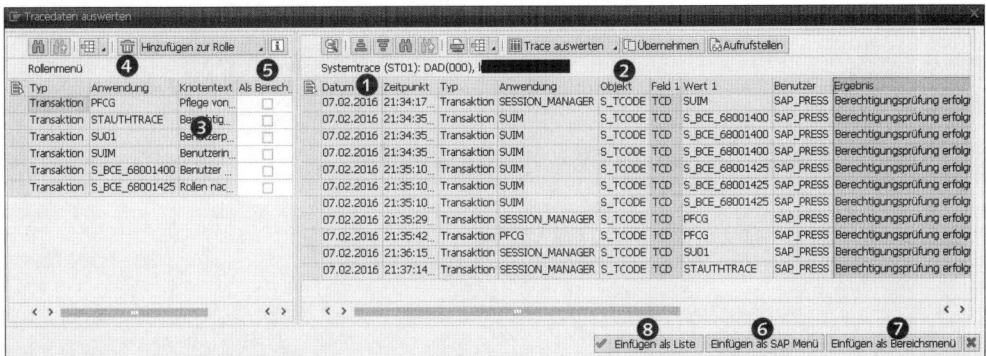

Abbildung 6.45 Tracedaten in Menü übernehmen

Wenn Sie zu viele oder falsche Anwendungen übernommen haben, können Sie diese, zeilen- oder blockweise markiert, durch einen Klick auf den Button 🗑 LÖSCHEN ❹ wieder entfernen. Sie können entscheiden, ob die Anwendungen als Berechtigungsvorschlag (in der letzten Spalte ❺) oder sichtbar im Menü erscheinen sollen. Schließlich können Sie festlegen, ob die Anwendungen als SAP-Menü ❻, als Bereichsmenü ❼ oder als Liste ❽ eingefügt werden sollen.

Für die Menüsicht werden die Anwendungen entsprechend ihrer Zuordnung im Menü übernommen (❶ in Abbildung 6.46). Da viele Transaktionen mehrfach zugeordnet sind, müssen Sie alle Einträge löschen, deren Menüpfad für diese Rolle nicht in Betracht kommt. Mit ❷ sind Transaktionen gekennzeichnet, die über keine Zuordnung im Menü verfügen, mit ❸ die Menüzuordnungen, die aus der Administrationssicht im Standard zu wählen wären.

Nachdem Sie das Menü an Ihre Konventionen angepasst haben, wechseln Sie auf die Registerkarte BERECHTIGUNGEN und dort in die Pflege der Berechtigungen.

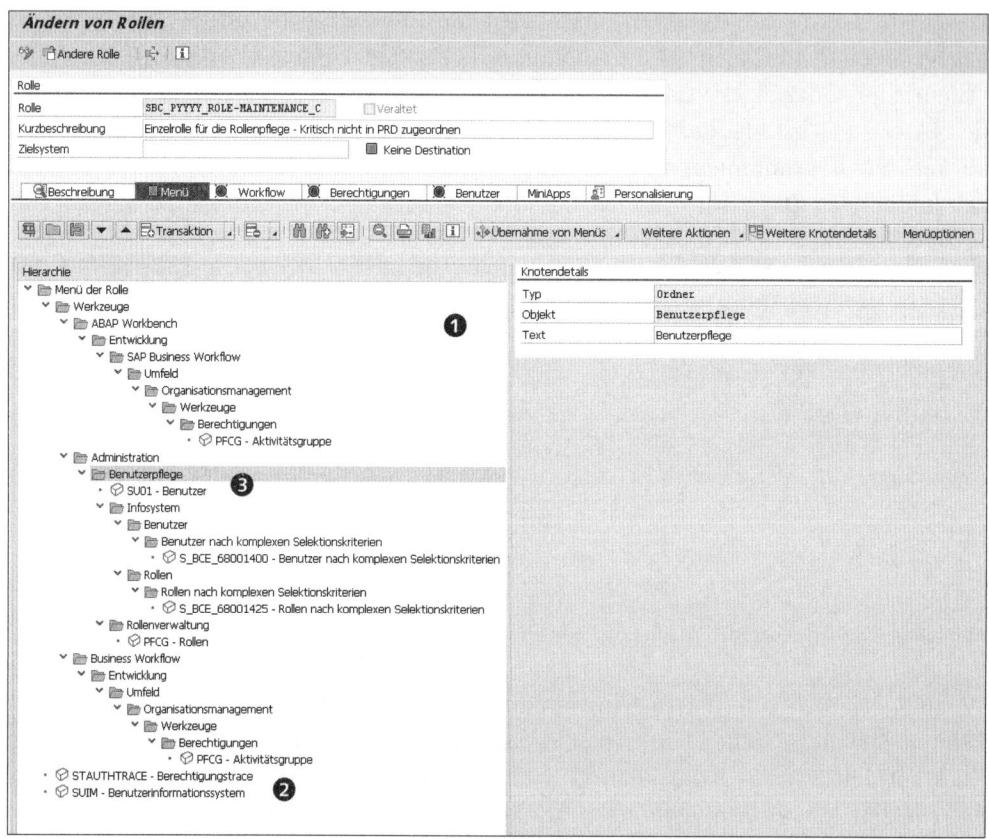

Abbildung 6.46 Menü nach Übernahme der Vorschläge

Die Rolle enthält nun neben dem Berechtigungsobjekt S_TCODE mit den Transaktionen (❶ in Abbildung 6.47) und den Berechtigungsobjekten der Benutzer- und Berechtigungspflege auch das Berechtigungsobjekt PLOG. Wir werden uns die Berechtigungsobjekte S_USER_AGR ❷ und PLOG ❸ genauer anschauen. Dazu können Sie über den Button TRACE ❹ die Traceauswertung aufrufen. Alternativ können Sie auch die Berechtigung markieren und unter der Funktion BEARBEITEN (Bearbeiten) TRACEDATEN AUSWERTEN wählen. Der Unterschied zwischen den beiden Varianten zur Traceauswertung besteht darin, dass Sie bei der Selektion über die Berechtigung direkt die Werte für diese Berechtigung pflegen. Wenn Sie die Traceauswertung ohne die Markierung einer Berechtigung aufrufen, wird die Pflege der ersten Berechtigung in der Liste angeboten.

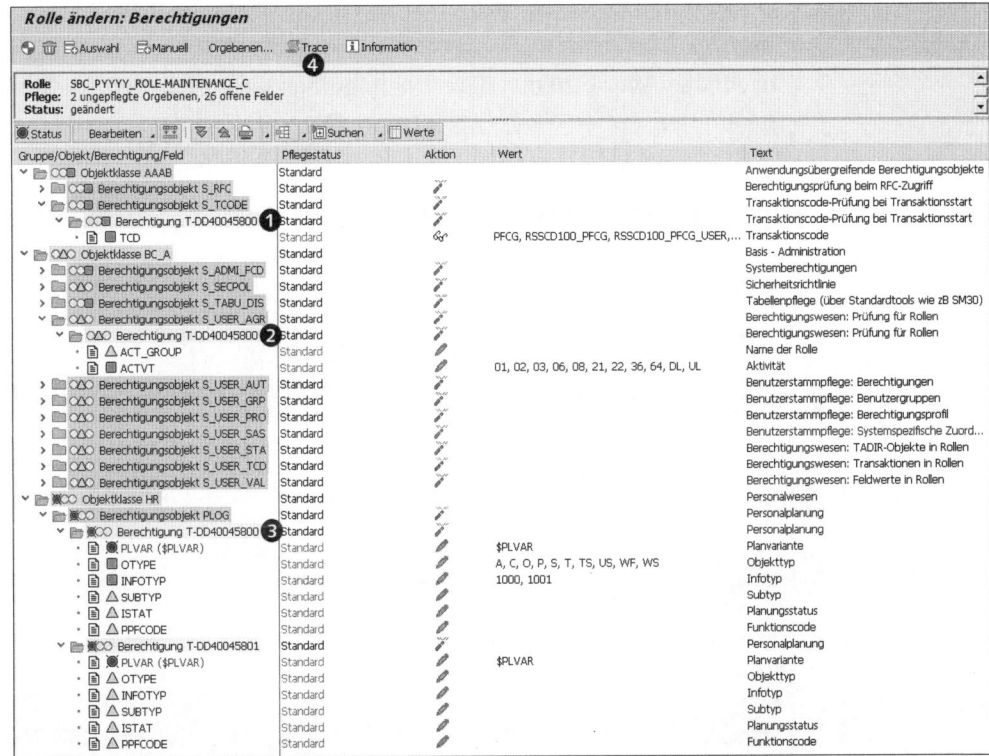

Abbildung 6.47 Generierte Transaktion in Rolle

Die Traceauswertung ist in Abbildung 6.48 dargestellt. Unter ❶ sehen Sie das betrachtete Berechtigungsobjekt und können auch ein anderes (in der Rolle vorhandenes Objekt) selektieren. Unter ❷ sehen Sie die Berechtigung und können auch eine andere Berechtigung zu diesem Objekt auswählen. Unter ❸ finden Sie den/die Feldwerte entsprechend Ihrer Selektion. Das Anzeigensymbol ❹ verdeutlicht für diesen Fall, dass es sich um eine Anzeige handelt. Eine Feldwertpflege ist für die Startberechtigungsobjekte (siehe Tabelle 6.1) nicht möglich, es sei denn, diese wurden (nicht regelkonform) zusätzlich manuell hinzugefügt. Durch einen Klick auf den Button 🔲 (BERECHTIGUNGSOBJEKT ANZEIGEN ❺) können Sie sich das Berechtigungsobjekt anzeigen lassen. Die gezeigten Informationen entsprechen denen in Transaktion SU21 (Pflege der Berechtigungsobjekte) dargestellten.

Neben der Dokumentation und dem Verwendungsnachweis können Sie dadurch auf das Berechtigungsfeld weiternavigieren. Mit einem

Klick auf den Button ❻ können Sie sich auch direkt die Dokumentation des Berechtigungsobjekts anzeigen lassen. Um nun die aufgezeichneten Werte zu den Berechtigungsobjekten zu erhalten, klicken Sie auf den Button Trace auswerten ❼ und folgen dem Menüpfad Systemtrace (ST01) • Lokal zur Auswertung des Trace.

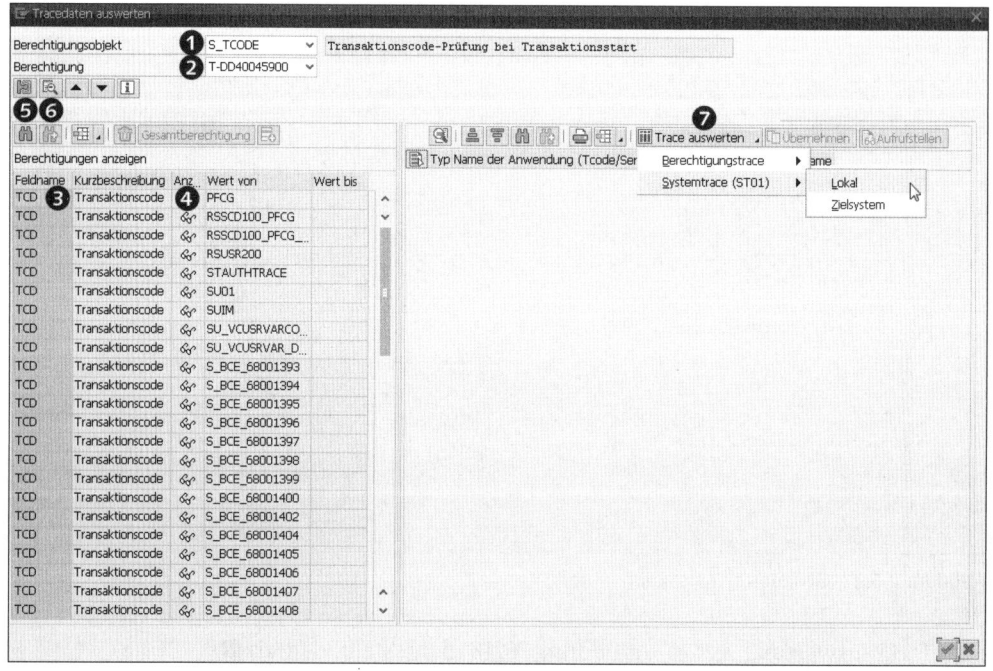

Abbildung 6.48 Trace auswerten

Die Auswertung ist in Abbildung 6.49 dargestellt. Mit ❶ sind Objekt und Berechtigung gekennzeichnet. ❷ und ❸ weisen die Berechtigungsfelder für das Berechtigungsobjekt aus. Die Spalten ❹ und ❺ zeigen schließlich die im Trace aufgezeichneten Werte. Die Ist-Werte können zeilen- oder blockweise durch das mit ❻ gekennzeichnete Mülltonnensymbol gelöscht werden. Die Tracewerte können Sie zeilen- oder blockweise durch einen Klick Übernehmen ❼. Gehen Sie dabei sehr sorgfältig vor: Die Übernahme eines einzelnen Rollennamens dürfte ein wenig zu kurz gegriffen sein.

Neben dem Button Trace auswerten und dem Menüpfad System-trace (ST01) • Lokal stehen Ihnen noch weitere Optionen für die Auswertung des Trace zur Verfügung. Diese Möglichkeiten sind in Tabelle 6.4 zusammengestellt.

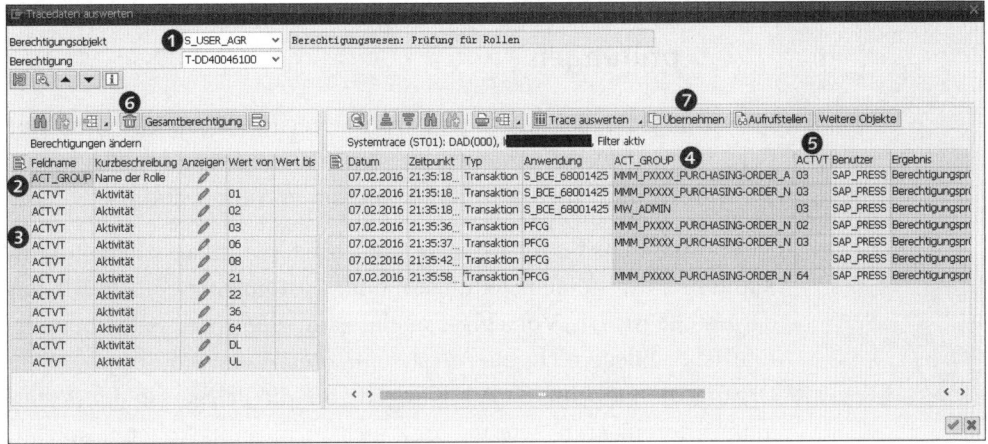

Abbildung 6.49 Traceauswertung in der Transaktion PFCG mit Daten

Traceart	System	Starten des Trace
Berechtigungstrace	lokal	über Profilparameter im lokalen System
	global	über Profilparameter im Zielsystem
Systemtrace (ST01)	lokal	im lokalen System: ▶ ST01 (Systemtrace) im lokalen System ▶ STAUTHTRACE (Berechtigungstrace) ▶ Fenster TRACEDATEN AUSWERTEN (wie beschrieben)
	global	im Zielsystem: ▶ ST01 (Systemtrace) im lokalen System ▶ STAUTHTRACE (Berechtigungstrace)

Tabelle 6.4 Traceoptionen

Mehr über die Funktion der beiden Traces für die Pflege der Vorschlagswerte und weitere Details erfahren Sie in Kapitel 7, »Systemeinstellungen und Customizing«.

Hinweis zur Funktionsweise des Trace

Die Berechtigungen, die im Trace an dieser Stelle (Pflege von Berechtigungen) angezeigt werden, beziehen sich ausschließlich auf Objekte, die bereits in den Berechtigungen enthalten sind. Falls nicht alle Berechtigungsobjekte zu einer Applikation angezeigt werden, ist dies auf unvollständige Vorschlagswerte zurückzuführen.

6.7 Weitere Auswertungen von Berechtigungsprüfungen

Ein Grundsatz bei der Pflege von Berechtigungen ist, dass nur Berechtigungswerte vergeben werden, die eindeutig notwendig für die Ausführung einer bestimmten legitimen Aktion sind.

Die primäre Quelle für diese Werte ist die Vorschlagstabelle, die in Kapitel 7, »Systemeinstellungen und Customizing«, ausführlicher dargestellt ist. Die Vorschlagstabelle kann allerdings selbst bei ausführlicher Pflege nicht alle Werte enthalten. Dazu ein Beispiel: Eine Organisation möchte Berechtigungen über die Belegart in der Bestellung differenzieren, wie wir das auch in unseren Rollenbeispielen dargestellt haben (M_BEST_BSART), also kann als Vorschlagswert auf der Bestellung nicht die Belegart konkret mitgegeben werden.

Neben der Betrachtung der Vorschlagswerte und dem Trace gibt es noch zwei weitere Wege, um zu ermitteln, welche Berechtigungen benötigt werden:

► die Fehlerprüfung (Auswertung der Berechtigungsprüfung)

► die Prüfung des Programms

Diese werden wir uns im Folgenden anschauen.

6.7.1 Auswertung der Berechtigungsprüfung

Die Transaktion SU53 (Auswertung der Berechtigungsprüfung) wurde überarbeitet und bietet Ihnen nun ab SAP NetWeaver 7.00 neue Funktionen, um fehlgeschlagene Berechtigungsprüfungen zu analysieren. Sie können die erforderlichen Support Packages sowie Kernel-Releases im SAP-Hinweis 1671117 nachsehen. Die fehlgeschlagenen Berechtigungsprüfungen aller Benutzer werden nun in einen Ringpuffer des Anwendungsservers geschrieben. Die Größe des Ringpuffers wird aus der Anzahl der definierten Workprozesse berechnet. Sie können ihn mithilfe des Profilparameters auth/su53_buffer_entries an Ihre Anforderungen anpassen, in der Grundeinstellung werden 100 Berechtigungsprüfungen je Workprozess gespeichert. Damit können Sie sich, abhängig von der Größe des Ringpuffers und der Systemauslastung, je Benutzer bis zu 100 fehlgeschlagene Berechtigungsprüfungen für die letzten drei Stunden anzeigen lassen.

Selektieren Sie dazu in Transaktion SU53 im Menü BERECHTIGUNGS-
WERTE • ANDERER BENUTZER, und tragen Sie den Benutzer ein, den Sie
auswerten möchten. In der Ergebnisliste sehen Sie die für den Anwender fehlgeschlagenen Berechtigungsprüfungen (❶ in Abbildung 6.50),
weitere können Sie expandieren ❷. Die Berechtigungen des Benutzers werden Ihnen weiterhin angezeigt ❸. Endanwender und Administratoren können fehlgeschlagene Prüfungen über den Button 🖫 ❹
in der Datenbank speichern, wenn die Bearbeitung erst nach Ablauf
der Aufbewahrungszeit erfolgt. Administratoren können die gesi-
cherten Daten jederzeit über den Button GESPEICHERTE PRÜFUNGEN ❺
einsehen. Außerdem besteht die Möglichkeit, die Daten mit einem
Klick auf den Button 🖫 in einer Datei zu speichern ❻.

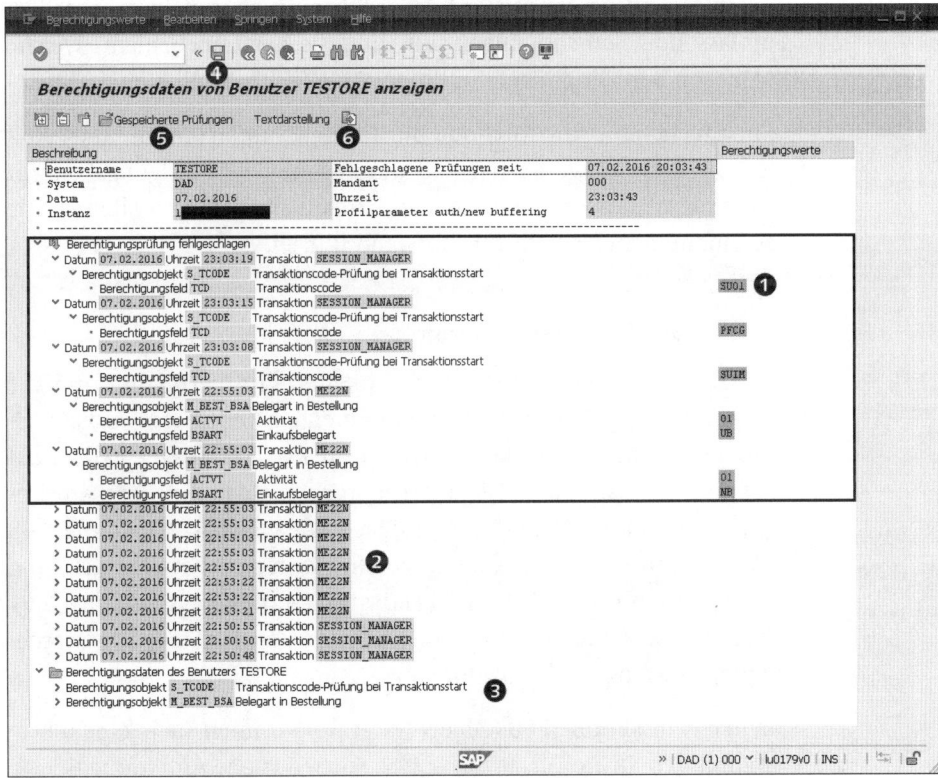

Abbildung 6.50 Auswertung der Berechtigungsprüfung

Der Vorteil dieser neuen Funktionen liegt auf der Hand: Häufig ist
nämlich nicht die letzte Berechtigungsprüfung relevant. Basisberech-
tigungsobjekte (z. B. S_ADMI_FCD, S_CTS_ADMI oder S_TRANSLAT) werden geprüft; sie sind aber nicht der Grund für das eigentliche Berech-

tigungsproblem in der Anwendung. Nun können Sie die letzten Prüfungen analysieren und das Berechtigungsproblem identifizieren.

Trotz dieser neuen Funktionen ist die Transaktion SU53 nicht für die Erstellung von Berechtigungen zu empfehlen, denn es wird immer nur der aktuelle Fehler ermittelt. Im Programmablauf folgen meist mehrere Prüfungen aufeinander. In unserer Beispielrolle verwenden wir die Transaktion ME22N (Bestellung ändern), dort finden aufeinanderfolgend Prüfungen gegen S_TODE, M_BEST_BSA, M_BEST_EKG, M_BEST_EKO und M_BEST_WRK statt. In diesem Beispiel würde also ein Benutzer fünfmal einen Fehler erhalten, der dann über die Transaktion SU53 analysiert wird. Diese Methode ist nichts anderes als eine Fehlerprüfung: Es werden immer die letzten fehlgeschlagenen Berechtigungsprüfungen angezeigt. Sie weist aber nicht eventuell zu umfassende Berechtigungen aus, und sie zeigt auch nicht, welche weiteren Berechtigungen im Programmablauf noch fehlen werden.

Entsprechend ist die Methode nur für den Support produktiver Rollen in einem eingeführten und umgesetzten Berechtigungskonzept sinnvoll. Mit dieser Methode neue Rollen anlegen zu wollen würde zu einem nicht akzeptablen Aufwand führen.

6.7.2 Prüfung des Programms

Prinzipiell stehen mehrere Möglichkeiten zur Verfügung, um die Berechtigungsprüfungen in Programmen, Includes etc. nachzuweisen. Eine neue Möglichkeit haben Sie ab SAP NetWeaver 7.02 direkt aus der Transaktion PFCG. Übernehmen Sie dazu in der Berechtigungsdatenpflege Daten aus dem Trace, wie wir es in Abbildung 6.48 beschrieben haben. Markieren Sie eine Zeile im Wertebereich, und klicken Sie auf den Button AUFRUFSTELLEN, der in Abbildung 6.51 markiert ist. Dadurch erfolgt die Navigation an die Stelle der Berechtigungsprüfung im ABAP-Quelltext.

In der Transaktion SE80 (Object Navigator) können Sie in einem Programm den String authority-check suchen (siehe Abbildung 6.52).

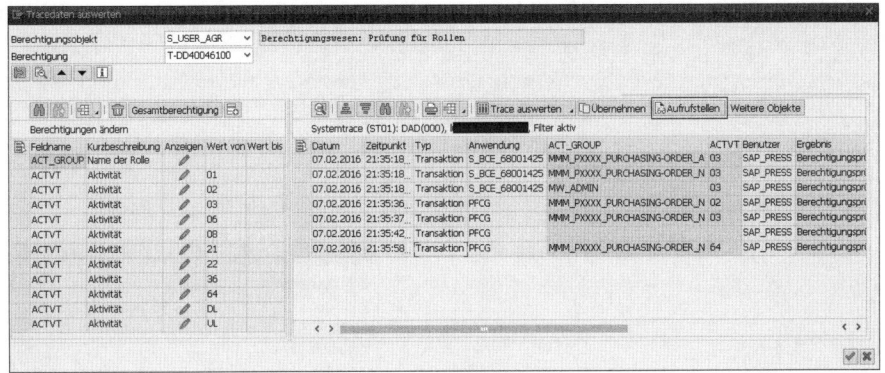

Abbildung 6.51 Tracedaten – Absprung in Aufrufstellen

Schließlich können Sie in den Verwendungsnachweisen überprüfen, wo ein bestimmtes Berechtigungsobjekt verwendet wurde. Im Beispiel, das in Abbildung 6.53 dargestellt ist, wird der Verwendungsnachweis über die Transaktion S_BCE_68001413 (Berechtigungsobjekte nach komplexen Selektionskriterien) ausgeführt.

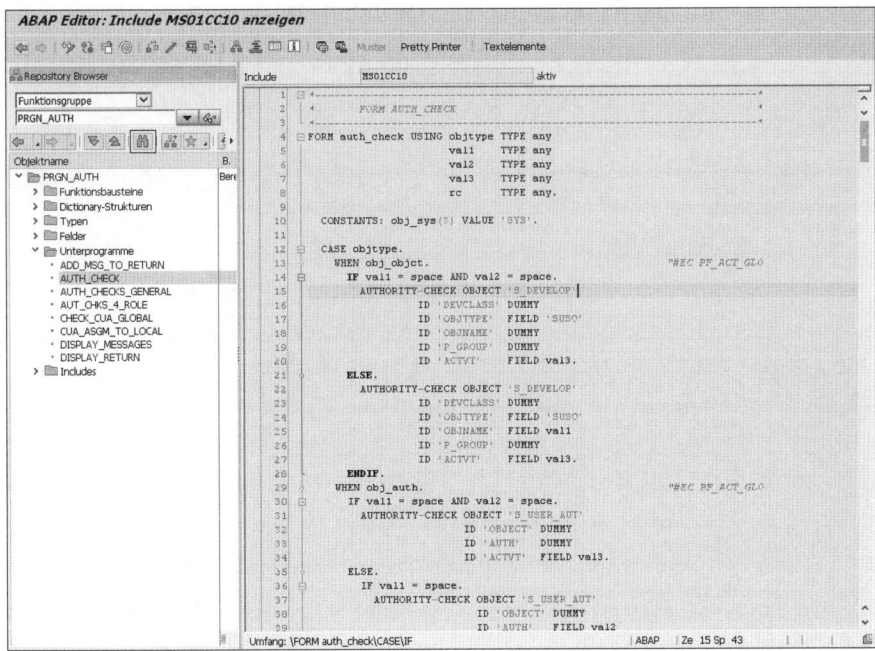

Abbildung 6.52 String »authority_check« in der Funktionsgruppe PRGN_AUTH

Dazu klicken Sie auf den Button ⊞ (Verwendungsnachweis), der in Abbildung 6.53 markiert ist.

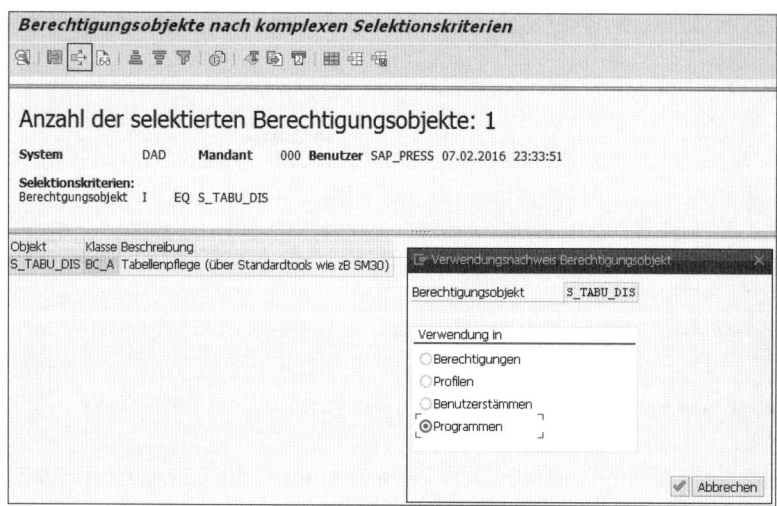

Abbildung 6.53 Verwendungsnachweis von Berechtigungsobjekten

Nach einem weiteren Selektionsschritt, in dem in diesem Beispiel auf Transaktionen und Programme eingeschränkt wurde, wird der in Abbildung 6.54 dargestellte Verwendungsnachweis ausgegeben.

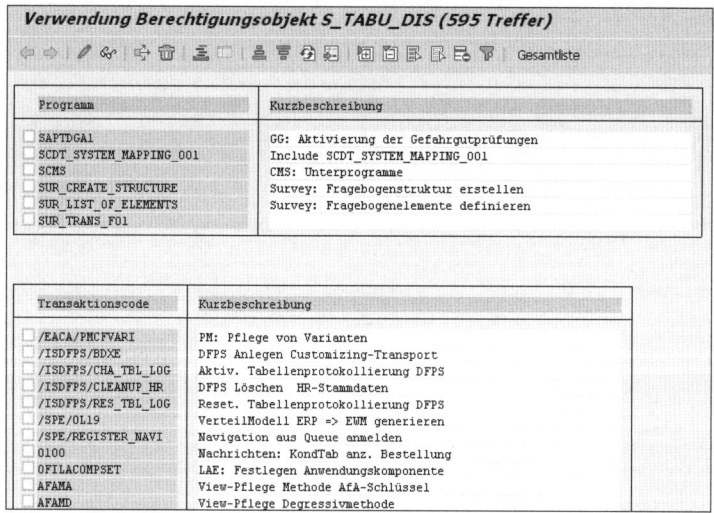

Abbildung 6.54 Verwendungsnachweis

Natürlich können Sie auch das SAP-Add-on für Code Vulnerability Analysis für die Analyse von Berechtigungsprüfungen im Programmcode nutzen. In jedem Fall sollten Sie kundeneigene Programme auf Sicherheitslücken und fehlende Berechtigungsprüfungen hin untersuchen. An dieser Stelle auf die Funktionen von SAP Code Vulnerability Analysis einzugehen würde aber den Rahmen dieses Buches sprengen. Details finden Sie in dem Buch »SAP-Systeme schützen« von Stumm/Berlin (2016).

6.8 Fazit

Durch die komplette Integration der Tracefunktionen sollte der traditionelle Rollenpflegeprozess, der – wenn überhaupt – die Traceergebnisse nur fakultativ nutzte, komplett umgestellt werden, sodass alle Berechtigungen immer über den Trace ermittelt/validiert werden. Um dies zu erreichen, beginnt die Berechtigungspflege mit der Aufzeichnung über den Trace. Um in den bisherigen Beispielen zu bleiben: Wenn Sie einer Rolle die Transaktion ME23N (Bestellung anzeigen) und weitere hinzufügen wollen, führen Sie mit einem Benutzer, der diese Rechte hat, alle Operationen auf allen Belegarten aus, die für diese Rolle gewünscht sind. Praktischerweise sollten Sie das mit einem Vertreter des Fachbereichs erledigen.

In einigen Fällen, die wir in Abschnitt 7.1, »Pflege und Nutzung der Vorschläge für den Profilgenerator«, behandeln werden, sollten zunächst die Vorschlagswerte angepasst werden. Das wäre dann der zweite Schritt.

Als Nächstes pflegen Sie bei einer neuen Rolle den Rollennamen und die Dokumentation. Im nächsten Schritt können Sie aus dem Trace die Anwendungen in das Rollenmenü übernehmen. Im folgenden Schritt werden auf der Registerkarte BERECHTIGUNGEN die Vorschlagswerte zu den Anwendungen übernommen. Das bedeutet, dass zu den ins Menü aufgenommenen Anwendungen die Vorschlagswerte aus der Vorschlagswertetabelle übernommen werden.

Die Berechtigungen können dann im nächsten Schritt aus dem Trace in Bezug auf die Vorschlagswerte ergänzt werden. Das heißt, da die Vorschlagswerte meistens ohne betriebswirtschaftliche Attribute wie Kostenstellen oder Belegarten vorgeschlagen werden, können Sie diese sehr einfach aus dem Trace übernehmen. Das Gleiche gilt für alle Fälle, in denen auch Aktivitäten nicht vorgeschlagen werden.

Dieses Kapitel beschreibt die Einstellungen und Funktionen in der Rollen- und Berechtigungsadministration. Diese ermöglichen ein ausdifferenziertes Berechtigungskonzept und erleichtern Ihnen die Pflege der Berechtigungen.

7 Systemeinstellungen und Customizing

Der Aufbau dieses Kapitels folgt dem normativen Ansatz der Berechtigungspflege. Normativ ist der Ansatz, weil das Ziel der Regelkonformität (siehe Kapitel 4, »Rechtlicher Rahmen – normativer Rahmen«) nur durch möglichst präzise Regeln erreichbar ist. Aus den gesetzlichen Regeln müssen Regeln der Organisation werden. Aus diesen müssen wiederum für das Berechtigungskonzept technische Regeln werden. Die wichtigste technische Regel besteht darin, dass die Möglichkeiten des technischen Systems effizient genutzt und nicht umgangen werden.

Entsprechend ist Abschnitt 7.1, »Pflege und Nutzung der Vorschläge für den Profilgenerator«, den Berechtigungsvorschlagswerten gewidmet, die eine effiziente Pflege von Rollen erst ermöglichen. In Abschnitt 7.2, »Traces«, stellen wir die unterschiedlichen Tracemöglichkeiten vor. Abschnitt 7.3 beschreibt die Upgrade-Nacharbeiten von Berechtigungen. Wir beziehen uns in diesem Abschnitt systematisch auf die Tätigkeiten nach einem Upgrade im Bezug auf den Profilgenerator und somit auf die Überführung der Rollen, gestützt auf die Berechtigungsvorschlagswerte. Abschnitt 7.4 stellt schließlich »Parameter für Kennwortregeln« vor.

In Verbindung mit Kapitel 6, »Technische Grundlagen der Berechtigungspflege«, werden Sie mit diesen Abschnitten alle Einstellungen für den Betrieb eines normativ fundierten Berechtigungskonzepts kennengelernt und erfahren haben, welcher Zusammenhang zwischen den Möglichkeiten im SAP-System und den Anforderungen an die Regelkonformität besteht.

Die nächsten Abschnitte stellen wichtige Erweiterungen des Berechtigungskonzepts dar, die es Ihnen ermöglichen, Regelkonformität zu erreichen: Abschnitt 7.5, »Menükonzept«, beschreibt die Möglichkeiten eines normativen Menükonzepts, und Abschnitt 7.6 führt Sie in die Nutzung und Erweiterung von Berechtigungsgruppen in Bezug auf optionale Prüfungen und die Tabellenberechtigungen ein. In Abschnitt 7.7, »Parameter- und Query-Transaktionen«, erfahren Sie, wie Sie Tabellenzugriffe und Querys in Transaktionen umwandeln können, um zu verhindern, dass Endbenutzer direkte Tabellenzugriffe haben.

Um die Möglichkeiten, ein Standardberechtigungskonzept zu erstellen, auszuprägen und kundenspezifische Einstellungen, Transaktionen und Funktionen zu ergänzen, folgen die nächsten drei Abschnitte: Abschnitt 7.8, »Anhebung eines Berechtigungsfeldes zur Organisationsebene«, widmet sich der weiteren organisatorischen Differenzierung Ihres Berechtigungskonzepts mittels zusätzlicher Organisationsebenen. Abschnitt 7.9, »Berechtigungsfelder und -objekte anlegen«, beschreibt die Anlage eigener Berechtigungsobjekte. Abschnitt 7.10, »Weitere Transaktionen der Berechtigungsadministration«, stellt eine Sammlung weiterer nützlicher Transaktionen vor. Zusätzlich sollten Sie im Rahmen der Ermittlung von erforderlichen Berechtigungen vor allem in kundeneigenen Programmen die Informationen in Abschnitt 7.2, »Traces«, berücksichtigen.

7.1 Pflege und Nutzung der Vorschläge für den Profilgenerator

In diesem Abschnitt stellen wir die zentrale Funktion der Berechtigungsvorschlagswerte dar. Berechtigungsvorschläge sind vordefinierte Werte, die beim Anlegen und Ändern von Rollen auf Basis des Rollenmenüs als Berechtigungen vorgeschlagen werden. Sie erleichtern die effiziente und regelkonforme Pflege von Rollen.

Bedeutung der Vorschlagswerte

Abbildung 7.1 verdeutlicht die zentrale Bedeutung der Pflege der Berechtigungsvorschlagswerte sowohl für alle Aktivitäten der Rollenpflege als auch für alle analytischen Methoden. Im mittleren Bereich der Abbildung sehen Sie, dass für jede Anwendung (Transaktion, Web Dynpro, RFC-Funktionsbausteine, externe Services etc.) Berechtigungsvorschläge festgelegt werden. Diese Berechtigungsvorschläge können dann in der Rollenpflege übernommen werden. Darüber hinaus werden die Berechtigungsvorschlagswerte für die Risikoanalyse (kritische Aktionen, Funktionstrennungskonflikte) und die technische Analyse (Normeinhaltung) benötigt.

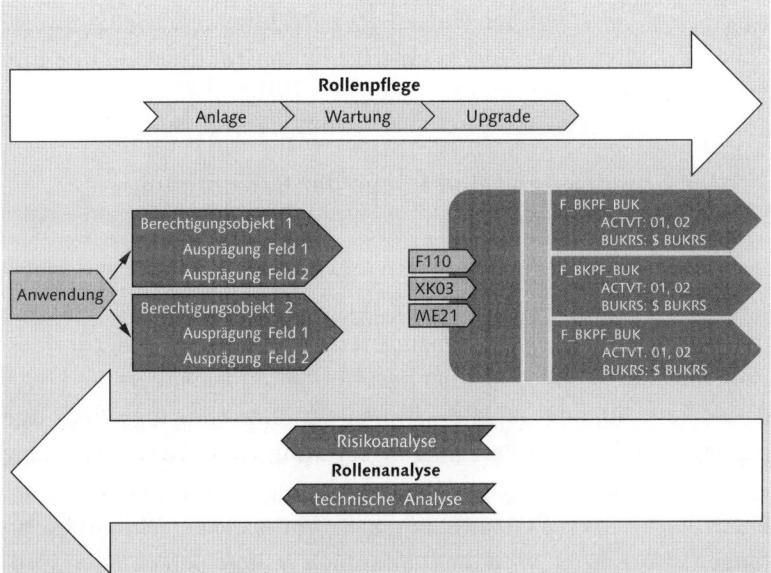

Abbildung 7.1 Berechtigungsvorschlagswerte – Unterstützung bei der Rollenpflege und -analyse

Wir werden im Folgenden darstellen, welchen Nutzen die Vorschlagswertpflege für folgende Bereiche hat:

Nutzen der Vorschlagswerte

- ▸ die Arbeit mit dem Profilgenerator (Anlage und Pflege von Rollen)
- ▸ die Berechtigungspflege beim Upgrade
- ▸ die Nachvollziehbarkeit der Regeleinhaltung
- ▸ ordentlich definierte Risikodefinitionen

In Abschnitt 6.3.1, »Manuelle Profile und Berechtigungen«, sind wir bereits auf die Funktion der Berechtigungsvorschlagswerte für den Profilgenerator eingegangen, die eine umfangreiche Automatisierung der Berechtigungspflege erlauben.

Berechtigungsvorschlagswerte enthalten eine Menge von Berechtigungen in Bezug auf jeweils eine Anwendung. Meistens werden je Anwendung zu mehreren Berechtigungsobjekten notwendige Werte vorgeschlagen. Den überwiegenden Teil dieser Vorschläge liefert

SAP aus. Die Berechtigungsvorschlagswerte müssen organisations-
spezifisch ergänzt werden. Die Berechtigungsprüfungen sind unabhängig von den Vorschlagswerten, die Prüfung ist Teil des Programms. Die Berechtigungsvorschlagswerte sollten für diese Prüfung
möglichst genaue Berechtigungsvorschläge in der Rollenpflege ermöglichen. Bevor wir den Nutzen der Berechtigungsvorschlagswerte
darstellen, werden wir Ihnen zunächst ihren Grundzustand und ihre
Pflege erläutern.

7.1.1 Grundzustand und Pflege der Berechtigungs-vorschlagswerte

SAP liefert für alle dazu geeigneten Anwendungen Berechtigungsvorschlagswerte aus. Voraussetzung für die Berechtigungsvorschlagspflege ist, dass diese Berechtigungen im Programmcode der jeweiligen Anwendung als Berechtigungsprüfung implementiert sind. Nur
diese Berechtigungsobjekte können als Berechtigungsvorschläge
gepflegt werden. Die Berechtigungsprüfung ist allerdings abhängig
von der Konfiguration der Prozesse und der Stammdatendefinition.
Entschließt sich eine Organisation z. B., optionale Berechtigungsprüfungen einzusetzen, wird dies vermutlich weitere Berechtigungsprüfungen im Programmablauf zur Folge haben. Dieses Prinzip gilt für
viele mögliche kundenspezifische Ausprägungen eines Prozesses in
den Komponenten. Es gilt aber ebenso für die Integration der Komponenten. Mit anderen Worten: Berechtigungsvorschlagswerte sind
teilweise zwingend systemspezifisch. Aus diesem Grund muss die
Organisation die Berechtigungsvorschlagswerte entsprechend nachpflegen. Dazu wird die Transaktion SU24 (Pflege der Berechtigungsvorschlagswerte) genutzt.

Releasehinweis

Ab dem Basisrelease 7.02 steht eine Reihe neuer Funktionen für die
Pflege der Berechtigungsvorschlagswerte zur Verfügung. Die folgenden
Ausführungen beziehen sich auf Systeme mit einem Releasestand (SAP_
BASIS) gleich oder größer 7.02.

Abbildung 7.2 verdeutlicht, wie die Pflege von Berechtigungsvorschlagswerten und Berechtigungen in aller Regel erfolgen soll. In der
ersten Säule (Entwicklung) sehen Sie die Aufgaben der Entwicklung.
Die Entwicklung legt die notwendigen Berechtigungsvorschläge fest.

Die Vorschlagswerte sollten zum Abschluss jeder Entwicklung vollständig vorliegen. Beim »Bauen einer Anwendung« legt die Entwicklung technisch fest, welche Berechtigungsobjekte im Zusammenhang mit einer Anwendung zu prüfen sind: Sie »baut den Authority-Check« mit konkreten Berechtigungsobjekten und ausgewählten Berechtigungswerten. Konkret: Wenn ein Entwickler in eine Anwendung einen Authority-Check z. B. auf M_BEST_EKO (Einkaufsorganisation in Bestellung) mit der Aktion ANLEGEN (ACTVT: 01) und die zugehörige Einkaufsorganisation (EKORG: $EKORG) einbaut, dann weiß er, dass genau diese Berechtigung auch unter der Anwendung geprüft werden wird. Es ist also nur ein sehr geringer Aufwand, an dieser Stelle auch die Berechtigungsvorschlagswerte zu pflegen. Die nachträgliche Ermittlung von Vorschlagswerten beim Testen der Anwendung kostet bereits erheblich mehr. Die »historische« Ermittlung durch Mitarbeiter, die die Anwendung nicht gebaut haben, verursacht nahezu die Kosten eines erneuten Funktions- und Integrationstests.

Um eine nachträgliche Ermittlung der Vorschlagswerte zu umgehen, können Sie den Langzeitberechtigungstrace verwenden (siehe Abschnitt 7.2, »Traces«). Bei diesem Langzeittrace werden schon während der Entwicklung bzw. beim Aufruf der Anwendung Berechtigungsprüfungen getract und protokolliert.

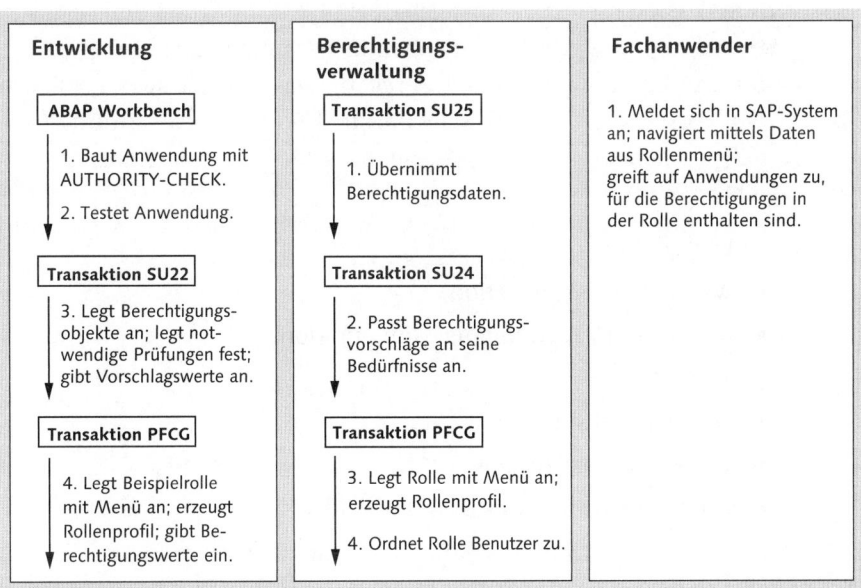

Abbildung 7.2 Von der programmierten Berechtigungsprüfung zur Rolle (nach: http://help.sap.com. SAP NetWeaver 7.0 EHP 3)

Für die Pflege von Vorschlagswerten nutzen SAP und ihre Entwicklungspartner die Transaktion SU22 (Berechtigungsvorschlagspflege – SAP). Generell können Sie für die Pflege von Berechtigungsvorschlagswerten die Transaktion SU24 (Berechtigungsvorschlagspflege) nutzen.

Für beide Transaktionen stehen (mittlerweile) Traces als Hilfsmittel zur Verfügung. Dabei handelt es sich um den Berechtigungstrace (siehe Abschnitt 7.2.1, »Vorgehen beim Berechtigungstrace«) und den Systemtrace (siehe Abschnitt 7.2.2, »Vorgehen beim Systemtrace«).

Pflege der Voschlagswert-tabelle – Kundenwerte

In Abbildung 7.3 ist der Einstiegsbildschirm der Transaktion SU24 (Berechtigungsvorschlagspflege) dargestellt. Die Buttons DOWNLOAD ❶ und UPLOAD ❷ dienen dem Down- und Upload der Werte; dies kann zur Sicherung oder zur Verteilung zwischen gleich konfigurierten Systemen nützlich sein. Der Button BERECHTIGUNGSVORLAGEN ❸ dient der Definition von Berechtigungsvorlagen, die in der Rollenpflege genutzt werden können. Diese Funktion betrachten wir nicht weiter, da wir eine Nutzung nicht empfehlen. Der Button VORSCHLAGSWERTEABGLEICH ❹ ermöglicht Ihnen einen selektiven Abgleich von Berechtigungsvorschlagswerten zwischen den SAP-Werten (Transaktion SU22) und den kundeneigenen Werten (Transaktion SU24). Dieser selektive Abgleich ist eine neue Funktion und steht systematisch mit Upgrade-Aktivitäten in Verbindung. Abhängig davon, für welche Anwendung Sie Berechtigungsvorschlagswerte pflegen wollen, selektieren Sie im Selektionsfeld TYP DER ANWENDUNG ❺ den entsprechenden Typ. Zur Verfügung stehen die folgenden Anwendungstypen:

- Transaktion
- Web-Dynpro-Applikation
- Web-Dynpro-Anwendungskonfiguration
- IDoc-Typ
- Workflowmuster
- RFC-Funktionsbaustein
- SAP Gateway: Service Groups Metadata
- SAP Gateway Business Suite Enablement – Service
- Zuordnung Service → Berechtigungsobjekt
- BSP-(Business-Server-Pages-)Applikation

- JCO-iView

- People Centric UI Service (CRM)

- Webservice

- CRM UIU Component

- CRM Web Channel Experience Management Module

- TADIR-Service

- externer Service

- Suche nach technischem Namen (Hashcode)

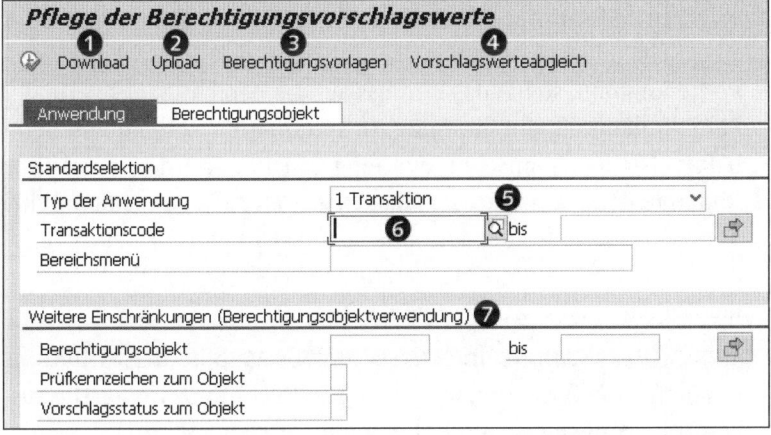

Abbildung 7.3 Einstieg in die Transaktion SU24 (Berechtigungsvorschlagspflege) – Auswahl »Transaktion«

Die Selektion einer Anwendung beeinflusst die weiteren Eingabemöglichkeiten. So sehen Sie die Selektion TRANSAKTIONSCODE ❻, in die ein oder mehrere Transaktionscodes eingetragen werden können. Unter WEITERE EINSCHRÄNKUNGEN (BERECHTIGUNGSOBJEKTVERWENDUNG) ❼ haben Sie die folgenden Möglichkeiten der Suche:

- Suche nach Anwendungen für ein bestimmtes Berechtigungsobjekt

- Suche nach einer Kombination aus Anwendung und Berechtigungsobjekt inklusive Prüfkennzeichen oder Vorschlagsstatus

Die Bearbeitung der Berechtigungsvorschlagswerte wird im Folgebildschirm vorgenommen (siehe Abbildung 7.4). Im mit ❶ gekennzeichneten Bereich finden Sie (von links nach rechts) folgende Buttons:

- 📝 (ANZEIGEN < – > ÄNDERN): Mit diesem Button wechseln Sie zwischen Anzeige und Pflege der Berechtigungsvorschlagswerte.

▸ 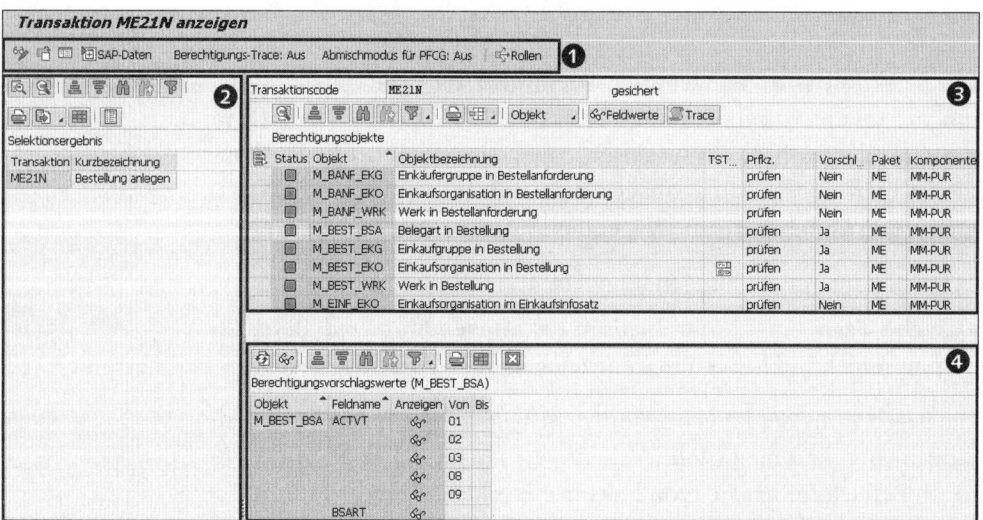 (ANDERES OBJEKT): Mit diesem Button können Sie eine andere Anwendung oder ein anderes Objekt auswählen.

▸ SAP-DATEN: Hier können Sie sich die SAP-Originaldaten anzeigen lassen.

▸ BERECHTIGUNGS-TRACE: EIN oder AUS: Dieser Button informiert Sie zunächst darüber, ob der Berechtigungstrace (siehe Abschnitt 7.2.1, »Vorgehen beim Berechtigungstrace«) eingeschaltet ist. Wenn Sie daraufklicken, erhalten Sie eine Kurzinformation zum Berechtigungstrace.

▸ ABMISCHMODUS FÜR PFCG: EIN oder AUS: Über diesen Button erfahren Sie, ob der Abmischmodus für PFCG-Rollen ein- oder ausgeschaltet ist. Werden Änderungen an den Vorschlagswerten vorgenommen, so hat das Einfluss auf die Berechtigungswerte der PFCG-Rollen, die die jeweilige Anwendung im Rollenmenü beinhaltet. Ist der Abmischmodus eingeschaltet, werden betroffene Rollen in den Status PROFILABGLEICH ERFORDERLICH gesetzt und bei der nächsten Änderung der Rolle berücksichtigt. Den Abmischmodus können Sie mittels des Parameters S42X_SET_FORCE_MIX in der Tabelle PRGN_CUST setzen.

▸ Rollen (VERWENDUNG IN EINZELROLLEN): Mithilfe dieses Buttons erhalten Sie Informationen, in welchen PFCG-Einzelrollen die ausgewählte Anwendung im Rollenmenü verwendet wird.

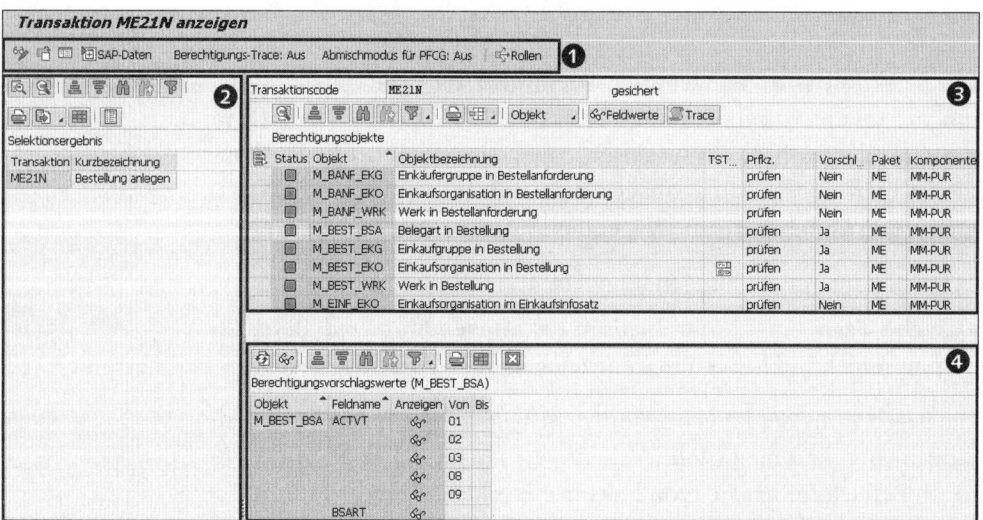

Abbildung 7.4 Transaktion SU24 (Berechtigungsvorschlagspflege) – Anzeige und Pflege

Im Bereich SELEKTIONSERGEBNIS ❷ sehen Sie die Menge der selektierten Objekte. Dies können, abhängig von der Selektion im Einstiegsbildschirm, entweder Transaktionen, Web-Dynpro-Applikationen, Web-Dynpro-Anwendungskonfigurationen, Workflowmuster, RFC-Funktionsbausteine, TADIR-Services, externe Services etc. sein. Durch Markieren einer Anwendung erscheinen im Bereich BERECHTIGUNGSOBJEKTE ❸ die jeweils zugehörigen Objekte. Hier pflegen Sie die in Tabelle 7.1 spezifizierten Einstellungen. Dazu müssen Sie zunächst in den Änderungsmodus wechseln. In diesem Bereich sind alle Berechtigungsobjekte enthalten, die im Standard oder in den kundeneigenen Ausprägungen zugeordnet sind. Es handelt sich aber weder um alle Berechtigungsobjekte, die im System zur Verfügung stehen, noch unbedingt um alle, die im Programmablauf tatsächlich geprüft werden.

Im Bereich BERECHTIGUNGSVORSCHLAGSWERTE ❹ können Sie für die in Bereich ❸ ausgewählten Berechtigungsobjekte Vorschlagswerte für die Berechtigungsfelder pflegen.

Im Änderungsmodus werden zusätzliche Buttons angeboten (siehe Abbildung 7.5). Zunächst jedoch sehen Sie im Titel ❶, dass Sie im Änderungsmodus sind. Mit dem Button OBJEKT ❷ können Sie sich (sofern unten ein Objekt selektiert ist) die Objektdefinition, die Objektdokumentation oder den Verwendungsnachweis anzeigen lassen. Sie können aber auch ein Objekt hinzufügen, entweder manuell ❷ oder aus dem Berechtigungstrace ❻ (siehe Abschnitt 7.2.1, »Vorgehen beim Berechtigungstrace«).

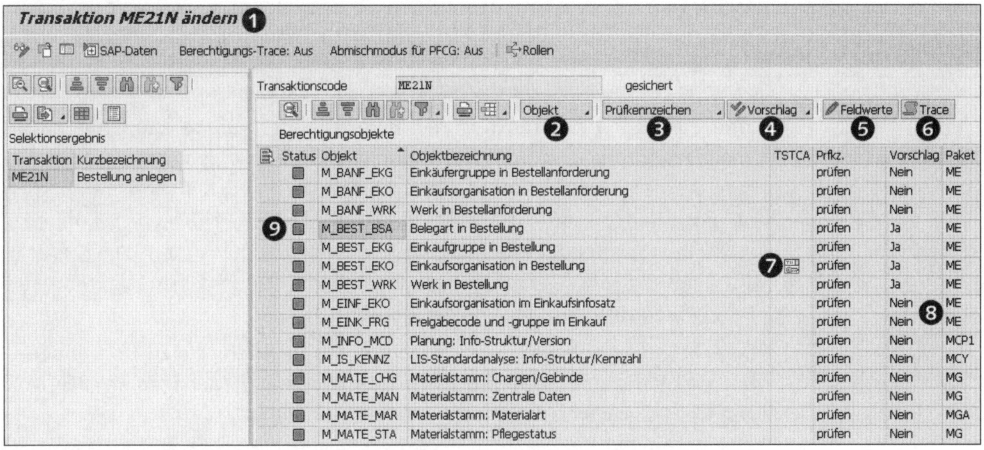

Abbildung 7.5 Transaktion SU24 (Berechtigungsvorschlagspflege) im Änderungsmodus: Zuordnungen und Status

Mit dem Button PRÜFKENNZEICHEN ❸ können Sie festlegen, ob ein Objekt im Programmablauf geprüft werden soll.

Das Prüfkennzeichen kann die in Tabelle 7.1 dargestellten Ausprägungen haben, in der Spalte Funktion wird die Wirkung beschrieben. Auf der folgenden Seite beschreiben wir in einem kurzen Exkurs die Funktion des Kennzeichens »nicht prüfen« etwas genauer.

Funktion	Prfkz.
Prüfkennzeichen wurde nicht spezifiziert – Berechtigungsobjekt wird geprüft.	–
Berechtigungsobjekt wird unter der Anwendung nicht geprüft.	nicht prüfen
Berechtigungsobjekt wird unter der Anwendung geprüft.	prüfen

Tabelle 7.1 Prüfkennzeichen für Berechtigungsobjektprüfungen unter Anwendungen

Sie legen über das Prüfkennzeichen fest, ob ein Objekt unter der Anwendung geprüft werden soll. Das Prüfkennzeichen wird in die Tabelle USOBX_C (Checktabelle zu Tabelle USOBT_C) eingetragen und definiert, ob ein Berechtigungsobjekt unter der Anwendung geprüft werden muss. Beachten Sie in jedem Fall, dass Sie die Unterdrückung auch transportieren oder manuell im Zielsystem vornehmen müssen. Da das Unterdrücken der Prüfung kritisch ist, unternehmen wir an dieser Stelle einen Exkurs zum Ausschalten von Prüfungen.

Exkurs: Verringerung des Umfangs von Berechtigungsprüfungen

Eine etwaige Unterdrückung der Berechtigungsprüfung kann nur nach genauer Prüfung und Dokumentation der Prüfungsergebnisse vorgenommen werden. Um Prüfungen über die Transaktion SU24 (Berechtigungsobjektprüfungen unter Transaktionen) wirksam unterdrücken zu können, muss der Profilparameter (Parameter `auth/no_check_in_some_cases`) auf `Y` gesetzt sein (Default). Diese Einstellung ist ebenfalls nötig, um den Profilgenerator überhaupt nutzen zu können.

Berechtigungsprüfungen von Berechtigungsobjekten, die zu Komponenten der Basis oder von SAP ERP Human Capital Management (HCM) gehören, lassen sich nicht unterdrücken.

Bei der Prüfung von Berechtigungskonzepten müssen Sie auf jeden Fall klären, welche Einstellungen zur Unterdrückung von Prüfungen vorge-

---

nommen wurden. Dabei gilt die Maßgabe, dass SAP-seitig vorgenommene Unterdrückungen Standard sind und kundenseitig angelegte Unterdrückungen erklärungs- und nachweisbedürftig sind.

Die Überprüfung auf Änderungen in diesem Sinne muss als kompensierende Kontrolle durchgeführt werden. Dazu wird die Tabelle USOBX_C (Checktabelle zu Tabelle USOBT_C) im Feld OK-KENNZEICHEN mit dem Wert N (keine Berechtigungsprüfung) und dem Feld ÄNDERER = »SAP« ausgewertet.

Über den Button VORSCHLAG ❹ in Abbildung 7.5 legen Sie fest, ob und wie das selektierte Berechtigungsobjekt zu einer Anwendung in einer Rolle vorgeschlagen werden soll. Ihre Wahl wird dann in der Spalte VORSCHLAG durch ein JA oder NEIN ❽ kenntlich gemacht. Die Wirkung ist in Tabelle 7.2 zusammengefasst.

Status	Wirkung
Ja	Das Berechtigungsobjekt wird in einer Rolle vorgeschlagen und muss mit Werten ausgeprägt werden. Einige Felder enthalten bereits Vorschlagswerte.
Ja ohne Werte	Das Berechtigungsobjekt wird in einer Rolle vorgeschlagen. Es gibt allerdings keine gepflegten Vorschläge für Werte.
Nein	Das Berechtigungsobjekt wird nicht vorgeschlagen.
Neu/Ungepflegt	Das Berechtigungsobjekt wird zurückgesetzt und erhält in der Spalte STATUS ❾ eine rote Ampel.

Tabelle 7.2 Vorschlag und Status

Nachdem Sie das Vorschlagsverhalten festgelegt haben, können Sie nun über den Button FELDWERTE ❺ detailliert die Werte pflegen, die vorgeschlagen werden sollen. Sinnvollerweise werden nur die Werte eingetragen (Bereich BERECHTIGUNGSVORSCHLAGSWERTE ❹ der Abbildung 7.4), für deren Notwendigkeit es einen positiven Nachweis gibt. Dieser Nachweis ist in aller Regel ein Trace. Aus diesem Grund empfehlen wir, über die Auswertung der Traces ❻ die Berechtigungsvorschlagswerte zu pflegen.

Pflege der Berechtigungsvorschlagswerte auf Feldebene

Die Übernahme aus den Traces in die Berechtigungsvorschlagswerte entspricht dem in Abschnitt 6.6, »Vom Trace zur Rolle«, dargestellten Vorgehen. Darum werden wir dies an dieser Stelle nicht weiter ausführen.

Zur Feldpflege muss das Objekt zum Vorschlag bestimmt sein (Vorschlag JA). Sofern Sie eindeutige Feldwerte ermittelt haben, können diese als Vorschlag eingetragen werden. Sie können keine Organisationsebenen eintragen. Die anderen Werte müssen nach sorgfältiger Prüfung eingetragen werden. Oft besteht die erforderliche Eindeutigkeit nur in Bezug auf die Aktivität.

Sie können das am Beispiel der Bestellung nachvollziehen: Wenn Sie wollen, dass mit der Transaktion ME23N (Bestellung anzeigen) ausschließlich Bestellungen angezeigt werden können, müssten Sie jeweils im Feld ACTVT (AKTIVITÄT) die Werte 03 (ANZEIGEN) und 08 (ÄNDERUNGSBELEGE ANZEIGEN) mitgeben. Da es aber wahrscheinlich erforderlich ist, den Zugriff organisatorisch zu differenzieren, können Sie im Feld BELEGART IN BESTELLUNG (BSART) keinen Wert eintragen, da die Belegart ein ablauforganisatorisches Kriterium ist und Sie den Zugriff wahrscheinlich für einzelne Belegarten unterschiedlich ausprägen wollen.

Dieses Vorgehen ist erforderlich, um einerseits das Berechtigungsobjekt und die Aktivität automatisch vorgeschlagen zu bekommen. Anderseits wollen Sie verhindern, dass Sie das Feld BELEGART ändern müssen, da dies den Status des Objekts auf VERÄNDERT im Profil setzen würde.

Enjoy-Transaktionen Die Transaktionen zur Bestellung sind deswegen ein gutes Beispiel, weil sie als Enjoy-Transaktionen prinzipiell vergleichbare Aktionen erlauben: Wenn die entsprechenden Berechtigungen zur Transaktion vergeben sind, kann aus der Transaktion ME23N (Bestellung anzeigen) eine Bestellung auch angelegt oder geändert werden (siehe SAP-Hinweis 751129 – Berechtigungen in Enjoy-Transaktionen im Einkauf). Die zu pflegenden Werte ergeben sich aus Ihrer Nutzung der Enjoy-Logik. Für das Beispiel der Transaktion ME23N (Bestellung anzeigen) heißt das:

- ausnahmslos Enjoy-Logik nutzen = Anlegen, Ändern, Anzeigen
- überwiegend Enjoy-Logik nutzen = keine Werte
- Enjoy-Logik nicht nutzen = Anzeigen

Berechtigungsvorschlagswerte stellen die mächtigste positiv regelbasierte Steuerung von Berechtigungen dar. Sie verleiten allerdings unter Umständen dazu, sie einfach zu übernehmen. Das kann jedoch falsch sein: Wenn Sie also die Transaktion ME23N (Bestellung anzeigen) tatsächlich nur zum Anzeigen nutzen wollen, wenn Sie aber die

Werte ANLEGEN, ÄNDERN und ANZEIGEN zulassen, wird mit Sicherheit irgendwann dieser Wert auch so in eine Rolle, die nur das Anzeigen erlauben soll, aufgenommen.

Obligatorischer Transportauftrag

Sämtliche Änderungen der Berechtigungsvorschlagswerte werden in einen Transportauftrag übernommen. Dabei sollten Sie die üblichen Empfehlungen zur Transport Policy und Ihre hauseigene Policy beachten.

Änderungen der Vorschläge für den Profilgenerator werden in unterschiedliche Tabellen geschrieben. Die Tabelle USOBT (Relation Transaktion R Ber.objekt) enthält die Auslieferungsdaten für Vorschläge. Die kundenseitigen Änderungen der Berechtigungsvorschlagswerte werden in die Tabelle USOBT_C (Relation Transaktion R Berechtigungsobjekt – Kunde) eingetragen. Die Tabelle USOBX (Checktabelle zu Tabelle USOBT) enthält die Auslieferungsdaten für Prüfkennzeichen. Die kundenseitigen Änderungen der Prüfkennzeichen werden in die Tabelle USOBX_C (Checktabelle zu Tabelle USOBT_C) eingetragen.

Vorschlagswerttabellen und ihre Relation

In Abbildung 7.6 sind beispielhaft drei Änderungen vorgenommen: In Bezug auf die Transaktion ME21N (Bestellung anlegen) wurde das Berechtigungsobjekt F_FICA_FOG (Haushaltsmanagement: Berechtigungsgruppe des Fonds) auf »nicht prüfen« gesetzt ❶, das Berechtigungsobjekt F_FICA_FCD – (Haushaltsmanagement Fonds) wurde auf Vorschlag JA gesetzt ❷, und im Feld AKTIVITÄT BERECHTIGUNGSPRÜFUNG (FM_AUTHACT) ❸ wurden die Aktionen 01, 02, 08 und 10 eingetragen.

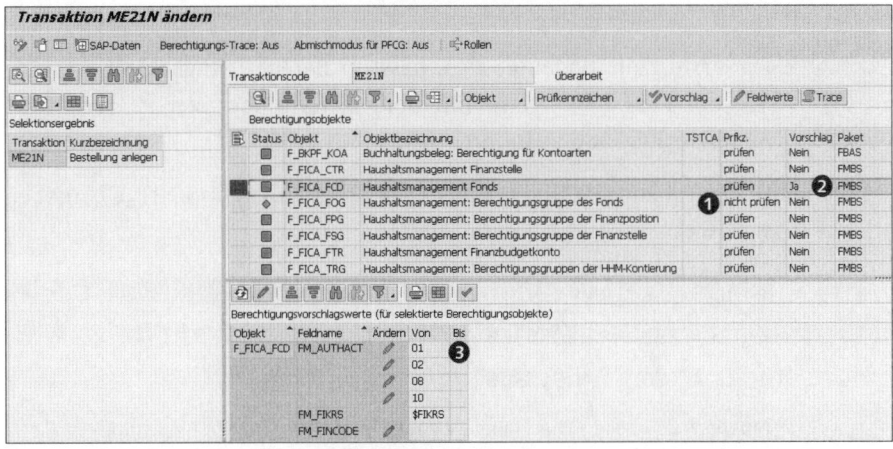

Abbildung 7.6 Exemplarische Pflege von Berechtigungsobjekten

Diese Änderungen wirken sich nicht auf die Tabelle USOBT (Relation Transaktion → Ber.objekt) und die Tabelle USOBX (Checktabelle zu Tabelle USOBT) aus. Stattdessen werden die Werte in die Tabelle USOBT_C (Relation Transaktion → Berechtigungsobjekt – Kunde) und die Tabelle USOBX_C (Checktabelle zu Tabelle USOBT_C) eingetragen.

In der Tabelle USOBT_C (Relation Transaktion R Berechtigungsobjekt – Kunde) ergeben sich durch die Änderung die in Tabelle 7.3 dargestellten Einträge. Aus der Tabelle sind zur Vereinfachung nur die folgenden Spalten dargestellt:

- Object = Berechtigungsobjekt
- Field = Berechtigungsfeld
- Low = Einzelwert oder der kleinste Wert eines Intervalls
- Modifier = letzter Änderer
- Modified = Kennzeichen für Änderung

OBJECT	FIELD	LOW	MODIFIER	MODIFIED
F_FICA_FCD	FM_AUTHACT	01	I055366	X
F_FICA_FCD	FM_AUTHACT	02	I055366	X
F_FICA_FCD	FM_AUTHACT	08	I055366	X
F_FICA_FCD	FM_AUTHACT	10	I055366	X
F_FICA_FCD	FM_FIKRS	$FIKRS	I055366	X
F_FICA_FCD	FM_FINCODE		I055366	X

Tabelle 7.3 Tabelle »Relation Transaktion ? Ber.objekt (Kunde)« nach Anpassung

Die erste Zeile bedeutet also, dass im Berechtigungsobjekt F_FICA_FCD das Feld FM_AUTHACT mit dem generischen Wert * durch den Benutzer I055366 geändert wurde.

In der Tabelle USOBX_C (Checktabelle zu Tabelle USOBT_C) ergeben sich die in Tabelle 7.4 dargestellten Einträge.

OBJECT	MODIFIER	OKFLAG	MODIFIED
F_FICA_FCD	I055366	Y	X
F_FICA_FOG	I055366	N	X

Tabelle 7.4 Tabelle »Checktabelle zu Tabelle USOBT_C« nach Anpassung

Die Änderungshistorie können Sie den in Tabelle 7.5 benannten Tabellen entnehmen.

Tabelle	Bezeichnung
USOBT_CD	Änderungshistorie für Feldwerte
USOBX_CD	Änderungshistorie zu Prüfkennzeichen

Tabelle 7.5 Weitere Tabellen zu Berechtigungsvorschlagswerten

Wenn die Berechtigungsvorschlagswerte gut gepflegt und in den Rollen entsprechend verwendet werden, kann ein Upgrade zügig durchgeführt werden. Zum Upgrade kommen wir im nächsten Abschnitt.

Der Vollständigkeit halber kommen wir noch einmal auf Abbildung 7.5 zurück. Dort hatten wir noch nicht darauf hingewiesen, dass ein Startberechtigungsobjekt in der Spalte TSTCA dieser Abbildung unter ❼ besonders gekennzeichnet ist.

7.1.2 Nutzen der Berechtigungsvorschlagswerte

Eine umfassende Pflege der Berechtigungsvorschlagswerte in Verbindung mit dem angegebenen Statusziel hat folgenden Nutzen:

▸ **Funktion für den Profilgenerator**
Berechtigungspflege erfolgt regelbasiert statt *by incident*. Konkret wird eine technische Regel hinterlegt, welche Berechtigungsobjekte mit welchen Feldwerten zu einer Anwendung (Transaktion, Web Dynpro, RFC-Funktionsbausteine, externe Services etc.) gehören und somit in den Berechtigungen einer Rolle vorgeschlagen werden sollen. Da diese Feldwerte, Aktivitäten und differenzierenden Merkmale die konkrete Nutzung bestimmen, ist diese technische Regel auch gleichzeitig eine Norm in Bezug auf die statthaften Aktivitäten (z. B. Vorerfassen) einer Verrichtung (z. B. Belegbearbeitung). Diese Normbildung unterstützt die Regelkonformität und die Transparenz über die Erreichung der Regelkonformität. Eine detaillierte Beschreibung dazu finden Sie im Unterabschnitt »Funktion für den Profilgenerator« in diesem Abschnitt.

Eine weitere Funktion für den Profilgenerators ist es, Erfahrungswissen zu sichern, indem Sie nicht jedes Mal neu ermitteln müssen, welche Berechtigungsobjekte für eine bestimmte Anwendung

(Transaktion, Web Dynpro, RFC-Funktionsbausteine, externe Services etc.) nötig sind. Diese Funktion steigert die Effizienz und Nachhaltigkeit.

Schließlich ermöglicht die Pflege über den Profilgenerator, Rollen sauber zu halten (entzogene Anwendungen – Transaktion, Web Dynpro, RFC-Funktionsbausteine, externe Services etc. – führen zum Entzug von Berechtigungen), auch diese Funktion sichert Regelkonformität.

▸ **Funktion im Upgrade**
Die Pflege der Berechtigungsvorschlagswerte soll die Upgrade-Kosten angemessen halten. Diese Funktion ist Ausdruck der Effizienz, die bei präziser Pflege erreicht werden kann. Mehr dazu erfahren Sie im Unterabschnitt »Funktion im Upgrade« in diesem Abschnitt.

▸ **Normativer Nutzen**
Pflege der Berechtigungsvorschlagswerte soll die Auditierbarkeit sicherstellen. Der technisch definierte Zusammenhang zwischen Anwendung (Transaktion, Web Dynpro, RFC-Funktionsbausteine, externe Services etc.) und Berechtigungsobjekt erleichtert sinnvolle Audits von Berechtigungskonzepten. Ausführliche Informationen dazu finden Sie im Unterabschnitt »Normativer Nutzen« in diesem Abschnitt.

▸ **Nutzen für die Risikoanalyse**
Die Pflege der Berechtigungsvorschlagswerte soll sicherstellen, dass bei der Definition von Risiken in einem Werkzeug wie SAP Access Control die »richtigen« Werte genutzt werden. Alle selbst erstellten Risikodefinitionen basieren auf den Werten der Vorschlagstabellen. Dazu finden Sie eine detaillierte Beschreibung im Unterabschnitt »Nutzen der Berechtigungsvorschlagswerte für Risikoanalyse und externe Rollenpflegetools« in diesem Abschnitt.

Die Pflege der Berechtigungsvorschlagswerte für den Profilgenerator vereinfacht mittelfristig die Rollenpflege und macht sie transparenter.

Funktion für den Profilgenerator

Die Berechtigungsvorschlagswerte für Berechtigungen werden – im Kundensystem – über die Transaktion SU24 (Pflege der Zuordnungen von Berechtigungsobjekten zu Transaktionen) gepflegt. Sie versorgen den Profilgenerator mit Vorschlägen für Berechtigungswerte. Jede im Menü eingefügte Anwendung (Transaktion, Web Dynpro, RFC-Funktionsbausteine, externe Services etc.) wird mit diesen Default-Werten versorgt. Abbildung 7.7 verdeutlicht, dass in Bezug auf die im Menü vergebene Anwendung die Berechtigungsvorschlagswerte in die Berechtigungen zur Rolle übernommen werden.

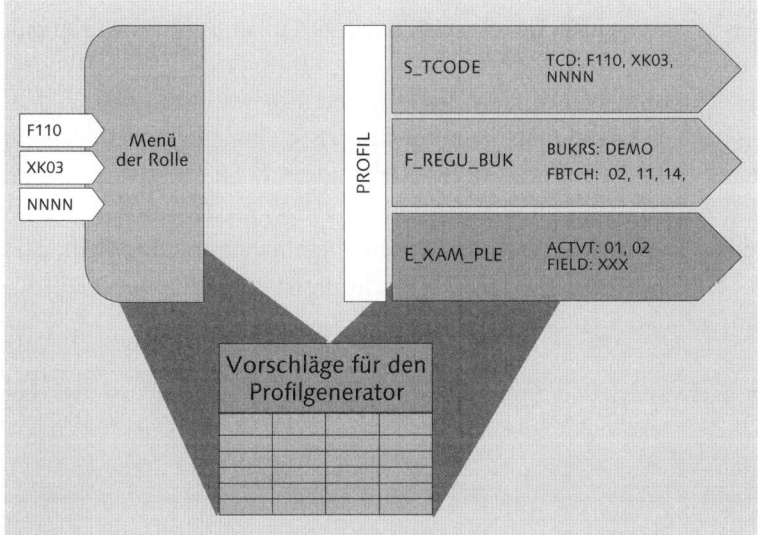

Abbildung 7.7 Übernahme der Berechtigungsvorschlagswerte für die im Menü vergebenen Anwendungen (Transaktion, Web Dynpro, RFC-Funktionsbausteine, externe Services etc.)

Die Übernahme von Berechtigungsvorschlagswerten funktioniert bei der Rollenänderung im Menü entweder, indem Sie auf der Registerkarte BERECHTIGUNGEN den Button BERECHTIGUNGSDATEN ÄNDERN wählen oder auf den Button EXPERTENMODUS ZUR PROFILGENERIERUNG klicken und dort ALTEN STAND LESEN UND MIT DEN NEUEN DATEN ABGLEICHEN auswählen. Die Pflege über den Expertenmodus sollte der Standard sein, da Sie in diesem Fall selbst festlegen, wie sich der Profilgenerator verhalten soll. Nach der Selektion springen Sie in die Pflege der Berechtigungen. Dabei fallen die unterschiedlichen Status der Berechtigungen auf, die wir schon in Abschnitt 6.3.2, »Rollenpflege«, erläutert haben.

Übernahme von Berechtigungsvorschlagswerten

Berechtigungsobjekte können vier Status haben:

▶ MANUELL: Das ganze Objekt wurde manuell hinzugefügt.

▶ VERÄNDERT: Der Vorschlagswert wurde verändert.

▸ GEPFLEGT: Entspricht dem Vorschlagswert, es wurden offene Felder gepflegt.

▸ STANDARD: Entspricht dem Vorschlagswert.

Der Unterschied zwischen Pflegen und Verändern besteht darin, dass bei der Pflege offene Felder gepflegt, bei der Veränderung dagegen Standardfeldausprägungen verändert werden.

Status und Entzug von Anwendungen

Dieser Unterschied ist relevant. Der Mechanismus, der beim Ergänzen einer Rolle um eine Anwendung (Transaktion, Web Dynpro, RFC-Funktionsbausteine, externe Services etc.) abläuft, arbeitet analog beim Entziehen einer Anwendung. Die Berechtigungsobjekte im Status GEPFLEGT oder STANDARD, die ausschließlich zur entzogenen Anwendung gehören, werden wieder entzogen. Damit wird einem Kernproblem oft veränderter Rollen vorgebeugt: dem Problem, dass es keine nachhaltige logische Zuordnung von enthaltenen Berechtigungsobjekten zu den vergebenen Anwendungen gibt.

> **Beispiel: Verwendung von Berechtigungsobjekten in Rollen und deren Pflegestatus**
>
> Dies soll an einem Beispiel dargestellt werden: Einer Rolle, die ausschließlich Reporting-Transaktionen enthält, wird die Transaktion SQVI (QuickViewer) hinzugefügt. Da das Berechtigungsobjekt für Tabellenzugriffe (S_TABU_DIS) kein Standardvorschlag ist, wird es manuell der Rolle hinzugefügt. Später wird – ganz im Sinne wünschenswerter Regelkonformität – die Nutzung des QuickViewers massiv eingeschränkt, die Transaktion wird der Reporting-Rolle entzogen. Da das Berechtigungsobjekt für Tabellenzugriffe manuell hinzugefügt wurde, verbleibt es in der Rolle. Das hat Folgen:
>
> ▸ Die Rolle enthält mehr Berechtigungen als erforderlich.
>
> ▸ Das Risiko, das in einer Kombination mit anderen Rollen entstehen kann, ist erheblich und nicht vorab zu bestimmen.

Je präziser die Default-Werte in den Tabellen gepflegt sind, desto genauer passen die Berechtigungsvorschlagswerte für die Rollen. Anzustreben ist minimal ein Zustand, in dem auf Objektebene 95 % aller Berechtigungsobjekte als Default in die Rolle übernommen werden. Das heißt, dass nur noch 5 % der Berechtigungsobjekte mit dem Status VERÄNDERT gekennzeichnet sind.

Da Berechtigungsausprägungen immer einen kundenspezifischen Anteil haben, d. h. durch die Konfiguration, das Stammdatenkonzept, aber auch individuelle Präferenzen bestimmt werden, sind die Standardberechtigungsvorschlagswerte unvollständig.

Standardvorschläge pflegen

Wir empfehlen Ihnen die detaillierte Pflege der Berechtigungsvorschlagswerte ausdrücklich auch für Standardanwendungen (Transaktion, Web Dynpro, RFC-Funktionsbausteine, externe Services etc.), da sinnvolle Berechtigungsvorschlagswerte gegebenenfalls besondere Nutzungen, Systemeinstellungen und Stammdatenmerkmale reflektieren.

Funktion im Upgrade

Mit der Transaktion SU25 (Upgrade-Tool für den Profilgenerator) werden verschiedene Schritte vollzogen, um im Upgrade die alten Berechtigungen und Rollen den neuen Erfordernissen anpassen zu können. Im Prinzip werden dort die alten Berechtigungsvorschlagswerte (Kunde) mit den neuen Berechtigungsvorschlagswerten (SAP) abgemischt und die Rollen mit Änderungsbedarf identifiziert. Die Upgrade-Nacharbeiten bezüglich Berechtigungen selbst werden in Abschnitt 7.3, »Upgrade-Nacharbeiten von Berechtigungen«, beschrieben.

Normativer Nutzen

Aus den in Kapitel 4, »Rechtlicher Rahmen – normativer Rahmen«, angeführten Gründen sind immer nur die nachweislich notwendigen Berechtigungen zu vergeben. Soll ein Mitarbeiter Bestellungen ändern dürfen, dann muss er einen Benutzer im System mit genau diesen Berechtigungen bekommen. Technisch sollte dabei ein Zustand erreicht werden, in dem durch das Einfügen der Transaktion ME21N (Bestellung anlegen) alle notwendigen Berechtigungobjekte mit allen erforderlichen aktivitätsbezogenen Feldwerten vorgeschlagen werden. Auf diese Weise müssen anschließend nur noch die organisatorischen Werte wie Werk/Belegart u. Ä. eintragen werden. Wird so vorgegangen, kann auch der Auditor nachvollziehen, dass die Ausprägung der Berechtigungen den im System hinterlegten Regeln entspricht. Stellen Sie sich eine Rolle mit 100 Anwendungen, 40 Berechtigungsobjekten und 120 Feldausprägungen in den Berechtigungsobjekten vor. Wenn sämtliche Objekte manuell hinzugefügt wurden, können Sie nicht mehr erkennen, welche Berechtigungsobjektausprägung für eine bestimmte Anwendung erforderlich ist und ob für die 100 Anwendungen wirklich nur notwendige Werte vergeben wurden. Während Sie für eine Anwendung dies gegebenenfalls über einen Trace beweisen können, dürfte der Aufwand für 100 Anwendungen meistens zu groß sein.

Wenn Berechtigungsobjekte manuell einem Profil hinzugefügt oder geändert wurden, besteht keine Relation zwischen dem Umfang an Anwendungen der Rolle (Transaktion, Web Dynpro, RFC-Funktionsbausteine, externe Services etc.) und den zugeordneten Berechtigungsobjekten. Das bedeutet, dass keine Auskunft darüber möglich ist, warum etwa ein kritisches Objekt einer Rolle zugeordnet wurde.

Vorschlagstabelle und Regelkonformität

Es besteht ein direkter Zusammenhang zwischen der Nutzung der Berechtigungsvorschlagswerte und der Regelkonformität von Berechtigungen. Berechtigungen können in einem komplexen System wie SAP ERP nur dann regelkonform sein, wenn sie technischen Regeln folgen – das sind die Berechtigungsvorschlagswerte.

> **Ohne Nachvollziehbarkeit keine wirksame Prüfung**
>
> Nur wenn nachvollziehbar bleibt, warum welche Berechtigungsobjekte und Werte vergeben wurden, kann die Regelkonformität von Rollen effizient geprüft werden. Diese Prüfbarkeit entsteht über die Berechtigungsvorschlagswerte.
>
> Im Sinne eines umfassenden Verständnisses des Internen Kontrollsystems (IKS) ist ein Nachweis erforderlich, warum welcher Benutzer welche Berechtigungen hat, also auch warum eine Rolle ein bestimmtes Berechtigungsobjekt enthält. Dieser Nachweis auf Objektebene ist ohne vorschlagswertbasierte Pflege nicht möglich. Die Vorschlagswertpflege ist in diesem Sinne eine Normsetzung, wie Berechtigungen ausgesteuert werden dürfen. Die Umsetzung ist der Nachweis, ob die Norm eingehalten wurde. Die Norm selbst ist Ausdruck eines technisch detaillierten IKS.

Nutzen der Berechtigungsvorschlagswerte für Risikoanalyse und externe Rollenpflegetools

Eine detaillierte Analyse von Funktionstrennungskonflikten und kritischen Transaktionen kann nur durchgeführt werden, wenn die kundenspezifischen Berechtigungsvorschlagswerte eingeschlossen werden: Die Präzisierung der Berechtigungsvorschlagswerte stellt eine Präzisierung der notwendigen Werte für Zugriffe und somit für Risiken dar. Diese Systematik ist u. a. in der Definition neuer Risiken in SAP Access Control enthalten.

Um das an einem Beispiel darzustellen: Das mit dem Anlegen einer Bestellung verbundene Risiko wird dargestellt, indem zunächst festgestellt wird, dass die Transaktion ME21N notwendig ist. Diese sehr einfache Risikodefinition ist in Tabelle 7.6 zusammengefasst.

Anwendung	Berechtigungsobjekt	Feld	Ausprägung
ME21N	S_TCODE	TCD	ME21N

Tabelle 7.6 Einfache Risikodefinition

Mit dieser Transaktion allein kann ein Benutzer nicht viel anfangen, er benötigt in jedem Fall noch drei Berechtigungsobjekte mit den entsprechenden Ausprägungen. Mit anderen Worten: Die in Tabelle 7.6 dargestellte Definition ist zu einfach, sie wird zu falschen Befunden führen, denn jeder, der die Transaktion ME21N (Bestellung anlegen) überhaupt hat, wird erfasst.

Dementsprechend muss die Risikodefinition ergänzt werden, um sicherzustellen, dass auch nur die echten Risiken nachgewiesen werden. Dies ist exemplarisch in Tabelle 7.7 dargestellt. Wie detailliert ein Risiko zu beschreiben ist, behandeln wir in Kapitel 11, »SAP Access Control«. An dieser Stelle soll nur Folgendes deutlich werden: Ohne die Berechtigungsvorschlagswerte können Sie ein Risiko nur präzise definieren, indem Sie ersatzweise Transaktion für Transaktion tracen.

Gute Berechtigungsvorschlagswerte – präzise Risikodefinitionen

Anwendung	Berechtigungsobjekt	Feld	Ausprägung
ME21N	S_TCODE	TCD	ME21N
	M_BEST_BSA	ACTVT	01
		BSART	FO, NB
	M_BEST_EKG	ACTVT	01
		EKGRP	$EKRGP
	M_BEST_EKO	ACTVT	01
		EKORG	$EKORG

Tabelle 7.7 Präzise Risikodefinition

Das Gleiche gilt sinngemäß für alle Risikoanalyselösungen – inklusive der selbst gebauten. Sind diese nicht mit den Vorschlagstabellen integriert, können sie nicht dauerhaft die Rollenpflege Upgradesicher und regelkonform vereinfachen. Das gilt auch für die Nutzung des Business Role Managements von SAP Access Control. Die Nutzung im Rollenmanagement und in der Risikoanalyse wird in Abbildung 7.8 verdeutlicht. Zu sehen ist, dass die Werte der Tabelle USOBT_C einerseits in der Risikoanalyse und andererseits im Rollenmanagement Verwendung finden.

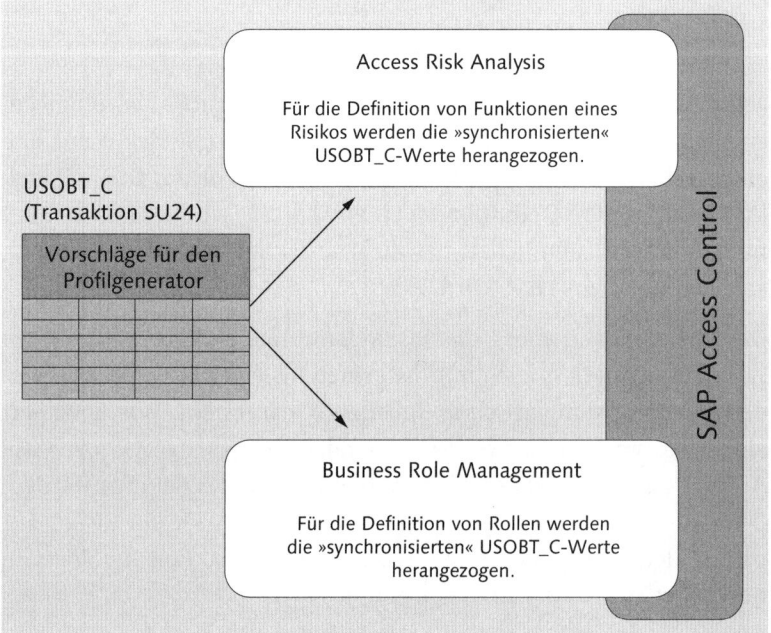

Abbildung 7.8 Nutzung der Berechtigungsvorschlagswerte für die Risikoanalyse und externe Rollenpflegelösungen

7.2   Traces

In Abschnitt 7.1.1, »Grundzustand und Pflege der Berechtigungsvorschlagswerte«, wurde der Trace als Hilfsmittel für die Ermittlung der relevanten Vorschlagswerte und in Abschnitt 6.6, »Vom Trace zur Rolle«, als Hilfsmittel für die Rollenpflege und für die Vorschlagswertpflege dargestellt. In diesem Abschnitt sollen die beiden Traces systematisch erläutert werden. Ein Trace ist in unserem Kontext und stark vereinfacht eine Aufzeichnung von Benutzeraktionen und Systemreaktionen.

Es stehen Ihnen drei Arten von Traces zur Verfügung: der Berechtigungstrace, der Systemtrace und der Benutzertrace:

Tracearten

Für die erste Befüllung der Tabelle USOBX (Checktabelle zu Tabelle USOBT) für den Profilgenerator wird SAP-intern der Berechtigungstrace genutzt. Dieser wird meistens als Langzeittrace verwendet, der mandantenübergreifend und benutzerunabhängig Daten sammelt und in der Datenbank ablegt. Sobald der Trace während der Ausführung eines Programms auf eine Berechtigungsprüfung stößt, die im Zusammenhang mit der aktuellen Anwendung bislang nicht erfasst war, legt er einen entsprechenden Eintrag in der Tracedatenbanktabelle an. Das bedeutet, dass Sie die Anwendung möglichst vollständig testen müssen, um aussagekräftige Tracedaten zu erhalten. Um den Trace auswerten zu können, müssen Sie ihn vor dem Testen/Aufzeichnen aktivieren und die wesentlichen Aktionen lokal oder im Zielsystem ausführen.

Berechtigungstrace

In SAP-Hinweis 543164 (Bedeutung der Werte von `auth/authorization_trace`) wird deutlich darauf hingewiesen, dass dieser Trace die Performance verringert und vom Kunden auf eigenes Risiko eingesetzt wird. Sinnvoll ist dieser Trace, um die Berechtigungsprüfungen von kundeneigenen Programmen in die Berechtigungsvorschlagswerte zu übertragen. Diese Übertragung ist eine manuelle Übernahme, da eine Bewertung erfolgen muss. Es ist ab Basisrelease 7.02 nicht mehr erforderlich, dazu die Transaktion SU22 (Berechtigungsvorschlagspflege – SAP) zu verwenden. Wie schon ausgeführt, steht für die Pflege von Berechtigungsvorschlagswerten die Transaktion SU24 (Berechtigungsvorschlagspflege) zur Verfügung. Dort können auch die Werte des Berechtigungstrace angezeigt werden, wie wir im Folgenden erläutern werden. Wir raten Ihnen dringend, diesen Profilparameter in produktiven Systemen inaktiv zu setzen – dies ist auch Auslieferungsstandard. Es ist aber durchaus empfehlenswert, diesen Trace auf dem Entwicklungs- und gegebenenfalls auch auf dem Qualitätssicherungssystem zu aktivieren, so sammeln Sie bereits während der Entwicklung von neuen Funktionen die ent-

sprechenden Berechtigungsvorschlagswerte. Profilparameter können über die Transaktion RZ11 (Pflege der Profilparameter) geändert
werden.

Systemtrace

Der Systemtrace (Transaktion ST01 oder STAUTHTRACE) ist ein
Kurzzeittrace, der mandantenabhängig und nur auf dem aktuellen
Anwendungsserver Berechtigungsdaten sammelt. In die Rollenpflege
und die Vorschlagswertpflege müssen über RFC auch die Traceergebnisse aus beliebigen Zielmandanten eingebunden werden. Auch dieser Trace kann über RFC auf beliebigen Mandanten ausgeführt sowie
ausgewertet werden.

Benutzertrace

Der Benutzertrace ist ein neuer Trace, der ab SAP NetWeaver 7.40 verfügbar ist (siehe SAP-Hinweis 2220030). Er ist ebenfalls als Langzeittrace konzipiert, sammelt aber im Gegensatz zum Berechtigungstrace mandanten- und benutzerabhängige Berechtigungsdaten. Diese
werden wie beim Berechtigungstrace in der Datenbank abgelegt. Analog zum Berechtigungstrace erfolgt die Aufzeichnung der Berechtigungsprüfungen. Dabei werden die laufende Anwendung mit der
Programmstelle, das Berechtigungsobjekt und dessen geprüfte Werte
sowie das Ergebnis der Berechtigungsprüfung pro Benutzer einmal
gespeichert. Sie haben die Möglichkeit, die Aufzeichnung auf den An-
wendungstyp, die Benutzer und die Berechtigungsobjekte hin zu filtern. Für den Filter können Sie zwei unterschiedliche Anwendungstypen, bis zu zehn Benutzer und bis zu zehn Berechtigungsobjekte
festlegen.

Der Benutzertrace wird über den Profilparameter `auth/auth_user_`
`trace` aktiviert. Sollten Sie den Benutzertrace mit einem Filter aktiviert haben, müssen Sie in der Transaktion STUSERTRACE auch
einen Filter definieren, denn sonst wird nichts aufgezeichnet. Auch
für den Benutzertrace gilt, dass die Aktivierung ohne einen Filter zu
hohen Performanceeinbußen führen kann. Prüfen Sie daher die
möglichen Anwendungsszenarien immer auch im Hinblick auf die
Auswirkungen auf die Performance. Der Benutzertrace ist hilfreich
bei Szenarien, in denen Sie spezielle Benutzer oder Berechtigungsobjekte auswerten wollen. Sie können z. B. die erforderlichen Berechtigungen für Batch-Benutzer oder Tabellenzugriffe über `S_TABU_NAM`
aufzeichnen.

7.2.1 Vorgehen beim Berechtigungstrace

Zunächst müssen Sie die Transaktion RZ11 (Pflege der Profilparameter) aufrufen und den Parameter `auth/authorization_trace` eintragen (siehe Abbildung 7.9).

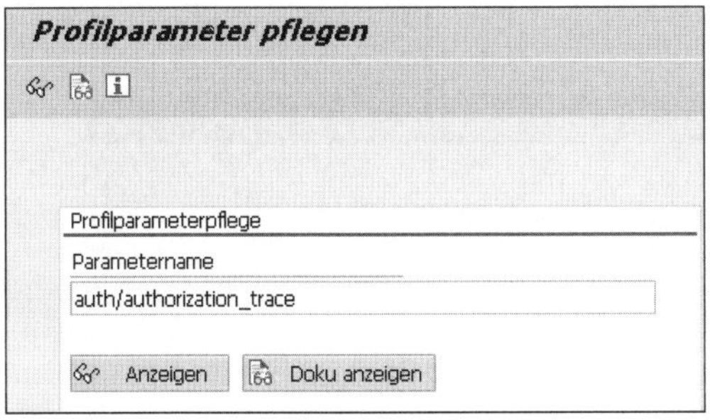

Abbildung 7.9 Profilparameterpflege für Berechtigungstrace

Klicken Sie auf den Button ANZEIGEN. Auf dem nächsten Bild PROFILPARAMETEREIGENSCHAFTEN klicken Sie auf den Button WERT ÄNDERN (siehe Abbildung 7.10).

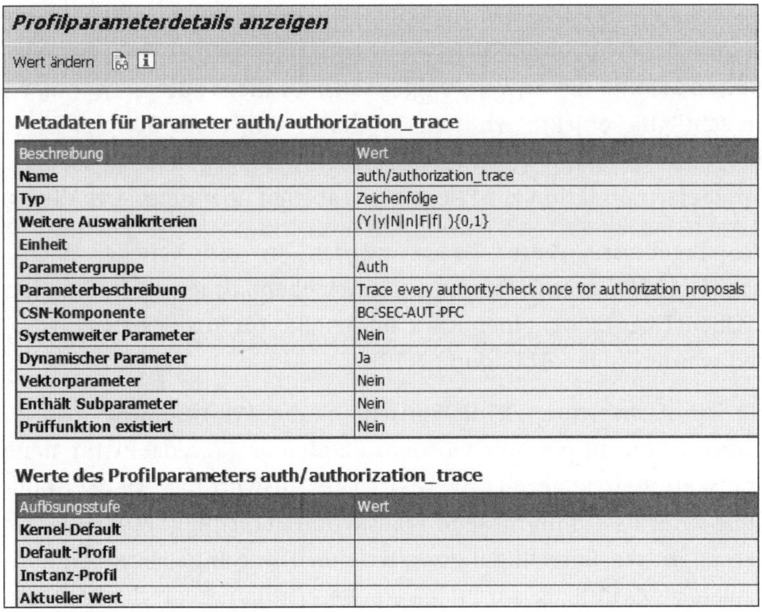

Profilparameterdetails anzeigen

Wert ändern

Metadaten für Parameter auth/authorization_trace

Beschreibung	Wert
Name	auth/authorization_trace
Typ	Zeichenfolge
Weitere Auswahlkriterien	(Y|y|N|n|F|f|){0,1}
Einheit	
Parametergruppe	Auth
Parameterbeschreibung	Trace every authority-check once for authorization proposals
CSN-Komponente	BC-SEC-AUT-PFC
Systemweiter Parameter	Nein
Dynamischer Parameter	Ja
Vektorparameter	Nein
Enthält Subparameter	Nein
Prüffunktion existiert	Nein

Werte des Profilparameters auth/authorization_trace

Auflösungsstufe	Wert
Kernel-Default	
Default-Profil	
Instanz-Profil	
Aktueller Wert	

Abbildung 7.10 Profilparametereigenschaften

Auf dem folgenden Bild setzen Sie den Wert auf `Y` (aktiv) oder `F` (aktiv mit Filter) (siehe Abbildung 7.11). Den Filter für diesen Trace können Sie über die Transaktion STUSOBTRACE festlegen und anhand der Kriterien Typ der Anwendung, Berechtigungsobjekte oder Benutzer einschränken. Den Warnhinweis ÄNDERUNG NICHT PERMANENT, GEHT NACH DEM NEUSTART DES SERVERS VERLOREN bestätigen Sie, und anschließend bestätigen Sie Ihre Eingabe. Der Trace ist nun aktiv.

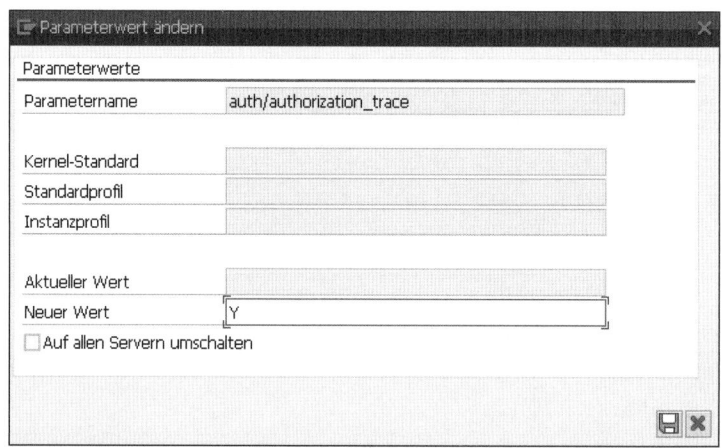

Abbildung 7.11 Parameterwert setzen

Transaktionen tracen
Führen Sie nun die Anwendung(en) aus, für die Sie die notwendigen Berechtigungsobjekte ermitteln wollen. In unserem Beispiel ist es die Transaktion, die wir in Abschnitt 7.7.1 angelegt haben, also eine Parametertransaktion zur Pflege von Tabellen über definierte Views.

Die Ergebnisse dieses Trace werden in die Tabelle USOB_ AUTHVALTRC geschrieben und können ebenfalls in der Transaktion STUSOBTRACE über einen Klick auf den Button AUSWERTEN eingesehen werden (siehe Abbildung 7.12).

Eintrag in die Berechtigungs-vorschlagspflege
Für die Auswertung ist die Einschränkung TYP DER ANWENDUNG: TRANSAKTION ausgewählt worden, damit nur Tracedaten für neue Transaktionen angezeigt werden. Die Auswertung (siehe Abbildung 7.13) listet nun für jede Transaktion Berechtigungsobjekte mit den geprüften Berechtigungswerten auf. Diese Informationen können Sie als Grundlage zur Pflege von Berechtigungsvorschlagswerten oder in der Rollenpflege verwenden.

Auswertung Berechtigungstrace (Tabelle USOB_AUTHVALTRC)

&? Auswerten　　Anzahl Einträge　　✎ Filter ändern

Traceinformation

| Berechtigungstrace | Aktiv (Keine Filter) | ℹ️ |

Filter für die Aufzeichnung

| Letzte Änderung | | 00:00:00 |

Filter	Wert

Einschränkungen für die Auswertung

Typ der Anwendung	1 Transaktion ▾		
Transaktionscode	[🔍]		⇨
Berechtigungsobjekt		bis	⇨
Erstellungsdatum		bis	⇨
Erstellungszeit	00:00:00	bis 00:00:00	⇨
Ersteller		bis	⇨
Maximale Trefferzahl	200		

Abbildung 7.12 Auswertung des Berechtigungstrace über Transaktion STUSOBTRACE

Berechtigungstrace (Tabelle USOB_AUTHVALTRC):　　25 Treffer

🔍 🗑 📇 ⟳ 📖 🔍 | ≜ ≣ ▽ | 🗓 ⬨ 📇 ⬔ | ⊞ ⬒ ⬚

Typ	Name	Objekt	Feld 1	Wert 1	Feld 2	Wert 2
Transaktion	SESSION_MANAGER	S_TCODE	TCD	STUSOBTRACE		
Transaktion	SESSION_MANAGER	S_TCODE	TCD	Z_T000		
Transaktion	SM30	S_ADMI_FCD	S_ADMI_FCD	T000		
Transaktion	SM30	S_CTS_ADMI	CTS_ADMFCT	TABL		
Transaktion	SM30	S_TABU_CLI	CLIIDMAINT	X		
Transaktion	SM30	S_TABU_DIS	DICBERCLS	SS	ACTVT	02
Transaktion	SM30	S_TABU_DIS	DICBERCLS	SS	ACTVT	03
Transaktion	SM30	S_TABU_NAM	ACTVT	02	TABLE	T000
Transaktion	SM30	S_TABU_NAM	ACTVT	03	TABLE	T000
Transaktion	SM30	S_TCODE	TCD	SCC4		
Transaktion	STUSOBTRACE	S_ADMI_FCD	S_ADMI_FCD	STOR		
Transaktion	STUSOBTRACE	S_ALV_LAYO	ACTVT	23		
Transaktion	STUSOBTRACE	S_ALV_LAYR	ACTVT	23	REPORT	RSU22_USOB_AUTHVALTRC_DISPLAY
Transaktion	STUSOBTRACE	S_GUI	ACTVT	61		
Transaktion	STUSOBTRACE	S_GUI	ACTVT	61		
Transaktion	STUSOBTRACE	S_TCODE	TCD	STUSOBTRACE		
Transaktion	Z_T000	S_ADMI_FCD	S_ADMI_FCD	T000		
Transaktion	Z_T000	S_CTS_ADMI	CTS_ADMFCT	TABL		
Transaktion	Z_T000	S_TABU_CLI	CLIIDMAINT	X		
Transaktion	Z_T000	S_TABU_DIS	DICBERCLS	SS	ACTVT	02
Transaktion	Z_T000	S_TABU_DIS	DICBERCLS	SS	ACTVT	03
Transaktion	Z_T000	S_TABU_NAM	ACTVT	02	TABLE	T000
Transaktion	Z_T000	S_TABU_NAM	ACTVT	03	TABLE	T000
Transaktion	Z_T000	S_TCODE	TCD	SCC4		
Transaktion	Z_T000	S_TCODE	TCD	Z_T000		

Abbildung 7.13 Auswertung des Berechtigungstrace

Starten Sie danach die Transaktion SU24 (Berechtigungsvorschlagspflege). In Abbildung 7.14 fällt im Bereich ❶ auf, dass keine Objekte enthalten sind. Sie erhalten den Hinweis ZU IHRER SELEKTION EXISTIEREN KEINE BERECHTIGUNGSOBJEKTZUORDNUNGEN ❷. Dieser Hinweis bedeutet, dass es entweder keine Daten in der Transaktion SU22 gibt oder (der Regelfall) dass eine Übernahme noch nicht erfolgt ist. Der Button BERECHTIGUNGTRACE: EIN ❸ zeigt an, dass der Berechtigungstrace aktuell eingeschaltet ist. Durch einen Klick auf den Button SAP-DATEN ❹ können Sie die Übernahme der SAP-Daten starten. Sind keine SAP-Daten gepflegt, können Sie die Werte aus dem Berechtigungstrace durch einen Klick auf OBJEKT • OBJEKTE AUS BERECHTIGUNGSTRACE EINFÜGEN • LOKAL einfügen.

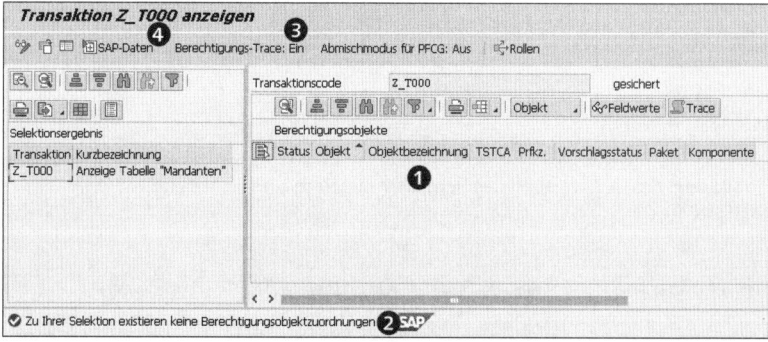

Abbildung 7.14 Werte für die kundeneigene Transaktion SU24 vor Übernahme der SAP-Daten

---

Berechtigungtrace für Berechtigungsvorschlagswerte und Rollenpflege

Die Werte des Berechtigungstrace stehen Ihnen auch in der Rollenpflege (Berechtigungen) zur Verfügung, siehe Abschnitt 6.6, »Vom Trace zur Rolle«.

Nach der Übernahme der SAP-Daten bzw. der Berechtigungsobjekte aus dem Berechtigungstrace sehen Sie die aufgezeichneten Objekte im Status UNGEPFLEGT (siehe Abbildung 7.15 ❶). Nun können Sie auf alle Tracewerte ❷ zur Pflege zugreifen, um die Berechtigungsvorschlagswerte auszuprägen. Die Funktion der Übernahme der Tracewerte ist vergleichbar mit dem in Abschnitt 6.6 dargestellten Verfahren.

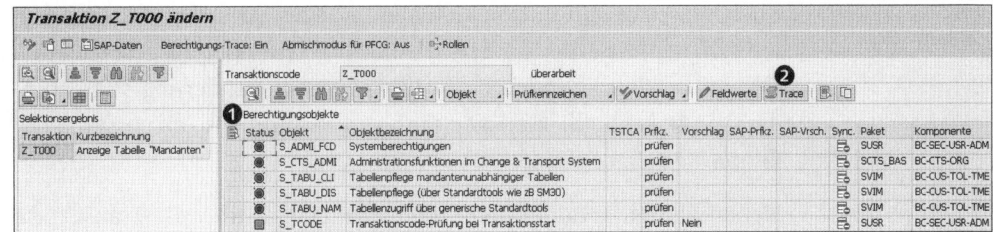

Abbildung 7.15 Werte für kundeneigene Transaktion SU24 nach der Übernahme der SAP-Daten bzw. der Daten aus dem Berechtigungstrace

7.2.2 Vorgehen beim Systemtrace

Um den Systemtrace zu nutzen, stehen Ihnen verschiedene Möglichkeiten zur Verfügung. Wie Sie den Systemtrace aus der Auswertung in der Rollen- und Vorschlagswertpflege starten, sehen Sie in Abbildung 7.16. Sie können den Systemtrace aus folgenden Funktionen dieses Kontextes heraus starten:

- Transaktion PFCG (Pflege von Rollen) • Registerkarte MENÜ • Button ÜBERNAHME VON MENÜS • Menüeintrag IMPORT AUS TRACE

- Transaktion PFCG (Pflege von Rollen) • Registerkarte BERECHTI-GUNGEN • Bereich BERECHTIGUNGSDATEN PFLEGEN UND PROFILE GENERIEREN • Folgebildschirm • Button TRACE

- Transaktion SU24 (Berechtigungsvorschlagspflege) • Button TRACE • Folgebildschirm • Button TRACE AUSWERTEN

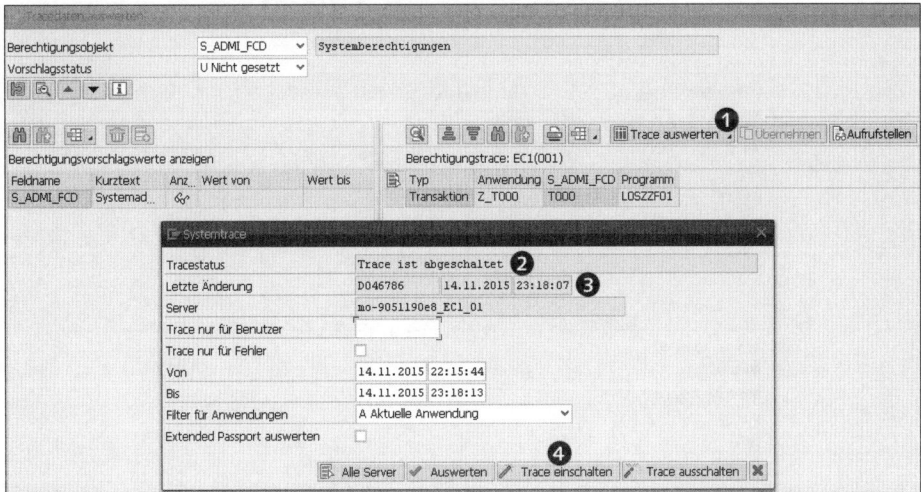

Abbildung 7.16 Trace aus der Auswertung in der Rollen- und Vorschlagswertpflege starten

Klicken Sie auf den Button TRACE AUSWERTEN (❶ in Abbildung 7.16). Sie erhalten die Info, ob der Systemtrace ein- oder ausgeschaltet ist ❷, wer der letzte Änderer war und wann die Änderung stattgefunden hat ❸, schließlich klicken Sie auf den Button TRACE EINSCHALTEN ❹, der den Trace startet.

Neben diesen Optionen steht Ihnen der Zugang über die Transaktion ST01 (Systemtrace) sowie über die Transaktion STAUTHTRACE (Berechtigungstrace) zur Verfügung.

7.2.3   Vorgehen beim Benutzertrace

Den Benutzertrace aktivieren Sie über den Profilparameter `auth/auth_user_trace`. Wie Sie Profilparameter pflegen, haben wir bereits in Abschnitt 7.2.1, »Vorgehen beim Berechtigungstrace«, beschrieben. Setzen Sie den Wert des Profilparameters auf `Y` (aktiv) oder `F` (aktiv mit Filter) (siehe Abbildung 7.11), diese Einstellungen können Sie auch dynamisch setzen. Den Filter setzen Sie, wie oben beschrieben, in der Transaktion STUSERTRACE entsprechend Ihren Anforderungen. Die Ergebnisse des Benutzertrace können Sie ebenfalls in dieser Transaktion über einen Klick auf den Button AUSWERTEN einsehen (siehe Abbildung 7.17).

Abbildung 7.17 Einstellungen des Filters für den Benutzertrace über Transaktion STUSERTRACE

Die Auswertung (siehe Abbildung 7.18) zeigt nun alle ausgeführten Anwendungen und die darin erfolgten Berechtigungsprüfungen mit Objekt und Feldwerten an. Im Gegensatz zum Berechtigungstrace können Sie bei der Auswertung auf einen bestimmten Benutzer filtern, und die Benutzer sind in der Liste enthalten. Diese Informationen können Sie nun nutzen, um Berechtigungsvorschlagswerte oder Rollen zu pflegen.

Benutzertrace für Berechtigungsprüfungen: 23 Treffer

Typ der Anwendung	Name der Anwendung	Benutzer	Ergebnis	Objekt	Feld 1	Wert 1	Feld 2	Wert 2	Datum	Zeit
RFC-Funktionsbaustein	MENU_GENERATE_SAP_MENU	SAP_PRESS	Berechtigungsprüfung erfolgreich	S_RFC	RFC_TYPE	FUGR	RFC_NAME	*	14.02.2016	22:40:01
Transaktion	PFCG	SAP_PRESS	Berechtigungsprüfung erfolgreich	PLOG	PLVAR	01	OTYPE	AG	14.02.2016	22:39:51
Transaktion	PFCG	SAP_PRESS	Berechtigungsprüfung erfolgreich	S_USER_AGR	ACT_GROUP	MMM_PXXXX_PURCHASING-ORDER_N	ACTVT	02	14.02.2016	22:39:50
Transaktion	PFCG	SAP_PRESS	Berechtigungsprüfung erfolgreich	S_USER_AGR	ACT_GROUP	MMM_PXXXX_PURCHASING-ORDER_N	ACTVT	03	14.02.2016	22:39:51
Transaktion	PFCG	SAP_PRESS	Berechtigungsprüfung erfolgreich	S_USER_SAS	ACTVT	22	CLASS		14.02.2016	22:39:50
Transaktion	RZ11	SAP_PRESS	Berechtigungsprüfung erfolgreich	S_ADMI_FCD	S_ADMI_FCD	PADM			14.02.2016	22:36:18
Transaktion	RZ11	SAP_PRESS	Berechtigungsprüfung erfolgreich	S_ADMI_FCD	S_ADMI_FCD	PADM			14.02.2016	22:38:53
Transaktion	SESSION_MANAGER	SAP_PRESS	Berechtigungsprüfung erfolgreich	S_TCODE	TCD	PFCG			14.02.2016	22:39:45
Transaktion	SESSION_MANAGER	SAP_PRESS	Berechtigungsprüfung erfolgreich	S_TCODE	TCD	STUSERTRACE			14.02.2016	22:36:26
Transaktion	SESSION_MANAGER	SAP_PRESS	Berechtigungsprüfung erfolgreich	S_TCODE	TCD	SU01			14.02.2016	22:39:01
Transaktion	SESSION_MANAGER	SAP_PRESS	Berechtigungsprüfung erfolgreich	S_USER_AGR	ACT_GROUP		ACTVT		14.02.2016	22:39:45
Transaktion	SESSION_MANAGER	SAP_PRESS	Berechtigungsprüfung erfolgreich	S_USER_GRP	CLASS		ACTVT		14.02.2016	22:39:01
Transaktion	STUSERTRACE	SAP_PRESS	Berechtigungsprüfung erfolgreich	S_ADMI_FCD	S_ADMI_FCD	STUR			14.02.2016	22:40:16
Transaktion	STUSERTRACE	SAP_PRESS	Berechtigungsprüfung erfolgreich	S_ADMI_FCD	S_ADMI_FCD	STUR			14.02.2016	22:36:26
Transaktion	STUSERTRACE	SAP_PRESS	Berechtigungsprüfung erfolgreich	S_ALV_LAYO	ACTVT	23			14.02.2016	22:40:16
Transaktion	STUSERTRACE	SAP_PRESS	Berechtigungsprüfung erfolgreich	S_GUI	ACTVT	61			14.02.2016	22:40:16
Transaktion	STUSERTRACE	SAP_PRESS	Berechtigungsprüfung erfolgreich	S_GUI	ACTVT	61			14.02.2016	22:36:26
Transaktion	SU01	SAP_PRESS	Berechtigungsprüfung erfolgreich	S_ALV_LAYO	ACTVT	23			14.02.2016	22:39:13
Transaktion	SU01	SAP_PRESS	Berechtigungsprüfung erfolgreich	S_GUI	ACTVT	61			14.02.2016	22:39:13
Transaktion	SU01	SAP_PRESS	Berechtigungsprüfung erfolgreich	S_USER_GRP	CLASS		ACTVT	02	14.02.2016	22:39:07
Transaktion	SU01	SAP_PRESS	Berechtigungsprüfung erfolgreich	S_USER_SAS	ACTVT	22	CLASS		14.02.2016	22:39:12
Transaktion	SU01	SAP_PRESS	Berechtigungsprüfung erfolgreich	S_USER_SAS	ACTVT	22	CLASS		14.02.2016	22:39:34
Transaktion	SU01	SAP_PRESS	Berechtigungsprüfung erfolgreich	S_USER_SAS	ACTVT	22	CLASS		14.02.2016	22:39:34

Abbildung 7.18 Auswertung des Benutzertrace über Transaktion STUSERTRACE

7.3 Upgrade-Nacharbeiten von Berechtigungen

Mit den Basisreleases 7.31 und 7.40 sind eine Reihe von Änderungen im Upgrade-Tool für den Profilgenerator vollzogen worden. Des Weiteren wurde die Dokumentationslage verbessert, die nun die Wartung von Berechtigungsvorschlagswerten und Rollen im Upgrade und beim Einspielen von Support Packages vereinfacht. Wir haben aktuelle SAP-Hinweise dazu in Tabelle 7.8 zusammengestellt.

SAP-Hinweis	Kurztext	Release
1539556	FAQ Administration von Berechtigungsvorschlagswerten	releaseunabhängig
1599128	SU25 – Optimierung der Upgrade-Nachbereitung	SAP_BASIS 70 700–702 SAP_BASIS 71 710– 30 SAP_BASIS 731

Tabelle 7.8 SAP-Hinweise zum Upgrade von Berechtigungen

SAP-Hinweis	Kurztext	Release
1696484	SU25 – Behandlung kunden-eigener Berechtigungsvor-schlagswerte	SAP_BASIS 70 700–702 SAP_BASIS 71 710–730
1691993	SU2X – Optimierung der Berechtigungsvorschlags-wertepflege	SAP_BASIS 70 700–702 SAP_BASIS 71 710–730 SAP_BASIS 731

Tabelle 7.8 SAP-Hinweise zum Upgrade von Berechtigungen (Forts.)

Die folgenden Ausführungen und Screenshots beziehen sich auf SAP_BASIS 7.40, allerdings sind die meisten Funktionen auch in früheren Releases enthalten.

Die Transaktion SU25 (Upgrade-Tool für den Profilgenerator) dient dem initialen Befüllen der Kundentabellen zum ersten Einsatz des Profilgenerators und dazu, die Kundentabellen in einem Upgrade auf den neuesten Stand zu bringen. Insgesamt stehen in der Transaktion SU25 folgende Schritte zur Verfügung (siehe Abbildung 7.19):

▶ Schritt 1 bereitet den Profilgenerator auf seine erste Verwendung vor, und die Kundentabellen werden initial befüllt. Mit Hinweis 1691993 (SU2X – Optimierung der Berechtigungsvorschlagswertepflege) ist dieser Schritt so verändert worden, dass ein zufälliges Überschreiben bereits gefüllter Kundentabellen und somit die Vernichtung kundeneigener Daten erschwert wird. Mehr dazu erfahren Sie in diesem Hinweis. Durch diese neue Funktion verändert sich die Anzeige der Transaktion SU25 (Upgrade-Tool für den Profilgenerator) in Schritt 1 dann, wenn Schritt 2a bereits einmal im System ausgeführt wurde. Die neue Darstellung ist in Abbildung 7.19 unter KUNDENTABELLEN WURDEN INITIAL BEFÜLLT zu sehen.

▶ Die Schritte 2a–2d sind für das Upgrade selbst erforderlich.

▶ Schritt 3 dient dem Transport der durch die vorangegangenen Schritte geänderten Kundenvorschlagswerttabellen. Beachten Sie, dass nur diese transportiert werden.

▶ Schritt 4 ist ein Absprung in die Transaktion SU24 (Berechtigungsobjektprüfungen unter Transaktionen).

▶ Schritt 5 ermöglicht das globale Deaktivieren von Berechtigungsprüfungen.

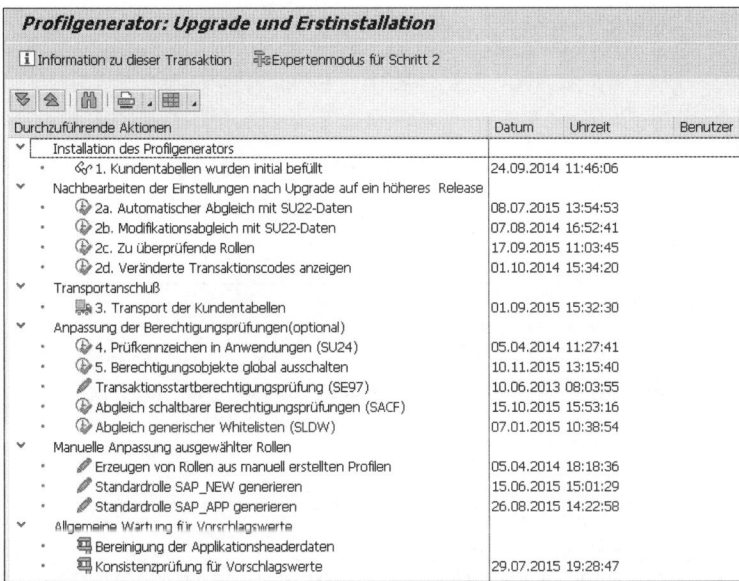

Abbildung 7.19 Upgrade-Tool für den Profilgenerator

Dargestellt wird nun das Upgrade, also das Nachbearbeiten der Einstellungen nach dem Upgrade auf ein höheres Release. Dieses wird in den Schritten 2a–2d vollzogen.

Zunächst wird in Schritt 2a der Abgleich der Vorschlagswerte ausgeführt. Dieser Schritt ist zwingend erforderlich. Dabei werden die neuen Berechtigungsvorschlagswerte (also die Werte nach Upgrade oder Einspielen eines Support Packages) in die Kundentabellen übernommen.

Schritt 2a: Vorbereitung – Abgleich mit SAP-Werten

Verwenden Sie dafür am besten den EXPERTENMODUS FÜR SCHRITT 2, indem Sie auf den gleichnamigen Button klicken. Dabei können Sie (ab Basisrelease 7.00) wählen, ob Sie einen Abgleich der SAP-Standardanwendungen oder einen Abgleich von kundeneigenen und Partneranwendungen der neu ausgelieferten Werte mit Ihren kundenspezifischen Werten vornehmen möchten, wie es in Abbildung 7.20 gezeigt wird.

Die Übersicht in Abbildung 7.21 zeigt, welche Anwendungen abzugleichen sind und bei welchen Anwendungen ein manueller Abgleich notwendig ist. Ein manueller Abgleich ist erforderlich, wenn Daten in der Transaktion SU24 für diese Anwendung im Vorfeld geändert worden sind und Sie entscheiden müssen, ob diese Änderungen übernommen werden oder ob die aktuellen Standardwerte aus der Transaktion SU22 übernommen werden sollen.

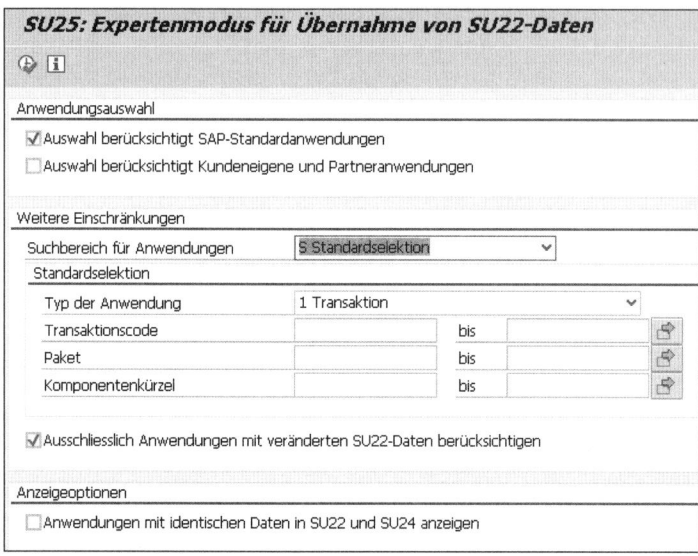

Abbildung 7.20 Auswahl des Abgleichs bei Upgrade-Nacharbeiten unter Verwendung des Expertenmodus für Schritt 2

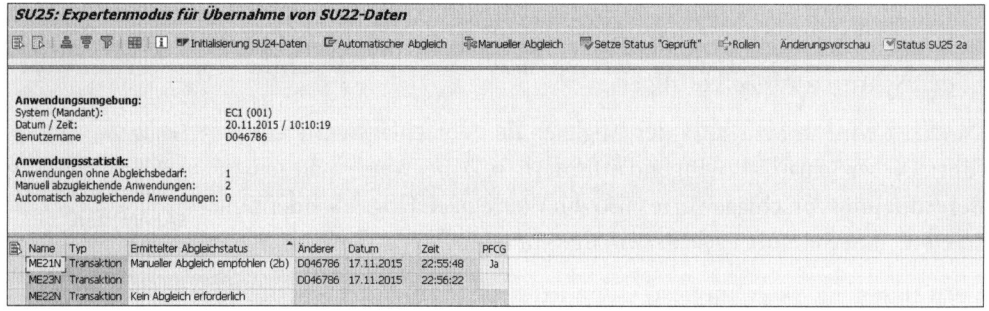

Abbildung 7.21 Übernahmeoptionen von Anwendungen in Schritt 2a

Die Werte, die in der »alten« Kundentabelle kundenseitig gepflegt wurden, werden gekennzeichnet, um sie in Schritt 2b manuell überprüfen zu können. Dabei markieren Sie die Anwendungen, die Sie manuell abgleichen möchten, und klicken auf den Button MANUELLER ABGLEICH.

Schritt 2b: Abgleich betroffener Transaktionen

Änderungen an Prüfkennzeichen oder Feldwerten werden in diesem Schritt mit den neuen SAP-Vorschlägen verglichen. In Abbildung 7.22 ist der Bereich mit ❶ gekennzeichnet, in dem die Transaktionen enthalten sind, die von den aktuellen Standardvorschlägen abweichen. Die Einstellungen, die wir in Abschnitt 7.1.1, »Grundzustand und Pflege der Berechtigungsvorschlagswerte«, in Bezug auf die

Transaktion Anzeigen einer Bestellung vorgenommen haben, werden entsprechend nach dem Abgleich in Schritt 2a in Schritt 2b zur Bearbeitung angeboten. Sie sehen in Abbildung 7.22, dass die mit ❷ gekennzeichnete Änderung des Prüfkennzeichens dazu führt, dass der neue SAP-Vorschlag angezeigt wird. Ebenso ist es mit der durch ❸ gekennzeichneten Änderung des Vorschlags. Diese Änderungen erkennen Sie daran, dass in der Spalte SYNC. die Buttons SAP-DATEN KOPIEREN zu sehen sind ❹. Durch einen Klick auf diese Buttons kopieren Sie den SAP-Vorschlag und überschreiben Ihre Kundenvorschlagswerte. Mit ❺ sind Änderungen der Feldwertvorschläge gekennzeichnet. Sie können die jeweiligen Werte nachpflegen. Im Bereich ❶ können Sie bestätigen, dass Sie die Prüfung vorgenommen haben, oder die gesamten restlichen Werte übernehmen. Davon raten wir Ihnen jedoch ab, sofern Sie regelmäßig und genau Ihre kundeneigenen Vorschläge ergänzt oder geändert haben.

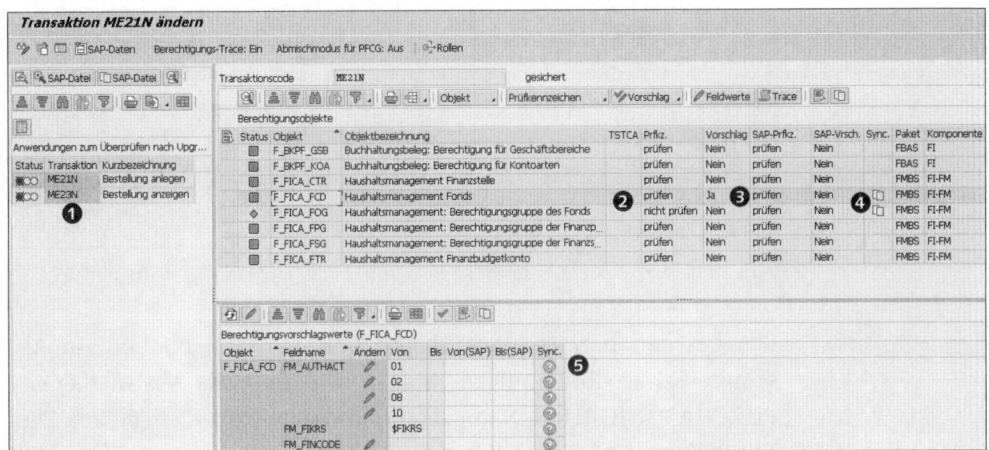

Abbildung 7.22 Berechtigungsvorschläge in Schritt 2b der Upgrade-Nacharbeiten

Die Systematik zur Pflege der Berechtigungsvorschlagswerte entspricht im Wesentlichen der Systematik, wie wir sie in Abschnitt 7.1.1, »Grundzustand und Pflege der Berechtigungsvorschlagswerte«, im Hinblick auf die Berechtigungsvorschlagswerte entwickelt haben.

Sofern Sie kundeneigene Organisationsebenen nutzen (siehe Abschnitt 7.8, »Anhebung eines Berechtigungsfeldes zur Organisationsebene«), sollten Sie den Report PFCG_ORGFIELD_UPGRADE (Anpassung nach Upgrade für neue Org.-Ebenen) ausführen. Dadurch

Nacharbeit Schritt 2b: Kundeneigene Organisationsebenen

werden alle neuen Berechtigungsvorschlagsdaten, die SAP zu neuen Transaktionen ausgeliefert hat, auf die neuen Organisationsebenenfelder umgestellt. Der Report arbeitet mandantenunabhängig (SAP-Hinweis 323817).

Schritt 2c:
Zu überprüfende
Rollen

In diesem Schritt findet die Nachbearbeitung der durch das Upgrade betroffenen Rollen statt. Diese werden, wie in Abbildung 7.23 zu sehen ist, vorgeschlagen; dabei markiert eine rote Ampel (links in der jeweiligen Ampel) Pflegebedarf und eine grüne (rechts in der jeweiligen Ampel), dass keine Pflege (mehr) erforderlich ist.

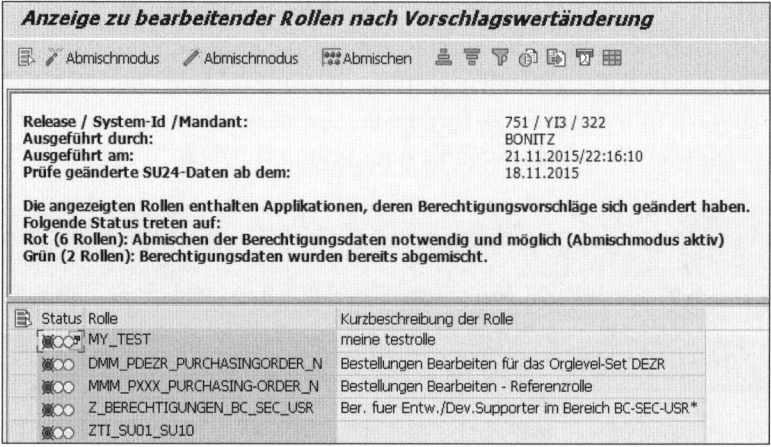

Abbildung 7.23 Rollenüberprüfung in Schritt 2c der Upgrade-Nacharbeiten

Um bei den bereits eingeführten Beispielen zu bleiben: In Abschnitt 6.3.2, »Rollenpflege«, haben wir die Rolle MMM_PXXXX_PURCHASINGORDER_N angelegt und daraus Rollen abgeleitet. Diesen Rollen ist die Transaktion ME21N (Bestellung anlegen) zugeordnet, die ebenfalls im Rahmen des Abschnitt 7.1.1, »Grundzustand und Pflege der Berechtigungsvorschlagswerte«, gepflegt wurde und nun von dem Upgrade betroffen ist.

Abbildung 7.24 zeigt, dass das ergänzte Berechtigungsobjekt erkannt und vorgeschlagen wurde. Da der Vorschlag nur das Feld AKTIVITÄT BERECHTIGUNGSPRÜFUNG betraf und das Feld FINANZKREIS eine Organisationsebene ist, verbleibt nur das Feld FONDS, das manuell gepflegt werden muss. Die Änderung der Referenzrolle wird durch den Button ABGELEITETE ROLLEN GENERIEREN automatisch mit gepflegt.

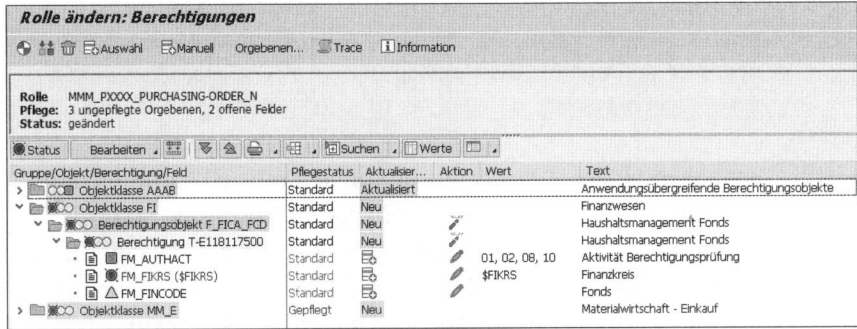

Abbildung 7.24 Rollenänderung in Schritt 2c der Upgrade-Nacharbeiten

In der Hilfe zu diesem Schritt wird von SAP folgende alternative Vorgehensweise vorgeschlagen:

SAP-Alternativvorschlag

> *Alternativ können Sie auch auf eine Nachbearbeitung der Rollen verzichten und allen Benutzern zunächst die Rolle SAP_NEW generieren und manuell zuordnen (siehe dazu SAP-Hinweis 1711620) [...] Die Rollen behalten dann den Status »Profilabgleich erforderlich« und können bei der nächsten notwendigen Änderung – z. B. wenn das Menü der Rolle geändert wird – angepaßt werden. Bei Verwendung von sehr vielen Rollen kann dieses Verfahren sinnvoll sein. Sie haben dann Zeit, die Rollen nach und nach anzupassen.*
> *(Systemhilfe)*

Dieser Vorschlag birgt erhebliche Risiken, vor allem in den Fällen, in denen neue Funktionen, neue Berechtigungsprüfungen oder neue Differenzierungspotenziale bereitgestellt und genutzt werden. Die selbst generierte Rolle SAP_NEW (siehe SAP-Hinweis 1711620) enthält alle neuen Berechtigungen für das neue Release. Damit wird durch ein derartiges Vorgehen gegen das Prinzip verstoßen, dass nur die Berechtigungen vergeben werden, die für die Ausführung einer definierten Tätigkeit des Benutzers erforderlich sind. Für die Zeit der Nutzung der Rolle SAP_NEW ist davon auszugehen, dass die Berechtigungen nicht regelkonform sind. Der Gegenbeweis wäre nur durch eine Risikoanalyse – basierend auf den alten und neuen Prüfungen – anzutreten.

Einfaches Upgrade

Die Nutzung eines gewissenhaft eingehaltenen Ableitungskonzepts, stetig gepflegter Berechtigungsvorschlagswerte und des Upgrade-Tools führt zu einem einfachen Upgrade im Bereich Berechtigungen. In diesem idea-

len Fall müssen im Wesentlichen nur die neuen Transaktionen, Berechtigungsobjekte und Vorschlagsänderungen bewertet und umgesetzt werden. Der Aufwand für das Upgrade sinkt mit der Genauigkeit der Stan-
dardeinhaltung.

Empfehlung zum Aufwand

Wir haben Upgrade-Projekte mit einem Aufwand für Berechtigungen zwischen 20 und 300 Beratertagen in Konzernstrukturen kennengelernt. Kommen Sie in der Abschätzung des Aufwands zu dem
Ergebnis, dass mehr als 50 Tage Aufwand zu erwarten sind, empfiehlt es sich dringend, ein Redesign und die Rückkehr zum Standard
zu prüfen. Das verursacht unter Umständen sofort einen geringeren
Aufwand, als den Status quo anzuheben. Definitiv werden Ihre Kosten bereits mittelfristig deutlich sinken.

Schritt 2d: Veränderte Transaktionscodes anzeigen

In diesem Schritt findet ein Abgleich statt, welche Transaktionen
durch neuere Transaktionen ersetzt werden könnten. Dieser Abgleich
dient vor allem der Unterstützung der Prozessverantwortlichen.
Diese müssen letztlich festlegen, welche Transaktionen wie zu nutzen
sind. Sie sollten das Ergebnis des Abgleichs also den Prozessverantwortlichen übermitteln und diese die Festlegung treffen lassen.

Neue Transaktionen haben gegebenenfalls Auswirkungen auf die
bestehenden Prozesse, aber auch auf die bestehenden Berechtigungen. Ein Beispiel für unter Umständen nicht gewollte Auswirkungen
auf Berechtigungen ist die bereits diskutierte Enjoy-Transaktion
(siehe Abschnitt 7.1.1) zur Bestellung, es kann auch aus Sicht von
Berechtigungen Gründe geben, lieber weiterhin auch die alte Transaktion zu nutzen.

7.4 Parameter für Kennwortregeln

Die für das Login geltenden Kennwortregeln werden über Profilparameter gesetzt. Diese werden über die Transaktion RZ10 (Pflege der
Profilparameter) gepflegt. Die Pflege der Profilparameter fällt in die
Verantwortung der Basisadministration. Wir empfehlen Ihnen, die
gewünschten Einstellungen Ihrer Basisadministration zu überlassen.

Die Auswertung der Profilparameter ist über den Report RSPARAM
(Anzeige der SAP-Profilparameter) möglich (siehe Abbildung 7.25).
Einige exemplarische Parameter sind in Tabelle 7.9 dargestellt.

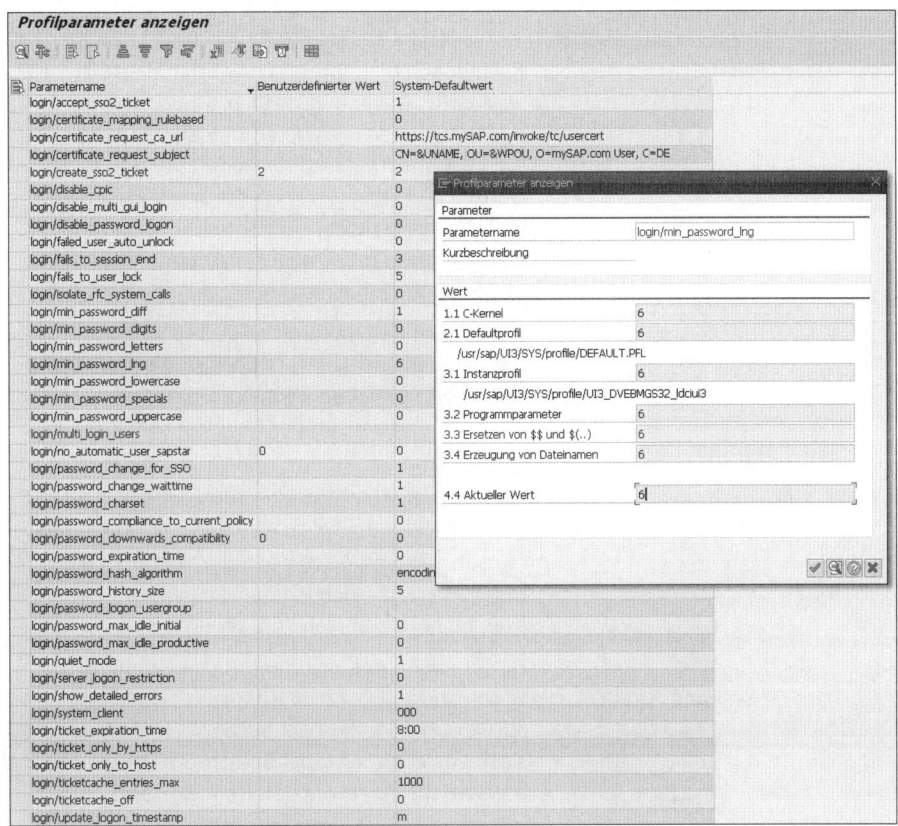

Abbildung 7.25 Anzeige der Profilparameter

Parameter	Beschreibung
login/accept_sso2_ticket	Um ein Single Sign-on (SSO) zwischen SAP-Systemen bzw. auch übergreifend zu Nicht-SAP-Systemen zu ermöglichen, können SSO-Tickets verwendet werden.
login/failed_user_auto_unlock	Kontrolliert die Entsperrung von durch Fehlanmeldungen gesperrten Benutzern. Ist der Parameter auf 1 gesetzt, werden Sperren, die wegen fehlgeschlagener Kennwortanmeldeversuche gesetzt wurden, automatisch am nächsten Tag durch das System aufgehoben.
login/fails_to_session_end	Anzahl der Falschanmeldungen, die mit einem Benutzerstamm gemacht werden können, bis das Anmeldeverfahren abgebrochen wird

Tabelle 7.9 Parameter für Kennwortregeln
(Angaben aus der Systemdokumentation)

Parameter	Beschreibung
login/fails_to_user_lock	Bei jedem fehlerhaften Kennwortanmeldeversuch wird der Falschanmeldezähler für den betreffenden Benutzerstammsatz erhöht. Die Anmeldeversuche können im Security Audit Log protokolliert werden. Bei Überschreiten der durch diesen Parameter vorgegebenen Grenze wird der betreffende Benutzer gesperrt. Dieser Vorgang wird zusätzlich im Syslog protokolliert.
login/min_password_diff	Mit diesem Parameter kann der Administrator festlegen, in wie vielen Zeichen sich ein neues Kennwort vom alten Kennwort mindestens unterscheiden muss, wenn der Benutzer sein Kennwort ändert.
login/min_password_digits	Dieser Parameter bestimmt die minimale Anzahl von Ziffern (0–9), die im Kennwort enthalten sein müssen. Er wirkt sowohl bei der Vergabe neuer Kennwörter als auch bei der Kennwortänderung bzw. beim Rücksetzen von Kennwörtern.
login/min_password_letters	Dieser Parameter bestimmt die minimale Anzahl von Buchstaben, die im Kennwort enthalten sein müssen. Er wirkt sowohl bei der Vergabe neuer Kennwörter als auch bei der Kennwortänderung bzw. beim Rücksetzen von Kennwörtern.
login/min_password_lng	Der Parameter bestimmt die Minimallänge des Anmeldekennwortes. Das Kennwort muss mindestens drei Zeichen lang sein. Der Administrator kann aber auch eine größere Minimallänge festlegen. Diese Vorgabe wirkt sich sowohl bei der Vergabe neuer Kennwörter als auch beim Ändern oder Rücksetzen bestehender Kennwörter aus.
login/min_password_lowercase	Dieser Parameter bestimmt die minimale Anzahl von Kleinbuchstaben, die im Kennwort enthalten sein müssen. Er wirkt sowohl bei der Vergabe neuer Kennwörter als auch bei der Kennwortänderung bzw. beim Rücksetzen von Kennwörtern. Dieser Parameter wird nicht ausgewertet, wenn der Profilparameter login/password_downwards_compatibility auf den Wert 5 gesetzt ist.

Tabelle 7.9 Parameter für Kennwortregeln
(Angaben aus der Systemdokumentation) (Forts.)

Parameter	Beschreibung
login/min_password_specials	Dieser Parameter bestimmt die minimale Anzahl von Sonderzeichen, die im Kennwort enthalten sein müssen. Er wirkt sowohl bei der Vergabe neuer Kennwörter als auch bei der Kennwortänderung bzw. beim Rücksetzen von Kennwörtern.
login/min_password_uppercase	Dieser Parameter bestimmt die minimale Anzahl von Großbuchstaben, die im Kennwort enthalten sein müssen. Er wirkt sowohl bei der Vergabe neuer Kennwörter als auch bei der Kennwortänderung bzw. beim Rücksetzen von Kennwörtern. Dieser Parameter wird nicht ausgewertet, wenn der Profilparameter login/password_downwards_compatibility auf den Wert 5 gesetzt ist.
login/password_change_waittime	Mit diesem Parameter kann festgelegt werden, nach welcher Zeitspanne (gemessen in Tagen) ein Benutzer sein Kennwort erneut ändern kann. Nur Kennwortänderungen, die der Benutzer veranlasst hat, werden in Betracht gezogen.
login/password_expiration_time	Gültigkeitsdauer von durch den Benutzer gesetzten Kennwörtern (in Tagen) bis zur nächsten Änderung. Die Berechnung erfolgt abhängig vom Datum der letzten Kennwortänderung.
login/password_max_idle_productive	maximale Zeitspanne (in Tagen) zwischen dem Zeitpunkt der letzten Anmeldung mit einem durch den Benutzer gesetzten Kennwort und der nächsten Anmeldung mit diesem Kennwort
login/password_max_idle_initial	maximale Zeitspanne (in Tagen) zwischen dem Zeitpunkt der Kennwort(rück)setzung, Initialkennwort durch den Administrator gesetzt, und der nächsten Anmeldung mit diesem Kennwort
login/password_history_size	Dieser Parameter regelt die Größe der Kennworthistorie. Die Kennworthistorie wird ausgewertet, wenn ein Benutzer ein neues Kennwort wählt: Das System lehnt die (Wieder-) Verwendung von Kennwörtern, die in der Kennworthistorie gespeichert sind, ab.

Tabelle 7.9 Parameter für Kennwortregeln
(Angaben aus der Systemdokumentation) (Forts.)

Bitte beachten Sie auch den SAP-Hinweis 2467 (Kennwortregeln und Vermeidung fehlerhafter Anmeldungen).

In der Tabelle USR40 (Tabelle für verbotene Kennwörter) können darüber hinaus »verbotene« Kennwörter hinterlegt werden. Dies ist sowohl als Muster »*WORT*, *20??*,« als auch als konkreter Wert »Mama« möglich. Da dies Auswirkungen auf die Performance hat, sollten Sie unbedingt über die genannten Parameter eine sinnvolle Password Policy erzwingen, in dieser Tabelle sollten Sie möglichst nur unmittelbar offensichtliche Werte eintragen, wie z. B. den Namen des Unternehmens.

Über die Customizing-Parameter in der Tabelle PRGN_CUST wird der Kennwortgenerator in den Transaktionen SU01 und SU10 gesteuert. Eine Übersicht über diese Customizing-Parameter finden Sie in Tabelle 7.10. Die Werte der Profilparameter übersteuern die Einträge zu den Customizing-Parametern, damit keine ungültigen Kennwörter generiert werden. Sollte also der Wert eines Customizing-Parameters kleiner sein als der Wert des korrespondierenden Profilparameters, wird stattdessen der Standardwert des Customizing-Parameters gezogen. Analog verhält es sich, wenn kein Wert gepflegt wurde.

Parameter	Beschreibung
GEN_PSW_MAX_LENGTH	Legt die maximale Länge des generierten Passwortes fest.
GEN_PSW_MAX_LETTERS	Legt die maximale Anzahl an Buchstaben im generierten Passwort fest.
GEN_PSW_MAX_DIGITS	Legt die maximale Anzahl an Zahlen im generierten Passwort fest.
GEN_PSW_MAX_SPECIALS	Legt die maximale Anzahl an Sonderzeichen im generierten Passwort fest.

Tabelle 7.10 Parameter für die Kennwortgenerierung

Zusätzlich zu den globalen Einstellungen der Kennwortregeln können Sie ab Release SAP NetWeaver 7.31 Kennwortregeln auch individuell über Sicherheitsrichtlinien definieren. Sie ordnen einem Benutzer die jeweilige Sicherheitsrichtlinie über die Transaktion SU01 zu. Ist einem Benutzer eine Sicherheitsrichtlinie zugeordnet, überschreiben die Werte der Sicherheitsrichtlinie die global gültigen Kennwortregeln. Für Einstellungen, deren Parameter nicht in der Sicherheitsrichtlinie gepflegt wurden, oder Benutzer, denen keine Sicherheitsrichtlinie zugeordnet ist, bleiben die globalen Einstellungen der Profilparameter weiterhin relevant. Sie definieren Sicherheitsrichtlinien über die Transaktion SECPOL; ein Beispiel haben wir in Abbildung 7.26 dargestellt und einige exemplarische Parameter sind in Tabelle 7.11 aufgeführt.

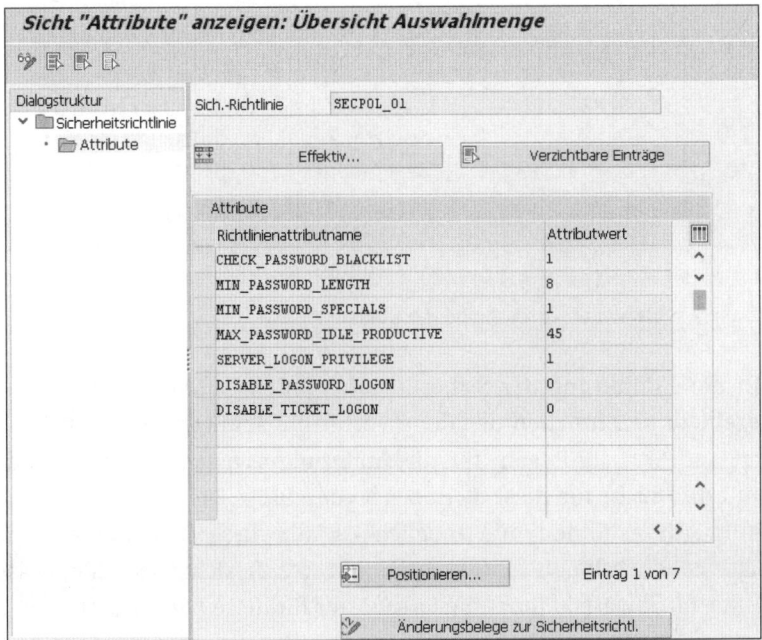

Abbildung 7.26 Definition einer Sicherheitsrichtlinie in der Transaktion SECPOL

Parameter	Beschreibung
DISABLE_TICKET_LOGON	Legt fest, ob sich ein Benutzer mit Anmelde- oder Zusicherungsticket am System anmelden kann.
MAX_FAILED_PASSWORD_LOGON_ATTEMPTS	Funktion analog zum Profilparameter login/fails_to_user_lock
MIN_PASSWORD_DIFFERENCE	Funktion analog zum Profilparameter login/min_password_diff
MIN_PASSWORD_DIGITS	Funktion analog zum Profilparameter login/min_password_digits
MIN_PASSWORD_LETTERS	Funktion analog zum Profilparameter login/min_password_letters
MIN_PASSWORD_LENGTH	Funktion analog zum Profilparameter login/min_password_lng

Tabelle 7.11 Parameter der Sicherheitsrichtlinien

Parameter	Beschreibung
PASSWORD_CHANGE_INTERVAL	Funktion analog zum Profilparameter login/password_expiration_time
CHECK_PASSWORD_BLACKLIST	Prüft bei der Eingabe des Kennwortes gegen die Negativliste verbotener Kennwörter (es werden die Einträge in der Tabelle USR40 geprüft).
SERVER_LOGON_PRIVILEGE	Legt fest, ob sich ein Benutzer trotz gesetzter Zugriffsbeschränkung für einen Server an diesem anmelden kann. Über den Profilparameter login/server_logon_restriction können Sie so eine Zugriffsbeschränkung setzen.

Tabelle 7.11 Parameter der Sicherheitsrichtlinien (Forts.)

Mit der Einführung der Sicherheitsrichtlinien gelten nun auch die Regeln zu den Inhalten der Kennwörter für Benutzer vom Typ System und Service. Regeln für die Änderung von Kennwörtern sind weiterhin nicht für diese Benutzertypen gültig. Diese Änderung ist erfolgt, da es Ihnen nun möglich ist, für diese Benutzer eigene Sicherheitsrichtlinien zu definieren und so z. B. sicherzustellen, dass weiterhin abwärtskompatible Passwörter für diese Benutzer verwendet werden.

7.5 Menükonzept

Ein Menükonzept wird häufig verwendet, um den Endbenutzern übersichtliche Benutzermenüs anzubieten. Das Menükonzept bedeutet keine Einschränkung von Berechtigungen. Im Folgenden werden wir Ihnen einen einfachen Vorschlag machen, wie ein Menükonzept aussehen kann. Dabei gehen wir davon aus, dass Sie entweder das »alte« Bereichsmenü (Transaktion SE43) oder Menüvorlagen, die in nicht weiter ausgeprägten Rollen vorgehalten werden, als Schablone für das Rollenmenü nutzen. Darüber hinaus empfehlen wir lediglich, alle Rollenmenüs auf Basis dieser Schablonen einzurichten.

Präferenzen für Menüs

Die einzige dringende Anforderung, die an ein Menükonzept zu stellen ist, ist die, dass es logisch konsistent sein muss. Ob ein Menükonzept für Ihre Organisation sinnvoll ist und ob Sie Ihr Menü auf Standard-,

Prozess-, Arbeitsablauf- oder Organisationsstrukturen ausrichten wollen, sollten Sie anhand folgender Kriterien entscheiden:

▶ Aufwand einer Umstellung/Einrichtung

▶ SAP-Erfahrungshintergrund der Endbenutzer

▶ Methode der Endbenutzerschulung und Art der Endbenutzerdokumentation – ist diese prozessbasiert, kann eine prozessbasierte Modellierung sehr hilfreich sein.

Redundanzfreiheit von Menüs

Die Forderung nach redundanzfreien Menüs ist nicht immer sinnvoll. Sofern Sie z. B. einen prozessbasierten Menüaufbau einführen wollen, werden Sie immer feststellen, dass einige Transaktionen in unterschiedlichen Prozessen genutzt werden.

Der große Vorteil einer einheitlichen Menüstruktur (basierend auf einer Schablone) im Unternehmen besteht darin, dass sämtliche Transaktionen, die durch Endbenutzer ausgeführt werden dürfen, Bestandteil der übergreifenden Menüstruktur sind.

Dadurch wird eine weitere normative Festlegung getroffen: eine positive Definition der erlaubten Transaktionen. Aus dieser positiven Definition kann im Umkehrschluss nachgewiesen werden, welche nicht erlaubten Transaktionen in Rollen aufgenommen wurden.

Wenn es gelingt, an dieser Festlegung Verantwortliche der Fachbereiche oder der Prozesse zu beteiligen, und wenn in dieser Abstimmung auch eine Zuordnung von Transaktionen zu Prozessen/Fachbereichen/Komponenten erfolgt, dann wird der existierende normative Rahmen in zweifacher Hinsicht konkretisiert:

▶ durch die Festlegung des erlaubten transaktionalen Rahmens des Unternehmens (Gebot)

▶ durch die Zuordnung von Transaktionen zu Verantwortlichen und damit die Identifikation von Transaktions- oder Informationseignern (Verantwortlichkeit)

Wenn eine Organisation eine einheitliche Bereichsmenüstruktur festlegt, ist es durchaus sinnvoll, diese stark an der Ablauforganisation oder den Prozessen zu orientieren. Ein Beispiel, wie eine prozessbasierte Menüstruktur aussehen kann, geben wir in Abbildung 7.27.

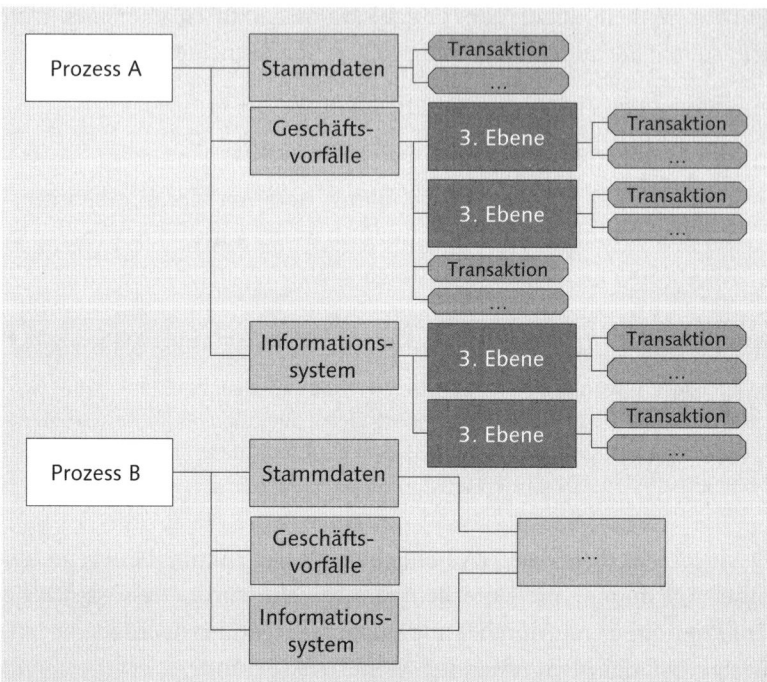

Abbildung 7.27 Abstrakte Struktur eines Bereichsmenüs/Rollenmenüs

Das Bereichsmenü bildet auch für die Pflege von Menüs in Rollen eine simple und einheitliche Grundlage.

Benutzermenüs –
Rollenmenüs

Benutzermenüs ergeben sich aus den Menüs der zugeordneten Rollen. Damit ein einheitliches Menü entsteht, muss eine entsprechende Einstellung im Customizing vorgenommen werden. Diese Einstellung ist CONDENSE MENU, sie wird im Folgenden erläutert. Diese Einstellung sorgt dafür, dass die einzelnen Rollenmenüs in einem Menü zusammengefasst werden.

Anzahl der Transaktionen beschränken

Bitte beachten Sie, dass nicht mehrere hundert Transaktionen in ein Rollenmenü gehören. Dies einerseits, weil sonst negative Auswirkungen auf die Performance zu erwarten sind (SAP-Hinweis 1365452 – Optimierung des EASY_ACCESS_NUMBER_OF_NODES), andererseits sind Benutzer und eben auch Rollen mit mehreren hundert Transaktionen/Anwendungen in aller Regel ein Hinweis darauf, dass das strikte Minimalprinzip (siehe Abschnitt 4.5, »Allgemeine Anforderungen an ein Berechtigungskonzept«) nicht eingehalten wird.

Damit das Benutzermenü eine sinnvolle Struktur erhält, müssen verschiedene Voraussetzungen erfüllt sein. Zunächst müssen in den Rollenmenüs einheitliche Menüs bereitgestellt werden, dies ist nach unserer Erfahrung nur möglich, wenn das Rollenmenü entweder einheitlich aus dem SAP-Easy-Access-Menü übernommen oder eine Schablone verwendet wird. Eine Schablone kann entweder das Bereichsmenü oder eine zu diesem Zweck bereitgestellte Rolle sein.

Für das gesamte System werden die Einstellungen zum Menü in der Tabelle SSM_CUST (Einstellungen für den Session Manager/Profilgenerator) hinterlegt. Die Einstellungen werden im SAP-Referenz-IMG über den Pfad EINFÜHRUNGSLEITFADEN SAP NETWEAVER • APPLICATION SERVER • SYSTEMADMINISTRATION • BENUTZER UND BERECHTIGUNGEN • CUSTOMIZING-SCHALTER IN TABELLE SSM_CUST SETZEN vorgenommen. Den Einstiegsbildschirm können Sie über die Transaktion SSM2 (Festlegung des Einstiegsmenüs für das SAP-System) definieren (siehe Abbildung 7.28).

Menüschalter im Customizing

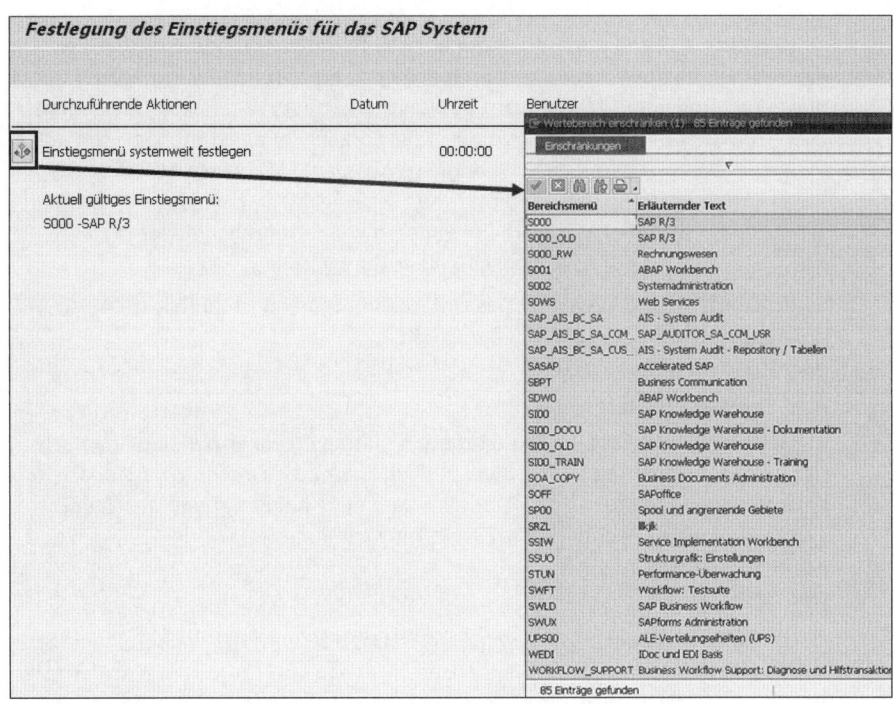

Abbildung 7.28 Einstellungen für den Session Manager/Profilgenerator

In Tabelle 7.12 werden dazu einige exemplarische Parameter beschrieben. Die Einstellungen sind interdependent.

Parameter	Wert	Erläuterung
ALL_USER_MENUS_OFF	NO (Default), YES oder X – Benutzermenü auf dem Easy Access Screen nicht anzeigen (SAP-Hinweis 380029)	Mit dem Eintrag YES werden Benutzermenüs unterdrückt. d. h., das systemweite Einstiegsmenü wird erzwungen.
COLL_READ_LEVEL_1	ON (Default), OFF	Mit dem Eintrag ON legt das System beim Neuaufbau eines Sammelrollenmenüs auf der ersten Hierarchieebene für jede in der Sammelrolle enthaltene Einzelrolle einen neuen Ordner an, in dem sich dann erst das entsprechende Menü befindet.
CONDENSE_MENU	NO (Default), YES – Easy-Access-Redundanzvermeidung (SAP-Hinweis 203994)	Mit dem Eintrag YES werden die Menüs der zugewiesenen Rollen im Benutzermenü zusammengefasst. Sofern Sie sehr große Benutzermenüs erwarten, prüfen Sie bitten den angegebenen Hinweis. Wenn Sie diesen Parameter ohne DELETE_DOUBLE_TCODES: YES nutzen, werden die Menüs nur dann integriert, wenn sie die gleiche Menüstruktur haben.
CONDENSE_MENU_PFCG	NO (Default), YES – Redundanzvermeidung bei Menüpflege von Rollen mit PFCG (SAP-Hinweis 504006)	Automatische Redundanzvermeidung bei der Menüpflege von Einzelrollen im Profilgenerator auf der Registerkarte MENÜ, Button ÜBERNAHME VON MENÜS, für alle vier angebotenen Standardoptionen (AUS DEM SAP-MENÜ, AUS ANDERER ROLLE, AUS BEREICHSMENÜ, IMPORT AUS DATEI) und beim Einlesen von Einzelrollenmenüs in das Menü einer Sammelrolle
CUSTOMER_MENU_OFF	NO (Default), YES oder X – Kundenmenü auf dem Easy Access Screen nicht anzeigen (SAP-Hinweis 380029)	Das Unternehmensmenü ist ab Release 4.6A abgeschafft.
DELETE_DOUBLE_TCODES	YES (Default), NO – Easy-Access-Menüsteuerung des Entfernens redundanter Transaktionen bei Redundanzvermeidung (SAP-Hinweis 357693)	Mit diesem Eintrag ergänzen Sie den Parameter CONDENSE_MENU um die Funktion, dass doppelte Transaktionen nicht angezeigt und die Menüs so weit wie möglich integriert werden.
SAP_MENU_OFF	NO (Default), YES oder X – SAP-Menü auf dem Easy Access Screen nicht anzeigen (SAP-Hinweis 380029)	Mit dem Eintrag YES wird das im System festgelegte Einstiegsmenü unterdrückt, d. h., sofern Sie ein anderes Menü als das SAP-Easy-Access-Menü als Einstiegsmenü definiert haben, wird das definierte Menü unterdrückt.

Tabelle 7.12 Einstellungen für den Session Manager/Profilgenerator

Benutzerbezogen kann festgelegt werden, welches Menü als Start-
menü angezeigt werden soll. Dies ist sowohl über die Transaktion
SU01 (Benutzerpflege) durch den Administrator als auch in der
Transaktion SU3 (Pflege eigener Benutzervorgaben) durch den
Benutzer selbst möglich (siehe Abbildung 7.29).

Benutzer-
einstellungen
zum Menü

Pflege eigener Benutzervorgaben

Kennwort

| Benutzer | SAP_PRESS | | | | |
| Änderer | SAP_PRESS | 14.02.2016 | 22:39:36 | Status | Überarbeitet |

| Adresse | Festwerte | Parameter |

Startmenü	S000
Anmeldesprache	DE
Dezimaldarstellung	1.234.567,00
Datumsdarstellung	1 TT.MM.JJJJ (gregorianisches Datum)
Zeitformat (12/24h)	0 24-Stunden-Format (Beispiel: 12:05:10)

Spool-Steuerung

| Ausgabegerät | LOCL |
☐ Sofort ausgeben
☐ Löschen nach Ausgabe

persönliche Zeitzone

| Zeitzone | |
| Systemzeitzone | CET |

CATT
☐ Prüfkennzeichen

Abbildung 7.29 Pflege eigener Benutzervorgaben

Darüber hinaus kann je Benutzer festgelegt werden, welche Menüs
dieser überhaupt angezeigt bekommen kann. Dazu existiert der
Pflege-View USERS_SSM (Erlaubte Menüs für den Session Manager),
in dem benutzerbezogen die Menüs festgelegt werden können. Die
Pflege des Views erfolgt über die Transaktion SM30 (Aufruf View-
Pflege). Die Pflege ist in Abbildung 7.30 dargestellt.

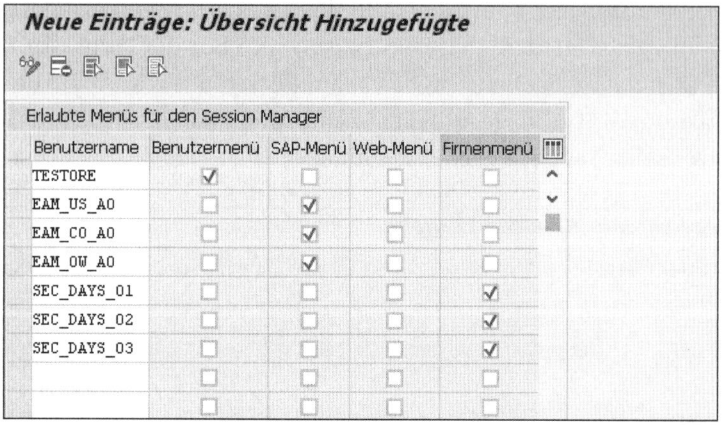

Abbildung 7.30 Benutzerbezogene Festlegung erlaubter Menüs

7.6 Berechtigungsgruppen

In verschiedenen Anwendungen gibt es Berechtigungsgruppen. Berechtigungsgruppen sind systematisch ein einfaches und oft zusätzliches Gruppierungsmerkmal, um Berechtigungen differenzieren zu können; zusätzlich insofern, als dass sie ein Gruppierungsmerkmal primär für Berechtigungen darstellen. Dies können Sie am Beispiel des Kreditorenstammsatzes gut nachvollziehen. In Abbildung 7.31 pflegen Sie die Berechtigungsgruppe im Feld BERECHTIGUNG. Berechtigungsobjektbezogen müssen Berechtigungsgruppen in dem entsprechenden Feld eines Berechtigungsobjekts eingetragen werden. Berechtigungsgruppen werden in unterschiedlichen Feldern gepflegt.

Vergabe von Berechtigungsgruppen | Teilweise können Berechtigungsgruppen frei in einem Stammdatum vergeben werden. Frei bedeutet dabei, dass Sie eine beliebige Zeichenfolge (in der Regel vierstellig) in das entsprechende Feld des Stammdatums eintragen können. Frei kann auch bedeuten, dass das für die Eintragung vorgesehene Feld kein Pflichtfeld sein muss. Beides ist z. B. beim Kreditorenstammsatz der Fall (siehe Abbildung 7.31).

Teilweise werden Berechtigungsgruppen im Customizing hinterlegt, wie dies in Abbildung 7.32 dargestellt ist. Viele Berechtigungsgruppen – u. a. die Tabellenberechtigungsgruppen – werden über die Transaktion SM30 (Aufruf View-Pflege) und die entsprechenden Views (für die Tabellenberechtigungsgruppe V_TBRG) gepflegt.

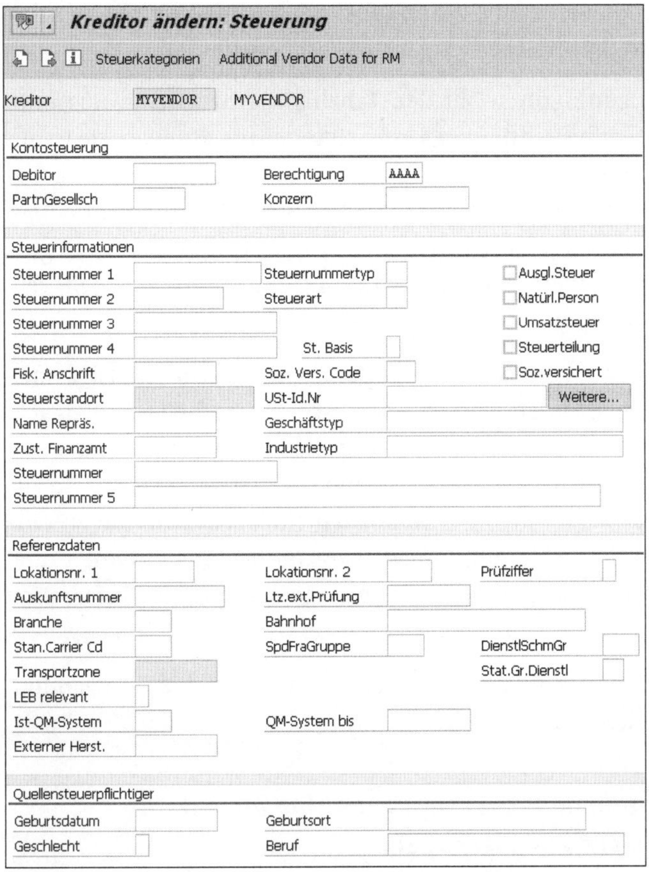

Abbildung 7.31 Berechtigungsgruppe im Kreditorenstammsatz

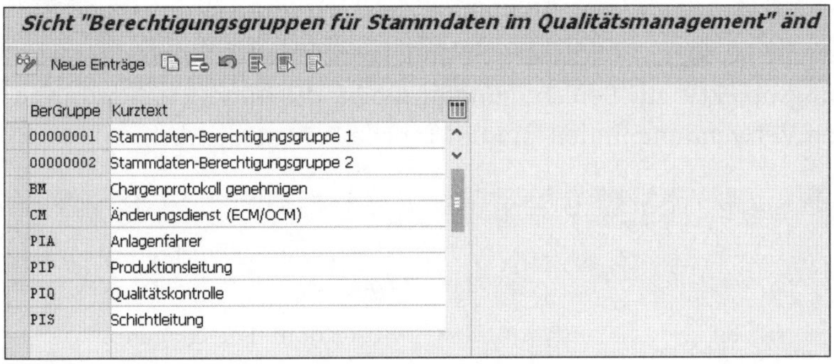

BerGruppe	Kurztext
00000001	Stammdaten-Berechtigungsgruppe 1
00000002	Stammdaten-Berechtigungsgruppe 2
BM	Chargenprotokoll genehmigen
CM	Änderungsdienst (ECM/OCM)
PIA	Anlagenfahrer
PIP	Produktionsleitung
PIQ	Qualitätskontrolle
PIS	Schichtleitung

Abbildung 7.32 Berechtigungsgruppe für die digitale Signatur im Customizing

Feldname der Berechtigungsgruppen

Die technische Bezeichnung (Feldname) der Berechtigungsgruppen ist eindeutig, sie wird jedoch teilweise in unterschiedlichen Anwendungen (verschiedenen Objektklassen) genutzt. Aus diesem Grund eignet sie sich nur fallweise zur Organisationsebene (siehe Abschnitt 7.6.4, »Berechtigungsgruppen als Organisationsebenen«).

Berechtigungs-
gruppe für den
Tabellenzugriff

Die Berechtigungsgruppe für den Tabellenzugriff wird in Abschnitt 7.6.2, »Tabellenberechtigungen«, detaillierter beschrieben, sie ist aus technischer Sicht kritisch. Die optionalen Prüfungen auf Berechtigungsgruppen werden in Abschnitt 7.6.1, »Optionale Berechtigungsprüfungen auf Berechtigungsgruppen«, dargestellt, da sie eine gute Möglichkeit zur weiteren Differenzierung z. B. auf dem Kreditorenstammsatz bieten.

Beispielhaft soll hier auf Berechtigungsgruppen im Haushaltsmanagement hingewiesen werden, da diese sehr umfassende Möglichkeiten bieten. Die Berechtigungsgruppen, die im Haushaltsmanagement für einzelne Kontierungselemente definiert sind (z. B. Feld `FM_AUTHGRC`) und als optionales Prüfattribut funktionieren, bieten eine exzellente Differenzierungsmöglichkeit im Rechnungswesen und aufgrund der Logik des Haushaltsmanagements in der Integration mit der Logistik.

Eine detaillierte Analyse der Möglichkeiten in einzelnen Anwendungen ist in jedem Fall lohnend.

7.6.1 Optionale Berechtigungsprüfungen auf Berechtigungsgruppen

Optionale Prüfungen sind meistens Prüfungen, die nur dann stattfinden, wenn das zu prüfende Kriterium genutzt wird. Konkret: Nur für Kreditorenstammsätze, die über eine ausgeprägte Berechtigungsgruppe verfügen, findet die Prüfung gegen das definierte Berechtigungsobjekt statt. Berechtigungsgruppen, die in optionalen Prüfungen Verwendung finden, sind in Tabelle 7.13 aufgeführt.

Berechtigungsobjekt	Objektklasse	Beschreibung
F_AVIK_AVA	FI	Zahlungsavis: Berechtigung für Avisarten
F_BKKA_GRP	IS_B	BCA-Konto: Berechtigungsgruppen
F_BKPF_BED	FI	Buchhaltungsbeleg: Kontenberechtigung für Debitoren

Tabelle 7.13 Berechtigungsobjekte mit Berechtigungsgruppen für die optionale Prüfung (Auswahl)

Berechtigungsobjekt	Objektklasse	Beschreibung
F_BKPF_BEK	FI	Buchhaltungsbeleg: Kontenberechtigung für Kreditoren
F_BKPF_BES	FI	Buchhaltungsbeleg: Kontenberechtigung für Sachkonten
F_BKPF_BLA	FI	Buchhaltungsbeleg: Berechtigung für Belegarten
F_BKPF_BUP	FI	Buchhaltungsbeleg: Berechtigung für Buchungsperioden
F_FICA_POP	FI	Haushaltsmanagement: Berechtigungsgruppe Buchungsperiode
F_KKKO_BEG	FI	FI-CA-Beleg im Vertragskontokorrent: Kontoberechtigung
F_KK_SEC	FI	FI-CA-Sicherheitsleistung
F_KNA1_BED	FI	Debitor: Kontenberechtigung
F_KNKK_BED	FI	Kreditmanagement: Kontenberechtigung
F_LFA1_BEK	FI	Kreditor: Kontenberechtigung
F_SKA1_BES	FI	Sachkonto: Kontenberechtigung
V_KNA1_BRG	SD	Debitor: Kontenberechtigung Vertriebsbereich

Tabelle 7.13 Berechtigungsobjekte mit Berechtigungsgruppen für die optionale Prüfung (Auswahl) (Forts.)

Bei der optionalen Prüfung findet die gesamte Prüfung nur statt, wenn das Kriterium definiert ist. Dann findet sie allerdings vollständig statt, also auch gegen die anderen Felder des Berechtigungsobjekts.

Eine etwas andere Form optionaler Prüfungen besteht darin, dass generell zwar das Berechtigungsobjekt verprobt wird, die Berechtigungsgruppe aber nur für den Fall, dass sie auch definiert wurde.

Das bereits angeführte Beispiel eines Kreditorenstammsatzes kann verdeutlichen, worin der Nutzen einer optionalen Prüfung über Berechtigungsgruppen bestehen kann.

Die Transaktionen zur Pflege und Anzeige eines Kreditors sind in Tabelle 7.14 aufgeführt. Die Bearbeitung des Kreditorenstammsatzes kann aus der logistischen Sicht, der Sicht des Rechnungswesens und der zentralen Sicht erfolgen. Entsprechend viele Transaktionen gibt

Einschränkung des Zugriffs auf Kreditoren

es. Die Transaktionscodes der logistischen Sicht beginnen mit einem M, die des Rechnungswesens mit einem F und die zentralen mit einem X.

Bezeichnung der Transaktion	Transaktion
Kreditoränderungen (Buchhaltung)	FK04
Sperren Kreditor (Buchhaltung)	FK05
Löschvormerk. Kreditor (Buchhaltung)	FK06
Bestätigen Kreditor-Einzeln (Buchh.)	FK08
Bestätigen Kreditor-Liste (Buchh.)	FK09
KredÄnderungen übertragen: Empfangen	FK15
KredÄnderungen übertragen: Empfangen	FK16
Anlegen Kreditor (Einkauf)	MK01
Ändern Kreditor (Einkauf)	MK02
Anzeigen Kreditor (Einkauf)	MK03
Änderungen Kreditor (Einkauf)	MK04
Sperren Kreditor (Einkauf)	MK05
Löschvormerk. Kreditor (Einkauf)	MK06
Ändern Kreditor (Einkauf) geplant	MK12
Geplante Änderung Kreditor (Einkauf)	MK14
Aktivieren gepl. Änd. Kreditor (EK)	MK18
Anzeigen Kreditor (Einkauf) Zukunft	MK19
Anlegen Kreditor (Zentral)	XK01
Ändern Kreditor (Zentral)	XK02
Anzeigen Kreditor (Zentral)	XK03
Änderungen Kreditor (Zentral)	XK04
Sperren Kreditor (Zentral)	XK05
Löschvormerkung Kreditor (Zentral)	XK06
Ändern Kontogruppe Kreditor	XK07
Massenpflege Lieferantenstamm	XK99

Tabelle 7.14 Transaktionen zur Kreditorenpflege

Der Zugriff auf einen Kreditor ist einerseits bestimmt durch die Applikation, zu der die Transaktion gehört. Anderseits ist der Zugriff durch Berechtigungen ausgesteuert. Dies soll Abbildung 7.33 verdeutlichen. Die mögliche Sicht auf Kreditoren ist abhängig von der genutzten Transaktion. Die Einkaufssicht unterscheidet sich von der Sicht des Rechnungswesens. Auf welche Kreditoren in einer Sicht zugegriffen werden kann, wird durch die Angaben zum Organisationsmodell und zur Kontengruppe gesteuert.

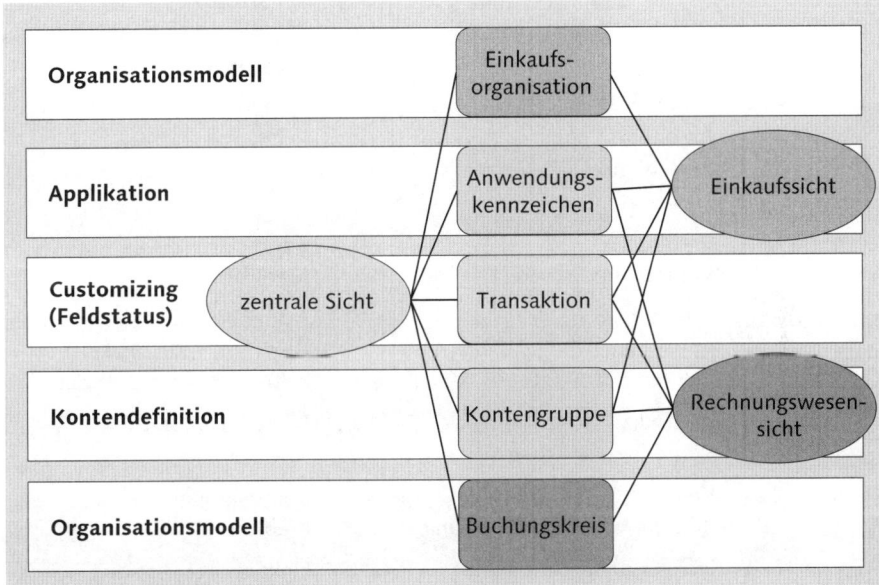

Abbildung 7.33 Steuerung der Sichten auf den Kreditor – Berechtigungsfelder

Die Möglichkeit, applikationsbezogen die Berechtigungen über Customizing und Stammdatenstrukturen zu steuern, wird in Kapitel 21, »SAP Business Suite: Prozesse und Einstellungen«, weiter erläutert, an dieser Stelle sollen die Möglichkeiten und die Notwendigkeit der Berechtigungsgruppe dargestellt werden. In Tabelle 7.15 sind die Berechtigungsobjektfelder zusammengefasst, die in den Transaktionen zur Kreditorenanzeige zur Verfügung stehen. Die Aktivität wird jeweils nicht angezeigt.

Abhängigkeit vom Customizing

Aus Tabelle 7.15 ergibt sich, dass applikationsübergreifend lediglich folgende drei Felder zur Verfügung stehen:

▸ Anwendungsberechtigung Debitor (Zentral, Finanzbuchhaltung, Einkauf, Vertrieb) (Feld APPKZ)

▸ Berechtigungsgruppe (Feld BRGRU)

▸ Kontengruppe Kreditor (Feld KTOKK)

Die anderen Felder sind applikationsspezifisch.

Trans-aktion	Berechti-gungsobjekt	Beschreibung	Feld	Beschreibung
FK03	B_BUPA_RLT	Geschäftspartner: GP-Rollen	RLTYP	GP-Rolle
FK03	F_LFA1_APP	Kreditor: Anwendungsberechtigung	APPKZ	Anwendungsberechtigung Debitor (Zentral, Finanzbuch-haltung, Einkauf, Vertrieb)
FK03	F_LFA1_BEK	Kreditor: Kontenberechtigung	BRGRU	Berechtigungsgruppe
FK03	F_LFA1_BUK	Kreditor: Berechtigung für Buchungs-kreise	BUKRS	Buchungskreis
FK03	F_LFA1_GRP	Kreditor: Kontengruppenberechtigung	KTOKK	Kontengruppe Kreditor
MK03	F_LFA1_APP	Kreditor: Anwendungsberechtigung	APPKZ	Anwendungsberechtigung Debitor (Zentral, Finanzbuch-haltung, Einkauf, Vertrieb)
MK03	F_LFA1_BEK	Kreditor: Kontenberechtigung	BRGRU	Berechtigungsgruppe
MK03	F_LFA1_GRP	Kreditor: Kontengruppenberechtigung	KTOKK	Kontengruppe Kreditor
MK03	M_LFM1_EKO	Einkaufsorganisation im Lieferantenstamm	EKORG	Einkaufsorganisation
XK03	B_BUPA_RLT	Geschäftspartner: GP-Rollen	RLTYP	
XK03	F_LFA1_APP	Kreditor: Anwendungsberechtigung	APPKZ	Anwendungsberechtigung Debitor (Zentral, Finanzbuch-haltung, Einkauf, Vertrieb)
XK03	F_LFA1_BEK	Kreditor: Kontenberechtigung	BRGRU	Berechtigungsgruppe
XK03	F_LFA1_BUK	Kreditor: Berechtigung für Buchungs-kreise	BUKRS	Buchungskreis
XK03	F_LFA1_GRP	Kreditor: Kontengruppenberechtigung	KTOKK	Kontengruppe Kreditor
XK03	M_LFM1_EKO	Einkaufsorganisation im Lieferantenstamm	EKORG	Einkaufsorganisation

Tabelle 7.15 Relevante Berechtigungsobjektfelder für den Kreditorenstammsatz

Kontengruppe ist zu allgemein

Die Anwendungsberechtigung ergibt sich bereits aus der Applikation. Sie muss mit dieser verbunden bleiben, um Akkumulationen im Benutzerpuffer zu vermeiden. Das Feld KONTENGRUPPE KREDITOR stellt meist nur ein grobes, allgemeines Raster zur Verfügung. Meistens werden hier grundsätzliche Gruppierungen hinterlegt, wie z. B. interne Kreditoren. Durch die Nutzung der Berechtigungsgruppe kann einerseits die Differenzierung verfeinert werden, andererseits können Kombinationsmöglichkeiten geschaffen werden. Das heißt, sofern innerhalb einer Kontengruppe eine Differenzierung eingerichtet werden soll, würde eine entsprechende zusätzliche Vergabe von Berechtigungsgruppen dies ermöglichen. Genauso gut könnten Berechtigungsgruppen aber auch zur Kennzeichnung der Vertraulichkeit genutzt werden. Diese Systematik könnte ebenso auf Debitoren und Sachkonten übertragen werden.

In Abbildung 7.31 wurde die Berechtigungsgruppe bei der Pflege des Kreditorenstammsatzes bereits gezeigt. Das Feld kann mit beliebigen vierstelligen alphanumerischen Kombinationen gefüllt werden. Eine entsprechende Konvention sollte vorher festgelegt werden. Da auch in diesem Fall die Verprobung teilgenerisch ist (Platzhalter * nur am Ende möglich), sollte die Namenskonvention vom Speziellen in das Allgemeine gehen, wie dies stark vereinfacht in Tabelle 7.16 dargestellt wird.

Namenskonvention für Berechtigungsgruppen

1 Stelle	2 Stellen	3 Stellen	4 Stellen	Bedeutung
			AAAA	intern
		AAA		vertraulich
	AA			streng vertraulich
A				geheim

Tabelle 7.16 Einfaches Beispiel einer Namenskonvention für Berechtigungsgruppen

Eine derartige Kennzeichnung ermöglicht es, über teilgenerische Pflege die Zugriffe vom Speziellen in das Allgemeine abzustufen. Im Beispiel wird davon ausgegangen, dass die Berechtigung für die jeweils höhere Geheimhaltungsstufe dazu führt, für die unteren ebenfalls berechtigt zu sein.

7.6.2 Tabellenberechtigungen

In den Tabellen des ERP-Systems sind alle Informationen enthalten, die im System überhaupt verfügbar sind. Über Tabellen können mühelos geschäftskritische Daten, wie Konditionen, Rezepte, Projekt- und Produktionspläne, oder datenschutzrechtlich zu schützende

Daten, wie Lieferanten- und Kundenverzeichnisse, Mitarbeiterdaten und Gehälter, ausgelesen werden. Mitarbeiter oder Externe, die auf Tabellen unbeschränkten Zugriff haben, haben somit vollen Zugriff auf diese teilweise sehr sensiblen Daten. Wir haben bereits mehrfach auf das Minimalprinzip hingewiesen (siehe Abschnitt 4.5.2, »Minimalprinzip«): Alle Benutzer sollten nur Zugriff auf die Informationen haben, die für ihre Arbeit erforderlich sind.

Tabellenzugriffe detailliert aussteuern

Uneingeschränkte oder nur marginal eingeschränkte Zugriffe auf Tabellen über Transaktionen darf es in einem Produktivsystem nicht geben. Tabellenzugriffe müssen konkret für einzelne oder kleine Gruppen von Tabellen ausgeprägt sein.

Der Zugriffsschutz auf Tabellen muss einerseits in unterschiedlicher Granularität über technische Maßnahmen realisiert werden, andererseits sollte die Vergabe generischer Tabellenzugriffe über Transaktionen wie SE16 (Data Browser) oder SQVI (QuickViewer) in einem Produktivsystem nur ausnahmsweise erfolgen.

Überblick über Schutzfunktionen

Der technische Zugriffsschutz beruht auf Berechtigungsprüfungen gegen die Berechtigungsobjekte S_TABU_DIS (Tabellenpflege – über Standardtools, wie z. B. SM30), S_TABU_CLI (Tabellenpflege mandantenunabhängiger Tabellen), S_TABU_LIN (Berechtigung für organisatorische Einheit) und (neuerdings) S_TABU_NAM (Tabellenzugriff über generische Standardtools) sowie auf Parametertransaktionen (siehe Abschnitt 7.7.2, »Parametertransaktion zur Ansicht von Tabellen«), bei denen der Einstiegsbildschirm übersprungen wird. Der Zugriff auf eine Tabelle über Standardtransaktionen, wie z. B. die Transaktion SE16 (Data Browser) ist ergänzend zur Berechtigung auf dem Transaktionscode minimal mit einer Prüfung gegen die benannten Berechtigungsobjekte verbunden.

S_TABU_DIS

Das Berechtigungsobjekt S_TABU_DIS (Tabellenpflege – über Standardtools, wie z. B. SM30) enthält die Felder DICBERCLS (Tabellenberechtigungsgruppe) und ACTVT (Aktivität). Es berechtigt also bestimmte Aktivitäten für Tabellen, die einer Tabellenberechtigungsgruppe zugeordnet sind.

S_TABU_CLI

Das Berechtigungsobjekt S_TABU_CLI (Tabellenpflege mandantenunabhängiger Tabellen) enthält lediglich das Feld CLIIDMAINT (Kennzeichen für mandantenunabhängige Pflege). Es dient bei mandantenunabhängigen Tabellen als zusätzliche Sicherung und ergänzt damit die allgemeine Tabellenpflegeberechtigung S_TABU_DIS.

Das Berechtigungsobjekt S_TABU_LIN (Berechtigung für organisatorische Einheit) dient der organisatorischen Eingrenzung von Zugriffen auf Tabellen. Während S_TABU_DIS auf der Ebene von Customizing-Tabellen oder Pflege-Views wirkt, können Sie mit S_TABU_LIN den Zugriff auf einzelne Tabellenzeilen regeln. Voraussetzung für die Verwendung des Berechtigungsobjekts ist die Existenz von Organisationskriterien. Organisationskriterien stehen für betriebswirtschaftliche organisatorische Einheiten (z. B. ein Land oder ein Werk) und stellen eine Verbindung zwischen Tabellenschlüsselfeldern und den Berechtigungsfeldern von S_TABU_LIN her. Sie werden innerhalb des Customizings (EINFÜHRUNGSLEITFADEN SAP NETWEAVER • APPLICATION SERVER • SYSTEMADMINISTRATION • BENUTZER UND BERECHTIGUNGEN • ZEILENBEZOGENE BERECHTIGUNGEN • ORGANISATIONSKRITERIEN DEFINIEREN) definiert. Auf eine Darstellung der zeilenbezogenen Berechtigungsprüfung mithilfe des Berechtigungsobjekts S_TABU_LIN verzichten wir an dieser Stelle, um den Rahmen dieses Abschnitts nicht zu sprengen.

S_TABU_LIN

Das Berechtigungsobjekt S_TABU_NAM (Tabellenzugriff über generische Standardtools) erlaubt es, den Zugriff ersatzweise über den konkreten Tabellennamen zu beschränken.

S_TABU_NAM

Betrachten wir im Weiteren die Berechtigungsobjekte S_TABU_DIS und S_TABU_NAM, fällt auf, dass deren wesentlicher Unterschied darin besteht, dass S_TABU_DIS gegen die Tabellenberechtigungsgruppe und S_TABU_NAM gegen den Tabellennamen prüft.

Die Vergabe einer Tabellenberechtigungsgruppe in einer Berechtigung über das Berechtigungsobjekt S_TABU_DIS (Tabellenpflege) räumt den gewählten funktionalen Zugriff (Anzeigen, Pflegen) auf die entsprechende Anzahl von Tabellen ein. Der im Beispiel dargestellten Tabellenberechtigungsgruppe FA sind mehr als 900 Tabellen des Rechnungswesens zugeordnet – neben der Tabelle BKPF (Belegkopf für Buchhaltung) auch weitere Tabellen wie die Tabelle LFA1 (Lieferantenstamm) und die Tabelle KNA1 (Kundenstamm, in Abbildung 7.34 nicht zu sehen), die in unterschiedlichen Qualitäten personenbezogene und fakultativ geschäftskritische Daten enthalten (siehe Abbildung 7.34). Da Tabellenberechtigungsgruppen mehreren

Tabellenberechtigungsgruppen

tausend Tabellen zugeordnet sein können, ist die Standardberechtigungsgruppe in nahezu keinem Fall ein ausreichender Schutz für diese sensiblen Daten.

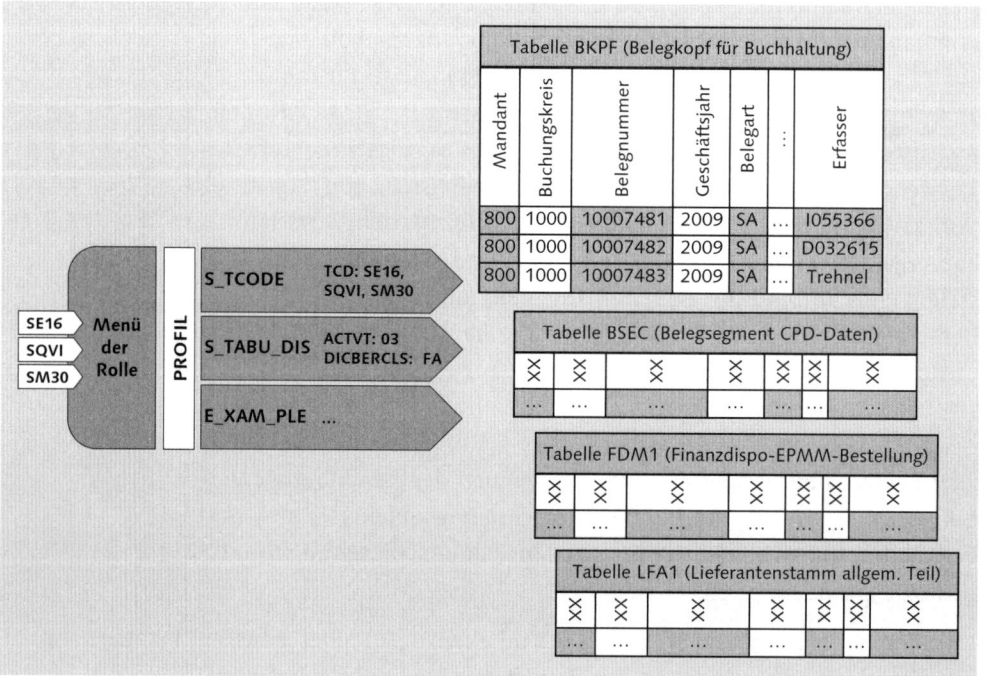

Abbildung 7.34 Zugriff auf Tabellen mit einer Berechtigungsgruppe

In SAP-Hinweis 1434284 (FAQ Berechtigungskonzept zum generischen Tabellenzugriff) wird das neue, ergänzende Berechtigungskonzept für Tabellenzugriffe erläutert. Abbildung 7.35 stellt schematisch und stark vereinfacht die Wirkungsweise dieses neuen Konzepts dar. Außer Acht lassen wir dabei eine mögliche BAdI-Implementierung und den Fall mandantenunabhängiger Tabellen (beide sind im Hinweis beschrieben). Abbildung 7.35 können Sie entnehmen, dass das neue Berechtigungsobjekt S_TABU_NAM (Tabellenzugriff über generisches Standardtool) »nachgeschaltet« ist. Zunächst findet die bekannte Prüfung auf S_TABU_DIS statt, erst wenn diese fehlschlägt (»kein Erfolg«), wird S_TABU_NAM geprüft. Wenn auch diese Prüfung fehlschlägt, wird die weitere Verarbeitung wegen fehlender Berechtigungen abgebrochen. S_TABU_NAM enthält die Felder ACTVT und TABLE, Letzteres enthält den konkreten Tabellennamen.

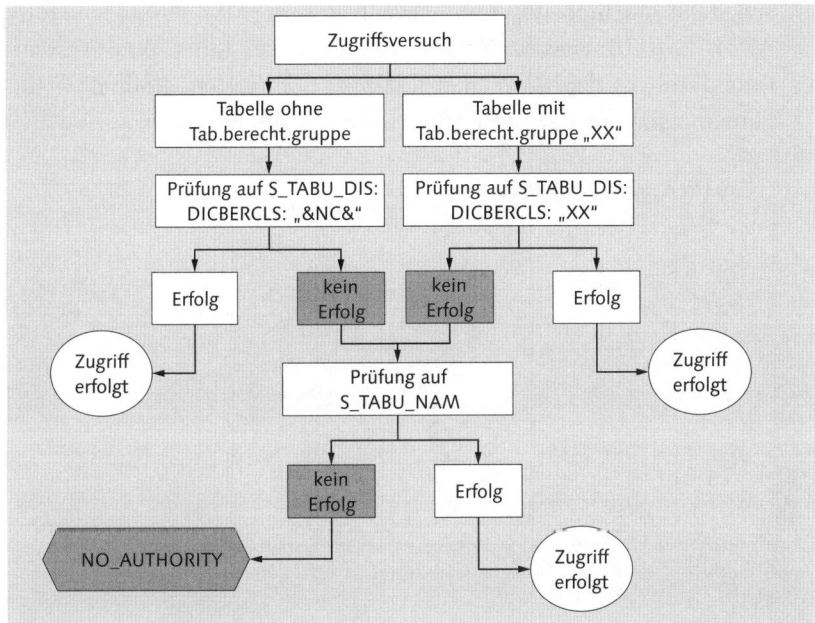

Abbildung 7.35 Vereinfachte schematische Darstellung der neuen Berechtigungsprüfung für Tabellen

Mithilfe der Transaktion S_ALR_87101219 (Zuordnung der Berechtigungsgruppen auswerten) können Sie auswerten, welche Berechtigungsgruppen welchen Tabellen zugeordnet sind.

Anzeige von Tabellenberechtigungsgruppen

Der TABELLENNAME wird unter ❶, die BERECHTIGUNGSGRUPPE unter ❷ eingegeben (siehe Abbildung 7.36).

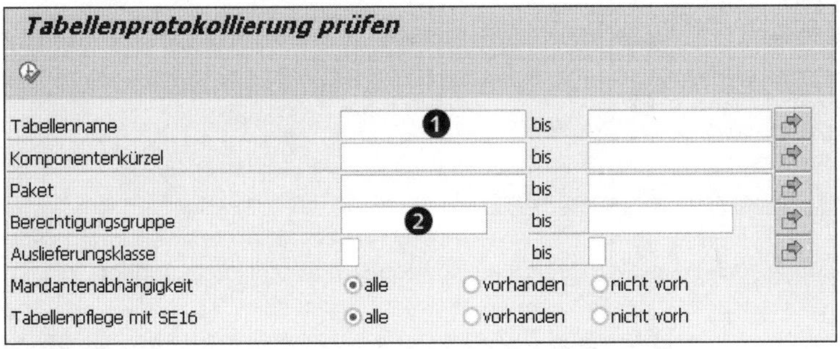

Abbildung 7.36 Auswertung der Tabellenberechtigungsgruppe

In SAP-Hinweis 1434284 (FAQ Berechtigungskonzept zum generischen Tabellenzugriff) wird darüber hinaus auf weitere Auswertungsmöglichkeiten und unterstützende Reports verwiesen. An dieser Stelle möchten wir lediglich den Report SUSR_TABLES_WITH_ AUTH (SAP-Hinweis 1500054) erwähnen, der Ihnen eine Auswertung darüber erlaubt, welcher Benutzer oder welche Rolle Berechtigungen zum Tabellenzugriff hat (siehe Abbildung 7.37).

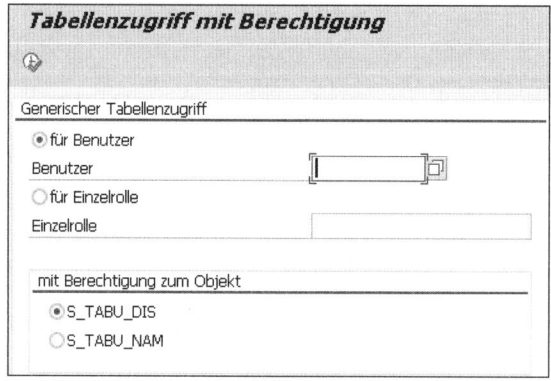

Abbildung 7.37 Report »Tabellenzugriff mit Berechtigung«

Pflege von
Tabellenberechti-
gungsgruppen

Tabellenberechtigungsgruppen werden über die Transaktion SE54 (Generierung Tabellensicht) angelegt (❶ und ❷ in Abbildung 7.38). Die Änderungen müssen in einen Transportauftrag aufgenommen werden.

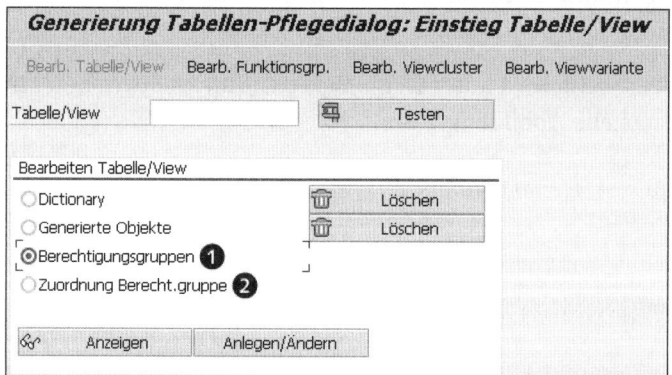

Abbildung 7.38 Pflege und Zuordnung von Tabellenberechtigungsgruppen

---

Tabellen schützen

Um die in den Tabellen enthaltenen Daten angemessen zu schützen, müssen Sie zwei Aspekte beachten:

Zum einen müssen lesende Tabellenzugriffe über Parametertransaktionen (siehe Abschnitt 7.7, »Parameter- und Query-Transaktionen«) oder Querys so ausgestaltet werden, dass nur der definierte Tabellenzugriff, gegebenenfalls im definierten Rahmen, gestattet wird. Schreibende Tabellenzugriffe werden über Parametertransaktionen vergeben.

Zum anderen müssen die Tabellen, die im Produktivsystem für den direkten schreibenden oder lesenden Zugriff vorgesehen sind, über Tabellenberechtigungsgruppen so gruppiert werden, dass auch über den Schutz durch das Berechtigungsobjekt (S_TABU_DIS) ein hinreichend detaillierter Schutz gewährleistet ist, und ergänzend kann eine feingranulare Zugriffssteuerung auf einzelne Tabellen durch das neue Tabellenberechtigungskonzept erreicht werden.

7.6.3 Berechtigungsgruppen von Programmen

Die Transaktionen des ERP-Systems starten ein Programm (Report). Wird eine Transaktion ausgeführt, findet immer eine Startberechtigungsprüfung auf das Objekt S_TCODE statt. Eine solche Startberechtigungsprüfung wurde für Programme nur auf Ebenen der Berechtigungsgruppe des Programms durch das Objekt S_PROGRAM durchgeführt. Erst seit SAP NetWeaver 7.00 können Sie eine Prüfung auf den Programmnamen durchführen, indem Sie das Berechtigungsobjekt S_PROGNAM aktivieren (Details finden Sie in SAP-Hinweis 1946079). Um ein Programm direkt aufrufen zu können, wird die S_TCODE-Berechtigung z. B. für eine der folgenden Transaktionen benötigt: SA38, START_REPORT, SUB%. Zusätzlich ist eine Berechtigung für das Berechtigungsobjekt S_PROGRAM oder, falls aktiviert, für S_PROGNAM, erforderlich. S_PROGRAM ist eine optionale Berechtigungsprüfung, die nur durchgeführt wird, wenn dem auszuführenden Programm eine Berechtigungsgruppe zugeordnet ist. In diesem Fall muss die Berechtigungsgruppe des Programms über das Berechtigungsfeld P_GROUP von S_PROGRAM berechtigt sein.

Leider fehlt der überwältigenden Mehrheit der SAP-Programme die Zuordnung zu Berechtigungsgruppen. Diese Programme können daher mit beliebigen S_PROGRAM-Berechtigungen gestartet werden. Wir empfehlen Ihnen daher die Nutzung von Transaktionen. Die Zuordnung eines Programms zu einem Transaktionscode stellen wir in Abschnitt 7.7.4 dar.

Alternativ können Sie eine Prüfung auf den Programmnamen durchführen, indem Sie das Berechtigungsobjekt S_PROGNAM aktivieren (Details finden Sie in SAP-Hinweis 1946079).

> **Erhebliches Sicherheitsrisiko bei direkten Programmaufrufen**
>
> Direkte Programmaufrufe, die nur über S_PROGRAM und damit über Berechtigungsgruppen berechtigt sind, sind aus zwei Gründen kritisch:
>
> 1. Der Zugriff im System ist nicht mehr kontrollierbar, eine große Anzahl an Programmen kann ausgeführt werden.
> 2. Kundeneigenen Programmen sind oft keine Berechtigungsgruppen zugeordnet, und sie enthalten häufig nur sehr eingeschränkt Berechtigungsprüfungen.
>
> Eine Vergabe von Transaktionen zum Programmaufruf (z. B. SA38) an Endbenutzer in Produktivsystemen muss darum unbedingt vermieden werden. Unbeschränkte Programmaufrufe dürfen nur für Notfallbenutzer/ »Firefighter« möglich sein.

7.6.4 Berechtigungsgruppen als Organisationsebenen

Berechtigungsgruppen können hervorragend als organisatorische Unterscheidungsmerkmale genutzt werden, um Berechtigungen zu differenzieren. Allerdings ist es nur fallweise sinnvoll, sie als Organisationsebenen auszuprägen (siehe Abschnitt 7.8, »Anhebung eines Berechtigungsfeldes zur Organisationsebene«). Diese Möglichkeit kann nur dort genutzt werden, wo die Berechtigungsgruppe einen einheitlichen Kontext abdeckt, wie das unter Umständen im Rechnungswesen der Fall wäre.

Es kann sinnvoll sein, sowohl Kreditoren- und Debitoren- als auch Sachkontenstammsätze einer einheitlichen Berechtigungsgruppennutzung zuzuführen. Die verwendete Berechtigungsgruppe ist jedoch BRGRU, die in 40 verschiedenen Berechtigungsobjekten Verwendung findet. Darunter sind Berechtigungsobjekte der Klassen Finanzwesen, anwendungsübergreifende Berechtigungsobjekte, Vertrieb, Logistik allgemein und Produktionsplanung. Betriebswirtschaftlich können sie so zu diversen Unterscheidungen genutzt werden – wie der Differenzierung von CO-Planversionen, Report-Writer-Berichtsgruppen und eben den angeführten Kontenstammdaten. Eine derartig umfassende Verwendung dieser Berechtigungsgruppe bedeutet zwingend, dass es entweder eine strenge, zumindest auf die Objektklasse bezogene Namenskonvention geben muss oder dass nur allgemeine Unterscheidungen wie Vertraulichkeitsstufen sinnvoll sein können.

Berechtigungsgruppen als Organisationsebenen? Die systematische Analyse, die exemplarisch in Tabelle 7.17 dargestellt ist, und die Erfahrungen beim Kunden zeigen, dass nur wenige Berechtigungsgruppen zur Organisationsebene angehoben werden können.

Die Analyse weist primär aus, dass viele Berechtigungsgruppen sehr häufig Verwendung finden – und zwar meist in unterschiedlichen Berechtigungsobjektklassen.

Berechtigungs-gruppe	Verwendung in Berechtigungsobjekten	Verschiedene Objektklassen
AUD_AUTHGR	2	ja
AUGRP	2	nein
AUTHGRP	4	nein
BEGRU	105	ja
BERGRP	3	nein
BRGRU	40	ja
DICBERCLS	S_TABU_DIS	nein
ESEAUTHGRP	13	nein
FM_AUTHGRC	5	nein
FM_AUTHGRF	3	nein
FM_AUTHGRP	4	nein
ICL_AUTHGP	2	nein
OIRB_AUTGR	5	nein
PR_AUTHGR	1	nein
TBEGRU	2	nein
WRF_AUTHGR	1	nein

Tabelle 7.17 Feld »Berechtigungsgruppe« und Verwendung in Klassen

7.7 Parameter- und Query-Transaktionen

Transaktionen, die umfassende lesende oder gar ändernde Tabellenzugriffe gestatten, sind grundsätzlich kritische Transaktionen, die nicht in Endbenutzerrollen gehören. Prinzipiell ließe sich die Verwendung über die Prüfung der Berechtigungsobjekte S_TABU_DIS (Tabellenpflege) nach Tabellenberechtigungsgruppen bzw. S_TABU_NAM (Tabellenzugriff über generische Standardtools) auf Tabellenebene einschränken. Das würde aber ein umfassendes und detailliertes Tabellenberechtigungskonzept und dessen präzise Umsetzung voraussetzen. Die Standardtabellenberechtigungsgruppen reichen für ein solches Tabellenberechtigungskonzept in keinem Fall aus. Auch eine Abgrenzung auf Tabellenebene mithilfe des Berechtigungsobjekts `S_TABU_NAM` erfordert eine stringente Handhabung und birgt immer das Risiko, dass durch Erweiterungen der Berechtigungen additive Effekte geschaffen werden, die das Konzept aushebeln.

Ein detailliertes, in Rollen umgesetztes Tabellenberechtigungskonzept ist allerdings nur äußerst selten nachzuweisen.

Ausschluss des Data Browsers

Entsprechend besteht die einzige risikominimierende Praxis darin, die Verwendung der Transaktionen, die in Tabelle 7.18 ausgewiesen werden, grundsätzlich im produktiven System auszuschließen. Stattdessen können Parametertransaktionen bereitgestellt werden, wie in diesem Abschnitt dargestellt wird.

Transaktion	Bezeichnung der Transaktion
SE16	Data Browser
SE16N	allgemeine Tabellenanzeige
SE17	allgemeine Tabellenanzeige
SM30	Aufruf View-Pflege
SM31	Aufruf View-Pflege analog zu SM30
SM34	Aufruf View-Cluster-Pflege

Tabelle 7.18 Transaktionen mit prinzipiell unbeschränktem Tabellenzugriff (Auswahl)

Für die Verwendung von Querys (siehe Tabelle 7.19) gilt im Prinzip Ähnliches, wenn auch etwas abgemildert, da Querys ergänzend zur Tabellenberechtigungsgruppe über Benutzergruppen geschützt werden können. Doch auch hier gilt, der Zugriff ist meist viel zu unpräzise eingeschränkt, um eine risikofreie Verwendung zu garantieren.

Querys in Transaktionen umsetzen

Die Alternativen in diesem Bereich bestehen darin, entweder ein entsprechendes InfoSet/Benutzergruppenkonzept nachzuweisen oder die Querys in Transaktionen umzusetzen, wie es in diesem Abschnitt beschrieben wird. Diese Empfehlung gilt ebenfalls für eingeschränkte Querys, wie z. B. die Transaktion FQUD (Querys Debitor).

Transaktion	Bezeichnung der Transaktion
SQ01	SAP Query: Querys pflegen
SQVI	QuickViewer

Tabelle 7.19 Query-Transaktionen mit prinzipiell unbeschränktem Tabellenzugriff (Auswahl)

Die Diskussion zu den Ad-hoc Querys von SAP ERP HCM (siehe Tabelle 7.20) wird, besonders im Geltungsbereich der Datenschutzvorschriften der europäischen Richtlinie zum Datenschutz (siehe Kapitel 4, »Rechtlicher Rahmen – normativer Rahmen«), durch die mit dem Datenschutzrecht verbundenen Risiken bestimmt. Auch in diesen Fällen ist eine Umsetzung in Transaktionen die sicherste Methode. Nur so kann präzise nachgewiesen werden, wie die personenbezogenen Daten zu Auswertungszwecken kombiniert werden.

Transaktion	Bezeichnung der Transaktion
S_PH0_48000509	Ad-hoc Query
S_PH0_48000510	Ad-hoc Query
S_PH0_48000512	Ad-hoc Query
S_PH0_48000513	Ad-hoc Query
S_PH0_48000516	Ad-hoc Query
S_PH0_48000517	Ad-hoc Query
S_PH0_48000518	Ad-hoc Query
S_PH0_48000519	Ad-hoc Query

Tabelle 7.20 Einige Ad-hoc Querys von SAP ERP HCM

Data Browser nicht in Endbenutzerrollen

Transaktionen, die einen Zugriff auf mehrere Tabellen erlauben, sollten nicht in Endbenutzerrollen vorgehalten werden. Da eine plausible Einschätzung des Risikos der Einsicht oder Manipulation aller berechtigten Tabellen meist nicht vorliegt, ist das Risiko durch Nutzung dieser Transaktionen einfach nicht akzeptabel.

In Abschnitt 7.6.3, »Berechtigungsgruppen von Programmen«, haben wir auch das Sicherheitsrisiko durch umfangreiche Reportberechtigungen dargestellt. Dabei stellen besonders kundeneigene Reports ein Sicherheitsrisiko dar, weil ihnen meist nicht nur die Zuordnung zu einer Berechtigungsgruppe fehlt, sondern auch weil die Berechtigungsprüfungen innerhalb der Programme in den häufigsten Fällen mangelhaft sind.

Transaktionen zu Reports erstellen

Wie Sie diese Risiken vermeiden können, zeigen die nächsten vier Abschnitte.

7.7.1 Parametertransaktion zur Pflege von Tabellen über definierte Views

Um zu vermeiden, dass im Produktivsystem kritische Transaktionen wie SM30 oder SE16 genutzt werden, können Parametertransaktionen angelegt werden. Im Beispiel wird gezeigt, wie eine Parametertransaktion unter Nutzung der Transaktion SM30 (Aufruf View-Pflege) auf die Tabelle der Mandanteneinstellungen (Tabelle T000) angelegt wird.

Zunächst müssen Sie in der Transaktion SE93 (Transaktionspflege) einen einschlägigen Kundentransaktionscode festlegen. Dieser beginnt immer mit einem Z (siehe Abbildung 7.39).

Abbildung 7.39 Transaktionspflege – Einstiegsbildschirm

Über den Button ANLEGEN erreichen Sie den Bildschirm zur Pflege der Transaktionsattribute. Im Beispiel geht es um die Anlage einer Parametertransaktion. Dies wird in Abbildung 7.40 dargestellt.

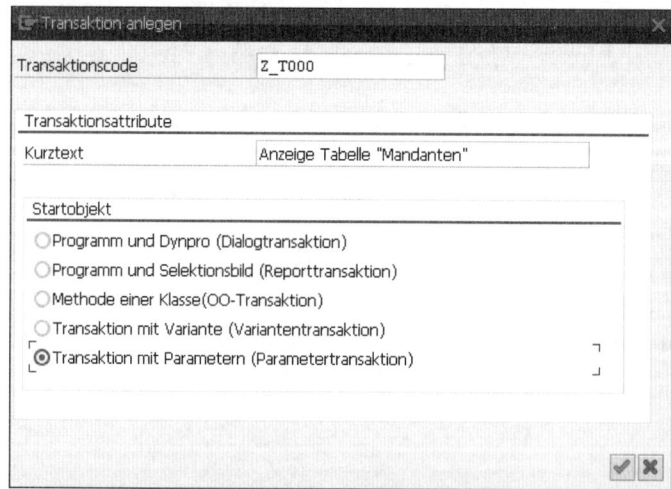

Abbildung 7.40 Definition der Transaktionsattribute

Pflegen Sie den Kurztext so, dass eine möglichst eindeutige und lesbare Bezeichnung vergeben wird.

Als Vorschlagswert für die Transaktion wird im Beispiel die Transaktion SM30 (Aufruf View-Pflege) vergeben. Darüber hinaus muss das Häkchen bei EINSTIEGSBILD ÜBERSPRINGEN gesetzt sein (siehe Abbildung 7.41). Andernfalls wird der Einstiegsbildschirm AUFRUF VIEW-PFLEGE angezeigt. Unter NAME DES DYNPROFELDES wählen Sie VIEW-NAME und SHOW. Als Werte werden der designierte View (der bereits angelegt sein muss, in unserem Beispiel T000) und der Wert X für Show vergeben. Beim Speichern wählen Sie einen Objektkatalogeintrag zu einem dafür bestimmten Paket (detaillierte Informationen zu Paketen entnehmen Sie Keller/Krüger, 2006, Seite 63–70).

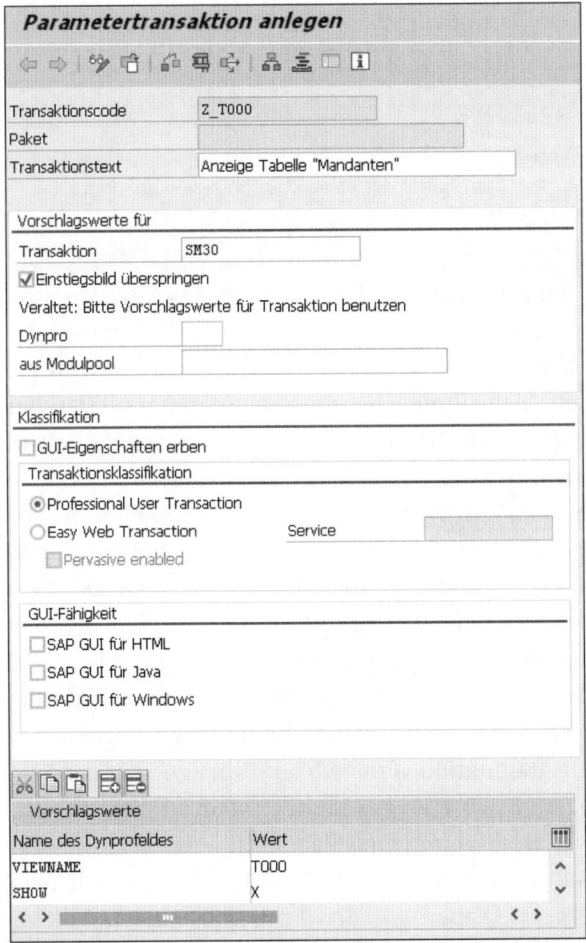

Abbildung 7.41 Pflege für eine Parametertransaktion zum »Aufruf View-Pflege«

Parameter-
transaktion ersetzt
Standard-
prüfungen nicht

Durch die Anlage einer Parametertransaktion werden die standardmäßigen Berechtigungsprüfungen nicht umgangen (siehe Tabelle 7.21).

Berechtigungsbjekt	Feld	Wert
S_TCODE	TCD	Z_T000
S_TABU_DIS	ACTVT	03
S_TABU_DIS	DICBERCLS	SS
S_TABU_DIS	ACTVT	02
S_TABU_DIS	DICBERCLS	SS
S_CTS_ADMI	CTS_ADMFCT	TABL
S_ADMI_FCD	S_ADMI_FCD	T000
S_TABU_NAM	ACTVT	03
S_TABU_NAM	TABLE	T000
S_TABU_NAM	ACTVT	02
S_TABU_NAM	TABLE	T000
S_TABU_CLI	CLIIDMAINT	X

Tabelle 7.21 Berechtigungen zum Aufruf der Parametertransaktion auf dem View
»Mandanten anzeigen/ändern« (View T000)

Dieses Vorgehen hat zwei Vorteile: Durch Zuweisung einer konkreten Transaktion wird zum einen der Zugriff verwaltet. Damit ist das
allgemeine hohe Risiko zu einem speziellen hohen Risiko geworden,
dem mit speziellen Maßnahmen begegnet werden kann. Darüber
hinaus ist es sinnvoll, auch die Tabellenberechtigungsgruppe anzupassen (siehe Abschnitt 7.6.2, »Tabellenberechtigungen«), das ist in
der Praxis jedoch eher selten anzutreffen. Dieses Vorgehen würde
allerdings vermeiden, dass auf der Tabellenberechtigungsgruppe
(Feld DICBERCLS) in Verbindung mit der Aktivität ÄNDERN (Feld
ACTVT; Wert 02) die Berechtigungsgruppe SS mitgegeben werden
muss. Dieser Tabellenberechtigungsgruppe sind mehr als 2.000
überwiegend kritische Basistabellen zugeordnet. Seit der Einführung
des Berechtigungsobjekts S_TABU_NAM besteht die Möglichkeit, direkt
die in der Parametertransaktion verwendeten Tabellen über das Feld
TABLE zu berechtigen. Es können zum anderen nun zu dieser Trans-
aktion konkrete Berechtigungsvorschlagswerte speziell für das
Berechtigungsobjekt S_TABU_NAM ermittelt und gepflegt werden. In
Abschnitt 7.2, »Traces«, haben wir den Entwicklertrace für dieses
Beispiel eingesetzt.

7.7.2 Parametertransaktion zur Ansicht von Tabellen

Soll eine Tabelle zur Ansicht über den Data Browser (Transaktion SE16) in eine kundeneigene Transaktion überführt werden, wird wie in Abschnitt 7.7.1, »Parametertransaktion zur Pflege von Tabellen über definierte Views«, als Vorschlagswert für Transaktionen der Data Browser hinterlegt.

Abbildung 7.42 zeigt das Beispiel der Tabelle AGR_1251 (Berechtigungsdaten zur Aktivitätsgruppe). Beim Speichern wählen Sie einen Objektkatalogeintrag zu einem dafür bestimmten Paket.

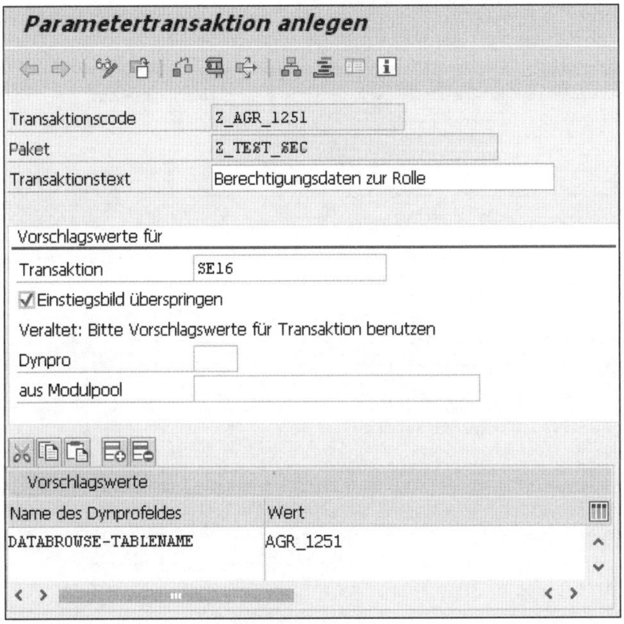

Abbildung 7.42 Parametertransaktion zur Tabellenanzeige anlegen

Die Wirkung dieses Vorgehens und die Vorteile sind die gleichen, wie bereits in Abschnitt 7.7.1 dargestellt.

7.7.3 Querys in Transaktionen umsetzen

Eine Query ermöglicht es, sowohl Joins auf Tabellen festzulegen als auch Daten entsprechend ihrer Notwendigkeit darzustellen. In Querys können auch Selektionen mitgegeben werden. Dadurch können die Daten, die angezeigt werden, quantitativ und qualitativ begrenzt werden. Das Anlegen einer Query soll nicht dargestellt werden, dazu verweisen wir auf die einschlägigen Darstellungen, u. a. auf *http://help.sap.com*.

Im Beispiel wird ein Join der Tabelle AGR_1251 (Berechtigungsdaten zur Aktivitätsgruppe) mit der Tabelle USOBT_C (Relation Transaktion R Berechtigungsobjekt – Kunde) in der Selektion zur Query auf den Rollennamensraum D* eingeschränkt. Auch zur Erzeugung einer Reporttransaktion wird die Transaktion SE93 (Transaktionspflege) verwendet. Zunächst müssen Sie den Transaktionscode und den KURZTEXT pflegen (siehe Abbildung 7.43). Als STARTOBJEKT muss in diesem Fall PROGRAMM UND SELEKTIONSBILD (REPORTTRANSAKTION) gewählt werden.

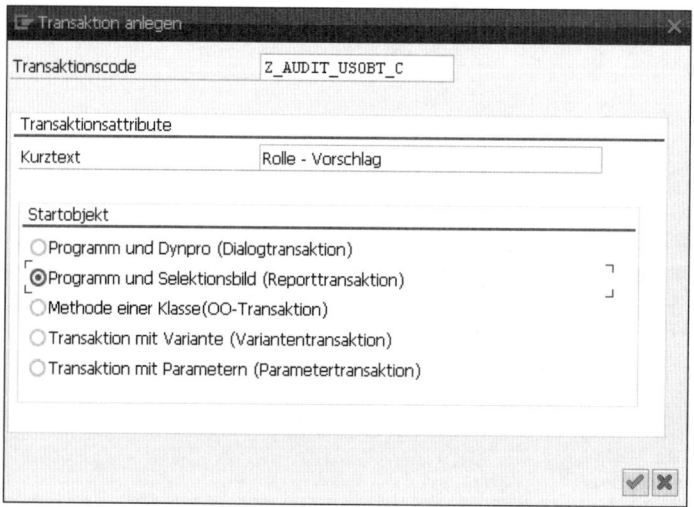

Abbildung 7.43 Anlegen einer Reporttransaktion

Ein TRANSAKTIONSTEXT (Kurztext) muss mitgegeben werden, im Feld PROGRAMM muss der Programmname der erzeugten und generierten Query eingetragen werden. Sofern eine bestimmte Variante mitgegeben werden soll, müssen Sie diese im Feld START MIT VARIANTE eintragen (siehe Abbildung 7.44). Beim Speichern wählen Sie einen Objektkatalogeintrag zu einem dafür bestimmten Paket.

Wie Abbildung 7.45 zeigt, ist die Selektion des Reports eingeschränkt, der Rollennamensraum kann nicht mehr geändert werden. Entsprechende Voreinstellungen können über die Query und den Eintrag VARIANTE in der Transaktionspflege fest mitgegeben werden.

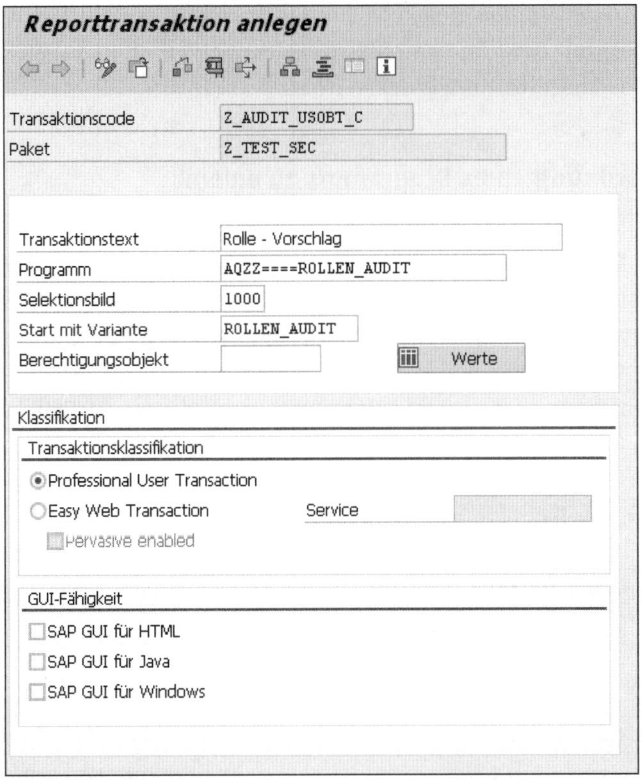

Reporttransaktion anlegen

⟸ ⟹ | ⁇ 🗂 | 🔒 🖥 ⇨ | 🔀 ⬇ ☐ 🅸

Transaktionscode	Z_AUDIT_USOBT_C
Paket	Z_TEST_SEC

Transaktionstext	Rolle - Vorschlag
Programm	AQZZ====ROLLEN_AUDIT
Selektionsbild	1000
Start mit Variante	ROLLEN_AUDIT
Berechtigungsobjekt	🎚 Werte

Klassifikation

Transaktionsklassifikation

◉ Professional User Transaction
○ Easy Web Transaction   Service
  ☐ Pervasive enabled

GUI-Fähigkeit

☐ SAP GUI für HTML
☐ SAP GUI für Java
☐ SAP GUI für Windows

Abbildung 7.44 Definition der Attribute der Reporttransaktion

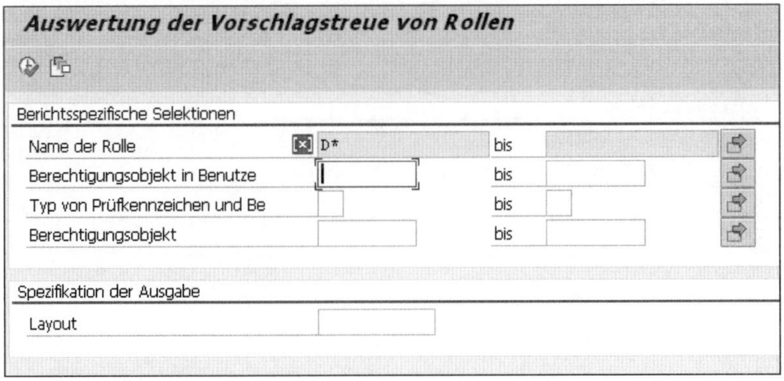

Auswertung der Vorschlagstreue von Rollen

⟳ 🗂

Berichtsspezifische Selektionen

Name der Rolle	⊠ D*	bis		⇨
Berechtigungsobjekt in Benutze		bis		⇨
Typ von Prüfkennzeichen und Be		bis		⇨
Berechtigungsobjekt		bis		⇨

Spezifikation der Ausgabe

Layout	

Abbildung 7.45 Beispiel einer Reporttransaktion

Durch die Anlage einer Parametertransaktion werden nicht die standardmäßigen Berechtigungsprüfungen umgangen, wie dies bereits in Abschnitt 7.7.1, »Parametertransaktion zur Pflege von Tabellen über definierte Views«, dargestellt wurde.

Auch die Vorteile sind die gleichen. Zusätzlich kommt noch der Nutzen hinzu, dass mit der Variante präzise bestimmt werden kann, welche Daten wie ausgewertet werden dürfen.

7.7.4 Zuordnung eines Programms zu einem Transaktionscode

Mithilfe der Transaktion SE93 (Pflege Transaktionscodes) können Sie ein Programm einem Transaktionscode zuordnen. Abbildung 7.46 zeigt die Beispieltransaktion ME21N (Bestellung anlegen), die mit dem Report RM_REPO_GUI verknüpft ist. Als weitere Sicherheitsstufe können Sie im Eingabefeld BERECHTIGUNGSOBJEKT ein Objekt und anschließend über den Button WERTE Berechtigungswerte eintragen, die beim Transaktionsstart zusätzlich zur S_TCODE-Berechtigung geprüft werden.

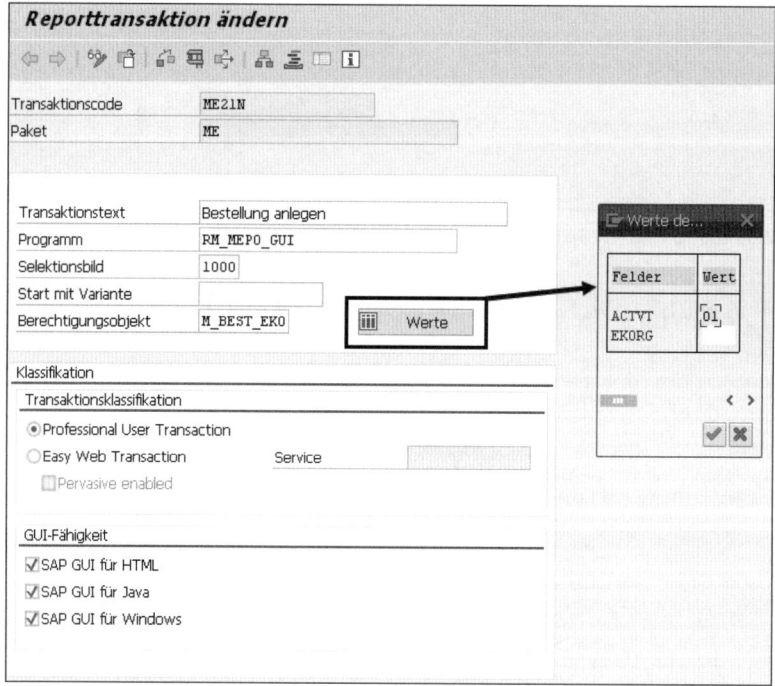

Abbildung 7.46 Berechtigungsobjekt als Eingangsprüfung bei einer Reporttransaktion

Für die Transaktion ME21N (Bestellung anlegen) wurde das weiter vorne vorgestellte Objekt M_BEST_EKO mit ACTVT = 01 (Werte für Berechtigungsfeld EKORG beliebig) definiert. In fast allen Transaktionen finden Sie an dieser Stelle ein Objekt mit Feldwerten, die für den Programmablauf von zentraler Bedeutung sind. Auf diese Weise kann ein Programmstart trotz vorhandener Berechtigung zum Berechtigungsobjekt S_TCODE verhindert werden, falls eine andere, ebenso wichtige Berechtigung fehlt. So hätte der Start unserer Beispieltransaktion ME21N ohne eine Berechtigung zu M_BEST_EKO mit ACTVT = 01 keinen Sinn.

Grundsätzlich können Sie in der Transaktion SE93 (Pflege Transaktionscodes) auch eine Startberechtigungsprüfung definieren, die im weiteren Programmablauf nicht auftritt.

7.8 Anhebung eines Berechtigungsfeldes zur Organisationsebene

In einigen Fällen ist es für das Ableitungskonzept erforderlich, Berechtigungsobjektfelder zu Organisationsebenen anzuheben. Dies ist grundsätzlich für alle Felder möglich, die keine Aktivitätsberechtigungen steuern oder die im Kontext der Prüfung der Startbarkeit einer Applikation stehen (z. B. S_TCODE, S_START oder S_SERVICE). Sinnvoll sind nur diejenigen Felder, die innerhalb einer Rolle mit einem Wertebereich belegt werden können.

> **Auswirkung der Anhebung**
>
> Die Anhebung eines Feldes zur Organisationsebene wirkt sich auf alle Berechtigungsobjekte aus, die dieses Feld enthalten.

7.8.1 Auswirkungsanalyse

Bevor ein Feld zur Organisationsebene angehoben wird, muss eine Analyse durchgeführt werden, die bestimmt, welche Auswirkungen die Aktion hat. Diese Analyse wird vierstufig vorgenommen:

▸ Zunächst werden die Feldverwendung und die Berechtigungsobjektverwendung geklärt.

▸ Dann werden Verwendung und Ausprägung in Rollen überprüft.

▸ Als Nächstes erfolgt die Überprüfung im Testlauf.

▸ Schließlich werden die einschlägigen SAP-Hinweise überprüft.

Dies wird im Folgenden an einem Beispiel verdeutlicht.

Untersucht werden die Auswirkungen einer Anhebung des CO-OM-Verantwortungsbereichs zur Organisationsebene. Zunächst wird untersucht, in welchen Berechtigungsobjekten das Feld RESPAREA (Verantwortungsbereich) auftaucht. Im Benutzerinformationssystem kann die Transaktion S_BCE_68001413 (Berechtigungsobjekte nach komplexen Selektionskriterien) aufgerufen werden.

In dieser Transaktion tragen Sie den Wert »RESPAREA« in das Feld FELD ein (siehe Abbildung 7.47). Nach Ausführung der Analyse entspricht das Ergebnis der Darstellung in Tabelle 7.22.

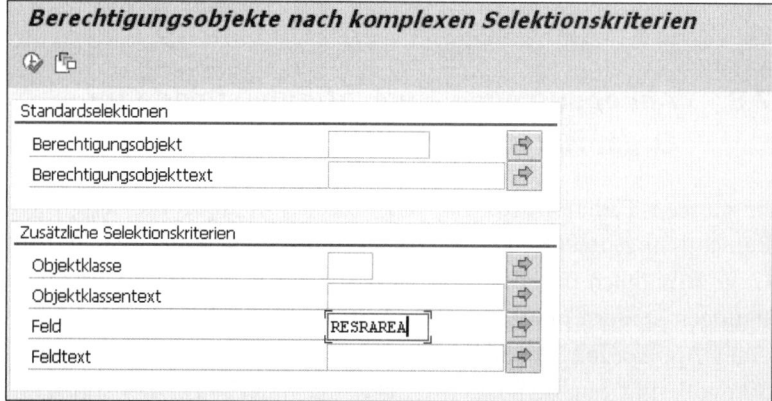

Abbildung 7.47 Analyse der Feldverwendung in Berechtigungsobjekten – Selektion

Berechtigungsobjekt	Objektklasse	Beschreibung
A_IMA_REQU	IM	Maßnahmenanforderungen anfordernder Verantwortungsbereich
A_IMA_RESP	IM	Maßnahmenanforderung verantwortlicher Verantwortungsbereich
K_CCA	CO	CO-CCA: Allg. Berechtigungsobjekt für Kostenstellenrechnung
K_ORDER	CO	CO-OPA: Allgemeines Berechtigungsobjekt für Innenaufträge
K_PCA	CO	EC-PCA: Verantwortungsbereich Profit-Center

Tabelle 7.22 Verwendung von »RESPAREA« in Berechtigungsobjekten

Der Analyse können Sie entnehmen, dass dieses Feld in verschiedenen Bereichen von CO verwendet wird. Um sicherzustellen, dass eine Verwendung der Objekte in Transaktionen erfolgt, die nicht in den Bereich des Controllings fallen, sollte eine Analyse über die Tabelle USOBX_C (Checktabelle zu Tabelle USOBT_C) durchgeführt werden. Wenn die Berechtigungsvorschlagswerte in der Organisation (siehe Abschnitt 7.1, »Pflege und Nutzung der Vorschläge für den Profilgenerator«) gut gepflegt sind, kann die Selektion eingeschränkt werden, indem im Feld OKFLAG ein Y eingetragen wird (siehe Markierung in Abbildung 7.48).

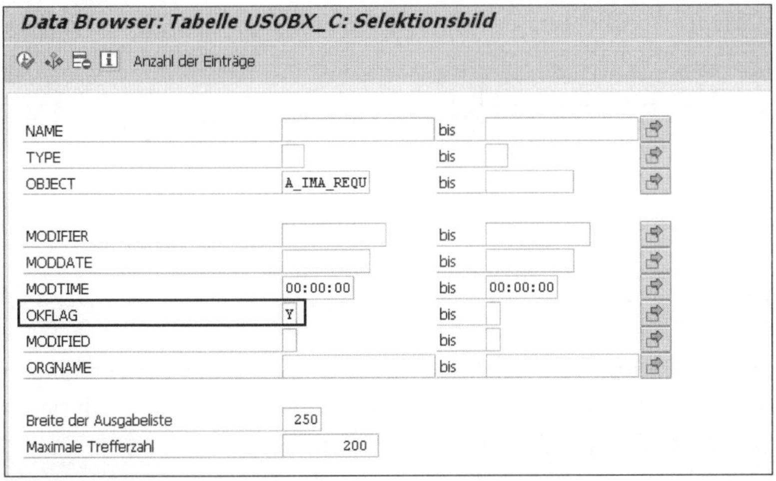

Abbildung 7.48 Selektion der Berechtigungsvorschlagswerte

Auf Basis dieser beiden Analysen kann mit ziemlicher Sicherheit eingeschätzt werden, welche Applikationen und damit welche Prozesse betroffen sein werden. Auf dieser Datengrundlage ist in der Organisation zu klären, ob eine einheitliche Beschränkung des Verantwortungsbereichs sinnvoll und möglich ist. Nur wenn diese Beschränkung übergreifend betriebswirtschaftlich und technisch sinnvoll ist, sollte das Feld zur Organisationsebene angehoben werden.

Für die Auswirkungsanalyse verwenden Sie die Transaktion S_BCE_ 68001425 (Rollen nach komplexen Selektionskriterien) oder eine Query auf die Tabelle AGR_1251 (Berechtigungsdaten zur Aktivitätsgruppe).

Beispiel einer Auswirkungsanalyse

Bei Verwendung der Tabelle AGR_1251 (Berechtigungsdaten zur Aktivitätsgruppe) muss die Anzeige gelöschter Objekte durch Setzen des Flags im Feld DELETED unterbunden werden, wie dies in Abbildung 7.49 dargestellt ist.

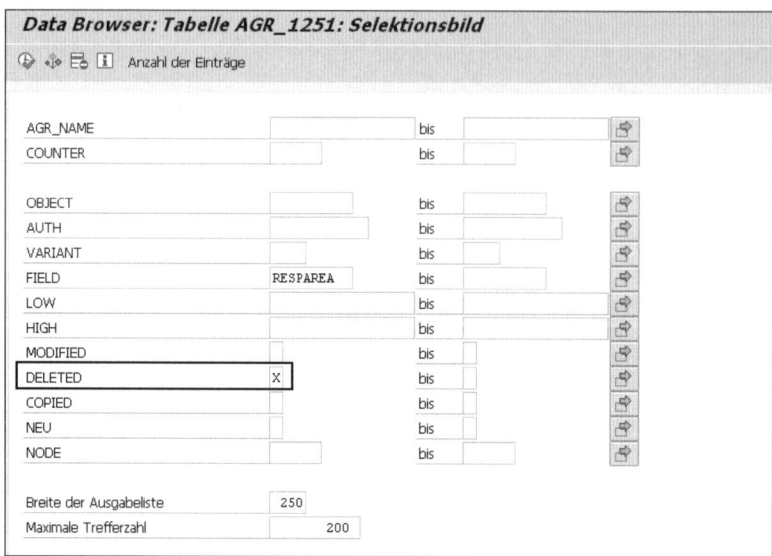

Abbildung 7.49 Tabellenanalyse der Feldverwendung in Rollen

Die Auswertung ermöglicht es, im Report neben der Verwendung in Rollen auch gleichzeitig die ausgeprägten Werte zu analysieren (siehe Abbildung 7.50 auf der folgenden Seite).

Data Browser: Tabelle AGR_1251 269 Treffer

Prüftabelle...

Tabelle: AGR_1251
Angezeigte Felder: 14 von 14 Feststehende Führungsspalten: 3 Listbreite 0250

MANDT	AGR_NAME	OBJECT	FIELD	LOW	HIGH
001	SAP_AUDITOR_BA_CO_A	K_CCA	RESPAREA	*	
001	SAP_AUDITOR_BA_CO_A	K_ORDER	RESPAREA	*	
001	SAP_AUDITOR_BA_CO_A	K_ORDER	RESPAREA	*	
001	SAP_AUDITOR_BA_CO_A	K_PCA	RESPAREA	*	
001	SAP_AUDITOR_BA_EC_PCA_A	K_PCA	RESPAREA	*	
001	SAP_AUDITOR_BA_FI_CJ_A	K_PCA	RESPAREA	*	
001	SAP_AUDITOR_BA_FI_CJ_A	K_CCA	RESPAREA	*	
001	SAP_AUDITOR_BA_MM_IM_A	K_ORDER	RESPAREA	OR*	
001	SAP_AUDITOR_BA_MM_IM_A	K_PCA	RESPAREA		
001	SAP_AUDITOR_TAX_CO_A	K_CCA	RESPAREA	*	
001	SAP_AUDITOR_TAX_CO_A	K_ORDER	RESPAREA	*	
001	SAP_AUDITOR_TAX_FI_A	K_PCA	RESPAREA	*	
001	SAP_AUDITOR_TAX_FI_A	K_CCA	RESPAREA	*	
001	SAP_AUDITOR_TAX_PS_A	K_CCA	RESPAREA	*	
001	SAP_AUDITOR_TAX_PS_A	K_ORDER	RESPAREA	*	
001	SAP_CA_OLD_REPORTINGTREES	K_ORDER	RESPAREA	*	
001	SAP_COM_CSR_0001	K_CCA	RESPAREA	*	
001	SAP_COM_CSR_1001	K_CCA	RESPAREA	*	
001	SAP_COURSEADMIN_LSO_SR_CI_4	K_ORDER	RESPAREA		
001	SAP_CO_COSTCENTER_MANAGER	K_CCA	RESPAREA		
001	SAP_CO_COSTCENTER_MANAGER	K_CCA	RESPAREA		
001	SAP_CO_COSTCENTER_MANAGER	K_ORDER	RESPAREA		
001	SAP_CO_COSTCENTER_MANAGER	K_ORDER	RESPAREA		

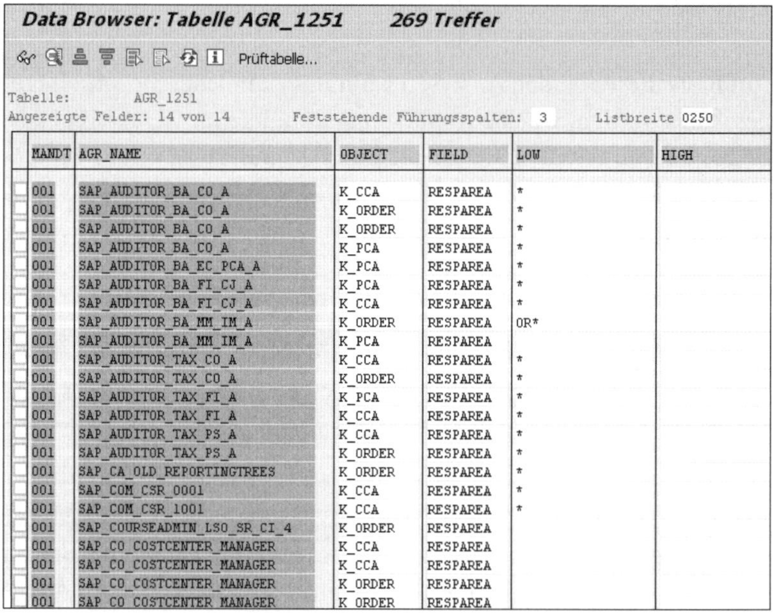

Abbildung 7.50 Nachweis eines Feldes und seiner Ausprägung

Der Auswertung können Sie in diesem Fall entnehmen, in welchen Rollen der Verantwortungsbereich (Feld RESPAREA) verwendet wird, in welchen Objekten das Feld enthalten ist und welche Ausprägungen es hat.

Die aktuelle Ausprägung ist ein Hinweis darauf, ob die gewünschte Differenzierung bereits genutzt wird und wie sie genutzt wird. Durch Mapping dieser Analyse auf die Rollenverwendung kann ausgewertet werden, welche Benutzer welche Ausprägungen haben. Durch ein weiteres Mapping auf dieselbe Tabelle kann ausgewertet werden, ob in einer Rolle unterschiedliche Ausprägungen auf dem Feld mit unterschiedlichen Aktivitäten nachweisbar sind, d. h., ob eine einheitliche Ausprägung überhaupt in dieser Rolle in Betracht kommt.

Die Auswirkungsanalyse sollte in jedem Fall auch in dem Programm zur Anhebung eines Feldes zur Organisationsebene ausgeführt werden (siehe Abbildung 7.51).

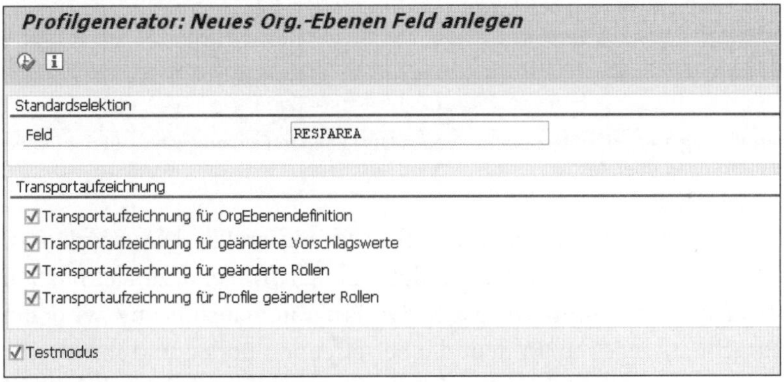

Beispiel einer Auswirkungsanalyse – Testlauf

Abbildung 7.51 »Profilgenerator: Neues Org.-Ebenen Feld anlegen«

Zusätzlich zur Auswirkungsanalyse muss in jedem Fall in den SAP-Hinweisen überprüft werden, welche Voraussetzungen erfüllt sein müssen. Im nachfolgend dargestellten Beispiel (Berechtigungsfeld RESPAREA) sind gemäß den SAP-Hinweisen 698401 und 565436 technische Vorarbeiten notwendig.

Zwingende zusätzliche Prüfung

7.8.2 Vorgehen zur Anhebung eines Feldes zur Organisationsebene

Über die Transaktion SA38 (Programmausführung) wird der Report PFCG_ORGFIELD_CREATE (Profilgenerator: Neues Org.-Ebenen-

Feld anlegen) gestartet. Tragen Sie dazu den Namen des Feldes, das als Organisationsebene angelegt werden soll, in das Feld AUTHORIZATION FIELD ein. Das Ergebnis des Reports sehen Sie in Abbildung 7.52.

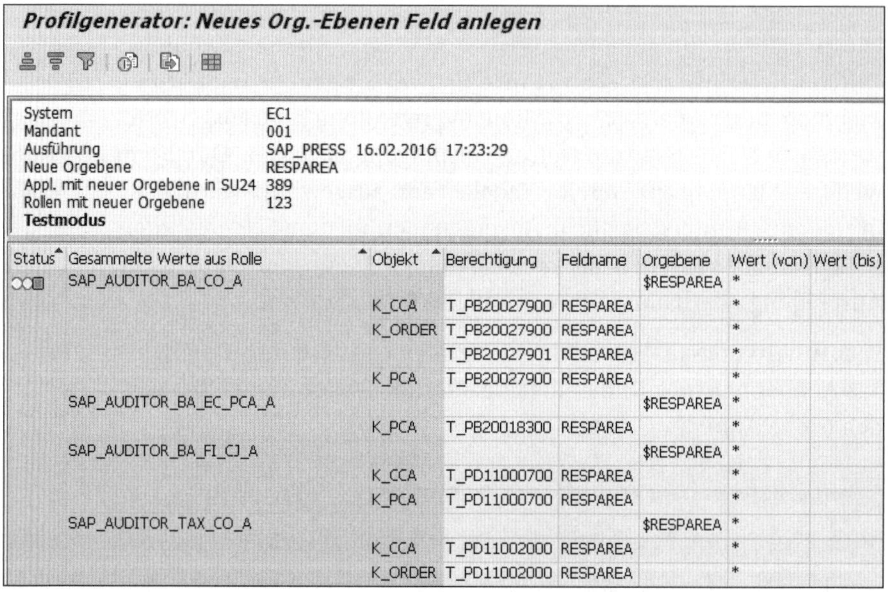

Profilgenerator: Neues Org.-Ebenen Feld anlegen

System	EC1
Mandant	001
Ausführung	SAP_PRESS 16.02.2016 17:23:29
Neue Orgebene	RESPAREA
Appl. mit neuer Orgebene in SU24	389
Rollen mit neuer Orgebene	123
Testmodus	

Status	Gesammelte Werte aus Rolle	Objekt	Berechtigung	Feldname	Orgebene	Wert (von)	Wert (bis)
	SAP_AUDITOR_BA_CO_A				$RESPAREA	*	
		K_CCA	T_PB20027900	RESPAREA		*	
		K_ORDER	T_PB20027900	RESPAREA		*	
			T_PB20027901	RESPAREA		*	
		K_PCA	T_PB20027900	RESPAREA		*	
	SAP_AUDITOR_BA_EC_PCA_A				$RESPAREA	*	
		K_PCA	T_PB20018300	RESPAREA		*	
	SAP_AUDITOR_BA_FI_CJ_A				$RESPAREA	*	
		K_CCA	T_PD11000700	RESPAREA		*	
		K_PCA	T_PD11000700	RESPAREA		*	
	SAP_AUDITOR_TAX_CO_A				$RESPAREA	*	
		K_CCA	T_PD11002000	RESPAREA		*	
		K_ORDER	T_PD11002000	RESPAREA		*	

Abbildung 7.52 »Profilgenerator: Neues Org.-Ebenen Feld anlegen« – Bericht über Änderungen (hier Testlauf)

Testlauf

Sofern der Testlauf nicht bereits über die vorbereitende Auswirkungsanalyse ausgeführt wurde, empfiehlt es sich dringend, zunächst einen Testlauf durchzuführen. Nach der Programmausführung wird ein Bericht ausgegeben, in dem die betreffenden Rollen und ihre Änderungen ausgewiesen werden. Die Änderung selbst wird durch das Programm so vorgenommen, dass die Werte, die in den Feldern vorhanden sind, in die Organisationsebene übernommen werden. Die Feldwerte auf den Feldern werden entsprechend angepasst. Das heißt, anstelle eines konkreten Wertes wie `HI1000H2110` steht im Feld nun der Platzhalter für die Organisationsebenen, z. B. `$RESPAREA`.

Kommt es zu logischen Abweichungen bei der Übertragung der Feldwerte in die Organisationsebenenwerte, wird die Rolle im Bericht gelb gekennzeichnet und für die Generierung über die Transaktion SUPC (Massengenerierung von Rollen) vorgesehen. Wenn Sie mehrere Mandanten nutzen, sollten Sie dabei beachten, dass die Organisationsebenen und die Berechtigungsvorschlagswerte mandantenunabhängige Daten sind, wohingegen die betreffenden Rollen und Profile mandantenabhängig sind. Sollten Sie also mehr als einen Mandanten nutzen, müssen Sie zusätzlich den Report PFCG_ORG-FIELD_ROLES in den anderen Mandaten ausführen, um die Rollen zu ermitteln, die die neue Organisationsebene enthalten.

7.8.3 Anhebung des Verantwortungsbereichs zur Organisationsebene

Der Verantwortungsbereich (Feld RESPAREA) stellt im technischen Berechtigungskonzept eine Besonderheit dar. Im Prinzip können auf diesem Feld Kontierungselemente wie Kostenstellen, Profit-Center, Innenaufträge oder Geschäftsprozesse eingetragen werden. Sie können auch als hierarchische Gruppierungen eingetragen werden. Aus der Hierarchie (siehe Abbildung 7.53) können sowohl ein oder mehrere Elemente als auch ein oder mehrere Knoten aufgenommen werden. Die Aufnahme eines Knotens bewirkt, dass alle untergeordneten Knoten und Elemente ebenfalls berechtigt werden.

Dadurch stehen für den Verantwortungsbereich folgende Merkmale zur Verfügung:

Merkmale für den Verantwortungsbereich

▸ Kostenstellengruppe

▸ Kostenstelle

▸ Kostenstellenstandardhierarchieknoten

▸ Auftrag

▸ Geschäftsprozess

▸ Geschäftsprozessknoten

▸ Profit-Center

▸ Profit-Center-Knoten

Der Unterschied zwischen Kostenstellengruppe und Kostenstellenstandardhierarchieknoten ergibt sich aus der Besonderheit der Kostenstellenstandardhierarchie. An dieser Stelle soll darauf nicht weiter eingegangen werden, nur so viel ist für das betriebswirtschaftliche Berechtigungskonzept wichtig: Jeder Kostenstellenstandardhierarchieknoten ist immer auch eine Kostenstellengruppe und kann genauso verwendet werden. Kostenstellengruppen sind nicht zwingend Kostenstellenstandardhierarchieknoten.

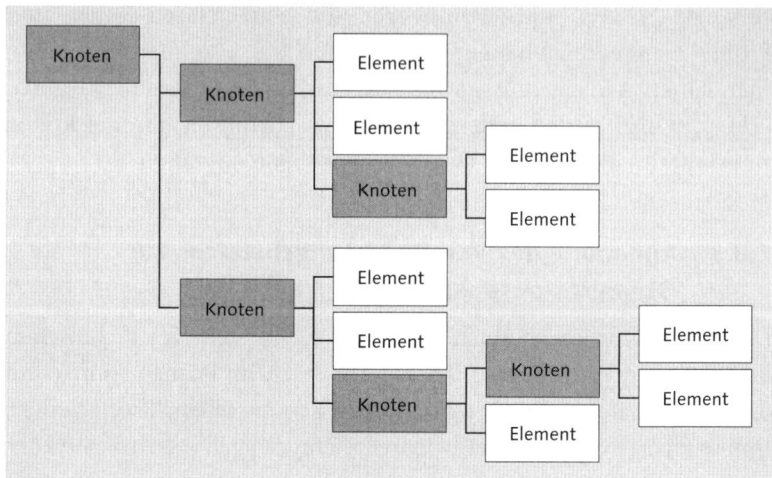

Abbildung 7.53 Verantwortungsbereich – hierarchische Gruppierung

Daraus ergibt sich für die Kostenstellenrechnung, dass auf dem Feld RESPAREA (Verantwortungsbereich) drei verschiedene Sichten gepflegt werden können, wie das Abbildung 7.54 verdeutlicht. In der Summe stehen inklusive der Innenauftragsrechnung, der Profit-Center-Rechnung und der Hierarchie der Geschäftsprozesse sieben verschiedene Sichten zur Verfügung, die relevant werden, wenn das Feld zur Organisationsebene angehoben wird.

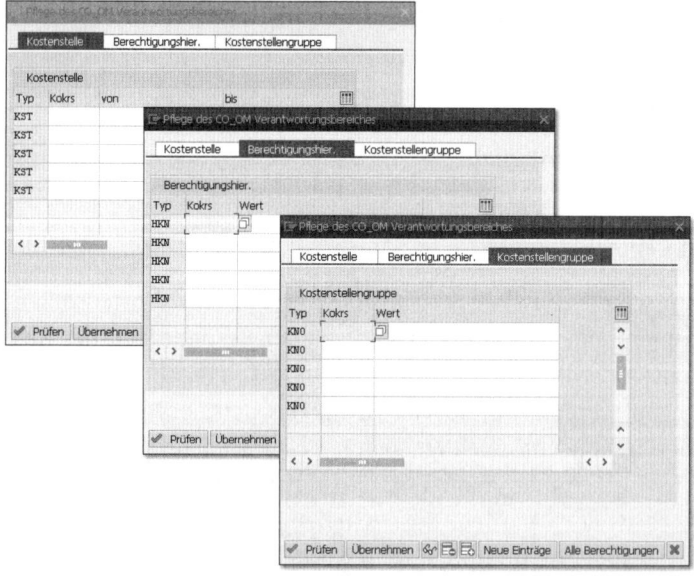

Abbildung 7.54 Verantwortungsbereich in der Kostenstellenrechnung

Folgende Maßnahmen sind erforderlich, um das Feld RESPAREA zur Organisationsebene anheben zu können:

Anhebung des Feldes RESPAREA

▶ Es ist notwendig, den Profilgenerator zu korrigieren, um das Feld RESPAREA (Verantwortungsbereich) mittels der Wertehilfe korrekt pflegen zu können (siehe SAP-Hinweis 565436).

▶ Die Tabelle KBEROBJ (Einstellungen der Berech.objekte der Kostenstellenrechnung) pflegen Sie so, wie es in SAP-Hinweis 698401 beschrieben ist, um die Berechtigungsobjekte entsprechend der oben angeführten Merkmale wie Kostenstellengruppe oder Kostenstellenstandardhierarchieknoten anzuzeigen.

▶ Erst nach der Pflege der Tabelle kann das Feld RESPAREA (Verantwortungsbereich) zur Organisationsebene angehoben werden, ohne dadurch einen Fehler zu provozieren.

Falls eine kundeneigene Organisationsebene wieder ein einfaches Feld sein soll, verwenden Sie in vergleichbarer Weise den Report PFCG_ORGFIELD_DELETE. Dabei werden die Berechtigungsvorschläge nicht wiederhergestellt, sondern die Standardwerte übernommen.

Kundeneigene Organisationsebene

7.9 Berechtigungsfelder und -objekte anlegen

Aus verschiedenen Gründen kann es sinnvoll sein, eigene Berechtigungsobjekte und Felder anzulegen. Dies kann u. a. dazu dienen, in kundeneigenen Programmen besondere Checks zu implementieren. Für kundeneigene Programme müssen jedoch nicht zwingend kundeneigene Berechtigungsobjekte angelegt werden. Letztlich muss die Entscheidung, ob ein kundeneigenes Berechtigungsobjekt genutzt wird, aus dem Kontext des betriebswirtschaftlichen Berechtigungskonzepts hergeleitet werden. Ein zusätzlicher Report in der Kostenstellenrechnung könnte sich z. B. sehr gut der einschlägigen Berechtigungsobjekte im Controlling bedienen, solange die gewünschte organisatorische und funktionale Differenzierung vergleichbar oder identisch ist. Im nächsten Abschnitt wird das Vorgehen für die Anlage eines kundeneigenen Berechtigungsobjekts beschrieben.

7.9.1 Berechtigungsfelder anlegen

Um ein neues Berechtigungsfeld anzulegen, nutzen Sie die Transaktion SU20 (Pflege der Berechtigungsfelder). Klicken Sie auf den Button ANLEGEN (siehe Markierung in Abbildung 7.55).

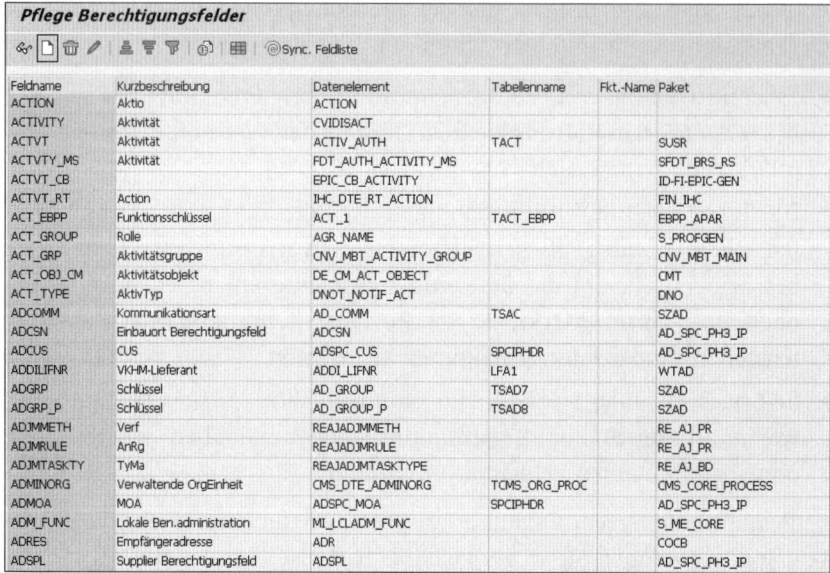

Abbildung 7.55 Einstieg in die Transaktion »Pflege der Berechtigungsfelder«

Im Bild BERECHTIGUNGSFELD müssen nun minimal der FELDNAME im Kundennamensraum und das zugrunde liegende DATENELEMENT eingetragen werden, wie dies in Abbildung 7.56 dargestellt ist.

Abbildung 7.56 Anlage eines Berechtigungsfeldes

Zum Speichern müssen Sie ein Paket zuordnen. Das Berechtigungsfeld ist damit angelegt.

Paket zuordnen

7.9.2 Berechtigungsobjekte anlegen

Berechtigungsobjekte sind Berechtigungsobjektklassen zugeordnet.
Entsprechend müssen auch kundeneigene Berechtigungsobjekte
Berechtigungsobjektklassen zugeordnet werden. Sowohl Berechti-
gungsobjekte als auch Berechtigungsobjektklassen werden in der
Transaktion SU21 (Pflege der Berechtigungsobjekte) gepflegt und
angelegt.

Nachdem Sie die Transaktion SU21 (Pflegen der Berechtigungsobjekte) aufgerufen haben, müssen Sie über den Button ANLEGEN, wie
in Abbildung 7.57 dargestellt, den Eintrag BERECHTIGUNGSOBJEKT
auswählen.

**Transaktion
»Pflegen der
Berechtigungs-
objekte«**

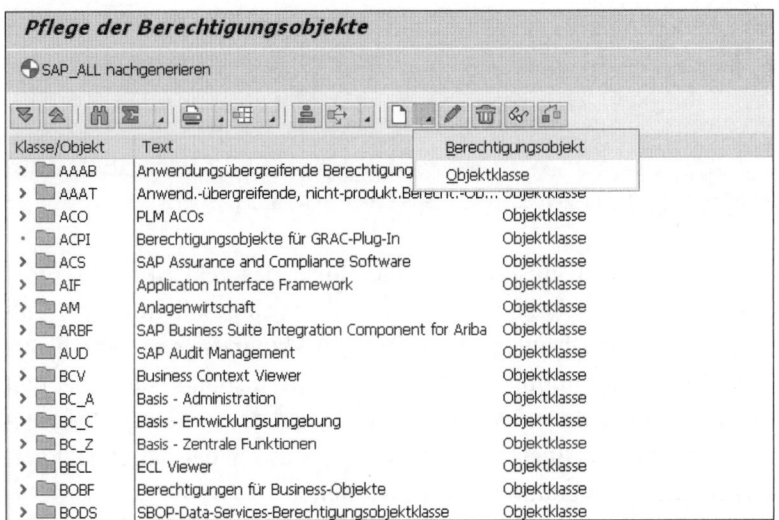

Abbildung 7.57 Pflege von Berechtigungsobjekten

Auf dem Pflegebildschirm wird ein Name für das Berechtigungsobjekt im Kundennamensraum eingetragen. Darüber hinaus muss eine
Berechtigungsobjektklasse zugeordnet werden. Schließlich tragen Sie
die Felder ein, die das Berechtigungsobjekt enthalten soll. Es können
maximal zehn Felder eingetragen werden (siehe Abbildung 7.58).
Bedenken Sie jedoch, dass die Anzahl der Felder gleichzusetzen ist
mit der Anzahl der Attribute. Je mehr Attribute Sie zuordnen, desto
spezieller wird die Wirkung des Objekts.

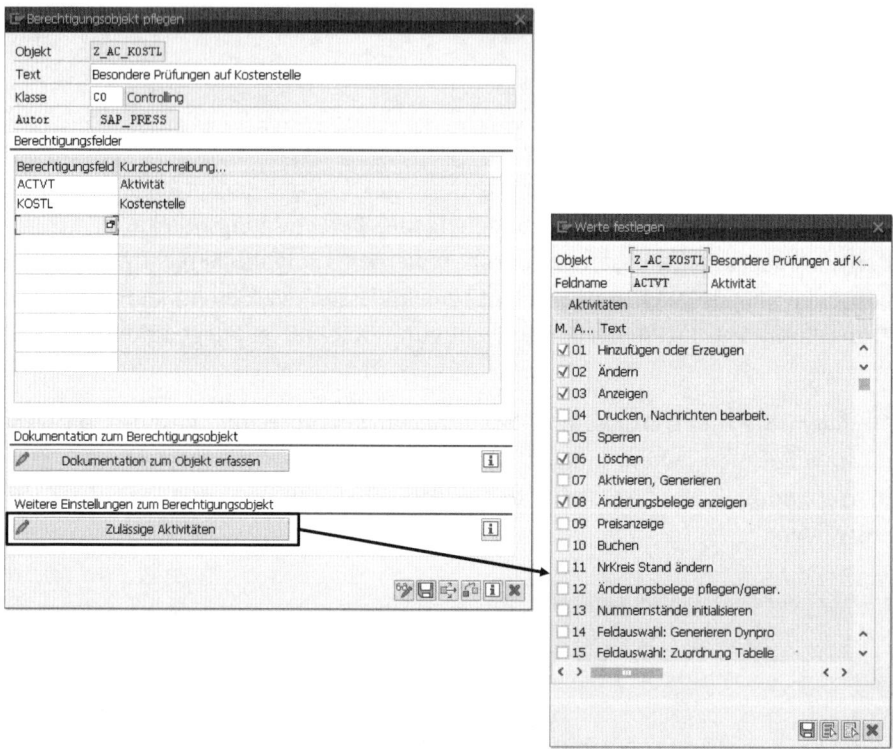

Abbildung 7.58 Anlegen eines kundeneigenen Berechtigungsobjekts

Sofern Sie wie in unserem Beispielobjekt das Feld AKTIVITÄT dem Berechtigungsobjekt zuordnen, sehen Sie nach Bestätigung der Feldliste den Button zur Pflege der zulässigen Aktivitätswerte des Objekts (markiert in Abbildung 7.58). Diese Funktion sollten Sie unbedingt nutzen, um nur diejenigen Aktivitäten zuzulassen, die dem Verwendungszweck des Objekts entsprechen, die also in der das Objekt verwendenden Anwendung geprüft werden.

Kundeneigene Objekte dokumentieren

Wir empfehlen Ihnen darüber hinaus auch dringend, das Berechtigungsobjekt sofort einschlägig und verständlich zu dokumentieren. Eigentlich muss diese Dokumentation Bestandteil der Programmierrichtlinie sein. Uns ist kein Fall bekannt, in dem hier eine mangelhafte Dokumentation zu einer Prüfungsbemerkung wurde, allerdings hätten wir das bei einigen Konzernen für angemessen gehalten. Finden sich in einem System mehr als zehn kundeneigene Berechtigungsobjekte, die nicht dokumentiert sind, kann ein Review entweder entsprechend lang werden oder wird zwingend unvollständig sein.

Zum Speichern des Berechtigungsobjekts müssen Sie ein Paket zuordnen. Das Berechtigungsobjekt ist damit angelegt.

Durch das Anlegen eines Berechtigungsobjekts wird dieses noch nicht zur Prüfung herangezogen. Damit es sinnvoll verwendet werden kann, muss es entsprechend in ein Programm oder in die Transaktionseingangsprüfung eingebaut werden (siehe hierzu Keller/Krüger, 2006, Seite 861–865).

> **Verantwortlichkeit für die Definition kundeneigener Berechtigungsobjekte**
>
> Da das technische Berechtigungskonzept dem betriebswirtschaftlichen Berechtigungskonzept zu folgen hat, gilt Folgendes: Die Prozessseite definiert, gegen welche organisatorischen Werte (oder deren Kombination) geprüft werden soll. Die Berechtigungsadministration berät die Prozessseite und die Entwicklung und kann auch Vorgaben machen.

Koppelt sich die Entwicklung ab und realisiert die Anforderung einer neuen Funktion, geht regelmäßig die integrative Perspektive des Berechtigungskonzepts verloren. Im günstigsten Fall erhalten Sie Programme mit neuen Prüflogiken, die im betriebswirtschaftlichen Konzept umgesetzt werden müssen. In vielen Fällen passen neue Berechtigungsobjekte nicht in das bestehende Konzept, unter Umständen so wenig, dass Organisationsebenen und Ableitungen neu definiert werden müssen.

7.10 Weitere Transaktionen der Berechtigungsadministration

Notwendigerweise können in diesem Buch nicht erschöpfend alle Transaktionen angeführt und dargestellt werden, die in die Rollen- und Benutzeradministration eingreifen oder diese beeinflussen. Aus diesem Grund möchten wir zusätzlich einige weitere Transaktionen aufführen, die bisher noch nicht erörtert wurden. Diese sind in Tabelle 7.23 zusammengefasst.

Bezeichnung der Transaktion	Transaktion	Funktion
Benutzer (strukturelle Berechtigung)	OOSB	Einrichtung struktureller Berechtigungsprofile (siehe Kapitel 13, »Berechtigungen in SAP ERP HCM«)
Berechtigungsprofile (strukturelle)	OOSP	Zuordnung struktureller Berechtigungsprofile (siehe ebenfalls Kapitel 13)
Abgleich Benutzerstamm	PFUD	Mit diesem Report führen Sie den Abgleich zwischen Rollen und Benutzern in der von Ihnen gewählten Selektion durch. Über eine Variante des zugrunde liegenden Reports RHAUTUPD_NEW können Sie die Hintergrundverarbeitung steuern.
Object Navigator	SE80	Im Object Navigator können Programme, Transaktionen und weitere Objekte auf Berechtigungsprüfungen und verwandte Zusammenhänge hin untersucht werden, auch wenn das nicht die eigentliche Bestimmung des Object Navigators als Einstiegswerkzeug in die ABAP Workbench ist (siehe Keller/Krüger, 2006, Seite 60 ff.).
Liste Call Transaction pflegen	SE97	In dieser Transaktion sind die von einer Transaktion aufgerufenen Transaktionen enthalten, ein Prüfkennzeichen kann gesetzt werden, um das Verhalten des Berechtigungschecks festzulegen.
Transaktions- und Screenvarianten	SHD0	Mit dieser Transaktion können Transaktions- und Screenvarianten angelegt werden. Das hat den Vorteil, dass bestimmte Funktionen innerhalb der Standardtransaktion unterdrückt oder Werte vorbelegt werden können. Dadurch kann eine bestimmte Nutzung der Transaktionsvariante erzwungen werden. Dies kann sehr gut genutzt werden, um Missbrauch vorzubeugen.

Tabelle 7.23 Weitere wichtige Transaktionen der Berechtigungsadministration

Bezeichnung der Transaktion	Transaktion	Funktion
Systemlast u. Perform. Statistik	ST03N	Mit dem Systemlastmonitor kann – aus Sicht der Berechtigungsadministration – ausgewertet werden, welche Transaktionen tatsächlich verwendet worden sind. Die Nutzung ist abhängig von den Einstellungen des Systemlastmonitors.
Massenpflege Benutzer	SU10	Die Massenpflege von Benutzern erlaubt auf der Grundlage einer einfachen Selektion über Adress- oder Berechtigungsdaten die massenhafte Änderung von Attributen oder Zuordnungen zur gewählten Selektion. So können z. B. Rollen ergänzt oder entzogen werden.
Pflege von Firmenadressen Benutzer	SUCOMP	Transaktion zur Pflege und Änderung der Firmenadressen, die im Benutzerstamm zur Verfügung stehen
Benutzergruppen pflegen	SUGR	Benutzergruppen sind Gruppierungsmerkmale für Berechtigungen, für die Massenpflege sowie für das Reporting. Sie werden in dieser Transaktion gepflegt.
Massengenerierung von Profilen	SUPC	In dieser Transaktion können Profile zu Rollen massengeneriert werden, die zur Generierung z. B. durch eine Organisationsebenenänderung vorgemerkt wurden. In SAP-Hinweis 701754 wird beschrieben, wie Sie die komplette Generierung auch nicht vorgemerkter Rollen erzwingen können.

Tabelle 7.23 Weitere wichtige Transaktionen der Berechtigungsadministration

7.11 Fazit

In diesem Kapitel haben Sie erfahren, welche Vorteile die Pflege und Nutzung der Vorschläge für den Profilgenerator hat und wie Sie diese durchführen. Wir haben darauf hingewiesen, dass Sie so Regelkonformität im Sinne positiver Definitionen erreichen, also eine technische Norm setzen. Darüber hinaus haben wir das Upgrade von Berechtigungen dargestellt. Wir sind auf die Parameter für Kennwort-

regeln und die Customizing-Einstellungen zum Menükonzept eingegangen. Diese beiden Abschnitte gehören ebenfalls zum Erreichen
von Regelkonformität.

Wir haben darüber hinaus die Besonderheiten und die Nutzung von
Berechtigungsgruppen dargestellt und sind dann auf Parameter- und
Query-Transaktionen eingegangen, die eine wesentliche Hilfe für die
Restriktion von Berechtigungen darstellen.

Auf die technischen Möglichkeiten zur Unterstützung der organisatorischen Differenzierung sind wir eingegangen, indem wir die
Anhebung eines Berechtigungsfeldes zur Organisationsebene dargestellt haben.

Als ein Hilfsmittel der Analyse haben wir den Berechtigungs-, Sys-
tem- und Benutzertrace dargestellt. Das Anlegen kundeneigener
Berechtigungsfelder und -objekte haben wir erläutert und haben in
diesem Kontext auf die Notwendigkeit der Dokumentation hingewiesen. Allgemein haben wir dann noch weitere Transaktionen der
Berechtigungsadministration eingeführt.

In diesem sehr technisch orientierten Kapitel haben Sie weiteres Rüst-
zeug erhalten, um Berechtigungen in Ihrem System sinnvoll administrieren zu können.

Das Organisationsmanagement ist der ideale Ort für eine einheitliche, effiziente und transparente Berechtigungsverwaltung. Ein Grund dafür ist seine Integration mit einer Vielzahl anderer SAP-Komponenten. Wie Sie über das Organisationsmanagement von SAP ERP HCM Berechtigungen zuordnen, erfahren Sie in diesem Kapitel.

8 Rollenzuordnung über das Organisationsmanagement

Die Berechtigungsvergabe muss aufgrund rein organisatorischer und funktionaler Überlegungen erfolgen (siehe Kapitel 3, »Organisation und Berechtigungen«, und Kapitel 4, »Rechtlicher Rahmen – normativer Rahmen«). Gegebenenfalls muss dies detailliert nachgewiesen werden. Die Berechtigungsvergabe läuft im Idealfall folgendermaßen ab: Eine Person erhält Berechtigungen aufgrund ihrer formalen Funktion in der Organisation. Wenn sie andere Aufgaben wahrnimmt oder sich ihre organisatorische Zuordnung ändert, werden ihr andere Berechtigungen zugewiesen und die alten Berechtigungen entzogen.

Für die Berechtigungsadministration sollte es ergänzend möglich sein, durch Zuweisung von Rollen in einer organisationsbasierten Sicht Aufgaben, Personen oder Organisationsteilen gruppenweise Berechtigungen zuordnen zu können. Für diesen Zweck gibt es die indirekte Rollenzuordnung im Organisationsmanagement von SAP ERP HCM (Human Capital Management). Das Organisationsmanagement können Sie auch dann nutzen, wenn Sie SAP ERP HCM nicht einsetzen.

Zunächst werden wir Ihnen das Grundkonzept des Organisationsmanagements im folgenden Abschnitt erläutern, um dann einige fachliche Voraussetzungen in Abschnitt 8.2 darzustellen. Abschnitt 8.3 wendet sich der technischen Umsetzung zu. In Abschnitt 8.4 gehen wir auf die konzeptionelle Besonderheit des Modells der indirekten Rollenzuweisung ein.

8.1 Grundkonzept des SAP-ERP-HCM-Organisationsmanagements

In diesem Abschnitt stellen wir Ihnen das Grundkonzept des SAP-ERP-HCM-Organisationsmanagements aus der Sicht des Berechtigungswesens vor. Zur allgemeinen Orientierung über das Organisationsmanagement verweisen wir auf Nigge (2015).

Linienorganisation

Die einfache Sicht (siehe Abbildung 8.1) ist eine linienorganisatorische. Die Organisation gliedert sich in Organisationseinheiten, zu denen meistens Planstellen gehören, deren Inhaber die Personen sind.

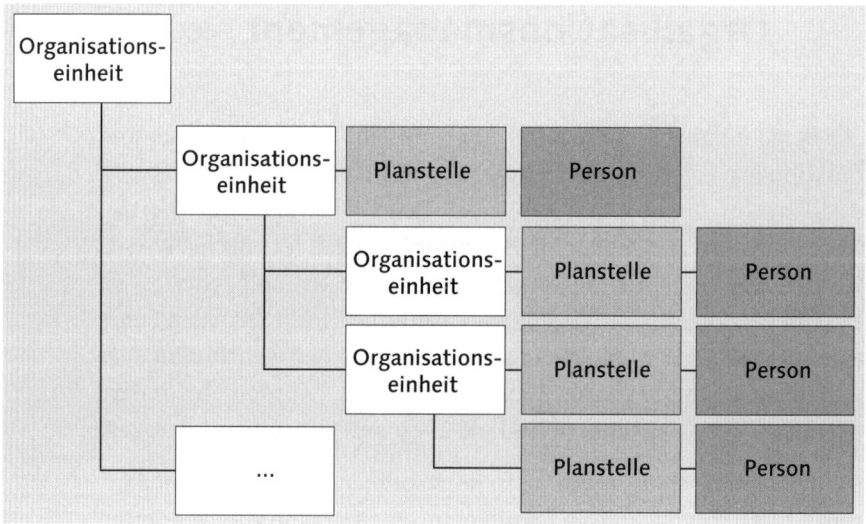

Abbildung 8.1 Einfache Sicht auf die Organisationshierarchie

Die Objekte (Organisationseinheit, Person, Planstelle) können mit weiteren Objekten, die Sie selbst definieren können, verknüpft werden, das könnte z. B. das Objekt *Vertretungsstelle* sein. In Bezug auf die Planstelle ergibt sich das in Abbildung 8.2 dargestellte Bild.

Zuordnungen

Die Planstelle wird beschrieben durch die Stelle. Das bedeutet, dass die Stelle eine Abstraktion und somit Beschreibung für beliebig viele Planstellen sein kann. So kann die Stelle eines Verkäufers beliebig viele Verkäuferplanstellen (Verkäufer Produkt A, Verkäufer Produkt B, Verkäufer Nord, Verkäufer Süd) beschreiben. Diese Zweckbestimmung wird in der englischen Übersetzung und der SAP-Abkürzung deutlich: Das Objekt *Stelle* wird mit C dargestellt, Abkürzung des englischen Wortes *Characterization*. Das Objekt *Planstelle* wird mit S dargestellt, Abkürzung des englischen Wortes *Specification*. Der Person ist ein Benutzer zugeordnet. Ist der Benutzer noch nicht im SAP-System vorhanden, muss er über die Benutzerpflege angelegt werden.

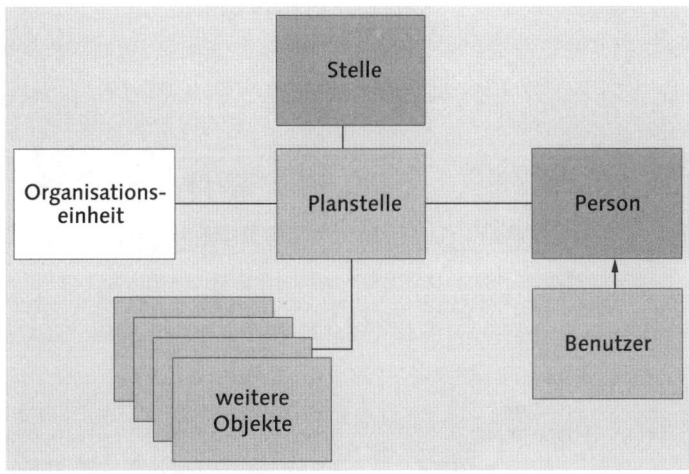

Abbildung 8.2 Mögliche Beziehungen der Planstelle

Die Bedeutung für Berechtigungen ergibt sich durch die Möglichkeit, diesen Objekten Rollen zuzuordnen. Wie aus Abbildung 8.3 hervorgeht, können allen Objekten des Organisationsmanagements von SAP ERP HCM Rollen zugeordnet werden. In der Abbildung ist der Person keine Rolle zugeordnet, obwohl das technisch möglich wäre. Diese technische Möglichkeit sollte jedoch grundsätzlich nicht genutzt werden, da sie logisch der direkten Zuordnung gleich ist: Meistens ist der Person genau ein Benutzer zugeordnet, die indirekte Zuordnung einer Rolle zur Person ist eine 1:1-Zuordnung genau wie die direkte Zuordnung zum Benutzer.

Bedeutung für Berechtigungen

Diese Rollenzuordnung wird als indirekte Rollenzuordnung bezeichnet. Sie ist aus Sicht des Benutzerstammsatzes indirekt zugeordnet, weil sie entsprechend der Verknüpfung des Benutzers mit der Person, der Person mit der Planstelle und den weiteren Verknüpfungen an den Benutzer vererbt wird.

Indirekte Rollenzuordnung

Die genaue Art der Vererbung wird in einem Auswertungsweg definiert. Das bedeutet, dass Rollen ausschließlich oder überwiegend aufgrund organisatorischer und funktionaler Notwendigkeiten zugeordnet werden. Dies soll an folgendem Beispiel verdeutlicht werden.

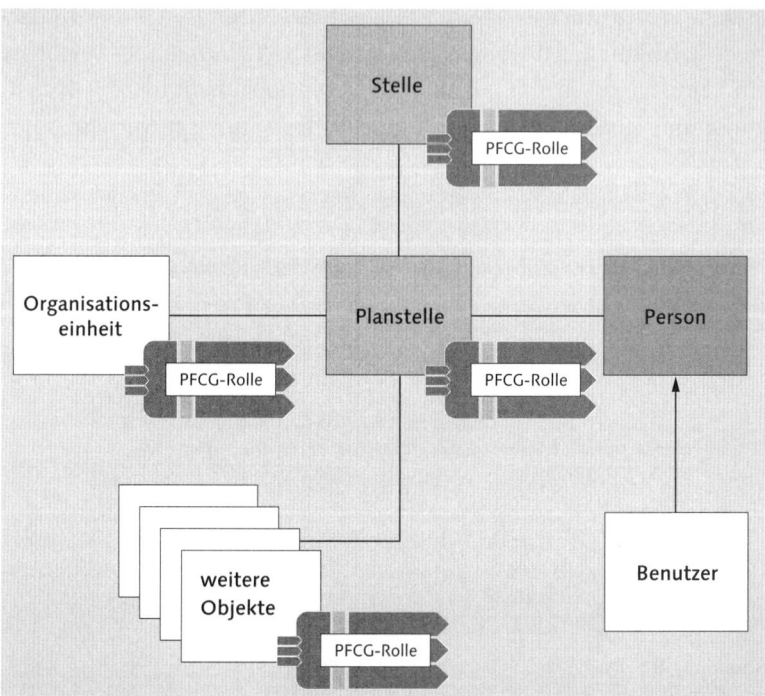

Abbildung 8.3 Rollenzuordnungen in der Organisationshierarchie

Beispiel: Vererbung

Willi Mustermann ist der Planstelle *Verkäufer Produkt A* in der Organisationseinheit *Verkauf Kanton Aargau* zugeordnet (verknüpft). Seine Planstelle wird beschrieben durch die Stelle *Verkäufer*. Eine Besonderheit seiner Planstelle ist, dass diese auch das Kaffeelager verwaltet.

▸ Mustermann erbt die Rollen, die der Stelle (*Verkäufer*) zugeordnet sind: Rolle *Alle Verkäufer*.

▸ Er erbt die Rollen, die der Organisationseinheit (*Verkauf Kanton Aargau*) zugeordnet sind: Rolle *Employee Self-Service Kanton Aargau*.

▸ Er erbt die Rollen, die zusätzlich der Planstelle selbst zugewiesen sind: Rolle *Verwaltung des Kaffeelagers*.

Aus allgemeinen Festlegungen für alle Verkäufer oder für den gesamten Kanton heraus werden die Rollen immer spezieller, bis sie schließlich planstellenbezogen zugeordnet sind. Administrativ ist die Vereinfachung bereits jetzt erheblich. Wenn es in der Organisation hundert Verkäufer gibt, reicht die einmalige Zuordnung der allgemeinen Verkäuferrollen auf der Stelle: Alle Verkäuferplanstellen erben die Rolle.

Wird Willi Mustermann von der Planstelle *Verkäufer Produkt A* auf die Planstelle *CIO* versetzt, gelten natürlich nur die Rollen der neuen Planstelle. Zeitliche Überlappungen können ergänzend definiert werden.

8.2   Fachliche Voraussetzungen

Die wichtigste Voraussetzung ist ein aktuelles Organisationsmodell im SAP-ERP-HCM-Organisationsmanagement. Das Organisationsmodell kann aus einem anderen physischen System übernommen und synchronisiert werden (siehe Edinger et al., 2014).

Ist der Mandant, in dem das Organisationsmodell für die Rollenverwaltung genutzt werden soll, der gleiche, in dem auch die Personaladministration ausgeübt wird, müssen Sie die Zuständigkeiten, die Transaktionsverwendung und die Berechtigungen sauber abgrenzen.

Konzeptionell ergeben sich für das Design der Rollen und die Durchführung der Rollenzuweisung einige Änderungen. Dies gilt auch für Werkzeuge/Lösungen, die für die Benutzerprovisionierung eingesetzt werden.

8.3   Technische Umsetzung

In diesem Abschnitt möchten wir Ihnen erläutern, wie Sie das Organisationsmanagement für die indirekte Rollenzuweisung nutzen können.

8.3.1   Voraussetzungen

Bevor Sie allerdings mit der Umsetzung beginnen können, müssen die folgenden technischen Voraussetzungen erfüllt sein:

▶ Eine aktive Planversion muss definiert sein.

▶ In SAP ERP HCM müssen der Infotyp 0105 (Kommunikation) und der Subtyp 0001 (User-ID) gepflegt sein.

▶ Um SAP ERP HCM-OM für die Rollenverwaltung nutzen zu können, setzen Sie den Customizing-Schalter HR_ORG_ACTIVE in der Tabelle PRGN_CUST auf YES.

▶ Der Auswertungsweg US_ACTGR (Tabelle T77AW) ist entsprechend Ihren Anforderungen angepasst.

(siehe »SAP. Indirekte Rollenzuordnung über HR-ORG« in der SAP-Hilfe *http://help.sap.com*)

8.3.2 Technische Grundlagen des SAP-ERP-HCM-Organisationsmanagements

Im Organisationsmanagement wird jedes Element in einer Organisation als ein eigenständiges Objekt mit individuellen Eigenschaften dargestellt. Diese Objekte werden über Verknüpfungen zueinander in Beziehung gesetzt. Objekteigenschaften (Existenz/Verknüpfungen/Eigenschaften) werden in Form von Infotypen gepflegt.

Infotyp »Objekt«
Das Objekt wird im Infotyp 1000 definiert. Mitunter werden eine Organisationseinheit, eine Planstelle, eine Stelle, eine Person und die weiteren Objekte im Infotyp 1000 definiert. Die Verknüpfung wird im Infotyp 1001 definiert und mit einem Subtyp spezifiziert.

So kann ein Unterstellungsverhältnis z. B. über den Infotyp 1001 (Verknüpfung) und den Subtyp A002 (berichtet an) dargestellt werden. Da Verknüpfungen meistens beidseitig definiert sind, werden sie ebenso durch Subtyp B002 (ist Linienvorgesetzter von) dargestellt.

Subtypen
Die Subtypen sind u. a. relevant für die Definition von Auswertungswegen. Subtypen werden auch im User Access Management von SAP Access Control genutzt, dort bestimmt der Subtyp u. a., wie aus dem Organisationsmanagement der Linienvorgesetzte (und damit Freigeber) bestimmt werden soll.

Die Pflege des Organisationsmodells und die Anlage neuer Objekte können über unterschiedliche Transaktionen ausgeübt werden. Das Objekt *Person* wird über die Transaktion PA40 (Personalmaßnahme), das Organisationsmodell über die Transaktion PPOME (Organisation und Besetzung ändern) gepflegt.

8.3.3 Zuweisung von Rollen

Rollen können den Objekten u. a. über den Profilgenerator (Transaktion PFCG) zugewiesen werden. Stellen Sie dazu sicher, dass Sie im Einstiegsbildschirm unter MENÜ • SPRINGEN • EINSTELLUNGEN das Kennzeichen für GESAMTSICHT (Organisationsmanagement und Workflow) gesetzt haben.

Vorgehen
Auf der Registerkarte BENUTZER wird über den Button ORG.MANAGEMENT die Zuordnung der Rolle zum Organisationsmodell angeboten (siehe Abbildung 8.4).

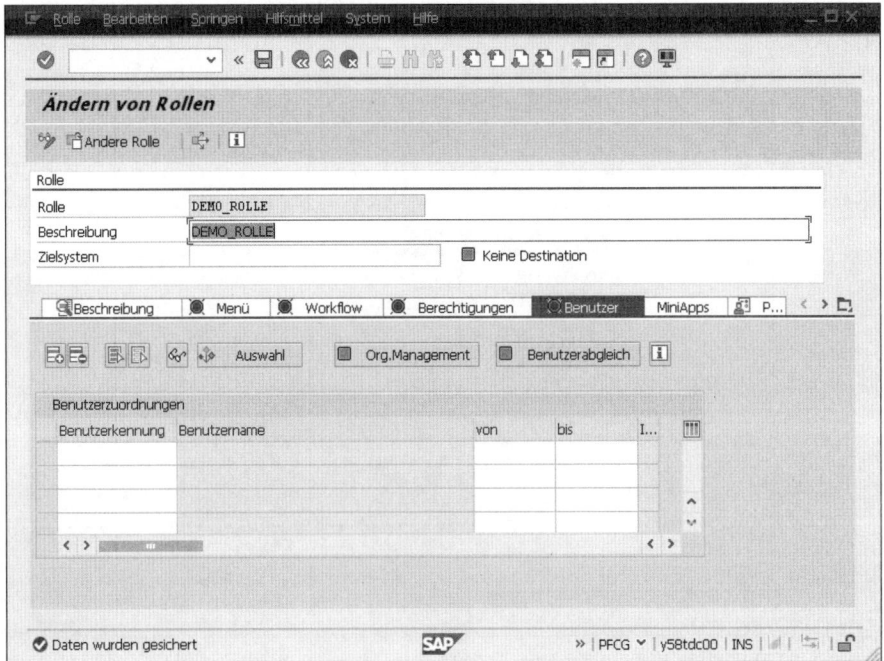

Abbildung 8.4 Profilgenerator: Zuordnung über das Organisationsmanagement

Abhängig von weiteren Einstellungen stehen Objekte zur Zuordnung bereit. Im Beispiel in Abbildung 8.5 sind das die Organisationseinheit, die Planstelle, die Stelle, der Arbeitsplatz, die Person und der Benutzer. Die Zuordnung zum Benutzer auf diesem Weg ist absolut sinnlos, das SAP-ERP-HCM-Organisationsmanagement wird ja gerade dazu eingesetzt, Rollen nicht direkt dem Benutzer zuzuordnen. Die Zuordnung zur Person ist auch nicht sehr sinnvoll, schließlich zielt die Systematik darauf ab, Rollen nach organisatorischen und funktionalen Gesichtspunkten unabhängig von der Sicht auf die Person zu vergeben (normativer Ansatz). Zum selektierten Objekt werden die zugehörigen Objekte dargestellt. Sofern eine Benutzerzuordnung vorhanden ist, wird auch diese angezeigt.

Nach Zuweisung der Rolle werden alle Benutzer, zu denen eine Verknüpfung besteht, auf der Registerkarte BENUTZER blau angezeigt, im Gegensatz zur sonst üblichen schwarzen Markierung. Darüber hinaus wird in der Spalte INDIREKT ZUGEORDNET ebenfalls die indirekte Zuordnung ausgewiesen.

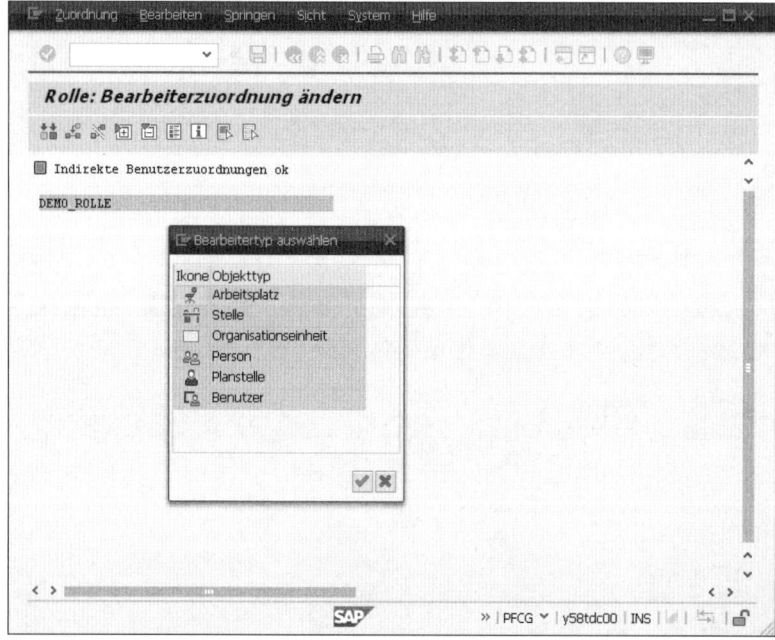

Abbildung 8.5 Objekte für die Rollenzuordnung im Profilgenerator

8.3.4 Auswertungsweg

Auswertungswege haben im Kontext von Berechtigungen zwei Funktionen:

▸ Sie definieren die Nutzung der Rollenvererbung entlang der Organisationshierarchie.

▸ Sie definieren organisatorische Zugriffe entlang der Organisationshierarchie in den strukturellen Berechtigungen.

▸ Auswertungswege werden im Zusammenhang mit strukturellen Berechtigungen in Kapitel 13, »Berechtigungen in SAP ERP HCM«, detaillierter dargestellt.

Allgemein kann gesagt werden, dass ein Auswertungsweg definiert, welche Objekttypen und welche Verknüpfung(en) zwischen diesen bei einer Auswertung der Aufbauorganisation berücksichtigt werden.

Auswertungsweg für indirekte Rollenzuordnung

Der Auswertungsweg für die indirekte Rollenzuordnung ist US_ACTGR (Bearbeiter einer Aktivitätsgruppe [inkl. Organisat. Zuordnungen]). Auswertungspfade werden in der Transaktion OOAW (Auswertungswege) gepflegt.

8.3.5 Benutzerstammabgleich

Sofern Sie bei der Zuordnung einer Rolle zu einem Objekt den Benutzerabgleich durchführen, ist diese Rolle den jeweiligen Benutzern zugeordnet. Änderungen in der Organisation selbst müssen über den Benutzerstammabgleich nachvollzogen werden. Dazu können Sie:

▶ den Report PFCG_TIME_DEPENDENCY (Massenabgleich) periodisch als Job einplanen, der einen Gesamtabgleich aus HR-ORG-, Sammelrollen- und Profilabgleich durchführt

▶ eine Variante des Reports RHAUTUPD_NEW (Abgleich Benutzerstamm), bei der das Kennzeichen HR-ORG-ABGLEICH gesetzt ist, periodisch als Job einplanen

▶ die Transaktion PFUD (Abgleich Benutzerstamm), bei der das Kennzeichen HR-ORG-ABGLEICH gesetzt ist, manuell ausführen

8.4 Konzeptionelle Besonderheit

Wenn ein Unternehmen das Organisationsmanagement für die Rollenverwaltung nutzen möchte, muss das Berechtigungskonzept entsprechend angepasst werden. Die in Kapitel 3, »Organisation und Berechtigungen«, entwickelten möglichen Sichten auf eine Organisation müssen entsprechend berücksichtigt werden. Rollen müssen zwingend so angelegt werden, dass sie der jeweiligen Funktion eines Objekts gerecht werden.

Konkret bedeutet dies im schon diskutierten Beispiel (siehe Abschnitt 8.1, »Grundkonzept des SAP-ERP-HCM-Organisationsmanagements«), dass eine Menge von Aktivitäten allen Verkäufern gleich zugeordnet werden kann. Entsprechend sollen alle Verkäufer diese Aktivitäten ausführen können. In der Terminologie der Aufgabenanalyse kann das als die generelle Aufgabe aller Verkäufer bezeichnet werden. Die Rolle/n, die dieser Aufgabe entsprechen, werden somit der Stelle zugeordnet.

Zusätzliche Teilaufgaben für einen einzelnen Verkäufer müssen entsprechend der konkreten Planstelle zugeordnet werden. Nutzt die Organisation den ABAP-Rollenmanager oder ein Wertrollenkonzept, müssen Sie bestimmte organisatorische Werte auf der Ebene der Organisationseinheit zuordnen. Besondere Aufgaben, die sich aus einer zeitweiligen Projektzuordnung ergeben, können als Arbeitspakete anderen Objekten zugeordnet werden.

Art, Umfang und Zuordnung der Rolle müssen also dem Organisationsmanagementkonzept der jeweiligen Organisation entsprechen.

8.5   Fazit

Die Nutzung des Organisationsmanagements für die Rollenzuweisung ist die Methode der Wahl, solange keine schwerwiegenden Gründe dagegen vorgebracht werden. Das gilt allerdings nur, sofern ein Organisationsmanagement vorhanden ist, das die aufbauorganisatorische Realität des Unternehmens widerspiegelt.

Die Nutzung ist tatsächlich mehr als eine technische Lösung, da sie in das relativ intransparente Geschehen der Benutzerverwaltung normative Transparenz und Regelhaftigkeit bringt. Administration und Reporting von Berechtigungen werden so erheblich vereinfacht.

Diese Lösung ist mit der Zentralen Benutzerverwaltung integrierbar. Auch die Integration mit SAP Identity Management ist darstellbar. Technisch ist es derzeit schon möglich, die verschiedenen Organisationsmanagementausprägungen in SAP Customer Relationship Management (CRM), SAP Solution Manager und in SAP ERP in einem Organisationsmanagement zur übergreifenden Administration von Berechtigungen aller Personen und technischen Benutzer zusammenzubringen.

Der Vorteil liegt auf der Hand: Tatsächlich steht jede Person, die einen Benutzer hat, in einem genau definierten Rechtsverhältnis zur Organisation, darstellbar als Geschäftspartnerbeziehung und damit darstellbar im Organisationsmanagement (OM) von SAP ERP HCM. Es ist naheliegend, diese Information organisatorisch so aufzubereiten, dass daraus organisatorisch und funktional die Berechtigungen vererbt werden können. In der Integration mit SAP Identity Management sind hier auch Berechtigungen darzustellen, die nicht in SAP-Systemen verwendet werden. In Verbindung mit den Möglichkeiten des SAP Solution Manager Service Desks, das ebenfalls auf OM beruht, können Berechtigungen und Support an einem logischen Platz mit den Daten aller Geschäftspartner, die über einen Benutzer verfügen, zusammengebracht werden.

Die Umsetzung einer zentralen Verwaltung von Benutzern und Berechtigungen ist eine wesentliche Vorgabe des betriebswirtschaftlichen Berechtigungskonzepts. Dieses Kapitel stellt Ihnen drei SAP-Lösungen vor, die Sie zu diesem Zweck nutzen können: die Zentrale Benutzerverwaltung, SAP Access Control und SAP Identity Management.

9 Zentrales Management von Benutzern und Berechtigungen

Das zentrale Management von Zugriffsrechten ist eine erhebliche Herausforderung in Organisationen mit komplexen Systemlandschaften. Je größer ein Unternehmen ist und je mehr Applikationen und IT-Systeme es betreibt, desto komplexer wird die Verwaltung von Benutzerdaten und Berechtigungen.

Dieses Kapitel stellt die Grundlagen und Anforderungen an ein zentrales Management von Benutzern und Berechtigungen dar. Es gibt Ihnen eine Einführung in die drei SAP-Lösungen, die Ihnen für diese Aufgabe zur Verfügung stehen: die Zentrale Benutzerverwaltung (ZBV), SAP Access Control sowie SAP Identity Management.

Abschnitt 9.2 beschreibt die Zentrale Benutzerverwaltung. Abschnitt 9.3, »SAP Access Control User Access Management«, zeigt, welche Möglichkeiten Sie mit SAP Access Control nutzen können, um Benutzer zu verwalten. Schließlich wenden wir uns der Lösung SAP Identity Management in Abschnitt 9.4 zu.

Das Kapitel beenden wir in Abschnitt 9.5, »Compliant Identity Management«, mit einer Gegenüberstellung der drei SAP-Lösungen zur Verwaltung von Benutzern, um abschließend zu zeigen, wie ein regelkonformes zentrales Management von Benutzern, ein Compliant Identity Management, in Integration mit dem SAP-ERP-HCM-Organisationsmanagement aussehen kann.

9.1 Grundlagen

In diesem Abschnitt geben wir Ihnen einen kurzen Überblick über die betriebswirtschaftlichen Anforderungen an ein zentrales Benutzermanagement. Wir zeigen dabei auch, welche Wechselwirkungen dieses scheinbar rein technische Thema mit der betriebswirtschaftlichen Personaladministration hat und wie diese unter Nutzung des Organisationsmanagements (OM) von SAP ERP Human Capital Management (HCM) mit der Benutzerverwaltung verzahnt werden kann.

9.1.1 Betriebswirtschaftlicher Hintergrund

Um ihre Aufgaben zu erfüllen, benötigen viele Mitarbeiter im Unternehmen Zugriff auf Daten des IT-Systems. Welche Daten das sind, ergibt sich aus den Aufgaben der Mitarbeiter; geregelt wird der Zugriff über Zugriffsberechtigungen. Jedes Mal, wenn neue Mitarbeiter eingestellt werden, sie ihre Aufgaben oder Position verändern oder sie das Unternehmen verlassen, ändern sich auch ihre Zugriffsrechte.

Werden z. B. neue Mitarbeiter eingestellt, sollten diese ab dem ersten Arbeitstag Zugriff auf verschiedene Systeme und Applikationen bekommen:

▶ Zugriff auf PC- und Netzwerkressourcen (oft über ein Windows-Konto)

▶ E-Mail-Konto

▶ Zugriff auf Ordnerfreigaben der Abteilung (zeitlich begrenzten Zugriff)

▶ Benutzerkonto auf dem Mitarbeiterportal

▶ SAP-Benutzerkonto auf verschiedenen SAP-Applikationen, basierend auf den Aufgaben der Mitarbeiter

Laufbahnprinzip Die Zugriffsrechte der Mitarbeiter müssen während ihrer Laufbahn im Unternehmen verwaltet und lückenlos protokolliert werden. Dazu dient ein Identity Management.

Im Grunde geht es dabei um die Verwaltung von Attributen zu einer Person: personenbezogene Daten, Funktion, Benutzer und Berechtigungen in verschiedenen Systemen. Abbildung 9.1 verdeutlicht, dass die notwendigen personenbezogenen Daten in einer einheitlichen

Datenbank zu Personen und Zugriffsrechten konsolidiert sind (P&Z-DB bzw. Personen- und Zugriffsrechte-DB). Konsolidiert sind sie insoweit, als dass die Daten parallel in anderen Systemen oder Datenbanken vorgehalten werden können. Aus der zentralen Datenbank erfolgt in der Regel die Zuweisung von Benutzern und Zugriffsrechten für die Systeme (SAP ERP, Non-SAP-Systeme, Microsoft Active Directory [AD], E-Mail, weitere).

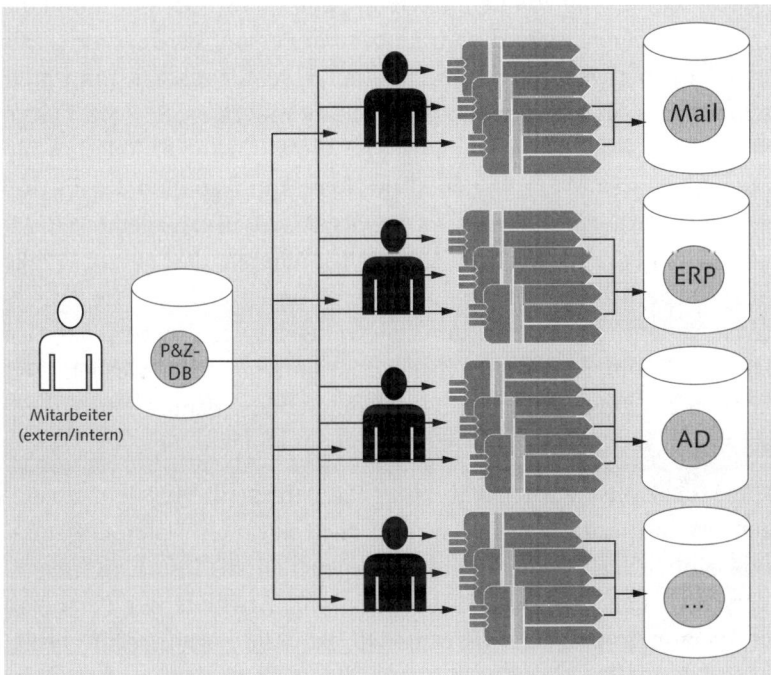

Abbildung 9.1 Verwaltung von Personen, Benutzern und Zugriffsrechten

Die Verwaltung der Systemzugriffe scheint zunächst eine technische Aufgabe zu sein. Es ist jedoch immer auch eine organisatorische und somit betriebswirtschaftliche Aufgabe, die unmittelbar mit dem Internen Kontrollsystem (IKS) und der Erfüllung gesetzlicher Auflagen zusammenhängt. *Betriebswirtschaftliche Aufgabe*

In diesem Buch haben wir bereits verschiedene Aspekte der Organisationslehre diskutiert; wir haben den instrumentellen Organisationsbegriff eingeführt und dargelegt, dass etwas zu organisieren bedeutet, Aufbau und Abläufe festzulegen (siehe Abschnitt 3.4, »Instrumenteller Organisationsbegriff«). Die Verwaltung von Zugriffsrechten im Zusammenhang mit dem IKS haben wir bereits in Kapitel 4, »Rechtlicher Rahmen – normativer Rahmen«, beschrieben. In Abschnitt 4.5.3, »Stellenprinzip«, haben wir deutlich gemacht, dass ein Nachweis erforderlich ist, aufgrund welcher Stelle oder welcher Aufgaben eine bestimmte Berechtigung vergeben wurde. Jeder Benutzer und jedes Zugriffsrecht, das einer natürlichen Person zugeordnet wird, ist Ausdruck eines eindeutig definierten Vertragsverhältnisses dieser Person zur Organisation, entweder als Mitarbeiter oder als Geschäftspartner.

Organisations-
management
und Identity
Management

Für die Zuweisung von Benutzern und Zugriffsrechten sind somit die Quellen unverzichtbar, die Auskunft über Person, Vertragsverhältnis und Aufgaben geben. Das sind in einer Systemlandschaft mit unterschiedlichen SAP-Anwendungen z. B. SAP ERP HCM, SAP SRM (Supplier Relationship Management), SAP CRM (Customer Relationship Management) und gegebenenfalls weitere Applikationen. Da die drei genannten Anwendungen über ein Organisationsmanagement (OM) verfügen, liegt es nahe, diese so zu konsolidieren, dass sie zur Quelle der erforderlichen Information werden. Das heißt, die für die Berechtigungspflege relevanten Daten im jeweiligen systemspezifischen OM können in einer zentralen Instanz zusammengeführt werden. Das können die Objekte Person, Planstelle, Stelle, Organisationseinheit, aber auch andere inklusive kundeneigener Objekte sein.

Diese Sichtweise wird in Abbildung 9.2 dargestellt. Aus dem jeweiligen systemspezifischen OM werden die relevanten Daten Organisationseinheit, Planstelle, Stelle und gegebenenfalls Informationen zu Verträgen übernommen. Sie stellen somit Attribute der Person in der Personen- und Zugriffsrechte-DB dar. Alle Zugriffsrechte beziehen sich auf die Verträge mit und die Stellung der Person in der Organisation. Darüber hinaus gibt es Benutzer, die keiner natürlichen Person zugeordnet sind. Dies sind typischerweise technische Benutzer für Interfaces, Hintergrundbearbeitung etc. Die Berechtigungen für diese Benutzer leiten sich aus primär technischen Erfordernissen ab, deshalb sind hier andere Informationsquellen (z. B. die Anforderungserhebung aus der Einführungsphase) relevant.

Regelbasierte
Berechtigungen

Die meisten notwendigen Berechtigungen können aus den Attributen (z. B. Stelle, Aufgabenbeschreibung, Vertrag, Organisationseinheit), die der Person zugeordnet sind, ermittelt werden, eine normative und somit automatisierte und nicht mehr fallbezogene Vergabe von Berechtigungen aufgrund der Stellung in der Organisation wird möglich. *Normativ* bedeutet in diesem Kontext, dass durch dauerhafte Regelung in Bezug auf eine Stelle, eine Organisationseinheit oder andere Attribute die Berechtigungen unabhängig von der Person definiert werden.

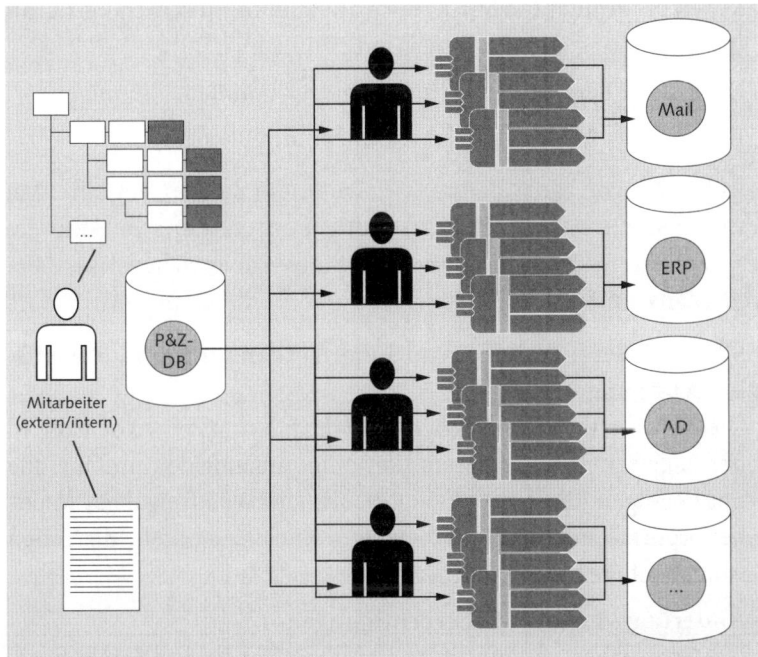

Abbildung 9.2 Personen in der Organisation: Benutzer- und Zugriffsrechte

Im Folgenden zeigen wir Ihnen, wie Benutzer- und Zugriffsrechte über ein User Lifecycle Management umgesetzt werden können.

9.1.2 User Lifecycle Management

Da die manuelle Pflege von Benutzerkonten und -berechtigungen in komplexen Umgebungen fehleranfällig und aufwendig ist, ist es ratsam, zu diesem Zweck automatisierte, IT-gestützte Verfahren einzusetzen. Diese Automatisierung nennt man User Lifecycle Management. Das heißt, für eine korrekte und effiziente Verteilung von Benutzerinformationen, die sich über die Einstellung, Versetzung und Verabschiedung von Mitarbeitern erstreckt, muss eine organisationsweite Verwaltung von Benutzerkonten und Berechtigungen über die Zeit erfolgen.

Die Anforderungen an ein User Lifecycle Management unterscheiden sich, je nachdem, ob es sich bei einem Benutzer um eine natürliche Person oder einen technischen Benutzer handelt:

▸ Zuordnung von Personen in der Aufbau- und Ablauforganisation

▸ Zuordnung von technischen Benutzern in der Ablauforganisation

▸ Regelkonformität (rechtlich, normativ und technisch) in Bezug auf die Zuordnung aller Personen und Benutzer

▸ Effektivität der Verwaltung der Benutzer und Berechtigungen

▸ Effizienz der Verwaltung der Benutzer und Berechtigungen

Grundsätze eines erfolgreichen Identity Managements

Es geht also vor allem darum, effiziente und sichere Verfahren zu bestimmen, die die betriebswirtschaftlich-organisatorische Anforderung umsetzen. Die drei Grundsätze eines erfolgreichen User Lifecycle Managements sind:

▸ **Schnelle Bereitstellung von Benutzerkennung und Zugriffsberechtigungen**
Die Mitarbeiter sollten möglichst schon am ersten Arbeitstag in der Lage sein, sich an ihrem Computer anzumelden und auf alle notwendigen Ressourcen wie E-Mails, Netzwerkfreigaben, Mitarbeiterportal und andere Businesssysteme zuzugreifen, die ihrem Aufgabenbereich entsprechen.

▸ **Änderung von Zugriffsberechtigungen**
Die Zugriffsberechtigungen sollten umgehend und korrekt angepasst werden, wenn sich Aufgaben ändern oder die Mitarbeiter innerhalb der Organisation versetzt werden. Die vorhandenen Berechtigungen müssen zum Änderungsdatum in den nicht mehr verwendeten Applikationen entzogen werden. Dies schließt gegebenenfalls auch die Sperrung der Benutzerkennung ein. Gleichzeitig müssen neue Berechtigungen in Applikationen und Systemen zugewiesen werden, die die Mitarbeiter in ihrem neuen Aufgabenbereich benötigen. Dabei kann die Anforderung bestehen, dass Berechtigungen für eine bestimmte Übergangzeit parallel zugewiesen werden müssen, da nicht immer ein sofortiger Stellenwechsel gewünscht ist und umgesetzt werden kann.

▸ **Entzug von Zugriffsberechtigungen**
Wenn Mitarbeiter aus dem Unternehmen ausscheiden, müssen ihnen die Berechtigungen für den Zugriff auf jegliche IT-Ressourcen entzogen werden. Alle vorhandenen Benutzerkennungen müssen gesperrt und alle Berechtigungen entfernt werden.

Das User Lifecycle Management betrachtet den gesamten Lebenszyklus von Benutzerinformationen in einer IT-Landschaft von ihrer

Entstehung über die Änderung bis zu ihrer Löschung. Seine Kerninformationen kann das User Lifecycle Management aus dem Organisationsmanagement beziehen.

Das User Lifecycle Management wird in einem Identity Management umgesetzt. Der Begriff *Identity Management* bezeichnet nicht nur die technische Umsetzung, sondern umfasst auch alle manuellen und automatisierten Mechanismen zur Verwaltung personenbezogener Informationen.[1] Diese Informationen beinhalten sowohl Benutzerkennungen, Adressen, Passwörter oder andere Prüfmerkmale als auch weitere Benutzerstammdaten und Berechtigungen in Systemen und Applikationen. Oft wird beim Identity Management darüber hinaus die Verwaltung von technischen (also nicht personenbezogen) Benutzerkonten mit einbezogen.

Für die Automatisierung der Verwaltungsprozesse werden Identity-Management-Architekturen oder -Lösungen verwendet. Diese bestehen aus Softwarekomponenten, die die Speicherung und Verteilung von Benutzerinformationen und deren Zugriffsrechte organisieren. Der Funktionsumfang von Identity-Management-Lösungen ist höchst unterschiedlich. So spezialisieren sich einfache Varianten lediglich auf die Synchronisation von Benutzerdaten, während komplexere Lösungen auch Antragsverfahren und Genehmigungsprozesse, basierend auf hierarchischen Businessrollenmodellen, als Teil komplexer Provisionierungsstrategien[2] vorsehen. Zudem dienen sie auch der nachhaltigen Informationsquelle, um alle Änderungen an einer Person bereitzustellen.

Verwaltungsprozesse automatisieren

---

1 So wird etwa der Begriff *Identity Management* von der Standardisierungsorganisation ITU-T wie folgt definiert: »*Identity Management (IdM) is the process of secure management of identity information (e.g., credentials, identifiers, attributes, and reputations).*«, siehe ITU-T: Identity Management Global Standards Initiative (IdM-GSI), in: *http://www.itu.int/ITU-T/gsi/idm/* (31.10.2015). Je nach Funktionsumfang besitzen Identity-Management-Architekturen vielfach auch Schnittstellen zum sogenannten *Access Management* – hier werden Zugriffsverfahren (Authentifizierungsmechanismen, Single Sign-on) und Security Policies verwaltet. Diese Kombination zweier Verwaltungskonzepte wird auch mit dem Begriff *Identity and Access Management* (IAM) gekennzeichnet.

2 *Provisionierung* ist ein Lehnwort aus dem Englischen *Provisioning*. Es bezeichnet die Zuweisung von Benutzern zu einer Person oder die Zuweisung von Berechtigungen zu einem Benutzer.

9.1.3 SAP-Lösungen für die zentrale Verwaltung von Benutzern

SAP hat im Laufe der Zeit verschiedene Ansätze und Produkte entwickelt, um die Aufgaben eines Identity Managements zu erfüllen. Dieser Abschnitt soll Ihnen die verfügbaren SAP-Lösungen kurz vorstellen; im Laufe dieses Kapitels werden diese Verfahren und SAP-Komponenten dann ausführlicher beschrieben.

Zurzeit stehen drei SAP-Lösungen zur Verfügung, die es ermöglichen, Benutzer zentral zu verwalten:

▶ **Zentrale Benutzerverwaltung (ZBV)**
Die ZBV ist ein Werkzeug zur zentralisierten Pflege des ABAP-Benutzerstammsatzes und der Verteilung in angeschlossene ABAP-Systeme.

▶ **SAP Access Control User Access Management**
Mit diesem Werkzeug können Sie in den angeschlossenen Systemen Benutzern zentral auf der Grundlage einer detaillierten Risikoanalyse und eines konfigurierbaren Workflows Berechtigungen zuweisen.

▶ **SAP Identity Management**
SAP Identity Management ist ein Werkzeug, um in beliebige angeschlossene Systeme Benutzer und Berechtigungen aus einer Zentralinstanz zu verteilen. SAP Identity Management bietet Ihnen erweiterte Workflow-Konfigurationsmöglichkeiten.

Diese Lösungen umfassen unterschiedliche Komponenten für bestimmte (Teil-)Aufgaben, die im Rahmen eines User Lifecycle Managements anfallen. Prüfen Sie immer genau, welche der Lösungen oder Kombination von Lösungen für Ihre Problemstellung die passende ist, da sich gegebenenfalls Lizenzkosten und Einführungsaufwand erheblich unterscheiden. Für die Kombination dieser drei Lösungen stehen einige Standards zur Verfügung, meistens muss eine kombinierte Lösung jedoch kundenspezifisch geplant und realisiert werden. Als Erstes stellen wir Ihnen die ZBV vor.

9.2 Zentrale Benutzerverwaltung

In diesem Abschnitt geben wir Ihnen einen Überblick über die Zentrale Benutzerverwaltung (ZBV), ihre Konfiguration und ihre Nutzung. Detailliertere Informationen zur Implementierung und zur Konfiguration finden Sie in der Dokumentation zur ZBV im Help Portal von SAP (*http://help.sap.com*).

Die ZBV steht im SAP NetWeaver Application Server ABAP (AS ABAP) zur Verfügung und ist die zentrale Instanz zur Pflege von Benutzerstammsätzen inklusive der Rollenzuordnung im Benutzerstammsatz über mehrere AS-ABAP-Systeme. Sie dient der Verteilung von Benutzerdaten und Berechtigungen über alle angeschlossenen AS-ABAP-Systeme (Tochtersysteme) hinweg. Die ZBV ist auf den AS ABAP beschränkt. Dies ist in Abbildung 9.3 dargestellt.

ZBV im
SAP NetWeaver
AS ABAP

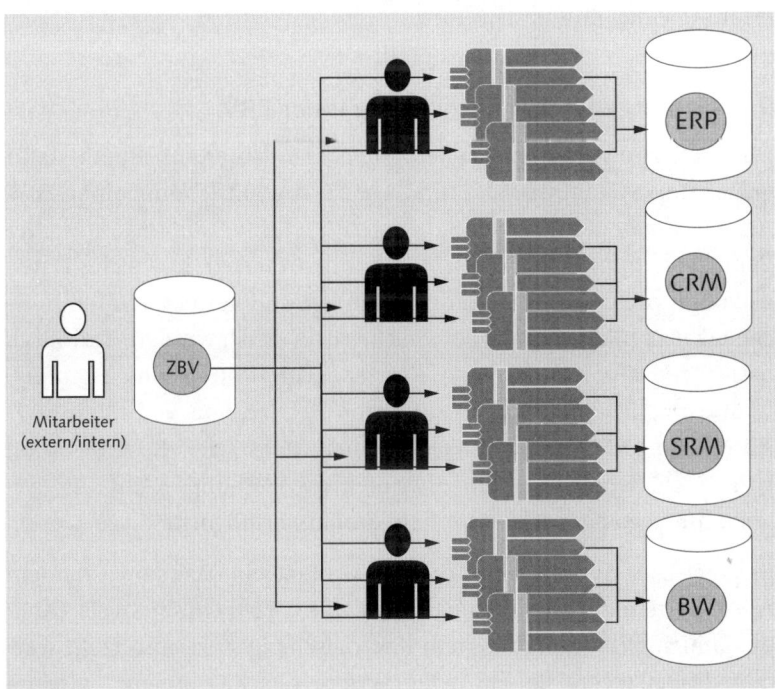

Abbildung 9.3 Zentrale Benutzerverwaltung

Über die ZBV können Attribute verteilt werden, die zum Benutzerstammsatz (Pflege über die Transaktion SU01) gehören. Es können die im Benutzerstammsatz enthaltenen Zuordnungen von Berechtigungen verteilt werden: Rollen, Profile, Referenzbenutzer und (die fallweise als Berechtigung wirkenden) Benutzerparameter. Dies gilt für SAP-Systeme. Andere Berechtigungen, wie z. B. die strukturellen Profile von SAP ERP HCM, können mit der ZBV nicht verwaltet werden.

Benutzer-
stammsatz

Ziele der ZBV Übliche Ziele beim Einsatz der ZBV sind:

▸ Administration der Benutzerdaten aus einem zentralen System, z. B. dem Solution Manager für die AS-ABAP-Systeme

▸ Überblick über und Konsistenz der SAP-Benutzerdaten in einer Systemlandschaft (AS-ABAP-Systeme)

▸ Verringerung des Aufwands in der Benutzerverwaltung

Die Rollen selbst werden weiterhin in den angeschlossenen Tochtersystemen gepflegt (respektive in deren Entwicklungssystemen).

Im nächsten Abschnitt werden wir Ihnen das Vorgehen bei der Einrichtung einer ZBV beschreiben.

9.2.1 Vorgehen zur Einrichtung einer ZBV

Die Definition eines zentralen Pflegemandanten in einem dafür geeigneten System ist die Grundlage für die Einrichtung einer ZBV. Aus diesem heraus können Sie dann die zentrale Administration der Benutzerstämme vornehmen. Sie können einstellen, welche Daten des Benutzerstammsatzes zentral gepflegt und verteilt werden, welche lokal zu pflegen sind oder welche rückverteilt werden. Technisch basiert die ZBV auf dem ALE-Konzept (Application Link Enabling) und ermöglicht den Aufbau und den Betrieb von verteilten SAP-Anwendungen. ALE ist ein technischer Dienst, der die Integration von Geschäftsprozessen, die über mehrere SAP- oder Nicht-SAP-Systeme hinweg abgewickelt werden können, ermöglicht.

Logische Systeme einrichten
Ein logisches System ist in diesem Kontext ein Mandant in einem ABAP-System. Zunächst muss über die Transaktion SALE (ALE-Customizing) im Zentralsystem das logische System eingestellt werden. Dabei legen Sie für jedes System der ZBV einen logischen Namen in Großbuchstaben an und pflegen eine Beschreibung. Die Einträge können in einen Transportauftrag aufgenommen werden, um sie in alle anderen Systeme der einzurichtenden ZBV zu übernehmen. Stellen Sie dabei sicher, dass Sie keine für andere Zwecke existierenden logischen Systeme überschreiben.

Das Vorgehen über die Transaktion SALE (ALE-Customizing) ist in Abbildung 9.4 dargestellt und wird im Folgenden erläutert.

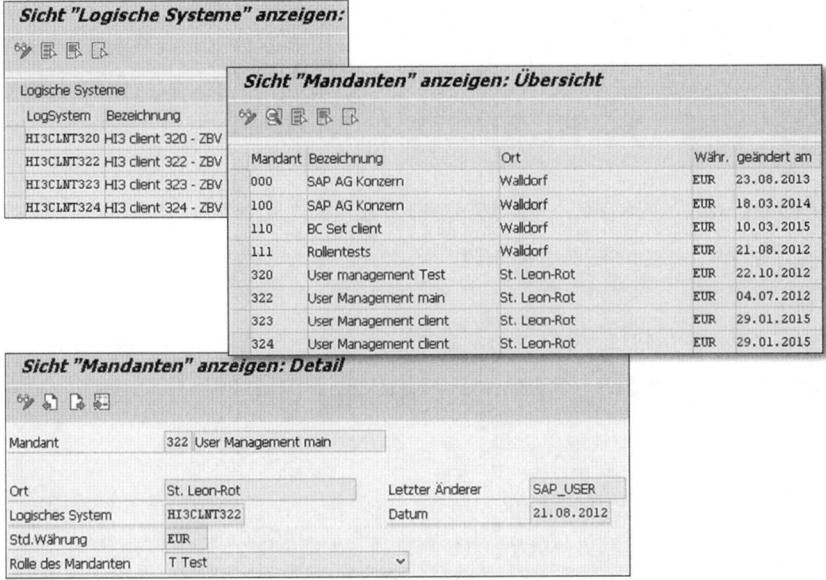

Abbildung 9.4 Logisches System definieren und Mandanten zuordnen

In allen Systemen der einzurichtenden ZBV muss über die Transaktion SCC4 (Mandanteneinstellungen) jeder Mandant einem logischen System zugeordnet werden. Diese Zuordnung muss in allen Systemen für alle Mandanten vorgenommen werden.

Die Kommunikation zwischen Zentral- und Tochtersystemen erfolgt auf Netzwerkebene durch RFC (Remote Function Call). Zu diesem Zweck muss über die Transaktion SM59 (RFC-Destinations) die technische Definition der Verbindung gepflegt sein. Dazu legen Sie designierte technische Benutzer im Zentralsystem und in den Tochtersystemen an und versehen sie mit den entsprechenden Berechtigungen. In Abbildung 9.5 ist die Pflege eines Benutzers vom Typ B SYSTEM dargestellt, der in die Daten zur RFC-Destination eingetragen werden muss.

RFC-Verbindungen einrichten

Pflegen Sie im Zentralsystem sämtliche Verbindungen mit allen Tochtersystemen und in den Tochtersystemen die Verbindung mit dem Zentralsystem. Die RFC-Verbindungsnamen entsprechen den Namen der logischen Systeme. Dabei müssen Sie die Sicherheitsleitfäden zur RFC-Sicherheit (*http://service.sap.com/securityguide*) und das Whitepaper »Securing Remote Function Calls (RFC)« (*http://scn.sap.com/docs/DOC-60424*) unbedingt beachten, weitere Details finden Sie auch in Kapitel 18, »RFC-Sicherheit mittels Unified Connectivity«, zu UCON.

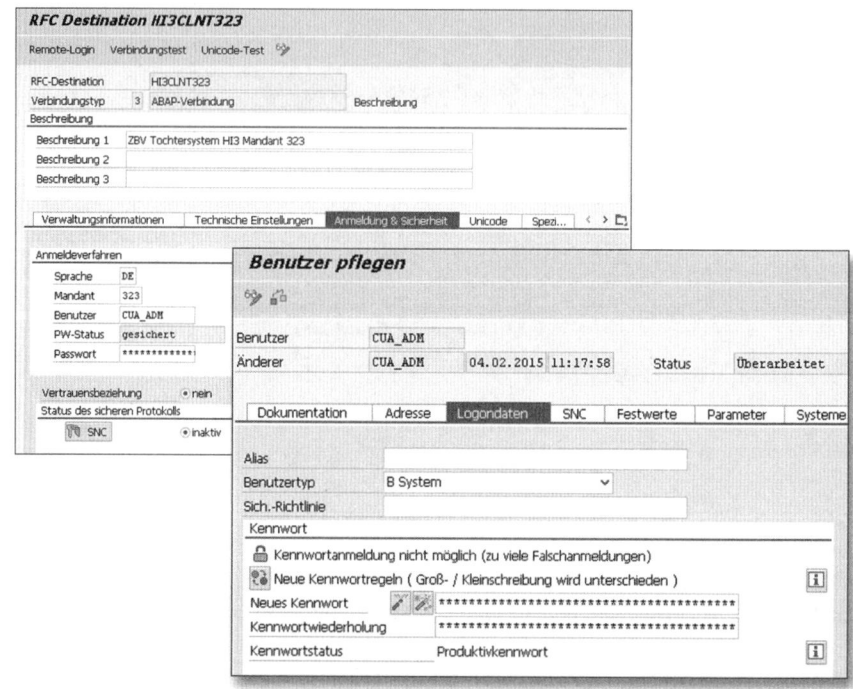

Abbildung 9.5 Pflege der RFC-Destination und Zuordnung des RFC-Benutzers

Einrichtung der
Modellsicht

Anschließend definieren Sie die Modellsicht zur zentralen Verwaltung. Zu diesem Zweck wird über die Transaktion SCUA (Modellsicht für zentrale Verwaltung auswählen) im zentralen System definiert, welche Tochtersysteme enthalten sind (siehe Abbildung 9.6). Beim Sichern wird im Zentralsystem und in den verbundenen Tochtersystemen die ZBV aktiviert und ein entsprechendes Protokoll ausgegeben.

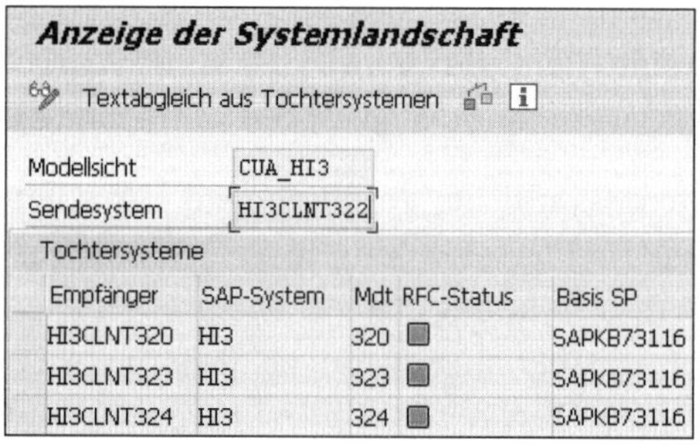

Abbildung 9.6 Modellsicht für die zentrale Verwaltung

Feldattribute
pflegen

Mithilfe der Transaktion SCUM (Feldselektion Benutzerverwaltung) können Sie nun entsprechend den Feldern des Benutzerstammsatzes definieren, welche Daten zentral und welche Daten dezentral gepflegt werden sollen (siehe Abbildung 9.7). Es handelt sich dabei um die Daten des Benutzerstammsatzes.

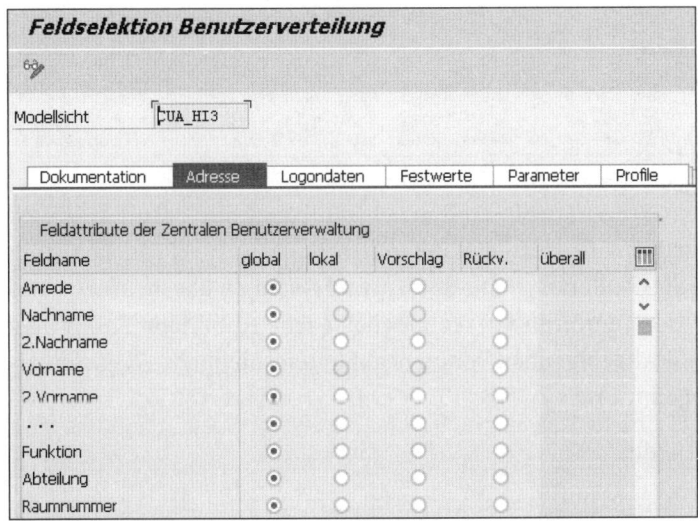

Abbildung 9.7 Feldselektion der Benutzerverwaltung

Stellen Sie sicher, dass in der gesamten ZBV ein konsistenter Stand der Firmenadressen vorhanden ist. Dazu müssen diese zuerst im Zentralsystem vorliegen, um von diesem verteilt werden zu können. Zunächst müssen Sie über die Transaktion SUCOMP (Pflege von Firmenadressen – Benutzer) sicherstellen, dass im Zentralsystem alle Firmenadressen gepflegt sind. Danach muss gemäß SAP-Hinweis 439122 eine Bereinigung in allen Systemen vorgenommen werden. Alternativ können Sie über die Transaktion SCUG über den Button FIRMENADRESSEN die Firmenadressen aus allen Tochtersystemen in das Zentralsystem importieren.

Firmenadressen übernehmen und verteilen

Nach diesem Schritt kann aus der Transaktion SCUG (Benutzer aus neuen Systemen übernehmen) eine Synchronisierung vorgenommen werden, dies geht aus Abbildung 9.8 hervor. Beachten Sie unbedingt die weiterführende Dokumentation zur ZBV (*http://help.sap.com*).

Bevor Sie die Benutzer synchronisieren können, stellen Sie sicher, dass die Benutzergruppen konsolidiert wurden. Dazu können die in SAP-Hinweis 395841 dargestellten Verfahren eingesetzt werden, u. a. können Sie in der Tabelle PRGN_CUST den Schalter CUA_USER-GROUPS_CHECK nutzen.

Benutzergruppen konsolidieren

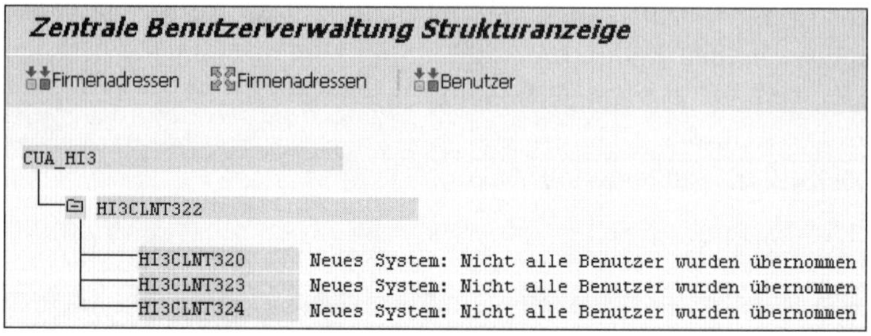

Abbildung 9.8 Synchronisation von Firmenadressen und Benutzern

Benutzer in die zentrale Verwaltung übernehmen

Nachdem Firmenadressen und Benutzergruppen synchronisiert sind, können Sie die Benutzer aus den Tochtersystemen übernehmen. Dies ist über den Button BENUTZER möglich (siehe Abbildung 9.8). Dabei müssen Sie die folgenden Benutzer auf unterschiedlichen Registerkarten pflegen:

- neue Benutzer
- identische Benutzer
- unterschiedliche Benutzer
- bereits zentrale Benutzer

In jedem Fall müssen Sie sicherstellen, dass die Benutzer vollständig übernommen wurden, damit keine dezentrale Benutzeradministration mehr möglich ist. Über die Transaktion SCUL (Protokolle Zentrales Benutzermanag.) können Sie die Verteilung der Benutzer nach der Übernahme überprüfen.

Rollenabgleich

Wenn Sie eine ZBV initial aufsetzen, wird der initiale Abgleich von Rollen-, Profil- und Lizenzinformationen in das ZBV-Zentralsystem direkt durchgeführt. Stellen Sie sicher, dass die dezentral gepflegten Rollen, die später in den Tochtersystemen erstellt werden, zentral namentlich, aber nicht technisch vorrätig sind, indem Sie einen regelmäßigen Abgleich mit den Tochtersystemen als Hintergrundjob einplanen (Report SUSR_ZBV_GET_RECEIVER_PROFILES).

Mit dem SAP-Hinweis 1902038 wird eine neue Funktionalität der zentralen Verfolgung von Änderungsbelegen in der ZBV ausgeliefert. Sobald Änderungen in der Systemlandschaft (Transaktion SCUA), Änderungen an den Verteilungsparametern (Transaktion SCUM) oder Änderungen an der Benutzerübernahme (Transaktion SCUG) vorgenommen werden, werden diese mit protokolliert (siehe Abbildung 9.9).

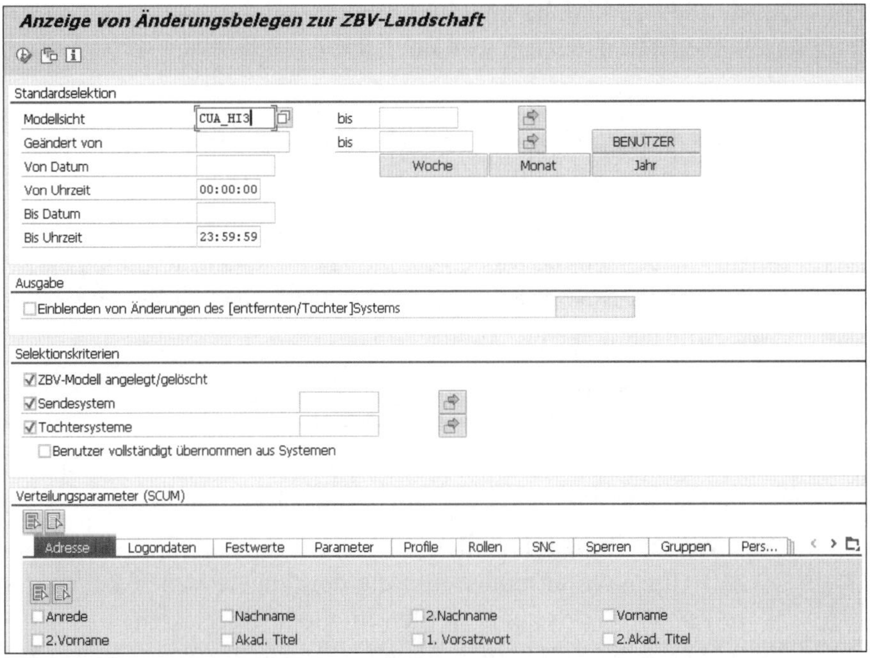

Abbildung 9.9 Selektion nach Änderungsbelegen

Sie können die zentrale Analyse dieser Änderungsbelege über Transaktion SCUH aufrufen (siehe Abbildung 9.10). Die Protokollierung findet im Zentralsystem statt. Sollen die Änderungsbelege ebenfalls für die angeschlossenen Tochtersysteme gelesen werden, so müssen auch die Tochtersysteme auf dem im Hinweis genannten Release- bzw. Support-Package-Stand sein. Außerdem benötigen die RFC-Benutzer in den jeweiligen Tochtersystemen die Berechtigung zum Lesen der Änderungsbelege über das Berechtigungsobjekt S_USER_SYS mit der Aktivität 08 – Änderungsbelege lesen.

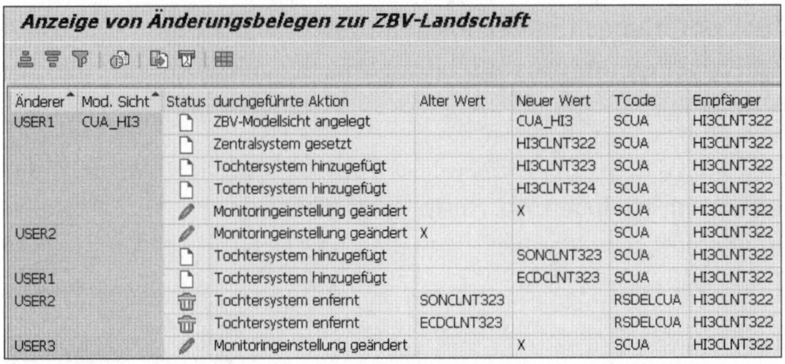
Anzeige von Änderungsbelegen zur ZBV-Landschaft

Änderer	Mod. Sicht	Status	durchgeführte Aktion	Alter Wert	Neuer Wert	TCode	Empfänger
USER1	CUA_HI3		ZBV-Modellsicht angelegt		CUA_HI3	SCUA	HI3CLNT322
			Zentralsystem gesetzt		HI3CLNT322	SCUA	HI3CLNT322
			Tochtersystem hinzugefügt		HI3CLNT323	SCUA	HI3CLNT322
			Tochtersystem hinzugefügt		HI3CLNT324	SCUA	HI3CLNT322
			Monitoringeinstellung geändert		X	SCUA	HI3CLNT322
USER2			Monitoringeinstellung geändert	X		SCUA	HI3CLNT322
			Tochtersystem hinzugefügt		SONCLNT323	SCUA	HI3CLNT322
USER1			Tochtersystem hinzugefügt		ECDCLNT323	SCUA	HI3CLNT322
USER2			Tochtersystem enfernt	SONCLNT323		RSDELCUA	HI3CLNT322
			Tochtersystem enfernt	ECDCLNT323		RSDELCUA	HI3CLNT322
USER3			Monitoringeinstellung geändert		X	SCUA	HI3CLNT322

Abbildung 9.10 Auswertung der Änderungsbelege der gesamten ZBV-Landschaft

ZBV und OM können integriert genutzt werden, wie wir im nächsten Abschnitt darstellen werden.

9.2.2 Integration mit dem Organisationsmanagement von SAP ERP HCM

In Kapitel 8, »Rollenzuordnung über das Organisationsmanagement«, haben wir das Modell der indirekten Rollenzuordnung dargestellt. Dieses Modell ist mit der ZBV kompatibel. Dabei gibt es im Wesentlichen folgende Ansätze:

- ▶ **OM-Verteilung**
  Das Organisationsmodell des SAP-ERP-HCM-Systems wird in alle angeschlossenen Systeme inklusive der ZBV verteilt. In jedem System können lokal über das OM Rollen zugeordnet werden.

- ▶ **OM-Verteilung mit Rollen**
  Das Organisationsmodell und die dort zugewiesenen Rollen des SAP-ERP-HCM-Systems werden in alle angeschlossenen Systeme inklusive der ZBV verteilt. Damit wird das Organisationsmanagement von SAP ERP HCM »führend« für die Vergabe von Rollen. Dazu müssen allerdings alle Rollennamen in allen Systemen bekannt sein.

- ▶ **OM-zentrale Übernahme mit dezentraler Auflösung**
  Das Organisationsmodell des SAP-ERP-HCM-Systems wird in die ZBV übernommen, die Zuordnung der Rollen erfolgt dann im Organisationsmanagement der ZBV und wird in die angeschlossenen Systeme als aufgelöste Einzelrollenzuordnung verteilt.

- ▶ **OM-Verteilung mit allen Möglichkeiten**
  Das Organisationsmodell des SAP-ERP-HCM-Systems wird in alle angeschlossenen Systeme inklusive der ZBV verteilt. Damit sind Rollenzuordnungen in den lokalen Systemen über das Organisationsmanagement und als aufgelöste Einzelrollenzuordnung aus der ZBV möglich.

Die ZBV kann auch mit SAP Access Control integriert werden, das werden wir im nächsten Abschnitt darstellen.

9.2.3   Integration mit SAP Access Control

Die ZBV ist eine sehr effiziente Lösung zur Verteilung von Benutzerdaten in reinen ABAP-Systemlandschaften. Sie wurde nicht konzipiert, um z. B. andere Systemtypen, wie etwa SAP NetWeaver AS Java, zu bedienen oder Benutzerstammsatzinformationen aus externen Systemen zu extrahieren und weiterzuverarbeiten. Die Informationseingabe in die ZBV selbst erfolgt immer noch manuell (über die Transaktion SU01 im Zentralsystem oder über führende Mandanten) und sorgt lediglich für die automatisierte Weiterverteilung in die Tochtersysteme. Für eine automatisierte Eingabe von Benutzerinformationen muss die ZBV an andere Komponenten, wie etwa SAP Access Control, angebunden werden.

Abbildung 9.11 zeigt, dass das User Access Management (UAM) von SAP Access Control die Informationen aus den Tochtersystemen bezieht und damit auch die Risikoanalyse im UAM-Workflow gegen diese Daten verprobt. Der genehmigte Antrag wird an die ZBV übergeben. Die ZBV übernimmt die Verteilung in die Tochtersysteme.

Art der Integration

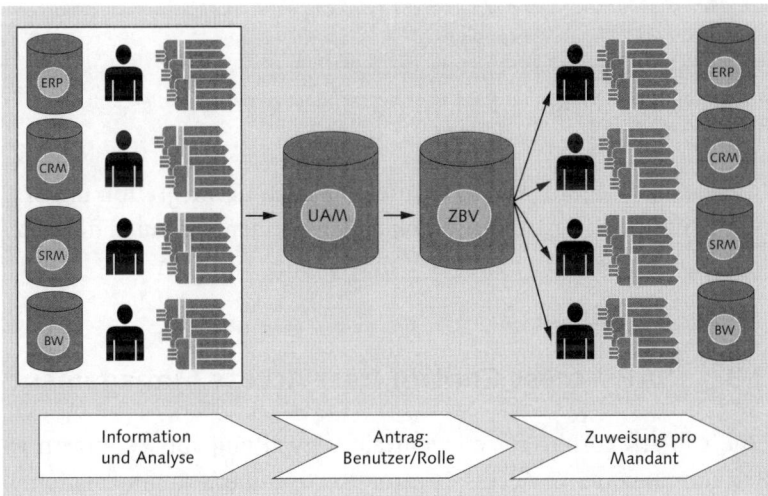

Abbildung 9.11 Zentrale Benutzerverwaltung und SAP Access Control

Zu diesem Zweck müssen das zentrale System und die Tochtersysteme als Konnektoren angelegt werden. Die Systemzuordnung nehmen Sie dann während der Konfiguration vor (siehe Abbildung 9.12). Auf diesem Weg können Sie die an SAP Access Control angeschlossenen Systeme ihrer jeweiligen ZBV zuordnen. Auf diese Weise können Sie z. B.

Rollenzuordnungen in die ZBV provisionieren, die dann den technischen Eintrag im Benutzerstammsatz des Tochtersystems vornimmt. Die Rollenzuordnungen der ZBV bleiben so aktuell, und es müssen keine Änderungen an den Verteilparametern der ZBV vorgenommen werden.

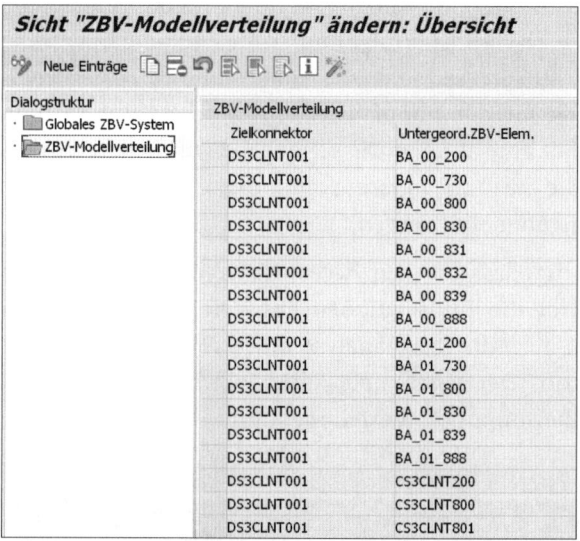

Abbildung 9.12 Konfiguration des User Access Managements für die Zentrale Benutzerverwaltung

In diesem Abschnitt haben wir die ZBV auch in Integration mit SAP Access Control dargestellt, im Folgenden werden wir Ihnen die generelle Nutzung des User Access Managements erläutern.

9.3 SAP Access Control User Access Management

Eine weitere Lösung für die zentrale Verwaltung von Benutzern ist Bestandteil von SAP Access Control (für detailliertere Informationen siehe Kapitel 11, »SAP Access Control«). SAP Access Control ist ein systemübergreifendes Instrument zur regelkonformen Benutzerverwaltung. Es bedient alle über Standardkonnektoren angeschlossenen Systeme, unabhängig von der jeweiligen Technologie.

SAP Access Control ist eine Lösung, die, basierend auf einer Risiko-datenbank, die Pflege von Rollen, die Zuweisung von Rollen an Benut-zer (Provisionierung), die Zuweisung von kompensierenden Kontrol-len und ein umfassendes Superuser-Management ermöglicht. Neben der Risikodatenbank sind für diesen Abschnitt die Kontrolldatenbank und das User Access Management (UAM) relevant. Die Risikodaten-bank und die Kontrolldatenbank spielen in UAM insofern eine Rolle, als die Risikoanalyse innerhalb eines Workflows genutzt und gegebe-nenfalls eine kompensierende Kontrolle zugeordnet wird.

Risikodatenbank, Kontrolldatenbank und UAM

Für die Zuweisung von Zugriffsberechtigungen ist es zwingend erforderlich, dass jederzeit nachgewiesen werden kann, wer warum welche Systemzugriffe bekommen hat. Darüber hinaus ist es schon allein aus Gründen der Effizienz zwingend erforderlich, dass kriti-sche Zugriffe oder mit Funktionstrennungskonflikten belastete Zugriffe genehmigt und, wo möglich, gleichzeitig mit kompensieren-den Kontrollen versehen werden. Übliche Verfahren der nachsor-genden Risikokontrolle verursachen erhebliche Kosten und führen regelmäßig zumindest kurzfristig zu erheblichen Risiken im System.

Nachweispflicht und Funktions-trennung

> **Beispiel: Keine Berechtigung zum Löschen von Mandanten**
>
> Einem Benutzer sollte nicht die Berechtigung zugewiesen werden, einen Mandanten zu löschen. Wenn Sie eine rein nachsorgende Kontrolle ein-richten, kann das dazu führen, dass bereits ein nicht wiedergutzumachen-der Schaden angerichtet wurde. Genau diesen Fall haben wir leider in unserer Beratungspraxis bereits erlebt.

Es wird also ein Verfahren benötigt, in dem Zugriffsrechte auf Risi-ken kontrolliert, etwaige kompensierende Kontrollen zugewiesen werden können und schließlich eine Freigabe durch die Verantwort-lichen (Linienmanager, Risikoeigner) erfolgt. In diesem Verfahren sollten SAP-Systeme und andere Systeme eingebunden werden kön-nen. Dieses Verfahren ist der Workflow, der durch UAM bereitge-stellt wird. Eine abstrakte Darstellung finden Sie in Abbildung 9.13.

Workflow-Konfiguration

In diesem Abschnitt werden wir nur auf die minimal im Kontext die-ses Kapitels notwendige Konfiguration von UAM eingehen. Die Kon-figuration der Verbindungen zu den Backend-Systemen und weitere Konfigurationseinstellungen werden nicht dargestellt.

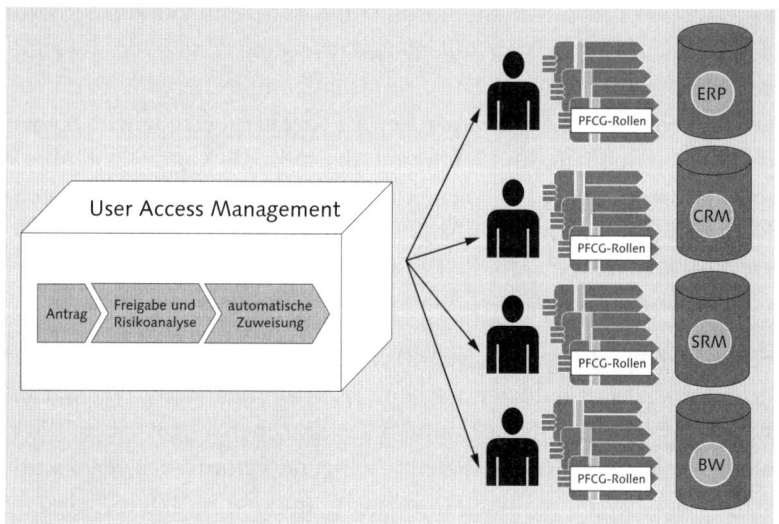

Abbildung 9.13 User Access Management

Für das Verständnis ist in diesem Zusammenhang gleichwohl wichtig, dass für die Benutzerdaten ein LDAP (Lightweight Directory Access Protocol) angeschlossen werden kann und somit die Integration nicht-SAP-bezogener Benutzerdaten möglich ist. Allerdings ist die Aufnahme von Attributen aus dem Verzeichnisdienst in den Benutzerstammsatz hier nur begrenzt im Rahmen der Konfiguration von UAM möglich. Eine vollständige freie Extraktion wie bei SAP Identity Management ist nicht möglich. Damit im Rahmen des Workflows Benachrichtigungen an die Genehmigenden verschickt werden können, sollte UAM mit einem SMTP-Server verbunden sein.

UAM verwendet seit dem Release 10.0 den Standard-MSMP-Workflow, zusätzlich können ebenfalls über den Standard BRF+ die unterschiedlichsten Regeln zur Ermittlung der Workflow-Empfänger definiert werden. Im UAM werden verschiedene vorkonfigurierte Workflow-Varianten ausgeliefert – u. a. für den Access Request. Während der Pflege des MSMP-Workflows müssen verschiedene Konfigurationsschritte ausgeführt werden. Dabei bestimmen die folgenden Einstellungen die einzelnen Schritte des Freigabeprozesses:[3]

---

3 Wir verwenden die englischen Begriffe, da der weitaus überwiegende Teil der technischen Dokumentation nur auf Englisch vorliegt.

▶ **Initiator**
die eindeutige Startbedingung, die ermittelt, wann welcher Workflow gestartet werden soll, um verschiedene Workflow-Pfade voneinander abgrenzen zu können

▶ **Stage**
eine Stufe im Workflow, die mit bestimmten Handlungsoptionen und -anweisungen sowie einem Mechanismus zur Identifikation des Genehmigers verbunden ist

▶ **End User Personalization**
Parameter, die das Verhalten der Felder und Buttons im Berechtigungsantrag steuern

▶ **Path**
die Verbindung einer oder mehrerer Stages, um den Pfad des Genehmigungsverfahrens abzubilden

▶ **Route Mapping**
die Verbindung des Pfades mit dem Ergebnis des Initiators, um den passenden Freigabeprozess an ein Ereignis zu koppeln

Im Initiator wird die eindeutige Startbedingung für einen Workflow definiert. Diese Aufgabe ist umso komplexer, je mehr Workflows genutzt werden sollen. In den ausgelieferten Workflows von SAP Access Control dient ein Funktionsbaustein als Initiator für alle Workflow-Varianten, es besteht aber auch die Möglichkeit, eigene Initiatoren z. B. über BRF+ oder kundeneigene Funktionsbausteine zu definieren. Abbildung 9.14 zeigt die Einbindung des Standardinitiators.

Initiator

Der Standardinitiator ermittelt, welcher der Standard-Workflow-Pfade gestartet wird, und gibt die im Antrag eingegebenen Informationen an diesen weiter. Für die Zuordnung von Berechtigungen sind zwei Standardprozesse vorhanden – SAP_GRAC_ACCESS_REQUEST für die direkte Zuordnung und SAP_GRAC_ACCESS_REQUEST_HR für die indirekte Zuordnung über das HCM-Organisationsmanagement.

Die Ansteuerung des Workflows abhängig von Attributen des Benutzerantrags ist im Standardszenario nicht vorgesehen, kann aber über einen kundeneigenen Initiator leicht Ihren Anforderungen angepasst werden.

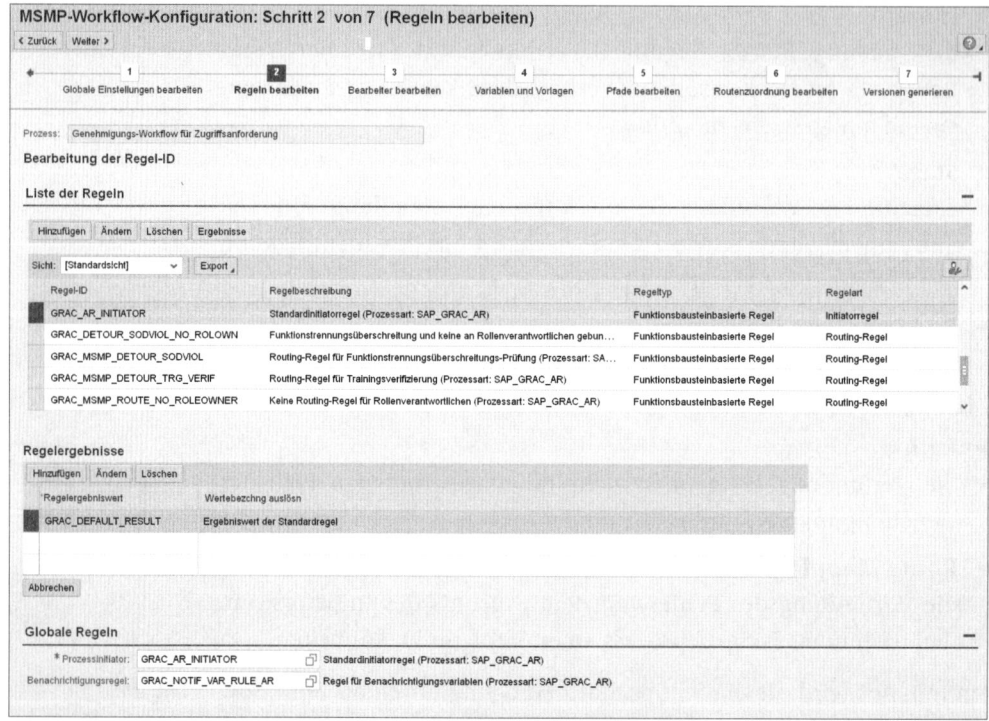

Abbildung 9.14 Einbindung des Standardinitiators

Stage In der Stage werden die Genehmigenden für diese Stufe des Antragsprozesses ermittelt. Zusätzlich legen Sie auf der Stage fest, welche Aktionen auf dieser Stufe des Freigabeprozesses möglich und erforderlich sind. Die Ermittlung der Genehmigenden kann entweder über einen Standardbearbeiter oder über einen kundeneigenen Bearbeiter erfolgen. Die Definition der Bedingungen erfolgt in der Bearbeiter-ID, die Sie in einem vorangegangenen Schritt der Workflow-Konfiguration vornehmen. In Abbildung 9.15 zur Konfiguration der Stage finden Sie die BEARBEITER-ID in den STUFENDETAILS.

Die Bearbeiter-ID kann technisch eine BRF+-Regel sein, die den Bearbeiter der Workflow-Stufe z. B. abhängig von der folgenden Bedingung ermittelt: Wenn eine bestimmte Rolle in einem bestimmten Mandanten von einem bestimmten Mitarbeitertyp beantragt wird, soll der Workflow an einen bestimmten Genehmigenden übermittelt werden.

Die Bearbeiter-ID kann aber ebenso ein Funktionsbaustein sein, der der Ermittlung des Bearbeiters der Workflow-Stufe dient. Dies ist in den ausgelieferten Standard-Workflows der Fall, die über Funktionsbausteine z. B. den Genehmigenden über die Rolleneignerschaft identifizieren. Dazu müssen den Rollen entsprechende Rolleneigner zugeordnet sein. Andere Freigeber sind der Linienmanager, das Security-Team oder eine Gruppe von fest definierten Benutzern.

Für die Benachrichtigung der Beteiligten gibt es zwei Möglichkeiten, Sie können zum einen E-Mails über die Benachrichtigungseinstellung der Stage konfigurieren oder eigene Stages definieren, in denen nur Benachrichtigungen versandt werden. So können Sie z. B. den Genehmigenden über die Benachrichtigungseinstellungen der Stage informieren und am Ende des Pfades eine Stage einrichten, um den Linienmanager zu informieren.

Für jede Stage müssen Sie auch Handlungsoptionen definieren, dies erfolgt in den Aufgabeneinstellungen der Stage (siehe Abbildung 9.15). Hier wird u. a. bestimmt, ob zwingend eine Risikoanalyse durchgeführt werden muss und ob die Freigabe trotz Risiken erlaubt ist.

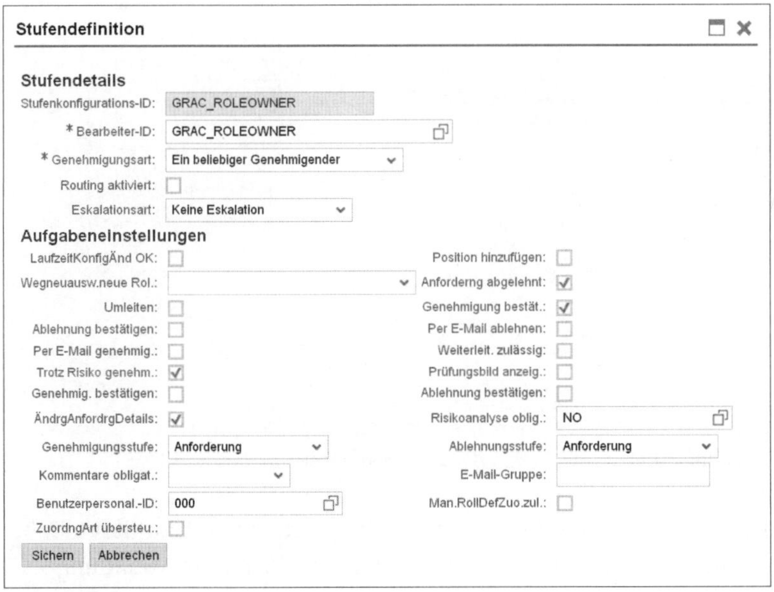

Abbildung 9.15 Konfiguration der Stage

Ebenfalls in den Aufgabeneinstellungen der Stage hinterlegen Sie eine EUP-ID (in Abbildung 9.15 als BENUTZERPERSONAL.-ID zu finden), die für eine konfigurierte *End User Personalization* (Benutzerpersonalisierung, EUP) steht. Über diese EUPs definieren Sie, welche

End User Personalization

Felder und Buttons auf der Freigabestufe angezeigt werden. Dabei wird zwischen Standardwerten (automatisch belegt), obligatorischen, pflegbaren und sichtbaren Feldern unterschieden. Sie können also über die EUPs die Darstellung der Anforderung an Ihre Bedürfnisse anpassen (siehe Abbildung 9.16). EUPs werden sowohl für die Beantragungs- als auch für die Freigabeansichten definiert.

Sicht "Felder der Benutzerpersonalisierung bearbeiten" ändern: Übersic

Dialogstruktur
- Benutzerpersonalisierung anlegen
  - Felder der Benutzerpersonalisierung bearbeiten

Felder der Benutzerpersonalisierung bearbeiten

Beschreibung	Standardwert	Obligator.	Bearbeitb.	Sichtbar
Benutzerkontonummer		Nein		Nein
Anforderungsursache		Nein	Y Ja	X Ja
Vorname		X Ja	Y Ja	X Ja
Nachname		X Ja	Y Ja	X Ja
Mitarbeitertyp		Nein		Nein
Manager		Nein		X Ja
E-Mail		X Ja	Y Ja	X Ja
Telefonnummer		Nein		X Ja
Abteilung		Nein		Nein
Unternehmen		Nein		X Ja
Ort		Nein		Nein
Benutzergruppe		Nein		Nein
Ungesicherte Anmeldung zulässig (SNC)		Nein		Nein
SNC-Name		Nein		Nein
Stelle		Nein	N Nein	Nein
Planstelle		Nein		Nein
Personalnummer		Nein		Nein
Personalbereich		Nein		Nein
Kostenstelle		Nein		Nein
Geschäftsprozess		X Ja	Y Ja	X Ja
Organisationseinheit		Nein		Nein
Funktionsbereich		Nein		Nein
Priorität		Nein		Nein
Benutzer-ID		X Ja	Y Ja	X Ja
Eigene Anforderungen genehmigen/ablehnen		X Ja	Y Ja	X Ja
Managerinformations-Lookup		Nein	N Nein	X Ja
Rollen		X Ja	Y Ja	X Ja
Anlagen		Nein	Y Ja	X Ja
Anforderungsart		X Ja	Y Ja	X Ja
Anforderung für	O	X Ja	Y Ja	X Ja
Ein Benutzer pro Anforderung und System		X Ja	Y Ja	X Ja
Geschäftsbereich		Nein	N Nein	Nein
Funktion		Nein	N Nein	Nein
Gebäude		Nein		Nein
Stockwerk		Nein		Nein
Raumnummer		Nein		X Ja
Kommunikationsart		Nein		Nein
Akademischer Titel		Nein		Nein

Abbildung 9.16 Konfiguration der End User Personalization

Path
: Der Path verbindet die definierten Stages zu einem Workflow. Dabei können mehrere Stages eingetragen werden. Wie Sie in Abbildung 9.17 sehen, sind nur wenige Einstellungen erforderlich.

Route Mapping
: Im Route Mapping definieren Sie die Zuordnung vom Path zum Initiator und den Einsprung für eine mögliche Detour. Über Routing-Regeln können Sie z. B. eine zusätzliche Genehmigungsstufe bei entstehenden Risikokonflikten erzwingen. Das Route Mapping ist in Abbildung 9.18 dargestellt.

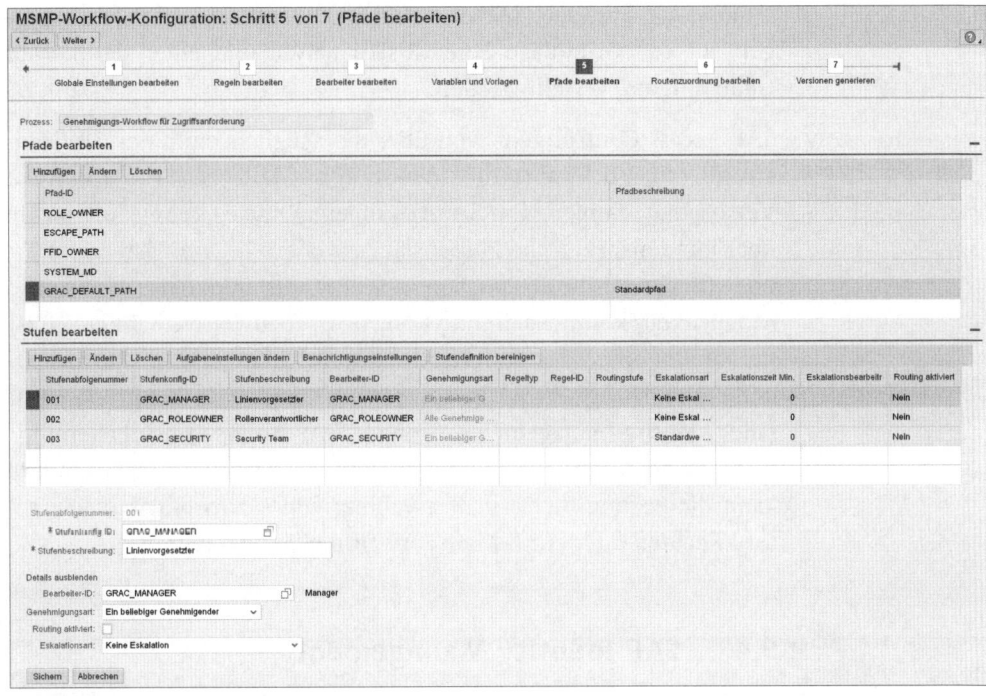

Abbildung 9.17 Konfiguration des Path

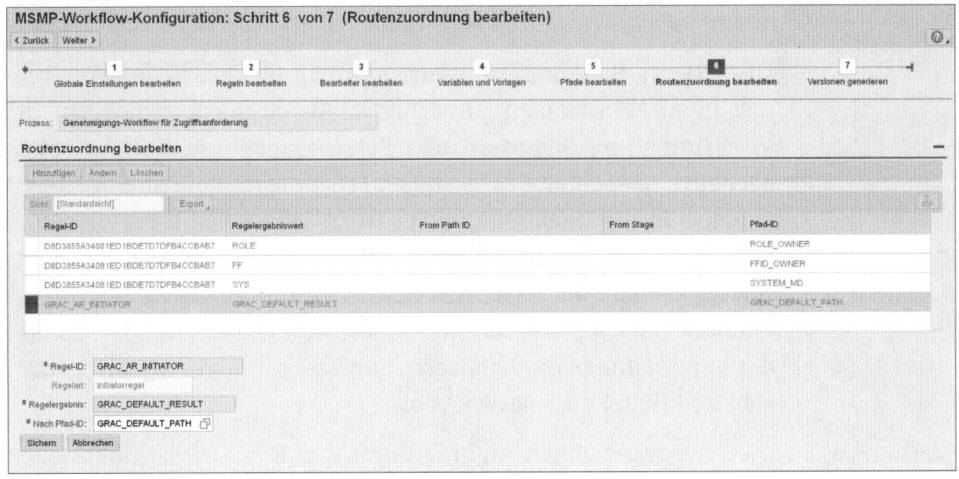

Abbildung 9.18 Route Mapping vom Initiator zum Path

Es steht für genau definierte Antragsfälle ein Workflow zur Verfügung, in dem die Suche der Genehmigenden und die Definition ihrer Handlungsoptionen eingeschlossen sind. Mit diesem einfachen Workflow kann bereits gewährleistet werden, dass in alle ange-

Ergebnis der einfachen Konfiguration

schlossenen Systeme (SAP und Non-SAP) Benutzer und Berechtigungen auf der Grundlage einer Risikoanalyse und einer definierten Genehmigung verteilt werden.

SAP Access Control geht weit über die Möglichkeiten der ZBV hinaus. Es ermöglicht auch die Zuweisung struktureller Profile und die Versorgung einiger Non-SAP-Lösungen (Oracle, PeopleSoft sowie über kundenspezifische Plug-ins auch weitere Legacy-Systeme). Darüber hinaus ist die Risikoanalyse vollständig integriert, ebenso die Möglichkeit, kompensierende Kontrollen zuzuweisen. Schließlich ist hervorzuheben, dass SAP Access Control über einfach einzurichtende mehrstufige Workflows verfügt. Ohne eine Integration mit einer Identity-Management-Lösung ist SAP Access Control allerdings nicht in der Lage, alle Benutzerrechte zu verwalten, insbesondere kann die Lösung nicht zur Verwaltung von Microsoft-Active-Directory-Rechten oder zur E-Mail-Verwaltung genutzt werden.

9.4   SAP Identity Management

Für ein umfassendes Identity Management stellt SAP das Produkt SAP Identity Management bereit, das in der Lage ist, mit allen Arten von Berechtigungszuweisungen umzugehen.

Die ZBV ist ein Administrationswerkzeug für den Benutzerstammsatz in ABAP-Systemen. User Access Management ermöglicht die Verwaltung von Benutzern und Berechtigungen in SAP-Systemen, aber auch in anderen ERP-Systemen. Die Integration von E-Mail-Systemen und die Versorgung eines Microsoft Active Directorys sind über SAP Access Control nicht vorgesehen. Dies bedeutet, dass sowohl die ZBV als auch SAP Access Control bei der Anbindung an Fremdsysteme an Grenzen stoßen, allerdings auch beim Aufbau und der Verarbeitung von Benutzerstammsätzen, Provisionierungsstrategien und Genehmigungsworkflows.

Diese weitergehenden Anforderungen – z. B. aus Teilattributen von Verzeichnisdiensten die Endstelle einer Telefonnummer zu extrahieren und automatisiert in den ABAP-Benutzerstammsatz einzupflegen – können mit SAP Identity Management erfüllt werden. Es kann als zentrale Komponente für alle Funktionsbereiche eines umfassenden User Lifecycle Managements eingesetzt werden, dies gilt auch für Nicht-SAP-Systeme.

SAP Identity Management ermöglicht es, in allen angebundenen Systemen auf einer einheitlichen Datenbasis Benutzer und Berechtigungen zu verwalten. Dabei können in Ergänzung zu den technischen Benutzerdaten auch die Geschäftspartnerdaten aus den jeweiligen Organisationsmanagementabbildungen (OM) genutzt werden. Die personenbezogenen Daten, die im systemspezifischen Organisationsmanagement vorgehalten werden, können konsolidiert für die Benutzerverwaltung in heterogenen Systemlandschaften herangezogen werden, wie es in Abbildung 9.19 dargestellt ist. Dort wird führend SAP ERP HCM oder SAP SuccessFactors gezeigt, ein Ereignis wie die Einstellung oder auch die Aufnahme als externer Geschäftspartner startet in SAP Identity Management die Prozesse zur Versorgung der Person mit Benutzern und Berechtigungen.

Umfassende Verwaltung von Benutzern und Berechtigungen

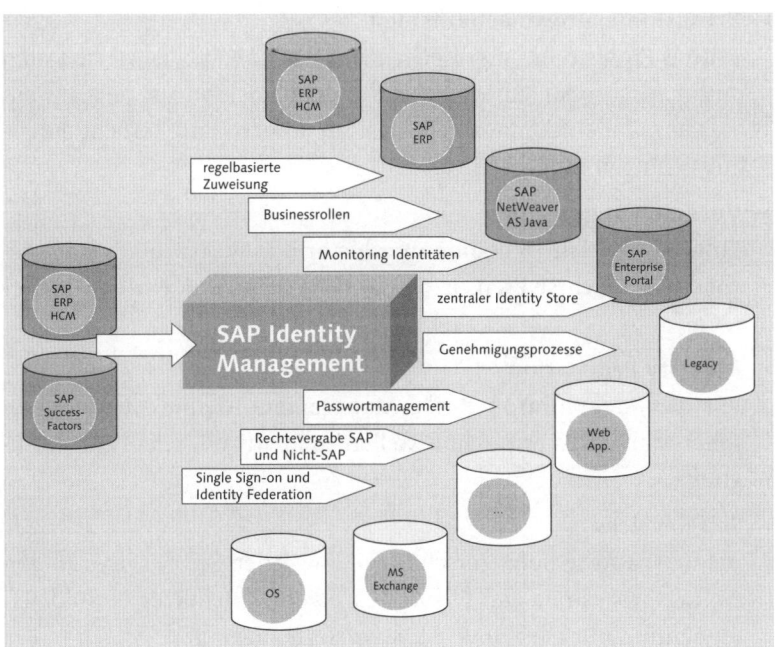

Abbildung 9.19 Funktionen und Integrationsmöglichkeiten von SAP Identity Management

9.4.1 Funktionen

Mit SAP Identity Management ist der Aufbau eines übergreifenden User Lifecycle Managements auf heterogenen IT-Landschaften jeder Größe möglich. Folgende Funktionen sind Bestandteil von SAP Identity Management:

▶ **Konnektoren**

SAP Identity Management liefert eine umfangreiche Anzahl von Konnektoren für SAP- und Nicht-SAP-Systeme aus. Die Liste umfasst viele gängige Applikationen, z. B. Applikationsserver ABAP, Applikationsserver Java, SAP HANA, SAP SuccessFactors, Microsoft Active Directory, Microsoft Exchange, Lotus Notes, Datenbanksysteme von Anbietern wie Oracle oder Microsoft sowie eine generische Nutzung über Standardprotokolle, wie z. B. DSMLv2 und LDAPv3.

▶ **Antrags- und Genehmigungsprozesse**

Eine weitere Funktionalität ist die Konfiguration von Antrags- und Genehmigungsprozessen inklusive Eskalationsszenarien, die beliebig kombiniert werden können.

▶ **Provisionierungsmechanismen**

Mittels Provisionierungsmechanismen können aktualisierte Daten automatisch oder basierend auf Ereignismeldungen neu verteilt werden. Zudem können regelbasierte Rollen- und Berechtigungszuweisungen umgesetzt werden.

▶ **Veränderungshistorie**

Eine ausführliche Veränderungshistorie inklusive eines entsprechenden Berichtswesens ist Bestandteil von SAP Identity Management.

▶ **Identity Federation**

Für die Integration in Risiko-Management-Architekturen stehen Ihnen standardisierte Schnittstellen zu Identity Services zur Verfügung.

▶ **Self-Services**

Als webbasierte Benutzerschnittstelle werden Self-Services zu den Antragsprozessen, zur Pflege der eigenen Benutzerstammdaten und zum Zurücksetzen von Passwörtern angeboten.

▶ **Logon Help**

Diese Erweiterung für Microsoft Windows bietet die Möglichkeit, dass Benutzer ihre Passwörter mithilfe der Beantwortung von Sicherheitsfragen zurücksetzen können und diese dann auch an andere Systeme verteilt werden können.

Datenbank | SAP Identity Management basiert auf einer Datenbank, in der mindestens ein Identity Store vorhanden ist. Ein Identity Store enthält Informationen zu Personen und deren Benutzerkonten und Berechtigungen, zu angeschlossenen Systemen und der dazugehörigen Provisionierungslogik sowie zu Geschäftspartnerdaten und definierten Businessrollen. Der Identity Store nimmt die von den Quellsystemen ausgehenden Veränderungen auf und kann diese weiterverarbeiten. Im Gegensatz zu anderen Lösungen erfolgt also die Datenhaltung zentral auf dem SAP-Identity-Management-System, nicht dezentral in den Quellsystemen.

9.4.2 Technische Architektur

In diesem Abschnitt stellen wir Ihnen die Architektur von SAP Identity Management 7.2 und das Zusammenspiel der einzelnen Komponenten vor. Abbildung 9.20 gibt Ihnen einen Überblick.

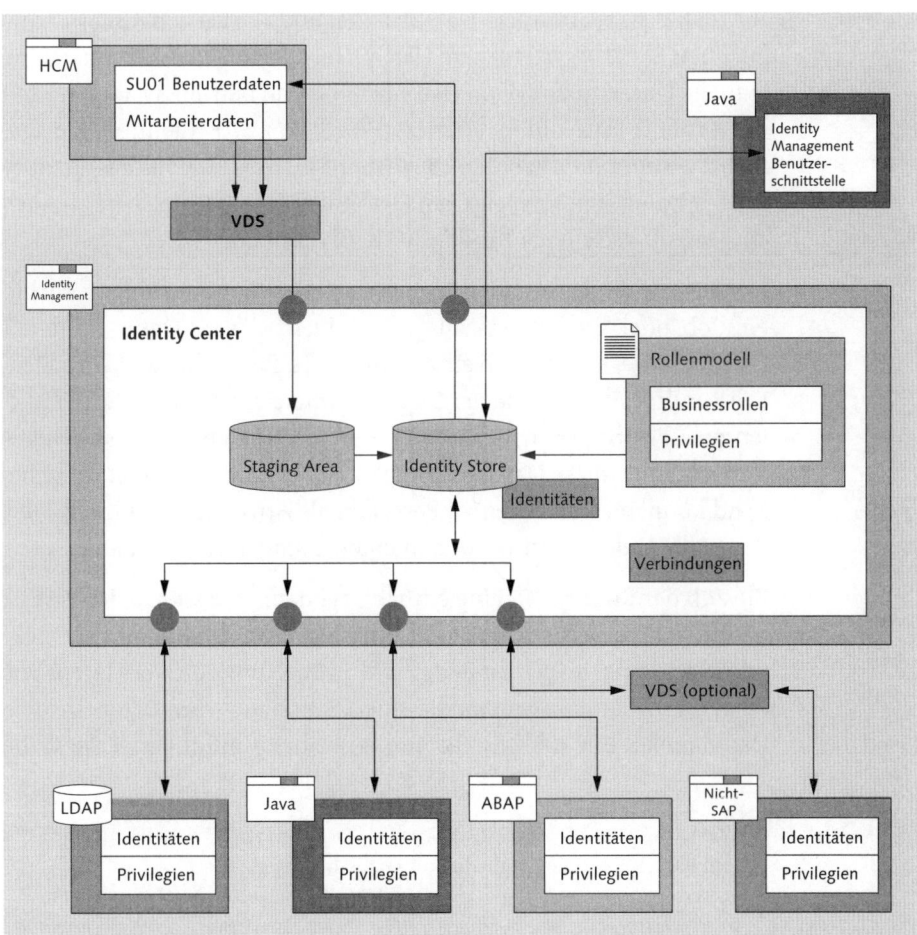

Abbildung 9.20 Architektur von SAP Identity Management 7.2 (Quelle: SAP SE)

Komponenten des
Identity Centers

Die Kernkomponente von SAP Identity Management ist das Identity Center[4]. Es enthält wiederum die Datenbank, einen Service- und Ereignis-Agenten und den ausführenden Dispatcher sowie die eigentliche Runtime Engine zur Ausführung aller Prozesse. Bei der Anbindung von Repositories (Ziel- oder Quellsysteme) und den initialen Ladevorgängen sowie dem Betrieb der Provisionierungsmechanismen wird der Dispatcher verwendet, um die jeweiligen Prozesse zu starten. Hierzu können Sie zu Lastverteilungszwecken auch mehrere Dispatcher konfigurieren, die mit verschiedenen Provisionierungslogiken arbeiten. Die Runtime sorgt dann dafür, dass der passende Dispatcher bei einer Datenänderung angesprochen wird. Runtime, Dispatcher sowie Service- und Ereignis-Agenten sind Java-Komponenten.

Bis SAP Identity Management 7.2 werden sowohl Microsoft-SQL-, IBM-DB2- als auch Oracle-Datenbanken und alle für den AS Java zugelassenen Betriebssysteme und Hardwareplattformen unterstützt. Eine aktuelle Unterstützung von Datenbanken und Betriebssystemen kann der Product Availability Matrix (PAM) von SAP Identity Management[5] entnommen werden. Beachten Sie, dass sowohl das Identity Center Daten in einem eigenen Datenbankschema speichert als auch ein Datenbankschema für den AS Java verwendet wird.

Der Dispatcher des Identity Centers startet die Runtime Engine, sobald ein Job oder ein Prozess ausgeführt werden soll. Dafür prüft der Dispatcher regelmäßig, ob eingeplante Jobs ausgeführt werden sollen. Die Runtime Engine ist in der Lage, aus unterschiedlichsten Datenquellen zu lesen und Daten in temporären Datenbanktabellen zu speichern. Dabei können diese Daten bereinigt oder verändert werden. Anschließend können diese Daten an Personen als Attribute gespeichert werden. Alle Änderungen werden in einem Audit Trail mit geloggt.

Ein Job der Runtime Engine enthält sogenannte Passes. Jeder Pass ist dabei für die Ausführung einer bestimmten Aufgabe in einem Quell- oder Ziel-Repository zuständig, wie z. B. Extraktion von Daten aus einer bestimmten Datenquelle oder Schreiben von Daten in eine Datenquelle. Ein Job besteht nun aus einer Anzahl von Passes, die

---

4 Wir verwenden die englischen Begriffe, da der weitaus überwiegende Teil der technischen Dokumentation nur auf Englisch vorliegt.

5 *https://apps.support.sap.com/sap(bD1kZSZjPTAwMQ==)/support/pam/pam.html? smpsrv=https%3a%2f%2fwebsmp108.sap-ag.de#ts=5&s=Identity%20Management&o= most_viewed%7Cdesc&st=l&rpp=20&page=1&pvnr=01200314690900002535&pt=g%7Cd*

abgearbeitet werden. Neben Jobs gibt es auch Prozesse, die verschiedene Aufgaben ausführen, wie z. B. das Versenden von E-Mails.

Für die sogenannte Identity Center Console, die als Konfigurations- und Entwicklungsumgebung dient, wird ein MMC-Snap-in für die Microsoft Management Console verwendet, das entsprechend nur unter Microsoft-Windows-Betriebssystemen zur Verfügung steht. Abbildung 9.21 stellt die Ansicht der Console dar. In dieser können Sie verschiedene mit dem Produkt ausgelieferten Provisionierungsmechanismen und Verwaltungsprozesse pflegen. Dies erfolgt innerhalb des SAP Provisioning Frameworks. Um Erweiterungen am SAP Provisioning Framework vorzunehmen oder kundenspezifische Provisionierungs- und Verwaltungsmechanismen umzusetzen, bietet SAP Identity Management mit der Identity Center Console auch die Möglichkeit, spezielle Anforderungen über Skripte im System abzubilden; diese können frei mit JavaScript oder Java programmiert werden (in Abbildung 9.21 haben wir Ihnen ein Beispiel zur Entfernung des SPML-Prefix dargestellt).

Identity Center Console

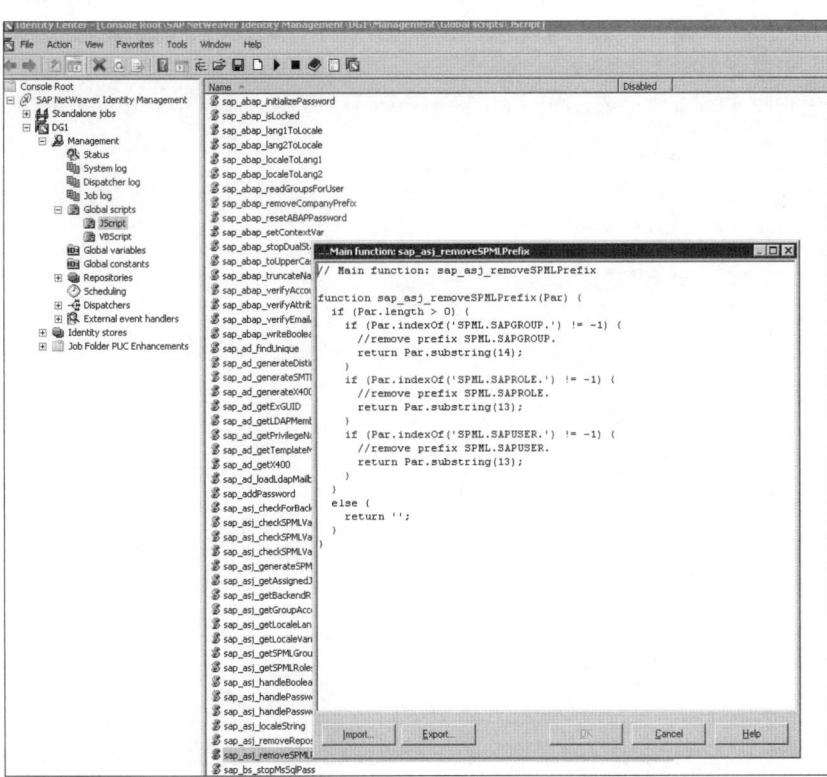

Abbildung 9.21 Verwendung von Skripten in der Management Console

Sie sollten SAP Identity Management in einer Mehrsystemlandschaft betreiben, um Veränderungen in den Provisionierungslogiken oder der Businessrollenhierarchie in einem Entwicklungssystem mit Testdaten zunächst zu entwickeln und dann in einem Qualitätssicherungssystem mit möglichst produktionsnahen Daten zu testen. Abschließend können Sie die getestete Konfiguration in ihr produktives Identity Management übertragen und live setzen.

In jedem Task (in Abbildung 9.22 z. B. die Anzeige von Businessrollen über die webbasierte Verwaltungsoberfläche) können Sie wiederum detailliert Feineinstellungen vornehmen, die Einfluss auf die Anzeige und Veränderung der einzelnen Attribute von Businessrollen in der Oberfläche haben. Des Weiteren ist es möglich, an verschiedenen Benutzeroberflächen-Formularen sogenannte Access Control Lists (ACL) zu konfigurieren. Diese können zum Delegieren einer Benutzerverwaltung genutzt werden. Zum Beispiel dürfen nur Manager der Abteilung Rechnungswesen Mitarbeiter in ihrer eigenen Abteilung verwalten.

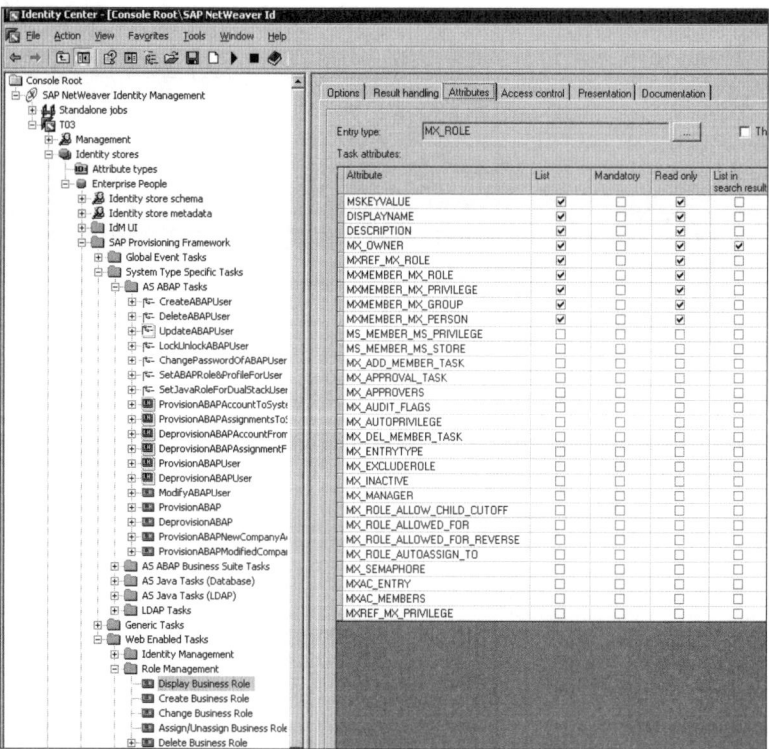

Abbildung 9.22 Identity Center Console

Die Benutzeroberfläche von SAP Identity Management wird als Komponente für den Applikationsserver Java ausgeliefert. Diese Oberfläche hat zwei verschiedene Einsatzmöglichkeiten. Die erste Möglichkeit ist für Administratoren des SAP Identity Managements. Hier können typische Funktionalitäten wie Überwachung, Anzeige von Logs, Anlegen von Repositories usw. ausgeführt werden. Die zweite Art der Anwendung ist für Personen mit Genehmigungsberechtigungen für Antrags- und Genehmigungsverfahren, für Mitarbeiter-Self-Services wie das Zurücksetzen des Passwortes und für Benutzeradministratoren und deren typische Formulare zum Verwalten von Personen. Beispielsweise können Sie Formulare zur Anlage von Benutzern in verschiedenen Systemen oder zum Ändern von Berechtigungen und Stammdaten mithilfe der Identity Center Console erstellen.

Benutzeroberfläche

Ein weiterer Bestandteil von SAP Identity Management ist der Virtual Directory Server. Diese Komponente dient der Manipulation von Informationen aus verschiedensten Verzeichnissen, Datenbanken oder anderen Datenquellen in einem virtuellen Verzeichnisbaum. Für die Datenhaltung können Sie u. a. den Identity Store von SAP Identity Management verwenden. Zudem können Sie Informationen aus verschiedenen Quellen konsolidieren und diese als Datenquelle dem Identity Center zur Verfügung stellen. Zusätzlich können Sie Daten über die Standardprotokolle LDAP und SPML konsumieren, mögliche Einsatzszenarien sind z. B. die HCM-Integration über LDAP und die GRC-Integration über SPML.

Virtual Directory Server

Über die REST (Representational State Transfer) API (Application Programming Interface) können Sie über die standardisierten Formate OData und JSON (JavaScript Object Notation) auf SAP Identity Management lesend wie schreibend zugreifen.

REST API

9.4.3 Komponenten und Architektur in SAP Identity Management 8.0

In der aktuellen Version 8.0 von SAP Identity Management wurde die Identity Center Console durch das Identity Management Developer Studio ersetzt, das als Eclipse-Plug-in bereitgestellt wird. Diese Änderung ermöglicht Ihnen die Verwendung von Konfigurationspaketen inklusive Versionskontrolle. Zudem bietet die neue Entwicklungsumgebung die Möglichkeit der parallelen Entwicklung durch mehrere Benutzer. Diese verbesserte Funktionalität stellt der

SAP AS Java zur Verfügung, dessen Nutzung im Vergleich zu den vorherigen Versionen von SAP Identity Management ausgeweitet wurde. Auch die Benutzersteuerung erfolgt nun über die UME (User Management Engine) des SAP AS Java. Dabei können Sie den gleichen AS Java verwenden, der schon für die Benutzeradministrationsoberfläche von SAP Identity Management verwendet wird. In Abbildung 9.23 sehen Sie eine Übersicht über die Architektur von SAP Identity Management 8.0.

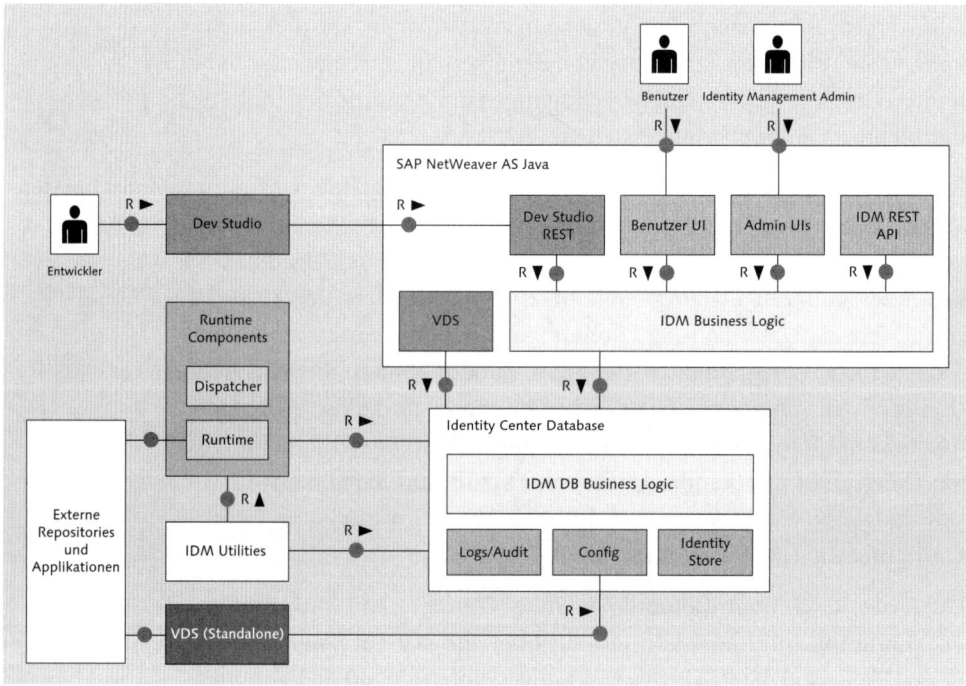

Abbildung 9.23 Architektur von SAP Identity Management 8.0 (Quelle: SAP SE)

9.4.4 Funktionsweise

Identitäten Eine vollständige Identity-Management-Lösung beschäftigt sich zu einem großen Teil mit der Verteilung von Benutzerdaten (Benutzerkennungen, Kontoeigenschaften, Berechtigungszuweisungen etc.) auf angeschlossene Systeme und Applikationen. Dabei wird zunächst zwischen Quell- und Zielsystemen unterschieden: Quellsysteme – auch oft als *führende Systeme* bezeichnet – liefern die Benutzerdaten an, während Zielsysteme diese dann regelbasiert wiederum vom Identity Management empfangen. Allerdings ist dies in komplexeren Szenarien ein unvollständiges Bild: Typischerweise gibt es nicht *das*

Quellsystem für Benutzerdaten. Vielmehr setzt sich eine komplette Identität, die als Basis für ein Benutzerkonto dient, aus vielen verschiedenen Datensätzen zusammen, die aus unterschiedlichen Quellsystemen stammen.

Beispiel für Quellsysteme einer Identität

Wenn über das Einstellungsverfahren Benutzerkonten angelegt werden, werden in SAP ERP HCM zunächst die dafür notwendigen Mitarbeiterdaten angelegt (Name, Adresse, Gültigkeitszeitraum, Informationen über Bezüge und Steuerkennzeichen, Kontoverbindung sowie die Einordnung in die Organisation, also die Zugehörigkeit zu einer Abteilung). Das HCM-System ist für diese Daten das führende System. Weitere wichtige Eigenschaften eines Benutzerkontos in einer Applikation sind die Benutzerkennung und z. B. die interne Telefonnummer sowie die E-Mail-Adresse. Diese Daten werden jedoch selten innerhalb des HCM-Systems festgelegt. Vielmehr sind hier andere Systeme führend, etwa das E-Mail-System oder das Telefonanlagensystem. Darüber hinaus muss die (oder gegebenenfalls mehrere) Benutzerkennung vom genutzten Zielsystem extrahiert werden.

Dieses Beispiel verdeutlicht, dass es für verschiedene Details einer kompletten Identität im Identity Management viele unterschiedliche Quellsysteme geben kann. In diesem Sinne wird auch von den führenden Systemen von einzelnen Attributen einer Identität gesprochen. Die Attribute sind also alle atomaren Eigenschaften von Benutzerkonten und ähnlichen Identitätscontainern: Namen, Benutzerkennung, Passwörter, Telefonnummern, E-Mail-Adressen, Berechtigungen. Für jedes Attribut können ein oder auch mehrere führende Quell- und Zielsysteme definiert werden, in denen die Attribute Verwendung finden: Das E-Mail-System benötigt z. B. die Benutzerkennung eines Mitarbeiters, aber nicht dessen Berechtigungszuweisungen in ERP-Systemen. Ein Ergebnis solcher Szenarien ist darüber hinaus, dass ein Quellsystem auch gleichzeitig ein Zielsystem sein kann, sofern die betrachteten Attribute unterschiedlich sind.

Attribute

Die Benutzeroberfläche von SAP Identity Management, die als Java-Applikation auf dem SAP AS Java läuft, erlaubt sowohl Self-Services für Endbenutzer (Passwort zurücksetzen etc.) als auch komplexe Verwaltungsoperationen für die Benutzer- und Berechtigungsadministratoren von verschiedenen Systemen und Applikationen. In Abbildung 9.24 ist der Menüpunkt zum Ändern einer Businessrolle dargestellt. Die Aufgaben- und Menügestaltung für die Verwaltung können Sie im Rahmen des Customizings eines SAP-Identity-Management-Systems umfangreich anpassen.

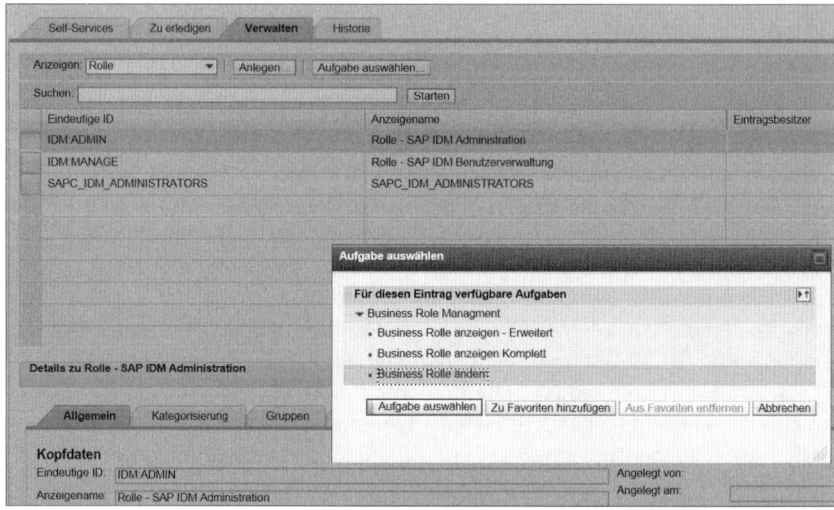

Abbildung 9.24 Benutzeroberfläche von SAP Identity Management

Provisionierungs-
aufgaben

Ein Identity-Management-System ist folglich für die Verteilung von Benutzerattributen aus Quell- in Zielsysteme zuständig. Dies hat entsprechende Auswirkungen auf die jeweiligen Synchronisationsrichtungen. Um diese geeignet festzulegen, werden in SAP Identity Management passende Provisionierungprozesse und Jobs (bisher als Provisionierungslogik beschrieben) verwendet und entsprechend konfiguriert. Diese laden alle notwendigen Daten zu Identitäten aus den Quellsystemen, führen sie zusammen und exportieren dann die relevanten Attribute wieder zu den Zielsystemen. Die Attributzusammenführung erfordert dabei eine Identitätskonsolidierung. Dies bedeutet, dass ein gemeinsamer Schlüssel eindeutig kennzeichnet, welche Attribute zu welcher Identität (etwa einem Benutzerkonto oder einem Geschäftspartnereintrag) gehören. Als Primärschlüssel wird oft eine organisationsweit eindeutige Benutzerkennung verwendet.

Identity Store

Hierzu wird dann für einen abgeschlossenen Bereich ein sogenannter Identity Store angelegt, der alle Primärschlüssel und die dazugehörigen Attribute speichert. Zudem sind in dem Identity Store neben der eigentlichen Konfiguration auch weitere Objekte wie Businessrollen, Berechtigungen usw. enthalten. In vordefinierten Abständen werden die Quellsysteme dann ausgelesen und Attributänderungen im Identity Store an Identitäten gespeichert, wobei auch ein Quellsystem durch ein bestimmtes Ereignis eine Attributänderung auslösen kann. Die veränderten Attribute können dann wiederum Exporte an Zielsysteme auslösen (z. B. kann ein Quellsystem für Attribut A dabei wiederum Zielsystem für Attribut B sein – wie das HCM-System als generelles Quellsystem etwa Zielsystem für die E-Mail-Adresse sein kann).

Um das Lesen und Schreiben der Attribute vornehmen zu können, sind passende systemspezifische Konnektoren nötig. Diese sorgen für die korrekte Anbindung aller Systeme und werden in SAP Identity Management als Repositories bezeichnet. Sind die Repositories konfiguriert worden, sorgen für die entsprechenden Systeme verschiedene Provisionierungsprozesse und Jobs für das Synchronisieren der Attribute.

Repositories

Während sonst alle Provisionierungsprozesse, Jobs und verschiedene Benutzeroberflächen einzeln konfiguriert werden müssten – etwa »Extrahiere Benutzerkennung, Name, Unternehmensadressen und Telefonnummer aus einem ABAP-basierten System« –, bietet das SAP Provisioning Framework diese schon vorkonfiguriert. Neben dem SAP Provisioning Framework bietet SAP auch eine Rapid Deployment Solution (RDS) für SAP Identity Management an. In diesem RDS sind viele hilfreiche Erweiterungen für SAP Identity Management enthalten. Generell ist es in SAP Identity Management dabei möglich, Attribute auf ihrem Weg von Quell- in Zielsysteme zu verändern, zusammenzusetzen oder aufzutrennen, dies ist ein erheblicher Vorteil gegenüber der ZBV oder SAP Access Control.

SAP Provisioning Framework und Rapid Deployment Solution

Eine besondere Eigenschaft von SAP ID Management ist die Möglichkeit, eine sogenannte Business- oder Geschäftsrollenhierarchie anzulegen, über die dann die Provisionierungslogiken bei der Synchronisation von Benutzerstammsätzen und -berechtigungen gesteuert werden. Der Vorteil dieser Eigenschaft wird in Abbildung 9.25 verdeutlicht: In einfachen Szenarien bekommt jeder Benutzer über entsprechende manuelle Eingaben oder Vorabkonfigurationen vom Identity-Management-System seine technischen Berechtigungen in den Zielsystemen zugewiesen. Das heißt, wenn ein neuer Mitarbeiter über ein Personalwirtschaftssystem (nicht zwingend SAP ERP HCM) oder manuell im Identity-Management-System angelegt wurde und die relevanten Attribute in den Identity Store importiert oder gespeichert worden sind, muss – entweder über eine automatische Erken-

Businessrollen-konzept

nung anhand der Attribute oder manuell – bei einer Provisionierung in Zielsysteme auch die jeweils passende technische Berechtigung gesetzt werden. So bekommt ein Mitarbeiter (Buchhalter) einer Abteilung des Rechnungswesens Benutzerkonten im E-Mail-System, im Mitarbeiterportal, auf Betriebssystemebene (Domänenkonto) sowie ausgewählte Berechtigungen in den Komponenten für Finanzbuchhaltung und Controlling (FI/CO) von SAP ERP. Dieser Berechtigungssatz müsste nun jedoch für jeden Mitarbeitertyp konfiguriert bzw. manuell eingestellt werden, mit entsprechendem Aufwand bei der Benutzeradministration. Das Businessrollenkonzept in SAP Identity Management erlaubt jedoch die Zuweisung von Business- oder Geschäftsrollen an Identitäten (siehe Abbildung 9.25).

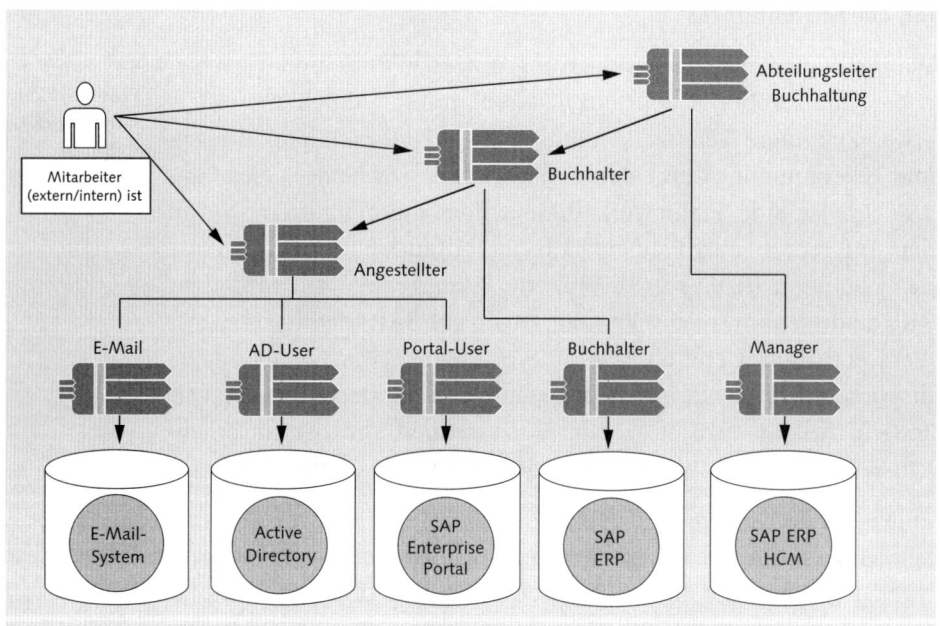

Abbildung 9.25 Businessrollenkonzept: betriebswirtschaftliche Rolle – technische Rolle

Dabei enthält jede Businessrolle einen Satz technischer Berechtigungen und kann wiederum von anderen, untergeordneten Businessrollen die zugeordneten technischen Berechtigungen erben. Dies ermöglicht eine einfache Zuweisung technischer Berechtigungen über größere, komplexere Organisationen.

Im Beispiel bekommt jeder neue Mitarbeiter die Businessrolle *Angestellter*, aus der sich sofort die technischen Berechtigungen für Portal,

E-Mail-System und Domänenkonto ableiten. Die Businessrolle *Buchhalter* beinhaltet sowohl die Businessrolle *Angestellter* als auch noch zusätzliche technische Berechtigungen in FI/CO, die für die Arbeit in dieser Abteilung notwendig sind. Darüber kann eine Businessrolle *Abteilungsleiter Buchhaltung* definiert werden, die Berechtigungen für die Mitarbeiterbeurteilungen in der Personalwirtschaft enthält. Wenn nun neue Identitäten in den Identity Store geladen werden, ist über deren Attribute erkennbar, dass es sich bei dem neuen – oder in eine andere Abteilung gewechselten – Mitarbeiter um einen neuen Buchhalter handelt, der dementsprechend automatisiert seine technischen Berechtigungen in den jeweils relevanten Applikationen und Systemen erhält.

Das spezifische Businessrollenkonzept von SAP Identity Management ist vor allem für Szenarien interessant, bei denen das betrachtete Unternehmen noch über kein konsolidiertes Organisationsmanagement verfügt. Dieses kann dann entsprechend nachmodelliert werden.

Ist jedoch bereits ein SAP-ERP-basiertes OM etabliert, kann dieses als Basis für die Provisionierungsverfahren dienen. In diesem Fall sind grundsätzlich zwei Integrationsstrategien mit SAP Identity Management möglich: Zum einen werden alle zuzuweisenden technischen Berechtigungen bereits im Organisationsmanagement auf den Stellendefinitionen angegeben (diese sind ja ebenfalls hierarchisch aufgebaut und verfügen über entsprechende Vererbungsmechanismen). SAP Identity Management erkennt dann beim Import der Mitarbeiterdaten aus dem Organisationsmanagement anhand der Attribute die technischen Berechtigungen und weist diese den jeweiligen Zielsystemen zu.

Organisationsmanagement statt Businessrolle

Zum anderen werden die technischen Berechtigungen nicht im Organisationsmanagement angegeben, sondern in der Businessrollenhierarchie von SAP Identity Management. Diese wiederum ist jedoch direkt von der Aufbauorganisation im Organisationsmanagement abgeleitet (über entsprechende Skripte wird die Organisationsstruktur ins Identity Management importiert). Bei Neuanlage oder Veränderung eines Mitarbeiters erkennt das Identity-Management-System anhand der Attribute und der dazugehörigen Zuordnung, welche Businessrollen den Mitarbeitern zuzuweisen sind. Aus der Businessrollenzuordnung folgen dann wiederum die zu vergebenden technischen Berechtigungen in den Zielsystemen. Beide Szenarien müssen Sie durch entsprechendes Customizing im SAP Identity Management umsetzen.

Beide Varianten haben Vor- und Nachteile: Während die erste zwar direkter wirkt und mit weniger Aufwand realisiert werden kann, ist eine Zuordnung aller möglichen technischen Rollen der kompletten IT-Landschaft im Organisationsmanagement oft nicht von den beteiligten Einheiten gewünscht (etwa durch zusätzliche Aufwände oder mangelndes Fachwissen in der zuständigen Abteilung). Dann muss die Zuordnung der technischen Berechtigungen im Identity Management erfolgen, dies erfordert allerdings eine 1:1-Abbildung der Organisation und eine korrekte Zuordnung zwischen OM und Identity Management.

Antrags- und Genehmigungs-prozesse

Während über die bis hierhin beschriebenen Mechanismen eine automatisierte Verteilung von Identitätsdaten oder Benutzerkonten mit einer hohen Qualität gewährleistet werden kann, gibt es typischerweise jedoch vielfach noch Szenarien, bei denen eine nachgelagerte manuelle Veränderung von Benutzerattributen notwendig ist. Dies betrifft insbesondere die Zuweisung von Berechtigungen bei Sonderfällen. Soll z. B. ein Mitarbeiter erweiterte Aufgaben übernehmen, für die seine automatisiert über die Einordnung in die Organisation indirekt zugewiesenen Berechtigungen nicht ausreichen, ist eine entsprechende Änderung im Organisationsmanagement oft zu aufwendig – vor allem wenn sie nur kurzzeitig erfolgen soll. Daher ist es in solchen Fällen sinnvoll, zusätzliche Berechtigungen für die jeweils benötigten Systeme direkt zuzuweisen. Hierfür müssen die Zusatzberechtigungen beantragt und dann kontrolliert über Genehmigungsprozesse akzeptiert bzw. zurückgewiesen werden.

SAP Identity Management verfügt dazu über die Möglichkeit, bei der Konfiguration der Provisionierungslogik Verzweigungen auf Genehmigungsschritte einzubauen. Läuft der Provisionierungsmechanismus auf einen Genehmigungsschritt, können entsprechende E-Mails mit dem Verweis auf den auszuführenden Genehmigungsvorgang an die konfigurierten Genehmigenden versendet werden. Ein erforderlicher Genehmigungsschritt kann z. B. durch eine Businessrolle oder eine technische Berechtigung ermittelt werden. Die Freigabe wird dann über die Benutzeroberfläche durchgeführt. Die erforderlichen Genehmigenden können aus der Businessrollenhierarchie oder dem

Organisationsmanagement extrahiert werden. Darüber hinaus ist die Konfiguration von parallelen (notwendig für Vertretungsregelungen) und seriellen Genehmigungsprozessen (mehr als ein Genehmigender notwendig für kritische Berechtigungen) möglich.

Für die webbasierten Self-Services, die in den SAP NetWeaver AS Java integriert sind, bietet SAP Identity Management die Möglichkeit, jedes einzelne Attribut von Identitäten im Identity Store so zu konfigurieren, dass es vom Benutzer oder einer legitimierten Person selbsttätig modifizierbar ist. Darüber können dann nicht nur Self-Service-Szenarien abgewickelt werden, sondern auch typische Funktionen der Benutzeradministration. Es ist über diese Benutzeroberfläche auch möglich, neue Identitäten bzw. Benutzerkonten anzulegen oder alte zu sperren bzw. zu löschen. Die Benutzeroberfläche wird dann eben auch für Anträge zu erweiterten Berechtigungen verwendet. Hierbei können selbstverständlich auch Businessrollen beantragt werden, da diese zusätzliche Information wie eine umfangreiche Beschreibung enthalten können, die es den Antragstellern erleichtert, die richtigen Berechtigungen zu wählen.

Self-Service, Administration

Sofern sie dazu berechtigt sind, können Administratoren und Benutzer über die in den SAP NetWeaver AS Java integrierte Benutzeroberfläche den aktuellen Status aller im Identity Store vorhandenen Identitäten abrufen und deren Attribute sowie die Änderungshistorie betrachten. Dazu können auch Genehmigungsvorgänge angezeigt werden, aus denen hervorgeht, welche manuell beantragten Veränderungen von welchem Benutzer genehmigt oder abgelehnt wurden.

Monitoring, Audit

Das der technischen Architektur zugrunde liegende Konzept ermöglicht eine sehr freie Ausgestaltung der Aufgaben im User Lifecycle Management. So lassen sich beliebige Workflow-Prozesse zusammensetzen oder Attribute an den Benutzerstammsätzen je nach Kundenanforderung frei manipulieren. Eine vorgegebene, feste Konfiguration wie bei der ZBV oder bei SAP Access Control wird nicht erzwungen, vielmehr kann das gesamte Provisionierungsverfahren individuell aufgebaut und angepasst werden. Dies bedeutet jedoch auch, dass die Verfahren typischerweise erheblich komplexer sind – weil sie sich aus entsprechenden Businessanforderungen zusammensetzen – und der Aufwand für den Aufbau und Betrieb von SAP Identity Management erheblich höher ist als bei der ZBV oder SAP Access Control.

Möglichkeiten der Architektur

9.4.5 Integration mit SAP Access Control

Einige Lösungsbereiche, in denen SAP Access Control sehr stark ist, kann SAP Identity Management nicht abdecken. Zu nennen sind hier zum einen die Risikoanalyse und die Zuweisung kompensierender Kontrollen (SAP Identity Management bietet beides nicht), zum anderen ein durchgehendes Business Role Management, das auch den Aufbau, die Pflege und Verteilung von Berechtigungsrollen beinhaltet: SAP Identity Management verwaltet nur Identitäten, also Benutzerstammdaten und *zugewiesene* Berechtigungen, nicht die Berechtigungen in den technischen Rollen selbst. Beide Funktionen können nur von SAP Access Control abgedeckt werden, während SAP Identity Management wiederum besonders stark in der differenzierten Ausgestaltung von Benutzerdatenzusammenführung, -konsolidierung und Weiterverteilung über viele (auch Nicht-SAP-) Quell- und Zielsysteme ist.

Vorteile der Integration beider Lösungen
Um die Vorteile beider Lösungen zusammenzubringen, können Sie eine Integration von SAP Identity Management und SAP Access Control implementieren. Dabei werden einige Aufgaben (z. B. Risikoanalyse, Genehmigungsworkflow oder auch Quellsystemextraktion und Attributverteilung) von einem der beiden Produkte vorgenommen, die Daten über einen Webservice an das andere Produkt übergeben, das wiederum die abschließenden Aufgaben übernimmt. Dabei sind Szenarien möglich, in denen entweder SAP Identity Management oder SAP Access Control die Führung übernimmt. Zu diesem Zweck sind einige Webservices als Standardschnittstellen in SAP Access Control vorgesehen, die SAP Identity Management nutzen kann. Für den Aufruf der Webservices wird der bereits erwähnte Virtual Directory Server verwendet.

Ein Beispiel für die Integration von SAP Identity Management mit SAP Access Control finden Sie in Abbildung 9.26. In diesem Beispiel ist SAP Identity Management das führende System; dort werden Anträge angelegt, und auch die Provisionierung erfolgt nach der Genehmigung über SAP Identity Management. Anträge für SAP-Systeme werden in diesem Szenario an SAP Access Control übergeben und durchlaufen dort den Freigabeprozess. Die Genehmigenden können auf diese Weise die Ergebnisse der Risikoanalyse beurteilen und gegebenenfalls Risiken kompensieren, bevor Sie den Antrag freigeben.

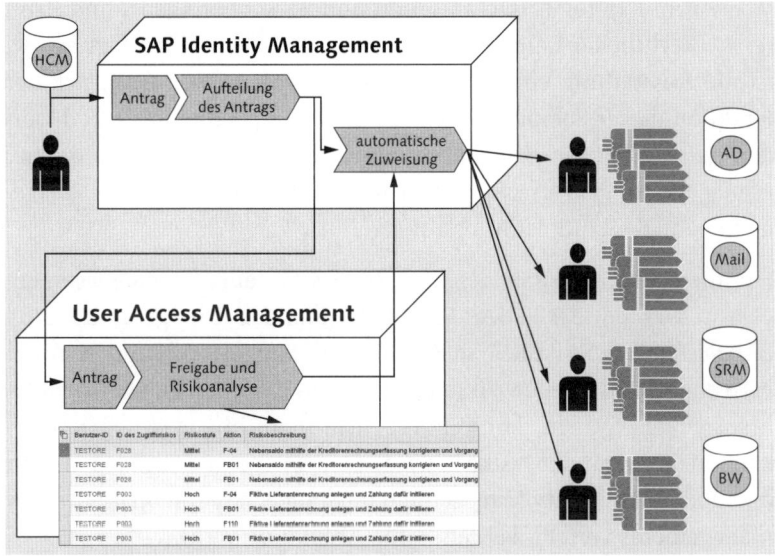

Abbildung 9.26 Integration von SAP Identity Management mit SAP Access Control

9.5   Compliant Identity Management

Auch die Lösungen SAP Identity Management und SAP Access Control, die deutlich mehr Möglichkeiten bieten als die ZBV, bilden noch keine vollständige Lösung im Sinne eines regelkonformen zentralen Managements von Benutzern ab, dies wird erst durch die Kombination von SAP Identity Management und SAP Access Control möglich.

Tabelle 9.1 zeigt eine tabellarische Gegenüberstellung der nicht integrierten Lösungen. Da die Lösungen aber miteinander kombiniert werden können, ist diese Gegenüberstellung nur beschränkt aussagekräftig.

	AS ABAP – Rollen und Benutzerstamm	Strukturelle Profile in HCM	Oracle, PeopleSoft, Legacy	Microsoft Active Directory, Mail, sonstige	Risikoanalyse
ZBV	X				
SAP Access Control	X	X	X		X
SAP Identity Management	X	X	X	X	

Tabelle 9.1 Gegenüberstellung der Lösungen

Wie wir in Kapitel 3, »Organisation und Berechtigungen«, und Kapitel 4, »Rechtlicher Rahmen – normativer Rahmen«, dargelegt haben, ist die Ausstattung von Personen mit Zugriffsrechten Ausdruck der Funktion dieser Person in der Organisation. Aus diesem Grund werden wir Ihnen im Folgenden die Integration von SAP Identity Management, SAP Access Control und des Organisationsmanagements von SAP ERP HCM erläutern.

Compliant Identity Management

Für die Personen kann idealtypisch das Organisationsmanagement genutzt werden, das in SAP ERP HCM (und damit im gesamten SAP-ERP-System), in SAP CRM, in SAP SRM und im SAP Solution Manager verwendet wird. Die jeweils relevanten Daten werden im SAP-Identity-Management-System konsolidiert. Die Berechtigungszuordnungen können dann mit der Risikoanalyse von SAP Access Control analysiert und über SAP Identity Management im Sinne eines Compliant Identity Managements verteilt werden (siehe Abbildung 9.27).

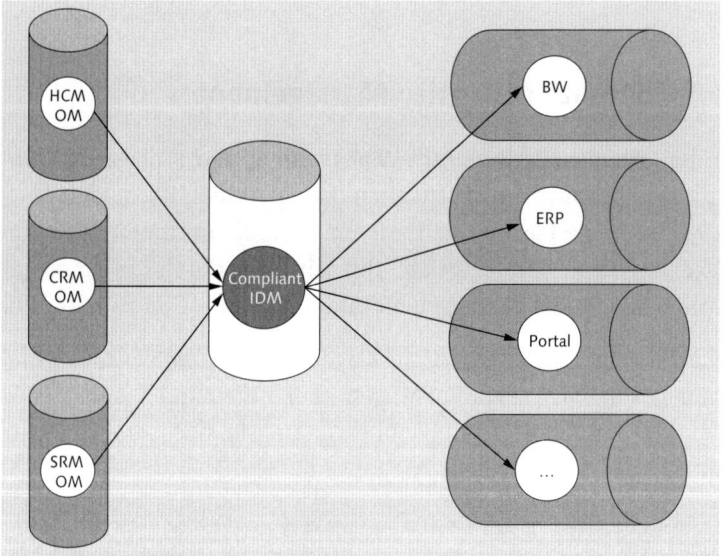

Abbildung 9.27 Compliant Identity Management

Die Abbildung technischer Benutzer muss ergänzend betrachtet werden. Eine Integration in das für die Zuordnungen von Berechtigungen und Benutzern verwendete zentrale Organisationsmanagement ist ohne weitgehende Eingriffe möglich.

Das Compliant Identity Management ist dann (als Kombination von SAP Identity Management, SAP Access Control und dem zentralen

Organisationsmanagement) eine Lösung, die sowohl die typischen Anforderungen eines durchgehenden, vom Organisationsmanagement getriebenen, effizienten User Lifecycle Managements erfüllt als auch gleichzeitig eine regelkonforme Prüfung von Risiken erlaubt, die sich aus der Berechtigungsvergabe an Benutzer ergeben.

9.6 Fazit

Die eigentliche Herausforderung bei der zentralen Verwaltung von Benutzern liegt nicht in der Bereitstellung technischer Lösungen, sondern in einer konsistenten, zentralen Abbildung von Benutzern und Benutzerrechten in Bezug auf die Personen, die für eine Organisation tätig sind. Zudem erweist sich die Erstellung eines Businessrollenkonzepts häufig als herausfordernd. Je besser dieses Konzept erstellt und umgesetzt wird, desto besser kann der User Lifecycle einer Person im Unternehmen umgesetzt werden. Ergänzend dazu müssen selbstverständlich auch die technischen Benutzer zentral verwaltet werden. Bei den Personen handelt es sich immer um Geschäftspartner, die entweder Kunden, Lieferanten oder Mitarbeiter sind. Hierbei ist es immer ratsam, bei technischen Benutzern einen Verwendungszweck und bei externen Benutzern Verantwortliche oder Kontaktpersonen zu pflegen. Sämtliche Zugriffe, die sie eingeräumt bekommen, beruhen somit auf vertraglichen Grundlagen und erfüllen immer einen Zweck, der sich aus der Organisation ableiten lässt. Die technischen Benutzer erfüllen (nur im Einzelfall basierend auf Verträgen) ebenfalls einen genau definierten Zweck, der sich aus der Ablauforganisation ergibt.

Aus diesem Grund sehen wir für alle Personen die eigentliche Notwendigkeit, die relevanten Personendaten so zu konsolidieren und mit der Aufbau- und Ablauforganisation in Bezug zu setzen, dass allein aus diesen Bezügen der überwiegende Teil aller Zugriffsrechte ermittelt werden kann. Wenn sie ermittelt werden können, kann aus dieser Ermittlung auch eine vollständig automatisierte Zuweisung werden. Es werden also die Daten der Person und ihre zeitbezogenen Aufgaben in der Organisation so zusammengebracht, dass die richtigen Berechtigungen zur rechten Zeit bereitstehen. Ergänzend müssen die technischen Benutzer in den technischen Prozessen und deren benötigte Berechtigungen identifiziert werden.

Viele Kunden beklagen, dass einschlägige, klare Vorgaben fehlen, die gebündelt Standards für ihr Berechtigungskonzept liefern. In den Sicherheitsleitfäden von SAP gibt es einige Hinweise in Bezug auf besonders kritische Vorgehensweisen. Wir stellen Ihnen in diesem Kapitel einige einfache Regeln und deren Kontrolle vor.

10 Berechtigungen: Standards und Analyse

In diesem Kapitel werden technische Minimalstandards für Berechtigungen dargestellt. Sie erhalten eine einfache Anleitung, wie Benutzerberechtigungen im Benutzerinformationssystem und tabellengestützt ausgewertet werden können. Für diese Darstellung verwenden wir häufig Tabellenzugriffe. Diese müssen im produktiven System über Parametertransaktionen bereitgestellt werden (siehe Abschnitt 7.6.2, »Tabellenberechtigungen«).

Wir stellen im ersten Abschnitt dieses Kapitels zunächst Standards von zentraler Bedeutung vor. Abschnitt 10.2 weist Transaktionen und Objekte aus, die aus Sicht der Administration besonders kritisch sind. Um Sie bei Auswertungen zu unterstützen, folgt Abschnitt 10.3, »Allgemeine Auswertungen technischer Standards«.

In Abschnitt 10.4, »AGS Security Services«, stellen wir Ihnen Services des AGS vor, die Sie u. a. nutzen können, um Ihr Berechtigungskonzept regelmäßig zu prüfen.

10.1 Standards und ihre Analyse

In diesem Abschnitt stellen wir Ihnen sieben zentrale Standards und mögliche Kontrollen für diese Standards vor.

10.1.1 Rolle anstelle von Profil

> **Standard: Rolle**
>
> Alle Zuweisungen von Berechtigungen erfolgen über Rollen.

Hinweis zur
Profilpflege

In älteren SAP-Releases wurden Berechtigungen über Profile an Benutzer vergeben. Wird die Profilpflegetransaktion SU02 (Profile) gewählt, erhalten Sie die Empfehlung, stattdessen das Rollenkonzept zu nutzen:

Bitte benutzen Sie zur einfacheren Administration von Profilen und Berechtigungen nicht mehr diese Transaktion, sondern den Profilgenerator. Sie können damit wesentlich einfacher Berechtigungen vergeben. Die vorliegende Transaktion kann trotzdem weiterverwendet werden, wenn Sie den Profilgenerator nicht einsetzen wollen.

Das Rollenkonzept stellt eine erhebliche Vereinfachung der Berechtigungspflege dar. Die über das Rollenkonzept erreichbare Transparenz und Upgrade-Sicherheit sind ausreichende Gründe, Dialogbenutzern keine Profile zuzuweisen. Die erste Regel lautet also, dass kein Endbenutzer direkt zugewiesene Profile haben darf.

Auswertung der
Profilzuordnung

Eine Auswertung der Profilzuordnung ist folgendermaßen möglich:

▶ In der Tabelle USR10 (Benutzerstamm Berechtigungsprofile) werden alle manuell angelegten Profile identifiziert: Menge A.

▶ In derselben Tabelle werden alle automatisch generierten Profile, die nicht im Namensraum des Kunden liegen (Standardvorschlag ist T-*), ermittelt: Menge B. Die notwendigen Selektionen sind in Abbildung 10.1 dargestellt.

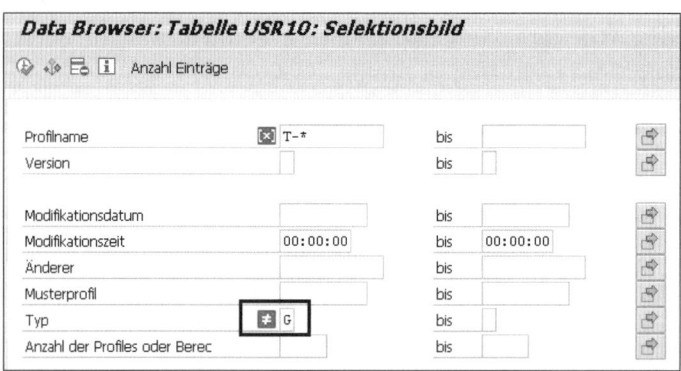

Abbildung 10.1 Profilanalyse in der Tabelle USR10

▸ Menge A und Menge B ergeben zusammen Menge C und bilden die Grundlage für die weitere Analyse.

In der Tabelle UST04 (Benutzerstämme) geben Sie Menge C im Feld PROFIL ein. Die Ergebnismenge sind die Benutzer, die ein nicht über eine Rolle generiertes Profil haben.

10.1.2 Definition der Rolle über das Menü

Standard: Menübasierte Rollenpflege

Alle einer Rolle zugeordneten Anwendungen werden ausnahmslos über das Menü zugeordnet. Es werden keinerlei manuelle Eingriffe in den Objekten S_TCODE, S_START, S_SERVICE, S_RFC vorgenommen.

Von besonderen Rollentypen abgesehen, wird der funktionale Rahmen einer Einzelrolle durch die Anwendungen im Menü bestimmt. Das Verfahren hierzu wurde in Abschnitt 6.3.2, »Rollenpflege«, dargestellt. Nur so können Sie den in Abschnitt 7.1, »Pflege und Nutzung der Vorschläge für den Profilgenerator«, beschriebenen Nutzen erreichen.

Dieser Nutzen besteht aus:

▸ Transparenz

▸ Pflegesicherheit

▸ Upgrade-Sicherheit

▸ einer systemeinheitlichen Norm

Vorteile der Vorschlagswerte

Darüber hinaus muss sichergestellt werden, dass zwei weitere kritische Pflegearten von Anwendungen in den Berechtigungsobjekten S_TCODE, S_START, S_SERVICE, S_RFC (Anwendungsstartberechtigungen bei Anwendungsstart) unterbleiben:

Kritische Pflege von Startberechtigungen

▸ die generische Pflege von Berechtigungen, z. B. A*

▸ die Intervallpflege von Berechtigungen:
  AAA_1_IMG - RZPT; T108 - ZZZZ

Beide Pflegearten haben wir in unserer Beratungspraxis noch im Jahr 2012 in produktiven Systemen gefunden. Gerade die Intervallpflege wird häufig genutzt, um z. B. alle Transaktionen außer Transaktionen der SAP-Basis oder der SAP-Personalwirtschaft (SAP ERP Human

Capital Management, HCM) zu vergeben. Das mit einer derartigen Pflege einhergehende Risiko ist schlicht nicht akzeptabel.

Auswertung der Rollenpflege

Ob diese Vorgaben eingehalten werden, können Sie über eine Kontrolle des Status des Berechtigungsobjekts S_TCODE (Transaktionscode-Prüfung bei Transaktionsstart) in der Tabelle AGR_1251 (Berechtigungsdaten zur Aktivitätsgruppe) überwachen. In Abbildung 10.2 ist eine entsprechende Selektion dargestellt.

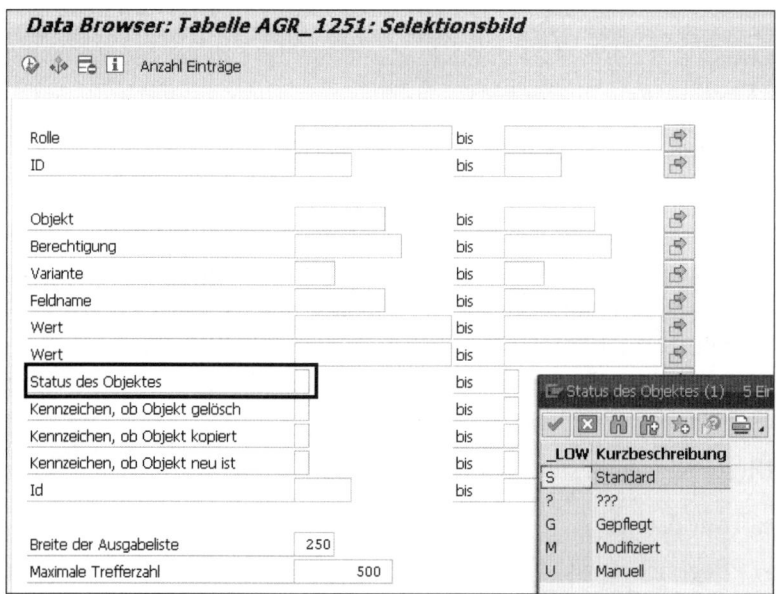

Abbildung 10.2 Manuell hinzugefügtes Objekt in der Tabelle AGR_1251

Unvollständige Auswertung über Status

Die Auswertung über den Status ist nicht immer vollständig. Gerade bei »gewachsenen« Rollenkonzepten haben wir in den Berechtigungsobjekten S_TCODE, S_START, S_SERVICE, S_RFC (Startberechtigungen bei Anwendungsstart) Intervalle und generische Pflegen nachgewiesen, obwohl die Objekte den Status STANDARD aufwiesen. Es gibt verschiedene Wege, wie es dazu kommen kann, auch höchst manipulative.

In jedem Fall sollten Sie stichprobenartig überprüfen, ob Intervalle oder generische Pflegen bei zugewiesenen Rollen auf den jeweiligen Startberechtigungsobjekten nachgewiesen werden können.

10.1.3 Vorschlagsnutzung

> **Standard: Vorschlagsbasierte Berechtigungspflege**
>
> Alle Berechtigungsobjekte einer Rolle sollen über die Profilvorschlagsta-
> belle vorgeschlagen werden. Berechtigungsobjekte werden weder manu-
> ell hinzugefügt, noch werden die Vorschläge geändert. Sie werden aus-
> schließlich inaktiv gesetzt, gepflegt oder im Vorschlagszustand belassen.
> Ausnahmen von dieser Regel müssen im Einzelfall dokumentiert werden.

In Abschnitt 7.1, »Pflege und Nutzung der Vorschläge für den Profilgenerator«, haben wir definiert, dass maximal 10 % der Berechtigungsobjekte in Rollen den Status VERÄNDERT oder MANUELL auswei-
sen sollten.

Um die Nutzung der Vorschlagswerte zu überprüfen, selektieren Sie
in der Tabelle AGR_1250 (Berechtigungsdaten zur Aktivitätsgruppe)
zunächst alle Rollen im Kundennamensraum, und lassen Sie sich die
Anzahl der Einträge anzeigen (Menge A). Anschließend schränken
Sie im Feld STATUS DES OBJEKTES auf die Status M (MODIFIZIERT) und
U (MANUELL) ein (Menge B). Bei Menge A handelt es sich um alle
Berechtigungsobjekte in Rollen im Kundennamensraum, bei Menge
B um die in den Status MODIFIZIERT oder MANUELL.

Analyse der Vorschlagswert übernahme

10.1.4 Tabellenberechtigungen

> **Standard: Keine direkten Tabellenzugriffe über den Data Browser**
>
> Data Browser, Query, QuickView und vergleichbare Transaktionen wer-
> den an Dialogbenutzer im Regelbetrieb nicht vergeben.

In Abschnitt 7.6.2, »Tabellenberechtigungen«, sind wir auf den
Umgang mit Tabellenberechtigungen bereits eingegangen. Noch einmal zur Erinnerung:

*Uneingeschränkte oder nur marginal eingeschränkte Zugriffe auf
Tabellen über Transaktionen darf es in einem Produktivsystem nicht
geben. Tabellenzugriffe müssen konkret für einzelne oder kleine Gruppen von Tabellen ausgeprägt sein.*

Entsprechend gilt, dass sämtliche lesenden Zugriffe auf Tabellen
detailliert ausgesteuert sein müssen. Den Tabellen müssen also in
einem eigenständigen Tabellenberechtigungskonzept Tabellenbe-

rechtigungsgruppen auf der Grundlage einer Risikoeinschätzung zugeordnet werden. Diese Tabellenberechtigungsgruppen können dann fallweise über das Berechtigungsobjekt S_TABU_DIS (Tabellenpflege) lesend vergeben werden. Ersatzweise oder ergänzend kann, wie in Abschnitt 7.6.2, »Tabellenberechtigungen«, dargestellt, auch auf einzelnen Tabellen berechtigt werden. Auch in diesem Fall verbietet sich eine generische oder teilgenerische Pflege. Wird dieses Konzept umgesetzt, dann bestehen nicht a priori Einwände gegen die Vergabe von Tabellenanzeigen oder Transaktionen, wie etwa der Transaktion SE16 (Data Browser). Allerdings müssen andere Berechtigungen entsprechend genau überprüft werden.

Auswertung der Tabellenzugriffsrechte An dieser Stelle wollen wir erneut auf den Report SUSR_TABLES_WITH_AUTH (Hinweis 1500054) hinweisen, der Ihnen eine Auswertung darüber erlaubt, welcher Benutzer oder welche Rolle Berechtigungen zum Tabellenzugriff hat. Einen Screenshot dazu finden Sie ebenfalls in Abschnitt 7.6.2.

Mithilfe der Transaktion S_ALR_87101219 (Zuordnung der Berechtigungsgruppen auswerten) können Sie darüber hinaus auswerten, welche Berechtigungsgruppen welchen Tabellen zugeordnet sind. Einen Screenshot dazu finden Sie ebenfalls in Abschnitt 7.6.2.

Tabellenzugriffe: kundeneigene Transaktion Es gilt der Grundsatz, dass direkte Zugriffe auf Tabellen möglichst immer über kundeneigene Transaktionen vergeben werden sollten (siehe Abschnitt 7.7.1, »Parametertransaktion zur Pflege von Tabellen über definierte Views«).

10.1.5 Programmausführungsberechtigungen

> **Standard: Keine direkte Programmausführung**
>
> Transaktion SA38 (ABAP/4 Reporting) wird an Dialogbenutzer im Regelbetrieb nicht vergeben. Das Berechtigungsobjekt S_DEVELOP wird an Dialogbenutzer im Regelbetrieb ebenfalls nicht vergeben.

Direkte Programmausführung Transaktion SA38 (ABAP/4 Reporting) gehört in keinem Fall in die Berechtigungen eines Dialogbenutzers. Mit dieser Transaktion lassen sich alle ausführbaren Programme tatsächlich ausführen. Zur Ausführung wird minimal das Berechtigungsobjekt S_PROGRAM (ABAP: Programmablaufprüfungen) benötigt. Dieses bietet keinen hinreichenden Schutz, da es zahlreiche Programme gibt, die zwar die Aktivität

`P_ACTION Submit` erfordern, aber keiner Berechtigungsgruppe `P_GROUP` zugeordnet sind.

Prinzipiell sollten zwar alle Programme Berechtigungsprüfungen enthalten, tatsächlich gibt es aber eine Reihe von Programmen, die keine substanziellen Prüfungen beinhalten. Insbesondere bei kundeneigenen Programmen ist das sehr häufig der Fall.

Das technische Berechtigungskonzept in ABAP beruht auf der primären Differenzierung von Berechtigungen über Transaktionen (in SAP ERP und SAP ERP HCM), externe Services – UIU_COMP (CRM) – und Webservices. Ein direktes Ausführen eines Programms ist immer eine Sonderform mit erheblichen Risiken.

Um dieses Prinzip für alle Dialogbenutzer zu erzwingen, muss die Nutzung der Transaktion SA38 (ABAP/4 Reporting) kategorisch ausgeschlossen werden.

Eine Auswertung ist in diesem Fall über den Report *Rollen nach komplexen Selektionskriterien* möglich. Nehmen Sie für diese Auswertung eine Selektion auf den zugeordneten Rollen und über Eingabe des Berechtigungsobjekts `S_TCODE` und dort den Feldwert SA38 vor.

Fehlender Schutz der Programmausführung

Auswertung der Reportausführung

10.1.6 Ableitung

> **Standard: Abgeleitete Rollen werden nicht manipuliert**
>
> Die Pflege von Feldern in abgeleiteten Rollen ist ausnahmslos untersagt.

In Abschnitt 6.3.2, »Rollenpflege«, haben wir die Ableitung dargestellt. Dieses technische Konzept basiert darauf, dass aus einer Referenzrolle Rollen abgeleitet werden, die sich ausschließlich in Bezug auf die Organisationsebenen unterscheiden. Änderungen außerhalb der Organisationsebenen dürfen deswegen ausschließlich in der Referenzrolle vorgenommen werden.

Dafür gibt es die folgenden Gründe:

Problem der Abweichung

▸ Änderungen in der abgeleiteten Rolle gehen beim Abgleichen aus der Referenzrolle verloren. Das heißt, der Aufwand für die lokale Ausprägung kann gegebenenfalls vergeblich gewesen sein.

▸ Werden Rollen lokal geändert und wird aus diesem Grund auf den Abgleich aus der Referenzrolle verzichtet, kann ein Upgrade nicht mehr sinnvoll durchgeführt werden, ohne die abgeleiteten Rollen zu zerstören.

▸ Eine Referenzrolle ist immer auch eine detaillierte inhaltliche Vorgabe. Ein Abweichen steht somit per se unter dem Verdacht, dass es sich um eine nicht zulässige Manipulation handelt.

Abweichungs-
analyse Systematisch kann die Einhaltung der Ableitung durch folgende Schritte analysiert werden:

1. Ein Mapping der Referenzrollen-Tabelle AGR_DEFINE (Definition Rollen) auf die Tabelle AGR_1251 (Berechtigungsdaten zur Aktivitätsgruppe) ergibt die Menge A der weiteren Analyse.

2. Ein Mapping der abgeleiteten Rolle Tabelle AGR_DEFINE (Definition Rollen) auf die Tabelle AGR_1251 (Berechtigungsdaten zur Aktivitätsgruppe) ergibt die Menge B der weiteren Analyse.

3. Menge A und Menge B werden auf Objekt, Feld und Wert gemappt, dabei muss das Delta der abgeleiteten Rollen ausgewiesen werden: Das Ergebnis ist die Menge C der Analyse.

4. Menge A und Menge B werden auf Objekt, Feld und Wert gemappt, dabei muss das Delta der Referenzrolle ausgewiesen werden: Das Ergebnis ist die Menge D der Analyse.

5. Menge C und Menge D bilden die gesamte Ergebnismenge.

10.1.7 Programmierung – Programmierrichtlinie

Standard: Programme mit sinnvoller Berechtigungsprüfung

Jedes kundeneigene Programm, das zur Ausführung durch Endbenutzer bestimmt ist, muss eine angemessene Berechtigungsprüfung enthalten. Angemessen ist eine Prüfung nur, wenn Differenzierungen auf Datensatzebene oder Strukturmerkmalen möglich sind.

Bei der Entwicklung kundeneigener Programme werden die Berechtigungen fast regelmäßig vernachlässigt. Jedes kundeneigene Programm muss jedoch als Minimalanforderungen substanzielle und angemessene Berechtigungsprüfungen im Programmablauf enthalten. In Abschnitt 6.2.2, »Berechtigungsprüfungen für ABAP-Programme«, haben wir bereits auf den Unterschied zwischen der Prüfung auf S_TCODE und der Eingangsprüfung einerseits und der Prüfung im Programmablauf andererseits hingewiesen.

Eine sinnvolle Prüfung in allen Programmen, die durch Endbenutzer ausgeführt werden, muss immer eine Prüfung im Programmablauf sein. Die Festlegung der geeigneten Berechtigungsobjekte sollte zwischen Fachseite und Programmierer abgestimmt werden. Das Beispiel in Abbildung 10.3 zeigt, dass bei einem kundeneigenen Programm, das mit dem Ändern von Bestellungen verbunden ist, entweder die Standardobjekte zur Bestellung oder entsprechende kundeneigene Objekte hinterlegt werden müssen. Ziel ist eine ablauf- und aufbauorganisatorische Prüfung.

Sinnvolle Prüfung im Programmablauf

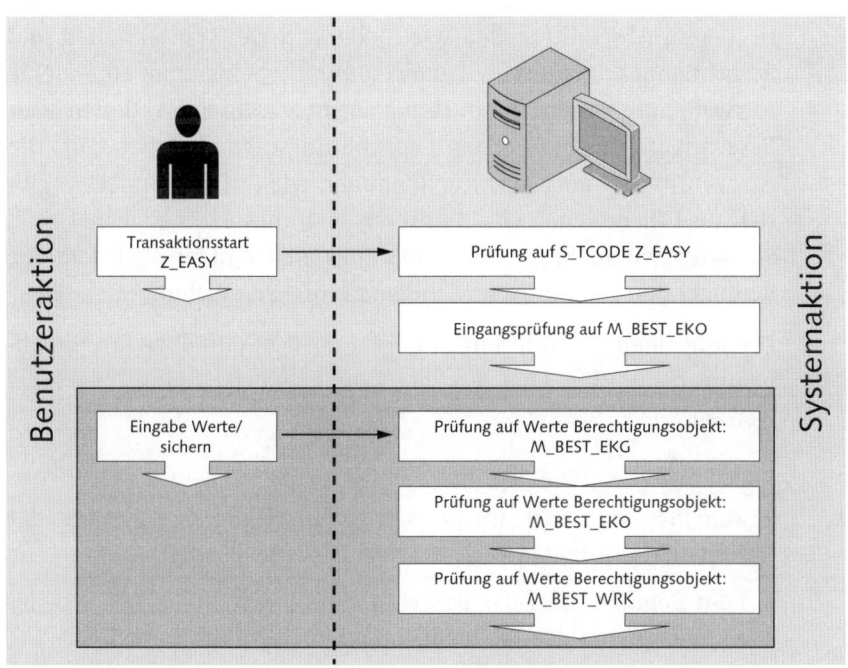

Abbildung 10.3 Berechtigungen in kundeneigenen Programmen

Zunächst müssen die kundeneigenen Transaktionen und die zugrunde liegenden Programme identifiziert werden. Dies kann über die Transaktion SE16 (Data Browser) und die Tabelle TSTC (SAP-Transaktionscodes) vorgenommen werden, indem alle Transaktionscodes, die mit Y* und Z* beginnen, selektiert werden.

Prüfung kundeneigener Programme

Die Transaktionen, die nicht auf ein Programm verweisen, sind Parametertransaktionen, die für diese Analyse nicht weiter von Belang sind. Für die weitere Analyse werden die angezeigten Programme ausgewählt und überprüft. Die weitere Analyse erfolgt über die Transaktion SE38 (ABAP Editor), Button VERWENDUNGSNACHWEIS.

Im Quellcode wird der String `authority-check` im gegebenen Programm gesucht. Angezeigt werden die Berechtigungsprüfungen einschließlich der Berechtigungsprüfungen in den enthaltenen Includes. Manuell kann dann eine Darstellung »Transaktion – Programm – Include – Berechtigungsobjekt« und/oder »Transaktion – Programm – Berechtigungsobjekt« erstellt werden.

10.2 Kritische Transaktionen und Objekte

In diesem Abschnitt stellen wir Ihnen kritische Transaktionen und Berechtigungsobjekte vor. Leider können wir hier nur eine kleine Auswahl aufnehmen, die in Bezug auf hochkritische Aktionen oder Berechtigungen einen ersten Orientierungsrahmen geben soll. Die Auswahl ist dennoch nicht vollkommen willkürlich, sondern ergibt sich aus Fällen, denen wir in unserer Beratungspraxis begegnet sind. So trafen wir noch im Jahr 2008 auf einen Kunden, bei dem alle Benutzer den produktiven Mandanten löschen durften.

Regeln für alle Dialogbenutzer
Die folgenden Anforderungen gelten nicht unmittelbar für Notfallbenutzer, die über eine separate Notfallbenutzerlösung überwacht werden.

- Alle Benutzer müssen einer Benutzergruppe zugeordnet werden.
- Kein Benutzer darf das Berechtigungsobjekt `S_DEVELOP` mit der Aktivität `02` erhalten.
- Kein Benutzer darf das Berechtigungsobjekt `S_TABU_DIS` mit der Aktivität `*` und der Tabellenberechtigungsgruppe `*` erhalten.

Endbenutzer
Unter Endbenutzer fassen wir alle Benutzer, die keine Aufgaben der Systemwartung innehaben. Tabelle 10.1 zeigt eine Reihe von Transaktionen, die für Endbenutzer verboten sein sollten.

Transaktion	Beschreibung
SCC1	Mandantenkopie – Sonderselektionen
SCC3	Mandantenkopie Protokoll
SCC4	Mandantenverwaltung
SCC5	Mandanten löschen
SE11	ABAP-Dictionary-Pflege

Tabelle 10.1 Transaktionen, die für Endbenutzer nicht geeignet sind

Transaktion	Beschreibung
SE80	Object Navigator
SE93	Pflege Transaktionscodes
SE97	Pflege Transaktionsstartberechtigung
SM01	Sperren Transaktionen
SM30	Aufruf View-Pflege
SM31	Aufruf View-Pflege analog SM30
SM59	RFC-Destinations (Anzeige und Pflege)
SU01	Benutzerpflege
SU02	Pflege Berechtigungsprofile
SU03	Pflege Berechtigungen
SU10	Massenpflege Benutzer
SU12	Massenänderungen Benutzerstamm
SU20	Pflege der Berechtigungsfelder
SU21	Pflege der Berechtigungsobjekte
SU22	Ber.objektverwend. in Anwendungen
SU24	Ber.Objekt-Prüf. unter Transaktionen
SU25	Upgrade-Tool für den Profilgenerator
SU26	Upgrade-Tool für den Profilgenerator

Tabelle 10.1 Transaktionen, die für Endbenutzer nicht geeignet sind (Forts.)

Kein Endbenutzer darf die Transaktion SM35 (Batch-Input-Monitoring) mit dem Berechtigungsobjekt S_BDC_MONI (Batch-Input-Berechtigungen) und den Werten DELE/REORG und IMPO enthalten. Das Objekt muss darüber hinaus auf die Mappennamen eingeschränkt sein. | **Batch-Input**

Sofern die Vergabe des Berechtigungsobjekts S_RFC (in bestimmten Systemlandschaften unumgänglich) an Endbenutzer unumgänglich ist, müssen die vergebenen Werte einzeln begründbar sein. Zur Verwendung und Einführung des Berechtigungskonzepts für S_RFC lesen Sie Kapitel 18, »RFC-Sicherheit mittels Unified Connectivity«. | **Berechtigungsobjekt S_RFC**

Endbenutzer dürfen nicht die Berechtigungsobjekte S_DEVELOP (ABAP Workbench), S_ADMI_FCD (Systemberechtigungen) und S_LOG_COM (Berechtigung zum Ausführen logischer Betriebssystemkommandos) erhalten. Das Berechtigungsobjekt S_TABU_DIS darf mit der Aktivität 02 und der Gruppe SS nur in Rollen der Systemadministration enthalten sein. | **Kritische Objekte**

Sonderrollen für besondere Aktivitäten
Halten Sie die Transaktionen SM12 (Sperren anzeigen und löschen), SM13 (Verbuchungssätze administrieren) und SM14 (Administration des Verbuchers) in einer gesonderten Rolle vor, die möglichst über die Notfallbenutzerlösung genutzt werden kann.

10.3 Allgemeine Auswertungen technischer Standards

Für die Auswertung stehen im Standard vor allem die Bereiche des Benutzerinformationssystems sowie tabellengestützte Auswertungen zur Verfügung.

10.3.1 Benutzerinformationssystem

Reports im Benutzerinformationssystem
Das Benutzerinformationssystem wird über die Transaktion SUIM (Benutzerinformationssystem) aufgerufen. Es enthält die in Tabelle 10.2 dargestellten Reports. Zur Vereinfachung sind alle Einzelreports durch einen Gesamtreport (z. B. Benutzer nach komplexen Selektionskriterien) summarisch mit »…« gekennzeichnet. Die Tabelle enthält drei Spalten, die die Menüstruktur des Benutzerinformationssystems wiedergeben. Dabei kann ein Report der zweiten oder dritten Spalte zugeordnet sein. Ist er der zweiten Spalte zugeordnet, ist in dieser Zeile keine dritte Spalte mehr enthalten.

Ordner	Ordner/Report	Report
Benutzer	systemübergreifende Information (Zentrale Benutzerverwaltung)	Benutzer nach Systemen
		Benutzer nach Rollen
		Benutzer nach Profilen
	Benutzer nach Adressdaten	
	Benutzer nach komplexen Selektionskriterien	Benutzer nach komplexen Selektionskriterien
		…
	mit Falschanmeldung	
	nach Anmeldedatum und Kennwortänderung	
	mit kritischen Berechtigungen	

Tabelle 10.2 Benutzerinformationssystem

Ordner	Ordner/Report	Report
Rollen	Rollen nach komplexen Selektionskriterien	
	Suche nach Einzelrollen mit Berechtigungsdaten	
	...	
Profile	Profile nach komplexen Selektionskriterien	
	...	
Berechtigungen	Berechtigungen nach komplexen Selektionskriterien	
	...	
Berechtigungsobjekte	Berechtigungsobjekte nach komplexen Selektionskriterien	
	...	
Transaktionen	ausführbare Transaktionen (alle Selektionsmöglichkeiten)	
	...	
Vergleiche	von Benutzern	
	von Rollen	
	von Profilen	
	von Berechtigungen	
Verwendungsnachweis	Rollen	in Benutzern
	Profile	in Benutzern
		in Rollen
		in Sammelprofilen
	Berechtigungen	in Benutzern
		in Profilen
	Berechtigungswerte	in Benutzern
		in Rollen
		in Profilen
		in Berechtigungen
	Berechtigungsobjekte	in Programmen
	Sicherheitsrichtlinien	in Benutzern

Tabelle 10.2 Benutzerinformationssystem (Forts.)

Ordner	Ordner/Report	Report
Ände-rungs-belege	für Benutzer	
	für Rollenzuordnung	
	für Rollen	
	für Profile	
	für Berechtigungen	
	für Berechtigungsvorschläge	
	für Sicherheitsrichtlinien	
	für ZBV-Einstellungen	

Tabelle 10.2 Benutzerinformationssystem (Forts.)

Im Benutzersystem sind standardmäßige Auswertungen definiert, die eine Analyse von Berechtigungen benutzer-, rollen- und profilbezogen ermöglichen. Darüber hinaus sind Analysen nach verschiedenen Untersuchungsgegenständen möglich.

Selektion im Bericht Wie in allen SAP-Berichten kommt der präzisen Selektion eine herausragende Bedeutung zu. Im dargestellten Bericht *Benutzer nach komplexen Selektionskriterien* ist es fundamental, zwischen Menütransaktionen und Transaktionen in der Rolle zu unterscheiden. Über die Selektion nach zugeordneten Transaktionen im Menü werden ausschließlich die Rollen angezeigt, die die angegebene Transaktion im Menü enthalten. Diese Auswahl ist in Abbildung 10.4 mit ❶ gekennzeichnet. Ist Ihre Fragestellung, ob eine Rolle die Ausführberechtigung für eine bestimmte Transaktion enthält, müssen Sie in der SELEKTION NACH BERECHTIGUNGSWERTEN das Berechtigungsobjekt S_TCODE eintragen. Dann müssen Sie durch einen Klick auf den Button EINGABEWERTE die Eingabebereitschaft für Transaktionscodes herstellen und den Transaktionscode eintragen ❷.

Die mit dieser Selektion ausgeführte Analyse enthält alle Rollen, die die Berechtigung zum Ausführen der spezifizierten Transaktion enthalten.

Drill-down Aus den meisten Berichten ist ein Drill-down möglich. In diesem Bericht müssen Sie in das Anzeigen der Rolle (Transaktion PFCG) abspringen.

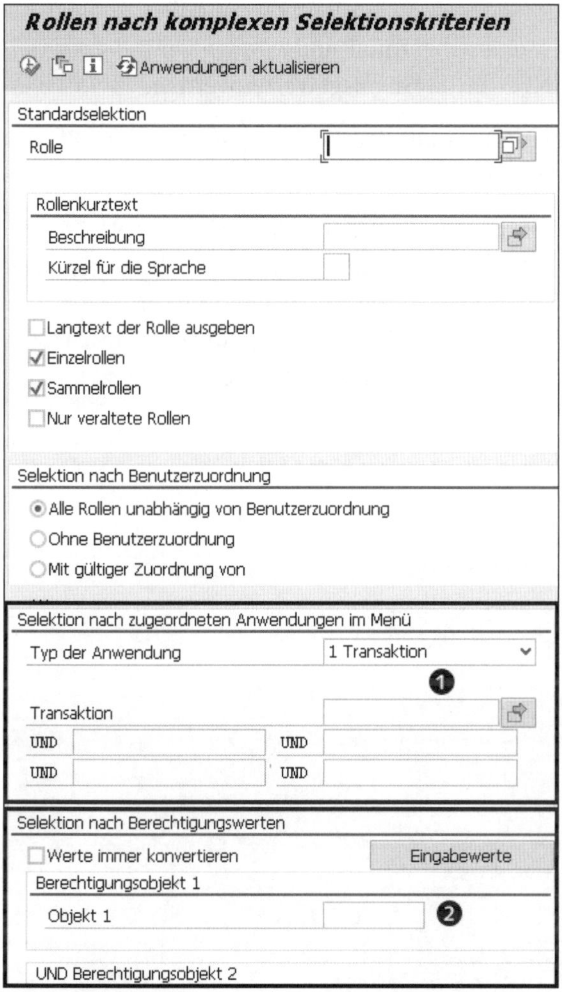

Abbildung 10.4 Rollen nach komplexen Selektionskriterien

Um nach Benutzer- bzw. Passwortsperren selektieren zu können, ist das Benutzerinformationssystem mithilfe des SAP-Hinweises 1695113 ergänzt worden. Dabei werden die Reports RSUSR200 und RSUSR002 um die Selektion verschiedener Benutzersperren oder -gültigkeiten erweitert. Sie haben nun die Möglichkeit, Benutzer nach Administrator- oder Passwortsperren bzw. nach der Gültigkeit der Benutzer auszuwählen.

Auswerten nach Benutzer- und Passwortsperren

Um Lizenzdaten zentral in einer Systemlandschaft auswerten zu können, können Sie ebenfalls das Benutzerinformationssystem verwenden. Mithilfe des SAP-Hinweises 1171185, der in dem Zentralsystem der Zentralen Benutzerverwaltung (ZBV) eingespielt sein muss, wer-

Lizenzdaten auswerten

den die Nutzertypinformationen aller Benutzer aus allen an der ZBV angeschlossenen Systemen abgerufen und können zentral über den Report RSUSR_SYSINFO_LICENSE ausgewertet werden.

Voraussetzung dafür ist, dass auf den Tochtersystemen der ZBV der SAP-Hinweis 1307693 eingespielt wurde.

Wir möchten Sie auch auf die SAP-Vorschlagsrolle *SAP_AUDITOR_SA_BC_CCM_USR – AIS – System Audit – Benutzer und Berechtigungen* hinweisen, diese enthält eine Reihe nützlicher Auswertungen, um die Sicherheit und Qualität eines Berechtigungskonzepts einschätzen zu können. Das Menü ist in Abbildung 10.5 dargestellt.

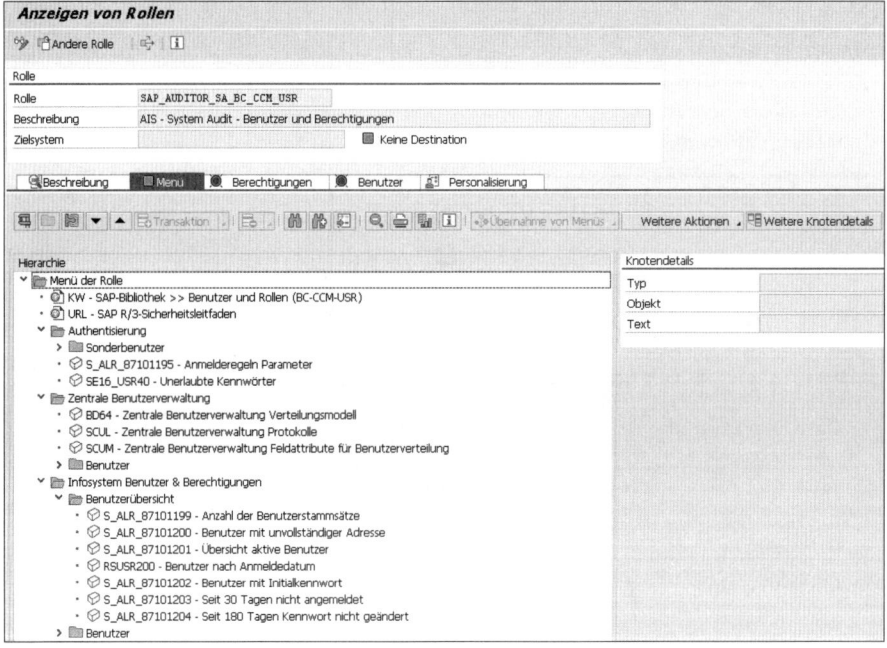

Abbildung 10.5 System Audit – Benutzer und Berechtigungen

10.3.2 Tabellengestützte Analyse von Berechtigungen

Um die Umsetzung und Einhaltung von Rollenkonzepten analysieren zu können, ist es sinnvoll, detaillierte Auswertungen auf Basis der einschlägigen Tabellen vorzunehmen, eine Auswahl ist in Tabelle 10.3 dargestellt. Es kann sinnvoll sein, diese Tabellen auch über eine Datenbank zugänglich zu machen, um detaillierte Auswertungen definieren zu können.

Technischer Name	Bezeichnung	Verwendung in Analysen (Vorschlag)
AGR_1016	Name des Profils der Aktivitätsgruppe	Auswertung der Profilnamen der Rollen
AGR_1250	Berechtigungsdaten zur Aktivitätsgruppe	Da die Rollen nur bis zum Objekt und nicht bis zur Feldebene ausgewertet werden (geringerer Umfang), eignet sich diese Tabelle, um Auswertungen gegen den Pflegestatus des Objekts zu fahren.
AGR_1251	Berechtigungsdaten zur Aktivitätsgruppe	detaillierte Analyse der Berechtigungen in Rollen, durch Filter auf (Object: S_TCODE) auch transaktionale Auswertungen möglich
AGR_1252	Organisationsebenen zu den Berechtigungen	Analyse der in einer Rolle enthaltenen Organisationsebenen
AGR_AGRS	Rollen in Sammelrollen	Analyse der in einer Sammelrolle enthaltenen Einzelrollen
AGR_DEFINE	Definition Rollen	Analyse der Ableitungsbeziehungen
AGR_USERS	Zuordnung Rollen zu Benutzern	Analyse der Rollenzuordnung zum Benutzer inklusive der Gültigkeitszeiträume und der indirekten Zuordnungen
PRGN_CUST	Customizing-Einstellungen zum Berechtigungswesen	Auswertung der Customizing-Einstellungen zum Berechtigungswesen; die offiziell zur Verwendung freigegebenen Schalter enthalten Verweise auf SAP-Hinweise, die den jeweiligen Schalter dokumentieren.
SSM_CUST	Einstellung von Werten für Session Manager	siehe Abschnitt 7.5, »Menükonzept«
T77UA	Strukturelle Profile	Analyse der Zuordnung strukturelles Profil – Benutzer

Tabelle 10.3 Für Analysen relevante Tabellen der Berechtigungsadministration

Technischer Name	Bezeichnung	Verwendung in Analysen (Vorschlag)
TBRG	Tabellenberechtigungsgruppen	Auswertung der vorhandenen Tabellenberechtigungsgruppen
TCDCOUPLES	Prüfung auf S_TCODE bei Call Transaction	Auswertung des Transaktionsaufrufs aus einer Transaktion (rufende Transaktion R → gerufene Transaktion)
TDDAT	Pflegebereiche für Tabellen	Auswertung der Zuordnung von Tabellenberechtigungsgruppen zu Tabellen
TOBC	Klasseneinteilung der Berechtigungsobjekte	Auswertung der Klasseneinteilung der Berechtigungsobjekte
TOBJ	Berechtigungsobjekte	Auswertung aller im System vorhandenen Berechtigungsobjekte inklusive der enthaltenen Felder
TSTC	SAP-Transaktionscodes	Auswertung, welches Programm zu einer Transaktion gehört
TSTCP	Parameter zu Transaktionen	Auswertung der in Parametertransaktionen hinterlegten Parameter (siehe Abschnitt 7.7, »Parameter- und Query-Transaktionen«)
TSTCT	Transaktionscode-Texte	Auswertung der Transaktionsbeschreibungen (Texte) einer Transaktion – sprachabhängig
USGRP	Benutzergruppen	Auswertung der im System vorhandenen Benutzergruppen
USH02	Änderungshistorie für Logon-Daten	Auswertung der Änderungen an Logon-Daten. Häufige Änderungen sind klärungsbedürftig und könnten auf Passwortmissbrauch hindeuten.

Tabelle 10.3 Für Analysen relevante Tabellen der Berechtigungsadministration (Forts.)

Technischer Name	Bezeichnung	Verwendung in Analysen (Vorschlag)
USH04	Änderungshistorie Berechtigungen	Wertet die Änderungen u. a. in Bezug auf die Anzahl der Profile aus. Eine Rolle enthält ein Profil, das aus mehreren Teilprofilen bestehen kann.
USH12	Änderungshistorie Berechtigungswerte	Ein Profil/Teilprofil enthält Berechtigungen. Deren Änderungen können hier analysiert werden.
USL04	CUA: Zuordnung Benutzer – Profile	Auswertungen für den Betrieb einer Zentralen Benutzerverwaltung möglich: Benutzer – Empfängersystem – Rolle oder Profil
USLA04	CUA: Zuordnung Benutzer – Rollen	Auswertungen für den Betrieb einer Zentralen Benutzerverwaltung möglich: Benutzer – Empfängersystem – Rolle oder Profil
USOBT	Relation Transaktion → Ber.objekt	Analyse der Auslieferungswerte »Vorschläge für den Profilgenerator«
USOBT_C	Relation Transaktion → Ber.objekt (Kunde)	Analyse der kundeneigenen »Vorschläge für den Profilgenerator«
USOBT_CD	Änderungshistorie für Feldwerte	Analyse der Feldwertänderungen
USR01	Benutzerstamm (Runtimedaten)	Analyse der Daten im Benutzerstamm
USR02	Anmeldedaten (kernelseitige Verwendung!)	Analyse der Daten im Benutzerstamm u. a. in Bezug auf Benutzertyp, Benutzergruppe, Benutzersperren und letztes Login-Datum
USR05	Benutzerstamm Parameter-ID	Analyse der Parameter-IDs und Werte im Benutzerstamm

Tabelle 10.3 Für Analysen relevante Tabellen der Berechtigungsadministration (Forts.)

Technischer Name	Bezeichnung	Verwendung in Analysen (Vorschlag)
USR07	Objekt und Werte der letzten misslungenen Ber.prüfung	Analyse der Objekte und Werte der letzten misslungenen Berechtigungsprüfung – SU53 (Daten)
USR10	Benutzerstamm Berechtigungsprofile	Auswertung, welche Profile manuell oder automatisch angelegt wurden
USRSYSACT	CUA: Rollen in verteilten Systemen	Auswertungen für den Betrieb einer Zentralen Benutzerverwaltung möglich
USRSYSACTT	CUA: Rollentexte in verteilten Systemen	
USRSYSPRF	CUA: Profile in verteilten Systemen	
USRSYSPRFT	CUA: Profiltexte in verteilten Systemen	
UST04	Benutzerstämme	Auswertung von Benutzerstämmen in Bezug auf zugeordnete Profile

Tabelle 10.3 Für Analysen relevante Tabellen der Berechtigungsadministration (Forts.)

Beispiel für Mapping

Ein Beispiel für ein sinnvolles Mapping ist die Kombination der Tabelle AGR_1251, eingeschränkt auf manuelle Pflege von Transaktionen im Profil (Object: S_TCODE; Modified: »X«) mit der Tabelle AGR_USERS, eingeschränkt auf den aktuellen Gültigkeitszeitraum. Damit lässt sich auswerten, wie viele Benutzer Rollen haben, die »verborgene« Transaktionen enthalten und somit regelmäßig nicht regelkonform sind.

10.4 AGS Security Services

Sicherheitsfunktionen, Sicherheitsqualität und Sicherheitsservices

Die Sicherheit eines SAP-Systems im Betrieb kann durch verschiedene Maßnahmen sichergestellt werden. Zunächst einmal kümmert sich SAP als Produkthersteller selbst um die Sicherheit der von ihr erstellten Software: Zum einen werden umfangreiche Sicherheitsfunktionen bereitgestellt, wie z. B. Benutzerverwaltung, Authentifizierungs- und Verschlüsselungsfunktionen, Sicherheitsfunktionen für Webservices oder die verschiedenen Berechtigungssysteme. Auch Produkte wie SAP Identity Management oder SAP Governance, Risk, and Compliance (GRC) gehören mit zu diesen Sicherheitsfunktionen. Zum anderen investiert SAP in die Sicherheitsqualität ihrer Produkte, um Sicherheitsschwachstellen, die von Hackern missbraucht werden könnten, so weit wie möglich zu beseitigen.

Gute Sicherheitsfunktionen und hohe Sicherheitsqualität helfen aber nur, wenn auch im Betrieb auf Sicherheit geachtet wird, sprich, wenn SAP-Systeme auch ausreichend sicher installiert, konfiguriert und genutzt werden.

In den Security Services *https://service.sap.com/sos* des SAP Active Global Support (kurz AGS Security Services) werden Informationen, Dienstleistungen und Werkzeuge zusammengefasst, die Kunden genau dabei unterstützen. Diese Services bündeln Erfahrungen aus dem laufenden Support, aus der engen Zusammenarbeit mit Kunden und aus der Servicelieferung zu konsolidierten Best Practices zu Security.

Best Practices sind von Kunden erprobte Empfehlungen, um einen für alle SAP-Systeme sinnvollen Grundschutz in Bezug auf die Sicherheit der Systeme zu erreichen. Wenn Sie spezielle Sicherheitsanforderungen haben oder besonders kritische Systeme betreiben, können darüber hinaus zusätzliche Sicherheitsmaßnahmen erforderlich sein. Doch auch in solchen Fällen gilt, dass die in den Best Practices empfohlenen Maßnahmen auf jeden Fall umgesetzt werden sollten. Mindestens sollten sie aber eingehend geprüft und auf dieser Grundlage eine fundierte Entscheidung getroffen werden.

Best Practices für den Grundschutz von SAP-Systemen

Die Best Practices können Sie in drei Automatisierungsstufen nutzen: Erstens werden Informationen und Empfehlungen in Form von Dokumenten und Berichten zugänglich gemacht. Zweitens werden Teile dieser Empfehlungen als Remote Services teilautomatisiert und als klar definierte Angebotspakete bereitgestellt. Diese Remote Services können z. B. im Rahmen eines Enterprise-Support- oder MaxAttention-Vertrags abgerufen werden. Besonders häufig genutzte Services können drittens in einer weiteren Automatisierungsstufe als vollautomatisierte Self-Services eingesetzt werden, die Kunden dann je nach Bedarf direkt selbst nutzen können. Die Zusammenarbeit von Kunden und Support sowie die Ableitung von Best Practices sind in Abbildung 10.6 dargestellt.

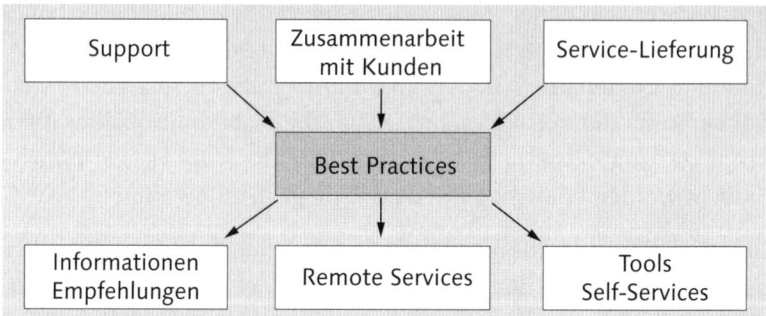

Abbildung 10.6 Best Practice Based Services

Informationen über die AGS Security Services finden Sie im SAP Service Marketplace über den Link *https://service.sap.com/sos*.

SAP Solution Manager als zentrale Plattform

Zentrale Plattform für alle technisch unterstützten Services ist dabei der SAP Solution Manager. Im SAP Solution Manager werden technische Metadaten über die angeschlossenen Systeme der jeweiligen SAP-Systemlandschaft vorgehalten. Es stehen operative technische Daten aus den Systemen zur Verfügung. Des Weiteren können über den SAP Solution Manager auch Datensammlungen auf den angeschlossenen Systemen angestoßen werden, die z. B. für die Durchführung von Self-Services benötigt werden. Der SAP Solution Manager ist somit ein wichtiges zentrales System zur Pflege, Überwachung und Steuerung der angeschlossenen SAP-Systemlandschaft.

10.4.1 Secure Operations Standard und Secure Operations Map

Secure Operations Standard

Empfehlungen für den sicheren Betrieb von SAP-Systemen sind im *SAP End-to-End Solution Operations Standard for Security*, kurz *Secure Operations Standard*, zusammengestellt. Der Secure Operations Standard enthält allgemeine Empfehlungen, Querverweise auf bereits existierende Dokumente und Empfehlungen etwa im SAP Help Portal, im SAP Service Marketplace (z. B. auf die Security Guides), im SAP Community Network (SCN, ehemals SAP Developer Network – SDN) oder unter *http://www.sap.com*.

Der Secure Operations Standard soll dabei die Informationen, die zur Sicherheit von SAP-Systemen bereits verfügbar sind, nicht ersetzen. Er dient vielmehr dazu, einen Überblick über die Sicherheit im Hinblick auf den Betrieb von SAP-Systemen zu geben. Gleichzeitig stellt er einen Wegweiser dar, der gezielt durch die vielen vorhandenen Informationen und Empfehlungen zum sicheren Betrieb von SAP-Systemen führt und jeweils auf relevante Inhalte verweist.

Die Secure Operations Map sehen Sie in Abbildung 10.7. Die einzelnen Themen sind in den Überschriften (z. B. Audit) zusammengefasst. Die Secure Operations Map verschafft Ihnen einen Überblick über die inhaltliche Struktur der für einen sicheren Betrieb von SAP-Systemen wichtigen Aspekte. Sie ist Teil der Security Services des AGS und wurde in Anlehnung an SAPs Security Solution Map erstellt. Während jene jedoch Produkte und Funktionen aufzeigt, die von SAP und SAP-Partnern für die Sicherheit bereitgestellt werden, fokussiert die Secure Operations Map auf den sicheren Betrieb von SAP-Systemen.

Secure Operations Map

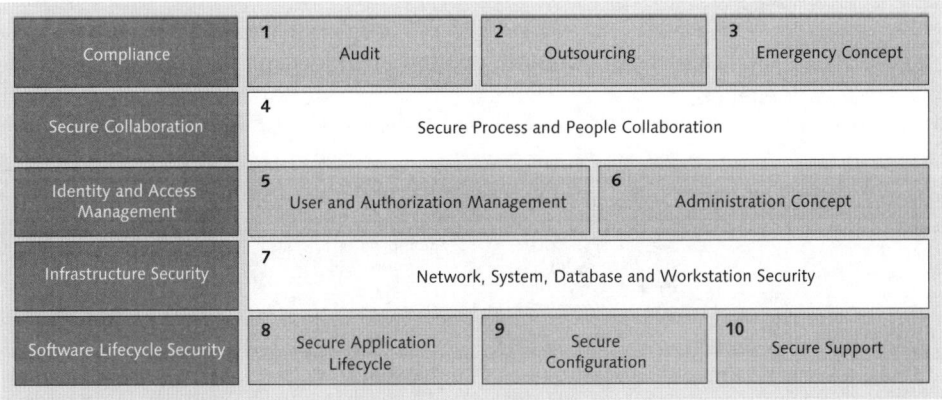

Abbildung 10.7 Secure Operations Map

Auch zum Berechtigungsmanagement und zu den verfügbaren Werkzeugen sind im Secure Operations Standard Empfehlungen auf oberster Ebene unter *User and Authorization Management* vorhanden. Da die Kapitel dieses Buches dieses Thema viel umfassender behandeln als der Secure Operations Standard, gehen wir an dieser Stelle auf seine Empfehlungen zum Berechtigungswesen nicht näher ein.

10.4.2 Berechtigungs-Checks im SAP EarlyWatch Alert und Security Optimization Service

Die wichtigsten technischen Services der AGS Security Services im Hinblick auf Berechtigungen sind das Security-Kapitel im SAP Early-Watch Alert (EWA), der Security Optimization Service (SOS) und die

Berechtigungs-Checks in Security Services

Berechtigungsanteile in der Configuration Validation, die im folgenden Abschnitt beschrieben wird. EWA und SOS können von Ihnen
selbst durchgeführt werden. Sie finden sich im SAP Solution Manager. Abhängig von Ihrem Wartungsmodell sind unterschiedliche Services des AGS möglich.

Drei Services   Der EWA und der SOS sind Services, mit denen Sie SAP-Systeme
gegen Empfehlungen von SAP abgleichen können. Die Configuration
Validation hingegen prüft nicht gegen Empfehlungen der SAP; sie
stellt vielmehr ein Werkzeug dar, mit dem Systeme gegen unterneh-
mens- oder organisationsinterne Vorgaben und Regelungen geprüft
werden können. Die Configuration Validation kann somit dazu
genutzt werden, die Compliance von Systemen in Bezug auf interne
und externe Anforderungen zu überwachen und sicherzustellen. In
Abbildung 10.8 werden die drei Security Services einander gegenübergestellt: Sie sehen, dass der EWA regelmäßige Überblicke gibt,
SOS und Configuration Validation hingegen Detailanalysen bereitstellen.

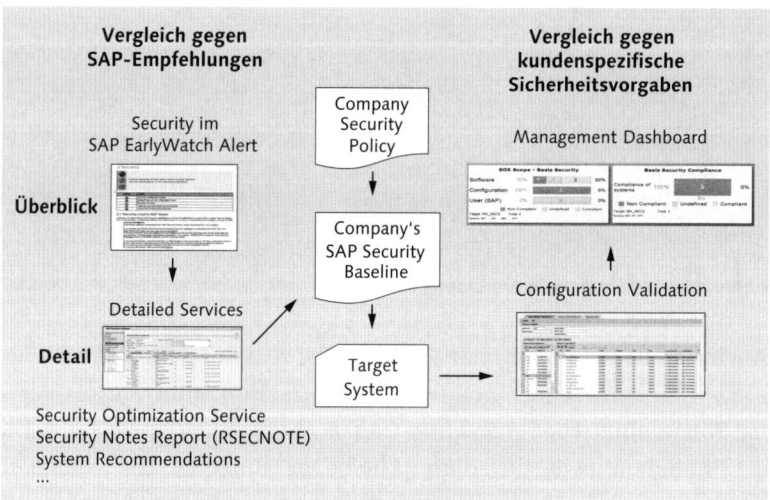

Abbildung 10.8 Einordnung wesentlicher Security Services

In den folgenden Abschnitten fokussieren wir uns zunächst auf die
Berechtigungs-Checks im EWA und im SOS. Mehr über die Berechtigungsprüfungen in der Configuration Validation erfahren Sie dann
in Abschnitt 10.4.3, »Reporting über die Zuordnung kritischer
Berechtigungen mithilfe der Configuration Validation«.

Struktur der Berechtigungs-Checks

Die Berechtigungs-Checks sowohl im EWA als auch im SOS haben immer die gleiche Grundstruktur:

Struktur von Berechtigungs-Checks

1. Die Überschrift benennt den betreffenden Check.

2. Ein kurzer Text beschreibt inhaltlich, welche Bedeutung die betreffende Berechtigung hat und welches Risiko droht, wenn diese Berechtigung unnötig vergeben wird.

3. Eine Liste gibt an, wie viele Benutzer mit der jeweiligen Berechtigung in den verschiedenen Mandanten des analysierten SAP-Systems gefunden wurden. Im SOS können außerdem je nach Report-Einstellung jeweils alle oder einige beispielhafte Benutzer mit dieser Berechtigung mit aufgeführt sein.

4. Im SOS folgt je Check eine Empfehlung, was getan werden kann, um das im Service identifizierte Risiko zu minimieren. Bei Berechtigungen ist dies oftmals der Hinweis auf entsprechende Transaktionen zur Prüfung und Pflege von Berechtigungen und Berechtigungsvergaben sowie die Empfehlung, unnötige Berechtigungen zu reduzieren.

5. Eine abschließende formale Beschreibung gibt an, welche technischen Berechtigungen für den jeweiligen Check tatsächlich geprüft wurden. Dabei ist zu beachten, dass nicht nur auf die dort explizit genannten Transaktionscodes geprüft wird, sondern auch auf äquivalente Transaktionscodes zugehöriger Parameter- oder Varianten-Transaktionen.

Berechtigungs-Checks im EWA

Für die Security ist der EarlyWatch-Alert-Bericht (EWA-Bericht) der erste und wichtigste Einstiegspunkt, um kritische Informationen über den Sicherheitszustand eines SAP-Systems zu bekommen. Der EWA besteht aus einem Dokument, das nach Durchführung der technischen Analyse automatisch erstellt werden kann. Dem EWA liegt ein Ampelkonzept zugrunde: Rote, gelbe und grüne Ampeln signalisieren, ob ein Problem besteht oder nicht.

EWA-Bericht: Einstiegspunkt für Security

Im EWA-Security-Kapitel sind einige wenige ausgewählte, besonders kritische Sicherheits-Checks zusammengestellt. Zum Themenbereich *Berechtigungen* werden mit Stand von März 2016 insgesamt sieben kritische Berechtigungen abgeprüft:

Berechtigungsprüfungen im EWA

1. Superuser-Accounts (Accounts mit Berechtigungsprofil `SAP_ALL`)
2. Benutzer mit Berechtigung *Display all Tables*
3. Benutzer mit Berechtigung *Start all Reports*
4. Benutzer mit Berechtigung *Debug/Replace*
5. Benutzer mit Berechtigung *Display Other Users Spool Request*
6. Benutzer mit Berechtigung *Administer RFC Connections*
7. Benutzer mit Berechtigung *Reset/Change User Passwords*

Scharfe Prüfung auf SAP_ALL im EWA

Die erste Berechtigungsprüfung auf Superuser-Accounts hat dabei eine Sonderstellung. Alle anderen Berechtigungen sind in einem bestimmten Umfang in den meisten SAP-Systemen erforderlich. Die Berechtigung `SAP_ALL` sollte jedoch grundsätzlich vermieden werden. Daher geht dieser Check unmittelbar auf Gelb, sobald in irgendeinem Mandanten auch nur ein einziger Nutzer mit dem Berechtigungsprofil `SAP_ALL` gefunden wird.

Prüfregel für weitere kritische Basisberechtigungen

Für die anderen sechs Prüfungen auf kritische Basisberechtigungen gilt eine etwas weichere Regel. Der Check wird für eine der sechs Berechtigungen mit Gelb gewertet, sobald ein Mandant auf dem System gefunden wird, auf den mindestens eine der beiden folgenden Bedingungen zutrifft (ODER-Prüfung):

▶ Mehr als 75 Nutzer haben die in diesem Check geprüfte Berechtigung.

▶ Mehr als 10 % aller Nutzer haben die in diesem Check geprüfte Berechtigung, mindestens jedoch elf Nutzer.

SAP-Hinweis 863362

Eine genaue und jeweils aktuelle Beschreibung der Sicherheits-Checks im EWA finden Sie in SAP-Hinweis 863362 (Sicherheitsüberprüfungen im SAP EarlyWatch Alert).

Da die Sicherheits-Checks im EWA (und auch des SOS) bei Bedarf von SAP aktualisiert und an neue Sicherheitsanforderungen und Sicherheitslagen angepasst werden, empfiehlt es sich sehr, auf dem betreffenden Solution Manager die Softwarekomponente ST-SER, die die Definition der durchzuführenden Checks enthält, möglichst aktuell zu halten und das automatische Content-Update im Solution Manager zu aktivieren.

Häufung kritischer Berechtigungen

Wird eine Häufung kritischer Berechtigungen gefunden, wird im EWA jedoch nie eine rote Bewertung vergeben. Es treten in der Praxis immer wieder Fälle auf, bei denen diese EWA-Prüfung anschlägt,

eine genauere Betrachtung jedoch ergibt, dass die vom EWA ange-
mahnten kritischen Berechtigungen im konkreten Fall berechtigt
oder vom Unternehmen oder der betreffenden Organisation ausdrücklich so akzeptiert und gewollt sind. Dieser Effekt tritt außerdem bei der Betrachtung unterschiedlicher Systemrollen auf. Zum
Beispiel sollten Sie die Berechtigung *Debug/Replace* im Produktivsystem unbedingt vermeiden; im Entwicklungssystem ist ihr Einsatz
hingegen völlig normal. Ferner sind auch Berechtigungen in unterschiedlichen Systemtypen zu unterscheiden, z. B. in einem SAP-ERP-
System im Gegensatz zu einem SAP-PI- oder einem SAP-BW-System.
Die Berechtigung *Debug/Replace* kann in einem System, das bilanzwirksame Geschäftsvorfälle beinhaltet, als eindeutiger Verstoß gegen
das Radierverbot gewertet werden. Dies ist in einem nur für das
Reporting genutzten BW-System eben nicht der Fall.

Die Farbcodierung führt immer wieder zu Kritik an den gelben
Bewertungen im EWA-Bericht. Manche Kunden können im EWA
keine grüne Bewertung erreichen, da die gewollte und genehmigte
Rechtevergabe gegen die fixen EWA-Regeln verstößt. Dabei ist problematisch, dass das dauerhaft gelbe Rating seine Alarmwirkung ver-
liert. Gleichzeitig ist der EWA aus gutem Grund nicht kundenspezifisch einstellbar: SAP möchte den Kunden mit dem EWA auf als
kritisch erkannte Berechtigungen hinweisen.

»Gewollter«
Regelverstoß

Unsere Darstellung der Berechtigungs-Checks im EWA gilt »nur« für
ABAP-Systeme und bezieht sich dort auch »nur« auf die Basis. Zum
Zeitpunkt des Erscheinens dieses Buches (Stand März 2016) gibt es
im EWA nur für ABAP-basierte SAP-Systeme ein eigenes Security-
Kapitel. Die Bereitstellung von Security-Kapiteln für EWA-Berichte
für andere Technologien ist jedoch geplant.

Security-Kapitel
im EWA bislang
nur für ABAP

Berechtigungs-Checks im SOS

Im SOS für ABAP gibt es ungleich mehr Berechtigungs-Checks als im
EWA-Security-Kapitel. Insgesamt sind im SOS aktuell 110 Berechtigungs-Checks definiert (Stand März 2016) – einschließlich 16 kritischer Berechtigungschecks für SAP ERP HCM. Die vollständige Liste
aller Berechtigungs-Checks im SOS einschließlich Beschreibungen ist
im SAP Service Marketplace auf der Seite *https://service.sap.com/sos*
in der Media Library zum Nachschlagen verfügbar (Dokument *Security Optimization Service – ABAP Checks*). Mit dieser Zahl an Prüfun-

Liste der
Berechtigungs-
Checks

gen ist über den SOS eine erheblich genauere Analyse eines Systems auf kritische Berechtigungen möglich. Zurzeit (Stand März 2016) beschränkt sich der SOS dabei auf Prüfungen auf kritische Basisberechtigungen sowie auf kritische HR-Berechtigungen.

»Whitelists« für Berechtigungs-Checks im »Questionnaire«

Anders als für den EWA ist es beim SOS möglich, sogenannte Whitelists anzugeben, also Listen mit Benutzern, die kritische Berechtigungen haben dürfen, weil sie z. B. Administratoren sind. Diese Whitelists können in der SOS-Session im sogenannten Questionnaire definiert und gepflegt werden. Im SOS-Bericht werden Benutzer, die eine geprüfte kritische Berechtigung haben, die jedoch gleichzeitig in der entsprechenden Whitelist aufgeführt sind, in dem betreffenden Check nicht mehr angezeigt. Gibt es außer Benutzern auf der entsprechenden Whitelist keine weiteren Benutzer mit dieser kritischen Berechtigung, wird der Check in dem Bericht nicht aufgeführt, da es dann ja keine Verstöße mehr zu berichten gibt.

Vorgehensweise zum Umgang mit Check-Ergebnissen

Die empfohlene Vorgehensweise zum Umgang mit den Ergebnissen von Berechtigungs-Checks im SOS ist daher:

1. Prüfen Sie bei allen gefundenen Benutzern, ob sie die gefundene kritische Berechtigung benötigen.

2. Nehmen Sie die Benutzer, die die Berechtigung benötigen (und haben dürfen), in die entsprechende Whitelist auf.

3. Entziehen Sie den Benutzern, die die Berechtigung nicht haben sollen, diese Berechtigung.

Beim nächsten SOS-Lauf müsste dieser Check dann aus dem Bericht verschwinden – sofern die Berechtigung in der Zwischenzeit nicht noch zusätzlich weiter vergeben wurde.

Prüfung auf Berechtigungs-profil SAP_ALL im SOS

Auch im SOS gibt es wie im EWA als ersten Berechtigungs-Check eine Prüfung auf Benutzer, die das Profil SAP_ALL haben. Im Unterschied zum EWA werden jedoch die gefundenen Benutzer mit Berechtigungsprofil SAP_ALL in allen folgenden Berechtigungs-Checks des SOS dann ausgeblendet.

Auch für diesen Check auf SAP_ALL gibt es eine Whitelist, falls Sie bestimmten Benutzern – z. B. »Firefighter«-Accounts – doch das Berechtigungsprofil SAP_ALL zugestehen möchten.

Diese Whitelist zum SAP_ALL-Check kann allerdings nicht dazu genutzt werden, um bestimmte Benutzer aus allen Berechtigungs-

Checks des SOS auszuschließen – was manche schon vergeblich versucht haben. Falls ein Benutzer kein SAP_ALL hat, ist das Eintragen in die Whitelist für SAP_ALL für diesen Benutzer wirkungslos. Er wird dementsprechend in allen folgenden Berechtigungs-Checks wie üblich geprüft und in den entsprechenden Ergebnissen angezeigt.

Der SOS-Bericht enthält je nach Durchführung der SOS-Session für die einzelnen Berechtigungs-Checks entweder die vollständige Liste aller Benutzer mit der Berechtigung (ohne die Benutzer auf der Whitelist) oder aber auch nur Beispiele konkreter Benutzer oder nur die Gesamtzahl ohne konkrete Beispiele. Die vollständige Liste kann jedoch stets im zugehörigen ST14-Download nachgeschlagen werden, der im Solution Manager über den Analysis Browser betrachtet werden kann. Die Identifikation der richtigen Teilliste erfolgt dabei über die Check-ID, die im Bericht in jeder Check-Überschrift als vierstellige Nummer in Klammern angehängt ist. Unter dieser Nummer finden Sie dann im ST14-Download die vollständige Liste aller Benutzer mit dieser Berechtigung. Die Whitelists sind dabei noch nicht berücksichtigt, da sie noch nicht bei der Sammlung des Downloads, sondern erst bei seiner Auswertung für den Bericht angewendet werden.

Benutzerlisten zu einer kritischen Berechtigung im Download

Kundenspezifische Berechtigungs-Checks im SOS

Im SOS gibt es außerdem die Möglichkeit, kundenspezifische Berechtigungs-Checks zu definieren und ebenfalls ausführen zu lassen. Dabei können Sie über verknüpfte Berechtigungsobjekte definieren, auf welche Berechtigungen geprüft werden soll.

Kundenspezifische Berechtigungs-Checks im SOS

Im SOS sind die Check-IDs 9000 bis 9999 für kundenspezifische Berechtigungen reserviert. Es können daher bis zu 1.000 verschiedene kundenspezifische Berechtigungskombinationen als zusätzliche Prüfungen definiert werden.

Es gibt dabei sowohl Whitelists für jede einzelne dieser Prüfungen als auch eine Gesamt-Whitelist, mit der Benutzer aus allen kundenspezifischen Berechtigungs-Checks ausgenommen werden können.

Whitelists für kundenspezifische Berechtigungs-Checks

Umgang mit großen SOS-Berichten

SOS-Berichte können recht umfangreich werden, insbesondere wenn ein SAP-System erstmals mit einem SOS detailliert auf Sicherheit untersucht wird und auch die Whitelists im Questionnaire noch nicht gepflegt sind. Berichtsumfänge von bis zu 200 Seiten sind dabei nicht unüblich.

Ein solch umfangreicher Bericht birgt das Risiko, dass die Menge der gefundenen betrachtenswerten Ergebnisse der Sicherheitsanalyse dazu führt, dass im schlimmsten Fall gar nichts unternommen wird. Entweder wird das Gesamtergebnis als ohnehin nicht lösbar einge-stuft, oder es wird ein umfangreiches Projekt definiert, das dann intern nicht durchgesetzt werden kann.

Schrittweise Bearbeitung

Das Ziel des SOS ist aber, zu Verbesserungen zu führen, die durchaus auch inkrementell erfolgen dürfen. Deshalb ist es völlig in Ordnung und wird auch empfohlen, zunächst mit einer handhabbaren Menge der kritischsten Ergebnisse zu beginnen und die Bearbeitung weite-rer Ergebnisse auf eine spätere Runde zu verschieben.

Kandidaten für kritische SOS-Ergebnisse

Um eine solche Vorgehensweise zu unterstützen, hat das AGS Secu-rity Services Team eine Liste von Kandidaten kritischer SOS-Ergeb-nisse bereitgestellt, auf die Sie einen konkreten SOS-Bericht vorran-gig abprüfen können. Diese Liste finden Sie im Master-Foliensatz des AGS Security Services, der ebenfalls im SAP Service Marketplace in der Media Library unter *https://service.sap.com/sos* zu finden ist.

10.4.3 Reporting über die Zuordnung kritischer Berechti-gungen mithilfe der Configuration Validation

Configuration Validation zur Prüfung gegen kundenspezifische Sicherheitsvor-gaben

Der SOS und der EWA prüfen ein SAP-System gegen Empfehlungen der SAP. Den EWA können Sie als Kunde nicht selbst anpassen; der SOS kann über das Questionnaire modifiziert werden und dort ins-besondere über die Whitelists auch nur in begrenztem Umfang.

Sobald auf Kundenseite auf Basis der Ergebnisse dieser Prüfungen sowie weiterer firmeninterner Richtlinien und Security Policies eine kundenspezifische Festlegung der Sicherheitsanforderungen an SAP-Systeme (auch als *SAP Security Baseline* bezeichnet) erfolgt ist, sind der SOS und der EWA daher nur noch begrenzt geeignet. Abwei-chungen im Sinne einer Abmilderung von Anforderungen müssten jeweils manuell begründet und dokumentiert werden. Verschärfun-gen sind nicht abbildbar.

Für den Abgleich der Sicherheitskonfiguration von SAP-Systemen einschließlich der Überwachung kritischer Berechtigungen gegen kundenspezifische Sicherheitsvorgaben ist daher ein anderes Werkzeug besser geeignet: Die Configuration Validation, die ebenfalls über den SAP Solution Manager bereitgestellt wird.

Für die Configuration Validation werden die kundenspezifischen Sicherheitsvorgaben technisch in einem sogenannten *Target System* codiert, das damit die Soll-Werte für die SAP-Systeme enthält. Mit der Configuration Validation kann dann eine Vielzahl von SAP-Systemen simultan und auf täglicher Basis gegen ein entsprechendes Target System auf Abweichungen abgeglichen werden. Für Gruppen von SAP-Systemen, die verschiedenen Sicherheitsanforderungen unterworfen werden sollen, können auch mehrere unterschiedliche Target Systems erstellt werden, die dann jeweils entsprechend für den Abgleich verwendet werden können.

Target System als Soll-Wert-Vorgabe

Auch wenn Sie über eine kundenspezifische SAP Security Baseline samt entsprechenden Target Systems verfügen, verlieren SOS und EWA dadurch dennoch nicht ihren Wert und sollten auch weiterhin ein- bis zweimal jährlich durchgesehen werden. SAP aktualisiert ihre Vorgaben und Empfehlungen in EWA und SOS fortlaufend und passt sie an neue Erkenntnisse, Angriffsmethoden und Empfehlungen an. Diese neuen Informationen können dann – sofern sie auf die betrachteten Systeme zutreffen – durch gelegentliche Betrachtung der EWA- und SOS-Berichte erkannt und für eine Aktualisierung der kundenspezifischen SAP Security Baseline sowie der Target Systems genutzt werden.

Zusätzliche Nutzung von EWA und SOS

Berechtigungen können in der Configuration Validation ab Version 7.1 des SAP Solution Managers in zweierlei Weise berücksichtigt werden: Zum einen können direkt kritische Berechtigungskombinationen definiert werden, die – bis auf auch in der Configuration Validation über Whitelists definierbare Ausnahmen – in den überwachten Systemen so nicht vergeben sein dürfen. Zum anderen ermöglicht die Configuration Validation inzwischen auch die Überwachung sogenannten *RFC-Hoppings*. Es können mit der Configuration Validation RFC-Destinations mit hinterlegten Logon-Daten identifiziert werden, bei denen der eingetragene Benutzer auf dem Zielsystem über kritische Berechtigungen wie SAP_ALL verfügt.

Berechtigungsrelevante Prüfmöglichkeiten

10.5 Fazit

Unsere Darstellung kann weder umfassend noch ausnahmslos passend sein. Standards »to go« gibt es nicht. Die Standards, die wir Ihnen vorgestellt haben, sind allerdings diejenigen, die wir in einem Berechtigungsreview u. a. prüfen. Ein Abweichen von diesen Standards führt zu weiteren Prüfungen, ob die Abweichung sachlogisch geboten ist und wie sie kompensiert wird.

Neben diesen Standards müssen Sie eigene Standards formulieren. Die »To-go«-Empfehlung ist: Zu jedem Standard gehört auch immer die Kontrolle, die prüft, ob dieser Standard eingehalten wird. Welche Möglichkeiten Sie in diesem Zusammenhang haben, haben wir in diesem Kapitel exemplarisch dargelegt.

Mit SAP Access Control können Sie Ihr internes Kontrollsystem mit den organisatorischen, funktionalen und technischen Anforderungen Ihrer Systemlandschaft verbinden. Damit schaffen Sie die Grundlage für regelkonforme Berechtigungen.

11 SAP Access Control

SAP Access Control ist ein Werkzeug zur Pflege und Überwachung von Berechtigungen. Es ermöglicht die Pflege von Regeln und Kontrollen und auf dieser Grundlage die regelkonforme Zuweisung von Berechtigungen. Ziel dieses Kapitels ist es, Sie in die Funktionen von SAP Access Control einzuführen.

Zunächst geben wir Ihnen einen Überblick über die Lösung: In Abschnitt 11.2, »Access Risk Analysis«, wenden wir uns der Risikodefinition und den Kontrollen zu. In Abschnitt 11.3, »Business Role Management«, stellen wir die Integration der Rollenpflege in SAP Access Control vor, um dann in Abschnitt 11.4, »User Access Management«, zu zeigen, wie auch die Zuordnung von Berechtigungen zu Benutzern regelkonform gewährleistet werden kann. Wir beenden das Kapitel mit einem Überblick über die Komponente für den Notfallzugriff von SAP Access Control in Abschnitt 11.5, »Emergency Access Management«.

11.1 Grundlagen

Im Verlauf dieses Buches haben Sie erfahren, was bei der Erstellung eines Regelwerks, das Funktionstrennungskonflikte und kritische Berechtigungen enthält, zu beachten ist. Es ist deutlich geworden, dass für eine funktionierende, regelkonforme Berechtigungsverwaltung unterschiedliche IT-Systeme und Werkzeuge für die Berechtigungspflege zusammengebracht werden müssen.

Anforderungen an eine Softwarelösung

Eine Softwarelösung, die Benutzerberechtigungen in einer Systemlandschaft analysiert und verwaltet, muss in der Lage sein, diese Auswertung auch in technisch unterschiedlichen Systemen umfassend durchzuführen.

Allein in SAP ERP gibt es mehr als 110.000 Transaktionen, die meistens durch mehrere Berechtigungsobjekte geschützt sind, mehr als 2.700 Berechtigungsobjekte, die bis zu zehn Felder enthalten können, sowie mehr als 1.800 Felder. Hier müssen kritische Transaktionen, Berechtigungen und Kombinationen von Transaktionen und Berechtigungen (Funktionstrennungskonflikte) identifiziert werden. Welche Funktionstrennungskonflikte es geben kann, haben wir bereits in Abschnitt 5.5, »Maßgaben für die Funktionstrennung«, beschrieben. Dort haben wir Ihnen (am Beispiel des Beschaffungsprozesses) auch mögliche Freigabeschritte vorgestellt. Funktionstrennungskonflikte können jedoch nicht nur innerhalb eines Systems auftreten, sie sind in der Regel auch im Zusammenspiel mehrerer Systeme nachzuweisen (siehe z. B. Abbildung 5.8 in Kapitel 5, »Berechtigungen in der Prozesssicht«, in der die Integration von SAP ERP und SAP CRM im Vertriebsprozess dargestellt wird).

Wirksame Funktionstrennung

Eine wirksame Funktionstrennung kann aber nur erreicht werden, wenn umfassende und detaillierte Funktionstrennungsdefinitionen auf der Ebene von Transaktion, Berechtigungsobjekt und Feldwert vorhanden sind, die sowohl während der Rollenpflege als auch während der Benutzerpflege eingehalten werden. Erst dann können Funktionstrennungskonflikte und damit die zugriffsbezogenen Risiken ausgewertet und vermieden werden.

Drei Schritte zur Regelkonformität

Basierend auf validen Risikodefinitionen können Berechtigungen effizient regelkonform gehalten werden. Auf dem Weg zur Regelkonformität müssen Sie folgende drei Schritte durchlaufen (siehe Abbildung 11.1):

❶ Rollen frei von Funktionstrennungskonflikten gestalten
Grundsätzlich müssen alle Einzelrollen frei von Funktionstrennungskonflikten sein. Dies ist die minimale Anforderung an ein regelkonformes Rollenkonzept. Bei Sammel- oder Enterprise-Rollen ist dies sehr stark konzeptabhängig, trotzdem empfehlen wir auch in diesen Fällen, sie möglichst frei von Funktionstrennungskonflikten zu halten.

❷ **Berechtigungen ohne Funktionstrennungskonflikte zuweisen**
Im zweiten Schritt geht es darum, den Benutzern möglichst ohne Funktionstrennungskonflikte Berechtigungen zuzuweisen, nachdem die Rollen bereinigt worden sind.

❸ **Funktionstrennungskonflikte benutzerbezogen akzeptieren**
Der dritte Schritt ermöglicht es, Funktionstrennungskonflikte benutzerbezogen zu akzeptieren. Das ist deshalb wichtig, weil es nicht immer möglich ist, Funktionstrennungskonflikte vollständig auszuräumen. Voraussetzung für diesen Schritt ist die Zuordnung einer validen kompensierenden Kontrolle.

Die Möglichkeit der Akzeptanz (dritter Schritt) völlig außer Acht zu lassen, würde am Bedarf vieler Organisationen vorbeigehen, der sich aus der sich ändernden Situation ergibt. Trotzdem ist hier folgender Hinweis geboten: Kompensierende Kontrollen sind detektivische – also *nachsorgende* – Kontrollen. Ein Tatbestand wird schrittweise auf mögliche Regelabweichungen untersucht. Sie sind mit einem gewissen Aufwand verbunden und erstrecken sich nur auf die Vergangenheit.

Detektivische Kontrollen

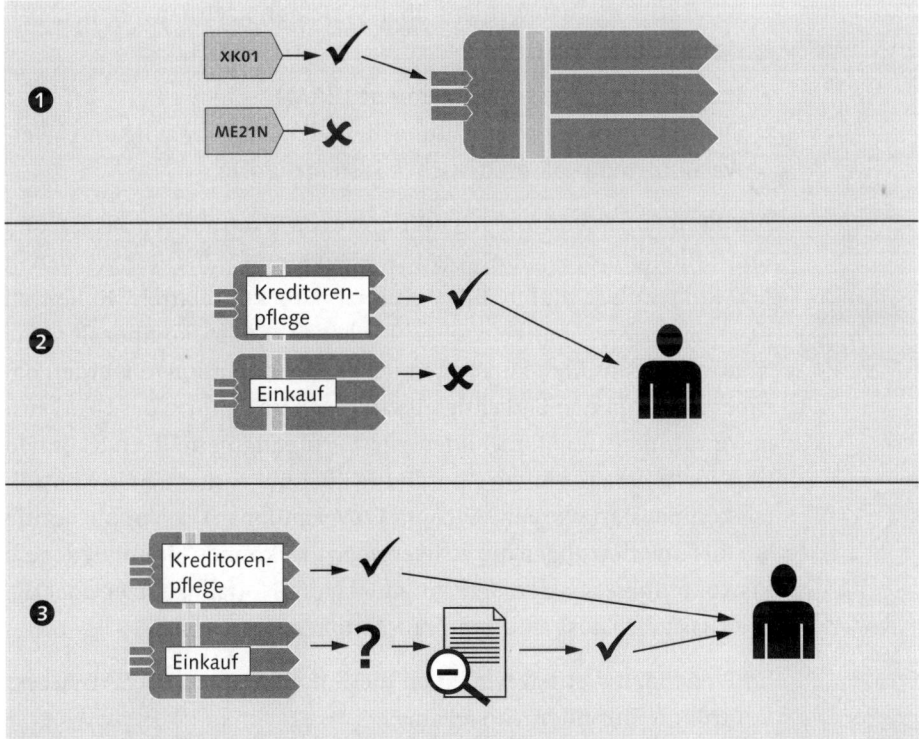

Abbildung 11.1 Drei Schritte zu regelkonformen Berechtigungen

Diese drei Schritte zu regelkonformen Berechtigungen basieren auf der Annahme, dass die Funktionstrennungskonflikte bereits definiert sind. Es wird vorausgesetzt, dass eine Datenbanklösung vorhanden ist, gegen die Berechtigungen überprüft werden können.

Komponenten von SAP Access Control

Alle drei Schritte und die Definition von Risiken können Sie effizient mit SAP Access Control vornehmen. SAP Access Control besteht aus den folgenden Komponenten:

▸ **Access Risk Analysis (ARA)**
Die Komponente zur Risikoanalyse und -bereinigung dient der Analyse der Berechtigungen und der Definition kompensierender Kontrollen.

▸ **User Access Management (UAM)**
Die Komponente zur workflowbasierten konformen Zuordnung von Rollen unterstützt vollständig den Genehmigungsprozess für Rollen und Benutzer.

▸ **Business Role Management (BRM)**
Mit der Komponente zur Rollenverwaltung können Sie das Berechtigungsmanagement über Systemgrenzen hinweg nachhaltig und sicher gestalten.

▸ **Emergency Access Management (EAM)**
Die Notfallbenutzerverwaltung dient der Genehmigung und Überwachung temporärer kritischer Systemzugriffe.

Alle Funktionen von SAP Access Control basieren auf den Risiko- und Kontrolldefinitionen in ARA (siehe Abbildung 11.2). Diese werden in der Rollenpflege durch BRM genutzt, um konfliktfreie Rollen zu garantieren bzw. bei bekannten Risiken in Rollen kompensierende Kontrollen zuordnen zu können. Die Risikodefinitionen werden darüber hinaus in den Berechtigungsanträgen im Rahmen des UAM ausgewertet, den Genehmigenden zur Verfügung gestellt und können dort somit bereits vor der Zuordnung über die vorhandenen Kontrollen kompensiert werden. Auch im EAM kann man die Notfallzugriffe auf Risikoverletzungen hin auswerten, dabei können Sie entweder die Risikokonflikte aus den Berechtigungen der Notfallbenutzer oder die der tatsächlich ausgeführten Transaktionen auswerten.

Im Folgenden werden wir Ihnen die Komponenten von SAP Access Control im Einzelnen vorstellen.

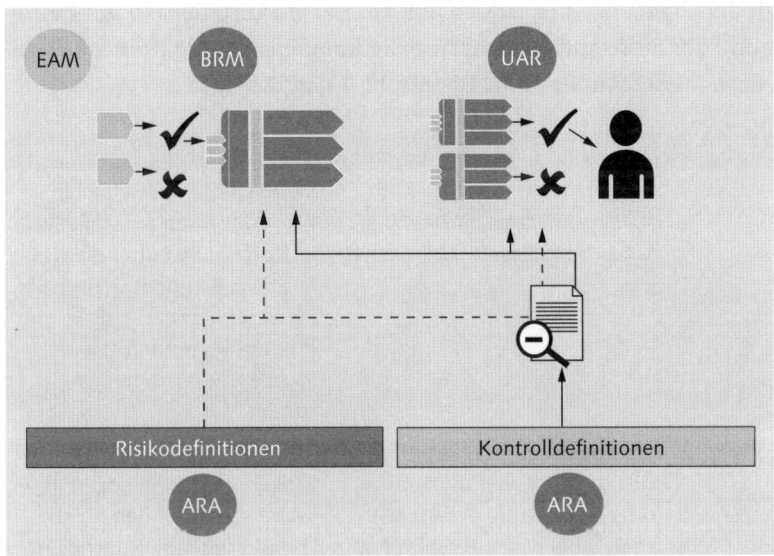

Abbildung 11.2 Zusammenspiel der Komponenten von SAP Access Control

11.2 Access Risk Analysis

In Access Risk Analysis (ARA) sind zunächst die Risikodefinitionen zu betrachten, da diese die Grundlagen für die anderen Komponenten und die Regelkonformität bilden. Ein Risiko setzt sich, je nach Typ, aus mindestens einer, möglicherweise aber auch mehreren Funktionen zusammen. Es gibt drei Risikotypen:

- kritische Aktion (kritische Transaktion)
- kritische Berechtigungen
- Funktionstrennungskonflikt
  (Funktionstrennung = Segregation of Duties – SoD)

Ein Risiko ist immer mindestens einem Regelwerk (Rule Set) und einem Geschäftsprozess (Business Process – BP) zugeordnet, es kann darüber hinaus einem Risikoverantwortlichen (Eigner) zugeordnet sein und hat immer eine Risikostufe.

Die Unterscheidung der Stufe (Level) wird gerne akademisch herge- **Risikostufe**
leitet, üblicherweise über Eintrittswahrscheinlichkeit und Höhe des möglichen Schadens.

Risiko – Kontrolle
In der Praxis hat sich jedoch ein Ansatz bewährt, der bei der Festlegung der Stufe auch gleichzeitig die kompensierende Kontrolle definiert. Dieser Ansatz ist in Tabelle 11.1 dargestellt.

Stufe	Beschreibung	Kompensierende Kontrolle
kritisch	unmittelbarer Eintritt – kritisches monetäres oder technisches Schadensniveau möglich	Sämtliche so bezeichneten Risiken werden ausschließlich in Notfallrollen über die Notfall-ID zugeordnet. Kein Endbenutzer darf diese Risiken im Produktivsystem in seinen Standardberechtigungen haben.
hoch	entweder unmittelbarer Eintritt – erhebliches monetäres oder technisches Schadensniveau möglich – oder mittelbarer Eintritt – kritisches monetäres oder technisches Schadensniveau möglich	Sämtliche so bezeichneten Risiken müssen in engen periodischen Abständen durch kompensierende Kontrollen ausgewertet werden.
mittel	mittelbarer Eintritt – erhebliches monetäres oder technisches Schadensniveau möglich; unmittelbarer Eintritt – sonstiger Schaden möglich	Sämtliche so bezeichneten Risiken müssen in periodischen Abständen durch kompensierende Kontrollen ausgewertet werden.
gering	sonstige Schäden, die nur mittelbar eintreten können, oder Risiken, die sich einer kompensierenden Kontrolle entziehen	Die Kontrolle über den Benutzer-Workflow im UAM und eine Wiedervorlagestrategie sind ausreichend.

Tabelle 11.1 Risikostufen und ihre kompensierenden Kontrollen

Dieser Ansatz hat sich bei vielen Unternehmen bewährt. Zusätzlich kann es hilfreich sein, die Risiken nach diesen Kriterien in eine Reihenfolge zu bringen, so können Sie die Stufen für die Risiken ebenfalls leichter ermitteln. Natürlich obliegt es jedem Unternehmen selbst, den jeweils optimalen Ansatz zu definieren.

Risiko – Funktion
Ein Risiko setzt sich aus einer oder mehreren Funktionen zusammen (siehe Abbildung 11.3). Ein Funktionstrennungskonflikt setzt sich aus mindestens zwei Funktionen zusammen – eine kritische Aktion oder eine kritische Berechtigung hingegen immer nur aus genau einer Funktion.

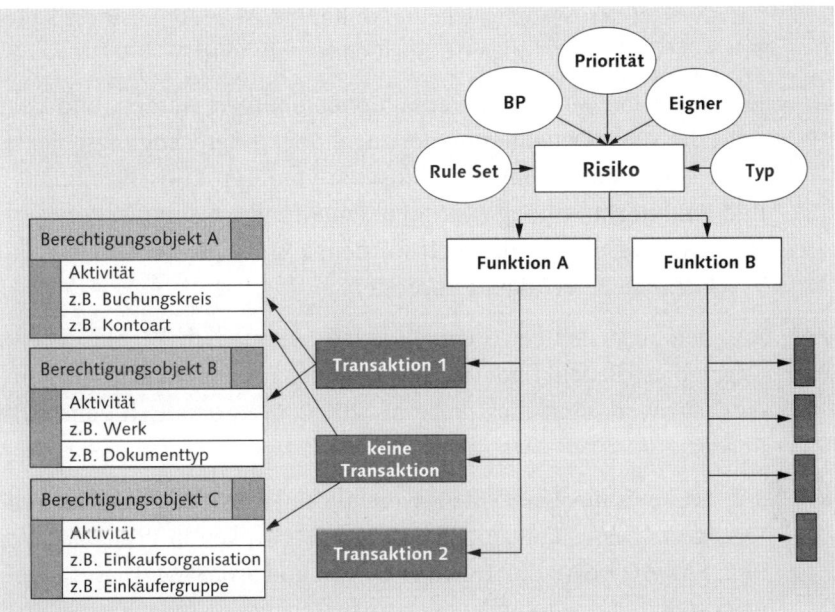

Abbildung 11.3 Zusammensetzung des Risikos aus Funktion(en) mit Transaktionen und Berechtigungsobjekten

Eine Funktion enthält eine Menge an Transaktionen, die sachlogisch so verbunden sind, dass das Risikopotenzial grundsätzlich mit genau einer kompensierenden Kontrolle im System verbunden sein kann.

Sinnvolle Funktionsdefinition

Beispiel einer Funktionsdefinition

Ein Beispiel für eine Funktionsdefinition ist die Pflege des Kreditorenstammsatzes. Die Kombination der Transaktionen zur Kreditorenpflege mit denen der Bankpflege oder der Debitoren in einer Funktion würde mehr Kontrollen erfordern und ist aus diesem Grund systematisch nicht tauglich. Technisch können Kontrollen zwar auf der Ebene der Regel (also eines Risikoanteils) vergeben werden, fachlich ist das meistens jedoch nicht sinnvoll.

Die Transaktionen einer Funktion sind mit Berechtigungsobjekten verbunden. Diese werden beim Anlegen der Funktion aus der Vorschlagswerttabelle USOBT_C übernommen (siehe Unterabschnitt »Nutzen der Berechtigungsvorschlagswerte für Risikoanalyse und externe Rollenpflegetools« in Abschnitt 7.1.2). Eine detaillierte Aussteuerung der Funktion über die Kombination Transaktion – Berechtigungsobjekt – Feldwert ist somit möglich. Diese detaillierte Aussteuerung ist allerdings stark abhängig von der kundenspezifischen Konfiguration des

Tabelle USOBT_C

auszuwertenden Systems, wie dies in Kapitel 21, »SAP Business Suite: Prozesse und Einstellungen«, noch dargestellt wird.

Kritische Aktion – kritische Berechtigung

Eine Funktion kann über Transaktionen definiert werden, und zwar mit oder ohne Detaillierung der zugehörigen Berechtigungsobjekte. Diese Funktionen können Sie Risiken vom Typ kritische Aktionen und Funktionstrennung zuordnen. Funktionen, die nur in Bezug auf Berechtigungsobjekte definiert werden, können Sie nur Risiken vom Typ kritische Berechtigung zuordnen.

Automatische Regelgenerierung

Aus den so erstellten Risiken werden automatisch Regeln erstellt. Gegen diese Regeln findet die Verprobung auf Risiken statt. Im Standardregelwerk sind dies mehr als 200.000 automatisch generierte Regeln.

Standardregelwerk

SAP Access Control umfasst als wesentlichen Bestandteil ein Standardregelwerk. Dieses enthält zurzeit über 280 Risiken in Bezug auf SAP ERP, SAP APO, SAP ERP HCM, SAP CRM und SAP SRM. Dieses Regelwerk stellt für jeden Kunden, der ein bestehendes kundeneigenes Risikoset überprüfen will oder noch gar kein transaktionsbasiertes Regelwerk hat, eine, im besten Wortsinn, wertvolle Grundlage dar. Gerade im letzten Fall ist es dringend zu empfehlen, ein Regelwerk nicht komplett neu kundenindividuell zu entwickeln. Denn die Entwicklung eines kundeneigenen Regelwerks in der notwendigen Detaillierung erfordert erhebliche Ressourcen.

Kundenindividuelle Anpassung

Jedes Standardregelwerk muss auf der Grundlage der kundenspezifischen Konfiguration und Prozesse angepasst werden. Das gilt für die Regelwerke, mit denen einige Wirtschaftsprüfungshäuser arbeiten, ebenso wie für das Regelwerk von SAP Access Control. Je genauer die Anpassung vorgenommen wird, desto genauer sind schließlich die Befunde.

Kontrolldefinition

Neben der Definition von Risiken werden in ARA auch die kompensierenden Kontrollen inklusive der durchführenden Mitarbeiter definiert. Die Abstände der Kontrollen und die Mittel der Kontrolldurchführung (z. B. kontrollierende Reports im ausgewerteten System ausführen) werden in ARA dokumentiert. Zusätzlich können Sie einen Kontrollverantwortlichen festlegen und gegebenenfalls jemanden, der die Kontrolle durchführt. Bevor es jedoch an die Definition kompensierender Kontrollen geht, sollten Sie noch prüfen, welche präventiven Kontrollen Sie in der Konfiguration bereits definiert haben oder welche Sie noch definieren könnten.

Durch Konfiguration erzwungene Freigabeverfahren (z. B. in der Kreditoren- oder Debitorenpflege, siehe dazu auch Abbildung 5.14 in Kapitel 5, »Berechtigungen in der Prozesssicht«) fallen in den Bereich der präventiven Kontrolle. Detaillierter stellen wir in Kapitel 21, »SAP Business Suite: Prozesse und Einstellungen«, mögliche präventive Kontrollen in der Konfiguration dar. In Tabelle 11.2 sind einige systematische Beispiele für Kontrollen zusammengefasst.

Präventive Kontrollen		Detektivische Kontrollen	
konfigurativ	**individuell**	**ereignisbasiert**	**reviewbasiert**
Vieraugen-prinzip (FI)	Zugriffsbeschrän-kung	Alerts	Aktionsaus-wertung
stochastische Sperren (MM)		Querys	monetäre Abweichungsanalysen
Freigabe-verfahren		Security Audit Log	Planung vs. Ist
Screen Layout			Änderungs-dokumente
Workflow			Change Logs
Customer Exits			
organisatorische Differenzierung			

Tabelle 11.2 Unterschiedliche Vorbeuge- und Nachsorgekontrollen

Vereinfachend kann gesagt werden: Je weiter Sie in Tabelle 11.2 nach rechts rücken, desto teurer werden Ihre Kontrollen.

Aus Effizienzgründen ist es zwingend geboten, nur die Risiken zu kompensieren, die tatsächlich auch in der Risikoanalyse nachgewiesen werden. Aus diesem Grund raten wir Ihnen dringend, ein iteratives Einführungsmodell zu wählen, wie es in Abbildung 11.4 beschrieben wird. Iterativ bedeutet in diesem Zusammenhang, dass die Risikoanalyse in jedem Schritt mehrfach wiederholt wird, bis die Ergebnisse einerseits valide und andererseits zufriedenstellend sind.

Risiken effizient kompensieren

In Schritt ❶ führen Sie zunächst, basierend auf den Standardrisiken, eine Risikoanalyse durch. Möglicherweise können Sie Millionen Risiken nachweisen, wie das unsere Projekterfahrung bestätigt. Wenn Sie diese qualifizierend evaluieren, werden Sie die Anzahl nachgewiesener Risiken reduzieren können.

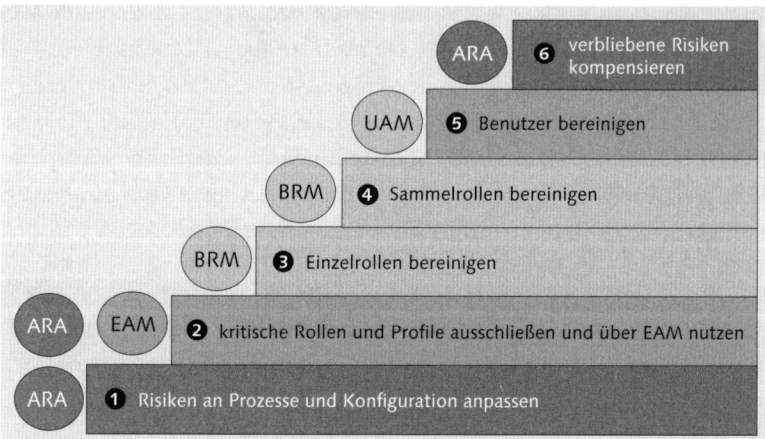

Abbildung 11.4 Iteratives Einführungsmodell für SAP Access Control

Zunächst (Schritt ❷) reicht schon der Ausschluss von kritischen Rollen und Profilen aus der Analyse. Das bedeutet allerdings, dass diese kritischen Rollen und Profile regelmäßig den Ausschluss dadurch kompensieren, dass sie überprüfen, ob wirklich auch alle kritischen Profile und Rollen ausschließlich über EAM verwendet werden können.

Darüber hinaus wird bei einer qualifizierenden Evaluation deutlich werden, welche Risiken des Standards detaillierter definiert werden sollten (aufgrund der tatsächlichen Konfiguration des auszuwertenden Systems).

Dann werden die Schritte ❸ bis ❺ durchlaufen, sodass am Ende eine deutlich geringere Zahl von Risiken übrig bleibt, die sich aufgrund Ihrer kundenspezifischen Prozesse oder Besonderheiten Ihrer Organisation nicht mehr bereinigen lassen.

Definition kompensierender Kontrollen

Erst für diese verbleibenden Risiken definieren Sie kompensierende Kontrollen ❻. Dabei sollten Sie sofort in Betracht ziehen, häufig notwendige kompensierende Kontrollen zu automatisieren.

Das iterative Einführungsmodell beginnt also mit der Validierung der Risikodefinitionen und nutzt nach und nach die weiteren Komponenten. Schließlich endet das iterative Einführungsmodell wieder in der ARA bei der Definition kompensierender Kontrollen.

Nach der Definition von Risiken kann mit der Bereinigung von Rollen begonnen werden, dazu bietet sich das BRM an.

11.3 Business Role Management

Das Business Role Management (BRM) wurde bereitgestellt, um die Prozesse in der Rollenpflege in das Gesamtszenario der Risikovermeidung zu integrieren. BRM kann jedoch nicht den Profilgenerator ersetzen. BRM versetzt aber den Benutzer in die Lage, aus der zentralen Instanz in den lokalen (je System/Mandant) Profilgenerator abzuspringen und somit die Vorteile beider Werkzeuge kombiniert zu nutzen.

Im Rahmen des Access-Control-Gesamtszenarios fallen dem BRM zwei wesentliche Aufgaben zu: einerseits die Sicherstellung von risikofreien Rollen über die integrierte Risikoanalyse und die Kontrollzuweisung, andererseits die Bereitstellung von Rollen für die Freigabeverfahren (siehe Abschnitt 11.4, »User Access Management«).

BRM im Access-Control-Szenario

Über diese Integration hinaus stellt das BRM eine Reihe von Funktionen zur Verfügung, die den Rollenpflegeprozess vereinfachen:

- Attributierung von Rollen
- Default-Namenskonventionen (auch verbindlich)
- Massenpflege von Rollen auf Objekt- und Feldebene
- Massenableitung basierend auf vordefinierten Organisationsebenen-Mappings

Der Prozess der Anlage und Pflege von Rollen kann an den Bedarf Ihrer Organisation angepasst werden. Grundsätzlich stehen folgende Schritte zur Verfügung:

BRM-Prozess

1. **Definition**
   Der Geschäftsprozesseigner definiert das System, die verbale Beschreibung der Rolle sowie die weiteren Attribute der Rolle und stellt somit die Informationen in Bezug auf den Geschäftsprozess, die gewünschte Funktionalität und weitere Informationen zusammen.

2. **Ausprägung**
   Die technische Ausprägung wird dann vom Administrator vorgenommen, dabei kann dieser in den lokalen Profilgenerator abspringen.

3. **Ableitung**
   Der Administrator leitet die Rollen ab.

4. **Risikoanalyse**

   Die Risikoanalyse kann durch den Administrator oder den Ge-schäftsprozesseigner durchgeführt werden.

5. **Freigabe**

   Die Freigabe wird durch den Geschäftsprozesseigner durchge-führt.

6. **Generierung**

   Danach stößt der Administrator in BRM die Generierung der Rollen im designierten System an. Dabei sollte es sich um das Entwick-lungssystem (DEV) handeln. Dort erzeugt er einen Transportauf-trag und transportiert (Transport A) die Rolle in das Testsystem (QUS).

7. **Test**

   Im Testsystem testet der Geschäftsprozessinhaber die Rolle und dokumentiert die Ergebnisse in BRM (Test-Doku). Der Adminis-trator gibt den Transportauftrag dann an das Produktivsystem frei (Transport B).

Sie müssen nicht alle Schritte durchführen und können deren Anord-nung – solange die Abfolge technisch sinnvoll bleibt – ändern. In Abbildung 11.5: ist ein Prozessbeispiel dargestellt.

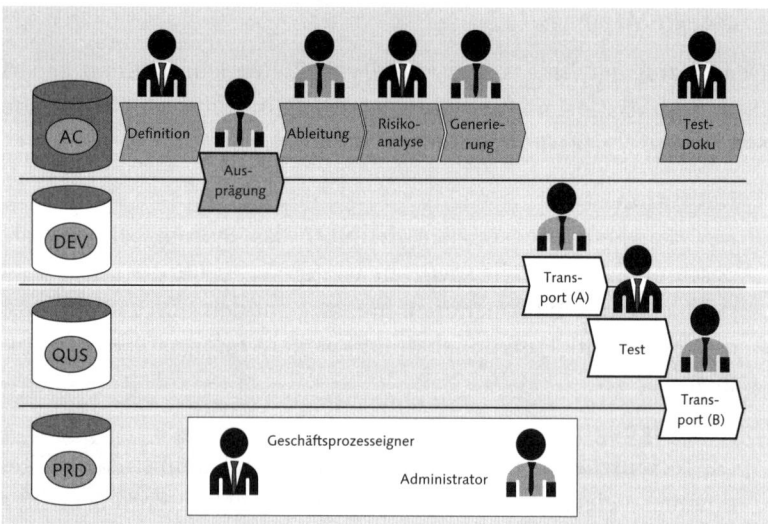

Abbildung 11.5 Prozessbeispiel in BRM

Diese Abfolge bedient sich des Standardtransportsystems, um keine Ausnahme für den Rollentransport in das Produktivsystem zu erzeugen.

Transportsystem nicht umgangen

Zu den weiteren Vorteilen von BRM gehört das Konzept der Organizational Value Maps (Organisationswertzuordnungen), das eine Massenableitung basierend auf vordefinierten Organisationswerten ermöglicht. Im Prinzip werden Organisationsebenen kombiniert, die eine bestimmte organisatorische Einheit abbilden. Diese Mappings können mit allen Referenzrollen (Rollen, die als Referenz für die Ableitung dienen) automatisch kombiniert werden. Kunden mit einer hohen Dynamik der organisatorischen Änderungen oder Erweiterungen können somit immer wieder ihre Referenzrollen wie Controller oder Einkäufer weitgehend automatisiert für neue Standorte ableiten.

Organizational Value Mapping

Nach der Bereinigung der Rollen muss gewährleistet werden, dass auch die Zuweisung von Rollen keine Risiken erzeugt. Dazu dient UAM, das wir im Folgenden darstellen werden.

11.4 User Access Management

Über User Access Management (UAM) wird Regelkonformität dauerhaft abgesichert. Sämtliche Benutzeranlagen, -änderungen und -sperrungen, Rollenzuweisungen und Zuweisungen struktureller Profile (siehe Abschnitt 13.6, »Strukturelle Berechtigungen«) werden über UAM-Benutzer-Workflows abgewickelt.

Durch diese Benutzer-Workflows werden benutzerbezogen Risiken, die durch Berechtigungen möglicherweise entstehen, vorab einer Risikoanalyse und einem Freigabeverfahren unterworfen.

Freigabe und Vorabanalyse

Der Benutzer- und Berechtigungsantrag ist das Herzstück von UAM. Zusätzlich sind weitere wesentliche Funktionen enthalten, wie z. B.:

- ▶ Role Reaffirm – Wiedergenehmigungsverfahren
- ▶ User Access Review – berechtigungsbasierte Zugriffs- und Verwendungsanalyse
- ▶ SoD Risk Review – Wiedergenehmigungsverfahren für die Risikokonflikte
- ▶ Password Self-Service – automatisierte Passwortvergabe

Workflow   UAM bildet verschiedene Genehmigungsworkflows für die Zuordnung von Berechtigungen ab. In Abbildung 11.6 ist ein typisches Beispiel für einen Workflow dargestellt. Eine dazu berechtigte Person
beantragt eine Rolle oder einen Benutzer. Je nach Konfiguration kann
das auch Personen gestattet werden, die bisher keine Berechtigungen
in der Systemlandschaft haben. In diesem Antrag wird eine Reihe von
Antragsattributen gepflegt, u. a. Systeme, Funktionsbereich und weitere gegebenenfalls kundeneigene Attribute. Je nach Konfiguration
kann dabei ein LDAP (Lightweight Directory Access Protocol) so integriert sein, dass Benutzer und Managerdaten automatisch eingetragen
werden. Auf dieser Datengrundlage wird der richtige Workflow
ermittelt, technisch erfolgt das über einen Initiator.

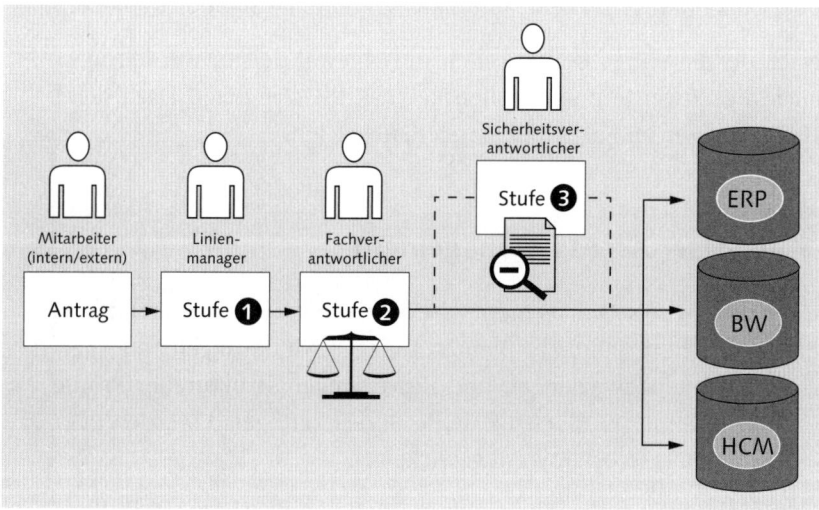

Abbildung 11.6 Beispiel eines Workflows

Üblicherweise ist der erste Schritt (Stufe ❶) im Workflow (*Stage*) der
Linienvorgesetzte. Dies ist aus formalen Gründen auch sinnvoll. Im
Projektgeschäft kann an die Stelle des Linienvorgesetzten systematisch der Projektmanager treten. Dies kann in der Konfiguration entsprechend abgebildet werden. In den meisten Szenarien erfolgt die
Freigabe durch den Linienvorgesetzten oder den Projektmanager
nicht auf Basis einer Risikoanalyse.

Risikoanalyse   Ein übliches Verfahren ist es, den Geschäftsprozessinhaber die Risi-
durch Geschäfts-   koanalyse durchführen zu lassen (Stufe ❷), da diesem letztlich die
prozessinhaber   Verantwortung für den Prozess und seine Risiken zukommt.
Geschäftsprozessinhaber ist dabei eine sehr allgemeine Definition, sie

432

kann abgebildet werden über die Verbindung zu einem Geschäftsprozess, genauso gut kann die Verantwortung aber auch an einen Rolleneigner delegiert sein. Die Konfiguration kann umfassend angepasst werden.

Sollte die Risikoanalyse zum Ergebnis haben, dass durch die beantragte Zuweisung ein Risiko entsteht, kann der Workflow zum Sicherheitsbeauftragten (also zur Stufe ❸) umgeleitet werden.

Diesem Schritt kann dann die Verantwortung für die Zuweisung einer kompensierenden Kontrolle zugeordnet sein. Die Umleitung erfolgt automatisch, sie ist definiert als Routing (Umleitung) und an definierbare Bedingungen gebunden. | **Routing**

In beiden Fällen, also Freigabe ohne Risiko in Stufe ❷ oder Freigabe mit Risiko und kompensierender Kontrolle in Stufe ❸, kann am Ende des Workflows die automatische Provisionierung an die angeschlossenen (multiplen) Zielsysteme erfolgen. | **Autoprovisionierung**

Im Folgenden beschreiben wir den Umgang mit besonderen Berechtigungen im EAM.

11.5 Emergency Access Management

Das Emergency Access Management (EAM) ermöglicht es, vorab erweiterte Zugriffe zu definieren, die im Bedarfsfall unmittelbar, also ohne weiteres Antragsverfahren, genutzt werden können. Wir beschreiben nur das EAM-Verfahren, das über spezielle IDs geht, EAM kann auch über ein reines Rollenkonzept genutzt werden. Im ID-basierten Verfahren wird ein Benutzer in der Transaktion SU01 (Benutzerpflege) als Benutzer des Typs S (Service) oder A (Dialog) angelegt. Diesem Benutzer werden dann die Rollen oder auch Profile zugeordnet, die für den spezifischen Gebrauch vorgesehen sind.

Regelmäßig werden Sie diese erweiterten Benutzer unterschiedlichen Verwendungen und somit unterschiedlichen Berechtigungen zuordnen. Mögliche Beispiele sind: | **Unterschiedliche EAM-IDs**

▸ Benutzer für Periodenende

▸ Benutzer für Jahreswechsel

▸ Benutzer für kritische Basiszugriffe

▸ Notfallbenutzer mit nahezu allen Berechtigungen

Ein derartiger Ansatz ist dringend anzuraten, da durch diese Methode auch kritische Zugriffe aus Geschäftsprozesssicht abgesichert werden können. Der Jahreswechsel ist hierfür ein gutes Beispiel. Mit ihm sind umfassende Berechtigungen kritischer Natur verbunden, die genau einmal im Jahr gebraucht werden. Es besteht also keine Veranlassung, diese Zugriffe für zwölf Monate im Jahr in einer normalen Endbenutzerrolle vorzuhalten und zugewiesen zu haben.

Die EAM-ID (der erweiterte Benutzer) wird durch einen Verantwortlichen verwaltet. Dieser weist die ID dauerhaft einem oder mehreren Dialogbenutzern (Endbenutzern) zu, sodass der Endbenutzer im Bedarfsfall jederzeit auf diese ID zugreifen kann. Jede EAM-ID ist auch einem Kontrolleur zugewiesen, dessen Aufgabe es ist, die Protokolle zu kontrollieren und mit den vom Benutzer angegebenen Gründen abzugleichen.

Detaillierte automatische Logs Sobald ein Endbenutzer eine EAM-ID nutzen möchte, startet er die Transaktion GRAC_EAM (Emergency Access Management) im Access Control-System oder die Transaktion /GRCPI/GRIA_EAM in dem System, in dem er die Änderungen vornehmen möchte. Dann wählt er aus der ihm zugewiesenen EAM-ID die angemessene aus und startet die Anmeldung über den Logon-Button. Zunächst muss der Benutzer einen Ursachencode (z. B. Notfall oder Jahreswechsel) auswählen, um dann eine Begründung für den Einsatz zu geben, dies kann z. B. ein Helpdesk-Ticket sein. Anschließend muss er dokumentieren, welche Transaktionen er verwenden möchte. Stellt er während der Benutzung fest, dass diese Beschreibung nicht abschließend war, hat er die Möglichkeit, später zusätzliche Aktivitäten zu dokumentieren. Im nächsten Schritt wechselt er mit der EAM-ID in das System, in dem er die Änderungen vornehmen möchte, und kann dort unter der EAM-ID die gewünschten Schritte ausführen. Mit diesem Wechsel startet eine detaillierte Protokollierung aller Aktivitäten, basierend auf den Änderungsbelegen, den Systemlastprotokollen, der Tabellenprotokollierung, dem Security Audit Log und dem System Log. Diese Logdateien werden auf dem aktuellen System protokolliert und in das Access-Control-System zur Speicherung übertragen. Gleichzeitig werden Alerts erzeugt, um die Verantwortlichen über die Nutzung zu informieren.

In Abbildung 11.7 ist diese Abfolge dargestellt: EAM-IDs sind mit unterschiedlichen Berechtigungen ausgestattet, z. B. für den Jahreswechsel/Periodenabschluss in FI oder für kritische Basisadministrationsaufgaben. Jeder EAM-ID ist ein Verantwortlicher zugeordnet, der über die Zuweisung der EAM-IDs an Benutzer entscheidet. Zusätzlich bestimmt der Verantwortliche für jede EAM-ID noch mindestens einen Kontrolleur. Sobald ein Benutzer eine EAM-ID nutzt, wird ein Alert ausgelöst, und die Protokollierung beginnt. Abschließend überprüft der zuständige Kontrolleur die vorgenommenen Einstellungen im Detail.

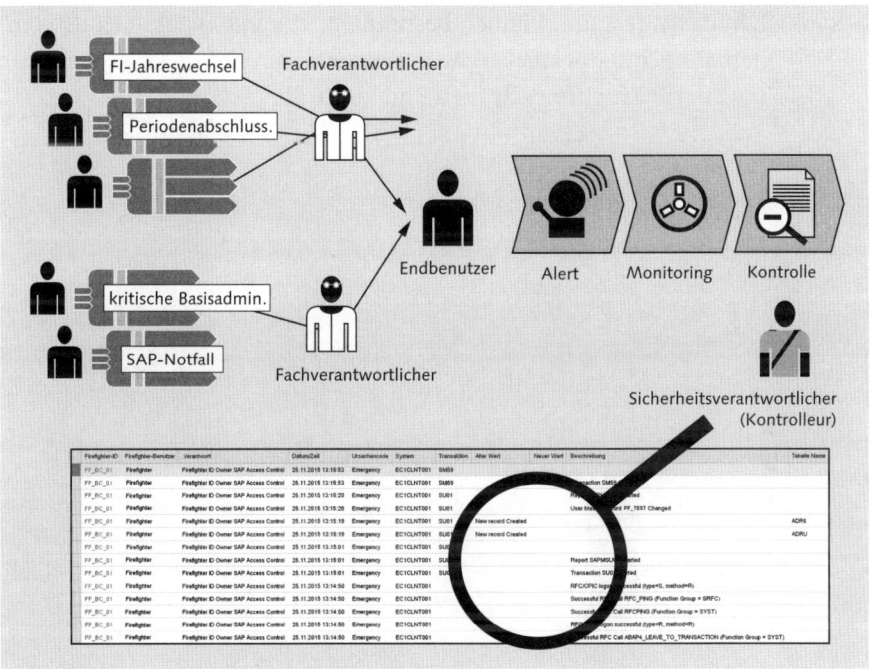

Abbildung 11.7 Emergency Access Management

Im Reporting kann u. a. ausgewertet werden, welche Funktionstrennungsverstöße mit einer EAM-ID begangen worden sind. Zusätzlich besteht die Möglichkeit, die nachgelagerte Genehmigung der Protokolle durch die Kontrolleure über einen Workflow zu dokumentieren.

11.6   Fazit

Eine regelkonforme Benutzer- und Berechtigungsverwaltung ist in einer komplexen Systemlandschaft nur mit einer hochintegrierten Lösung möglich. Diese Anforderungen werden durch SAP Access Control erfüllt. Auf der Basis der Risikoanalysefunktionen der ARA können Rollenpflege, Benutzerpflege und Notfallmanagement integriert durchgeführt werden. Sie definieren im BRM einheitliche Prozesse für die Rollenpflege basierend auf Risikoanalysen und dokumentieren die Gründe für Änderungen und deren Tests. Mithilfe von UAM legen Sie Freigabeprozesse für die Zuordnung von Rollen zu Benutzern fest und können bestimmen, wie mit eventuell auftretenden Berechtigungsrisiken zu verfahren ist. Im EAM können Sie erweiterte Zugriffe verwalten und kontrollieren.

Bei der Verwendung und Integration verschiedener SAP-Lösungen in komplexen Systemlandschaften muss sicherge-stellt werden, dass die Benutzerstammsätze über Systemgren-zen hinweg konsistent eingesetzt werden können. Für die Benutzer- und Berechtigungspflege in Systemlandschaften mit SAP NetWeaver AS Java wird die User Management Engine eingesetzt.

12   User Management Engine

Immer häufiger werden in Unternehmen heterogene Systemland-schaften eingesetzt, die aus einem SAP NetWeaver Application Server ABAP (AS ABAP), einem SAP NetWeaver Application Server Java (AS Java) und/oder externen Systemen bestehen. In diesem Zusammenhang ist es eine Herausforderung, die Benutzerstammsätze und die Berechtigungen der Benutzer in allen Systemen konsistent zu halten. Administratoren müssen Benutzer so pflegen, dass sie in integrierten Systemen mit den Berechtigungen des jeweiligen Systems arbeiten können.

Ein Beispiel für eine Applikation, die auf einer solchen integrierten Systemlandschaft basiert, ist SAP SRM. SAP SRM kann je nach verwendetem Szenario über SAP NetWeaver AS ABAP oder über SAP NetWeaver AS Java aufgerufen werden. Das SAP Enterprise Portal, das auf AS Java läuft, wird hier benötigt, um auf die Funktionen von SAP SRM zugreifen zu können. Endbenutzer benötigen einen Benut-zer und einen Benutzerstamm im SAP Enterprise Portal, das über Portalrollen das Navigieren in SRM-Applikationen ermöglicht, und einen Benutzer in SAP SRM, um auf die Daten von SAP SRM zugrei-fen zu können.

Der Administration von Benutzern und Rollen in SAP-Systemen, die auf SAP NetWeaver AS Java basieren, dient die User Management Engine (UME). Sie wird über einen Browser aufgerufen und verfügt über alle Funktionen zur Benutzer- und Rollenerstellung für den Zugriff auf die Applikationen und Daten auf SAP NetWeaver AS Java.

Die UME wird dann eingesetzt, wenn in einer Systemlandschaft AS Java eigenständig oder AS ABAP zusammen mit AS Java genutzt werden und die Benutzerstämme trotzdem konsistent gehalten werden sollen. Mit der UME können Benutzer in integrierten Systemen zentral gepflegt werden.

Ziel dieses Kapitels ist es, Ihnen die Nutzung der UME für die Benutzeradministration und die Berechtigungserstellung zu erläutern. Dabei gehen wir auf einzelne Funktionen der UME ein und beschreiben die Möglichkeiten zu ihrer Konfiguration und zur Berechtigungserstellung mittels UME.

12.1 Überblick über die UME

Datenquellen Die UME ist das zentrale Werkzeug für die Benutzerverwaltung aller Java-Applikationen. Sie kann so konfiguriert werden, dass sie Benutzer, Gruppen oder Rollen verschiedener Datenquellen verwalten kann, sodass auf bestehende LDAP-Verzeichnisse (*Lightweight Directory Access Protocol*), SAP-NetWeaver-AS-ABAP- oder AS-Java-Systeme zugegriffen werden kann. Die UME ist Bestandteil und somit ein Service des AS Java und ist dort als Standardbenutzerablage definiert (siehe SAP-Onlinehilfe, Stichwort *UME*).

Im folgenden Abschnitt werden die einzelnen Funktionen und die Architektur der UME näher erläutert. Ebenso beschreiben wir die Benutzeroberfläche der UME und die UME-Konfiguration.

12.1.1 UME-Funktionen

Um die Funktionen zur Benutzer- und Berechtigungsverwaltung der UME nutzen zu können, müssen Sie sich mit allen Funktionen der UME vertraut machen. Die UME bietet folgende Funktionen:

▸ **Zugriff auf die UME**
Für die Administration von Benutzern und Rollen benötigen Sie Zugriff auf das Identity Management der UME im Browser. Im SAP Identity Management (SAP ID Management) können Benutzer, Rollen und Gruppen angelegt und bearbeitet werden.

> **Der Begriff »Identity Management«**
>
> Das Identity Management der UME ist eine Funktion zur Benutzer- und Rollenadministration in SAP NetWeaver AS Java und nicht zu verwechseln mit dem SAP Identity Management (siehe Kapitel 9, »Zentrales Management von Benutzern und Berechtigungen«).

▸ **Verschiedene Datenquellen**

Zur zentralen Verwaltung von Benutzern kann die UME so konfiguriert werden, dass sie verschiedene Datenquellen nutzt. Damit ist es möglich, Nutzerdaten aus diesen Quellen oder in diese Quellen zu lesen oder zu schreiben. Folglich kann z. B. SAP NetWeaver AS ABAP als Datenquelle dienen, sodass die Nutzerdaten des ABAP-Servers genutzt und in der UME dargestellt werden können. Weitere Datenquellen für die UME können LDAP-Verzeichnisse oder die Datenbank von SAP NetWeaver AS Java sein, aus denen die Nutzerinformationen gelesen werden.

▸ **Sicherheitseinstellungen in der UME**

Analog zu den Einstellungsmöglichkeiten in SAP NetWeaver AS ABAP gibt es auch in der UME die Möglichkeit, Passwort- und Benutzerregeln in den Sicherheitseinstellungen zu hinterlegen.

▸ **Protokollierung von Sicherheitseinstellungen**

Alle Aktionen, die in der UME ausgeführt werden, z. B. erfolgreiche oder fehlgeschlagene Anmeldungen, werden in Protokollen festgehalten und können ausgewertet werden.

▸ **Self-Service-Szenarien der UME**

Eine weitere Funktion der UME ist die Möglichkeit, Self-Service-Szenarien für Endbenutzer zu definieren. Mithilfe der Self-Service-Szenarien können sich Benutzer selbst registrieren und ihre Benutzerdaten pflegen. Im Zuge dessen können außerdem Genehmigungsworkflows definiert werden.

▸ **Import- und Exportfunktionen**

Benutzer und Rollen können über die Import- und Exportfunktionen ins System geladen oder exportiert werden, um in andere Systeme eingespielt zu werden.

▸ **Weitere Konfigurationsmöglichkeiten**

Mittels der Konfiguration können Attribute zur einfachen Suche in der UME definiert werden. Dazu gehören z. B. die maximale Anzahl von Suchergebnissen oder die Anzeige von Suchergebnislisten.

Zweck der UME   Die UME wird genutzt, wenn ein SAP-System, das auf SAP Net-Weaver AS Java basiert, Teil der Systemlandschaft ist. Mit der UME können Sie festlegen, in welchem System Ihre Benutzer verwaltet werden, und damit bestimmen, aus bzw. in welches System die UME die Benutzerinformationen liest oder schreibt. Ziel ist es, neben der Erstellung und Zuweisung von Berechtigungen in SAP NetWeaver AS Java Benutzerdaten über Systemgrenzen hinweg konsistent zu halten.

12.1.2 Architektur der UME

Die UME ist eine Softwarekomponente, deren Bestandteile u. a. eine Zentrale Benutzerverwaltung (hier Identity Management) und Single Sign-on (SSO) sind (siehe SAP-Onlinehilfe, Stichwort *UME*). Die Dienste, die die UME bereitstellt, können von verschiedenen SAP-Anwendungen verwendet werden, die ebenfalls auf SAP NetWeaver AS Java basieren, wie z. B. das Anmeldeverfahren an einem SAP Enterprise Portal. Wie in Abbildung 12.1 dargestellt ist, besteht die UME aus verschiedenen Softwareschichten.

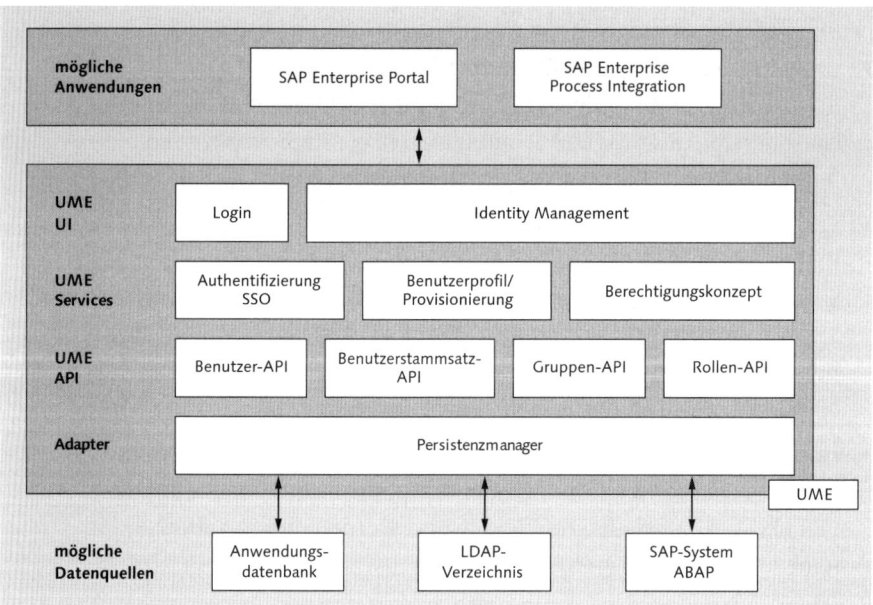

Abbildung 12.1 Architektur der User Management Engine

Persistenzmanager   Die UME kann, wie schon erwähnt, auf eine oder mehrere Daten-quellen zugreifen. Dafür gibt es für jede Datenquelle einen eigenen

Persistenzmanager, der sich zwischen der API (*Application Programming Interface*) und der jeweiligen Datenquelle befindet. Der Persistenzmanager ist ein Adapter, der für die Zuordnung von Nutzern, Nutzerkonten, Rollen und Gruppen zur jeweiligen Datenquelle verantwortlich ist.

Auf UME-API-Ebene werden Schnittstellen für Kunden und Entwickler zur Verfügung gestellt, um eigene Programme hinzuzufügen, die auf den *UME-Services* laufen. UME-Services sind Dienste, die den darüberliegenden Softwareschichten Funktionen zur Verfügung stellen, wie z. B. ein Berechtigungskonzept oder das Verfahren zur Anmeldung. Diese Dienste werden für alle auf SAP NetWeaver AS Java laufenden Anwendungen bereitgestellt, wie z. B. SAP Enterprise Portal oder SAP Process Integration.

UME-Services

Zur Anmeldung an der Benutzeroberfläche sowie zur Nutzung des UIs des Identity Managements wird die Oberfläche der UME benötigt. Auf diesen Grundlagen können die Anwendungen, die auf SAP NetWeaver AS Java laufen, wie z. B. SAP Enterprise Portal oder der Web Channel von SAP CRM, die verschiedenen Funktionen der UME nutzen. Die Oberfläche der UME stellt Möglichkeiten zur Benutzer- und Berechtigungsverwaltung sowie zur UME-Konfiguration bereit.

12.1.3 Oberfläche der UME

Die UME ist eine Web-Dynpro-basierte Applikation und wird über den Browser aufgerufen. Da die UME sowohl in den SAP NetWeaver Administrator (NWA) als auch in die Systemadministration des SAP Enterprise Portals integriert ist, kann sie in beiden Applikationen aufgerufen werden. Eine dritte Möglichkeit ist das Aufrufen der UME als eigenständige Komponente. Sie können die UME im Detail folgendermaßen aufrufen:

Aufrufen der UME

▸ **Aufruf über den SAP NetWeaver Administrator**
Die UME können Sie über die URL *http://<AS_Java_hostname>: <AS_Java_HTTP_port>/nwa* aufrufen (siehe Abbildung 12.2). Navigieren Sie im NWA zur Auswahl KONFIGURATION • SICHERHEIT • IDENTITY MANAGEMENT. In dieser Applikation kann die UME konfiguriert werden, und es können auch die Services der UME in Form des Identity Managements (Benutzer- und Rollenadministration) genutzt werden.

▶ **Aufruf über das Portal**

Die Konsole der UME wird über die URL des Portals aufgerufen: *http://<AS_Java_hostname>:<AS_java_HTTP_port>/irj*. Damit Sie die UME-Konsole öffnen können, navigieren Sie zu BENUTZERADMINISTRATION • IDENTITÄTSVERWALTUNG. Voraussetzung zum Aufruf der UME und deren Services ist, dass der sich am Portal anmeldende Benutzer über Administrationsberechtigungen verfügt.

▶ **Aufruf der UME als eigenständige Komponente**

Sie können die UME ebenfalls über *http://<AS_Java_host­name>:<AS_java_HTTP_port>/useradmin* aufrufen. Auch hier stehen Ihnen die Möglichkeiten zur Konfiguration der UME und zur Nutzung der Benutzer- und Rollenadministration zur Verfügung.

Abbildung 12.2 Zugriff auf die UME im SAP NetWeaver Administrator

Identity Management

Im Identity Management können sowohl Benutzer und Rollen als auch Gruppen verwaltet werden. Einen weiteren Dienst stellt z. B. die Konfiguration der UME dar.

Damit die UME jedoch in der Systemarchitektur korrekt genutzt werden kann, müssen Sie sie zuvor konfigurieren. Sie können die Konfiguration der UME über die bereits in diesem Abschnitt beschriebenen URLs aufrufen und dann zu Konfiguration navigieren.

12.1.4 Konfiguration der UME

Werkzeuge zur UME-Konfiguration

Die UME kann sowohl über den Browser als auch über das Konfigurationswerkzeug konfiguriert werden. Das Konfigurationswerkzeug ist ein Offline-Tool, das der Konfiguration der Services von SAP NetWeaver AS Java dient und zur detaillierten Konfiguration der UME genutzt werden kann. Die UME-Konfiguration kann sowohl im Browser in den Einstellungen von SAP NetWeaver AS Java als auch im SAP

NetWeaver Administrator vorgenommen werden. Dabei können Sie folgende Funktionen konfigurieren:

- Datenquellen
- Sicherheitskonzept
- Benachrichtigungs-E-Mails
- Benutzerverwaltungs-UI
- Support

Auf der Registerkarte DATENQUELLEN der UME-Konfiguration können Sie festlegen, aus und in welche Datenquellen die Benutzerdaten gelesen und geschrieben werden (siehe Abbildung 12.3). Die Auswahl der Datenquelle kann bereits während der Installation von SAP NetWeaver AS Java erfolgen. Die Konfigurationen der Datenquellen werden in Konfigurationsdateien in Form von XML-Dateien ausgeliefert.

Konfiguration der Datenquellen

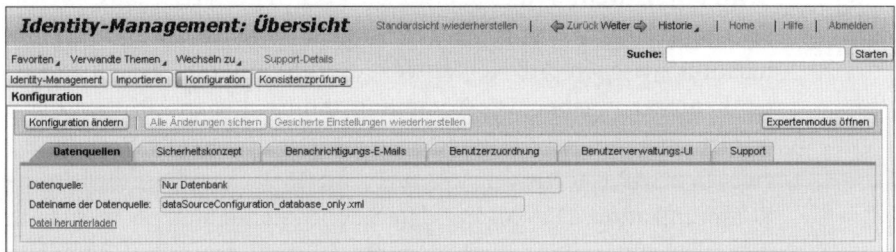

Abbildung 12.3 Konfiguration der Datenquellen

Die Auswahl der Datenquelle richtet sich nach der Verwendungsart von SAP NetWeaver AS Java. Dieser wird als eigenständiger Application Server installiert.

Bei der Installation von SAP NetWeaver AS Java als eigenständigem Server wird die Systemdatenbank als Datenquelle festgelegt. Die Konfigurationsdatei heißt *dataSourceConfiguration_database_only.xml*. Die Systemdatenbank ist bei AS Java immer an die UME gebunden, da dort z. B. die UME-Rollen abgelegt werden. UME-Rollen beinhalten eine Sammlung von Berechtigungen auf Web-Dynpro-Anwendungen und Daten. Detaillierte Informationen zu UME-Rollen finden Sie in Abschnitt 12.2.1, »UME-Rollen«.

Datenquelle eines eigenständigen SAP NetWeaver AS Java

Bei einer SAP-Systemlandschaft, in der sowohl SAP-NetWeaver-AS-ABAP- als auch AS-Java-Systeme zur Verfügung stehen, kann das ABAP-System als Datenquelle festgelegt werden. Die dazugehörige Konfigurationsdatei ist *dataSourceConfiguration_abap.xml*.

AS-ABAP-System als Datenquelle

Ändern von
Datenquellen

Es gibt Möglichkeiten, die bestehenden Datenquellen in einge-
schränktem Umfang zu ändern, da es zu Inkonsistenzen führen kann,
wenn die Datenquellen nachträglich geändert werden. Ist die Systemdatenbank als Datenquelle konfiguriert, ist es möglich, zu einem
LDAP-Verzeichnis oder SAP NetWeaver AS ABAP als Datenquelle zu
wechseln. Um Inkonsistenzen zu verhindern, müssen Sie darauf achten, dass die neuen Datenquellen keine Benutzer oder Gruppen mit
demselben Namen enthalten.

Wenn Sie ein ABAP-System als Datenquelle konfiguriert haben, können Sie diese Einstellung nicht nochmals ändern. Möglichkeiten zur
Änderung der Datenquelle bestehen für Sie jedoch, wenn Sie als
Datenquelle ein LDAP-Verzeichnis angegeben haben. Sie können
dieses durch ein anderes Verzeichnis ersetzen.

Konfiguration
des ABAP-
Systems/LDAP-
Verzeichnisses

Zur Konfiguration der verwendeten Datenquelle wählen Sie in der
UME-Konfiguration die Registerkarte DATENQUELLEN aus. Ist als
Datenquelle ein ABAP-System ausgewählt, müssen Sie zur Kommunikation zwischen SAP NetWeaver AS ABAP und AS Java einen Sys-
tembenutzer angeben. Die Kommunikation zwischen ABAP und Java
erfolgt über den Java Connector (JCo). Der JCo ist die Verbindung
zwischen SAP NetWeaver AS ABAP und AS Java und ermöglicht die
Kommunikation. Die Zugangsdaten des Systembenutzers werden in
dieser Konfigurationseinstellung hinterlegt. Gespeichert sind hier
Benutzername, Passwort, Mandant sowie eine Anmeldesprache des
Kommunikationsbenutzers. Dieser Kommunikationsbenutzer heißt
SAPJSF und ist in SAP NetWeaver AS ABAP mit den notwendigen
Berechtigungen abgelegt. Dafür werden in AS ABAP zwei PFCG-Rol-
len (siehe Abschnitt 6.3.2, »Rollenpflege«) ausgeliefert:

▸ **SAP_BC_JSF_COMMUNICATION_RO**
Der Systembenutzer SAPJSF und somit die UME erhalten nur
lesenden Zugriff auf die Benutzerdaten des ABAP-Systems.

▸ **SAP_BC_JSF_COMMUNICATION**
Mittels dieser PFCG-Rolle erhält die UME ebenfalls schreibenden
Zugriff auf die Benutzerdaten, die im SAP NetWeaver AS ABAP
abgelegt sind.

Ist ein LDAP-Verzeichnis als Datenquelle angegeben, müssen
Zugriffsdaten auf dem Server des LDAP-Verzeichnisses hinterlegt
werden. Dazu gehören u. a. der Servername, der Serverport und eine

Benutzerkennung, die zur Verbindung zwischen SAP NetWeaver AS Java und LDAP-Verzeichnis genutzt wird.

In der Konfigurationseinstellung des Sicherheitskonzepts können Sie Einstellungen zur Länge der Benutzer-IDs sowie Passwortregeln hinterlegen. Teil der Passwortregeln ist die Länge des Passwortes sowie dessen Zusammensetzung aus Groß- und Kleinbuchstaben und Sonderzeichen. Darüber hinaus können Sie die Gültigkeitsdauer des Passwortes festlegen und bestimmen, wie viele fehlgeschlagene Anmeldeversuche von einem Benutzer durchgeführt werden können.

Konfiguration des Sicherheitskonzepts

Die UME kann so konfiguriert werden, dass beim Eintreten bestimmter Ereignisse Benachrichtigungs-E-Mails an den Administrator oder Benutzer verschickt werden. Auf der Registerkarte BENACHRICHTIGUNGS-E-MAILS können Sie die Konfiguration dafür vornehmen. Zu den Ereignissen, auf die reagiert werden kann, gehören z. B. eine erfolgreiche Selbstregistrierung des Benutzers, das Anlegen, Löschen, Sperren oder Entsperren eines Benutzerkontos oder das Importieren eines Benutzers. Voraussetzung für das erfolgreiche Versenden von Benachrichtigungen ist, dass die E-Mail-Adressen in den Benutzerstammsätzen korrekt gepflegt sind.

Konfiguration der Benachrichtigungs-E-Mails

Über die Registerkarte BENUTZERVERWALTUNGS-UI können Sie Einstellungen, wie z. B. den Anmeldebildschirm für Endbenutzer, konfigurieren. Darüber hinaus kann die Suchergebnisliste für das Suchen nach Benutzern, Rollen oder Gruppen über die Konfiguration angepasst werden.

Konfiguration des UIs zur Benutzerverwaltung

Um Änderungen in der Konfiguration nachvollziehen zu können, haben Sie die Möglichkeit, über die Registerkarte SUPPORT die Konfigurationsdateien in Form von XML-Dateien herunterzuladen. Diese Dateien geben Aufschluss über den aktuellen Stand der Konfiguration.

Support

Aktivitäten nach der UME-Konfiguration
Nachdem Sie die Konfiguration der UME abgeschlossen haben, müssen alle betroffenen Java-Instanzen neu gestartet werden, damit die Änderungen aktiv werden.

Sobald die Konfiguration der UME abgeschlossen ist und somit die zu verwendende Datenquelle feststeht, können Sie ein Berechtigungskonzept umsetzen, das in allen angeschlossenen Systemen wirksam wird. Dafür sind Kenntnisse im Berechtigungskonzept von SAP NetWeaver AS Java notwendig.

12.2 Berechtigungskonzept von SAP NetWeaver AS Java

Wie in SAP NetWeaver AS ABAP kann auch im AS Java der Zugriff auf Applikationen und Daten über Berechtigungen gesteuert werden. Das Berechtigungskonzept ist im AS Java ebenfalls rollenbasiert. Über die UME können UME-Rollen, UME-Aktionen sowie UME-Gruppen und Benutzer verwaltet werden. Das Berechtigungskonzept des AS Java beinhaltet außerdem noch Java-EE-Sicherheitsrollen, die ebenfalls über die UME zugewiesen werden können. Dieser Abschnitt erläutert diese Begriffe sowie deren Zusammenhang näher.

12.2.1 UME-Rollen

Um Benutzern Zugriff auf Java-Applikationen sowie deren Aktionen zu gewähren, werden ihnen Berechtigungen in Form von UME-Rollen zugewiesen (siehe SAP-Onlinehilfe, Stichwort *UME Role*). Das Identity Management dient der Vergabe der Berechtigungen und Pflege von Benutzern. Die UME-Rollen beinhalten Berechtigungen, die im Coding als Berechtigungsprüfungen hinterlegt werden.

Permission Diese Berechtigungsprüfungen werden als Permissions im Coding definiert und sind analog zu den ABAP-Berechtigungsobjekten zu verstehen. Permissions werden innerhalb der Anwendungen bei der Ausführung von Aktionen, wie z. B. Ändern, als Berechtigungsprüfungen im Coding geprüft (siehe SAP-Onlinehilfe, Stichwort *UME Permission*). Permissions können dem Benutzer nicht direkt zugewiesen werden.

UME-Rollen können sowohl Benutzern als auch Benutzergruppen zugewiesen werden. Diese Rollen können nur im Identity Management verwaltet werden. SAP liefert bereits einige Standard-UME-Rollen aus. Je nach verwendeter Applikation können diese variieren. UME-Rollen werden z. B. für das SAP Enterprise Portal für SAP SRM ausgeliefert.

Typische UME-Standardrollen sind z. B. *Administrator* oder *Everyone*. Zur Administration des AS Java benötigt der Benutzer die UME-Rolle *Administrator*. Grundlegende Berechtigungen im AS Java können jedem Benutzer über die Rolle *Everyone* zugewiesen werden.

UME-Rollen enthalten programmatische Berechtigungsprüfungen. Diese Prüfung ist im Coding eingebaut und wird jeweils beim Aufruf einer Java-Applikation geprüft. Darüber kann die Anzeige von Bedienelementen in der Java-Applikation gesteuert werden. Auf diese Weise können einige Bedienelemente für die Benutzer mit den notwendigen Berechtigungen sichtbar und für die Benutzer, denen die Berechtigung fehlt, nicht sichtbar sein.

UME-Standardrollen

Programmatische Berechtigungsprüfung

12.2.2 UME-Aktionen

Die Berechtigungen werden in Form von Permissions den UME-Rollen zugewiesen. Diese Permissions werden jedoch nicht direkt den UME-Rollen zugeordnet, sondern sind Teil von UME-Aktionen. Die Permissions werden in XML-Dateien definiert. UME-Aktionen bündeln Permissions. Tabelle 12.1 stellt einige grundlegende UME-Aktionen dar.

UME-Aktion	Beschreibung
Manage_All	Administrationsberechtigungen für die gesamte Benutzer- und Rollenadministration sowie zur Konfiguration der UME
Manage_Users	Administrationsberechtigung, die den Benutzer nur die Benutzer verwalten lässt, die zum selben Unternehmen gehören wie der Benutzer selbst
Read_All	Leseberechtigungen auf alle Benutzer, Rollen und Gruppen in allen Unternehmen
Selfregister_User	Verwendung des Formulars zur Selbstregistrierung

Tabelle 12.1 Beispiele für UME-Aktionen

Sie können UME-Rollen und -Aktionen im Identity Management sehen, indem Sie sich über die Suche Rollen anzeigen lassen. Abbildung 12.4 zeigt die UME-Rolle SAP_JAVA_NWADMIN_LOCAL. Dieser Rolle sind auf der Registerkarte ZUGEORDNETE AKTIONEN 17 UME-Aktionen zugeordnet, u. a. die UME-Aktion Manage_All, die zum Service UME gehört.

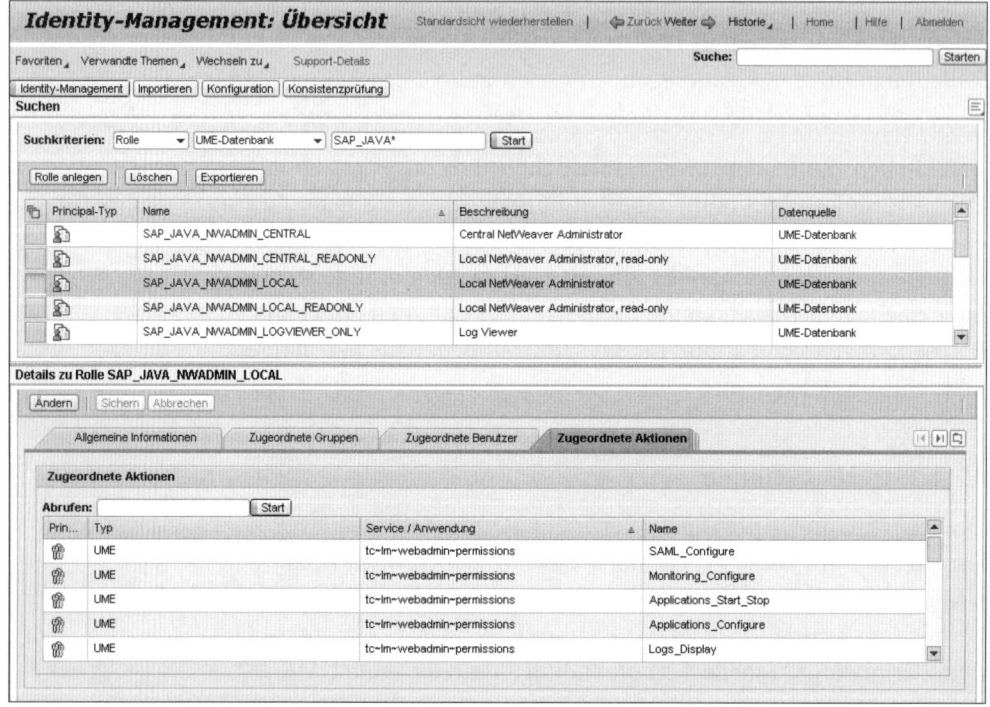

Abbildung 12.4 UME-Rollen und UME-Aktivitäten

Über UME-Rollen und somit UME-Aktivitäten erhalten Endbenutzer Zugriff auf Java-Applikationen und die Möglichkeit, Aktionen in ihnen auszuführen. Wenn Endbenutzer sich jedoch Daten aus einem Backend-System in einer Java-Applikation anzeigen lassen möchten, benötigen sie ebenfalls Zugriffsberechtigungen auf diese Daten im Backend-System. Für diese Zwecke werden u. a. UME-Gruppen benötigt.

12.2.3 UME-Gruppe

UME-Rolle, UME-Aktivität und UME-Gruppe

UME-Gruppen sind Gruppen, die sowohl Benutzer gruppieren und denen auch UME-Rollen zugewiesen werden können. UME-Gruppen können sich hierarchisch aufbauen und damit sowohl über- als auch untergeordnete Gruppen besitzen. Der Zusammenhang zwischen UME-Gruppen, UME-Rollen, UME-Aktionen und Permissions wird in Abbildung 12.5 deutlich.

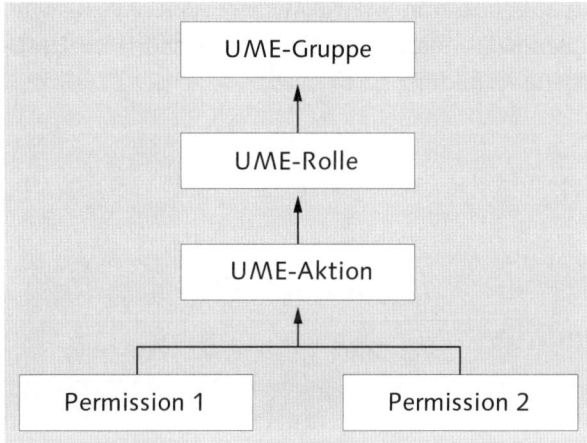

Abbildung 12.5 Aufbau einer UME-Gruppe

UME-Aktionen bestehen aus Permissions. Damit ein Benutzer Berechtigungen erhält, werden diese UME-Aktionen UME-Rollen zugewiesen. UME-Rollen können UME-Aktionen von einer oder mehreren Java-Applikationen enthalten. Die UME-Rolle kann dem Benutzer direkt oder über UME-Gruppen zugewiesen werden. Ist der Benutzer einer UME-Gruppe zugewiesen, die ebenfalls über UME-Rollen verfügt, erhält der Endbenutzer somit die in den UME-Rollen enthaltenen Berechtigungen.

In SAP-Systemen, die aus SAP NetWeaver AS ABAP und einem AS Java bestehen, müssen dem Benutzer die Berechtigungen aus beiden Applikationsservern zugewiesen werden. Da in diesem Fall die Datenquelle SAP NetWeaver AS ABAP ist, muss sichergestellt werden, dass der Benutzer auch in AS Java mit den richtigen Berechtigungen versehen wird. Dazu können UME-Gruppen verwendet werden.

Zugriff auf Daten in SAP NetWeaver AS ABAP

Um die PFCG-Rollen von SAP NetWeaver AS ABAP in der UME darzustellen, werden diese als UME-Gruppen angezeigt. Ist ein Benutzer also einer oder mehreren PFCG-Rollen im ABAP-System zugewiesen, wird das in der UME so dargestellt, als wäre der Benutzer verschiedenen UME-Gruppen zugewiesen.

PFCG-Rollen

Zur Zuweisung von UME-Rollen über das ABAP-System müssen zwei Schritte vollzogen werden: Erstellen Sie in SAP NetWeaver AS ABAP eine leere PFCG-Rolle. Diese wird in AS Java als UME-Gruppe angezeigt. Die UME-Rolle muss dieser UME-Gruppe zugewiesen werden. Diese PFCG-Rolle wird dem Endbenutzer zugewiesen. Wird diese

PFCG-Rolle nun dem Benutzer in SAP NetWeaver AS ABAP zugewiesen, erhält der Benutzer automatisch die dazugehörigen UME-Berechtigungen (siehe Abbildung 12.6).

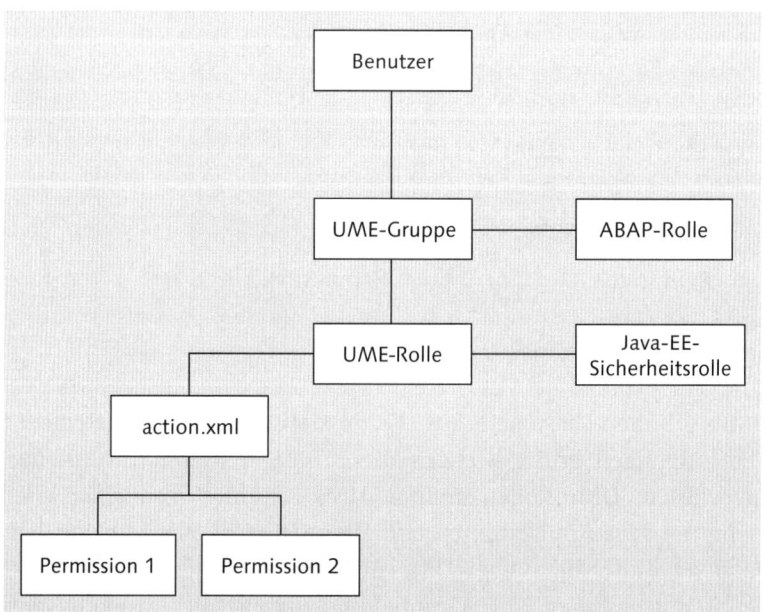

Abbildung 12.6 Zusammenhang zwischen UME-Rollen und PFCG-Rollen

Zuweisung von Rollen Die Zuweisung von Benutzern zu UME-Gruppen, die PFCG-Rollen zugewiesen sind, funktioniert nur in SAP NetWeaver AS ABAP. Im Identity Management sind diese Gruppen nur lesbar und können keinen Benutzern zugeordnet werden. Ihnen können lediglich weitere UME-Rollen oder Java-EE-Sicherheitsrollen zugewiesen werden.

12.2.4 Java-EE-Sicherheitsrollen

Deklarative Berechtigungen Eine weitere Möglichkeit, Java-Applikationen oder Services zu schützen, ist das Verwenden von Java-EE-Sicherheitsrollen. Diese gehören zum Java-EE-Standard und sind nicht so fein steuerbar wie UME-Rollen (siehe SAP-Onlinehilfe, Stichwort *Security Role*). Die Berechtigungen der Java-EE-Sicherheitsrollen sind nicht im Coding hinterlegt. Sie sind stattdessen als Rolle im Java-Container der Applikation definiert. Beim Aufruf der Applikation wird geprüft, ob der Anwender über die notwendigen Berechtigungen verfügt. Die Vergabe dieser Art von Berechtigungen wird als deklarative Berechtigungsprüfung bezeichnet.

Eine weitere Vergabeart ist die programmatische Berechtigung. Im Quellcode werden beim Ausführen von Aktionen die Berechtigungen geprüft. Diese Berechtigungsprüfung kann somit auch sehr fein gesteuert werden. Die Permissions, die über UME-Aktionen in UME-Rollen zugewiesen sind, beruhen auf der programmatischen Berechtigungsvergabe.

Programmatische Berechtigungen

12.3 Benutzer- und Rollenadministration mit der UME

Benutzer und UME-Rollen können im Identity Management verwaltet werden. Sie haben im Identity Management die Möglichkeit, sich Benutzer, UME-Rollen oder UME-Gruppen über die einfache Suche anzeigen zu lassen und Einblicke in deren detaillierte Informationen und Zuordnungen untereinander zu erhalten. Benutzer können Sie ebenso in der erweiterten Suche finden.

Einfache Suche der UME

Darüber hinaus können Sie Benutzer, UME-Rollen und UME-Gruppen selbst anlegen und untereinander zuweisen. Im Standard sind je nach installiertem SAP-System UME-Rollen und UME-Gruppen bereits enthalten. Die folgenden Abschnitte erläutern die grundlegenden Funktionen der Benutzer- und Rollenadministration.

12.3.1 Voraussetzungen zur Benutzer- und Rollenadministration

Damit Sie Benutzer, Rollen und Gruppen verwalten können, benötigen Sie die notwendigen Berechtigungen. SAP liefert hierfür einige UME-Aktionen, die dem Benutzer die notwendigen Berechtigungen geben. Diese können Sie beliebig kombinieren und einem Administrationsbenutzer zuweisen. Tabelle 12.2 zeigt einige Beispielaktionen.

Administrationsberechtigungen

UME-Aktion	Beschreibung
Manage_All	Pflegeberechtigungen für Benutzer, Rollen und Gruppen
Read_All	Leseberechtigungen für Benutzer, Rollen und Gruppen

Tabelle 12.2 UME-Aktionen zur Verwaltung von Benutzern und Rollen

UME-Aktion	Beschreibung
Manage_All_Companies	Pflegeberechtigungen für Benutzer, unabhängig von deren Zuweisung zu einer Firma; Pflege und Zuweisung von Rollen und Gruppen ist nicht möglich
Manage_All_User_Passwords	Änderungsberechtigungen nur für das Passwort des Benutzers
Manage_Groups	Pflegeberechtigungen für Gruppen
Manage_Roles	Pflegeberechtigungen für Rollen

Tabelle 12.2 UME-Aktionen zur Verwaltung von Benutzern und Rollen (Forts.)

Vergabe von Administrationsberechtigungen

Ist ein ABAP-System als Datenquelle in der UME eingetragen, können einem Administrator auch über das ABAP-System Berechtigungen erteilt werden. Die PFCG-Rolle SAP_J2EE_ADMIN verweist auf die gleichnamige UME-Gruppe. Diese UME-Gruppe beinhaltet alle notwendigen UME-Administrationsrollen. Sobald alle notwendigen Berechtigungen zur Administration vergeben sind, können Sie Benutzer, UME-Rollen und UME-Gruppen verwalten.

12.3.2 Administration von Benutzern

Anlegen von Benutzern

Benutzer können im Identity Management angelegt und aktualisiert werden. Beim Anlegen von Benutzern können Sie auf der Registerkarte ALLGEMEINE INFORMATIONEN die Benutzer-ID angeben, das initiale Passwort festlegen sowie grundlegende Daten zum Benutzer, wie Name, E-Mail-Adresse oder Sprache, einstellen. Auf der Registerkarte KONTOINFORMATION stehen allgemeine Informationen zum Benutzerkonto. Ist ein Benutzer gesperrt oder ist die Gültigkeitsdauer des Benutzers abgelaufen, wird Ihnen dies auf dieser Registerkarte angezeigt. Die Adresse des Benutzers können Sie auf der Registerkarte KONTAKTINFORMATION pflegen. Darüber hinaus kann die organisatorische Zuordnung auf der Registerkarte ZUSÄTZLICHE INFORMATIONEN verwaltet werden.

Zuordnen von Berechtigungen

Die eigentliche Zuordnung von Berechtigungen können Sie über die Registerkarten ZUGEORDNETE ROLLEN sowie ZUGEORDNETE GRUPPEN vornehmen. Zum Hinzufügen weiterer Rollen klicken Sie auf den Button ÄNDERN. Die Sicht ändert sich, sodass bereits zugewiesene Rollen in der rechten Hälfte angezeigt werden und im System vorhandene Rollen in der linken Hälfte erscheinen. Zum Suchen vorhandener Rollen können Sie die Suchkriterien nach einer vorhandenen Datenquelle und einem Rollennamen nutzen. Die gefundenen Rollen werden in der Sucherergebnisliste angezeigt. Zum Hinzufügen einer Rolle markieren Sie diese und klicken auf den Button HINZUFÜGEN. Die zugewiesene Rolle wird nun in der rechten Spalte angezeigt (siehe Abbildung 12.7).

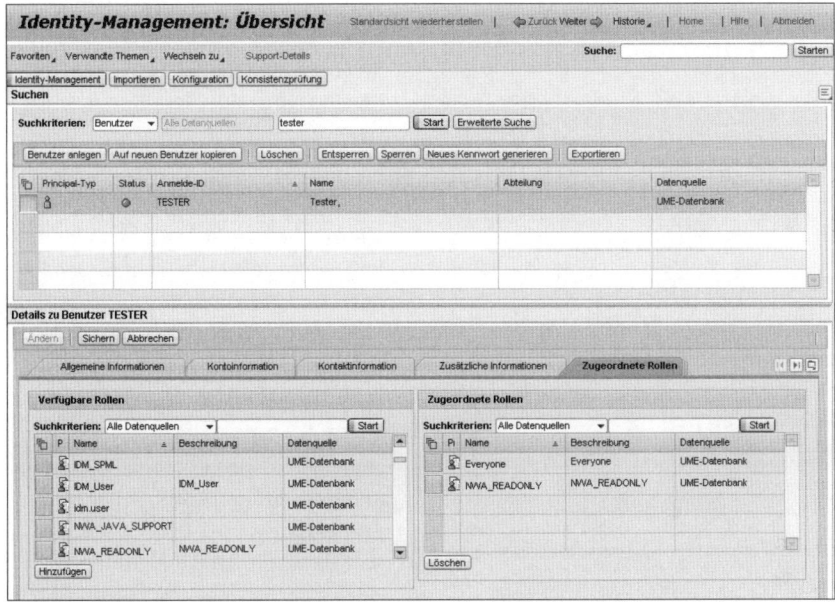

Abbildung 12.7 Verwalten von Benutzern

Stammt der Nutzer aus einem anderen System und wird lediglich in der UME angezeigt, wird das angeschlossene System auf der Registerkarte BENUTZERZUORDNUNG FÜR SYSTEMZUGRIFF dargestellt.

12.3.3 Benutzertypen

Wie in SAP NetWeaver AS ABAP unterscheidet man auch im AS Java Benutzertypen (siehe Abschnitt 6.1, »Benutzer«). Die Benutzertypen können in der UME in jedem Benutzerstammsatz auf der Registerkarte ALLGEMEINE INFORMATIONEN angegeben werden. Ist ein ABAP-System als Datenquelle in der UME konfiguriert, werden neben den Benutzerdaten auch die Benutzertypen den jeweiligen Applikationsservern zugeordnet. Änderungen in SAP NetWeaver AS ABAP werden

Zuordnen von Benutzertypen

in die UME übertragen. Je nach UME-Konfiguration können Änderungen in der UME in SAP NetWeaver AS ABAP geschrieben werden. Tabelle 12.3 zeigt die Benutzertypen, die Sie vergeben können.

Benutzertyp	Zugehöriger ABAP-Benutzertyp	Beschreibung
Standard	Dialog	Standardbenutzer im AS Java haben entsprechende Dialogbenutzer in SAP NetWeaver AS ABAP. Somit können sich diese Benutzer am Java-System anmelden, und alle Passwortregeln treffen auf diese Benutzertypen zu.
Technischer Benutzer	System	Technische Benutzer in Java entsprechen Systemnutzern in ABAP. Diese können sich am AS Java anmelden. Passwortregeln treffen auf diesen Benutzertyp jedoch nicht zu.
Interner Servicebenutzer	–	Interne Servicebenutzer dienen dem Ausführen interner Tätigkeiten. Da der Benutzer mit diesem Benutzertyp nur in der Datenbank von AS Java angelegt ist, gibt es hierfür keinen Benutzer auf der ABAP-Seite. Die Anmeldung am AS Java ist mit diesem Benutzer jedoch nicht möglich.
Unbekannt	Kommunikation, Service, Referenz	Die ABAP-Benutzertypen Kommunikation, Service und Referenz existieren nur im ABAP-System. Je nach den Eigenschaften dieser Benutzertypen können sich diese Benutzer am ABAP-System anmelden, oder die dort definierten Passwortregeln treffen zu.

Tabelle 12.3 Benutzertypen im AS Java

12.3.4 Administration von UME-Rollen

Zuweisen von UME-Rollen

UME-Rollen enthalten Berechtigungen zum Ausführen von Aktionen in Applikationen sowie zum Zugriff auf Daten in SAP NetWeaver AS Java. Diese Rollen können direkt oder indirekt über die Verwendung von UME-Gruppen Anwendern zugewiesen werden (siehe Abbildung 12.8).

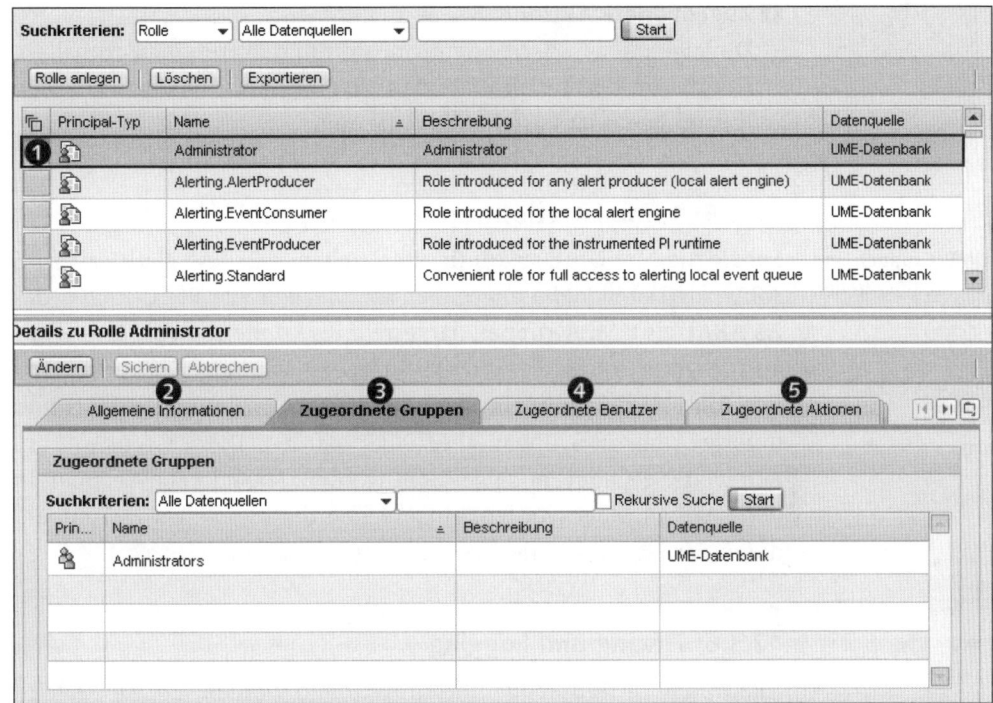

Abbildung 12.8 Komponenten einer UME-Rolle

Beim Pflegen oder Anlegen neuer UME-Rollen ❶ können Sie fol-   Pflege von
gende Informationen pflegen: UME-Rollen

❶ Allgemeine Informationen
Auf dieser Registerkarte sind allgemeine Daten einer Rolle gespeichert, wie z. B. Name der Rolle, Rollenbeschreibung und Rollen-ID.

❷ Zugeordnete Gruppen
Gruppen können Rollen zugewiesen werden. Ob es sich um eine
Gruppe zur Sammlung von Benutzern oder Rollen oder um eine
ABAP-Rolle handelt, sehen Sie in der Spalte DATENQUELLE. Ist
einer UME-Rolle eine Gruppe einer ABAP-Datenquelle zugewiesen, handelt es sich um eine PFCG-Rolle. Die Gruppe dient somit
als Verbindung zwischen der UME-Rolle und der PFCG-Rolle.

❸ Zugeordnete Benutzer
Benutzer können UME-Rollen direkt zugewiesen werden. Die
bereits zugewiesenen Benutzer können auf der Registerkarte
ZUGEORDNETE BENUTZER angezeigt und ergänzt werden.

❹ **Zugeordnete Aktionen**

Die eigentlichen Berechtigungen sind in den Aktionen enthalten. Auf dieser Registerkarte können Sie einer Rolle weitere Aktionen hinzufügen oder bestehende entfernen.

12.3.5 Administration von UME-Gruppen

UME-Gruppen und PFCG-Rollen

Sobald Sie Ihre UME so konfiguriert haben, dass SAP NetWeaver AS ABAP als Datenquelle angegeben ist, werden alle PFCG-Rollen des AS ABAP als UME-Gruppen dargestellt. Es können sowohl Einzel- als auch Sammelrollen als Gruppe angezeigt werden. Die Zuweisung von Einzel- und Sammelrollen kann in der UME mithilfe über- und untergeordneter Gruppen abgebildet werden. Diese Gruppen können weder geändert noch gelöscht werden. Sobald neue Gruppen in der UME angelegt werden, entsprechen diesen nur UME-Gruppen, die in der Datenbank des AS Java gespeichert sind.

12.3.6 Tracing und Logging

Alle in der UME durchgeführten Aktionen werden je nach Anwendung in verschiedenen Trace- und Logdateien gespeichert. Somit werden z. B. das Anlegen oder Ändern von Benutzern, Rollen und Gruppen oder erfolgreiche und nicht erfolgreiche Anmeldeversuche protokolliert.

Trace- und Logdateien

Im Folgenden geben wir Ihnen eine Übersicht über die wichtigsten Trace- und Logdateien:

▸ **Security Log**
Diese Logdatei enthält allgemeine Informationen über erfolgreiche oder fehlgeschlagene Anmeldungen und Berechtigungsprüfungen. Darüber hinaus werden alle Änderungen an Benutzern, Rollen und Gruppen protokolliert. Diese Datei finden Sie im Betriebssystem unter dem Pfad *\usr\sap\<SID>\<Instanz_Nummer>\j2ee\cluster\server<n>\log\system\security.<n>.log*.

▸ **Security Audit Log**
Das Anlegen, Ändern oder Löschen von Benutzern, Benutzerstammsätzen, Rollen und Gruppen wird im Security Audit Log protokolliert. Dieses Protokoll ist Teil des Security Logs und wird in der Protokolldatei als Kategorie *System/Security/Audit* markiert.

▸ **Trace-Dateien**

Diese Dateien enthalten alle Trace-Informationen des Servers. Teile davon sind ebenfalls Informationen zu UME-Services. Protokolliert werden Ausnahmen und Warnungen. Die Datei finden Sie unter *\usr\sap\<SID>\<instance_number>\j2ee\cluster\server<n>\log\defaultTrace.<n>.trc*.

▸ **Directory Server Log**

Haben Sie einen LDAP-Verzeichnisdienst als Datenquelle definiert, können Sie protokollierte Ereignisse, wie z. B. Zugriffe auf den Directory Server, im Directory Server Log lesen.

Die Trace- und Logdateien werden auf Betriebssystemebene gespeichert. Diese können Sie sich jedoch auch unabhängig vom Zugriff auf das Betriebssystem im Log Viewer des SAP NetWeaver Administrators anschauen.

Zugriff auf Trace- und Logdateien über Log Viewer

Sie gelangen zu den Log- und Trace-Dateien über Fehleranalyse • Protokolle und Traces. Wählen Sie in der Suche die vordefinierte Sicht Expert aus. Im darunterliegenden Auswahlmenü können Sie die Security Logs und Trace-Dateien auswählen (siehe Abbildung 12.9).

Abbildung 12.9 Security Log des SAP NetWeaver Administrators

Um sicherzustellen, dass Benutzer und Benutzerstammsätze in einer Systemlandschaft mit SAP-Systemen, die sowohl auf SAP NetWeaver AS ABAP als auch auf dem AS Java basieren, konsistent bleiben, gibt es Möglichkeiten, Benutzer zentral zu verwalten. Der Konfiguration bzw. Administration dient die UME, die ebenfalls ein Identity Management zur Verfügung stellt, um Benutzer, Rollen und Gruppen zu verwalten.

Zentrale Verwaltung von Benutzern

Benötigen Benutzer Berechtigungen im Java-Umfeld, können ihnen UME-Rollen zugewiesen werden, die Java-Anwendungen und Datenzugriff berechtigen. In den meisten Fällen benötigen Benutzer Zugriff in verschiedenen Systemen. Werden Benutzer in Systemlandschaften gepflegt, die aus ABAP- und Java-Systemen bestehen, kann das ABAP-System als Datenquelle konfiguriert werden, d. h., dass Benutzer und deren Rollen nur im ABAP-System gepflegt und zugewiesen werden.

Zur Überprüfung korrekter oder fehlgeschlagener Anmeldungen oder Berechtigungsprüfungen werden diese Ereignisse in Logdateien protokolliert, auf die Sie über den Log Viewer des SAP NetWeaver Administrators zugreifen können.

12.4 Fazit

Die UME ist eine Softwarekomponente, die zur zentralen Benutzerverwaltung in Java-Systemlandschaften genutzt werden kann. In heterogenen Systemlandschaften kann die UME so konfiguriert werden, dass alle Benutzerstammsätze über Systemgrenzen hinweg in einem zentralen Mandanten von SAP NetWeaver AS ABAP gepflegt werden. Damit ist sichergestellt, dass die Benutzer und Benutzerstammsätze konsistent bleiben.

TEIL III

Berechtigungen in spezifischen SAP-Lösungen

In vielen Unternehmen und in vielen Projekten werden die allgemeinen Berechtigungen und die Berechtigungen in SAP ERP HCM getrennt betreut. Technisch und im Sinne des IKS ist das nicht nur unnötig, sondern auch gefährlich. In diesem Kapitel werden wir Ihnen einen Überblick über die Besonderheiten geben.

13 Berechtigungen in SAP ERP HCM

In diesem Kapitel gehen wir auf die besonderen Anforderungen der Berechtigungen in der SAP-Personalwirtschaft in SAP ERP Human Capital Management (HCM) ein. Zunächst stellen wir im ersten Abschnitt die wichtigsten Grundlagen dar, um dann in Abschnitt 13.2, »Besondere Anforderungen von SAP ERP HCM«, die Besonderheiten darzustellen, die sich aus dem Umgang mit Personaldaten ergeben. In Abschnitt 13.3, »Berechtigungen und Rollen«, gehen wir auf die Pflege von Rollen im HCM-Umfeld ein, um dann in Abschnitt 13.4 notwendige Einstellungen über die sogenannten Berechtigungshauptschalter zu erläutern. Abschnitt 13.5, »Organisationsmanagement und indirekte Rollenzuordnung«, greift auf Kapitel 8, »Rollenzuordnung über das Organisationsmanagement«, zurück, um es in den Kontext von SAP ERP HCM zu stellen.

Abschnitt 13.6 und Abschnitt 13.7 gehen dann auf die strukturellen und kontextsensitiven Berechtigungen ein. In Abschnitt 13.8 stellen wir die neue Möglichkeit des zeitabhängigen Sperrens dar.

13.1 Grundlagen

Berechtigungen in SAP ERP HCM werden in Unternehmen häufig losgelöst vom restlichen ERP-System betrachtet. Ihre Ursache hat diese gesonderte Betrachtung in verschiedenen Faktoren:

Sonderfall HCM?

- ▶ HCM wird häufig auf einem separaten System betrieben.
- ▶ Das Datenmodell von HCM ist komplex und weist eine Reihe von Besonderheiten auf.

▸ Im HR-Bereich werden Unterstützungsprozesse durchgeführt, die in vielen Organisationen scheinbar unabhängig von den sonstigen Prozessen stattfinden.

▸ Um die Besonderheiten von HCM in Berechtigungen abbilden zu können, sind detaillierte Kenntnisse der Prozesse im HR-Bereich notwendig.

▸ Für den HR-Bereich gelten so viele gesetzliche Regelungen, dass eine regelkonforme Abbildung partiell deutlich höhere Anforderungen stellt als in anderen Applikationen.

Ohne diesen Annahmen widersprechen zu wollen, sind wir doch der Auffassung, dass Berechtigungen in HCM in weiten Teilen technisch der Berechtigungsverwaltung in SAP ERP entsprechen, in dem HCM einen funktionalen Teilbereich darstellt.

In der Tat gibt es im Berechtigungswesen von HCM eine Reihe von technischen Besonderheiten, die in diesem Kapitel dargestellt werden. Davon einmal abgesehen, stellt das betriebswirtschaftliche Teilberechtigungskonzept von HCM die gleichen Anforderungen wie das jeder anderen Applikation von SAP ERP.

Im nächsten Abschnitt werden wir eine wesentliche Besonderheit genauer betrachten: den Umgang mit sensiblen Personaldaten.

13.2 Besondere Anforderungen von SAP ERP HCM

Die besonderen Anforderungen an das Berechtigungswesen von HCM liegen im Umgang mit den Personaldaten begründet. Personaldaten enthalten allgemeine Daten zur Person, aber auch sensible und unter Umständen sogar sensitive[1] Daten im Sinne der EU-Direktive (siehe Abbildung 13.1).

Schutznormen   Der besondere Schutz aller personenbezogenen Daten ist eine gesetzliche Anforderung (siehe Abschnitt 4.4, »Datenschutzrecht«).[2]

---

[1] Umgangssprachlich werden sensible Daten als Daten betrachtet, die irgendeine qualifizierende Betrachtung einer Person ermöglichen. Ebenfalls umgangssprachlich werden die Daten gemäß § 3 Abs. 9 BDSG (siehe Abschnitt 4.4, »Datenschutzrecht«) als sensitiv bezeichnet. Korrekt, aber ungebräuchlich wäre es, von Daten besonderer Art (BDSG) oder Daten spezieller Kategorien (EU-Direktive) zu sprechen.

[2] Eine systematische Darstellung der Datenschutzanforderungen des deutschsprachigen Raums finden Sie in Lehnert/Otto/Stelzner (2011).

Die Daten müssen vor jedem ungewollten Zugriff geschützt sein. Dieser Schutz muss konkret sein, ein per se gewollter Zugriff auf mehrere 10.000 Mitarbeiter dürfte in den meisten Fällen nicht dieser Anforderung entsprechen. Es muss nachweisbar sein, wer warum zu welcher Zeit eine personenbezogene Information einsehen oder ändern konnte.

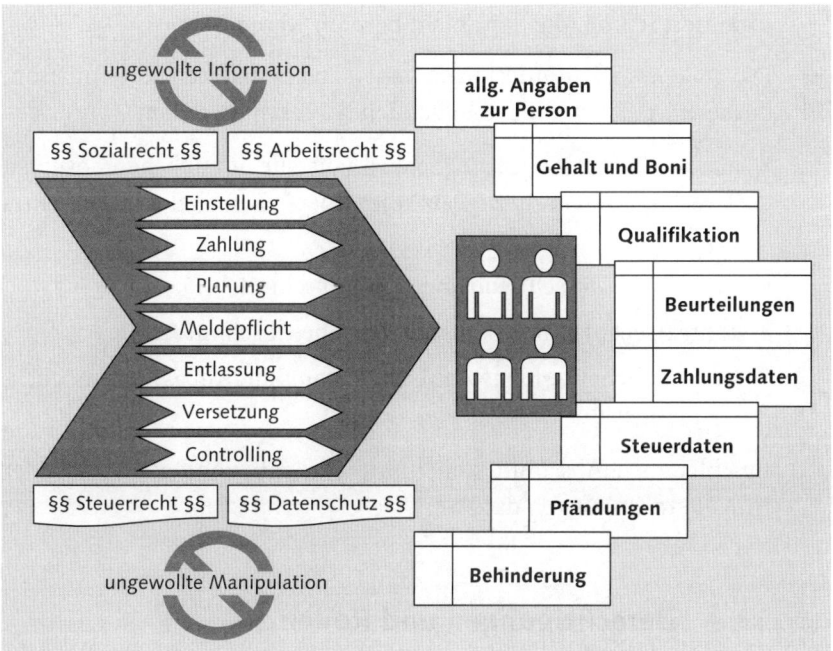

Abbildung 13.1 Normen, Prozesse und Daten von SAP ERP HCM

Neben der Einschränkung des Zugriffs für die Benutzer gibt es aber im HR-Bereich auch rechtliche Auflagen, dass bestimmte personenbezogene Daten an die Sozialversicherungen, die Finanzämter oder Aufsichtsbehörden zu melden sind. Geregelt wird das in einer Vielzahl von Rechtsquellen, die bereichsweise stark differieren kann (z. B. Meldepflichten in der Nahrungsmittelindustrie oder der Energiewirtschaft).

Meldepflichten

Die nächste nennenswerte Besonderheit ist die, dass die Daten, die ein Benutzer verarbeitet, seine eigenen Daten sein können: Der Mitarbeiter in der Lohnbuchhaltung erhält z. B. auch sein Gehalt über HCM und ist auch ein Mitarbeiter im System. Hier gilt es also, sicherzustellen, dass niemand sein eigenes Einkommen oder vergleichbar kritische Daten pflegen kann.

Selbstpflege

Informations-
missbrauch Schließlich möchten wir Sie auch noch auf eine weitere Besonderheit hinweisen, die manchmal dazu führt, dass Managementdaten und -bezüge durch Drittanbieter verwaltet werden: Personaldaten können durch missbräuchliche Verarbeitung den betrieblichen Frieden stören (Verarbeitung in jeglicher Form – egal, ob Erfassung, Kenntnisnahme oder Löschung). Uns sind Beispiele bekannt, in denen das Einkommen von Betriebsangehörigen durch Mitarbeiter detailliert diskutiert wurde, die dazu nicht berufen waren.

Technische
Besonderheiten Die genannten Anforderungen haben zu einigen technischen Besonderheiten geführt, die im Folgenden dargestellt werden:

▸ punktuelle Ausschlussmöglichkeit (anstelle der üblichen positiven Berechtigung) in Bezug auf die eigene Personalnummer eines Benutzers

▸ strukturelle Berechtigungen (siehe Abschnitt 13.6)

▸ kontextsensitive Berechtigungen (siehe Abschnitt 13.7)

▸ umfangreiche kundenspezifische technische Anpassungsmöglichkeiten über Business Add-Ins (BAdIs)

Im folgenden Abschnitt stellen wir den rollenbezogenen Teil der HCM-Berechtigungen dar.

13.3 Berechtigungen und Rollen

In SAP ERP HCM werden Rollen entsprechend den in Kapitel 6, »Technische Grundlagen der Berechtigungspflege«, und Kapitel 7, »Systemeinstellungen und Customizing«, dargestellten Verfahren angelegt. Auch hier gilt es, eine möglichst hohe Vorschlagswertabdeckung (siehe Abschnitt 7.1, »Pflege und Nutzung der Vorschläge für den Profilgenerator«) zu erreichen. Auch in Bezug auf das HCM-System ist eine Ableitung von Rollen möglich.

Zunächst werden wir wesentliche Besonderheiten von HCM in Bezug auf Berechtigungen darstellen.

13.3.1 Berechtigungsrelevante Attribute in SAP ERP HCM

Berechtigungs-
attribute in
SAP ERP HCM Da wir das technische Berechtigungskonzept in HCM in Ergänzung zum Standard vorstellen, erklären wir zunächst einige wichtige

HCM-Begriffe, die in Tabelle 13.1 in Beziehung zu Berechtigungs-objekten gesetzt werden:

▶ **Infotyp (Informationstyp)**

Personenbezogene, organisationsbezogene und andere Daten von HR werden in sogenannten Infotypen hinterlegt. So werden die primären Daten zur Person im Infotyp 0002 hinterlegt, die Basis-bezüge im Infotyp 0008, Familie und Bezugspersonen im Infotyp 0021 und die Qualifikationen im Infotyp 0024.

Infotypen können zeitabhängig gespeichert werden.

Es gibt mehrere hundert Infotypen im Standard, viele davon sind länderspezifisch. Aus Sicht des betriebswirtschaftlichen Berechti-gungskonzepts ist eine Einschränkung je Infotyp auf der Grund-lage einer Sensitivitätseinschätzung erforderlich.

▶ **Subtyp**

Subtypen sind weitere Untergliederungen des Infotyps. Der oben angeführte Infotyp 0021 (Familie und Bezugspersonen) kann detailliert unterschieden werden über diverse Subtypen, z. B. Ehe-gatte, geschiedener Ehegatte, Lebensgefährte, Kind, Notruf.

Berechtigungen müssen gegebenenfalls über eine genaue Kombi-nation von Infotyp und Subtyp vergeben werden.

Konkret ist es z. B. denkbar, dass die Informationen für einen Not-fall unter NOTRUF DER SECURITY bereitgestellt sind, die keinen Grund hat, Daten über Kinder, geschiedenen Ehegatten o. Ä. ein-zusehen.

▶ **Objekttyp**

Jedes Element einer Organisation kann als eigenständiges Objekt dargestellt werden. Wichtige Objekttypen sind: Organisationsein-heit (Kürzel O), Stelle (Kürzel C), Planstelle (Kürzel S) und Person (Kürzel P). Für die indirekte Rollenzuordnung gilt auch noch: Rolle (AG), Benutzer (AG). Objekte werden im Infotyp 1000 gepflegt.

▶ **Planvariante**

Da der Planung in HCM eine besondere Bedeutung zukommt, werden üblicherweise unterschiedliche Planvarianten definiert, die entsprechend geschützt werden können. Zukunftsbezogene Planungen in Bezug auf Personal sind in jedem Fall sensitiv. Sie werden allerdings eher selten durchgeführt.

▶ **Planungsstatus**

Im Zusammenhang mit der Planung müssen die unterschiedlichen möglichen Status, die ein Objekt annehmen kann (*aktiv*, *geplant*, *beantragt*, *genehmigt*, *abgelehnt*), gegebenenfalls ebenfalls über Berechtigungen unterschieden werden. Planungsstatus spielen in der Branchenlösung SAP for Defence and Security (DFPS) eine erhebliche Rolle.

▶ **Personalbereich**

Der Personalbereich ist ein organisatorisches Merkmal, um die Mitarbeiter einer Organisation nach administrativen Kriterien gliedern und die Berechtigungen auf bestimmte Bereiche einschränken zu können.

▶ **Mitarbeitergruppe**

Die Mitarbeitergruppe ist ein weiteres, vom Personalbereich unabhängiges Gliederungsmerkmal. Üblicherweise werden zumindest Aktive, Rentner, Externe und Vorruheständler unterschieden.

▶ **Mitarbeiterkreis**

Innerhalb der Mitarbeitergruppe werden Mitarbeiterkreise unterschieden, so können die Aktiven z. B. unterschieden werden nach Arbeitern, Angestellten und außertariflichen Angestellten.

▶ **Organisationsschlüssel**

Der Organisationsschlüssel ist ein weiteres Merkmal zur Differenzierung der Personalstruktur, zusätzlich auch der Unternehmensstruktur. Die Vorschlagswerte für den Organisationsschlüssel sind definierbar.

Infotyptabellen — Die in den Infotypen hinterlegten Informationen können in den Infotyptabellen ausgewertet werden, u. a. finden Sie Infotypen in den Tabellen PA0000 (IT0000) bis PA0998 (IT0998), HRP1000 (IT1000) bis HRP1990 (IT1990), PA2001 (IT2001) bis PA3893 (IT3893) sowie HRP5003 (IT5003) bis HRP6200 (IT6200).

Inhalte der Infotypen prüfen — Es ist erforderlich, regelmäßig die Nutzung der Infotypen zu überprüfen, um für die relevanten Infotypen Berechtigungen vergeben zu können.

13.3.2 Beispiel »Personalmaßnahme«

Die zentralen personalwirtschaftlichen Vorgänge bei der Stammdatenverwaltung, z. B. die Einstellung, der organisatorische Wechsel oder der Austritt eines Mitarbeiters, sind in der Personaladministration in sogenannten Personalmaßnahmen abgebildet. In der Personaladministration können z. B. Daten zum Mitarbeiter über die Transaktion PA30 (Personalstammdaten pflegen) gepflegt werden. Alternativ steht die Transaktion PA40 (Pflege über Personalmaßnahmen) zur Verfügung. Mit der Transaktion PA30 sind die in Tabelle 13.1 aufgeführten Berechtigungsobjekte verbunden.

Objekt	Beschreibung	Feld	Beschreibung
PLOG	Personalplanung	INFOTYP	Infotyp
		ISTAT	Planungsstatus
		OTYPE	Objekttyp
		PLVAR	Planvariante
		PPFCODE	Funktionscode
		SUBTYP	Subtyp
P_ORGIN	Stammdaten	AUTHC	Berechtigungslevel
		INFTY	Infotyp
		PERSA	Personalbereich
		PERSG	Mitarbeitergruppe
		PERSK	Mitarbeiterkreis
		SUBTY	Subtyp
		VDSK1	Organisationsschlüssel
P_PCLX	HR: Cluster	AUTHC	Berechtigungslevel
		RELID	Bereichskennung für Cluster in den Tabellen PCLX
P_PERNR	Stammdaten – Personalnummernprüfung	AUTHC	Berechtigungslevel
		INFTY	Infotyp
		PSIGN	Interpretation einer zugeordneten Personalnummer
		SUBTY	Subtyp

Tabelle 13.1 Berechtigungsobjekte zur Transaktion PA30 (Personalstamm pflegen)

Damit Sie die Berechtigungen für eine Personalmaßnahme wie eine Einstellung festlegen können, müssen Sie angeben, welche Infotypen gepflegt werden sollen. Dies hängt von der Konfiguration der Arbeitsabläufe in HCM ab. In Bezug auf die Transaktion PA30 (Personal-

Infotypen in Berechtigungen

stammdaten pflegen) sind mindestens die folgenden Infotypen erforderlich:

- IT0000 (Maßnahmen)
- IT0001 (Organisatorische Zuordnung)
- IT0002 (Daten zur Person)

Häufig werden gleichzeitig auch folgende Infotypen im selben Prozessschritt mit gepflegt:

- IT0003 (Abrechnungsstatus)
- IT0007 (Sollarbeitszeit)
- IT0008 (Basisbezüge)
- IT0009 (Bankverbindung)
- IT0012 (Steuerdaten D)
- IT0013 (Sozialvers. D)
- IT0016 (Vertragsbestandteile)
- IT0021 (Familie/Bezugsperson)
- IT0105 (Kommunikation)

Weitere Infotypen können abhängig von der Konfiguration notwendig sein.

Subtypen in Berechtigungen
Sofern Sie den Infotyp IT0105 (Kommunikation) pflegen, müssen Sie über den Subtyp auch die Art der Kommunikation festlegen. Um zu einem Infotyp den Subtyp zu ermitteln, können Sie einfach in der Tabelle T591A (Infosubtypeigenschaften) über den Infotyp die zugeordneten Subtypen ermitteln (siehe Abbildung 13.2).

Für die Personalmaßnahme werden dann noch die Angaben über den Personalbereich, Feld PERSA, die Mitarbeitergruppe, Feld PERSG, den Mitarbeiterkreis, Feld PERSK, und den Organisationsschlüssel, Feld VDSK1, benötigt. Damit hätten Sie alle Angaben für das Berechtigungsobjekt P_ORGIN (HR: Stammdaten) zusammen (Prüfung muss aktiviert sein, siehe Abschnitt 13.4, »Berechtigungshauptschalter«).

Einschränkung auf Personalnummern
Um die Berechtigungen der Personalmaßnahme weiterhin auszusteuern, können Sie – abhängig von weiteren Einstellungen – eine Festlegung in Bezug auf das Berechtigungsobjekt P_PERNR (HR: Stammdaten – Personalnummernprüfung) vornehmen.

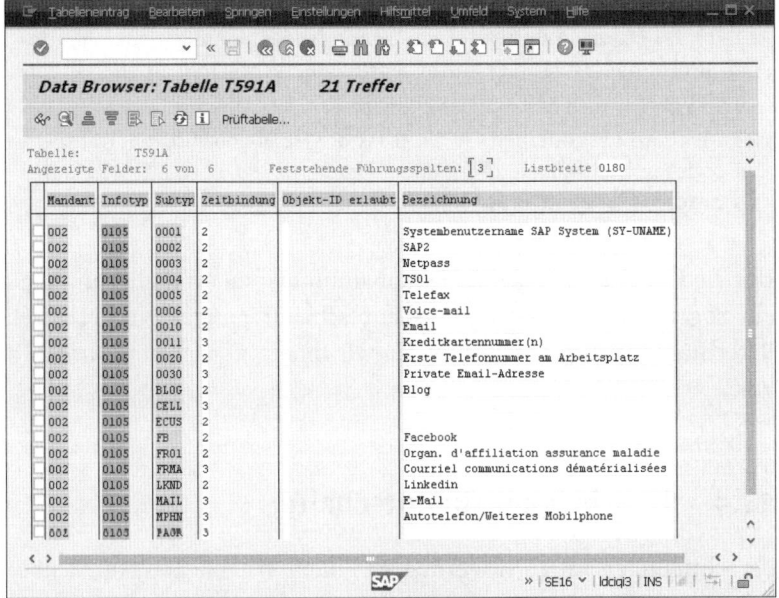

Abbildung 13.2 Tabelle »Infosubtypeigenschaften«

Dort wird über das Feld PSIGN (Interpretation einer zugeordneten Personalnummer) festgelegt, ob ein Mitarbeiter auf die Daten seiner eigenen Personalnummer zugreifen darf. Genau genommen wird festgelegt, ob der Benutzer, der einer Personalnummer über den Infotyp 0105, Subtyp 0001, zugeordnet ist, auf diese zugreifen darf. Das Feld PSIGN kann folgende Ausprägungen haben:

▸ I: zusätzliche Berechtigungen für die eigene Personalnummer

▸ E: ausgeschlossene Berechtigungen für die eigene Personalnummer

Die Ausprägung E übersteuert die Ausprägung I. Die Ausprägung * wird nicht unterstützt. Dabei steuert das Feld AUTHC (Berechtigungslevel) die Art (lesen, schreiben, gesperrt schreiben).

Systematische Besonderheit: Berechtigungsobjekte P_PERNR und P_TCODE

Die Berechtigungsprüfung gegen das Berechtigungsobjekt P_PERNR stellt eine Ausnahme dar. Grundsätzlich wird in allen Programmablaufprüfungen geprüft, ob eine bestimmte Berechtigung vorhanden ist: Der Zugriff wird prinzipiell positiv berechtigt.

> Mithilfe des Objekts P_PERNR kann allerdings die Berechtigung für den Zugriff auf Daten in Bezug auf die eigene Personalnummer sowohl infotyp- und aktivitätsweise gestattet (positive Berechtigung) als auch unterbunden werden (negative Berechtigung).
>
> Eine weitere Besonderheit ist die, dass die HCM-spezifischen Transaktionscodes teilweise auch in das Berechtigungsobjekt P_TCODE (HR: Transaktionscode) eingetragen werden müssen.

Um die Prüfung der eigenen Personalnummer zu ermöglichen, muss ein sogenannter Berechtigungshauptschalter gesetzt werden. Den Berechtigungshauptschalter stellen wir Ihnen im nächsten Abschnitt vor.

13.4 Berechtigungshauptschalter

Berechtigungen in HCM werden zu einem erheblichen Anteil über sogenannte Berechtigungshauptschalter gesteuert.

Steuerungs-
funktion der
Berechtigungs-
hauptschalter

Berechtigungshauptschalter steuern im Wesentlichen die folgenden Abläufe:

- Stammdatenprüfung auf den Infotyp (siehe Abschnitt 13.3.2, »Beispiel ›Personalmaßnahme‹«)

- erweiterte Stammdatenprüfung auf den Infotyp
  (keine Erläuterung in diesem Buch)

- Prüfung auf die eigene Personalnummer
  (siehe ebenfalls Abschnitt 13.3.2)

- strukturelle Berechtigungen (siehe Abschnitt 13.6)

- Kontextlösung (siehe Abschnitt 13.7,
  »Kontextsensitive Berechtigungen«)

- Toleranzzeitraum nach Versetzung
  (keine Erläuterung in diesem Buch)

- Prüfverfahren (keine Erläuterung in diesem Buch)

- Kombinationen verschiedener Prüfungen

Mit der Transaktion OOAC (HR: Berechtigungshauptschalter) stellen Sie die Berechtigungshauptschalter ein und aus. Diese werden in Tabelle 13.2 dargestellt.

Semantisches Kürzel	Beschreibung	Bedeutung
ADAYS	HR: Toleranzzeit der Berechtigungsprüfung	Angabe in Tagen, wie lange nach einem organisatorischen Wechsel eines Mitarbeiters die ehemals zuständigen Benutzer noch Zugriff auf die Daten haben
APPRO	HR: Prüfverfahren	Über diesen Schalter wird die Prüfung des Infotyps 0130 (Datenprüfung des Mitarbeiters) aktiviert. Das Prüfverfahren muss dazu im Customizing der Personaladministration definiert sein.
DFCON	HR: Default-Planstelle (Kontext)	Im Rahmen der Kontextlösung: Definition des Umgangs mit Personalnummern, die nicht mit der Organisationsstruktur von HCM-OM verknüpft sind, d. h. Personalnummern, die keiner Planstelle oder nur der Default-Planstelle zugeordnet sind
INCON	HR: Stammdaten (Kontext)	Im Rahmen der Kontextlösung: Nutzung des Berechtigungsobjekts P_ORGINCON aktivieren
NNCON	HR: Kundeneigene Berechtigungsprüfung (Kontext)	Im Rahmen der Kontextlösung: Nutzung kundeneigener Berechtigungsobjekte aktivieren
NNNNN	HR: Kundeneigene Berechtigungsprüfung	Nutzung kundeneigener Berechtigungsobjekte aktivieren
ORGIN	HR: Stammdaten	Standardprüfung auf Infotypen Berechtigungsobjekt P_ORGIN aktivieren
ORGPD	HR: Strukturelle Berechtigungsprüfung	Aktivierung der strukturellen Berechtigungsprüfung
ORGXX	HR: Stammdaten – erweiterte Prüfung	erweiterte Prüfung auf Infotypen mit Berechtigungsobjekt P_ORGXX aktivieren
PERNR	HR: Stammdaten – Personalnummernprüfung	Prüfung auf eigene Personalnummer aktivieren
XXCON	HR: Stammdaten – erweiterte Prüfung (Kontext)	Im Rahmen der Kontextlösung: erweiterte Prüfung auf Infotypen aktivieren

Tabelle 13.2 Berechtigungshauptschalter

Prüfungsrelevanz
der Hauptschalter

Durch ihre Bedeutung für das technische und betriebswirtschaftliche Berechtigungskonzept müssen Sie die Berechtigungshauptschalter zwingend in eine Prüfung des Berechtigungskonzepts aufnehmen. Sowohl Datenschutzrisiken als auch kaufmännische Risiken sind unmittelbar mit diesen Schaltern verbunden. Wenn die Prüfung gegen die eigene Personalnummer in diesen Schaltern unterdrückt wird, laufen die entsprechenden Einstellungen in Rollen ins Leere, und der Sachbearbeiter kann seine Bezüge nach Gutdünken anpassen.

Im nächsten Abschnitt werden wir die Nutzung von OM zu den Berechtigungen in HCM in Bezug setzen.

13.5 Organisationsmanagement und indirekte Rollenzuordnung

Die indirekte Rollenzuordnung über das Organisationsmanagement (OM) von SAP ERP HCM haben wir bereits in Kapitel 8, »Rollenzuordnung über das Organisationsmanagement«, dargestellt. Dort haben wir begründet, warum wir diesem Modell gegenüber der direkten Rollenzuordnung den Vorzug geben.

Bedeutung
von OM für SAP-
ERP-HCM-
Berechtigungen

Darüber hinaus hat dieses Verfahren für Berechtigungen in HCM gleich in dreifacher Hinsicht eine besondere Bedeutung:

Im OM sind alle Mitarbeiter inklusive der Mitarbeiter der Stammdatenverwaltung gepflegt. Für die Nutzung der Prüfung auf die eigene Personalnummer muss mit der Personalnummer über Infotyp 0105 in Verbindung mit dem Subtyp 0001 die User-ID verknüpft sein: Technisch und organisatorisch müsste somit HCM in der Lage sein, das OM für die Rollenverwaltung der eigenen Rollen zu nutzen.

Die strukturellen Berechtigungen (siehe Abschnitt 13.6) sowie die kontextsensitiven Berechtigungen (siehe Abschnitt 13.7) basieren überdies auf OM.

In Kapitel 8 haben wir die Grundstruktur von OM dargestellt. Abbildung 8.2 zeigte auf dieser Basis, dass einer Planstelle unterschiedliche Objekte wie Stelle, Organisationseinheit, Person und weitere zugeordnet sein können. Beide bilden die Grundlage für Abschnitt 13.6 und Abschnitt 13.7.

Um die Beziehungen deutlich zu machen, haben wir in Abbildung 13.3 eine einfache OM-Struktur mit der Systematik des Auswertungsweges (siehe Abschnitt 13.6.2, »Auswertungsweg«) versehen. Eine Organisationsstruktur kann aus einer beliebigen Zahl von hierarchisch gegliederten Organisationseinheiten bestehen. Den Organisationseinheiten sind Planstellen zugeordnet. Die Planstelle ist im Sinne einer fachlichen und technischen Beschreibung durch die Stelle beschrieben. Der Planstelle ist eine Person zugeordnet, der Person ein Benutzer. Weitere Objekte können zugeordnet sein, in der Abbildung sind sie der Planstelle zugeordnet.

Beziehungen – Auswertungswege

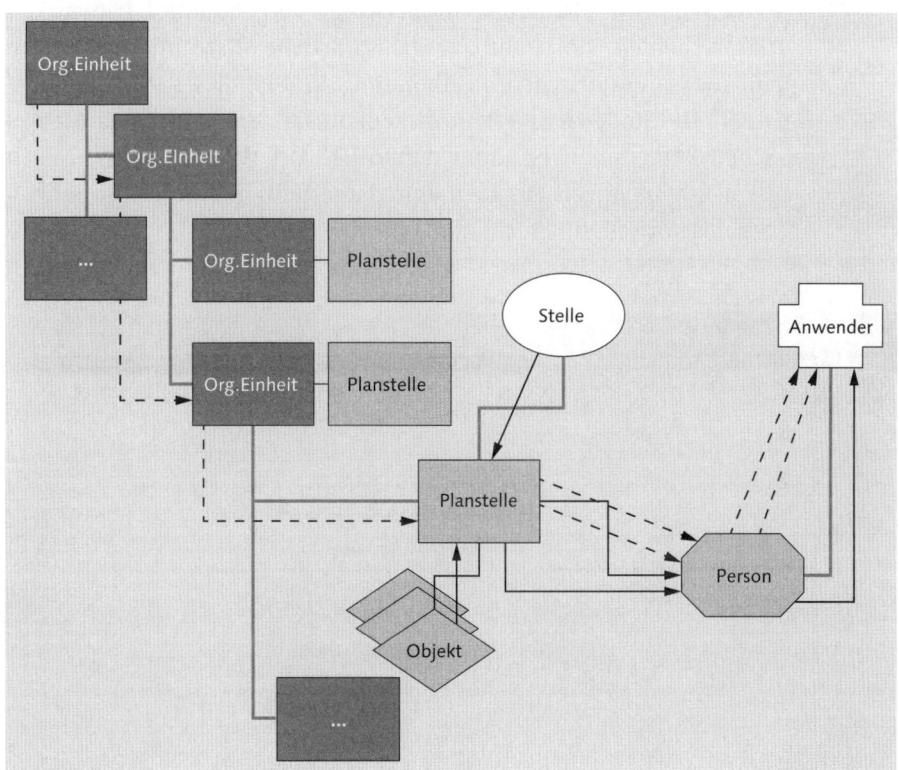

Abbildung 13.3 Aufbauorganisation/Auswertungsweg

Auswertungswege sind in der Lage, diese Informationen »entlang« der Struktur auszuwerten. In Abbildung 13.3 sind Auswertungswege durch die gebogenen Pfeile gekennzeichnet. Die definierten Auswertungswege werten die Informationen aller gezeigten Organisationseinheiten, einer Stelle, einer Planstelle, der (weiteren) Objekte und der Person in Bezug auf den Benutzer aus.

13.6 Strukturelle Berechtigungen

Strukturelle Berechtigungen sind ein Sonderweg der HCM-Berechtigungen, der allerdings später in anderen Lösungen aufgegriffen wurde. Ihre systematische Besonderheit besteht darin, dass die Zuweisung eines strukturellen Profils über eine eigene Transaktion in eine eigene Tabelle erfolgt und somit unabhängig von den Transaktionen SU01 (Benutzerpflege) und PFCG (Pflege von Rollen) ist.

Strukturelle Berechtigungen – Aufbauorganisation

Im Zusammenhang dieses Buches bieten sie jedoch ziemlich genau die Unterscheidungsmöglichkeit, die wir in Abschnitt 3.1, »Organisatorische Differenzierung am Beispiel«, vorgenommen haben. Wir unterscheiden dort aufbauorganisatorische Berechtigungen von ablauforganisatorischen. In Abbildung 13.4 ist dieses Prinzip dargestellt. Die Rolle definiert in diesem Ansatz die ablauforganisatorischen Berechtigungen unter dem Stichwort *Was*, die strukturellen Berechtigungen (als Organigramm dargestellt) definieren die aufbauorganisatorischen Berechtigungen – das *Wo*.

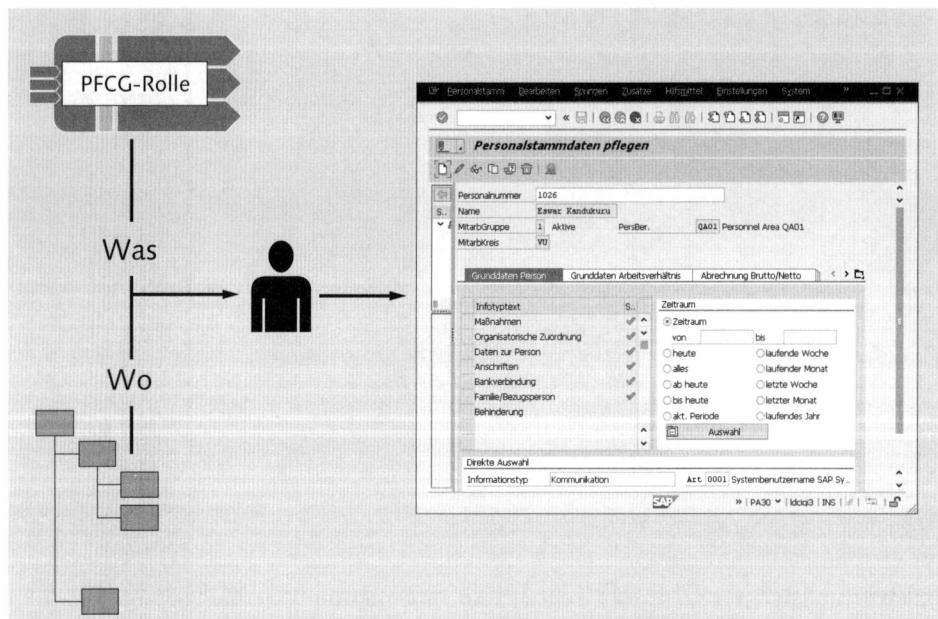

Abbildung 13.4 Strukturelle Berechtigungen und Rollen

Es kann also dargestellt werden, dass strukturelle Berechtigungen in Ergänzung zu Rollen vergeben werden müssen.

13.6.1 Strukturelles Berechtigungsprofil

Ein strukturelles Berechtigungsprofil kombiniert einen oder mehrere Auswertungswege (siehe Abschnitt 13.6.2, »Auswertungsweg«) mit dem designierten Startobjekt, Auswertungstiefen und Zeitraumbeschränkungen innerhalb einer oder mehrerer Planvarianten.

Sie können also definieren, auf welchen genauen Teil der Organisation im Ist oder Plan und für welche Zeiträume der Zugriff gestattet ist. Der so definierte aufbauorganisatorische Zugriff wird – abhängig von weiteren Einstellungen – zur Laufzeit konkretisiert, sodass zur Laufzeit ermittelt wird, welche Stellen, Planstellen, Personen etc. im Zugriff des Benutzers liegen.

Zur Pflege eines strukturellen Berechtigungsprofils wird die Transaktion OOSP (Berechtigungsprofil ändern) verwendet. Tabelle 13.3 zeigt die Felder, die bei der Pflege eines strukturellen Profils gepflegt werden können.

Pflege des strukturellen Berechtigungsprofils

Feld	Bedeutung
Profilname	Name des Profils
Nr.	fortlaufende Nummer der Zeilen des Profils
Planvar.	Angabe der berechtigten Planvariante
Objekttyp	Typ des HCM-Objekts (z. B. O, S, P)
ObjektId	ID des Startobjekts, dessen Typ durch den Objekttyp bestimmt wurde
Pflege	Wenn dieses Feld angekreuzt ist, berechtigt das Profil zur Pflege der Daten innerhalb des Auswertungsweges.
Ausw. Weg	ID des Auswertungsweges
Statusvek.	Bezieht sich auf den Status der Daten, z. B. *geplant*, *aktiv*.
Tiefe	Die Tiefe definiert die Anzahl der Ebenen, die, ausgehend vom Startobjekt, ausgewertet werden. Der Wert 0 bedeutet keine Einschränkung, der Wert 3, dass ab dem Startobjekt drei Ebenen ausgewertet werden.
Zeitraum	Definiert wird, wie weit der Datenzugriff in die Vergangenheit oder Zukunft – ausgehend vom Tag des Zugriffs – gestattet ist.

Tabelle 13.3 Elemente eines strukturellen Profils

Feld	Bedeutung
Vorzeichen	Das Feld VORZEICHEN sollten Sie nur verwenden, wenn strukturelle Berechtigungsprofile angelegt werden sollen, die die Struktur »von unten nach oben« verarbeiten sollen. Beispiel: Ein Berechtigungsprofil soll nur erlauben, dass auf Personen innerhalb der Organisationsstruktur zugegriffen werden kann, jedoch nicht auf weitere Objekte des Auswertungsweges.
Funktionsbaustein	Zur Ermittlung des Startobjekts kann ein Funktionsbaustein angegeben werden.

Tabelle 13.3 Elemente eines strukturellen Profils (Forts.)

Ein strukturelles Profil kann unterschiedliche Auswertungswege, unterschiedliche Planvarianten etc. enthalten.

Strukturelle Profile werden über die Transaktion OOSB (Benutzerberechtigungen ändern) Benutzern zugewiesen. Die entsprechende Tabelle ist T77UA (Benutzerberechtigungen).

13.6.2 Auswertungsweg

Ausprägung des Auswertungsweges

Ein Auswertungsweg enthält eine genaue Definition, in welcher Folge Objekte und Verknüpfungen von HCM-OM auszuwerten sind. In Tabelle 13.4 sind die Auswertungswege O_O_S_C (Stellen je Organisationseinheit) und O_S_C (Stellen einer Organisationseinheit) enthalten.

Das Feld Nr. in Tabelle 13.4 ist die fortlaufende Nummer. Der Objekttyp ist der HCM-Objekttyp (z. B. O, S, C) und definiert somit, ob es sich z. B. um eine Organisationseinheit, eine Stelle oder eine Planstelle handelt. Spalte A/B definiert die Art der Verknüpfung: A – top-down, B – bottom-up. Die Art der Verknüpfung und die Verknüpfung (Spalte Verkn.) selbst sind zusammengenommen der Subtyp eines Infotyps, der die aufbauorganisatorische Beziehung der Objekte definiert. Das Feld Beschreib. enthält die Beschreibung des Subtyps. Die Priorität (Spalte Prio) gliedert den Aufbau der ausgewerteten Information hierarchisch. Zur Priorität gibt die Feldhilfe folgende Auskunft: »Die Verwendung von Prioritäten in Auswertungswegen ergibt nur in Ausnahmefällen einen Sinn. Generell sollte

>*< verwendet werden, um alle Verknüpfungen zu lesen.« Mit dem
Feld Skip kann definiert werden, dass die definierte Verknüpfung in
der Präsentation der Ergebnisse übersprungen wird. Sie ist also dort
sinnvoll, wo eine Verknüpfung erforderlich ist, um eine weitere
Untermenge zu erschließen, sie selbst aber nicht zur Ergebnismenge
beitragen soll.

Nr.	Objekt typ	A/B	Verkn.	Beschreib.	Prio	Typ verkn. Objekt	Skip
Auswertungsweg							
O_O_S_C – Stellen je Organisationseinheit							
10	O	B	003	umfasst	*S		
20	O	B	002	ist Linien-vorgesetzter von	*O		
30	S	B	007	wlrd beschrleben durch	"C		
O_S_C – Stellen einer Organisationseinheit							
10	O	B	003	umfasst	*S		
30	S	B	007	wird beschrieben durch	*C		

Tabelle 13.4 Auswertungswege

Die beiden Auswertungswege unterscheiden sich substanziell darin,
dass der Auswertungsweg O_O_S_C (Stellen je Organisationseinheit)
die Stellen aller Organisationseinheiten und der Auswertungsweg O_
S_C (Stellen einer Organisationseinheit) nur die Stellen einer Organisationseinheit ausgibt. Dieser Unterschied wird erreicht, indem im
O_O_S_C unter Nr. 20 auch die Auswertung untergeordneter Organisationseinheiten Objekt O und Typ des verknüpften Objekts O enthalten ist.

Unterschiede zwischen O_O_S_C und O_S_C

In so einem Fall »arbeitet sich« der Auswertungspfad »nach unten
durch«. Das heißt, er analysiert alle Verknüpfungen entsprechend
seiner Definition, springt von Organisationseinheit zu Organisationseinheit und wertet je Organisationseinheit alle Planstellen und
Stellen aus. Dies ist in Abbildung 13.5 dargestellt. Der Auswertungsweg O_O_S_C wertet das ganze Bild aus, der Auswertungsweg O_S_
C nur die Verknüpfungen der unmittelbaren Organisationseinheit.

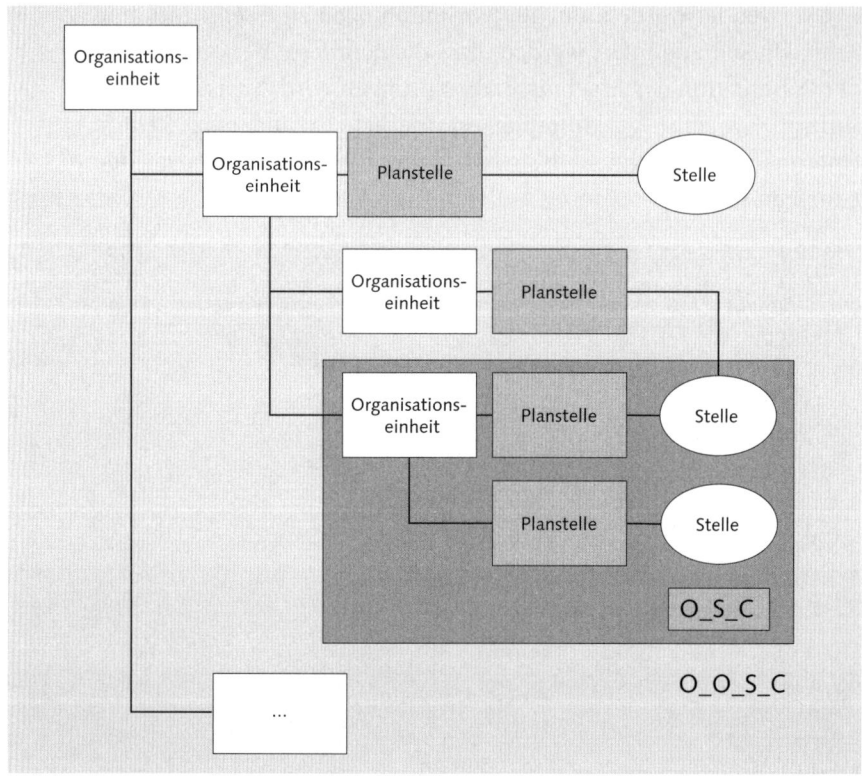

Abbildung 13.5 Auswertungswege O_S_C und O_O_S_C

13.6.3 Strukturelle Berechtigungen und Performance

Bei umfassender Nutzung struktureller Profile kann es zu erheblichen Performanceeinbußen kommen, da die aufbauorganisatorischen Berechtigungen zur Laufzeit ermittelt werden.

Report RHBAUS02 Zu diesem Zweck hat SAP den Report RHBAUS02 bereitgestellt, der die Ergebnisse benutzerbezogen puffert und es ermöglicht, diese Puffer über Nacht per Batch zu erneuern. Details hierzu finden Sie in der Onlinehilfe unter dem Stichwort *RHBAUS02* oder in dem Buch »Berechtigungen in SAP ERP HCM« von Esch/Marxsen/Klüßendorf (2012).

13.6.4 Anmerkung zu strukturellen Berechtigungen

Risikoanalyse: methodisches Problem Strukturelle Berechtigungen stellen Zugriffsrisikoanalysen vor ein methodisches und ein logisches Problem. Das methodische Problem ist einfach beschrieben:

▶ Zusätzlich zu den Berechtigungen, die ein Benutzer über Rollen erhält, müssen die HCM-aufbauorganisatorischen Berechtigungen pro Benutzer separat abgeprüft werden.

▶ Zusätzlich zu den Rollen, die es zu untersuchen und zu bewerten gilt, müssen die Profile untersucht und bewertet werden.

Das logische Problem ist umfassender. Die Bewertung von Rollen ist eine relativ statische Angelegenheit, da die zugrunde liegenden Berechtigungen statisch sind, Einkäufergruppen oder Buchungskreise ändern sich nicht zur Laufzeit. Strukturelle Berechtigungen hingegen sind dynamisch und werden grundsätzlich zur Laufzeit ermittelt. Da die Organisation selbst dynamisch ist, kann ein Teil der Organisation, der heute noch wenig spezifische Risiken ausweist, morgen schon kritisch sein. Ein nachvollziehbares Beispiel ist die SAP-Branchenlösung SAP for Defense and Security (DFPS): Einheiten, die in einen Einsatz geschickt werden, sind selbstverständlich sensibler als Einheiten, die in der Heimat sind.

Risikoanalyse: logisches Problem

SAP Access Control bietet die technische Möglichkeit, auch strukturelle Profile in die Risikoanalyse einzubeziehen – es bleibt »nur« das logische Problem der sinnvollen Definition von Risiken, die sich aus strukturellen Profilen ergeben.

SAP Access Control

Die im Folgenden beschriebenen kontextsensitiven Berechtigungen basieren auf den strukturellen Berechtigungen.

13.7 Kontextsensitive Berechtigungen

Die Kontextlösung wurde entwickelt, um unerwünschten Nebeneffekten der strukturellen Berechtigungen im Bereich der Stammdaten entgegenzuwirken. Es kann in bestimmten Konstellationen vorkommen, dass sich strukturelle Profile und Rollen unangemessen ergänzen, sodass fallweise zu umfassende Berechtigungen vorhanden sind. Dieser Effekt ergibt sich daraus, dass strukturelle Berechtigungen rein aufbauorganisatorisch wirken und den Zugriff nicht über einzelne Funktionen einschränken. Benötigt wird jedoch in vielen Fällen, funktional definieren zu können, was ein Benutzer darf, und in Bezug auf genau diese Funktion, wo der Mitarbeiter etwas darf.

Problem der strukturellen Berechtigungen

Die Kontextlösung schafft in diesem Bereich Abhilfe, ist jedoch nicht in allen Bereichen von HCM anwendbar. Die Kontextlösung ist, in einfachen Worten ausgedrückt, die Kombination des rollenbasierten

Grundkonzept der Kontextlösung

Konzepts mit den strukturellen Profilen. Strukturelle Profile werden in spezifische Berechtigungsobjekte eingetragen.

> **Beispiel: Beurteilungen und Zielvereinbarungen**
>
> Eine Führungskraft soll alle Beurteilungen aller Mitarbeiter einsehen können. Sie soll aber nur für die Mitarbeiter der eigenen Abteilung die Zielvereinbarungen pflegen dürfen.

Dieses Prinzip ist in Abbildung 13.6 dargestellt. Das strukturelle Profil wird in die Rolle aufgenommen, der Benutzer erhält die Rolle (direkt oder indirekt) und besitzt über die Rolle die ablauforganisatorischen und aufbauorganisatorischen Berechtigungen.

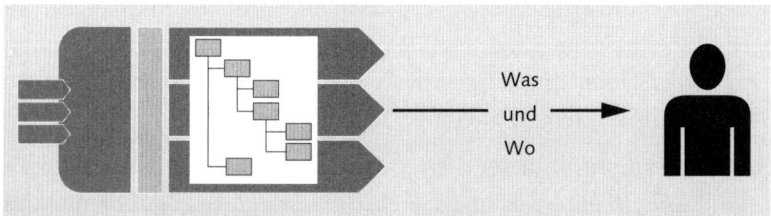

Abbildung 13.6 Kontextlösung

Berechtigungs-objekte der Kontextlösung
Tabelle 13.5 zeigt die Berechtigungsobjekte der Kontextlösung. Sie enthalten im Vergleich zu dem entsprechenden Berechtigungsobjekt ohne Kontextlösung ein zusätzliches Feld, das Feld PROFL (Berechtigungsprofil), in dem das strukturelle Profil eingetragen wird.

Objekt	Beschreibung	Feld	Beschreibung
P_ORGXXCON	HR: Stammdaten – erweiterte Prüfung mit Kontext	SUBTY	Subtyp
		SBMOD	Sachbearbeitergruppe
		SACHZ	Sachbearbeiter für Zeiterfassung
		SACHP	Sachbearbeiter für Personalstammdaten
		SACHA	Sachbearbeiter für Abrechnung
		PROFL	strukturelles Profil
		INFTY	Infotyp
		AUTHC	Berechtigungslevel

Tabelle 13.5 Berechtigungsobjekte der Kontextlösung

Objekt	Beschreibung	Feld	Beschreibung
P_ORGINCON	HR: Stammdaten mit Kontext	VDSK1	Organisationsschlüssel
		SUBTY	Subtyp
		PROFL	strukturelles Profil
		PERSK	Mitarbeiterkreis
		PERSG	Mitarbeitergruppe
		PERSA	Personalbereich
		INFTY	Infotyp
		AUTHC	Berechtigungslevel

Tabelle 13.5 Berechtigungsobjekte der Kontextlösung (Forts.)

Sofern eine umfassende Umstellung auf die Kontextlösung erforderlich oder gewünscht ist, muss die Verwendung des BAdIs HRBAS00_STRUAUTH geprüft werden. Hierzu möchten wir auf u. a. auf den SAP-Hinweis 510538 verweisen. Das BAdI liest aus der dem Benutzer zugeordneten Rolle das Berechtigungsfeld PROFL und damit das strukturelle Profil.

BAdI HRBAS00_STRUAUTH

13.8 Zeitabhängiges Sperren personenbezogener Daten

In Abschnitt 4.4.4, »Vereinfachtes Sperren und Löschen personenbezogener Daten – Auswirkungen auf das Berechtigungskonzept«, haben wir das grundsätzliche Sperrkonzept für personenbezogene Daten in der SAP Business Suite im Überblick vorgestellt.

Das Sperrkonzept in der Personaladministration (SAP ERP HCM-PA) weicht fundamental von dem Sperrkonzept innerhalb der SAP Business Suite ab. Dies ist leicht nachvollziehbar, da nahezu alle Daten aus SAP ERP HCM-PA personenbezogen sind. Hinzu kommt, dass die Rechtsquellen, die in der Personaladministration anzuwenden sind, viele Vorgaben machen, die miteinander konkurrieren.

Sonderfall Personaladministration

13.8.1 Zeitabhängige Berechtigungsprüfung – Grundsätzliches

Die neue zeitabhängige Berechtigungsprüfung ermöglicht es Ihnen, den Zugriff auf bestimmte Zeiträume in der Vergangenheit zu beschränken. Die allgemeinen Regeln im Hinblick auf Lese- und Schreibzugriffe gelten auch in diesem Kontext. Das Konzept der zeit-abhängigen Berechtigungsprüfung ermöglicht es Ihnen, Berechtigungen für bestimmte Benutzergruppen einzeln für einen bestimmten Zeitraum festzulegen.

Aktivieren der zeitabhängigen Prüfung
Um die zeitabhängige Berechtigungsprüfung nutzen zu können, müssen Sie das Business Add-In (BAdI) HRPADAUTH_TIME (Zeit-logik in der PA-Berechtigungsprüfung) implementieren, um Default-Berechtigungszeiträume zu definieren und entsprechende Berechtigungen auszuprägen. Im Folgenden stellen wir Ihnen die Vorgehens-weise anhand einer Beispielimplementierung vor.

Der Berechtigungszeitraum wird für jeden Infotyp und/oder Subtyp eines Infotyps einzeln eingestellt. Zunächst richten Sie einen Default-Berechtigungszeitraum für einen Infotyp oder feingranularer für eine Kombination aus Infotyp und Subtyp ein. Diese ist dann (nach Implementierung des BAdI »Zeitlogik in der PA-Berechtigungsprü-fung«) für alle Zugriffe die minimale rückwirkende Zugriffsberechti-gung. Das heißt, haben Sie einen Default-Berechtigungszeitraum von 90 Tagen gewählt, kann jeder Benutzer, der grundsätzlich zum Zugriff auf diese Daten berechtigt ist, ab dem Zeitpunkt, an dem der Berechtigungszeitraum festgelegt wurde, rückwirkend 90 Tage auf ein bestimmtes Datum zurückgreifen. In Abbildung 13.7 sind das alle Benutzer (❶–❹).

Berechtigungs-objekt P_DURATION
Einen längeren rückwirkenden Zugriff haben nur die Benutzer, denen in einer Rolle das Berechtigungsobjekt P_DURATION (Berechti-gungszeiträume für HR-Stammdaten) mit einer entsprechenden Aus-prägung für den Infotyp/Subtyp sowie eine Zeitraum-ID zugewiesen wurde. In Abbildung 13.7 wurde z. B. dem Personalsachbearbeiter ❷ die Zeitraumberechtigung für 12 Monate und dem Datenschutzbe-auftragten ❹ der Zeitraum von 360 Monaten zugewiesen.

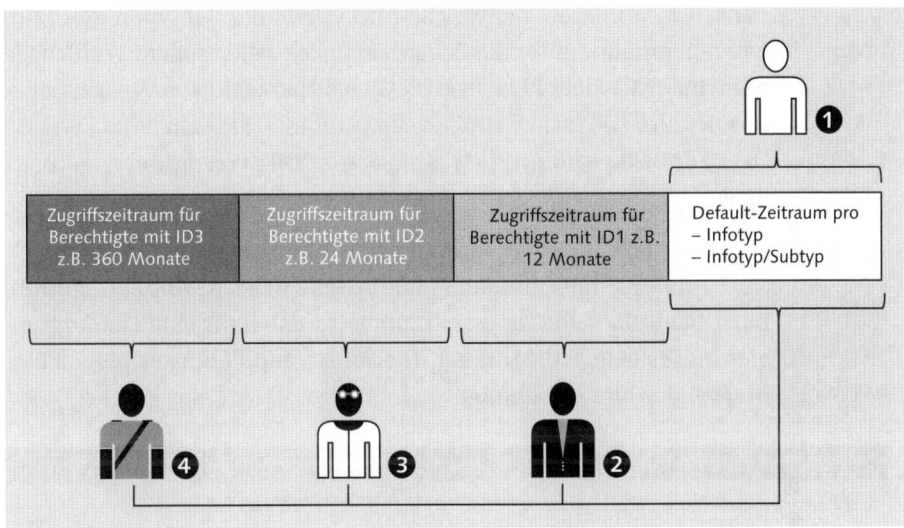

Abbildung 13.7 Zeitabhängige Berechtigungen

13.8.2 Ablauf der zeitabhängigen Berechtigungsprüfung

Die zeitabhängige Berechtigungsprüfung wird im Anschluss an die bisherigen Berechtigungsprüfungen durchgeführt. Dabei wird zuerst ermittelt, ob ein Default-Berechtigungszeitraum für den oder die Infotypen hinterlegt wurde. Falls kein Default-Berechtigungszeitraum festgelegt wurde, findet keine weitere Prüfung statt.

Damit ist sichergestellt, dass die Auswirkungen auf die Performance so gering wie möglich sind. Wenn Sie das BAdI implementieren, sollten Sie sich unbedingt an den Rahmen des Beispiel-Codings halten, um die Performance nicht zu belasten. SAP rät davon ab, weitere Tabellenzugriffe vorzunehmen, da dies negative Auswirkungen auf die Performance haben könnte. Für den Fall, dass die zeitanhängige Berechtigungsprüfung nicht genutzt werden soll, also auch das BAdI nicht implementiert wurde, gibt es naturgemäß keine Auswirkung auf die Performance.

Auswirkungen auf die Performance

13.8.3 Einrichten der zeitabhängigen Berechtigungsprüfung

Nachfolgend beschreiben wir, wie die Definition von benutzerunabhängigen Berechtigungszeiträumen auf Infotyp- oder Subtypebene erfolgt.

Zunächst definieren Sie, welche Infotypen oder Subtypen von Infotypen überhaupt unter die Zeitabhängigkeit fallen sollen. Wählen Sie dazu im IMG den Pfad Personaladministration • Werkzeuge • Datenschutz • Sperren • Zeitabhängiges • Sperren von Daten • Default-Berechtigungszeiträume für Infotypen/Subtypen definieren.

Default-Berechtigungszeitraum festlegen

Legen Sie dazu für einen Infotyp oder für ein oder mehrere Subtypen eines Infotyps einen Zeitraum in Monaten fest (siehe Abbildung 13.8). Der Default-Berechtigungszeitraum wird dabei für eine Ländergruppierung festgelegt; die Abfrage der Ländergruppierung erfolgt im Einstiegsbild (ohne Abbildung).

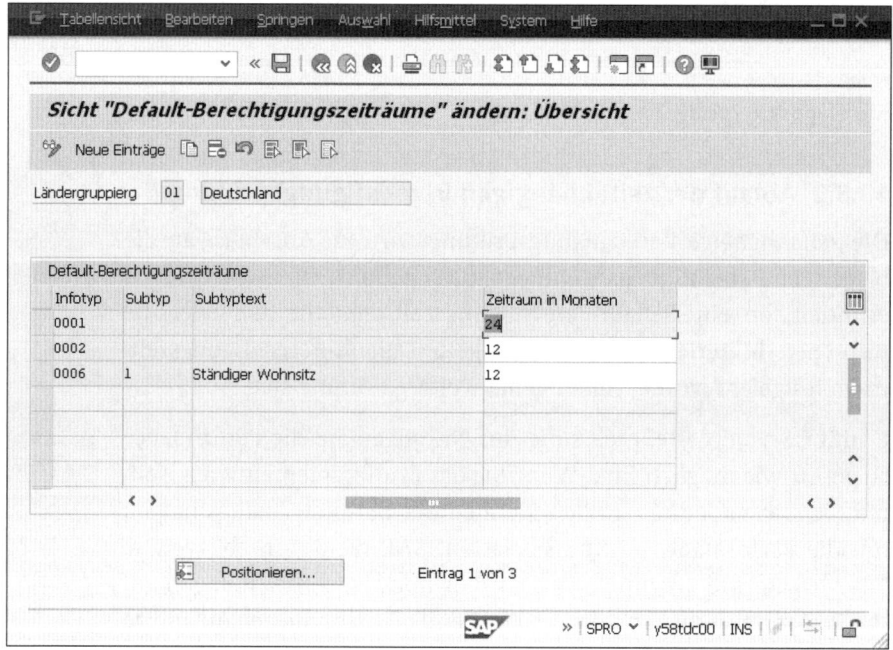

Abbildung 13.8 Pflege von Default-Zeiträumen beim zeitabhängigen Sperren

Zeitraum-ID pflegen und zuordnen

Unter Personaladministration • Werkzeuge • Datenschutz • Sperren • Zeitabhängiges • Sperren von Daten • IDs für rollenspezifische Berechtigungszeiträume definieren müssen Sie IDs festlegen: Pflegen Sie die Zeitraum-ID, die maximal 32 Stellen haben darf, sowie einen Text für die Zeitraum-ID. Im nächsten Schritt ordnen Sie (je Ländergruppierung) der Zeitraum-ID unter Personaladministration • Werkzeuge • Datenschutz • Sperren • Zeitabhängiges • Sperren von Daten • Zeitraum-IDs rollenspezifische Berechtigungs-

ZEITRÄUME ZUORDNEN einen Zeitraum in Monaten zu. Diese IDs stehen Ihnen dann für die Berechtigungspflege zur Verfügung. Das korrespondierende Berechtigungsobjekt ist P_DURATION (Berechtigungszeiträume für HR-Stammdaten). Aus Tabelle 13.6 ist zu entnehmen, dass Sie je Infotyp und/oder Subtyp die (über IDs) definierten Zeiträume für die üblichen differenzierenden Kriterien Personalbereich, Mitarbeitergruppe, Mitarbeiterkreis und Organisationsschlüssel ausprägen können.

Objekt	Beschreibung	Feld	Beschreibung
P_DURATION	Berechtigungszeit- räume für HR-Stamm- daten	INFTY	Infotyp
		SUBTY	Subtyp
		PERSA	Personalbereich
		PERSG	Mitarbeitergruppe
		PERSK	Mitarbeiterkreis
		VDSK1	Organisationsschlüssel
		DUR_KEY	ID für rollenspezifische Berechtigungszeit- räume

Tabelle 13.6 Berechtigungsobjekt P_DURATION

Schließlich müssen Sie das BAdI HRPADAUTH_TIME (Zeitlogik in der PA-Berechtigungsprüfung) implementieren, das im SAP-Standard nicht enthalten ist. Das BAdI stellt ein (funktionierendes) Beispiel dar, um die zeitabhängige Berechtigungsprüfung zu implementieren. Das Beispiel enthält lediglich die dargestellte Prüfung, u. a. ohne eigenständige Berücksichtigung der strukturellen Profile. Durch eine Implementierung erweitern Sie die Standardberechtigungsprüfung. Eine kundeneigene Anpassung der Implementierung ist möglich, sie sollte sich jedoch im Rahmen des Beispiels bewegen. Das Vorgehen hierzu entnehmen Sie bitte der Dokumentation unter PERSONALADMINISTRATION • WERKZEUGE • DATENSCHUTZ • SPERREN • ZEITABHÄNGIGES • SPERREN VON DATEN • BADI: KUNDENINDIVIDU- ELLE PRÜFUNG FÜR BERECHTIGUNGSZEITRÄUME EINRICHTEN.

Keine Auswirkung auf HR-Reporting (P_ABAP)

Beachten Sie bitte, dass das BAdI nicht ausgeführt wird, wenn Sie das Berechtigungsobjekt HR-Reporting (P_ABAP) mit dem Wert 2 im Feld VEREINFACHUNGSGRAD DER BERECHTIGUNGSPRÜFUNG (COARS) verwenden.

13.9 Fazit

Vereinfachend kann festgestellt werden, dass Berechtigungen in SAP ERP HCM vier Besonderheiten haben:

▶ Es gibt die Möglichkeit des Ausschlusses, also der negativen Berechtigungsdefinition im Berechtigungsobjekt P_PERNR.

▶ Linienorganisatorische Zugriffe können durch strukturelle Berechtigungen gesteuert werden.

▶ Die strukturellen Berechtigungen können im Rahmen der Kontextlösung in Berechtigungsobjekte und damit in Rollen aufgenommen werden.

▶ Das zeitabhängige Berechtigungskonzept erlaubt eine zeitliche Begrenzung des Zugriffs auf personenbezogene Daten.

Neben diesen Besonderheiten stehen in HCM die üblichen Instrumente der Berechtigungsvergabe zur Verfügung.

Dieses Kapitel gibt Ihnen einen Überblick über die Berechti-
gungsmöglichkeiten in SAP CRM. Diese Berechtigungen steu-
ern die Sicht auf die Benutzeroberfläche des CRM sowie den
Zugriff auf Geschäftsdaten.

14   Berechtigungen in SAP CRM

SAP Customer Relationship Management (SAP CRM) ist eine Lösung zur Verwaltung von Kundenbeziehungen in der SAP Business Suite und umfasst die Geschäftsbereiche Vertrieb, Marketing und Service. SAP CRM unterstützt verschiedene Interaktionskanäle mit dem Kunden, wie z. B. das Internet, den IC Web Client (Client für Interaction Center Agenten) oder den CRM Web Client. Für all diese Interaktionsmöglichkeiten gibt es verschiedene Berechtigungssteuerungen. Seit der Einführung des CRM Web Clients gibt es Berechtigungsmöglichkeiten auf Oberflächenebene. Dieses Kapitel befasst sich hauptsächlich mit den Berechtigungen wichtiger Business-Objekte und mit den Berechtigungen auf Oberflächenebene, insbesondere dem CRM Web Client und dem IC Web Client.

Vor einigen Jahren wurden mit dem Release 2006s die Benutzeroberflächen von SAP CRM komplett erneuert. Das dort eingeführte UI- sowie Berechtigungskonzept findet für das aktuelle Release CRM 7.0 EHP 3 immer noch Anwendung. Anstelle des bekannten SAP GUIs oder des People-Centric UIs (PC UI) arbeiten die Benutzer seither mit dem CRM Web Client oder IC Web Client. Administrative Aufgaben und das Customizing werden nach wie vor hauptsächlich über das SAP GUI ausgeführt. Das Customizing der Oberfläche des CRM Web Clients kann zum Teil über den CRM Web Client selbst durchgeführt werden.

Thema dieses Kapitels ist die Vergabe von Berechtigungen für den CRM Web Client, die sich im Vergleich zu älteren Releases anders gestaltet. Zuerst erhalten Sie einen Überblick über den Aufbau und das Customizing des CRM Web Clients. Anschließend werden Mechanismen zur Erstellung von PFCG-Rollen in Bezug auf den CRM

Web Client erläutert. Im Anschluss folgen die Möglichkeiten der Berechtigung der Komponenten des CRM Web Clients sowie die Berechtigungen von CRM-Business-Objekten. Sind die Standardmöglichkeiten der Vergabe von Berechtigungen auf Daten ausgeschöpft, kann die Access Control Engine, ein im CRM verfügbares Framework zur Definition von weiteren Berechtigungsregeln, zum Einsatz kommen. Einen Überblick über den Aufbau und das Customizing dieses Frameworks geben wir Ihnen im letzten Abschnitt dieses Kapitels.

14.1 Grundlagen

Seit Release 2006s greifen Benutzer nicht mehr über das SAP GUI oder über das PC UI, das eine Portalintegration nutzt, sondern über den CRM Web Client auf die benötigten CRM-Transaktionen zu. Seit dem Release SAP CRM 2007 ist eine Portalintegration des CRM Web Clients ebenfalls möglich. Bevor Sie Berechtigungen für das SAP CRM vergeben können, muss die Benutzeroberfläche des CRM Web Clients so konfiguriert werden, dass sie Ihr Szenario im CRM abbildet. Im folgenden Abschnitt stellen wir den CRM Web Client vor und zeigen, wie Sie ihn konfigurieren können.

14.1.1 Die SAP-CRM-Oberfläche: der CRM Web Client

Der CRM Web Client wird über einen Browser geöffnet. Endbenutzer arbeiten also nur noch im Browser und benötigen das SAP GUI nicht mehr.

Business Server Pages
Der CRM Web Client ist eine Webanwendung, die technisch mit Business Server Pages (BSP) erstellt wird. BSP repräsentieren die Präsentationsschicht des CRM Web Clients. Sogenannte BSP-Applikationen des CRM Web Clients werden genutzt, um HTML-Seiten zu generieren, die im Browser angezeigt werden.

Aufbau des CRM Web Clients
Der CRM Web Client besteht aus drei Bereichen (siehe Abbildung 14.1):

❶ einer *Navigationsleiste* mit Menüführung auf der linken Seite

❷ einem *Kopfbereich* am oberen Rand

❸ einem *Arbeitsbereich* auf der rechten Seite

Innerhalb dieser Bereiche befinden sich verschiedene Oberflächenkomponenten (UI-Komponenten) des CRM Web Clients.

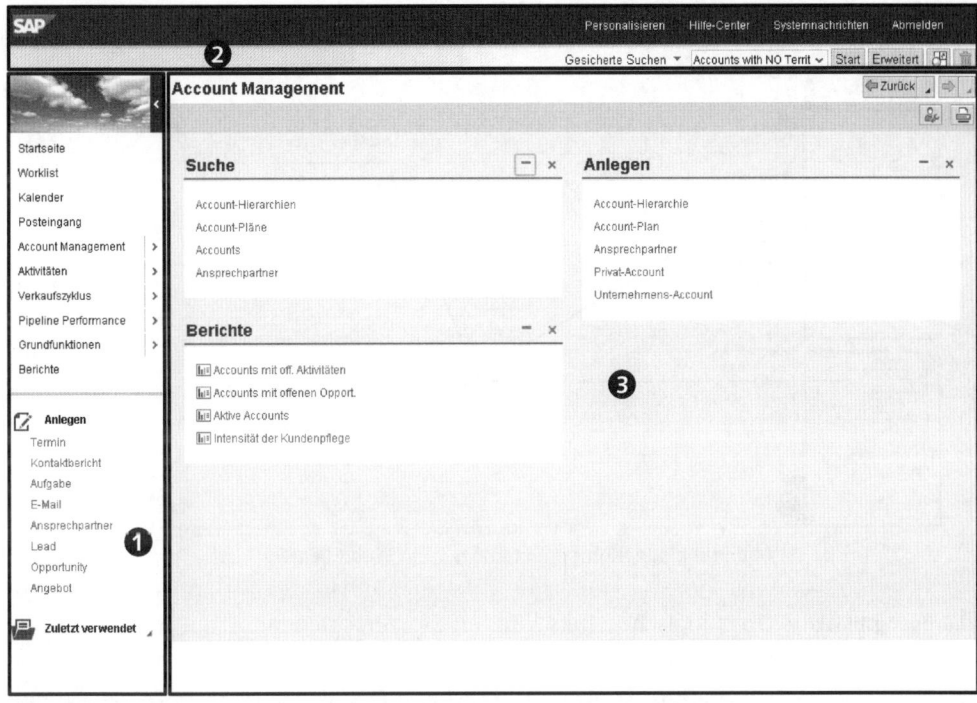

Abbildung 14.1 Aufbau des SAP CRM Web Clients

Über die Navigationsleiste können Sie sich zwischen verschiedenen CRM-Anwendungen bewegen, um dann im Arbeitsbereich mit der gewählten Anwendung zu arbeiten. Die Navigationsleiste besteht aus einer zweistufigen Menüführung (siehe Abbildung 14.2). Auf der ersten Stufe, im oberen Bereich der Navigationsleiste, befinden sich die *Bereichsstartseiten* ❶. Wenn Sie auf die dort vorhandenen Buttons klicken, öffnet sich im Arbeitsbereich eine Bereichsstartseite. Auf dieser Bereichsstartseite befinden sich *logische Links* ❷, über die Sie die CRM-Funktionen aufrufen können.

Navigationsleiste

Die zweite Stufe der Navigationsleiste enthält ebenfalls logische Links. CRM-Funktionen können damit direkt über die Navigationsleiste aufgerufen werden.

Um Business-Objekte, wie z. B. Geschäftspartner, Aufgaben oder Termine, schnell anlegen zu können, kann die *Gruppe mit direkten Links* ❸ verwendet werden, die sich am unteren Rand der Navigationsleiste befindet. Diese Gruppe beinhaltet ebenfalls logische Links, über die CRM-Funktionen direkt aus der Navigationsleiste aufgerufen werden können.

Gruppe mit direkten Links

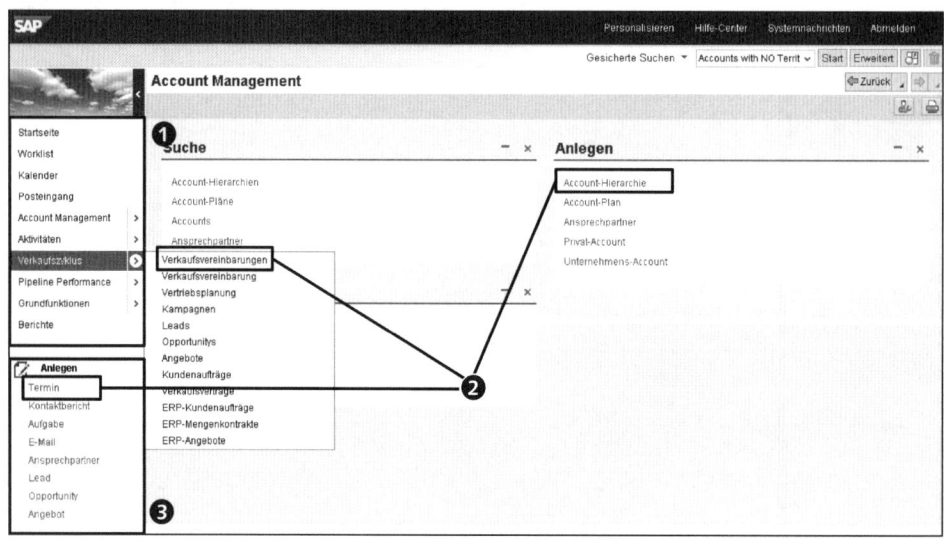

Abbildung 14.2 Komponenten des CRM Web Clients

Zuordnungsblöcke

Über logische Links können Sie verschiedene Arten und Modi von CRM-Funktionen aufrufen. Auf den Bereichsstartseiten sind diese in sogenannte Zuordnungsblöcke, wie z. B. SUCHE oder ANLEGEN, eingeteilt. Zuordnungsblöcke sind Bereiche auf dem CRM Web Client, die Informationen zu einem Business-Objekt anzeigen. Abbildung 14.3 zeigt Zuordnungsblöcke, die weiterführende Informationen zu einem Geschäftspartner enthalten.

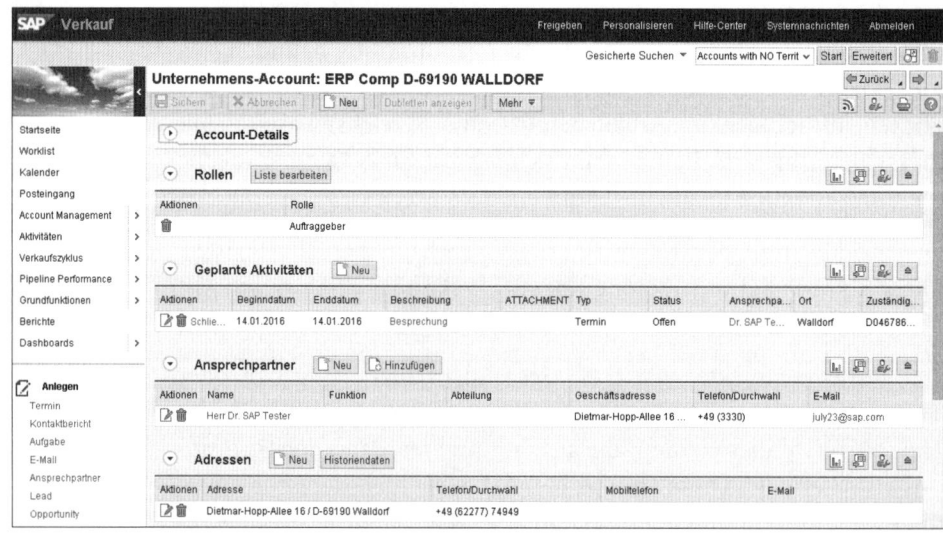

Abbildung 14.3 Zuordnungsblöcke

Wenn Sie auf einen logischen Link im Suchbereich klicken, gelangen Sie zu Suchseiten, in denen Sie nach bestimmten Business-Objekten suchen können. Die Suchseiten bestehen aus einem *Suchformular* ❶ mit mehreren Suchkriterien sowie einer *Suchergebnisliste* ❷ (siehe Abbildung 14.4). Sie können das gewünschte Business-Objekt öffnen, indem Sie es in der Suchergebnisliste auswählen. Sie gelangen zu einer Übersichtsseite, die alle Informationen zu dem gewählten Business-Objekt enthält.

Suchseite

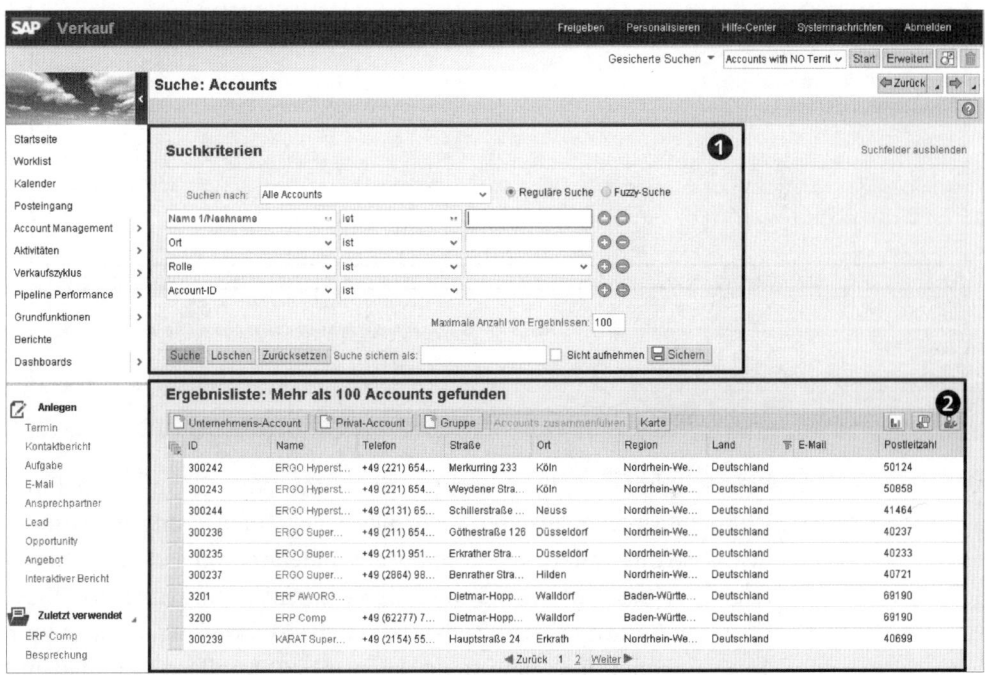

Abbildung 14.4 Suchseite

Allgemeine Informationen zu Business-Objekten finden Sie im *Kopfblock* (❶ in Abbildung 14.5). Dem Business-Objekt zugewiesene Informationen oder weitere Business-Objekte sind in *Zuordnungsblöcken* ❷ sichtbar.

Übersichtsseite

Sie können neue Business-Objekte anlegen, indem Sie auf den jeweils relevanten logischen Link unter dem Zuordnungsblock ANLEGEN auf der Bereichsstartseite klicken. Ein Formular öffnet sich, und Sie können dort die notwendigen Informationen eintragen.

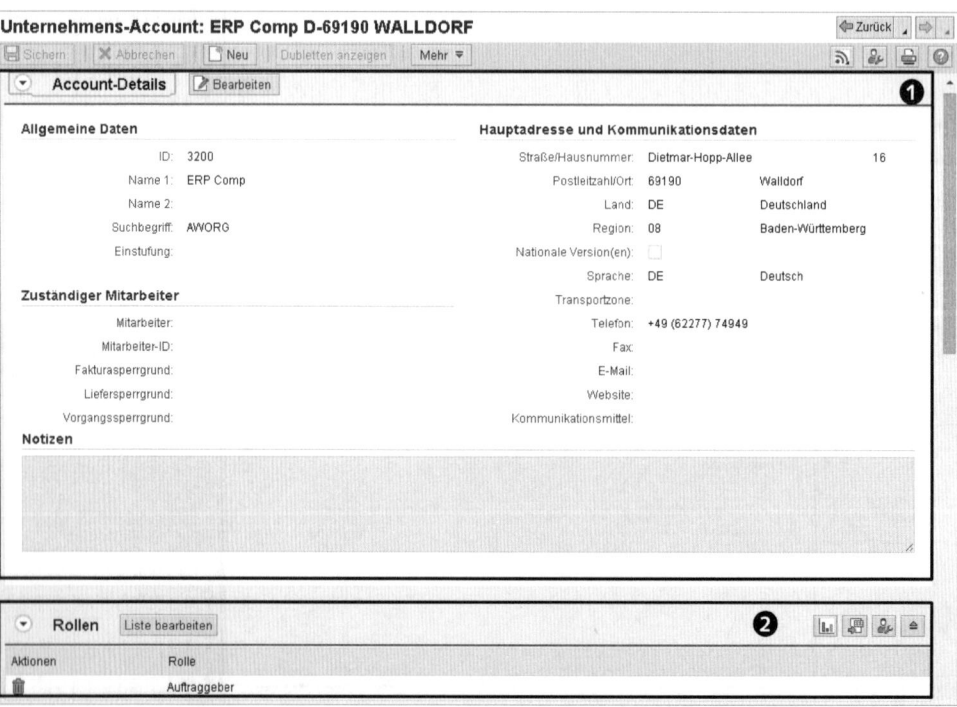

Abbildung 14.5 Übersichtsseite

Ansichten
personalisieren

Benutzer können die Ansichten des CRM Web Clients nach ihren Wünschen personalisieren. Mit dieser Personalisierung ist es möglich, Zuordnungsblöcke ein- oder auszublenden oder deren Reihenfolge zu verändern. Sie können die Personalisierung für jeden View über den Button Personalisierung (siehe Markierung in Abbildung 14.6) aufrufen. Ein View stellt Daten in BSP-Applikationen dar und besteht aus Feldern, Feldbeschreibungen, deren Anordnung sowie Tabellenbeschreibungen.

Navigationsleistenprofil

Bereichsstartseiten, logische Links und Gruppen mit direkten Links werden in einem Navigationsleistenprofil in Customizing-Tabellen gepflegt und zusammengefasst. Das Navigationsleistenprofil kann einem Benutzer über eine Benutzerrolle (engl. *Business Role*) zugewiesen werden.

Benutzerrolle

Die Benutzerrolle beschreibt die Oberfläche von SAP CRM. Sie definiert, welche CRM-Funktionen in Form von BSP-Applikationen im CRM Web Client dem Endbenutzer zur Verfügung stehen. Die Benutzerrolle muss dem Endbenutzer zugewiesen werden, damit dieser den CRM Web Client verwenden kann.

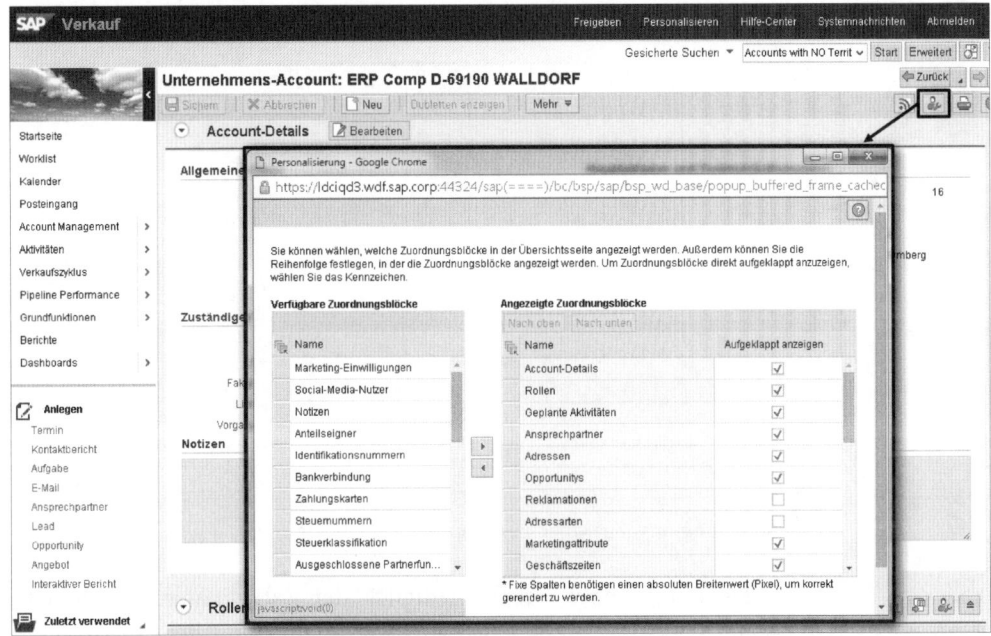

Abbildung 14.6 Personalisierung einer Übersichtsseite

Die Hauptaufgaben der Benutzerrolle sind die Darstellung von bestimmten CRM-Funktionen und deren View-Konfiguration. Für Berechtigungszwecke benötigen die Benutzer nach wie vor eine PFCG-Rolle (siehe Abschnitt 6.3.2, »Rollenpflege«), um auf Business-Objekte zugreifen sowie bestimmte Funktionen in SAP CRM ausführen zu können.

Eine Komponente der Benutzerrolle ist das Navigationsleistenprofil. Dieses beinhaltet die zu verwendenden Bereichsstartseiten sowie logische Links. Da nicht alle CRM-Anwendungen von jedem Endbenutzer genutzt werden sollen, kann für jede Anwendergruppe ein eigenes Navigationsleistenprofil angelegt werden. Abbildung 14.7 zeigt schematisch den Aufbau des Navigationsleistenprofils.

Aufbau des Navigationsleistenprofils

Das Navigationsleistenprofil wird in der Transaktion CRMC_UI_NBLINKS oder im Implementation Guide (IMG) über den Pfad CUSTOMER RELATIONSHIP MANAGEMENT • UI-FRAMEWORK • TECHNISCHE ROLLENDEFINITION • NAVIGATIONSLEISTENPROFIL DEFINIEREN erstellt. Im Customizing des Navigationsleistenprofils können Sie logische Links erstellen ❶ oder auf bestehende zurückgreifen. Diese logischen Links werden in Linkgruppen eingeteilt ❷.

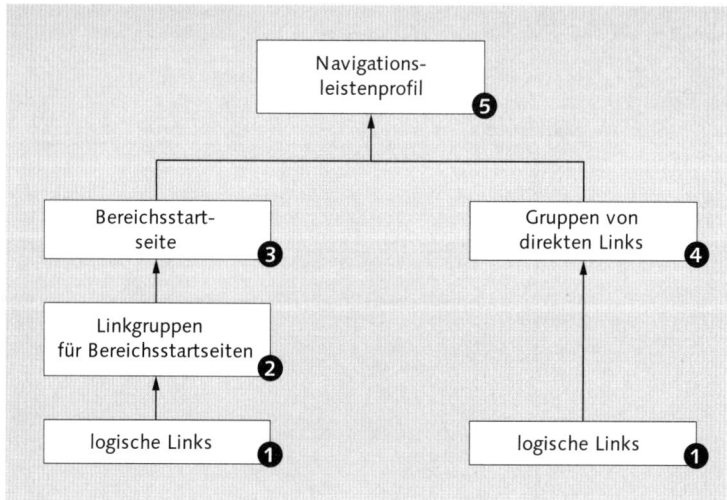

Abbildung 14.7 Zuordnen der Oberflächenelemente zum Navigationsleistenprofil

Diese Linkgruppen dienen lediglich der Kategorisierung der logischen Links und finden sich auf dem CRM Web Client nicht direkt wieder. Schließlich werden die Linkgruppen, die die benötigten logischen Links beinhalten, einer Bereichsstartseite zugeordnet ❸. Ähnlich funktioniert die Zuweisung von logischen Links zu Gruppen von direkten Links ❹. Hier werden die logischen Links jedoch direkt zugeordnet, ohne Linkgruppen zu verwenden. In einem letzten Schritt werden die benötigten Bereichsstartseiten sowie Gruppen direkter Links dem Navigationsleistenprofil zugewiesen ❺.

Abbildung 14.8 zeigt die Customizing-Möglichkeiten des Navigationsleistenprofils.

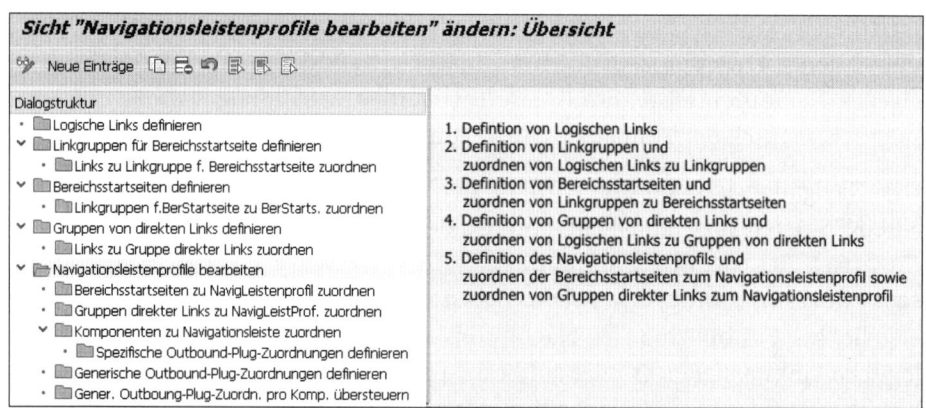

Abbildung 14.8 Customizing des Navigationsleistenprofils

Damit ein Benutzer das erstellte Navigationsleistenprofil nutzen kann, muss dieses einer Benutzerrolle zugewiesen werden. Die Benutzerrolle wird im Customizing aus folgenden Komponenten erstellt:

Komponenten der Benutzerrolle

▶ **Profilart Beschreibung**
Beschreibt die Benutzerrolle.

▶ **Rollenkonfigurationsschlüssel**
ID, die auf die Konfiguration von Views verweist

▶ **Navigationsleistenprofil**
Beinhaltet ausgewählte CRM-Funktionen in Form von Bereichsstartseiten und logischen Links.

▶ **Layoutprofil**
Definiert den Navigationsrahmen des CRM Web Clients.

▶ **Technisches Profil**
Definiert technische Parameter.

▶ **PFCG-Rollen-ID**
Umfasst Berechtigungen, die ein Benutzer ausführen kann.

Aus Berechtigungssicht sind der Rollenkonfigurationsschlüssel, das Navigationsleistenprofil sowie die zugeordnete PFCG-Rollen-ID von zentraler Bedeutung.

Der Rollenkonfigurationsschlüssel beinhaltet die Konfiguration der Bereichsstartseiten, Suchseiten, Übersichtsseiten, Kopfblöcke und Zuordnungsblöcke. Im Rollenkonfigurationsschlüssel sind sowohl die Platzierung der Zuordnungsblöcke, Felder und Feldbeschriftungen als auch die Eigenschaften von Feldern, wie z. B. EDITIERBAR, NUR LESBAR oder PFLICHTFELD, definiert. Auf diese Weise können Sie kundeneigene Konfigurationen anlegen. Die Konfiguration von Feldern kann zur Berechtigung auf Feldebene genutzt werden. Somit können Felder mit kritischen Daten für bestimmte Benutzer ausgeblendet oder auf NUR LESBAR gesetzt werden.

Rollenkonfigurationsschlüssel

> **Zusammenfassung: Benutzerrolle**
>
> Eine Benutzerrolle ist eine Zusammenstellung von Oberflächenkomponenten wie die Auswahl von Bereichsstartseiten und logischen Links oder die Zuweisung von bestimmten Konfigurationen für Views.

Funktion der PFCG-Rollen

Das bisherige Rollenkonzept der PFCG-Rollen wird um die Benutzerrollen erweitert, die die Sicht des Benutzers auf den CRM Web Client definieren (siehe Abbildung 14.9).

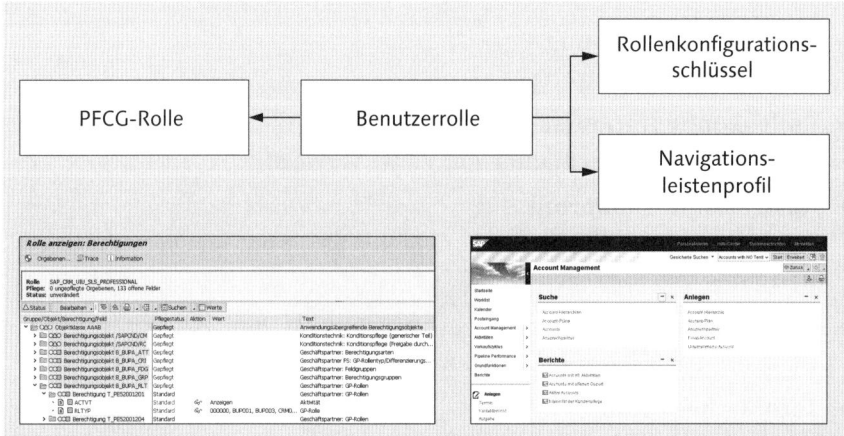

Abbildung 14.9 Erweitertes Rollenkonzept

Ziel eines Berechtigungskonzepts ist es, sowohl die PFCG-Rollen als auch die Benutzerrollen zu definieren, da der Endbenutzer nur mithilfe beider Rollen Zugriff auf den CRM Web Client erlangt.

14.1.2 Erstellen von Benutzerrollen für den CRM Web Client

Customizing von Benutzerrollen

Die Benutzerrolle, die den Aufbau des CRM Web Clients bestimmt, wird in der Transaktion CRMC_UI_PROFILE oder im IMG über den Pfad CUSTOMER RELATIONSHIP MANAGEMENT • UI-FRAMEWORK • BENUTZERROLLEN • BENUTZERROLLE DEFINIEREN erstellt und gepflegt. In der Übersichtstabelle sind alle im System verfügbaren Benutzerrollen aufgelistet. Mit einem Doppelklick auf eine ausgewählte Benutzerrolle gelangen Sie in die Detailsicht (siehe Abbildung 14.10).

Die Einträge auf der linken Seite dienen weiteren Einstellungen der Benutzerrolle. So können Sie hier z. B. Bereichsstartseiten und logische Links explizit ein- und ausblenden. Wenn Sie eine Benutzerrolle auswählen und den linken Menüeintrag BEREICHSSTARTSEITEN-GRUPPEN-LINKS ANPASSEN auswählen, öffnet sich die in Abbildung 14.11 dargestellte Sicht.

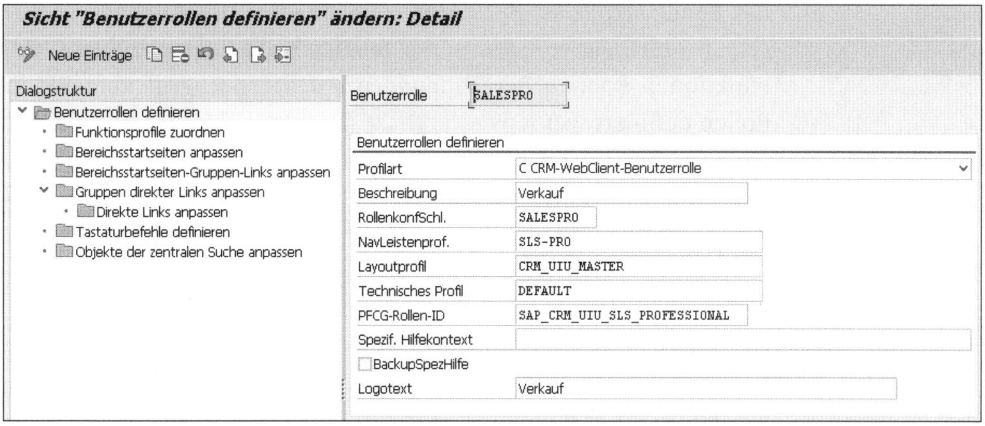

Abbildung 14.10 Customizing der Benutzerrolle

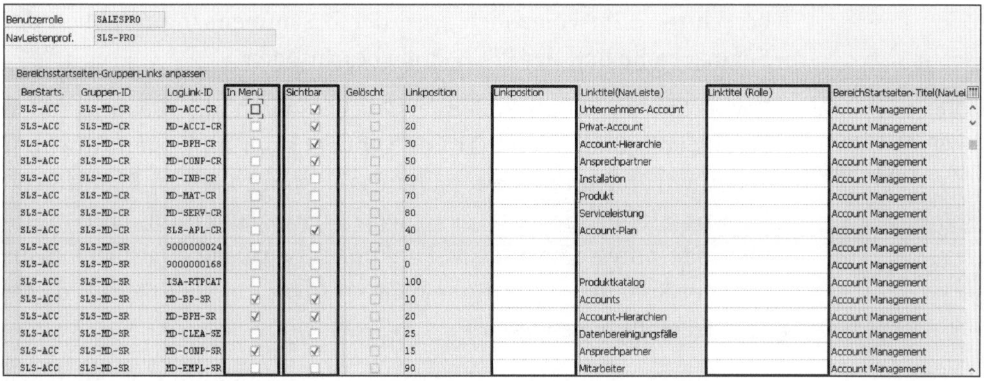

Benutzerrolle SALESPRO
NavLeistenprof. SLS-PRO

Bereichsstartseiten-Gruppen-Links anpassen

BerStarts.	Gruppen-ID	LogLink-ID	In Menü	Sichtbar	Gelöscht	Linkposition	Linkposition	Linktitel(NavLeiste)	Linktitel (Rolle)	BereichStartseiten-Titel(NavLei
SLS-ACC	SLS-MD-CR	MD-ACC-CR		✓		10		Unternehmens-Account		Account Management
SLS-ACC	SLS-MD-CR	MD-ACCI-CR		✓		20		Privat-Account		Account Management
SLS-ACC	SLS-MD-CR	MD-BPH-CR		✓		30		Account-Hierarchie		Account Management
SLS-ACC	SLS-MD-CR	MD-CONP-CR		✓		50		Ansprechpartner		Account Management
SLS-ACC	SLS-MD-CR	MD-INB-CR				60		Installation		Account Management
SLS-ACC	SLS-MD-CR	MD-MAT-CR				70		Produkt		Account Management
SLS-ACC	SLS-MD-CR	MD-SERV-CR				80		Serviceleistung		Account Management
SLS-ACC	SLS-MD-CR	SLS-APL-CR		✓		40		Account-Plan		Account Management
SLS-ACC	SLS-MD-SR	9000000024				0				Account Management
SLS-ACC	SLS-MD-SR	9000000168				0				Account Management
SLS-ACC	SLS-MD-SR	ISA-RTPCAT				100		Produktkatalog		Account Management
SLS-ACC	SLS-MD-SR	MD-BP-SR	✓	✓		10		Accounts		Account Management
SLS-ACC	SLS-MD-SR	MD-BPH-SR	✓	✓		20		Account-Hierarchien		Account Management
SLS-ACC	SLS-MD-SR	MD-CLEA-SE				25		Datenbereinigungsfälle		Account Management
SLS-ACC	SLS-MD-SR	MD-CONP-SR	✓	✓		15		Ansprechpartner		Account Management
SLS-ACC	SLS-MD-SR	MD-EMPL-SR				90		Mitarbeiter		Account Management

Abbildung 14.11 Anpassen logischer Links in der Benutzerrolle

Logische Links in der Benutzerrolle

In dieser Tabelle können Sie definieren, welche Links als zweite Stufe in der Navigationsleiste sichtbar sind. Setzen Sie dazu die Häkchen in der Spalte In Menü. Soll ein logischer Link nur auf der Bereichsstartseite und nicht in der zweistufigen Navigation sichtbar sein, setzen Sie das Häkchen in der Spalte Sichtbar. Die nächste Spalte zeigt Ihnen die Reihenfolge pro Gruppen-ID an. Diese Reihenfolge können Sie über die editierbare Spalte Linkposition ändern. Darüber hinaus finden Sie den Titel des logischen Links, der ebenfalls änderbar ist, sowie den Titel der Bereichsstartseite.

Zum Ändern von Titeln der Bereichsstartseite markieren Sie ebenfalls die Benutzerrolle und wählen den Eintrag Bereichsstartseiten anpassen aus den linken Menüeinträgen aus. Nach Fertigstellung der Benutzerrolle ist der Grundstein für die Berechtigungsvergabe gelegt. Abhängig von den in der Benutzerrolle zugewiesenen CRM-Funktionen können Berechtigungen auf deren Zugriff über PFCG-Rollen definiert werden.

14.2 Abhängigkeiten zwischen der Benutzerrolle und PFCG-Rollen

Der Endbenutzer kann nur mit SAP CRM arbeiten, wenn Sie dem Benutzer sowohl eine Benutzerrolle als auch eine PFCG-Rolle zugewiesen haben. Die Benutzerrolle definiert den Aufbau und somit die zur Verfügung gestellten CRM-Funktionen des CRM Web Clients. Die PFCG-Rolle wird benötigt, um diese CRM-Funktionen einzeln zu berechtigen. Im Folgenden wird der Zusammenhang zwischen der Benutzerrolle und der PFCG-Rolle beschrieben.

Voraussetzungen zum Erstellen von PFCG-Rollen

Bevor Sie die PFCG-Rollen erstellen, sollten die Benutzerrollen bereits vollständig definiert und gepflegt sein. Im letzten Abschnitt haben wir Ihnen den Zweck und das Customizing von Benutzerrollen vorgestellt, die über das zugewiesene Navigationsleistenprofil über alle notwendigen CRM-Funktionen verfügen. Darüber hinaus sind der Rollenkonfigurationsschlüssel sowie eine PFCG-Rolle dieser Benutzerrolle zugewiesen.

Sie können ein und dasselbe Navigationsleistenprofil verschiedenen Benutzerrollen zuweisen. Ähnlich verhält es sich auch mit PFCG-Rollen. Es besteht die Möglichkeit, eine PFCG-Rolle verschiedenen Benutzerrollen zuzuweisen. Beim Speichern wird jedoch eine Warnung ausgegeben.

> **Zuweisung von PFCG-Rollen zu Benutzerrollen**
>
> SAP empfiehlt, jeweils nur eine PFCG-Rolle einer Benutzerrolle zuzuweisen. Für weitere Informationen lesen Sie dazu SAP-Hinweis 1165543.

Wir empfehlen Ihnen, beim Anlegen einer Benutzerrolle eine leere PFCG-Rolle zu erstellen und diese zuzuweisen. Diese PFCG-Rolle soll lediglich über einen Titel und eine Beschreibung verfügen. Es sollen jedoch kein Benutzermenü (siehe Abschnitt 7.5, »Menükonzept«) bzw. keine Berechtigungsobjekte gepflegt sein.

Generell muss es keinen Zusammengang zwischen einer Benutzerrolle und der zugewiesenen PFCG-Rolle geben. Beim Anmelden am System werden beide Rollen separat ausgelesen, d. h., der Endbenutzer muss jeweils mindestens einer Business-Rolle und mindestens einer PFCG-Rolle zugeordnet sein. Das System liest diese Rollen unabhängig voneinander aus. Es muss also nicht zwingend die PFCG-Rolle, die der Benutzerrolle zugewiesen ist, auch dem Endbenutzer zugewiesen sein.

Zusammenhang zwischen Benutzerrolle und PFCG-Rolle

Der SAP-Standard sieht vor, dass die der Benutzerrolle zugewiesene PFCG-Rolle die Funktionen berechtigt, die in der Benutzerrolle konfiguriert sind. Diese Herangehensweise ist zwar möglich, aber nicht immer sinnvoll. Wenn z. B. ein Vertriebsleiter für Verkaufsorganisation 1 und ein anderer Vertriebsleiter für Verkaufsorganisation 2 tätig ist, dann nutzen die Benutzer sicher dieselben CRM-Funktionen, haben aber unterschiedliche Berechtigungen auf die Daten, die in den CRM-Funktionen angezeigt werden. Für dieses Szenario macht es keinen Sinn, zwei verschiedene Benutzerrollen zu erstellen. Hier empfiehlt es sich, dieselbe Benutzerrolle mit zwei unterschiedlichen PFCG-Rollen zu verwenden.

Die Verbindung zwischen einer Benutzerrolle und der im Customizing zugewiesenen PFCG-Rolle kann sich wie folgt gestalten:

▸ Die PFCG-Rolle mit den notwendigen Berechtigungen wird abhängig vom Customizing der Benutzerrolle erstellt.

▸ Benutzerrollen müssen dem Endbenutzer zugeordnet werden. Dies kann über die im Customizing der Benutzerrolle zugewiesene PFCG-Rolle realisiert werden.

Im Customizing der Benutzerrolle muss eine PFCG-Rolle zugewiesen werden. Ziel der Erstellung von PFCG-Rollen ist es, diese so zu gestalten, dass sie nur CRM-Funktionen berechtigen, die über die Benutzerrolle zur Verfügung gestellt werden. Dafür können Sie sich die Zuordnung zwischen Benutzerrolle und PFCG-Rolle zunutze machen. Somit soll die PFCG-Rolle die Berechtigungen vergeben, die die Funktionen der Benutzerrolle erlauben.

Eine zweite Verbindung zwischen der Benutzerrolle und der PFCG-Rolle ist die Realisierung der Zuordnung der Benutzerrolle zu Endbenutzern. Diese Aspekte der PFCG-Rolle im Zusammenhang mit der Benutzerrolle werden in den nächsten Abschnitten näher erläutert.

14.3 Erstellen von PFCG-Rollen abhängig von Benutzerrollen

PFCG-Rollen können erst erstellt werden, wenn die Funktionen, die die Endbenutzer in SAP CRM ausführen sollen, festgelegt worden sind. Diese Funktionen werden ihnen über die Benutzerrolle im CRM Web Client zur Verfügung gestellt. Im Folgenden erläutern wir die Voraussetzungen für die Erstellung von PFCG-Rollen und zeigen Ihnen, wie Sie bei der Erstellung vorgehen.

14.3.1 Voraussetzungen für das Erstellen von PFCG-Rollen

Damit Sie PFCG-Rollen abhängig von Ihren angepassten Benutzerrollen erstellen können, müssen einige Voraussetzungen erfüllt sein: Zum einen muss die Benutzerrolle fertiggestellt sein, sodass alle zu berechtigenden CRM-Funktionen feststehen. Zum anderen müssen die BerechtigungsBerechtigungsvorschlagswerte für die UI-Komponenten in den Tabellen USOBT_C und USOBX_C gepflegt werden.

Berechtigungs-
vorschlagswerte
für Profilgenerator

Wie in Abschnitt 7.1, »Pflege und Nutzung der Vorschläge für den Profilgenerator«, beschrieben, werden in diesen Tabellen die zu prüfenden Berechtigungsobjekte und Berechtigungsvorschlagswerte für Berechtigungsfelder je Transaktion gepflegt. Da in SAP CRM keine Transaktionen mehr aufgerufen werden, sondern BSP-Komponenten auf dem CRM Web Client, stehen in dieser Tabelle zusätzlich Einträge für jede BSP-Komponente zur Verfügung.

Sie können diese Einträge prüfen, indem Sie die Transaktion SU24 (Pflege der BerechtigungsBerechtigungsvorschlagswerte) aufrufen. Diese Transaktion enthält Ihre kundeneigenen Berechtigungsvorschlagswerte der Tabellen USOBT_C und USOBX_C. Im Feld Typ DER ANWENDUNG wählen Sie EXTERNER SERVICE aus. Im nächsten Feld – TYP DES EXTERNEN SERVICE – suchen Sie den Eintrag UIU_COMP CRM UIU COMPONENT über die F4-Hilfe aus. Klicken Sie nun auf den Button (AUSFÜHREN, siehe Abbildung 14.12).

Sie sehen eine Auswahl aller UI-Komponenten bzw. externen Services in der linken Spalte. Jeder externe Service entspricht einer UI-Komponente in Form einer Bereichsstartseite, eines logischen Links oder einer anderen Art von Navigation zwischen den Komponenten. Die externen Services sind so aufgebaut, wie in Tabelle 14.1 dargestellt. Das Beispiel zeigt den logischen Link ACCOUNTS.

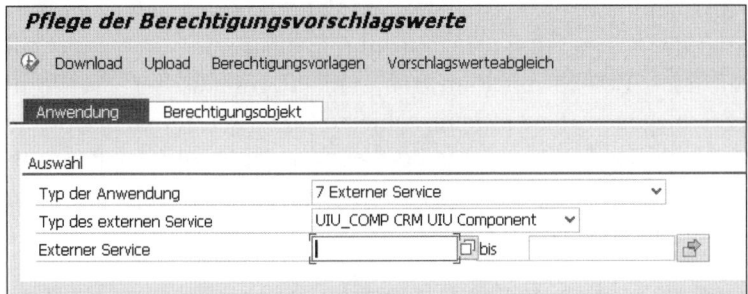

Abbildung 14.12 Auswahl der BSP-Applikationen von SAP CRM

UIU_COMP	UIU_COMP_	BP_HEAD_ MAIN_	Main-Window_	SEARCH
Typ des exter-nen Service	Typ der Anwendung	Komponen-tenname	Fenstername	Inbound-Plug

Tabelle 14.1 Name eines externen Service

Die im CRM Web Client dargestellten BSP-Applikationen, die als Bereichsstartseiten oder logische Links angezeigt werden, entsprechen jeweils einem externen Service. Die Namen der externen Services setzen sich aus folgenden Bestandteilen zusammen:

Externe Services

▶ **Typ der Anwendung**
Der Eintrag TYP DER ANWENDUNG definiert die Art der Anwendung, auf die der Nutzer zugreift, wie z. B. TRANSAKTION oder EXTERNER SERVICE.

▶ **Komponentenname**
Der Komponentenname entspricht einer UI-Komponente und technisch einer BSP-Applikation.

▶ **Fensternamen**
Fenster werden verwendet, um Views der Komponenten anzuzeigen. Sie erlauben, dass Views einer Komponente von anderen Komponenten wiederverwendet werden können. Views entsprechen einem Seitentyp einer BSP-Applikation und zeigen konfigurierte Daten in Form von Formularen, Tabellen oder Hierarchiebäumen an.

▶ **Inbound-Plug**
Inbound-Plugs sind die Einstiegspunkte für logische Links. Sie definieren die Navigation zu einer bestimmten Komponente mit einem bestimmten View (siehe SAP-Onlinehilfe – Glossar).

Berechtigen der
externen Services Wenn Sie nun einen Doppelklick auf den Eintrag des externen Service in der Transaktion SU22 ausführen, erscheinen in der rechten Spalte eine Tabelle mit Einträgen zum Pflegestatus der jeweiligen vorgeschlagenen Berechtigungsobjekte, die Berechtigungsobjekte und deren Beschreibung, das Prüfkennzeichen sowie der Berechtigungsvorschlagswert für die jeweiligen Berechtigungsobjekte, wie in Abbildung 14.13 dargestellt.

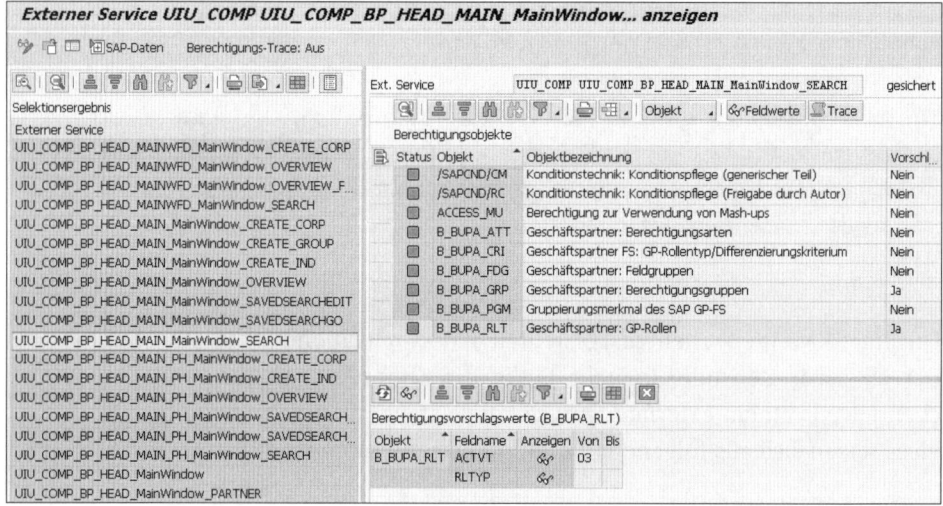

Abbildung 14.13 Gepflegte BSP-Applikationen

Pflege der Berechtigungsvorschlagswerte für externe Services Die Tabellen USOBT und USOBX, deren Werte in der Transaktion SU22 sichtbar sind, sind Berechtigungsvorschlagswerte von SAP. Diese Werte können Sie in den Kundentabellen USOBT_C und USOBX_C anpassen. Analog zur Transaktion SU22 gibt es die Transaktion SU24, in der Sie die von SAP ausgelieferten Werte in den jeweiligen Kundentabellen anpassen können.

Die Berechtigungsobjekte, die pro Komponente geprüft werden, entsprechen u. a. den Berechtigungsobjekten, die im SAP GUI auf Transaktionsebene geprüft werden. Wenn Sie die geprüften Berechtigungsobjekte der Transaktion BP mit den geprüften Berechtigungsobjekten des externen Service UIU_COMP_BP_HEAD_MAIN_MainWindow_SEARCH vergleichen, der dem logischen Link ACCOUNTS entspricht, werden Sie feststellen, dass die grundlegenden Berechtigungsobjekte gleich sind. Für den externen Service hingegen ist das Berechtigungsobjekt S_TCODE, das den Zugriff auf Transaktionen prüft, für eine Prüfung nicht mehr notwendig. Stattdessen gibt es ein neues Berechtigungsobjekt, das den Zugriff auf UI-Komponenten samt Komponentenfenster und Inbound-Plug, also einem logischen Link, prüft. Dieses Berechtigungsobjekt heißt `UIU_COMP` und besteht aus folgenden Berechtigungsfeldern:

▶ `COMP_NAME` (Name einer Komponente)

▶ `COMP_WIN` (Komponentenfenstername)

▶ `COMP_PLUG` (Inbound-Plug)

Vergleichen Sie die Felder des Berechtigungsobjekts `UIU_COMP` mit dem Namen von externen Services in Tabelle 14.1, werden Sie feststellen, dass die folgenden Informationen sowohl Teil des Berechtigungsobjekts `UIU_COMP` sind als auch im Namen des externen Service vorkommen:

▶ Name einer Komponente

▶ Komponentenfenstername

▶ Inbound-Plug

Zum Erstellen von PFCG-Rollen müssen die Kundentabellen USOBT_ C und USOBX_C gepflegt sein. Sie können überprüfen, ob die Tabellen gepflegt sind, indem Sie die Transaktion SU24 aufrufen, den Typ der Anwendung auf EXTERNER SERVICE setzen und beim Typ des externen Service den Eintrag UIU_COMP auswählen. Prüfen Sie nun, ob für diese Einträge Berechtigungsobjekte und Berechtigungsfelder gepflegt sind, indem Sie einzelne Services auswählen. Sind Berechtigungsvorschlagswerte gepflegt, können Sie diese anpassen. Sind jedoch keine Werte eingetragen, so müssen Sie dafür Werte nachpflegen.

USOBT_C
und USOBX_C

Mit dem Füllen und der Pflege der Kundentabellen USOBT_C und USOBX_C haben Sie die Voraussetzungen zur Definition von PFCG-Rollen geschaffen. Anschließend können Sie die PFCG-Rolle abhängig von der Benutzerrolle erstellen.

14.3.2 Erstellen von PFCG-Rollen

Um eine PFCG-Rolle erstellen zu können, die Zugriff auf die in der Benutzerrolle definierten Funktionen hat, können Sie z. B. die leere PFCG-Rolle, die Sie anfangs der Benutzerrolle zugewiesen haben, verwenden.

Report CRMD_UI_
ROLE_PREPARE

Zur Erstellung einer PFCG-Rolle benötigen Sie in der Regel zuerst ein Rollenmenü, das nun aus BSP-Applikationen in Form von externen Services bestehen muss. Um die Sammlung an notwendigen externen Services zu vereinfachen, wird ein Report zur Verfügung gestellt. Öffnen Sie die Transaktion SA38, und führen Sie den Report CRMD_UI_ROLE_PREPARE aus. Sie können hier entscheiden, ob Sie den Namen der Benutzerrolle oder der zugewiesenen PFCG-Rolle eintragen. Geben Sie außerdem die Sprache an, in der Sie die PFCG-Rolle pflegen möchten (siehe Abbildung 14.14).

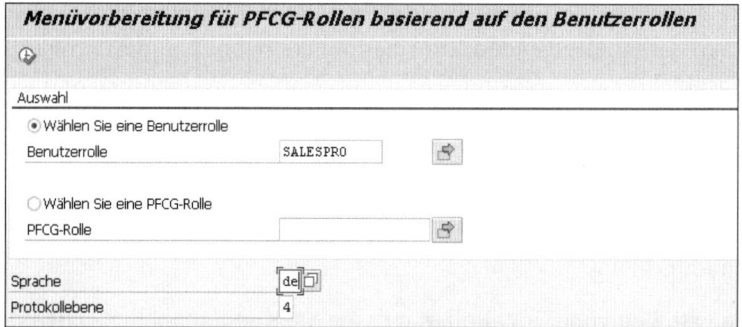

Abbildung 14.14 Report CRMD_UI_ROLE_PREPARE zur Erstellung des Rollenmenüs

Führen Sie anschließend den Report aus. Ihnen wird ein Ergebnisprotokoll angezeigt (siehe Abbildung 14.15).

SapWorkDir-
Verzeichnis

Parallel ist lokal auf Ihrem PC eine Textdatei mit dem Namen der PFCG-Rolle im *SAP*-Verzeichnis angelegt worden. Sie finden das *SAP*-Verzeichnis gewöhnlich unter dem folgenden Pfad: *C:\Users\<Ihr Benutzer>\Documents\SAP\SAP GUI*.

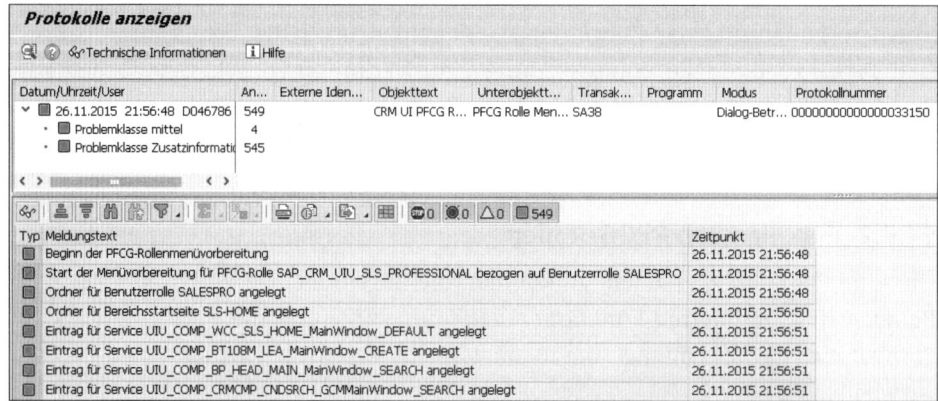

Abbildung 14.15 Ergebnisprotokoll des Reports CRMD_UI_ROLE_PREPARE

Wenn Sie die Textdatei öffnen, sehen Sie, dass diese Datei sowohl Hash-werte beinhaltet, die die externen Services eindeutig beschreiben, als auch die Namen der externen Services (siehe Abbildung 14.16).

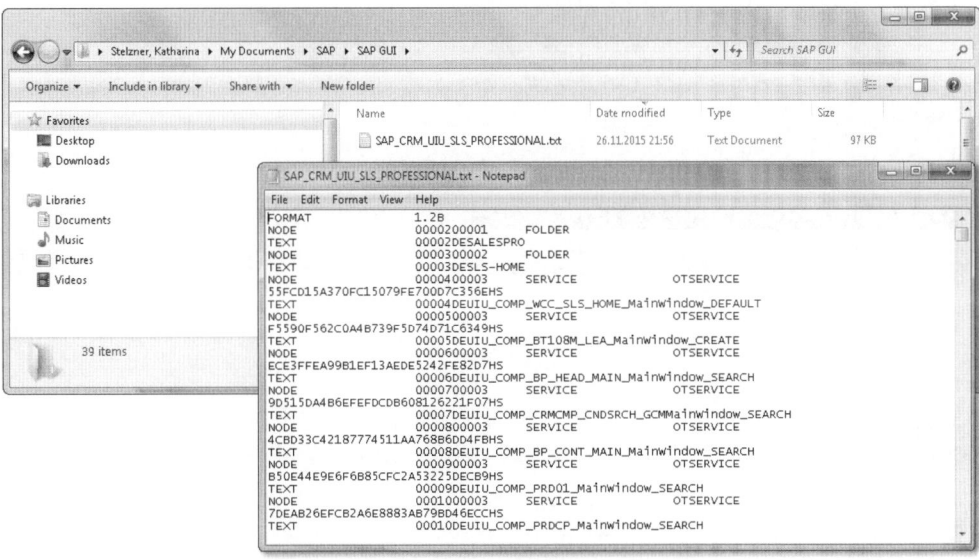

Abbildung 14.16 SAP-Verzeichnis

Diese Datei können Sie in eine neue bzw. in Ihre leere PFCG-Rolle hochladen, indem Sie die Transaktion PFCG öffnen und eine neue bzw. die PFCG-Rolle aufrufen, die Sie zuvor der Benutzerrolle zugewiesen haben. Öffnen Sie diese Rolle im Änderungsmodus, und klicken Sie auf die Registerkarte MENÜ. Diese Ansicht wird genutzt, um ein Benutzermenü für eine PFCG-Rolle zu erstellen. Da Nutzer in SAP CRM keine Transaktionen mehr aufrufen, müssen diese auch nicht mehr berechtigt werden. Stattdessen importieren Sie die Text-datei aus Ihrem *SAP*-Verzeichnis, indem Sie auf den Button ÜBER-NAHME VON MENÜS • IMPORT AUS DATEI klicken. Wählen Sie aus dem Dateibrowser die Textdatei aus, die Sie eben erzeugt haben (siehe Abbildung 14.17). Der Name der Textdatei entspricht dem Namen der PFCG-Rolle, die der Benutzerrolle zugewiesen ist.

Erstellen des Rollenmenüs

Ein Menübaum öffnet sich als Rollenmenü (siehe Abbildung 14.18). Die Ordnerstruktur entspricht den Bereichsstartseiten der Benutzer-rolle. Die darunter zugewiesenen Einträge entsprechen jeweils einer Bereichsstartseite oder einem logischen Link in Form von externen Services.

Struktur des Rollenmenüs

505

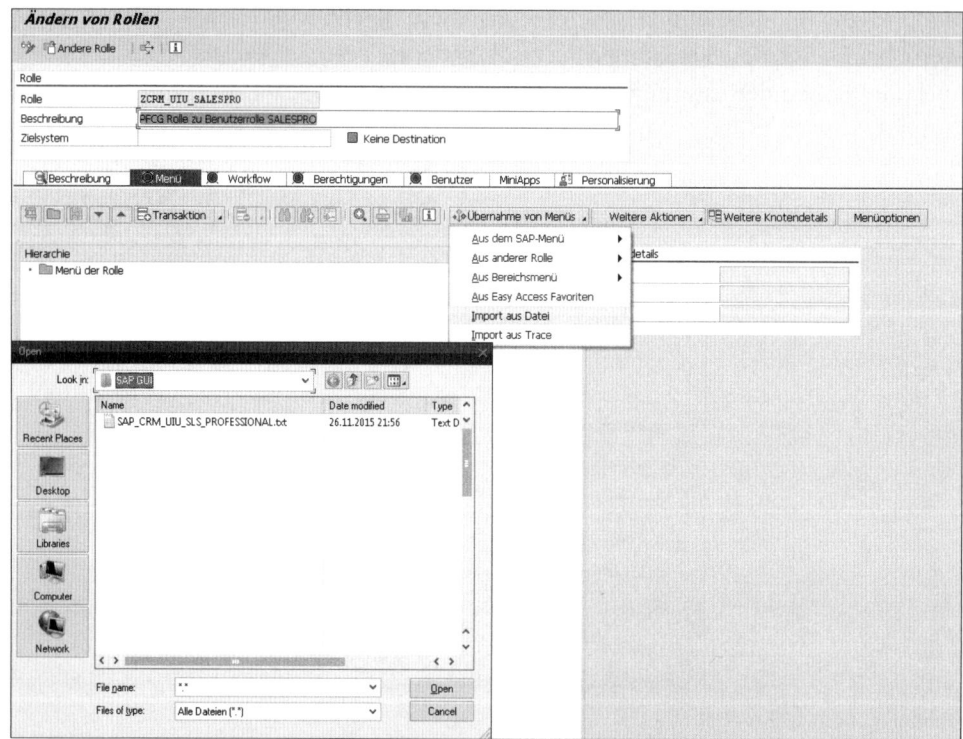

Abbildung 14.17 Hochladen der Menüstruktur in PFCG-Rolle

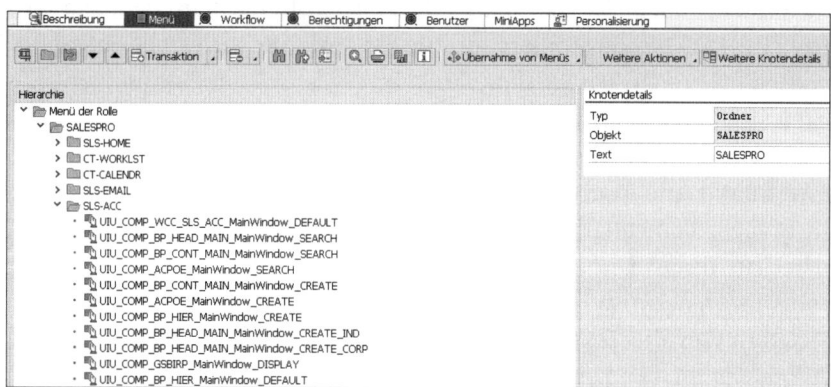

Abbildung 14.18 Struktur des Benutzermenüs

Berechtigungs-objekt UIU_COMP

Speichern Sie diese PFCG-Rolle, und wechseln Sie zur Registerkarte BERECHTIGUNGEN. Hier können Sie die PFCG-Rolle wie gewohnt pflegen. Anstelle des Berechtigungsobjekts S_TCODE finden Sie das Berechtigungsobjekt UIU_COMP wieder, das alle in der Benutzerrolle definierten UI-Komponenten berechtigt (siehe Abbildung 14.19).

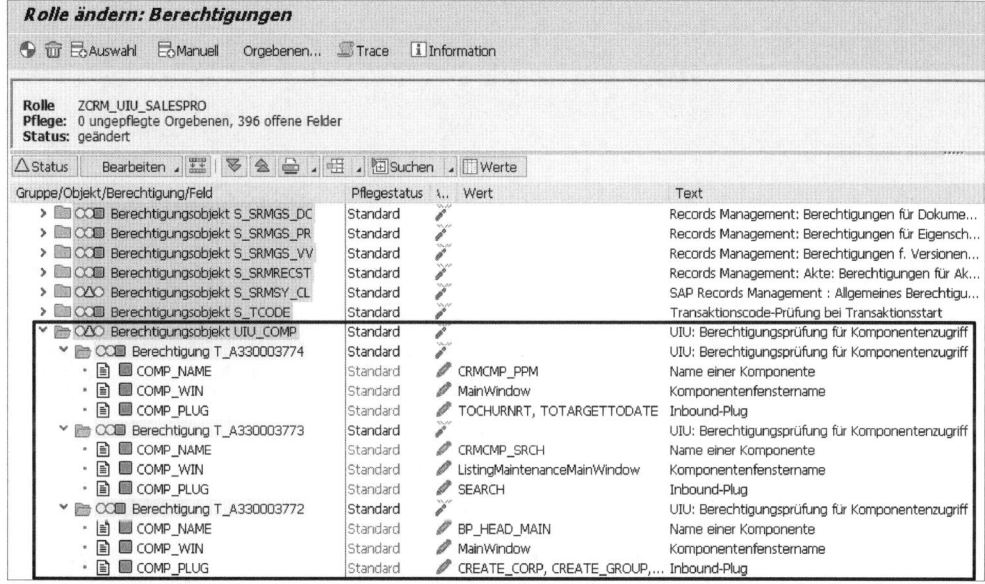

Abbildung 14.19 Berechtigungsobjekt UIU_COMP in PFCG-Rolle

Anschließend müssen Sie die noch ungepflegten Berechtigungen pflegen und das Profil für die Rolle generieren.

Hinweis zum Berechtigungsobjekt S_SERVICE

Beim Generieren des Profils kann es passieren, dass Sie eine Warnung erhalten, dass Feldwerte zum Objekt S_SERVICE nicht ins Profil eingetragen werden konnten. Da die Anzahl der Einträge für die Feldwerte für das Berechtigungsobjekt über der Limitierung an möglichen Einträgen liegt, können die Werte nicht in das Profil übernommen werden, und die Profilgenerierung bricht ab. Da eine Prüfung des Berechtigungsobjekts S_SERVICE nicht stattfindet, kann das Berechtigungsobjekt deaktiviert werden. Weitere Informationen dazu finden Sie in SAP-Hinweis 1106781.

Zusammenfassend zeigt Abbildung 14.20, wie Sie PFCG-Rollen aus Benutzerrollen erstellen.

Der Report CRMD_UI_ROLE_PREPARE prüft das Customizing der Benutzerrolle und schreibt die verwendeten externen Services, die in der Transaktion SU24 Pflege der Berechtigungsvorschlagswerte dargestellt werden, in eine Textdatei. Diese Textdatei wird als Benutzermenü in die PFCG-Rolle hochgeladen.

Funktion des Reports CRMD_UI_ROLE_PREPARE

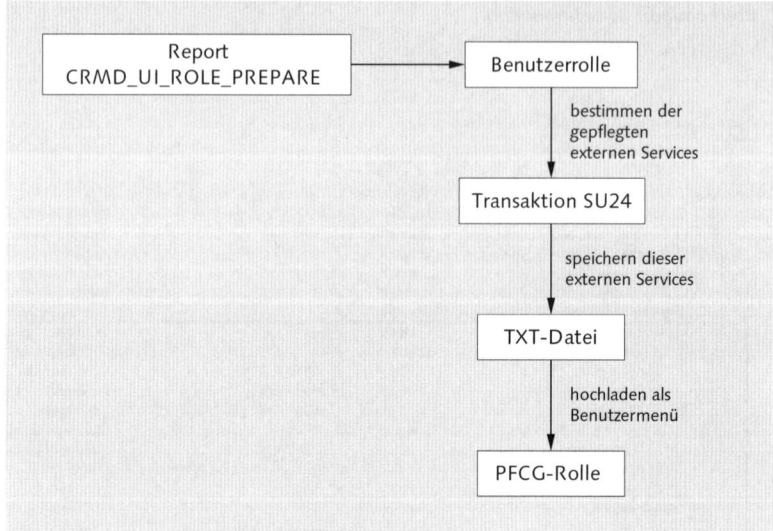

Abbildung 14.20 Erstellen von PFCG-Rollen

In diesem Abschnitt haben wir erläutert, wie Sie in Abhängigkeit zum Customizing der Benutzerrolle eine PFCG-Rolle erstellen können. Da der Benutzer zum Arbeiten jedoch sowohl der PFCG-Rolle als auch der Benutzerrolle zugeordnet werden muss, möchten wir Ihnen im nächsten Abschnitt die Möglichkeiten der Rollenzuordnung vorstellen.

14.4   Zuweisen von Benutzerrollen und PFCG-Rollen

Sobald Sie ein Berechtigungsprofil für Ihre PFCG-Rolle erstellt haben, können Sie es testen. Voraussetzung dafür ist, dass der Benutzer zunächst einer Benutzerrolle zugeordnet ist.

Organisations-
modell
Das Standardvorgehen ist die Zuweisung der Nutzer zur Benutzerrolle über das Organisationsmodell. Benutzerrollen werden folgendermaßen im Organisationsmodell zugewiesen:

1. Öffnen Sie das Organisationsmodell mit der Transaktion PPOMA_ CRM.

2. Navigieren Sie im Organisationsmodell zu der Organisationseinheit, unter der Sie eine Planstelle anlegen wollen.

3. Klicken Sie auf den Button ANLEGEN. Es erscheint ein neues Fenster.

4. Wählen Sie den zweiten Eintrag UMFASST aus
   (siehe Abbildung 14.21), der eine Planstelle anlegt.

5. Geben Sie der Planstelle eine Beschreibung und ein Objektkürzel.

6. Speichern Sie Ihre Änderungen.

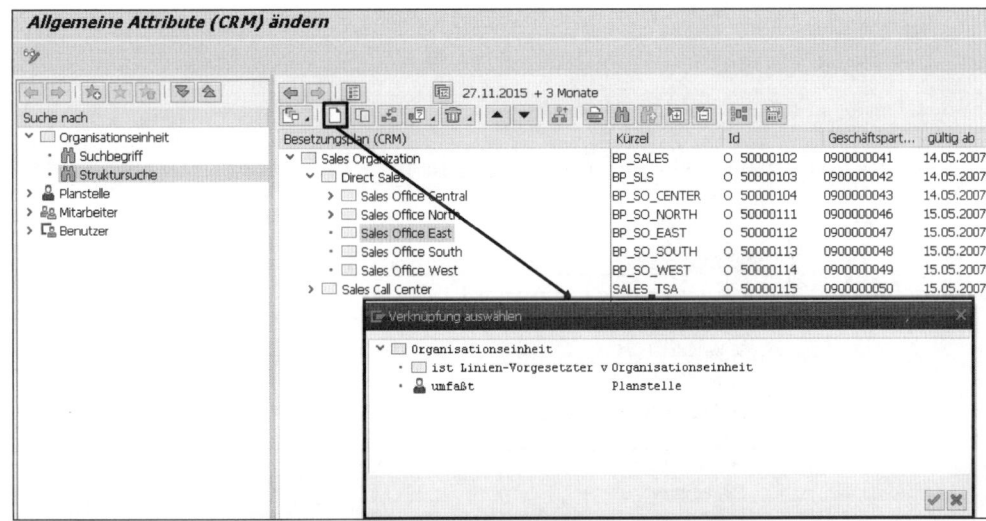

Abbildung 14.21 Erstellen einer Planstelle im Organisationsmodell

Sie können der Planstelle eine Benutzerrolle zuweisen. Markieren Sie dazu Ihre erstellte Planstelle per Doppelklick. Wählen Sie im Menü den Menüpfad SPRINGEN • DETAILOBJEKT • ERWEITERTE OBJEKT-BESCHREIBUNG (siehe Abbildung 14.22).

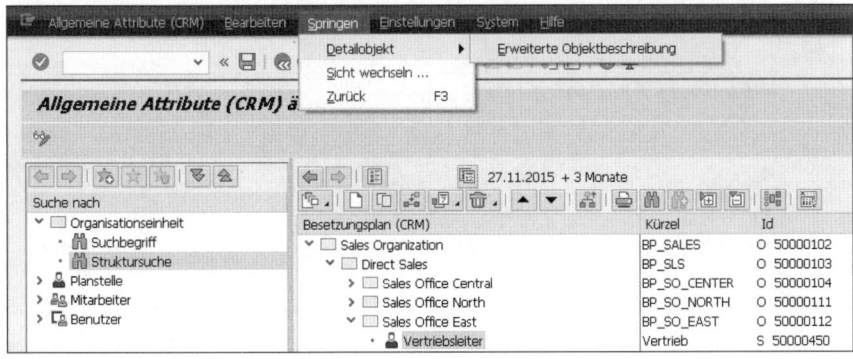

Abbildung 14.22 Zuweisen der Benutzerrolle

Details einer Planstelle

Eine neue Oberfläche öffnet sich. Markieren Sie in der aktuell darge-stellten Tabelle den Infotyp BUSINESS ROLE. Als Nächstes klicken Sie auf den Button INFOTYP ANLEGEN (siehe obere Markierung in Abbildung 14.23).

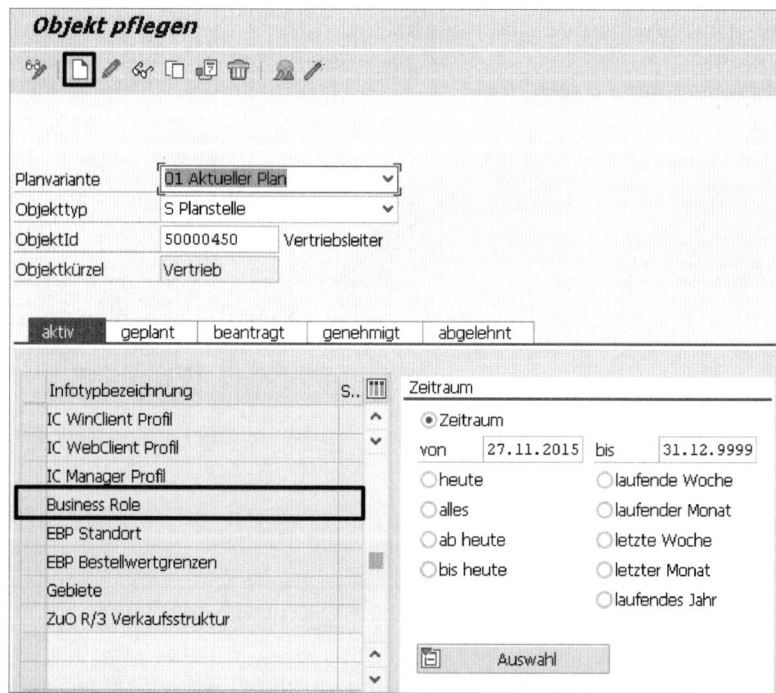

Abbildung 14.23 Zuweisen des Infotyps »Business Role«

Wählen Sie im Feld BENUTZERROLLE die Benutzerrolle aus, die Sie der Planstelle zuweisen möchten (siehe Abbildung 14.24), und sichern Sie Ihre Änderungen.

Abbildung 14.24 Auswahl der Benutzerrolle

Um der Planstelle Benutzer zuzuweisen, navigieren Sie zurück zum Organisationsmodell. Markieren Sie die Planstelle, und klicken Sie auf den Button ZUORDNEN (siehe Markierung in Abbildung 14.25). Sie haben nun die Möglichkeit der Zuweisung von Benutzern und Geschäftspartnern.

Zuweisen der Benutzer zur Planstelle

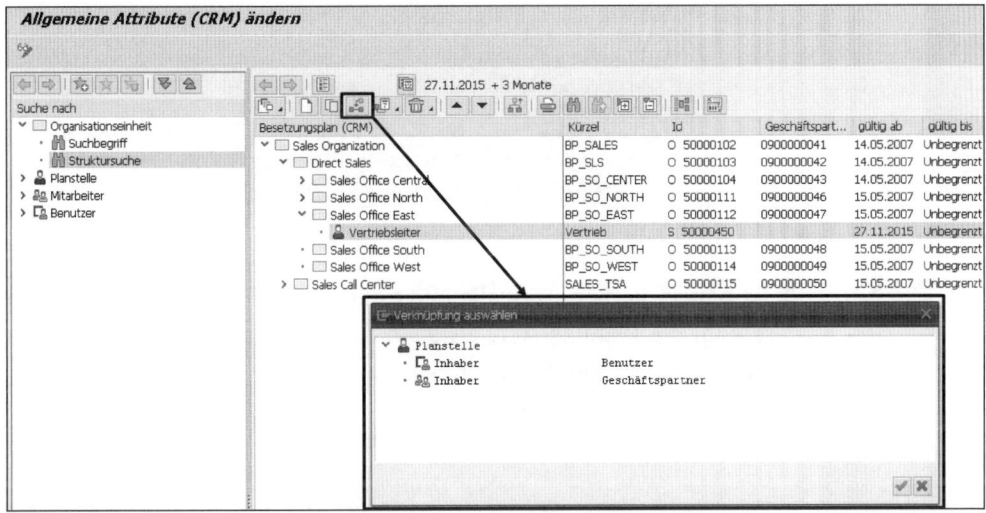

Abbildung 14.25 Zuweisen eines Benutzers oder eines Geschäftspartners

Der Benutzer ist der in Abschnitt 6.1, »Benutzer«, beschriebene Benutzer, der in der Transaktion SU01 angelegt wird. In SAP CRM jedoch benötigt jeder Benutzer, der als Endbenutzer Business-Objekte bearbeitet, einen Geschäftspartner, der mit dem SU01-Benutzer verknüpft ist. Geschäftspartner gehören zu Stammdaten und dienen dem Bearbeiten und Ausführen von Geschäftsvorgängen. Dazu dient der zweite Eintrag.

Benutzer und Geschäftspartner

Zum Testen des CRM Web Clients ist es ausreichend, wenn ein Benutzer der Planstelle zugewiesen wird. Möchten Sie jedoch mit Testdaten arbeiten oder Berechtigungen auf Business-Objekte testen, benötigt der in der Transaktion SU01 erstellte Benutzer zusätzlich einen Geschäftspartner.

Geschäftspartner sind ursprünglich mit der Transaktion BP erstellt worden. Da Transaktionen in dem Umfeld nicht mehr im SAP GUI unterstützt werden (siehe SAP-Hinweis 1118231), können Geschäftspartner im CRM Web Client über den logischen Link MITARBEITER angelegt werden. Dort können Sie dem Mitarbeiter im Zuord-

Erstellen von Geschäftspartnern

nungsblock BENUTZER einen Benutzer zuweisen. Falls dieser Zuordnungsblock nicht sichtbar ist, können Sie diesen über die Personalisierung einblenden. Dieser Geschäftspartner kann, wie in Abbildung 14.26 dargestellt, einer Planstelle zugewiesen werden.

Besetzungsplan (CRM)	Kürzel	Id
⌄ ☐ Sales Organization	BP_SALES	O 50000102
⌄ ☐ Direct Sales	BP_SLS	O 50000103
> ☐ Sales Office Central	BP_SO_CENTER	O 50000104
> ☐ Sales Office North	BP_SO_NORTH	O 50000111
⌄ ☐ Sales Office East	BP_SO_EAST	O 50000112
⌄ ☐ Vertriebsleiter	Vertrieb	S 50000450
⌄ Katharina Stelzner / 01067 Dresden	Katharina St	BP 0000000091
• Katharina Stelzner	Stelzner	US D046786

Abbildung 14.26 Zuweisung eines Geschäftspartners zu einer Planstelle

Sie haben die Benutzerrolle einem Benutzer zugewiesen, indem Sie sowohl die Benutzerrolle als auch den Benutzer einer Planstelle im Organisationsmodell zugewiesen haben (siehe Abbildung 14.27).

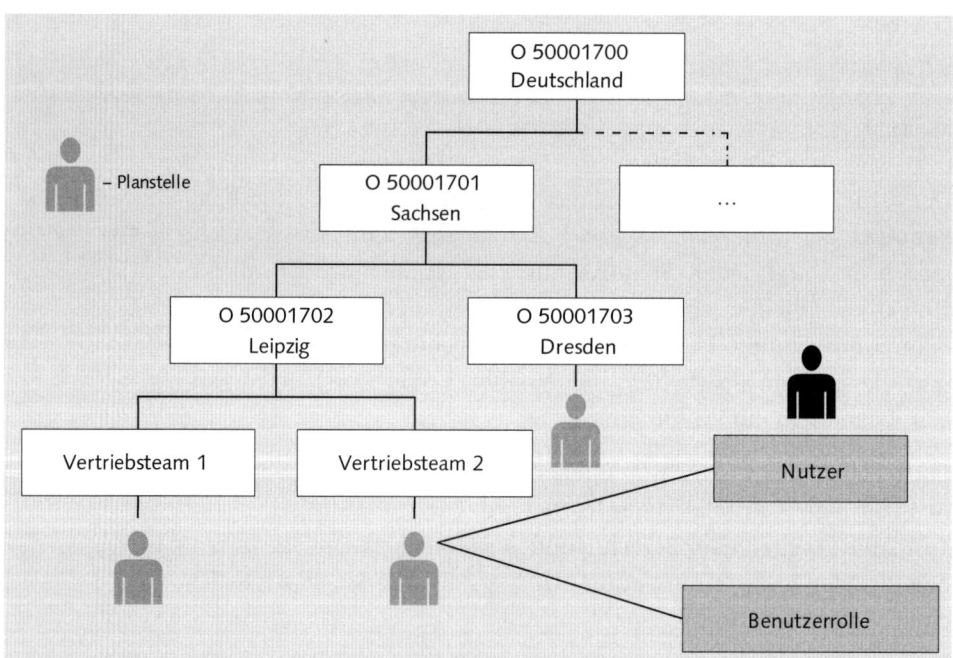

Abbildung 14.27 Zuordnung der Benutzerrolle zum Benutzer über die Planstelle

Da der Benutzer nun zwar der Benutzerrolle, aber noch nicht der PFCG-Rolle zugewiesen ist, können Sie einen zweiten Report ausführen, der diese Zuweisung vornimmt.

Rufen Sie dazu in der Transaktion SA38 den Report CRMD_UI_ROLE_ASSIGN auf (siehe Abbildung 14.28).

Report CRMD_UI_ROLE_ASSIGN

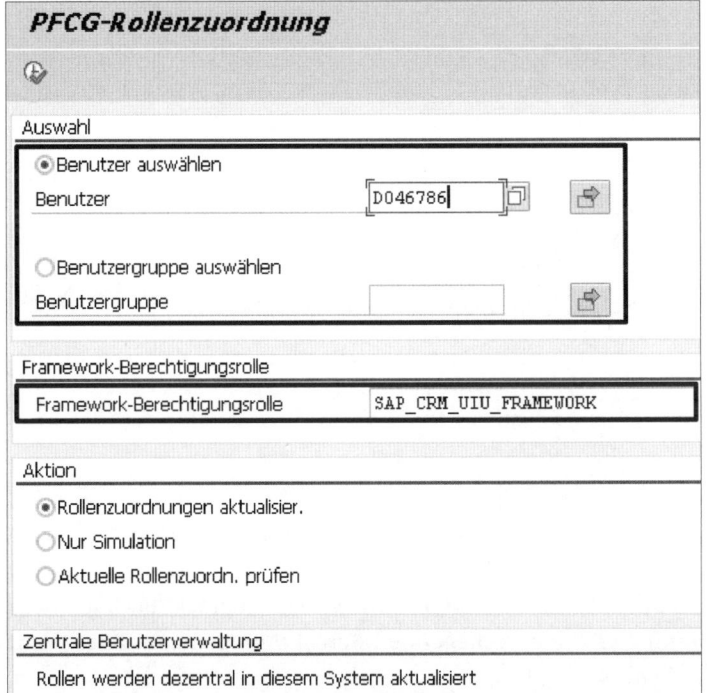

Abbildung 14.28 Report CRMD_UI_ROLE_ASSIGN für das Zuweisen der PFCG-Rolle zu einem Benutzer in Abhängigkeit zur zugewiesenen Benutzerrolle

In diesem Report können Sie entweder einen Benutzer oder eine Benutzergruppe angeben. Sobald Sie auf AUSFÜHREN klicken, wird die richtige PFCG-Rolle dem angegebenen Benutzer oder der angegebenen Benutzergruppe zugewiesen. Dies funktioniert folgendermaßen:

1. Der Report prüft die Zuordnung des Benutzers zu einer Planstelle im Organisationsmodell.

2. Daraufhin wird geprüft, ob dieser Planstelle eine Benutzerrolle zugewiesen ist.

Der Report liest anschließend die PFCG-Rolle aus, die in der zugewiesenen Benutzerrolle gepflegt ist, und weist diese dem Benutzer zu (siehe Abbildung 14.29).

Die zugewiesene PFCG-Rolle kann im Benutzerstammsatz des Nutzers in der Transaktion SU01 überprüft werden.

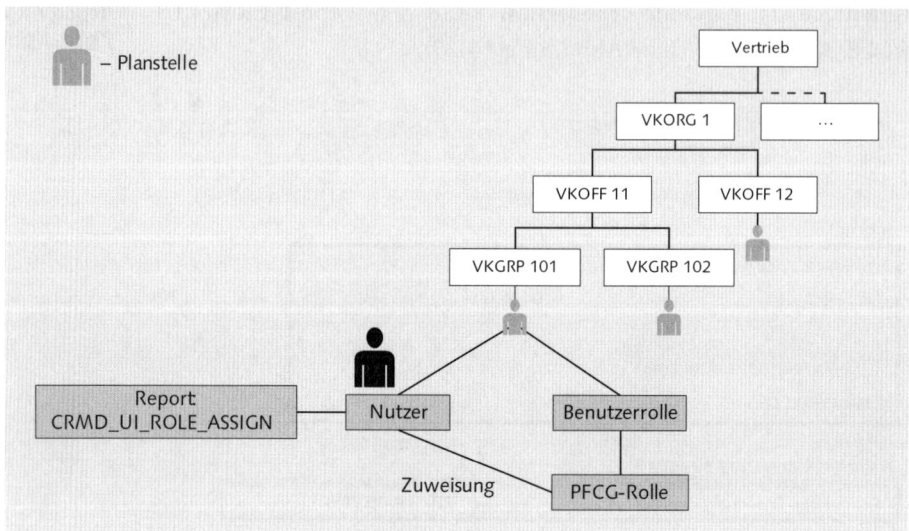

Abbildung 14.29 Zuweisen des Benutzers zur PFCG-Rolle

SAP_CRM_UIU_
FRAMEWORK

Sie sehen auf der Registerkarte ROLLEN der Transaktion SU01, dass der Report CRMD_UI_ROLE_ASSIGN dem Benutzer ebenfalls die Standardrolle SAP_CRM_UIU_FRAMEWORK zugewiesen hat. Diese Rolle beinhaltet alle grundlegenden Berechtigungen zum Zugriff auf das Framework des CRM Web Clients.

Die Standardrolle SAP_CRM_UIU_FRAMEWORK wird standardmäßig ohne Profil ausgeliefert. Wenn dem Benutzer diese Rolle zugewiesen ist, hat dieser noch keine Berechtigungen auf das Framework des CRM Web Clients. Damit Nutzer die notwendigen Berechtigungen erhalten, müssen Sie ein Profil für diese PFCG-Rolle generieren. Alternativ sollten Sie diese Rolle in Ihren Namensraum kopieren, ein Profil generieren und diese anstelle der Standardrolle zuweisen.

Zusammenfassung

Zur Nutzung des Reports CRMD_UI_ROLE_ASSIGN müssen zwei Voraussetzungen erfüllt sein:

▸ Der Benutzer und die Benutzerrolle sind im Organisationsmodell zugewiesen.

▸ Die der CRM-Benutzerrolle zugeordnete PFCG-Rolle enthält genau die Berechtigungen, die der Benutzer auch benötigt.

Die Nutzung des Zuweisungsreports ist keine Pflicht. Wir empfehlen Ihnen, die korrekten PFCG-Rollen über Ihre gewohnten Prozesse bzw. Transaktionen zuzuweisen.

Eine weitere Möglichkeit, Benutzerrollen Benutzern zuzuordnen, besteht im Zuordnen der PFCG-Rolle, die im Customizing der Benutzerrolle zugewiesen ist (siehe Abbildung 14.30).

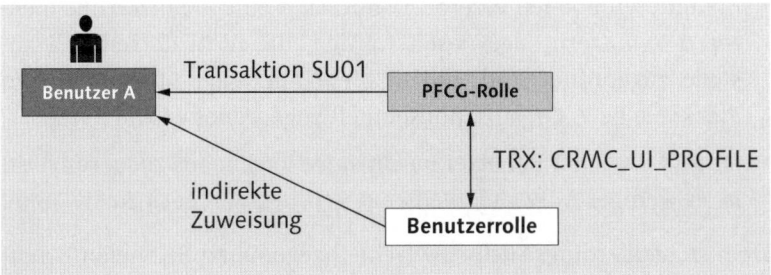

Abbildung 14.30 Zuweisung der Benutzerrolle über die PFCG-Rolle

Ist der Benutzer zuvor einer Benutzerrolle über das Organisationsmodell zugewiesen worden, wird diese zweite Zuordnung nicht mehr gelesen. Die Abprüfreihenfolge ist wie folgt:

Weitere Möglichkeiten zur Zuweisung der Benutzerrolle

1. Eine Art der Zuweisung ist die Benutzerrollenzuweisung über den Benutzerparameter CRM_UI_PROFILE. Ist dieser Benutzerparameter mit der Benutzerrolle als Wert im Benutzerstammsatz gesetzt, wird nur dieser ausgelesen, und alle weiteren Ergebnisse werden ignoriert.

2. Ist der Benutzerparameter nicht gesetzt, wird geprüft, ob ein Benutzer im Organisationsmodell einer Planstelle zugewiesen ist, der eine Benutzerrolle zugewiesen ist. Wird hier ein Ergebnis gefunden, wird nicht nach weiteren Zuordnungen über die PFCG-Rolle gesucht.

3. Sind die erste und zweite Prüfung nicht erfolgreich, wird geprüft, ob sich im Benutzerstamm des Benutzers eine PFCG-Rolle befindet, die einer Benutzerrolle im Benutzerrollen-Customizing zugewiesen ist.

Nutzungshinweis für den Benutzerparameter CRM_UI_PROFILE

SAP empfiehlt, die Benutzerrollenzuordnung über das Organisationsmodell umzusetzen und den Benutzerparameter nur für Testzwecke zu verwenden.

Ein Benutzer kann auf alle Benutzerrollen nur dann zugreifen, wenn der Wert des Benutzerparameters auf * gesetzt ist und der Anwender über Debugging-Berechtigungen mittels des Berechtigungsobjekts S_DEVELOP mit dem Wert DEBUG für das Berechtigungsfeld OBJTYPE (Objekttyp) verfügt.

Die Zuweisung von Benutzerrollen über das Organisationsmodell hat folgende Vorteile:

▸ Die Benutzerrollenzuweisung wird im Organisationsmodell auf die unteren Ebenen vererbt. Damit kann eine Benutzerrolle mehreren Benutzern zugewiesen werden, die nicht derselben Planstelle zugeordnet sind, indem diese nur einer übergeordneten Planstelle bzw. Organisationseinheit zugeordnet wird.

▸ Da im CRM jeder Benutzer im Organisationsmodell zugeordnet ist, ist es weniger Aufwand, die Benutzerrollen dort auch zuzuweisen.

Dem steht allerdings auch ein Nachteil gegenüber: Bei vielen Benutzerrollen müssen die Planstellen so organisiert werden, dass die Benutzer mit derselben Benutzerrolle unter einer Planstelle organisiert sind.

Die Vorteile der Zuweisung über die PFCG-Rolle sind:

▸ Bei wenigen Benutzerrollen kann die PFCG-Rolle zur Benutzerrolle als Einzelrolle in verschiedenen Sammelrollen definiert sein. Beim Zuweisen von Sammelrollen wird diese PFCG-Rolle dann immer automatisch mit zugewiesen.

▸ Die Zuweisung der PFCG-Rolle und der Benutzerrolle erfolgt in einem Schritt.

Der Nachteil ist aber: Je mehr Benutzerrollen, desto mehr PFCG-Rollen müssen den Benutzern zugewiesen werden. Wenn der Benutzer über mehrere PFCG-Rollen verfügt, muss ein Rollenkonzept die Zuweisung von PFCG-Rollen und die Zuweisung der Benutzerrollen über PFCG-Rollen abdecken, damit es nicht unübersichtlich wird.

Anmeldung am CRM Web Client Da Sie sowohl eine Benutzerrolle als auch eine PFCG-Rolle angelegt und diese einem Benutzer zugewiesen haben, können Sie sich am CRM Web Client anmelden. Der CRM Web Client kann über eine URL oder das SAP GUI aufgerufen werden. Im SAP GUI können Sie den CRM Web Client über die Transaktion WUI aufrufen.

Da Endbenutzer in der Regel nicht mehr im SAP GUI arbeiten, ist es nicht notwendig, die Transaktion WUI zu berechtigen. Die Benutzer erhalten eine URL, die sie direkt zur Anmeldeseite des CRM Web Clients navigieren lässt.

14.5 Beispiele für Berechtigungen in SAP CRM

In den vorangegangenen Abschnitten haben wir Ihnen das Erstellen von Benutzerrollen und davon abhängigen PFCG-Rollen detailliert erläutert. Im Anschluss möchten wir Ihnen die Pflege einzelner Berechtigungen in der PFCG-Rolle näher vorstellen. Dabei gehen wir insbesondere auf die Berechtigung des CRM Web Clients sowie die Berechtigung auf Datenebene – etwa Geschäftspartner, Geschäftsvorgänge, Attributgruppen und Marketingelemente – ein.

14.5.1 Berechtigen von Oberflächenkomponenten

CRM-Funktionen des CRM Web Clients werden mit dem Berechtigungsobjekt UIU_COMP berechtigt. Durch Ausführen des Reports CRMD_UI_ROLE_PREPARE und der Erstellung des Benutzermenüs werden alle notwendigen Einträge in das Berechtigungsobjekt vorgenommen.

Führen Sie jedoch ein Upgrade eines früheren SAP CRM-Releases auf SAP CRM 2007 oder SAP CRM 7.0 EHP 3 durch, können Sie die Rollen aus den früheren Releases, die noch auf Transaktionscodes basieren, migrieren. Dazu müssen Sie Ihre genutzten Transaktionscodes auf die externen Services des CRM Web Clients mappen und diese anstelle der Transaktionscodes im Rollenmenü Ihrer PFCG-Rolle hinterlegen. Nähere Informationen dazu finden Sie in SAP-Hinweis 1259665. Dafür muss bekannt sein, welcher Eintrag im Berechtigungsobjekt welchem logischen Link auf der Oberfläche des CRM Web Clients entspricht.

Migration von PFCG-Rollen

Hierfür gibt es einige Hilfsmöglichkeiten. Nach der Anmeldung am CRM Web Client haben Sie die Möglichkeit, sich anzeigen zu lassen, in welcher UI-Komponente Sie sich befinden. Navigieren Sie dazu entweder auf eine Bereichsstartseite, oder öffnen Sie einen logischen Link.

Praxisbeispiel: Informationen zu UI-Komponenten

Dieses Beispiel zeigt Ihnen, wie Sie abhängig von der Oberflächenkomponente die korrekten Einträge für das Berechtigungsobjekt UIU_COMP bestimmen. Dazu gehen Sie folgendermaßen vor:

Details zur UI-Komponente im CRM Web Client

1. Weisen Sie sich die Benutzerrolle SALESPRO zu. Diese verfügt über CRM-Funktionen aus dem Vertriebsumfeld.

2. Wählen Sie die Bereichsstartseite Account Management aus. Klicken Sie in den Arbeitsbereich dieser Bereichsstartseite, und nutzen Sie die Taste F2.

Ein weiteres Fenster mit detaillierten Informationen zu dieser UI-Komponente öffnet sich (siehe Abbildung 14.31).

Abbildung 14.31 F2-Hilfe des CRM Web Clients

Informationen der F2-Hilfe
Sie finden hier Informationen zum Namen der Komponenten, dem verwendeten View und auch zum dargestellten Rollenkonfigurationsschlüssel. Da im Berechtigungsobjekt UIU_COMP die Informationen zu Komponentennamen, Komponentenfenster sowie Inbound-Plug benötigt werden, sind die in der F2-Hilfe dargestellten Informationen noch nicht ausreichend. Die notwendigen Informationen stehen im Customizing der Benutzerrollen sowie der Navigationsleistenprofile. Die notwendigen Schritte sind in Abbildung 14.32 dargestellt und werden im Anschluss detailliert beschrieben.

Informationen zu Bereichsstartseiten, z. B. Account Management, können Sie wie folgt bestimmen:

❶ Bereichsstartseite identifizieren
Identifizieren Sie die zu berechtigende Bereichsstartseite auf dem CRM Web Client, hier Account Management.

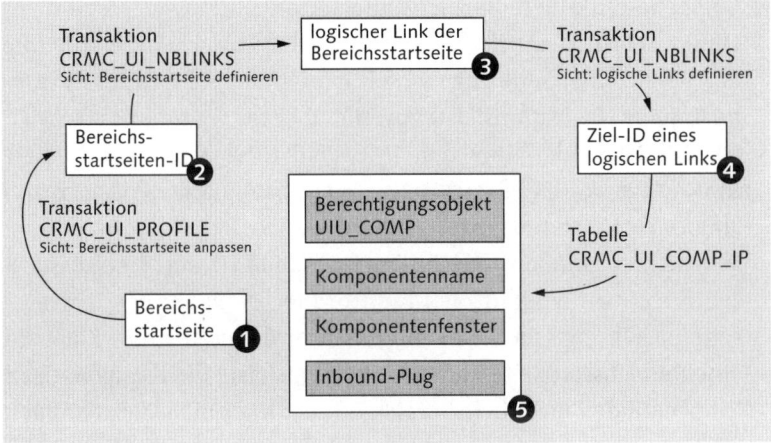

Abbildung 14.32 Informationen zum Berechtigungsobjekt UIU_COMP

❷ Bereichsstartseiten-ID der Benutzerrolle

Bestimmen Sie nun den technischen Namen der Bereichsstartseite. Öffnen Sie dazu das Customizing für Benutzerrollen über die Transaktion CRMC_UI_PROFILE oder über den IMG-Pfad CUSTOMER RELATIONSHIP MANAGEMENT • UI-FRAMEWORK • BENUTZERROLLEN • BENUTZERROLLE DEFINIEREN, und markieren Sie die Benutzerrolle SALESPRO. Klicken Sie doppelt auf den Eintrag BEREICHSSTARTSEITE ANPASSEN der linken Spalte. Dem nächsten Fenster (siehe Abbildung 14.33) können Sie die Bereichsstartseiten-ID der Bereichsstartseite der Spalte BERSTARTS. entnehmen. Für die Bereichsstartseite ACCOUNT MANAGEMENT ist dies die Bereichsstartseiten-ID SLS-ACC. Verlassen Sie nun diese Customizing-Tabelle.

Benutzerrolle	SALESPRO				
NavLeistenprof.	SLS-PRO				

Bereichsstartseiten anpassen					
BerStarts.	Nicht akt.	Gelöscht	BS-Pos.	BS-Pos.	BereichStartseiten-Titel(NavLeiste)
ANA-DASHBD	☑	☐	110		Dashboards
CT-CALENDR	☐	☐	30		Kalender
CT-WORKLST	☐	☐	20		Worklist
SLS-ACC	▣ ☐	☐	50		Account Management
SLS-ACT	☐	☐	60		Aktivitäten
SLS-ADMIN	☐	☐	90		Grundfunktionen
SLS-CYCLE	☐	☐	70		Verkaufszyklus
SLS-DAS-WC	☐	☐	140		Dashboards
SLS-EMAIL	☐	☐	40		Posteingang
SLS-HOME	☐	☐	10		Startseite
SLS-PPM	☐	☐	80		Pipeline Performance
SLS-REPORT	☐	☐	100		Berichte

Abbildung 14.33 Bereichsstartseiten-ID

❸ Logische-Link-ID je Bereichsstartseite

Dieser Schritt dient der Bestimmung der Logischen-Link-ID, die der Bereichsstartseite zugewiesen ist. Öffnen Sie dazu das Customizing für Navigationsleistenprofile über die Transaktion CRMC_UI_NBLINKS oder über den IMG-Pfad CUSTOMER RELATIONSHIP MANAGEMENT • UI-FRAMEWORK • TECHNISCHE ROLLENDEFINITION • NAVIGATIONSLEISTENPROFIL DEFINIEREN. Sie können in diesem Schritt herausfinden, welche Logische-Link-ID der Bereichsstartseite ACCOUNT MANAGEMENT zugeordnet ist. Jeder Bereichsstartseite ist ein logischer Link zugewiesen, damit sich bei Klick auf eine Bereichsstartseite in der Navigationsleiste die dazugehörigen Informationen im Arbeitsbereich öffnen. Klicken Sie dazu doppelt auf BEREICHSSTARTSEITE DEFINIEREN in der linken Spalte. Es erscheinen alle im System zur Verfügung stehenden Bereichsstartseiten. Suchen Sie nach der ID SLS-ACC in der Spalte BERSTARTS. Wie in Abbildung 14.34 dargestellt, finden Sie in der Spalte LOGLINK-ID die Logische-Link-ID der Bereichsstartseite.

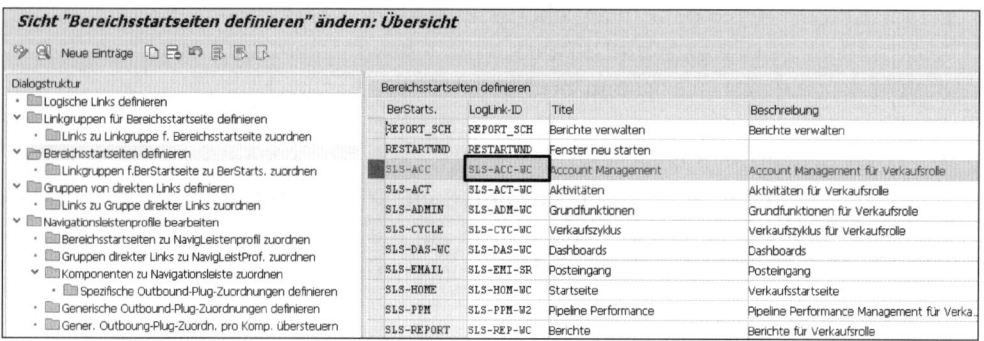

Abbildung 14.34 Logische-Link-ID einer Bereichsstartseite

❹ Ziel-ID je Logischer-Link-ID

In diesem Schritt bestimmen Sie zu Ihrer Logischen-Link-ID die dazugehörige Ziel-ID (siehe Abbildung 14.35). Die Ziel-ID ist das Bindeglied zwischen den im Customizing pflegbaren logischen Links und dem Inbound-Plug einer Komponente.

Bleiben Sie in dieser Transaktion. Wechseln Sie jedoch die Sicht, indem Sie doppelt auf LOGISCHE LINKS DEFINIEREN in der linken Spalte klicken. In dieser Sicht werden alle im System zur Verfügung stehenden logischen Links angezeigt. Suchen Sie nach der Logischen-Link-ID SLS-ACC-WC. Die Spalte ZIEL-ID gibt Ihnen die

dazugehörige Ziel-ID an. Die Ziel-ID für die Bereichsstartseite
ACCOUNT MANAGEMENT ist WCCSLSACC. Verlassen Sie nun diese
Transaktion.

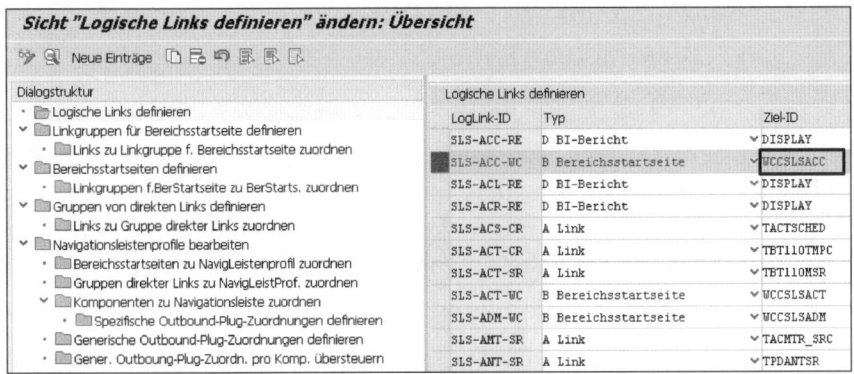

Abbildung 14.35 Ziel-ID eines logischen Links

❺ UI-Komponente, Komponentenfenster, Inbound-Plug je Ziel-ID

Im letzten Schritt können Sie sich mithilfe der Ziel-ID die Werte für
das Berechtigungsobjekt UIU_COMP angeben lassen. Öffnen Sie hier-
für die Transaktion SE16, und öffnen Sie die Tabelle CRMC_UI_
COMP_IP. Im Feld TARGET_ID tragen Sie die Ziel-ID WCCSLSACC
ein und klicken auf den Button AUSFÜHREN. Als Ergebnis erhalten
Sie eine Tabelle mit den Informationen zu Komponentennamen
(COMPONENT), Fensternamen (WINDOW), Ziel-ID (TARGET_ID),
Inbound-Plug (INBOUND-PLUG), Objekttyp (OBJECT TYPE), Objekt-
aktion (OBJECT ACTION) und Beschreibung (DESCRIPTION). Für das
Berechtigungsobjekt UIU_COMP benötigen Sie die Felder COMPO-
NENT, WINDOW und INBOUND-PLUG (siehe Abbildung 14.36).

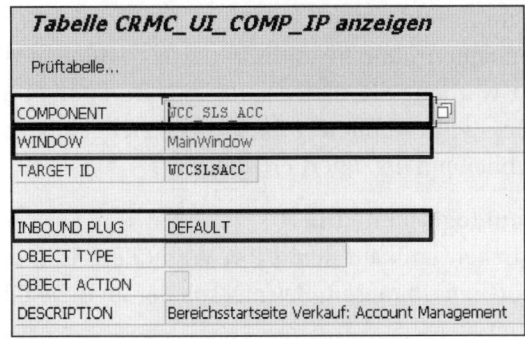

Abbildung 14.36 Tabelle CRMC_UI_COMP_IP

Um die Bereichsstartseite ACCOUNT MANAGEMENT zu berechtigen, muss das Berechtigungsobjekt UIU_COMP folgendermaßen ausgeprägt sein:

▸ COMP_NAME: WCC_SLS_ACC

▸ COMP_PLUG: DEFAULT

▸ COMP_WIN: MainWindow

Externe Services als Teil des Benutzermenüs

Um diese Bereichsstartseite zu berechtigen, können Sie anhand dieser Informationen den externen Service ermitteln, der dieser Bereichsstartseite entspricht. Wie in Abschnitt 14.3.1, »Voraussetzungen für das Erstellen von PFCG-Rollen«, beschrieben, setzt sich der externe Servicename aus folgenden Komponenten zusammen:

TYP DER ANWENDUNG_KOMPONENTENNAME_FENTERNAME_INBOUND-PLUG

Damit lautet der externe Service für die Bereichsstartseite ACCOUNT MANAGEMENT:
UIU_COMP_WCC_SLS_ACC_MainWindow_DEFAULT.

Aufgrund dieses Eintrags im Rollenmenü der PFCG-Rolle werden neben dem Berechtigungsobjekt UIU_COMP mit allen vorgeschlagenen Werten auch applikationsspezifische Berechtigungsobjekte angezeigt.

Das Berechtigungsobjekts UIU_COMP sollte nicht zwingend manuell gepflegt werden, da es sensibel für Groß- und Kleinschreibung und somit sehr fehleranfällig ist.

Zur Bestimmung der Werte *Komponentenname*, *Komponentenfenster* und *Komponenten-Plug* für logische Links für das Berechtigungsobjekt UIU_COMP oder den jeweiligen externen Service können Sie ähnlich verfahren wie zur Bestimmung der Werte für Bereichsstartseiten. Komponentennamen können mithilfe der [F2]-Hilfe in der Komponente gelesen werden. Alternativ zur [F2]-Hilfe können Sie die Schritte ausführen, die in Abbildung 14.37 dargestellt sind. Alle Schritte werden anschließend detailliert erläutert.

❶ Informationen zum logischen Link

Legen Sie den logischen Link auf dem CRM Web Client fest, den Sie berechtigen möchten. In diesem Beispiel soll der logische Link ACCOUNTS berechtigt werden.

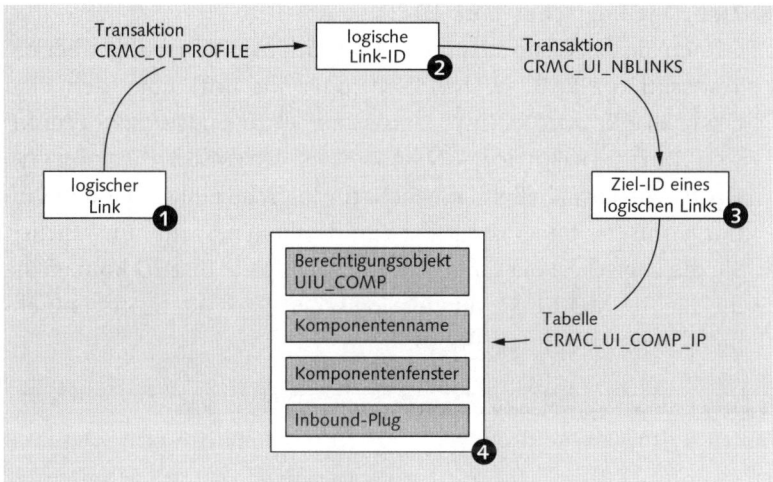

Abbildung 14.37 Vom logischen Link zum Inhalt für UIU_COMP

❷ **Logische-Link-ID je Logischem-Link-Titel des CRM Web Clients**
Bestimmen Sie die Logische-Link-ID im Customizing der Benutzerrolle über die Transaktion CRMC_UI_PROFILE oder über den IMG-Pfad CUSTOMER RELATIONSHIP MANAGEMENT • BENUTZERROLLEN • BENUTZERROLLE DEFINIEREN. Markieren Sie die Benutzerrolle SALESPRO, und wählen Sie den Eintrag BEREICHSSTARTSEITEN-GRUPPEN-LINKS ANPASSEN in der linken Spalte aus.

Suchen Sie in der sich öffnenden Tabelle zuerst nach den Einträgen für die Bereichsstartseite ACCOUNT MANAGEMENT. Sie finden diese Einträge in der Spalte BERSTARTS. Die logischen Links, die der Bereichsstartseite SLS-ACC zugeordnet sind und ein Häkchen in der Spalte SICHTBAR haben, sind die Links, die auf der Bereichsstartseite sichtbar sind. Die Bezeichnung des logischen Links finden Sie in der Spalte LINKTITEL(NAVLEISTE). Die für Sie notwendige Logische-Link-ID steht in der Spalte LOGLINK-ID (siehe Abbildung 14.38). Für ACCOUNTS ist diese MD-BP-SR. Verlassen Sie die Transaktion.

Benutzerrolle	SALESPRO							
NavLeistenprof.	SLS-PRO							

Bereichsstartseiten-Gruppen-Links anpassen								
BerStarts.	Gruppen-ID	LogLink-ID	In Menü	Sichtbar	Gelöscht	Linkposition	Linkposition	Linktitel(NavLeiste)
SLS-ACC	SLS-MD-SR	ISA-RTPCAT	☐	☐	☐	100		Produktkatalog
SLS-ACC	SLS-MD-SR	MD-BP-SR	☑	☑	☐	10		Accounts
SLS-ACC	SLS-MD-SR	MD-BPH-SR	☑	☑	☐	20		Account-Hierarchien
SLS-ACC	SLS-MD-SR	MD-CLEA-SE	☐	☐	☐	25		Datenbereinigungsfälle
SLS-ACC	SLS-MD-SR	MD-CONP-SR	☑	☑	☐	15		Ansprechpartner

Abbildung 14.38 Logische-Link-ID des logischen Links »Accounts«

❸ Ziel-ID je Logischer-Link-ID

Öffnen Sie das Customizing der Navigationsleistenprofile über die Transaktion CRMC_UI_NBLINKS oder im IMG über den Pfad CUSTOMER RELATIONSHIP MANAGEMENT • UI-FRAMEWORK • TECHNISCHE ROLLENDEFINITION • NAVIGATIONSLEISTENPROFIL DEFINIEREN. Öffnen Sie anschließend die Sicht für logische Links über den Eintrag LOGISCHE LINKS DEFINIEREN in der linken Spalte, und suchen Sie die Logische-Link-ID MD-BP-SR. Der Spalte ZIEL-ID können Sie die Ziel-ID MD-BP-SR für den logischen Link ACCOUNTS entnehmen (siehe Abbildung 14.39).

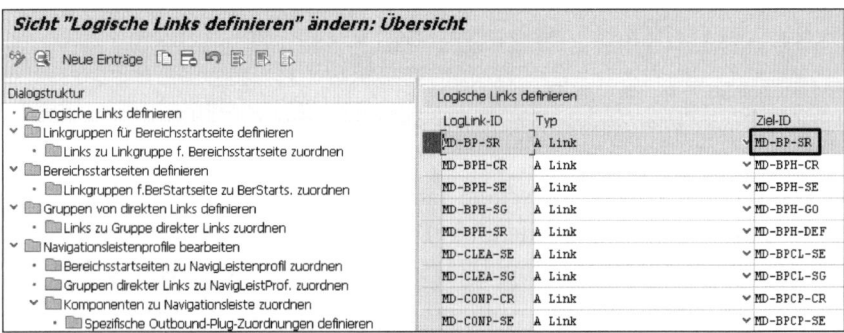

Abbildung 14.39 Ziel-ID des logischen Links »Accounts«

❹ UI-Komponente, Komponentenfenster, Inbound-Plug je Ziel-ID

Der letzte Schritt beinhaltet wieder das Bestimmen des Komponentennamens, Komponentenfensters und des Inbound-Plugs mithilfe der Tabelle CRMC_UI_COMP_IP. Öffnen Sie diese Tabelle in der Transaktion SE16, und füllen Sie das Feld TARGET_ID mit der Ziel-ID MD-BP-SR. Klicken Sie auf den Button AUSFÜHREN. Sie erhalten nun mehrere Informationen zu dieser Ziel-ID, u. a. Komponentenname, Komponentenfenster und Inbound-Plug (siehe Abbildung 14.40).

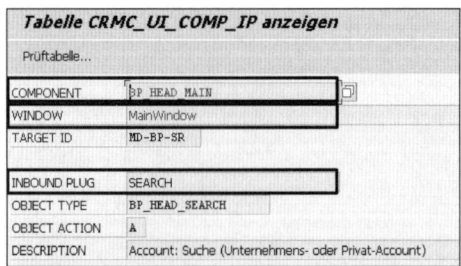

Abbildung 14.40 Eintrag in Tabelle CRMC_UI_COMP_IP für Accounts

Sie können mit den Ihnen angezeigten Informationen das Berechtigungsobjekt UIU_COMP nun so ausprägen, dass die Felder folgendermaßen ausgefüllt sind:

- COMP_NAME: BP_HEAD_MAIN
- COMP_PLUG: SEARCH
- COMP_WIN: MainWindow

Wenn Sie eine Beispiel-PFCG-Rolle mit den zwei Einträgen für die Bereichsstartseite ACCOUNT MANAGEMENT sowie den logischen Link ACCOUNTS wie in Abbildung 14.41 ausgeprägt haben, können Sie diese PFCG-Rolle samt der Standardrolle SAP_CRM_UIU_FRAMEWORK einem Testnutzer zuweisen und das Ergebnis im CRM Web Client überprüfen. Achten Sie darauf, dass der Testnutzer der Benutzerrolle SALESPRO zugewiesen ist.

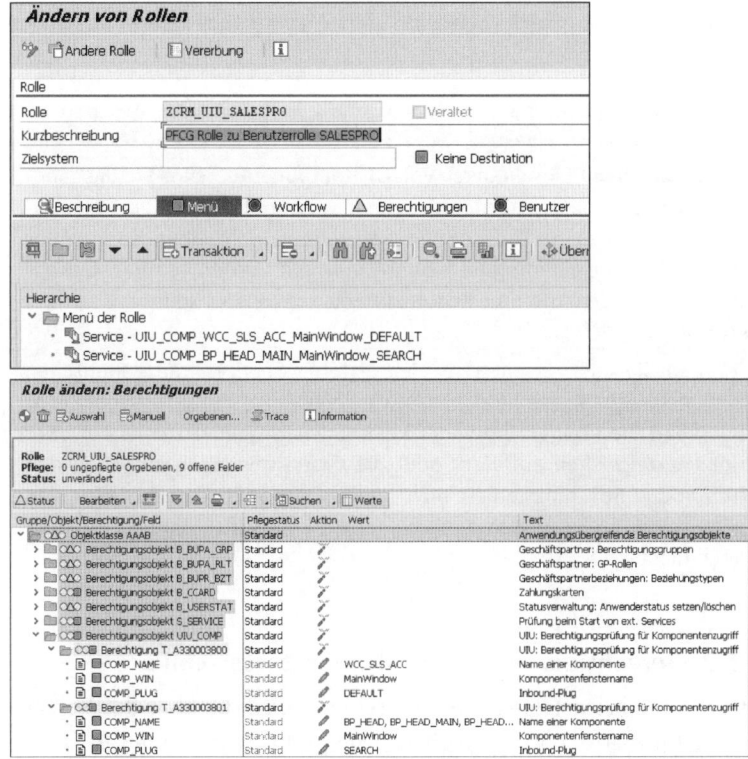

Abbildung 14.41 Beispiel-PFCG-Rolle

Mit den oben gepflegten Berechtigungen sieht der Testnutzer den CRM Web Client wie in Abbildung 14.42.

Berechtigen des CRM Web Clients

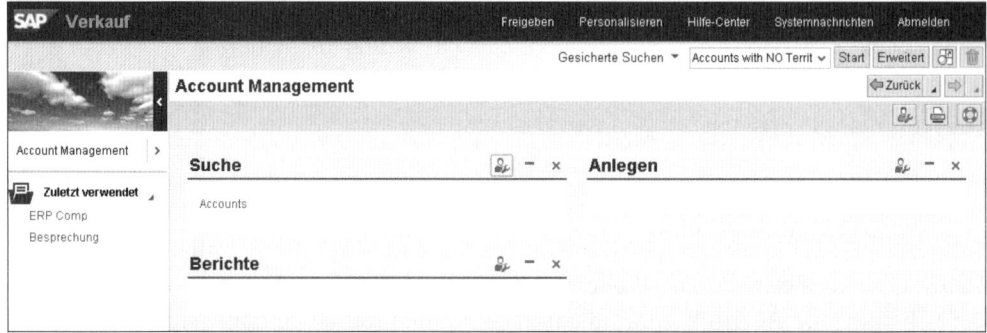

Abbildung 14.42 Durch Berechtigungen eingeschränkter CRM Web Client

Sie können also die Anzeige von in Benutzerrollen gepflegten CRM-Funktionen mithilfe von Berechtigungen einschränken. Trotz der im Customizing festgelegten Bereichsstartseiten und logischen Links werden nur jene angezeigt, die explizit in der PFCG-Rolle definiert sind. Das kann Auswirkungen auf den Aufbau Ihres Berechtigungskonzepts haben.

> **Funktion der generischen Links**
>
> Beachten Sie beim Einschränken von UI-Komponenten, dass Sie die generischen Links zu berechtigenden Komponenten mit berechtigen. Generische Links werden zur Cross-Navigation zwischen einzelnen Komponenten sowie zur Speicherung und zum Aufruf von Suchen genutzt. Generische Links finden Sie im Benutzermenü der PFCG-Rolle im Ordner *GENERIC_OP_LINKS*.
>
> Entfernen Sie aus Versehen zu viele externe Services, die generischen Links entsprechen, macht sich das wie folgt auf dem CRM Web Client bemerkbar: Sie können entweder keine Suchen mehr abspeichern oder gespeicherte Suchen aufrufen, oder die Cross-Navigation zwischen den UI-Komponenten funktioniert nicht mehr. Das heißt, dass Sie zwar den Link zu einer anderen Komponente sehen, beim Klick darauf geschieht jedoch nichts.

14.5.2 Berechtigen von Transaktionsstarter-Links

Transaktionsstarter Neben Bereichsstartseiten und logischen Links, die über das Berechtigungsobjekt UIU_COMP geprüft werden, gibt es zwei weitere Arten von Links:

- ▸ Links für Starttransaktionen
- ▸ Links für BI-Berichte

Der Transaktionsstarter ist ein Werkzeug, mit dem Sie URLs oder Transaktionen anderer Systeme in den CRM Web Client einbinden können. Auf dem CRM Web Client ist lediglich ein logischer Link sichtbar, der bei Klick z. B. eine Internetseite öffnet oder eine Transaktion in einem angeschlossenen SAP-ERP-System ausführt. Darüber hinaus können BI-Reports in den CRM Web Client eingebunden werden. Auch diese sind als logische Links auf der CRM-Oberfläche sichtbar. Erst bei Klick öffnet sich der eingebundene Report im CRM Web Client.

Beide Link-Arten können zusätzlich über das Berechtigungsobjekt C_LL_TGT berechtigt werden. Dieses Berechtigungsobjekt verfügt über die Felder:

Berechtigungsobjekt C_LL_TGT

▶ LL_TYPE (Logischer-Link-Typ)

▶ LL_TGT (Link-Parameter)

Über das Feld LOGISCHER LINK-TYP (LL_TYPE) können Sie definieren, ob Sie Links für Starttransaktionen oder Links für BI-Berichte berechtigen möchten. Den einzelnen Link können Sie über das Feld LINK-PARAMETER (LL_TGT) berechtigen. Die Link-IDs für Starttransaktionen finden Sie in der Tabelle CRMC_IC_LTX_ID im Feld LTX_ID. Gültige IDs für BI-Reports finden Sie hingegen im Feld REPID der Tabelle CRMC_BI_REPORTS.

Als Voraussetzung zur Nutzung des Berechtigungsobjekts C_LL_TGT müssen die Komponenten des Transaktionsstarters im CRM Web Client berechtigt werden. Diese Komponenten werden jedes Mal aufgerufen, sobald entweder ein Link für Starttransaktionen oder ein Link für BI-Reports aufgerufen wird.

Kombination von Berechtigungen für den Transaktionsstarter

Sie berechtigen diese Komponenten ebenfalls mit dem Berechtigungsobjekt UIU_COMP. Das Berechtigungsobjekt muss wie folgt ausgeprägt sein, damit die Komponente des Transaktionsstarters berechtigt ist:

▶ COMP_NAME: UICMP_LTX

▶ COMP_PLUG: LAUNCH_TRANSACTION

▶ COMP_WIN: MainWindow

Ist ein Link ins Internet, z. B. URL *http://www.sap.com*, über den Transaktionsstarter eingebunden und die Link-ID für diese URL lautet ZSAP, ist das Berechtigungsobjekt C_LL_TGT wie folgt ausgeprägt:

▸ LL_TGT: ZSAP

▸ LL_TYPE: C (Starttransaktion)

Die PFCG-Rolle ist wie in Abbildung 14.43 gepflegt.

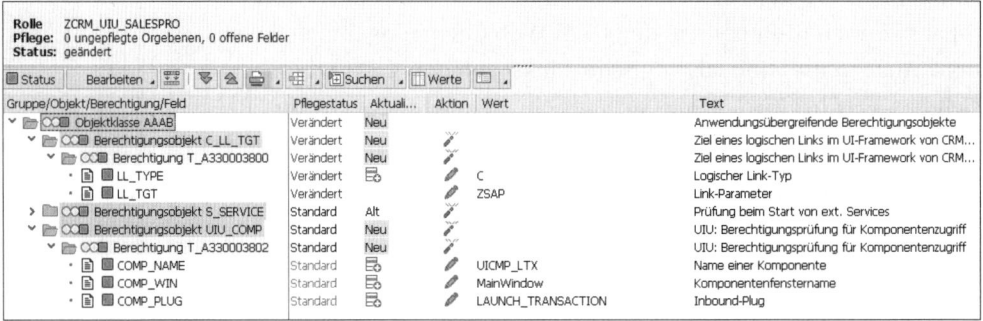

Abbildung 14.43 Ausgeprägte PFCG-Rolle eines Links für Starttransaktionen

Zur Anzeige der BI-Berichte wird ebenfalls eine UI-Komponente berechtigt. Das Berechtigungsobjekt UIU_COMP wird wie folgt ausgeprägt:

▸ COMP_NAME: GSBIRP

▸ COMP_PLUG: DISPLAY

▸ COMP_WIN: MainWindow

Zur eigentlichen Berechtigung der Berichte-ID wird das Berechtigungsobjekt C_LL_TGT genutzt:

▸ LL_TGT: Berichte-ID

▸ LL_TYPE: D (BI-Bericht)

Für ein vollständiges Berechtigungskonzept benötigen Sie neben der Berechtigungsvergabe auf Oberflächenebene ebenfalls die Berechtigung zum Zugriff auf die Daten in SAP CRM.

14.5.3 Sonstige Berechtigungsmöglichkeiten für den CRM Web Client

Einschränkung auf die Personalisierung

Endbenutzer können den CRM Web Client ihren Bedürfnissen entsprechend personalisieren. Dabei können sie Bereichsstartseiten, Such- und Pflegemasken so anpassen, dass bestimmte Suchkriterien oder Zuordnungsblöcke der Business-Objekte explizit ein- oder ausgeblendet werden. Die Personalisierung kann aber auch die Sicht des ganzen CRM Web Clients beeinflussen. Dafür wird der Link Perso-

NALISIERUNG aufgerufen, der im Kopfbereich des CRM Web Clients zur Verfügung steht. Zur Personalisierung der Bereichsstartseiten, Such- oder Pflegemasken können Sie den Button PERSONALISIERUNG (siehe Abbildung 14.6) verwenden.

Auf Benutzerrollenebene kann diese Personalisierung eingeschränkt werden. Dafür muss der jeweiligen Benutzerrolle das Funktionsprofil PERSONALIZATION zugeordnet werden (siehe Abbildung 14.44). Folgende Werte können dem Profil zugewiesen werden:

▸ **ALL_DISABLED**
keine Personalisierung erlaubt

▸ **ALL_ENABLED**
Personalisierung ist auf Seitenebene und für den gesamten CRM Web Client möglich.

▸ **PP_ENABLED**
Personalisierung ist nur auf Seitenebene möglich.

▸ **WA_ENABLED**
Personalisierung ist nur für den CRM Web Client möglich.

Abbildung 14.44 Einschränkung der Personalisierung

Daten können im CRM Web Client aus Suchergebnislisten in Excel-Listen exportiert werden. Dieser Datenexport kann generell über das Berechtigungsobjekt S_GUI berechtigt werden. Die von SAP ausgelie-

Excel-Export einschränken

ferte PFCG-Rolle SAP_CRM_UIU_FRAMEWORK beinhaltet dieses Berechtigungsobjekt bereits. Sollen Endbenutzer die Berechtigung nur nutzer- bzw. rollenbezogen erhalten, ist es sinnvoll, diese Berechtigung in eine separate Rolle auszulagern.

14.5.4 Berechtigen von Stammdaten

Die Berechtigungsobjekte UIU_COMP und C_LL_TGT berechtigen den Zugriff auf verschiedene CRM-Funktionen auf der Oberfläche des CRM Web Clients. Der Zugriff auf CRM-Business-Objekte wird über weitere Berechtigungsobjekte gesteuert, die zum größten Teil in früheren Releases zum Einsatz kamen.

Zu den Stammdaten gehören u. a. Geschäftspartner und Produkte. Der Zugriff auf diese Business-Objekte kann über verschiedene Berechtigungsobjekte eingeschränkt werden.

Berechtigungs-prüfung auf Geschäfts-partnerrollen

Um Zugriff auf Geschäftspartner zu gewähren, benötigen Sie das Berechtigungsobjekt B_BUPA_RLT. Im CRM Web Client können mit diesem Berechtigungsobjekt die Geschäftspartner abhängig von ihrer Geschäftspartnerrolle berechtigt werden. Dieses Berechtigungsobjekt definiert, ob ein Nutzer Geschäftspartner lesen oder anlegen darf, unabhängig von deren Geschäftspartnerrollen. Änderungsberechtigungen werden abhängig von der Geschäftspartnerrolle vergeben. Weitere Informationen dazu finden Sie in SAP-Hinweis 1259940.

Berechtigungs-prüfung im Geschäftspartner-lebenszyklus

Um die Sicht auf Geschäftspartnerrollen im Geschäftspartnerlebenszyklus einzuschränken, benötigen Sie das Berechtigungsobjekt CRM_BPROLE. Der Nutzer hat in diesem Geschäftspartner nur Berechtigungen auf die Geschäftspartnerrollen, die im Berechtigungsobjekt CRM_BPROLE definiert sind. Möchte der Nutzer Geschäftspartnerrollen zuordnen, ändern oder löschen, für die er nicht berechtigt ist, kann er diese Aktion nicht ausführen, und eine Warnung wird ausgegeben. Weitere Informationen zum Einsatz des Berechtigungsobjekts CRM_BPROLE finden Sie in SAP-Hinweis 1129682.

Berechtigungs-prüfung aufgrund von Berechti-gungsgruppen

Um die Sicht auf Geschäftspartner einzuschränken, können Sie sich des Berechtigungsobjekts B_BUPA_GRP bedienen. Dieses Berechtigungsobjekt schränkt Geschäftspartner abhängig von der ihnen zugeordneten Berechtigungsgruppe ein. Als Voraussetzung dafür müssen Sie Berechtigungsgruppen für Geschäftspartner im Customizing definieren (siehe Abbildung 14.45). Wählen Sie dafür im IMG folgenden Pfad: Anwendungsübergreifende Komponenten • SAP-

GESCHÄFTSPARTNER • GESCHÄFTSPARTNER • GRUNDEINSTELLUNGEN • BERECHTIGUNGSVERWALTUNG • BERECHTIGUNGSGRUPPEN PFLEGEN.

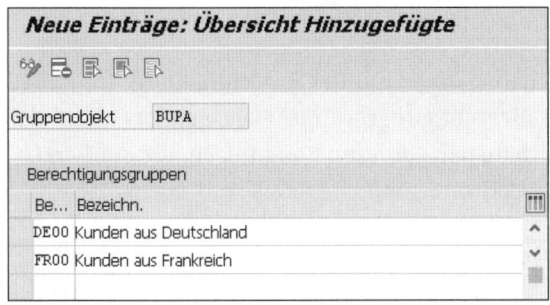

Abbildung 14.45 Berechtigungsgruppen für Geschäftspartner

Die dort definierten Berechtigungsgruppen werden im Berechtigungsobjekt B_BUPA_GRP in der PFCG-Rolle so ausgeprägt, dass der Nutzer nur Zugriff auf die Geschäftspartner hat, die der Berechtigungsgruppe in der PFCG-Rolle zugewiesen sind.

Customizing von Berechtigungsgruppen für Geschäftspartner

Anwendungsbeispiel zur Berechtigung auf Geschäftspartner abhängig von der Berechtigungsgruppe

Dieses Beispiel zeigt, wie abhängig von Berechtigungsgruppen in Geschäftspartnern der Zugriff auf Geschäftspartner eingeschränkt werden kann.

B_BUPA_GRP im Beispiel

Die Berechtigungsgruppen für Geschäftspartner sind gepflegt wie in Abbildung 14.45. Der Nutzer soll nur Zugriff auf Kunden haben, die der Berechtigungsgruppe DE00 zugewiesen sind. Die PFCG-Rolle ist dann so ausgeprägt, wie in Abbildung 14.46 dargestellt.

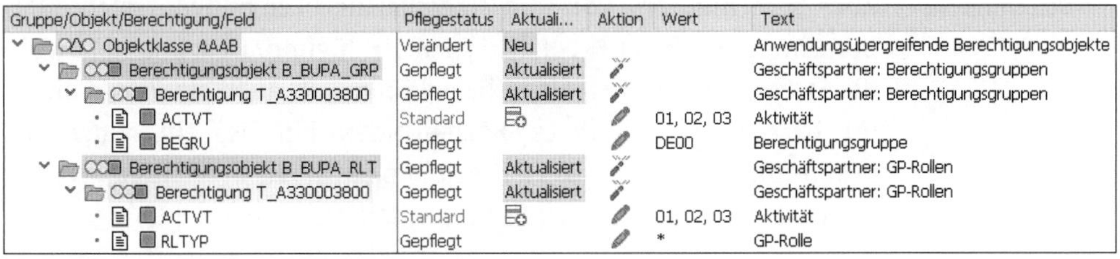

Gruppe/Objekt/Berechtigung/Feld	Pflegestatus	Aktuali...	Aktion	Wert	Text
⌄ ◌◁◌ Objektklasse AAAB	Verändert	Neu			Anwendungsübergreifende Berechtigungsobjekte
⌄ 🖿 ○○▣ Berechtigungsobjekt B_BUPA_GRP	Gepflegt	Aktualisiert	🖊		Geschäftspartner: Berechtigungsgruppen
⌄ 🖿 ○○▣ Berechtigung T_A330003800	Gepflegt	Aktualisiert	🖊		Geschäftspartner: Berechtigungsgruppen
• 📄 ▣ ACTVT	Standard	🗍	🖊	01, 02, 03	Aktivität
• 📄 ▣ BEGRU	Gepflegt		🖊	DE00	Berechtigungsgruppe
⌄ 🖿 ○○▣ Berechtigungsobjekt B_BUPA_RLT	Gepflegt	Aktualisiert	🖊		Geschäftspartner: GP-Rollen
⌄ 🖿 ○○▣ Berechtigung T_A330003800	Gepflegt	Aktualisiert	🖊		Geschäftspartner: GP-Rollen
• 📄 ▣ ACTVT	Standard	🗍	🖊	01, 02, 03	Aktivität
• 📄 ▣ RLTYP	Gepflegt		🖊	*	GP-Rolle

Abbildung 14.46 Ausprägung des Berechtigungsobjekts B_BUPA_GRP

Damit die korrekten Geschäftspartner angezeigt werden, ist es Voraussetzung, dass die Berechtigungsgruppe der einzelnen Geschäftspartner gepflegt ist. In den Standard-Views des CRM Web Clients ist

Feld »Berechtigungsgruppe« auf CRM Web Client

das Feld BERECHTIGUNGSGRUPPE nicht sichtbar. Dieses kann jedoch über die Konfiguration und einen eigenen Rollenkonfigurationsschlüssel auf der CRM-Oberfläche dargestellt werden (siehe Abbildung 14.47).

Sind nun einige Geschäftspartner mit der Berechtigungsgruppe DE00 und andere mit der Berechtigungsgruppe FR00 gepflegt, darf der Benutzer nur die Geschäftspartner lesen und pflegen, die der Berechtigungsgruppe DE00 zugeordnet sind.

Abbildung 14.47 Berechtigungsgruppe des Geschäftspartners

Suchergebnisliste im CRM Web Client
Ein großer Unterschied zum SAP GUI ist die Darstellung der Standardsuchergebnislisten von Business-Objekten im CRM Web Client. Ist ein Benutzer nicht berechtigt zum Zugriff auf bestimmte Business-Objekte, werden diese erst gar nicht in den Suchergebnislisten angezeigt. Damit sind die Suchergebnislisten schon nach den berechtigten Business-Objekten gefiltert.

Berechtigungen auf Geschäftspartnerbeziehungen

Berechtigungsprüfung auf Geschäftspartnerbeziehungen
Zur Berechtigung von Geschäftspartnerbeziehungen steht das Berechtigungsobjekt B_BUPR_BZT zur Verfügung. Es schränkt sowohl die Sicht auf Geschäftspartnerbeziehungen als auch die Pflege dieser für den Zuordnungsblock BEZIEHUNGEN ein. Ist ein Nutzer zu bestimmten Geschäftspartnerbeziehungen nicht berechtigt, werden diese im Zuordnungsblock BEZIEHUNGEN nicht angezeigt.

Berechtigungen auf Produkte

Berechtigungsprüfung auf Produkte
Für Produkte gibt es u. a. die Berechtigungsobjekte COM_PRD und COM_PRD_CT. COM_PRD steuert, welche Aktionen ein Benutzer auf Produkte ausführen darf. Das Berechtigungsobjekt COM_PRD_CT schränkt

den Zugriff auf Produkte abhängig von einer bestimmten Kategorie ein. Über den IMG-Pfad ANWENDUNGSÜBERGREIFENDE KOMPONENTEN • SAP-PRODUKT • GRUNDEINSTELLUNGEN • BERECHTIGUNGSGRUPPEN DEFINIEREN können Berechtigungsgruppen für Produkte definiert werden.

14.5.5 Berechtigen von Geschäftsvorgängen

Berechtigungen werden auch in Bewegungsdaten, in sogenannten OneOrder-Objekten, die Geschäftsvorgänge abbilden, vergeben. Zu diesen Daten gehören z. B. Aktivitäten, Opportunities, Leads, Angebote oder Aufträge. Alle Geschäftsprozesse werden in einer bestimmten Prüfabfolge abgeprüft (siehe Abbildung 14.48).

OneOrder-Objekte

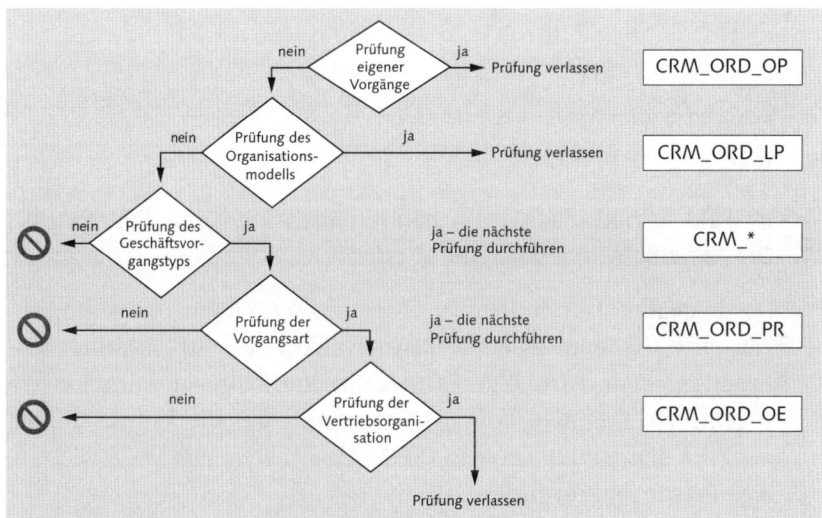

Abbildung 14.48 Prüfreihenfolge in Geschäftsvorgängen

Die Prüfung von Geschäftsvorgängen bedient sich der Prüfung von Berechtigungsobjekten, die in einer bestimmten Reihenfolge erfolgt.

Prüfung eigener Vorgänge

Die Prüfung des eigenen Vorgangs bestimmt, ob ein Benutzer als Partner in einer Partnerfunktion im Beleg gespeichert ist. Partnerfunktionen definieren die Rolle eines beteiligten Benutzers im Vorgang (siehe SAP-Onlinehilfe, Stichwort *Partnerfunktion*). Sie finden Partner von Vorgängen in den Zuordnungsblöcken BETEILIGTE PERSONEN/ORGANISATIONEN oder VERKAUFSTEAM.

Das Berechtigungsobjekt CRM_ORD_OP können Sie nutzen, um zu definieren, in welcher konkreten Partnerfunktion ein Benutzer welche Rechte im Vorgang hat. Diese dynamische Berechtigungsvergabe kann also von Vorgang zu Vorgang abweichen.

Ein Beispiel: Ein Nutzer ist Partner in einer Opportunity und Mitglied des Verkaufsteams. Er ist für die Opportunity zuständig und als zuständiger Mitarbeiter gepflegt. Sie können sich im Customizing alle Partnerfunktionen unter dem IMG-Pfad CUSTOMER RELATIONSHIP MANAGEMENT • GRUNDFUNKTIONEN • PARTNERVERARBEITUNG • PARTNERFUNKTIONEN DEFINIEREN anschauen. Die Partnerfunktion ZUSTÄNDIGER MITARBEITER hat die Funktions-ID 00000014. Soll der zuständige Mitarbeiter nun Schreibrechte für diesen Vorgang erhalten, muss das Berechtigungsobjekt CRM_ORD_OP folgendermaßen ausgeprägt werden:

- ACTVT: 02, 03
- PARTN_FCT: 00000014
- PARTN_FCTT: 0008

Im Feld AKTIVITÄT (ACTVT) haben lesende Aktivitäten den Wert 03. Die Aktivität ÄNDERN hat den Wert 02.

Das bedeutet, dass der Nutzer Lese- und Schreibrechte auf die Vorgänge hat, in denen er in der Partnerfunktion als ZUSTÄNDIGER MITARBEITER gepflegt ist. Jede Partnerfunktion ist einem Funktionstyp zugeordnet. Das Berechtigungsobjekt prüft nur die Partnerfunktionen, die den Funktionstypen 0005 (Mitarbeiter) und 0008 (Zuständige Person) zugeordnet sind.

Soll der Nutzer auch Zugriff auf andere Belege aufgrund anderer Partnerfunktionen bekommen, ist dieses möglich durch die Pflege des Berechtigungsobjekts mit weiteren Werten.

Derselbe Nutzer ist auch als Partner in einem Lead gepflegt, soll dort aber andere Aufgaben übernehmen. Er ist als Vertriebsleiter (Funktions-ID 00000010) hinterlegt und benötigt lediglich Leserechte. In diesem Fall muss das Berechtigungsobjekt CRM_ORD_OP wie folgt ausgeprägt werden:

- ACTVT: 03
- PARTN_FCT: 00000010
- PARTN_FCTT: 0005

Das Berechtigungsobjekt CRM_ORD_OP kann für alle Vorgänge eingesetzt werden und prüft die Zugriffsrechte abhängig von der Rolle, die als Partnerfunktion definiert ist. Auch hier gilt wieder: Die Suchergebnislisten sind für Vorgänge bereits berechtigt. Ein Nutzer wird also keine Vorgänge finden, die er nicht lesen oder pflegen darf.

Art und Umfang der erlaubten Aktivität (z. B. Anlegen oder Ändern von Vorgängen) können pro Partnerfunktion und Partnerfunktionstyp gesteuert werden (siehe SAP-Onlinehilfe, Stichwort *Berechtigungsprüfung im Geschäftsvorgang*).

Prüfung des Organisationsmodells

Sucht ein Nutzer nach einem Vorgang, wird zuerst die Prüfung auf eigene Vorgänge durchgeführt. Ist diese Prüfung erfolgreich, wird der Vorgang angezeigt, und die Berechtigungsprüfung wird verlassen. Ist die Prüfung jedoch nicht erfolgreich, wird das nächste Berechtigungsobjekt geprüft. Das Berechtigungsobjekt CRM_ORD_LP vergleicht Zugehörigkeiten des Benutzers im Organisationsmodell mit den Organisationsdaten des Vorgangs. In jedem Vorgang sind Organisationsdaten gespeichert. Diese werden beim Anlegen automatisch gefunden oder manuell gepflegt, abhängig von den Regeln, die im Customizing hinterlegt sind. *Zugehörigkeit im Organisationsmodell*

Das Berechtigungsobjekt CRM_ORD_LP setzt sich aus folgenden Berechtigungsfeldern zusammen:

▸ CHECK_LEV (Umfang der bearbeitbaren Objekte)

▸ PR_TYPE (Geschäftsvorgangsart)

▸ ACTVT (Aktivität)

Sie können mit diesem Berechtigungsobjekt Benutzern Zugriff auf Vorgänge gewähren, die einer bestimmten Ebene im Organisationsmodell zugewiesen sind. Diese Ebene definieren Sie mit dem Feld CHECK_LEV. Folgende Ebenen stehen zur Auswahl: *Berechtigungsprüfung auf Organisationsebene*

▸ eigene Verkaufsorganisation

▸ eigene Serviceorganisation

▸ eigenes Verkaufsbüro

▸ eigene Verkäufergruppe

▶ eigener Vertriebsweg

▶ übergeordnete Knoten 1–10

Mit dem Feld CHECK_LEV definieren Sie, auf oder unterhalb welcher Ebene im Organisationsmodell der Benutzer Zugriff auf Vorgänge hat. Hier wird geprüft, unter welcher Planstelle und somit welcher Organisationseinheit der Mitarbeiter im Organisationsmodell zugewiesen ist. Ist der Benutzer für diese Ebenen über das Berechtigungsobjekt CRM_ORD_LP berechtigt, hat er Zugriff auf alle Geschäftsvorgänge, die auf oder unterhalb dieser Ebene liegen. Über die Auswahl der übergeordneten Knoten 1–10 werden die Organisationseinheiten abhängig von der Planstelle, zu der der Benutzer zugewiesen ist, geprüft. Ausgehend davon, werden die Knoten in der Hierarchie nach oben gelesen. Durch den Eintrag im Berechtigungsobjekt wird die Anzahl der Knoten, ausgehend von der Planstelle, gelesen, und alle darunterliegenden Knoten werden berechtigt. Der Benutzer hat Zugriff auf alle Belege, die für diese Knoten angelegt worden sind (siehe SAP-Onlinehilfe, Stichwort *Sichtbarkeit im Organisationsmodell*).

Die im Geschäftsvorgang zugewiesenen Organisationsdaten finden Sie im jeweiligen Business-Objekt unter dem Zuordnungsblock ORGANISATIONSDATEN (siehe Abbildung 14.49).

Abbildung 14.49 Zuordnungsblock »Organisationsdaten« in Vorgängen

Mit dem Feld ACTVT bestimmen Sie, welche Aktivität der Nutzer auf einen Geschäftsvorgang ausführen darf.

Berechtigungsprüfung auf Geschäftsvorgangsart

Geschäftsvorgangsarten bestimmen die Eigenschaften eines Geschäftsvorgangs und definieren Steuerattribute (siehe SAP-Onlinehilfe, Glossar, Stichwort *Vorgangsart*). Geschäftsvorgangsarten werden im Customizing festgelegt. Sie definieren den Zugriff auf Geschäftsvorgangsarten mit dem Berechtigungsfeld PR_TYPE. Sie können sich alle Geschäftsvorgangsarten im Customizing über den IMG-Pfad CUSTOMER RELATIONSHIP MANAGEMENT • VORGÄNGE • GRUNDEINSTELLUNGEN • VORGANGSARTEN DEFINIEREN anzeigen lassen.

Mit der Kombination aus den drei Berechtigungsfeldern CHECK_LEV, PR_TYPE und ACTVT können Sie bestimmen, auf welche Arten von Geschäftsvorgängen ein Benutzer, abhängig von der definierten Organisationseinheit, Zugriff hat und welche Aktionen dieser auf dem Geschäftsvorgang ausführen kann.

> **Prüfung auf Ebene im Organisationsmodell**
>
> Geben Sie im Berechtigungsfeld CHECK_LEV nur die Organisationseinheit auf der obersten Ebene an, für die der Benutzer berechtigt sein soll, um die Performance nicht einzuschränken. Die darunterliegenden Organisationseinheiten werden automatisch geprüft. Weitere Informationen finden Sie in der SAP-Onlinehilfe unter dem Stichwort *Berechtigungsprüfung im Geschäftsvorgang*.

Beispiel zur Prüfung des Zugriffs auf Leads abhängig von der eigenen Verkaufsorganisation

Für den Benutzer A sollen Lese- und Änderungsrechte auf alle Leads definiert werden, die für seine Verkaufsorganisation angelegt worden sind. Benutzer A ist im Organisationsmodell der Planstelle *Vertriebsleiter* zugeordnet und hängt unter der Ebene *Verkäufergruppe 102* (siehe Abbildung 14.50).

Sie müssen im Berechtigungsobjekt festlegen, auf welche Geschäftsvorgangsart der Benutzer Zugriff hat. Den Wert der Geschäftsvorgangsart tragen Sie im Feld PR_TYPE ein. Sie können die F4 -Hilfe nutzen. Achten Sie hier darauf, die richtige Vorgangsart auszuwählen, da eigene Vorgangsarten für Leads definiert sein können. In Abbildung 14.51 ist die Standardvorgangsart LEAD für Leads ausgewählt. Darüber hinaus definieren Sie die Aktivitäten für Lesen und Schreiben im Feld ACTVT.

Zugriff auf Leads der eigenen Verkaufsorganisation

Schließlich legen Sie die Organisationsebene fest. Der Benutzer soll Zugriffsrechte für seine Verkaufsorganisation und die darunterliegenden Organisationseinheiten erhalten. Die F4 -Hilfe des Feldes CHECK_LEV zeigt, wie in Abbildung 14.51 dargestellt, mehrere Auswahlmöglichkeiten.

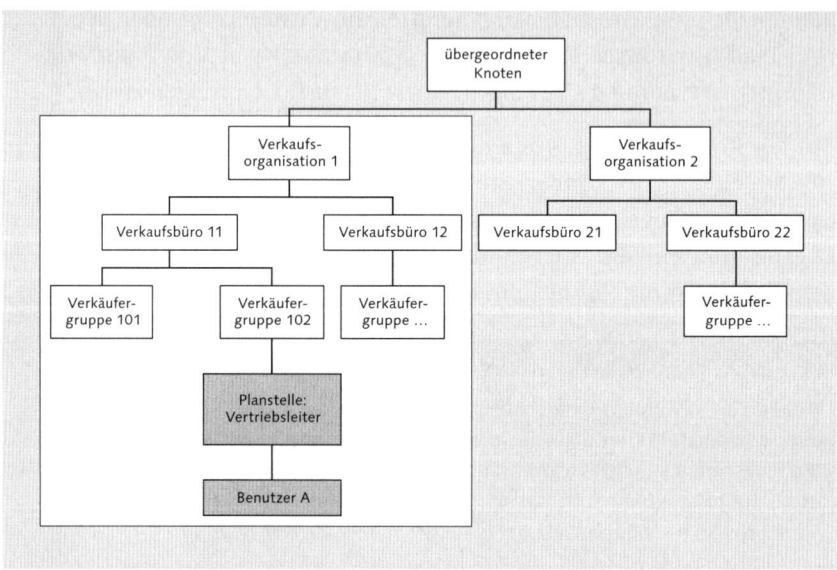

Abbildung 14.50 Beispiel 1: Berechtigungen für Verkaufsorganisation

Der Eintrag A EIGENE VERKAUFSORGANISATION gewährt dem Benutzer Zugriff auf die Vorgänge, die dieser Verkaufsorganisation oder den darunterliegenden Organisationseinheiten zugeordnet sind.

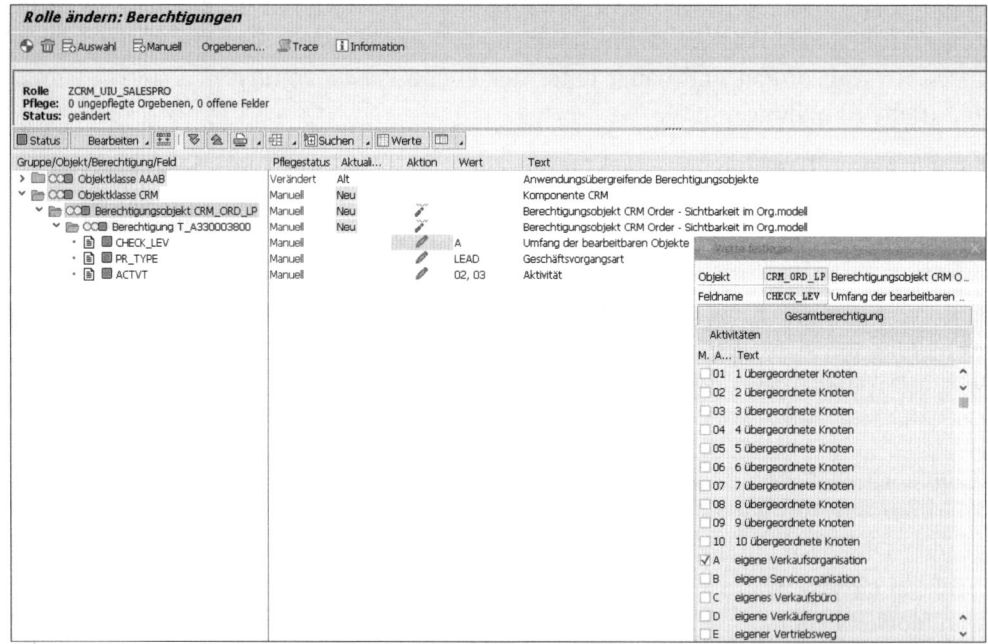

Abbildung 14.51 Ausprägung des Berechtigungsobjekts CRM_ORD_LP

Wenn ein Lead die Daten aus Abbildung 14.52 im Zuordnungsblock
ORGANISATIONSDATEN enthält, hat der Nutzer Zugriff auf dieses Business-Objekt.

Abbildung 14.52 Beispiel 1: Lead ist Verkäufergruppe 101 zugeordnet.

Obwohl das Business-Objekt einer anderen Verkäufergruppe zugeordnet ist, hat der Nutzer Zugriff, da diese Verkäufergruppe auch zur
VERKAUFSORGANISATION 1 gehört. Der Nutzer hat Zugriff auf alle
Leads, die in oder unterhalb dieser Verkaufsorganisation angelegt
worden sind.

Zugriff auf Leads
anderer Verkaufs-
organisation

Benutzer B hingegen soll Opportunities nur für seine Verkäufergruppe lesen dürfen. Wie in Abbildung 14.53 dargestellt, ist dieser
auch VERKAUFSORGANISATION 1, aber dort der VERKÄUFERGRUPPE 101
als Vertriebsmitarbeiter zugeordnet.

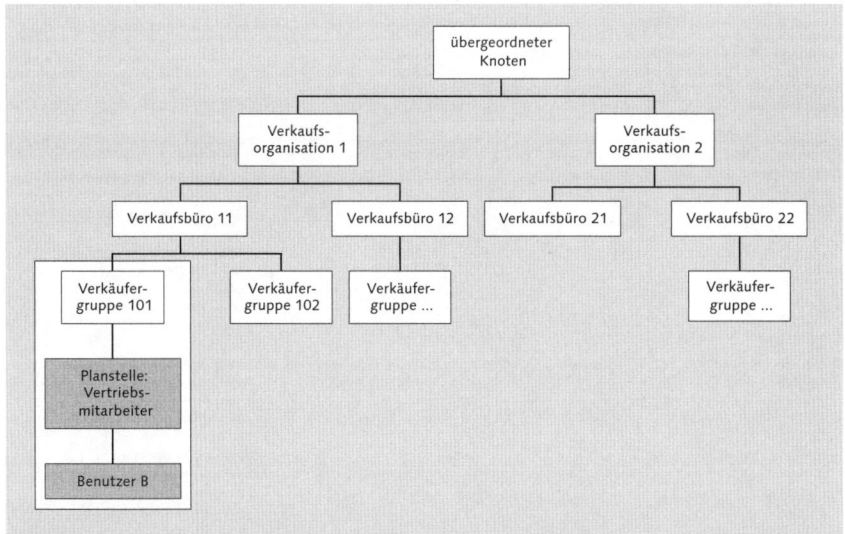

Abbildung 14.53 Beispiel 2: Berechtigungen für Verkaufsgruppe

Zugriff auf
Opportunities
der eigenen
Verkäufergruppe Legen Sie nun im Berechtigungsobjekt CRM_ORD_LP die Geschäftsvorgangsart im Feld PR_TYPE fest. Die Standardvorgangsart für Opportunities ist OPPT. Achten Sie wieder darauf, dass es auch kundeneigene Vorgangsarten geben kann.

Da der Benutzer nur Leseberechtigungen für Opportunities hat, wird das Feld ACTVT mit dem Wert 03 für Lesen gepflegt. Als Letztes legen Sie die Organisationsebene im Feld CHECK_LEV fest. Der Eintrag D EIGENE VERKÄUFERGRUPPE berechtigt den Nutzer zum Lesen von Vorgängen, die nur seiner Verkäufergruppe zugeordnet sind (siehe Abbildung 14.54). Damit hat der Benutzer Zugriff auf Opportunities, die die Organisationsdaten, wie in Abbildung 14.52 dargestellt, gepflegt haben.

Alternativ können Sie im Feld CHECK_LEV auch mit den Einträgen der übergeordneten Knoten arbeiten. Wählen Sie 01 1 ÜBERGEORDNETER KNOTEN, wird ein Knoten in der Hierarchie, ausgehend von der Planstelle des Benutzers, nach oben gelesen.

Vorteil des Berechtigungsobjekts CRM_ORD_LP ist, dass es ebenfalls eine generische Prüfung ist. Selbst wenn der Nutzer im Organisationsmodell einer anderen Organisationseinheit zugeordnet ist, die zu berechtigende Ebene aber dieselbe bleibt, muss die PFCG-Rolle des Nutzers nicht nochmals geändert werden.

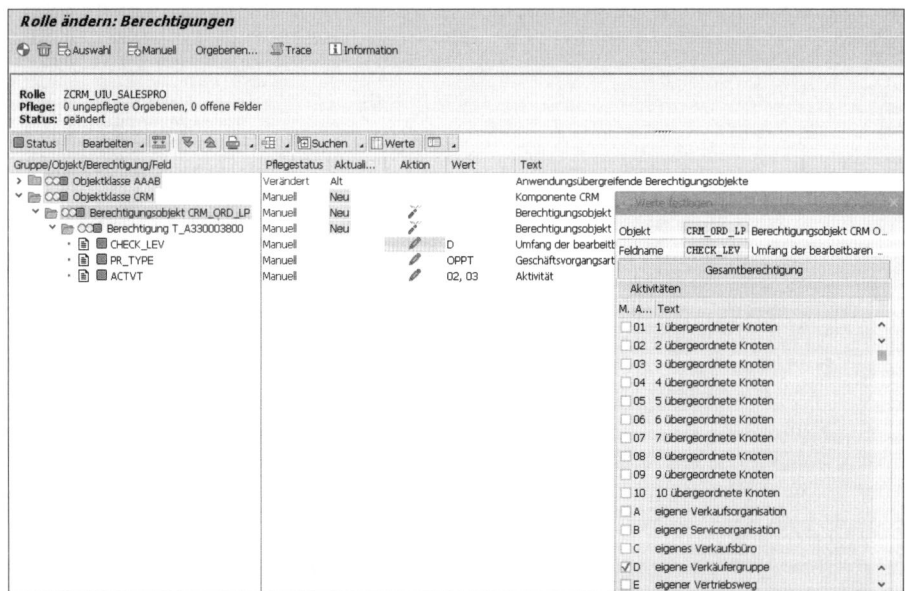

Abbildung 14.54 Ausprägung des Berechtigungsobjekts CRM_ORD_LP

Prüfung des Geschäftsvorgangstyps

Schlägt die Prüfung auf das Organisationsmodell auch fehl, bekommt ein Nutzer nur Zugriff, wenn die folgenden drei Prüfungen erfolgreich sind. Zur Prüfung des Geschäftsvorgangstyps gibt es pro Geschäftsvorgangstyp ein eigenes Berechtigungsobjekt. Tabelle 14.2 zeigt die Berechtigungsobjekte pro Geschäftsvorgangstyp.

Berechtigungsprüfung abhängig vom Geschäftsvorgangstyp

Berechtigungsobjekt	Beschreibung
CRM_ACT	Berechtigungsobjekt CRM-Vorgang – Geschäftsvorgangstyp *Aktivität*
CRM_CO_PU	Berechtigungsobjekt CRM-Vorgang – Geschäftsvorgangstyp *Einkaufskontrakt*
CRM_CO_SL	Berechtigungsobjekt CRM-Vorgang – Geschäftsvorgangstyp *Verkaufskontrakt*
CRM_CO_SE	Berechtigungsobjekt CRM-Vorgang Geschäftsvorgangstyp *Servicekontrakt*
CRM_CON_SE	Berechtigungsobjekt CRM-Vorgang – Geschäftsvorgangstyp *Servicerückmeldung*
CRM_OPP	Berechtigungsobjekt CRM-Vorgang – Geschäftsvorgangstyp *Opportunity*
CRM_LEAD	Berechtigungsobjekt CRM-Vorgang – Geschäftsvorgangstyp *Lead*
CRM_CMP	Berechtigungsobjekt CRM-Vorgang – Geschäftsvorgangstyp *Reklamation*
CRM_CO_SA	Berechtigungsobjekt CRM-Vorgang – Geschäftsvorgangstyp *Finanzierungsvertrag*
CRM_SAO	Berechtigungsobjekt CRM-Vorgang – Geschäftsvorgangstyp *Verkaufsvorgang*
CRM_SEO	Berechtigungsobjekt CRM-Vorgang – Geschäftsvorgangstyp *Servicevorgang*

Tabelle 14.2 Berechtigungsobjekte für Geschäftsvorgangstypen

Prüfung der Vorgangsart

Ist die Prüfung des Geschäftsvorgangstyps über eines der Berechtigungsobjekte aus Tabelle 14.2 erfolgreich, wird die nächste Prüfung angestoßen. Das Berechtigungsobjekt CRM_ORD_PR prüft die Vorgangsart des Geschäftsvorgangstyps ab. Sie können in diesem Berechtigungsobjekt definieren, welche Aktionen ein Benutzer auf welcher Vorgangsart ausführen darf.

Berechtigungsprüfung abhängig von der Vorgangsart

Prüfung der Vertriebsorganisation

Ist auch die Prüfung auf die Vorgangsart erfolgreich, wird eine letzte Prüfung durchgeführt, die die Vertriebsorganisation des Vorgangs prüft. Im Berechtigungsobjekt CRM_ORD_OE können Organisationseinheiten direkt über ihre ID berechtigt werden. Die Felder dieses Berechtigungsobjekts sind folgende:

- ▶ SALES_ORG (Verkaufsorganisation ID)
- ▶ SERVICE_OR (Serviceorganisation)
- ▶ DIS_CHANNE (Vertriebsweg)
- ▶ SALES_OFFI (Verkaufsbüro)
- ▶ SALES_GROU (Verkäufergruppe)
- ▶ ACTVT (Aktivität)

In diesen Feldern können die IDs von Organisationseinheiten eingetragen werden. Der Nutzer ist für die Vorgänge berechtigt, wenn der Geschäftsvorgangstyp, die Vorgangsart sowie die im Vorgang zugewiesene Organisationseinheit mit den Werten der oben genannten Berechtigungsobjekte übereinstimmen (siehe SAP-Onlinehilfe, Stichwort *Berechtigungsprüfung im Geschäftsvorgang*).

In vielen Business-Objekten können Benutzer einen Anwenderstatus setzen. Mittels des Berechtigungsobjekts B_USERSTAT können die auszuwählenden Statuseinträge berechtigt werden. Voraussetzung dafür ist die Pflege von Berechtigungsschlüsseln im Customizing im IMG über den Pfad CUSTOMER RELATIONSHIP MANAGEMENT • VORGÄNGE • GRUNDEINSTELLUNGEN • STATUSVERWALTUNG • BERECHTIGUNGSSCHLÜSSEL DEFINIEREN. Dieser Berechtigungsschlüssel wird anschließend im Customizing des Statusmanagements dem zu schützenden Statuseintrag des jeweiligen Statusschemas zugeordnet (siehe Abbildung 14.55). Dies erledigen Sie im IMG über den Pfad CUSTOMER RELATIONSHIP MANAGEMENT • VORGÄNGE • GRUNDEINSTELLUNGEN • STATUSVERWALTUNG • STATUSSCHEMA FÜR ANWENDERSTATUS DEFINIEREN.

Anschließend können Sie das Berechtigungsobjekt B_USERSTAT so pflegen, dass nur berechtigte Statuseinträge mittels des Berechtigungsfeldes BERSL erlaubt sind. Nicht berechtigte Statuseinträge kann der Benutzer in den jeweiligen Dropdown-Listen der Anwendungen nicht sehen und somit auch nicht auswählen.

Statusschema ändern: Anwenderstatus

🔍 ⬜ 🗑 ✏ Objekttypen

Statusschema	CRMQUOTE	Angebot
Pflegesprache	DE	Deutsch

Anwenderstatus

Ord...	Status	Kurztext	LTe...	Initial...	Niedrig...	Höchs...	Posi...	Prio...	Ber.Schlü...	Vo...
	DrSp	Drucksperre	☐	☐						
10	Offn	Angebot erzeugt	☐	✓	10	50	1	1		OPEN
20	Bear	In Bearbeitung	☐	☐	20	50	1	1		INPR
30	ZFre	Zur Freigabe	☐	☐	20	50	1	1		FREL
40	Rele	Freigegeben	☐	☐	20	50	1	1	RELE	RELE
50	Erld	Erledigt	☐	☐	20	50	1	1		FINI
			☐	☐						

Abbildung 14.55 Zuweisen des Berechtigungsschlüssels zum Status

14.5.6 Berechtigen von Attributgruppen

Mit den Berechtigungsobjekten der Klassifikation können Sie Attribute und Attributgruppen berechtigen. Attribute sind Merkmale von Geschäftspartnern oder Produkten. Darüber hinaus können Attribute als Filterkriterien für die Segmentierung verwendet werden. Im Marketingumfeld werden ebenfalls Attribute verwendet. Diese heißen *Marketingmerkmale* und sind in Attributgruppen, als Sammlung von Attributen, zusammengefasst (siehe SAP-Onlinehilfe, Stichwort *Attribute*).

Die Pflege und das Zuweisen dieser Attribute lassen sich über Berechtigungsobjekte prüfen. Die allgemeine Pflege von Attributen wird über das Berechtigungsobjekt C_CABN geprüft.

Für die Pflege von Attributen, abhängig von Berechtigungsklassen, benötigen Sie das Berechtigungsobjekt C_KLAH_BKP. Dieses Berechtigungsobjekt findet z. B. Verwendung bei der Pflege von Marketingattributen. Das Feld für die Bearbeitungsberechtigung können Sie über die Konfiguration einblenden. Ist dieses Feld im Marketingattribut gepflegt und der Inhalt stimmt mit dem Inhalt des Feldes BGRKP (Berechtigungsgruppe Klassenpflege) des Berechtigungsobjekts C_KLAH_BKP der PFCG-Rolle überein, hat der Nutzer Zugriff auf diese Gruppe von Marketingattributen.

Berechtigungsprüfung von Attributen

Die gepflegten Attribute und Attributgruppen können Geschäftspartnern oder Produkten zugewiesen werden. Welche Nutzer diese Attribute abhängig von der Berechtigungsgruppe zuweisen dürfen, wird bereits bei der Pflege von Attributgruppen definiert. Für Marketingattribute können Sie das Feld ZUORDNUNGSBERECHTIGUNG über die Konfiguration einblenden. Dieses Feld wird im Berechtigungsfeld BGRKL des Berechtigungsobjekts C_KLAH_BKL abgeprüft. Stimmt der Inhalt im Feld ZUORDNUNGSBERECHTIGUNG im Marketingattribut mit dem Wert im Berechtigungsobjekt C_KLAH_BKL überein, darf der Nutzer die Marketingattribute am Geschäftspartner lesen oder pflegen.

Attribute sind Klassenarten zugewiesen. Diese Klassenarten enthalten steuernde Eigenschaften für die Klassifikation. Sie können berechtigen, auf welche Klassenart ein Nutzer Zugriff hat. Nutzen Sie dafür das Berechtigungsobjekt C_TCLA_BKA (siehe SAP-Onlinehilfe, Stichwort *Attributgruppen*).

14.5.7 Berechtigen von Marketingelementen

Im Marketingumfeld kann der Zugriff z. B. auf Kampagnen, Segmente und Marketingpläne mithilfe von Berechtigungsobjekten eingeschränkt werden. Zur Einschränkung von Kampagnen können Sie folgende Berechtigungsobjekte nutzen:

| Allgemeine Berechtigungsprüfung auf Kampagnen |

Allgemeine Berechtigungen zur Pflege von Kampagnen vergeben Sie mit dem Berechtigungsobjekt CRM_CPG. In diesem Berechtigungsobjekt definieren Sie lediglich allgemeine Aktionen auf Kampagnen. Möchten Sie nun den Zugriff auf Kampagnen abhängig von einigen Attributen einschränken, können Sie die Berechtigungsobjekte CRM_CPGRES, CRM_CPGAGR und CRM_CPGCTP nutzen.

Das Berechtigungsobjekt CRM_CPGRES berechtigt den Zugriff auf Kampagnen abhängig von dem in der Kampagne gepflegten zuständigen Mitarbeiter. Soll der Nutzer nur Kampagnen bearbeiten dürfen, für die ein bestimmter Mitarbeiter als zuständiger Mitarbeiter gepflegt ist, tragen Sie die Geschäftspartnernummer des zuständigen Mitarbeiters im Feld MKTPL_RESP des Berechtigungsobjekts CRM_CPGRES ein (siehe Dokumentation des Berechtigungsobjekts in der Transaktion SU21).

| Berechtigung abhängig von Berechtigungsgruppen |

Sie können Kampagnen auch abhängig von der gepflegten Berechtigungsgruppe einschränken. Pflegen Sie dafür zuerst die Berechtigungsgruppen im Customizing über den IMG-Pfad CUSTOMER RELATIONSHIP MANAGEMENT • MARKETING • MARKETINGPLANUNG UND KAMPAGNENMANAGEMENT • ALLGEMEINE EINSTELLUNGEN • BERECHTIGUNGSGRUPPE

DEFINIEREN. Sind die Berechtigungsgruppen definiert, können diese in den Kampagnen im Feld BERECHTIGUNGSGRUPPE gepflegt werden. Analog zur Verwendung der Berechtigungsgruppe für Geschäftspartner müssen Sie nun das Berechtigungsobjekt CRM_CPGAGR in der PFCG-Rolle des Nutzers pflegen und diese nur für die Berechtigungsgruppen berechtigen, die der Nutzer lesen und pflegen darf.

In Kampagnen kann die Kampagnenart gepflegt sein. Sie können den Zugriff auf Kampagnen, abhängig von der zugewiesenen Kampagnenart, über das Berechtigungsobjekt CRM_CPGCTP einschränken. Die Kampagnenart wird über das Customizing bestimmt. Füllen Sie dazu das Feld MKTPL_CPTY des Berechtigungsobjekts aus, und bestimmen Sie die für den Nutzer notwendigen Aktionen.

Ähnlich verhalten sich die Berechtigungen auf Marketingpläne. Zur allgemeinen Vergabe von Berechtigungen auf Marketingpläne können Sie das Berechtigungsobjekt CRM_MPT nutzen und die grundlegenden Aktionen festlegen. Möchten Sie den Zugriff auf Marketingpläne abhängig von einem zuständigen Mitarbeiter oder der Berechtigungsgruppe einschränken, stehen Ihnen die Berechtigungsobjekte CRM_MPLRES und CRM_MPLAGR zur Verfügung.

Berechtigungsprüfung für Marketingpläne

Das Feld MKTPL_RESP und die jeweilige Aktion des Berechtigungsobjekts CRM_MPLRES werden gepflegt, um den Nutzer nur für Marketingpläne des im Marketingplan gepflegten zuständigen Mitarbeiters zu berechtigen. Um Marketingpläne aufgrund von Berechtigungsgruppen zu berechtigen, müssen Sie die Berechtigungsgruppen nicht nochmals pflegen. Sie greifen hier auf die bereits gepflegten Berechtigungsgruppen für Kampagnen zurück. Pflegen Sie die Aktionen und das Feld MKTPL_AUGR im Berechtigungsobjekt CRM_MPLAGR, um den Benutzer für bestimmte Berechtigungsgruppen in Marketingplänen zu berechtigen.

Zur Einschränkung in der Segmentierung können Sie das Berechtigungsobjekt CRM_SEGTYP zur Berechtigung von Zielgruppen, Profilen und Profilgruppen abhängig vom Segmentierungstyp nutzen. Das Berechtigungsobjekt greift dabei auf die definierten Verwendungen von Segmenten im Customizing zurück. Über den IMG-Pfad CUSTOMER RELATIONSHIP MANAGEMENT • MARKETING • SEGMENTIERUNG • VERWENDUNG FÜR SEGMENTE DEFINIEREN sehen Sie die definierten Verwendungen, die im Feld TYPE_ID des Berechtigungsobjekts CRM_SEGTYP geprüft werden.

Berechtigungsprüfung für Segmente

Zur Berechtigungsvergabe auf Business-Objekte gibt es noch weitere Berechtigungsobjekte. Ihre Anwendung wird in der Dokumentation der Transaktion SU21 (Pflege der Berechtigungsobjekte) beschrieben.

14.6 Fehlersuche im CRM Web Client

Sobald Sie einschränkende Berechtigungen für den CRM Web Client vergeben haben, benötigen Sie Werkzeuge, um fehlende Berechtigungen bzw. zu viel erteilte Berechtigungen zu ermitteln. Im Folgenden beschreiben wir, wie Sie mittels des Berechtigungstrace und der Nutzung aktivierbarer Checkpoints Oberflächenberechtigungen auswerten können.

Berechtigungs-
trace für den
CRM Web Client

Damit Sie sich die abgeprüften Berechtigungsobjekte während der Ausführung von Aktionen in Business-Objekten anzeigen lassen können, verwenden Sie den Berechtigungstrace im Systemtrace der Transaktion ST01 oder STAUTHTRACE (Berechtigungstrace). Die Nutzung des Systemtrace ist in Abschnitt 7.2.2, »Vorgehen beim Systemtrace«, beschrieben. Der Berechtigungstrace funktioniert auch für die UI-Komponenten des CRM Web Clients. Gehen Sie hier wie folgt vor:

Verwendung des
Berechtigungstrace

1. Schränken Sie den Berechtigungstrace für den Nutzer ein, für den Sie die Berechtigungen prüfen möchten. Nutzen Sie dazu den Button ALLGEMEINE FILTER.

2. Starten Sie den Berechtigungstrace, bevor der Benutzer die Aktionen im CRM Web Client ausführt.

3. Führen Sie mit dem Benutzer die zu tracenden Aktionen im CRM Web Client aus.

4. Nachdem dieser fertig ist, stoppen Sie den Berechtigungstrace.

5. Wechseln Sie in die Analysesicht, indem Sie den Button AUSWERTUNG anklicken.

6. Achten Sie in der Auswertung darauf, dass die Felder BENUTZERNAME, MANDANT und die UHRZEITEN während der Aktionsausführung richtig gepflegt sind. Sie gelangen zur Auswertung über den Button AUSWERTUNG STARTEN.

Hinweis zur Nutzung des Berechtigungstrace

Starten Sie den Berechtigungstrace erst, nachdem sich der Benutzer am CRM Web Client angemeldet hat. Während der Anmeldung werden alle UI-Komponenten der zugewiesenen Benutzerrolle abgeprüft, sodass der Berechtigungstrace unübersichtlich werden kann.

In der Auswertung des Berechtigungstrace erkennen Sie, dass das Berechtigungsobjekt `UIU_COMP` geprüft worden ist. Sie sehen auch, welche UI-Komponenten, Komponentenfenster und Inbound-Plugs abgeprüft werden. In Abbildung 14.56 ist das Berechtigungsobjekt `UIU_COMP` mit den folgenden Werten gepflegt:

- COMP_NAME: BT108M_LEA
- COMP_WIN: MainWindow
- COMP_PLUG: SEARCH

Diese Werte entsprechen dem logischen Link LEADS.

Systemtrace für Berechtigungsprüfungen

Typ	Anwendung	Pr...	Prüfung	Ergebnis	Ergebnis	Zusatzinfo	Objekt	Feld 1	Wert 1	Feld 2	Wert 2	Feld 3	Wert 3
		CL...		0	Berechtigungsprüfung erfolgreich		UIU_COMP	COMP_NAME	WCC_SLS_HOME	COMP_WIN	MainWindow	COMP_PLUG	DEFAULT
		CL...		0	Berechtigungsprüfung erfolgreich		UIU_COMP	COMP_NAME	WCC_SLS_CYC	COMP_WIN	MainWindow	COMP_PLUG	DEFAULT
		CL...		0	Berechtigungsprüfung erfolgreich		UIU_COMP	COMP_NAME	WCC_SLS_CYC	COMP_WIN	MainWindow	COMP_PLUG	DEFAULT
		CL...		0	Berechtigungsprüfung erfolgreich		S_DEVELOP	DEVCLASS		OBJTYPE	DEBUG	OBJNAME	
		CL...		0	Berechtigungsprüfung erfolgreich		S_DEVELOP	DEVCLASS		OBJTYPE	DEBUG	OBJNAME	
		CL...		0	Berechtigungsprüfung erfolgreich		S_DEVELOP	DEVCLASS		OBJTYPE	DEBUG	OBJNAME	
		CL...		0	Berechtigungsprüfung erfolgreich		CRMCONFMOD	ALLOWED	X				
		CL...		0	Berechtigungsprüfung erfolgreich		S_DEVELOP	DEVCLASS		OBJTYPE		OBJNAME	
		CL...		0	Berechtigungsprüfung erfolgreich		CRMCONFMOD	ALLOWED	X				
		CL...		0	Berechtigungsprüfung erfolgreich		S_DEVELOP	DEVCLASS		OBJTYPE		OBJNAME	
		CL...		0	Berechtigungsprüfung erfolgreich		UIU_COMP	COMP_NAME	WCC_SLS_CYC	COMP_WIN	MainWindow	COMP_PLUG	DEFAULT
		CL...		0	Berechtigungsprüfung erfolgreich		UIU_COMP	COMP_NAME	WCC_SLS_CYC	COMP_WIN	MainWindow	COMP_PLUG	DEFAULT
		CL...		0	Berechtigungsprüfung erfolgreich		UIU_COMP	COMP_NAME	BT108M_LEA	COMP_WIN	MainWindow	COMP_PLUG	SEARCH
		CL...		0	Berechtigungsprüfung erfolgreich		UIU_COMP	COMP_NAME	BT108M_LEA	COMP_WIN	MainWindow	COMP_PLUG	SEARCH
		CL...		0	Berechtigungsprüfung erfolgreich		S_DEVELOP	DEVCLASS		OBJTYPE	DEBUG	OBJNAME	
		CL...		0	Berechtigungsprüfung erfolgreich		S_DEVELOP	DEVCLASS		OBJTYPE	DEBUG	OBJNAME	
		CL...		0	Berechtigungsprüfung erfolgreich		S_DEVELOP	DEVCLASS		OBJTYPE	DEBUG	OBJNAME	
		SA...		0	Berechtigungsprüfung erfolgreich		CRM_ORD_LP	CHECK_LEV		PR_TYPE	ZLD	ACTVT	03

Abbildung 14.56 Auswertung des Systemtrace für Berechtigungen

Für die Fehlersuche bietet sich dieser Berechtigungstrace an. Darüber hinaus können Sie bei der Suche nach zugewiesenen Berechtigungsobjekten das Benutzerinformationssystem der Transaktion SUIM verwenden. Die Transaktion SU53, die die Berechtigungsdaten des angemeldeten Benutzers sowie die letzte nicht erfolgreiche Berechtigungsprüfung anzeigt, funktioniert im Zusammenhang mit dem CRM Web Client nicht.

Möchten Sie sich jedoch Informationen zu fehlenden Berechtigungen auf dem CRM Web Client anzeigen lassen, müssen Sie die Check-

Verwendung von Checkpoints

point-Gruppe CRM_UIF_NAV_AUTH in der Transaktion SAAB aktivieren. Gehen Sie dabei wie folgt vor:

1. Melden Sie sich am SAP GUI an, und öffnen Sie die Transaktion SAAB. Dort aktivieren Sie die Checkpoint-Gruppe CRM_UIF_NAV_AUTH (siehe Abbildung 14.57).

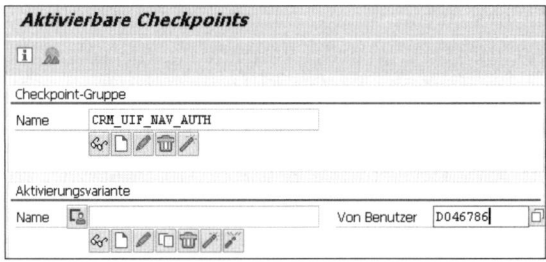

Abbildung 14.57 Checkpoint-Gruppe CRM_UIF_NAV_AUTH aktivieren

2. Aktivieren Sie hier Ihre Checkpoints, indem Sie den Radiobutton im Bereich BREAKPOINTS auf ANHALTEN, im Bereich LOGPOINTS auf PROTOKOLLIEREN und bei ASSERTIONS den BREAKPOINT auf ANHALTEN setzen (siehe Abbildung 14.58).

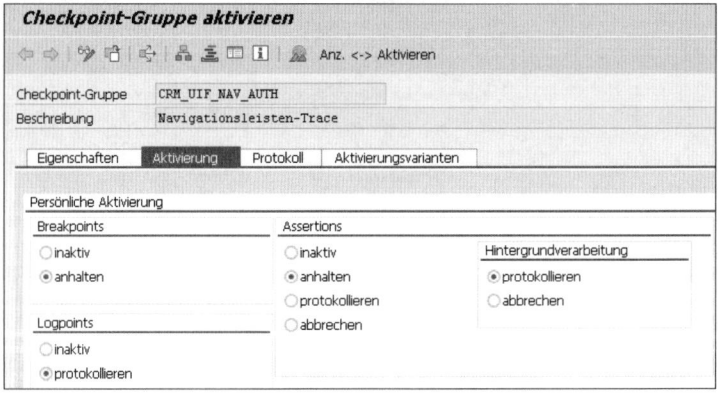

Abbildung 14.58 Aktivierung der Checkpoints

3. Verfügen Sie über zu wenige Berechtigungen auf dem CRM Web Client, werden Sie die Informationen auf der Registerkarte PROTOKOLL finden. Melden Sie sich davor am CRM Web Client an, damit genügend Berechtigungen geprüft werden können. Klicken Sie nun auf die Registerkarte PROTOKOLL. Sie finden die nicht berechtigten logischen Links pro Benutzerrolle und Navigationsleistenprofil mit der Aussage NO AUTHORIZATION FOR LOGICAL LINK <LINKID> TARGET

<Ziel-ID>(Komponentenname/Fenstername ->Inbound-Plug)
(siehe Abbildung 14.59).

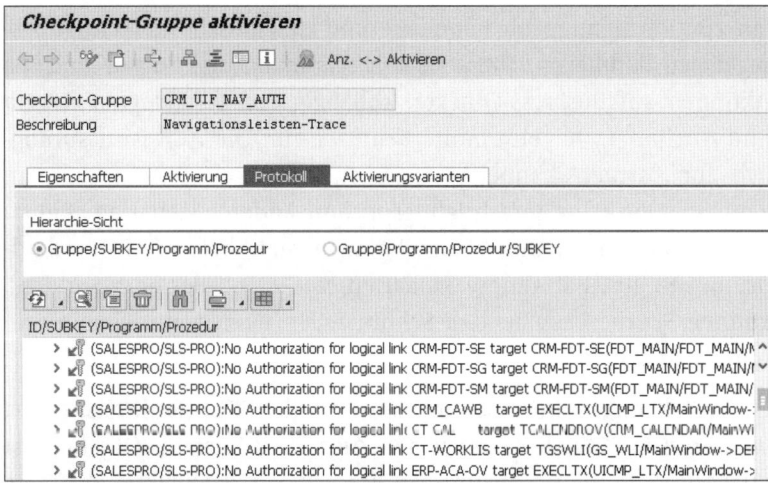

Abbildung 14.59 Protokoll der nicht berechtigten logischen Links

Informationen zur Fehlersuche im CRM Web Client

Weitere Hinweise zur Fehlersuche im Bereich der Berechtigungen für den CRM Web Client finden Sie in SAP-Hinweis 1244321.

Mithilfe der Nutzung des Berechtigungstrace in der Transaktion ST01 oder STAUTHTRACE sowie der Aktivierung und Auswertung von Checkpoints in der Transaktion SAAB ist es möglich, Berechtigungen auf Oberflächenebene auszuwerten. Der Berechtigungstrace kann, wie in Abschnitt 7.2.2, »Vorgehen beim Systemtrace«, beschrieben, ebenfalls zur Auswertung der Berechtigungsvergabe für den Zugriff auf Daten in SAP CRM genutzt werden.

14.7 Access Control Engine

Wenn die Berechtigungsmöglichkeiten, die SAP anbietet, für Ihre Anforderungen nicht ausreichend sind, haben Sie mehrere Möglichkeiten, weitere Berechtigungsprüfungen zu implementieren. Sie können eigene Berechtigungsobjekte erstellen (siehe Abschnitt 7.9, »Berechtigungsfelder und -objekte anlegen«) oder Schnittstellen nutzen, die SAP ausliefert, um kundeneigenen Quellcode zu implementieren. Diese Schnittstellen heißen Business Add-Ins (BAdIs).

Weitere Berechtigungs-möglichkeiten

SAP bietet darüber hinaus ein Framework an, mit dem komplexe Regeln erstellt werden können. Dieses Framework ist die Access Control Engine (ACE). Es stellt Customizing-Tabellen und Schnittstellen zur Verfügung, um komplexe und dynamische Berechtigungsregeln zu definieren. Diese Regeln schränken den Zugriff und die Aktionen auf Business-Objekte, abhängig von festgelegten Regeln und Attributen, für bestimmte Benutzer ein. Die ACE ist ursprünglich für Partner-Channel-Management-Szenarien erstellt worden, kann aber auch zur Berechtigungsprüfung anderer Szenarien genutzt werden. Für das Partner Channel Management liefert SAP Standardprüfungen aus. Für andere Szenarien, wie z. B. Sales oder Services, können Sie die bestehenden Schnittstellen nutzen, um eigene Prüfungen zu erstellen.

PFCG-Rollen und ACE

Die ACE kann nur im Zusammenspiel mit der PFCG-Rolle ausgeführt werden. Die PFCG-Rolle muss den Zugriff auf Business-Objekte erst erlauben. Die Einschränkung auf diese Business-Objekte, abhängig von vorbestimmten Regeln, wird anschließend über die ACE umgesetzt (siehe Abbildung 14.60).

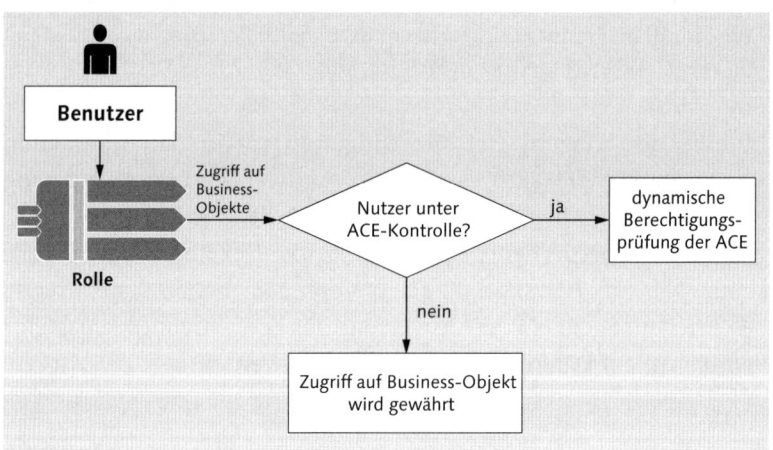

Abbildung 14.60 Berechtigungsprüfungen im Zusammenspiel mit ACE und PFCG-Rollen

Aufbau von ACE-Regeln

Ziel der ACE ist es, zur Standardprüfung mittels PFCG-Rollen eine dynamische, objektorientierte Prüfung über ein Standardframework anzubieten. Um ACE-Regeln einsetzen zu können, ist es wichtig zu verstehen, wie diese aufgebaut sind. Abbildung 14.61 zeigt die Zusammenhänge zwischen den einzelnen pflegbaren Elementen.

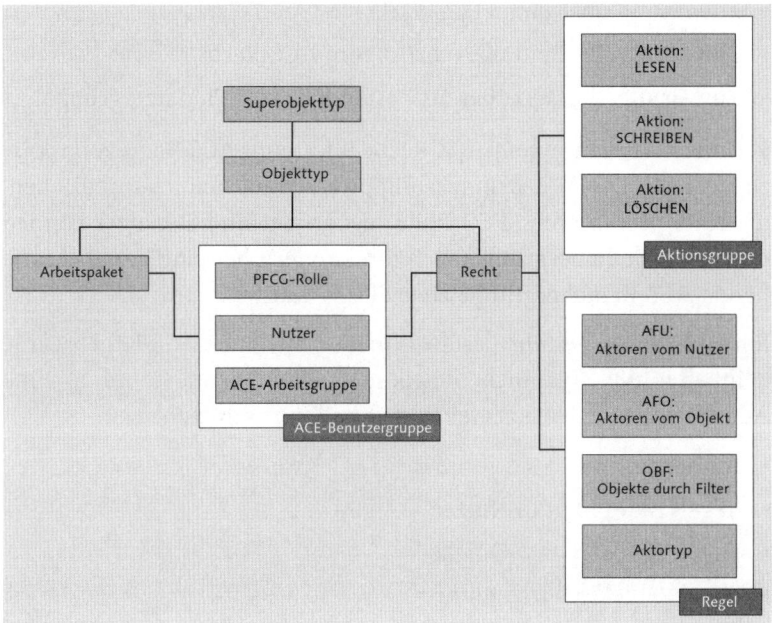

Abbildung 14.61 Bestandteile der ACE

Eine ACE-Regel setzt sich aus verschiedenen Elementen zusammen. Zuerst muss definiert werden, welches Business-Objekt mit einer Regel geprüft wird. Das Business-Objekt kann über den Superobjekttyp sowie den Objekttyp definiert werden. Ein Beispiel für einen Superobjekttyp ist ONEORDER. Diesem Superobjekttyp sind weitere Objekttypen zugewiesen, wie z. B. ACTIVITYCRM, LEADCRM oder OPPORTUNITYCRM.

Dem Objekttyp ist ein ACE-Recht zugewiesen. Ein Recht besteht aus mehreren Kriterien:　　　　　　　　　　　　　　　　　　　　ACE-Recht

- ACE-Benutzergruppe
- Regel
- Aktionsgruppe

Die ACE-Benutzergruppe definiert, welche Benutzer unter der Kontrolle der ACE stehen. Ist die ACE aktiv, heißt das, dass nicht alle Regeln für alle Benutzer im System gleich sind. Administratoren oder Key User stehen meist nicht unter der Kontrolle der ACE. Um einen Benutzer einer Regel der ACE zuzuweisen, gibt es mehrere Möglichkeiten:　　ACE-Benutzergruppe

▸ Zuweisung über eine PFCG-Rolle

▸ Zuweisung des Benutzers direkt zum ACE-Recht

▸ Zuweisung über eine bereits bestehende ACE-Benutzergruppe

Benutzer werden einem ACE-Recht über eine ACE-Benutzergruppe zugeordnet. Die ACE-Benutzergruppe kann aus Benutzern bestehen, die einer bestimmten PFCG-Rolle zugeordnet sind. Benutzer können einer ACE-Benutzergruppe auch direkt oder über eine bereits bestehende ACE-Benutzergruppe zugewiesen werden.

ACE-Regel

Ein ACE-Recht besteht darüber hinaus aus einer ACE-Regel. Diese beinhaltet die eigentliche Logik der Berechtigungsprüfung. Eine ACE-Regel setzt sich aus vier Bestandteilen zusammen:

▸ Aktortyp

▸ Regel: Aktoren vom Nutzer

▸ Regel: Aktoren vom Objekt

▸ Regel: Objekte durch Filter

Aktortyp

Aktortypen sind Kriterien von Benutzergruppen und Business-Objekten, an denen der Zugriff auf die Business-Objekte bestimmt wird. Typische Beispiele von Aktortypen sind Organisationseinheiten oder Gebiete im Gebietsmanagement. Aktoren sind die eigentlichen Kriterien, die in der Berechtigungsprüfung herangezogen werden, und können frei definiert werden.

Mit dem Aktortyp ist jedoch nur das Berechtigungskriterium festgelegt. Die Logik, die den Aktor bestimmt, setzt sich aus folgenden Regeln zusammen:

▸ Aktoren vom Nutzer (AFU: *Actors from User*)

▸ Aktoren vom Objekt (AFO: *Actors from Object*)

▸ Objekte durch Filter (OBF: *Objects by Filter*)

Die Regel *Aktoren vom Nutzer* bestimmt den Aktor vom Benutzer unter Berücksichtigung des vorher im Customizing festgelegten Aktortyps. Die Regel *Aktoren vom Objekt* bestimmt den Aktor objektseitig. Stimmen die beiden gefundenen Aktoren überein, hat der Nutzer Zugriff auf das gewünschte Objekt. Damit nicht alle Objekte mit diesen Regeln geprüft werden, kann ein Objektfilter mit der Regel *Objekte durch Filter* definiert werden.

Aktionsgruppe

Die Regeln reichen jedoch noch nicht aus, um die Aktionen des Benutzers auf das Objekt einzuschränken. Dafür kann eine Aktionsgruppe genutzt werden. Eine Aktionsgruppe beinhaltet die einzelnen Aktionen LESEN, SCHREIBEN und LÖSCHEN. Damit können für jedes Recht eine bzw. mehrere bestimmte Aktionen definiert werden.

Die Aktion ANLEGEN wird nicht mit der ACE geprüft. Die Berechtigungen zum Anlegen von Business-Objekten werden über PFCG-Rollen geprüft.

Der letzte Bestandteil einer ACE-Regel ist das Arbeitspaket. Dem Arbeitspaket werden alle Bestandteile einer ACE-Regel zugewiesen, und somit wird die zu prüfende Benutzergruppe mit dem zu prüfenden Objekt und der ACE-Regel verbunden.

Arbeitspaket

Bei der Prüfung des Benutzerkontextes wird bestimmt, welche Benutzer unter der Kontrolle der ACE stehen. Dafür werden die ACE-Benutzergruppen herangezogen. In der ACE-Benutzergruppe ist definiert, welche Benutzer dieser Benutzergruppe zugewiesen sind. Im Customizing der ACE-Benutzergruppe ist definiert, ob die Benutzer über PFCG-Rollen, direkt oder über bestehende ACE-Benutzergruppen zugeordnet sind. Ist der Benutzer einer PFCG-Rolle zugewiesen, die einer ACE-Benutzergruppe zugeordnet ist, wie in Abbildung 14.62 dargestellt, so ist der Benutzer automatisch unter der Kontrolle der ACE. Damit stehen die Benutzer fest, die für ein bestimmtes ACE-Recht geprüft werden.

Berechnung des Benutzerkontextes

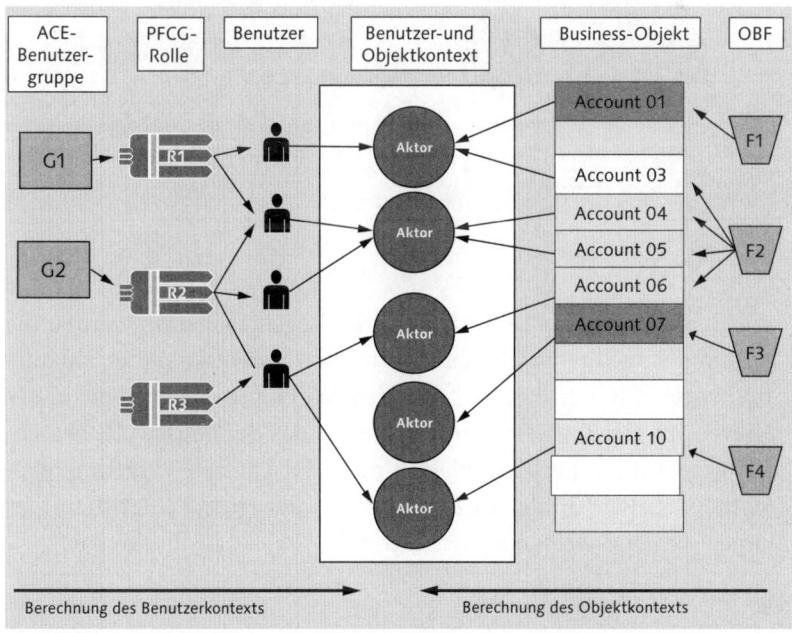

Abbildung 14.62 Prüfung des Benutzer- und Objektkontextes

Berechnung des
Objektkontextes

Im nächsten Schritt werden die Business-Objekte ermittelt, die mit der ACE geprüft werden sollen. Über den Superobjekttyp und den Objekttyp sind die zu prüfenden Objekte festgelegt. Diese können jedoch noch einmal mit der Regel *Objekte durch Filter* eingeschränkt werden.

Die eigentliche Berechtigungsprüfung erfolgt nun mit den gefundenen Nutzern und den gefilterten Objekten. Um die Aktoren zu bestimmen, werden die Regeln *Aktoren vom Nutzer* und *Aktoren vom Objekt* berechnet.

Abbildung 14.63 zeigt, dass diese beiden Regeln die Aktoren aus zwei verschiedenen Blickwinkeln bestimmen. Die Regel *Aktoren vom Nutzer* bestimmt den Aktor im Benutzer. Bei diesen Prüfungen werden die Beziehungen zwischen den einzelnen Objekten genutzt. Die Regel *Aktoren vom Objekt* bestimmt den Aktor aus den Informationen des Objekts. Stimmen beide Aktoren überein, hat der Benutzer Zugriff auf das Business-Objekt.

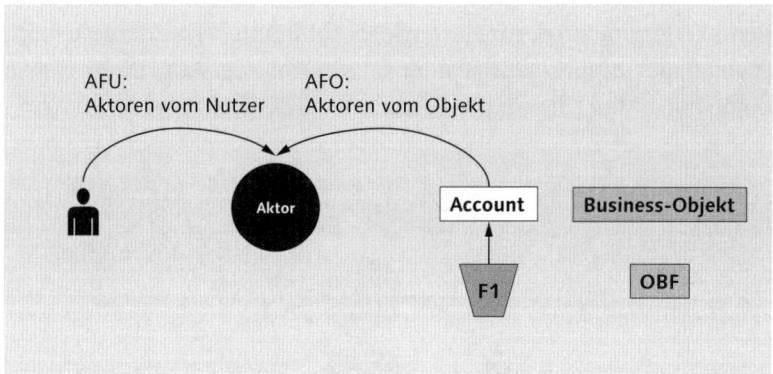

Abbildung 14.63 Regelkalkulation der ACE

Access Control List

Zur Reduzierung der Last während der Regelkalkulation werden die Regeln schon im Vorfeld kalkuliert. Die Ergebnisse dieser Kalkulation werden in der *Access Control List* (ACL) gespeichert. Sobald der Nutzer auf ein Business-Objekt zugreift, das durch die ACE berechtigt ist, wird die Regelkalkulation nicht zur Laufzeit vorgenommen. Stattdessen wird in der ACL geprüft, ob der Nutzer Zugriff auf das Objekt hat und welche Aktion er auf das Objekt ausführen darf.

Zur Implementierung oder Nutzung bestehender ACE-Regeln gibt es einige Werkzeuge. Diese finden Sie im IMG unter dem Pfad CUSTO-MER RELATIONSHIP MANAGEMENT • GRUNDFUNKTIONEN • ACCESS CONTROL ENGINE.

Werkzeuge

Unter dem Eintrag REGELN • REGELN ANLEGEN können Sie prüfen, ob die von Ihnen benötigten Superobjekttypen und Objekttypen im Standard-Customizing vorhanden sind. Darüber hinaus können Sie in dem Pflege-View Aktortypen bestimmen und Regeln definieren. Dabei können Sie auf die bestehenden Aktortypen und Regeln zurückgreifen. Können Sie Ihre Regel nicht aus dem bestehenden Satz zusammenfügen, haben Sie die Möglichkeit, eigene Regeln zu definieren. Sie definieren die Regel-IDs im Customizing. Um Ihre eigene Logik zu implementieren, können Sie folgende Interfaces verwenden:

- **IF_CRM_ACE_ACTORS_FROM_OBJECT**
  Findet alle Aktoren, ausgehend von einem Objekt.

- **IF_CRM_ACE_ACTORS_FROM_USER**
  Findet alle Aktoren, ausgehend von einem Benutzer.

- **IF_CRM_ACE_OBJECTS_BY_FILTER**
  Findet alle Objekte, die über einen speziellen Filter definiert wurden.

Weitere Hinweise zur Schnittstellenimplementierung finden Sie in der IMG-Dokumentation über den Pfad CUSTOMER RELATIONSHIP MANAGEMENT • GRUNDFUNKTIONEN • ACCESS CONTROL ENGINE • REGELN • INTERFACE-IMPLEMENTIERUNG.

Zur Regelerstellung müssen Sie folgende Elemente Ihrer Regel-ID zuweisen:

Bestandteile eines ACE-Rechts

- Objekttyp

- Aktortyp

- ID der AFU-Klasse (Referenz auf die Schnittstellenimplementierung der Regel *Aktoren vom Benutzer*)

- ID der AFO-Klasse (Referenz auf die Schnittstellenimplementierung der Regel *Aktoren vom Objekt*)

- ID der OBF-Klasse (Referenz auf die Schnittstellenimplementierung der Regel *Objekte durch Filter*)

In der Customizing-Tabelle RECHTE ANLEGEN über den IMG-Pfad CUSTOMER RELATIONSHIP MANAGEMENT • GRUNDFUNKTIONEN • ACCESS CONTROL ENGINE • RECHTE ANLEGEN legen Sie ein eigenes ACE-Arbeitspaket an und weisen Ihren zu prüfenden Objekttyp zu. Um den Benutzerkontext zu berechnen, legen Sie eine neue ACE-Benutzergruppe an und weisen Ihr ACE-Arbeitspaket zu. Anschließend definieren Sie, wie der Nutzer gefunden wird, der dieser Benutzergruppe zugeordnet wird. Im Feld BENUTZERGRUPPENELEMENTTYP können Sie zwischen Rolle, Benutzer und Benutzergruppe auswählen. Den Namen des Elements tragen Sie im Feld ELEMENT BGRUPPE ACE ein (siehe Abbildung 14.64).

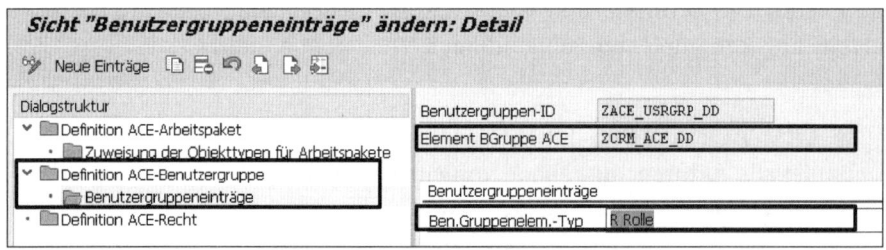

Abbildung 14.64 Definition einer ACE-Benutzergruppe

Schließlich können Sie Ihr eigenes ACE-Recht mittels einer eigenen ACE-Rechte-ID anlegen. Dabei weisen Sie folgende Elemente zu:

▸ Objekttyp

▸ Regel-ID

▸ ACE-Benutzergruppe

▸ Aktionsgruppe

▸ Gültigkeitszeitraum

ACE Design Report Im *Design Report* der ACE können Sie sich die Zusammenhänge zwischen den einzelnen Elementen in einer Baumstruktur anzeigen lassen. Voraussetzung ist, dass Sie eine Regel und eine ACE-Benutzergruppe definiert und einem ACE-Recht zugewiesen haben. Wählen Sie nun im Auswahlfenster, aus welcher Perspektive Sie Ihr erstelltes ACE-Recht betrachten möchten. Sie haben die Möglichkeit, das Recht, die Benutzergruppe oder den Objekttyp auszuwählen. Eine Änderung der Perspektive ist ebenfalls in der Ergebnisliste möglich (siehe Abbildung 14.65).

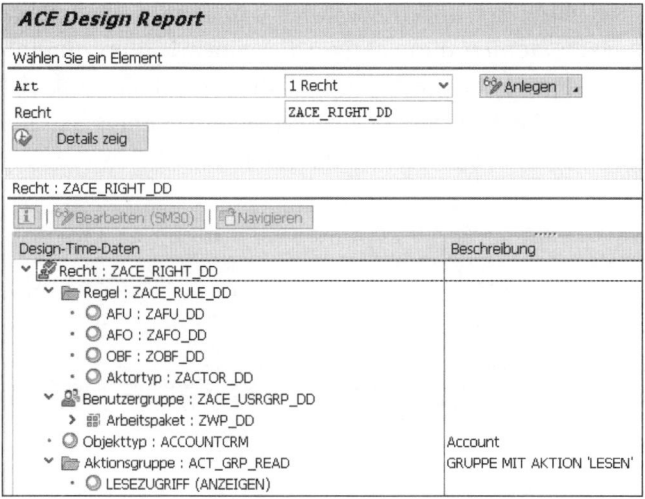

Abbildung 14.65 ACE Design Report

In der Baumstruktur werden alle dem ACE-Recht zugewiesenen Elemente angezeigt. Da es möglich ist, einer ACE-Benutzergruppe mehrere ACE-Rechte zuzuweisen, können Sie die Perspektive ändern, indem Sie die Benutzergruppe markieren und auf den Button NAVIGIEREN klicken. Sie sehen nun, welche Elemente der ACE-Benutzergruppe direkt zugeordnet sind.

Sie haben außerdem die Möglichkeit, Ihr Customizing über diesen Report zu editieren. Sie können direkt in die Pflege-Views der Regeln, Rechte oder Benutzergruppen navigieren, indem Sie das zu bearbeitende Element markieren und auf den Button BEARBEITEN (SM30) klicken.

Mit Fertigstellung des Customizings Ihrer ACE-Rechte sind diese im System noch nicht einsetzbar. Sie müssen sie zunächst aktivieren. Arbeitspakete und ACE-Rechte aktivieren Sie im IMG unter CUSTOMER RELATIONSHIP MANAGEMENT • GRUNDFUNKTIONEN • ACCESS CONTROL ENGINE • ARBEITSPAKETE UND RECHTE AKTIVIEREN/DEAKTIVIEREN.

ACE-Aktivierungs-Tool

Suchen Sie im Bereich ARBEITSPAKETE Ihr erstelltes Arbeitspaket, und markieren Sie dieses. Im unteren Bildschirm werden auf der Registerkarte BENUTZGRUP die zugewiesenen ACE-Benutzergruppen angezeigt. Um diese zu aktivieren, klicken Sie auf den Button ALLE BENUTZERGRUPPEN AKTIVIEREN (siehe Abbildung 14.66). Damit ist die Regel zur Ermittlung des Benutzerkontextes aktiv. Zur Aktivierung der Rechte wechseln Sie zur Registerkarte RECHTE und markieren die

Rechte, die Sie aktivieren möchten. Über den Button MARKIERTE RECHTE AKTIVIEREN werden diese aktiv. Über einen Hintergrundjob werden die Ergebnisse kalkuliert und in die Access Control List geschrieben. Über die Registerkarte MONITORING können Sie alle Informationen zur Rechteaktivierung einsehen.

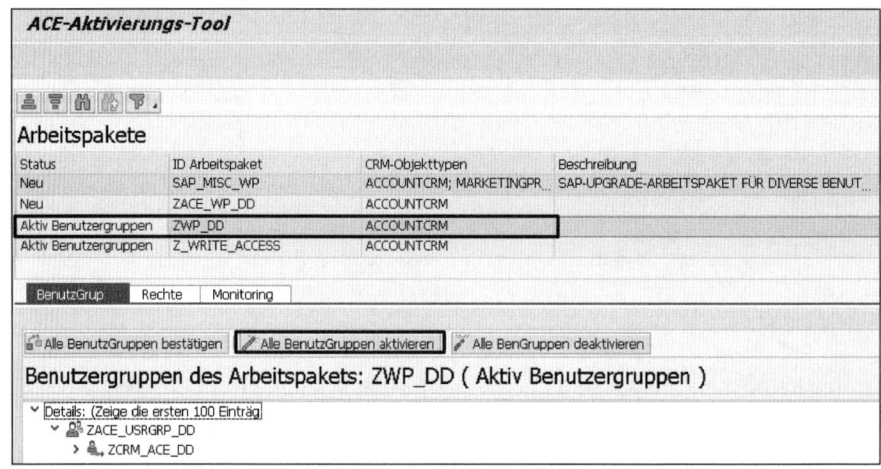

Abbildung 14.66 ACE-Aktivierungs-Tool

ACE-Laufzeitreport Zur Überprüfung der gefundenen Ergebnisse für einen Benutzer können Sie das Programm *ACE-Laufzeitreport* aufrufen. Sie finden diesen Report im IMG unter dem Pfad CUSTOMER RELATIONSHIP MANAGEMENT • GRUNDFUNKTIONEN • ACCESS CONTROL ENGINE • LAUFZEITDATEN ANALYSIEREN. Es ist wichtig, dass die Ergebnissuche eingeschränkt wird. Wählen Sie in der Suchmaske somit den Superobjekttyp, das ACE-Recht sowie einen Benutzer, der unter der Kontrolle der ACE steht.

Die in Abbildung 14.67 dargestellte Ergebnisliste zeigt den Nutzer der ACE-Prüfung, die Objekte, auf die der Nutzer Zugriff hat, und die Aktion an, die dieser auf das Objekt ausüben darf.

ACE-Laufzeitreport

Benutzername	Recht-ID	Aktorname	Aktorbeschreibung	Objekt-ID	Objektbeschreibung	Lesen	Schreiber
	ZACE_RIGHT_DD	DD03216128B131F1820D0018FE7973A0		0000000111	Wellington	X	
	ZACE_RIGHT_DD	DD03216128B131F1820D0018FE7973A0		0000000092	Tom CRMAuth / 69190 Walldorf	X	
	ZACE_RIGHT_DD	DD031F3F4F901DF1820D0018FE7973A0		0000000094	Campbell Company / 87984 München	X	
	ZACE_RIGHT_DD	DD031F3F4F901DF1820D0018FE7973A0		0000000091	Katharina Stelzner / 01067 Dresden	X	
	ZACE_RIGHT_DD	DBF3258EBE0460F197860018FE7973A0		0000000029	Knut Enckhusen / I-20100 Milan MI	X	
	ZACE_RIGHT_DD	DBF3258EBE0460F197860018FE7973A0		I000423	Knut Enckhusen	X	
	ZACE_RIGHT_DD	DBF0C95BDEBE84F197860018FE7973A0		0000000029	Knut Enckhusen / I-20100 Milan MI	X	
	ZACE_RIGHT_DD	DBF0C95BDEBE84F197860018FE7973A0		0000000012	Alberta Rodriguez / 00123	X	
	ZACE_RIGHT_DD	DBF0C95BDEBE84F197860018FE7973A0		0000000001	Michael Tester / 71234 Stuttgart	X	

Abbildung 14.67 Ergebnisliste des ACE-Laufzeitreports

Sobald neue Objekte angelegt oder neue Benutzer der ACE-Regel hinzugefügt worden sind, werden sowohl der Benutzer- als auch der Objektkontext aktualisiert. Zur manuellen Aktualisierung kann das ACE-Aktualisierungs-Tool verwendet werden. Sie finden dieses ebenfalls im IMG unter CUSTOMER RELATIONSHIP MANAGEMENT • GRUNDFUNKTIONEN • ACCESS CONTROL ENGINE • BENUTZER- UND OBJEKTKONTEXT AKTUALISIEREN. Auf der Registerkarte BENUTZERKONTEXT können Benutzer nach folgenden Kriterien ausgewählt werden:

ACE-Aktualisierungs-Tool

▶ Arbeitspaket

▶ Benutzergruppe

▶ Rolle

▶ Benutzer

Abhängig von diesen Kriterien werden die Benutzer sowie deren Status in der ACE angezeigt. Sind z. B. neue Benutzer einer ACE-Benutzergruppe oder einer PFCG-Rolle zugewiesen oder ist die Zuweisung gelöscht worden, kann der Benutzerkontext neu berechnet werden, indem Sie die Benutzer markieren und auf den Button KONTEXT DER MARKIERTEN BENUTZER AKTUALISIEREN klicken (siehe Abbildung 14.68).

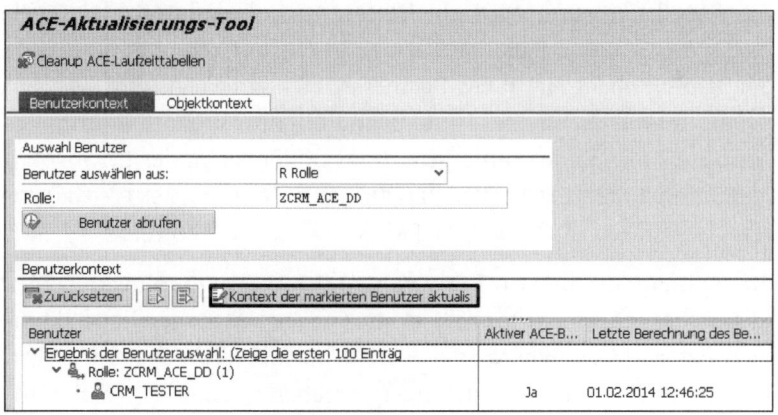

Abbildung 14.68 Aktualisierung des Benutzerkontextes

Auf der Registerkarte OBJEKTKONTEXT können alle kalkulierten Objekte abhängig von den Kriterien Objekttyp und ACE-Recht angezeigt werden. Sind Objekte oder Rechte verändert worden, wird der Objektkontext neu kalkuliert. Diese Berechnung können Sie manuell vornehmen, indem Sie die Objekte markieren und den Button KONTEXT DER MARKIERTEN OBJEKTE AKTUALISIEREN anklicken (siehe Abbildung 14.69).

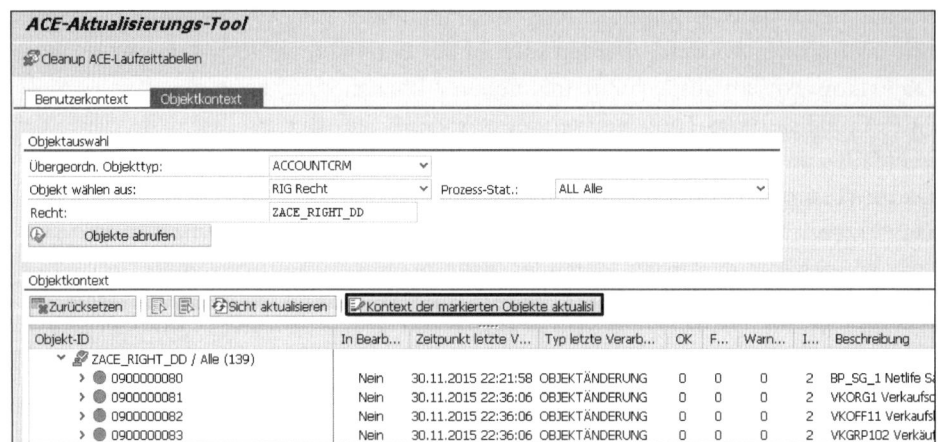

Abbildung 14.69 Aktualisierung des Objektkontextes

Voraussetzung
zur ACE-Imple-
mentierung Voraussetzung zur Erstellung von Regeln mittels der ACE ist, dass Sie über die Berechtigungsobjekte S_TABU_DIS sowie CRM_ACE_MD verfügen. Sie benötigen S_TABU_DIS zum Pflegen der ACE-Customizing-Tabellen. Das Berechtigungsobjekt CRM_ACE_MD wird zur Ausführung aller ACE-Werkzeuge benötigt.

Zur Regelkalkulation wird ein Hintergrundjob definiert, der regelmäßig die ACL neu kalkuliert bzw. von einem Event ausgelöst werden kann. Sobald ein neues Business-Objekt angelegt wird, löst ein Event die Ausführung des Hintergrundjobs aus. Weitere Informationen zum Anlegen des Hintergrundjobs finden Sie in der IMG-Dokumentation unter CUSTOMER RELATIONSHIP MANAGEMENT • GRUND-FUNKTIONEN • ACCESS CONTROL ENGINE • VORAUSSETZUNGEN.

Anwendungs-
beispiel im
Channel
Management Ein typisches Beispiel zur Verwendung der ACE ist die Nutzung eines Channel-Management-Szenarios. Im Channel Management bekommen externe Vertriebspartner Zugriff auf das CRM-System. Deren Zugriff auf Daten muss restriktiver vergeben werden. Das Standard-ACE-Recht LEAD_CHP_ENDCUST_EMP schränkt standardmäßig den Zugriff auf Geschäftspartner abhängig vom Vertriebsunternehmen ein. Diese ACE-Regel unterstützt das Channel-Management-Szenario und bedient sich der bestehenden Beziehungen zwischen den Business-Objekten. Die ACE-Regel LEAD_CHP_END_CUST, die dem ACE-Recht zugewiesen ist, hat den Aktortyp PARTNER_COMPANY. Die PARTNER_COMPANY entspricht dem externen Vertriebsunternehmen, dem externe Mitarbeiter über die Beziehung »ist Ansprechpartner von« zugewiesen sind.

Die Geschäftspartner, die als Endkunden vom Vertriebspartner im System gepflegt werden, sind mit der Beziehung »ist Endkunde von« dem Vertriebspartner, also der PARTNER_COMPANY, zugewiesen. Die ACE-Regel prüft somit die PARTNER_COMPANY des angemeldeten Benutzers in der Regel *Aktor vom Nutzer* über die Beziehung »ist Ansprechpartner von«. Objektseitig wird der Aktor vom Endkunden über die Beziehung »ist Endkunde von« geprüft. Stimmen die beiden Aktoren überein, hat der Nutzer sowohl Lese- als auch Schreibrechte auf den Geschäftspartner (siehe Abbildung 14.70). Somit können Standard-ACE-Rechte im System verwendet werden, indem sie aktiviert werden.

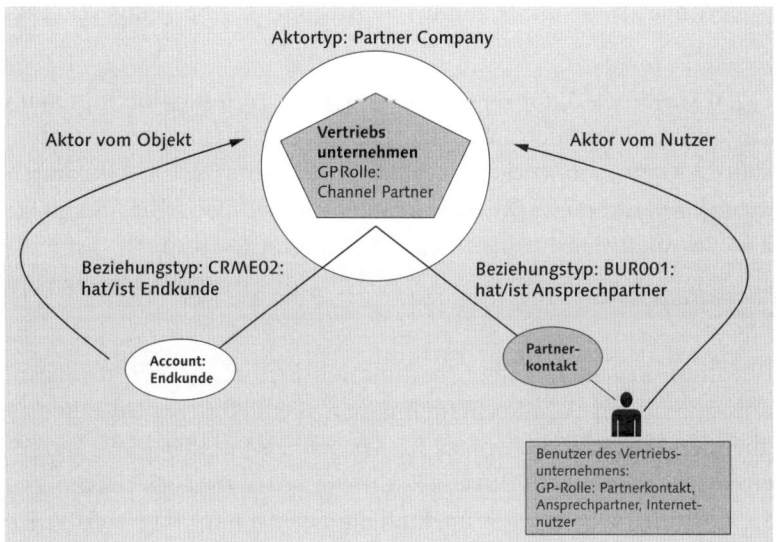

Abbildung 14.70 ACE-Regel zum Channel-Management-Szenario

Ein weiteres Beispiel zur Nutzung der ACE ist die Zugriffsbeschränkung auf Geschäftspartner in einem Sales-Szenario. Wenn die Endbenutzer z. B. nur Geschäftspartner lesen und editieren dürfen, die zu ihrem Vertriebsbereich gehören, kann das mit Standardberechtigungsmitteln nicht umgesetzt werden. Da es hier kein ausgeliefertes ACE-Recht gibt, das genutzt werden kann, muss diese Regel selbst umgesetzt werden. Bei der Definition dieses ACE-Rechts gehen Sie wie folgt vor: Definieren Sie an erster Stelle den Aktor, da dieser Kern der Berechtigungsprüfung ist. Der Aktor ist in diesem Beispiel die Verkaufsorganisation. Um den Aktor zu bestimmen, werden Regeln erstellt.

Anwendungs-
beispiel für ein
Sales-Szenario

▶ **Aktoren vom Nutzer**

In dieser Regel wird der Geschäftspartner des Benutzers bestimmt und geprüft, unter welcher Verkaufsorganisation dieser im Organisationsmodell hängt.

▶ **Aktoren vom Objekt**

In dieser Regel wird der Aktor vom Objekt geprüft. In den Vertriebsbereichsdaten des Geschäftspartners wird die Verkaufsorganisation gepflegt. Es wird die Verkaufsorganisation der Geschäftspartner bestimmt.

▶ **Objekte durch Filter**

Mit dem Objektfilter kann die Auswahl der Geschäftspartner nochmals, z. B. auf Accounts und Ansprechpartner, eingeschränkt werden.

Vorgehensweise zur Regelimplementierung

Legen Sie diesen Aktor und die Regeln in der ACE-Regeldefinition im Customizing über den IMG-Pfad CUSTOMER RELATIONSHIP MANAGEMENT • GRUNDFUNKTIONEN • ACCESS CONTROL ENGINE • REGELN • REGELN ANLEGEN fest. Die einzelnen Regeln definieren Sie, indem Sie die Schnittstellen IF_CRM_ACE_ACTORS_FROM_OBJECT, IF_CRM_ACE_ ACTORS_FROM_USER sowie IF_CRM_ACE_OBJECTS_BY_FILTER implementieren.

Um diese Regeln für einen bestimmten Benutzerkreis festzulegen, müssen Sie ein ACE-Recht definieren. Sie definieren ACE-Rechte über den IMG-Pfad CUSTOMER RELATIONSHIP MANAGEMENT • GRUNDFUNKTIONEN • ACCESS CONTROL ENGINE • RECHTE ANLEGEN. Definieren Sie dort ein Arbeitspaket im Kundennamensraum, und weisen Sie den Objekttyp ACCOUNTCRM für Geschäftspartner zu. Definieren Sie anschließend eine eigene Benutzergruppe. Um Benutzer einer ACE-Regel über eine PFCG-Rolle zuzuweisen, legen Sie eine neue PFCG-Rolle an und weisen diese der ACE-Benutzergruppe als Benutzergruppenelement Rolle zu. Schließlich wird das ACE-Recht zusammengesetzt. Definieren Sie dafür eine eigene Rechte-ID, und weisen Sie den Objekttyp ACCOUNTCRM, die erstellte Regel und Benutzergruppe sowie eine Aktionsgruppe zu.

Sobald das ACE-Recht erstellt ist, aktivieren Sie die Benutzergruppe und das ACE-Recht im ACE-Aktivierungs-Tool.

Sie können Ihr ACE-Recht überprüfen, indem Sie einen Testnutzer anlegen. Dieser benötigt das Recht, Geschäftspartner zu lesen und zu pflegen. Weisen Sie dem Benutzer zusätzlich die PFCG-Rolle der ACE-Benutzergruppe zu. Erstellen Sie einen Geschäftspartner mit der Geschäftspartnerrolle *Mitarbeiter* für den Benutzer. Weisen Sie diesen einer Verkaufsorganisation im Organisationsmodell zu. Prüfen Sie nun, ob der Testnutzer nur die Geschäftspartner lesen kann, die die Verkaufsorganisation des Benutzers als Vertriebsbereichsdaten zugewiesen haben.

Die Access Control Engine bietet eine flexible Möglichkeit, um komplexe Berechtigungsprüfungen abhängig von Kriterien in Benutzern und Objekten umzusetzen. Die Implementierung erfolgt über Schnittstellen und Customizing-Tabellen. Damit die Berechtigungsprüfung transparent bleibt, können Sie die ACE-Werkzeuge, wie z. B. den ACE-Laufzeitreport, nutzen.

14.8 Fazit

Die Möglichkeiten der Vergabe von Berechtigungen in SAP CRM sind vielseitig. Zur Erstellung eines Berechtigungskonzepts müssen Sie den komplexen Zusammenhang zwischen der Benutzerrolle und der PFCG-Rolle beachten. Somit müssen Sie für ein Berechtigungskonzept sowohl die Berechtigungen für den CRM Web Client als auch für den Zugriff auf die Daten festlegen. Sie haben die Möglichkeit, mehrere PFCG-Rollen pro Benutzerrolle zu definieren und den Benutzern zur Verfügung zu stellen. Das wird ermöglicht durch die einzelne Berechtigung von logischen Links, die CRM-Funktionen in SAP CRM darstellen. Soll ein Benutzer keine Berechtigung für eine solche Funktion erhalten, wird dieser logische Link nicht über die PFCG-Rolle berechtigt, obwohl dieser im Customizing der Benutzerrolle festgelegt ist. Sind die Standardfunktionen zur Berechtigungsvergabe auf Business-Objekte ausgeschöpft, können Sie mittels des Frameworks der Access Control Engine eigene dynamische Zugriffsregeln erstellen.

SAP SRM wird sowohl von internen Mitarbeitern, die Waren bestellen, als auch von externen Lieferanten im Beschaffungszyklus verwendet. Sie alle benötigen einen anderen Zugriff auf Lieferanten- und Belegdaten – eine Herausforderung für das Berechtigungskonzept. Dieses Kapitel beschreibt zentrale Berechtigungsprüfungen, die in einem Berechtigungskonzept für SAP SRM zu berücksichtigen sind.

15 Berechtigungen in SAP SRM

Personen in den unterschiedlichsten Funktionen greifen auf SAP Supplier Relationship Management (SAP SRM) zu. SAP SRM wird nicht nur von den Einkäufern im Unternehmen genutzt: Es ist auch einem externen Benutzerkreis, z. B. Lieferanten, möglich, auf das SAP-System zuzugreifen. Es bedarf deshalb eines Berechtigungskonzepts, das diese unterschiedlichen Funktionen abdeckt und nur auf bestimmte Daten einen Zugriff erlaubt.

Ziel dieses Kapitels ist es, die Berechtigungsmechanismen in SAP SRM grundlegend zu erklären. Wir gehen zunächst auf die verschiedenen SRM-Szenarien ein, die sich im Hinblick auf die Berechtigungsvergabe voneinander unterscheiden können. Anschließend beschreiben wir wesentliche SRM-Standardrollen und ihre Funktionen. Im letzten Teil des Kapitels gehen wir näher auf die Berechtigung der SRM-Oberfläche sowie auf die Berechtigung von Daten in typischen SRM-Szenarien ein. Wenn ein Berechtigungskonzept erstellt werden soll, müssen sowohl die zu nutzenden Geschäftsszenarien als auch der Zugriff auf die Weboberfläche geklärt werden, da diese Faktoren maßgeblichen Einfluss auf die Berechtigungsvergabe haben.

15.1 Grundlagen

SAP SRM verwaltet Lieferantenbeziehungen und deckt den gesamten Beschaffungszyklus ab. Im Zusammenspiel mit anderen SAP-Lösun-

Geschäftsprozesse in SAP SRM

gen, wie z. B. SAP ERP oder SAP Business Warehouse (BW), stehen Ihnen folgende Geschäftsprozesse zur Verfügung:

▸ **Beschaffung per Self-Service (Self-Service Procurement)**
Mit dem Self-Service können Mitarbeiter eigene Bestellungen vornehmen. Dabei wird in SAP SRM ein Einkaufswagen angelegt. Zur Verwaltung der Bestellungen und Rechnungen wird ein Backend-System benötigt.

▸ **Planungsgesteuerte Beschaffung (Plan-Driven Procurement)**
Mittels der planungsgesteuerten Beschaffung können über SAP ERP Direktmaterialien beschafft werden. In diesen Prozess können Lieferanten eingebunden sein.

▸ **Dienstleistungsbeschaffung (Service Procurement)**
Mit diesem Szenario kann der gesamte Dienstleistungsbeschaffungsprozess verwaltet werden. SAP SRM erhält dabei die in der Materialwirtschaft (MM) von SAP ERP erstellten Bestellanforderungen.

▸ **Strategische Bezugsquellenfindung (Strategic Sourcing)**
Zur Beschaffung von Waren über Ausschreibungen kann die strategische Bezugsquellenfindung genutzt werden. Es besteht darüber hinaus die Möglichkeit, Bezugsquellen von Waren über Auktionen zu finden.

▸ **Verwaltung operativer Kontrakte**
(Operational Contract Management)
Mit der Kontraktverwaltung können die Mitarbeiter des Einkaufs auf die Bedingungen global ausgehandelter Verträge für bestimmte Produktkategorien zugreifen. Dabei werden stufenweise Berechtigungen für Kontrakte vergeben.

▸ **Lieferantenqualifizierung (Supplier Qualification)**
Über die Lieferantenqualifizierung erhalten Lieferanten die Möglichkeit, sich über das Internet selbst zu registrieren und sich dabei Produktkategorien zuzuordnen.

▸ **Verwaltung von Kataloginhalten**
(Catalog Content Management)
Mit der Verwaltung von Kataloginhalten können Daten zu Produkten gepflegt werden. Die Daten des Katalogs können über SAP SRM abgerufen werden.

▸ **Analytische Funktionen (Analytics)**
Zusammen mit den Funktionen von SAP BW werden Daten aus
allen Geschäftsbereichen des Unternehmens analysiert. Die Daten
können sich auch in angebundenen Backend-Systemen befinden.
Mittels der Supplier Evaluation ist es möglich, Lieferanten aufgrund von Umfragen zu bewerten.

Endbenutzer greifen mit dem Browser auf SAP SRM zu. Die Technologien, in denen die Oberfläche dargestellt wird, variieren je nach
Releasestand und Geschäftsprozess.

Oberfläche von
SAP SRM

Seit Release SAP SRM 2007 werden Funktionen über Web Dynpro für
ABAP dargestellt und können über das SAP Enterprise Portal aufgerufen werden. Um sich am SAP Enterprise Portal anmelden zu können, benötigt der Endbenutzer zusätzlich Portalberechtigungen, die
den Zugriff auf die im Portal angezeigten Applikationen erlauben.

Mit dem Release SAP SRM 7.0 besteht des Weiteren die Möglichkeit,
SRM-Funktionen über den SAP NetWeaver Business Client aufzurufen.

Die Berechtigungsprüfung zum Zugriff auf die Weboberfläche in den
jeweiligen PFCG-Rollen gesteuert.

Die Berechtigungssteuerung beim Zugriff auf Daten in SAP SRM
wird über die PFCG-Rollen (siehe Abschnitt 6.3.2, »Rollenpflege«) im
SAP NetWeaver Application Server (AS) ABAP realisiert. Die PFCG-
Rollen berechtigen einen Nutzer mittels Berechtigungsobjekten
(siehe Abschnitt 6.2, »Berechtigungen«) zum Zugriff auf die Daten
von SAP SRM. Über die Vergabe von Berechtigungsobjekten kann
der Zugriff von Daten abhängig von bestimmten Kriterien, wie z. B.
den Daten des Organisationsmodells sowie den Änderungsberechtigungen auf Daten, gesteuert werden. SAP SRM verfügt über eigene
Berechtigungsobjekte.

PFCG-Rollen

Voraussetzungen für die Berechtigungsvergabe sind, wie z. B. in SAP
CRM, das Verwenden und Zuweisen von Geschäftspartnern zu Nutzern (siehe Abschnitt 14.4, »Zuweisen von Benutzerrollen und
PFCG-Rollen«). Diese werden im Organisationsmodell einer Einkaufsorganisation oder Einkäufergruppe zugeordnet. Abhängig von
der Position des Endbenutzers im Organisationsmodell werden
Berechtigungsprüfungen gesteuert. Die Zuordnung der Mitarbeiter
zum Organisationsmodell wird über die Transaktion PPOMA_BBP

Voraussetzungen
für Benutzer-
administration

realisiert. Die Mitarbeiter werden dort einer Einkaufsorganisation oder Einkäufergruppe zugeordnet.

Im Gegensatz zu SAP CRM benötigt der Nutzer keine weiteren Rollen, die im Customizing die Weboberfläche definieren. Greift der Nutzer auf SAP SRM über das SAP Enterprise Portal zu, werden zusätzlich noch Portalberechtigungen benötigt. In diesem Kapitel werden die Mechanismen zur Berechtigung der Weboberfläche sowie zur Berechtigung der einzelnen Business-Objekte näher erläutert.

15.2 Berechtigungsvergabe in SAP SRM

In SAP SRM werden anhand der SRM-Szenarien PFCG-Rollen ausgeliefert. Diese können angepasst werden und nehmen dann, je nach Szenario, die passenden Funktionen ein. Im Folgenden werden wir die wesentlichen PFCG-Rollen und deren Funktionen kurz erläutern. Im Anschluss werden die Berechtigungsmechanismen für die SRM-Weboberfläche sowie der Zugriff auf SRM-Daten dargestellt.

Die ausgelieferten Standard-PFCG-Rollen erlauben es dem Benutzer, je nach Tätigkeit auf bestimmte Funktionen und Daten zuzugreifen. Als Voraussetzung muss jeder Benutzer im Organisationsmodell einer Einkaufsorganisation in der Transaktion PPOMA_BBP zugeordnet sein. Durch diese Zuweisung erbt der Benutzer Attribute, die Zugriffe auf Daten bestimmen. So dürfen Mitarbeiter z. B. Bestellungen nur der eigenen Kostenstelle zuweisen.

Die von SAP ausgelieferten PFCG-Rollen können Sie als Kopiervorlage verwenden und den eigenen Bedürfnissen anpassen. Da die Standardrollen über keine datentrennende Ausprägung verfügen, müssen Sie diese, je nach Anforderung, selbst definieren.

Rollen in SAP SRM   Zugriff auf die Geschäftsprozesse von SAP SRM und somit auf Transaktionen und Daten haben Endbenutzer mittels der SAP-Standardrollen bzw. der angepassten PFCG-Rollen. Sämtliche von SAP ausgelieferte PFCG-Rollen sind in SAP-Hinweis 1261825 beschrieben. Der Hinweis wird mit jedem Enhancement Package erweitert, da jedes Package Änderungen für die von SAP ausgelieferten PFCG-Rollen enthält:

- **Mitarbeiter**

  Die PFCG-Rolle /SAPSRM/EMPLOYEE kann für Mitarbeiter im Geschäftsszenario *Beschaffung per Self-Service* verwendet werden. Der Mitarbeiter ist für den Wareneinkauf verantwortlich und hat somit Zugriff auf Produktkataloge, um Waren oder Serviceleistungen zu bestellen. Nach dem Abschicken der Bestellung kann der Mitarbeiter den Bestellstatus überprüfen. Ist ein Produkt nicht im Produktkatalog vorhanden, besteht die Möglichkeit, Anfragen an die Verkäufer zu stellen. Ist die Bestellung eingetroffen, kann der Mitarbeiter den Empfang bestätigen und die Rechnung oder eine Gutschrift erfassen.

- **Manager**

  Der Manager des Mitarbeiters kann über die PFCG-Rolle /SAPSRM /MANAGER sowohl Benutzerstammsätze als auch Einkaufswagen der ihm im Organisationsmodell zugewiesenen Mitarbeiter bestätigen. Der Manager ist für die Abrechnung der Einkäuferkarten seiner Mitarbeiter zuständig. Einkäuferkarten werden Mitarbeitern im Einkauf ausgegeben, um Posten bis zu einem festgelegten Betrag oder von bestimmten Händlern zu erwerben (siehe SAP-Onlinehilfe, Glossar).

Es gibt folgende Rollen im Beschaffungsprozess:

Rollen im Beschaffungsprozess

- **Operativer Einkäufer**

  Die Rolle des operativen Einkäufers (PFCG-Rolle /SAPSRM/OP_PURCHASER) erlaubt das Bearbeiten und Ausgeben von Bestellungen sowie die Erstellung von Ausschreibungen und Vergleichen von eingehenden Angeboten. Der operative Einkäufer kann darüber hinaus Standardvorlagen für Beschaffungsvorgänge für Mitarbeiter definieren und stellvertretend für weitere Mitarbeiter einkaufen. Er kann sich Kontrakte anzeigen lassen und verfügt über die Berechtigung zum Anzeigen von Berichten für die Auswertung.

- **Strategischer Einkäufer**

  Der strategische Einkäufer (PFCG-Rolle /SAPSRM/ST_PURCHASER) ist für die strategische Beschaffung zuständig. Dazu gehören das Erstellen von Ausschreibungen und der Vergleich von Angeboten. Der strategische Einkäufer kann jedoch zusätzlich Kontrakte erstellen, Geschäftspartnerstammdaten pflegen sowie Lieferantenlisten zusammenstellen. Zur Entscheidungsunterstützung im strategischen Sinne hat diese Rolle Berechtigungen auf SAP-BW-Auswertungsreports.

▸ **Warenzusteller**
Die Rolle des Warenzustellers ist die PFCG-Rolle /SAPSRM/RECIPIENT. Warenzusteller nehmen Warenlieferungen entgegen und verteilen diese an die Empfänger. Somit können sie den Wareneingang zentral bestätigen.

▸ **Kreditorenbuchhalter**
Eine weitere Rolle ist der Kreditorenbuchhalter mit der PFCG-Rolle /SAPSRM/ACCOUNTANT. Kreditorenbuchhalter können Rechnungen für Mitarbeiter erfassen.

▸ **Bieter**
Bieter mit der PFCG-Rolle /SAPSRM/BIDDER sind keine Mitarbeiter des Einkaufs. Es sind potenzielle Lieferanten. Nach erfolgter Ausschreibung kann der Bieter ein Angebot abgeben. Erhält dieser den Zuschlag für das Angebot, wird eine Lieferantenbeziehung erstellt.

▸ **Lieferant**
Mitarbeiter und Einkäufer beziehen Waren von Lieferanten. Diese können über die PFCG-Rolle /SAPSRM/SUPPLIER Rechnungen zu ihren Bestellungen erfassen sowie das Liefern der Ware oder Dienstleistung bestätigen.

Rollen im Supplier Self-Service

Folgende Rollen stehen im Geschäftsszenario *Supplier Self-Service* zur Verfügung:

▸ **Supplier Self-Service**
In den Geschäftsszenarien *Beschaffung per Self-Service* und *Planungsgesteuerte Beschaffung mit Lieferantenintegration* wird dem Lieferanten die Möglichkeit gegeben, sich an SAP SRM über die Supplier Self-Services anzumelden. SAP liefert auch hierfür standardmäßig PFCG-Rollen aus.

Rollen in beiden Szenarien sind Einkäuferadministrator, Lieferantenadministrator, Auftragsbearbeiter, Rechnungssteller, Bieter sowie Manager:

▸ **Einkäuferadministrator**
Die PFCG-Rolle /SAPSRM/SUS_ADMIN_PURCHASER wird dem Einkäuferadministrator zugewiesen. Dieser verfügt über die Berechtigung, Benutzer anzulegen sowie sich und Benutzern Rol-

len zuzuordnen. Darüber hinaus kann er sich Dokumente anzeigen lassen, Kundendaten bearbeiten sowie Nachrichten im System erfassen und lesen.

- **Lieferantenadministrator**
  Der Lieferantenadministrator (PFCG-Rolle /SAPSRM/SUS_ADMIN_SUPPLIER) ist Administrator für Lieferanten und kann ebenfalls Benutzer anlegen, sich und Lieferantennutzern Rollen zuweisen sowie Kundendaten anzeigen lassen und Nachrichten lesen.

- **Auftragsbearbeiter**
  Die Rolle des Auftragsbearbeiters (PFCG-Rolle /SAPSRM/SUS_ORDER_PROCESSOR) verfügt über die Berechtigungen, Bestellungen anzuzeigen, diese zu bearbeiten sowie Kundendaten und Nachrichten zu lesen.

- **Rechnungssteller**
  Der Rechnungssteller (PFCG-Rolle /SAPSRM/SUS_INVOICER) erfasst in SAP SRM Rechnungen und kann sich ebenfalls Kundendaten und Nachrichten anzeigen lassen.

- **Bieter**
  Mit der PFCG-Rolle /SAPSRM/SUS_BIDDER können Bieter bei einer Ausschreibung in SAP SRM ihre Angebote abgeben.

- **Manager**
  Der Manager kann sich über die PFCG-Rolle /SAPSRM/SUS_MANAGER im Supplier Self-Service Reporting-Daten anzeigen lassen.

- **Leistungserbringer**
  Die Rolle des Leistungserbringers (PFCG-Rolle /SAPSRM/SUS_SERVICE_AGENT) verfügt, neben Leseberechtigungen für Nachrichten und Kundendaten, über Schreibrechte zum Bearbeiten von Bestätigungen.

- **Warenversender**
  Warenversender können mittels der PFCG-Rolle /SAPSRM/SUS_DISPATCHER Versandmitteilungen bearbeiten und Lieferungen bestätigen.

Sie können diese Standardrollen im ausgelieferten Zustand bereits einsetzen. Da diese Rollen als Vorlagen genutzt werden sollen und Änderungen jederzeit über das Einspielen von Support Packages an den Rollen vorgenommen werden können, raten wir Ihnen, die Standardrollen immer zu kopieren, das Profil zu generieren und erst anschließend dem Nutzer zuzuweisen. Die Standardrollen können

Einsatz der Standardrollen

u. a. so ausgeprägt sein, dass die Nutzer uneingeschränkten Zugriff auf die jeweiligen Belegdaten erhalten. Möchten Sie jedoch diesen Zugriff, z. B. abhängig von der zugewiesenen Einkaufsorganisation, einschränken, müssen Sie die dafür notwendigen Berechtigungsobjekte entsprechend anpassen. Die einschränkende Berechtigungsvergabe auf die Oberfläche sowie auf die Daten von SAP SRM wird in den nächsten Abschnitten erläutert.

15.2.1 Berechtigen der Oberflächenmenüs

Die Oberfläche von SAP SRM ist webbasiert und wird seit Release 2007 als Web Dynpro für ABAP aufgerufen. Die Oberfläche kann sowohl im SAP Enterprise Portal als auch im vom Portal unabhängigen Navigationsrahmen aufgerufen werden (siehe SAP-Onlinehilfe, Stichwort *Rollen*). Abbildung 15.1 zeigt den grundlegenden Aufbau dieser Oberfläche im SAP Enterprise Portal.

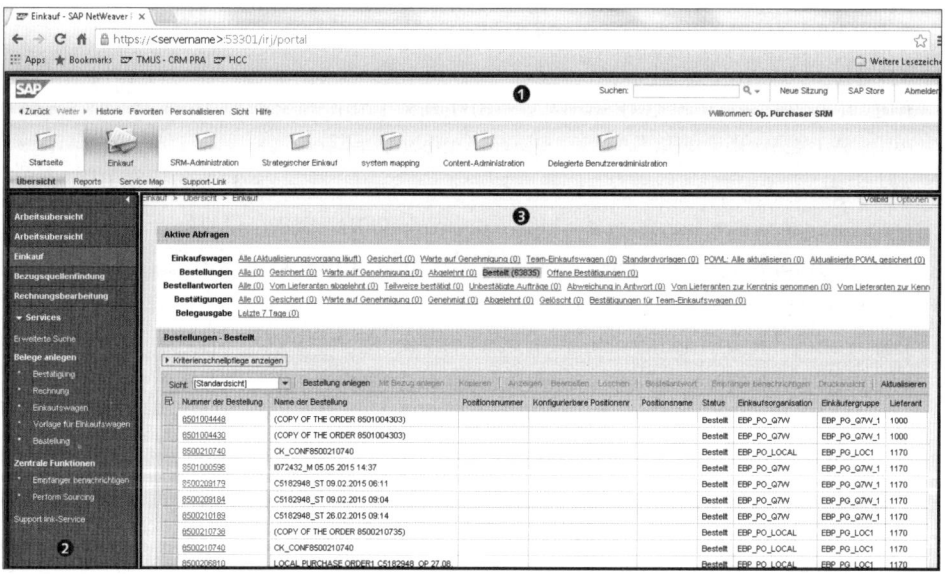

Abbildung 15.1 Oberfläche von SAP SRM

Komponenten der Oberfläche | Der *Kopfbereich* ❶ beinhaltet Work Center. Über diese Work Center können Benutzer auf die Funktionsbereiche ihrer Rolle zugreifen. Diese Funktionsbereiche werden über die Rolle bzw. Rollen des Endbenutzers definiert und variieren je nachdem, mit welcher Rolle sich ein Endbenutzer anmeldet. Den Work Centern sind jeweils verschiedene Registerkarten zugeordnet.

Das Seitenmenü in der *Navigationsleiste* ❷ besteht aus Worksets und Service-Links. Worksets stellen die Feinnavigation für Funktionen im SRM dar. Je nach Funktionsbereich gibt es ein Workset, wie z. B. Einkauf, Kontraktverwaltung oder Geschäftspartner. Abhängig von den ausgewählten Worksets werden die SRM-Funktionen im Detailbereich der Service-Links innerhalb der Navigationsleiste angezeigt. Dort können die SRM-Anwendungen aufgerufen werden.

Bei der Auswahl eines Worksets wird im *Anwendungsbereich* ❸ die jeweilige Serviceübersicht angezeigt, die einen Überblick über Belege oder Geschäftspartner gibt. Darüber hinaus werden die aus der Navigationsleiste aufgerufenen SRM-Funktionen ausgeführt. Belege werden mit Kopf- und Positionsdaten angezeigt und können dort bearbeitet werden.

Seit Release SAP SRM 2007 kann ein Großteil der Geschäftsszenarien über das SAP Enterprise Portal angezeigt werden. Lieferanten greifen nach wie vor auf die SAP-SRM-Weboberfläche zu, die mittels Business Server Pages (BSP) realisiert worden ist. Um einem Nutzer Zugriff auf die Inhalte des Portals zu gewähren, benötigt dieser zusätzlich eine Portalrolle. Abbildung 15.2 stellt den Zusammenhang zwischen PFCG-Rollen in SAP SRM und Portalrollen im jeweils angeschlossenen SAP Enterprise Portal dar.

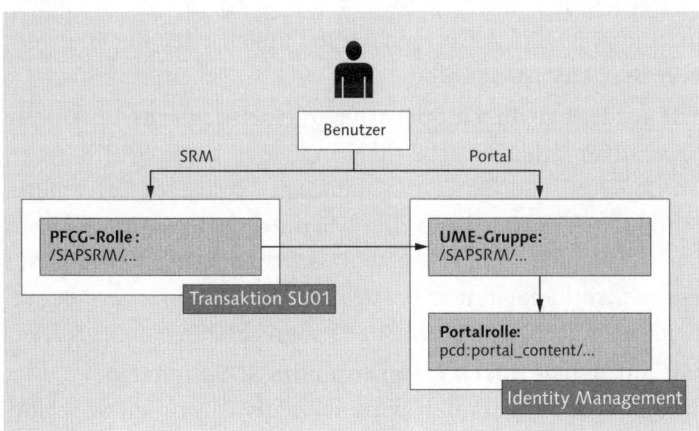

Abbildung 15.2 Rollen in SAP SRM und SAP Enterprise Portal

Die Benutzeradministration wird in SAP SRM über die Transaktion SU01 vorgenommen. Seit dem Release SAP SRM 7.0 werden PFCG-Rollen im Namensraum /SAPSRM/ ausgeliefert. Die Rollen entsprechen den in Abschnitt 15.2, »Berechtigungsvergabe in SAP SRM«,

Zuweisung von Portalrollen über PFCG-Rollen

beschriebenen Rollen und enthalten alle notwendigen Berechtigungen. Der Endbenutzer benötigt zusätzlich Berechtigungen für das Portal. Ist die Benutzerverwaltung im Portal so konfiguriert, dass der SAP NetWeaver AS ABAP, hier also der SRM-Server, als zentrale Datenquelle dient, werden PFCG-Rollen des SAP NetWeaver AS ABAP als UME-Gruppen (siehe Abschnitt 12.2.3, »UME-Gruppe«) im SAP NetWeaver AS Java des Portals erkannt. Mittels der Standardrollen erhält der Benutzer automatisch die dazugehörigen Berechtigungen im SAP Enterprise Portal, da die ausgelieferten PFCG-Rollen jeweils einer UME-Gruppe im Portal zugewiesen sind. Der UME-Gruppe ist dann die eigentliche Portalrolle zugewiesen. Über die Portalrolle erhält der Benutzer die Berechtigung zum Zugriff auf die Navigationsleiste.

15.2.2 Berechtigen typischer Geschäftsvorgänge

Benutzergruppen Verschiedene Arten von Benutzern greifen auf SAP SRM in verschiedenen Funktionen zu. Möchten Sie den Zugriff auf Daten für die verschiedenen Benutzergruppen einschränken, müssen Sie die entsprechenden Berechtigungsobjekte für diese Business-Objekte anpassen.

▶ **Zugriff auf Belege durch Self-Service-Benutzer**
Im Geschäftsprozess *Beschaffung per Self-Service* kann der Benutzer für den eigenen Bedarf mittels des Einkaufswagens bestellen. Der Self-Service-Benutzer hat jedoch keine Möglichkeit, auf Belegdaten, wie z. B. Einkaufswagen, Bestellungen oder Rechnungen, anderer Benutzer zuzugreifen.

▶ **Zugriff auf Belege durch operative und strategische Einkäufer**
Ein operativer oder strategischer Einkäufer nutzt SAP SRM in einem anderen Ausmaß und benötigt deswegen erweiterte Berechtigungen. Somit kann diese Benutzergruppe Bestellungen für andere Benutzer anlegen bzw. bearbeiten sowie Verträge mit Lieferanten verhandeln und Bestellungen zuordnen. Diese Benutzer benötigen dazu erweiterte Zugriffsberechtigungen auf Belege.

▶ **Zugriff auf Belege durch Lieferanten im SUS-Szenario**
Mitarbeitern der Lieferanten wird ebenfalls Zugriff auf SAP SRM oder den Supplier Self-Service (SUS) gewährt. Dieser Zugriff ist jedoch nur auf eigene Belege beschränkt.

▶ **Zugriff auf Belege durch Administratoren**
Eine weitere Benutzergruppe beschränkt sich auf Administratoren oder Controller, die Zugriff auf SAP SRM benötigen, um Administrationsfunktionen oder Monitoring-Aktivitäten durchzuführen.

Alle Benutzer werden sowohl als Benutzer in der Transaktion SU01 als auch als Geschäftspartner im SRM-System angelegt und im Organisationsmodell zugewiesen. Der Geschäftspartner wird benötigt, um regelbasierte Prüfungen, abhängig von zugewiesenen Attributen, durchführen zu können.

Die Berechtigungsvergabe in SAP SRM umfasst folgende Berechtigungsprüfungen:

Berechtigungsprüfungen

▶ **Berechtigungsprüfungen in Abhängigkeit zum Organisationsmodell**
Über die im Organisationsmodell definierten Attribute können ebenfalls Berechtigungen für Endbenutzer, abhängig von deren Position und Planstelle, gesteuert werden.

▶ **Berechtigungsvergabe in Belegen**
Mit der Berechtigungsprüfung auf Belege können der Zugriff auf Belege sowie die Aktion, die der Nutzer in Belegen ausführen darf, definiert werden. Darüber hinaus wird gesteuert, wie Lieferanten auf SAP SRM Zugriff über den Supplier Self-Service bzw. ohne die Nutzung des Supplier Self-Service haben.

▶ **Berechtigungsvergabe bei Stammdaten**
Mittels der Vergabe von Berechtigungsobjekten wird definiert, welche Nutzer Zugriffs- und Änderungsberechtigungen für Geschäftspartner und Produkte erhalten.

▶ **Weitere Berechtigungsprüfungen mit Berechtigungsobjekten**
Mittels weiterer Berechtigungsobjekte können Berechtigungen auf Budgets, Einkäuferkarten oder Konditionen festgelegt werden. Darüber hinaus können Prüfungen für Workflows oder Genehmigungsprozesse definiert werden.

Einige der Berechtigungsmechanismen lassen sich mit den Berechtigungsprüfungen anderer SAP-Lösungen vergleichen. So wird z. B. in SAP CRM ebenfalls abhängig von der Zugehörigkeit des Nutzers im Organisationsmodell der Zugriff auf Belegdaten eingeschränkt. Die folgenden Abschnitte erläutern die aufgezählten Berechtigungsprüfungen detaillierter.

Prüfung durch die Verwendung des Organisationsmodells

SAP SRM benötigt das Organisationsmodell zur Organisation des Unternehmens sowie der Einkaufsorganisationen (siehe Abbildung 15.3).

Berechtigungsprüfung auf das Organisationsmodell

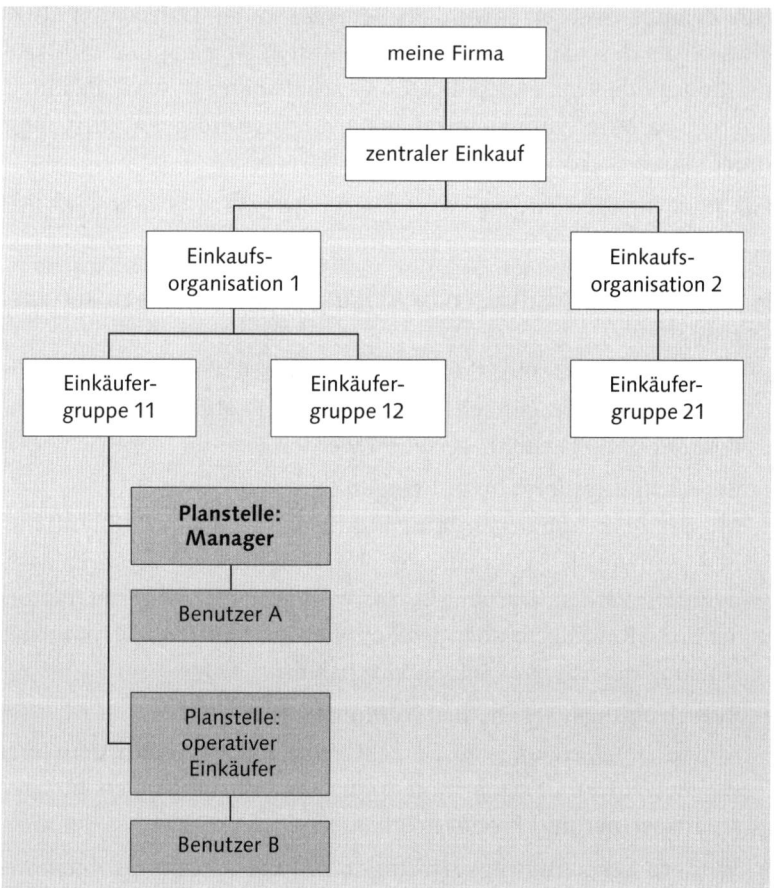

Abbildung 15.3 Aufbau eines Organisationsmodells in SAP SRM

Das Organisationsmodell steuert mittels der den Organisationseinheiten zugewiesenen Attribute Berechtigungsprüfungen sowie Vorschlagswerte bzw. Wertehilfen in verschiedenen Funktionen. Diese
Attribute sind z. B. Kostenstelle, Werk oder Buchungskreis.

Über die im Organisationsmodell gepflegten Planstellen werden wei-
tere Prüfungen für Genehmigungsworkflows gesteuert. So kann der
Benutzer, der der Planstelle *Manager* zugewiesen ist, für sein Team
Einkaufswagen bestätigen.

Pflege des Organi-
sationsmodells

Das Organisationsmodell sowie die Attributpflege der Organisationseinheiten wird in der Transaktion PPOCA_BBP angelegt und mit der
Transaktion PPOMA_BBP gepflegt (siehe Abbildung 15.4).

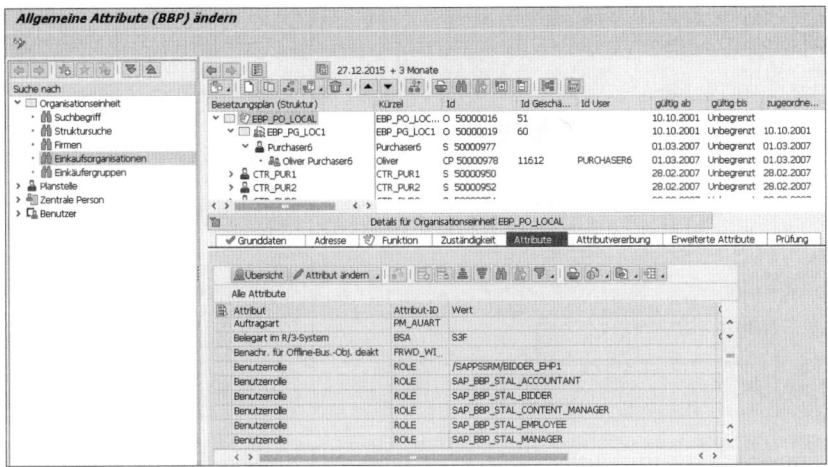

Abbildung 15.4 Attribute im Organisationsmodell

Das Organisationsmodell dient darüber hinaus dem Anlegen von Benutzerstammsätzen in Self-Service-Szenarien, der Ermittlung von Mitarbeitern, die für die Genehmigung zuständig sind, sowie der Ermittlung der Einkaufsorganisation und Einkäufergruppe, die in Belegdaten gespeichert werden.

Die Prüfung des Einkaufswagens kann über das Organisationsmodell mit einer Vertreterregelung ergänzt werden. Einkaufswagen können nur vom Benutzer gelesen und angelegt werden. Ist im Organisationsmodell das Attribut REQUESTER gepflegt, kann ein Benutzer für die Benutzer der dort hinterlegten Organisationseinheit Bestellungen anlegen.

Berechtigungsvergabe in Belegen

Der Zugriff auf Belegdaten wird über die im Beleg gepflegte EINKAUFSORGANISATION, die EINKÄUFERGRUPPE sowie die VORGANGSART geprüft (siehe Abbildung 15.5). Zusätzlich definiert das Berechtigungsfeld ACTVT (Aktivität) in den einzelnen Belegprüfungen, welche Aktionen, wie z. B. Lesen, Schreiben oder Löschen, ein Benutzer auf dem Beleg ausführen kann.

Berechtigungsprüfung auf Belege

Mit der Prüfung auf Einkaufsorganisationen und Einkäufergruppen ist es möglich, komplexe Prüfungen auszuführen. Auf diese Weise kann definiert werden, dass ein Benutzer z. B. Lese- und Schreibrechte auf die Belege der eigenen Einkäufergruppe erhält, jedoch nur Leserechte auf die Belege einer anderen Einkaufsorganisation.

Berechtigungsprüfung in Abhängigkeit zur Einkaufsorganisation

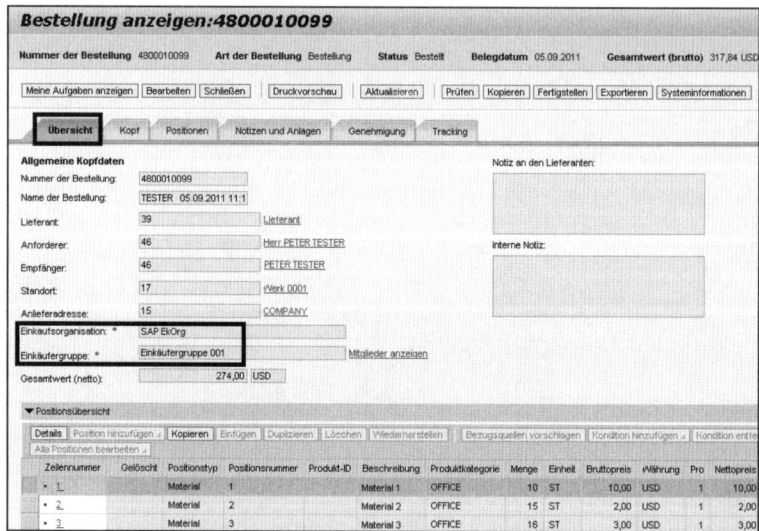

Abbildung 15.5 Organisationsdaten im Beleg

Mit dem Einsatz dieser Berechtigungsprüfungen kann Zugriff auf Belegdaten, unabhängig von der Funktion bzw. Zuständigkeit des Benutzers, vergeben werden. Voraussetzung zur Nutzung dieser Belegprüfung ist die Pflege des Organisationsmodells samt der Attribute *Einkaufsorganisation* bzw. *Einkäufergruppe*.

Da die Felder EINKAUFSORGANISATION und EINKÄUFERGRUPPE als Organisationsebenen definiert sind, ergibt sich die Möglichkeit, abgeleitete Rollen für jede Einkaufsorganisation zu erstellen. Weitere Informationen zum Thema *abgeleitete Rollen* finden Sie in Abschnitt 6.3.2, »Rollenpflege«.

Berechtigungs-
prüfung in Belegen

Tabelle 15.1 gibt Ihnen eine Übersicht über die in SAP SRM verwendeten Berechtigungsobjekte zur Prüfung von Belegen:

Belegart	Berechtigungsobjekt	Beschreibung
Kontrakt	BBP_PD_CTR	Der Endbenutzer hat Zugriff auf die Kontrakte, die einer bestimmten Einkaufsorganisation bzw. Einkäufergruppe zugewiesen sind.
Live-Auktion	BBP_PD_AUC	Auktionen können nur für eine bestimmte Einkaufsorganisation oder Einkäufergruppe angezeigt oder angelegt werden.

Tabelle 15.1 Berechtigungsobjekte für die Belegprüfung

Belegart	Berechtigungsobjekt	Beschreibung
Ausschreibung	BBP_PD_BID	Ausschreibungen werden, ähnlich wie Auktionen, abhängig von Einkaufsorganisation, Einkäufergruppe sowie bestimmten Vorgangsarten berechtigt.
Angebote	BBP_PD_QUO	Benutzer erhalten Zugriff auf Angebote, abhängig von der berechtigten Einkaufsorganisation, Einkäufergruppe und Vorgangsart.
Bestellantwort	BBP_PD_PCO	Die im Beleg zugewiesene Einkaufsorganisation oder Einkäufergruppe berechtigt den Benutzer zum Zugriff auf Bestellantworten.
Bestellung	BBP_PD_PO	Der Nutzer darf Bestellungen lesen oder bearbeiten, wenn dieser für die im Beleg gepflegte Einkaufsorganisation oder Einkäufergruppe berechtigt ist.
Auftragsbestätigung	BBP_PD_CNF	Auftragsbestätigungen werden nur über die Aktivität geprüft.
Einkaufswagen	BBP_PD_SC	Beim Anlegen und Ändern des Einkaufswagens werden keine Berechtigungsprüfungen durchgeführt, stattdessen wird eine andere Prüfung ausgeführt, die nur die Einkaufswagen des jeweiligen Nutzers anzeigt bzw. durch die Pflege des Attributs REQUESTER im Organisationsmodell Zugriff auf Einkaufswagen der dort zugewiesenen Nutzer erlaubt.
Lieferantenliste	BBP_PD_VL	Nutzer haben auf Lieferantenlisten Zugriff, wenn sie für die Einkaufsorganisation oder Einkäufergruppe berechtigt sind.
Rechnung	BBP_PD_INV	Berechtigungen werden für Rechnungen unabhängig von Einkaufsorganisation oder Einkäufergruppe gewährt.

Tabelle 15.1 Berechtigungsobjekte für die Belegprüfung (Forts.)

Berechtigungs-
felder der
Belegprüfung
Diese Berechtigungsobjekte prüfen Belege nach einem bestimmten Muster. Alle Berechtigungsobjekte bestehen aus folgenden Feldern:

- BBP_PURORG (Zuständige Einkaufsorganisation)
- BBP_PURGRP (Zuständige Einkäufergruppe)
- BBP_PROCTY (Geschäftsvorgangsart)
- ACTVT (Aktivität)

Mit der Nutzung dieser Felder ist es möglich, komplexe Prüfungen auf Belege mittels der Kombination von Feldern durchzuführen. Weitere Informationen zu den Berechtigungsobjekten der Belegprüfung finden Sie in der Transaktion SU21 (Pflege der Berechtigungsobjekte).

Anwendungsbeispiel

Sie möchten Ihre Endbenutzer berechtigen, nur bestimmte Ausschreibungen für eine Einkaufsorganisation anzulegen und zu bearbeiten. Im folgenden Beispiel (siehe Abbildung 15.6) gibt es die beiden Einkaufsorganisationen PORG_001 und PORG_002. Jeder Einkaufsorganisation sind Einkäufergruppen untergeordnet. Der zu berechtigende Benutzer ist der Einkäufergruppe PGRP_001 zugewiesen, die organisatorisch der Einkaufsorganisation PORG_001 zugeordnet ist.

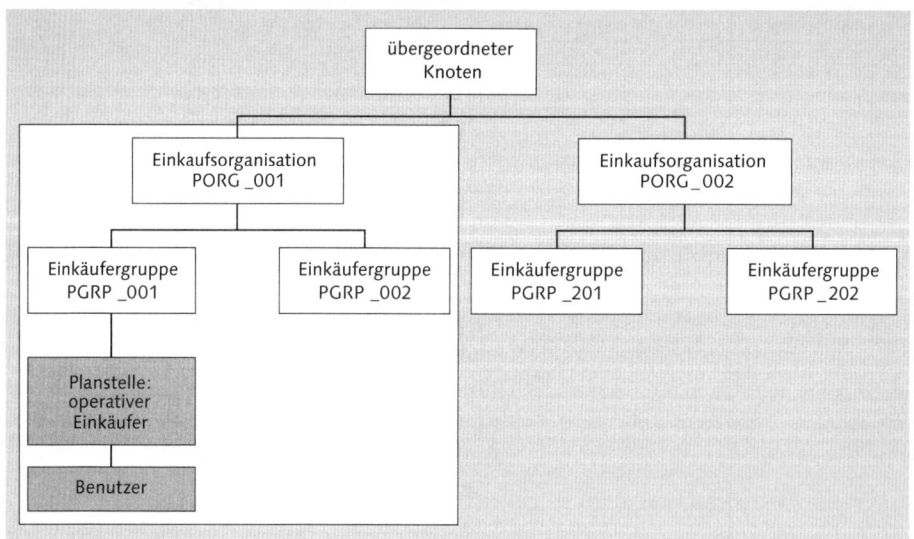

Abbildung 15.6 Beispiel: Zuweisung des Benutzers im Organisationsmodell

Der Endbenutzer soll nun nur Ausschreibungen einer bestimmten Vorgangsart, die der Einkaufsorganisation PORG_001 zugewiesen sind, lesen und bearbeiten sowie Ausschreibungen für diese Einkaufsorganisation anlegen.

Zur Berechtigung von Ausschreibungen wird das Berechtigungsobjekt BBP_PD_BID genutzt. Sie müssen die Berechtigungsfelder wie folgt pflegen, um die Anforderung zu erfüllen:

Belegprüfung mittels des Berechtigungsobjekts BBP_PD_BID

- ▸ BBP_PURORG: PORG_001
- ▸ BBP_PURGRP: PGRP_001 oder *
- ▸ BBP_PROCTY: BID
- ▸ ACTVT: 01, 02, 03

Der Endbenutzer findet in der Suchergebnisliste nun nur die Ausschreibungen, die entweder der Einkaufsorganisation PORG_001 oder aber sowohl der Einkaufsorganisation PORG_001 als auch den darunterliegenden Einkäufergruppen PGRP_001 und PGRP_002 zugeordnet sind. Somit ist eine Differenzierung auf Organisationsebenen möglich.

Darüber hinaus hat der Nutzer keinen Zugriff auf die Ausschreibungen, die zwar ebenfalls der Einkaufsorganisation PORG_001 zugewiesen sind, aber nicht der Vorgangsart BID entsprechen.

Die Prüfung auf die Vorgangsart wird in jedem Beleg abhängig von den Geschäftsvorgangstypen durchgeführt. Geschäftsvorgangstypen bestimmen den wirtschaftlichen Kontext, in dem Vorgangsarten genutzt werden können. Einem Geschäftsvorgangstyp können mehrere Vorgangsarten im selben Kontext zugewiesen werden (siehe SAP-Onlinehilfe). Aus diesem Grund gibt es für jede Belegart ein eigenes Berechtigungsobjekt, da die Vorgangsarten vom Geschäftsvorgangstyp des Belegs geprüft werden.

Im Beispiel werden für den Geschäftsvorgangstyp BUS2200 (Ausschreibung) alle Vorgangsarten geprüft. Die Vorgangsart BID ist u. a. diesem Geschäftsvorgangstyp zugewiesen. Der Nutzer erhält somit nur Zugriff auf die Belege, die in dieser Vorgangsart angelegt worden sind.

Das Feld ACTVT beinhaltet verschiedene Möglichkeiten zur Definition der Aktion des Benutzers auf den Beleg. Folgende Auswahlmöglichkeiten stehen Ihnen in diesem Feld zur Verfügung:

- 01 (Hinzufügen oder Erzeugen)
- 02 (Ändern)
- 03 (Anzeigen)
- 04 (Drucken, Nachrichten bearbeiten)
- 06 (Löschen)
- 33 (Anlagen lesen)
- C5 (Veröffentlichte Ausschreibungen ändern)
- G7 (Stornieren von Anlagen)
- PU (Publizieren)

Berechtigungs-
prüfung für
Kontrakte

Die Berechtigungsprüfung für Kontrakte enthält erweiterte Prüfungen. Das Berechtigungsobjekt BBP_PD_CTR enthält dieselben zu prüfenden Felder wie andere Belege:

- BBP_PURORG (Zuständige Einkaufsorganisation)
- BBP_PURGRP (Zuständige Einkäufergruppe)
- BBP_PROCTY (Geschäftsvorgangsart)
- ACTVT (Aktivität)

Seit SAP SRM 5.0 gibt es jedoch eine zusätzliche Prüfung auf Kontrakte über das Berechtigungsobjekt BBP_CTR_2. Dieses Berechtigungsobjekt verfügt neben den bereits im Berechtigungsobjekt BBP_PD_CTR definierten Berechtigungsfeldern über zwei neue Berechtigungsfelder:

- BBP_SECTN (Kontraktabschnitte)
- BBP_SENSTV (Vertraulichkeitsstufe des BBP-Belegs)

Für das Feld BBP_SECTN (Kontraktabschnitte) können folgende Werte ausgewählt werden:

- 01 (Hauptangaben)
- 02 (Belege)
- 03 (Konditionen)
- 04 (Berechtigungen)

Abhängig von diesen Werten hat der Nutzer Zugriff auf diese Details in Kontrakten und globalen Rahmenverträgen. In Abbildung 15.7 hat der Nutzer nur Zugriff auf den Bereich HAUPTINFORMATIONEN.

Die Bereiche Notizen und Anlagen, Konditionen und Berechtigungen darf er nicht lesen. Diese Einträge können somit auch nicht gewählt werden.

Das Feld BBP_SENSTV definiert, ob der Nutzer vertrauliche Kontrakte lesen oder bearbeiten darf. Dazu muss der Benutzer im Beleg im Bereich Berechtigungen mit den notwendigen Zugriffsberechtigungen gepflegt sein.

Schützen vertraulicher Kontrakte

Die erweiterte Berechtigungsprüfung für Kontrakte muss zur Nutzung im IMG aktiviert werden. Diese Aktivierung können Sie über folgenden Pfad vornehmen: IMG • Supplier Relationship Management • SRM Server • Anwendungsübergreifende Grundeinstellungen • Erweiterte Berechtigungen für Kontrakte aktivieren.

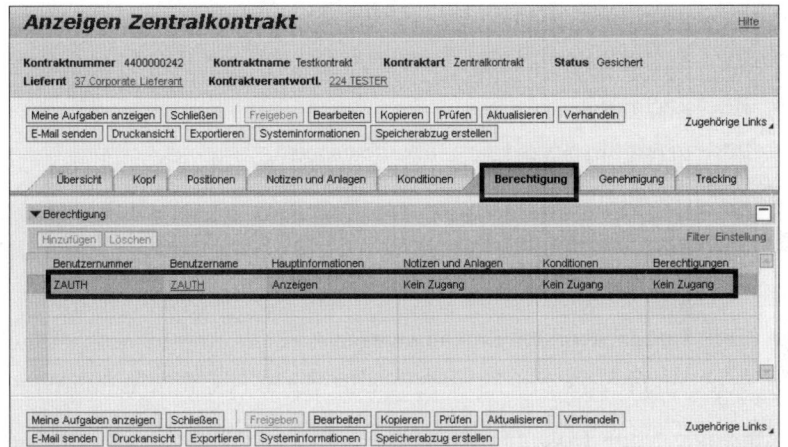

Abbildung 15.7 Erweiterte Berechtigungsprüfung in Kontrakten

Für den Zugriff auf Belege im Supplier Self-Service können Sie die Berechtigungsobjekte BBP_SUS_PD sowie BBP_SUS_P2 verwenden. Das Berechtigungsobjekt BBP_SUS_PD wird zur allgemeinen Prüfung von SUS-Belegen abhängig von Geschäftsvorgangstypen mit folgenden Feldern verwendet:

Berechtigungsvergabe für Belege im SUS

▶ BBP_OBJTYP (Geschäftsvorgangstyp)

▶ ACTVT (Aktivität)

Da das Berechtigungsobjekt jedoch veraltet und eine detaillierte Berechtigung möglich ist, raten wir Ihnen zur Nutzung des folgenden Berechtigungsobjekts: Zur detaillierteren Berechtigungsprüfung auf Belegebene kann das Berechtigungsobjekt BBP_SUS_P2 genutzt werden, das zusätzlich zum Geschäftsvorgangstyp die Ausprägung des Belegs berechtigt. Das Feld BBP_SUBTY (Ausprägung eines Einkaufsbelegs) prüft die Dokumentensubtypen und beinhaltet folgende Werte zur Auswahl:

- ▸ ' ' (blank): keine Ausprägung
- ▸ CA: Storno-Bestätigung
- ▸ CC: globaler Rahmenvertrag
- ▸ CF: Waren-/Leistungsbestätigung
- ▸ CM: Gutschrift zur Rechnung
- ▸ DP: bestellte Bestellung mit Direkt-Material-Positionen
- ▸ EP: erweiterte lokale Bestellung
- ▸ ER: externer Bedarf (Einkaufswagen)
- ▸ FT: Favoritenvorlage Einkaufswagen
- ▸ IV: Rechnung
- ▸ PT: persönliche Vorlage Einkaufswagen
- ▸ QA: Quotierung
- ▸ RT: Rücklieferung Bestätigung
- ▸ SR: Lieferplanabruf
- ▸ ST: Standardvorlage Einkaufswagen
- ▸ TO: temporäres Objekt mit Einkaufswagen-Pos. für das Sourcing

Abhängig vom Dokumentensubtyp kann der Zugriff auf Belege detaillierter eingeschränkt werden.

Berechtigungsvergabe bei Stammdaten

Produkte und Geschäftspartner gehören zu den Stammdaten. Der Zugriff auf Produkte und Geschäftspartner sowie die Pflegeberechtigungen stehen nur ausgewählten Nutzern zur Verfügung.

Produkt-
stammpflege

Zur Pflege von Produkten werden die Zugriffsberechtigungen mit dem Berechtigungsobjekt COM_PRD geprüft. Das Berechtigungsobjekt beinhaltet nur das Feld ACTVT (Aktivität), das die allgemeine Zugriffsberechtigung auf Aktionsebene zuordnet.

Mit dem Berechtigungsobjekt COM_ASET kann die Pflegeberechtigung auf Attribute oder Settypen gesteuert werden.

Der Zugriff auf sowie die Pflege von Konditionen kann ebenfalls geschützt werden. Mit dem Berechtigungsobjekt /SAPCND/CM werden sowohl die Leseberechtigung als auch die Pflegeberechtigung definiert. Folgende Berechtigungsfelder sind dem Berechtigungsobjekt /SAPCND/CM zugewiesen:

Konditionenpflege

- ► ACTVT (Aktivität)
- ► /SAPCND/AP (Applikation im Sinne der Konditionstechnik)
- ► /SAPCND/US (Verwendung im Sinne der Konditionstechnik)
- ► /SAPCND/CT (Konditionstabelle)
- ► /SAPCND/TY (Konditionsart)

Über das Feld ACTVT wird gesteuert, welche Aktionen ein Benutzer auf Konditionen ausführen darf.

Da das Berechtigungsobjekt /SAPCND/CM der Objektklasse ANWEN-DUNGSÜBERGREIFENDE BERECHTIGUNGSOBJEKTE zugeordnet ist, kann abgeleitet werden, dass es in verschiedenen Anwendungskomponenten genutzt wird. Das Feld /SAPCND/AP definiert die Anwendungskomponente, in der das Berechtigungsobjekt geprüft werden muss. Die genutzte Konditionstechnik wird mit dem Feld /SAPCND/US definiert. Ein typisches Beispiel ist hier die Preisfindung mit dem Wert PR. Zur Einschränkung der Konditionstabelle kann das Berechtigungsfeld /SAPCND/CT genutzt werden. Der Zugriff auf Konditionsarten wird über das Feld /SAPCND/TY gewährt.

Zugriff auf Geschäftspartner kann ebenfalls berechtigt werden. Eine Kombination aus den Berechtigungsobjekten BBP_FUNCT und B_BUPA_RLT ist hierfür notwendig. Das Berechtigungsobjekt BBP_FUNCT ist ein allgemeines Berechtigungsobjekt für SRM-Funktionen. Ist der Feldwert des Berechtigungsfeldes BBP_FUNCT auf CR_COMPANY gesetzt, darf der Nutzer Geschäftspartner anlegen. Das Berechtigungsobjekt B_BUPA_RLT prüft, welche Geschäftspartnerrollen bearbeitet werden können.

Partnerpflege

Sonstige Prüfungen

Neben Prüfungen auf Stammdaten und Belege gibt es noch weitere Prüfungen, die den Zugriff bzw. die Pflege auf Business-Objekte definieren.

Berechtigung von
Budgetanzeigen Budgetanzeigen von bestimmten Konten werden über das Berechtigungsobjekt BBP_BUDGET eingeschränkt. Das Berechtigungsobjekt besteht aus folgenden Feldern:

► ACTVT (Aktivität)

► BBPACCTYPE (Kontierungstyp in Enterprise Buyer)

► BBPACCOBJ (Generische Kontierung)

Dem Nutzer können zwei verschiedene Aktivitäten zugewiesen werden. Über den Wert 03 kann dieser sich eine Übersichtsseite anzeigen lassen, die über einen RFC-Aufruf in die Controlling-Komponente des SAP-ERP-Backend-Systems die Daten anzeigt. Der Wert 28 stellt eine Detailanzeige über einen BW-Report dar.

Der Kontierungstyp und das Kontierungsobjekt werden über die Berechtigungsfelder BBPACCTYPE sowie BBPACCOBJ abgeprüft.

Zugriff auf
Funktionen mittels
Objekt BBP_
FUNCT Zugriff auf Funktionen von SAP SRM wird bei Verwendung des SAP Enterprise Portals über Portalrollen gewährt. Eine Ausnahme ist jedoch das Berechtigungsobjekt BBP_FUNCT. Dieses gewährt weiteren Zugriff auf bestimmte Transaktionen bzw. Funktionen in SAP SRM. Das Berechtigungsobjekt besteht lediglich aus dem Berechtigungsfeld BBP_FUNCT. In diesem Feld können Sie folgende Funktionen auswählen:

► CR_COMPANY: Erlaubt das Anlegen von Geschäftspartnern.

► MON_ALERTS: Erlaubt die Verwendung von Monitoring-Funktionen.

► CR_ASSETS: Erlaubt das Erstellen von Anlagenstammdaten.

► BE_F4_HELP: Mit dem Wert können Wertehilfen, die sich im Backend-System befinden, aufgerufen werden.

► EVAL_VEND: Erlaubt das Auswerten von Lieferanten.

► CTR_NOV: Erlaubt Massenänderungen eines Lieferanten in allen betroffenen Kontrakten.

► PO_NOV: Gewährt Massenänderungen eines Lieferanten in allen betroffenen Bestellungen.

► GLOB_ACCSS: Berechtigt den Benutzer zur Bestätigung von Bestellungen anderer Benutzer.

Prüfung während
des Lieferanten-
zugriffs Wenn Lieferanten sich nicht über den Supplier Self-Service an SAP SRM anmelden, haben sie trotzdem die Möglichkeit, Waren zu

bestätigen, Rechnungen anzulegen oder Angebote abzuschicken. Lieferanten sind nicht im Organisationsmodell einer Einkaufsorganisation oder Einkäufergruppe zugewiesen. Eine Berechtigungsprüfung ermöglicht Lieferanten trotzdem, diese Aktivitäten durchzuführen. Dafür werden im Berechtigungsobjekt BBP_VEND folgende Felder zur Prüfung herangezogen:

- BBP_OBJTYP (Geschäftsvorgangstyp)
- ACTVT (Aktivität)

Das Feld GESCHÄFTSVORGANGSTYP kann die nachfolgenden Einträge annehmen:

- BUS2203 (Bestätigung)
- BUS2205 (Rechnung)
- BUS2202 (Angebot)

Die Prüfung auf Aktivitäten in den Geschäftsvorgangstypen wird über das Feld ACTVT gesteuert.

Über die Registerkarte PERSONALISIERUNG der Benutzerpflege der Transaktion SU01 oder die PFCG-Rollenpflege in der Transaktion PFCG ist es möglich, weitere Berechtigungen einzuschränken bzw. Wertegrenzen zu definieren und Genehmigungsworkflows zu steuern. Folgende Personalisierungsobjekte ermöglichen diese Einschränkung:

Personalisierung

- BBP_APPROVAL_LIMIT: Wert des Einkaufskorbs, den man höchstens genehmigen darf
- BBP_SPENDING_LIMIT: Wert, ab dem der Einkaufswagen genehmigt werden muss
- BBP_USER_BUDGET: Betrag, den der Mitarbeiter zur Verfügung hat
- BBP_WFL_SECURITY: Gibt die Berechtigungsstufe des Benutzers in der Genehmigung an.

Diese Werte sind nicht rollenabhängig, sondern können individuell für jeden Nutzer erteilt werden.

Mit den in diesem Kapitel erläuterten Mechanismen zur Berechtigungsverwaltung können Sie sowohl internen Mitarbeitern als auch externen Lieferanten Zugriff auf Ihr SAP SRM gewähren und sicherstellen, dass alle beteiligten Benutzergruppen nur Zugriff auf die

Funktionen und die Daten erhalten, für deren Funktion sie vorgesehen sind. Dazu stehen Ihnen die Mittel der Berechtigungsprüfung auf Oberflächenebene, über Portalrollen, zu. Zur Einschränkung auf Datenebene werden wie in anderen SAP-Lösungen PFCG-Rollen genutzt, die den Zugriff auf Daten abhängig von bestimmten Attributen, wie z. B. der Einkaufsorganisation, erlauben. Benutzerspezifische Wertegrenzen können über die Personalisierung der Benutzerstammpflege umgesetzt werden.

15.3 Fazit

Die Berechtigungsvergabe in SAP SRM unterscheidet sich seit dem Release SAP SRM 2007. Der Zugriff auf SAP SRM gestaltet sich beim Releasestand SAP SRM 2007 wie auch den früheren Releases gleich. Der Benutzer benötigt einen Browser, um auf die Inhalte von SAP SRM zugreifen zu können. Seit dem Release SAP SRM 2007 kann das SAP Enterprise Portal verwendet werden, das auf SAP NetWeaver AS Java basiert. In dieser heterogenen Systemlandschaft müssen dem Benutzer nun sowohl Berechtigungen in SAP SRM in Form von PFCG-Rollen als auch im Portal mittels Portalrollen gewährt werden. Die Oberflächenberechtigungen werden nun über Portalrollen vergeben. Der Zugriff auf die Daten von SAP SRM wird nach wie vor über PFCG-Rollen bestimmt. In späteren Releaseständen kann auch der SAP NetWeaver Business Client zum Einsatz kommen. Die Berechtigungsvergabe wird mit steigender Anzahl und Integration von SAP-Systemen in die Systemlandschaft komplexer.

In diesem Kapitel geben wir Ihnen einen Überblick über den Funktionsumfang des Berechtigungswesens in SAP BW und legen dabei ein besonderes Augenmerk auf die Analyseberechtigungen.

16 Berechtigungen in SAP BW

SAP Business Warehouse (BW) lebt in zwei Welten: Erstens gibt es eine transaktionale OLTP-Welt (*Online Transaction Processing*), in der Objekte z. B. angelegt, angezeigt und verändert werden können, und zweitens den Anwendungsbereich im Reporting (*Online Analytical Processing*, OLAP), in dem interaktiv veränderliche Sichten auf Daten möglich sind. Um bestimmte Sichten zu berechtigen und gleichzeitig andere Sichten nicht, ist bei jedem Navigationsschritt eine erneute Berechtigungsprüfung erforderlich, die die jeweilige Sicht berücksichtigt. Die berechtigungsrelevante Struktur ist sehr dynamisch und durch die Metadaten-Objekte von BW gegeben, insbesondere InfoProvider und InfoObjects. Da dies nur sehr unzulänglich durch Berechtigungsobjekte abgebildet werden kann, wurde mit Release SAP BW 7.0 das Konzept der Berechtigungen für Analyse und Reporting, kurz Analyseberechtigungen, geschaffen.

In diesem Kapitel können wir Ihnen nur einen Einblick in das umfangreiche Thema der Berechtigungen in SAP BW geben. Eine ausführliche Darstellung des Themas finden Sie in dem Buch »Berechtigungen in SAP NetWeaver BW« von Peter John und Peter Kiener, das ebenfalls bei SAP PRESS erschienen ist.

In diesem Kapitel geben wir Ihnen zunächst einen kurzen Überblick über die Berechtigungsobjekte von SAP BW. Der größere Teil des Kapitels befasst sich anschließend mit den Analyseberechtigungen: Wir besprechen die wichtigsten Transaktionen wie die Berechtigungspflege und die Berechtigungszuordnung und gehen im Anschluss genauer auf die grundlegende Funktionsweise und Anwendung der Analyseberechtigungen ein. Darüber hinaus werden Sie auch Analysefunktionen, insbesondere das Berechtigungsprotokoll, kennenlernen.

Wir werden auch das Thema Migration von einem alten Release-stand auf SAP BW 7.0 oder höher beleuchten und Ihnen zum Abschluss noch einen Einblick in die typischen Modellierungsszenarien im Projekt geben.

16.1 OLTP-Berechtigungen

Neue Berechtigungsobjekte in Release 7.0

Wie bereits erwähnt, kann man SAP BW in eine transaktionale und eine datengetriebene Welt aufteilen. Die zentrale Funktion der datengetriebenen Welt ist das interaktive Prozessieren von Datensichten, die transaktionale (OLTP-)Welt hingegen steuert die Bearbeitung von BW-Objekten wie das Anlegen und Ändern von Info-Cubes u. Ä.

Mit dem Release 7.0 wurde SAP BW im Vergleich zu den Vorgängerversionen um zahlreiche neue Berechtigungsobjekte erweitert. Einige davon beziehen sich auf die neuen Funktionen im Warehouse Management: So ist etwa das Berechtigungsobjekt S_RS_ISNEW für die InfoSources ab Release 7.0 hinzugefügt worden. Rund zwanzig Berechtigungsobjekte regeln den Zugriff auf Objekte und Funktionen der Planung in BW-BPS (Business Planning and Simulation). Zudem ist eine ganze Reihe neuer Objekte mit der BW-Integrierten Planung hinzugekommen, wie S_RS_ALVL für die Aggregationsebenen, S_RS_PLSE für die Planungsfunktionen und S_RS_PLSQ für Planungssequenzen.

Dass so viele neue Berechtigungsobjekte hinzugekommen sind, liegt in der Zunahme der Funktionen durch Neuentwicklung und Integration einerseits, aber andererseits auch in einem wachsenden Bewusstsein für die zunehmenden Sicherheitsanforderungen begründet. Zusammen mit dem neuen Konzept der Analyseberechtigungen und dem aktuellen Umfang an Berechtigungsobjekten ist es Administratoren möglich, sehr fein abgestufte Verantwortlichkeiten zu verwalten.

Mit dem Release 7.30 ist in SAP BW aus Sicht der Auditierbarkeit ein großer Schritt getan worden. Es wurde eine Versionierung aller Modellierungsobjekte entwickelt, die alle alten Versionen aufzeichnet und im Entwicklungssystem auch wieder restaurierbar macht. Die Versionierung wird mit dem Berechtigungsobjekt S_RS_HIST gesteuert.

Neuerungen in Release 7.30

Einige Berechtigungsobjekte haben ihre Bedeutung für das Reporting eingebüßt und sind durch andere, passendere Mechanismen ersetzt worden: So haben die Objekte S_RS_ICUBE (InfoCube), S_RS_ISET (InfoSet), S_RS_MPRO (MultiProvider) und S_RS_ODSO (DataStore-Objekt) keine Funktion mehr bei der Regelung des Datenzugriffs beim Reporting. Diese Funktion wird vollständig durch die Analyseberechtigungen abgebildet. Die genannten Objekte beziehen sich nun ausschließlich auf die Pflege und Verwaltung der zugehörigen InfoProvider.

Trennung von Backend und Reporting

Durch diese stärkere Trennung zwischen Backend (OLTP) und Reporting (OLAP) können die Verantwortlichkeiten technisch – durch entsprechende Rollen und Profile – und in größeren Projekten unter Umständen auch personell besser geteilt werden.

Zwei neue Berechtigungsobjekte sind im Zusammenhang mit den Analyseberechtigungen entstanden: S_RS_AUTH (BI-Analyseberechtigungen in Rollen) für die Einbindung der Analyseberechtigungen in ein Rollenkonzept und S_RSEC (Infrastruktur Analyseberechtigungen) für die Steuerung der Zugriffsberechtigungen auf Analyseberechtigungen und verschiedene Aktivitäten in den zugehörigen Transaktionen. Auch die Berechtigung, ein InfoObject berechtigungsrelevant zu machen, wird mit S_RSEC gesteuert.

In jedem Fall empfiehlt es sich, die Dokumentationen der Berechtigungsobjekte zu studieren. Die Transaktion SU21 bietet eine Übersicht über alle Berechtigungsklassen in SAP BW, so auch die Klasse RS (Business Information Warehouse) für BW. In Abbildung 16.1 sind die Berechtigungsobjekte von SAP BW 7.0 aufgeführt.

Die Berechtigungsklasse RSR (Business Information Warehouse – Reporting) ist nur im Zusammenhang mit den alten Reporting-Berechtigungen relevant. Dort wurden kundeneigene Berechtigungsobjekte des alten Konzepts abgelegt.

▽ 📁 RS	Business Information Warehouse	Objektklasse
📄 S_RS_BCS	BEx Broadcasting Berechtigung zum Einplanen	Berechtigungsobjekt
📄 S_RS_AUTH	BI Analyseberechtigungen in Rolle	Berechtigungsobjekt
📄 R_WEBITF	Benutzung des Web Interface Builders	Berechtigungsobjekt
📄 RSANPR	Berechtigung für Analyseprozess	Berechtigungsobjekt
📄 RSCRMEXTR	Berechtigung zum Anlegen von Tabellen- und Dateiextrakten	Berechtigungsobjekt
📄 S_RS_RSTT	Berechtigungsobjekt für das RS-Trace-Tool	Berechtigungsobjekt
📄 S_RS_PPM	Berechtigungsobjekt zum BI Planungsprozessmanagement	Berechtigungsobjekt
📄 S_RS_RSFC	Berechtigungsprüfung für RSFC	Berechtigungsobjekt
📄 S_RS_BTMP	Business Explorer - BEx Web Templates (NW 7.0+)	Berechtigungsobjekt
📄 S_RS_BITM	Business Explorer - BEx Wiederverwendb. Web Items (NW 7.0+)	Berechtigungsobjekt
📄 S_RS_BEXTX	Business Explorer - BEx-Texte (Pflege)	Berechtigungsobjekt
📄 S_RS_DAS	Business Explorer - DataAccessServices	Berechtigungsobjekt
📄 S_RS_EREL	Business Explorer - Enteprise Report reusable elements	Berechtigungsobjekt
📄 S_RS_ERPT	Business Explorer - Enterprise Reports	Berechtigungsobjekt
📄 S_RS_COMP	Business Explorer - Komponenten	Berechtigungsobjekt
📄 S_RS_COMP1	Business Explorer - Komponenten: Erweiterung auf Owner	Berechtigungsobjekt
📄 S_RS_FOLD	Business Explorer - Ordnersicht ein/aus	Berechtigungsobjekt
📄 S_RS_TOOLS	Business Explorer - einzelne Werkzeuge	Berechtigungsobjekt
📄 S_RS_DTP	Data Warehousing Workbench - Data Transfer Process	Berechtigungsobjekt
📄 S_RS_DS	Data Warehousing Workbench - DataSource (Release > BW 3.x)	Berechtigungsobjekt
📄 S_RS_ODSO	Data Warehousing Workbench - DataStore-Objekt	Berechtigungsobjekt
📄 S_RS_HIER	Data Warehousing Workbench - Hierarchie	Berechtigungsobjekt
📄 S_RS_ICUBE	Data Warehousing Workbench - InfoCube	Berechtigungsobjekt
📄 S_RS_IOBJ	Data Warehousing Workbench - InfoObject	Berechtigungsobjekt
📄 S_RS_IOBC	Data Warehousing Workbench - InfoObjectCatalog	Berechtigungsobjekt
📄 S_RS_ISET	Data Warehousing Workbench - InfoSet	Berechtigungsobjekt
📄 S_RS_ISNEW	Data Warehousing Workbench - InfoSource (Release > BW 3.x)	Berechtigungsobjekt
📄 S_RS_ISRCM	Data Warehousing Workbench - InfoSource (direkte Fortschr.)	Berechtigungsobjekt
📄 S_RS_ISOUR	Data Warehousing Workbench - InfoSource (flex. Fortschr.)	Berechtigungsobjekt
📄 S_RS_UOM	Data Warehousing Workbench - Mengenumrechnungsart	Berechtigungsobjekt
📄 S_RS_MPRO	Data Warehousing Workbench - MultiProvider	Berechtigungsobjekt
📄 S_RS_ADMWB	Data Warehousing Workbench - Objekte	Berechtigungsobjekt
📄 S_RS_OHDST	Data Warehousing Workbench - Open Hub Destination	Berechtigungsobjekt
📄 S_RS_PC	Data Warehousing Workbench - Prozessketten	Berechtigungsobjekt
📄 S_RS_IOMAD	Data Warehousing Workbench - Stammdaten pflegen	Berechtigungsobjekt
📄 S_RS_THJT	Data Warehousing Workbench - Stichtags-Ableitungs Art	Berechtigungsobjekt
📄 S_RS_TR	Data Warehousing Workbench - Transformation	Berechtigungsobjekt
📄 S_RS_CTT	Data Warehousing Workbench - Währungsumrechnungsart	Berechtigungsobjekt
📄 R_UPX_MNTN	Einstellungen zur Vertriebsplanung	Berechtigungsobjekt
📄 S_RSEC	Infrastruktur der Analyseberechtigungen	Berechtigungsobjekt
📄 S_RS_LOPD0	LOPD: Berechtigungen Customizing	Berechtigungsobjekt
📄 S_RS_PPMAD	OBSOLET - DO NOT USE!	Berechtigungsobjekt
📄 R_STS_PT	Planung - Berechtigung für Planungsrunde und Teilplan	Berechtigungsobjekt
📄 R_STS_CUST	Planung - Customizing zum Status und Tracking	Berechtigungsobjekt
📄 R_PARAM	Planung - Parametergruppe	Berechtigungsobjekt
📄 R_PLEVEL	Planung - Planungsebene	Berechtigungsobjekt
📄 R_METHOD	Planung - Planungsfunktion	Berechtigungsobjekt
📄 R_AREA	Planung - Planungsgebiet	Berechtigungsobjekt
📄 R_PM_NAME	Planung - Planungsmappe	Berechtigungsobjekt
📄 R_PACKAGE	Planung - Planungspaket	Berechtigungsobjekt
📄 R_PROFILE	Planung - Planungsprofil	Berechtigungsobjekt
📄 R_STS_SUP	Planung - Sonderzugriff Status und Tracking-System	Berechtigungsobjekt
📄 R_CT_SET	Planung - Währungsumrechnungseinstellungen	Berechtigungsobjekt
📄 R_BUNDLE	Planung - globale Planungssequenz	Berechtigungsobjekt
📄 R_STS_ST	Planung - nicht mehr verwenden, bitte R_STS_PT verwenden!	Berechtigungsobjekt
📄 S_RS_ALVL	Planung: Aggregationsebene	Berechtigungsobjekt
📄 S_RS_PLSQ	Planungs-Sequenz	Berechtigungsobjekt
📄 S_RS_PLST	Planungs-Servicetyp	Berechtigungsobjekt
📄 S_RS_PLSE	Planungsfunktion	Berechtigungsobjekt
📄 S_RS_PLENQ	Sperr-Einstellungen	Berechtigungsobjekt
📄 R_UPX_EXEC	Vertriebsplanung ausführen	Berechtigungsobjekt
▷ 📁 RSR	Business Information Warehouse - Reporting	Objektklasse

Abbildung 16.1 Berechtigungsobjekte von SAP BW

16.2 Analyseberechtigungen

Die Analyseberechtigungen regeln den Datenzugriff auf Bewegungsdaten von BW. Dazu gehören das Anzeigen der Daten, das Ändern der Daten bei Nutzung der BW-Integrierten Planung sowie das Anlegen und Ändern von Dokumenten zu Bewegungsdaten. In den meisten Fällen wird es sich bei den Zugriffen um BW-Querys handeln. Allerdings finden auch beim Staging, bei der Archivierung und auch beim Zugriff mit anderen Anzeigewerkzeugen, wie der Transaktion LISTCUBE oder mit MDX, Prüfungen auf ausreichende Analyseberechtigungen statt.

Das Konzept der Analyseberechtigungen basiert vollständig auf BW-eigenen Strukturen und überhaupt nicht mehr auf Berechtigungsobjekten, wie dies in der Vergangenheit (ab Release 1.2 bis Release 3.5) der Fall war. Die Analyseberechtigungen können aber wiederum in ein Berechtigungsobjekt aufgenommen werden.

Die Entwicklung der Analyseberechtigungen ist das Ergebnis der gewachsenen Anforderungen an das Berechtigungswesen für das Reporting und der Versuch, die Unzulänglichkeiten der Berechtigungsobjekte als dessen Grundlage zu umgehen. Dennoch werden Sie sehen, dass über das Berechtigungsobjekt S_RS_AUTH auch hier eine Integration in das Rollenkonzept vorgesehen ist, was wir im Projekt auch im Allgemeinen empfehlen.

Mit den Analyseberechtigungen kommt eine eigene Infrastruktur ins Spiel, die über eine Verwaltungstransaktion erreichbar ist, und für die Analyse von Berechtigungsprüfungen wurde ein sehr umfangreiches Berechtigungsprotokoll für die Analyse geschaffen.

Neben der manuellen Pflege, die wir Ihnen an einem Beispiel vorstellen werden, ist auch eine automatische Generierung von (Massen-) Berechtigungen vorgesehen. Das ermöglicht z. B. die Integration von Fremddaten, die in SAP BW analysiert werden sollen.

16.2.1 Grundlagen

Grundsätzlich basieren alle Berechtigungen auf InfoObjects, die in der InfoObject-Pflege (Transaktion RSD1, Registerkarte BUSINESS-EXPLORER) berechtigungsrelevant geschaltet werden können. Dies können auch Navigationsattribute sein, die unabhängig von ihren Grundmerkmalen berechtigungsrelevant gemacht werden können.

> **Berechtigungsrelevante InfoObjects**
>
> Sind InfoObjects berechtigungsrelevant, werden sie immer systemweit geprüft.

Es gibt vier Spezialmerkmale, die keine modellierten Merkmale sind, sondern übergreifende Funktionen haben. Die ersten drei davon werden *immer* geprüft, unabhängig davon, ob sie berechtigungsrelevant geschaltet werden oder nicht. Es wird jedoch dringend empfohlen, sie berechtigungsrelevant zu machen, um Inkonsistenzen bei der Systemkonfiguration zu vermeiden.

Spezialmerkmale Es handelt sich um die folgenden Merkmale:

- 0TCAACTVT für Aktivität
- 0TCAVALID für die Gültigkeitsperiode einer Berechtigung als Ganzes
- 0TCAIPROV für die Regelung des Zugriffs auf alle Arten von Info-Providern

Darüber hinaus gibt es ein viertes Merkmal, das berechtigungsrelevant sein *kann*, aber nicht muss:

- 0TCAKYFNM für die Unterscheidung der Berechtigungsrelevanz von verschiedenen Kennzahlen

Diese vier Merkmale müssen immer aktiv sein. Das geschieht normalerweise automatisch während des Upgrades oder nach einmaligem Ausführen der Transaktion RSA1, die alle notwendigen Objekte aktiviert. Sollte dies fehlgeschlagen sein, können Sie sie jedoch selbst in der Transaktion RSA1 aus dem Content übernehmen und aktivieren.

> **Kennzahlberechtigung**
>
> Schalten Sie das Merkmal 0TCAKYFNM berechtigungsrelevant, müssen Sie sich darüber im Klaren sein, dass damit eine Prüfung auf Kennzahlen *systemweit* neu eingeschaltet wird. Das bedeutet, dass nun z. B. jede Kennzahl, die in irgendeiner Query auftaucht, für jeden Benutzer geprüft wird und berechtigt sein muss!

Zusätzlich zu den Möglichkeiten der Berechtigungsvergabe bei Info-Objects ist es möglich, selektiv bestimmte Anzeigeattribute aus dem System auszublenden. Wenn solche Attribute berechtigungsrelevant sind und ein Benutzer nicht die *volle* Berechtigung hat (*), werden sie nirgendwo angezeigt. Das gilt nicht nur für Querys, sondern auch etwa im BEx Query Designer, der nur alle berechtigten sowie die nicht berechtigungsrelevanten Attribute anzeigt. Typischer Anwendungsfall sind Attribute aus dem Personalwesen, die nicht für jedermann sichtbar sein sollen, der bestimmte Querys ausführt, auch wenn die zugehörigen Bewegungsdaten sichtbar sein sollen.

16.2.2 Schrankenprinzip

Die Berechtigungsprüfung von SAP allgemein und insbesondere das Berechtigungswesen der Analyseberechtigungen in SAP BW verfahren nach dem Schrankenprinzip. Das bedeutet, dass jede Datenselektion, also jede angefragte Datenmenge, die Berechtigungsprüfung erfolgreich bestehen muss, bevor überhaupt Daten angezeigt werden. Da bei den Analyseberechtigungen im Gegensatz zu den Standardprüfungen mit Berechtigungsobjekten nicht nur konkrete einzelne Kombinationen geprüft werden, sondern ganze Datenmengen, muss hier genauer gesagt werden, dass jede Anfrage von Datenmengen *vollständig* erfolgreich sein muss. Andernfalls wird die Meldung »keine ausreichende Berechtigung« ausgegeben. Wir haben es also mit einer Barriere und *nicht* mit einem Filter auf »die berechtigten Daten« zu tun.

Der Grund dafür ist die Forderung, dass über Benutzer hinweg Datenkonsistenz gewährleistet sein soll. Geschäftsdaten sollen niemals benutzerabhängig sein, wenn sie dieselbe Sicht betreffen. Es ist ja nicht immer transparent, welche Daten und Berechtigungen eingehen. Da eine solche Benutzerabhängigkeit zu falschen Entscheidungen führen kann, wird dieses Prinzip in SAP BW abgelehnt. Das Schrankenprinzip führt jedoch im Allgemeinen öfter zu unerwarteten negativen Ergebnissen bei der Berechtigungsprüfung als das Filterprinzip.

Schranken- vs. Filterprinzip und Konsistenz

Ein weiteres wichtiges Argument, insbesondere bei den typischen großen Datenmengen in BW, ist die Performance, die erheblich leiden würde, wenn erst alle Daten gelesen würden, um anschließend ausgefiltert zu werden. Es ist im Normalfall auch nicht möglich, die Einschränkung durch die Berechtigung direkt an die Datenbank weiterzureichen.

Es gibt jedoch einige Ausnahmen vom reinen Schrankenprinzip, die im Einklang mit der Konsistenzforderung stehen. Diese Ausnahmen sind Hierarchieberechtigungen und Variablen, die vom Typ »aus Berechtigungen gefüllt« sind, d. h., die genau mit den vergebenen Berechtigungen filtern.

16.2.3 Transaktion RSECADMIN

Die Transaktion RSECADMIN ist der Dreh- und Angelpunkt der Berechtigungsverwaltung in SAP BW. Auf den drei Registerkarten BERECHTIGUNGEN, BENUTZER und ANALYSE finden Sie verschiedene Werkzeuge für die Berechtigungspflege, Benutzerzuordnungen (BW und Rollenpflege) sowie Analysewerkzeuge für Berechtigungsprüfungen und Massengenerierung. Außerdem gibt es eine Möglichkeit, zu Test- und Analysezwecken bestimmte Transaktionen als ein anderer Benutzer auszuführen.

16.2.4 Berechtigungspflege

In der Berechtigungspflege, die Sie auch über die Transaktion RSECAUTH direkt erreichen, können Sie Berechtigungen anlegen und verändern.

Wir legen als Beispiel die Berechtigung ERSTE an. Wenn Sie das Beispiel nachvollziehen, sehen Sie am Ende des Abschnitts (siehe Abbildung 16.4) das Ergebnis. Nachdem wir Texte gepflegt haben, fügen wir als Erstes die Spezialmerkmale 0TCAACTVT, 0TCAIPROV und 0TCAVALID in die Berechtigung ein. Dafür können Sie den Button SPEZIALMERKMALE EINFÜGEN verwenden, der Werteberechtigungen mit sinnvollen Voreinstellungen vergibt.

Wir fügen ein weiteres berechtigungsrelevantes Merkmal ein (0CAL-YEAR) und definieren mithilfe des Buttons DETAILS (oder per Doppelklick) ein berechtigtes Intervall 1999 bis 2000. Bei Rückkehr in die Übersicht sehen wir ein Intervallsymbol, das andeutet, dass es eine Intervallberechtigung zu diesem Merkmal gibt.

Intervallberechtigungen

Werte, Intervalle und Muster

Als Intervallberechtigungen oder auch Werteberechtigungen werden allgemein auch Intervalle und sogenannte Muster (Patterns) bezeichnet. Als Muster sind * für beliebige Zeichenketten erlaubt. Muster sind nur mit angehängtem Musterzeichen erlaubt. *Nicht* erlaubt sind

Muster innerhalb von Zeichen, also etwa A*A+ oder *A. *Nicht* erlaubt sind auch Intervalle mit Mustern wie [A*, B*]. Was man damit meint, muss man anders ausdrücken, z. B. mit [A,BZZZZZZZ] bei achtstelligen Merkmalswerten. Auch *nicht* möglich sind im Allgemeinen Ausdrücke mit Größer- oder Kleiner-Relationen (GT, GE, LE, LT), Ungleich-Ausdrücke (NE, NP) sowie Ausdrücke mit *Excluding*, die Werte ausschließen würden.

Das einzige Merkmal, bei dem Excluding und Größer- und Kleiner-Relationen möglich sind, ist das Merkmal für die Gültigkeit 0TCAVA-LID. Nur dort kann das I für »Including« in ein E für »Excluding« geändert werden. Eine genauere Aufstellung der Möglichkeiten finden Sie, außer in der Dokumentation zu SAP BW, auch in den Langtexten verschiedener Fehlermeldungen sowie im SAP-Hinweis 1053989.

Aggregationsberechtigung

Wenn ein berechtigungsrelevantes Merkmal nicht im Detail angezeigt wird, sondern darüber verdichtet (aggregiert) wird, ist die Aggregationsberechtigung notwendig. Dies gilt auch, wenn das Merkmal nicht einmal in einer Query enthalten, jedoch im InfoProvider vorhanden ist und deshalb darüber aggregiert wurde. Um die Aggregationsberechtigung zu vergeben, können Sie in die Detailpflege der Merkmalsberechtigung einfach einen Doppelpunkt eintragen oder in der Übersicht den Button AGGREGATIONSBERECHTIGUNG verwenden.

Hierarchieberechtigungen

Die Hierarchieberechtigungen bieten eine große Vielfalt an Möglichkeiten. Allgemein kann man aus einer Hierarchie beliebig viele Knoten berechtigen und zusätzlich zum Knoten noch angeben, wie viele Ebenen unterhalb des Knotens erlaubt sind. In der Detailpflege zu einem Merkmal haben Sie auf der Registerkarte HIERARCHIEBERECHTI-GUNGEN die Möglichkeit, solche Definitionen vorzunehmen (siehe Abbildung 16.2).

Hier wählen Sie zuerst die Hierarchie aus, danach den oder die Knoten. Dann können Sie noch aus vier Typen und vier Gültigkeitsbereichen auswählen.

Hierarchieknotenberechtigungen

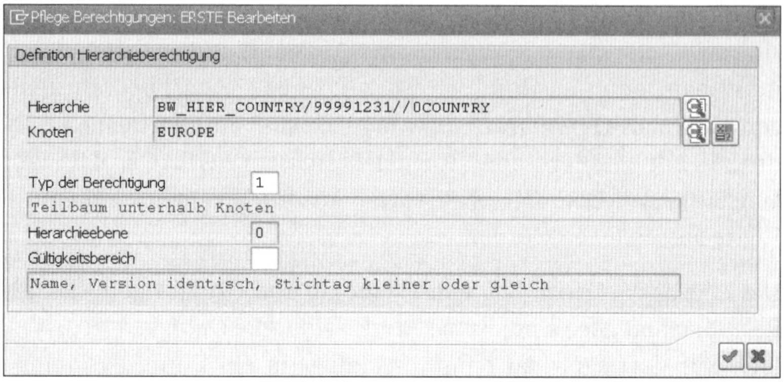

Abbildung 16.2 Definition einer Hierarchieberechtigung

Der Typ der Berechtigung bezieht sich auf die erlaubten Ebenen unterhalb der ausgewählten Knoten, die auch berechtigt sind, und der Gültigkeitsbereich auf die »Strenge der Prüfung«, d. h., wie genau die Hierarchie des berechtigten Knotens später mit den selektierten Knoten übereinstimmen muss.

Abbildung 16.3 veranschaulicht die Hierarchieberechtigungstypen. Der oberste sichtbare Knoten hat die Ebene 1. Auf Ebene 3 ist ein einzelner Knoten allein definiert (Typ 0). Auf Ebene 3 ist ebenfalls ein Knoten mit einer weiteren Ebene definiert. Dazu verwenden Sie Typ 4, der einen Teilbaum mit relativer Angabe für die Ebenentiefe enthält, also hier Tiefe 1. Auf Ebene 5 sind wiederum ein einzelner Knoten und ein Teilbaum definiert, analog zu denen auf Ebene 3. Beachten Sie hier aber, dass der Teilbaum auf Ebene 6 ein Unterknoten des Einzelknotens auf Ebene 5 ist und der Teilbaum auf Ebene 5 ein Unterbaum des Teilbaums, der auf Ebene 3 beginnt. Diese Teile werden als zusammenhängend erkannt und dargestellt.

Der Knoten auf Ebene 6 könnte mit Typ 1 definiert sein, der alles unterhalb des Knotens enthält, da er bis nach unten läuft. Dann wären auch alle eventuell in Zukunft hinzukommenden Knoten bereits erfasst. Typ 3 bedeutet die Berechtigung der ganzen Hierarchie. Das ist keineswegs dasselbe wie die Gesamtberechtigung, da die Hierarchie an eine Struktur gebunden ist und die Analyseberechtigungen diese Hierarchiestruktur als schützenswert ansehen. Deshalb werden untereinanderliegende Teilbäume nur dann untereinander dargestellt, wenn sie auch zusammenhängen, wie im Beispiel in Abbildung 16.3 gezeigt.

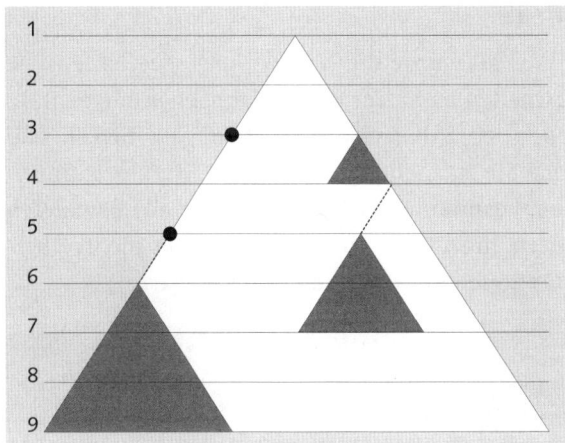

Abbildung 16.3 Hierarchieberechtigungstypen

Variablen

Über den Button für Variablen (Symbol 🔳) können Sie auch eine Variable anstelle eines konkreten Wertes oder Knotens angeben. Die Variable muss dann im Kunden-Exit durch eigenes Coding »befüllt« werden. Das macht es sehr flexibel, aber auch schwieriger zu analysieren und zu warten. Abbildung 16.4 gibt Ihnen eine Übersicht in der Berechtigungspflege mit InfoObjects und Merkmalen mit Intervall-, Hierarchie- und Aggregationsberechtigung.

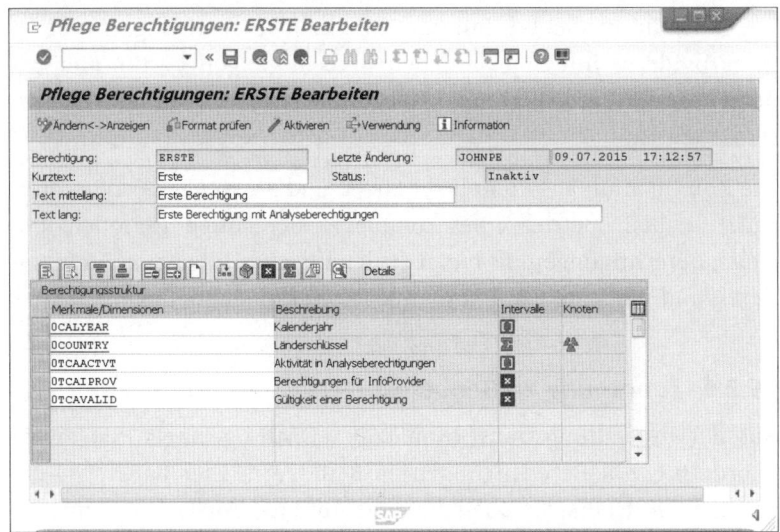

Abbildung 16.4 Übersicht in der Berechtigungspflege mit InfoObjects und Merkmalen mit Intervall-, Hierarchie- und Aggregationsberechtigung

16.2.5 Massenpflege

Mit dem Release BW 7.30 wurde die Massenpflege geschaffen, die das gleichzeitige Bearbeiten mehrerer Berechtigungen ermöglicht. In Abbildung 16.5 sehen Sie z. B. zwei Berechtigungen, ERSTE und ZWEITE. Hier können Sie zu allen Berechtigungen Merkmale hinzufügen oder entfernen, bestimmte Merkmalswerte für alle beteiligten Berechtigungen ändern, hinzufügen, löschen und vieles mehr. Überdies sind auch alle Optionen der Einzelpflege verfügbar.

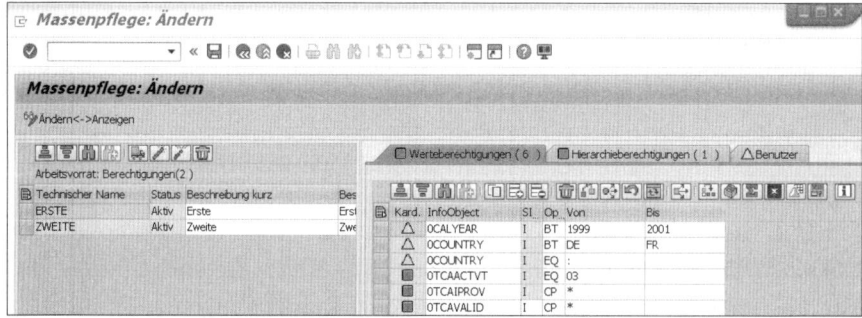

Abbildung 16.5 Massenpflege für Berechtigungen

Sie können den Arbeitsvorrat, der die gemeinsam zu ändernden Berechtigungen enthält, mithilfe einer umfangreichen Suchfunktion erstellen. Mit dieser Suchfunktion können Sie nach Berechtigungseigenschaften wie Name oder Änderungsdatum, Berechtigungseinträgen für Intervalle, bestimmten Hierarchieberechtigungseinträgen, InfoProvidern, InfoObjekten, den Berechtigungen bestimmter Benutzer sowie Berechtigungen, die für bestimmte Querys relevant sind, suchen.

Massenpflege-Tool   Die Kombination aus komplexer Suche und Massenänderung unterstützt Sie beim Betrieb eines komplexen Berechtigungsmodells mit vielen Berechtigungen. Es bietet auch eine gute Hilfe beim Reorganisieren und schlichten Aufräumen veralteter Berechtigungen.

16.2.6 Zuordnung zu Benutzern

Aus der Verwaltungstransaktion RSECADMIN gelangen Sie in die Zuordnung von Berechtigungen zu Benutzern. Hier haben Sie die vollständige Übersicht über die zugeordneten Analyseberechtigungen und finden darüber hinaus einfache Absprünge in die allgemeinen Benutzer- und Rollenpflege-Transaktionen.

Wir haben bereits erwähnt, dass es zwei Arten der Zuordnung von Analyseberechtigungen gibt: die reine BW-Zuordnung und die Zuordnung über Rollen und Profile. Mit beiden werden wir uns nun beschäftigen und auch den Zusammenhang zwischen voller systemweiter Berechtigung über SAP_ALL und voller Datenberechtigung über die Analyseberechtigung 0BI_ALL klären.

BW-Zuordnung

In der Transaktion RSU01 können Sie die Berechtigungen, die einem Benutzer zugeordnet sind, betrachten und teilweise ändern. Es gibt die beiden Registerkarten Manuell oder generiert und Rollenbasiert.

Für einfache Tests wie in unserem Beispiel eignet sich die direkte manuelle Zuordnung als BW-eigene Konfiguration. Tragen Sie die Berechtigung mit dem Namen ERSTE ein, die wir angelegt haben, oder wählen Sie sie mit der Wertehilfe aus den verfügbaren Berechtigungen aus, und ordnen Sie sie über den Button Einfügen dem Benutzer zu (siehe Abbildung 16.6). Die Zuordnung wird mit dem Speichern wirksam.

Abbildung 16.6 BW-eigene Benutzerzuordnung

Gesamtberechtigung 0BI_ALL

Die Universalberechtigung 0BI_ALL enthält automatisch immer alle berechtigungsrelevanten InfoObjects mit der vollen Berechtigung. Jeder Benutzer, dem diese Berechtigung zugeordnet ist, darf also alle

Daten sehen. Alle anderen Berechtigungen sind in dem Augenblick irrelevant, da sie ja niemals mehr Berechtigungen als OBI_ALL enthalten können. Wie kommt es nun zu diesen rollenbasierten Zuordnungen? Dies geschieht mithilfe des speziellen Berechtigungsobjekts S_RS_AUTH.

Zuordnung über Rollen und Profile

Bereits bei der Aufstellung der Berechtigungsobjekte in Abschnitt 16.1, »OLTP-Berechtigungen«, haben wir das Berechtigungsobjekt S_RS_AUTH erwähnt (siehe auch Abbildung 16.1 zu Beginn des Kapitels). Es hat nur ein Feld BIAUTH (BI-Analyseberechtigungen: Name einer Berechtigung). In diesem Feld können Sie Namen von Analyseberechtigungen angeben und in Rollen und Profile einbinden. Die Prüfung der Analyseberechtigungen berücksichtigt diese Art der Zuordnung bei der Prüfung genauso wie die manuelle Zuordnung. Damit ist es möglich, die Analyseberechtigungen, ebenso wie jedes klassische Berechtigungskonzept, das nur auf Berechtigungsobjekten beruht, in die gesamte Infrastruktur der Berechtigungsverwaltung zu integrieren und die beiden Welten zu vereinen.

Im produktiven Einsatz empfiehlt sich die Verwendung von Rollen. Das vereinfacht auch den Gebrauch von Risikoanalysetools wie SAP Access Control. Für Testszenarien ist die direkte Zuordnung jedoch durchaus angemessen. Da dabei auch keine Rollen verändert werden müssen, kann damit auch ohne Wechselwirkung mit anderen Benutzern und üblicherweise auch mit geringerem organisatorischem Aufwand wie Genehmigungsverfahren lokal modifiziert und getestet werden. Sobald häufig oder viele Berechtigungen automatisch generiert werden, ist diese Zuordnung sogar die einzig gegebene Variante. Dieses Verfahren wird in Abschnitt 16.2.8, »Generierung«, besprochen.

SAP_ALL und OBI_ALL Diese Art der Zuordnungsmöglichkeit mit S_RS_AUTH hat noch einen erwünschten Nebeneffekt: Durch dieses Berechtigungsobjekt hat jeder Benutzer mit dem Profil SAP_ALL automatisch die Gesamtberechtigung (*) eingetragen. Das bedeutet, dass alle Analyseberechtigungen, die im System existieren, dem betreffenden Benutzer zugeordnet sind. Darunter ist aber auch *immer* die Spezialberechtigung für vollen Datenzugriff OBI_ALL.

Das erklärt auch, warum dem Benutzer JOHNPE in unserem Beispiel 437 Berechtigungen über Rollen zugeordnet sind (siehe Abbildung 16.7): Er ist ein Benutzer, der über das Profil SAP_ALL verfügt, und im SAP-System gibt es 437 verschiedene Berechtigungen.

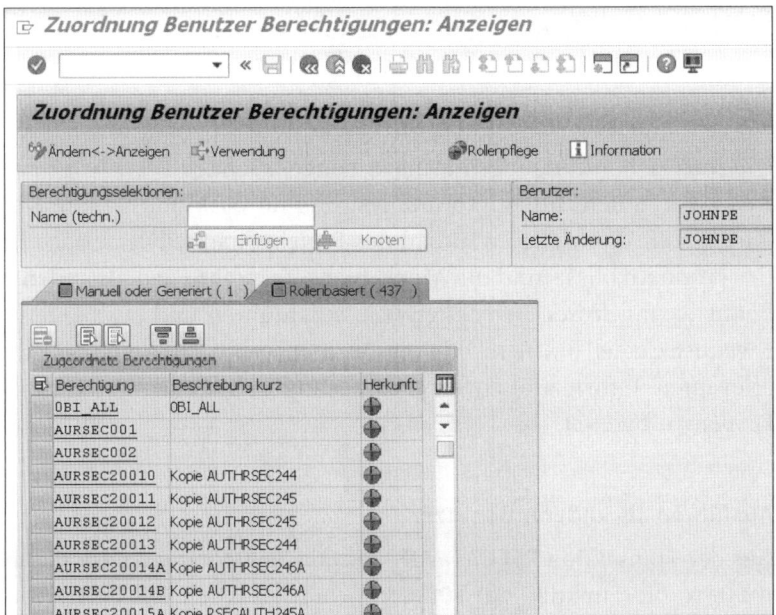

Abbildung 16.7 Rollenbasierte Zuordnung mit der Gesamtberechtigung 0BI_ALL für alle Daten

Zu Beginn einer jeden Prüfung wird vom System geprüft, ob dem Benutzer 0BI_ALL zugeordnet ist. Wenn ja, können alle anderen Berechtigungen getrost ignoriert werden. Man muss also nicht alle Berechtigungen kennen, um zu wissen, dass Benutzer JOHNPE alle Daten sehen darf. Wenn nicht, muss natürlich im Detail geprüft werden. Da diese erste Prüfung auf 0BI_ALL mithilfe des ABAP-Befehls authority-check durchgeführt wird, kommt es immer wieder zu einem Missverständnis:

Transaktionen SU53 und 0BI_ALL

Für den Fall, dass einem Benutzer die Berechtigung 0BI_ALL nicht zugeordnet ist, hinterlässt die ABAP-Prüfung eine entsprechende Meldung in der Transaktion SU53. Das hat keinerlei echte Relevanz, denn es besagt nur, dass eben nicht volle Berechtigung vorliegt, was völlig korrekt ist. Dies ist ein allein technisch begründeter Nebeneffekt, den Sie einfach ignorieren können.

Die Berechtigung 0BI_ALL wird immer dann aktualisiert, wenn ein InfoObject verändert wird, und enthält dadurch immer alle aktuell berechtigungsrelevanten Merkmale, auch wenn sich diese ändern. Wenn Sie die Berechtigung 0BI_ALL manuell aktualisieren möchten, können Sie dies in Transaktion RSECADMIN über den Eintrag Berechtigung 0BI_ALL aktualisieren im Menü Zusätze tun.

16.2.7 Analyse und Berechtigungsprotokoll

Die Analyseberechtigungen bringen einige mächtige Werkzeuge zur Analyse von Berechtigungsprüfungen und für das Auditing mit. Die wichtigsten Werkzeuge während des Projekts und teilweise auch in der Produktivphase sind die Möglichkeit, Transaktionen als anderer Benutzer mit dessen Berechtigungen auszuführen und etwa Query-Ergebnisse oder das Berechtigungsprotokoll zu betrachten, das alle relevanten Informationen einer Berechtigungsprüfung im HTML-Format aufbereitet.

Ausführen als anderer Benutzer

Ausführung und Test für andere Benutzer

Aus der Transaktion RSECADMIN können Sie über die Registerkarte Analyse die Funktion Ausführen als (Transaktion RSUDO) erreichen. Diese Transaktion ermöglicht die Ausführung einiger typischer Transaktionen, bei denen Analyseberechtigungen erfolgen, mit einem anderen Benutzer als dem angemeldeten Benutzer. Wenn ausreichende Berechtigungen zum Objekt S_RSEC vorliegen, kann dies ohne Passworteingabe des anderen Benutzers geschehen, typischerweise zu Testzwecken während der Modellierungs- und Testphasen, aber eventuell auch im Vertretungsfall. Dabei ist zu bedenken, dass diese Funktion nur im Backend funktioniert und bei Customer-Exits nur mit besonderen Maßnahmen, die den Benutzernamen in syuname umgehen.

In Transaktion RSUDO gibt es außerdem die Möglichkeit, ein Berechtigungsprotokoll aufzuzeichnen. Es ist auch möglich, für eingetragene Benutzer permanent Protokolle aufzuzeichnen. Das sollte allerdings im produktiven Fall aus datenschutzrechtlichen Gründen vermieden werden. Außerdem kostet es Laufzeit und kann somit performancerelevant sein. Die Verwendung der Funktion wird in der Tabelle RSUDOLOG protokolliert, die auch Fehlversuche bei der Passworteingabe protokolliert.

Berechtigungsprotokoll

Zeichnen Sie ein Berechtigungsprotokoll auf, und lassen Sie es sich anzeigen, sieht es prinzipiell aus wie das Protokoll in Abbildung 16.8. Im Protokollkopf werden Informationen über Zeit, Ort und ausgeführte Transaktion angezeigt; außerdem sehen Sie den Namen des ausführenden Benutzers und den des eingeschränkten Benutzers, mit dessen Analyseberechtigungen die Transaktion ausgeführt wurde. Darüber hinaus werden für Support und Korrekturen wichtige Informationen über den Systemzustand aufgeführt.

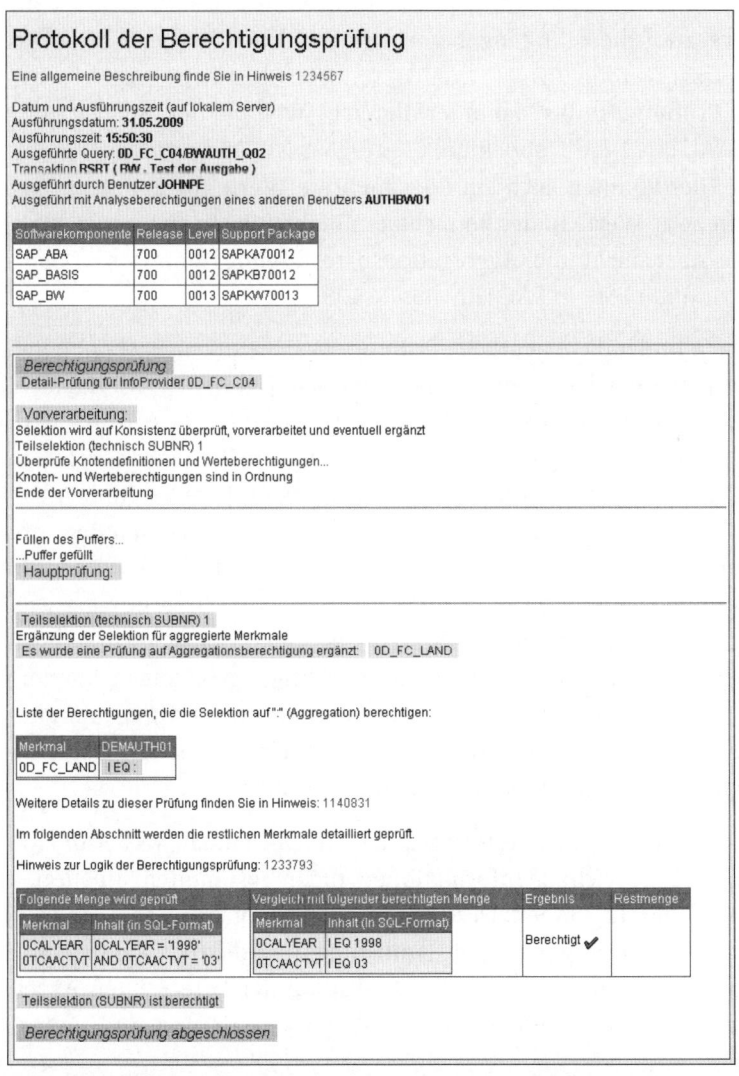

Abbildung 16.8 Einfaches Berechtigungsprotokoll einer erfolgreichen Prüfung

Eingebettet in das Protokoll finden sich an verschiedenen Stellen Hyperlinks auf Hinweise mit Erläuterungen zum entsprechenden Abschnitt. Weitere Details finden Sie z. B. im SAP-Hinweis mit der leicht zu merkenden Nummer 1234567.

Ein wesentlicher Abschnitt ist die Protokollierung der detaillierten Berechtigungsprüfung. Hier wird beschrieben, was genau selektiert wurde und was berechtigt ist. Die einzelnen Schritte hin zum positiven (berechtigt) oder negativen Ergebnis (nicht berechtigt) werden detailliert aufgeführt. In Abbildung 16.8 sehen Sie im betreffenden Abschnitt, dass zunächst geprüft wird, ob alle Merkmale über die Aggregationsberechtigung berechtigt werden, die nicht detailliert angefragt werden (0D_FC_LAND), sondern über die aggregiert wird. Die Prüfung ist bis dahin erfolgreich, weil in der Berechtigung DEMAUTH01 ein Doppelpunkt verfügbar ist. Dies wird grün unterlegt. Hier könnten auch ein oder mehrere Werte rot unterlegt sein, wenn zwar Werte in der betrachteten Berechtigung vorhanden sind, diese aber nicht die Aggregationsberechtigung umfassen. Details hierzu finden Sie in SAP-Hinweis 1140831.

Berechtigungs-
protokoll:
Berechtigungs-
prüfung

Danach findet die eigentliche Prüfung statt, die im angegebenen Beispiel sehr einfach ist. Geprüft wird eine Menge mit zwei Merkmalen, 0CALYEAR (Jahr) und 0TCAACTVT (Aktivität). Für 0CALYEAR wird 1998 angefragt und für die Aktivität *Lesen* (03). Dies wird verglichen mit einer berechtigten Menge, die aber genau diese Werte beinhaltet. Damit ist das Ergebnis »berechtigt«, und es gibt keinen Rest, der nicht berechtigt wäre. Die Teilselektion ist berechtigt, was grün unterlegt angezeigt wird. Natürlich ist nicht jede Berechtigungsprüfung so einfach. Es kann mehrere Selektionen und Berechtigungen geben, die stückweise zur Gesamtberechtigung beitragen können; dann kann es unter Umständen erst nach vielen Schritten zum Endergebnis kommen. Auch Hierarchiekontenselektionen und -berechtigungen können das Geschehen komplexer machen.

Über diese zentralen Informationen hinaus enthält das Protokoll noch weitere wichtige Informationen, die in bestimmten Situationen wesentlich sein können. Dazu zählen die Voroptimierung und Pufferung von Berechtigungen, die Auflistung der effektiv noch berechtigungsrelevanten Merkmale, die Auflistung der berechtigten Anzeigeattribute, das Ergebnis aus Variablenprozessierung und einiges mehr.

16.2.8 Generierung

Oftmals gibt es Situationen, in denen es beinahe unmöglich ist, alle notwendigen Berechtigungen manuell anzulegen und anschließend den Benutzern zuzuordnen. Das mag z. B. daran liegen, dass recht häufig oder sehr viele Berechtigungen erzeugt werden, etwa bei Datenmodellen, die aus SAP-ERP-HCM-Systemen importiert werden.

In SAP BW ist es deshalb auch möglich, Berechtigungen nicht nur manuell anzulegen, sondern alternativ auch zu generieren. Dies geschieht über DataStore-Objekte (DSO). Es gibt fünf DSO, die Sie als Vorlagen nutzen können (siehe Tabelle 16.1).

DSO	Funktion
0TCA_DS01	Werteberechtigungen
0TCA_DS02	Hierarchieberechtigungen
0TCA_DS03	sprachabhängige Texte
0CTA_DS04	Benutzerzuordnungen
0TCA_DS05	Erzeugung von Benutzern

Tabelle 16.1 DataStore-Objekte als Vorlagen zur Generierung

Aktivieren Sie diese Objekte aus dem Content, und kopieren Sie diese Vorlagen für die konkrete Anwendung. Dabei muss die Namenskonvention eingehalten werden, die ein beliebiges Präfix und eine Endziffer erfordert. Für spezielle Anwendungen wie SAP ERP HCM werden bereits vorkonfigurierte Objekte ausgeliefert.

Diese DSO müssen vorab gefüllt werden. Dazu können eigene oder ausgelieferte Extraktoren verwendet werden, die sie befüllen.

Verschiedene Generierungsszenarien

Es gibt zwei grundsätzliche Szenarien, die natürlich beliebig kombiniert werden können:

▸ Es werden sehr viele individuelle Berechtigungen erzeugt, die immer nur einem oder sehr wenigen Benutzern zugeordnet werden.

▸ Es werden wenige generische Berechtigungen erzeugt, die vielen verschiedenen Benutzern zugeordnet werden.

Im ersten Fall werden nur die ersten beiden DSO für Werte- und Hierarchieberechtigungen gefüllt, gegebenenfalls, aber eher selten, noch die Texte. Hier wird die Benutzerzuordnung direkt im DSO bei jeder neuen Berechtigung vorgenommen, indem der Benutzername hinzugefügt wird. Die Zahl der einzelnen Berechtigungen kann sehr groß sein.

Im zweiten Fall füllt man den Benutzernamen im ersten DSO nicht, dafür aber zusätzlich das DSO für die Benutzerzuordnung. Diese drei DSO sind auch die mit SAP ERP HCM (SAP-Personalwirtschaft) ausgelieferten drei DSO 0PA_DS01, 0PA_DS02 und 0PA_DS03 (mit anderer Nummerierung als im Original-BW).

Der Prozess der Generierung kann entweder manuell über die Transaktion RSECADMIN oder im Hintergrund (Batch) mithilfe des Programms RSEC_GENERATE_AUTHORIZATIONS gestartet oder eingeplant werden. Den Einstieg sehen Sie in Abbildung 16.9.

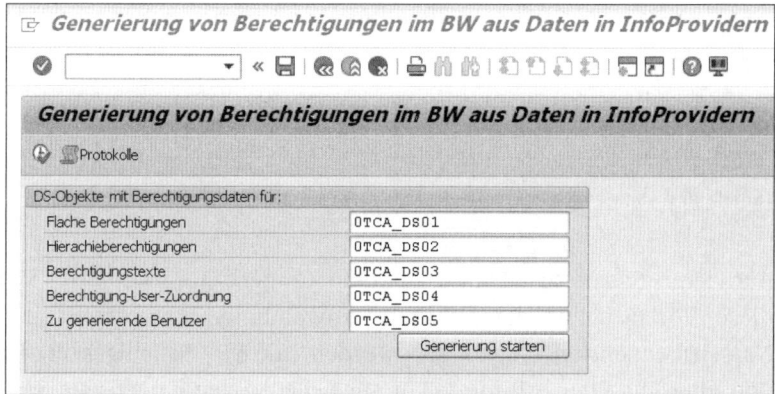

Abbildung 16.9 Generierung von Berechtigungen: Einstieg

Während des Generierungsprozesses wird ein Anwendungsprotokoll erzeugt, das den Fortschritt und eventuelle Fehler und Probleme anzeigt. Alte Protokolle zu vergangenen Generierungsprozessen können auch jederzeit im Anwendungsprotokoll eingesehen werden. Dazu starten Sie die Transaktion SLG1 mit dem Objekt RSEC_BW_AUTH und dem Unterobjekt GENERATE.

Namenskonvention bei der Generierung

Wenn Sie keine konkreten Namen für die Berechtigungen vergeben, werden automatisch Namen generiert, die aus dem Präfix RSR und acht Ziffern bestehen. Beim Versuch, eine solche Berechtigung manuell zu ändern, erhalten Sie eine Warnung, die Sie darauf hinweist, dass diese Änderungen beim nächsten Generieren überschrieben werden. Man erkennt solche Berechtigungen in der Benutzerzuordnung am Symbol für generierte Berechtigungen ⊕. Natürlich können Sie sie trotzdem ändern, indem Sie die Warnung mit der ⏎-Taste übergehen.

In der Tat werden durch das System bei der nächsten Generierung alle Berechtigungen der Benutzer, die neue Berechtigungen erhalten sollen, erst gelöscht und dann die neuen aus dem DSO, gegebenenfalls sogar mit neuem Namen, angelegt.

16.2.9 Berechtigungsmigration

Mit SAP BW 7.0 wurde das aktuelle Konzept der Analyseberechtigungen eingeführt. Falls Sie von einem niedrigeren Release kommen, müssen Sie eine Strategie zum Upgrade oder zur Migration auf das neue Konzept planen, da das alte Konzept der Reporting-Berechtigungen nicht weiter unterstützt wird. Das bedeutet auch, dass der Support eingestellt wird.

Für eine Übergangszeit während des technischen Upgrades kann das alte Konzept noch eine Weile weitergenutzt werden, um die Migration vom technischen Upgrade zu trennen. Das ist jedoch nur eine Hilfestellung, um den Upgrade-Prozess zu vereinfachen. Es führt kein Weg an der Umstellung vorbei. Es gibt bereits mit BW 7.0 neue Funktionalitäten, wie z. B. die Integrierte Planung, die nicht mehr zum alten Berechtigungskonzept passt und die auch nicht mehr für das alte Konzept getestet wurde. Vieles funktioniert zwar weiterhin, es gibt jedoch keinen Anspruch auf Vollständigkeit.

Mit dem Release von SAP 7.30 ist das alte Konzept nicht mehr verfügbar und der Umstieg damit zwingend. Deshalb lautet unsere Empfehlung, das wesentlich einfachere Konzept der Analyseberechtigungen, das in enger Zusammenarbeit mit Kunden von SAP BW 3.x entwickelt wurde, so schnell wie möglich zu nutzen.

Neuimplementierung oder automatische Migration?

Als Hilfe steht ein halbautomatisches Migrationstool zur Verfügung, das Sie in vielen Bereichen unterstützen kann. Sie finden dieses Tool im Programm RSEC_MIGRATION. Um dieses Programm zu nutzen und seine Auswirkungen vollständig zu verstehen, müssen Sie sich allerdings über das Verhalten des alten Konzepts und das Verhalten des neuen Konzepts sowie den Migrationsprozess selbst genau im Klaren sein.

> **Automatische Migration**
>
> Die automatische Migration bietet einige Konfigurationsmöglichkeiten zur Einflussnahme auf das Ergebnis. Sie kann jedoch nicht jedes mögliche Szenario vollständig abbilden, sodass in jedem Fall Projektarbeit und Prüfung auf die gewünschte Funktionalität und gegebenenfalls Anpassungen nötig werden.

Sie sollten sich also die Frage stellen, ob es nicht sinnvoller ist, von Grund auf zu beginnen und das Konzept neu aufzusetzen. Die Verringerung der Kosten für Betrieb und Wartung eines Analyseberechtigungskonzepts macht den einmaligen Aufwand für die Umstellung vom alten Konzept auf das neue nach kurzer Zeit erfahrungsgemäß mehr als wett. Auch aus Revisions- und Sicherheitsgründen ist eine Neuimplementierung vorzuziehen. Nur so stellen Sie sicher, dass Sie nicht immer weiter alte Konzepte übernehmen, die unter Umständen aus noch älteren Releases stammen und zumindest teilweise eigentlich nur Workarounds zu den Schwächen alter Funktionen sind.

16.3 Modellierung von Berechtigungen in SAP BW

Die in der Praxis eingesetzten Berechtigungsmodelle sind meistens Varianten einiger Grundkonzepte. Dieser Abschnitt stellt Ihnen diese Grundkonzepte kurz vor.

Modellierungskonzepte – Analyseberechtigungen
Als Ausgangssituation enthält eine Anzahl von InfoProvidern eine Anzahl von berechtigungsrelevanten Merkmalen. Wir nehmen der Einfachheit halber einmal an, dass z. B. in drei InfoProvidern drei berechtigungsrelevante Merkmale M1, M2 und M3 vorkommen (siehe Abbildung 16.10).

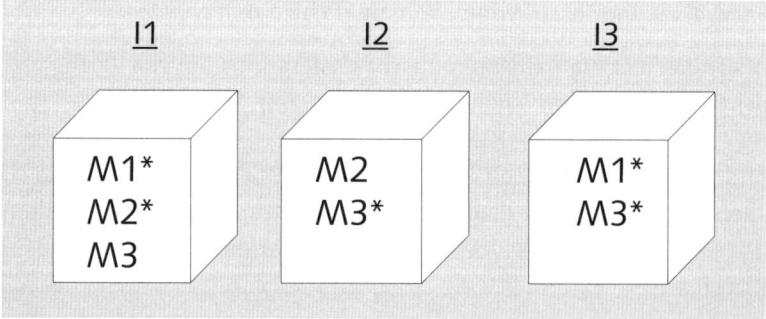

Abbildung 16.10 Berechtigungsrelevante Merkmale in InfoProvidern

In jedem Provider sind die relevanten Merkmale mit * markiert. Diese Merkmale sind diejenigen, die jeweils schützenswerte Inhalte ausmachen, während die anderen nur in anderen Zusammenhängen relevant sind.

16.3.1 InfoProvider-basierte Modelle

Eine Art der Sicht auf Berechtigungen ist durch die InfoProvider strukturiert. Das bedeutet, dass immer nur die Merkmale, die in einem InfoProvider eigentlich inhaltlich berechtigungsrelevant sind, mit Berechtigungen versehen werden. Die restlichen Merkmale können mit der Gesamtberechtigung versehen werden, weil sie eben *nicht* berechtigungsrelevant sind. Gesteuert wird die InfoProvider-spezifische Relevanz mit dem Merkmal 0TCAIPROV, das jeweils durch den entsprechenden InfoProvider spezifiziert ist (siehe Abbildung 16.11).

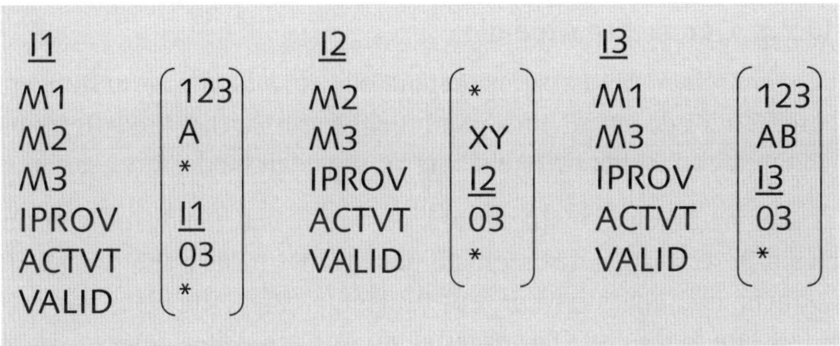

Abbildung 16.11 InfoProvider-spezifische Berechtigungen im InfoProvider-basierten Modell

In diesem Szenario ist es so, dass bestimmte Merkmalsgruppen nur in bestimmten InfoProvidern eine Berechtigungsfunktion haben.

16.3.2 Merkmalsbasierte Modelle

Anders als beim InfoProvider-basierten Modell verhält es sich beim InfoObject-basierten Modell, bei dem der InfoProvider irrelevant ist und es nur um die übergreifenden Inhalte geht. Die fehlende Relevanz des InfoProviders wird dann immer mit der Gesamtberechtigung ausgeprägt (*) – und damit effektiv als nicht berechtigungsrelevant angesehen – oder mit allen InfoProvidern des betrachteten Bereichs (z. B. auch durch Namensräume und Muster). Die eigentlichen Merkmale hingegen werden alle ausgeprägt, da ihre Relevanz nicht an einzelne InfoProvider gebunden ist. Die Berechtigungen sind hier an den Merkmalen orientiert (siehe Abbildung 16.12).

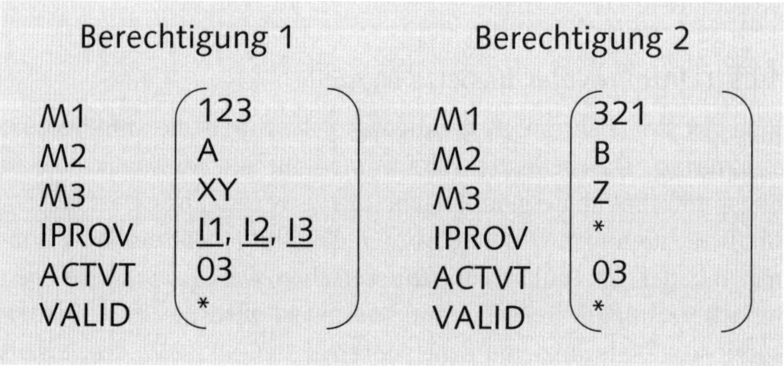

Abbildung 16.12 Berechtigungen im InfoProvider-übergreifenden, merkmalsbasierten Modell

16.3.3 Gemischte Modelle

Ein gemischter Ansatz kann Bestandteile sowohl von InfoProvider-basierten Modellen als auch von InfoObject-basierten Modellen enthalten oder z. B. bereichsabhängig verschieden modelliert werden.

Es gibt natürlich vielfältige Anforderungen und Randbedingungen an ein Berechtigungskonzept, auf die wir hier nicht weiter eingehen können, aber ein gutes Konzept zu Beginn ist entscheidend für den Erfolg eines Projekts. Die vorgestellten Ansätze stellen den typischen Zugang zu den Berechtigungsmodellen dar, die dann in der Praxis stark variieren.

16.4   RBAC-Modell

Betrachten wir das BW-Modell im Lichte des RBAC-Modells (*Role Based Access Control*), das in Abschnitt 2.7, »Beschreibung von Berechtigungskonzepten«, vorgestellt wurde. Die Standardberechtigungen für den OLTP-Anteil des BW sind im BW nicht sonderlich interessant und standardkonform. Interessanter ist das Berechtigungsmodell der Analyseberechtigungen (siehe Abbildung 16.13).

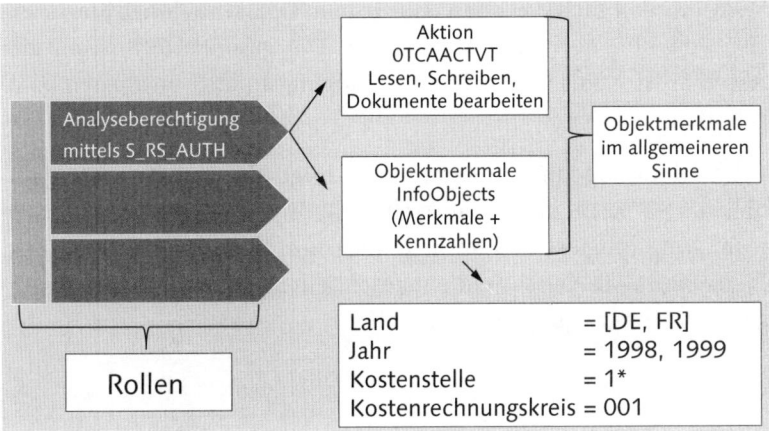

Abbildung 16.13 RBAC-Modell der Analyseberechtigungen

Die Objekte des Datenzugriffs sind die Bewegungsdaten, also die Gesamtheit der im Zugriff befindlichen Datensätze. Sie bilden eine mehrdimensionale Menge von Daten, wobei die Dimensionen in diesem Sinne die InfoObjects sind. Die Mengenbeschreibung erfolgt über ihre Objektmerkmale, also ihre Merkmalswerte. Das können Einzelwerte sein, aber auch generischere Beschreibungen durch Intervalle oder Muster. Die Objektmerkmale sind also die BW-Merkmale, die ja nicht zufällig so heißen. Genau genommen sind es auch Kennzahlen, die in diese Kategorie fallen. Somit sind die Objektmerkmale also die Stammdatenausprägungen oder Merkmalswerte der (berechtigungsrelevanten) InfoObjects.

An die Stelle des Feldes für die Aktivität, also die *Aktion* im RBAC-Modell, die in der normalen SAP-Berechtigungswelt durch das Feld ACTVT in den Berechtigungsobjekten ausgeprägt ist, tritt in den Analyseberechtigungen das Spezialmerkmal 0TCAACTVT. Es hat die gleichen Ausprägungen wie ACTVT, also etwa 03 für *Lesen* etc.

Allerdings ist die Aktivität nicht zwangsläufig in jeder Berechtigung enthalten und somit keine eigene Pflichtkategorie der individuellen Berechtigung. Erst zum Auswertungszeitpunkt bei Datenzugriff in einem Report muss eine Aktivität vorhanden sein, gegebenenfalls geerbt oder »beigemischt« von anderen Analyseberechtigungen oder sogar »ausgeklammert« als eigene Analyseberechtigung. Das gilt genauso für die anderen Spezialmerkmale wie Gültigkeit (0TCAVALID) und InfoProvider (0TCAIPROV). Sie unterscheiden sich im

RBAC-Modell nicht von den »normalen« Objektmerkmalkategorien, also von den normalen Merkmalen. Die gesonderte Stellung der Aktivität ist somit im Analyseberechtigungsmodell weitgehend aufgehoben.

Die Verbindung zum Rollenmodell erfolgt über das Berechtigungsobjekt S_RS_AUTH, das nur als technische Verbindung zur Analyseberechtigung fungiert und deshalb auch nur ein Feld BIAUTH enthält. Jeder Eintrag in dieses Feld entspricht einem oder mehreren Einträgen von Berechtigungen in die Rolle.

16.5 Fazit

Mit Release SAP NetWeaver 7.0 wurde auch BW stark weiterentwickelt. Im Zuge dessen wurde auch ein verbessertes Sicherheitskonzept erarbeitet, das sich in vielen neuen Berechtigungsobjekten und dem größten Bestandteil, den neu entwickelten Analyseberechtigungen, manifestiert. Die Migration ist zwar beim Upgrade eine Einstiegshürde, die sich aber sehr bald durch den geringeren Wartungsaufwand lohnt. Durch die Loslösung der Analyseberechtigungen von den Berechtigungsobjekten als Ablage für die Datenberechtigungen wurde ein Konzept möglich, das wesentlich besser an die Anforderungen mehrdimensionaler Berechtigungsprüfungen angepasst ist. Dennoch ist eine Integration in das grundlegende SAP-Rollenkonzept nicht nur möglich, sondern auch empfehlenswert, etwa um die Nutzung BW-externer Security-Tools wie SAP Identity Management und SAP Access Control zu ermöglichen. Rollen werden auch benötigt, wenn Sie SAP BusinessObjects Business Intelligence verwenden. Mehr dazu erfahren Sie in Kapitel 17, »Berechtigungen in der SAP-BusinessObjects-Business-Intelligence-Plattform 4.x«.

Das Berechtigungswesen der SAP-BusinessObjects-BI-Platt-
form unterscheidet sich grundlegend von dem Berechtigungs-
wesen von SAP BW. Eine besondere Herausforderung sind
die Berechtigungen bei einer gemeinsamen Installation der
BI-Plattform mit klassischen BW-Systemen. Dieses Kapitel
zeigt, was Sie beachten müssen, um ein reibungsloses Zusam-
menspiel der Berechtigungen zu gewährleisten.

17 Berechtigungen in der SAP-BusinessObjects-Business-Intelligence-Plattform 4.x

Das Berechtigungskonzept der SAP-BusinessObjects-Business-Intelligence-Plattform (SAP-BusinessObjects-BI-Plattform) unterscheidet sich stark von dem bei SAP-Systemen sonst üblichen Berechtigungskonzept. Es ist objektorientiert statt rollen- oder benutzerorientiert und erinnert somit an datei- und ordnerzentrierte Berechtigungssysteme wie in Dateisystemen oder auch Betriebssystemen.

Dieses Kapitel zeigt Ihnen, wie das Berechtigungskonzept der BI-Plattform aufgebaut ist und welche Optionen Sie bei der Berechtigungsvergabe haben. Darüber hinaus stellt es die zentralen Begriffe wie *Benutzer*, *Benutzergruppen* und *Zugriffsberechtigungen* vor. Eine besondere Rolle spielt die Central Management Console als entscheidendes Werkzeug für die Plattformverwaltung.

Wir werden dann das Zusammenspiel mit einem SAP-Backend-System, und hier insbesondere mit SAP Business Warehouse (BW), erläutern, denn dies ist die wohl häufigste Konstellation, in der die SAP-BusinessObjects-BI-Plattform in der SAP-Kundenbasis genutzt wird.

17.1 Berechtigungskonzept

Die wichtigsten Bestandteile der SAP-BusinessObjects-BI-Plattform sind der BusinessObjects-Server mit der Central Management Console (CMC) als seiner Verwaltungsoberfläche und das BI Launchpad, von dem aus konkrete Analysewerkzeuge gestartet werden können.

BusinessObjects-Server
Der BusinessObjects-Server besitzt eine eigene Benutzerverwaltung. Es besteht jedoch auch die Möglichkeit, ihn mit anderen Servern zu synchronisieren. Betrachten wir zunächst einmal das Konzept der SAP-BusinessObjects-BI-Plattform, also das Zusammenspiel von Benutzern, Benutzergruppen und Berechtigungen.

Central Management Console
Für alle Verwaltungsaufgaben benötigen Sie einen Benutzer mit sehr umfangreichen Rechten für die Anmeldung an der CMC, deren Verwaltungsoberfläche Sie in Abbildung 17.1 sehen.

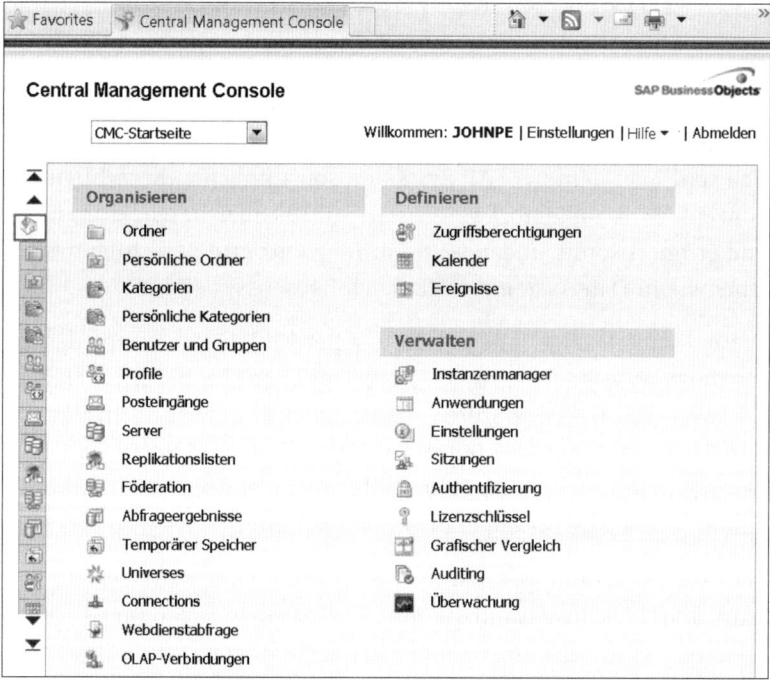

Abbildung 17.1 Central Management Console – Administratorsicht

Über die CMC können sämtliche zentralen Verwaltungsaufgaben der BI-Plattform vorgenommen werden. Daneben ist das BI Launchpad als Einstieg für Anwendungsnutzer wichtig. Das Life Cycle Management als weitere wesentliche Komponente werden wir hier nicht näher betrachten. Es dient der Verwaltung und dem Transport von Daten und Konfigurationen über Systemgrenzen hinweg.

17.1.1 Benutzer und Benutzergruppen

Grundsätzlich steht in der SAP-BusinessObjects-BI-Plattform eine völlig eigenständige Benutzerverwaltung zur Verfügung, die Sie unter BENUTZER UND GRUPPEN finden. Hier können Sie eigene Benutzer und Benutzergruppen anlegen und verwalten, die dann nur in der SAP-BusinessObjects-BI-Plattform existieren.

Allerdings raten wir Ihnen dazu, Benutzer aus angeschlossenen SAP-Backend-Systemen zu übernehmen. Dafür werden dann Aliase in der BI-Plattform angelegt, die eine Verbindung zum Originalbenutzer und dessen Rollen anzeigen. Schauen wir uns dazu ein Beispiel an: Der Einstieg über die Central Management Console im Bereich VERWALTEN • AUTHENTIFIZIERUNG ermöglicht es u. a., SAP-Systeme anzubinden. Wählen Sie dazu die Option SAP, und Sie gelangen in ein Fenster mit mehreren Registerkarten. Die Registerkarte BERECHTIGUNGSSYSTEME erlaubt das Anbinden eines oder mehrerer SAP-Systeme, was eine Grundvoraussetzung für jeden Abgleich ist.

Benutzer und Benutzergruppen

Über die Registerkarte ROLLENIMPORT (siehe Abbildung 17.2) können Sie Rollen aus dem ausgewählten angeschlossenen SAP-System, z. B. aus SAP BW, übernehmen.

Rollenimport aus BW

Als Beispiel werden zwei Rollen mit dem Namen BW2BO und BW2-BO_ALL aus einem System mit SAP BW repliziert, die je einem Benutzer AUTHBW18 bzw. AUTHBW19 zugeordnet sind. Die BENUTZERAKTUALISIERUNG auf der letzten Registerkarte ermöglicht auch eine automatische und zeitgesteuerte Replikation solcher Kombinationen.

Die BI-Plattform erzeugt nun für die beiden Objekttypen Benutzer und Rolle *Aliase*, für die Gruppen wird der Original-Rollenname mit einem Präfix SID~CLNT/ versehen, wobei SID für den Systemnamen aus drei Buchstaben steht und CLNT für die dreistellige Mandantennummer des Systems. Bei Benutzern gehen Sie genauso vor, allerdings wird anstelle des Schrägstrichs das @-Zeichen verwendet (siehe Abbildung 17.3).

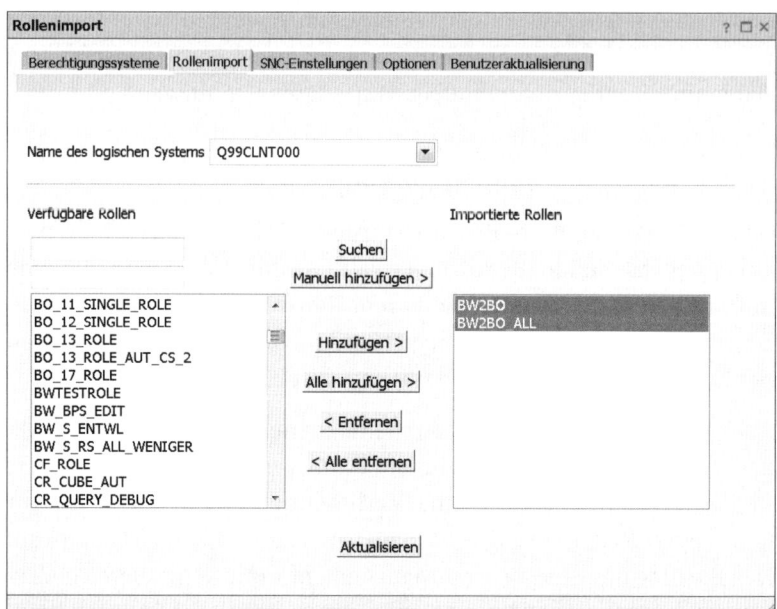

Abbildung 17.2 Rollenauswahl zum Import aus dem SAP-BW-System Q99, Mandant 000

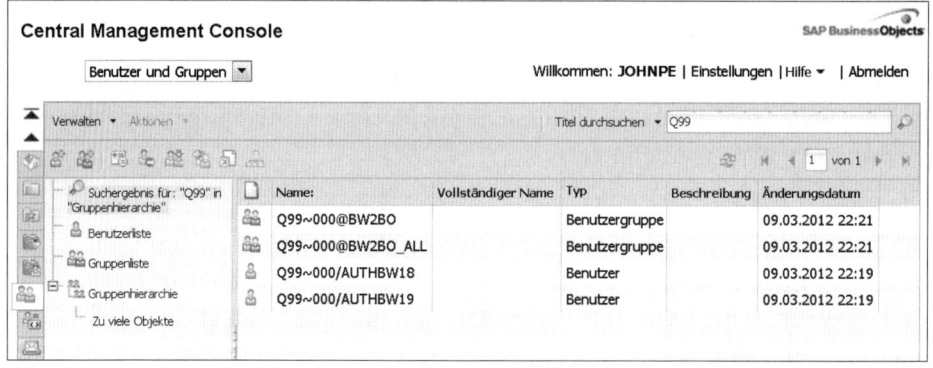

Abbildung 17.3 Verwaltung von Benutzern und Benutzergruppen in der Central Management Console

Benutzergruppen Die Berechtigungsvergabe erfolgt in SAP BusinessObjects BI nicht über Rollen, die Berechtigungen erhalten, wie Sie es aus dem SAP-Umfeld kennen. Der Begriff *Benutzergruppe* weist bereits auf den Unterschied zwischen den beiden Vorgehensweisen hin: Es ist eben genau keine Rolle, die einem Benutzer zugeordnet werden könnte, der dann wiederum potenziell zugeordnete Berechtigungen erhielte. Stattdessen sind Benutzergruppen genau dies: Gruppen von Benutzern, die als »Klammer« für einen bestimmten funktionalen Bereich fungieren. Sie sind keine Inhaltsträger mehr.

Dennoch ermöglichen die Benutzer und Benutzergruppen, die in der SAP-BusinessObjects-BI-Plattform Prinzipale heißen, die Synchronisation von klassischen Rollen und Benutzern im SAP-System und in der BI-Plattform. Die funktionalen Inhalte werden jedoch auf Objektebene vergeben und nicht auf Prinzipalebene. Rein logisch betrachtet ist es irrelevant, ob der Zugriff auf ein Objekt (z. B. Anzeige) am Objekt für eine Benutzergruppe freigegeben wird wie in SAP BusinessObjects BI oder ob die Rolle den Zugriff ermöglicht und dem Benutzer dieser Rolle zugeordnet wird wie in SAP-Systemen. Die Gründe für die unterschiedlichen Systeme sind anderer Natur und werden z. B. dann wichtig, wenn es um Mengenbeschreibungen von Daten (wie z. B. Intervalle oder Musterausdrücke) geht wie im Business-Intelligence-Umfeld und die berechtigten Daten als Objekte gar nicht oder noch nicht existieren. Wir werden darauf in diesem Buch nicht weiter eingehen.

Prinzipale

Eine eindeutige Zuordnung von Benutzern und Rollen in SAP BusinessObjects BI zu denen in SAP BW ist jedoch organisatorisch unabdingbar. Andernfalls müsste man zwei verschiedene Berechtigungssysteme verwalten, die aber typischerweise durch den Zugriff auf Daten in SAP BW mit einem BI-Tool nicht voneinander unabhängig sind. Mehr noch: Eine fehlende Synchronisation der beiden Systemwelten kann zu Sicherheitslücken führen. Dies kann z. B. der Fall sein, wenn Sie den Überblick verlieren und einem eigentlich eingeschränkt berechtigten Benutzer der SAP-BusinessObjects-BI-Plattform versehentlich Zugriff auf alle Daten in SAP BW erlauben. Eine Synchronisation der Rollen verhindert sogar mit technischen Mitteln solche falschen Zuordnungen.

Eine Integration in das SAP Identity Management oder SAP Access Control ist indes nicht möglich, sodass ein gewisser dezentraler Aufwand nicht zu vermeiden ist.

Natürlich kann ein Benutzer auch mehreren Benutzergruppen angehören. In der Praxis ist das immer dann der Fall, wenn ein Benutzer im SAP-System mehrere Rollen zugeordnet hat, die dann in verschiedene Benutzergruppen in der BI-Plattform münden. Die Benutzergruppen selbst sind beliebig schachtelbar, anders als im SAP-Berechtigungswesen, wo nur eine zweistufige Schachtelung in Rollen und Sammelrollen möglich ist.

Wir schauen uns im folgenden Abschnitt an, wie die Vergabe von Berechtigungen funktioniert. Sie erfolgt über die Vergabe von Rechten an Prinzipale. Die Berechtigungsvergabe erfolgt hier auch objektorientiert. Das heißt, dass Berechtigungen mit den verwendeten Objekten wie Ordnern oder Kategorien verknüpft werden und nicht mit den Benutzern bzw. Rollen oder den Mengenbeschreibungen von Daten.

17.1.2 Objekte, Ordner, Kategorien

Objekte im Sinne der Berechtigungsvergabe sind in SAP BusinessObjects BI entweder Ordner als eine hierarchische Ablagestruktur oder Objekte im engeren Sinne, also Dokumente, Werkzeuge wie Web Intelligence, Dashboards, Crystal Reports etc.

Ordner sind zunächst einmal eine einfache Möglichkeit, organisatorischen Einheiten spezifische Zugriffsberechtigung für ihre Aufgaben zu ermöglichen. Grundsätzlich sind Ordner durchaus wie ein Ordnerverzeichnis mit Ordnern und Unterordnern zu verwenden (siehe Abbildung 17.4). Mithilfe von Ordnern lassen sich natürlich auch hierarchische Strukturen des Unternehmens, wie z. B. Kostenstellenverantwortlichkeiten, abbilden. Des Weiteren muss jedes Objekt der SAP-BusinessObjects-BI-Plattform in einem Ordner enthalten sein. Deswegen ist die Nutzung von Ordnern obligatorisch. Die Verwaltung der Ordner erfolgt in der CMC über die Option ORDNER.

Ordner haben aber auch eine bestimmte Berechtigungsstruktur:

- Ein Unterordner erbt die Berechtigungen des übergeordneten Ordners.

- Ein Unterordner kann einen Oberordner »überschreiben«, d. h., eine fehlende Berechtigung kann im Unterordner vergeben oder eine bestehende Berechtigung im Unterordner verweigert werden. Bei einer sich widersprechenden Berechtigung ist die Berechtigung des Unterordners maßgeblich.

- Um den Zugriff auf einen Ordner oder ein Objekt im Ordner zu haben, muss der Benutzer Zugriff auf alle Oberordner bis zur Wurzel haben.

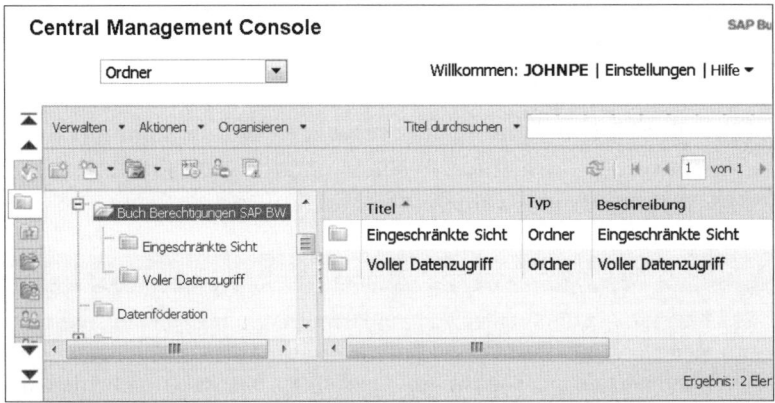

Abbildung 17.4 Ordner für funktional verschiedene Benutzergruppen

In Abbildung 17.4 sehen Sie ein Beispiel, das zu den Benutzergruppen aus Abbildung 17.3 passt. Beide Benutzergruppen erhalten hier eigene Ordner unter dem Ordner Buch Berechtigungen SAP BW, der wiederum unter dem Wurzelordner hängt. Auf Basis dieser Ordner oder der darin enthaltenen Objekte können nun Berechtigungen vergeben werden.

Eine Alternative zu Ordnern sind Kategorien; sie erlauben im Hinblick auf Berechtigungen die gleichen Strukturen und unterliegen den gleichen Regeln wie Ordner. Sie ermöglichen verschiedene Sichten auf die gleichen Objekte wie die Ordner oder auf Teilmengen davon, die z. B. aufgrund alternativer Firmenstrukturen sinnvoll oder notwendig sind.

Kategorien

Kategorien können in mehreren Oberkategorien vorkommen. Das ist ein wesentlicher Unterschied zu Ordnern, die immer genau einen übergeordneten Ordner haben müssen. Damit lassen sich Zugriffsberechtigungen auch wiederverwenden, etwa wenn sie auch in einem anderen Kontext verwendet werden sollen. Wir gehen hier nicht weiter darauf ein, da sie sich hinsichtlich der Berechtigungen nicht von Ordnern unterscheiden.

17.1.3 Zugriffsberechtigungen

Ganz allgemein gibt es zwei Typen von Berechtigungen in SAP BusinessObjects BI: Eine Berechtigung kann gewährt oder verweigert werden:

Berechtigungen gewähren und verweigern

▶ Eine nicht gewährte Berechtigung ermöglicht so lange keinen Zugriff, bis die entsprechende Berechtigung vergeben wird, z. B. in einem Unterordner.

▶ Eine Berechtigung, die explizit verweigert wurde, kann nicht vergeben werden. Ausnahme: In einem untergeordneten Objekt wird das Recht explizit gewährt.

Verweigerung von Berechtigungen

Ist ein Benutzer z. B. Mitglied von zehn Benutzergruppen und für eine der Gruppen wurde ein Recht verweigert, kann selbst die Gewährung für die neun anderen Gruppen nicht zur Gewährung des Rechts führen. Der Zugriff bleibt verweigert.

Wenn aber dem Benutzer als »Unterobjekt« der Benutzergruppe explizit das Recht gewährt wird, gilt das Recht als gewährt. Das gilt auch für Ordner: Ist das Recht im Oberordner verweigert, kann der Zugriff im Unterordner erlaubt werden. Dies sehen Sie z. B. in Abbildung 17.5, die die Rechte für den Ordner Buch Berechtigungen SAP BW auflistet. Dort wurde für Everyone (alle Benutzer) der Zugriff verweigert, aber im Ordner selbst der Benutzergruppe wieder gewährt. Die Ansicht des Ordners ist hier anschließend möglich.

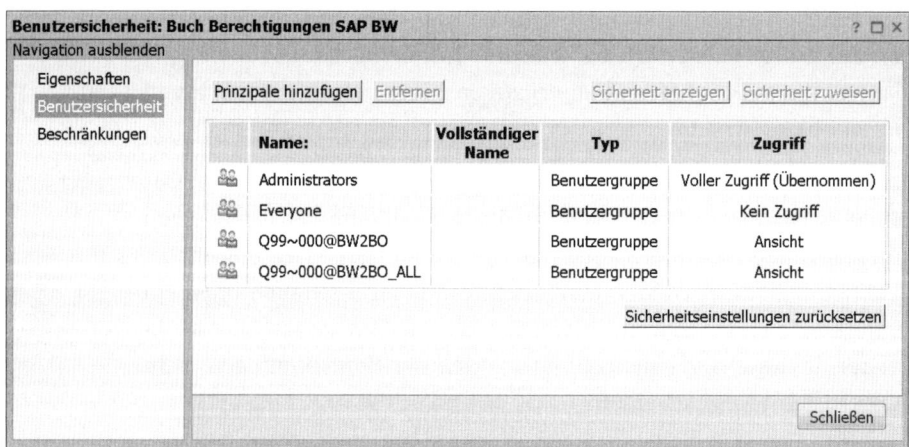

Abbildung 17.5 Benutzersicherheit des Ordners »Buch Berechtigungen SAP BW«

Für einige einfache Berechtigungstypen finden Sie in der CMC Vorlagen, die sogenannten Zugriffsberechtigungen (siehe Abbildung 17.6). Hier sind einige Abstufungen von der reinen Ansicht bis zu Voller Zugriff verfügbar.

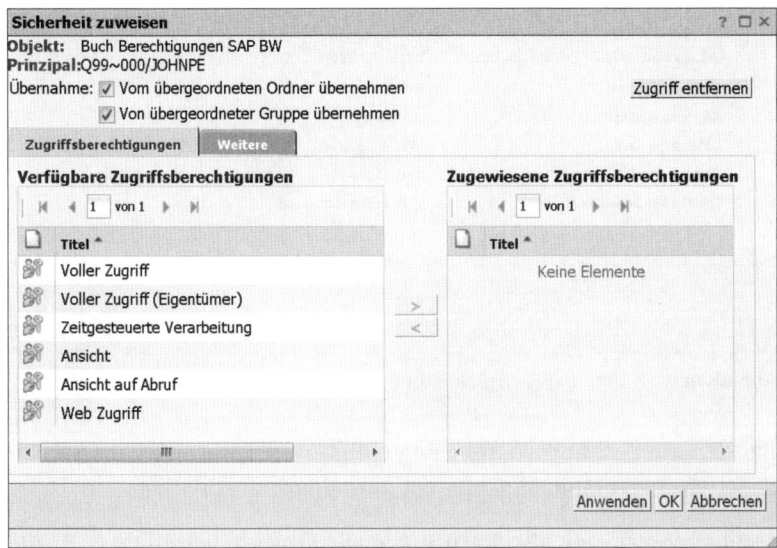

Abbildung 17.6 Vordefinierte Zugriffsberechtigungen

Wenn Sie die Berechtigungen feiner definieren möchten, wählen Sie die Registerkarte WEITERE anstelle der vordefinierten Zugriffsberechtigungen. In dieser Pflegeoberfläche können Sie nun z. B. die in Abbildung 17.6 gezeigten Berechtigungen für den Ordner sehr genau steuern. Hier darf der Benutzer Q99~000/JOHNPE zwar die vorhandenen Objekte des Ordners anzeigen und ändern, aber keine hinzufügen. Letzteres wird ihm verweigert.

Generell gibt es bei den Abstufungen immer einen Anteil ALLGEMEIN, der sich auf alle Objekte bezieht, und einen Anteil spezifischer Berechtigungen, die nur bei dem Objekttyp vorkommen, der Berechtigungen zugeordnet bekommt. Bei Ordnern sind z. B. die spezifischen Berechtigungen auf den Inhalt bezogen (siehe Abbildung 17.7), also alle möglichen Ordnerinhalte, die individuell behandelt werden können. Neben dem Bereich INHALT gibt es noch den Bereich ANWENDUNG, der bei Berechtigungen für eine Anwendung wie Chrystal Reports spezifisch ist, und den Bereich SYSTEM, der sich auf Systembestandteile, etwa Prinzipale, bezieht. Zusammenfassend haben Sie folgende Möglichkeiten, Zugriffsberechtigungen zu definieren:

Ordnerberechtigungen

- ▸ vordefinierte Zugriffsberechtigungen wie Ansicht
- ▸ speziell angepasste Berechtigungen

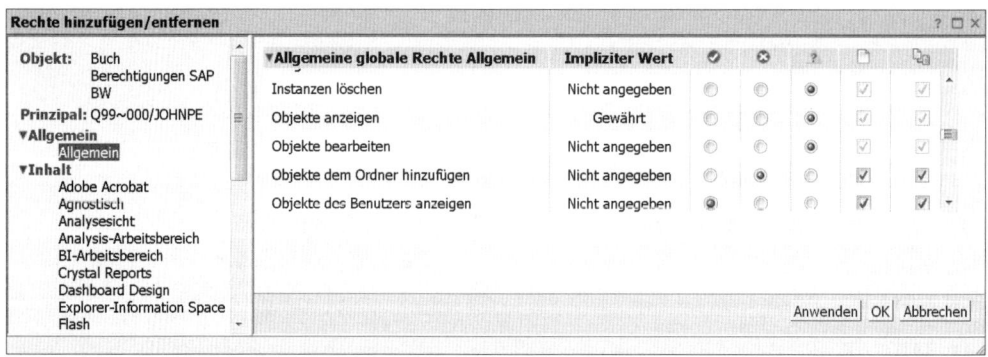

Abbildung 17.7 Bereich »Allgemein« für Ordnerberechtigungen

Bei den speziell angepassten Berechtigungen kann man unterscheiden zwischen einem allgemeinen und einem spezifischen Teil:

▸ allgemeiner Teil, also Rechte, die alle Objekte betreffen, z. B. alle Ordnerinhalte

▸ spezifischer Teil, der vom berechtigten Objekttyp abhängt, dem Berechtigungen zugeordnet werden:

  – Inhalt: Rechte für bestimmte Inhaltsobjekttypen wie Dokumente

  – Anwendung: Rechte für die Anwendungen, die in der SAP-BusinessObjects-BI-Plattform laufen, also etwa Web Intelligence oder Crystal Reports

  – System: Rechte für administrative Aufgaben, wie etwa die Verwaltung von Prinzipalen

Nachdem wir nun die grundsätzlichen Berechtigungsfragen behandelt haben, werden wir im Folgenden noch auf eine wichtige Situation eingehen: die Interaktion mit einem SAP-BW-System als Datenquelle für einen Bericht mit einem SAP-BusinessObjects-BI-Reporting-Tool.

17.2   Interaktion mit SAP BW

Es kommt häufig vor, dass ein Nutzer der SAP-BusinessObjects-BI-Plattform als SAP-Backend-System ein System mit SAP BW als Datenquelle verwendet. Diese Datenquelle muss technisch angeschlossen werden, damit der Endbenutzer seine Daten auch sehen und gegebenenfalls aktualisieren kann. Anschließend kann eine bestimmte

Anwendung über diese Systemanbindung für den Endbenutzer angeboten werden. Diese beiden Schritte wollen wir in den beiden folgenden Abschnitten vorstellen.

17.2.1 System für Endbenutzer anschließen

Zunächst einmal muss für den Zugriff eines Endbenutzers auf eine Datenquelle in SAP BW eine Datenquelle vom Typ OLAP angebunden werden. In der CMC wählen Sie dazu unter OLAP-VERBINDUNGEN (siehe Abbildung 17.8) einen Ordner aus oder legen einen Ordner an, in dem Sie wiederum eine OLAP-Verbindung anlegen. Der Endbenutzer, der anschließend die Daten mithilfe seines Reporting-Tools über diese Verbindung abholen soll, muss auf diesen Ordner Zugriff erhalten.

OLAP-Verbindungen

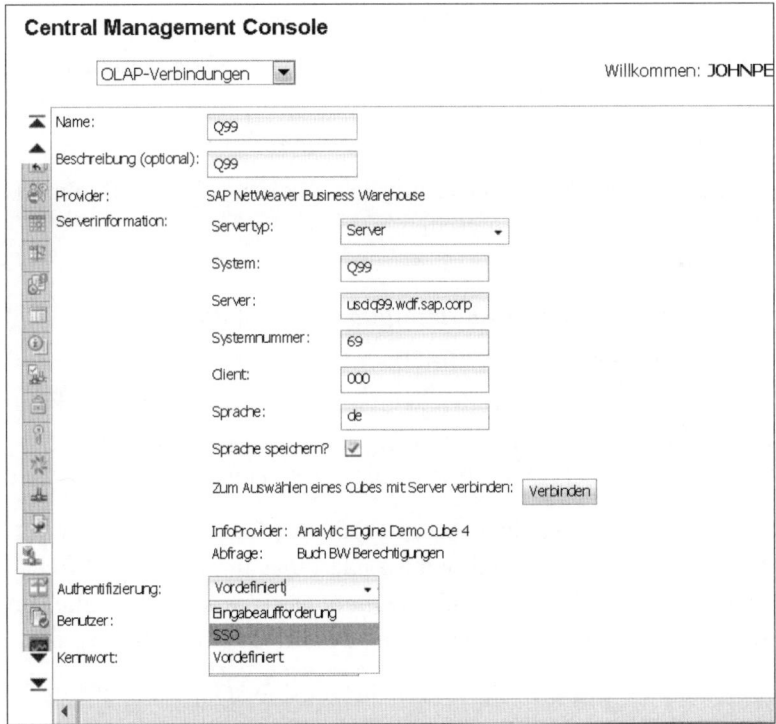

Abbildung 17.8 OLAP-Verbindung definieren

Es besteht hier die Möglichkeit, die Authentifizierung für diese Verbindung spezifisch für einen Benutzer vorzudefinieren, dessen Berechtigungen dann auch für die übertragenen Daten herangezogen

werden (siehe Abbildung 17.8, Feld AUTHENTIFIZIERUNG, VORDEFI
NIERT). Das ist eine schwierig zu verwaltende Option, die im Allgemeinen nicht empfehlenswert ist. Besser ist es, den Logon per Option
EINGABEAUFFORDERUNG jedes Mal vom Endbenutzer authentifizieren
zu lassen. Um den Anmeldevorgang zu vereinfachen, bietet sich auch
die Option SSO für Single Sign-on an.

Nur mit den beiden letztgenannten Optionen sind Sie auf der sicheren Seite, was unerlaubten Datenzugriff betrifft. Bei komplexeren
Systemen mit vielen Benutzern wäre es erstens schwer zu warten
und umständlich, für jeden Benutzer eine individuelle Verbindung
anzulegen, und zweitens aus Sicherheitsgründen kritisch, da die
Gefahr besteht, aus Unachtsamkeit eine OLAP-Verbindung mit falschem Benutzer anzulegen. Nicht zuletzt funktioniert dieser Ansatz
auch nur, wenn der Administrator in der CMC die Passwörter der
Endbenutzer kennt, was nicht akzeptabel wäre.

Eine solche generische Verbindung für viele Benutzer kann dann in
einem zentralen Ordner, der für alle Benutzer sichtbar ist, abgelegt
und allen betroffenen Benutzern Zugriff gewährt werden.

Mit dieser Verbindung kann nun ein Endbenutzer auf Daten aus
einem Backend-System zugreifen.

17.2.2 Beispiel einer Anwendung: Query in Web Intelligence einbinden

Ein Zugriff auf Backend-Daten kann mit unterschiedlichen Werkzeugen erfolgen. Wir werden Ihnen im Folgenden eine Darstellung mit
SAP BusinessObjects Web Intelligence beispielhaft vorstellen.

Für Web-Intelligence-Reports kann z. B. eine Query aus SAP BW verwendet werden. Diese Query muss allerdings für den Zugriff freigegeben werden. Dies geschieht im Query Designer der BEx Suite von
BW. In Abbildung 17.9 sehen Sie die Option für eine Beispiel-Query.

Anschließend müssen Sie in der SAP-BusinessObjects-BI-Plattform
sicherstellen, dass der Endbenutzer, der die Daten sehen soll, auch
Zugriff auf den Web-Intelligence-Report hat. Das bedeutet, dass der
Report in einem Ordner liegen muss, den er sehen darf. Er muss also
zumindest Berechtigungen für die Ansicht auf den Ordner haben
(siehe Abschnitt 17.1.2, »Objekte, Ordner, Kategorien«).

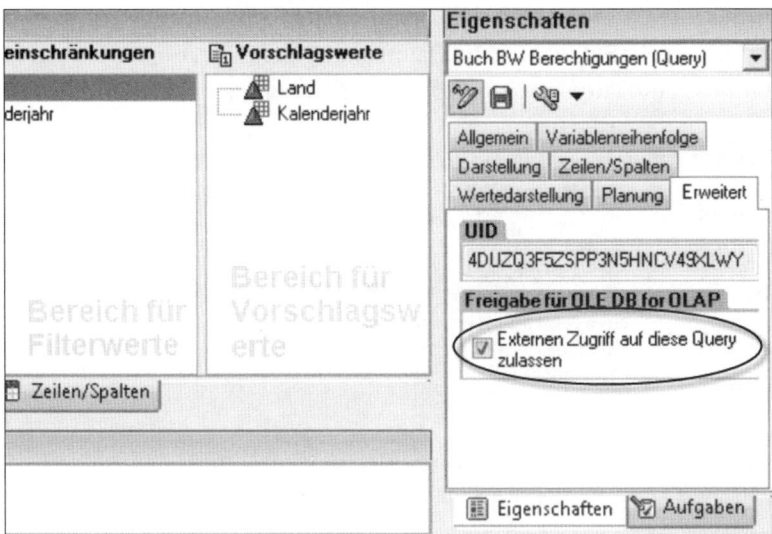

Abbildung 17.9 Freigabe einer Query im BEx Query Designer für externen Zugriff

Dann muss er natürlich auch die Berechtigungen besitzen, mit dem Report etwas zu tun, also sich mindestens einen vordefinierten Report anzeigen lassen zu können.

Dazu definieren Sie in der CMC unter dem Menüpunkt ANWENDUNGEN für das Objekt WEB INTELLIGENCE eine entsprechende Benutzersicherheit (siehe Abbildung 17.10 und Abbildung 17.11).

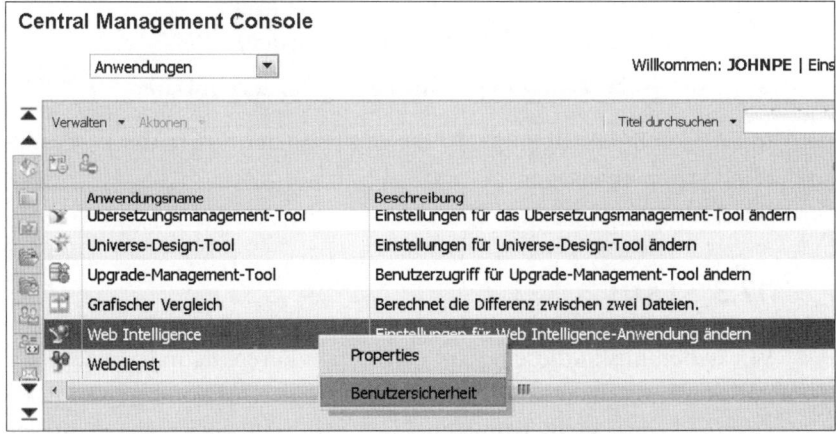

Abbildung 17.10 Benutzersicherheit für Web-Intelligence-Report anlegen

In der Definitionsoberfläche für die Benutzersicherheit wird für den Report ein Recht hinzugefügt. Als minimale Berechtigung ist BEI WEB

INTELLIGENCE ANMELDEN notwendig (siehe Abbildung 17.11). Damit kann sich ein Benutzer seine Daten anzeigen lassen, ohne dynamisch Einfluss auf Daten oder Visualisierung zu nehmen.

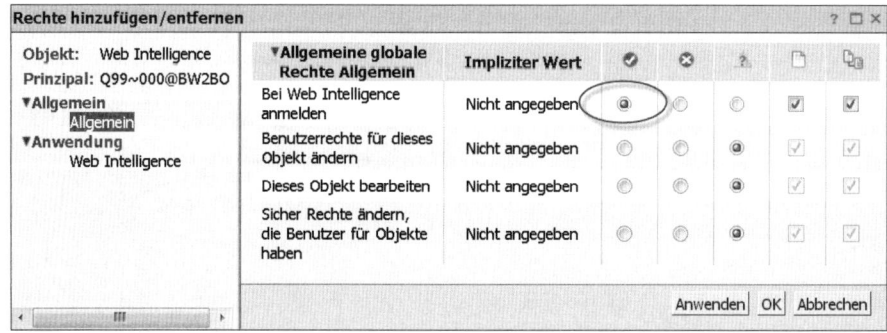

Abbildung 17.11 Berechtigungen zur Datenvisualisierung mit Web Intelligence

Zusammenfassend muss ein Endbenutzer folgende Berechtigungen haben:

- **SAP-BusinessObjects-Plattform**
  - Logon-Berechtigungen für das BI Launchpad
  - Ansichtsberechtigungen für Ordner
  - mindestens Berechtigungen für BEI WEB INTELLIGENCE ANMEL-DEN in der Benutzersicherheit für den Web-Intelligence-Report
- **SAP BW**
  - Ausführungsberechtigungen für die Query
  - Analyseberechtigungen für die angeforderten Daten

Mit diesen Berechtigungen ist der Endbenutzer nun in der Lage, sich seine Daten anzusehen.

17.3 Fazit

Wir haben uns in diesem Kapitel mit dem Berechtigungskonzept der SAP-BusinessObjects-BI-Plattform beschäftigt: Das Konzept ist objekt-orientiert und nicht benutzer- oder rollenzentriert, wie es in der SAP-Welt sonst meistens üblich ist. Wir haben das Vererbungskon-zept beschrieben und uns dabei mit den Ordnerstrukturen und Objekten und ihren Sicherheitseinstellungen auseinandergesetzt.

Wir haben dabei die wesentlichen Bestandteile wie Prinzipale, also Benutzer und Benutzergruppen, und ihre Replikation in die SAP-BusinessObjects-BI-Plattform betrachtet.

Als konkretes Beispiel haben wir schließlich die Anbindung eines SAP-BW-Systems als Datenquelle für Web-Intelligence-Reports genauer dargestellt. Dieser Anwendungsfall kommt häufig vor und lässt sich auch auf andere Werkzeuge übertragen, wie z. B. Crystal Reports oder die Analysis for Office Edition, bei denen einem Endbenutzer Daten aus einem zentralen SAP-BW-System in einem der BI-Tools von SAP BusinessObjects angezeigt werden sollen.

Es ist in allen Fällen unabdingbar, dass die Verwaltung der Berechtigungen in beiden Welten so weit wie möglich aufeinander abgestimmt und synchronisiert wird.

Alle RFC-fähigen Funktionsbausteine (RFMs) in einem System sind extern aufrufbar. Aus Sicherheitsgründen sollten Sie aber nur die RFMs exponieren, die Sie für Ihre Szenarien benötigen. Mit UCON können Sie diese RFMs identifizieren und den externen Aufruf aller anderen RFMs sperren.

18 RFC-Sicherheit mittels Unified Connectivity

SAP-Systeme, die auf ABAP-Anwendungsservern basieren, kommunizieren über das SAP-eigene Kommunikationsprotokoll *Remote Function Call* (RFC). Die Kommunikation zwischen den SAP-Systemen mittels der RFC-Technologie ist eine wichtige Grundlage für den Austausch von Informationen zwischen SAP-Systemen untereinander sowie zwischen ABAP-Systemen und anderen Systemen, die über den SAP .NET Connector, den SAP Java Connector oder die NetWeaver RFC Library – alle drei RFC-basiert – erreichbar sind. *RFC- bzw. remotefähige Funktionsbausteine* (auch *RFM* – remotefähiges Funktionsmodul) sind Funktionsbausteine, die als remotefähig gekennzeichnet sind und somit über Remote Function Calls von einem anderen System aufgerufen werden können. Weil sie über das Netzwerk aufgerufen werden, besteht eine große Angriffsfläche, auf diese Schnittstelle unberechtigt zuzugreifen. Aus diesem Grund ist es zwingend notwendig, diese abzusichern.

Um die RFC-Sicherheit herzustellen, ist eine Reihe von Maßnahmen erforderlich: Neben der korrekten Konfiguration von *RFC-Destinationen*, der Verschlüsselung von RFC-Kommunikation sowie der korrekten Vergabe von Berechtigungen auf RFC-fähige Funktionsbausteine gibt es noch eine Vielzahl weiterer Möglichkeiten der Absicherung.

In diesem Kapitel erhalten Sie einen Überblick über diese Möglichkeiten; für Details verweisen wir Sie auf das zentrale Whitepaper »Securing Remote Function Calls (RFC)«, das Sie im SAP Community

Network (SCN) finden (siehe *http://scn.sap.com/docs/DOC-60424*). Den Schwerpunkt legen wir dabei auf die Absicherung von RFC mittels Berechtigungen sowie des neuen Konzepts *Unified Connectivity* (UCON).

Ziel des Kapitels soll es sein, dass Sie mit den Berechtigungsmitteln sowie den Werkzeugen, die mit Unified Connectivity ausgeliefert werden, Ihre RFC-Funktionsbausteine so absichern, dass von extern, d. h. aus einem anderen Mandanten desselben Systems oder einem anderen System, nur die remotefähigen Funktionsbausteine aufgerufen werden können, die Sie für Ihre Szenarien brauchen. Diese benötigten Funktionsbausteine sollen dann auch nur von den berechtigten Benutzern aufgerufen werden können, die Sie im Rahmen Ihrer Szenarien aufrufen müssen.

18.1   RFC-Sicherheit im Überblick

Es gibt verschiedene Mittel, um eine sichere RFC-Kommunikation zu gewährleisten. Dazu gehören die folgenden:

▸ **Berechtigungen**
Richten Sie korrekte Berechtigungen zum Aufruf von RFC-fähigen Funktionsbausteinen ein.

▸ **Konfiguration der Infrastruktur**
Sorgen Sie für eine korrekte Konfiguration der Infrastruktur. Dies beginnt mit der richtigen Anlage von *RFC-Destinationen*, geht über Konfiguration von *Secure Network Communication* (SNC), Einstellungen zu *schaltbaren Berechtigungsprüfungen* (SACF) bis hin zur Konfiguration des *RFC-Gateways*.

Wir möchten Ihnen in diesem Abschnitt einen Überblick über diese Möglichkeiten geben.

RFC-Destinationen RFC-Verbindungen ermöglichen die Kommunikation zwischen SAP-Systemen. Diese Verbindungen werden mittels RFC-Destinationen gepflegt. Beim Erstellen von RFC-Destinationen müssen Sie Folgendes berücksichtigen:

RFC-Destinationen innerhalb einer SAP-Landschaft sollten so konfiguriert werden, dass Verbindungen zwischen Systemen mit der gleichen Sicherheitsklassifizierung über eine der folgenden Eigenschaften verfügen:

- Anmeldedaten (Benutzernamen und Passwort) für Benutzer sind in der RFC-Destination gepflegt.
- Die Verbindungen verfügen über eine Vertrauensbeziehung.
- Die RFC-Verbindungen beinhalten weder Anmeldedaten noch eine Vertrauensbeziehung, sondern benötigen eine Benutzeranmeldung für jeden Zugriff.

Eine weitere Möglichkeit, die Kommunikation zwischen SAP-Systemen sicherer zu gestalten, ist das Verschlüsseln der Kommunikation mittels *Secure Network Communication* (SNC).

Durch die Verwendung von *schaltbaren Berechtigungsprüfungsszenarien* (engl. *Switchable Authorization Check Framework*, kurz SACF) ergänzen Sie Ihr bestehendes Berechtigungskonzept.

In früheren Releases wurden viele der RFC-Funktionsbausteine ohne weitere Berechtigungsprüfungen ausgeliefert. Der Aufruf dieser Funktionsbausteine ist somit nur über das Berechtigungsobjekt S_RFC abgesichert. Werden notwendige Berechtigungsprüfungen für diese RFC-Funktionsbausteine in einem SAP-Hinweis oder Support Package ergänzt bzw. erweitert, könnte die nun für den Endbenutzer fehlende Berechtigung den Ablauf von Geschäftsszenarien beeinträchtigen bzw. sogar gänzlich verhindern.

Aus diesem Grund sind die schaltbaren Berechtigungsprüfungen eingeführt worden. Diese schaltbaren Berechtigungsprüfungen werden inaktiv ausgeliefert, um sicherzustellen, dass Geschäftsabläufe nach dem Einspielen von SAP-Hinweisen oder Support Packages nicht unterbrochen werden.

Zur Laufzeit benötigen diese Prüfungen eine aktive Szenariobeschreibung, die im Vorfeld analysiert und über die Transaktion SACF angelegt wird. Erst dann werden die schaltbaren Berechtigungsprüfungen durchlaufen. Detailliertere Informationen finden Sie in dem bereits erwähnten Whitepaper »Securing Remote Function Calls (RFC)«.

Im Zusammenhang mit der RFC-Sicherheit müssen Sie des Weiteren die Absicherung von SAP Gateway sicherstellen. Sie benötigen SAP Gateway, wenn Sie über Schnittstellen externe Programme nutzen

Secure Network Communication

Schaltbare Berechtigungsprüfungen mittels SACF

SAP Gateway

oder ein ABAP-Programm innerhalb eines Systems oder zwischen verschiedenen Systemen aufrufen möchten. SAP Gateway fungiert somit als technische Komponente des Applikationsservers, die die Kommunikation aller RFC-basierten Funktionen verwaltet (siehe »Secure Configuration of SAP NetWeaver Application Server Using ABAP« im SCN).

Die externen RFC-Server-Programme registrieren sich erst am Gateway, um dann später durch RFC-Clients über dieses Gateway aufgerufen zu werden. Dabei gibt es keine Authentifizierung und somit auch keine Berechtigungsprüfungen. Dadurch ist es möglich, Kommandos auf Betriebssystemebene abzusetzen, Dateien vom Server runterzuladen oder zu ändern oder auf die Datenbank des Applikationsservers zuzugreifen.

Um eine Zugriffskontrolle auf registrierte und gestartete RFC-Server durchzuführen, kommt eine *Access Control List* (ACL) zum Einsatz, die ebenfalls durch SAP Gateway verwaltet wird. Um die ACL nutzen zu können, müssen Sie die beiden folgenden Dateien des SAP NetWeaver AS ABAP pflegen:

- die Datei *reginfo* zur Kontrolle der Registrierung von externen RFC-Servern

- die Datei *secinfo* zur Kontrolle des Starts von externen RFC-Servern

Details zur Pflege der ACL lesen Sie im bereits erwähnten Whitepaper »Securing Remote Function Calls (RFC)«.

Das waren nur einige Möglichkeiten, um RFC-Sicherheit umzusetzen. Im folgenden Abschnitt widmen wir uns dem Thema RFC-Sicherheit mittels Berechtigungen und UCON.

18.2   Das Konzept von Unified Connectivity

Unified Connectivity (UCON) ist ein Framework zur Absicherung von RFCs. UCON ist ab SAP NetWeaver Release 7.40 verfügbar.

Insgesamt gibt es ca. 40.000 RFC-Funktionsbausteine im aktuellen SAP ERP, von denen in der Regel nur wenige hundert genutzt werden. Dennoch können alle 40.000 Funktionsbausteine von extern aufgerufen werden, selbst wenn es für die konfigurierten Geschäftsprozesse oder administrativen bzw. technischen Prozesse gar nicht erforderlich ist. Dieser Umstand kann als Sicherheitslücke ausgenutzt werden.

Mit UCON können Sie den Aufruf von nicht verwendeten RFC-fähigen Funktionsbausteinen sperren und damit die Sicherheit Ihres Systems erhöhen. Ziel von UCON ist es, die Zahl der von außen erreichbaren remotefähigen Funktionsbausteine so einzuschränken, dass der externe Zugriff auf lediglich die RFC-Funktionsbausteine möglich ist, die Sie in Ihrem Unternehmen auch nutzen. Beachten Sie dabei, dass der überwiegende Teil der remotefähigen Funktionsbausteine (RFMs) im AS ABAP zur Parallelisierung verwendet wird, also im gleichen Mandanten aufgerufen wird und somit für UCON keine Rolle spielt. Diese RFMs müssen nicht nach außen sichtbar sein. Es müssen nun die RFMs identifiziert werden, die von außen sichtbar und aufrufbar sein sollen, weil sie Teil eines Geschäfts- oder administrativen Prozesses sind. Alle anderen können gesperrt werden.

Zugriff auf Funktionsbausteine sperren

Der bisherige Weg, RFC-Funktionsbausteine abzusichern, war einzig, eine Berechtigungsprüfung auf diese Funktionsbausteine durchzuführen. Dabei mussten aufwendige Berechtigungstraces ausgeführt werden, um alle notwendigen Funktionsbausteine zu identifizieren.

Mit UCON ist eine weitere Ebene der Zugriffskontrolle hinzugekommen: RFMs sind nun von außen nur noch aufrufbar, wenn sie einer *Communication Assembly* (CA) zugeordnet sind. Wird versucht, einen RFM aufzurufen, der nicht der CA zugeordnet ist, so ist der Zugriff von außen gesperrt, und der RFM kann von keinem Benutzer aufgerufen werden. Dies gilt nicht für RFMs, die systemintern für Zwecke zur Lastverteilung oder für asynchrone Szenarien verwendet werden.

Communication Assembly

Die UCON-Zugriffskontrolle ist somit benutzerunabhängig. Auch Administratoren mit voll ausgeprägten Berechtigungen können nicht auf gesperrte RFMs zugreifen. Somit verfolgt UCON einen Whitelist-Ansatz, sodass nur gelistete RFMs die Zugriffskontrolle passieren.

Erweiterte Zugriffskontrolle mittels UCON

Erst im Anschluss an die UCON-Prüfung wird für diese RFMs – wie bisher – eine Berechtigungsprüfung durchgeführt (siehe Abbildung 18.1).

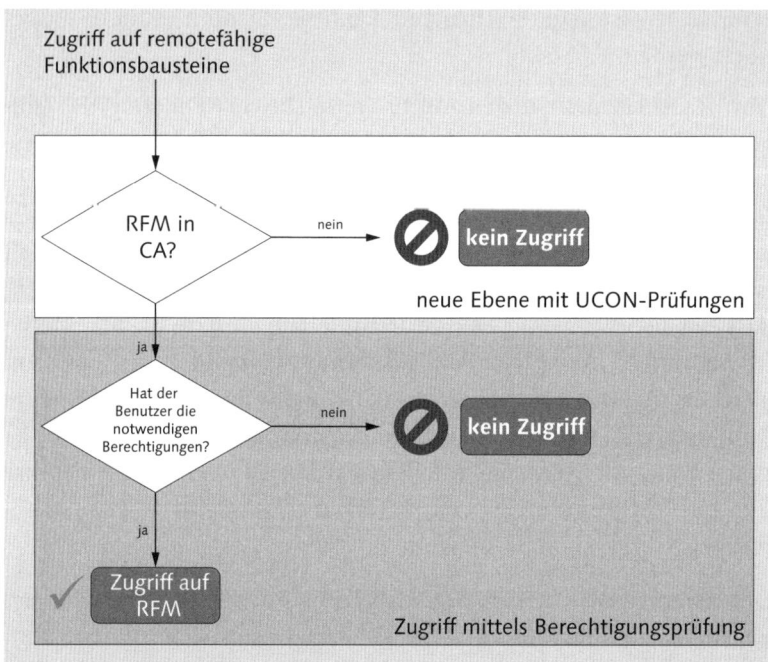

Abbildung 18.1 Zusätzliche Ebene einer Zugriffskontrolle mittels UCON

Dieses RFC-Basisszenario durchläuft drei Phasen:

1. **Protokollierungsphase**

   Zur Identifizierung der RFMs, die von außen erreichbar sein müssen, zeichnen Sie mittels des UCON-Frameworks die RFC-Aufrufe für eine bestimmte Zeitdauer auf. Im Anschluss können Sie alle aufgezeichneten RFMs auf einmal der Standard-CA zuordnen. Es ist natürlich auch möglich, einzelne RFMs hinzuzufügen bzw. zu entfernen, wenn Sie bereits wissen, ob diese exponiert werden sollen oder nicht. Die Ergebnisse der Protokollierungsphase basieren auf den Statistiksätzen, die ebenfalls über die Transaktion ST03N ausgelesen werden.

2. **Auswertungsphase**

   In dieser Phase überprüfen Sie, ob Sie alle RFMs der Standard-CA zugewiesen haben, die Sie exponieren müssen, oder einige vergessen haben. Der Zeitraum für diese Phase ist frei wählbar. Hier hat es noch keine Folgen, wenn ein RFM nicht in der Standard-CA gefunden wird. Sie haben hier noch die Möglichkeit, fehlende RFMs der Standard-CA zuzuordnen.

3. **Endphase**

Nach Abschluss der Evaluierungsphase können Sie die Laufzeit-Checks aktivieren. Nun sind nur noch die RFMs von außen erreichbar, die Sie vorher der Standard-CA zugeordnet haben.

Im folgenden Abschnitt zeigen wir Ihnen, wie Sie UCON einrichten und nutzen.

18.3 UCON einrichten und betreiben

Als Voraussetzung, um UCON einzurichten, benötigen Sie einen Releasestand von mindestens SAP NetWeaver Release 7.40. Um RFMs zu identifizieren, die Sie benötigen, und um die nicht verwendeten zu sperren, müssen Sie das RFC-Basisszenario konfigurieren. Wie das geht, erfahren Sie auf den folgenden Seiten.

Führen Sie zuerst das UCON-Setup aus. Dazu gehören folgende Aktivitäten, die nur während des Setup-Prozesses auszuführen sind:

UCON-Setup ausführen

Definieren Sie für die Dauer der Protokollierungsphase und der Auswertungsphase eine geeignete Länge. Wählen Sie hier in Transaktion UCONCOCKPIT zuerst das Szenario RFC-BASISSZENARIO unter dem Punkt SZENARIOAUSWAHL FÜR UNIFIED CONNECTIVITY aus (siehe Abbildung 18.2).

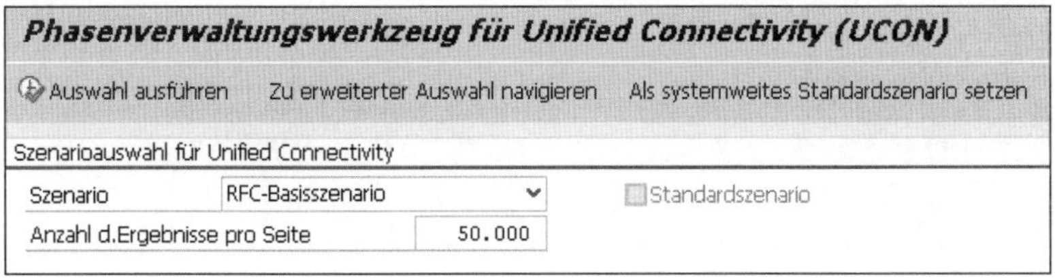

Phasenverwaltungswerkzeug für Unified Connectivity (UCON)

⊕ Auswahl ausführen   Zu erweiterter Auswahl navigieren   Als systemweites Standardszenario setzen

Szenarioauswahl für Unified Connectivity

| Szenario | RFC-Basisszenario ▾ | ☐ Standardszenario |
| Anzahl d.Ergebnisse pro Seite | 50.000 | |

Abbildung 18.2 Szenarioauswahl im UCON Cockpit

Wählen Sie nun im Menü OPERATIONEN • UNIFIED-CONNECTIVITY-CUSTOMIZING aus, und pflegen Sie die jeweiligen Zeiträume (siehe Abbildung 18.3).

Defintion der Protokoll-/Auswertungsdauer

Wählen Sie im Menü der Transaktion UCONCOCKPIT nun OPERATIONEN • UNIFIED-CONNECTIVITY-SETUP aus. Hier können Sie die Standard-CA anlegen. Es gibt einen Anwendungsfall mit einer zweiten CA bzw. einer zweiten Whitelist. UCON verlangt dann für den externen Aufruf der RFMs in dieser SNC-CA eine SNC-Konfiguration.

Standard-Communication-Assembly anlegen

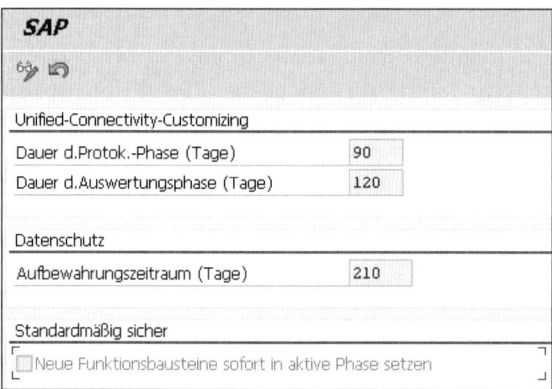

Abbildung 18.3 Zeiträume für Protokoll- und Auswertungsphase festlegen

Der virtuelle Host und die Konfigurationsdatei werden automatisch angelegt. Ist das Setup in Ihrem System bereits ausgeführt, können Sie unter Operationen • Unified-Connectivity-Setup-Status die Details zum durchgeführten Setup anzeigen bzw. die Mandanten auswählen, für die das Setup zutreffend ist (siehe Abbildung 18.4).

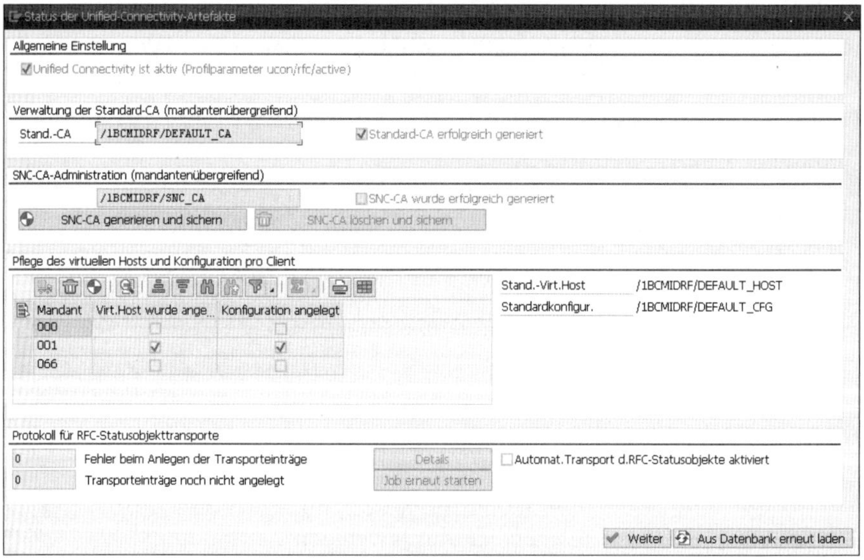

Abbildung 18.4 Setup-Status des UCON-Setups

Zur Sammlung aller RFC-Statistiksätze müssen Sie den Hintergrundjob SAP_UCON_MANAGEMENT einplanen.

Danach ist das Setup von UCON erfolgreich durchgeführt! Nun sind eine Standard-CA für das System sowie je ein virtueller Host und je eine Standardkonfiguration pro Mandant angelegt. Sobald der Profil-parameter `ucon/rfc/active` auf den Wert 1 gesetzt ist, ist UCON aktiv, und die die Laufzeitprüfungen beginnen. RFC-Aufrufe von außerhalb werden protokolliert und können der CA sowie der Proto-kollierungsphase zugeordnet werden.

Für detaillierte Informationen zum Setup und Betrieb von UCON verweisen wir auf das Dokument »UCON RFC Basic Scenario – Guide to Setup and Operations« im SCN (siehe *http://scn.sap.com/docs/DOC-57565*).

Im Phasenverwaltungswerkzeug für UCON können Sie sich über die Transaktion UCONPHTL ein Bild davon machen, wie viele RFMs bereits aufgerufen und der CA zugeordnet sind (siehe Abbildung 18.5).

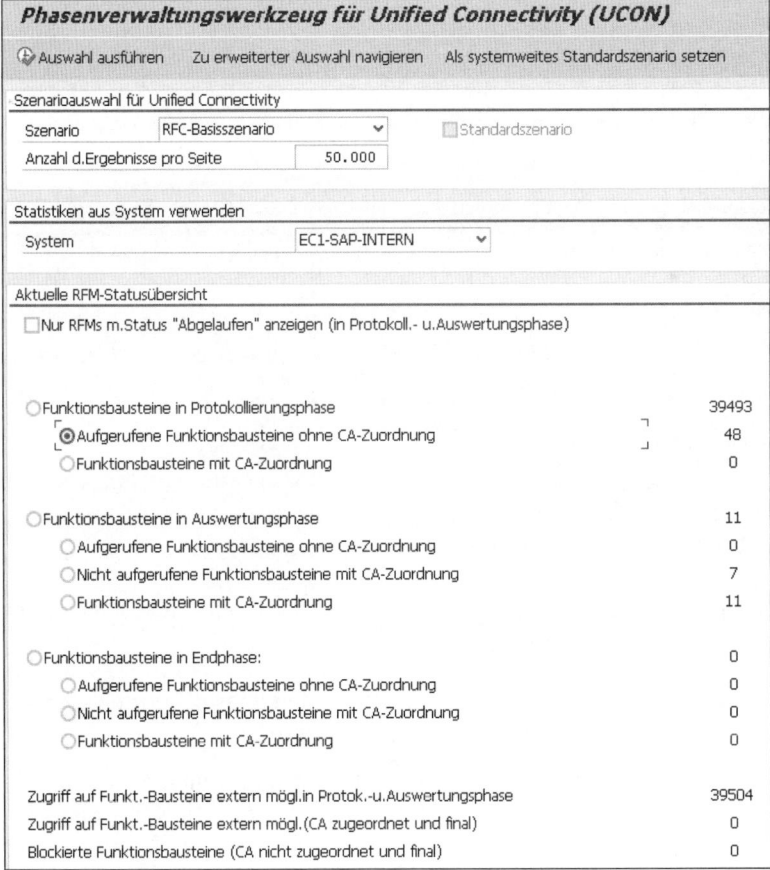

Abbildung 18.5 Selektionsauswahl im Phasenverwaltungstool für UCON

Status der Proto-
kollierung
Um den aktuellen Status der Protokollierung anzuzeigen, wählen Sie im Phasenverwaltungswerkzeug zuerst das RFC-Basisszenario aus. Darüber hinaus können Sie auswählen, auf welche Statistiksätze aus welchem System Sie zugreifen möchten. Unter Aktuelle RFM-Statusübersicht können Sie nach Funktionsbausteinen je Phase sowie mit oder ohne CA-Zuordnung selektieren.

In der Auswertung erhalten Sie die Informationen zu den jeweiligen RFMs. Im Änderungsmodus haben Sie nun die Möglichkeit, diese RFMs einer anderen Phase zuzuordnen, diese aus der CA zu entfernen oder aber, wenn Sie nicht zugeordnete RFMs selektiert haben, diese der CA hinzuzufügen (siehe Abbildung 18.6).

Phasenwerkzeug für RFC-Basisszenario f.Unified Connectivity

Name des Funktionsbausteins	Phase	Communication-Assembly	Ablaufdat.	Anzahl	Datum d.letz.Aufr
/BDL/_GET_SDCC_CUSTOMIZING_N...	Protokoll		08.11.2015	2	25.11.2015
/IWFND/GW_ERROR_LOG_EXTRACT...	Protokoll		08.11.2015	3.155	04.01.2016
/SDF/ASR_READ_AGGR	Protokoll		08.11.2015	2.842	04.01.2016
/SDF/CCDB_RFC_INTERFACE	Protokoll		08.11.2015	196	12.12.2015
/SDF/CHECK_RFC	Protokoll		08.11.2015	80	17.12.2015
/SDF/DUMP_EXTRACTOR	Protokoll		08.11.2015	2.824	04.01.2016
/SDF/GW_THROUGHPUT_EXTRACT...	Protokoll		08.11.2015	3.184	04.01.2016
/SDF/SCSI_GET_INSTANCE_TECH_IN	Protokoll		08.11.2015	92	03.01.2016
/SDF/SLIC_READ_LICENSES_700	Protokoll		08.11.2015	92	03.01.2016
/SDF/SM_GET_JOB_STATUS	Protokoll		08.11.2015	2	25.11.2015
/SDF/SYSLOG_EXTRACTOR	Protokoll		08.11.2015	2.839	04.01.2016
/SDF/UPDATE_EXTRACTOR	Protokoll		08.11.2015	2.834	04.01.2016
/SDF/UPL_CHECK	Protokoll		08.11.2015	1	10.11.2015
/SSF/CALL_SUBROUTINE_RFC	Protokoll		12.12.2015	12.749	04.01.2016
/VIRSA/ASSIGN_OBJECT	Protokoll		08.11.2015	4	27.08.2015
/VIRSA/GET_ROLE_PROFILES	Protokoll		08.11.2015	1	25.08.2015
/VIRSA/SEARCH_DATA	Protokoll		08.11.2015	3	27.08.2015
/VIRSA/USER_AUTHENTICATION	Protokoll		08.11.2015	2	27.08.2015
BAPI_ACC_DOCUMENT_POST	Protokoll		08.11.2015	19	23.09.2015
BAPI_TRANSACTION_COMMIT	Protokoll		08.11.2015	19	23.09.2015
BAPI_USER_CREATE	Protokoll		08.11.2015	1	26.11.2015

Abbildung 18.6 Ergebnisliste von RFMs in Auswertungsphase

Tätigkeiten in der
Protokollierungs-
phase
In der Protokollierungsphase gibt es zwei Vorgehensweisen bei der Zuordnung der RFMs zur CA:

1. Alle RFMs, die während der ersten beiden Phasen gerufen worden sind, werden der Standard-CA zugeordnet.

2. Sie analysieren alle während der Phasen gerufenen RFM-Aufrufe und ordnen die der Standard-CA zu, deren Aufrufe Sie für berechtigt halten.

Je nach Zeit und vorhandenem Wissen zu genutzten RFMs können Sie sich für eine dieser beiden Vorgehensweisen entscheiden.

Um die Entscheidung zu unterstützen, können Sie mittels des Buttons FELDER weitere Felder hinzufügen, die folgende Informationen je Funktionsbaustein anbieten:

- RFC-Server-Client
- RFC-Serverbenutzer
- RFC-Aufruferserver und -mandant
- verwendete RFC-Destination
- letzter RFC-Aufruf

Um alle Geschäftsszenarien sowie administrativen bzw. technischen Prozesse abzudecken, ist es sinnvoll, die Protokollierung im Produktivsystem vorzunehmen und sämtliche typischen Aktivitäten, wie Monats-, Quartals- oder Jahresendabschlüsse, mit zu protokollieren.

Nach Ende der Protokollierungsphase sollten alle notwendigen RFMs der CA zugeordnet sein. In der Auswertungsphase können Sie über den vordefinierten Zeitraum testen, ob diese Auswahl ausreichend war. Hier werden die UCON-Prüfungen nur simuliert. RFMs, die nicht der CA zugeordnet sind, können zwar aufgerufen werden. Es wird jedoch eine Warnung im Computing Center Management System (CCMS) angezeigt.

Ist die Auswertungsphase beendet, können die notwendigen RFMs in die Endphase gesetzt und der CA zugeordnet werden. Nun sind die UCON-Prüfungen aktiv. Jetzt werden externe Aufrufe von nicht gelisteten RFMs gesperrt und können ungeachtet der bestehenden Berechtigungen beim Anwender nicht aufgerufen werden.

18.4 Zusammenspiel von UCON und Berechtigungsprüfungen auf Funktionsbausteine

Berechtigungsprüfungen in Funktionsbausteinen werden über das Berechtigungsobjekt S_RFC und gegebenenfalls weitere Berechtigungsprüfungen durchgeführt.

Voraussetzung für die Nutzung des Berechtigungsobjekts S_RFC ist der Profilparameter auth/rfc_authority_check. Dieser Profilparameter legt die technische Ausführung der Berechtigungsprüfung des Berechtigungsobjekts S_RFC fest.

Verwendung des Berechtigungsobjekts S_RFC

Im Profilparameter können verschiedene Werte zwischen 0 und 9 hinterlegt werden. Der Wert 0 deaktiviert z. B. dieses Berechtigungsobjekt. Aus diesem Grund raten wir dringend davon ab, diesen Wert zu setzen. Der Standardwert 1 wird für die meisten Systeme empfohlen. Wenn Sie diesen Wert setzen, dann ist eine Benutzeranmeldung erforderlich, und Berechtigungsprüfungen werden für alle RFMs durchgeführt, die von anderen Systemen, Mandanten oder anderen Benutzern aufgerufen werden. Ausgenommen ist die Funktionsgruppe SRFC.

Wenn Sie die Funktionsgruppe SRFC berechtigen möchten bzw. weitere Werte für den Profilparameter setzen möchten, prüfen Sie SAP-Hinweis 931252.

Berechtigungs-
konzept für RFC
erstellen

Um ein Berechtigungskonzept für RFC zu erstellen, identifizieren Sie zuerst die zu berechtigenden Funktionsbausteine. Prüfen oder erstellen Sie dann Berechtigungsvorschlagswerte, bevor Sie PFCG-Rollen erstellen. Tabelle 18.1 gibt einen Überblick über die einzelnen Schritte.

	Analyse		Umsetzung	
Tätigkeit	Prüfe aufgerufene RFC-Funktionsbausteine durch Anwender.	Prüfe Berechtigungsprüfungen der RFC-Funktionsbausteine.	Dokumentiere Berechtigungsprüfungen der RFC-Funktionsbausteine.	Rollen erstellen
Transaktionen	STAUTHTRACE		SU24	PFCG
	UCON-COCKPIT	STUSOB-TRACE		
	STRFCTRACE			

Tabelle 18.1 Berechtigungskonzept für RFC erstellen

Werkzeuge zur
Identifizierung von
RFMs

Im ersten Schritt analysieren Sie, welche RFC-Funktionsbausteine Sie benötigen und für einen bestimmten Benutzer berechtigen wollen. Dabei helfen Ihnen verschiedene Werkzeuge:

▶ **STAUTHTRACE**
Der Systemtrace für Berechtigungsprüfungen ist ein Werkzeug, um zur Laufzeit Berechtigungsprüfungen für einen bestimmten Benutzer zu identifizieren und zu analysieren (siehe Abschnitt 7.2, »Traces«). Der Systemtrace ist ein Kurzzeittrace, mandanten- und

benutzerabhängig. Dieses Werkzeug ist dann sinnvoll, wenn Sie für aufgerufene RFC-Aufrufe weitere Berechtigungsprüfungen bestimmen wollen.

▶ **STUSOBTRACE**

Diese Transaktion wertet den Langzeitberechtigungstrace (siehe Abschnitt 7.2.1, »Vorgehen beim Berechtigungstrace«) aus. Dieser Langzeittrace protokolliert Berechtigungsprüfungen nicht nur für Anwendungen, wie Transaktionscodes oder Webservices, sondern auch Berechtigungsprüfungen für Funktionsbausteine. Diese Informationen dienen als Voraussetzungen zur Pflege von Berechtigungsvorschlagswerten.

▶ **UCONCOCKPIT**

Mit diesem Werkzeug protokollieren Sie RFC-Aufrufe, die von außen RFMs im System aufrufen. Das entspricht Funktionsbausteinen mit der Eigenschaft remotefähig, die von einem anderen Mandanten des Systems bzw. einem anderen System aufgerufen werden. Sie prüfen dann, ob diese RFC-Funktionsbausteine von außen aufrufbar sein sollen, und weisen diese einer CA zu. Wenn Sie keine Zeit zur detaillierten Prüfung der RFMs haben, weisen Sie alle protokollierten RFMs der Standard-CA zu. Ist ein RFC-Funktionsbaustein nicht in der Standard-CA gelistet, so kann dieser auch nicht aufgerufen werden. Sie protokollieren hier also nur die RFC-Funktionsbausteine, die Sie später auch berechtigen wollen. In diesem Fall pflegen Sie nur Berechtigungen für die RFMs im Berechtigungsobjekt S_RFC, die von UCON freigegeben sind und die somit in der Standard-CA sind.

▶ **STRFCTRACE**

Mit dieser Transaktion können Sie RFC-Statistiksätze auswerten (siehe Abbildung 18.7). Lesen Sie SAP Hinweis 2080378, um die notwendigen Voraussetzungen für Ihr Release zu erfahren.

Mit der Transaktion STRFCTRACE können Sie sämtliche Informationen zu Aufrufersystem, -mandant bzw. -benutzer sowie Informationen im aufgerufenen System zu Benutzer, Funktionsbaustein, Funktionsgruppe oder Anzahl der Aufrufe bzw. letztem Aufruf auslesen. Abbildung 18.8 zeigt die Ergebnisliste einer solchen Abfrage.

RFC Statistiksätze auswerten

Selektion für aufrufendes System (entferntes System)

Aufrufer-SID	bis	
Benutzername des Aufrufers	bis	

Selektion für aufgerufenes System (lokales System)

Benutzername	bis	
Funktionsbaustein	bis	
Funktionsgruppe	bis	

Optionen

- ☐ Berechtigungen des Benutzers anzeigen
- ☐ Server anzeigen
- ☐ Berechtigungstrace anzeigen (STUSOBTRACE)

Abbildung 18.7 Selektion nach RFC-Statistiksätzen in STRFCTRACE

Enfernter RFC-Client ruft lokale RFC-Funktionsbausteine

Aufgerufenes System SID:EC1 Mandant:001 (Lokaler Server)
Profilparameter auth/rfc_authorty_check=1

Aufrufer-SID	AufrMand.	Aufrufer-Programm	Benutzer (Aufrufer)	Aufrufer-Destination	Benutzer(Ausführend)	Benutzertyp	Gruppe	Aufgerufener RFC-Funktionsbaustein	Funktionsgruppe
	001	SEU_INT	Benutzer1	BACK	Benutzer1	A Dialog	SUPER	RS_SCRP_GF_RTEXTS	SCR1
T01	000	SAP_COMS_MONI_BATCH_DP	DDIC	TRUSTED_EC1	DDIC	A Dialog	SUPER	RFC_SYSTEM_INFO	SRFC
T01	001	SE37	Benutzer2	ZEC1	Benutzer2	A Dialog		BAPI_USER_CREATE	SU_USER
T01	001	SM59	Benutzer3	TRUSTED_EC1	Benutzer3	A Dialog	SUPER	RFC_SYSTEM_INFO	SRFC
XS2	000	EFWK RESOURCE MANAGER	SM_XS2	SM_EC1CLNT001_READ	SM_XS2	B System		RFC_SYSTEM_INFO	SRFC
XS2	000	EFWK RESOURCE MANAGER	SM_XS2	SM_EC1CLNT001_TMW	SMTMXS2	B System		RFC_SYSTEM_INFO	SRFC
XS2	001	CL_AICOMSBI_ASR_READ==========CP	SM_EFWK	SM_EC1CLNT001_READ	SM_XS2	B System		RFC_FUNCTION_SEARCH	RFC1
XS2	001	CL_SISE_RFC_ASSIST==========CP	SOLMAN_BTC	SM_EC1CLNT001_READ	SM_XS2	B System		RFCPING	SYST
XS2	001	DIAGLS_COMPUTE_STATUS	SOLMAN_BTC	SM_EC1CLNT001_READ	SM_XS2	B System		/SDF/CHECK_RFC	/SDF/COMUSER_UPDATE
XS2	001	DIAGLS_COMPUTE_STATUS	SOLMAN_BTC	SM_EC1CLNT001_READ	SM_XS2	B System		/SSF/CALL_SUBROUTINE_RFC	/SSF/INTRFC
XS2	001	DIAGLS_COMPUTE_STATUS	SOLMAN_BTC	SM_EC1CLNT001_READ	SM_XS2	B System		FUNCTION_EXISTS	SUNI
XS2	001	DIAGLS_COMPUTE_STATUS	SOLMAN_BTC	SM_EC1CLNT001_READ	SM_XS2	B System		RFCPING	SYST

Abbildung 18.8 Auswertung von RFC-Statistiksätzen

Erstellen einer PFCG-Rolle auf Basis der Auswertungen

Wenn Sie z. B. eine Rolle erstellen möchten, die die RFC-Funktionsbausteine zum Benutzervergleich über Mandanten- bzw. Systemgrenzen hinweg ermöglicht, so können Sie wie folgt vorgehen:

Starten Sie zuerst den Berechtigungstrace mittels des Profilparameters auth/authorization_trace. Anschließend rufen Sie den Benutzervergleich über die Transaktion SUIM in einem anderen System auf, und vergleichen Sie einen Benutzer in dem Fremdsystem mit einem Benutzer in Ihrem System. Die zwei Systeme müssen über RFC-Verbindungen zueinander verfügen, sodass das Fremdsystem Ihr System aufrufen kann. Diese RFC-Aufrufe zum Benutzervergleich werden nun vom Berechtigungstrace mit protokolliert.

Auswertung von Berechtigungsprüfungen

Prüfen Sie über Transaktion STUSOBTRACE, welche RFC-Funktionsbausteine aufgerufen wurden und welche Berechtigungen dazu geprüft wurden (siehe Abbildung 18.9).

Berechtigungstrace (Tabelle USOB_AUTHVALTRC):		11 Treffer								
Typ der Anwendung	Name der Anwendung	Objekt	Feld 1	Wert 1	Feld 2	Wert 2	Feld 3	Wert 3	Feld 4	Wert 4
RFC-Funktionsbaustein	BAPI_USER_GET_DETAIL	S_RFC	RFC_TYPE	FUGR	RFC_NAME	SU_USER	ACTVT	16		
RFC-Funktionsbaustein	BAPI_USER_GET_DETAIL	S_USER_GRP	CLASS		ACTVT	03				
RFC-Funktionsbaustein	FUNCTION_EXISTS	S_RFC	RFC_TYPE	FUGR	RFC_NAME	SUNI	ACTVT	16		
RFC-Funktionsbaustein	FUNCTION_EXISTS	S_RFCACL	RFC_SYSID	EC1	RFC_CLIENT	001	RFC_USER	D046786	RFC_EQUSER	N
RFC-Funktionsbaustein	SUSR_GET_PROFILES_OF_USER_RFC	S_RFC	RFC_TYPE	FUGR	RFC_NAME	SUST	ACTVT	16		
RFC-Funktionsbaustein	SUSR_GET_PROFILES_OF_USER_RFC	S_USER_GRP	CLASS		ACTVT	03				
RFC-Funktionsbaustein	USER_NAME_GET	S_RFC	RFC_TYPE	FUGR	RFC_NAME	SSCV	ACTVT	16		

Abbildung 18.9 Auswertung des Berechtigungstrace in STUSOBTRACE nach Benutzervergleich

Sind die zu berechtigenden Funktionsbausteine nun identifiziert, so können Sie mit dem Rollenbau beginnen. Dafür müssen Sie zuvor prüfen, ob für diese Funktionsbausteine Berechtigungsvorschlagswerte gepflegt sind. Wählen Sie dafür in Transaktion SU24 im Selektionsbildschirm für Typ der Anwendung: RFC-Funktionsbaustein aus. Sind keine Vorschlagswerte gepflegt, so können Sie die gesammelten Informationen aus dem Systemtrace für Berechtigungen oder dem Berechtigungstrace übernehmen (siehe Abschnitt 7.2.1, »Vorgehen beim Berechtigungstrace«).

Vorschlagswerte für RFMs

Abbildung 18.10 stellt gepflegte Berechtigungsvorschlagswerte für bestimmte RFC-Funktionsbausteine dar.

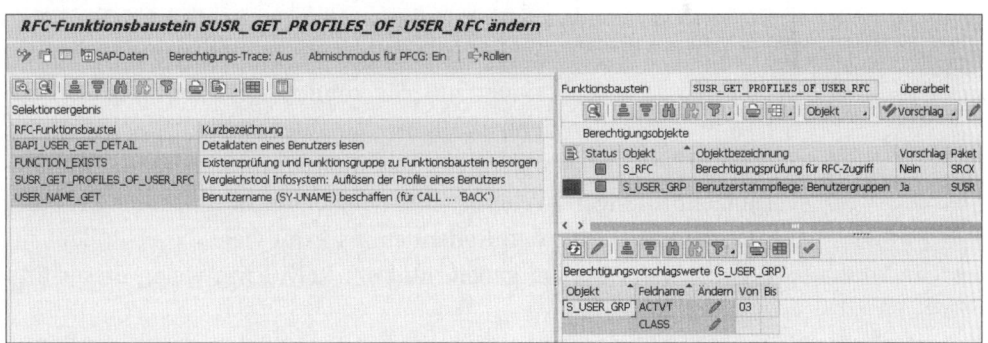

Abbildung 18.10 Berechtigungsvorschlagswerte für RFC-Funktionsbausteine

Um jemandem zum Aufruf dieser Funktionsbausteine zu berechtigen, erstellen Sie eine PFCG-Rolle und fügen die gewünschten Funktionsbausteine im Rollenmenü hinzu. Wählen Sie dazu auf der Registerkarte Menü über den Button Transaktion den Wert Berechtigungsvorschlag aus (siehe Abbildung 18.11).

RFMs einem Rollenmenü zuordnen

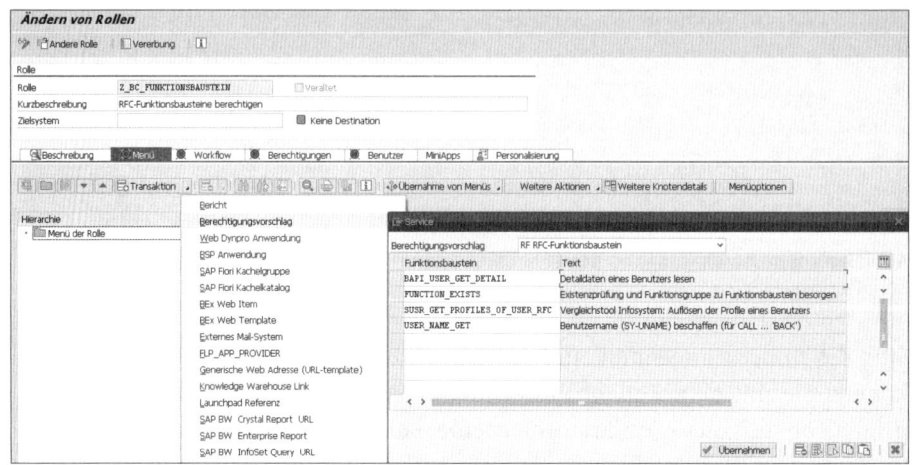

Abbildung 18.11 RFC-Funktionsbaustein dem Rollenmenü hinzufügen

Es öffnet sich ein neues Fenster. Wählen Sie als Berechtigungsvorschlag RFC-FUNKTIONSBAUSTEIN aus, und tragen Sie die zu berechtigenden Funktionsbausteine ein. Nun pflegen Sie die noch offenen Berechtigungsfelder wie gewohnt und generieren ein Profil. Diese Rolle können Sie nun dem notwendigen Anwender zuweisen.

Rollenbau-Szenario Anstatt die Rollen manuell zu erstellen, können Sie das Rollenbau-Szenario verwenden. Sie rufen dieses über Transaktion UCONCOCK-PIT auf und wählen unter SZENARIOAUSWAHL FÜR UNIFIED CONNECTI-VITY • ROLLENBAU-SZENARIO aus. Sie können hier eine CA als Grundlage für ein Rollenmenü auf Basis z. B. eines Benutzers erstellen. Im Unterschied zur Standard-CA sind Rollenbau-CAs für die UCON-Laufzeitprüfungen irrelevant. Sie dienen ausschließlich der Gruppierung von RFMs für den Rollenbau. Es kann viele dieser Rollenbau-CAs in einem System geben, und ein RFM kann vielen dieser CAs zugeordnet sein.

Wählen Sie dafür in der Selektion das System aus, aus dem die Statistikdaten gelesen werden sollen. Selektieren Sie anschließend den jeweiligen Benutzernamen und Mandanten unter RFC-SERVERBENUT-ZERNAME, der die RFC-Funktionsbausteine in Ihrem System auswählt.

CA für Rollenbau-Szenario anlegen Sie gelangen in eine Auswahl, in der Sie die RFC-Funktionsbausteine für den ausgewählten Benutzer sehen. Wechseln Sie hier in den Änderungsmodus, und klicken Sie auf den Button ANLEGEN zum Anlegen einer Communication Assembly. Vergeben Sie im Pop-up einen Namen und eine Beschreibung für Ihre CA (siehe Abbildung 18.12).

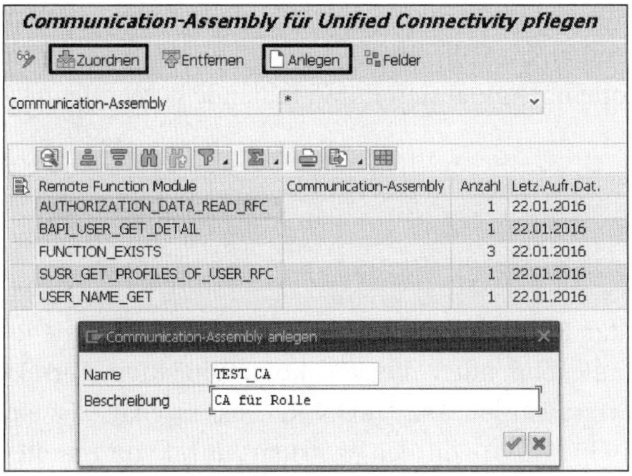

Abbildung 18.12 Communication Assembly im Rollenbau-Szenario anlegen

Vergessen Sie nicht, Ihre RFC-Funktionsbausteine Ihrer CA zuzuordnen, indem Sie diese markieren und auf den Button Zuordnen klicken. Sichern Sie anschließend.

Wechseln Sie in Ihre PFCG-Rolle, wählen Sie im Rollenmenü SAP UCON Communication Assembly, und suchen Sie Ihre angelegte CA aus (siehe Abbildung 18.13).

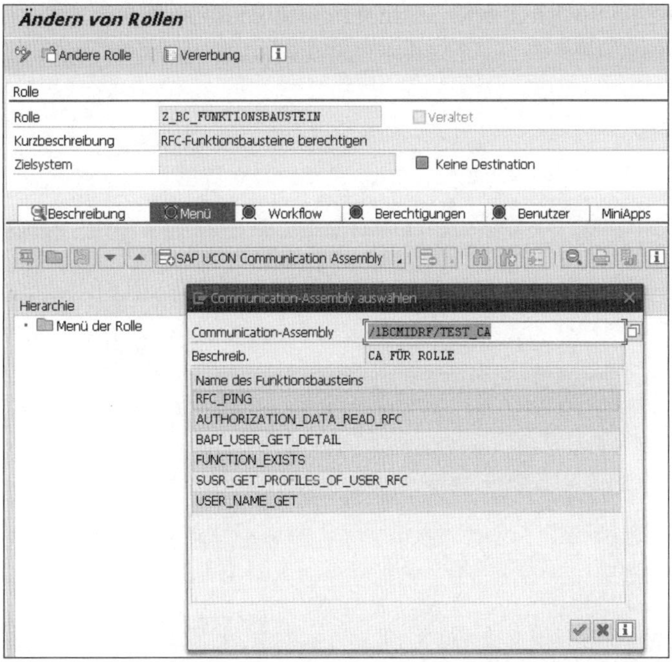

CA als Rollenmenü verwenden

Abbildung 18.13 Communication Assembly als Rollenmenü hinzufügen

Nun haben Sie alle RFC-Funktionsbausteine, die ein bestimmter Benutzer aufgerufen hat, im Rollenmenü der PFCG-Rolle zugeordnet und müssen die Rolle noch finalisieren und fehlende Berechtigungswerte pflegen.

18.5 Fazit

Die Absicherung der RFC-Kommunikation verläuft auf verschiedenen Ebenen. Grundlegend muss die RFC-Kommunikation korrekt und sicher konfiguriert werden. Das UCON-RFC-Basisszenario ist ein serverseitiger Whitelist-Ansatz für den externen Aufruf von remotefähigen Funktionsbausteinen. Zunächst identifizieren Sie auf der Basis der UCON-Protokollierung, welche RFMs Sie für Ihre Szenarien exponieren müssen, und dann blockieren Sie mit UCON den externen Aufruf aller anderen RFMs. Sie erstellen für die in UCON freigegebenen RFMs PFCG-Rollen. In der Transaktion UCONCOCKPIT können Sie die freigeschalteten RFMs in unterschiedliche Rollenbau-CAs gruppieren, sodass es in der PFCG möglich ist, für Gruppen von RFMs Rollen mit den entsprechenden RFC-Berechtigungen zu erstellen. Voraussetzung hierfür ist ebenfalls die Pflege von Berechtigungsvorschlagswerten, wie bei anderen Anwendungen auch.

In diesem Kapitel geben wir Ihnen einen Einblick in das Berechtigungswesen von SAP HANA und zeigen Ihnen, was Sie bei der Integration in eine bestehende zentrale Verwaltung von Benutzern und Berechtigungen für SAP-Systemlandschaften berücksichtigen sollten.

19 Berechtigungen in SAP HANA

Mit SAP HANA wurde ein vollkommen neues Konzept der Datenverarbeitung eingeführt, denn SAP HANA basiert auf der In-Memory-Technologie zur Datenspeicherung. Damit ermöglicht SAP HANA die Auswertung großer Datenbestände bei sehr kurzen Bearbeitungszeiten. Datenverarbeitung in SAP HANA unterscheidet sich wesentlich von der Vorgehensweise in SAP ERP. Es liegt deshalb auf der Hand, dass in SAP HANA ein eigenes Benutzer- und Berechtigungswesen verwendet wird. In diesem Kapitel möchten wir Ihnen einen Einblick in die Wirkungsweise des Berechtigungswesens von SAP HANA geben. Wir zeigen die wesentlichen Parallelen bzw. Unterschiede zum Berechtigungswesen von SAP ERP auf und gehen auf die Integration in die bestehende SAP-Systemlandschaft ein. Eine detaillierte Darstellung der Berechtigungssteuerung in SAP S/4HANA erhalten Sie in Kapitel 20.

Zuerst erläutern wir Ihnen in Abschnitt 19.1 die unterschiedlichen Anwendungsszenarien, um anschließend in Abschnitt 19.2 auf die Grundprinzipien der Architektur von SAP HANA einzugehen. In diesen Abschnitten möchten wir für Leser ohne HANA-Vorkenntnisse die Grundlage für die folgenden Abschnitte zum Berechtigungswesen in SAP HANA legen. In Abschnitt 19.3 und Abschnitt 19.4 stellen wir Ihnen das Benutzer- und Berechtigungskonzept von SAP HANA vor und vergleichen es mit dem Berechtigungswesen von SAP ERP.

19.1 Anwendungsszenarien von SAP HANA

Für SAP HANA gibt es drei unterschiedliche Anwendungsszenarien mit verschiedenen Ausprägungen:

▸ SAP HANA als Persistenz

▸ integrierte Szenarien

▸ SAP-HANA-Realtime-Analysen

SAP HANA als Persistenz

SAP HANA kann die bisherige Datenbank für bereits vorhandene Anwendungen ersetzen. SAP Business Warehouse (BW) on SAP HANA und SAP Business Suite on SAP HANA sind Beispiele für dieses Szenario. Sie nutzen SAP HANA nur als Datenbank, und die Berechtigungen der jeweiligen Anwendungen sind weiterhin gültig. In diesem Fall müssen Sie SAP-HANA-Berechtigungen analog zu bisherigen Konzepten für Datenbanken pflegen (z. B. Administratorberechtigungen). Endbenutzer brauchen keine Anwendungsberechtigungen in SAP HANA, in diesen Fällen können sie ihre bestehenden Berechtigungskonzepte unverändert verwenden.

Integrierte Szenarien

Integrierte Szenarien sind SAP HANA Live für die SAP Business Suite und die Nutzung der SAP HANA Views des SAP Business Warehouse. Für die integrierten Szenarien müssen Sie zusätzliche SAP-HANA-Berechtigungen für Ihre Endbenutzer erstellen und diese vergeben. Berücksichtigen Sie in diesem Zusammenhang, dass Sie nicht nur Berechtigungen erteilen, sondern auch die Benutzer in der Benutzerverwaltung (Identity Store) der SAP-HANA-Datenbank anlegen müssen.

SAP-HANA-Realtime-Analysen

Die SAP-HANA-Realtime-Analysen sind spezifische analytische Applikationen, die speziell für die SAP-HANA-Datenbank entwickelt werden. Beispielsweise werden Daten aus der relationalen Datenbank des ERP-Systems für diese Anwendungen repliziert. Auch in diesen Fällen müssen Sie Ihre Endbenutzer in SAP HANA berechtigen. Einen Überblick über die drei Szenarien finden Sie in Abbildung 19.1.

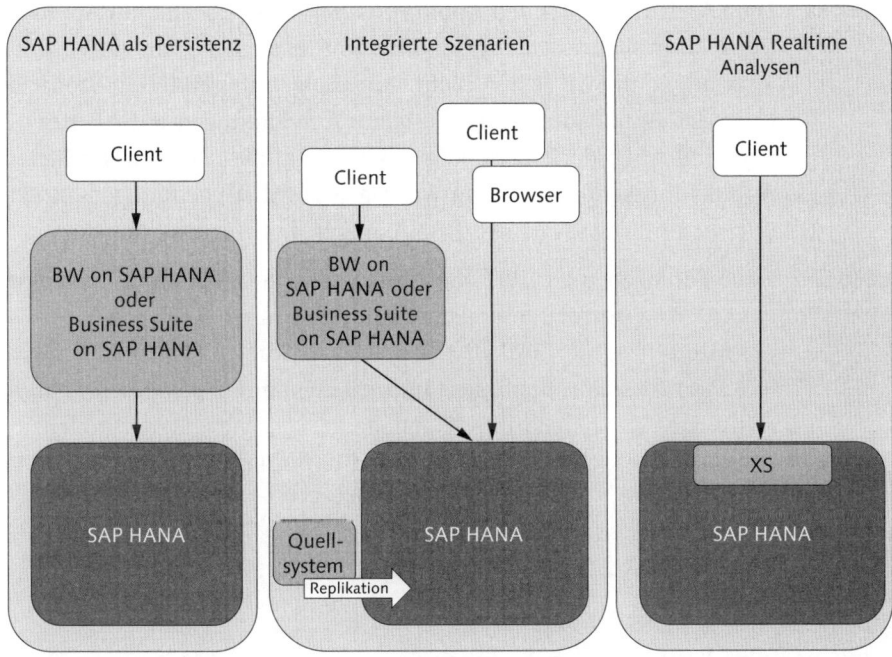

Abbildung 19.1 Anwendungsszenarien von SAP HANA

19.2 Architektur von SAP HANA

SAP HANA wird als eine Kombination aus Hardware und Software ausgeliefert, die sogenannte SAP HANA Appliance. Sie beinhaltet Hardware, auf der bereits ein Betriebssystem und die SAP-HANA-Datenbank implementiert sind. Die SAP-HANA-Datenbank stellt ihre Inhalte über definierte Schnittstellen (z. B. JDBC/ODBC, SQL, HTTP) zur Verfügung. So können Anwendungen und Applikationsserver (siehe auch Abschnitt 19.1, »Anwendungsszenarien von SAP HANA«) die Daten für Benutzer darstellen und auswerten. Sie greifen dabei z. B. auf die Tabellen und Analytical Views in der SAP-HANA-Datenbank zu.

SAP-HANA-Datenbank

Das SAP HANA Studio kann als zentrales Administrations- und Entwicklungswerkzeug bezeichnet werden, es dient also dem Betrieb der SAP-HANA-Datenbank und wird bei der Entwicklung eingesetzt. Sie installieren das SAP HANA Studio lokal (analog zum SAP Logon) und melden sich mit Ihrem Benutzer an der gewünschten SAP-HANA-Datenbank an. Das SAP HANA Studio basiert auf der Java-Plattform Eclipse.

SAP HANA Studio

SAP HANA XS   Die SAP HANA Extended Application Services (XS) sind ein Applikations- und Webserver, der als Ausführungsinstanz für native Entwicklungen in SAP HANA dient. Abhängig vom gewählten Szenario bzw. der Applikation können eigene Anwendungen in SAP HANA ausgeführt werden. Dies kann bedeuten, dass kein zusätzlicher Applikationsserver mehr notwendig ist und Anwendungen direkt über einen Browser in SAP HANA aufgerufen werden können.

SAP HANA Cockpit   Neue Funktionen per Webzugriff bieten das SAP HANA Cockpit und
und SAP DB   das SAP DB Control Center. Diese beiden Anwendungen ermöglichen
Control Center   ein Monitoring der SAP HANA und auch administrative Aufgaben. Alle Zugriffe sind rollenbasiert und erlauben nur die eingeschränkten Aktivitäten der berechtigten Katalogeinträge, wie z. B. die Rollenzuordnung. Diese Zusammenhänge sind in Abbildung 19.2 dargestellt.

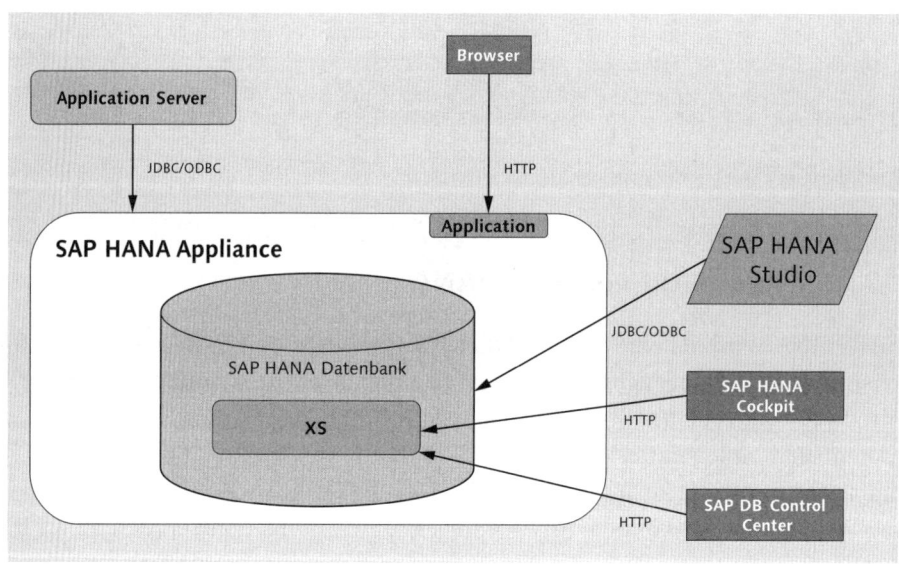

Abbildung 19.2 SAP-HANA-Architektur

In-Memory-   Die SAP-HANA-Datenbank verwendet die In-Memory-Technologie
Technologie   zur Datenspeicherung. Das heißt, die Daten werden nicht länger physikalisch auf einer Festplatte abgelegt und temporär in den Arbeitsspeicher geladen, sondern komplett im Arbeitsspeicher vorgehalten. Zusätzlich zu dieser Technologie ist die Verarbeitung der Daten in der SAP-HANA-Datenbank so optimiert, dass Zugriffszeiten möglich sind, die um ein Vielfaches schneller sind als bei relationalen Datenbanken. Daher ist mit der SAP HANA Appliance auch die flexible Auswertung von großen, nicht aggregierten Datenmengen möglich.

Grundlegend für die Verarbeitung der Daten ist dabei, dass die Unterscheidung zwischen transaktionalen (OLTP – *Online Transaction Processing*) und analytischen (OLAP – *Online Analytical Processing*) Datenmanagement-Systemen in der SAP-HANA-Datenbank aufgehoben ist. In der SAP-HANA-Datenbank können die Daten zeilen-, spalten- und objektbasiert gespeichert und ausgewertet werden. Dies macht es möglich, die Daten nur einmalig zu speichern und sowohl transaktional als auch analytisch zu verwenden. Replikationen aus der transaktionalen Datenbank (OLTP, z. B. SAP ERP) in eine analytische Datenbank (OLAP, z. B. SAP Business Warehouse – BW) werden damit überflüssig.

Verantwortlichkeiten für Datenobjekte

An dieser Stelle möchten wir Sie kurz auf das sogenannte *Owner-Konzept* hinweisen, das Verantwortlichkeiten für bestimmte Datenobjekte festlegt. Nur der Datenobjektverantwortliche kann in diesem Fall Privilegien für »seine« Objekte erteilen. Die kleinsten Einheiten solcher Privilegien finden Sie auf Tabellen- oder View-Ebene. Wird der verantwortliche Benutzer gelöscht, trifft dies auch auf alle von ihm angelegten Objekte und zugeordneten Privilegien zu.

In der SAP-HANA-Datenbank ist daher der Standardbenutzer _SYS_REPO der Verantwortliche für alle aus dem Repository aktivierten Objekte (z. B. Views, Privilegien). Stored Procedures erlauben dem Benutzeradministrator auf diesem Weg die Zuordnung von Privilegien, die er selbst nicht hat.

Repository

Das Repository in der SAP-HANA-Datenbank ermöglicht es Ihnen, angelegte Objekte über *Delivery Units* in andere Systeme zu transportieren. Alle Objekte im Repository befinden sich im Schema des internen technischen Benutzers _SYS_REPO, er ist verantwortlich für die Repository-Objekte (Owner). Alle Objekte im Repository sind *Designtime*-Objekte (Repository-Objekte), die erst über eine Aktivierung zu *Runtime*-Versionen (Katalogobjekten) werden. Genutzt werden können nur Runtime-Versionen, daher muss für alle Views, Privilegien und Rollen immer eine aktivierte Runtime-Version vorhanden sein. Runtime-Versionen können nicht transportiert werden, daher sollten immer Designtime-Objekte genutzt werden

Packages

Das SAP-HANA-Datenbank-Repository ist hierarchisch über Packages und Sub-Packages strukturiert. Im Standard werden die zwei Packages `system-local` und `sap` ausgeliefert. Sollten Sie eigene Objekte anlegen wollen, müssen Sie ein drittes Package für Ihre Kundenobjekte anlegen. Wenn Sie einem Benutzer Privilegien für ein Package zuordnen, gelten diese Berechtigungen auch für alle zugehörigen Sub-Packages.

Alle Repository-Objekte können transportiert werden, es gibt drei Möglichkeiten für den Transport:

- **CTS+**
  eine Erweiterung des SAP Solution Managers, mit der Sie Designtime-Objekte transportieren können
- **HALM**
  Transportwesen in SAP HANA über die SAP HANA Extended Application Services (XS)
- **AS-ABAP-Transporte**
  Seit SAP NetWeaver 7.40 können Sie Repository-Objekte der SAP-HANA-Datenbank über den HANA Transport Container in klassische AS-ABAP-Transporte integrieren.

Die Aktivierung aller Designtime-Objekte und somit die Erzeugung der Runtime-Objekte erfolgt automatisch nach dem Import.

Weiterführende Informationen zu SAP HANA finden Sie unter *http://hana.sap.com* und *http://help.sap.com/hana*.

19.2.1 Sicherheitsarchitektur in SAP HANA

Das in der SAP-HANA-Datenbank vorhandene Berechtigungskonzept mit Privilegien lehnt sich an andere Datenbankkonzepte an. Einen Überblick über die Sicherheitsarchitektur in SAP HANA erhalten Sie in Abbildung 19.3. Wir werden in Abschnitt 19.3, »Benutzerverwaltung in SAP HANA«, und Abschnitt 19.4, »Berechtigungen in SAP HANA«, auf das für HANA spezifische Berechtigungswesen näher eingehen und dabei die Bereiche Authentifizierung (Authentifizierung/SSO und Identity Store), Berechtigungen und deren Integration in die zentrale Verwaltung von Benutzern und Berechtigungen (Sicherheits-Infrastruktur) erläutern. In Abbildung 19.3 ist zusätzlich dargestellt, dass SAP HANA bestimmte Ereignisse protokolliert (Audit Logging) und Verschlüsselungsmechanismen anbietet (Verschlüsselung). Die Administration der Sicherheitseinstellungen erfolgt über das SAP HANA Studio (SAP-HANA-Tools).

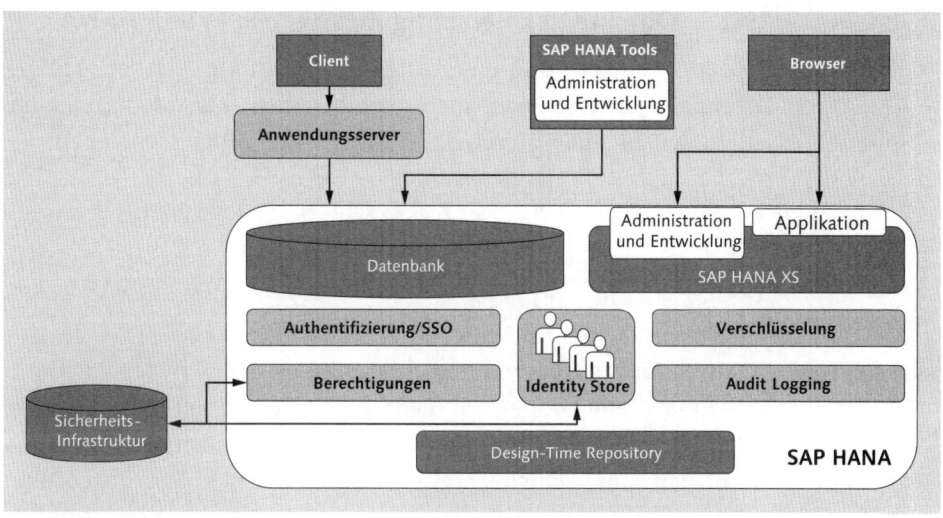

Abbildung 19.3 Sicherheitsarchitektur in SAP HANA (Quelle: SAP SE)

Für die drei grundlegenden Verbindungsarten sollten Sie eine SSL- Verschlüsselung (Secure Sockets Layer) einrichten: für die Verbindung zwischen Client und SAP-HANA-Datenbank, für interne Verbindungen zwischen den HANA-Komponenten und für Verbindungen zu Data Centern (z. B. für Sicherungen über die SAP HANA System Replication).

Verschlüsselung

SAP HANA ermöglicht auch die Protokollierung von kritischen Ereignissen, wie Änderungen an Benutzern, Rollen oder Privilegien, sowie Änderungen an der Konfiguration oder fehlgeschlagene Anmeldeversuche. Zusätzlich kann der lesende oder schreibende Zugriff auf Daten (z. B. über Tabellen oder Views) und die Ausführung von Operationen protokolliert werden. Ergänzend wird eine Art Notfallprotokollierung zur Verfügung gestellt, die Sie z. B. im Support-Fall aktivieren können. Bei der Ablage der Protokolle können Sie zwischen dem Syslog oder abgesicherten Datenbanktabellen in SAP HANA wählen.

Audit Logging

An dieser Stelle möchten wir Sie noch einmal darauf hinweisen, dass SAP HANA noch Veränderungen und Erweiterungen unterliegt. Um Ihnen einen Einblick geben zu können, stellen wir Ihnen an dieser Stelle das Berechtigungswesen von SAP HANA 1.0 (SPS11) vor. Für aktuelle Versionen verweisen wir auf den Sicherheitsleitfaden unter *http://help.sap.com/hana*: SAP HANA PLATFORM (CORE) • SECURITY.

19.2.2 Objekte des Berechtigungswesens in SAP HANA

In der Benutzer- und Berechtigungsverwaltung der SAP-HANA-Datenbank unterscheidet man zwischen den folgenden Objekten, auf die wir in den späteren Abschnitten noch genauer eingehen:

- Benutzer
- Privileg
- Objekt
- Rolle

Zusammenspiel der Objekte Einem Benutzer können Sie mehrere Rollen oder Privilegien zuordnen. Einer Rolle können Sie mehrere Privilegien und/oder mehrere Rollen zuordnen. Gleichzeitig können natürlich auch die Rollen und Privilegien unterschiedlichen Benutzern oder Rollen zugeordnet werden. Sie können also, analog zum SAP-ERP-Berechtigungswesen, Berechtigungen in Rollen bündeln (Einzelrolle), Rollen in Rollen zusammenfassen (Sammelrolle) und diese dann Benutzern zuordnen (zum Vergleich siehe Abschnitt 6.3.2, »Rollenpflege«).

Zusätzlich kann ein Benutzer noch beliebig viele Datenbankobjekte besitzen, und Sie können Rollenhierarchien erstellen (entspricht einer Sammelrolle, die Sammelrollen enthalten kann). Dieses Zusammenspiel der berechtigungsrelevanten Objekte haben wir in Abbildung 19.4 dargestellt.

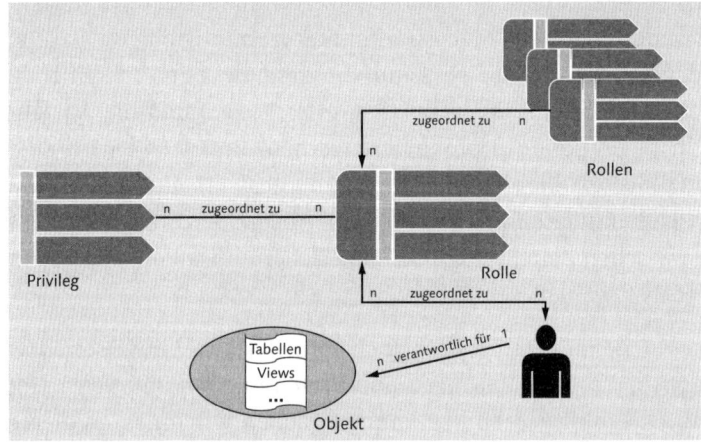

Abbildung 19.4 Zusammenspiel der berechtigungsrelevanten Objekte von SAP HANA

Die berechtigungsrelevanten Objekte beschreiben wir nun genauer in den folgenden Abschnitten.

19.3 Benutzerverwaltung in SAP HANA

Zur Anmeldung an der SAP-HANA-Datenbank ist ein Benutzer erforderlich, diesem müssen Berechtigungen in SAP HANA zugeordnet werden. Ein Benutzer kann auf verschiedene Arten angelegt oder automatisch erzeugt werden.

In der SAP-HANA-Datenbank wird zwischen drei Benutzertypen unterschieden:

Benutzertypen

▸ Benutzer (*Standard User* und *Restricted User*)

▸ SYSTEM-Benutzer

▸ interne technische Benutzer

Benutzer sind mit den Dialogbenutzern in SAP-ERP-Systemen zu vergleichen. Sie repräsentieren in der Regel natürliche Personen, die mit der SAP-HANA-Datenbank arbeiten. Sie werden aber ebenfalls für den Zugriff von anderen Systemen (z. B. ein ABAP-System) verwendet, in diesem Fall können Sie spezielle Einstellungen für die Authentifizierung dieses Benutzers definieren. Es gibt also keine grundlegende Unterscheidung zwischen Dialog- und Systembenutzern wie in SAP ERP, sondern spezifische Einstellungen am einzelnen Benutzer. Benutzer können eine Gültigkeit erhalten, analog zur Gültigkeit im SAP NetWeaver. Ist die Gültigkeit des Benutzers abgelaufen, wird dieser automatisch gesperrt. Ein Benutzeradministrator legt diesen Benutzertyp an. Bei den Benutzern wird zwischen zwei Arten unterschieden:

Benutzer

▸ **Standard User**
Diese Benutzer können Objekte in ihrem eigenen Schema anlegen und über die automatisch zugeordnete Rolle PUBLIC die System-Views anzeigen. Diese Benutzer können sich über ODBC, JDBC und HTTP an der SAP-HANA-Datenbank anmelden.

▸ **Restricted User**
Diese Benutzer haben keine automatisch zugeordneten Privilegien und können daher keine Daten in der Datenbank einsehen oder Objekte in einem eigenen Schema anlegen. Ihnen muss eine anwendungsspezifische Rolle zugeordnet werden, damit Sie in der SAP-HANA-Datenbank arbeiten können. Sie können nur über HTTP auf die Datenbank zugreifen.

SYSTEM-Benutzer

Der SYSTEM-Benutzer ist ein Standardbenutzer, der mit der SAP-HANA-Datenbank ausgeliefert wird. Er wird als globaler Systemadministrator mit umfangreichen Berechtigungen genutzt und ist nicht für den täglichen Gebrauch vorgesehen, die Empfehlung ist, ihn im produktiven Betrieb inaktiv zu setzen.

Interne technische Benutzer

Interne Benutzer der SAP-HANA-Datenbank werden z. B. vom Repository (_SYS_REPO) verwendet. Natürliche Personen können sich mit diesen Benutzern nicht an der SAP-HANA-Datenbank anmelden. Der Benutzer SYS ist ein weiteres Beispiel für einen technischen Benutzer, der für alle Datenbankobjekte (z. B. Systemtabellen und Monitoring Views) verantwortlich ist.

Benutzerverwaltung

Die Benutzerverwaltung erfolgt in der SAP-HANA-Datenbank über das SAP HANA Studio. Natürlich können Benutzer auch direkt über SQL angelegt und verwaltet werden. Für die Pflege von Benutzern ist das Systemprivileg USER ADMIN notwendig. Für die Zuordnung von Rollen zu Benutzern können Sie auch das SAP HANA Cockpit nutzen.

Transaktion SU01

Im Rahmen der integrierten Szenarien können Sie Benutzer in der SAP-HANA-Datenbank mit der Transaktion SU01 anlegen. Diese Möglichkeit besteht seit SAP NetWeaver 7.40 SP 6 (siehe SAP-Hinweis 1927767). Zuerst müssen Sie in SAP NetWeaver über die Transaktion DBCO eine Verbindung zur SAP-HANA-Datenbank einrichten. Danach wird Ihnen in der Transaktion SU01 die Registerkarte DBMS angezeigt (siehe Abbildung 19.5).

Legen Sie nun in SAP NetWeaver einen Benutzer an, wird automatisch ein Benutzer in der SAP-HANA-Datenbank erstellt, und beide Benutzer sind verknüpft. Über die Transaktion SU01 können Sie nun dem Benutzer Rollen aus der SAP-HANA-Datenbank zuordnen. Eine Massenpflege von Benutzern ist ebenfalls möglich, Details finden Sie in SAP-Hinweis 1927767.

Self-Services

SAP HANA stellt für Benutzer neue Self-Services zur Verfügung. Diese können über HTTP im Browser aufgerufen werden und ermöglichen es, einen Antrag für einen neuen Benutzer zu stellen oder das Passwort eines bestehenden Benutzers zurückzusetzen.

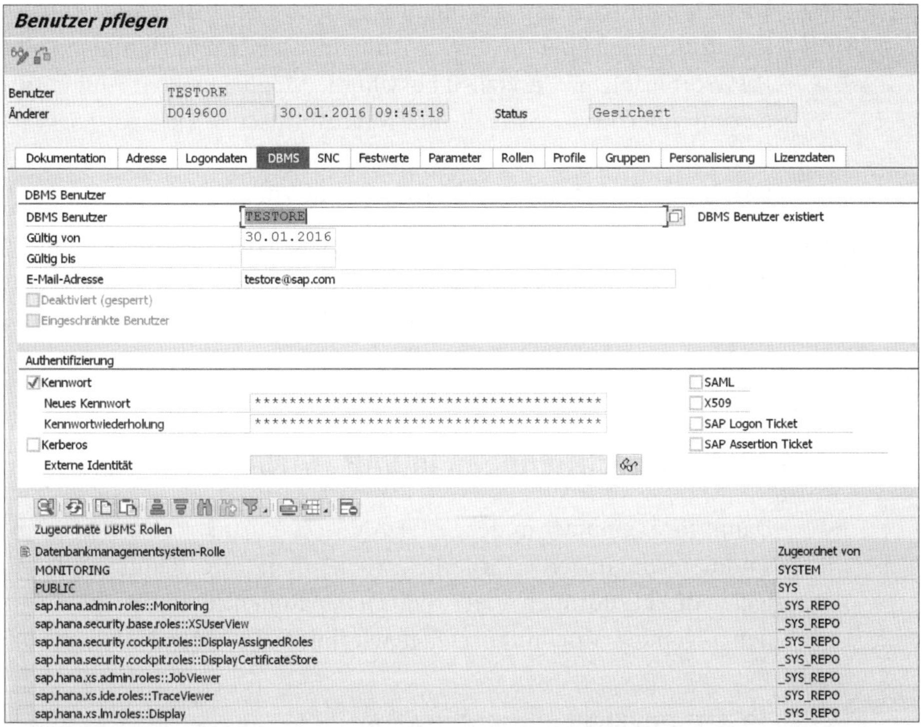

Abbildung 19.5 Pflege eines Benutzers auf der SAP-HANA-Datenbank über die Transaktion SU01

Zusätzlich besteht die Möglichkeit, die SAP-HANA-Datenbank an SAP Identity Management (ab Release 7.2 SP03) anzubinden. Über SAP Identity Management können Sie Benutzer anlegen, löschen und Initialpasswörter pflegen sowie Rollenzuordnungen verwalten. Details zur Anbindung an SAP Identity Management finden Sie im SAP HANA Security Guide (*http://help.sap.com/hana* • SAP HANA PLATFORM (CORE) • SECURITY) und im Dokument »SAP Identity Management – Connector Overview« (*http://scn.sap.com/community/idm*).

SAP Identity Management

Alternativ können Sie SAP Access Control (ab Release 10.1) für die Anlage von Benutzern sowie die Zuweisung von Rollen und Privilegien nutzen. Damit ist es Ihnen auch möglich, bei der Zuordnung von HANA-Berechtigungen eine Risikoanalyse durchzuführen. Für die Anbindung müssen Sie in der SAP-HANA-Datenbank ein Plug-in installieren und in SAP Access Control eine Datenbankverbindung einrichten. Details finden Sie in den SAP-Hinweisen 1869912 und 1597627, achten Sie auch darauf, den Benutzer SYSTEM aus der Verbindung zu entfernen (SAP-Hinweis 1971217).

SAP Access Control

Die Authentifizierung der Benutzer an der SAP-HANA-Datenbank kann zum einen über die direkte Anmeldung mit Benutzernamen und Passwort erfolgen. Zusätzlich besteht die Möglichkeit der Authentifizierung über Kerberos (z. B. mit Microsoft Active Directory Server) und SAML-(*Security-Assertion-Markup-Language-*)Token sowie mit SAP-Logon-Tickets und X-509 (nur für die Anmeldung an XS).

Für die direkte Anmeldung gelten Passwort-Sicherheitsrichtlinien, die Sie über Parameter konfigurieren können. Die Pflege dieser Parameter erfolgt wiederum über das SAP HANA Studio, Details hierzu finden Sie im SAP HANA Security Guide.

19.4   Berechtigungen in SAP HANA

Damit Ihre Benutzer in der SAP-HANA-Datenbank arbeiten können, sind Berechtigungen erforderlich. Sie können Ihren Benutzern Privilegien direkt zuordnen oder Privilegien in Rollen zusammenfassen. In den folgenden Abschnitten stellen wir Ihnen diese Möglichkeiten vor.

19.4.1 Privilegien in SAP HANA

Berechtigungen werden in SAP HANA über sogenannte Privilegien vergeben, sie berechtigen Operationen auf einem Objekt in der Datenbank. Dabei wird die Operation (eine SQL-Anweisung, z. B. SELECT oder UPDATE) mit einem Datenobjekt (z. B. Tabelle oder View) zu einer Berechtigung verknüpft. Privilegien können Sie entweder einem Benutzer direkt oder indirekt über eine Rolle zuordnen.

Die Zugriffsverwaltung über Privilegien ist ein positives Berechtigungskonzept, d. h., der Zugriff wird nur dann erlaubt, wenn dem Benutzer entsprechende Privilegien zugeordnet wurden. Ebenfalls analog zu SAP ERP sind Privilegien additiv, alle einem Benutzer zugeordneten Privilegien werden bei der Berechtigungsprüfung zusammengefasst, unabhängig von der Art der Zuordnung (direkt oder indirekt). Es besteht keine Möglichkeit der expliziten Verweigerung von Berechtigungen, Sie können also keine negativen Privilegien definieren, um bestimmte Zugriffe auszuschließen. Ein Grund dafür ist die Art der Berechtigungsermittlung: Wurden bei der Berechtigungsprüfung die notwendigen Privilegien gefunden, wird die weitere Prüfung abgebrochen und der Zugriff erteilt.

HANA verwendet fünf verschiedene Arten von Privilegien:

- **Objektprivilegien**
  Objektprivilegien berechtigen den Zugang zu und die Modifikation von Datenbankobjekten.

- **Systemprivilegien**
  Systemprivilegien berechtigen zur Ausführung von administrativen Aktionen.

- **Analytische Privilegien**
  Analytische Privilegien ermöglichen Zugriffe auf Anwendungen wie Analytic Views, Attribute Views und Calculation Views und berechtigen spaltenbasierten Zugriff zur Laufzeit.

- **Repository-Privilegien**
  Repository-Privilegien berechtigen den Zugriff auf Pakete und Aktionen im Repository, z. B. zur Modellierung.

- **Applikationsprivilegien**
  Steuern den Zugriff auf Funktionen in SAP-HANA-XS-Applikationen.

Objektprivilegien steuern den Zugriff und die Pflege der Datenbankobjekte, abhängig vom Objekttyp (z. B. Tabelle) können sie bestimmte Aktionen erlauben (z. B. CREATE). Die Objektprivilegien in der SAP-HANA-Datenbank verhalten sich analog zu Privilegien in anderen SQL-Datenbanken. Objektprivilegien sind an Datenbankobjekte gebunden, dabei sind verschiedene Kombinationen von Operationen und Datenobjekten möglich. Objektprivilegien

Systemprivilegien sind ebenfalls SQL-Privilegien, die systemweiten Zugriff auf administrative Aktivitäten ermöglichen. Dazu gehört die Administration von Benutzern und Rollen, Katalogen und Schemata, analytischen und kalkulatorischen Sichten (Analytic Views und Calculation Views) sowie Audit- oder Backup-Einstellungen. Auch der Import und Export von Daten werden über Systemprivilegien gesteuert. Ein Beispiel für die Zuordnung eines Systemprivilegs zu einem Benutzer finden Sie in Abbildung 19.6. Systemprivilegien

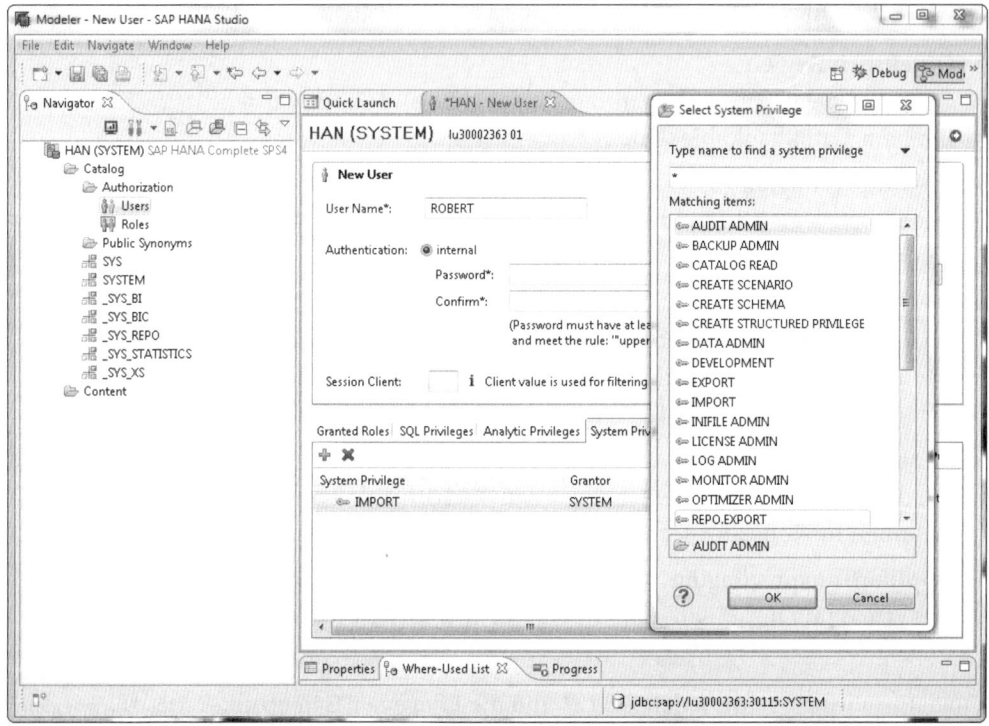

Abbildung 19.6 Zuordnung eines Systemprivilegs zu einem Benutzer im SAP HANA Studio

Analytische Privilegien

Analytische Privilegien sind SAP-HANA-spezifisch und dienen der Zuordnung von angemessenen Berechtigungen für das Reporting. Analytische Privilegien erlauben nur lesenden Zugriff und ermöglichen es, Berechtigungen auf bestimmte analytische und kalkulatorische Sichten (Analytic Views, Attribute Views und Calculation Views) zu erteilen. Dabei ist es möglich, nur diejenigen Tabelleneinträge (Zeile) mit einem bestimmten Wert in einem Attributfeld (Spalte) zu berechtigen. Dieser spaltenbasierte Zugriff wird dann zur Laufzeit ermittelt, da er abhängig von den tatsächlichen Attributwerten ist. Zum Beispiel darf ein Benutzer nur Angebote einsehen, die in einem bestimmten Zeitraum (z. B. 2016) erstellt wurden. Analytische Privilegien werden für Analytic Views, Attribute Views oder Calculation Views über das SAP HANA Studio angelegt und aktiviert und können dann Benutzern zugewiesen werden.

Strukturell sind analytische Privilegien so aufgebaut, dass sie aus verschiedenen Restriktionen bestehen. Drei dieser Restriktionen sind immer erforderlich und definieren den Zugriff auf Analytic Views, Attribute Views oder Calculation Views:

▶ Angaben darüber, welche einzelnen Views oder Bereiche von Views berechtigt sind (gegebenenfalls auch alle relevanten Views)

▶ Angaben darüber, welche Aktivität durch das Privileg eingeschränkt wird (z. B. kann die Anzeige über READ eingeschränkt werden)

▶ der Zeitraum, für den das Privileg gültig ist

Zusätzlich zu diesen notwendigen Restriktionen können Sie in den analytischen Privilegien auf einzelne Bereiche in den Views, abhängig von den Attributen der Sichten, einschränken. Dabei müssen Sie für diese frei definierbaren Einschränkungen der Restriktion immer ein Attribut zuordnen.

Achten Sie darauf, dass Sie auf Ebene des Analytic Views, Attribute Views oder Calculation Views einen Wert im Feld APPLY PRIVILEGES hinterlegt haben. Ist dies nicht der Fall, kann jeder Benutzer mit SQL-Zugriff alle Daten in dem View einsehen.

Unterschied zu den Analyseberechtigungen von SAP BW

Es gibt viele Gemeinsamkeiten zwischen den Analyseberechtigungen in SAP BW und den analytische Privilegien in SAP HANA. In einem Punkt unterscheiden sie sich aber grundlegend: Mit den analytischen Privilegien ist es möglich, analytische Sichten für verschiedene Gruppen von Benutzern wiederzuverwenden. Organisatorische Differenzierungen (z. B. nur Zugriff auf die Daten bestimmter Regionen) können innerhalb einer Sicht ausgesteuert werden. Das heißt, der Benutzer bekommt genau die Daten angezeigt, für die er auch berechtigt ist. In SAP BW würde dem Benutzer der Zugriff generell verweigert werden, wenn er für eine Teilmenge der selektierten Daten keine Berechtigung hat.

Repository-Privilegien ermöglichen den lesenden oder schreibenden Zugriff auf Packages des Datenbank-Repositorys. Diese Packages sind Bündelungen verschiedener Objekte – etwa Calculation Views und Funktionen. Packages können hierarchisch aufgebaut sein, d. h., ein Package kann mehrere Sub-Packages beinhalten. Für die Verarbeitung solcher Packages fassen die Repository-Privilegien die entsprechenden Package-Privilegien mit den ebenfalls erforderlichen Systemprivilegien zusammen. Privilegien für ein bestimmtes Package erlauben dann auch immer den Zugriff auf alle Sub-Packages, der Zugriff wird also vererbt.

Repository-Privilegien

Applikations-
privilegien

Applikationsprivilegien werden im Rahmen der Anwendungen der SAP-HANA-XS-Applikationen erstellt. Für die verschiedenen Anwendungen können spezifische Applikationsprivilegien den Zugriff steuern.

19.4.2 Rollen in SAP HANA

In der SAP-HANA-Datenbank sind Rollen eine Sammlung von Privilegien und gegebenenfalls anderen Rollen. Alle im letzten Abschnitt beschriebenen Privilegien können Sie Rollen zuordnen. Dabei müssen die analytischen Privilegien vorher erzeugt werden.

Rollenhierarchie

Es ist möglich, Rollen zu verschachteln und so Vererbungsbeziehungen herzustellen. Diese Möglichkeit, Rollenhierarchien zu erstellen, erlaubt ein sehr flexibles und feines Berechtigungskonzept.

Eine Anwendung erfordert häufig die Zuordnung vieler verschiedener Typen von Privilegien. Rollen dienen der Strukturierung der Berechtigungen, und sie sollen wiederverwendbare Sammlungen von Privilegien nach dem Prinzip der Business-Rolle bieten. Aus diesem Grund empfehlen wir auch nie, Privilegien direkt einem Benutzer zuzuordnen, sondern immer die indirekte Zuordnung über Rollen zu wählen.

Achten Sie darauf, dass Sie auch bei der Rollenpflege immer im Repository arbeiten und Rollen als Designtime-Objekte (Repository-Rollen) anlegen, die Sie dann später transportieren können. Nach dem Transport wird die Rolle automatisch aktiviert, denn zuweisen können Sie nur Runtime-Rollen (Katalogrollen).

In Abbildung 19.7: SAP HANA Cockpit: Zuordnung einer Rolle zu einem Benutzer sehen Sie die Zuordnung einer Rolle zu einem Benutzer über das SAP HANA Cockpit.

> **Namenskonvention für Rollen**
>
> Die Namen der Rollen ergeben sich aus dem Pfad der Packages, daher sollten Sie bei der Strukturierung Ihres kundeneigenen Packages die Berechtigungen berücksichtigen. Bedenken Sie dabei auch, dass Rollennamen maximal 127 Zeichen beinhalten dürfen und der Pfad Bestandteil dieser Zeichen ist.

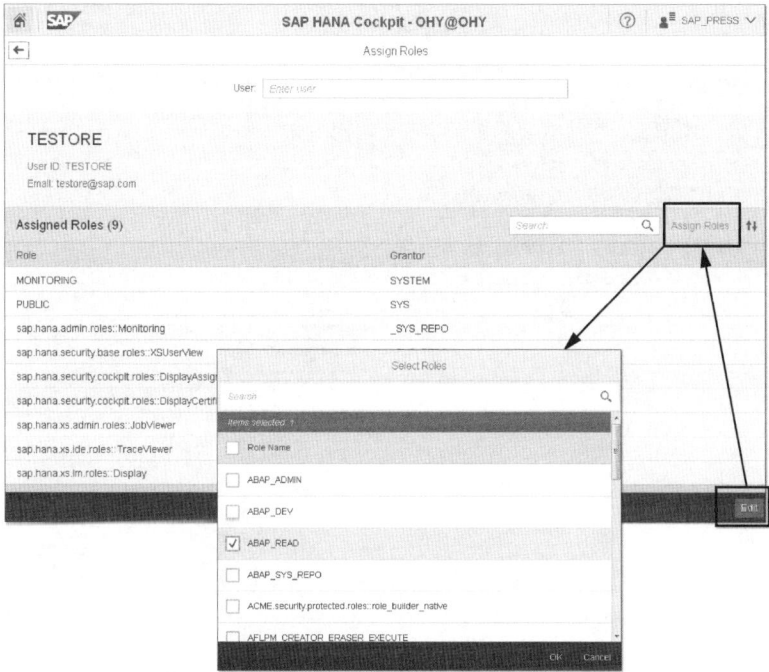

Abbildung 19.7 SAP HANA Cockpit: Zuordnung einer Rolle zu einem Benutzer

19.4.3 Beispiel für Berechtigungen in SAP HANA

Abschließend fassen wir an dieser Stelle noch einmal die oben beschriebenen Aspekte des Berechtigungswesens der SAP-HANA-Datenbank zusammen.

Erfolgt ein direkter Zugriff der Benutzer, müssen in der SAP-HANA-Datenbank Datenbankobjekte berechtigt werden, also Einträge einer Tabelle und damit prinzipiell alle in einem SAP-ERP-System vorhandenen Daten. Analog zu den beschriebenen Anwendungsszenarien wählen wir an dieser Stelle ein Beispiel aus dem Reporting: die Auswertung der Kundenbestellungen.

Werden diese Daten ausgewertet, müssen Berechtigungen abhängig von den Verantwortungsbereichen der Benutzer erteilt werden können. In der SAP-HANA-Datenbank erfolgen diese Berechtigungsprüfungen u. a. anhand von Attributwerten der Datenzeilen. Solche Attributwerte können z. B. die zugeordneten Buchungskreise oder Einkaufsorganisationen sein. Diesen Zusammenhang haben wir in Abbildung 19.8 in dem mit ❶ gekennzeichneten Bereich dargestellt.

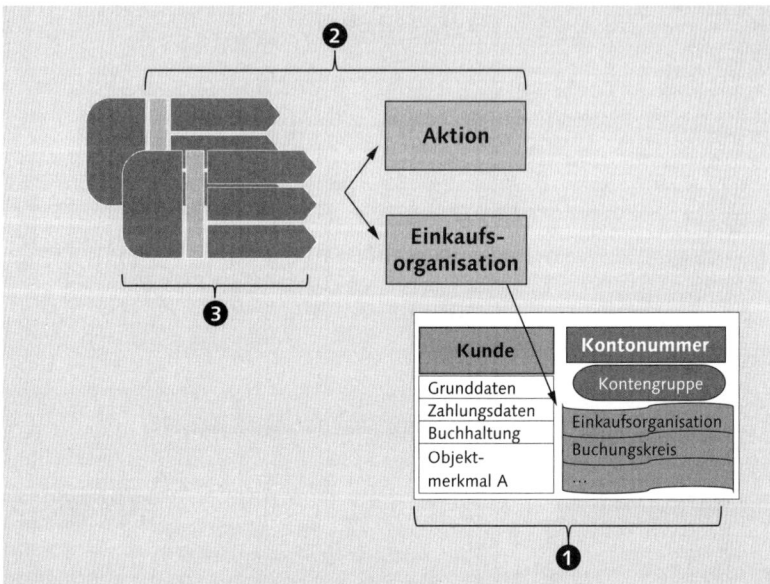

Abbildung 19.8 Zusammenspiel der berechtigungsrelevanten Objekte in SAP HANA

Für die Berechtigung zum Zugriff auf bestimmte Bestellungen müssen in der SAP-HANA-Datenbank analytische Privilegien erstellt werden. In diesen Privilegien wird dann z. B. die Einkaufsorganisation als Restriktion definiert. Das heißt, alle Einträge in der Tabelle werden abhängig vom Wert im Attribut Einkaufsorganisation durch das Privileg berechtigt oder nicht. Zusätzlich ist der lesende Zugriff (Aktivität READ) auf diesen Objekten als weitere Restriktion im Privileg vorgegeben. In unserem Beispiel ist das analytische Privileg also so aufgebaut, dass es lesenden Zugriff auf alle Bestellungen einer bestimmten Einkaufsorganisation (z. B. Einkaufsorganisation X) erlaubt, dieses Privileg wird einer Rolle zugeordnet. In Abbildung 19.8 ist dies im mit ❷ gekennzeichneten Bereich dargestellt.

Nun möchten Sie den Verantwortlichen für die Auswertung von Bestellungen der Einkaufsorganisation X zusätzlich die Berechtigung für die Auswertung der Angebote der Einkaufsorganisation X erteilen. Zuerst erstellen Sie eine weitere Rolle, die die Privilegien für die Auswertung von Angeboten der Einkaufsorganisation X enthält. Diese beiden Rollen zur Auswertung von Bestellungen und Angeboten der Einkaufsorganisationen X fassen Sie nun in einer Rolle zusammen.

Zusätzlich zu den analytischen Privilegien müssen grundsätzliche Berechtigungen für die SAP-HANA-Datenbank erteilt werden, damit ein Benutzer entsprechende Auswertungen durchführen kann. Diese Privilegien können Sie nun ebenfalls einer Rolle zuordnen und mit der Rolle für die Auswertung in einer übergeordneten Rolle zusammenfassen, da alle Rollen für die Auswertung erforderlich sind. Diese übergeordnete Rolle wird nun dem Benutzer zugeordnet.

Auf diesem Wege können Sie in der SAP-HANA-Datenbank Hierarchien von Rollen entwickeln. Die Bündelung von Privilegien und Rollen ist in Abbildung 19.8 in dem mit ❸ gekennzeichneten Bereich dargestellt.

19.5 Fazit

Setzen Sie SAP HANA in Ihrem Unternehmen ein, müssen Sie zuerst feststellen, ob ein direkter Zugriff auf die Datenobjekte der SAP-HANA-Datenbank notwendig ist – dies ist abhängig von den verwendeten Anwendungsszenarien. Dient SAP HANA nur als Datenbank für bestehende Anwendungen, kann das bestehende Benutzer- und Berechtigungskonzept weiterhin für die Endbenutzer verwendet werden. Müssen Berechtigungen auf der SAP-HANA-Datenbank erteilt und Benutzer angelegt werden, erfolgt dies über Privilegien, die Sie in Rollen zusammenfassen können und dem Benutzer zuordnen. Die Verwaltung der Benutzer kann mithilfe von SAP Identity Management und/oder SAP Access Control erfolgen.

SAP S/4HANA ist die neue Business Suite von SAP. Sie wird als Cloud Edition und als On-Premise Edition angeboten. In der Cloud ist auch die Berechtigungsverwaltung entsprechend vereinfacht worden.

20   Berechtigungen in SAP S/4HANA

SAP S/4HANA ist die neue Business Suite von SAP, verfügbar als On-Premise Edition und als Cloud Edition. In diesem Kapitel behandeln wir die wesentlichen Änderungen. Eine dieser wesentlichen Änderungen ergibt sich auch daraus, dass SAP S/4HANA als Cloud Edition angeboten wird. Dies bedeutet – basierend auf einem anderen Vertragsmodell (Auftragsdatenverarbeitung) –, dass große Teile der Berechtigungspflege in der Cloud von SAP durchgeführt werden und der Kunde im Wesentlichen Anwendungsrollen zusammenstellt und zuweist.

20.1   Überblick

Die SAP-S/4HANA-Produktfamilie (siehe Abbildung 20.1) basiert auf der In-Memory-Plattform SAP HANA. SAP-Fiori-Applikationen sind dafür bestimmt, dem Endbenutzer auf unterschiedlichen Geräten einen rollenbasierten, intuitiveren Zugang zum System zu gewährleisten. SAP S/4HANA bietet Integrationsszenarien in soziale Netzwerke, Standardintegrationsszenarien in SAP Ariba, Concur, SAP Fieldglass, SAP Hybris und SAP SuccessFactors und die Anschlussfähigkeit an das Internet der Dinge (Internet of Things, IoT).

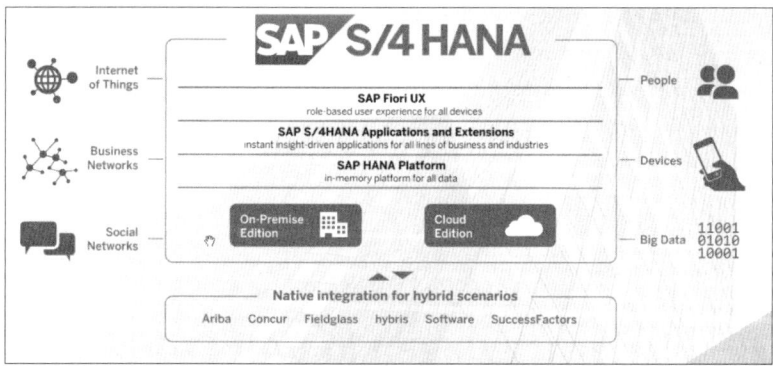

Abbildung 20.1 SAP S/4HANA in der Übersicht (Quelle: SAP)

20.2 Fiori-Anwendungsrollen anlegen

Benutzer von SAP S/4HANA nutzen nicht das zur SAP Business Suite gehörende SAP GUI, das sie über das SAP Logon erreichen können. In S/4HANA erfolgt der reguläre Zugang über das Fiori Launchpad (siehe Abbildung 20.2), das der Benutzer in einem Webbrowser startet.

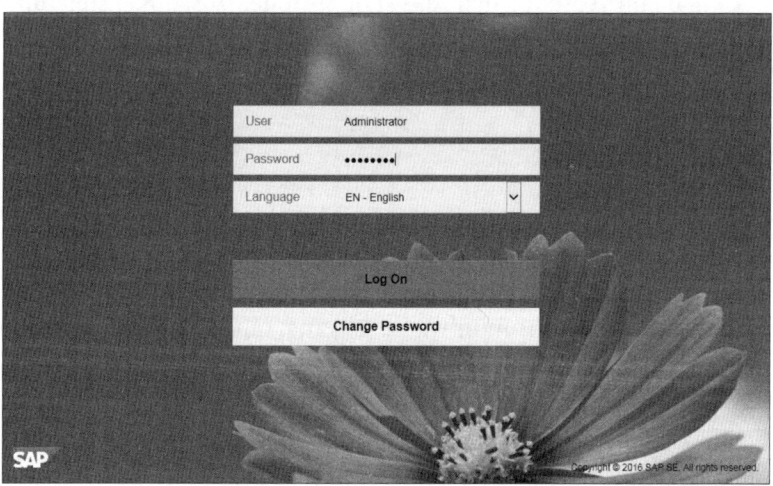

Abbildung 20.2 Anmeldung am Fiori Launchpad

Fiori-Zugang in der Cloud und der On-Premise Edition

In der Cloud ist dies der einzige mögliche Zugriffsweg für die Endbenutzer. In der On-Premise Edition besteht darüber hinaus die Möglichkeit des Zugriffs über das SAP Logon, sofern der Benutzer Transaktionen anstelle von Apps verwenden will. Abbildung 20.3 zeigt das Launchpad, wie es einem Benutzer und Berechtigungsverwalter in der SAP S/4HANA Cloud Edition angeboten wird. Sie sehen dort das IDENTITY AND ACCESS MANAGEMENT (IAM) mit den Funktionen TECHNISCHE BENUTZER ANZEIGEN, KATALOGROLLEN PFLEGEN, ANWENDUNGSROLLEN PFLEGEN sowie ANWENDUNGSBENUTZER PFLEGEN.

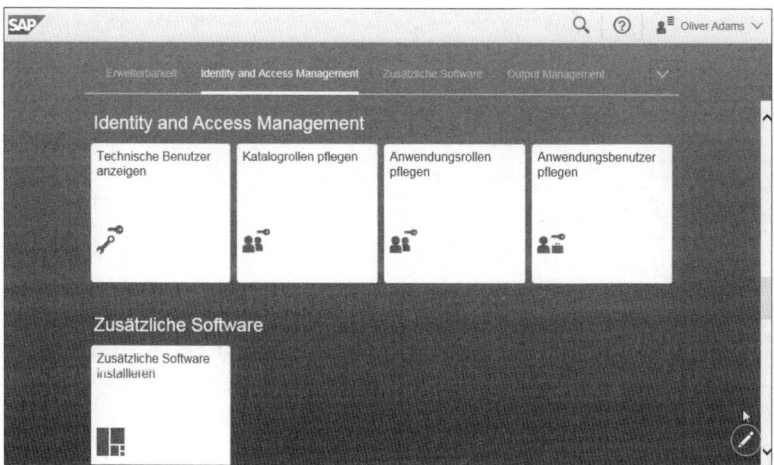

Abbildung 20.3 Fiori Launchpad mit den Funktionen für das Identity und Access Management

Im Cloud-Szenario soll es den »Berechtigungsspezialisten« beim Kunden so nicht mehr geben. Tatsächlich soll die Pflege von Anwendungsrollen wesentlich stärker eine betriebswirtschaftliche Selektion denn ein technisches Ausdefinieren sein.

Identity and Access Management

Diesen besonders berechtigten Benutzern (Business Usern) steht in der Cloud die Pflege von Anwendungsrollen zur Verfügung. Sie agieren als *IAM Key User*. Im Rahmen der Pflege der Anwendungsrollen wählt der IAM Key User Anwendungskataloge aus. Tätigkeiten, die in einem Geschäftsprozess ausgeführt werden, sind in einem solchen Katalog vorgegeben. In der Cloud bietet SAP die Anwendungskataloge und zugehörigen Rollen an. Dies ist in der Cloud möglich, da das Cloud-Angebot standardisierte Prozesse beinhaltet. In der On-Premise Edition müssen die Katalogrollen vom Kunden selbst angelegt werden, da diese die funktionale Vielfalt und Anpassbarkeit durch den Kunden bietet, so wie dieser dies aus der SAP Business Suite gewohnt ist. Anwendungskatalogen in der Cloud ist somit eine Referenzrolle zugeordnet, die als Muster für die spätere (automatische) Ausprägung dient.

Zur Pflege oder zum Anlegen einer Anwendungsrolle klicken Sie als (berechtigter) Benutzer auf die Kachel ANWENDUNGSROLLEN PFLEGEN und erreichen die Übersicht zur Rollenpflege (siehe Abbildung 20.4).

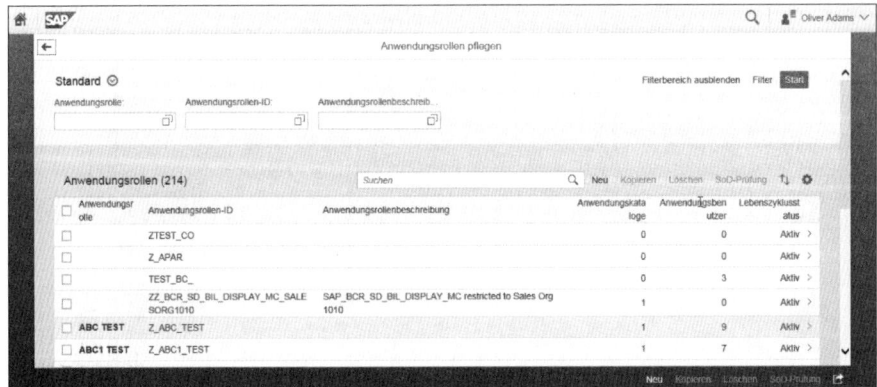

Abbildung 20.4 Übersicht über die Anwendungsrollenpflege

Anwendungs-
rollen anlegen

In dieser Übersicht können entweder Rollen gesucht, selektiert und gepflegt werden oder durch einen Klick auf das Feld NEU, neu angelegt werden. Sofern Sie die Neuanlage wählen, erreichen Sie das in Abbildung 20.5 gezeigte Bild.

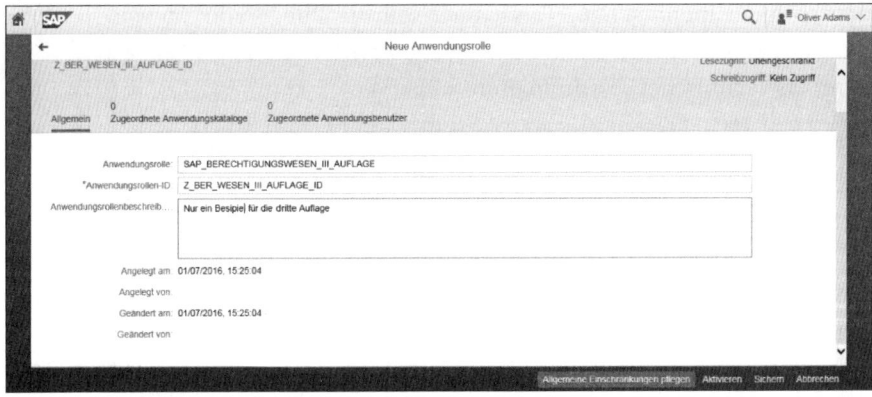

Abbildung 20.5 Anlegen einer Anwendungsrolle

Anwendungska-
taloge zuordnen

Sie können in der Registerkarte ALLGEMEIN den Namen der Anwendungsrolle, eine ID und eine Beschreibung pflegen. Im nächsten Schritt ordnen Sie auf der Registerkarte ZUGEORDNETE ANWENDUNGSKATALOGE der Anwendungsrolle Anwendungskataloge zu, indem Sie auf HINZUFÜGEN klicken. In Abbildung 20.6 sehen Sie die Auswahlmöglichkeiten, die Ihnen daraufhin angeboten werden.

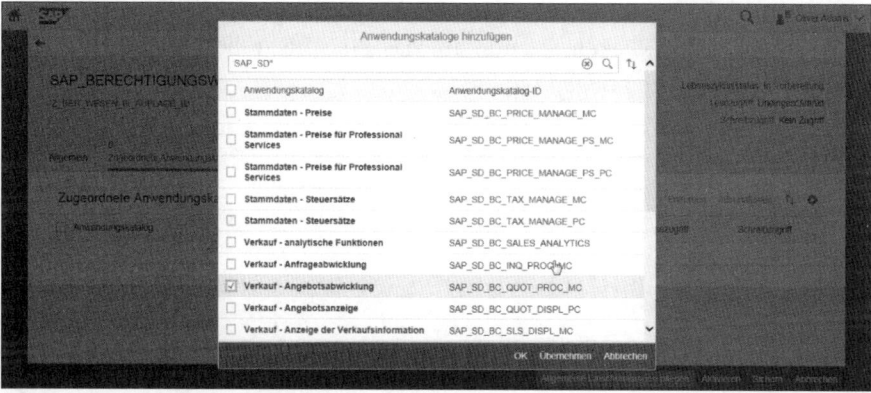

Abbildung 20.6 Anwendungskataloge zuordnen

Sie können in diesem Arbeitsschritt ein oder mehrere Anwendungskataloge zuordnen. Durch Klicken auf OK erreichen Sie wieder die Registerkarte ZUGEORDNETE ANWENDUNGSKATALOGE. Nachdem Sie die Kataloge zugeordnet haben, ist der funktionale Umfang der Anwendungsrolle festgelegt. Sie können die Rolle im Folgenden auf organisatorischer Ebene einschränken und damit festlegen, welche Objektinstanzen ein Benutzer anzeigen oder ändern darf.

Dazu klicken Sie auf ALLGEMEINE EINSCHRÄNKUNGEN PFLEGEN (siehe Markierung in Abbildung 20.7). In dem folgenden Bild müssen Sie entscheiden, ob Sie Lese- oder Schreibzugriffe einschränken wollen.

Anwendungsrolle einschränken

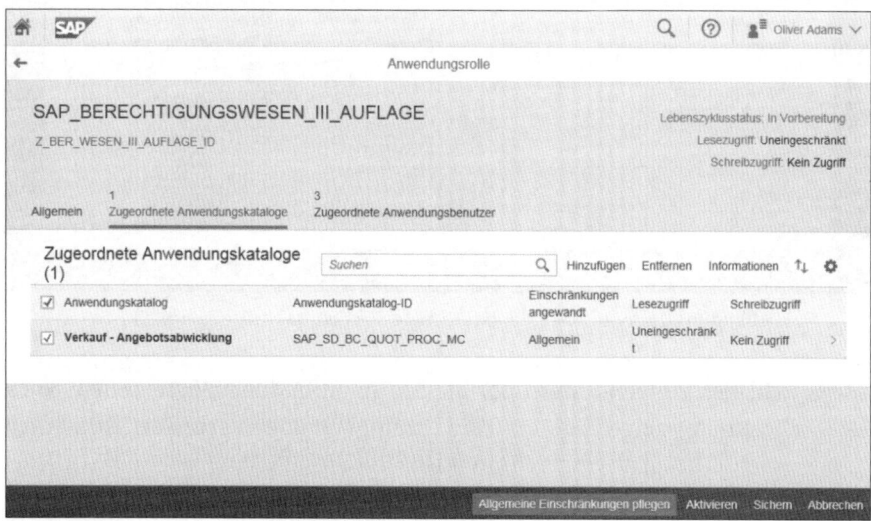

Abbildung 20.7 Registerkarte »Zugeordnete Anwendungskataloge« – weitere Pflege

Abbildung 20.8 zeigt die zugehörige Pflegeoberfläche nach dieser Auswahl. Klicken Sie nun auf das Bleistiftsymbol neben dem Attribut, das Sie pflegen wollen.

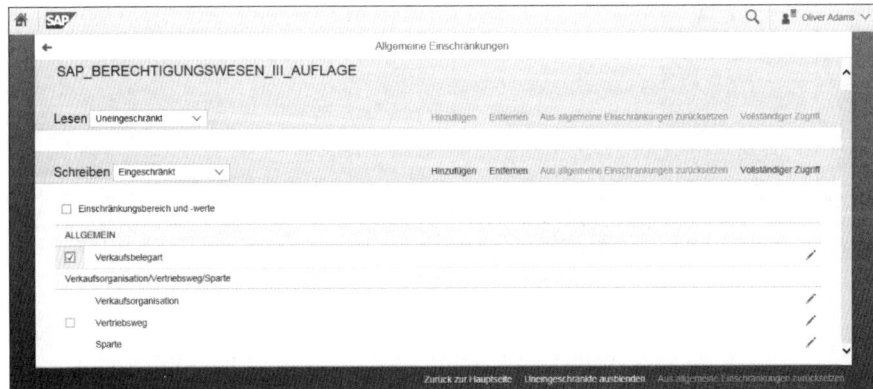

Abbildung 20.8 Einschränkungen vornehmen

Die zur Einschränkung verfügbaren Attribute sind für die jeweiligen Anwendungskataloge von SAP vordefiniert. Im Beispiel wollen wir die VERKAUFSBELEGART einschränken. Diese Auswahl wird nach dem Klick erreicht und ist in Abbildung 20.9 dargestellt.

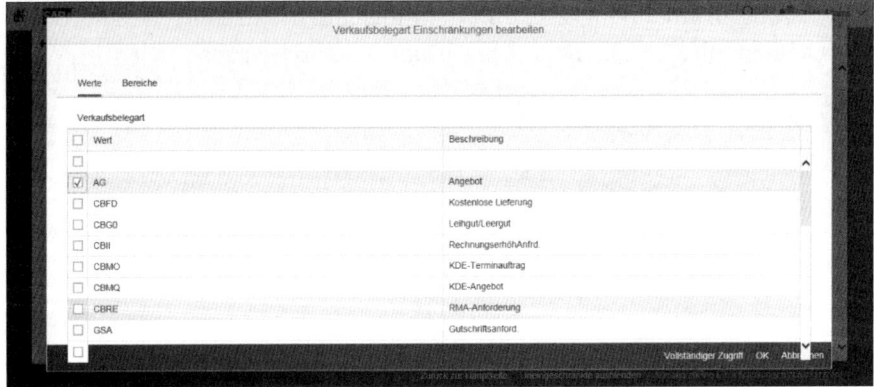

Abbildung 20.9 Auswahl der berechtigten Verkaufsaufträge (Beispiel)

In der Anwendungsrolle, die Sie in Abbildung 20.10 sehen, wird nun angezeigt, dass ein Anwendungskatalog zugeordnet ist, dessen Schreibzugriff eingeschränkt ist.

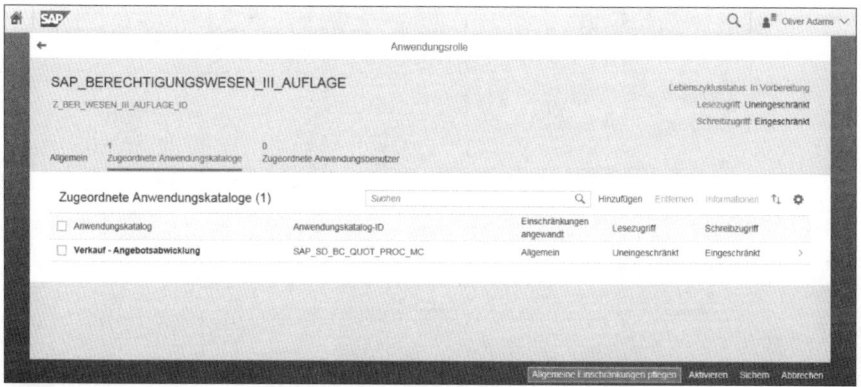

Abbildung 20.10 Zugeordnete Anwendungskataloge – Einschränkungen

Wenn Sie in diesem Bild auf die Registerkarte ZUGEORDNETE ANWEN-DUNGSBENUTZER wechseln, können Sie dieser Rolle Benutzer zuordnen (siehe Abbildung 20.11).

Benutzer zuordnen

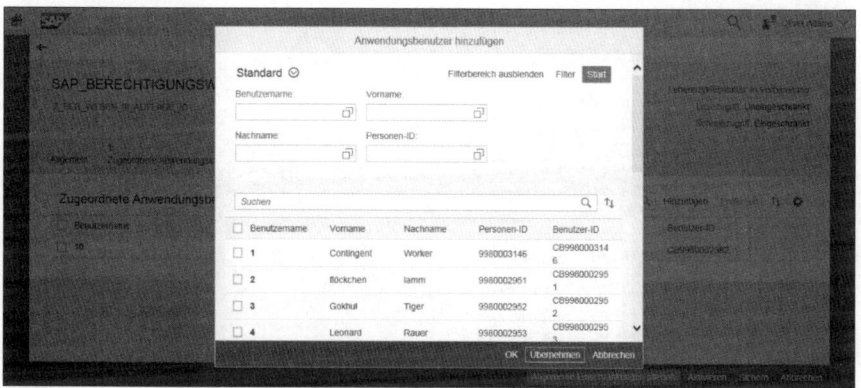

Abbildung 20.11 Zuordnung von Benutzern

Die zur Anwendungsrolle gehörende Backendrolle wird bei Aktivierung der Anwendungsrolle automatisch generiert und den ausgewählten Benutzern zugeordnet. Dabei folgt sie einerseits den durch Sie definierten Einschränkungen, andererseits werden die Werte mit einer Referenzrolle abgemischt, die zum Anwendungskatalog durch SAP hinterlegt wurde. Die in Abbildung 20.12 gezeigte PFCG-Sicht steht Cloud-Kunden nicht zur Verfügung.

Fiori-Backendrolle

In der Anzeige der Berechtigungen (siehe Abbildung 20.13) wird deutlich, dass es keine offenen Felder und keine ungepflegten Organisationsebenen gibt. Sie sehen auch, dass der Objektstatus nur in wenigen Fällen manuell ist.

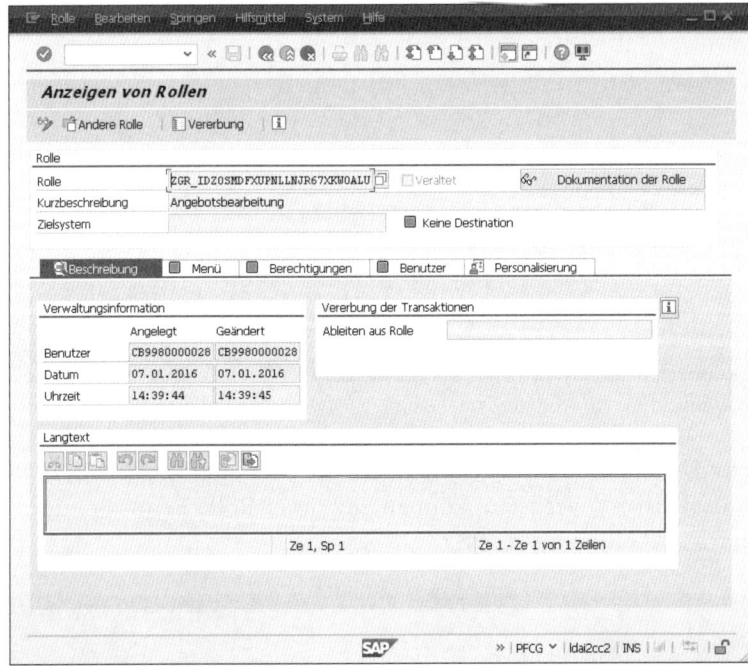

Abbildung 20.12 Automatisch generierte Backendrolle

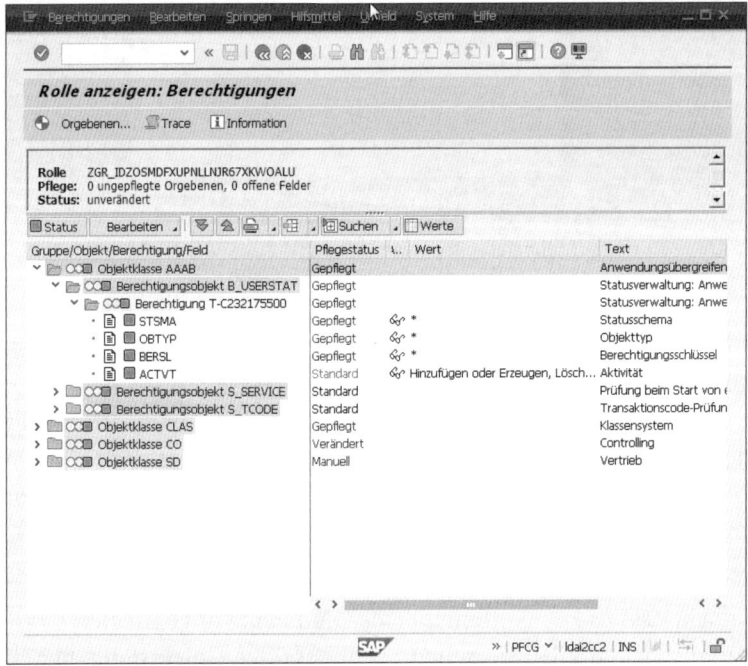

Abbildung 20.13 Gepflegte Berechtigungen

Der Benutzer, der sich über den Webbrowser anmeldet, sieht im Fiori Launchpad die Kacheln der Kataloge, die ihm in der/den Anwendungsrolle/n zugeordnet wurden, und ist über die generierte Rolle für den entsprechenden Funktionsumfang berechtigt.

20.3   Kontinuität im Benutzermanagement

Das Benutzermanagement in der SAP S/4HANA On-Premise Edition bedient sich vieler Mechanismen des SAP NetWeaver Application Server (AS) ABAP. Im Folgenden skizzieren wir kurz die Berechtigungspflege im Backend und gehen dabei auf die Ähnlichkeiten mit den Werkzeugen des AS ABAP ein. Diese stehen in der SAP S/4HANA Cloud Edition dem Kunden nicht zur Verfügung. Das Anlegen und Pflegen von Benutzern erfolgt auch in der On-Premise Edition von SAP S/4HANA über die Transaktion SU01 (Benutzerpflege), in diesem Buch in Abschnitt 6.1, »Benutzer«, erläutert.

Rollen legen Sie mit der Transaktion PFCG an und können sie auch dort pflegen (siehe Abschnitt 6.3.2, »Rollenpflege«). Sofern Sie einen Anwendungskatalog für die Fiori-Apps nutzen, können Sie in der Rollenpflege in der Menüauswahl einen Katalog selektieren.

Der Berechtigungsvorschlagspflege kommt – gerade in Verbindung mit den Anwendungsrollen – weiterhin eine erhebliche Bedeutung zu. Die Berechtigungsvorschlagspflege über Transaktion SU24 wird in diesem Buch in Abschnitt 7.1.1, »Grundzustand und Pflege der Berechtigungsvorschlagswerte«, erläutert.

Auf die Pflege von Anwendungskatalogen gehen wir an dieser Stelle nicht näher ein, weil diese anwendungsspezifische Aufgabe in der Verantwortung der jeweiligen Fachabteilungen liegt.

Eine ausführliche Beschreibung der Fiori-/PFCG-Integration finden Sie im »UI Technology Guide for S/4HANA, on-premise edition 1511«.

20.4   Fazit

Die angestrebte Vereinfachung in der Cloud wird erreicht. Der Berechtigungsverwalter in der Cloud selektiert einfach vordefinierte

Anwendungskataloge und kann diese einschränken. Je nach Einsatz der SAP S/4HANA On-Premise Edition sind auch hier Vereinfachungen gegenüber der Berechtigungspflege in der SAP Business Suite möglich. Da die On-Premise Edition aber signifikant mehr Wahlmöglichkeiten, inklusive umfangreicher kundenindividueller Entwicklungen bietet, ist hier der Vereinfachung eine logische Grenze gesetzt. Deshalb wird es auch in Zukunft erforderlich sein, den technischen Maßgaben dieses Buches zu folgen.

Dieses Kapitel beschreibt die Zusammenhänge zwischen betriebswirtschaftlichen und technischen Konzepten, Konfiguration und Berechtigungen. Dazu betrachten wir die zentralen Geschäftsprozesse im Rechnungswesen und in der Logistik sowie der Systemadministration.

21 SAP Business Suite: Prozesse und Einstellungen

In diesem Kapitel erfahren Sie, welche funktionalen und organisatorischen Differenzierungskriterien in Bezug auf die in Kapitel 5, »Berechtigungen in der Prozesssicht«, dargestellten Prozessanteile sinnvoll sind und wie Sie diese im Customizing umsetzen können. Als Erstes rekapitulieren wir die Grundkonzepte von Stamm- und Bewegungsdaten sowie Organisationsebenen und wenden uns dann den Berechtigungen in den verschiedenen Bereichen zu. Wir widmen uns in Abschnitt 21.2 bis Abschnitt 21.6 jeweils den Prozessen in Finanzwesen, Controlling, Logistik (allgemein), Einkauf sowie Vertrieb. In Abschnitt 21.7 lernen Sie die Berechtigungen in den technischen Prozessen kennen. Im letzten Abschnitt dieses Kapitels behandeln wir schließlich die Berechtigungen beim Sperren und Löschen personenbezogener Daten.

Wir geben Ihnen einen exemplarischen Überblick über die zentralen Funktionen und Differenzierungsmöglichkeiten in SAP ERP im Hinblick auf das Berechtigungswesen. Dazu stellen wir eine Auswahl von exemplarischen Transaktionen und Berechtigungsobjekten der ERP-Komponenten vor. Die Funktionen und die technischen Gegebenheiten der Applikationen müssen jeweils in den Kontext des Fachkonzepts und, im Bereich der technischen Berechtigungen, in den Kontext des Betriebsführungskonzepts und der Schnittstellenkonzepte gestellt werden, die nicht Thema dieses Buches sind. Wir greifen in diesem Kapitel die Beispiele und Themen heraus, die sich in unserer Beratungspraxis als besonders wichtig erwiesen haben. Für eine vollständige Darstellung des Berechtigungskonzepts der einzelnen Applikationen verweisen wir Sie auf die gültigen SAP-Hinweise, die Sie im SAP Service Marketplace unter *http://service.sap.com/* finden.

21.1 Grundlagen

Dieser Abschnitt stellt den Zusammenhang zwischen Stamm- und Bewegungsdaten vor und skizziert anschließend die Pflege von Organisationsebenen. Die Pflege dieser Datenstrukturen gehört ausdrücklich nicht zu den Aufgaben des Berechtigungskonzepts. In einigen Fällen ist es jedoch sinnvoll, wenn sich Fachseite und Berechtigungsadministration in Bezug auf diese Datenstrukturen abstimmen. Für das betriebswirtschaftliche Berechtigungskonzept ist es allerdings unerlässlich, dass diese Strukturen und Einstellungen bekannt sind, denn sie bilden die Grundlage für die funktionale und organisatorische Differenzierung.

21.1.1 Stamm- und Bewegungsdaten

Stammdaten sind Informationen, die dauerhaft hinterlegt und in Geschäftsprozesse eingebunden werden. Sie werden mit Bezug auf Organisationsebenen und auf Basis eines Ordnungs- und Steuerungsmerkmals, wie z. B. der Materialart, der Art der Kostenstelle oder der Kontengruppe, angelegt. Die Beschreibung von Stammdaten folgt der jeweiligen Komponentensicht auf die Stammdaten, da ein Stammdatum aus verschiedenen Komponenten gepflegt werden kann.

Beziehung zwischen Stamm- und Bewegungsdaten

In Abbildung 21.1 sehen Sie, dass die Stammdaten Material, Lieferant, Sachkonto und Kostenstelle in einem Einkaufsbeleg, in diesem Fall einer Bestellung, zusammengebracht werden. Die Kostenstelle steht hierbei stellvertretend für ein Kontierungsobjekt. Stammdaten liefern u. a. Steuerungsschlüssel, Vorschlagsdaten und verbindliche Daten. Sie gewährleisten Eindeutigkeit und Redundanzfreiheit, z. B. in der Kundenpflege.

> **Nutzung von Stammdaten im Berechtigungskonzept**
>
> Stammdaten stellen eine erhebliche Herausforderung an das betriebswirtschaftliche Berechtigungskonzept dar, u. a. weil viele Stammdaten gemeinsam von unterschiedlichen Applikationen genutzt werden.

Wird eine Bestellung angelegt, wird auf eine Reihe von Stammdaten Bezug genommen, die viele Felder in der Bestellung mit Vorschlägen oder mit nicht änderbaren Werten füllen. Weitere (zeitpunkt- oder fallbezogene) Daten werden manuell hinzugefügt. Die Bestellung wird angelegt, sobald alle Daten eingegeben worden sind; dabei wird ein Beleg erzeugt, der neben den Stammdaten fallbezogene Daten enthält. Weitere Belege in anderen Modulen werden erzeugt (und bleiben dauerhaft diesem Geschäftsvorfall zugeordnet). Die so erzeugten Belege repräsentieren Bewegungsdaten.

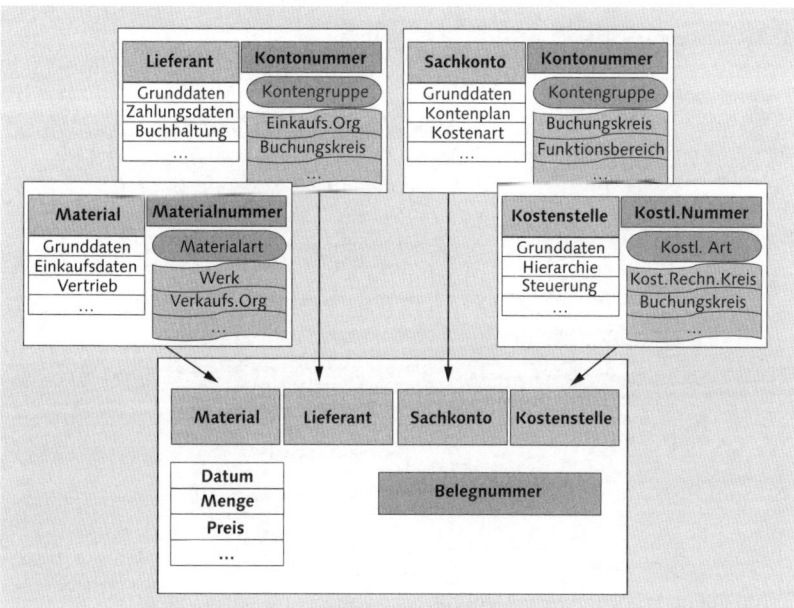

Abbildung 21.1 Beziehung zwischen Stammdaten und Bewegungsdaten (im Beleg)

Stammdaten sind also auf Dauer angelegte, wiederverwendbare Daten, die oft applikationsübergreifend statische Objekte darstellen. Bewegungsdaten hingegen entstehen im Prozess und werden durch Belege dokumentiert.

21.1.2 Organisationsebenen

Organisationsebenen haben wir bereits in Abschnitt 3.8, »Organisationsebenen und -strukturen in der SAP Business Suite«, diskutiert. In diesem Abschnitt stellen wir kurz dar, wo die Standardorganisationsebenen gepflegt und wo sie in ihren Relationen zueinander ausgewertet werden können.

Organisations-
ebenen im
Customizing Die Standardorganisationsebenen definieren Sie u. a. im Implemen-
tation Guide (IMG) über den Pfad UNTERNEHMENSSTRUKTUR • DEFINI-
TION in den Bereichen FINANZWESEN, CONTROLLING und LOGISTIK ALL-
GEMEIN.

Die Zuordnung einer Standardorganisationsebene zu einer anderen
erfolgt über den Pfad UNTERNEHMENSSTRUKTUR • ZUORDNUNG in den
Bereichen FINANZWESEN, CONTROLLING und LOGISTIK ALLGEMEIN.
Abbildung 21.2 stellt exemplarisch die ZUORDNUNG des Buchungskreises zur EINKAUFSORGANISATION vor.

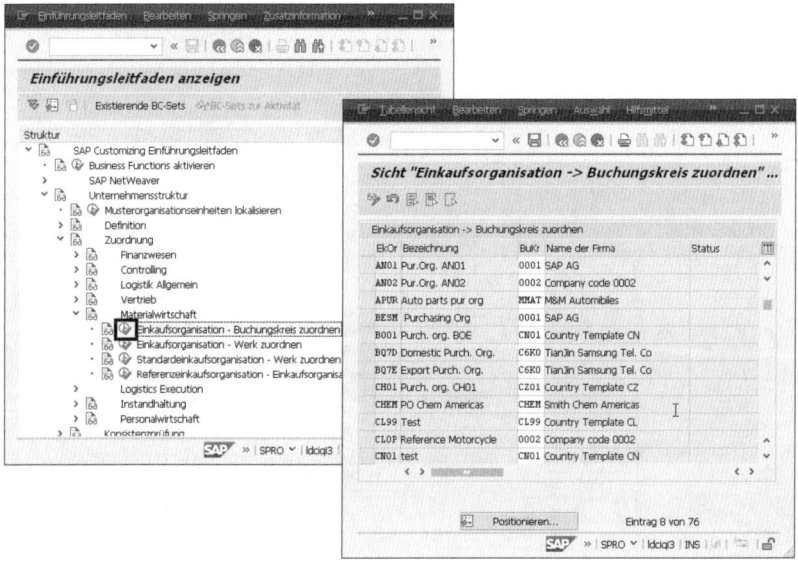

Abbildung 21.2 Zuordnung »Einkaufsorganisation – Buchungskreis«

In den folgenden Abschnitten werden wir uns auf einzelne Komponenten beziehen. Zunächst beginnen wir mit dem Finanzwesen.

21.2 Berechtigungen im Finanzwesen

Das SAP-Finanzwesen (FI) steht im besonderen Fokus der Berechtigungsdifferenzierung, des internen Audits und der Wirtschaftsprüfung. Gründe dafür sind die hohe Integration mit den anderen SAP-
Komponenten und -Lösungen sowie die besonderen Risiken, die sich
im Zahlungsverkehr und dem Umgang mit dem Vermögen und den
Bilanzdaten ergeben. Wir werden uns im Folgenden Differenzierungskriterien, Stammdaten, Buchungen und den Zahllauf anschauen.

21.2.1 Organisatorische Differenzierungskriterien

Der Buchungskreis ist die zentrale organisatorische Einheit des Rechnungswesens und gliedert das Unternehmen aus Sicht der Finanzbuchhaltung (siehe auch Abschnitt 3.7, »Sichten der Aufbauorganisation in SAP-Systemen«, und Abschnitt 3.8, »Organisationsebenen und -strukturen in SAP ERP«). Der Buchungskreis ist die Organisationsebene, die in SAP ERP am häufigsten verwendet wird. Sie ist somit das mächtigste organisatorische Differenzierungsmerkmal. Buchungskreise sind als selbstständig bilanzierende, rechtlich eigenständige Einheiten der Finanzbuchhaltung definiert. Der Buchungskreis bildet die Datenbasis zur Erstellung der Bilanz und der Gewinn- und Verlustrechnung. Firmenspezifische Daten werden auf Buchungskreisebene und firmenübergreifende Daten auf Mandantenebene angelegt.

Buchungskreis

Viele Prozesse und alle Geschäftsvorfälle finden in die Buchhaltung Eingang. Konkret: Sowohl Bestellungen als auch Kundenaufträge werden zu einem bestimmten Zeitpunkt in die Bücher der Finanzbuchhaltung gebucht.

Der Buchungskreis kommt als Feld BUKRS in mehr als 300 Berechtigungsobjekten zum Einsatz. Er ist somit eines der am häufigsten bereitgestellten Unterscheidungsmerkmale.

Der Buchungskreis kann natürlich nur dort als Differenzierungsmerkmal genutzt werden, wo es mehr als einen Buchungskreis gibt. Buchungskreise werden über den Pfad UNTERNEHMENSSTRUKTUR • DEFINITION • FINANZWESEN • BUCHUNGSKREIS BEARBEITEN, KOPIEREN, LÖSCHEN, PRÜFEN angelegt und überprüft.

Darüber hinaus können Sie Gesellschaften einrichten, die das Unternehmen gemäß den Anforderungen der Handelsgesetzgebung gliedern können. Die Gesellschaft ist die kleinste organisatorische Einheit, für die nach der jeweiligen Handelsgesetzgebung ein gesetzlicher Einzelabschluss sowie Bilanzen und Gewinn- und Verlustrechnungen erstellt werden können. Die Einrichtung von Gesellschaften ist optional und spielt vor allem in der Konsolidierung eine Rolle. Im SAP-System werden die Konsolidierungsfunktionen der Finanzbuchhaltung auf Basis von Gesellschaften vorgenommen. Eine Gesellschaft kann einen oder mehrere Buchungskreise umfassen. Der Gesellschaft entspricht in Berechtigungsobjekten das Feld RCOMP. Die Gesellschaft ist in wenigen Berechtigungsobjekten enthalten, und teilweise ist die

Gesellschaft

Prüfung optional. Gesellschaften können Sie unter IMG • UNTERNEH-
MENSSTRUKTUR • DEFINITION • FINANZWESEN • GESELLSCHAFT DEFINIE-
REN, ANLEGEN UND ÜBERPRÜFEN.

Funktionsbereich Es können darüber hinaus Funktionsbereiche eingerichtet werden,
die die Aufgabe haben, betriebliche Aufwendungen nach aufbauorganisatorischen Gesichtspunkten zu gliedern, z. B. Vertrieb oder Einkauf. Sie können Funktionsbereiche als Organisationsebenen für
Berechtigungen anlegen. Der Funktionsbereich ist keine Standardorganisationsebene aus Sicht des Berechtigungswesens. Sofern im
betriebswirtschaftlichen Berechtigungskonzept eine Differenzierung
auf Funktionsbereichen erforderlich ist, müssen hierfür Berechtigungsgruppen gepflegt werden. Nutzen Sie dazu die Transaktion
FM_FUNCTION (Change Funktional Area) (siehe Abbildung 21.3).
Sie müssen dort eine maximal zehnstellige Berechtigungsgruppe eintragen. Diese Prüfung ist eine optionale Prüfung gegen das Berechtigungsobjekt F_FMMD_FAR (Haushaltsmanagement: Funktionsbereich –
Berechtigungsgruppe).

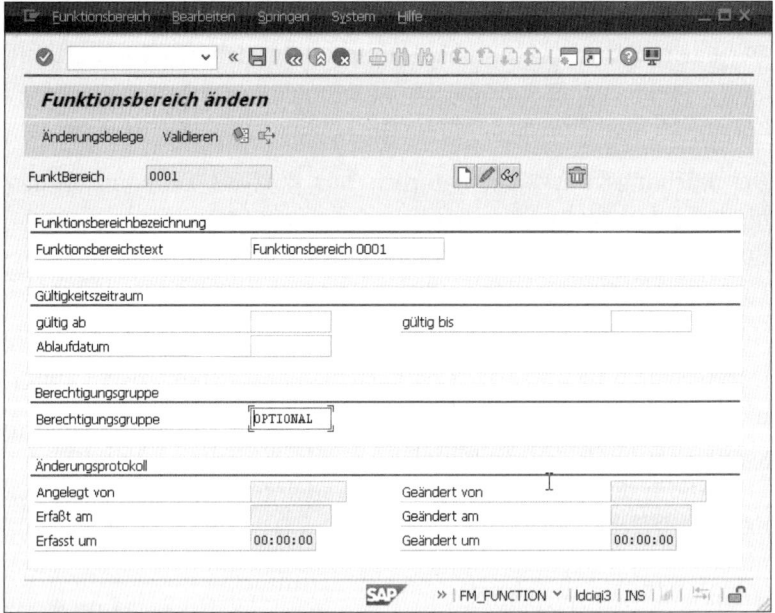

Abbildung 21.3 Berechtigungsgruppe im Funktionsbereich

Geschäftsbereich Schließlich ist es möglich, Geschäftsbereiche einzurichten, die ebenfalls eine aufbauorganisatorische Gliederung erlauben. Der Geschäftsbereich ist eine interne Organisationseinheit, die einen wirtschaftlich

gesondert zu betrachtenden Bereich widerspiegelt. Der Geschäftsbereich dient grundsätzlich Auswertungszwecken. Es besteht darüber hinaus die Möglichkeit, eine interne Bilanz und Gewinn- und Verlustrechnung (GuV) zu erstellen, die jedoch nicht den Anforderungen einer externen Bilanz und GuV entspricht. Innerhalb der Kostenrechnung können mithilfe des Geschäftsbereichs Kostenstellen zusammengefasst und Auswertungen vorgenommen werden. Der Geschäftsbereich wird hierzu im Kostenstellenstamm hinterlegt.

Lediglich der Buchungskreis ist obligatorisch; Gesellschaft, Funktions- und Geschäftsbereich sind optional. Sie unterscheiden sich in ihrer Verwendung innerhalb von FI: Aus Sicht des Berechtigungswesens ist der Geschäftsbereich ein Merkmal, das eine detaillierte technische Differenzierung erlaubt, da der Geschäftsbereich in nahezu allen Aktivitäten des Rechnungswesens abgeprüft wird. Geschäftsbereiche können Sie über den Pfad UNTERNEHMENSSTRUKTUR • DEFINITION • FINANZWESEN • GESCHÄFTSBEREICH DEFINIEREN ANLEGEN UND ÜBERPRÜFEN.

Einige Organisationsebenen müssen anderen zugeordnet werden. Dies müssen Sie unter IMG • UNTERNEHMENSSTRUKTUR • ZUORDNUNG • FINANZWESEN für die möglichen und gewollten Kombinationen im Finanzwesen ausführen und überprüfen.

Zuordnung der Organisationsebenen

Im Folgenden stellen wir die zentralen Stammdaten des Finanzwesens dar.

21.2.2 Stammdaten

In diesem Abschnitt erläutern wir die drei wichtigsten Stammdaten: Sachkonten, Debitoren und Kreditoren.

Geschäftsvorfälle werden auf Konten gebucht und über Konten verwaltet. Zu jedem Konto, das Sie benötigen, müssen Sie einen Stammsatz anlegen. Dieser enthält Informationen, die das Erfassen von Geschäftsvorfällen auf das Konto und das Verarbeiten der Daten steuern. Im Einzelnen werden Ihre Angaben im Stammsatz vom System für folgende Zwecke verwendet:

▸ als Vorschlagswerte beim Buchen auf das Konto

▸ für die Verarbeitung der Geschäftsvorfälle

▸ für die Arbeit mit dem Stammsatz

Mithilfe von Berechtigungsgruppen schränken Sie z. B. den Zugriff auf ein Konto ein.

Der Stammsatz enthält demnach die Daten, die den Buchungsvorgang und die Verarbeitung der Buchungsdaten steuern. Zusätzlich legen Sie z. B. alle Daten im Kreditorenstammsatz ab, die Sie für die Geschäftsverbindung zum Kreditor benötigen.

Sachkonto

Ein Sachkonto ist ein Konto des Hauptbuches, das direkt in die Bilanz oder die Gewinn- und Verlustrechnung eingeht. Ein Sachkonto kann entweder ein Bestands- oder ein Erfolgskonto sein: In den Bestandskonten werden Bestände, wie z. B. Anlagevermögen oder Rohstoffe, geführt. In den Erfolgskonten werden der Aufwand und die Erträge des Geschäftsjahres dokumentiert. Sie werden über die Gewinn- und Verlustrechnung abgeschlossen. Bei den Sachkontenstammdaten handelt es sich um Daten, die ein Sachkonto des Hauptbuches definieren. Die Sachkontenstammdaten steuern sowohl das Buchen von Geschäftsvorfällen auf das Sachkonto selbst als auch die Verarbeitung der Buchungsdaten.

Die Stammdaten des Finanzwesens werden im SAP-System abhängig von dem eingesetzten Kontenplan angelegt. Damit Buchungskreise, die denselben Kontenplan verwenden, auch auf dieselben Sachkonten zugreifen können, ist die in Abbildung 21.4 dargestellte Organisationsstruktur erforderlich.

Kontenplanbereich

Im Kontenplanbereich sind die Daten enthalten, die buchungskreisübergreifend Gültigkeit haben, wie z. B. die Kontonummer und die Bezeichnung.

Buchungskreisebene

In der Buchungskreisebene werden die Kontoinformationen geführt, die von Buchungskreis zu Buchungskreis variieren können, wie z. B. die Währung.

Kontengruppe

Ein Sachkonto ist immer einer Kontengruppe zugeordnet. Über diese werden Eingabe- und Änderungsmöglichkeiten ausgesteuert. Ein Sachkonto ist ebenfalls immer einem Kontenplan zugeordnet. Einem Kontenplan können mehrere Buchungskreise zugeordnet sein.

Die in Bezug auf den Sachkontenstammsatz primär zur Verfügung stehenden Berechtigungsobjekte sind in Tabelle 21.1 aufgeführt.

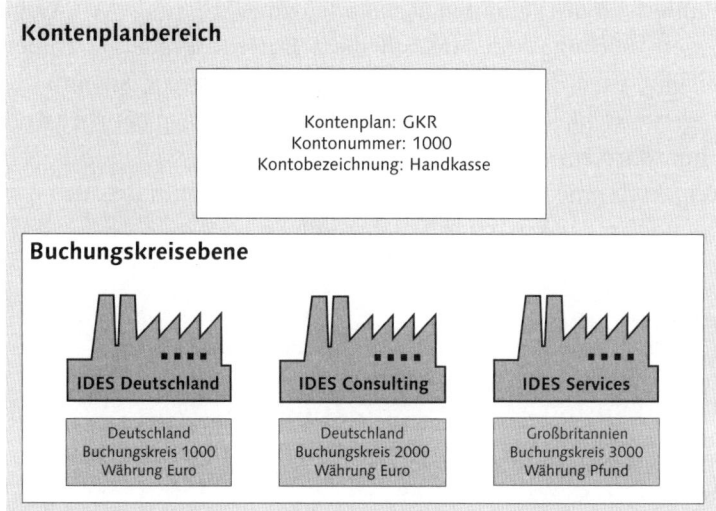

Abbildung 21.4 Organisation der Sachkontenstammdaten (nach Wagener, 2004[1])

Berechtigungsobjekt	Beschreibung
F_SKA1_AEN	Sachkonto: Änderungsberechtigung für bestimmte Felder
F_SKA1_BES	Sachkonto: Kontenberechtigung
F_SKA1_BUK	Sachkonto: Berechtigung für Buchungskreise
F_SKA1_KTP	Sachkonto: Berechtigung für Kontenpläne

Tabelle 21.1 Berechtigungsobjekte für den Sachkontenstammsatz

Über das Berechtigungsobjekt F_SKA1_BES (Sachkonto: Kontenberechtigung) können Sie Berechtigungsgruppen auf Sachkonten nutzen. Die Systematik der optionalen Prüfung einiger Berechtigungsgruppen wurde in Bezug auf die Berechtigungsgruppe im Debitoren- und Kreditorenstammsatz in Abschnitt 7.6, »Berechtigungsgruppen«, diskutiert.

Aufbau der Kreditoren- und Debitorenstammdaten

Die Stammdaten untergliedern sich in drei wesentliche Bestandteile. Allgemeine Stammsatzdaten stehen, wie in Abbildung 21.5 darge-

---

1 Sowohl die gekennzeichneten Abbildungen als auch die zugehörige Textpassagen basieren auf Wagener (2004) und wurden durch die Autorin zur Verwendung überlassen.

stellt, innerhalb des gesamten Mandanten zur Verfügung. Man kann von jedem Buchungskreis aus auf diese Daten zugreifen. Darüber hinaus gibt es noch einen buchungskreisspezifischen Stammsatzanteil, der ausschließlich für einen Buchungskreis angelegt wird und auch nur dort zur Verfügung steht. Und ebenso wie es für den Buchungskreis eine datenspezifische Zuordnung gibt, führt auch der Einkauf noch einen separaten Datenanteil.

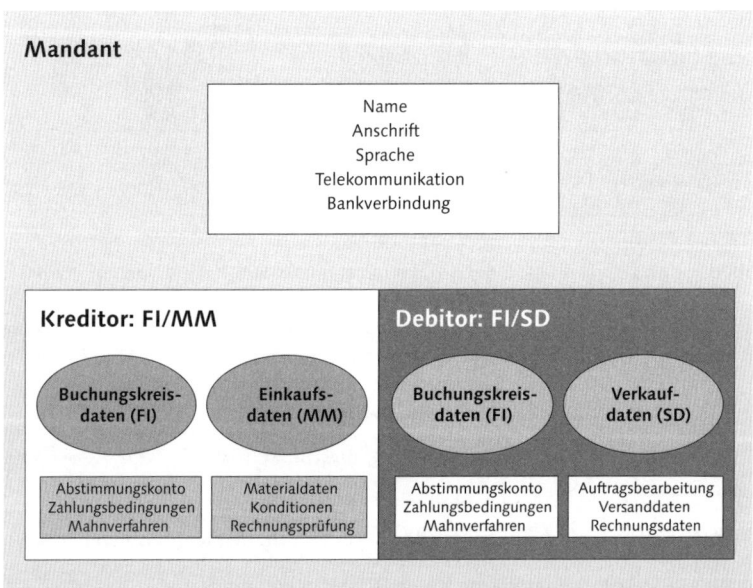

Abbildung 21.5 Übersicht über die Organisation von Kreditoren- und Debitorenstammsätzen (nach Wagener, 2004)

Der Aufbau des Debitorenstammsatzes ist identisch mit dem Aufbau des Kreditorenstammsatzes; lediglich die Maskenführung variiert. Unterschiedlich sind die Schnittstellen: Während im Kreditorenstammsatz eine Datenintegration zum Einkauf (SAP-Materialwirtschaft, MM) Anwendung finden kann, ist die Schnittstelle für den Debitorenbereich der Vertrieb (SD).

Debitoren-stammdaten

Die Stammdatenpflege der Debitoren und Kreditoren entspricht sich somit in weiten Teilen. Deswegen stellen wir sie anhand des Debitors exemplarisch dar. Sinngemäß können diese Einstellungen auch auf Kreditoren vorgenommen werden. Wie Sie Debitoren pflegen, wird auf einer abstrakten Ebene bereits in unserer Prozessdarstellung in Kapitel 5, »Berechtigungen in der Prozesssicht«, beschrieben. Im Folgenden gehen wir etwas weiter ins Detail.

Die Stammdatenpflege des Debitors kann über Transaktionen der Logistik, des Rechnungswesens und über als »zentral« bezeichnete Pflegetransaktionen ausgeführt werden (siehe Abbildung 21.6).

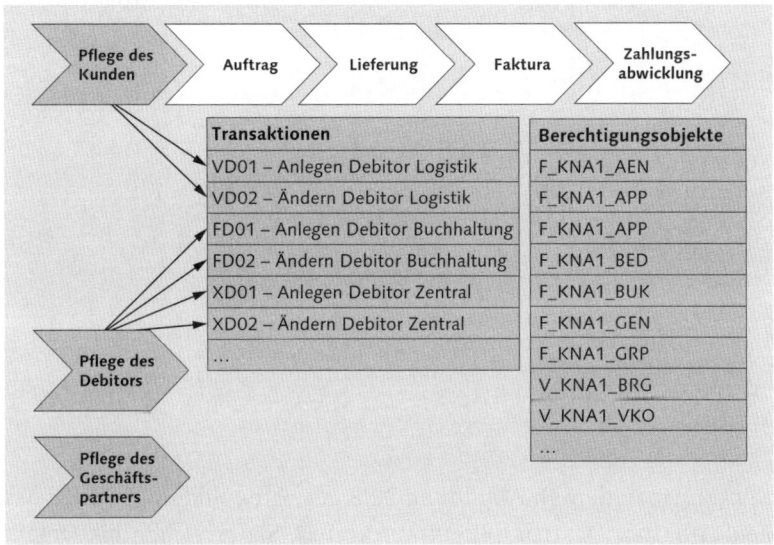

Abbildung 21.6 Stammdatenpflege in FI: Debitoren

Das ermöglicht es Ihnen, die Änderungsmöglichkeiten auf einzelnen Feldern detailliert für die Logistik, die Buchhaltung und die zentrale Sicht festzulegen.

Die Felder können über Feldstatusgruppen unterschiedlich ausgesteuert werden. Die Berechtigungsobjekte, die zur Pflege und Anzeige benötigt werden, stammen aus den Komponenten, die eine bestimmte logistische Sicht oder eine bestimmte Sicht des Rechnungswesens steuern.

Vergleichbar gilt dies auch für die Pflege des Kreditors (siehe Abbildung 21.7). Kreditoren-
stammdaten

Um die unterschiedliche Verwendung der Transaktionen zu konfigurieren, nutzen Sie die Feldstatusgruppenpflege über BILDAUFBAU PRO AKTIVITÄT DEFINIEREN im Referenz-IMG: FINANZWESEN • DEBITOREN- UND KREDITORENBUCHHALTUNG • DEBITORENKONTEN • STAMMDATEN • ANLEGEN DER DEBITORENSTAMMDATEN VORBEREITEN • BILDAUFBAU PRO AKTIVITÄT DEFINIEREN (DEBITOREN). Feldstatus-
gruppenpflege

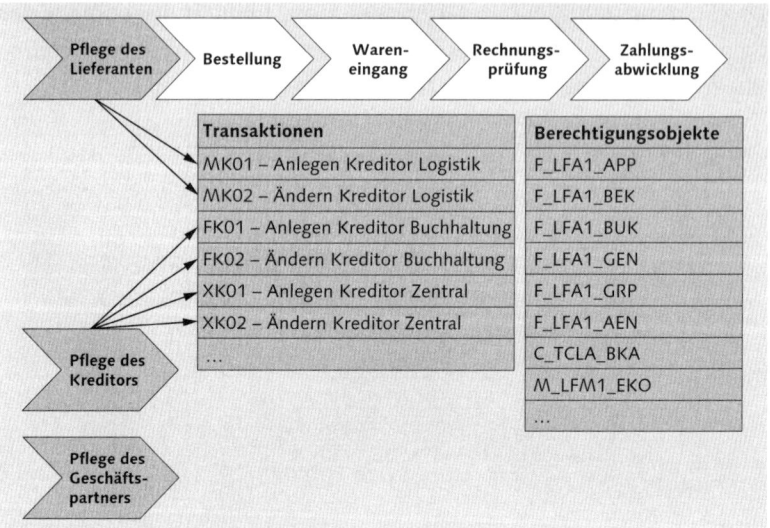

Abbildung 21.7 Stammdatenpflege in FI: Kreditoren

Klicken Sie in dem in Abbildung 21.8 gezeigten Bild doppelt auf das Feld ANLEGEN DEBITOR (BUCHHALTUNG) ❶. Sie erreichen die Detailsicht AKTIVITÄTSABHÄNGIGE FELDAUSWAHL DEBITOR. Durch einen Doppelklick auf ALLGEMEINE DATEN oder BUCHUNGSKREIS DATEN ❷ werden Sie zur Feldstatusgruppenpflege weitergeführt. In der Feldstatusgruppenpflege ❸ können Sie die konkrete Gruppe auswählen und durch einen Doppelklick in die Pflege abspringen. Hier legen Sie fest, ob ein Feld im Status ❹ MUSSEINGABE, KANNEINGABE, ANZEIGEN oder AUSBLENDEN definiert ist.

Sie können auf diesem Weg für jede Transaktion unterscheiden, welche Felder gepflegt werden können und welche gegebenenfalls nur für Anzeigen zu nutzen sind. Dementsprechend können Sie die logistischen Transaktionen der Debitorenpflege und die des Rechnungswesens unterschiedlich aussteuern und gewährleisten auf diese Weise, dass diese nur für ganz bestimmte Zwecke genutzt werden können. Sinngemäß können Sie auch die Feldstatusgruppen pro Buchungskreis und/oder pro Kontengruppe unterschiedlich aussteuern.

Für die Festlegung der Kreditorenpflege nutzen Sie den Menüpfad IMG • FINANZWESEN • DEBITOREN- UND KREDITORENBUCHHALTUNG • DEBITORENKONTEN • STAMMDATEN • ANLEGEN DER KREDITORENSTAMMDATEN VORBEREITEN • BILDAUFBAU PRO AKTIVITÄT DEFINIEREN (KREDITOREN).

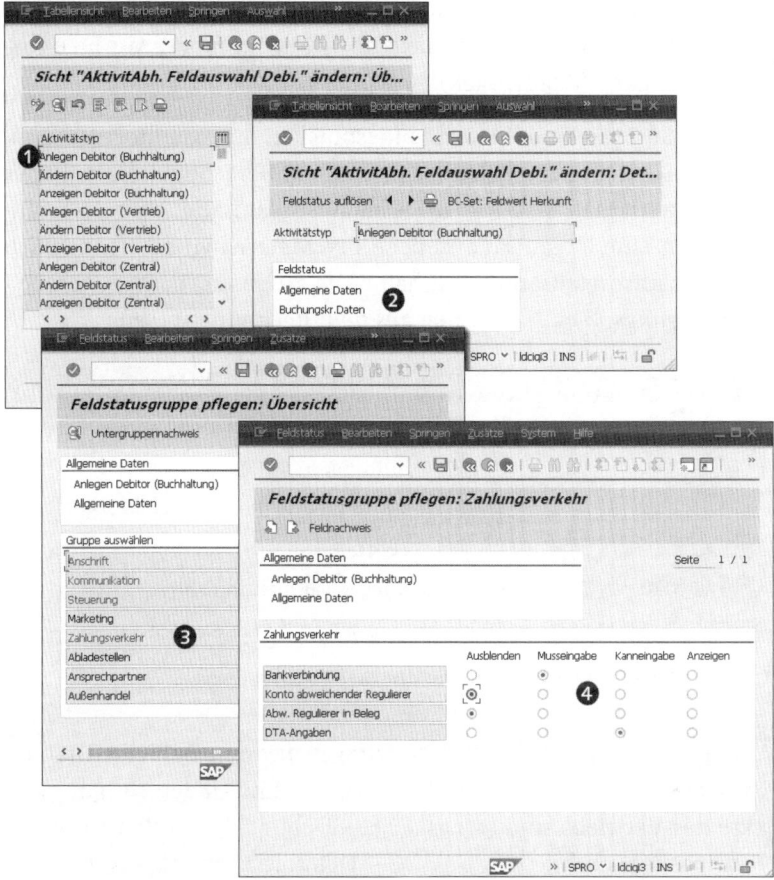

Abbildung 21.8 Feldstatusgruppenpflege der Transaktionen des Debitoren-stammsatzes

Jeder Debitor ist einer Kontengruppe zugeordnet. Kontengruppen sind Gruppierungsmerkmale für Debitoren, um sowohl die Feldstatusgruppen auf die jeweilige Verwendung abstimmen zu können als auch eine logische Gruppierung für Geschäftsvorfälle bereitzustellen. Kontengruppen dienen auch der Berechtigungsdifferenzierung. Die Kontengruppe wird definiert und kontrolliert über KONTENGRUPPE MIT BILDAUFBAU DEFINIEREN (DEBITOREN) im Referenz-IMG: FINANZWESEN • DEBITOREN- UND KREDITORENBUCHHALTUNG • DEBITORENKONTEN • STAMMDATEN • ANLEGEN DER DEBITORENSTAMMDATEN VORBEREITEN • KONTENGRUPPE MIT BILDAUFBAU DEFINIEREN (DEBITOREN).

Kontengruppe

Für die vergleichbare Festlegung der Kreditorenpflege nutzen Sie den Menüpfad IMG • FINANZWESEN • DEBITOREN- UND KREDITOREN-

BUCHHALTUNG • KREDITORENKONTEN • STAMMDATEN • ANLEGEN DER
KREDITORENSTAMMDATEN VORBEREITEN • KONTENGRUPPE MIT BILDAUF-
BAU DEFINIEREN (KREDITOREN).

In Tabelle 21.2 sind Berechtigungsobjekte des Kreditorenstammsatzes dargestellt. Deutlich ist hier, dass ein Berechtigungsobjekt der
Materialwirtschaft M_LFM1_EKO (Einkaufsorganisation) im Lieferantenstamm eine Organisationsebene der Materialwirtschaft, nämlich
die Einkaufsorganisation, enthält. Die anderen nachgewiesenen
Berechtigungsobjekte stammen aus dem Rechnungswesen.

Berechtigungsobjekt	Beschreibung
F_LFA1_APP	Kreditor: Anwendungsberechtigung
F_LFA1_BEK	Kreditor: Kontenberechtigung
F_LFA1_BUK	Kreditor: Berechtigung für Buchungskreise
F_LFA1_GEN	Kreditor: Zentrale Daten
F_LFA1_GRP	Kreditor: Kontengruppenberechtigung
M_LFM1_EKO	Einkaufsorganisation im Lieferantenstamm

Tabelle 21.2 Berechtigungsobjekte für den Kreditorenstammsatz

Ähnlich sieht es mit den Berechtigungen für den Debitorenstammsatz aus Tabelle 21.3 aus, nur dass es in diesem Fall Berechtigungsobjekte des Vertriebs sind (V_KNA1_BRG – Debitor: Kontenberechtigung
Vertriebsbereich und V_KNA1_VKO – Debitor: Berechtigung für Verkaufsorganisationen), die neben die Berechtigungsobjekte des Rechnungswesens treten.

Berechtigungsobjekt	Beschreibung
F_KNA1_APP	Debitor: Anwendungsberechtigung
F_KNA1_BED	Debitor: Kontenberechtigung
F_KNA1_BUK	Debitor: Berechtigung für Buchungskreise
F_KNA1_GEN	Debitor: Zentrale Daten
F_KNA1_GRP	Debitor: Kontengruppenberechtigung
V_KNA1_BRG	Debitor: Kontenberechtigung Vertriebsbereich
V_KNA1_VKO	Debitor: Berechtigung für Verkaufs-organisationen

Tabelle 21.3 Berechtigungsobjekte für den Debitorenstammsatz

Der Schutz dieser Stammdaten durch Berechtigungsgruppen wurde bereits in Abschnitt 7.6, »Berechtigungsgruppen«, dargestellt.

Die Stammdaten Debitor und Kreditor sind besonders kritisch, wenn es um *Fraud Prevention*, also um die Vermeidung von Betrug, geht. Beide können Zahlungsempfänger sein. Der Lieferant erhält Zahlungen für die gelieferte Ware, der Kunde kann z. B. eine Rückerstattung bekommen. Werden beim Debitor oder Kreditor andere (als die richtigen) Bankverbindungsdaten hinterlegt, erfolgt die Zahlung an diese. Aus diesem Grund ist Funktionstrennung (siehe auch Abschnitt 4.5.6, »Funktionstrennungsprinzip«) im Bereich der Debitoren- und Kreditorenpflege zwingend erforderlich.

Vieraugenprinzip

SAP ERP bietet Ihnen zwei Möglichkeiten der Funktionstrennung und der Kreditoren- und Debitorenstammdatenpflege an:

- das symmetrische Vieraugenprinzip
- das asymmetrische Vieraugenprinzip

Das symmetrische Vieraugenprinzip ermöglicht eine Funktionstrennung bei gleichen Berechtigungen. Sie können sensible Felder, die dem Vieraugenprinzip unterworfen sind, im Debitorenstammsatz definieren. Eine Änderung eines sensiblen Feldes bewirkt, dass der Debitor so lange für den Zahllauf gesperrt bleibt, bis eine zweite Person die Änderungen freigegeben hat. Die zweite Person muss über entsprechende Berechtigungen verfügen. Beide beteiligten Personen können auch über die gleichen Berechtigungen verfügen, da die Freigabe nur durch einen Benutzer möglich ist, der nicht selbst die Änderung vorgenommen hat.

Symmetrisches Vieraugenprinzip

Das asymmetrische Vieraugenprinzip hingegen setzt auf unterschiedliche Berechtigungen. Das heißt, bestimmte Teile des Stammsatzes werden einer zusätzlichen Berechtigungsprüfung (optional) unterworfen. Beide werden im Folgenden dargestellt.

Asymmetrisches Vieraugenprinzip

Das Vieraugenprinzip können Sie in der Stammdatenpflege über folgenden Menüpfad einrichten: IMG • FINANZWESEN • DEBITOREN- UND KREDITORENBUCHHALTUNG • DEBITORENKONTEN • STAMMDATEN • ANLEGEN DER DEBITORENSTAMMDATEN VORBEREITEN • SENSIBLE FELDER FÜR 4-AUGEN-PRINZIP DEFINIEREN (DEBITOREN).

Wie Sie Abbildung 21.9 entnehmen können, können Sie alle Felder des Debitorenstammsatzes als sensibel definieren, indem Sie über die Wertehilfe ([F4]) das entsprechende Feld suchen und es in die Tabelle eintragen.

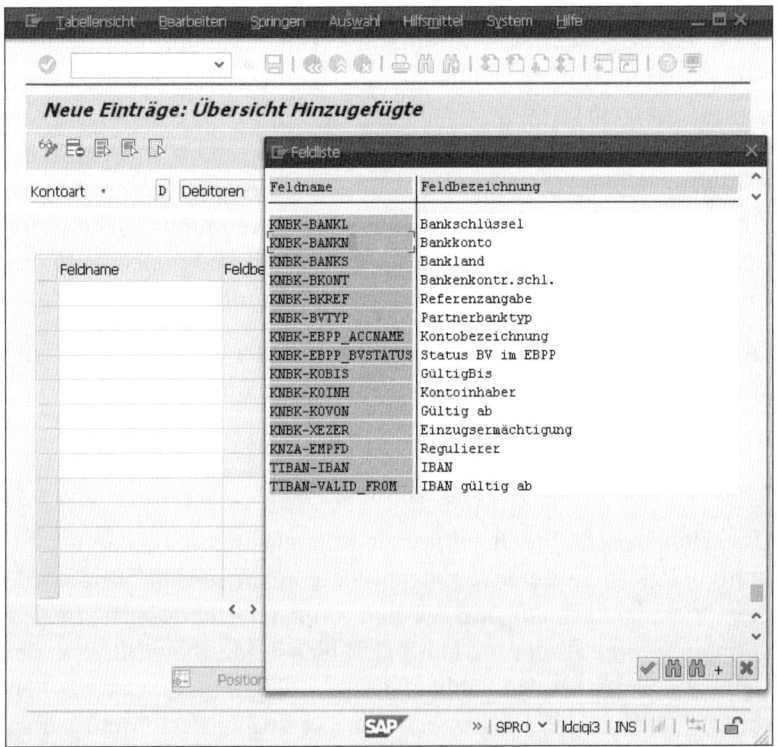

Abbildung 21.9 Sensible Felder für Vieraugenprinzip definieren

Ergänzend sei an dieser Stelle erneut auf die Berechtigungsgruppe im Debitoren- und Kreditorenstammsatz hingewiesen (siehe Abschnitt 7.6, »Berechtigungsgruppen«). Diese erlaubt weitere Berechtigungsdifferenzierungen. Die dort dargestellten Möglichkeiten werden auch im Rahmen von Abschnitt 21.8.3, »Berechtigungen für gesperrte Daten verwalten«, beschrieben.

Einzelne Felder der Stammdaten können über Feldgruppen gesondert geschützt werden. Dies bedeutet, dass zum Ändern der geschützten Felder eine zusätzliche Berechtigung notwendig ist. Der symmetrische Schutz funktioniert folgendermaßen:

Die zu schützenden Felder werden zu Gruppen, sogenannten Feldgruppen, zusammengefasst. Sinnvoll ist es, zusammengehörige Felder in einer Gruppe zu hinterlegen, z. B. die Felder für die Bankverbindung (Bankleitzahl, Kontonummer etc.). Sie können wie folgt vorgehen:

► Die Gruppen bekommen ein zweistelliges Kürzel (z. B. 11) und werden in die Tabelle T055G (Feldgruppen – Stammdaten) eingetragen.

► Die technischen Namen der Felder werden, mit Angabe des Gruppenkürzels, in die Tabelle T055 (Felder der Feldgruppen – Stammdaten) eingetragen.

► Zum Ändern dieser Felder benötigt ein Benutzer nun die Berechtigung zum Ändern der Feldgruppe, denen die Felder zugeordnet sind. Diese wird für Kreditoren über das Berechtigungsobjekt F_LFA1_AEN (Kreditor: Änderungsberechtigung für bestimmte Felder) vergeben. Im einzigen Feld dieses Objekts wird die Feldgruppe eingetragen, die der Benutzer ändern darf.

Zusätzlich benötigt er natürlich die eigentliche Berechtigung zum Ändern von Kreditoren über die anderen Berechtigungsobjekte. Um zu überprüfen, ob Feldgruppen genutzt werden, lassen Sie sich die Tabelle T055G (Definierte Feldgruppen) über die Transaktion SE16N (Allgemeine Tabellenanzeige anzeigen).

Ist die Tabelle leer, so sind keine Feldgruppen definiert. Die dazugehörigen Felder können Sie sich in der Tabelle T055 (Felder der Feldgruppen – Stammdaten) anzeigen lassen (asymmetrisches Vieraugenprinzip nach Wagener, 2004).

In Tabelle 21.4 finden Sie einige Tabellen, in denen Teile des Kundenstammsatzes enthalten sind. Die angeführten Tabellen sind nützlich für Analysen von Inhalten und Änderungen. Sie können dort u. a. die Berechtigungsgruppen nachweisen.

Tabellen des Kundenstamms

Tabellenname	Beschreibung
KNA1	Kundenstamm (allgemeiner Teil)
KNB1	Kundenstamm (Buchungskreis)
KNB5	Kundenstamm (Mahndaten)
KNBK	Kundenstamm (Bankverbindungen)
KNBW	Kundenstamm (Quellensteuertypen)
KNEA	Zuordnung der Bankverbindungen und Zahlwege

Tabelle 21.4 Tabellen des Kundenstamms (Auszug)

Tabellenname	Beschreibung
KNKA	Kundenstamm Kreditmanagement: Zentraldaten
KNKK	Kundenstamm Kreditmanagement: Kontrollbereich

Tabelle 21.4 Tabellen des Kundenstamms (Auszug) (Forts.)

In Abbildung 21.10 sehen Sie eine mögliche Auswertung über den Kundenstamm (allgemeiner Teil). Die Anzeige ist eingeschränkt auf berechtigungsrelevante Daten, in diesem Fall Name, CpD-Konto (Konto pro Diverse, sinngemäß Einmalkonto), Berechtigung(-sgruppe), Kontengruppe und Konditionsgruppe.

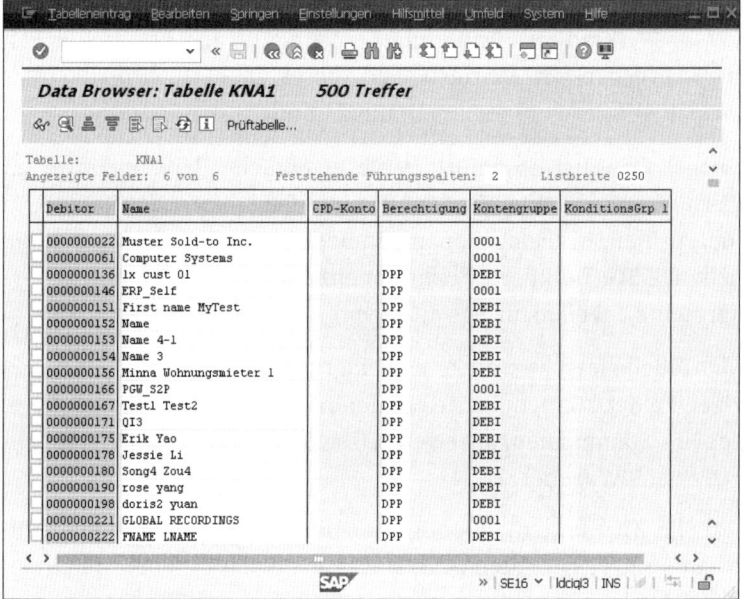

Abbildung 21.10 Auswertung über Tabelle KNA1 (Kundenstamm – allgemeiner Teil)

In Tabelle 21.5 finden Sie einige Tabellen, in denen Teile des Lieferantenstammsatzes enthalten sind. Die angeführten Tabellen sind nützlich für Analysen von Inhalten und Änderungen. Dort können Sie u. a. die Berechtigungsgruppen nachweisen.

Tabellenname	Beschreibung
LFA1	Lieferantenstamm (allgemeiner Teil)
LFAS	Lieferantenstamm (allgemeiner Teil EG-Steuer)

Tabelle 21.5 Tabellen des Lieferantenstamms

Tabellenname	Beschreibung
LFB1	Lieferantenstamm (Buchungskreis)
LFBK	Lieferantenstamm (Bankverbindungen)
LFINF	Lieferinformationen Projektsystem
LFLR	Lieferantenstamm: Lieferregionen
LFM1	Lieferantenstamm Einkaufsorganisationsdaten
LFM2	Lieferantenstamm: Einkaufsdaten
LFMC	Lieferantenstamm (Kurztexte zu Konditionsarten)
LFMH	Lieferantenhierarchie
LFZA	Zulässige abweichende Zahlungsempfänger

Tabelle 21.5 Tabellen des Lieferantenstamms (Forts.)

Im Folgenden gehen wir auf Buchungen im Finanzwesen ein.

21.2.3 Buchungen

Bei einem Buchhaltungsbeleg handelt es sich um den Nachweis einer Buchung in der Finanzbuchhaltung. Man unterscheidet Originalbelege und EDV-Belege.   *Buchung und Beleg*

Originalbelege sind z. B.:

- Quittungen
- Rechnungen
- Schecks
- Bankauszüge

EDV-Belege sind z. B.:

- Buchhaltungsbelege
- Musterbelege
- Dauerbuchungsbelege

Der Buchhaltungsbeleg bildet den Originalbeleg im System ab. Alle weiteren EDV-Belege dienen als Erfassungshilfen. Bis zur Archivierung verbleibt der Beleg als zusammenhängende Einheit im System.

Alle Geschäftsvorfälle werden als Beleg erfasst, damit stellen sie das Bindeglied zwischen Geschäftsvorfall und Buchung dar. Ein Beleg wiederum wird im SAP-System als Einheit behandelt. Belege können   *Belegprinzip* in den diversen Anwendungskomponenten eingegeben werden. Die Erfassung kann automatisch oder manuell erfolgen. Die Erfassung erfolgt stets nach demselben Prinzip. Es können ausschließlich vollständige Belege gebucht werden. Dies bedeutet hinsichtlich der praktischen Umsetzung, dass der Saldo aus Soll und Haben exakt 0 ergeben muss.

Bereits in der Systemkonfiguration legt man sogenannte Mindestkontierungsfelder fest; hierbei handelt es sich um Felder, die ausgefüllt werden müssen. Demnach ist ein vollständiger Beleg ein Beleg, in dem diese Felder ausgefüllt sind. Beispiele für Mindestkontierungsfelder sind Belegdatum, Buchungsdatum, Belegart, Kontonummer, Beträge etc.

Darüber hinaus legen Sie sogenannte Optionalfelder an; diese Felder können ausgefüllt werden. Die Verbuchung erfolgt jedoch auch dann, wenn keine Einträge vorgenommen werden. Die Richtigkeit der Buchungen im Grund- und Hauptbuch kann nur anhand von Belegen geprüft werden. Allein schon deshalb muss jeder Buchung ein Beleg zugrunde liegen.

Buchungen in FI In der Finanzbuchhaltung gibt es verschiedene Buchungen, wie z. B. die Sachkontenbuchung. Diese werden gesteuert über Belegarten, die im Customizing festgelegt werden müssen. Vereinfachend kann zwischen Buchungen unterschieden werden, die einen unmittelbaren Rechtsanspruch eines Dritten oder einem Dritten gegenüber betreffen, und solchen, die der internen Abwicklung des Buchungsstoffes dienen. Wir wollen kurz auf drei Buchungen eingehen:

► Rechnung erfassen: Kreditor/Debitor

► Sachkontenbuchungen

► manuelle Zahlungen

Rechnung erfassen: Kreditor/Debitor In Kapitel 5, »Berechtigungen in der Prozesssicht«, sind wir in Bezug auf den Verkaufsprozess davon ausgegangen, dass die Fakturierung über die Transaktionen VF01 (Anlegen Faktura) und VF02 (Ändern Faktura) erfolgt. Auf diese Weise ist sichergestellt, dass jede Fakturierung einen unmittelbaren Bezug zu den Geschäftsvorfällen und dem Prozess des Vertriebs hat. Sinngemäß haben wir in Bezug auf den Bestellprozess dargestellt, dass eine Rechnung mit Bezug auf einen Wareneingang erfasst wird (Transaktion MIRO – Eingangsrechnung erfassen).

Beides kann allerdings auch unmittelbar in der Finanzbuchhaltung erfasst werden, und zwar über die Transaktionen FB70 (Debitorenrechnung erfassen) und FB60 (Kreditorenrechnung erfassen). Tabelle 21.6 und Tabelle 21.7 zeigen die Berechtigungsobjekte, die jeweils unter den beiden Transaktionen verprobt werden (optionale Prüfungen eingeschlossen).

Berechtigungsobjekt	Beschreibung
F_BKPF_BUK	Buchhaltungsbeleg: Berechtigung für Buchungskreise
F_BKPF_GSB	Buchhaltungsbeleg: Berechtigung für Geschäftsbereiche
F_BKPF_KOA	Buchhaltungsbeleg: Berechtigung für Kontoarten
F_FAGL_SEG	Hauptbuch: Berechtigung für Segment
F_LFA1_APP	Kreditor: Anwendungsberechtigung
F_LFA1_BEK	Kreditor: Kontenberechtigung (optional)
F_LFA1_GEN	Kreditor: Zentrale Daten
F_LFA1_GRP	Kreditor: Kontengruppenberechtigung

Tabelle 21.6 Berechtigungsprüfung der Transaktion FB60 (Erfassung Eingangsrechnung)

Berechtigungsobjekt	Beschreibung
F_BKPF_BUK	Buchhaltungsbeleg: Berechtigung für Buchungskreise
F_BKPF_GSB	Buchhaltungsbeleg: Berechtigung für Geschäftsbereiche
F_BKPF_KOA	Buchhaltungsbeleg: Berechtigung für Kontoarten
F_FAGL_SEG	Hauptbuch: Berechtigung für Segment
F_KNA1_APP	Debitor: Anwendungsberechtigung
F_KNA1_BEK	Debitor: Kontenberechtigung (optional)
F_KNA1_GEN	Debitor: Zentrale Daten
F_KNA1_GRP	Debitor: Kontengruppenberechtigung

Tabelle 21.7 Berechtigungsprüfung der Transaktion FB70 (Erfassung Ausgangsrechnung)

Die Rechnungsbearbeitung kann über einen Workflow einer Freigabestrategie, die an Buchungsbeträgen ausgerichtet ist, einer zwingenden Funktionstrennung unterworfen werden.

Für das betriebswirtschaftliche Berechtigungskonzept ergibt sich somit die Fragestellung, wer überhaupt in der Organisation das Recht haben soll, Rechnungen ohne zwingenden Bezug zu einer Bestellung oder einem Kundenauftrag buchen zu können. Das Risiko dieser Buchungen ist erheblich.

Sachkonten-
buchung

Eine Sachkontenbuchung ist eine Buchung, bei der ausschließlich Konten im Hauptbuch angesprochen, also weder die Debitoren-, Kreditoren- noch die Anlagenkonten der entsprechenden Neben-bücher berührt werden. Sachkontenbuchungen haben unmittelba-ren Einfluss auf die Bilanz, da sie immer gegen Bestands- oder Erfolgskonten erfolgen.

Sachkontenbuchungen sind u. a. über die Transaktion FB50 (Sach-kontenbeleg erfassen) möglich. Tabelle 21.8 weist einige Berechti-gungsobjekte aus, die im Programmablauf dieser Transaktion geprüft werden.

Berechtigungsobjekt	Beschreibung
F_BKPF_BES	Buchhaltungsbeleg: Kontenberechtigung für Sachkonten
F_BKPF_BLA	Buchhaltungsbeleg: Berechtigung für Belegarten
F_BKPF_BUK	Buchhaltungsbeleg: Berechtigung für Buchungs-kreise
F_BKPF_GSB	Buchhaltungsbeleg: Berechtigung für Geschäfts-bereiche
F_BKPF_KOA	Buchhaltungsbeleg: Berechtigung für Kontoarten
F_FAGL_SEG	Hauptbuch: Berechtigung für Segment

Tabelle 21.8 Berechtigungsprüfung der Sachkontenbuchung (Transaktion FB50)

Zahlungsfreigabe

Sämtliche anstehenden Zahlungen können einem workflowgestütz-ten Freigabeverfahren unterworfen werden.

Manuelle
Zahlungen

Manuelle Zahlungsausgänge benötigen grundsätzlich eine im System vorhandene Verbindlichkeit, manuelle Zahlungseingänge eine beste-hende Forderung.

Der manuelle Zahlungsausgang wird über die Transaktion F-53 (Zah-lungsausgang buchen) erfasst, der Zahlungseingang über die Trans-aktion F-28 (Zahlungseingang buchen). Einige zu den Transaktionen gehörige Berechtigungsobjekte sind in Tabelle 21.9 und Tabelle 21.10 aufgeführt.

Berechtigungsobjekt	Beschreibung
F_BKPF_BED	Buchhaltungsbeleg: Kontenberechtigung für Debitoren
F_BKPF_BEK	Buchhaltungsbeleg: Kontenberechtigung für Kreditoren
F_BKPF_BES	Buchhaltungsbeleg: Kontenberechtigung für Sachkonten
F_BKPF_BLA	Buchhaltungsbeleg: Berechtigung für Belegarten
F_BKPF_BUK	Buchhaltungsbeleg: Berechtigung für Buchungskreise
F_BKPF_GSB	Buchhaltungsbeleg: Berechtigung für Geschäftsbereiche
F_BKPF_KOA	Buchhaltungsbeleg: Berechtigung für Kontoarten
F_FAGL_LDR	Hauptbuch: Berechtigung für Ledger
F_FAGL_SEG	Hauptbuch: Berechtigung für Segment
F_SKA1_BUK	Sachkonto: Berechtigung für Buchungskreise

Tabelle 21.9 Berechtigungsobjekte für das manuelle Buchen eines Zahlungseingangs

Berechtigungsobjekt	Beschreibung
A_B_ANLKL	Anlagen-Buchungen: Buchungskreis/Anlagenklasse
A_B_BWART	Anlagen-Buchungen: Anlagenklasse/Bewegungsart
F_BKPF_BEK	Buchhaltungsbeleg: Kontenberechtigung für Kreditoren
F_BKPF_BES	Buchhaltungsbeleg: Kontenberechtigung für Sachkonten
F_BKPF_BLA	Buchhaltungsbeleg: Berechtigung für Belegarten
F_BKPF_BUK	Buchhaltungsbeleg: Berechtigung für Buchungskreise
F_BKPF_GSB	Buchhaltungsbeleg: Berechtigung für Geschäftsbereiche
F_BKPF_KOA	Buchhaltungsbeleg: Berechtigung für Kontoarten
F_FAGL_LDR	Hauptbuch: Berechtigung für Ledger
F_FAGL_SEG	Hauptbuch: Berechtigung für Segment

Tabelle 21.10 Berechtigungsobjekte für das manuelle Buchen eines Zahlungsausgangs

Manuelle Zahlungseingänge und Zahlungsausgänge müssen einer besonders kritischen Prüfung unterzogen werden, da dabei erhebliches Manipulationspotenzial besteht. Im Folgenden geht es um den automatischen Zahllauf, der in vielen Unternehmen die Regel darstellt.

21.2.4 Zahllauf

Im Customizing des Zahlungsprogramms/Zahllaufs wird festgelegt, welche Buchungskreise, Zahlwege und Regeln für den Zahllauf gelten. Der Zahllauf erzeugt am Ende den (elektronischen) Zahlungsträger, der an die Bank übergeben werden kann. Häufig werden für den Verkehr mit der Bank Non-SAP-Lösungen eingesetzt, die diese Daten weiterverarbeiten. Für die Risikodarstellung ergeben sich dadurch Funktionstrennungskonflikte zwischen zwei unterschiedlichen Systemen.

Berechtigungs-objekte für den Zahllauf — Die Berechtigungen im Zahllauf Transaktion F110 werden über die folgenden Berechtigungsobjekte ausgesteuert: F_REGU_BUK (Automatische Zahlung: Aktionsberechtigung für Buchungskreise) und F_REGU_KOA (Automatische Zahlung: Aktionsberechtigung für Kontoarten) (siehe Abbildung 21.11).

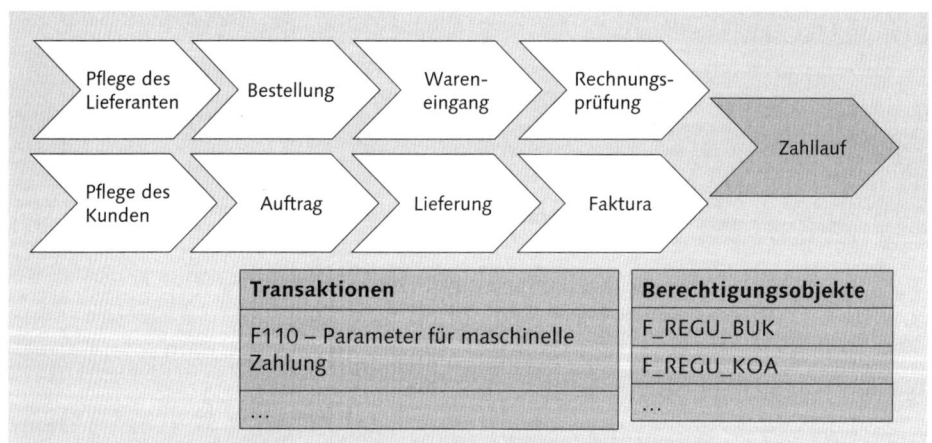

Abbildung 21.11 Berechtigungen im Zahllauf

Damit ist eine Differenzierung über Buchungskreise und Kontoarten möglich. Funktional kann über das Feld FBTCH (Aktion für automatische Abläufe in der Finanzwirtschaft) unterschieden werden. Die möglichen Werte finden Sie in Tabelle 21.11. Die Differenzierung auf der Kontoart ist zwischen Kreditoren, Debitoren und Sachkonten möglich.

Wert	Bedeutung
02	Parameter bearbeiten
03	Parameter anzeigen
11	Vorschlag ausführen
12	Vorschlag bearbeiten
13	Vorschlag anzeigen
14	Vorschlag löschen
15	Vorschlag Zahlungsträger erstellen
21	Zahllauf ausführen
23	Zahllauf anzeigen
24	Zahllauf Zahlungsdaten löschen
25	Zahllauf Zahlungsträger erstellen
26	Zahllauf Zahlungsaufträge löschen
31	Zahlungsträger drucken manuell

Tabelle 21.11 Funktionale Berechtigungen im Zahllauf

Als minimale Berechtigungsdifferenzierung bietet sich die Unterscheidung zwischen der Vorschlagserstellung und der Zahllaufausführung oder zwischen der Ausführung und der Erstellung der Zahlungsträger an.

In Abbildung 21.12 ergibt sich durch die Verbindung organisatorischer Differenzierung (im Bild »Organisationsteil«) mit der funktionalen Differenzierung (im Bild »vorbereiten« oder »durchführen«) die Möglichkeit der »kreuzweisen« Funktionstrennung.

Benutzer A darf einen Zahllauf im Buchungskreis A anlegen und einen anderen Zahllauf im Buchungskreis B ausführen. Benutzer B darf anlegen im Buchungskreis B und ausführen im Buchungskreis A. In ähnlicher Weise kann das auch für die Kontoart genutzt werden.

Im Folgenden werden wir das eng mit dem Finanzwesen verbundene Controlling darstellen.

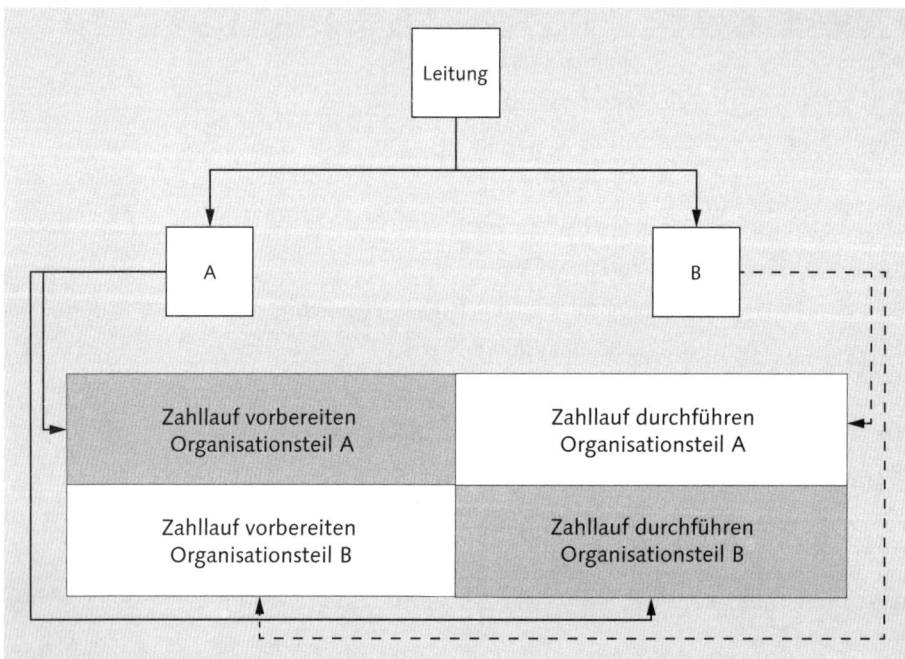

Abbildung 21.12 Funktionstrennung im Zahllauf

21.3   Berechtigungen im Controlling

Dem Controlling kommt für die Steuerung einer Organisation eine elementare Bedeutung zu, da nur mit den Methoden des Controllings eine korrekte und schnelle Darstellung der Ist-Situation, eine sinnvolle Preisgestaltung und schließlich gute Planungen möglich sind.

Die Stammdatenstrukturen des SAP-Controllings (CO) haben eine erhebliche Bedeutung für Buchungen in anderen SAP-Komponenten. Tatsächlich bucht die Finanzbuchhaltung auf Kontierungsobjekte, die zu großen Teilen originär im Controlling verortet sind. Schließlich liefert das Controlling in einigen Organisationen Berichte, die als Anlage zur Bilanz veröffentlicht werden. Für diesen Fall gelten die Anforderungen des *True-and-Fair-View-Prinzips* auch für das Controlling. Das Manipulationspotenzial im Controlling und der mögliche Schaden werden erheblich unterschätzt.

In Bezug auf die Prozessdarstellung in Kapitel 5, »Berechtigungen in der Prozesssicht«, wurden die Kostenstelle, die Leistungsart und die

Kostenart als Stammdaten eingeführt. Ergänzend gehen wir in diesem Abschnitt auf die Stammdaten Profit-Center und Auftrag ein, da beide im Controlling eine elementare Rolle spielen.

21.3.1 Organisatorische Differenzierungskriterien

Im Controlling stehen als Organisationsebenen im Standard der Kostenrechnungskreis und die Profit-Center zur Verfügung.

Da der Kostenrechnungskreis auch buchungskreisübergreifend genutzt werden kann, ist er häufig zur Differenzierung von Berechtigungen nicht geeignet. Er steht allerdings als Feld KOKRS in 45 Berechtigungsobjekten zur Verfügung. Gepflegt wird er über den IMG-Pfad UNTERNEHMENSSTRUKTUR • DEFINITION • CONTROLLING • KOSTENRECHNUNGSKREIS PFLEGEN. Die Zuordnung erfolgt über UNTERNEHMENSSTRUKTUR • ZUORDNUNG • CONTROLLING in Bezug auf den Buchungskreis oder den Ergebnisbereich.

Kostenrechnungskreis

Mit den Profit-Centern, die in eine Profit-Center-Standardhierarchie eingebunden sind, stehen differenzierte aufbauorganisatorische Elemente zur Differenzierung über Organisationsebenen zur Verfügung.

Eine detaillierte aufbauorganisatorische Darstellung des Unternehmens ist ebenfalls über die Kostenstellenhierarchie möglich. Die Kostenstelle ist im Standard allerdings keine Organisationsebene.

In Kapitel 8, »Rollenzuordnung über das Organisationsmanagement«, haben wir das Organisationsmanagement (OM) von SAP ERP HCM (Human Capital Management) erläutert. Auch das OM haben wir als eine aufbauorganisatorische Struktur dargestellt. Somit stehen drei Darstellungen der Aufbauorganisation zur Verfügung, die in vielen Organisationen auch genutzt werden: Kostenstellenstandardhierarchie, Profit-Center-Hierarchie und OM. Mithilfe der Unternehmensorganisation werden diese drei Strukturen kombiniert und einer gemeinsamen Pflege zugeführt. Aus Sicht des betriebswirtschaftlichen Berechtigungskonzepts ist auf diese Weise eine sehr einheitliche Definition aufbauorganisatorischer Merkmale übergreifend möglich.

Unternehmensorganisation

Im nächsten Abschnitt werden wir auf die Stammdaten eingehen.

21.3.2 Stammdatenpflege

Kostenart Eine Kostenart entspricht als Primärkostenart einem Konto der Buchhaltung und als Sekundärkostenart einem controllinginternen »Konto« zur Verrechnung von Kosten, die im Controlling ausgewiesen werden. Sekundäre Kosten entstehen z. B. durch die Verrechnung von Leistungen oder durch Umlagen. Kostenarten werden über die Transaktionen KA01 (Kostenart anlegen), KA02 (Kostenart ändern) und KA06 (Kostenart sekundär: anlegen) gepflegt.

Das Feld KSTAR (Kostenart) ist in den in Tabelle 21.12 dargestellten Berechtigungsobjekten enthalten.

Objekt	Beschreibung	Feld	Beschreibung
K_PCA	EC-PCA: Verantwortungsbereich Profit-Center	CO_ACTION	Aktionen der Berechtigungsprüfung CO-OM
		KSTAR	Kostenart
		RESPAREA	Verantwortungsbereich
K_PCAR_REP	EC-PCA: Summen- und Einzelpostenberichte	ACTVT	Aktivität
		BUKRS	Buchungskreis
		KSTAR	Kostenart
		PRCTR	Profit-Center
K_REPO_CCA	CO-CCA: Reporting auf Kostenstellen/ Kostenarten	ACTVT	Aktivität
		KOKRS	Kostenrechnungskreis
		KOSTL	Kostenstelle
		KSTAR	Kostenart
K_REPO_OPA	CO-CCA: Kostenartenstamm	ACTVT	Aktivität
		AUFART	Auftragsart
		KOKRS	Kostenrechnungskreis
		KSTAR	Kostenart
K_ABC	CO-ABC: Allgemeines Berechtigungsobjekt Geschäftsprozesse	AUTHAREA	Berechtigungsbereich für Geschäftsprozesse
		CO_ACTION	Aktionen der Berechtigungsprüfung CO-OM
		KSTAR	Kostenart

Tabelle 21.12 Kostenart in Berechtigungsobjekten

Objekt	Beschreibung	Feld	Beschreibung
K_CCA	CO-CCA: Allgemeines Berechtigungsobjekt für Kostenstellenrechnung	CO_ACTION	Aktionen der Berechtigungsprüfung CO-OM
		KSTAR	Kostenart
		RESPAREA	Verantwortungsbereich
K_CSKB_PLA	CO-CCA: Kostenartenplanung	ACTVT	Aktivität
		KOKRS	Kostenrechnungskreis
		KSTAR	Kostenart
K_ORDER	CO-OPA: Allgemeines Berechtigungsobjekt für Innenaufträge	AUFART	Auftragsart
		AUTHPHASE	Berechtigung Innenauftrag: Berechtigungsphase
		CO_ACTION	Aktionen der Berechtigungsprüfung CO-OM
		KSTAR	Kostenart
		RESPAREA	Verantwortungsbereich

Tabelle 21.12 Kostenart in Berechtigungsobjekten (Forts.)

Kostenarten werden bei Buchungen, Planungen und Auswertungen benötigt. In Bezug auf die Planung muss festgelegt werden, welche Kostenarten durch eine Person geplant werden dürfen, bei der Auswertung, wer welche Kosten sehen darf. Wenn ein Unternehmen z. B. die Reisekosten vertraulich halten will, ist es nicht nur erforderlich, das entsprechende Konto in der Finanzbuchhaltung zu schützen, darüber hinaus muss auch die Kostenart geschützt werden.

Eine Kostenstelle ist eine organisatorische Einheit innerhalb eines Kostenrechnungskreises, die einen eindeutig abgegrenzten Ort der Kostenentstehung darstellt. Aus der Einleitung dieses Abschnitts wurde bereits deutlich, dass die Kostenstellen eine Abbildung der Aufbauorganisation sind (genau genommen sein können, es gibt zumindest in der betriebswirtschaftlichen Literatur auch andere Modelle). Die Kostenstelle wird in der Kostenstellenstandardhierarchie einem Standardhierarchieknoten zugeordnet. Kostenstellen werden entweder über die Transaktionen KS01 (Kostenstelle anlegen) und KS02 (Kostenstelle ändern) oder über die Transaktion OKEON (Kostenstellenstandardhierarchie ändern) unmittelbar in der Kostenstellenstandardhierarchie gepflegt.

Kostenstelle

Abbildung 21.13 zeigt einen Ausschnitt aus der Kostenstellenstandardhierarchie. Die mit ❶ gekennzeichneten Elemente sind Knoten oder Hierarchiebereiche. Das mit ❷ gekennzeichnete Element ist die Kostenstelle.

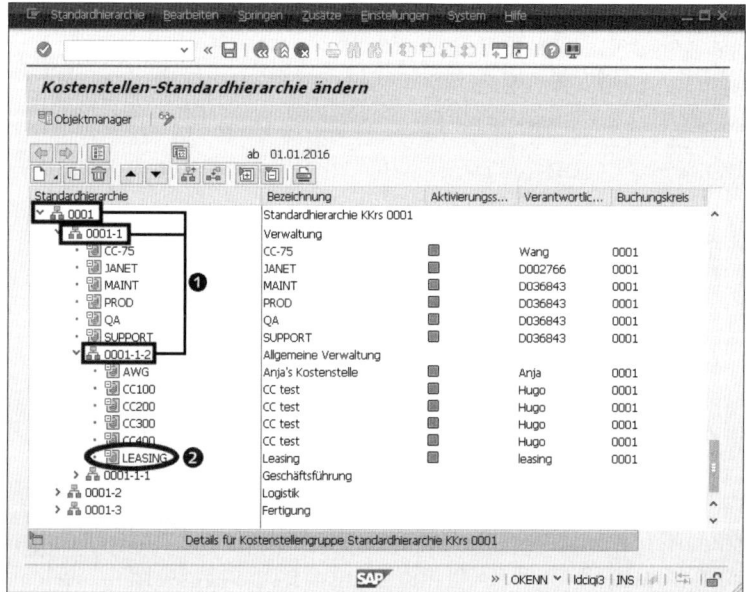

Abbildung 21.13 Kostenstellenstandardhierarchie

Ein Knoten in der Kostenstellenstandardhierarchie ist aus Sicht von Berechtigungen ein Hierarchiebereich. Für das Controlling ist ein Knoten in der Kostenstellenstandardhierarchie gleichzeitig eine Kostenstellengruppe.

Eine Kostenstellengruppe hingegen kann auch zusätzlich zur Standardhierarchie angelegt werden über die Transaktion KSH1 (Kostenstellengruppe anlegen). Das heißt, eine Kostenstelle kann zusätzlich zu ihrer Gruppenzugehörigkeit in der Standardhierarchie beliebig vielen weiteren Gruppen zugeordnet sein (siehe Tabelle 21.13).

Kostenstelle	Standardhierarchieknoten	Kostenstellengruppe 1	Kostenstellengruppe 2
2-2200	H2200	Planung-H2	Unkritische KS
2-2300	H2200	Planung-H2	Unkritische KS
2-2400	H2200	Planung-H2	Kritische KS

Tabelle 21.13 Zuordnung von Kostenstellen zu Knoten und Gruppen

Diese Zuordnungsmöglichkeiten können im betriebswirtschaftlichen Berechtigungskonzept zur Differenzierung des Zugriffs auf Kostenstellen genutzt werden.

Der Zugriff auf Kostenstellen wird unter Nutzung des Feldes KOSTL (Kostenstelle) über die Berechtigungsobjekte gesteuert. In Tabelle 21.14 verzichten wir auf eine Darstellung der im Berechtigungsobjekt enthaltenen Felder.

Berechtigungsobjekt	Beschreibung
A_S_KOSTL	Anlagen-Stammpflege: Buchungskreis/ Kostenstelle
F_TRAVL	Reiseplanung
F_TRAVL_TG	Trennungsgeld
F_TRAVL_TP	Pflege der Trennungsgeldperioden
I_KOSTL	PM: Kostenstellen
K_CSKS	CO-CCA: Kostenstellenstamm
K_CSKS_BUD	CO-CCA: Kostenstellenetatplanung
K_CSKS_PLA	CO-CCA: Kostenstellenplanung
K_FCO	CO-PC: Fehlerkostenabwicklung
K_REPO_CCA	CO-CCA: Reporting auf Kostenstellen/ Kostenarten
P_CATSXT	HR: Arbeitszeitblatt für Dienstleister Typ/ Stufenprüfung
P_DRL_COST	P_DRL_COST
P_TRAVL	Reiseabrechnung

Tabelle 21.14 Berechtigungsobjekte mit Feld KOSTL

Zusätzlich wird der Zugriff über das Feld RESPAREA (Verantwortungsbereich) geschützt.

Der Verantwortungsbereich wurde mit dem R/3-Release 4.0 erstmalig eingeführt und dient der Gruppierung von Zugriffsrechten auf mehrere enthaltene Objekte, also z. B. mehrere Kostenstellen. Für diese Gruppierung die bestehende Kostenstellenstandardhierarchie zu nutzen ist unmittelbar einleuchtend. Der Zugriff eines Benutzers in der Organisation kann somit über die Struktur der Organisation selbst kontrolliert werden, natürlich nur dort, wo dieses Konzept greift. Das gesamte Konzept wird in SAP-Hinweis 370082 erläutert.

Verantwortungs-
bereich

Der Verantwortungsbereich findet in weiteren Berechtigungsobjekten Verwendung und kann jeweils unterschiedlich mit Werten gefüllt werden. In den in Tabelle 21.15 aufgeführten Objekten ist das Feld RESPAREA (Verantwortungsbereich) enthalten.

Objekt	Beschreibung	Feld	Beschreibung
A_IMA_REQU		RESPAREA	Verantwortungsbereich
		CO_ACTION	Aktionen der Berechtigungsprüfung CO-OM
A_IMA_RESP		RESPAREA	Verantwortungsbereich
		CO_ACTION	Aktionen der Berechtigungsprüfung CO-OM
K_PCA	EC-PCA: Verantwortungsbereich Profit-Center	CO_ACTION	Aktionen der Berechtigungsprüfung CO-OM
		KSTAR	Kostenart
		RESPAREA	Verantwortungsbereich
		KSTAR	Kostenart
K_CCA	CO-CCA: Allg. Berechtigungsobjekt für Kostenstellenrechnung	CO_ACTION	Aktionen der Berechtigungsprüfung CO-OM
		KSTAR	Kostenart
		RESPAREA	Verantwortungsbereich
K_ORDER	CO-OPA: Allgemeines Berechtigungsobjekt für Innenaufträge	AUFART	Auftragsart
		AUTHPHASE	Berechtigung Innenauftrag: Berechtigungsphase
		CO_ACTION	Aktionen der Berechtigungsprüfung CO-OM
		KSTAR	Kostenart
		RESPAREA	Verantwortungsbereich

Tabelle 21.15 Berechtigungsobjekte mit Feld RESPAREA

In der Profit-Center-Rechnung wird z. B. natürlich nicht über die Kostenstelle, sondern über das Profit-Center differenziert. Auch dies wird im Feld RESPAREA erledigt.

Wir haben Ihnen das Feld RESPAREA in Abschnitt 7.8.3, »Anhebung des Verantwortungsbereichs zur Organisationsebene«, bereits in Bezug auf Kostenstellen für die Verwendung als kundeneigene Organisationsebene vorgestellt. In Bezug auf die Kostenstellen-, Innenauftrags- und Profit-Center-Rechnung stehen Ihnen über den Verantwortungsbereich die in Tabelle 21.16 dargestellten Attribute zur Verfügung.

Attribut	K_CCA	K_ORDER	K_PCA
Kostenstelle	X	X	
Kostenstellengruppe	X		
Kostenstellenstandard-hierarchieknoten	X	X	
Auftrag		X	
Profit-Center			X
Profit-Center-Knoten			X

Tabelle 21.16 Attribute des Feldes RESPAREA je Objekt

Für die Kostenstellenrechnung stellen wir zunächst einmal das Feld RESPAREA im Berechtigungsobjekt K_CCA (CO-CCA: Allg. Berechtigungsobjekt für Kostenstellenrechnung) weiter dar.

Die Berechtigung zum Datenzugriff kann also auf Kostenstellen, Kostenstellenstandardhierarchieknoten und Kostenstellengruppen definiert werden. Dabei hat zunächst der Kostenstellenstandardhierarchieknoten die Besonderheit, dass die Berechtigungen vererbt werden, d. h., ein Benutzer, der Zugriff auf einen Knoten bekommt, hat Zugriff auf alle darunterliegenden Knoten und Kostenstellen. Das ist für die Kostenstellengruppe nicht der Fall, durch die Kostenstellengruppe wird lediglich der Zugriff auf die Kostenstellengruppe selbst, nicht aber auf die enthaltenen Kostenstellen gewährleistet.

Sofern alternative Hierarchien für das Vererbungsprinzip genutzt werden sollen, ist es ab R/3-Release 4.7 möglich, bis zu drei alternative Hierarchien (Standardhierarchie und zwei weitere Gruppierungen) zu definieren, deren Knoten dann in der Feldausprägung unter Berechtigungshierarchie eingetragen werden. Das gesamte Konzept wird in SAP-Hinweis 370082 erläutert.

Um alternative Hierarchien zu nutzen, müssen diese als Kostenstellengruppe angelegt sein und anschließend in der Transaktion OKKP (Sicht Komponenten aktivieren/Steuerungskennzeichen ändern) eingetragen werden. Die Bereiche, in denen die alternativen Hierarchien eingetragen werden, zeigt Abbildung 21.14. Im Bereich ❶ pflegen Sie alternative Kostenstellenhierarchien, im Bereich ❷ alternative Hierarchien für Profit-Center.

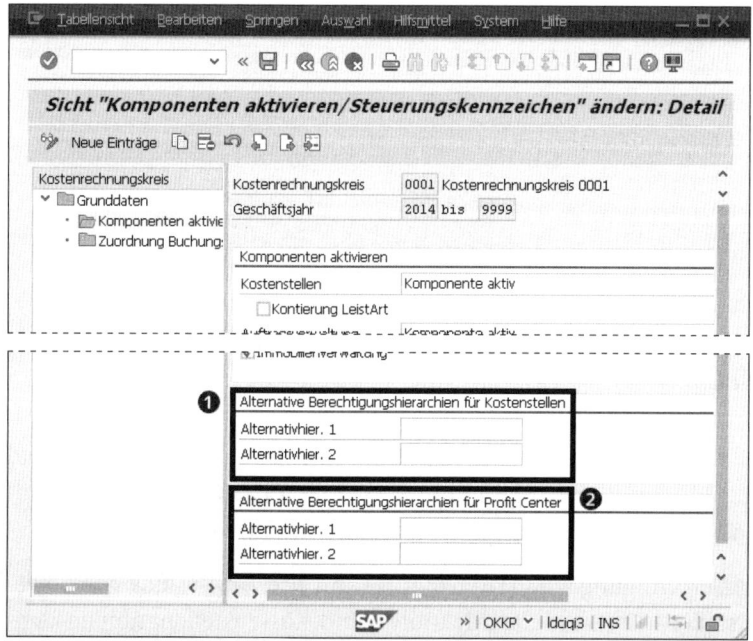

Abbildung 21.14 Pflege alternativer Hierarchien

Alternative Hierarchien für kritische Kostenstellen

Die in Tabelle 21.13 dargestellte Zuordnung von Kostenstellen zu den Gruppen *kritische Kostenstellen* und *unkritische Kostenstellen* ist eine tatsächliche Verwendung dieses Prinzips bei einem Kunden.

Die Geschäftsleitung forderte, den Zugriff zwischen kritischen und unkritischen Kostenstellen auseinanderzuführen, zu diesem Zweck wurde eine alternative Hierarchie eingeführt und in den Rollen entsprechend ausgeprägt.

Profit-Center | Das Profit-Center ist ein Objekt, das ebenso wie die Kostenstelle in eine Hierarchie eingebunden ist. Die Hierarchiepflege ist mit der Transaktion KCH5N (EC-PCA: Standardhierarchie ändern), die Einzelpflege mit der Transaktion KE51 (Profit-Center anlegen) oder der Transaktion KE52 (Profit-Center ändern) möglich. Das Profit-Center dient dazu, Kosten, die auf kleineren Kontierungsobjekten zugeordnet wurden, zu konsolidieren, um sie für einen sinnvollen Bereich ausweisen zu können. Häufig sind mehrere Kostenstellen einem Profit-Center zugeordnet.

Das Profit-Center ist über das Feld PRCTR als Organisationsebene nutzbar. Das Feld PRCTR ist in den in Tabelle 21.17 dargestellten Objekten enthalten. Dort verzichten wir auf die Darstellung der in den Objekten enthaltenen Felder.

Berechtigungsobjekt	Beschreibung
A_IMPR_PRC	Profit-Center für Investitionsprogrammpositionen
C_PROJ_PRC	PS: Profit-Center für Projektdefinition
C_PRPS_PRC	PS: Profit-Center für PSP-Elemente
J_DI_PNV01	Leistungsmeldung
K_PCAR_REP	EC-PCA: Summen- und Einzelpostenberichte
K_WIP_PC	CO-PC-OBJ: WIP- und Ergebnisermittlung

Tabelle 21.17 Berechtigungsobjekte, die das Feld PRCTR enthalten

Das Profit-Center wird auch über das Feld RESPAREA im Berechtigungsobjekt EC-PCA – K_PCA (Verantwortungsbereich Profit-Center) – verwendet.

Im Verantwortungsbereich können Profit-Center und Profit-Center-Knoten eingetragen werden (siehe Tabelle 21.16). Auch alternative Hierarchien können genutzt werden, wie dies sinngemäß zur Kostenstelle bereits beschrieben wurde.

Auftrag/ Innenauftrag

Der Innenauftrag ist ein Kostensammler (Kontierungsobjekt), um Kosten für spezielle Nachweise oder Aufgaben sammeln zu können. Dem Auftrag ist eine verantwortliche Kostenstelle zugeordnet, die in der Berechtigungssteuerung über das Berechtigungsobjekt K_ORDER im Verantwortungsbereich genutzt werden kann. Kosten auf Innenaufträge können periodisch oder beim Abschluss des Innenauftrags verrechnet werden. Der Innenauftrag wird durch die Auftragsart definiert und in verschiedenen Phasen abgewickelt.

Aufträge werden über das Feld AUART (Auftragsart) und den Verantwortungsbereich, Feld RESPAREA (Verantwortungsbereich), geschützt.

Tabelle 21.18 zeigt die Berechtigungsobjekte, die das Feld AUART enthalten. Auch hier verzichten wir auf die Darstellung der in den Objekten enthaltenen Felder.

Berechtigungsobjekt	Beschreibung
C_AFKO_AWA	CIM: Berechtigungen zu Auftrag/Auftragsart/Werk/Aktivität
C_AFKO_AWK	CIM: Werk zur Auftragsart des Auftrags
C_AFRU_AWK	CIM: Rückmeldung
I_AER	Auftragsnacherfassung
I_AUART	PM: Auftragsart
I_ILOA	Änderung Standort- u. Kontierungsdaten im Auftrag
I_VORG_ORD	PM: Betriebswirtschaftlicher Vorgang Aufträge
K_AUFK_ART	CO-OPA: Auftragsarten
K_ORDER	CO-OPA: Allgemeines Berechtigungsobjekt für Innenaufträge
K_REPO_OPA	CO-OPA: Reporting auf Aufträgen
P_DRL_COST	P_DRL_COST

Tabelle 21.18 Berechtigungsobjekte mit dem Feld AUART

Die in CO definierte Auftragsart spielt auch in anderen Applikationen wie der SAP-Instandhaltung (PM) eine Rolle und wird deswegen auch in Berechtigungsobjekten verwendet, die nicht zu CO gehören.

Das Feld RESPAREA ist im Berechtigungsobjekt CO-OPA (Allgemeines Berechtigungsobjekt für Innenaufträge) – K_ORDER – enthalten. Die mögliche Ausprägung zeigt Tabelle 21.16. Es kann also nach Kostenstelle, Kostenstellenstandardhierarchieknoten und Auftrag unterschieden werden.

Leistungsart Eine Leistungsart ist die Definition einer Leistung, die Kostenstellen erbringen können. Sie wird in Bezug auf eine sekundäre Kostenart angelegt. Es wird festgelegt, ob sie für die manuelle Leistungsverrechnung oder für die indirekte Erfassung bestimmt ist. Eine Leistungsart kann z. B. die CPU-Zeit (*Central Processing Unit*) sein, also wie viel Prozessorleistung eines Großrechners an ein anderes Kontierungsobjekt abgegeben wurde. Eine andere Leistungsart können Ingenieursstunden oder andere Leistungen sein, die eine Person erbringt. Die Verrechnung der Leistungsart ist indirekt über die Kostenart geschützt. Im nächsten Abschnitt stellen wir CO-Buchungen dar.

21.3.3 Buchungen

Um die Kostenentstehung und Leistungserbringung in einer Organisation angemessen abbilden zu können, gibt es im Controlling eine Vielzahl von Buchungstechniken für primäre und sekundäre Kosten. Zunächst werden die Buchungen aus der Buchhaltung als primäre Kosten auf den Kontierungsobjekten des Controllings ausgewiesen. Diese Kosten können in verschiedenen Buchungstechniken umgebucht, verrechnet, umgelegt etc. werden. Die erbrachten Leistungen z. B. einer Kostenstelle werden ebenfalls verrechnet (siehe Abbildung 21.15).

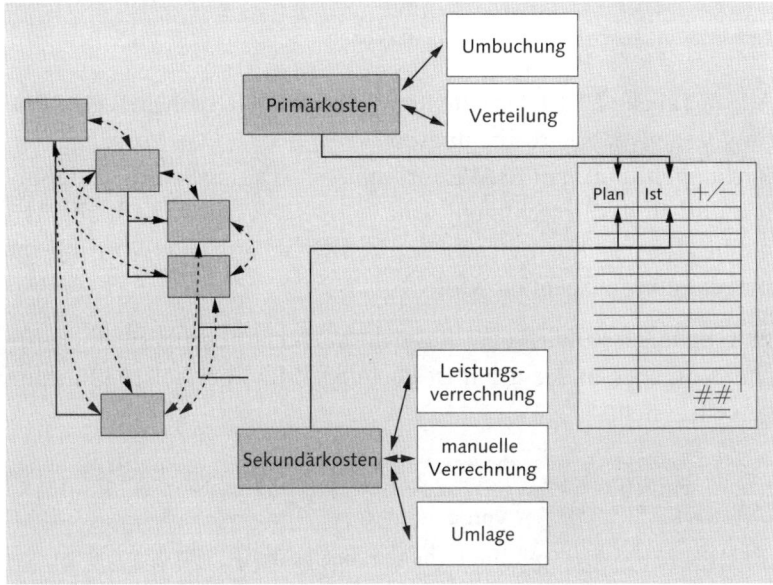

Abbildung 21.15 Buchungen und Verrechnungen im Controlling

Kosten und Leistungen werden den Planzahlen gegenübergestellt, die mit ähnlichen Buchungstechniken erzeugt werden. Tabelle 21.19 enthält eine Auswahl buchender Transaktionen im Controlling.

Kosten und Leistungen

Transaktion	Beschreibung
KB11N	Manuelle Umbuchung – Kosten erfassen
KB15N	Manuelle Verrechnung erfassen
KB21N	Direkte Leistungsver. erfassen
KB27	ILV erfassen – periodenfremd

Tabelle 21.19 Auswahl buchender Transaktionen im Controlling

Transaktion	Beschreibung
KB31N	Statistische Kennzahlen erfassen
KB41N	Manuelle Umbuchung – Erlöse erfassen
KB51N	Senderleistungen erfassen
KB61	Umbuchung CO-Einzelposten erfassen
KB65	Umbuchung ILV erfassen
KSC5	Indirekte Leistungsverrechnung
KSI4	Zuschläge Ist
KSU5	Umlage
KSV5	Verteilung

Tabelle 21.19 Auswahl buchender Transaktionen im Controlling (Forts.)

Alle in Tabelle 21.19 dargestellten Transaktionen enthalten eine Prüfung gegen das Berechtigungsobjekt K_VRGNG (CO: Vorgänge, Ist-Buchungen und Plan-/Ist-Verrechnungen). Dieses Berechtigungsobjekt enthält das Berechtigungsfeld CO_VRGNG (Vorgang CO), über das definiert wird, für welchen betriebswirtschaftlichen Vorgang die Berechtigung ausgeprägt wird.

In Tabelle 21.20 wird eine Auswahl möglicher betriebswirtschaftlicher Vorgänge in Bezug auf Ist-Buchungen und periodische Buchungen dargestellt.

Transaktion	Beschreibung
Feldwert	**Vorgang**
RKU1	Umbuchung Primärkosten
RKU2	Umbuchung Erlöse
RKU3	Umbuchung Einzelposten
RKL	Leistungsverrechnung (inkl. deren Umbuchung)
RKN	nicht verrechenbare Leistungen
KAMV	Manuelle Verrechnungen
RKS	Erfassen statistische Kennzahlen
Periodische Buchungen	
Feldwert	**Vorgang**
RKIB	Periodische Umbuchungen
RKPB	Periodische Umbuchung im Plan

Tabelle 21.20 Auswahl möglicher betriebswirtschaftlicher Vorgänge in CO

Periodische Buchungen	
RKIL	Indirekte Ist-Leistungsverrechnung
RKPL	Indirekte Planleistungsverrechnung
RKIV	Ist-Verteilung
RKPV	Planverteilung
RKIU	Ist-Umlage
RKPU	Planumlage

Tabelle 21.20 Auswahl möglicher betriebswirtschaftlicher Vorgänge in CO (Forts.)

Die buchenden Transaktionen des Controllings müssen einer kleinen Zahl von Benutzern vorbehalten bleiben. Sie müssen auf die gewünschten betriebswirtschaftlichen Vorgänge und gegebenenfalls Kontierungsobjekte eingeschränkt werden.

Ist-Buchungen aus anderen Applikationen werden zunächst einmal nicht gegen die Kontierungsobjekte verprobt. Um eine derartige Verprobung zu ermöglichen, müssten die Controlling-Berechtigungen wesentlich umfassender auch für Vorgänge außerhalb des Controllings vergeben werden. Dies würde entweder zu erheblichem Pflegeaufwand oder zu unscharfen Berechtigungen führen. Diese Default-Einstellungen können Sie durch Implementierung des SAP-Hinweises 1290486 – »Berechtigungsverprobung in Validierung im CO-Interface« ändern.

Ist-Buchungen aus anderen Applikationen

Ferner besteht generell die Möglichkeit, im Controlling Validierungen einzusetzen, um Kostenstellenverprobungen zu ermöglichen. Validierungen können Sie unter IMG • CONTROLLING • CONTROLLING ALLGEMEIN • KONTIERUNGSLOGIK • VALIDIERUNG DEFINIEREN einrichten. Eine Validierung ist eine Prüfung, ob bestimmte Bedingungen – die Sie in einer Validierung definieren – erfüllt sind. Validierungen sind nur für Ist-Buchungen vorgesehen. In folgenden Vorgängen sind Validierungen nur teilweise möglich (auszugsweise Darstellung):

Ist-Buchungen im CO

- ▸ Umlage, Verteilung, Periodische Umbuchung, Indirekte Leistungsverrechnung
- ▸ Auftragsabrechnung
- ▸ Umbuchung Kosten
- ▸ Umbuchung Erlöse

- Umbuchung Einzelposten
- Leistungsverrechnung
- Statistische Kennzahlen

Zusätzlich zur Validierung steht Ihnen noch die in SAP-Hinweis 625873 – »KSA3/KSA8: Verprobung auf Berechtigungsobjekt K_CCA« beschriebene Lösung für die Transaktionen KSA3 (Kostenstellen-Abgrenzung Ist) und KSA8 (Kostenstellen-Abgrenzung Plan) zur Verfügung.

21.3.4 Altes und neues Berechtigungskonzept im Controlling

Obwohl das eine irreführende historische Betrachtung ist, wird immer noch vom neuen Berechtigungskonzept in CO gesprochen. Gemeint ist damit eine Ergänzung, die im R/3-Release 4.0 vorgenommen wurde. Dabei geht es um die Berechtigungsobjekte, die den Verantwortungsbereich – RESPAREA – enthalten (siehe Tabelle 21.15). Diese stehen technisch zusätzlich zur Differenzierung zur Verfügung und ermöglichen es somit, die »alten« Berechtigungsobjekte generisch auszuprägen.

Der Vorteil des »neuen« Konzepts ist einerseits die Einführung des Verantwortungsbereichs und andererseits die Vereinheitlichung der Zugriffsrechte. Details in Bezug auf das Reporting können Sie SAP-Hinweis 15211 (CO-Standardberichte: Berechtigungskonzept) entnehmen.

Im nächsten Abschnitt wenden wir uns den Berechtigungen der Logistik zu und verlassen die Unterstützungsprozesse.

21.4 Berechtigungen in der Logistik (allgemein)

Die Prozesse der Logistik sind in den meisten Fällen Kerngeschäftsprozesse – sie fangen beim Lieferanten an (Bestellung) und enden beim Kunden (Lieferung). Aus Sicht des Internen Kontrollsystems (IKS) sind sie von Interesse, weil Verträge mit Dritten eingegangen werden und unterschiedliche Möglichkeiten der schädlichen Manipulation bestehen.

21.4.1 Organisatorische Differenzierungskriterien

In Abschnitt 3.8.3, »Relevante Organisationsebenen in der Materialwirtschaft«, bis Abschnitt 3.8.5, »Relevante Organisationsebenen in
der Lagerverwaltung«, sind wir bereits auf Organisationsebenen der
Logistik eingegangen. Dort haben wir folgende Organisationsebenen
der Logistik eingeführt:

Das Werk ist die zentrale Organisationsebene der Logistik. Ein Werk
ist immer einem Buchungskreis zugeordnet, allerdings können einem
Buchungskreis mehrere Werke zugeordnet werden. Darüber hinaus
werden Werke mit anderen organisatorischen Objekten (meistens Organisationsebenen) verbunden: Lagerort, Sparte, Geschäftsbereich,
Verkaufsorganisation, Vertriebsweg, Versandstelle. Werke werden
unter IMG • UNTERNEHMENSSTRUKTUR • DEFINITION • LOGISTIK ALLGE-
MEIN • WERK DEFINIEREN, KOPIEREN, LÖSCHEN, PRÜFEN angelegt und
überprüft.

Werk

Die Einkaufsorganisation ist das zentrale organisatorische Differenzierungskriterium des Einkaufs und somit u. a. erforderlich für die
Abwicklung von Anfragen und Bestellungen. Eine Einkaufsorganisation kann einem, mehreren oder keinem Buchungskreis zugeordnet
sein und durch Einkäufergruppen weiter gegliedert werden. Die Einkaufsorganisation wird angelegt und geprüft unter IMG • UNTERNEH-
MENSSTRUKTUR • DEFINITION • MATERIALWIRTSCHAFT • EINKAUFSORGA-
NISATION PFLEGEN.

*Einkaufs-
organisation*

Einkäufergruppen bestehen aus einem oder mehreren Mitarbeitern,
die für die Beschaffung bestimmter Materialien oder Dienstleistungen verantwortlich sind. Einkäufergruppen werden definiert unter
IMG • MATERIALWIRTSCHAFT • EINKAUF • EINKÄUFERGRUPPE ANLEGEN.
Erfasst werden in Bezug auf einen dreistelligen Schlüssel für die Einkäufergruppe die Mitarbeiter dieser Gruppe.

Einkäufergruppe

Die Verkaufsorganisation ist das wesentliche Differenzierungskriterium des Vertriebs. Sie ist der verantwortliche Bereich für den
Absatz von Waren und Dienstleistungen. Der Verkaufsorganisation
können Verkaufsbüros zugeordnet werden. Die Verkaufsorganisation wird angelegt und geprüft unter IMG • UNTERNEHMENSSTRUKTUR
• DEFINITION • VERTRIEB • VERKAUFSORGANISATION DEFINIEREN, KOPIE-
REN, LÖSCHEN, PRÜFEN.

*Verkaufs-
organisation*

Verkäufergruppen sind das Pendant im Vertrieb zu den Einkäufergruppen im Einkauf. Entsprechend werden auch hier die dreistelli-

Verkäufergruppe

gen Schlüssel für eine Verkäufergruppe den Mitarbeitern zugeordnet. Unter IMG • UNTERNEHMENSSTRUKTUR • DEFINITION • VERTRIEB • VERKÄUFERGRUPPE PFLEGEN werden Verkäufergruppen gepflegt und geprüft.

Vertriebsweg Vertriebswege können einer oder mehreren Verkaufsorganisationen zugeordnet sein. Sie definieren die Lieferwege zum Kunden. Der Pfad ist IMG • UNTERNEHMENSSTRUKTUR • DEFINITION • VERTRIEB • VERTRIEBSWEG DEFINIEREN, KOPIEREN, LÖSCHEN, PRÜFEN.

Sparte Die Sparte ist eine Organisationseinheit des Vertriebs und wird genutzt, um die Geschäftsbereichskontierung für logistische Vorgänge in der Finanzbuchhaltung vorzunehmen. Sie wird unter IMG • UNTERNEHMENSSTRUKTUR • DEFINITION • LOGISTIK ALLGEMEIN • SPARTE DEFINIEREN, KOPIEREN, LÖSCHEN, PRÜFEN angelegt und überprüft.

Lagerort Der Lagerort ist innerhalb eines Werks der Ort der tatsächlichen Aufbewahrung des Bestands. Überprüft und angelegt wird der Lagerort unter IMG • UNTERNEHMENSSTRUKTUR • DEFINITION • MATERIALWIRTSCHAFT • LAGERORT PFLEGEN.

Zuordnung der Organisationsebenen Einige Organisationsebenen müssen anderen zugeordnet werden. Dies müssen Sie unter IMG • UNTERNEHMENSSTRUKTUR • ZUORDNUNG • LOGISTIK ALLGEMEIN oder VERTRIEB, MATERIALWIRTSCHAFT je möglicher Kombination in der Logistik ausführen und überprüfen.

21.4.2 Materialstamm/Materialart

Der Materialstamm ist ein Stammdatum, das von unterschiedlichen Applikationen innerhalb von SAP ERP verwendet wird. Unter anderem sind das der Einkauf, der Vertrieb, die Finanzbuchhaltung, das Controlling und die Instandhaltung.

Der Materialstammsatz enthält sämtliche Informationen aller Artikel und Teile, die ein Unternehmen beschafft, fertigt oder vorhält. Damit stellt der Materialstamm die Quelle zur Abfrage aller materialspezifischen Informationen dar. Die Datensätze werden zusammenhängend vorgehalten und können von allen beteiligten Fachabteilungen gemeinsam genutzt werden.

Ein Materialstammsatz beinhaltet unterschiedliche Informationen aus den diversen Bereichen (teilweise nach Wagener, 2004):

- Buchhaltung (z. B. Bewertungsinformationen)
- Disposition (z. B. Meldebestand)
- Einkauf (z. B. zuständige Einkäufergruppe)
- Konstruktion (z. B. Konstruktionsdaten)
- Lagerung (z. B. Verpackungsmaße)
- Prognose (z. B. zum Bedarf)
- Vertrieb (z. B. Verkaufspreis)

Ein Beispiel für die Verwendung des Materialstamms finden Sie in Abschnitt 21.5.2, »Beschaffungsabwicklung«. Der Materialstamm wird in Bezug auf eine Materialart und diverse Organisationsebenen angelegt. Die Materialart steuert die Ausprägung des Materialstamms. Die Materialart definieren Sie über den folgenden Pfad im Referenz-IMG: IMG • LOGISTIK ALLGEMEIN • MATERIALSTAMM • GRUNDEINSTELLUNGEN • MATERIALARTEN • EIGENSCHAFTEN DER MATERIALARTEN FESTLEGEN.

In Abbildung 21.16 sind für das betriebswirtschaftliche Berechtigungskonzept das Feld BERECHTIGUNGSGRUPPE, die Gruppe FACHBEREICHE und das Kennzeichen PREISSTEUERUNG VERB. (jeweils umrandet) von besonderem Interesse.

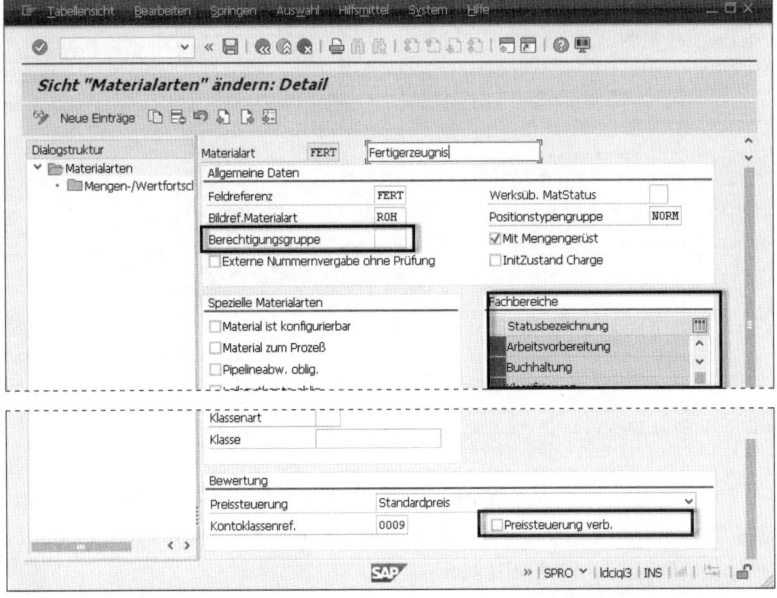

Abbildung 21.16 Definition der Materialart

Die Berechtigungsgruppe ist eine optionale Prüfung; sie bietet die Möglichkeit, alle Materialien einer Materialart gesondert zu schützen. Die Fachbereiche definieren die Sicht für die Erfassung und somit für die Verwendung des Materials. Das Kennzeichen Preissteuerung legt fest, ob das für die Materialart festgelegte Preissteuerungskennzeichen beim Anlegen oder Ändern von Materialstammsätzen als Vorschlagswert (Kennzeichen nicht gesetzt) oder als Festwert (Kennzeichen gesetzt) erscheint.

In Abbildung 21.17 wird der Zusammenhang zwischen Materialart, Material und Beleg (z. B. Einkaufsbeleg, Verkaufsbeleg, Umlagerung) im Überblick dargestellt. Die Materialart definiert die Verwendung und Aussteuerung des Materials. Sie definiert dadurch auch, in welchen Bereichen (u. a. Vertrieb, Einkauf) das Material Verwendung finden kann. Sie ist darüber hinaus ein Gruppierungsmerkmal, das im Reporting und im Controlling benötigt wird. Schließlich dient sie der Differenzierung von Berechtigungen. Das in Bezug auf eine Materialart angelegte Material füllt als Vorschlag oder verbindlich diverse Felder im Beleg.

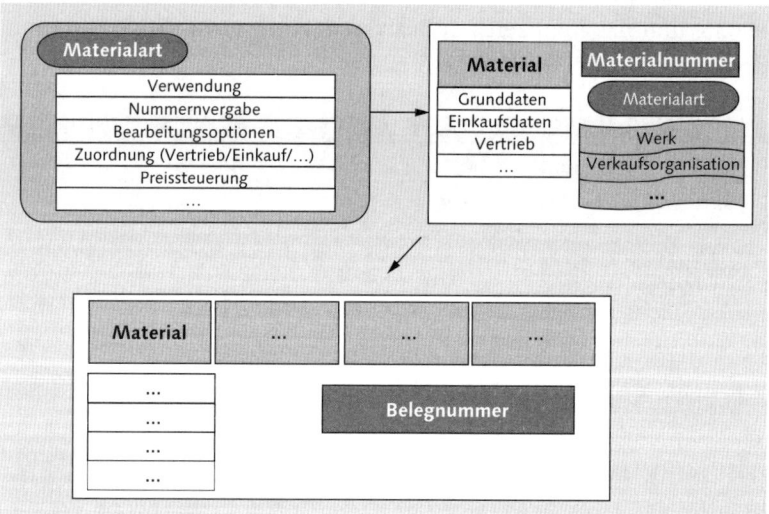

Abbildung 21.17 Verbindung von Materialart, Material und Beleg

In Tabelle 21.21 werden einige Berechtigungsobjekte, die sich auf das Material beziehen, erläutert. Die Spalte Org. kennzeichnet dabei etwaige Organisationsebenen.

Objekt	Bedeutung	Feld	Bedeutung	Org.
M_MATE_BIC	Batch Information Cockpit	BICUG	Benutzergruppe Batch Inf. Cock	
M_MATE_BUK	Aktivität per Buchungskreis	ACTVT	Aktivität	
		BUKRS	Buchungskreis	X
M_MATE_DPR	Dispositionsprofil	ACTVT	Aktivität	
M_MATE_DRV	Chargenableitung: Gesamtfreigabe/ Monitor	ACTVT	Aktivität	
M_MATE_LGN	Aktivität per Lagernummer	ACTVT	Aktivität	
		LGNUM	Lagernummer	X
M_MATE_MAF	Materialfixierung	ACTVT	Aktivität	
M_MATE_MAN	zentrale Daten	ACTVT	Aktivität	
M_MATE_MAR	Aktivität per Materialart	ACTVT	Aktivität	
		BEGRU	Berechtigungsgruppe Materialart	
M_MATE_MAT	Aktivität per Material	ACTVT	Aktivität	
		BEGRU	Berechtigungsgruppe Material	
M_MATE_PER	Rückbuchen erlauben/Perioden verschieben	AKTPR	Aktivitäten Materialver- waltungssatz/Perioden- verschieber	
		BUKRS	Buchungskreis	X
M_MATE_STA	Pflegestatus	ACTVT	Aktivität	
		STATM	Pflegestatus Material- stamm	
M_MATE_VKO	Aktivität per Verkaufsorganisati on/Vertriebsweg	ACTVT	Aktivität	
		VKORG	Verkaufsorg.	X
		VTWEG	Vertriebsweg	X
M_MATE_WGR	Aktivität per Warengruppe	ACTVT	Aktivität	
		BEGRU	Berechtigungsgruppen aus Tabelle T023 ange- ben, für die die betref- fenden Materialien bear- beitet werden dürfen	
M_MATE_WRK	Aktivität per Werk	ACTVT	Aktivität	
		WERKS	Werk	X

Tabelle 21.21 Auswahl von Berechtigungsobjekten mit Materialbezug

21.5 Berechtigungen im Einkauf

Die organisatorischen Differenzierungskriterien wurden bereits in Abschnitt 21.4.1 dargestellt. Nun wenden wir uns deshalb unmittelbar den Stammdaten zu.

21.5.1 Stammdatenpflege

In Bezug auf das Stammdatum Lieferant sind die in Abschnitt 21.2.2, »Stammdaten«, enthaltenen Ausführungen zum Kreditor hinreichend.

21.5.2 Beschaffungsabwicklung

Mögliche Abfolge Die Beschaffungsabwicklung erfolgt über mehrere Schritte und ein detailliertes Freigabeverfahren (siehe Abbildung 21.18). Eine Bestellanforderung (BANF), die eine unternehmensinterne Aufforderung zur Beschaffung eines genau spezifizierten Materials ist, wird entweder manuell oder aus einer vorgelagerten Applikation (z. B. der verbrauchsgesteuerten Disposition) angestoßen.

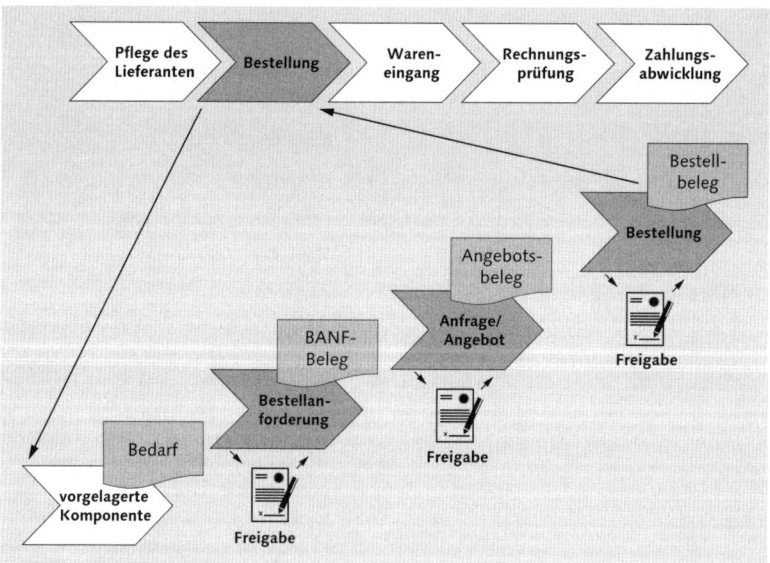

Abbildung 21.18 Beschaffungsabwicklung

Die BANF kann einem Freigabeverfahren unterworfen sein. Mit oder ohne Bezug auf eine BANF wird eine Anfrage an einen oder mehrere Lieferanten gestellt. Eingehende Angebote werden unter der gleichen Belegnummer erfasst und zur Weiterverarbeitung in der Bestellung übergeben. Auch die Anfrage kann einem Freigabeverfahren unterworfen sein. Die Bestellung wird schließlich entweder mit Bezug auf eine Anfrage, eine BANF, einen Rahmenvertrag oder freihändig ausgeführt. Auch die Bestellung kann einem Freigabeverfahren unterworfen sein.

Freigabeverfahren

Freigabeverfahren werden im Customizing festgelegt: IMG • MATERIALWIRTSCHAFT • EINKAUF • ANFRAGE/ANGEBOT • FREIGABEVERFAHREN FÜR ANFRAGEN. Gleichermaßen können Sie die Freigabeverfahren für die BANF und die Bestellung in den entsprechenden Menüpunkten des IMG anpassen. Freigabeverfahren können durch einen Workflow unterstützt werden.

Die jeweiligen Freigaben erfolgen über eigene Transaktionen und über eine eigene Aktivität im Berechtigungsobjekt. Sie können so sehr leicht im Berechtigungskonzept differenziert werden (siehe Tabelle 21.22).

Freigabetransaktionen

Transaktionscode	Bedeutung	Objekt	Bedeutung
ME28	Sammelfreigabe von Bestellungen	M_EINK_FRG	Freigabecode und -gruppe im Einkauf
		M_BEST_BSA	Belegart in Bestellung
		M_BEST_EKG	Eink.Grp. in Bestellung
		M_BEST_EKO	Eink.Org. in Bestellung
		M_BEST_WRK	Werk in Bestellung
ME29N	Bestellung freigeben	M_EINK_FRG	Freigabecode und -gruppe im Einkauf
		M_BEST_BSA	Belegart in Bestellung
		M_BEST_EKG	Eink.Grp. in Bestellung
		M_BEST_EKO	Eink.Org. in Bestellung
		M_BEST_WRK	Werk in Bestellung

Tabelle 21.22 Transaktionen und Berechtigungsobjekte im Rahmen der Freigabe im Einkauf

Transaktionscode	Bedeutung	Objekt	Bedeutung
ME45	Anfrage freigeben	M_EINK_FRG	Freigabecode und -gruppe im Einkauf
		M_ANFR_BSA	Belegart in Anfrage
		M_ANFR_EKG	Eink.Grp. in Anfrage
		M_ANFR_EKO	Eink.Org. in Anfrage
		M_ANFR_WRK	Werk in Anfrage
ME54N	Bestellanforderung freigeben	M_BANF_BSA	Belegart in BANF
		M_BANF_EKG	Eink.Grp. in BANF
		M_BANF_EKO	Eink.Org. in BANF
		M_BANF_WRK	Werk in BANF
		M_EINK_FRG	Freigabecode und -gruppe im Einkauf
ME55	Sammelfreigabe Bestellanforderungen	M_BANF_BSA	Belegart in BANF
		M_BANF_EKG	Eink.Grp. in BANF
		M_BANF_EKO	Eink.Org. in BANF
		M_BANF_FRG	Freigabecode in BANF
		M_BANF_WRK	Werk in BANF
		M_EINK_FRG	Freigabecode und -gruppe im Einkauf

Tabelle 21.22 Transaktionen und Berechtigungsobjekte im Rahmen der Freigabe im Einkauf (Forts.)

Bestellung Durch eine Bestellung wird eine rechtliche Verpflichtung einem Dritten gegenüber eingegangen. Die Bestellung wird in Bezug auf die Organisationsebenen Einkaufsorganisation, Einkäufergruppe und Werk angelegt. Ergänzend ist jede Bestellung einer Belegart zugeordnet. Wie Sie Abbildung 21.19 entnehmen können, wird die Bestellung durch Berechtigungsobjekte in Bezug auf diese Attribute ausgesteuert. Die für die Bestellung zu verwendenden Transaktionen sind ME21N (Bestellung anlegen), ME22N (Bestellung ändern) und ME23N (Bestellung anzeigen).

In SAP-Hinweis 751129 (Berechtigungen in Enjoy-Transaktionen im Einkauf) wird empfohlen, diese Transaktionen komplett an den Benutzer zu vergeben und die Aussteuerung dann lediglich über die Ausprägung des Feldes Aktivität in den Berechtigungsobjekten zu unterscheiden. Wir tendieren meistens dazu, diesen Hinweis zu übergehen. Stattdessen schlagen wir vor, die Transaktionen in der Profilvorschlagtabelle (siehe Abschnitt 7.1, »Pflege und Nutzung der Vorschläge für den Profilgenerator«) in Bezug auf die Aktivitäten eindeutig zu unterscheiden und dies auch in den Rollen entsprechend umzusetzen.

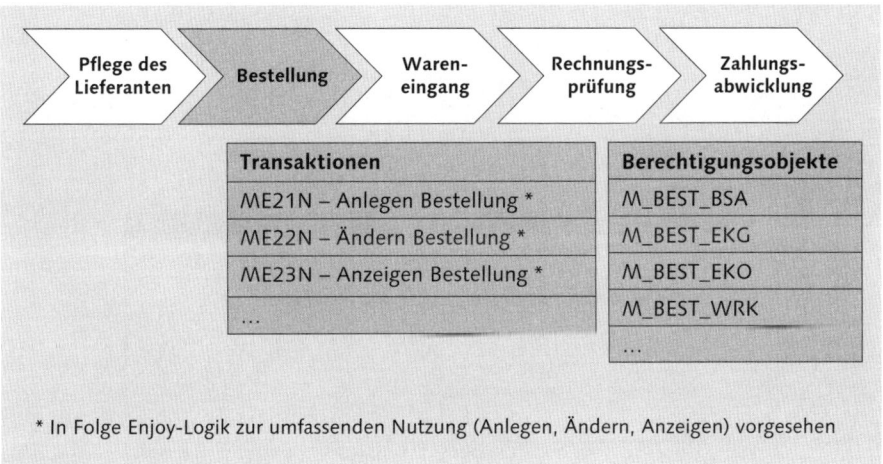

Abbildung 21.19 Beschaffungsabwicklung: Bestellung

Die Bestellung und auch andere Einkaufsbelege werden durch die Einkaufsbelegart gesteuert. Für Berechtigungen und Risikodefinitionen ist ein gewisses Verständnis der Belegarten unerlässlich, da diese nicht nur in den Einkaufsbelegen definieren, welche Daten zu erfassen und zu ändern sind, sondern auch weil die Belegart ein wesentliches Unterscheidungsmerkmal in den Berechtigungen ist.

Einkaufsbelegart

Zunächst muss der gewünschte Bildaufbau auf Belegebene definiert werden (siehe Abbildung 21.20). Die Einstellung nehmen Sie in folgendem IMG-Pfad vor: IMG • MATERIALWIRTSCHAFT • EINKAUF • BESTELLUNG • BILDAUFBAU AUF BELEGEBENE FESTLEGEN. Zunächst selektieren Sie die gewünschte Feldauswahl ❶. Durch einen Doppelklick gelangen Sie in die Selektion der Feldauswahlgruppen ❷ und schließlich durch erneuten Doppelklick in die Auswahlpflegeoberfläche. Hier können Sie auswählen, welche Felder eine Musseingabe oder eine Kanneingabe sind sowie welche Felder lediglich angezeigt werden sollen. In den Bereichen PREIS UND PREISEINHEIT sowie PREISDRUCKKENNZEICHEN ❸ sehen Sie exemplarisch, wie manuelle Eingriffe in die Preisfindung unterdrückt werden können.

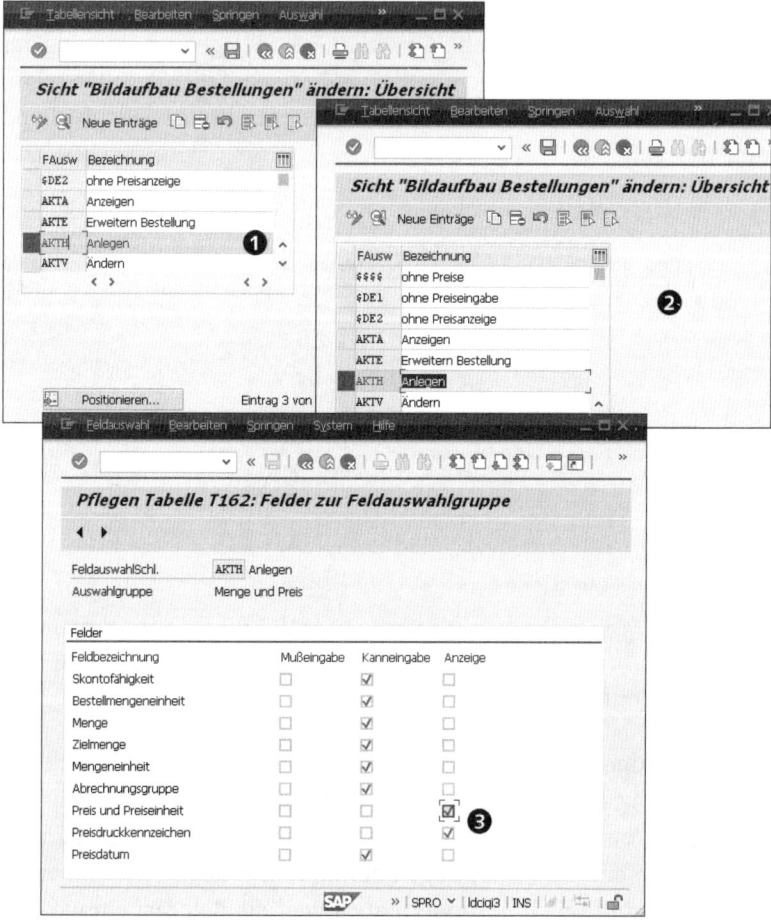

Abbildung 21.20 Bildaufbau auf Belegebene festlegen

Das ist natürlich nur dort sinnvoll möglich, wo die Preisfindung entsprechend eingerichtet ist. In der Belegart wird dann die so definierte Feldauswahlgruppe einer Belegart zugeordnet (siehe Abbildung 21.21).

Die Pflege der Belegart erfolgt unter IMG • MATERIALWIRTSCHAFT • EINKAUF • BESTELLUNG • BELEGARTEN FESTLEGEN. Neben der Zuordnung der Feldauswahlgruppe können hier noch diverse weitere Einstellungen vorgenommen werden, wie z. B. die zulässigen Positionstypen und die Verknüpfung zur BANF.

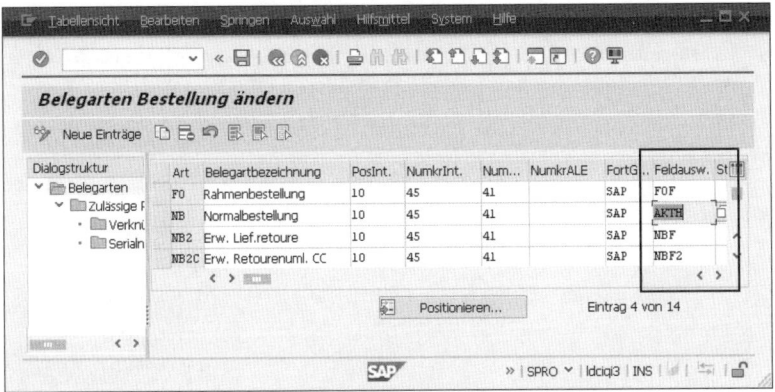

Abbildung 21.21 Zuordnung der Feldauswahlgruppe zur Belegart

Aufgabe der Berechtigungsadministration: Differenzierung über Belegart

Diese Einstellungen sind sicherlich nicht Aufgabe der Berechtigungsadministration. Die Nutzung der Einstellungen in den Berechtigungen ist hingegen eindeutig Aufgabe der Berechtigungsadministration. Aus diesem Grund empfehlen wir dringend, in Einkaufsszenarien entweder die mögliche Differenzierung mit dem Business abzuklären oder in den Einstellungen zu analysieren. Wir empfehlen Ihnen auch, gegebenenfalls Änderungen in den Belegarten vorzuschlagen, wenn dadurch der detektivische Kontrollaufwand im Rahmen der nachsorgenden Zugriffskontrollen reduziert werden kann.

Zur weiteren Differenzierung von Berechtigungen bei der Bestellung kann die Berechtigungsprüfung für Sachkonten eingestellt werden. Dies erfolgt unter dem Pfad IMG • MATERIALWIRTSCHAFT • EINKAUF • BESTELLUNG • BERECHTIGUNGSPRÜFUNG FÜR SACHKONTEN EINSTELLEN.

Berechtigungsprüfung für Sachkonten

Im Wareneingang werden die eingegangenen Waren erfasst und, wenn möglich, mit Bestellbezug verbucht. Da der Wareneingang nicht nur Lieferungen Externer umfasst, sondern auch für eine Reihe interner Abläufe genutzt wird, ist die mögliche Berechtigungsdifferenzierung erheblich. Es stehen viele Berechtigungsobjekte in Relation zur Transaktion MIGO (Warenbewegung) zur Verfügung (siehe Abbildung 21.22).

Wareneingang

729

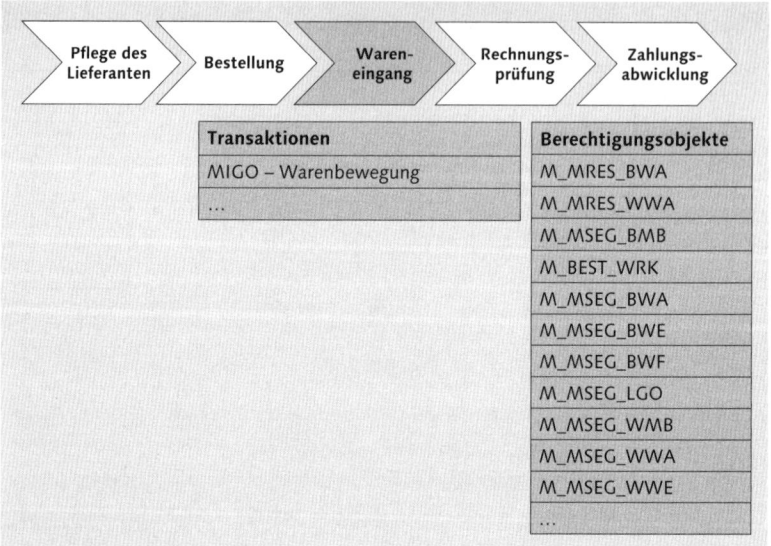

Abbildung 21.22 Wareneingang

Im Customizing der Rechnungsprüfung, IMG • MATERIALWIRTSCHAFT • LOGISTIK RECHNUNGSPRÜFUNG müssen Sie eine Reihe von Einstellungen vornehmen. Diese Einstellungen müssen in Bezug auf das Interne Kontrollsystem (IKS) gründlich geprüft werden und bieten erhebliche Spielraum für Prozesskontrollen. Aus Sicht des betriebswirtschaftlichen Berechtigungskonzepts gibt es allerdings keine Einstellungen, die darzustellen wären.

Rechnungsprüfung Die Transaktion MIRO (Eingangsrechnung erfassen) wird zunächst über die beiden Berechtigungsobjekte geschützt, die in Abbildung 21.23 dargestellt sind. Es kann auf dem Objekt M_RECH_WRK zwischen Vorerfassen und Erfassen unterschieden werden. Dies wird zusätzlich unterstützt durch die Transaktion MIR7 (Wareneingang vorerfassen).

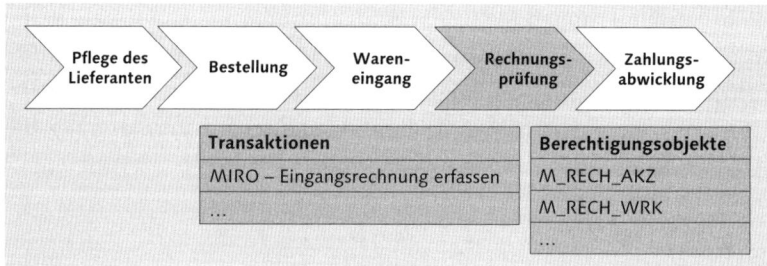

Abbildung 21.23 Rechnungsprüfung

21.6 Berechtigungen im Vertrieb

Die organisatorischen Differenzierungskriterien wurden bereits in Abschnitt 21.4.1 dargestellt. Im Folgenden wenden wir uns deshalb unmittelbar den Stammdaten zu.

21.6.1 Stammdatenpflege

Im Vertrieb sind im Wesentlichen zwei Stammdaten von Bedeutung: der Kunde und die Konditionen. Das Stammdatum Kunde (Debitor) haben wir bereits in Abschnitt 21.2.2, »Stammdaten«, vorgestellt.

Konditionen sind ein Mittel, um die Preisfindung für Produkte und Dienstleistungen durch eine Reihe von Bedingungen zu determinieren. Ein alltägliches Beispiel ist die Bestellung eines Buches im Internet. Der Buchpreis in Deutschland ist festgelegt, sodass bei diesem Preis keine Gestaltung möglich ist. Jedoch kann der Versandhändler in die Lieferbedingungen eingreifen, er kann eine Bedingung setzen, dass bei einem Mindestbestellwert die Lieferung für den Kunden kostenfrei ist. Die Preisfindung erfolgt über vordefinierte Konditionen, diese

> *[...] stellen eine Reihe von Bedingungen dar, die bei der Kalkulation eines Preises zur Geltung kommen. Wenn beispielsweise ein bestimmter Kunde an einem bestimmten Tag eine bestimmte Menge eines Produktes bestellt, so bestimmen die variablen Faktoren – Kunde, Produkt, Bestellmenge, Datum – den Endpreis für den Kunden. Die Informationen über alle diese variablen Faktoren werden im System als Stammdaten in Form von Konditionssätzen abgelegt.*

> (SAP-Onlinehilfe, Stichwörter *Konditionen* und *Preisfindung*)

Die Konditionspflege ist sehr umfangreich und vielschichtig, sie kann (und sollte) Freigabeverfahren unterworfen werden und muss regelmäßig geprüft werden. Konditionen werden angelegt mit der Transaktion VK31 (Konditionen anlegen) und können über die Transaktion VK32 (Konditionen ändern) geändert sowie über die Transaktion VK33 (Konditionen anzeigen) geprüft werden.

Mit diesen Transaktionen sind die Berechtigungsobjekte verbunden, die in Tabelle 21.23 aufgeführt werden. Die Spalte Org. kennzeichnet die vorhandenen Organisationsebenen.

Konditionen

Objekt	Beschreibung	Feld	Bedeutung	Org.
V_KONH_VKO	Kondition: Berechtigung für Verkaufsorganisationen	VKORG	Verkaufsorganisation	X
		VTWEG	Vertriebsweg	X
		SPART	Sparte	X
		ACTVT	Aktivität	
V_KONH_VKS	Kondition: Berechtigung für Konditionsarten	KSCHL	Konditionsart	
		ACTVT	Aktivität	

Tabelle 21.23 Berechtigungsobjekte für die Konditionspflege

Das Berechtigungsobjekt V_KONH_VKS (Kondition: Berechtigung für Konditionsarten) enthält das Feld KSCHL (Konditionsart).

21.6.2 Verkaufsabwicklung

Für das Verständnis des betriebswirtschaftlichen Berechtigungskonzepts ist es unerlässlich, erkennen zu können, inwieweit eine bestimmte Vertriebsauftragsart zu einem bestimmbaren Risiko führt. Aus diesem Grund stellen wir die Vertriebsauftragsart im Folgenden dar. Darüber hinaus kann es durchaus sinnvoll sein, den Datenverantwortlichen Änderungen der Auftragsarten vorzuschlagen, um Risiken in Berechtigungen zu reduzieren.

Vertriebsauftragsart

Vertriebsaufträge werden über Vertriebsauftragsarten gesteuert. Diese werden unter IMG • VERTRIEB • VERKAUFSBELEGE • VERKAUFSBELEGKOPF • VERKAUFSBELEGARTEN DEFINIEREN gepflegt und kontrolliert.

In das in Abbildung 21.24 gezeigte Bild gelangen Sie nach der Selektion und einem Doppelklick auf die Auftragsart. Unter anderem wird hier festgelegt, ob in dieser Auftragsart ein Referenzbeleg obligatorisch ist (Feld BEZUG OBLIGAT.), wie z. B. eine Anfrage

- ob eine automatische Kreditkontrolle stattfindet (Feld KREDITLIMIT PRÜFEN),
- welches Kalkulationsschema gilt (Feld BELEGSCHEMA),
- welche Bedingungen für den Lieferplan gelten,
- welche Bedingungen für den Versand gelten oder
- welche Bedingungen für die Faktura gelten.

Die Verkaufsbelege werden dem Vertriebsbereich zugeordnet.

Abbildung 21.24 Customizing der Vertriebsauftragsart

Ein Vertriebsauftrag enthält Positionen, die über den Positionstyp ausgesteuert werden. Positionstypen werden Vertriebsauftragsarten zugeordnet. Positionstypen werden unter IMG • Vertrieb • Verkaufsbelege • Verkaufsbelegposition • Positionstypen definieren gepflegt.

Die Berechtigungen auf dem Vertriebsauftrag werden u. a. über das Berechtigungsobjekt V_VBAK_AAT (Verkaufsbeleg: Berechtigung für Verkaufsbelegarten) ausgesteuert (siehe Abbildung 21.25). Darin enthalten ist das Feld AUART (Verkaufsbelegart). Es kann also über die Berechtigung auf Auftragsarten differenziert werden. Auftragsarten werden im Customizing des Vertriebs festgelegt. Zusätzlich ist das Berechtigungsobjekt V_VBAK_VKO (Verkaufsbeleg: Berechtigung für Vertriebsbereiche) zu erwähnen, in dem die Berechtigungen für die

Positionstypen

Vertriebsauftrag

Organisationsebenen Sparte, Vertriebsorganisation und Vertriebsweg enthalten sind.

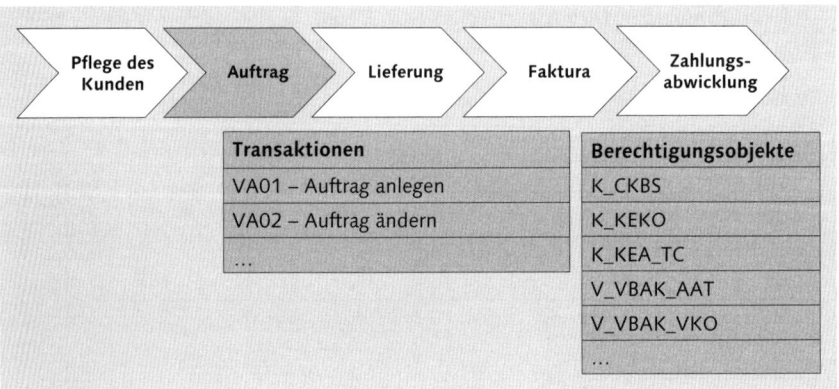

Abbildung 21.25 Vertriebsauftrag

Lieferung
Die Lieferung wird mit den Transaktionen VL01N (Lieferung anlegen) und VL02N (Lieferung ändern) gepflegt. Zu den Transaktionen werden die in Abbildung 21.26 dargestellten Berechtigungsobjekte abgeprüft.

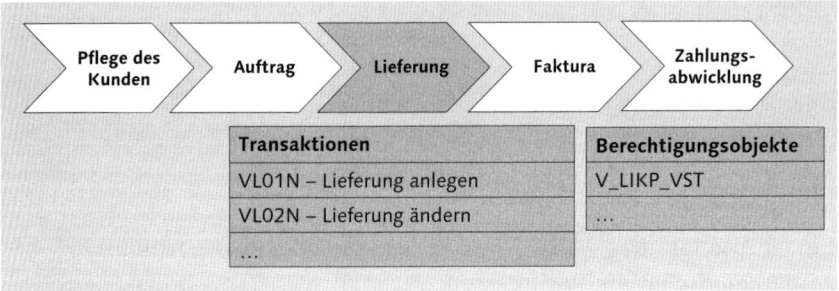

Abbildung 21.26 Lieferung

Faktura
Die Faktura ist schließlich die Rechnungsstellung an den Kunden, bei der dem Kunden die vereinbarten Preise und Bedingungen in Rechnung gestellt werden. Die Faktura wird durch die Fakturaart ausgesteuert, die im Customizing unter IMG • VERTRIEB • FAKTURIERUNG • FAKTUREN • FAKTURAARTEN DEFINIEREN eingesehen werden kann.

In der Fakturaart wird u. a. festgelegt, ob negative Buchungen, also Gutschriften, möglich sind. Die Fakturaart wird in den folgenden Menüpunkten des Customizings vervollständigt, u. a. in Bezug auf die Preisfindung.

Die Faktura wird mit den Transaktionen VF01 (Faktura anlegen) und VF02 (Faktura ändern) gepflegt. Die Fakturapflege sowie die Berechtigungsobjekte, die auf diesen Transaktionen verprobt werden, sehen Sie in Abbildung 21.27.

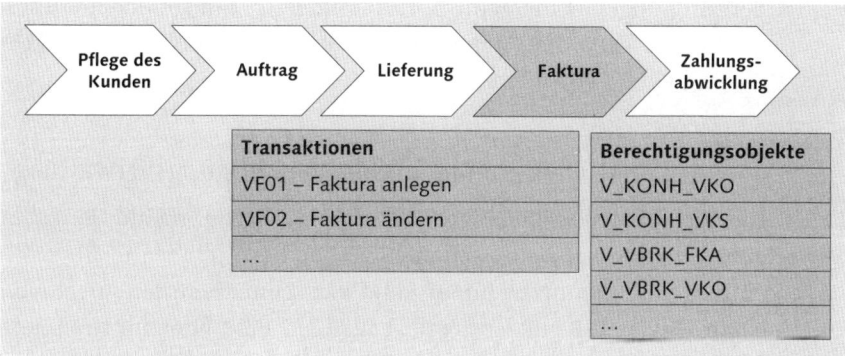

Abbildung 21.27 Faktura

Die in Tabelle 21.24 dargestellten Berechtigungsobjekte erlauben eine Differenzierung der Fakturierung über Konditionen und Fakturaarten.

Berechtigungsobjekt	Beschreibung
V_KONH_VKS	Kondition: Berechtigung für Konditionsarten
V_VBRK_FKA	Fakturierung: Berechtigung für Fakturaarten

Tabelle 21.24 Berechtigungsobjekte der Fakturierung

Wir werden die Darstellung von Berechtigungen in ERP-Prozessen nun mit den technischen Berechtigungen abschließen.

21.7 Berechtigungen in technischen Prozessen

Den technischen Prozessen, wie z. B. den Batchläufen oder RFC-Prozessen und ihren Berechtigungen, wird detailliert in den SAP-Sicherheitsleitfäden Rechnung getragen (*http://service.sap.con/security-guide*). In diesem Buch fokussieren wir uns auf einige zentrale Anforderungen des betriebswirtschaftlichen Berechtigungskonzepts in Bezug auf technische und administrative Berechtigungen. Die technischen Berechtigungen müssen im Kontext des organisationsspezifischen Betriebsführungskonzepts und der organisationsspezifischen Schnittstellenkonzepte betrachtet werden.

In den folgenden Abschnitten werden wir den Prozess der Berechtigungspflege selbst, Berechtigungen im Transportsystem, RFC-Berechtigungen, Debugging-Berechtigungen, Mandantenänderungsberechtigungen, die Änderungsprotokollierung und die Batchberechtigungen betrachten.

21.7.1 Funktionstrennung in der Berechtigungsverwaltung

Die Sicherheitsleitfäden von SAP sind in Bezug auf die Berechtigungsverwaltung, die eingehalten werden muss, eindeutig: Berechtigungen und Benutzer im produktiven System dürfen nicht von einem einzigen Benutzer gepflegt werden. Eine Funktionstrennung in drei beteiligte Benutzer wird dringend angeraten:

▸ **Rollenadministrator**
Der Rollenadministrator pflegt die Berechtigungen in Rollen, darf aber weder die zugehörigen Profile generieren noch den Benutzern zuordnen.

▸ **Benutzerverwalter**
Der Benutzerverwalter darf die Benutzerstammsätze pflegen und Rollen zuweisen, aber weder Rollen ändern noch die dazugehörigen Profile generieren.

▸ **Profilverwalter**
Der Profilverwalter darf die zu den Rollen gehörenden Profile generieren, aber weder Rollen ändern noch zuordnen.

Darüber hinaus müssen Sie im produktiven System über Benutzergruppen sicherstellen, dass kein Benutzer seine eigenen Rollen ändern kann.

SAP stellt auf Basis der eingeforderten Funktionstrennung drei Templates zur Verfügung: SAP_ADM_US, SAP_ADM_AU und SAP_ADM_PR. Diese Templates werden in Tabelle 21.25 dargestellt.

Rolle	Objekt	Beschreibung	Feldname	Wert
Ben.Adm.	S_TCODE	Transaktionscodeprüfung	TCD	PFCG, SU01, SU10, SUIM
Ben.Adm.	S_USER_AGR	Prüfung für Rollen	ACTVT	3, 8, 22
Ben.Adm.	S_USER_AGR	Prüfung für Rollen	ACT_GROUP	*
Ben.Adm.	S_USER_AUT	Berechtigungen	ACTVT	3, 8
Ben.Adm.	S_USER_AUT	Berechtigungen	AUTH	*
Ben.Adm.	S_USER_AUT	Berechtigungen	OBJECT	*
Ben.Adm.	S_USER_GRP	Benutzergruppen	ACTVT	1, 2, 3, 5, 6, 8, 22, 24, 78
Ben.Adm.	S_USER_GRP	Benutzergruppen	CLASS	A
Ben.Adm.	S_USER_GRP	Benutzergruppen	CLASS	SUPESA
Ben.Adm.	S_USER_PRO	Berechtigungsprofil	ACTVT	3, 8
Ben.Adm.	S_USER_PRO	Berechtigungsprofil	PROFILE	*
Ben.Adm.	S_USER_PRO	Berechtigungsprofil	ACTVT	22
Ben.Adm.	S_USER_PRO	Berechtigungsprofil	PROFILE	T*
Ben.Adm.	S_USER_SAS	Sys.spez. Zuordnungen	ACTVT	1, 6, 22
Ben.Adm.	S_USER_SAS	Sys.spez. Zuordnungen	ACT_GROUP	*
Ben.Adm.	S_USER_SAS	Sys.spez. Zuordnungen	CLASS	A -SUPEQZZZZZZZ, SUPESA - ZZZZZZZZZZZZ
Ben.Adm.	S_USER_SAS	Sys.spez. Zuordnungen	CLASS	SUPESA
Ben.Adm.	S_USER_SAS	Sys.spez. Zuordnungen	PROFILE	T*

Tabelle 21.25 SAP-Templates zu Rollen in der Benutzer- und Berechtigungsverwaltung (Auszug)

Rolle	Objekt	Beschreibung	Feldname	Wert
Ben.Adm.	S_USER_SAS	Sys.spez. Zuordnungen	SUBSYSTEM	
Prof.Adm.	S_TCODE	Transaktions-codeprüfung	TCD	PFCG, SUIM, SUPC
Prof.Adm.	S_USER_AGR	Prüfung für Rollen	ACTVT	3, 8, 64
Prof.Adm.	S_USER_AGR	Prüfung für Rollen	ACT_GROUP	*
Prof.Adm.	S_USER_AUT	Berechti-gungen	ACTVT	1, 2, 3, 6, 7, 8
Prof.Adm.	S_USER_AUT	Berechti-gungen	AUTH	T*
Prof.Adm.	S_USER_AUT	Berechti-gungen	OBJECT	A - S_TZZZZZZZ, S_V - ZZZZZZZZZZZZ
Prof.Adm.	S_USER_AUT	Berechti-gungen	ACTVT	3, 8
Prof.Adm.	S_USER_AUT	Berechti-gungen	AUTH	*
Prof.Adm.	S_USER_AUT	Berechti-gungen	OBJECT	*
Prof.Adm.	S_USER_GRP	Benutzer-gruppen	ACTVT	3, 8
Prof.Adm.	S_USER_GRP	Benutzer-gruppen	CLASS	*
Prof.Adm.	S_USER_PRO	Berechti-gungsprofil	ACTVT	1, 2, 3, 6, 7, 8
Prof.Adm.	S_USER_PRO	Berechti-gungsprofil	PROFILE	T*
Prof.Adm.	S_USER_PRO	Berechti-gungsprofil	ACTVT	3, 8
Prof.Adm.	S_USER_PRO	Berechti-gungsprofil	PROFILE	*
Rol.Adm	S_TCODE	Transaktions-codeprüfung	TCD	PFCG, SUIM, SUPC
Rol.Adm	S_USER_AGR	Prüfung für Rollen	ACTVT	1, 2, 3, 6, 8, 21

Tabelle 21.25 SAP-Templates zu Rollen in der Benutzer- und Berechtigungs-verwaltung (Auszug) (Forts.)

Rolle	Objekt	Beschreibung	Feldname	Wert
Rol.Adm	S_USER_AGR	Prüfung für Rollen	ACTVT	DL, UL
Rol.Adm	S_USER_AGR	Prüfung für Rollen	ACT_GROUP	*
Rol.Adm	S_USER_AUT	Berechtigungen	ACTVT	3, 8
Rol.Adm	S_USER_AUT	Berechtigungen	AUTH	*
Rol.Adm	S_USER_AUT	Berechtigungen	OBJECT	*
Rol.Adm	S_USER_GRP	Benutzergruppen	ACTVT	3, 8
Rol.Adm	S_USER_GRP	Benutzergruppen	CLASS	*
Rol.Adm	S_USER_PRO	Berechtigungsprofil	ACTVT	3, 8
Rol.Adm	S_USER_PRO	Berechtigungsprofil	PROFILE	*
Rol.Adm	S_USER_TCD	Transaktionen in Rollen	TCD	*
Rol.Adm	S_USER_VAL	Feldwerte in Rollen	AUTH_FIELD	*
Rol.Adm	S_USER_VAL	Feldwerte in Rollen	AUTH_VALUE	*
Rol.Adm	S_USER_VAL	Feldwerte in Rollen	OBJECT	*

Tabelle 21.25 SAP-Templates zu Rollen in der Benutzer- und Berechtigungsverwaltung (Auszug) (Forts.)

Zu diesen Templates ist zweierlei anzumerken:

Im Feld ACT_GROUP (Aktivitätsgruppe) der Objekte S_USER_AGR (Berechtigungswesen: Prüfung für Rollen) und S_USER_SAS (Benutzerstammpflege: Systemspezifische Zuordnungen) sollte erstens die aktuelle Namenskonvention der Organisation für Rollen generisch ausgeprägt sein.

Im Feld PROFILE (Berechtigungsprofil in Benutzerstammpflege) in den Objekten S_USER_PRO (Benutzerstammpflege: Berechtigungsprofil) und S_USER_SAS (Benutzerstammpflege: Systemspezifische

Zuordnungen) sollte zweitens eine etwaige Namenskonvention der Organisation für Profile generisch ausgeprägt sein. Dies ist keine Empfehlung, anstelle von Rollen Profile zu nutzen. Es gibt allerdings Kunden, die auch für die zu Rollen gehörenden Profile eine Namenskonvention ungleich T- haben.

Darüber hinausgehend dürfen Rollen und Berechtigungen im produktiven System nicht geändert werden. Dies muss im Entwicklungssystem erfolgen: Die Änderungen müssen über einen Transportauftrag in das Testsystem überspielt und dort getestet werden, bevor nach einer Genehmigung der Änderungen die Rollen in das produktive System transportiert werden.

Schließlich müssen Sie sicherstellen, dass alle Änderungen an einem Benutzer im produktiven System immer einem im Einzelfall nachweisbaren Genehmigungsverfahren unterworfen wurden.

21.7.2 Funktionstrennung im Transportwesen

SAP empfiehlt eine mindestens dreistufige Systemlandschaft, um Entwicklungen, Customizing und Berechtigungen in einem Entwicklungssystem anlegen und in einem Qualitätssicherungssystem testen zu können, bevor sie in das Produktionssystem eingespielt werden. Das Produktionssystem muss vor Änderungen geschützt werden.

Die Konfiguration des Transportsystems ist eine sehr komplexe Aufgabe. Zur Vertiefung des Themas empfehlen wir Ihnen das Buch »SAP-Änderungs- und Transportmanagement« (Kösegi/Nerding, 2013).

Einige Transaktionen im Transportsystem sind in Tabelle 21.26 aufgeführt.

Transaktionscode	Beschreibung
SE01	Transport Organizer (Erw. Sicht)
SE03	Transport Organizer Tools
SE09	Transport Organizer
SE10	Transport Organizer
STMS	Transport Management System
STMS_ALERT	TMS Alert Monitor

Tabelle 21.26 Transaktionen im Transportsystem

Transaktionscode	Beschreibung
STMS_DOM	TMS-Systemübersicht
STMS_FSYS	TMS-Systemlisten pflegen
STMS_IMPORT	TMS-Importqueue
STMS_INBOX	TMS-Arbeitsvorrat
STMS_MONI	TMS-Importmonitor
STMS_PATH	TMS-Transportwege
STMS_QA	TMS Quality Assurance
STMS_QUEUES	TMS-Importübersicht
STMS_TCRI	Tabelle TMSTCRI anzeigen/pflegen
STMS_TRACK	TMS Import Tracking

Tabelle 21.26 Transaktionen im Transportsystem (Forts.)

Die in Tabelle 21.26 enthaltenen Transaktionen prüfen gegen das Berechtigungsobjekt S_CTS_ADMI (Administrationsfunktionen im Change & Transport System). Im Transportwesen sind die in Tabelle 21.27 dargestellten Berechtigungsobjekte erforderlich.

Berechtigungsobjekt	Beschreibung
S_CLNT_IMP	Datenimport bei Mandantenkopie
S_CTS_ADMI	Administrationsfunktionen im Change & Transport System
S_DATASET	Berechtigung zum Dateizugriff
S_TABU_CLI	Tabellenpflege mandantenunabhängiger Tabellen
S_TABU_DIS	Tabellenpflege (über Standardtools, wie z. B. SM30)
S_TABU_RFC	Mandantenvergleich und -kopie: Datenexport per RFC
S_USER_AGR	Berechtigungswesen: Prüfung für Rollen
S_USER_GRP	Benutzerstammpflege: Benutzergruppen
S_USER_PRO	Benutzerstammpflege: Berechtigungsprofil

Tabelle 21.27 Relevante Berechtigungsobjekte im Transportwesen

Das Berechtigungsobjekt S_CTS_ADMI (Administrationsfunktionen im Change & Transport System) erlaubt eine Differenzierung auf dem Feld CTS_ADMFCT (Administrationsaufgaben im Change & Transport

System). Unter anderem kann unterschieden werden zwischen Berechtigungen zur Art des Imports: IMPT, IMPA, IMPS. Zusätzlich kann die Berechtigung zum Genehmigen von Transporten in das Produktivsystem über QTEA erteilt werden.

21.7.3 RFC-Berechtigungen

Über die SAP-Standardschnittstelle Remote Function Call (RFC) können Verbindungen zwischen SAP-Systemen und zwischen SAP- und Nicht-SAP-Systemen eingerichtet werden. Der RFC ruft eine Funktion auf, die in einem entfernten System ausgeführt werden soll.

RFC ist somit ein wichtiges und gleichzeitig extrem kritisches Verfahren, das umfassende Eingriffe in Daten und Strukturen der gerufenen Systeme ermöglichen kann. Für RFC-Berechtigungen gilt somit zwingend, dass nur die Berechtigungen einzuräumen sind, die unbedingt notwendig und durch die entsprechenden Administratoren definiert, dokumentiert und freigegeben sind. Mehr Informationen zu RFC-Berechtigungen finden Sie in Kapitel 18, »RFC-Sicherheit mittels Unified Connectivity«.

Trusted RFC und Untrusted RFC

Zu unterscheiden sind Trusted RFC und Untrusted RFC. Beim Trusted RFC ist die Verbindung so definiert, dass die Systeme »einander vertrauen«, also eine Anmeldung nicht erforderlich ist.

Beim Untrusted RFC ist eine Anmeldung eines zu diesem Zweck einzurichtenden RFC-Users erforderlich, der über einschlägige Berechtigungen verfügen muss. Zur Vertiefung empfehlen wir Ihnen das Buch »Sicherheit und Risikomanagement für SAP-Systeme« (Linkies/Karin, 2010). Die benötigten Berechtigungsobjekte sind in Tabelle 21.28 zusammengefasst.

Objekt	Feld	Beschreibung
S_RFC		Berechtigungsprüfung beim RFC-Zugriff
S_RFC	RFC_TYPE	Typ des zu schützenden RFC-Objekts (Dieses Feld kann zeitweise den Wert FUGR – Funktionsgruppe annehmen.)
S_RFC	RFC_NAME	Name des zu schützenden RFC-Objekts: Funktionsgruppe/Funktionsbaustein
S_RFC	ACTVT	Aktivität: Zurzeit ist nur die Aktivität 16 (Ausführen) vorgesehen.

Tabelle 21.28 Berechtigungsobjekte S_RFC und S_ICF

Objekt	Feld	Beschreibung
`S_ICF`		Berechtigungsprüfung beim Internet-Communication-Framework-Zugriff
`S_ICF`	`ICF_FIELD`	Internet-Communication-Framework-Bereiche (Typen). Mögliche Werte: `SERVICE`: Mit diesem Wert wird der clientseitige Aufruf von Services im Internet Communication Framework geschützt. `DEST`: Mit diesem Wert wird der entfernte Aufruf von Funktionsbausteinen clientseitig geschützt.
`S_ICF`	`ICF_VALUE`	Internet-Communication-Framework-Werte. Der Wert ist ein Literal. Der im Berechtigungsobjekt hinterlegte Wert muss mit dem Wert übereinstimmen, der in der Transaktion SICF (Aufruf von Services) oder in der Transaktion SM59 (Aufruf von Funktionsbausteinen) eingetragen worden ist.

Tabelle 21.28 Berechtigungsobjekte S_RFC und S_ICF (Forts.)

Im nächsten Abschnitt geht es um die Debugging-Berechtigungen.

21.7.4 Debugging-Berechtigungen

Kein Benutzer darf im produktiven System die Berechtigungen zur Datenänderung beim Debugging haben. Dies ist keine grundsätzliche, sondern eine nahezu ausnahmslose Maßgabe. Die einzige zulässige Ausnahme von diesem Prinzip besteht darin, dass einem Benutzer für einen eingeschränkten Zeitraum die Berechtigungen überlassen werden. Dabei wird dieser Benutzer von einem Sachverständigen überwacht, der die Eingaben während der Arbeit überprüft. Sämtliche so erfolgten Änderungen müssen protokolliert und durch den Ausführenden sowie den Sachverständigen unterzeichnet werden.

Der sehr einfache Grund für diese restriktive Handhabung besteht darin, dass die Debugging-Berechtigungen im Änderungsmodus das spurenlose Löschen von Daten erlauben und somit ein Verstoß gegen das sogenannte Radierverbot (in Deutschland u. a. § 239 Abs. 3 HGB) vorliegt. Ein Verstoß gegen das Radierverbot durch

Radierverbot

Berechtigungen kann dazu führen, dass die Bilanz nicht mehr testierbar ist (was wiederum in Deutschland im schlimmsten Fall dazu führen kann, dass das Finanzamt die Steuern schätzt).

Änderungsberechtigungen beim Debugging werden über das Berechtigungsobjekt S_DEVELOP (ABAP Workbench), Feld OBJTYPE mit Wert DEBUG in Verbindung mit Feld ACTVT und dem Wert 02, gesteuert.

21.7.5 Mandantenänderung

Mit der Transaktion SCC4 (Mandantenverwaltung) werden die Einstellungen eines Mandanten angepasst. Dort wird u. a. festgelegt, welche Rolle der Mandant hat (z. B. Produktion/Customizing) und welche Änderungen mit welchen Wirkungen möglich sind. Abbildung 21.28 zeigt den Einstieg und die konkrete Pflegemöglichkeit. Dargestellt wird der Anzeigemodus – grundsätzlich sollte in einem produktiven System die Berechtigung auf diesen beschränkt bleiben.

Diese Einstellungen sind kritisch und müssen sowohl vor Änderungen geschützt als auch regelmäßig auf ihre Richtigkeit hin überprüft werden. In Tabelle 21.29 sind die erforderlichen Berechtigungen zur Mandantenänderung zusammengefasst.

Berechtigungs-objekt	Beschreibung	Feld	Wert
S_CTS_ADMI	Systemberechti-gungen	CTS_ADMFCT	TABL
S_ADMI_FCD RC	Administrationsfunk-tionen im Change & Transport System	S_ADMI_FCDz	T000
S_TABU_DIS	Tabellenpflege (über Standardtools, wie z. B. SM30)	ACTVT	02
		DICBERCLS	SS

Tabelle 21.29 Berechtigungen zur Änderung eines Mandanten

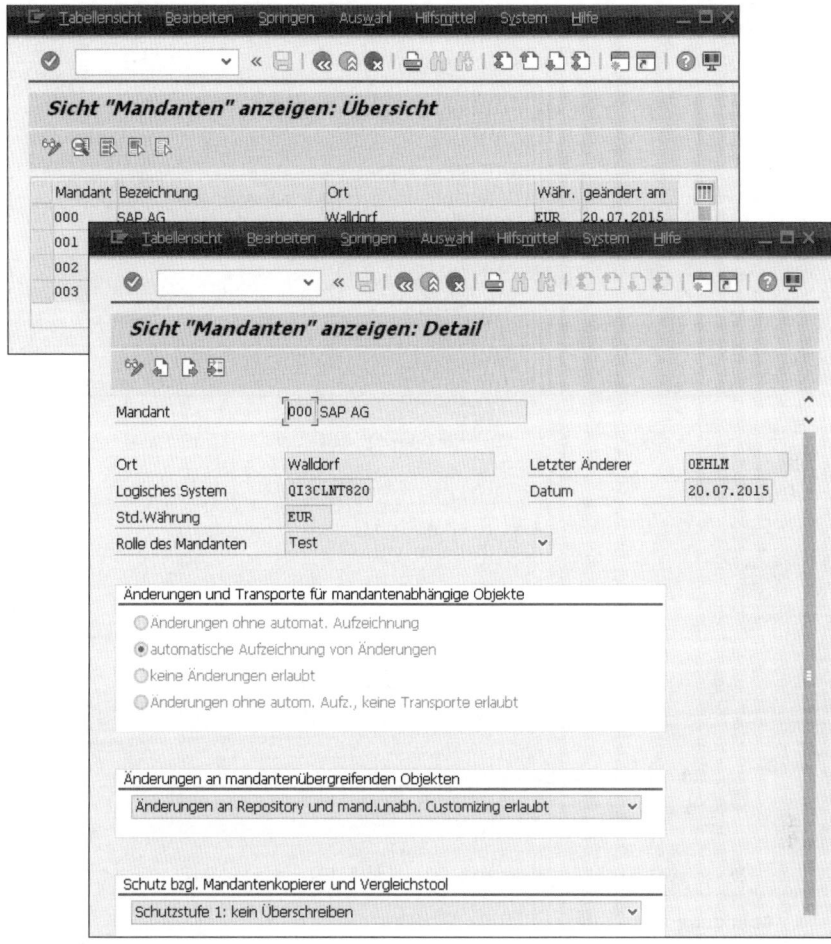

Abbildung 21.28 Pflege des Mandanten

21.7.6 Änderungsprotokollierung

Die Protokollierung von Änderungen auf Tabellen wird über die Transaktion SE13 (Speicher-Param. für Tabellen pflegen) definiert. Über den in Abbildung 21.29 umrandeten Auswahlschalter DATEN-ÄNDERUNG PROTOKOLLIEREN wird die Tabelle zur Protokollierung vorgesehen.

Ob die Tabellenprotokollierung aktiv ist, überprüfen Sie im Profil-parameter `rec/client`. Die Anzeige ist über die Transaktion RZ11 (Profilparameter) möglich.

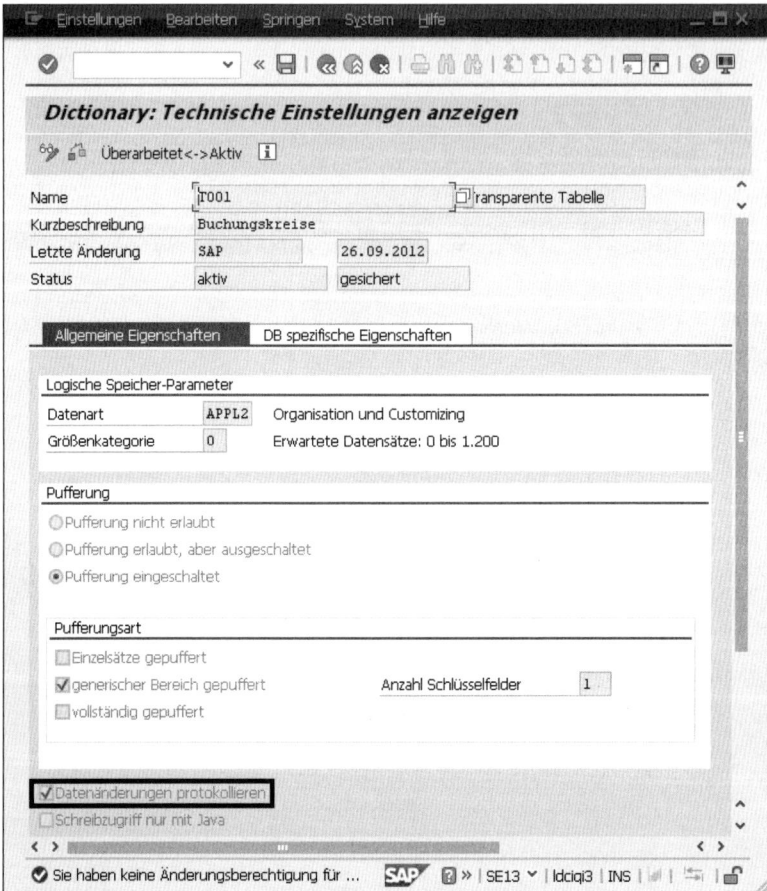

Abbildung 21.29 Tabellenprotokollierung

21.7.7 Batchberechtigungen

Für die im SAP-System üblichen Batchverfahren müssen geeignete Hintergrundbenutzer angelegt werden. Diese dürfen nicht über SAP_ ALL verfügen, wie das an einigen Stellen leider immer noch empfohlen wird. Die Erstellung eines Batchbenutzers mit geeigneten Berechtigungen ist aufwendig, sie kann aber durch den Systemtrace vereinfacht werden (siehe Kapitel 6, »Technische Grundlagen der Berechtigungspflege«).

Es ist durchaus üblich, die Berechtigung für das Abspielen von Batch-Input-Mappen unter fremden Benutzernamen nur an ausgewählte Dialogbenutzer zu vergeben. Es ist auch üblich, das Löschen von

Batch-Input-Mappen mit beliebigem Namen noch weiter, gegebenenfalls auf Notfallbenutzer, einzuschränken. Bei allen anderen Benutzern ist die Berechtigung auf bestimmte Mappennamen beschränkt.

Eine Aufteilung der Batchbenutzer nach Applikationen ist sinnvoll, so kann sichergestellt werden, dass ein Batchbenutzer nur für eine Applikation Berechtigungen zugewiesen bekommen muss – neben den technischen Berechtigungen für die Batchverarbeitung selbst. Für weitere Informationen zu Batchberechtigungen beachten Sie auch SAP-Hinweis 101146.

21.8 Vereinfachtes Sperren und Löschen personenbezogener Daten in der SAP Business Suite

Das Sperren und Löschen personenbezogener Daten in der SAP Business Suite ist signifikant vereinfacht worden. Seit Release AP_HR EHP4 SP 36 (siehe SAP-Hinweis 1559133) stehen umfassende, vereinfachte Löschmöglichkeiten in SAP ERP HCM zur Verfügung. Seit Juni 2014 werden vereinfachte Sperr- und Löschmöglichkeiten auch in der SAP Business Suite angeboten. Diese Vereinfachung wurde aufgrund von vielfachen Kundenwünschen eingeführt. Die Nutzung der Möglichkeiten außerhalb von SAP ERP HCM ist bislang noch die Ausnahme.

Dieser Umstand ist aus unserer Sicht der erheblichen Komplexität scheinbar konkurrierender Rechtsnormen geschuldet. Das Ermitteln einer Aufbewahrungsfrist ist ein Abwägungsprozess. Es sind eben nicht nur datenschutzrechtliche Tatbestände zu würdigen, sondern eine Vielzahl weiterer Normen. Nach Angaben von Antonio Reschke (Rechtsanwalt und u. a. Mitglied des Arbeitskreises Datenschutz der DSAG) existieren mehr als 1.900 Normen, die sich allerdings aus deutlich weniger Rechtsquellen speisen. Daten, die zunächst aus Sicht des Bundesdatenschutzgesetzes (BDSG) zu löschen wären, unterliegen zahlreichen anderen Aufbewahrungsfristen. *(Rechtliche Komplexität)*

Bei den Recherchen zur Entwicklung und Umsetzung des vereinfachten Sperrens und Löschens sind uns nicht nur die Aufbewahrungsfristen im Rahmen der Abgabenordnung (AO) begegnet, sondern auch (teilweise langfristige) Aufbewahrungsfristen, wie sie z. B. nach § 96 Strahlenschutzverordnung (StrlSchV) anzulegen sind. Nach die- *(Beispiel Strahlenschutzverordnung)* ser Verordnung besteht eine Pflicht zur Dokumentation sowie zur Durchführung weiterer Schutzmaßnahmen. In § 96 StrlSchV heißt es:

> *(1) Wer in eigener Verantwortung eine anzeigebedürftige Arbeit nach § 95 Abs. 2 ausübt oder ausüben lässt, hat die Ergebnisse der Ermittlungen nach § 95 Absatz 10 Satz 1 oder die Ersatzdosis nach § 95 Absatz 10 Satz 6 unverzüglich aufzuzeichnen. [...]*

> *(2) Der nach Absatz 1 Verpflichtete hat*

> *1. die Aufzeichnungen nach Absatz 1 a) so lange aufzubewahren, bis die überwachte Person das 75. Lebensjahr vollendet hat oder vollendet hätte, mindestens jedoch 30 Jahre nach Beendigung der jeweiligen Beschäftigung, b) spätestens 100 Jahre nach der Geburt der betroffenen Person zu löschen [...].*

Natürlich sind nicht alle Rechtsquellen und Normen anzuwenden, sondern nur die für das jeweilige Unternehmen geltenden. Allein die Ermittlung der anzulegenden Normen ist spezifisch nur für das jeweilige Unternehmen in der ganz konkreten Branche möglich.

21.8.1 Konzept des vereinfachten Sperrens und Löschens personenbezogener Daten

Das Konzept des vereinfachten Sperrens und Löschens personenbezogener Daten in der SAP Business Suite beruht auf datenschutzrechtlichen Tatbeständen. In der Bundesrepublik ist sowohl das Löschen als auch das Sperren personenbezogener Daten im Bundesdatenschutzgesetz (BDSG) geregelt, siehe auch Abschnitt 4.4, »Datenschutzrecht«.

Das BDSG führt in § 35 aus:

> *(2) Personenbezogene Daten, die automatisiert verarbeitet oder in nicht automatisierten Dateien gespeichert sind, sind zu löschen, wenn*

> *1. ihre Speicherung unzulässig ist oder*

> *2. ihre Kenntnis für die verantwortliche Stelle zur Erfüllung der in ihrer Zuständigkeit liegenden Aufgaben nicht mehr erforderlich ist.*

> *(3) An die Stelle einer Löschung tritt eine Sperrung, soweit*

1. einer Löschung gesetzliche, satzungsmäßige oder vertragliche Aufbewahrungsfristen entgegenstehen,

2. Grund zu der Annahme besteht, dass durch eine Löschung schutzwürdige Interessen des Betroffenen beeinträchtigt würden, oder

3. eine Löschung wegen der besonderen Art der Speicherung nicht oder nur mit unverhältnismäßig hohem Aufwand möglich ist.

Die Bewertung, ob eine Speicherung unzulässig ist (Tatbestand des § 35 Abs. 2 Nr. 1), ist eine Einzelfallbetrachtung, die technisch nicht unterstützt werden kann. Die Bewertung, ob die Kenntnis für die Aufgabenerfüllung noch nötig ist (Tatbestand des § 35 Abs. 2 Nr. 2 i. V. m. § 35 Abs. 3 Nr. 1), kann hingegen technisch unterstützt werden. Die Ermittlung, inwieweit die Kenntnis noch erforderlich ist, kann und muss in aller Regel technisch automatisiert erfolgen. Es gibt Kunden, die Monat für Monat Millionen Belege in den Sperrzustand überführen. Nur im Einzelfall sollte es notwendig sein, eine individuelle Betrachtung vorzunehmen. Dementsprechend muss dies in der SAP Business Suite als weitgehend automatisierter Standardprozess ausgeführt werden, der unabhängig vom einzelnen Betroffenen sicherstellt, dass die Daten rechtskonform gelöscht oder gesperrt werden.

Zulässigkeit und Prüfung

Um dies zu erreichen, muss rechtlich zum Zeitpunkt der Datenerhebung bereits feststehen, wann die erhobenen Daten gelöscht werden. Dieser Zeitpunkt ist relativ einfach zu ermitteln, wenn Sie sich vor Augen führen, dass jedes erhobene Datum nur im Rahmen eines vorher definierten Verwendungszwecks verarbeitet werden darf (das beinhaltet auch die Speicherung und das Vorhalten in einem Speicher). Um das an einem Beispiel zu verdeutlichen: Sie sind in Bezug auf einen Kundenauftrag zu dem Ergebnis gekommen, dass dessen eigentlicher Zweck in der Abwicklung des Auftrags besteht. Somit könnte er nach einem Jahr bereits gelöscht werden. Sie unterstellen jedoch, dass dieser im Rahmen der International Financial Reporting Standards (kurz IFRS, internationale Rechnungslegungsvorschriften) vier Jahre lang aktiv aus Gründen der Rechnungslegung im System vorgehalten werden muss und nach dieser Zeit noch weitere sechs Jahre für die Steuerprüfung (GoBD) relevant ist. Dementsprechend müssten Sie die Regeln so pflegen, dass der Beleg vier Jahre nach Abschluss aktiv im System (und somit nicht gesperrt) vorgehalten wird, nach diesen vier Jahren jedoch zu sperren (gegebenenfalls zu archivieren) ist.

Prüfablauf   Abbildung 21.30 stellt den kundenindividuell durchzuführenden Prüfablauf dar. Zunächst ist die Frage zu klären, ob es sich bei einem Datum um ein personenbezogenes Datum handelt. Diese Beurteilung ist zwingend kundenindividuell durchzuführen. SAP bietet Funktionen zur Löschung von personenbezogenen Daten an (siehe auch Abbildung 21.31). Gelöscht wird vermittels sogenannter ILM-Objekte, also meistens vermittels Archivierungsobjekten, die für das SAP Information Lifecycle Management (ILM) vorbereitet wurden. Diese können meistens auch für das Sperren personenbezogener Daten über die Archivierungsmethode genutzt werden. ILM-Objekte entsprechen meist betriebswirtschaftlichen Objekten, wie z. B. einem Kundenauftrag.

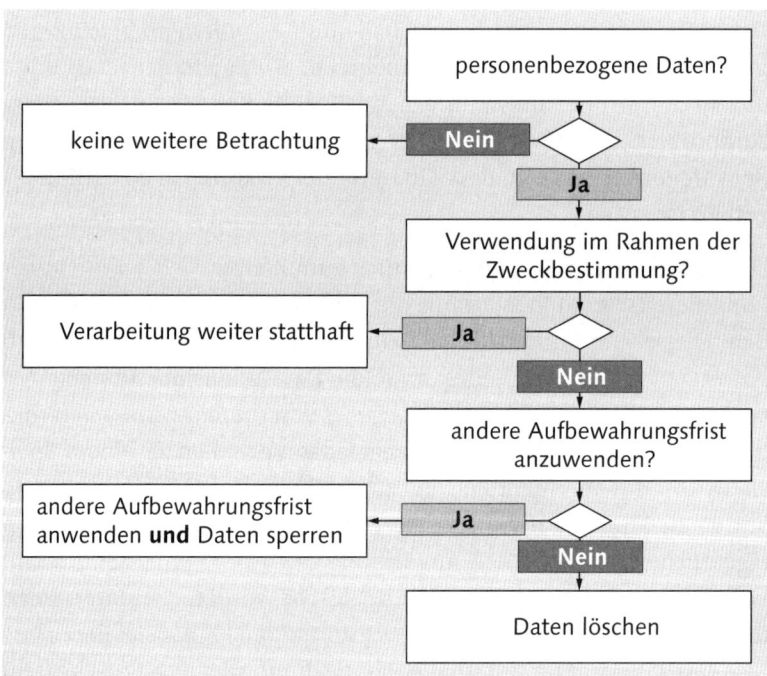

Abbildung 21.30 Prüflogik bei der Sperrung und Löschung personenbezogener Daten

Ist diese Beurteilung vorgenommen, können Sie das Sperren und Löschen personenbezogener Daten im System einrichten. In der Prüflogik wird zunächst festgestellt, dass es sich um ein personenbezogenes Datum handelt. Anschließend erfolgt die Prüfung im Hinblick auf die Verwendung im Rahmen der Zweckbestimmung. Sie haben die Möglichkeit, diese Prüfung (nach entsprechenden Einstellungen) über die Funktionen zur Löschung automatisch ablaufen zu lassen. Das Ende der Zweckbestimmung kann aus den Daten zu dem betriebswirtschaftlichen Objekt und entsprechend einzurichtenden Regeln ausgelesen werden. In einigen Fällen ist es möglich, eine Verweildauer für Daten zu definieren. Dies ist teilweise applikationsspezifisch möglich, in bestimmten Fällen auch über die Residenzzeiten in den ILM-Objekten.

Am Beispiel eines Kundenauftrags könnte sich die Verwendung im Rahmen des Verwendungszwecks wie folgt abbilden:

Abschluss des Kundenauftrags (z. B. Buchungsdatum) + n_1 Jahre aktives Vorhalten des Kundenauftrags aus Gründen der Rechnungslegung

Wenn dieser Zeitraum abgelaufen ist, ist in unserem Beispiel die Verwendung im Rahmen der Zweckbestimmung abgelaufen.

Es ist im nächsten Schritt also zu prüfen, ob andere Aufbewahrungsfristen anzulegen sind. Am Beispiel des Kundenauftrags könnten diese Aufbewahrungspflichten sich etwa aus der Abgabenordnung (AO) oder anderen Normen ergeben. Es ergäbe sich für jede Aufbewahrungsfrist:

Abschluss des Kundenauftrags (z. B. Buchungsdatum) + n_{2-m} Jahre Aufbewahrungspflicht

Auch diese Prüfung und Attribuierung wird in der Lösung für das vereinfachte Sperren und Löschen personenbezogener Daten automatisch durchgeführt, sofern entsprechende Regeln gepflegt wurden. Falls die Prüfung ergibt, dass andere Aufbewahrungsfristen anzulegen sind, sind die Daten zu sperren, aber weiter vorzuhalten. Nach Ablauf der letzten anzulegenden Aufbewahrungsfrist sind die Daten endgültig zu löschen.

21.8.2 Funktion in der SAP Business Suite

SAP Information Lifecycle Management (SAP ILM) ist die zentrale Instanz, um die Fristen für das vereinfachte Sperren und Löschen von Daten in der SAP Business Suite festzulegen.

> **Sperren und Löschen von Daten der Personaladministration**
>
> Eine Ausnahme stellt die Personaladministration (SAP ERP HCM-PA) dar, die aufgrund der betriebswirtschaftlichen und technischen Besonderheiten eine eigenständige Lösung implementiert hat. Dabei erfolgt das Löschen zwar auch über SAP ILM, das hier beschriebene Sperren wird jedoch über zeitabhängige Berechtigungen erreicht. Eine Beschreibung finden Sie in Abschnitt 13.8, »Zeitabhängiges Sperren personenbezogener Daten«.

Sperren über SAP ILM

Mit den betriebswirtschaftlichen Objekten in der SAP Business Suite korrespondieren ILM-Objekte, die für die Archivierung von Daten (in diesem Zusammenhang gleichbedeutend mit Sperren) oder die Löschung von Daten genutzt werden können. Es stehen für das Sperren und Löschen in der SAP Business Suite weit über 600 ILM-Objekte zur Verfügung. Um personenbezogene Daten vollständig zu sperren und zu löschen, müssen Sie für alle relevanten ILM-Objekte Verweildauern und Aufbewahrungsfristen pflegen. Ist das nicht möglich, können Sie applikationsspezifische Verweildauern pflegen. Erreichen Sie diesen Zustand nicht, kann es entweder zu einer unvollständigen Sperrung und Löschung kommen, oder die Daten werden überhaupt nicht gesperrt und gelöscht, weil abhängige betriebswirtschaftliche Objekte das Verweilen der Daten im System erzwingen.

Stammdaten-basierte Sperre

Unter der Maßgabe, dass Verweildauern und Aufbewahrungsfristen gepflegt wurden, verhält sich die stammdatenbasierte Sperre, wie in Abbildung 21.31 dargestellt. Die applikationsspezifischen End-of-Purpose-Prüfungen (EoP) werden aus SAP ILM mit den Fristen für Verweildauern und die Aufbewahrung versorgt ❶. Sofern alle verwendenden Applikationen keine weitere Verwendung haben, wird auf den Stammdaten Kunde und/oder Lieferant und/oder zentraler Geschäftspartner ein Sperrkennzeichen gesetzt ❷. Die mit diesem Stammdatum verbundenen Bewegungsdaten können in Folge grundsätzlich nicht oder nur noch teilweise angezeigt werden. Die Stammdaten können grundsätzlich nicht mehr angezeigt werden. Sie können ferner nicht mehr geändert werden, und auch die Neuanlage von Geschäften ist nicht mehr möglich.

Die Anzeige der Daten wird über Berechtigungen geschützt. Das heißt, ein Zugriff ist für speziell berechtigte Personen (z. B. einen Steuerprüfer oder einen Wirtschaftsprüfer) noch möglich.

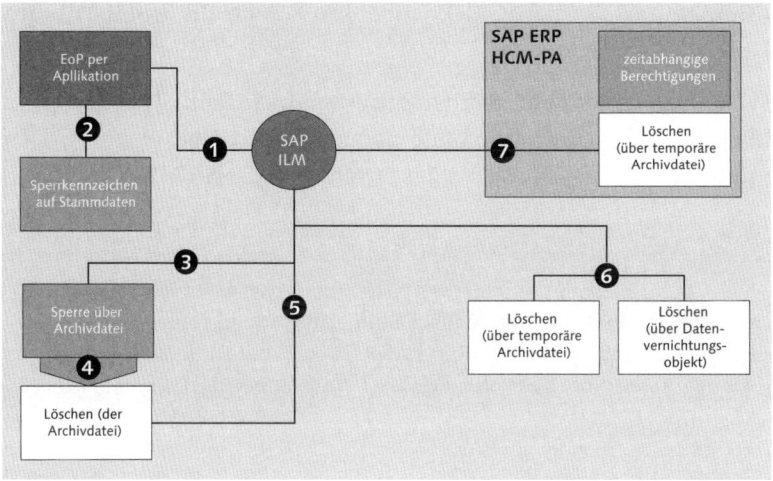

Abbildung 21.31 Ablauf der vereinfachten Sperrung und Löschung

Unabhängig von der beschriebenen stammdatenbasierten Sperre kann ein betriebswirtschaftliches Objekt auch über eine Archivdatei dem Sperren zugeführt werden ❸. In SAP ILM sind – wie bereits dargestellt – die Verweildauern und Aufbewahrungsfristen für die jeweiligen ILM-Objekte hinterlegt. Wenn nun ein betriebswirtschaftliches Objekt (z. B. ein Kundenauftrag) gesperrt werden muss, wird entsprechend den hinterlegten Fristen eine Abhängigkeitsprüfung durchgeführt. Wenn es keine Abhängigkeiten mehr gibt, wird der Kundenauftrag in eine Archivdatei geschrieben. Diese Archivdatei ist durch Berechtigungen geschützt, sodass der Zugriff auf den Kundenauftrag wirksam gesperrt ist.

Sperren durch Archivierung

Beim Übertragen der Daten in eine Archivdatei kann die Aufbewahrungsfrist schon bestimmt sein, sie kann aber auch offen bleiben. Dies ist in komplexen Geschäftsvorfällen, wie z. B. im Versicherungsbereich, erforderlich.

Ob die archivierten Daten bereits mit einem Ende der Aufbewahrungsfrist gesperrt sind oder ob das Datum nachträglich ermittelt wird, ist an dieser Stelle unerheblich. Die gesperrten Daten müssen irgendwann gelöscht werden ❹. Auch dies wird über das SAP ILM gesteuert ❺.

Sofern der Zweck der Datenverarbeitung und die Aufbewahrungsfristen übereinstimmen, ist ein Sperren nicht erforderlich. Es kann direkt mittels der ILM-Objekte, die ihre Fristen aus SAP ILM beziehen, gelöscht werden ❻.

Wie eingangs erwähnt, werden die Daten in SAP ERP HCM-PA nicht über die in diesem Abschnitt dargestellten Wege gesperrt. Hier erfolgt lediglich das Löschen der Daten über das SAP ILM ❼.

Weitere Sperroptionen in einzelnen Applikationen

In einigen Fällen gibt es in den Applikationen zusätzliche, durch Berechtigungen geschützte Sperrmöglichkeiten. Ein Beispiel finden Sie in SAP-Hinweis 2071902 (Automatisches Setzen der Berechtigungsgruppen in Vertragskonten bei Sperrung der Geschäftspartner) für das SAP-Vertragskontokorrent (FI-CA).

Generell können Sie in vielen Fällen über Gruppierungsmerkmale (Berechtigungsgruppen, andere Gruppierungen) Sperrungen vornehmen, ohne dass dafür datenschutzrechtliche Gründe vorliegen.

21.8.3 Berechtigungen für gesperrte Daten verwalten

Es ist zwischen dem stammdatenbasierten Sperren und dem Sperren durch Archivierung zu unterscheiden. In Tabelle 21.30 sind die Berechtigungsobjekte für das stammdatenbasierte Sperren dargestellt. Damit die Sperrung funktionieren kann, müssen Sie im IMG u. a. zumindest eine Berechtigungsgruppe definieren. Der Pfad dafür ist LOGISTIK ALLGEMEIN • GESCHÄFTSPARTNER • LÖSCHEN VON KUNDEN- UND LIEFERANTENSTAMMDATEN • BERECHTIGUNGSGRUPPE ZUR KENNZEICHNUNG GESPERRTER STAMMDATEN DEFINIEREN (siehe SAP-Hinweis 2007926 – Vereinfachtes Sperren und Löschen der Kunden-/Lieferantenstammdaten).

Berechtigungsgruppen für das Sperren
Es ist möglich, die Berechtigungsgruppen buchungskreisspezifisch auszuprägen. Dies ermöglicht das Sperren auf Ebene eines Buchungskreises. Die in der Tabelle dargestellten Berechtigungsobjekte wurden bereits in Abschnitt 7.6, »Berechtigungsgruppen«, im Rahmen der optionalen Prüfungen vorgestellt. Optional bedeutet, dass die Prüfung übersprungen wird, solange keine Berechtigungsgruppen (BRGRU) eingetragen sind. Durch die Nutzung des skizzierten Sperrmechanismus werden jedoch Berechtigungsgruppen in die Stammdaten eingetragen, und zwar zum Zeitpunkt der Sperrung.

Objekt	Bezeichnung	Feld	Beschreibung
F_KNA1_BED	Kunde: Konto-berechtigung	ACTVT	Aktivität
		BRGRU	Berechtigungsgruppe
F_LFA1_BEK	Lieferant: Konto-berechtigung	ACTVT	Aktivität
		BRGRU	Berechtigungsgruppe
F_BKPF_BED	Buchhaltungsbeleg: Kontoberechtigung für Kunden	ACTVT	Aktivität
		BRGRU	Berechtigungsgruppe
F_BKPF_BEK	Buchhaltungsbeleg: Kontoberechtigung für Lieferanten	ACTVT	Aktivität
		BRGRU	Berechtigungsgruppe
V_KNA1_BRG	Kunde: Kontoberech-tigung für Vertriebs-bereiche	ACTVT	Aktivität
		BRGRU	Berechtigungsgruppe
F_KNKK_BED	Kreditmanagement: Kontoberechtigung	ACTVT	Aktivität
		BRGRU	Berechtigungsgruppe

Tabelle 21.30 Berechtigungsobjekte für das stammdatenbasierte Sperren

Sofern Sie die Berechtigungsgruppe bisher nicht nutzen, müssen Sie lediglich Sorge tragen, Rollen anzulegen, die besonders berechtigten Personenkreisen einen Zugriff auf die gesperrten Daten gestatten. Besonders berechtigte Personenkreise sind z. B. Wirtschaftsprüfer oder Datenschützer. Auch die Personen, die berechtigt sind, gesperrte Stammdaten zu entsperren, brauchen notwendigerweise Zugriff auf die gesperrten Daten.

Sofern Sie die Berechtigungsgruppe bereits im System für andere Zwecke nutzen, sollten Sie über eine entsprechende Namenskonvention sicherstellen, dass die Berechtigungsgruppen für das Sperren eindeutig und überschneidungsfrei bleiben. Besondere Relevanz könnten teilgenerische Vergaben von Berechtigungsgruppen haben.

In Tabelle 21.31 sind die geschäftspartnerspezifischen Berechtigungsobjekte ausgewiesen, die im Zusammenhang mit dem Sperren relevant sind.

Sperren: Geschäftspartner-spezifika

Objekt	Bezeichnung	Feld	Beschreibung
B_BUP_PCPT	Geschäftspartner: Geschäftszweck erfüllt	ACTVT	Aktivität

Tabelle 21.31 Relevante Berechtigungsobjekte: Sperre des Geschäftspartners

Objekt	Bezeichnung	Feld	Beschreibung
B_BUPA_GRP	Geschäftspartner: Berechtigungsgruppen	ACTVT	Aktivität
		BRGRU	Berechtigungsgruppe

Tabelle 21.31 Relevante Berechtigungsobjekte: Sperre des Geschäftspartners (Forts.)

Das Berechtigungsobjekt B_BUP_PCPT (Geschäftspartner: Geschäftszweck erfüllt) erlaubt die Unterscheidung zwischen:

▸ 03 Anzeigen (von gesperrten Daten für einen zentralen Geschäftspartner)

▸ 05 Sperren (Prüfung für das Sperren und das Ende des Verwendungswecks für einen zentralen Geschäftspartners ausführen)

▸ 95 Entsperren (Prüfung für das Entsperren für einen zentralen Geschäftspartner ausführen)

Die Anzeigeberechtigung ist auch für die Anzeige von Adressdaten wichtig, d. h., sie sollte ebenso für die entsprechenden besonders privilegierten Personenkreise eingeräumt werden.

Prinzipiell besteht auch noch die Möglichkeit, Geschäftspartner unter Nutzung der Geschäftspartnerberechtigungsgruppe zu sperren. Entsprechend wären dann die Berechtigungen über das Berechtigungsobjekt B_BUPA_GRP (Geschäftspartner: Berechtigungsgruppen) zu vergeben. Die Pflege einer einschlägigen Berechtigungsgruppe für das Sperren des GP ist zurzeit nur über die Transaktion SM30 (View-Pflege) für den View V_BUT_AUGRP_BLK möglich.

ILM-basierte Sperre
Wie in Tabelle 21.32 dargestellt, besteht jederzeit auch die Möglichkeit, eine Sperrung über das Archivieren herbeizuführen. Zu diesem Zweck müssen im ILM entsprechende Regeln hinterlegt werden, die die Archivdateien einschlägig kennzeichnen.

Objekt	Bezeichnung	Feld	Beschreibung
S_IRM_BLOC	Anzeigen der archivierten Daten blockieren	IRM_POLTYP	Prüfgebiet
		IRM_OBJTYP	ILM-Objekt
		IRM_AUTGRP	Berechtigungsgruppe
		ACTVT	Aktivität

Tabelle 21.32 Berechtigungsobjekt mit Berechtigungsgruppe für gesperrte Daten

Sie können das Sperren mittels Archivdateien nur nutzen, wenn Sie die notwendigen Einstellungen in SAP ILM vorgenommen haben. Bitte beachten Sie die SAP-Hinweise 2169333 (Sperren von bereits archivierten Daten) und 2167473 (Benutzerspezifisches Sperren der Anzeige archivierter, personenbezogener Daten). Das in Tabelle 21.32 dargestellte Berechtigungsobjekt erlaubt – für diesen Fall – eine detaillierte Aussteuerung der Berechtigungen für archivierte Daten per Prüfgebiet, ILM-Objekt und zugeordnete Berechtigungsgruppe.

Die zugrunde liegende Logik basiert auf den Prüfgebieten des SAP ILM. In diesen können Berechtigungsgruppen definiert werden. Sofern Daten bereits im Archiv liegen, ermittelt die Lösung in Bezug auf die Archivdaten das verbundene Prüfgebiet, die hinterlegten Aufbewahrungsfristen und prüft im Benutzerstamm, ob die hierzu hinterlegte Berechtigungsgruppe vorhanden ist

21.9 Fazit

Berechtigungen sollen der Funktion einer Person in der Organisation folgen. Die Funktion einer Person ist bestimmt durch die Prozesse, an denen diese Person mitwirkt.

Prozesse in der SAP Business Suite werden durch Customizing ausgestaltet. Um also angemessene und regelkonforme Berechtigungen zu vergeben, muss der Berechtigungsadministrator sowohl einen allgemeinen Überblick über Prozesse als auch über die Möglichkeiten im Customizing haben. Dieses Kapitel hat Ihnen an wichtigen Beispielen exemplarische Customizing-Möglichkeiten und ihren Zusammenhang zu Berechtigungen vorgestellt.

Wir wollen nicht aus einem Berechtigungsspezialisten einen Experten für die Einführung aller SAP-Komponenten machen, das können wir auch gar nicht. Wir möchten aber mit diesem Kapitel erreichen, dass Sie auch das Customizing der Komponente als eine Quelle für weitere Differenzierungsmöglichkeiten zum Erreichen von Regelkonformität verstehen.

Das betriebswirtschaftliche Berechtigungskonzept, das mitunter jahrelang »irgendwie mitläuft«, steht immer wieder plötzlich im Zentrum der Aufmerksamkeit: entweder wenn es Auflagen der Revision oder der externen Prüfung gibt oder wenn in einem Upgrade-Projekt unvermutet ein Aufwand von mehreren hundert Personentagen entsteht.

22 Konzepte und Vorgehen im Projekt

In diesem Kapitel werden wir in Abschnitt 22.1, »Berechtigungskonzept im Projekt«, darstellen, in welchem Projektzusammenhang Berechtigungskonzepte entstehen und welche Herangehensweisen gewählt werden können. In Abschnitt 22.2 lernen Sie unser Vorgehensmodell kennen. In Abschnitt 22.3 stellen wir Ihnen das SAP-Best-Practices-Template-Rollenkonzept vor, und in Abschnitt 22.4, »Inhalte eines Berechtigungskonzepts«, erfahren Sie, was in einem betriebswirtschaftlichen Berechtigungskonzept enthalten sein muss. Im letzten Abschnitt dieses Kapitels fassen wir die einzelnen Schritte bei der Implementierung noch einmal zusammen.

Das Ziel dieses Kapitels ist es, Sie mit dem Vorgehen zur Erstellung und dem Redesign eines Berechtigungskonzepts vertraut zu machen. Dieses Kapitel bietet kein »Kochrezept«, es zeigt Ihnen aber logische Herangehensweisen und wichtige Bereiche auf, an die Sie denken sollten.

Unsere Erfahrung hat gezeigt, dass es grundsätzlich keine Standardvorgehensweise gibt, sondern fallbezogen auf der Grundlage der in diesem Kapitel dargestellten Rahmenbedingungen ermittelt werden muss, welche Vorgehensweise im konkreten Fall sinnvoll ist. In diesem Sinne stellen wir einen Baukasten mit notwendigen Elementen bereit.

22.1 Berechtigungskonzept im Projekt

Zu jeder SAP-Einführung, zu jedem Erweiterungsprojekt und zu jedem Upgrade gehört auch die Auseinandersetzung mit dem betriebswirtschaftlichen Berechtigungskonzept. Die Definition von Rollen ist – besonders im Bereich des Blueprints von Rollen – in der Regel sehr aufwendig. Die erforderlichen Rollen müssen identifiziert, funktional beschrieben und organisatorisch ausgeprägt werden, um alle im Projektumfang befindlichen Prozess- und Organisationsbereiche der SAP-Lösung abzudecken.

Wildwuchs von Rollenkonzepten

Darüber hinaus unterliegen Rollenkonzepte über den Verlauf der produktiven Nutzung oftmals einem Wildwuchs, da z. B. neue Projekte (etwa ein SAP-Upgrade) neue Rollen erfordern und unterschiedliche Personen die Rollenkonzepte administrieren. Dieser Wildwuchs und nicht zuletzt fehlende Transparenz führen häufig zu einem exponentiellen Anstieg der Rollenzahl im System.

Regelkonformität

»Gewachsene Berechtigungskonzepte« sind vielfach ein Euphemismus, der davon ablenken soll, dass bestehende Rollen häufig weder den Grundsätzen der Funktionstrennung folgen noch die einschlägigen Standards der Rollenpflege oder die Vorgaben des betriebswirtschaftlichen Berechtigungskonzepts dauerhaft umsetzen. Viele gewachsene Berechtigungskonzepte sind also gleich in zweifacher Hinsicht nicht regelkonform: Sie weisen zum einen eine unzureichende Funktionstrennung auf. Zum anderen ist die Einhaltung der Standards der Berechtigungspflege mangelhaft.

Aus diesen Gründen entscheiden sich viele Unternehmen früher oder später, ihre historisch gewachsenen Rollenkonzepte zu überarbeiten. Gründe für das Redesign von Rollenkonzepten können dabei vielfältig sein. Ausgangssituationen für Redesignprojekte können z. B. die folgenden sein:

- Auflagen der Revision/der externen Prüfung
- neue gesetzliche Auflagen für das Interne Kontrollsystem (IKS)
- SAP-Upgrade-Projekte
- Redesign und Standardisierung von Geschäftsprozessen
- Vereinfachung des bestehenden Konzepts
- Konsolidierung heterogener Systemlandschaften

Zielsetzungen des Redesigns von Rollenkonzepten sind in der Regel die Schaffung von mehr Transparenz, die Einhaltung von Funktionstrennungs- und Datenschutzanforderungen, die Umsetzung gesetzlicher Bestimmungen sowie die leichtere Administrierbarkeit des neuen betriebswirtschaftlichen Berechtigungskonzepts. Zur leichteren Administrierbarkeit zählt auch die deutlich höhere Upgrade-Sicherheit, sofern die Standards eingehalten werden. All dies kann bereits kurzfristig zu signifikanten Kosteneinsparungen in der Administration, in der Umsetzung des IKS und im Upgrade führen.

Regelkonformität und Kostenreduktion

Es gibt vier Bereiche, die für das betriebswirtschaftliche Berechtigungskonzept elementar sind:

Grundlagen des Konzepts

- ▸ Systemlandschaft: vor allem Systeme (SAP, Nicht-SAP, ERP, sonstige) und Schnittstellen
- ▸ funktionale Differenzierung
- ▸ organisatorische Differenzierung
- ▸ technische Anforderungen

Viele Kunden haben mittlerweile mehrere SAP- und Nicht-SAP-Lösungen im Einsatz, um ihre betriebswirtschaftlichen Prozesse abzubilden. Das klassische systembezogene Denken im Berechtigungskonzept ist damit restlos veraltet. Interessanterweise haben die Datenschutzgesetze des Bundes und der Länder in ihren Begriffsbestimmungen diese integrierte Sicht schon frühzeitig vorweggenommen. Aus dem Datenschutzrecht kommt die Definition des Verfahrens zur Datenverarbeitung und bedeutet tatsächlich, dass das Verfahren über die Systemgrenzen hinweg zu betrachten ist. Ganz in diesem Sinne müssen die betriebswirtschaftlichen Prozesse in der Systemlandschaft betrachtet werden und nicht länger nur die Ausschnitte des Prozesses, die in einer Lösung umgesetzt werden. Wir haben in Abschnitt 5.2, »Der Verkaufsprozess«, in Abbildung 5.8 eine einfache Integration dargestellt. In der dort gezeigten Konstellation müsste der Prozess sowohl in SAP ERP als auch in SAP CRM betrachtet werden. Die jeweilige technische Umsetzung in den einzelnen betriebswirtschaftlichen Systemen ist nur ein Teilkonzept des betriebswirtschaftlichen Berechtigungskonzepts.

Systemlandschaft

Möglichkeiten und Bedarf für funktionale Differenzierung haben wir in vielen Abschnitten dieses Buches diskutiert. In Kapitel 3, »Organisation und Berechtigungen«, haben wir funktionale Differenzierung im Kontext der Organisation dargestellt, in Kapitel 4, »Rechtlicher

Funktionale Differenzierung

Rahmen – normativer Rahmen«, haben wir die Notwendigkeit der funktionalen Differenzierung in Bezug auf die Rechtsgrundlagen aufgezeigt. Darüber sollte deutlich geworden sein, dass funktionale Differenzierung im Rahmen des betriebswirtschaftlichen Berechtigungskonzepts eine absolute Notwendigkeit ist. Das Konzept muss definieren, wie das Berechtigungskonzept der Funktionstrennung in der Ablauforganisation nachkommt und wie notwendige Funktionstrennungskonflikte und kritische Aktionen zu behandeln sind.

Organisatorische Differenzierung

Auch die Notwendigkeit und die Möglichkeiten organisatorischer Differenzierung haben wir in verschiedenen Kapiteln diskutiert. In Kapitel 3, »Organisation und Berechtigungen«, haben wir uns aus diesem Grund sehr stark mit aufbauorganisatorischen Modellen auseinandergesetzt und die Organisationsebenen dargestellt. Das betriebswirtschaftliche Berechtigungskonzept muss nachweisen, wie die Aufbauorganisation des Unternehmens in den Berechtigungen umgesetzt wird, um Zugriffe nur auf notwendige Teilbereiche der Organisation zu gewährleisten.

Funktionale und organisatorische Differenzierung

Aufbau- und Ablauforganisation, funktionale und organisatorische Differenzierung bilden die zwingende Grundlage für das betriebswirtschaftliche Berechtigungskonzept. Die notwendigen Unterscheidungen müssen im Sinne von Funktionstrennungskonflikten und kritischen Zugriffen detailliert definiert werden, mithin als Risikodefinitionen. Dies kann effizient nur auf der technischen Grundlage einer Lösung wie SAP Access Control gewährleistet werden (siehe Kapitel 11, »SAP Access Control«).

Technische Anforderungen

Technische Anforderungen sind zunächst einmal Anforderungen, die die durchaus unterschiedlichen technischen Berechtigungskonzepte der SAP-Lösungen stellen. Das betriebswirtschaftliche Berechtigungskonzept integriert diese verschiedenen Konzepte und definiert darüber den Zugriff der Benutzer in der Systemlandschaft.

22.2 Vorgehensmodell

In diesem Abschnitt stellen wir zunächst zwei logische Ansätze für das Vorgehen dar (den deduktiven Ansatz und den induktiven Ansatz), um dann diese beiden Ansätze in Bezug auf ein Implementierungsprojekt und ein Redesignprojekt zu bewerten. Auf dieser Basis entwickeln wir dann ein Vorgehensmodell.

Es gibt zwei mögliche Ausgangssituationen für ein Projekt im Berechtigungswesen:

▶ **Redesignprojekt in einer bestehenden Landschaft**
Die bestehenden Berechtigungen geben Auskunft über bisher genutzte Differenzierungen.

▶ **Implementierungsprojekt**
Diese Situation bietet die Möglichkeit, bereits in der Modellierung von Prozessen und Datenstrukturen den Bedarf der funktionalen und organisatorischen Differenzierung ermitteln und steuern zu können.

Zunächst stellen wir Ihnen die beiden logischen Ansätze, den deduktiven und den induktiven, vor.

22.2.1 Logischer Ansatz

In diesem Abschnitt möchten wir auf die Vorgehensweise im Projekt eingehen. Wir unterscheiden dabei zwei wesentliche Ansätze:

▶ **Deduktiver Ansatz**
Dieser vorgabebasierte Ansatz ermittelt – ausgehend von institutionellen und normativen Vorgaben – die Berechtigungen.

▶ **Induktiver Ansatz**
Dieser Ansatz basiert auf dem Ist-Zustand der Organisation, um daraus Folgerungen für Berechtigungen abzuleiten.

Abbildung 22.1 stellt die beiden Ansätze schematisch dar. Dort werden die Begriffe *Aufgabe*, *Teilaufgabe* und *Verrichtung* verwendet, die wir in Abschnitt 3.4.2, »Aufgabenanalyse«, in Bezug auf Rollen und Berechtigungen definiert haben.

Der deduktive Ansatz geht von den bestehenden normativen Vorgaben aus, also von Gesetzen und internen Regelungen. Die Aufbauorganisation selbst muss als Teil dieser Normen gelten und grundsätzlich die relevanten Funktionstrennungen und Aufgabendefinitionen berücksichtigen. Aufgaben werden möglichst nicht neu ermittelt, sondern nur noch berechtigt. Sie müssen dann entsprechend den Prozessen zugeordnet werden. Der Prozess folgt den normativen Vorgaben, das Ziel ist unbedingte Regelkonformität. Vereinfacht dargestellt: Die Abbildung von Berechtigungen basiert auf der Regel.

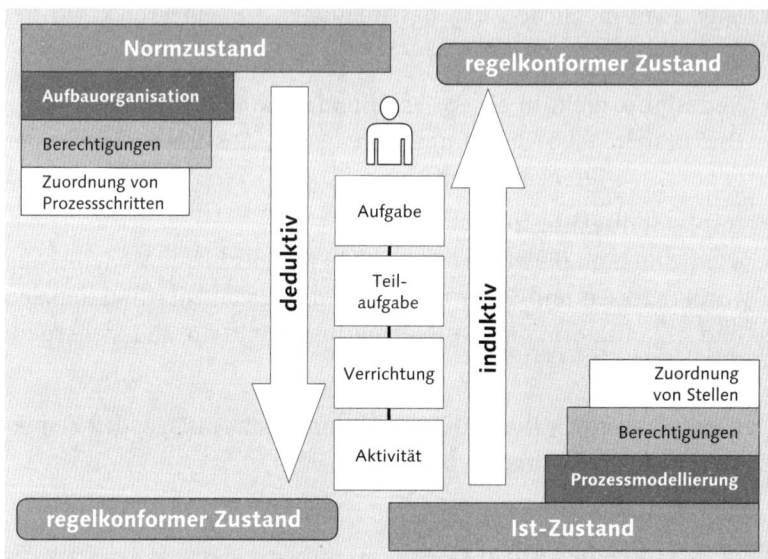

Abbildung 22.1 Deduktiver und induktiver Ansatz

Schutz-
bedarfsanalyse

Der deduktive Ansatz basiert auf einer Abbildung der zu erreichen-
den Vorgaben im Sinne einer Schutzbedarfsanalyse, z. B.:

▸ Vermeidung bestimmter Funktionstrennungskonflikte

▸ Geheimhaltung bestimmter Informationen

▸ Datenschutz

Die abgebildeten Vorgaben müssen detailliert qualifiziert und auf
das System bezogen dargestellt werden. Aus der Abbildung kann
sich schon im Vorfeld des Berechtigungskonzepts besonderer
Schutzbedarf so ergeben, dass die Datenstrukturen und Abläufe
vorab angepasst werden müssen.

Induktiver Ansatz

Der induktive Ansatz modelliert die Prozesse basierend auf dem Ist-
Zustand und betrachtet Berechtigungen aus der Sicht von Prozessschritten, die dann Stellen zugeordnet werden müssen. Die normativen Vorgaben müssen dabei möglichst effizient in den Prozessen
reflektiert werden. Auch dabei muss natürlich ein regelkonformer
Zustand angestrebt werden. Vereinfacht dargestellt: Die Abbildung
von Berechtigungen basiert auf dem Prozess.

Beide Ansätze können sowohl beim Redesign als auch bei der Implementierung gewählt werden. In den folgenden Abschnitten bewer-

ten wir diese Ansätze in Bezug auf Implementierungsprojekte und ein Redesignprojekt.

22.2.2 Implementierung

Prinzipiell sind im Kontext einer Neuimplementierung beide Ansätze denkbar, der deduktive wie auch der induktive. Der deduktive Ansatz ist für folgende Projekte angemessen:

▸ **Neuimplementierungen**
Einführungen, die ein System »auf der grünen Wiese« implementieren – mit der Absicht, Prozesse und Organisation zu optimieren und optimiert im System umzusetzen

▸ **Strikte Normeinhaltung erforderlich**
In Branchen, Lösungen oder Bereichen, in denen eine strikte Einhaltung von Normen erforderlich ist. Hier muss zunächst eindeutig festgelegt werden, was es in allen geregelten Einzelfällen zu erreichen gilt, bevor die Umsetzung im betriebswirtschaftlichen Berechtigungskonzept angestrebt wird.

> **Beispiel: Auflagen in der Pharmaindustrie**
>
> Eine Branche, die vielen Auflagen unterworfen ist, ist die Pharmaindustrie, die in Bezug auf verschiedene nationale Rechtsquellen Auflagen einhalten muss. Ein bekanntes Stichwort ist *FDA Compliance*. Unternehmen müssen belegen, dass sie den Auflagen der US-amerikanischen Food and Drug Administration (FDA) entsprechen.

Die meisten Projekte sind hingegen aufgrund des geringeren normativen Drucks eher für den induktiven Ansatz geeignet: Ein Implementierungsprojekt soll häufig bestehende Prozesse abbilden. Auch im Ist-Zustand der Organisation gibt es deutliche Hinweise, welche Funktionen getrennt werden können und welche Freigabe- und Genehmigungsverfahren bereits in alter Form existieren.

Häufiger: induktiver Ansatz

Das betriebswirtschaftliche Berechtigungskonzept gibt nicht die Herangehensweise während der SAP-Einführung vor. Die Erstellung dieses Konzepts muss sich aber in jede gewählte Einführungsmethode eingliedern. Die üblichen Implementierungsmethoden haben gemeinsam, dass sie

Abhängigkeit von der Einführungsmethode

▸ die Prozesse darstellen,

▸ die Organisation darstellen und

▶ Prozesse und Organisation im System in Abläufen zusammenbringen.

Für das betriebswirtschaftliche Berechtigungskonzept ist nun Folgendes erforderlich:

▶ Die Abbildung der Prozesse muss so weit getrieben werden, dass sowohl die gewünschten Transaktionen definiert als auch die erforderlichen Funktionstrennungen und kritischen Aktionen unmittelbar als Risiken identifiziert werden.

▶ Die Abbildung der Organisation muss so weit getrieben werden, dass komponenten- und lösungsübergreifend ein einheitliches Modell der Organisation entsteht, das eine organisatorische Differenzierung erlaubt. Daraus ist unmittelbar abzuleiten, dass die Festlegung der Organisationsabbildung sowie der Organisationsebenen und der Datendifferenzierung (Materialart, Belegart etc.) den Belangen der Differenzierung Rechnung tragen muss. Das betriebswirtschaftliche Berechtigungskonzept ist wesentlicher Treiber dieser grundsätzlichen Festlegungen.

Beispiel: Erschwerte Berechtigungskonzeption durch heterogene Strukturen

Unser persönlicher Worst Case war folgender: In einem Einführungsprojekt hatte die Projektleitung keine integrierte Sicht auf die Prozesse und die Organisation. Selbst in den Komponenten von SAP ERP war die Abbildung so unterschiedlich, dass eine sinnvolle detaillierte Berechtigungsdifferenzierung nicht mehr möglich war. Die Strukturen der Materialwirtschaft (MM), des Organisationsmanagements (OM), des Public Sector Managements (PSM), des Projektsystems (PS) und des Controllings (CO) wurden unabhängig voneinander ausdifferenziert. Da ein Beleg aus MM aber sowohl in PSM als auch in PS oder CO relevant sein kann, war eine integrierte Berechtigungsvergabe, die unangemessene Zugriffe ausschließt, nicht mehr möglich. Es waren letztlich die für das Berechtigungskonzept verantwortlichen Berater, die eine Vereinheitlichung der Sichten erzwangen.

Nachdem wir uns mit der Neuimplementierung beschäftigt haben, gehen wir im nächsten Abschnitt auf das Redesign ein.

22.2.3 Redesign

Ein Redesign kann die im Ist-Zustand vorhandenen Informationen nutzen. Das bedeutet, dass folgende Analyseschritte vor dem eigentlichen Redesign auszuführen sind:

- Auswertung der Transaktionsverwendung (über die Transaktion ST03N (Systemlast u. Perform. Statistik)

- Auswertung der berechtigten Organisationsebenen (über die Tabelle AGR_1252 – Orgebenen zu den Berechtigungen)

- Auswertung weiterer genutzter ablauf- oder aufbauorganisatorischer Unterscheidungsmerkmale (über die Tabelle AGR_1251 – Berechtigungsdaten zur Aktivitätsgruppe). Ablauforganisatorische Merkmale sind z. B. Materialart, Belegart und Kontoart; aufbauorganisatorische Merkmale sind z. B. Buchungskreis, Werk und Kostenstelle.

- Die Auswertung der Transaktionsverwendung kann auf die Prozesse des Kunden gemappt werden. Dadurch entsteht eine Transaktions-/Prozesszuordnung. In Bezug auf dieses Mapping können mögliche zusätzliche Unterscheidungsmerkmale hinsichtlich der Bewegungsdaten erkannt werden.

- Die Auswertung der Transaktionsverwendung kann ebenfalls auf die Komponenten gemappt werden. In Bezug auf dieses Mapping können mögliche zusätzliche Unterscheidungsmerkmale hinsichtlich der Stammdaten erkannt werden.

- In Bezug auf das Prozess-Mapping können mögliche Funktionstrennungskonflikte abgebildet bzw. validiert werden.

Sofern (neue) gesetzliche Auflagen nicht einen deduktiven Ansatz erzwingen, wird der induktive Ansatz immer die Methode der Wahl sein. Dies wird auch durch die eben dargestellte umfassende Vorabanalyse deutlich.

Präferenz für induktiven Ansatz

22.2.4 Konkretes Vorgehen

Der in Abschnitt 22.2.1 dargestellte logische Ansatz beschreibt eine abstrakte Herangehensweise: Aus welcher Perspektive (induktiv oder deduktiv) kann ein Berechtigungskonzept entwickelt werden? Der logische Ansatz beschreibt natürlich nicht das konkrete Vorgehen. Das werden wir im Folgenden darstellen.

In Abschnitt 3.4.2, »Aufgabenanalyse«, sind wir bereits auf die Möglichkeiten der Aufgabenanalyse abstrakt eingegangen und haben auch Aufgabenanalyse und Projektdarstellung miteinander so verbunden, dass wir Ihnen für das betriebswirtschaftliche Berechtigungskonzept eine Gliederung nach Aufgabe, Teilaufgabe, Verrichtung und Aktivität nahelegten. Abbildung 3.15 in Abschnitt 3.7.5,

»Organisationssicht der Profit-Center-Hierarchie«, zeigt das zu errei-
chende Ergebnis. Unser Ansatz definiert somit die Aufgabe in Bezug
auf eine Stelle (Planstelle in der SAP-Personalwirtschaft – SAP ERP
HCM). Ein Mitarbeiter hat in einem Unternehmen eine Aufgabe
wahrzunehmen. Aus der Prozesssicht erhalten wir in unserem
Modell die Teilaufgabe und/oder die Elementarfunktionen aus dem
Prozess (siehe Abschnitt 3.4.2). Die Teilaufgabe des Prozesses entspricht der Teilaufgabe im betriebswirtschaftlichen Berechtigungskonzept, die Elementarfunktion der Verrichtung. Die Verrichtung
entspricht technisch der Transaktion.

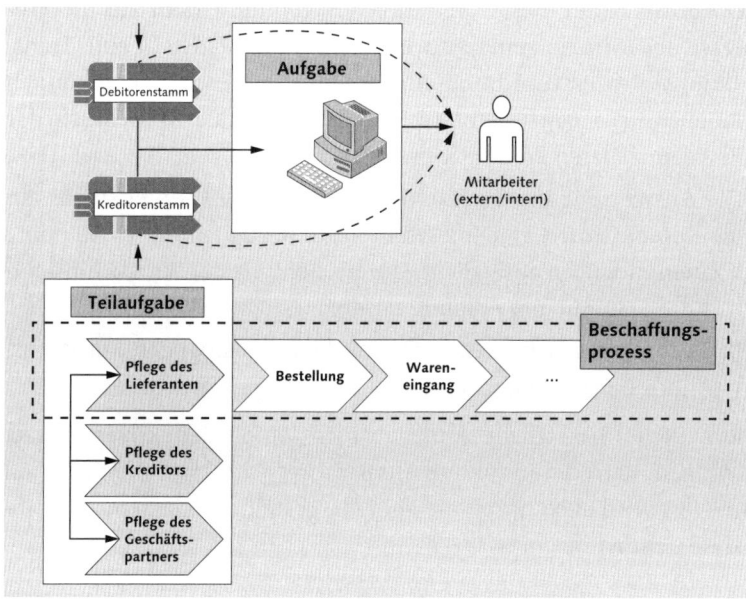

Abbildung 22.2 Rollenbezogene Aufgabensynthese im Prozess

Aufgabensynthese
im Beschaffungs-
prozess

Im Beschaffungsprozess (siehe Kapitel 5, »Berechtigungen in der Prozesssicht«) ergibt sich das in Abbildung 22.2 dargestellte Bild. Die
Lieferantenpflege, die sich aus der Pflege des Lieferanten, des Kreditors und des Geschäftspartners zusammensetzt, ist eine Teilaufgabe,
die in einer technischen Rolle zusammengefasst wird, der Rolle *Kre-
ditorenstammdatenpflege*. Die Teilaufgabe ist Teil einer Aufgabe einer
Stelle, aus diesem Grund gehört die Rolle zur Stelle. Sie ist notwendig, um einen Teil der gestellten Aufgabe zu bewältigen. Der Stelle
ist wiederum ein Mitarbeiter zugeordnet. Dieser ist verantwortlich
für die Erfüllung der Aufgabe. Aus diesem Grund muss er die Rollen
erhalten, die zur Aufgabenerfüllung notwendig sind.

In der Darstellung gehört zur Aufgabe der Stelle auch noch die Debitorenpflege. Diese Information scheint zunächst unerheblich zu sein, da die primäre Funktionstrennung erst einmal in der Kreditorenpflege zu definieren ist. Sie ist jedoch elementar, wenn es um einen grundsätzlichen Bestandteil der Funktionstrennung geht. Die Kreditorenpflege ist unabhängig von der Debitorenpflege. Beide benötigen eigenständige Funktionstrennungsdefinitionen. Wenn Sie mehrere unterschiedliche Aufgaben in Rollen kombinieren, steigt die Zahl möglicher Funktionstrennungskonflikte exponentiell. Halten Sie die Rollen daher aufgabenspezifisch. Ohne entsprechende konfigurative Vorabkontrollen (siehe Kapitel 21, »SAP Business Suite: Prozesse und Einstellungen«) sollte die Aufgabe nicht mit weiteren Teilaufgaben, wie etwa Bestellung oder Rechnungsprüfung, verbunden sein, da dies einen substanziellen Funktionstrennungskonflikt darstellen könnte.

Aufgaben ohne Funktionstrennungskonflikt

Unabhängig von den von uns gewählten Begriffen ist eine Abstraktion im Prozess erforderlich. Es müssen Teilaufgaben gebildet und weiter detailliert werden. Diese Abstraktion sollte zunächst unabhängig von Stellen erfolgen. »Der Herr Müller bearbeitet aber auch ...« ist von vornherein die falsche Herangehensweise, um eine sinnvolle generische Abbildung von Berechtigungen zu erreichen. In Tabelle 22.1 wird ein Differenzierungsschema vorgestellt.

Abstraktion als Schlüssel

Prozess (Ausschnitt)					
Teilaufgabe	**Verrichtung**	**Transaktion**	**Aktivität**	**Objekt/Feldwerte**	**Rolle**
Was ist die zu lösende Teilaufgabe?	Welche Verrichtungen gehören dazu?	Auszuführender Transaktionscode?	Welche Aktivitäten werden ausgeführt?	Wie ist zu differenzieren: Freigabecode, Berechtigungsgruppe?	
Beschaffungsprozess: Beschaffung in der Entwicklungsabteilung					
Bestellung	Bestellung anlegen	ME21N	Anlegen der vollständigen Bestellung	Aktivität 01: Belegart nur ZST Einkäufergruppe: EAB	Besteller
Bestellung	Bestellung prüfen, ändern	ME22N, ME23N	Bestellung anzeigen und ggf. ändern	...	Freigeber
Bestellung	Bestellung freigeben	ME28	Bestellung freigeben	...	Freigeber

Tabelle 22.1 Differenzierungsschema für den Beschaffungsprozess

Effiziente Risikoerfassung

Im Rahmen der detaillierten Differenzierung müssen unmittelbar auch die Risiken des Prozesses detailliert erfasst werden. Die Risiken sind Funktionstrennungskonflikte, kritische Aktionen und kritische Berechtigungen. Diese Risiken müssen Sie detailliert erfassen. Insbesondere bei Einführungsprojekten gilt:

Risiken erfassen: jetzt oder teuer

Sie werden nie wieder eine derartig effiziente Möglichkeit der Risikodefinition erreichen und damit nie wieder so effizient regelkonforme Berechtigungen einrichten können wie in der Phase der Prozessmodellierung eines Implementierungsprojekts oder eines umfassenden System- und Prozessredesigns. Der Grund ist einfach: Im produktiven Betrieb wird aus einem Berechtigungsredesign zur Erreichung von Regelkonformität ein echter und in diesem Fall eigenständiger Change-Management-Prozess.

Bereinigung beim Design

Die mit dem Differenzierungsschema dargestellten Rollen müssen gegen die Risikodefinitionen geprüft werden. Gegebenenfalls können dann Änderungen vorgenommen werden. Das ist möglich:

- in der Konfiguration
- im Prozess
- in der Rolle

Bereinigung bei der Aufgabensynthese

Erst wenn die Teilaufgaben und damit die technischen Rollen definiert sind, ist die Aufgabensynthese sinnvoll. Diese können Sie über Sammelrollen, Business-Rollen oder unter Nutzung der indirekten Rollenvergabe über Planstellen im Organisationsmanagement durchführen. Auch nach diesem Schritt müssen Sie das Ergebnis gegen die definierten Risiken prüfen.

In jedem Fall ist es das Ziel eines Berechtigungsprojekts, logische, system- und komponentenbezogene Bündelungen so vorzunehmen, dass diese Bündel frei von Funktionstrennungskonflikten sind und einfach mit den gewünschten organisatorischen Differenzierungen versehen werden können.

Eine mögliche Vereinfachung sowohl in der Einführung als auch in einem Redesign kann das SAP-Best-Practices-Template-Rollenkonzept bieten.

22.3 SAP-Best-Practices-Template-Rollenkonzept

Das SAP-Best-Practices-Template-Rollenkonzept ist ein Angebot von SAP Services. Es wird in diesem Abschnitt dargestellt, da es eine sinnvolle, standardisierende und standardisierte Vorgehensweise in einigen Projekten erlaubt. Wir werden regelmäßig gefragt, ob es für Rollen nicht ein Konzept gibt, das über die im Auslieferungsumfang enthaltenen Rollenmuster hinausgeht.

Um die in Abschnitt 22.1, »Berechtigungskonzept im Projekt«, definierten Ziele der Regelkonformität und der Kostenreduktion zu unterstützen, wurde durch SAP Services ein SAP-Best-Practices-Template-Rollenkonzept entwickelt, das auf Projekterfahrungen und der Berücksichtigung des Regelwerks von SAP Access Control basiert.

Bevor wir Ihnen das SAP-Best-Practices-Template-Rollenkonzept vorstellen, möchten wir die Begriffe *SAP Best Practices* und *Template* kurz erläutern.

22.3.1 SAP Best Practices

SAP Best Practices basieren auf den Projekterfahrungen zahlreicher Projekte in unterschiedlichen Branchen und sind Serviceangebote von SAP. Sie erlauben eine strukturierte Projektvorgehensweise und können die Einführung von SAP-Lösungen signifikant erleichtern.

Die Anwendung von SAP Best Practices erleichtert insbesondere die Evaluierung und die Designphase eines Implementierungsprojekts. Hierdurch lassen sich Beratungskosten und kundeneigene Ressourcen einsparen sowie Implementierungszeiträume signifikant reduzieren. Projektkosten und -risiken werden minimiert. Dabei können SAP Best Practices in den unterschiedlichsten Projektsituationen genutzt werden. Zum Beispiel können sie einen Mehrwert im Rahmen von Prototypen (Proof-of-Concept-Projekten) oder Referenzprojekten als Ausgangspunkt für einen späteren Roll-out liefern.

Vorteile des SAP-Best-Practices-Ansatzes sind:

- Verbesserung der Transparenz
- Komplexitätsreduzierung
  - Standardisierung des Rollenkonzepts
  - Reduzierung von Redundanzen

- Harmonisierung durch einheitliche Strukturen

▸ Verbesserung der Flexibilität

- einfachere Anpassungen durch Standardisierung

▸ Kostenreduzierung

- Implementierungsaufwand

- Administrations- und Wartungsaufwand

- Wiederverwendbarkeit

Nachdem nun SAP Best Practices kurz beschrieben wurden, werden wir im Folgenden noch den Begriff *Template* im Kontext des Rollenkonzepts erläutern.

22.3.2 SAP-Template-Rollen

Template-Rollen sind standardisierte und wiederverwendbare Rollenvorschläge für SAP ERP. Diese Template-Rollen harmonisieren die Rollen für alle Regionen, Lokationen und Geschäftsbereiche und werden somit als Vorlage unternehmensübergreifend verwendet. Ein Template dient als Ausgangspunkt für weitergehende Anforderungen, sofern sich diese aus z. B. lokalen Gegebenheiten (andere Prozessschritte) ergeben. Durch die Wiederverwendbarkeit der Rollen lässt sich z. B. der Aufwand für Dokumentationen, Realisierung und Administration verringern. Gleichzeitig können Standards für ein Konzept etabliert und die Nachhaltigkeit des Rollenkonzepts unterstützt werden, was z. B. den Wildwuchs von Rollen erheblich eindämmt.

Rollenkatalog Die Template-Rollen werden über einen generischen Rollenkatalog zur Verfügung gestellt. Dieser deckt alle Funktions- und Prozessbereiche (Anlagenwirtschaft, Hauptbuchhaltung, Vertrieb etc.) von SAP ERP ab und bietet Vorschläge für die Strukturierung der erforderlichen Rollen an. Der Rollenkatalog berücksichtigt dabei bereits allgemeine Funktionstrennungsanforderungen (wie die Trennung von Stammdaten- und Buchungsaufgaben bzw. die Trennung von kritischen und unkritischen Funktionen) sowie Anforderungen, die sich aus dem Regelwerk von SAP Access Control ergeben.

Grundsätzlich deckt der Rollenkatalog, basierend auf Erfahrungswerten, ca. 80 % der erforderlichen Rollen für Standardfunktions- und Prozessbereiche ab, die lediglich mit den kundenspezifischen Rollenanforderungen abgeglichen werden müssen. Der Rollenkatalog kann damit als Ausgangspunkt für das Rollenredesign verwendet werden, da er ein funktionales Referenzrollenkonzept anbietet, das lediglich an die organisatorischen Zuständigkeiten der Unternehmung angepasst werden muss. Konkret müssen zu diesem Referenzrollenkonzept noch die erforderlichen organisatorischen Differenzierungen definiert bzw. orientiert an der Rollenpflege abgeleitet werden.

Der Aufbau des SAP-Best-Practices-Rollenkatalogs wird in Tabelle 22.2 dargestellt. SoD steht für *Segregation of Duties*, also Funktionstrennung.

Modul	Funktionale Beschreibung	Rollenname	Kurzbeschreibung	Berechtigung	SoD-kritisch
Modul	Funktionale Beschreibung	Rollenname (Empfehlung)	Beschreibung der Rolle	Organisationsebenen	SoD-kritisch

Tabelle 22.2 Aufbau des SAP-Best-Practices-Rollenkatalogs

Im Folgenden sehen Sie einige Beispiele zu den vordefinierten SAP-Best-Practices-Template-Rollen:

▸ AA Anlagenbuchhaltung Buchung

▸ AA Anlagenbuchhaltung Stammdaten

▸ AP Kreditorenbuchhaltung Buchung

▸ AP Kreditorenbuchhaltung Zahllauf

▸ AP Rechnungsprüfung

▸ AR Debitorenbuchhaltung Buchung

▸ AR Debitorenbuchhaltung Stammdaten

▸ AR Debitorenbuchhaltung Zahllauf

▸ AR Kreditmanagementpflege

▸ GL Buchhaltung Umrechnungskurse

Der Rollenkatalog ist dabei modulorientiert aufgebaut und berücksichtigt einerseits das SAP-Standardableitungskonzept und andererseits auch Anforderungen, die sich aus der kombinierten Verwendung mit SAP Access Control ergeben.

Die funktionale Ausprägung jeder Rolle wird harmonisiert und ist für alle organisatorischen Ableitungen einheitlich strukturiert. Im Rahmen der Rollenvorschläge werden konsequent kritische Funktionen in Einzelrollen separiert und unkritische Funktionen weitestgehend gruppiert. Dadurch lassen sich sehr schlanke, aber dennoch revisionskonforme Rollen- bzw. Berechtigungskonzepte etablieren.

22.3.3 Methodische Vorgehensweise des SAP-Best-Practices-Rollenkonzepts

Die methodische Vorgehensweise des SAP-Best-Practices-Rollenkonzepts basiert dabei grundsätzlich auf einem Einzelrollenkonzept und berücksichtigt Sammelrollen nur für die Strukturierung von systemübergreifenden Rollen auf Basis der Zentralen Benutzerverwaltung (ZBV). Optional kann das SAP-Best-Practices-Rollenkonzept auch auf Basis eines Sammelrollenkonzepts realisiert werden.

Vorgehensweise Das Vorgehen ist in Abbildung 22.3 skizziert. Die Darstellung der SAP-Rolle verdeutlicht deren Wiederverwendbarkeit für verschiedene Funktionen. In der Abbildung ist die Rolle Deb.pflege BUKRS 1 unterschiedlichen Benutzern mit unterschiedlichen Funktionen zugeordnet.

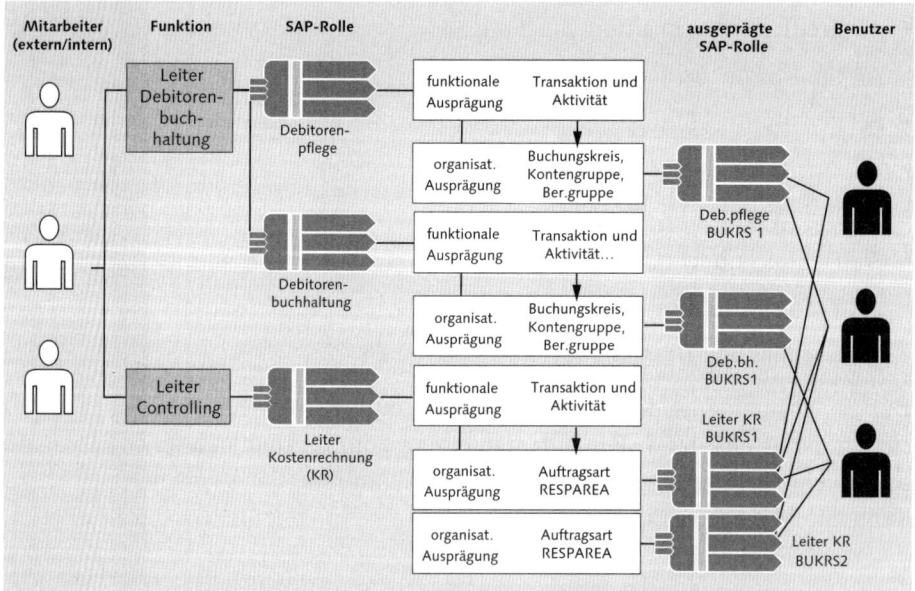

Abbildung 22.3 Verbindung von Funktion und Benutzer im SAP-Best-Practices-Template-Rollenmodell

774

Zur Einführung des SAP-Best-Practices-Rollenkonzepts müssen Sie die folgenden Schritte durchlaufen:

Vorgehen im Projekt

1. Überprüfung und Vervollständigung der SAP-Best-Practices-Rollenvorschläge
   - Berücksichtigung kundeneigener Funktionen
   - Mapping Funktionstrennungsanforderungen
   - Template für initiale Dokumentation
2. Funktionale Ausprägung der Rollen
   - Option 1: Mapping Transaktionsnutzungsanalyse
   - Option 2: Mapping bestehendes Rollenkonzept
   - Option 3: Verwendung SAP-Best-Practices-Inhalt
   - Option 4: Mapping aus Transaktionsmatrix
3. Organisatorische Ausprägung der Rollen
   - Analyse erforderlicher Organisationsebenen
   - Mapping Rollen zu Organisationsebenen-Sets (im Folgenden Organisations-Sets)
   - automatisierte Anlage durch SAP Access Control oder eine SAP-Services-Lösung
   - Template für initiale Dokumentation

Die dabei erforderlichen Arbeitspakete und Aktivitäten je Arbeitspaket sind in Abbildung 22.4 detailliert dargestellt. Die Arbeitspakete sind:

Arbeitspakete

❶ Identifizierung der SAP-Best-Practices-Rollen

❷ funktionale Rollendefinition

❸ organisatorische Rollendefinition

❹ Realisierung der Rollen

❺ Integrationstest/User-Acceptance-Test

❻ Template Go-Live/Roll-out

Grundsätzlich unterscheidet sich das methodische Vorgehensmodell nicht sehr stark von herkömmlichen Ansätzen der Rollendefinition. Allerdings gilt es hierbei zu berücksichtigen, dass gerade im Bereich des Arbeitspakets 1 (Identifizierung von SAP-Best-Practices-Rollen) bereits mehr als ein Drittel des erforderlichen Aufwands eingespart

Vorteil des Modells

werden kann, da der SAP-Best-Practices-Rollenkatalog bereits vordefinierte Rollenvorschläge und Strukturierungen enthält:

▶ **Überprüfung und Vervollständigung der SAP-Best-Practices-Rollenvorschläge**

 – Auswahl der erforderlichen Rollen analog den Prozessvorgaben

 – Vervollständigung der Rollen für kundeneigene Funktionen

 – Mapping von Funktionstrennungsanforderungen

Ergebnis: initiale Dokumentation (templatebasierend) der erforderlichen Rollen

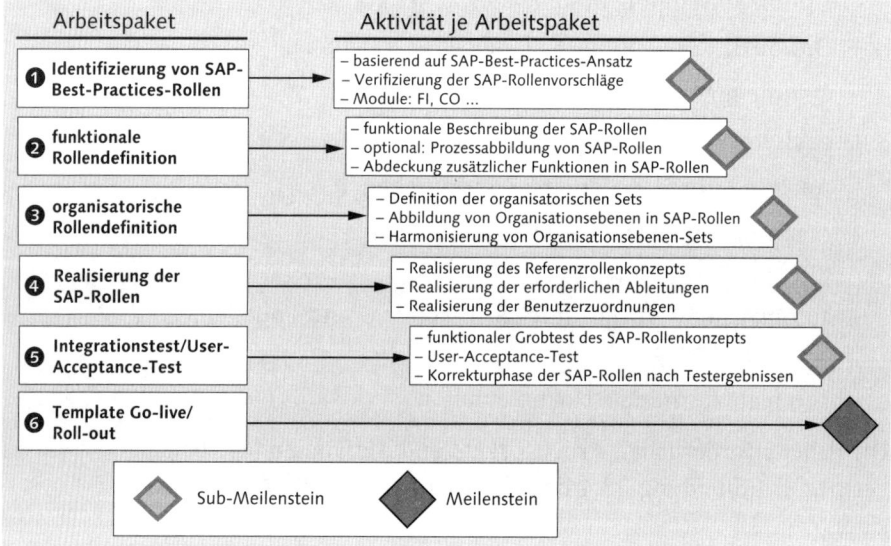

Abbildung 22.4 Vorgehensmodell der SAP-Best-Practices-Rollendefinition

▶ **Funktionale Ausprägung der Rollen**

 – Option 1: Mapping von Funktionen aus Transaktionsnutzungsanalysen

 – Option 2: Mapping des bestehenden Rollenkonzepts (bei granularer Rollenstruktur)

 – Option 3: Verwendung von SAP-Best-Practices-Inhalten (funktionale Vorschläge je Rolle)

 – Option 4: Mapping-Funktionen auf Basis der Transaktionsmatrix

Ergebnis: funktionale Dokumentation der erforderlichen Rollen

▶ **Organisatorische Ausprägung der Rollen**

– Analyse erforderlicher SAP-Organisationsebenen

– Definition kundenspezifischer Organisations-Sets

– Mapping der Rollen zu Organisations-Sets

Ergebnis: organisatorische Dokumentation der erforderlichen Rollen

Die organisatorische Ausprägung wird über das in Tabelle 22.3 dargestellte Schema definiert.

Organisatorische Ausprägung

SAP-Best-Practices-Rolle		Organisations-Set 001		Organisations-Set 002	
Rolle	Org.Ebenen	von	bis	von	bis
Rollen-name	in Rolle ent-haltene Org.Ebenen	Org.Ebenen ausgeprägt mit Werten des Organi-sations-Sets 001		Org.Ebenen ausgeprägt mit Werten des Organi-sations-Sets 002	

Tabelle 22.3 Schema organisatorischer SAP-Best-Practices-Rollendefinition

22.3.4 Einsatz mit SAP Access Control

Das SAP-Best-Practices-Rollenkonzept lässt sich auch kombiniert mit SAP Access Control implementieren. Dies ermöglicht es, integrierte Compliance (z. B. Risikoanalysen, Genehmigungsworkflows) bereits in der Rollendefinition zu berücksichtigen.

Darüber hinaus ergeben sich durch den Funktionsumfang von SAP Access Control Vorteile insbesondere bei der Implementierung des SAP-Best-Practices-Rollenkonzepts, da die Massenpflegemöglichkeiten – z. B. das Business Role Management (hier Organisationswert-Mapping) – die automatisierte Erstellung organisatorischer Ableitungen unterstützen.

Massenpflege von SAP-Best-Practices-Rollen

Vorteile bei der kombinierten Anwendung:

▶ Minimiert signifikant Aufwände beim Redesign von Rollenkonzepten (z. B. durch Massenpflegemöglichkeiten).

▶ Risiken des Rollenkonzepts können bereits vor dem Go-Live bereinigt werden.

▶ Automatisierung der Provisionierungs- und Genehmigungsprozesse ist bereits im Projektzyklus anwendbar.

- ▸ Verhindert kostspielige Nacharbeiten in Bezug auf Regelkonformität.

- ▸ Implementierung bietet Transparenz, Administrierbarkeit und Zukunftssicherheit.

Die Einführung der Access-Control-Lösung in Kombination mit dem SAP-Best-Practices-Rollenkonzept bietet ein effizientes Instrumentarium zum Redesign von Rollenkonzepten und minimiert Sicherheitsrisiken präventiv bereits vor dem Go-Live.

22.3.5 Template-Rollen für SAP HANA

Als Ergänzung zu dem SAP-Best-Practices-Template-Rollenkonzept bietet SAP Services auch Template-Rollen für SAP HANA an. Diese Rollen dienen als Grundlage für die Erstellung von kundeneigenen Rollen für die Entwicklung und Basisadministration in SAP HANA.

22.4 Inhalte eines Berechtigungskonzepts

Internes Kontrollsystem In Kapitel 4, »Rechtlicher Rahmen – normativer Rahmen«, haben wir das betriebswirtschaftliche Berechtigungskonzept im IKS und damit im normativen Rahmen der Organisation verortet. Dort haben wir folgende Prinzipien aufgeführt:

- ▸ Identitätsprinzip
- ▸ Minimalprinzip
- ▸ Stellenprinzip
- ▸ Belegprinzip der Buchhaltung
- ▸ Belegprinzip der Berechtigungsverwaltung
- ▸ Funktionstrennungsprinzip
- ▸ Genehmigungsprinzip
- ▸ Standardprinzip
- ▸ Schriftformprinzip
- ▸ Kontrollprinzip

Das betriebswirtschaftliche Berechtigungskonzept muss dem normativen Rahmen gerecht werden, den dargestellten Prinzipien folgen und auch ihre Anwendung in der Systemlandschaft transparent machen.

Für die Fassung des betriebswirtschaftlichen Berechtigungskonzepts möchten wir Ihnen zunächst unsere Ausführungen zum Schriftformprinzip in Erinnerung rufen:

Schriftformprinzip

> *Das betriebswirtschaftliche Berechtigungskonzept muss in einer schriftlichen, genehmigten Fassung vorliegen und der Art nach geeignet sein, einem sachkundigen Dritten in angemessener Zeit Auskunft über die betriebswirtschaftliche Nutzung der Berechtigungen, der Umsetzung der normativen Grundlagen und der technischen Realisierung zu geben.*

Die Formulierung ist bewusst an § 238 Satz 2 HGB angelehnt. Dort wird für Deutschland das *True-and-Fair-View-Prinzip* in Bezug auf die Bilanz definiert. Es scheint uns eine angemessene Ableitung in Bezug auf das betriebswirtschaftliche Berechtigungskonzept zu sein, und man wird erwarten dürfen, dass ausgebildete Berechtigungsexperten auf der Grundlage des schriftlichen Konzepts erkennen können, wie die Berechtigungen im System beschaffen sind oder sein sollten. Es muss also aus dem Konzept für den externen Experten verständlich hervorgehen, warum ein bestimmter Benutzer bestimmte Berechtigungen bekam.

Das Fehlen eines schriftlichen Konzepts als substanzieller Mangel

Sofern es kein schriftliches betriebswirtschaftliches Berechtigungskonzept in diesem Sinne gibt, ist dies nach unserer Auffassung ein substanzieller Verstoß gegen die Prinzipien des IKS. Dies gilt auch, wenn die Umsetzung in den Systemen keinen erkennbaren Zusammenhang zum schriftlichen Konzept hat.

Im Folgenden werden wir auf dieser Grundlage eine mögliche Gliederung eines betriebswirtschaftlichen Berechtigungskonzepts erläutern.

22.4.1 Einleitung und normativer Rahmen des Konzepts

Dieser Abschnitt des betriebswirtschaftlichen Berechtigungskonzepts dient der Verortung des Konzepts im Rahmen des IKS und der Organisation. Es hat sich insbesondere in Organisationen des öffentlichen Sektors als hilfreich erwiesen, auf den institutionellen Rahmen einzugehen – einerseits weil die Rechnungslegungsnormen und weitere Rechtsnormen anders sein können, aber andererseits auch, weil der andere institutionelle Rahmen andere Ziele mit sich führen kann und interne Strukturen ihre Besonderheiten aufweisen können. Ein betriebswirtschaftliches Berechtigungskonzept für eine Behörde stellt spezielle Anforderungen an den Inhalt, die Form, aber auch die Kompetenzen eines externen Beraters.

Nachweis der Genehmigung/ Abnahme

Aus dem betriebswirtschaftlichen Berechtigungskonzept muss hervorgehen, wer es wann abgenommen und genehmigt hat. Die Genehmigung muss durch einen Vertreter der Geschäftsleitung oder eine durch diese dafür bestimmte Person erfolgen. Eine etwaige Abnahme oder Kenntnisnahme anderer Funktionen wie der internen Revision oder des Datenschutzbeauftragten kann sinnvoll sein.

Einbettung im IKS

Das betriebswirtschaftliche Berechtigungskonzept ist Bestandteil des Internen Kontrollsystems (IKS). Sofern zur Dokumentation des IKS eine Darstellung der geltenden Rechtsnormen und internen Normen gehört, kann das betriebswirtschaftliche Berechtigungskonzept darauf konkret referenzieren. Das heißt, die Normen, die durch das Berechtigungskonzept umzusetzen sind oder berührt werden, müssen fallweise genannt werden. Detaillierte Ausführungen sind nur in den Bereichen erforderlich, die in der Dokumentation des IKS nicht enthalten sind.

Leider gibt es einige Beispiele, in denen nur die rechnungslegungsrelevanten Regelungen in das IKS Eingang finden. Oft wird der Datenschutz nicht als Bestandteil des IKS gesehen, und die einschlägigen Verzeichnisse und Dokumentationen werden entsprechend separat geführt. Dies kann auch für weitere Rechtsnormen und Grundlagen gelten, wie etwa Branchenrecht, Umweltrecht etc. In diesen Fällen müssen entweder entsprechende weitere Referenzierungen vorgenommen werden, oder es muss eine belastbare Darstellung im Konzept enthalten sein.

> ### Minimalanforderungen an das Berechtigungskonzept
>
> In einem betriebswirtschaftlichen Berechtigungskonzept in Deutschland müssen an Normen minimal enthalten oder referenziert sein:
> - geltende Rechnungslegungsvorschriften
> - geltende Datenschutzvorschriften
> - geltende Regeln der Mitbestimmung

Die Darstellung muss in jedem Fall so konkret sein, dass der jeweilige Schutzbedarf im Sinne technischer Berechtigungen deutlich wird. Allgemeinplätze, wie etwa »Die Grundsätze ordnungsgemäßer EDV-Buchführung sind einzuhalten«, sind nicht ausreichend. Dies muss so weit detailliert werden, dass auf die Abschnitte verwiesen wird, in denen der Schutz deutlich wird, also mindestens die Ausführungen zur Risikodefinition und zu den technischen Standards.

Konkretisierung der Normen

22.4.2 Technischer Rahmen

Dieser Abschnitt des betriebswirtschaftlichen Berechtigungskonzepts dient der Darstellung der durch das Konzept geschützten Systemlandschaft, die inklusive aller Schnittstellen zu anderen Verfahren darzustellen ist. Sofern es Schnittstellen in andere Systeme gibt, muss dargestellt werden, wie die Daten zwischen den Schnittstellen geschützt werden und welche Intersystemkonflikte vorhanden sind. Anzustreben ist allerdings ein betriebswirtschaftliches Berechtigungskonzept, das alle ERP-Applikationen als Gesamtheit darstellt.

Darstellung der Systemlandschaft

Gerade wenn es um unterschiedliche ERP-Applikationen geht, kann es verschiedene technische Berechtigungskonzepte geben. In diesem Buch sind die Konzepte von SAP ERP, SAP ERP HCM, SAP CRM, SAP SRM, SAP BW, SAP BusinessObjects Business Intelligence, SAP HANA, SAP S/4HANA und der SAP User Management Engine (UME) dargestellt worden – also in Teilen signifikant unterschiedliche technische Konzepte. Dies muss in einem betriebswirtschaftlichen Berechtigungskonzept verständlich dargestellt werden. Dazu gehört in jedem Fall auch die Methodologie der Berechtigungspflege und Berechtigungszuweisung.

Darstellung der technischen Berechtigungskonzepte

22.4.3 Risikobetrachtung

Dieser Abschnitt des betriebswirtschaftlichen Berechtigungskonzepts dient der expliziten Darstellung der Risiken, die mit Benutzerberechtigungen im System verbunden sind.

Wie verschiedentlich dargestellt, sind Risikodefinitionen für das betriebswirtschaftliche Berechtigungskonzept unerlässlich. Im betriebswirtschaftlichen Berechtigungskonzept muss dargestellt werden, wo diese vorgehalten werden, welche normativen Vorgaben durch die Risikodefinitionen abgedeckt sind und wie diese Risikodefinitionen gepflegt werden.

Risikodefinitionen

> **Technisch detaillierte Risikodefinitionen**
>
> Die Risikodefinitionen selbst müssen technisch detailliert Funktionstrennungskonflikte, kritische Aktionen und kritische Berechtigungen ausweisen. Definitionen auf Rollenbasis sind regelmäßig nicht hinreichend. Sie sind im Allgemeinen nur sinnvoll als zusätzliche Kategorisierung.

Konfiguration

In Bezug auf die Risiken muss die Konfiguration der Systeme, soweit sie berechtigungsrelevant ist, dargestellt werden (siehe Kapitel 21, »SAP Business Suite: Prozesse und Einstellungen«). Dies gilt im Besonderen für Bereiche wie Freigabeverfahren, Prüfroutinen, Vieraugenprinzip, Berechtigungsgruppen und Einschränkung der Nutzung von Transaktionen durch Varianten.

22.4.4 Person – Benutzer – Berechtigung

Aus diesem Abschnitt des betriebswirtschaftlichen Berechtigungskonzepts muss deutlich werden, wie eine Person Berechtigungen erhält und wie gewährleistet wird, dass diese Berechtigungen angemessen für die Aufgabenwahrnehmung sind.

Anwendung des Identitätsprinzips

Aus dem betriebswirtschaftlichen Berechtigungskonzept muss Folgendes hervorgehen:

- wie eine Person einen Benutzer im System beantragt
- wie die dazugehörigen Berechtigungen beantragt werden
- welche Freigabeverfahren dazu genutzt werden
- wie den benutzerbezogenen Risiken vorgebeugt wird
- wie sichergestellt wird, dass die Benutzer, die eine Person jemals erhalten hat, immer wieder auf genau diese Person zurückgeführt werden können

Dazu gehört unmittelbar die Aufbewahrung dieser Informationen im Rahmen der jeweiligen Aufbewahrungsfristen.

Anwendung des Minimalprinzips

Eine Person darf nur die Berechtigungen haben, die zur Aufgabenwahrnehmung nötig sind. Um dies nachzuweisen, müssen möglichst folgende Prinzipien dargestellt werden:

- Stellenprinzip
- Funktionstrennungsprinzip

▸ Genehmigungsprinzip

▸ Kontrollprinzip

Wie in Kapitel 3, »Organisation und Berechtigungen«, und in Kapitel 4, »Rechtlicher Rahmen – normativer Rahmen«, beschrieben wird, müssen Berechtigungen immer und ausschließlich der Funktion einer Person in der Organisation entsprechen. Damit entsprechen sie – zumindest theoretisch – der Stelle, die diese Person innehat. Sofern Berechtigungen aus anderen Sichten erforderlich sind, müssen diese eigentlich auf die Stelle (Planstelle in SAP ERP HCM) bezogen werden.

Anwendung des Stellenprinzips

Es ist nicht zwingend erforderlich, alle Berechtigungen in Bezug auf Stellen abzubilden. Es ist allerdings das effizienteste Verfahren, um langfristig die Gründe für bestimmte Berechtigungen nachweisen zu können. Wenn neben stellenbezogenen Berechtigungen auch andere Sichten zu berücksichtigen sind, dann stellt dies an das Genehmigungsverfahren größere Anforderungen.

In Bezug auf die gesamten Berechtigungen, die eine Person in der Systemlandschaft hat, müssen die Prinzipien der Funktionstrennung eingehalten werden. Dazu müssen die einschlägigen Funktionstrennungsrisiken in die Risikodefinitionen aufgenommen werden.

Anwendung des Funktionstrennungsprinzips

Alle Berechtigungen, die eine Person in der Systemlandschaft erhält, müssen genehmigt werden. Dabei sind zwei verschiedene Verfahren zu unterscheiden:

Anwendung des Genehmigungsprinzips

▸ die Genehmigung durch allgemeine Weisung: z. B. Default-Berechtigungen oder Berechtigungen, die aus dem Modell der indirekten Zuweisung (siehe Kapitel 8, »Rollenzuordnung über das Organisationsmanagement«) stammen

▸ die fallweise Genehmigung in einem Antragsverfahren

Fallweise Genehmigungen müssen im Einzelnen nachweisbar bleiben und sollten auf der Grundlage einer Risikoanalyse erfolgen.

22.4.5 Berechtigungsverwaltung

Dieser Abschnitt des betriebswirtschaftlichen Berechtigungskonzepts dient der Dokumentation der Berechtigungsverwaltung selbst. Dabei muss dokumentiert werden, wie der Prozess der Berechtigungspflege gestaltet ist. Dies müssen Sie für jede technische Berechtigungslösung separat dokumentieren.

Darüber hinaus muss festgehalten werden, wie das Vieraugenprinzip in der Benutzer- und Berechtigungsadministration technisch zwingend durchgesetzt wird.

Anwendung des Standardprinzips

Es muss detailliert dargestellt werden, in welchen Fällen von den Standards der Berechtigungspflege abgewichen wird. Wenn diese Abweichungen systematischer Natur sind, kann auf die Bereiche des Abweichens generisch eingegangen werden, indem der Namensraum der Rollen definiert wird und manuell hinzugefügte Berechtigungsobjekte dokumentiert werden.

22.4.6 Organisatorische Differenzierung

Dieser Abschnitt des betriebswirtschaftlichen Berechtigungskonzepts stellt die organisatorische Differenzierung dar. Aus dem Konzept muss hervorgehen, welche Attribute für die ablauforganisatorische und die aufbauorganisatorische Differenzierung genutzt werden.

Organisatorische Attribute

Die Attribute können Organisationsebenen oder auch Feldwerte sein. Gegebenenfalls muss deutlich gemacht werden, welche Organisationsebenen kundenspezifisch für diese Attribute eingerichtet wurden.

Sofern Unternehmensbereiche durch eine bestimmte Menge an Attributen gekennzeichnet sind, muss hier eine detaillierte Darstellung erfasst werden.

22.4.7 Prozessdokumentation

Dieser Abschnitt des betriebswirtschaftlichen Berechtigungskonzepts dient der Verbindung des Konzepts mit etwaigen Prozessdokumentationen. Sofern das Berechtigungskonzept tatsächlich die Prozesse zur Grundlage hat, müssen diese auch inklusive des Bedarfs nach Funktionstrennung dokumentiert werden. Dabei muss sichergestellt werden, dass die Änderungen in Prozessen auch nachvollzogen werden, d. h., das Berechtigungskonzept muss die aktuellen Prozessmodelle dokumentieren.

Einfacher ist diese Dokumentation bei Nutzung des SAP Solution Managers. Sofern dieser für die Rollenpflegeprozesse genutzt wird, ist diese Dokumentation inhärent.

In jedem Fall muss auch der Zusammenhang Prozess – Aufbauorganisation dargestellt werden. In einigen Prozessmodellen (z. B. ARIS) ist es möglich, mit der Prozessmodellierung auch gleichzeitig die Sicht des Prozesses in der Organisation abzubilden.

22.4.8 Rollendokumentation

Dieser Abschnitt des betriebswirtschaftlichen Berechtigungskonzepts dient der Rollendokumentation. Auf eine detaillierte Dokumentation von Einzelrollen kann dann verzichtet werden, wenn deren Strukturierung sich einerseits aus der Prozessdokumentation ergibt und andererseits eine detaillierte Änderungsprotokollierung nachgewiesen werden kann. Sofern der Solution Manager und oder SAP Access Control für die Rollenpflegeprozesse genutzt wird, ist diese Dokumentation inhärent.

22.5   Schritte zum Berechtigungskonzept

In diesem Abschnitt fassen wir die Schritte auf dem Weg zu einem regelkonformen Berechtigungskonzept noch einmal kurz zusammen. Beachten Sie, dass die Vorgehensweise innerhalb dieser einzelnen Schritte unterschiedlich sein kann. Es gibt, abhängig von Ihrem Projekt und den individuellen Anforderungen Ihres Unternehmens, verschiedene Lösungswege, die zum Ziel führen. Entscheiden Sie also auf der Basis der Informationen, die Sie in den Abschnitten dieses Kapitels gewonnen haben, welche Methode Sie verwenden. Die Schritte, die wir Ihnen auf den folgenden Seiten vorstellen, sollen Ihnen eine Orientierung bei der Erstellung Ihres Berechtigungskonzepts geben.

22.5.1 Rahmenkonzept und Projektmitglieder

Im ersten Schritt legen Sie den Rahmen Ihres betriebswirtschaftlichen Berechtigungskonzepts fest; dies bezeichnen wir in der Regel als das *Rahmenkonzept* für Berechtigungen im SAP-System. Dort beschreiben Sie die rechtlichen Anforderungen, die Gültigkeit in der

Rahmenkonzept

Systemlandschaft und die Prozesse der Berechtigungs- und Benutzer-verwaltung. Details zum Inhalt finden Sie in Abschnitt 22.4, »Inhalte eines Berechtigungskonzepts«.

Projektmitglieder Außerdem sollten Sie festlegen, welche Mitarbeiter Sie (intern und extern) im Projekt zur Erstellung eines Berechtigungskonzepts ein-binden wollen und müssen. Offensichtlich sind Berechtigungsadmi-nistratoren in das Projekt einzubinden, diese können aber insbeson-dere beim deduktiven Ansatz nur Vorgaben umsetzen. Im Rahmen des induktiven Ansatzes können Berechtigungsadministratoren einen Überblick über die Systemvoraussetzungen geben. So sind in jedem Fall für die betriebswirtschaftlichen Vorgaben weitere Pro-jektmitglieder erforderlich. Die Identifizierung dieser Mitarbeiter gestaltet sich in aller Regel schwieriger, es ist aber zwingend erfor-derlich, dass Sie an dieser Stelle Mitarbeiter in das Projekt einbin-den, die über Kenntnisse Ihrer Prozesse verfügen und die Verant-wortung für die verarbeiteten Daten im Rahmen der Prozesse tragen. Wir bezeichnen diese Mitarbeiter im Folgenden als *Datenverantwort-liche*. Diese Datenverantwortlichen werden regelmäßig im Rahmen des Projekts Aufgaben delegieren. Dies ist sinnvoll und erleichtert oft die Projektdurchführung, entbindet die Datenverantwortlichen aber nicht von Ihrer grundsätzlichen Verpflichtung.

Weiterhin ist es erforderlich, Mitarbeiter in das Projekt zu involvie-ren, die Überblick über die technische Abbildung der Prozesse in den SAP-Systemen haben. Üblicherweise sind dies Mitarbeiter aus der IT-Abteilung oder sogenannte Key-User aus den Fachbereichen, die häufig auch als Vertretung für die Datenverantwortlichen einge-bunden sind. Diese Mitarbeiter sind zuständig für die Abbildung der funktionalen Ausprägung von Rollen (z. B. Definition der Beleg-arten, Berechtigungsgruppen oder Kontoarten). Abschließend brau-chen Sie im Rahmen eines Projekts zur Erstellung von Berechtigun-gen auch Anwender, die die Rollen nach der Implementierung testen.

22.5.2 Rollenkonzept

Im zweiten Schritt definieren Sie ein Rollenkonzept, das in der Regel für ein System bzw. seine Transportlandschaft gültig ist. Es kann aber auch sinnvoll sein, Rollen in anderen Landschaften wiederzu-verwenden (z. B. Rollen für die Basisadministration) oder Sammelrollen über Systemgrenzen hinweg zu definieren (z. B. Sammelrollen in der Zentralen Benutzerverwaltung oder Business-Rollen mit Einzelrollen im SAP-ERP- und CRM-System). Das Rollenkonzept ist detaillierter als das Rahmenkonzept; beide zusammen stellen den Blueprint für das Berechtigungskonzept dar.

Beim deduktiven Ansatz betrachten Sie zuerst die Aufgaben und Arbeitsplätze und nehmen dann eine Aufteilung nach Teilaufgaben, Verrichtungen und Aktivitäten vor. Zu den Teilaufgaben, Verrichtungen und Aktivitäten definieren Sie dann ein Rollenkonzept, wie in Abbildung 22.5 dargestellt. Beim induktiven Ansatz würden Sie zuerst die Aktivitäten, Verrichtungen und Teilaufgaben definieren (auch abhängig von den Systemvoraussetzungen) und diese erst danach zu Aufgaben und Arbeitsplätzen bündeln.

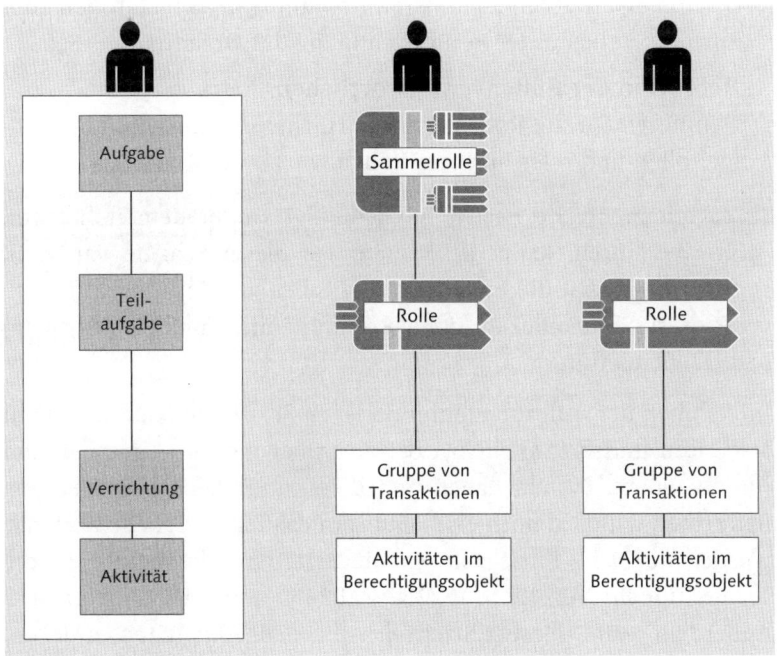

Abbildung 22.5 Aufgabenanalyse und Berechtigung

Bei der Erstellung des Rollenkonzepts müssen die folgenden Aufgaben abgearbeitet werden:

1. **Aufgabendefinition**
   Definieren Sie die Prozesse, und bilden Sie die daraus resultierenden Aufgaben in Einzelrollen ab. Es gilt, mögliche funktionale Dif-

ferenzierungen, wie z. B. Berechtigungen nur für bestimmte Belegtypen, zu berücksichtigen. Konsolidieren Sie die Einzelrollen über Komponentengrenzen hinweg.

2. **Risikodefinition**
Identifizieren Sie Konflikte und kritische Berechtigungskombinationen, und bestimmen Sie einen Risikoverantwortlichen. Die Definition dieser Risiken kann z. B. in SAP Access Control erfolgen.

3. **Organisationsebenendefinition**
Identifizieren und definieren Sie die Organisationsebenen (auch kundeneigene), nach denen differenziert werden soll. Außerdem definieren Sie die Organisations-Sets zur Abbildung der organisatorischen Differenzierung in abgeleiteten Rollen.

4. **Stellendefinition**
Definieren Sie Stellen und deren Abbildung in Sammelrollen oder Business-Rollen unter Berücksichtigung der Organisations-Sets.

5. **Definition der Rollenverantwortlichen**
Definieren Sie die Rollenverantwortlichen für Einzelrollen, Sammelrollen und/oder Business-Rollen.

Je nachdem, ob Sie nach dem deduktiven oder dem induktiven Ansatz verfahren, kann die Reihenfolge dieser Schritte variieren. Darüber hinaus ist die Erstellung des Rollenkonzepts oft ein iterativer Prozess, z. B. in Bezug auf die Risikodefinition und die Aufgaben- bzw. Stellendefinition.

Aufgabendefinition Im Rahmen der Aufgabendefinition legen Sie den Aufbau der Rollen fest. Dazu müssen Sie einen Überblick über die Verrichtungen und Aktivitäten im System haben und diese zu Teilaufgaben bündeln. Betrachten wir dazu noch einmal unser Beispiel aus Tabelle 22.1 Wir würden nun eine Einzelrolle für die Bestellung definieren, die die Transaktionen ME21N, ME22N, ME23N und ME28 beinhaltet. Außerdem wäre diese Einzelrolle mit den Aktivitäten Anlegen, Ändern und Anzeigen ausgestattet und auf die Belegart ZST und die Freigabegruppe 01 eingeschränkt (siehe Tabelle 22.4). Die Einschränkung auf die Einkäufergruppe wird an dieser Stelle noch nicht betrachtet, da es initial darum geht, die funktionale Einzelrolle als Abbildung der Teilaufgabe zu definieren.

Beschaffungsprozess: Beschaffung in der Entwicklungsabteilung					
Teilauf-gabe	Verrich-tung	Trans-aktion	Aktivität	Objekt/ Feldwerte	Rolle
Bestellung	Bestellung anlegen	ME21N	Anlegen der voll-ständigen Bestellung	▸ Aktivität 01: Belegart nur ZST ▸ Einkäufer-gruppe: EAB	Besteller
Bestellung	Bestellung prüfen, ändern	ME22N, ME23N	Bestellung anzeigen und ggf. ändern	▸ Aktivität 02; 03: Belegart nur ZST ▸ Einkäufer-gruppe: EAB	Freigeber
Bestellung	Bestellung freigeben	ME28	Bestellung freigeben	▸ Freigabe-gruppe: 01	Freigeber

Tabelle 22.4 Differenzierungsschema für den Beschaffungsprozess

Nach diesem Schema gehen Sie nun für alle Teilaufgaben, Verrichtungen und Aktivitäten in Ihrem Unternehmen vor. Dabei sollte die Bündelung der Verrichtungen und Aktivitäten in einer Teilaufgabe durch die Datenverantwortlichen oder deren Vertretung erfolgen. Nur sie sind in der Lage, eine betriebswirtschaftlich sinnvolle Bündelung vorzunehmen. Für alle Einzelrollen und die damit verbundene Abbildung von Teilaufgaben ist immer direkt ein Rollenverantwortlicher festzulegen, üblicherweise ist dies der Datenverantwortliche bzw. die Vertretung. Rollenverantwortliche für Einzelrollen sind später bei allen Änderungen an der Rolle über einen Genehmigungsprozess mit einzubeziehen.

Im Rahmen der Einzelrollendefinition lohnt es sich immer, eine Konsolidierung über Modulgrenzen hinweg durchzuführen. Durch den hohen integrativen Ansatz von SAP ERP ist es häufig der Fall, dass Anwendungen aus anderen Bereichen angezeigt oder geändert werden müssen. Aufgrund der Erfahrungen aus unserer Beratungspraxis empfehlen wir, diese Berechtigungen als Teilaufgaben, d. h. in Einzelrollen, zu bündeln und dann für andere Fachbereiche zur Verfügung zu stellen.

Die Risikodefinition sollte im nächsten Schritt erfolgen oder bereits im Rahmen der Aufgabendefinition. Dabei sind kritische Verrichtungen und/oder Aktivitäten, sowie Funktionstrennungskonflikte zu definie-

Risikodefinition

ren. Beachten Sie hierbei auch stets die Risiken, die aus kundeneigenen Funktionen resultieren. Auch im Rahmen der Risikodefinition müssen Sie wieder einen Risikoverantwortlichen bestimmen, üblicherweise sind dies ebenfalls die Datenverantwortlichen.

Organisations-
ebenendefinition

Der nächste Schritt ist dann die Organisationsebenendefinition. Hier ist es immer sinnvoll, zuerst die Aufbau- und Ablauforganisation zu betrachten. Verschaffen Sie sich einen Überblick über die erforderlichen Unterscheidungsmerkmale, und gleichen Sie diese dann gegen die Systemvoraussetzungen ab. Auf diesem Weg identifizieren Sie die relevanten Organisationsebenen im Standard und können bestimmen, ob Sie noch weitere kundeneigene Organisationsebenen definieren müssen. Nachdem die Organisationsebenen festgelegt wurden, müssen Sie nun die möglichen Werte identifizieren und zu sogenannten Organisations-Sets bündeln. Diese dienen der Gruppierung von Organisationsebenen und erleichtern die Ausprägung der abgeleiteten Rollen. Die Organisationsebenen werden dabei abhängig von der am meisten granulierten Differenzierung gebündelt. Eine detaillierte Beschreibung der Organisations-Sets finden Sie in Abschnitt 22.3.3, »Methodische Vorgehensweise des SAP-Best-Practices-Rollenkonzepts«.

Stellendefinition

Nachdem für die Einzelrollen bereits ein Konzept definiert wurde, müssen Sie diese nun im Rahmen der Aufgabendefinition zu Sammelrollen oder Business-Rollen zusammenfassen. Auch für diese Bündelung sind wieder die Datenverantwortlichen oder deren Vertretung zuständig. An dieser Stelle können auch Einzelrollen aus anderen Fachbereichen eingebunden werden, sofern die Teilaufgaben keine kritischen Funktionen beinhalten oder zu Funktionstrennungskonflikten führen. An dieser Stelle empfehlen wir Ihnen eine erneute Konsolidierung der Stellendefinitionen über die Modulgrenzen hinweg, um Redundanzen zu vermeiden.

**Rollen-
verantwortliche**

Nachdem das Rollenkonzept funktional steht, sollten Sie sicherstellen, dass für alle Einzelrollen und Sammel- oder Business-Rollen Rollenverantwortliche definiert wurden. Dabei gibt es zwei Ebenen von Rollenverantwortlichen:

1. Verantwortlicher für den Inhalt der Rolle – erteilt die Genehmigung für Änderungen an der Rolle

2. Verantwortlicher für die Zuordnung der Rolle – erteilt die Genehmigung, wenn die Rolle einem Benutzer zugeordnet werden soll

Stellen Sie stets sicher, dass Sie für diese beiden Ebenen einen Rollenverantwortlichen identifiziert haben. Beachten Sie dabei, dass es sich durchaus um unterschiedliche Personen handeln kann.

Ergebnis des Rollenkonzepts sollten Dokumente sein, die die Einzel- und Sammelrollen bzw. Business-Rollen, die durch die Rollen aufzurufenden Transaktionen und deren Ausprägung im Hinblick auf Aktivitäten sowie organisatorische und funktionale Differenzierung enthalten. Diese Dokumentation muss entsprechend von den Rollenverantwortlichen abgezeichnet werden.

22.5.3 Rollenimplementierung

Bei der Rollenimplementierung nutzen Sie die neuen Möglichkeiten zur Verwendung von Traces in den Transaktionen SU24 und PFCG. Insbesondere raten wir Ihnen dazu, den Berechtigungstrace, den wir in Abschnitt 7.2.1 beschrieben haben, in Ihren Entwicklungs- und Qualitätssicherungssystemen zu aktivieren. Gegebenenfalls kann auch eine Aktivierung in den Produktivsystemen sinnvoll sein; beachten Sie hierbei aber die Hinweise zur Performance bezüglich des Berechtigungstrace. Durch die Nutzung dieses Trace sparen Sie sich große Aufwände zur Ermittlung der in Anwendungen geprüften Berechtigungsobjekte. Dies gilt insbesondere für kundeneigene Anwendungen, für die wir im Rahmen unserer Beratungspraxis nur sehr selten gepflegte Berechtigungsvorschlagswerte gesehen haben.

22.5.4 Tests und Zuordnung zu Benutzern

Nach Abschluss der Implementierung müssen die Rollen durch Anwender getestet werden, beachten Sie dabei, dass immer auch die Einzelrollen zu testen sind. Zuerst müssen Sie prüfen, ob die Berechtigungsrollen Zugriff zu den definierten Funktionen erlauben (Positivtests). Zusätzlich muss aber auch immer geprüft werden, ob Zugriffe außerhalb der definierten Funktionen möglich sind (Negativtests). | Tests

Abschließend müssen Sie die Rollen den Benutzern zuordnen, z. B. anhand der Auswertung der Transaktionsverwendung (siehe auch Abschnitt 22.2.3, »Redesign«). | Zuordnung zu Benutzern

Zum Abschluss haben wir die Schritte zum Berechtigungskonzept, die wir in diesem Abschnitt dargestellt haben, in Abbildung 22.6 zusammengefasst.

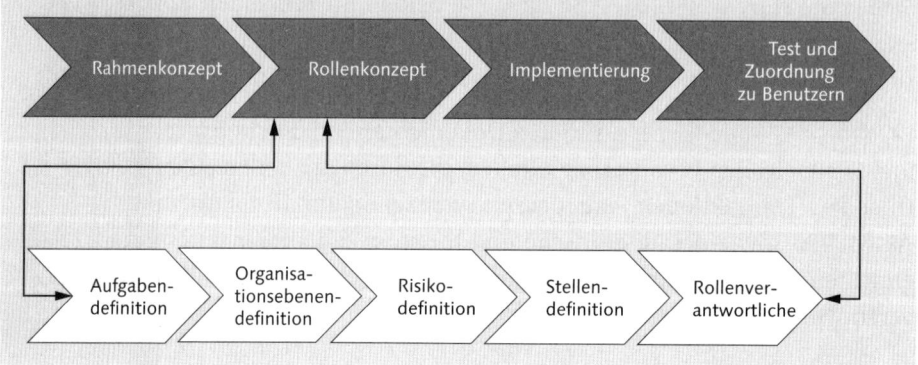

Abbildung 22.6 Schritte bei der Implementierung eines Berechtigungskonzepts

22.6   Fazit

Hier endet unser Buch. In diesem Kapitel haben wir unser Vorgehensmodell in Bezug auf die teils theoretischen Ausführungen der ersten betriebswirtschaftlichen Kapitel und die eher technischen Ausführungen der konkret systembezogenen Kapitel gesetzt.

Dabei sollte deutlich geworden sein, dass es unterschiedliche Möglichkeiten gibt, ein betriebswirtschaftliches Berechtigungskonzept zu entwickeln, und es sollte ebenso deutlich geworden sein, dass dieses Konzept schriftlich vorliegen sollte. Dieses Konzept muss den genannten Prinzipien folgen – diese Prinzipien, wie etwa das Standardprinzip oder das Stellenprinzip, basieren auf Ausführungen in anderen Kapiteln. Es sollte auch deutlich geworden sein, dass die Entwicklung eines Konzepts auf einigen Abstraktionen beruht, wie dies bei der Erläuterung des deduktiven und induktiven Ansatzes angesprochen wurde.

Ihr Berechtigungskonzept können Sie nicht fertig »von der Stange« erwerben. Es muss zu Ihren Systemen, Systemeinstellungen und Prozessen passen, ebenso wie zu Ihrem spezifischen normativen Rahmen. Aufgrund der hohen Komplexität des Berechtigungskonzepts und der Interdependenz von Prozessen und Linienorganisation einerseits und Ihrem normativen Rahmen andererseits sollten Sie für Ihre Organisation sicherstellen, dass Sie in jedem Fall die Kontrolle über das betriebswirtschaftliche Berechtigungskonzept im eigenen Haus halten, selbst dann, wenn die Entwicklung des Konzepts teilweise oder die technische Umsetzung vollständig an Dritte vergeben wird.

Anhang

A Abkürzungsverzeichnis

ABAP	Advanced Business Application Programming
AC	Access Control
ACE	Access Control Engine
ACL	Access Control List
AFO	Actors from Object (Aktoren vom Objekt)
AFU	Actors from User (Aktoren vom Nutzer)
AGS	Active Global Support (Service von SAP)
AIS	Audit Information System
AktG	Aktiengesetz
ALE	Application Link Enabling
ANSI	American National Standards Institute
API	Application Programming Interface
APO	Advanced Planner and Optimizer
ARA	Access Risk Analysis
AS	Application Server
ASAP	AcceleratedSAP
BAdI	Business Add-In
BANF	Bestellanforderung
BAPI	Business Application Programming Interface
BBP	Business Blue Print
BDSG	Bundesdatenschutzgesetz
BetrVG	Betriebsverfassungsgesetz
BI	Business Intelligence
BPersVG	Bundespersonalvertretungsgesetz
BPS	Business Planning and Simulation
BRM	Business Role Management
BSP	Business Server Pages
BW	Business Warehouse (SAP BW)
CATS	Cross-Application Time Sheet
CA	Communication Assembly
CMC	Central Management Console

CO	Controlling (SAP-Controlling)
CobiT	Control Objectives for Information and Related Technology
CO-PA	Controlling – Profitability Analysis
COSO	Committee of Sponsoring Organizations of the Treadway Commission
CpD	Conto pro Diverse
CPU	Central Processing Unit
CRM	Customer Relationship Management
DFPS	SAP for Defence and Security
DIN	Deutsches Institut für Normung
DSD	Dynamic Separation of Duty
DSO	DataStore-Objekt
DV	Datenverarbeitung
EAM	Emergency Access Management
ECC	Enterprise Core Component
EC-PCA	Enterprise Controlling – Profit Center Accounting
EDV	Elektronische Datenverarbeitung
ERP	Enterprise Resource Planning
ESS	Employee Self-Services
EWA	SAP EarlyWatch Alert
FDA	Food and Drug Administration (USA)
FI	Financial Accounting (Finanzbuchhaltung)
FI-AA	Financial Accounting – Asset Accounting (Anlagenbuchhaltung)
FI-AP	Financial Accounting – Accounts Payable (Kreditorenbuchhaltung)
FI-AR	Financial Accounting – Accounts Receivable (Debitorenbuchhaltung)
FI-GL	Financial Accounting – General Ledger (Hauptbuchhaltung)
FSCM	Financial Supply Chain Management
GAAP	Generally Accepted Accounting Principles
GDPdU	Grundsätze zum Datenzugriff und zur Prüfbarkeit digitaler Unterlagen
GoB	Grundsätze ordnungsgemäßer Buchführung

GoBD	Grundsätze zur ordnungsmäßigen Führung und Aufbewahrung von Büchern, Aufzeichnungen und Unterlagen in elektronischer Form sowie zum Datenzugriff
GoBS	Grundsätze ordnungsgemäßer DV-gestützter Buchführungssysteme
GRC	Governance, Risk, and Compliance
GUI	Graphical User Interface
GuV	Gewinn- und Verlustrechnung
HCM	Human Capital Management (Personalwirtschaft)
HGB	Handelsgesetzbuch
HR	Human Resources (Personalwirtschaft)
HTML	Hypertext Markup Language
IAM	Identity and Access Management
IC	Interaction Center
ID Management	Identity Management
IDW	Institut der Wirtschaftsprüfer
IKS	Internes Kontrollsystem
ILV	Innerbetriebliche Leistungsverrechnung
IMG	Implementation Guide (Einführungsleitfaden)
INCITS	International Committee for Information Technology Standards
ISO	International Organization for Standardization
ITS	Internet Transaction Server
Java EE	Java Platform, Enterprise Edition
JCo	Java Connector
KonTraG	Gesetz zur Kontrolle und Transparenz in Unternehmen
LDAP	Lightweight Directory Access Protocol
MDX	Multidimensional Expressions
MM	Materials Management (Materialwirtschaft)
MMC	Microsoft Management Console
NWA	SAP NetWeaver Administrator
NWBC	SAP NetWeaver Business Client
O2C	Order-to-Cash
OBF	Objects by Filter (Objekte durch Filter)
OLAP	Online Analytical Processing
OLTP	Online Transaction Processing
OM	Organisationsmanagement

P2P	Purchase-to-Pay
PC	Process Control
PC UI	People-Centric User Interface
PI	Process Integration (SAP PI)
PM	Plant Maintenance (Instandhaltung)
PP	Production Planning and Control (SAP-Produktionsplanung)
PS	Projektsystem
PSM	Public Sector Management
PSP	Projektstrukturplan
RBAC	Role-Based Access Control
RFC	Remote Function Call
RFM	Remote Function Module (remotefähiger Funktionsbaustein)
RKT	Ramp-up Knowledge Transfer
SACF	Switchable Authorization Check Framework
SAML	Security Assertion Markup Language
SCM	Supply Chain Management
SD	Sales and Distribution (Vertrieb)
SNC	Secure Network Communications
SoD	Segregation of Duties (Funktionstrennung)
SOS	Security Optimization Service
SOX	Sarbanes-Oxley Act
SQL	Structured Query Language
SRM	Supplier Relationship Management
SSD	Static Separation of Duty
SSO	Single Sign-on
SUS	Supplier Self-Services
UAM	User Access Management
UCON	Unified Connectivity
UI	User Interface
UME	User Management Engine
URL	Uniform Resource Locator
XML	Extensible Markup Language
XS	SAP HANA Extended Application Services
ZBV	Zentrale Benutzerverwaltung

B   Glossar

ABAP Advanced Business Application Programming; grundlegende Programmiersprache der meisten SAP-Lösungen.

ABAP Dictionary Persistente Ablage für Datentypen, die in allen Repository-Objekten sichtbar sind. Außerdem werden unter anderem die Datenbanktabellen der zentralen Datenbank, Views und Sperrobjekte im ABAP Dictionary verwaltet.

Abgabenordnung Grundlegendes Bundesgesetz des deutschen Steuerrechts.

Ablauforganisation Festlegung des Ablaufs, der beteiligten Stellen und der Verfahren zur Bearbeitung eines Geschäftsvorfalls in der Organisation.

Ableitungskonzept In der Rollenpflege über Profilgenerator eingesetztes Prinzip, bei dem aus einer Referenz- oder Vorlagerolle (Einzelrolle) beliebig viele Rollen abgeleitet werden, die sich ausschließlich in der Ausprägung der Organisationsebenen unterscheiden.

Access Control Engine (ACE) Framework, das den Zugriff auf Objekte regelbasiert steuert.

Access Control List (ACL) Liste, die den kalkulierten Zugriff von Benutzern auf Objekte beinhaltet und zur Laufzeit aufgerufen wird, um dem Benutzer Zugriff auf ein Objekt zu gewähren oder zu verbieten.

Access Risk Analysis (ARA) Kern von SAP Access Control, in dem zugriffsbezogene Risiken und kompensierende Kontrollen für alle angeschlossenen Systeme analysiert bzw. bereitgestellt werden.

ACE siehe *Access Control Engine*

ACE-Aktionsgruppe Gruppe, die die Aktivitäten, die ein Benutzer auf ein Objekt ausüben darf (lesen, schreiben, löschen), beinhaltet und einem ACE-Recht zugewiesen ist.

ACE-Benutzergruppe Bestimmt, auf welche Benutzer eine ACE-Regel zutrifft.

ACE-Recht Umfasst alle Komponenten der ACE, die ebenfalls anderen ACE-Rechten zugeordnet sein können.

ACE-Regel Bestimmt, aufgrund welcher Kriterien ein Benutzer Zugriff auf ein Objekt hat, und stellt den Zusammenhang zwischen Benutzer und Objekt dar.

ACL siehe *Access Control List*

Active Directory Verzeichnisdienst in MS Windows; Verzeichnis personalisierter Informationen zur Verwaltung von Benutzern, Gruppen und Diensten.

Ad-hoc Query Meist eine Transaktion in SAP HCM oder in SAP ERP, die es erlaubt, verschiedene Querys (also Abfragen) individuell durchzuführen, ohne deswegen die allgemeine Query-Pflege vergeben zu müssen. Aus Sicht der Regelkonformität kritische Funktion.

AktG siehe *Aktiengesetz*

Aktiengesetz (AktG) Grundlegendes Gesetz im deutschen Wirtschaftsrecht für Aktiengesellschaften.

Aktortyp Übereinstimmendes Kriterium sowohl im Benutzer als auch im Objekt, das zur Regelbestimmung genutzt wird, um den Zugriff auf Objekte von Benutzern zu berechnen.

ALE siehe *Application Link Enabling*

Alternative Hierarchien CO: Alternative Gruppierungen von Kostenstellen oder Profit-Centern, ergänzend zur Standardhierarchie für die Vergabe von Berechtigungen.

Application Link Enabling (ALE) Technologie zum Aufbau und Betrieb von verteilten Anwendungen.

Arbeitspaket Bündelung von Arbeitsschritten in einem Projektplan, die in diesem nicht weiter untergliedert werden.

ARIS Software zur Prozessmodellierung der Firma IDS Scheer, die mit verschiedenen SAP-Produkten integriert werden kann.

ASAP AcceleratedSAP; Methodik zur effizienten Einführung von SAP-Software.

Audit Allgemein: Untersuchungsverfahren, das die Regelkonformität überprüft. Im SAP-Umfeld meist durchgeführt von der Wirtschaftsprüfung, der internen Revision, neudeutsch auch durch Corporate Controls oder Compliance Office.

Aufbauorganisation Formale organisatorische Gliederung eines Unternehmens in Organisationseinheiten und Stellen (SAP ERP HCM: Planstellen).

Aufgabe Menge aller durch eine Stelle durchzuführenden Tätigkeiten.

Aufgabenanalyse Verfahren, das eine Aufgabe in Teilaufgaben gliedert, sodass sie sinnvoll stellenbezogen gruppiert werden können.

Auftragsart Aufträge, wie z. B. Innenaufträge in SAP ERP CO, werden durch eine Auftragsart definiert und können in Auftragsarten gebündelt analysiert und/oder berechtigt werden.

Auswertungsweg Ein Auswertungsweg enthält eine genaue Definition, in welcher Folge Objekte und Verknüpfungen von HCM-OM auszuwerten sind.

Authority-Check Programmanweisung, eine im Code festgelegte Berechtigungsprüfung durchzuführen.

BANF siehe *Bestellanforderung*

Batch-Input Datenübernahmetechnik, die es ermöglicht, Datenmengen automatisiert an die Dynpros von Transaktionen und damit an einen AS ABAP zu übergeben. Der Batch-Input wird über eine Batch-Input-Mappe gesteuert.

BDSG siehe *Bundesdatenschutzgesetz*

Beleg Nachweis eines Geschäftsvorfalls oder einer Buchung. Der Buchhaltungsbeleg gibt den Originalbeleg im System wieder. Alle weiteren EDV-Belege dienen als Erfassungshilfen.

Benutzer Träger von Berechtigungen, der sich in den meisten Fällen am System anmelden muss, um im Rahmen der zugewiesenen Berechtigungen Aufgaben zu erfüllen. Es gibt neben natürlichen Personen, die einen Benutzer zugewiesen bekommen, auch noch technische Benutzer, die in Programmabläufen benötigt werden.

Benutzergruppe Gruppierung von Benutzern in ABAP-Systemen zur vereinfachten Administration und Kontrolle.

Benutzerrolle Oberflächenrolle in SAP CRM, die die CRM-Funktionen in Form von BSP-Applikationen im Browser darstellt.

Benutzerstammabgleich Abgleich der zugeordneten Berechtigungen der Benutzer mit den im Benutzerpuffer vorhandenen Berechtigungen.

Benutzertypen Neben Benutzern, die natürliche Personen sind und meistens als Dialogbenutzer angelegt werden, gibt es weitere Benutzertypen, wie z. B. System- oder Referenzbenutzer. Die Typisierung steuert Arten des Zugriffs.

Benutzer-Workflow Workflow zum Anlegen und Ändern von Benutzern, Zuweisen von Berechtigungen, Löschen oder zum Inaktivsetzen von Benutzern.

Berechtigung Technische Erlaubnis, bestimmte Aktionen im System ausführen zu können. Berechtigungen beziehen sich auf Berechtigungsobjekte.

Berechtigungsfeld Feld in einem Berechtigungsobjekt, dessen Ausprägung in einem Authority-Check geprüft wird.

Berechtigungsgruppe Berechtigungsbezogene Attributierung von Stammdaten, Belegtypen, Tabellen. Nur wenn die Berechtigung für die jeweils definierte Berechtigungsgruppe vorhanden ist, kann der Benutzer die Aktion ausführen. Häufig als optionale Prüfung angelegt.

Berechtigungshauptschalter Berechtigungshauptschalter steuern Berechtigungsprüfungen in SAP ERP HCM.

Berechtigungskonzept siehe *betriebswirtschaftliches Berechtigungskonzept* und *technisches Berechtigungskonzept*

Berechtigungsobjekt Während der Programmausführung wird über Authority-Check geprüft, ob der ausführende Benutzer dieses Objekt in der erforderlichen Ausprägung im Benutzerpuffer hat. Es enthält ein bis zehn Berechtigungsfelder.

Bereichsmenü Funktion in SAP ERP zur Einrichtung eines für einen bestimmten Bereich sinnvollen Menüs.

Bereichsstartseite Navigationseintrag im Navigationsleistenprofil des CRM Web Clients oder IC Web Clients.

Bestellanforderung Konkrete Anforderung an den Einkauf, Waren oder

Dienstleistungen in einer bestimmten Menge zu beschaffen.

Betriebsrat Im deutschen Arbeitsrecht Organ der Betriebsverfassung, dessen Aufgabe die Vertretung der Mitarbeiterinteressen zum Wohle der Arbeitnehmer und des Betriebs gegenüber der Betriebsführung ist. Der Betriebsrat ist nicht – wie irrtümlich oft angenommen – die Vertretung der Gewerkschaft im Betrieb.

Betriebsverfassung Arbeitsrechtliche Grundordnung, die die Zusammenarbeit von Arbeitgebern und Arbeitnehmern in einem konkreten Betrieb regelt. Neben dem Betriebsverfassungsgesetz, das die Wahl eines Betriebsrats regelt, gibt es für den öffentlichen Sektor Personalvertretungsgesetze, die die Wahl eines Personalrats regeln.

Betriebswirtschaftliches Berechtigungskonzept Das betriebswirtschaftliche Berechtigungskonzept definiert auf Basis des funktionalen und organisatorischen Differenzierungsbedarfs die Regeln, wie die technischen Berechtigungskonzepte in der Systemlandschaft umgesetzt und kontrolliert werden. Es basiert auf dem Regelungsrahmen der jeweiligen Organisation.

BSP siehe *Business Server Pages*

Buchungskreis Organisationsebene des Finanzwesens (SAP ERP).

Bundesdatenschutzgesetz (BDSG) Bundesgesetz (Deutschland), in dem die Verarbeitung personenbezogener Daten geregelt ist. Die Grundlage des Datenschutzes.

Business Role Management (BRM) Bestandteil von SAP Access Control, in dem die Rollenpflege unterstützt und zentralisiert wird.

Business Server Pages (BSP) Präsentationsschicht des CRM Web Clients.

Compliance siehe *Regelkonformität*

Corporate Governance Unternehmenseigene organisatorische und inhaltliche Regelungen der Führung und Kontrolle innerhalb der Organisation.

CRM-Business-Objekt Objekt, das Geschäftsdaten beinhaltet und zur Darstellung von Geschäftsvorfällen genutzt wird. Die CRM-Funktionen werden mittels BSP-Applikationen dargestellt.

CRM Web Client Benutzeroberfläche in SAP CRM für Endbenutzer, die im Browser aufgerufen wird.

Data Browser Werkzeug zur Anzeige von Informationen zu Tabelleneinträgen.

Datenschutz Schutz von Daten, meist synonym für den Schutz personenbezogener Daten verwendet.

Datenschutzgesetze der Länder Datenschutzgesetze der Länder in Deutschland.

Datenschutz Grundverordnung siehe *General Data Protection Regulation*, derzeit relevante Dikussionsstände noch überwiegend in englischer Sprache

Debitor Kunde.

Debugging Verfahren zur Programm-
analyse und zum Eingriff in Pro-
gramme/Daten. In Bezug auf das Berechtigungskonzept eine kritische
Berechtigung. Siehe auch *Radierverbot*.

Dialogbenutzer Dialogbenutzer sind
für natürliche Personen personalisierte Benutzer, die sich über das SAP
GUI am System anmelden.

Einkäufergruppe Organisationsebene des Einkaufs (SAP ERP).

Einkaufsorganisation Organisationsebene des Einkaufs (SAP ERP).

**Emergency Access Management
(EAM)** Bestandteil von SAP Access
Control zur Verwaltung und detaillierten Überwachung von Notfallbenut-
zern.

Enjoy-Transaktion Transaktion, die
die vereinfachte Bearbeitung eines Geschäftsvorfalls gewährleistet.

Externer Service Entspricht in SAP
CRM den einzelnen BSP-Anwendun-
gen, auf deren Grundlage PFCG-Rollen
erstellt werden können.

Faktura Oberbegriff für Rechnungen,
Gutschriften, Lastschriften, Pro-
forma-Rechnungen und Stornobelege.

Feldstatusgruppen SAP: Gruppierung von Feldern, denen Status (Ausblenden, Muss-Eingabe, Kann-Ein-
gabe, Anzeigen) zugewiesen werden.

Finanzbuchhaltung Teilbereich des
betrieblichen Rechnungswesens, auch
als externes Rechnungswesen bezeichnet, das der Ermittlung des betrieblichen Gesamtergebnisses dient und die

Geschäftsvorfälle auf der Grundlage
der Grundsätze ordnungsgemäßer
Buchführung erfasst.

Freigabestrategie MM: Verfahren,
um z. B. wertabhängige Freigaben von
Einkaufsbelegen zu steuern.

Freigabeverfahren Allgemein: Technische Verfahren, die nach Anlage
oder Änderung eines Belegs oder
Stammdatums eine Freigabe durch
eine zweite Person erforderlich machen. Freigabeverfahren können kon-
ditional sein (z. B. abhängig von Beträ-
gen), zufällig (stochastische Freigabe)
oder statisch (in jedem Fall); MM: Verfahren, in dem unterschiedliche Frei-
gabeberechtigte gegebenenfalls wert-
abhängig die Freigabe eines
Einkaufsbelegs erteilen müssen.

Funktionsbereich Organisationsebene des Finanzwesens (SAP ERP).

Funktionstrennung (*Segregation of
Duties*) Trennung von Aufgaben/Funk-
tionen zur Vermeidung nicht sachge-
mäßer Bearbeitung.

Funktionstrennungskonflikt Konflikt aufgrund fehlender Funktionstrennung. Bedarf der nachsorgenden
Kontrolle.

Genehmigungsprinzip Das Prinzip,
das alle Berechtigungen einer Genehmigung durch eine verantwortliche
Stelle benötigen.

Genehmigungsprozess Im Identity
Management und im User Access
Management Prozess der Genehmi-
gung von Berechtigungen für einen
Benutzer.

General Data Protection Regulation (GDPR) Die neue Datenschutzgesetzgebung für Europa. Wird verbindlich im Jahr 2018. Eine deutsche Fassung »Datenschutz-Grundverordnung« liegt zum Zeitpunkt der Veröffentlichung nicht verbindlich vor. Zum Überblick: *http://www.consilium.europa.eu/de/policies/data-protection-reform/data-protection-regulation/*

Geschäftsbereich Organisationsebene des Finanzwesens (SAP ERP).

Geschäftspartner Stammdaten, die als Lieferant, Kunde, Kontaktperson, Mitarbeiter etc. definiert und in Geschäftsvorfällen zugewiesen werden.

Geschäftsprozess Zielgerichtete, zeitlich-logische, in sich abgeschlossene Abfolge von Aufgaben, die arbeitsteilig von mehreren Organisationseinheiten oder Organisationen ausgeführt werden kann. Die Prozesssicht kann als eine abfolgeorientierte Sicht über die Aufbauorganisation hinweg betrachtet werden.

Geschäftsrollenhierarchie Hierarchische Gliederung von Geschäftsrollen.

Geschäftsvorgangsart Im Customizing von SAP CRM definierte Eigenschaften eines Geschäftsvorgangs.

Geschäftsvorgangstyp Betriebswirtschaftlicher Zusammenhang, der einer Geschäftsvorgangsart zugewiesen werden kann.

Gesetz zur Kontrolle und Transparenz in Unternehmen (KonTraG) Gesetz, das als Artikelgesetz 1998 vom Bundestag verabschiedet wurde, um in anderen Gesetzen, vor allem HGB und AktG, Berichtspflichten, Risikoma-nagement und Haftung im Sinne von mehr Transparenz und Corporate Governance zu stärken.

GoB siehe Grundsätze ordnungsgemäßer Buchführung

GoBD siehe Grundsätze zur ordnungsmäßigen Führung und Aufbewahrung von Büchern, Aufzeichnungen und Unterlagen in elektronischer Form sowie zum Datenzugriff

GoBS siehe *Grundsätze ordnungsgemäßer DV-gestützter Buchführungssysteme*

Grundsätze ordnungsgemäßer Buchführung (GoB) Nicht vollständig kodifizierte (in Gesetzen erfasste) Regeln für die Buchführung in Deutschland. Im HGB im Allgemeinen als verbindlich gesetzt, doch nur teilweise präzisiert.

Grundsätze ordnungsgemäßer DV-gestützter Buchführungssysteme (GoBS) Von der deutschen Finanzverwaltung 1995 in Ausführung der Abgabenordnung geschaffene Regeln für die Buchführung mittels EDV-gestützter Verfahren.

Grundsätze zur ordnungsmäßigen Führung und Aufbewahrung von Büchern, Aufzeichnungen und Unterlagen in elektronischer Form sowie zum Datenzugriff (GoBD) Von der deutschen Finanzverwaltung 2014 in Ausführung der Abgabenordnung geschaffene Regeln für die Buchführung mittels EDV-gestützter Verfahren.

Gruppe mit direkten Links Gruppierung logischer Links in der Navigationsleiste des CRM Web Clients, die CRM-Funktionen direkt aufrufen.

Handelsgesetzbuch (HGB) Grundlegendes Gesetz im deutschen Wirtschaftsrecht.

HGB siehe *Handelsgesetzbuch*

Hosting Service, der die technische Bereitstellung von Systemen zur Nutzung durch einen Kunden über Netzwerke ermöglicht. Im Sinne des Datenschutzes Datenverarbeitung durch Dritte.

Hostingpartner Anbieter von Hostingdienstleistungen.

IC Web Client Benutzeroberfläche in SAP CRM für Callcenter-Anwender, die im Browser aufgerufen wird. Die CRM-Funktionen werden mittels BSP-Applikationen dargestellt.

Identitätsprinzip Die Identität eines Benutzers, sofern es sich um eine natürliche Person handelt, muss jederzeit zugeordnet werden können.

IKS siehe *Internes Kontrollsystem*

Inbound-Plug Einstiegspunkte für logische Links, die die Navigation zu einer bestimmten Komponente definieren.

Indirekte Rollenzuordnung Zuordnung von Rollen über die Organisationsstruktur des Organisationsmanagements.

Infotyp Personen-, organisationsbezogene und andere Daten des HR werden in sogenannten Infotypen hinterlegt.

In-Memory-Technologie Datenverarbeitung komplett im Arbeitsspeicher;

Daten werden nicht länger physikalisch auf einer Festplatte abgelegt und nur temporär in den Arbeitsspeicher geladen.

Innenauftrag Kontierungsobjekt u. a. in SAP ERP CO.

Internes Kontrollsystem (IKS) Dient der Abwehr von Schäden für das und der Vermeidung von Rechtsverstößen durch das Unternehmen. Es besteht aus Maßnahmen und Kontrollen, die geeignet sind, diese Schäden zu vermeiden oder etwaige Schäden zu minimieren.

Internet Transaction Server Wandelt den SAP-GUI-Datenstrom vom SAP NetWeaver AS in HTML um, um die Daten im Browser verfügbar zu machen.

IT-Grundschutzkatalog Durch das Bundesamt für Informationstechnik beschriebene Minimalanforderungen an den sicheren Betrieb von IT-Lösungen. Verbindlichen Charakter erlangen diese jedoch nur durch interne oder vertragliche Vorgaben.

J2EE-Sicherheitsrolle Rolle im Java-Container einer Applikation, die dem J2EE-Standard angehört.

Java Connector (JCo) Verbindung zwischen dem SAP NetWeaver AS ABAP und dem SAP NetWeaver AS Java. Ermöglicht die Kommunikation zwischen beiden Applikationsservern.

Kalkulationsschema Regelwerk für die Preisfindung, basierend auf definierten Konditionen (SAP ERP).

Kompensierende Kontrolle Eine kompensierende Kontrolle (*Mitigation*

Control) ist eine Kontrolle, die ein nicht vermeidbares Risiko durch geeignete, meist regelmäßige Maßnahmen begrenzt. Dabei kann es sich um Berichte, Analysen oder Aufzeichnungen handeln. Oft wird auch der Begriff detektivische Kontrolle verwendet, also einer Kontrolle im Nachhinein.

Konditionen Bedingungen in unterschiedlichen Komponenten, in der Logistik u. a. Zahlungsbedingungen (SAP ERP).

Konnektor Definierte Kommunikationsverbindung zwischen Systemen in SAP NetWeaver Identity Management und SAP Access Control.

Kontenplan Verzeichnis aller Konten eines Unternehmens, basierend auf einem branchenspezifischen Kontenrahmen. In SAP ERP das Verzeichnis aller Sachkonten, die von einem oder mehreren Buchungskreisen gemeinsam verwendet werden.

Kontextlösung Lösung in SAP ERP HCM, um strukturelle Berechtigungen und Berechtigungsobjekte in Rollen verbinden zu können.

Kontextsensitive Berechtigungen siehe *Kontextlösung*

Kontierungsobjekt Stammdatum (Auftrag, Kostenstelle, Projektstrukturplanelement und weitere), auf das Kosten, Erlöse und Mengen gebucht werden.

KonTraG siehe *Gesetz zur Kontrolle und Transparenz in Unternehmen*

Kontrolle Der Begriff wird in Bezug auf Zugriffsrisiken und Prozessrisiken verwendet für die Vermeidung (Prä-

vention), Überwachung (Kompensation), Prüfung (Kompensation) oder Nachprüfung (Kompensation) von Aktionen, die zu einer nicht regelkonformen Handlung führen könnten. Siehe auch *Präventive Kontrollen* und *Kompensierende Kontrolle*.

Kostenart Vereinfacht besonderes Konto im Controlling, das dem Sachkonto der Buchhaltung entsprechen kann. Siehe auch Primärkosten und Sekundärkosten.

Kostenrechnungskreis Organisationsebene des Controllings (SAP ERP).

Kostenstelle Ort der Kostenentstehung im Controlling. Meistens in Entsprechung einer Organisationseinheit.

Kostenstellenhierarchie Primäre Gliederung der Kostenstellen in einem Unternehmen, die meistens der Linienorganisation folgt oder ihr sogar entspricht.

Kreditor Lieferant.

Kritische Aktion Die Berechtigung zu einer Transaktion, einem Webservice, einem Service, die in sich ein Risiko darstellt, typisches Beispiel ist die Transaktion zum Löschen eines Systemmandanten.

Kritische Berechtigung Berechtigungen, die in sich kritisch sind, ohne dass die Art des Zugriffs auf diese Berechtigung schon definiert sein muss. (Technische Definition: Berechtigungsobjekt ohne Verbindung zu einer konkreten Transaktion). Ein Beispiel ist das Debugging im Änderungsmodus.

Kundeneigene Transaktion Transaktionen, die systemspezifisch angelegt wurden und im Y- oder Z-Namensraum enthalten sind.

Lagerort Organisationsebene der Logistik (SAP ERP).

LDAP siehe *Lightweight Directory Access Protocol*

Lightweight Directory Access Protocol (LDAP) Anwendungsprotokoll, das bei Verzeichnisdiensten verwendet wird.

Linienorganisation siehe *Aufbauorganisation*

Linienvorgesetzter Unmittelbarer Vorgesetzter in der Aufbauorganisation.

Logging Technische (automatische) Protokollierung von Verarbeitungsschritten in einem System.

Logischer Link Link auf der Oberfläche des CRM Web Clients oder IC Web Clients, der Zugriff auf die CRM-Funktionen gewährt.

Logisches System SAP-Standard: Mandant auf einer Datenbank. SAP Access Control: Menge an physikalischen Systemen, für die gleiche Regeln gelten.

Mandant Eine für sich handelsrechtlich, organisatorisch und datentechnisch abgeschlossene Einheit innerhalb eines SAP-Systems mit getrennten Stammsätzen und einem eigenständigen Satz von Tabellen.

Material Gut oder Dienstleitung, das/die bei der Fertigung eingesetzt, verbraucht oder erzeugt wird oder gekauft oder verkauft wird.

Materialart Gruppierungsmerkmal für Material. Die Materialart bestimmt die Ausprägung der Materialdefinition bei der Erfassung.

Matrixorganisation Matrixförmige Darstellung einer Aufbauorganisation. Durch diese Darstellung entstehen mehrere unterschiedliche Zuordnungen von Stellen und Organisationseinheiten im Gegensatz zur Einlinienorganisation.

Menü Ein Menü ist ein Bedienelement, das anwendungs- und objektspezifische Funktionen enthält. Mit dem Auswählen des Menüelements starten Sie eine Systemaktion. Im Easy-Access-Menü (Startmenü SAP ERP) sind die ausführbaren Transaktionen in Ordnern und Unterordnern komponentenbezogen gruppiert.

Monitoring Erfassung oder Überwachung eines Prozesses mittels technischer Hilfsmittel.

Navigationsleistenprofil Teil der Benutzerrolle in SAP CRM, der die Navigationsleiste mit den darzustellenden Bereichsstartseiten, logischen Links und Gruppen logischer Links definiert.

Nebenbuchhaltung In der Finanzbuchhaltung wird zur vereinfachten Darstellung zwischen der Hauptbuchhaltung und den Nebenbuchhaltungen – u. a. Debitoren- und Kreditorenbuchhaltung – unterschieden. Die Nebenbuchhaltung wird in die Hauptbuchhaltung fortgeschrieben.

Norm In diesem Kontext Rechtsnorm, rechtsgleiche Norm, Referenz, gesellschaftliche Norm, aber auch intern gesetzte Norm.

Normativ Das Aufstellen, die Ableitung und die Anwendung von Regeln und Normen zur Erreichung von Regelkonformität.

Notfallbenutzer Benutzer für besondere, nicht regelmäßig auszuführende Tätigkeiten mit weitreichenden Berechtigungen. Dieser muss bei Verwendung detailliert überwacht werden.

OneOrder-Objekt Begriff für Vorgänge in SAP CRM.

Online Analytical Processing (OLAP) Benutzungsparadigma von Datenbanksystemen und Geschäftsanwendungen zur Durchführung komplexer Analysevorhaben.

Online Transaction Processing (OLTP) Benutzungsparadigma von Datenbanksystemen und Geschäftsanwendungen zur Verarbeitung von Transaktionen ohne Zeitverzögerung.

Optionale Prüfungen Berechtigungsprüfungen, die davon abhängen, dass bestimmte Werte in Stammdaten oder Belegen enthalten sind. Sie können durch Anpassungen in der Konfiguration faktisch obligatorisch werden.

Organisation Ein auf Dauer angelegtes soziales Gebilde mit einem definierten Organisationszweck, einer definierten Rechtsform und mit definierten Grenzen zur Umwelt (juristische Person). Siehe auch Aufbauorganisation und Ablauforganisation.

Organisationsebene SAP: Grundlegendes organisatorisches Gliederungsmerkmal, das die Definition von Stammdaten und die Abläufe innerhalb einer Komponente und komponentenübergreifend steuert.

Organisationsmanagement Lösung zur Abbildung der Aufbauorganisation in SAP-Systemen. Basierte ursprünglich auf SAP HCM, mittlerweile auch verfügbar in SAP CRM, SAP SRM und dem SAP Solution Manager.

Organisationszweck Zweck, für den eine Organisation/ein Unternehmen gegründet wurde. Der Zweck von erwerbswirtschaftlichen Unternehmen ist im Gegensatz zu Non-Profit-Organisationen immer ein erwerbswirtschaftlicher, also mit Gewinnabsichten verbundener.

Organisatorische Differenzierung Neben der funktionalen Differenzierung das zweite Kernelement eines betriebswirtschaftlichen Berechtigungskonzepts. Berechtigungen müssen detailliert aufbau- und ablauforganisatorisch unterschieden werden.

Parametertransaktionen Transaktionen, die systemspezifisch durch Parameter eingeschränkt werden.

Partnerfunktion Definiert eine Rolle bzw. Funktion, die ein Geschäftspartner in einem Geschäftsvorgang einnehmen kann.

Permissions Werden innerhalb der Anwendungen bei der Ausführung von Aktionen, wie z. B. Ändern, als Berechtigungsprüfungen im Coding geprüft.

Persistenzmanager Teil der UME, der die Schnittstelle zwischen den Datenquellen der Benutzerverwaltung und der Anwendung der UME darstellt.

Person Rechtlich: Rechtssubjekte, natürliche oder juristische Person. System: Geschäftspartner, der gegebenenfalls einen Benutzer erhält.

Planstelle Objekt im Organisationsmanagement, das die tatsächliche Stelle repräsentiert, der eine natürliche Person zugeordnet ist oder zugeordnet werden kann.

Portalrolle Rolle, die dem Endbenutzer Zugriff auf Bereiche und Daten des Portals gewährt.

Präventive Kontrollen Kontrollen, die geeignet sind, Risiken zu vermeiden: Technisch können diese als konfigurative Kontrollen (also Festlegung von Verfahren und Zugriffen in der Konfiguration) und als individuelle Kontrollen wie die Einschränkung von Zugriffsrechten ausgeprägt sein.

Präventive Maßnahmen siehe Präventive Kontrollen

Primärkosten Begriff aus dem Controlling: Kosten, die durch den Verbrauch von externen Gütern und Leistungen entstehen. Diese können aus der Finanzbuchhaltung übernommen werden.

Profilgenerator Standardwerkzeug zur Rollenpflege in den ABAP-basierten SAP-Systemen.

Profit-Center SAP: Organisatorische Einheit, die u. a. im Rechnungswesen eine bereichsbezogene Erfolgsermitt-

lung ermöglicht. Meistens sind einem Profit-Center mehrere Kostenstellen und gegebenenfalls Anlagen zugeordnet.

Protokollierung Protokollierung: Erfassung von Ereignissen, u. a. Erzeugung und Änderung von Belegen. Siehe auch Monitoring und Logging.

Prozess Abfolge von Tätigkeiten. Siehe auch *Geschäftsprozess*.

Prozesskontrollen Kontrollen in einem Prozess, diese können präventiv oder detektivisch sein. Die Kontrolle stellt sicher, dass das Ergebnis regelkonform ist.

Query Tabellenabfrage mit der Möglichkeit von Tabellen-Joins und weiteren Anpassungen.

Radierverbot Verbot, erfasste bilanzwirksame Belege ohne Änderungsprotokollierung zu modifizieren.

Rechnerische Richtigkeit Feststellung der rechnerischen Richtigkeit bedeutet, dass ein externer Beleg rechnerisch überprüft wird.

Referenzbenutzer Benutzer, auf den technisch referiert wird, um einem anderen Benutzer dessen Berechtigungen zu vergeben, ohne diese direkt zuordnen zu müssen.

Referenzrolle Begriff, der meist auf das Ableitungskonzept bezogen wird. Die Rolle, aus der weitere Rollen abgeleitet werden.

Regelkonformität Regelkonformität bedeutet, dass das Unternehmen konform zu externen (meist gesetzlichen) und internen Regelungen geführt wird. Zur Erreichung und zum Nachweis von Regelkonformität wird ein Internes Kontrollsystem (IKS) benötigt.

Remotefähiger Funktionsbaustein (RFM; Remote Function Module) Ein Funktionsbaustein, der als remote-fähig gekennzeichnet ist und somit über Remote Function Calls von einem anderen System aufgerufen werden kann.

Remote Function Call (RFC) Aufruf eines Funktionsbausteins, der in einem anderen System (Destination) als das aufrufende Programm läuft.

Report Painter Berichtswerkzeug in SAP ERP, das auf dem Report Writer basiert, jedoch wesentlich einfacher anzuwenden ist.

Report Writer Berichtswerkzeug in SAP ERP.

RESPAREA siehe *Verantwortungs-bereich*

RFC siehe *Remote Function Call*

Rolle Unterschiedliche Verwendung des Begriffs: 1. Betriebswirtschaftliche Rolle: Menge an Aufgaben/Funktio-nen, die eine Person in einer Organisa-tion wahrnimmt. 2. Technische Rolle: Gruppierung von Berechtigungen. 3. Enterprise-Rolle: Menge aller tech-nischen Rollen, die einer betriebswirt-schaftlichen Rolle entsprechen. 4. Siehe auch Ableitungskonzept und Referenzrolle.

Rollenhierarchie Verschachtelung von Rollen, um Vererbungsbeziehun-gen herzustellen.

Rollenkonfigurationsschlüssel Defi-niert die Konfiguration der einzelnen CRM-Funktionen, die abhängig von der ausgewählten Benutzerrolle anders auf dem CRM Web Client oder IC Web Client dargestellt werden können.

Rollenmanager Werkzeug, ursprüng-lich aus der Branchenlösung DFPS stammend, das in SAP ERP 6.0 allge-mein zur Verfügung steht und die or-ganisatorische Differenzierung von Berechtigungen benutzerindividuell vornimmt.

Sachliche Richtigkeit Feststellung der sachlichen Richtigkeit bedeutet, dass ein externer Beleg rechnerisch der erbrachten Leistung entspricht.

Safe Harbor Privacy Principles Prin-zipien, denen sich US-amerikanische Unternehmen freiwillig unterwerfen, um aus Unternehmen oder Unterneh-mensteilen innerhalb der EU perso-nenbezogene Daten verarbeiten zu können.

S/4HANA Die neue Business Suite der SAP.

S/4HANA Cloud Edition Die umfas-sende SAP-Cloud-Lösung basierend auf S/4HANA.

S/4 HANA On Premise Edition On-Premise-Lösung basierend auf S/4HANA.

SAP Access Control Umfassende SAP-Lösung für das effiziente und re-gelkonforme Management von Zu-griffsrechten.

SAP HANA Appliance Kombination aus Hardware und Software für die Auslieferung von SAP HANA, beinhaltet ein Betriebssystem und die SAP-HANA-Datenbank.

SAP-HANA-Datenbank Verwendet die In-Memory-Technologie zur Datenspeicherung und ermöglicht um ein Vielfaches schnellere Zugriffszeiten.

SAP-HANA-Persistenz SAP HANA als Datenbank für ERP-Anwendungen wie SAP BW.

SAP-HANA-Privilegien Berechtigungen in SAP HANA, sie berechtigen zu Operationen auf einem Objekt in der Datenbank. Dabei wird die Operation (SQL-Anweisung) mit einem Datenobjekt (z. B. Tabelle) zu einer Berechtigung verknüpft. Es wird zwischen Objektprivilegien, Systemprivilegien, analytischen Privilegien, Repository-Privilegien und Applikationsprivilegien unterschieden.

SAP-HANA-Realtime-Analysen SAP-HANA-spezifische analytische Applikationen, die speziell für die SAP-HANA-Datenbank entwickelt wurden.

SAP HANA Studio Administrations- und Entwicklungswerkzeug für den Betrieb der SAP-HANA-Datenbank.

SAP Identity Management Identity-Management-Lösung von SAP, die umfassend in der Lage ist, Benutzer und Berechtigungen in der gesamten Systemlandschaft einheitlich zu verwalten.

Sarbanes-Oxley Act (SOX) Gesetz in den Vereinigten Staaten, das die Richtigkeit der Unternehmensberichterstattung sicherstellen soll. Es enthält weitreichende Regelungen in Bezug auf das IKS, die Berichterstattung und die Haftung der Vorstände.

Schriftformprinzip Das betriebswirtschaftliche Berechtigungskonzept muss in einer schriftlichen, genehmigten Fassung vorliegen und der Art nach geeignet sein, einem sachkundigen Dritten in angemessener Zeit Auskunft über die betriebswirtschaftliche Nutzung der Berechtigungen, der Umsetzung der normativen Grundlagen und der technischen Realisierung zu geben.

Sekundärkosten Begriff aus dem Controlling: Kosten, die im Rahmen der betrieblichen Leistungsverrechnung entstehen, um die tatsächlichen Kosten verursachergerecht darstellen zu können.

Sensitive Daten 1. Allgemein: Besonders schützenswerte Daten, unternehmenskritische Daten. 2. Datenschutz: In der EU-Richtlinie zum Datenschutz als besonders schutzwürdig definierte personenbezogene Daten. 3. Datenschutz: Laut § 3 Abs. 9 BDSG Angaben über: »die rassische und ethnische Herkunft, politische Meinungen, religiöse oder philosophische Überzeugungen, Gewerkschaftszugehörigkeit, Gesundheit oder Sexualleben.«

Single Sign-on (SSO) Mechanismus, mit dem sich der Benutzer nur einmalig authentifizieren muss, um verschiedene Anwendungen zu nutzen.

Sparte Organisationsebene des Vertriebs (SAP ERP).

SSO siehe *Single Sign-on*

Stakeholder-Ansatz Betriebswirtschaftlicher Ansatz, der von verschiedenen Anspruchsgruppen (Stakeholdern) ausgeht, die legitime Interessen an oder im Unternehmen geltend machen können: Mitarbeiter, Lieferanten, Kunden, Gesellschaft, Politik.

Standards Einheitliche vorgegebene oder weithin anerkannte Art und Weise, etwas durchzuführen. Standards können kodifiziert (schriftlich) sein, wie das COSO-Framework, der IDW-Prüfungsstandard oder das IT-Grundschutzhandbuch. Standards ergeben sich aus der Nutzung einer Standardsoftware, die bestimmte Methoden für bestimmte Zwecke bereitstellt.

Stelle Allgemein: Objekt der Aufbauorganisation, das eine Bündelung von Aufgaben innerhalb einer Organisationseinheit so gestaltet, dass die Aufgaben von einer Person wahrgenommen werden können; SAP-Organisationsmanagement: Die allgemein abstrakte Bündelung von Aufgaben, die theoretisch von einer Person wahrzunehmen sind. Die Stelle definiert dabei die Aufgaben einer Planstelle, die dann einer Person zugeordnet wird.

Strukturelle Berechtigungen siehe *Strukturelle Profile*

Strukturelle Profile SAP-ERP-HCM-Berechtigungen zum Zugriff auf definierte Teile der Organisationshierarchie des Organisationsmanagements.

Switchable Authorization Check Framework (SACF) Schaltbare Berechtigungsprüfungen, die die ausgelieferte Software um alternative Berechtigungsprüfungen für Berechtigungsobjekte in verschiedenen Anwendungsfällen erweitern.

Systembenutzer Systembenutzer sind Benutzer, die in technischen Abläufen, wie z. B. Batchläufen, Verwendung finden.

Technisches Berechtigungskonzept Summe aller möglichen Berechtigungsprüfungen und Verfahren zur Berechtigungsvergabe.

Teilaufgabe Logisch abgrenzbare Menge an sachlich zusammenhängenden Tätigkeiten. Eine Teilaufgabe kann zu unterschiedlichen Aufgaben gehören.

Trace Technik, bei der das Auftreten bestimmter Ereignisse zur Laufzeit des jeweiligen Programms durch ein Analysewerkzeug protokolliert wird. Es wird zwischen dem Berechtigungstrace, dem Systemtrace und dem Benutzertrace unterschieden.

Transaktion Wirtschaft: Kauf, Verkauf, Übertragung von Rechten, Gütern, Leistungen unter zwei Wirtschaftssubjekten; SAP: Anweisung zur Ausführung eines ABAP-Programms über einen Transaktionscode.

Transaktionscode Alphanumerischer Code einer Transaktion.

Transaktionsstarter Werkzeug in SAP CRM, mit dem Links ins Internet oder in andere SAP-Systeme erstellt und in den CRM Web Client oder IC Web Client eingebunden werden können.

True and Fair View Der Jahresabschluss muss dem sachkundigen Dritten ein den tatsächlichen Verhältnissen entsprechendes Bild der Vermögens-, Finanz- und Ertragslage der Kapitalgesellschaft vermitteln. Dies bedeutet, dass sämtliche Schritte bis zum Jahresabschluss ebenso transparent sein müssen – auch die zur Erstellung eingesetzten Systeme.

UCON siehe *Unified Connectivity*

UME siehe *User Management Engine*

UME-Aktion Sammlung von Permissions, die einer UME-Rolle zur Berechtigungsvergabe zugewiesen werden können.

UME-Gruppe Sammlung von UME-Rollen oder Benutzern.

UME-Rolle Sammlung von UME-Aktionen, die Berechtigungen auf Java-Anwendungen sowie Aktionen innerhalb dieser vergeben.

Unified Connectivity (UCON) ist ein Framework zur Absicherung von remotefähigen Funktionsbausteinen.

Unkritische Berechtigungen Gibt es nicht. Gemeinhin werden damit Berechtigungen bezeichnet, die jeder Benutzer zur Ausführung grundlegender Systemfunktionen braucht.

Unternehmensorganisation Integration der Organisationssichten des Controllings, der Profit-Center-Rechnung, des externen Rechnungswesens und des Organisationsmanagements. Folgende Elemente können verbunden werden: Kostenrechnungskreis, Buchungskreis, Kostenstellengruppe, Kostenstelle, Profit-Center-Gruppe, Profit-Center, Organisationseinheit (Aufbauorganisation HR).

Upgrade Die Überführung eines laufenden Systems in einen neuen Releasestand. In Bezug auf Berechtigungen wird meist unterschätzt, welche Aufwände sich hierdurch für Berechtigungen ergeben, ebenso wird unterschätzt, dass nur standardkonforme Berechtigungen sinnvoll in einem Upgrade angepasst werden können.

User siehe *Benutzer*

User Access Management (UAM) Bestandteil von SAP Access Control, in dem umfassend Workflows für die Zuordnung von Berechtigungsrollen zu Benutzern bereitgestellt werden können.

User Lifecycle Management Management der Berechtigungen und Benutzer einer Person über den gesamten Zyklus ihrer Tätigkeit für die Organisation.

User Management Engine (UME) Komponente, die im AS Java zur Verwaltung von Benutzern und Berechtigungen verwendet wird.

Verantwortungsbereich Im Rahmen der »Neuen Berechtigungsprüfung in CO« eingeführtes Berechtigungsfeld, das die Gruppierung von Kostenstellen, Profit-Centern, Aufträgen und Geschäftsprozessen für die Zuordnung von Berechtigungen vereinheitlicht und vereinfacht.

Verkäufergruppe Organisationsebene des Vertriebs (SAP ERP).

Verkaufsorganisation Organisationsebene des Vertriebs (SAP ERP).

Vieraugenprinzip Allgemein: Prinzip, durch das sichergestellt wird, dass ein Geschäftsvorgang durch eine zweite Person freigegeben werden muss. SAP-Debitoren-/Kreditorenstammdaten: Einstellung, dass eine Änderung an einem Stammdatum durch eine zweite Person freigegeben werden muss, die gegebenenfalls über identische Berechtigungen verfügt (konfigurative Kontrolle).

Werk Organisationsebene der Logistik (SAP ERP).

Workflow Technisch definierter Arbeitsablauf, der die Tätigkeitsabfolge entsprechend gesetzten Regeln erzwingt. In der Benutzer- und Berechtigungsverwaltung z. B. die Abfolge vom Antrag für einen Benutzer über die Vergabe von Berechtigungen, die Durchführung der Risikoanalyse und Genehmigung sowie die technische Zuordnung in den designierten Systemen.

Zahllauf Automatische Verarbeitung von Belegen, um Zahlungseingänge und -ausgänge buchen zu können.

ZBV siehe *Zentrale Benutzerverwaltung*

Zentrale Benutzerverwaltung (ZBV) Lösung zur zentralen Verwaltung von Rollen und Benutzern in ABAP-basierten Systemen.

Zuordnungsblock Teil der CRM-Benutzeroberfläche, der innerhalb eines Business-Objekts zugehörige Informationen anzeigt.

C   Literaturverzeichnis

C.1   Verwendete und weiterführende Literatur

- American National Standards Institute: ANSI INCITS 3592004 Role Based Access Control. Washington 2000.

- Bundesamt für Sicherheit in der Informationstechnik: IT-Grundschutzkataloge. In: *www.bsi.bund.de.*

- Bundesministerium der Finanzen: Grundsätze zum Datenzugriff und zur Prüfbarkeit digitaler Unterlagen (GDPdU). BMF-Schreiben vom 16. Juli 2001. IV D 2 – S 0316 – 136/01. 2001.

- Bundesministerium der Finanzen: Grundsätze zur ordnungsmäßigen Führung und Aufbewahrung von Büchern, Aufzeichnungen und Unterlagen in elektronischer Form sowie zum Datenzugriff (GoBD). BMF-Schreiben vom 14. November 2014. GZ: IV A 4 – S 0316/13/10003; DOK 2014/0353090

- DIN 69901 (Projektmanagement – Projektmanagementsysteme). 2009.

- Eckert, Claudia: IT-Sicherheit: Konzepte – Verfahren – Protokolle. München 2011.

- Edinger, Jörg; Krämer, Christian; Lübke, Christian; Ringling, Sven: Personalwirtschaft mit SAP ERP HCM. 4. Aufl. Bonn 2014.

- Esch, Martin; Marxsen, Anja; Klüßendorf, Joost: Berechtigungen in SAP ERP HCM. 2. Aufl. Bonn 2012.

- Frese, Erich: Grundlagen der Organisation. 10. Aufl. Wiesbaden 2012.

- Frick, Detlev; Gadatsch, Andreas; Schäffer-Külz, Ute G.: Grundkurs SAP ERP. Wiesbaden 2008.

- Gadatsch, Andreas: Grundkurs Geschäftsprozess-Management. 7. Aufl. Wiesbaden 2012.

- General Data Protection Regulation, EU 2016. Eine deutsche Fassung liegt zum Zeitpunkt der Veröffentlichung nicht verbindlich vor. Zum Überblick: *http://www.consilium.europa.eu/de/policies/ data-protection-reform/data-protection-regulation/*

- Gola, Peter; Klug, Christoph: Grundzüge des Datenschutzrechts. München 2003.

- Hagemann Snabe, Jim; Rosenberg, Ann; Møller, Charles; Scavillo, Mark: Business Process Management – the SAP Roadmap. Bonn 2009.

- Harle, Georg; Olles, Uwe: Die moderne Betriebsprüfung. Herne 2014.

- Hauschka, Christoph E.: Corporate Compliance. 2. Aufl. München 2010.

- Horneberger, Werner; Schneider, Jürgen: Sicherheit und Datenschutz mit SAP-Systemen. Bonn 2000.

- IBM Consulting Services: SAP-Berechtigungswesen. Bonn 2003.

- John, Peter; Kiener, Peter: Berechtigungen in SAP NetWeaver BW. 2. Aufl. Bonn 2012.

- Keller, Horst; Krüger, Sascha: ABAP Objects. 3. Aufl. Bonn 2006.

- Kieser, Alfred; Kubicek, Herbert: Organisation. 3. Aufl. Berlin, New York 1992.

- Kieser, Alfred; Walgenbach, Peter: Organisation. 6. Aufl. Stuttgart 2010.

- Kösegi, Armin; Nerding, Rainer: SAP-Änderungs- und Transportmanagement. 4. Aufl. Bonn 2013.

- Lehnert, Volker; Otto, Anna; Stelzner, Katharina: Datenschutz in SAP-Systemen. Bonn 2011.

- Linkies, Mario; Karin, Horst: Sicherheit und Risikomanagement für SAP-Systeme. 2. Aufl. Bonn 2010.

- Menzies, Christof: Sarbanes-Oxley und Corporate Compliance. Stuttgart 2006.

- Nigge, Elke: Organisationsmanagement mit SAP ERP HCM. 2. Aufl. Bonn 2014.

- Olfert, Klaus; Rahn, Horst-Joachim: Lexikon der Betriebswirtschaftslehre. Ludwigshafen 1997. (7. Aufl. 2011)

- Rediger, Bernd; Hohnhorst, Georg: Das Berechtigungskonzept. In: Kaluza, Jacek; Glauch, Thomas; Hohnhorst, Georg: SAP-Handbuch Sicherheit und Prüfung. 3. Aufl. Düsseldorf 2003.

- Reineke, Rolf-Dieter (Hrsg.); Bock, Friedrich (Hrsg.): Gabler Lexikon Unternehmensberatung. Wiesbaden 2007.

► Richtlinie 95/46/EG des Europäischen Parlaments und des Rates vom 24. Oktober 1995 zum Schutz natürlicher Personen bei der Verarbeitung personenbezogener Daten und zum freien Datenverkehr.

► SAP SE: Benutzer und Rollen (BC-SEC-USR). In: *http://help.sap.com*

► SAP SE: Indirekte Rollenzuordnung über HR-ORG. In: *https:// websmp208.sap-ag.de/security* • Security in Detail • Application Security

► SAP SE: Informationen zur SAP HANA-Administration. In: *http:// help.sap.com/hana* • SAP HANA Appliance • System Administration

► SAP SE: Informationen zu SAP HANA. In: *http://www.experience-saphana.com*

► SAP SE: SAP NetWeaver Identity Management Connector Overview. In: *http://scn.sap.com/community/netweaver-idm*

► SAP SE: Securing Remote Function Calls (RFC). In: *http:// scn.sap.com/docs/DOC-60424*

► SAP SE: Sicherheitsinformationen zu SAP HANA. In: *http:// help.sap* • SAP HANA Appliance • Security Information

► SAP SE: Sicherheitsleitfäden. In: *https://websmp205.sap-ag.de/ ~form/sapnet?_SHORTKEY=01100035870000401180*

► SAP SE: UCON – Setup and Operations Guide. In: *http:// scn.sap.com/docs/DOC-57565*

► Satzung der gemeinnützigen Anstalt des öffentlichen Rechts ZWEITES DEUTSCHES FERNSEHEN vom 2. April 1962 in der Fassung des Änderungsbeschlusses des Fernsehrates vom 20. Mai 2005.

► Scheer, August-Wilhelm: ARIS – Modellierungsmethoden, Metamodelle, Anwendungen. 4. Aufl. Berlin, Heidelberg, New York 2001.

► Schöler, Sabine; Will, Liane; Schäfer, Marc. O.: CobiT und der Sarbanes-Oxley Act. Bonn 2007.

► Schreyögg, Georg: Organisation: Grundlagen moderner Organisationsgestaltung. 5. Aufl. Wiesbaden 2008.

► Steinmann, Horst; Schreyögg, Georg; Koch, Jochen: Management. 7. Aufl. Wiesbaden 2013.

► Stumm, Holger; Berlin, Daniel. SAP-Systeme schützen. Bonn 2016.

- Tinnefeld, Marie-Theres; Ehmann, Eugen; Gerling, Rainer W.: Einführung in das Datenschutzrecht. 4. Aufl. München 2005.
- Tsolkas, Alexander; Schmidt, Klaus: Rollen und Berechtigungskonzepte: Ansätze für das Identity- und Access Management im Unternehmen. Wiesbaden 2010.
- Wagener, Marie-Louise: Praxisleitfaden für SAP R/3 FI. Hamburg 2004.
- Wähner, Gerd W.: DV-Revision. Ludwigshafen 2002.
- Wecker, Gregor; Laak, Hendrik van: Compliance in der Unternehmenspraxis. Wiesbaden 2009.
- Werder, Axel von: Corporate Governance. In: Alisch, Katrin (Hrsg.); Winter, Eggert (Hrsg.); Arentzen, Ute (Hrsg.): Gabler Wirtschaftslexikon. 17. Aufl. Wiesbaden 2010.
- Wolf, Klaus; Runzheimer, Bodo: Risikomanagement und KonTraG. 5. Aufl. Wiesbaden 2009.

C.2   SAP-Hinweise

Kapitel 6

- SAP-Hinweis 389675 – PFCG: Dateiformat für Menü-Upload in Benutzerrollen
- SAP-Hinweis 1321829 – PFCG: Zusätzliche NWBC-Attribute für Menüeinträge
- SAP-Hinweis 1106948 – PFCG/SU03: Generische Werte in Berechtigungen
- SAP-Hinweis 113290 – PFCG: Abmischvorgang bei Berechtigungsdatenpflege
- SAP-Hinweis 410993 – Maximale Anzahl für Profile und Berechtigungen
- SAP-Hinweis 1272331 – PFCG: Status des Benutzerabgleichs
- SAP-Hinweis 1614407 – Überarbeitung des Rollentransports
- SAP Hinweis 2062885 – SU01/SU10: Neue Funktionalität »Benutzerdokumentation«
- SAP-Hinweis 1723881– Anwendung der mandantenspezifischen Customizing-Einstellung auf die Rollenpflege

- ▶ SAP-Hinweis 1782086 – PFCG: Massenpflege von Berechtigungs-vorschlägen im Menü
- ▶ SAP-Hinweis 2086293 – PFCG: Anzeige von gelöschten Berechti-gungen und Werten beim Abmischen von Berechtigungen
- ▶ SAP-Hinweis 2177996 – PFCGMASSVAL: Massenpflege von Berechtigungswerten in Rollen
- ▶ SAP-Hinweis 2223524 – PFCGMASSVAL: Profilgenerierung nach Massenpflege von Berechtigungswerten
- ▶ SAP-Hinweis 1707841 – STAUTHTRACE: Systemweite Traceaus-wertung
- ▶ SAP-Hinweis 2130393 – PFCG: Systemweite Traceauswertung
- ▶ SAP-Hinweis 1671117 – SU53: erweiterte Funktionalität und WebDynpro-Eignung
- ▶ SAP-Hinweis 1946079 – Anfängliche Berechtigungsprüfung im Funktionsbaustein SUBMIT_REPORT

Kapitel 7

- ▶ SAP-Hinweis 751129 – Berechtigungen in Enjoy-Transaktionen in Einkauf
- ▶ SAP-Hinweis 543164 – Bedeutung der Werte von auth/authoriza-tion_trace
- ▶ SAP-Hinweis 1539556 – FAQ Administration von Berechtigungs-vorschlagswerten
- ▶ SAP-Hinweis 1599128 – SU25 – Optimierung der Upgradenach-bereitung
- ▶ SAP-Hinweis 1696484 – SU25 – Behandlung kundeneigener Berechtigungsvorschlagswerte
- ▶ SAP-Hinweis 1691993 – SU2X – Optimierung der Berechtigungs-vorschlagswertepflege
- ▶ SAP-Hinweis 323817 – Anlegen von Orgebenenfeldern für den Profilgenerator
- ▶ SAP-Hinweis 2467 – Kennwortregeln und Vermeidung fehlerhaf-ter Anmeldungen
- ▶ SAP-Hinweis 1365452 – Optimierung des EASY_ACCESS_NUM-BER_OF_NODES

- ▶ SAP-Hinweis 380029 – Auswahlmöglichkeit zwischen Benutzer- und SAP-Menü
- ▶ SAP-Hinweis 203994 – Verändertes Verhalten bei Benutzermenüs in 4.6
- ▶ SAP-Hinweis 504006 – PFCG: Neue Funktionen und Korrekturen zur Rollenmenüpflege
- ▶ SAP-Hinweis 357693 – Redundanzvermeidung im Easy Access
- ▶ SAP-Hinweis 1434284 – FAQ Berechtigungskonzept zum generischen Tabellenzugriff
- ▶ SAP-Hinweis 1500054 – Zusatztools für S_TABU_NAM-Berechtigungskonzept
- ▶ SAP-Hinweis 698401 – RESPAREA als Org.ebenen-Feld
- ▶ SAP-Hinweis 565436 – PFCG: F4-Hilfe für spezielle Berechtigungsfelder
- ▶ SAP-Hinweis 727536 – FAQ Nutzung kundeneigener Organisationsebenen in der PFCG
- ▶ SAP-Hinweis 701754 – SUPC: Neugenerierung von Profilen
- ▶ SAP-Hinweis 2220030 – STUSERTRACE: Benutzertrace für Berechtigungsprüfungen
- ▶ SAP-Hinweis 1711620 – Profil SAP_NEW durch Rolle SAP_NEW ersetzt

Kapitel 9

- ▶ SAP-Hinweis 439122 – ZBV: Vor Verteilung korrekte Firmenadressen zuordnen
- ▶ SAP-Hinweis 395841 – ZBV: Zielsystemspezif. Parameter und Benutzergrupp. zuweisen
- ▶ SAP-Hinweis 1902038 – ZBV: Änderungsbelege zur ZBV-Landschaft

Kapitel 10

- ▶ SAP-Hinweis 863362 – Sicherheitsüberprüfungen im SAP Early-Watch Alert
- ▶ SAP-Hinweis 1695113 – SUIM| Suche nach Benutzer- und Kennwortsperre
- ▶ SAP-Hinweis 1171185 – SUIM| RSUSR_SYSINFO_LICENSE

▸ SAP-Hinweis 1307693 – Downport Q1 2009 BCE → 6.20, 6.40, 7.00

Kapitel 11

▸ SAP-Hinweis 1243085 – Verfügbare Dokumentation für GRC Access Control

Kapitel 13

▸ SAP-Hinweis 510538 – BAdI HRBAS00_STRUAUTH: Neue Methode GET_PROFILES

Kapitel 14

▸ SAP-Hinweis 1165543 – Benutzerrollen-Customizing:Breadcrumbs/PFCG-Rolle/F4-Symbole

▸ SAP-Hinweis 1106781 – PFCG-Profil wg. Berechtigungsobj. S_SERVICE nicht generiert

▸ SAP-Hinweis 1118231 – Unterstützte Benutzungsoberflächen für SAP CRM

▸ SAP-Hinweis 1259665 – Migrieren vorh. Berechtigungen zur Verwendung in neuer UI

▸ SAP-Hinweis 1259940 – Rollenabhängige Berechtigungsprüfung für Accounts

▸ SAP-Hinweis 1129682 – Berechtigung für GP-Rollen in CRM 5.2 WebClient UI

▸ SAP-Hinweis 1244321 – Fehleranalyse auf der CRM WebClient UI vereinfachen

Kapitel 15

▸ SAP-Hinweis 1261825 – SAP SRM 7.xx: Infos zu PFCG- und Portalrollen

Kapitel 16

▸ SAP-Hinweis 1053989 – Intervalle und Pattern [(*),(+)] in Analyseberechtigungen

▸ SAP-Hinweis 1234567 – Das RSECADMIN-Berechtigungsprotokoll

- SAP-Hinweis 1140831 – Doppelpunktberechtigung bei Queryausführung

Kapitel 18

- SAP-Hinweis 1514967 – SAP HANA: Zentraler Hinweis

Kapitel 19

- SAP-Hinweis 1927767 – Massen-DBMS-Benutzerverwaltung
- SAP-Hinweis 1869912 – SAP GRC 10.1 Plug-In SAP HANA, SAP HANA Content
- SAP-Hinweis 1597627 – HANA Connection
- SAP-Hinweis 1971217 – SAP GRC AC 10.1 - DBCO-Konfiguration für SAP GRC 10.1 SAP-HANA-Plug-In

Kapitel 21

- SAP-Hinweis 370082 – Berechtigungen: Wissenswertes zum Verantwortungsbereich
- SAP-Hinweises 1290486 – Berechtigungsverprobung in Validierung im CO-Interface
- SAP-Hinweis 625873 – KSA3/KSA8: Verprobung auf Berechtigungsobjekt K_CCA
- SAP-Hinweis 15211 – CO-Standardberichte: Berechtigungskonzept
- SAP-Hinweis 751129 – Berechtigungen in Enjoy-Transaktionen in Einkauf
- SAP-Hinweis 101146 – Batch: Berechtigungsobjekte S_BTCH_JOB, S_BTCH_NAM
- SAP-Hinweis 1559133 – Datenschutzkonformes Löschen personenbezogener Daten im HCM
- SAP-Hinweis 2071902 – Automatisches Setzen der Berechtigungsgruppen in Vertragskonten bei Sperrung der Geschäftspartner
- SAP-Hinweis 2007926 – Vereinfachtes Sperren und Löschen der Kunden-/Lieferantenstammdaten
- SAP-Hinweis 2169333 – Sperren von bereits archivierten Daten
- SAP-Hinweis 2167473 – Benutzerspezifisches Sperren der Anzeige archivierter, personenbezogener Daten

D   Die Autoren

Volker Lehnert ist seit 2000 bei SAP in unterschiedlichen Positionen in den Bereichen Compliance und Sicherheit tätig. Seit 2012 arbeitet er für SAP SE Installed Base Maintenance and Support (IMS) als Product Owner Datenschutz. Er definiert die Inhalte der Datenschutzfunktionen der SAP Business Suite und der SAP-S/4HANA-Lösungen. In seiner neunjährigen Beratungstätigkeit hat er Projekte rund um das Berechtigungswesen vorangetrieben. Um den gesetzlichen Anforderungen gerecht zu werden, führt Volker Lehnert Sicherheitskonzepte immer wieder auf die eigentlichen Kernfragen zurück: betriebswirtschaftliche Funktionen, organisatorische Konzepte und legale Anforderungen. Volker Lehnert ist (zusammen mit Anna Otto) Co-Autor des Datenschutzleitfadens der DSAG und (zusammen mit Anna Otto und Katharina Stelzner) Autor des Buches »Datenschutz in SAP-Systemen«, das bei SAP PRESS erschienen ist.

Katharina Stelzner (geb. Bonitz) arbeitet seit 2006 als Technologieberaterin für die SAP Deutschland AG. Ihr Schwerpunkt liegt auf Berechtigungskonzepten im CRM-Umfeld. Sie berät branchenübergreifend in nationalen und internationalen Projekten zum Berechtigungswesen sowie zum Benutzermanagement. Seit 2014 ist sie im Application Management Support der SAP Deutschland SE & Co. KG im Bereich CRM und SAP Security tätig.

Sie absolvierte ein Studium zur Dipl.-Ingenieurin an der Hochschule für Technik, Wirtschaft und Kultur in Leipzig. Katharina Stelzner ist (zusammen mit Volker Lehnert und Anna Otto) Autorin des Buches

»Datenschutz in SAP-Systemen« sowie (zusammen mit Anna Otto) Autorin des Buches »Berechtigungen in SAP – 100 Tipps & Tricks«, beide bei SAP PRESS erschienen.

Dr. Peter John hat an der RWTH Aachen Physik studiert und an der Universität Heidelberg in theoretischer Elementarteilchen-Physik promoviert. Seit 2003 arbeitet er für SAP und ist Softwarearchitekt für SAP BW, vor allem im Bereich OLAP, Integrierte Planung und Security. Er hat das neue Konzept der Analyseberechtigungen als Nachfolger der früheren Reporting-Berechtigungen in BW entworfen und entwickelt. Peter John ist (zusammen mit Peter Kiener) Autor des Buches »Berechtigungen in SAP NetWeaver BW«, das bei SAP PRESS erschienen ist.

Anna Otto arbeitet seit 2007 bei SAP und berät Kunden in nationalen und internationalen Projekten zu den Themen Berechtigungswesen sowie Governance, Risk and Compliance (GRC). Seit 2013 ist sie in der Platform Solution Group der SAP Deutschland SE & Co. KG im Bereich GRC & IT-Security tätig. Sie absolvierte ein Studium zur Dipl.-Informatikerin an der Hochschule in Hamburg, mit der Spezialisierung auf die Bereiche Sicherheit und Datenschutz und den daraus resultierenden Anforderungen an die SAP-Software. Anna Otto ist (zusammen mit Katharina Stelzner) Autorin des Buches »Berechtigungen in SAP – 100 Tipps & Tricks« und (zusammen mit Volker Lehnert und Katharina Stelzner) Autorin des Buches »Datenschutz in SAP-Systemen«, beide von SAP PRESS. Sie ist (zusammen mit Volker Lehnert) Koautorin des Datenschutzleitfadens der DSAG.

Beiträger zu dieser Auflage

Dr. Andreas Leitheußer trat nach seinem Chemie-Studium an der Ruhr-Universität Bochum im Juni 2001 als Development Supporter in die SAP SE ein. Seit Ende 2003 ist er als Entwickler im Bereich Products & Innovation ABAP System Management & Security zuständig für die Wartung und Weiterentwicklung der Instrumente zu Rollen- und Profilpflege sowie des Benutzerabgleichs. Von ihm stammen Abschnitt 6.2 bis Abschnitt 6.5.

René Wohllebe hat an der Hochschule für Technik und Wirtschaft Dresden und an der Fachhochschule Westschweiz Wirtschaftsinformatik studiert. Er ist seit 2011 als Technologieberater im Bereich GRC und Security der SAP Deutschland SE & Co. KG tätig. Sein Schwerpunkt liegt im Bereich Benutzer- und Berechtigungsverwaltung, insbesondere SAP Identity Management. Dabei betreut er branchenübergreifend Kunden in nationalen und internationalen Projekten. Von ihm stammen Abschnitt 9.4 und Abschnitt 9.5.

Index

T

Ulf Koglin

SAP S/4HANA

Voraussetzungen – Nutzen – Erfolgsfaktoren

Dieses Buch beantwortet Ihre Fragen zu SAP
S/4HANA! Sie lernen Prozesse, Funktionen,
Nutzen und Technologie kennen und
erfahren, welche Betriebsmodelle (Cloud/On-
Premise) es gibt. Darüber hinaus zeigt Ihnen
dieses Buch, welche Optionen für die
Implementierung zur Verfügung stehen.

300 Seiten, gebunden, 59,90 Euro
ISBN 978-3-8362-3891-5
erscheint Juni 2016
www.sap-press.de/3971

André Faustmann, Anna Geringer, Hendrik
Müller, André Siegling, Benjamin Wegener

SAP HANA – Administration

Ob für Sie das In-Memory-Zeitalter schon
angebrochen ist, oder ob Sie sich auf die
neue Technologie vorbereiten möchten –
Mit diesem Buch steht Ihnen genau das
Referenzwerk zur Verfügung, das Sie
benötigen, um alle Aufgaben der
Administration von SAP HANA erfolgreich
ausführen zu können.

890 Seiten, gebunden, 69,90 Euro
ISBN 978-3-8362-3641-6
erscheint Juni 2016
www.sap-press.de/3795

Wie hat Ihnen dieses Buch gefallen?
Bitte teilen Sie uns mit, ob Sie zufrieden waren,
und bewerten Sie das Buch auf:
www.rheinwerk-verlag.de/feedback

Ausführliche Informationen zu unserem aktuellen
Programm samt Leseproben finden Sie ebenfalls
auf unserer Website. Besuchen Sie uns!

www.rheinwerk-verlag.de